상징형식의 철학

제3권: 인식의 현상학

대우고전총서

Daewoo Classical Library

051

상징형식의 철학

제3권: 인식의 현상학

Philosophie der Symbolischen Formen,
Dritter Teil: Phänomenologie der Erkenntnis

에른스트 카시러 | 박찬국 옮김

아카넷

차례

· · · · · · · · · · · · · · · · · ·

『상징형식의 철학』의 이 제3권은 내가 20년 전에 체계적·철학적 작업에 착수하면서 수행했던 연구들을 다시 행하고 있다. 여기서 중점적으로 고찰되고 있는 것은 다시 인식의 문제이며, '이론적 세계상'의 구조와 조직이다. 그러나 이번에는 인식의 근본형식에 대한 물음이 [20년 전보다] 더 넓고 더 일반적인 차원에서 제기되고 있다. 내 책 『실체개념과 기능개념』(1910년)에서 행해진 연구들은 인식의 근본구조와 그것을 구성하는 법칙이 가장 명료하면서도 가장 첨예하게 제시되는 학문은 인식이 그 '필연성'과 '보편성'의 최고단계에 도달한 학문이라는 전제에서부터 출발했다. 이 때문에 그 연구들은 이러한 구성법칙을 수학과 수학적 자연과학의 영역, 즉 수학적·물리학적 '대상성'의 정초에 초점을 맞추어 탐구했다. 따라서 그 연구들에서 규정되었던 인식의 형식은 본질적으로 정밀과학의 형식이었다. 『상징형식의 철학』은 이러한 원래의 문제설정을 내용적인 의미에서도 방법적인 의미에서도 넘어섰다. 그것은 과학적 세계상의 형성에서뿐 아니라 '자연적 세계상', 즉 지각과 직관의 세계상의 형성에서도 이론적 형식의 요인들과 그러한 형식으로 향하는 동기들이 존재한다는 사실을 입증하려고 시도했다. 이를 통해 그것은 '이론'이라는 기본적 개념 자체를 확장했다. 그리고 『상징형식의 철학』은 최종적으로는 '자연적' 세계상, 즉 경험과 관찰의 세계상이라는 이러한 한계조차도 넘어서 나아갈 수밖에 없었다. 왜냐하면 신화적 세계에서도 경험적 사고의 법칙으로는 환원될 수 없지만, 그렇다고 해서 결코 무법칙적이지는 않고 고유한 독자적 특성을 갖는 구조형식을 보여주는 어떤 연관이 존재한다는 사실이 분명하게 되었기 때문이다. 이러한 사실과 관련하여 획득된 성과를 『상징형식의 철학』의 제1권과 제2권이 제시하고 있지만, 이제 나는 이 제3권에서 체계적인 귀결을 끌어내려고 한다. 이 제3권이 목표하는 것은 새롭게 획득된 '이론'이라는 개념의 전체적 폭과 그 개념이 포함하고 있는 풍부한 형태화 작용의 가능성들 전체를 분명히 드러내는 것이다. 이제 개념적·논증적 인식의 층들 아래에 언어와 신화의 분석에 의해서 드러난 정신의 다른 층들이 존재한다는 사실과 이것들이 개념적·논증적 인식의 층들의 기초가 된다는 사실이 분명하게 되었다. 따라서 나는 이러한 하부구조로 끊임없이 시선을 향하고 그것을 고려하면서, 과학이라는 '상부구조'의 독자성과 조직 그리고 그것을 구성하는 법칙을 규정하려고 했다. 이와 같이 『상징형식의 철학』은 정밀한 인식의 세계상을 자신이 다루는 문제영역 안으로 다시 끌어들이고 있지만, 이번에는 이전과는 다른 방식으로 이러한 세계상에 접근하면서 변화된 시각 아래에서 그것을 고찰하고 있다. 그것은 이러한 세계상을 단지 그것의 현재 상태에 있어서 고찰하지 않고 그것이 거치는 필연적인 사상적 매개과정을 고려하면서 고찰하려고 하는 것이다. 『상징형식의 철학』은 이 과정에서 사유가 도달한 상대적인 '종점[정밀한 수학적 자연과학]'으로부터 거슬러 올라가 그 중간 과정과 출발점을 탐구하고, 이러한 소급 탐구를 통해서 이러한 종점 자체가 무엇이고 무엇을 의미하는지를 이해하려고 한다.

이러한 문제설정이 입각해 있는 일반적인 관점에 대해서는 서론에서 상세하게 서술했다. 따라서 여기에서는 내가 이 제3권의 연구들을 위해서 선택한 **제목**에 대해서 간략하게 설명하고 해명하는 것에 그칠 것이다. 내가 '인식의 **현상학**'에 대해서 말할 경우, 나는 현대의 용어법[1]에 따르지 않고 헤겔이 확립하고 체계적으로 정당화했던 저 '현상학'의 근본의미를 염두에 두고 있다. 헤겔에게 현상학은 철학적 인식의 근본전제가 된다. 왜냐하면 헤겔은 이러한 철학적 인식에게 정신적 형식들 전체를 포괄할 것을 요구하는데, 그에 따르면 이러한 전체는 어떤 형식으로부터 다른 형식으로의 이행과정을 고려할 경우에만 제대로 드러날 수 있기 때문이다. 진리는 '전체'다. 그러나 이러한 전체는 단번에 자신을 펼쳐 보이는 것이 아니고 사상에 의해서, 즉 사상 자신의 자기운동 속에서 또한 이러한 자기운동의 리듬에 따라서 점진적으로 전개되어

---

1) [역주] 후설식의 용어법을 가리킨다.

야 한다. 이러한 전개가 비로소 학(學) 자체의 존재와 본질을 형성한다. 따라서 학이 존재하고 살아 있는 장(場)인 사상 자체도 그것이 생성하는 운동에 의해서만 완성되고 투명성을 획득하게 된다. "학이 학의 입장에서 개인의 자기의식에게 요구하는 것은 자기의식이 자신을 이러한 에테르로 고양시켜서 학과 함께 그리고 학 속에서 살 수 있게 되는 것, 그리고 실제로 그렇게 사는 것이다. 역으로 개인은 학이 최소한 그에게 이러한 입장으로까지 오를 수 있는 사다리를 제공할 것과 개인의 내면에 그러한 입장이 존재한다는 것을 보여줄 것을 요구할 권리가 있다. 이러한 권리는 개인의 절대적 자립성에 근거해 있으며 개인은 어떠한 형태의 지(知)를 갖고 있더라도 자신이 이러한 자립성을 갖고 있다는 것을 알고 있다. 지의 형태가 학문적으로 인정된 것이든 아니든 또 그 내용이 어떠한 것이 되려고 하든, 개인은 지의 어떠한 형태에서도 절대적 형식, 즉 자기 자신에 대한 직접적인 확신이기 때문이며, 따라서—이렇게 표현해도 좋다면—무조건적인 존재이기 때문이다." (『정신현상학』, 서설, 『상징형식의 철학』 제2권, IX쪽 참조) 정신의 종국점, 즉 '텔로스[목적]'를 독자적으로 존재한다고 생각하면서 그것의 출발점과 중간과정으로부터 분리되고 단절된 것으로 간주할 경우에 그것은 파악될 수도 언표될 수도 없다는 사실을 이 인용문보다 더 분명하게 말할 수는 없을 것이다. 이와 같이 철학적 반성은 종국점을 중간과정 및 출발점과 분리하지 않고 3자 모두를 하나의 통일적인 운동 전체의 불가결한 계기로 간주한다. 이러한 것을 고찰의 **근본원리**로 삼는다는 점에서 『상징형식의 철학』의 고찰방식은 헤겔의 고찰방식과 일치한다. 물론 이러한 근본원리를 기초 짓고 전개하는 방식에서 양자는 서로 다른 길을 걸을 수밖에 없다. 그러나 『상징형식의 철학』도 또한 개인을 '직접적인' 의식의 세계에서 보이는 원초적인 형태화 작용으로부터 '순수인식'의 세계로 인도하는 '사다리를 제공하려고' 한다. 철학적 고찰의 상(相) 아래에서는(sub specie) 이러한 사다리의 가로목 모두가 불가결하다. 인식을 그것의 성과와 한낱 소산(所産)에 있어서가 아니라 그것의 순수한 과정적 성격, 즉 'Procedere[전진]' 그 자체의 양식과 형식에서 이해하는 것이 문제가 될 경우에는, 그 사다리의 가로목 하나하나가 고려되고 평가되고 '인식되어야' 한다고 요구해도 좋으며 또한 요구해야만 한다.

이러한 주제 하나하나의 구체적인 전개에 관해서 말하자면, 수학적·물리학적 대상세계의 구성을 다루는 이 책의 제3부는 이전에 행해진 분석들의 성과를 수용하고 있다. 이러한 분석들을 이끌고 규정했던 **원리**, 즉 인식비판의 관점에 입각하여 사물개념보다 법칙개념을 '우위'에 두어야 한다는 사상은 이 책에서도 일관되게 견지되고 있다. 그러나 수학과 정밀자연과학에서 최근 20년 동안에 일어났던 괄목할 만한 발전에 입각하여 이러한 사상을 평가함으로써, 그것을 확고하게 하고 분명하게 하며 입증하는 것이 중요했다. 즉 정밀과학의 내용과 형태가 그 순수하게 내용적인 관점에서 겪었던 모든 근본적 변화에도 불구하고 그것의 순수하게 **방법적인** 연속성은 단절되지도 포기되지도 않았다는 것, 오히려 바로 이러한 내용적인 변화에 의해서 이러한 방법상의 연속성이 새롭게 입증되고 분명하게 드러났다는 것을 제시하는 것이 필요했다. 이러한 사태를 드러낸다는 과제와 관련해서 나는 이전의 연구들[2]을 원용하고 그것들에 의지할 수 있었지만, 이에 반해 이 책의 제1부와 제2부[3]는 처음부터 보다 어려운 과제에 직면해 있었다. 이 제1부와 제2부에서의 연구는 그 전에 표시되고 경계가 정해진 틀 내에서 수행될 수는 없었으며 자신의 영역을 비로소 자력으로 획득하고 구획해야만 했다. **표정지각**의 기본형식과 **사물지각**의 기본형식과 본질적으로 관계되어 있는 이 부분들조차도 잘 알려진 문제들, 즉 심리학과 인식비판 또한 현상학과 형이상학에서 오래전부터 제기되어 왔던 문제들을 다루고 있는 것은 사실이다. 그러나 이러한 문제들 모두는, 그것들이 『상징형식의 철학』의 체계적인 근본문제와 갖게 되는 연관으로부터 조망하게 되면 새로운 형태와 변화된 의미를 갖게 된다. 이와 함께 이러한 문제들을 고찰하는 하나의 특유한 개관(槪觀)방식이 채택되고, 이를 통해 이러한 문제들에 대한 지적인 '방향정립' 전체가 변하게 된다. 이러한 종류의 정신적인 '개관'이 갖는 특성을 분명하게 드러내기 위해서, 나는 지각의 현상학과 지각의 심리학 그리고 마지막으로 지각의 병리학이 제공하는 다양하면서도 풍부한 **자료**를 살펴보면서 동시에 바로 이 자료에 의거하여 새로운 **문제군**을 부각시키려고 시도했다. 나는 이러한 시도가 [그러한 시도와 관련된 탐구를 위한] 최초의 시작

---

2) 내 책 *Zur Einsteinschen Relativitätstheorie*, Berlin 1921을 참조할 것.

3) [역주] 이 책 제1부의 제목은 '표정기능과 표정세계'이며 제2부의 제목은 '재현의 문제와 직관적 세계의 구조'다.

이고 단초 이상의 것이 아니라는 사실을 숨기지 않았다. 내가 이러한 시도를 하면서 나는 그것이 철학적 탐구와 개별과학적인 탐구에 의해서 수용되고 계속해서 이어지기를 기대했다.

내가 이전에 수행한 연구들에서와 마찬가지로 이 연구도 체계적인 고찰을 역사적 고찰로부터 분리하려고 하지 않고 오히려 양자의 긴밀한 통합을 시도했다. 양자를 이렇게 끊임없이 서로 연관 지음으로써 양자는 서로를 조명할 수 있고 서로를 촉진할 수도 있다. 그러나 내가 순전히 역사적인 구명을 '완벽하게' 수행하려고 했을 경우에는 이 책의 틀을 넘어설 수밖에 없었을 것이다. 특정한 역사적인 근본문제들에 대한 사태적인 해명과 규명이 그때그때 요구하는 것에 따라서 나는 이러한 역사적 구명을 수행하기도 하고 수행하지 않기도 했다. 현대철학에 대해서 내가 채택했던 방식도 동일했다. 현대철학과의 비판적 대결이 나 자신의 문제설정을 분명히 하고 심화하는 것이 필요한 경우에는 그러한 대결을 피하지 않았지만 이 책은 그러한 대결을 목적 자체로 할 수는 없었다. 이 책을 위한 원래 계획에서는 특별한 마지막 장이 예정되어 있었고, 이 장에서 나는 현대철학의 작업 전체에 대해서『상징형식의 철학』이 갖는 관계를 상세하게 서술하고 비판적으로 정초하고 정당화할 생각이었다. 이 마지막 장의 집필을 내가 종내에는 포기하게 된 것은 저술과정에서 이미 크게 증대해 버린 이 제3권의 분량을 더 이상 증대시키지 않기 위해서였을 뿐 아니라 무엇보다도 이 책의 사태적인 문제가 가리키는 그것에 고유한 길로부터 벗어나 있는 여러 논의로 부담을 주지 않기 위해서였다. 그렇지만 나는 이러한 논의 자체를 포기할 생각은 없다. 왜냐하면 자신의 사상을 이를테면 허공 속에 두면서 그것이 학적 철학의 작업 전체와 어떤 관계를 갖고 어떻게 결합되어 있는지를 묻지 않는 탐구방식이 오늘날 다시 너무나 자주 애호되고 있지만, 그러한 탐구방식은 나에게 결코 유익하지도 생산적이지도 않은 것으로 보이기 때문이다. 따라서 원래 이 제3권의 종결부에 해당했을 비판적인 마지막 장은 장차 따로 출판할 예정이다. 나는 이 장을 『생과 정신―현대철학비판』이라는 제목으로 발간할 수 있기를 희망한다.[4]

이 제3권을 쓰기 위해서 참조했던 철학적·과학적 **문헌**과 관련해서는, 이 책의 원고가 1927년 말에 이미 탈고되었다는 사실을 언급하고 싶다. 출간이 연기되었던 것은 오직, 그 당시만 해도 나는 아직 '비판적인' 마지막 장을 덧붙일 계획을 갖고 있었기 때문이었다. 따라서 나는 최근 2년 동안에 출간된 [철학과 과학의] 저작들에 대해서는 단지 몇 개의 개별사례에 대해서만 추후적으로 고려할 수 있었다.

Hamburg, 1929년 7월,

에른스트 카시러

---

4) [역주] 『생과 정신―현대철학비판』으로 예고되고 있는 책은 결국 출간되지 못했다. 현재 예일 대학 출판국에 보존되어 있는 카시러의 유고 중에 184 b라는 기호로 분류되어 있는 원고가 여기에서 예고되는 책의 원고로 보인다. 이 원고에는 『상징형식의 형이상학을 위해서』라는 제목이 붙어 있으며 두 개의 장으로 구성되어 있다. 또한 그것에는 제3권의 서문이 쓰인 1929년 7월이 되기 1년여 전인 1928년 6월 16일이라는 날짜가 기재되어 있다.

서론

1. 인식의 질료(Materie)와 형식

언어, 신화, 예술을 '상징형식'이라고 부를 경우, '상징형식'이라
는 표현에는 다음과 같은 전제가 포함되어 있는 것처럼 보인다.
그러한 전제란, 언어, 신화, 예술 모두가 정신의 특정한 형태화 방
식들로서 현실적인 것이라는 하나의 궁극적인 근원층으로 소급
되며 이러한 근원층은 흡사 낯선 매체를 통하듯 그러한 상징형식
들을 매개로 하여 보이게 될 뿐이라는 것이다. 현실은 우리에게
는 고유한 특색을 갖는 이러한 상징형식들을 매개로 해서만 파악
될 수 있는 것처럼 보인다. 그러나 이러한 사실에는 동시에 현실
이 이러한 형식들에 의해서 개시되기도 하지만 은폐되기도 한다
는 점이 포함되어 있다. 정신의 세계에 규정성과 각인, 성격을 부
여하는 근본기능들[언어, 신화, 예술]이 다른 한편으로는 이것[세계

에 규정성과 각인 그리고 성격을 부여하는 것]과 동일한 정도로 세계를 굴절시키는 것으로서 나타나며, 그 자체로는 통일적이고 유일한 존재가 '주관'에 의해서 파악되고 동화되자마자 이러한 굴절을 겪게 되는 것으로 나타나는 것이다. 이러한 관점에서 볼 때 상징형식의 철학은 상징형식들 각각에 특수하고 고유한 특정한 굴절을 보여주려고 하는 시도가 된다. 상징형식의 철학은 여러 굴절매체의 특수한 본성을 인식하려고 하는 것이며, 이러한 매체들 각각의 성격과 구조법칙을 인식하려고 한다. 그러나 상징형식의 철학이 의식적으로 이러한 중간영역에, 즉 단순한 매개영역 안으로 진입하려고 할지라도, 전체로서의 철학, 즉 존재의 전체에 대한 학설로서의 철학은 이러한 중간영역에 머물러 있을 수 없는 것으로 보인다. 오히려 인식의 근본충동, 즉 사이즈(Saïs)의 은폐된 상을 드러내고 진리를 적나라하게 숨김없이 목격하려는 충동이 항상 새롭게 일어나는 것이다. 세계를 절대적인 통일체로서 파악하려는 철학적 시선 앞에서는 모든 다양성과 마찬가지로 특히 상징의 다양성도 녹아 없어져야만 한다. 즉 궁극의 현실, 존재 자체의 현실이 드러나야만 한다.

모든 시대의 형이상학은 항상 거듭해서 이러한 근본문제 앞에 직면했다. 형이상학이 존재를 통일적이고 단일한 것으로서 상정했던 것은, 진리가 통일적이고 단일한 것으로서만 사유될 수 있기 때문이며 또한 그러한 것으로서 사유될 수 있는 한에서다. 헤라클레이토스의 ἕν τὸ σοφόν[헨 토 소폰, 앎은 하나다]이라는 말은 이런 의미에서 철학의 표어가 되었던 것이며, 그것은 감각들이 제공하는 다채로운 현란한 광경의 배후에서 또한 상이한 여러 사고형식의 배후에서 순수인식의 굴절되지 않은 빛을 찾아야 한다는 경고의 소리이자 각성을 촉구하는 소리였다. 스피노자의 말에 따르면 빛의 본질에는 자기 자신과 아울러 어두움을 비춘다는 성질이 속하는 것처럼 진리와 현실이 자신을 직접 입증하는 어떤 지점이 어딘가에 있을 것임에 틀림없다. 왜냐하면 사상과 현실은 어떤 의미에서 서로 일치해야 할 뿐 아니라 서로 침투해야만 하기 때문이다. 사유의 기능이 존재를 '표현하는' 것, 즉 존재를 사유가 갖는 의미부여적인 범주들의 상(相) 아래에(sub specie) 포착하고 묘사하는 것에 그쳐서는 안 된다. 오히려 사유는 자신이 현실을 있는 그대로 파악할 수 있다고 느낀다. 즉 사유는 현실의 내용을 다 길어낼 수 있다는 확신을 갖고 있으며 또한 그것[현실의 내용을 다 길어낼 수 있다는 것]에 대한 보증을 자체 내에 소유하고 있다고 믿는다. 궁극적으로 사유에게는 폐기될 수 없는 어떠한 한계도 있어서는 안 되며 있을 수도 없다. 왜냐하면 사상과 사상이 향하는 대상은 하나이기 때문이다. 파르메니데스는 이러한 명제를 고전적으로 간결하면서도 선명하게 처음으로 언표함으로써 철학에서 모든 '합리론'의 창시자가 되었다. 그러나 여기[파르메니데스]에서 제기되는 요구는 결코 합리론의 권역에 국한되지 않는다. '주관'과 '객관'의 동일성, 즉 한쪽이 다른 쪽에 동화되는 것은 인식의 본래적인 **목표**로서 간주되며, 이러한 사실은 이러한 목표를 달성하는 수단에 대한 견해가 완전히 변하더라도 여전히 타당하기 때문이다. 주관과 객관의 한쪽 영역으로부터 다른 영역으로 다리를 놓는다는 과제가 순수사유 대신에 감성적인 감각에게 부과되고 또한 감성적인 감각에게 그러한 과제를 수행할 수 있는 힘이 인정될 경우, 그러한 기본견해['사상과 사상이 향하는 대상은 하나다'는 견해]가 변한 것은 사실이지만 그것이 원칙적인 변형을 겪게 되는 것은 결코 아니다. 이제 중심이 어떤 특정한 이론적 파악방식으로부터 다른 파악방식으로 이동한 것처럼 보인다. 즉 중심이 '개념'으로부터 '지각'으로 옮겨진 것이다. 그러나 지각 자체에 대해서도 동일한 방법적 전제와 요구가 여전히 성립한다. 이제 개념 자체는 자신의 힘으로는 현실 안으로 돌파할 수 없는 것으로 보인다. 왜냐하면 개념은 자신의 고유한 형성물과 창조물, 명칭과 의미에 붙들려 있기 때문이다. 그러나 감각은 더 이상 단지 기호나 상징에 불과한 것이 아니다. 즉 감각은 존재의 단순한 '기호'가 아니라 오히려 존재 자체를 그것의 직접적인 풍요로운 상태 그대로 제시하고 포함하는 것이다. 왜냐하면 인식이 영원히 자신의 고유한 권역 안에 영구히 사로잡혀 있는 상태로 머물러 있지 않으려면, 어디에선가 한 번은 앎과 현실 사이의 이러한 직접적인 접촉이 일어나지 않으면 안 되기 때문이다. 따라서 버클리에서는 사유와 존재의 동일성에 대한 파르메니데스의 명제 대신에 esse=percipi[존재한다는 것은 지각되어 있다는 것이다]라는 인식론적·형이상학적 기본등식(等式)이 들어서게 된다. 따라서 이 등식의 내용상 의미는 파르메니데스의 명제와는 정반대의 것으로 전도된 것 같지만, 이 등식의 형식은 순수하게 그것만 고려해 볼 때는 변화되지 않고 저촉되지 않은 그대로 있다. 왜냐하면 버클리에서도 일체의 상징적 해석과 의미부여

에 앞서서 현실 자체가 파악될 수 있는 현실의 근원층을 드러내야
한다는 요구는 여전히 힘을 발휘하고 있기 때문이다. 이러한 모든
상징적 해석으로부터 우리가 해방될 수 있다면, 다시 말해 무엇
보다도 우리가 사물의 참된 본질을 은폐하는 언어의 베일을 벗겨
낼 수 있다면, 우리는 단번에 근원적 지각에 직면하게 되고 이러
한 지각을 통해서 인식의 궁극적 확실성에 직면하게 된다. 이러한
근원적 지각의 영역에서는 진리와 오류, 현실과 가상의 대립은 존
재하지 않는다. 왜냐하면 감각인상의 단순한 현존에는 어떠한 착
오의 가능성도 없기 때문이다. 감각인상은 존립하거나 존립할 수
없으며 주어지거나 주어지지 않을 수는 있어도 '참'이거나 '거짓'일
수는 없다. 우리가 이러한 대립의 영역 안으로 들어서게 되는 것
은 오히려 인상의 직접적인 현전(現前)에 그것과는 다른 간접적인
관계가 끼어들 때, 즉 감각의 '현전작용' 내지 직접적인 '소유'에 어
떤 대리적인 규정이 끼어들 때인 것이다. 의식의 어떤 내용이 자
기 자신을 표현하는 것에 그치지 않고 다른 내용을 표현하려고 할
경우에야 비로소, 즉 의식의 어떤 내용이 직접 현전하지 않는 내
용을 '대리하려고' 할 경우에야 비로소, 의식 전체의 항들 사이에
존재하는 저 상호관계, 즉 의식 전체의 간접적인 결과들에서 어떤
항을 그릇되게 다른 항으로 간주하고 다른 항과 '혼동하는' 상관관
계가 들어서게 된다. 따라서 이러한 현상은 단순한 감각의 영역에
속하지 않고 판단의 영역에 속한다. 그리고 물론 판단은—비록 감
각적으로 주어진 어떤 것을 단순히 긍정하고 확인하는 것에 그치
는 가장 단순한 형식의 판단의 경우에도—더 이상 단순한 현존의

영역에서가 아니라 **기호**의 영역에서 움직인다는 점에서 감각적으로 주어진 것과는 구별된다. 우리가 판단의 영역으로 들어서자마자 우리는 사물들 자체가 아니라 사물들을 대리하는 상징을 조작하는 저 '추상적인' 사유에 의해서 다시 구속되는 것이다. 자연'과학'이 자신의 길을 따라서 나아가면 갈수록 이러한 상징들의 덤불 속에서 자신을 더욱더 상실하게 될 경우, 버클리에 따르면 이러한 환상을 파괴하는 것이야말로 참으로 철학적인 자기성찰의 근본과제가 된다. 철학은 언어라는 매체와 개념들이라는 수단에 철저하게 구속되어 있는 단순한 과학이 달성할 수 없는 것을 달성한다. 즉 철학은 이질적인 구성부분을 끌어들이지 않고 자의적인 기호라는 부가물에 의해서 모호해지거나 흐릿해지지도 않고, 순수한 경험세계의 직접적인 현존과 내용을 그대로 우리 앞에 제시한다는 것이다.

따라서 철학의 역사 전체는 체계들 간의 모든 내적인 대립에도 불구하고 그리고 학파들 간의 어떠한 논쟁에 의해서도 동요되지 않고 바로 이 점에서 동일한 방향을 취했던 것 같다. 철학은 이러한 자기긍정, 즉 철학이 현실인식의 참된 기관으로서의 자기 자신에 대해서 갖는 신뢰에 의해서 비로소 성립한다. 이런 의미에서 adaequatio rei et intellectus[사물과 지성의 일치]라는 주장은 철학의 자연스런 출발점으로 남아 있다. 그러나 다른 한편으로 철학의 자기긍정이라는 이러한 근본작용이야말로 자신의 고유한 변증법적 대립을 자체 내에 포함하고 있다는 것은 말할 나위가 없다. 철학이 자신의 대상을 예리하게 규정하려고 할수록, 철학에서 이러한 대상은 바로 이러한 규정 자체 내에서 문제가 된다. 철학이 자신의 목표를 자신 앞에 제시하고 그것을 의식적으로 규정하자마자 철학 자체의 내부에서 그리고 철학 고유의 방법론에 내재하는 필연성에 의해서 그러한 목표달성이 가능한가라는 문제, 즉 그러한 목표의 내적인 '가능성'에 대한 물음이 제기되는 것이다. 합리론이든 감각주의든 그것이 현실인식의 문제에 대해서 제시하는 적극적인 답변에는 이것의 그림자처럼 회의가 따르는 것이다. 그때까지 주장되었던 앎 자체와 그것의 객관적인 내용 사이의 일치가 포기되고 오히려 그 대신에 양자의 차이가 들어서게 된다. 이러한 차이는 갈수록 선명하게 모습을 드러내고 마침내는 대극적인 긴장관계로까지 고양된다. 인식의 '등식'조차도—그것이 합리론적으로 파악되든 감각주의적으로 파악되든—이러한 차이를 없애지는 못한다. 왜냐하면 동일함이란 볼차노(Bolzano)[1]에 의해서 수리논리학에 도입된 정의에 따르면 **상이함**의 특수한 예에 불과하기 때문이다. 따라서 등식기호에 의해서 주장되고 표명되는 결합과 종합은 양측에 존재하는 두 항의 차이를 소멸시키지 않고 오히려 이러한 차이를 강화한다. 이러한 관점에서 보면 인식의 등식을 정립하는 것 자체가 이미 그러한 등식을 파괴할 수 있는 싹을 자신 안에 포함하고 있으며, 회의는 이 싹을 키우고 성숙시키는 것만

---

1) [역주] Bernhard Bolzano(1781-1848): 체코의 철학자이자 수학자. 수학의 사변적이고 철학적인 문제에 큰 관심을 가졌다. 오랫동안 별다른 주목을 받지 못하다가 20세기에 들어와 후설이 『논리연구』에서 볼차노를 '고금을 통틀어 최고의 논리학자 중 한 사람'이라고 부르면서 주목을 받게 되었다.

하면 되는 것이다. 인식의 자기의식이 강화되면 될수록, 즉 인식이 자기 자신을 명료하게 통찰하고 자신의 형식을 알게 될수록 그만큼 더욱더, 인식에게는 자신의 고유한 형식 자체가 자신이 결코 넘어설 수 없는 필연적인 한계로서 나타나는 것이다. 인식이 처음에는 이러한 형식 안으로 수용할 수 있고 포착할 수 있다고 믿었던 절대적 대상은 갈수록 더 도달 불가능한 먼 곳으로 빠져나가는 것 같다. 이 대상을 파악하는 것 대신에 인식에 허용되는 것은 단지 자신의 모든 제약성과 상대성을 이를테면 거울에 비추어 보듯이 고찰하는 것뿐인 것 같다.

칸트의 문제설정에서 수행된 사유양식의 혁명에 의해서 비로소 이러한 딜레마로부터의 탈출이 가능하게 된다. 우리에게 아무것도 가르치지 않는 독단론과 우리에게 아무런 희망도 주지 않는 회의론에 넌더리를 내면서 칸트는 비판주의의 근본물음, 즉 '도대체 형이상학은 가능한가?'라는 물음을 제기한다.[2] 이제 인식은 회의론적인 붕괴의 위험으로부터 구원되지만, 인식의 이러한 구원과 해방은 인식의 목표가 어떤 다른 지점으로 옮겨지는 것에 의해서만 가능한 것으로 입증된다. 인식과 대상 사이의—양자의 합치라든가 '합동(合同)'이라는 기하학적 표현에 의해서 지칭되는 것과 같은—정태적 관계 대신에 양자 사이의 어떤 동적인 관계가 탐구되고 확인되는 것이다. 인식은 전체로서든 그 자신의 특정한 일부에 의해서든 초월적인 대상세계로 더 이상 '초월'할 수 없으며, 이러한

---

2) *Prolegomena* § 4, Werke(ed. Cassirer) IV, 22쪽 이하 참조.

초월적인 대상세계도 인식 안으로 '들어올 수 없다.' 이 모든 공간적인 비유는 오히려 이제는 비유로서 인식된다. 앎은 존재의 부분으로서도 존재의 모사로서도 간주되지 않는다. 그러나 다른 한편으로는 이 존재에 대한 **관계**는 앎으로부터 박탈되기는커녕 오히려 그러한 관계는 하나의 새로운 관점에 입각하여 정초된다. 왜냐하면 이제 앎의 **기능**은 대상을 절대적인 대상으로서가 아니라 이러한 기능[앎의 기능]에 의해서 제약된 대상, 즉 '현상인 한에서의 대상'으로서 구축(構築)하고 구성하는 데 있기 때문이다. 우리가 '객관적인' 존재라든가 경험의 대상이라고 부르는 것 자체가 지성과 그것의 아프리오리한 통일기능을 전제로 해서만 성립될 수 있다. "따라서 우리는, 우리가 직관의 다양을 종합적으로 통일했을 경우에 대상을 인식한다고 말한다." 이러한 수행을 전체로서 이해하고 그러한 수행의 개별적인 조건들을 통찰하는 것, 이것이야말로 이제 '지성의 분석론'의 근본과제가 된다. 지성의 분석론은 감성적 감각과 순수직관, 순수지성의 범주들과 순수이성의 이념과 같은 이성의 여러 근본형식이 어떻게 서로 관련을 맺는지를 그리고 그러한 근본형식들이 이렇게 서로 관계하고 서로를 규정하면서 어떤 식으로 현실의 이론적 형태를 규정하는지를 보여주려고 한다. 이러한 규정은 대상으로부터 주어지는 것이 아니라 지성의 '자발성'에서 유래하는 작용을 자체 내에 포함하고 있다. 이론적인 인식의 세계상을 낳는 것은 특수한 양식과 방향을 갖는 **형성작용**인 것이다. 따라서 이론적인 인식의 세계상은 그것의 기본적 특징들과 관련해서 볼 때 '주어진' 것으로서가 아니라, 즉 사물들의 본성에 의해서 우리에게 어떻게든 나타나게 되는 완성된 산물로서가 아니라 자유로운 형성작용의 결과물로서 나타난다. 그럼에도 불구하고 그러한 자유로운 형성작용은 결코 자의적이지 않고 철저하게 법칙에 따른다. 자유와 필연성, 사유의 순수하게 내재적인 자기규정과 객관적인 타당성의 이러한 조화가 어떻게 가능한가—이러한 물음이야말로 칸트의 이성비판 전체의 문제를 형성하는 것이다.

우리는 여기에서는 이러한 포괄적인 문제설정으로부터, 상징형식의 철학이 자신에게 제기하는 근본물음과 직접적인 연관을 갖고 있는 계기만을 끄집어낼 것이다. 칸트는 비판주의 이전의 형이상학이 궁극적인 해답을 발견했다고 믿었던 곳에서 모든 철학적 인식의 새로우면서도 아마도 가장 어려운 과제를 발견한다. 칸트에게 중요한 것은, 과학과 철학에서 행해지고 있는 것과 같은 이론적 의미부여 작용을 수행할 뿐 아니라 그러한 의미부여 작용을 그 자체로서 파악하는 것이다. 우리가 이러한 의미부여 작용을 단지 그것의 성과와 관련해서만 고찰하고 그것의 결과물만을 보고 그것 자체를 보지 못하는 한, 이러한 의미부여 작용은 어떤 의미에서는 항상 거듭해서 이러한 결과물의 그늘 아래서 사라지고 만다. 따라서 우리는 이론적인 인식의 성과가 아니라 이론적 인식의 기능과 고유한 법칙성에 시선을 향해야만 한다. 이론적 인식의 기능과 고유한 법칙성만이 우리에게 '사물의 진리'를 열어줄 수 있는 열쇠다. 따라서 이제부터 고찰은 더 이상 개시된 것에만 향하지 않고 개시작용에, 즉 개시작용의 유형과 방식에로 향하는 것이다. 인식의 문을 여는 열쇠 자체의 구조가 이해되어야 한다. 다시 말해서 이론적인 인식의 '의미구조'가 이해되어야만 하는 것이다. 독단론이 앎과 대상 사이에 상정했던 것과 같은 '직접적인' 합치와 일치로 이끄는 길은 이제 더 이상 존재하지 않는다. 이제부터는 인식의 비판적인 정당화와 정초는 인식이 자신이 매개되고 매개하는 것이라는 사실을 깨달음으로써, 즉 인식이 자신이 정신세계 전체의 구성에서 특정한 역할을 갖고 있고 특정한 작업을 수행하는 하나의 정신적 기관이라는 사실을 깨달음으로써 성립한다.

인식이 이렇게 자기 자신을 향하는 것은 인식이 자신의 행로 전체를 답파하고 자신의 최고점에 도달했을 때에야 비로소 가능한 것 같다. 이러한 방향전환을 수행할 수 있는 것은 '초월론적 철학(Transzendentalphilosophie)'뿐이다. 왜냐하면 개개의 대상과 관계하지 않고 오히려 대상 일반에 대한—아프리오리하게 가능한 한에서의—우리의 인식양식과 관계하는 것은 초월론적 철학뿐이기 때문이다. 이러한 철학만이 특정한 객관에 대한 앎이 되는 것에 그치지 않고 오히려 '앎에 대한 앎'이 되려고 한다. 이러한 사정으로부터, 칸트가 자신의 중심문제를 '초월론적' 고찰이라는 높이로까지 올리는 것과 동시에 일관되게 그것을 이러한 높이에 붙잡아두려고 하는 것도 즉시 분명하게 설명될 수 있다. 이론적 인식의 '형식'을 물을 때 칸트는 인식의 본래적인 목표, 즉 인식의 종국점과 그것의 완성에 눈을 향할 경우에만 이러한 형식을 참으로 적합하게 파악할 수 있고 그 형식을 명료하면서도 선명한 윤곽과 함께 우리 앞에 제시할 수 있다고 믿고 있다. 이러한 종국점에서만 앎 자체의 논리적 구조 자체가 어떠한 우연한 규정과도 섞이지 않고 자신의 필연성과 순수성에 있어서 나타날 수 있다는 것이다. 이론적인 '로고스'의 독자적인 의미를 이론적인 로고스가 특유의 완성된 형태와 함께, 즉 참된 명확성과 정밀성에 있어서 출현하는 곳과는 다른 곳에서 찾으려고 한다면, 그것은 힘겹게 획득된 철학적 문제설정의 이러한 **수준**으로부터의 전락으로 나타날 것임에 틀림없을 것이다. 그러나 칸트에 따르면 이론적인 형식의 이러한 정밀함, 즉 그렇게 순수하고 완전한 자기실현은 수학과 수학적인 자연과학에서 가능하게 되었다. 따라서 물음은 무엇보다도 먼저 수학과 수학적인 자연과학에 향해져야만 하며, 또한 시종일관해서 그것들에 향해져 있어야만 한다. 따라서 모든 경험적인 것은, 그것이 이미 수학적 개념형성이라는 매체를 통과하지 않은 한, 즉 공간과 시간의 순수직관과 수의 개념 및 외연량과 내포량의 개념에 의해서 규정되어 있지 않은 한, 인식의 형식에 속하지 않고 형식에 대한 단순한 소재, 즉 단순한 '질료'에 불과하다. 감성적인 감각의 이러한 질료가 단지 **상대적으로**만 질료라고 불릴 수 있는 것은 아닌지—이러한 질료도 자체 내에서 다시 하나의 특정한 형태화작용을 보여주고 있으며 자신의 고유한 '보다 구체적인' 형성작용을 자체 내에 숨기고 있는 것은 아닌지라는 문제는—적어도 칸트의 비판적인 연구의 **초기**에는—제기되지 않고 있다. 이때는 감각은 단적으로 '주어진 것'으로서 나타나며 이렇게 단적으로 주어진 것이 어떻게 해서 감성과 지성의 아프리오리한 형식들에 **따르는가**

―이러한 형식들의 의미와 타당성이 단적으로 주어진 것으로부터 유래하거나 이것에 근거하지 않고서도―라는 물음만이 제기되고 있는 것이다. 이에 대해서 우리가 감각 자체의 '기원'을 물어도, 우리가 얻게 되는 것은 우선은 수수께끼 같은 답변뿐이다. 왜냐하면 이러한 기원은 전적으로 인식될 수 없는 것에서 비롯되는 것으로 간주되는 방식으로만, 즉 '물자체'에 의한 마음의 '촉발'이라는 것에 의해서 설명되는 방식으로만 파악될 수 있기―파악될 수 있는 것으로 보이기―때문이다. 이러한 설명이 우리를 해소될 수 없는 변증법적 난관에 빠뜨린다는 사실은 칸트 철학의 역사에서 그리고 후계자들에 의한 칸트 철학의 전개에서 곧 분명하게 드러났다.[3] 이러한 변증법적 난관이 생기는 것은 여기에서 칸트의 관심사가 문제를 해결하기보다는 오히려 문제를 제거해 버리는 것이었다는 사실로부터 설명될 수 있다. 순전히 역사적으로 보면 문제의 이러한 제거는 이해할 수 있으며 또한 필연적이기까지 하다. 왜냐하면 오직 그러한 방식으로만 칸트가 자신의 가장 고유한 적극적인 성과를 올릴 수 있는 길이 개척되고 열릴 수 있었기 때문이다. 그러나 이러한 길이 일단 쟁취된 후에는, 이론적 자기성찰은 다시 자신의 출발점으로 되돌아갈 수밖에 없었다. 이론적 자기성찰은 단순한 '소재'와 '순수한' 형식의 이원론적 대립에 입각하고 있었던 출발점 자체를 다시 문제로 하지 않을 수 없었던 것이다.

---

3) 이에 대해서 상세한 것은 나의 책 *Erkenntnisproblem in der Philosophie und Wissenschaft der neueren Zeit*, 제3권의 서문, 특히 5쪽 이하를 참조할 것.

사상의 이러한 진행은 칸트 이후의 체계들에서 비로소 입증되고 추적될 수 있는 것은 아니다. 칸트의 학설 자체의 내적인 전개 자체가 이미 상당한 정도로 이러한 진행에 의해서 규정되고 있다. 칸트의 사유의 이러한 특유한 운동을 알기 위해서는, 즉 칸트의 사유가 어느 정도로 일관되게 처음에 설정되었던 소재와 형식의 이원론을 둘러싸고 전개되는가 그리고 이와 함께 칸트의 사유가 이러한 [소재와 형식의] 대립의 **의미**를 점차 변화시키고 심화시키는지를 알기 위해서는 『판단력 비판』이 성립되는 시점까지 나아갈 필요가 없다. '감각의 질료'는 비판적인 인식론에서는 우선은, 단적으로 현존하는 것이라는 의미, 즉 정신의 형성력이 형태를 부여하려고 하지만 변화시킬 수도 없고 그 본성을 꿰뚫어볼 수도 없는 어떤 확고한 기체라는 의미밖에 갖고 있지 않은 것 같다. 감각의 질료는 어디까지나 인식에 의해서 침투되지 않고 침투될 수 없는 잔여로 남아 있다. 그러나 순수지성의 분석론이 여기에서 이미 한 걸음 더 나아가고 있다. 왜냐하면 순수지성의 분석론은 범주의 '객관적' 연역이라는 문제 외에 '주관적' 연역이라는 문제를 포함하고 있으며, 이 두 가지 물음 방향은 서로를 보완하고 요구하기 때문이다. 객관적 연역은 본질적으로 수학적 자연과학에서 보이는 것과 같은 대상인식의 형식에로 향하는 것에 대해서, 즉 객관적 연역이 여러 지각의 단순한 '광상곡(狂想曲)'을 하나의 확고하게 완결된 통일성으로, 다시 말해서 경험적 인식의 체계로 만드는 원칙들을 파악하려고 한다. 이에 반해 주관적 연역은 오히려 **지각의식 자체**의 조건들과 고유성을 파악하는 데 몰두하고 있다. 그리고 주관적 연역의 성과는 우리가 지각의 세계라고 부르는 것이 인상들이 아무런 형식을 갖지 않고 단순히 모여 있는 상태의 것이 아니라 이미 '종합'의 근본적이고 근원적인 특정 형식들을 포함하고 있다는 것이다. 이러한 형식들 없이는, 즉 각지(覺知, Apprehension)의 종합, 재생의 종합, 재인(再認, Rekognition)의 종합 없이는 우리에게는 사고하는 자아와 마찬가지로 지각하는 자아도 존재하지 않을 것이며, 순수하게 사유된 '대상'과 마찬가지로 경험적으로 지각된 '대상'도 존재하지 않을 것이다. 『순수이성비판』이 시작되는 부분에서 감성과 지성은 인간 인식의 두 가지 줄기로서 구별되고 있지만 그럼에도 불구하고 양자는 우리에게는 알려져 있지 않은 어떤 공통의 뿌리로부터 생긴 것일 수 있는 것으로 간주되고 있다. 따라서 여기에서 양자 사이의 대립은 양자 사이의 어떤 결합과 마찬가지로 아직은 전적으로 실재론적인 의미로 이해되고 있는 것으로 보인다. 즉 감성과 지성은 존재의 상이한 층에 속하지만, 양자는 우리에게는 그 이상은 파악될 수 없고 규정될 수 없으면서도 모든 경험적 분리에 선행하는 모든 존재의 근원층에 공통으로 뿌리를 내리고 있을지도 모른다는 것이다. 그러나 순수지성의 분석론은 이러한 관계를 전혀 다른 관점에서 파악하고 있으며 감성과 지성이 나누어지는 지점과 마찬가지로 양자가 통일되는 지점을 전혀 상이한 장소에 설정하고 있다. 왜냐하면 양자 사이의 통일은 이제는 더 이상 사물들의 미지의 근거가 아니라 어떤 의미에서 인식 자체의 품 안에 존재하는 것으로 간주되기 때문이다. 이러한 통일이 발견될 수 있는 것이라면, 그것은 절대적 존재의 본질이 아니라 오히려 이론적인 지식의 어떤 근원적 기능에 근거하고 있는 것으로 간주되어야 하며 이러한 근원적 기능으로부터 이해될 수 있어야만 한다. 칸트는 이러한 근원적 기능을 '통각의 종합적 통일'이라고 부르고 있다. 칸트에게는 이 기능이 모든 지성사용, 즉 논리학 전체뿐 아니라 초월론적 철학조차도 의지하지 않으면 안 되는 최고의 점이다. 이러한 '최고의 점', 즉 정신적 활동 자체의 이러한 초점은 정신의 모든 능력에 대해서 하나의 동일한 것이며 따라서 '지성'과 '감성'에 대해서도 동일한 것이다. 순수통각의 표현인 '나는 사유한다'는 나의 모든 표상에 수반되지 않으면 안 된다. "왜냐하면 그렇지 않다면 전혀 사유될 수 없는 것이 내 안에서 표상될 것이기 때문이다. 그러나 그러한 표상은 불가능하든가 최소한 나에게는 무와 같은 것이다." 따라서 여기에서는 감성적인 표상에도 순수하게 지적인 표상에도 타당한 전적으로 일반적인 조건이 설정되고 있다. 초월론적 통각은 '우리의 모든 인식에 존재하는 어떤 근본능력'이며, 이러한 근본능력에 감각적 표상과 순수하게 지적인 표상 양자가 동일한 방식으로 관계하고 있으며 떼어낼 수 없을 정도로 결부되어 있다. 이와 함께 고립된 '단순히 감성적인' 의식, 즉 모든 이론적인 **의미기능**에 의해 전혀 규정되지 않고 자립적인 소여로서 그러한 모든 기능에 선행하는 의식은 존재할 수 없다는 점이 분명하게 된다. 통각의 초월론적 통일은 과학적 사유의 논리에만 관계하는 것은 아니며 그것에만 제한되는 것은 결코 아니다. 통각의 초월론적 통일은 과학적 사유와 그 대상의 정립과 규정을 위한 조건일 뿐 아니라 '모든 가능한 지각'의 조건이기도 하다. 지각 자체가 어떤 것을 참으로 '지향하려면', 즉 그것이 참으로 어떤 자아의 지각이고 어떤 것에 대한 지각이 되려면, 그것은 특정한 이론적 타당성을 갖지 않으면 안 된다. 따라서 이제는 지각의식 **자체**의 형식을 형성하는 이러한 성격들을 제시하고 드러내는 것이 인식비판의 특수한 과제로서 나타나게 된다. 그렇다면 『프롤레고메나(*Prolegomena*)』에서—물론 체계구축상의 이유보다는 서술상의 이유로—여전히 견지되고 있는 '지각판단'과 '경험판단' 사이의 도식적 대립은 원칙적으로 극복된다. 왜냐하면 감각적인 지각들이나 표상들이 **하나의** 의식에서 통일되고 그것들이 **하나의** 대상에 관계를 맺게 된다는 것은 단순한 감성적 수용성의 사태가 결코 아니고 그 근저에는 항상 어떤 '자발적인 작용'이 존재하기 때문이다. 그리고 이제 순수지성의 자발성, 즉 논리적·과학적 사유와 구성의 자발성뿐 아니라 순수구상력의 자발성도 존재한다는 사실이 분명하게 된다. 구상력도 결코 단순히 재생적으로만 기능하지 않고 근원적으로 생산적으로도 기능한다. 이성비판의 출발점인 감관의 단순한 '촉발'로부터 순수직관의 형식들로, 이러한 순수직관의 형식들로부터 다시 생산적 구상력과—순수지성의 판단에서 표현되고 있는—작용의 저 통일로 하나의 연속적인 길이 이끌고 있는 것이다. 이제 감성과 직관 그리고 지성은 단순히 순서대로 파악될 수 있는 인식의 한낱 연속적인 **국면들**이 결코 아니고, 밀접하게 서로 결합되어 있는 하나의 관계로서, 즉 인식을 구성하는 **계기들**로서 나타나는 것이다.

그리고 이와 함께 이제 비로소 인식의 '질료'와 '형식'의 관계에,

칸트의 새로운 근본통찰, 즉 그의 소위 '코페르니쿠스적 전회'에 상응하는 표현이 주어지게 된다. 왜냐하면 질료와 형식은 이제 더 이상 절대적인 존재의 세위(勢位)들(Seinspotenzen)이 아니고 서로 구별되는 특정한 의미들과 의미구조들을 가리키는 명칭으로 사용되기 때문이다. 칸트가 처음에 파악하고 있었던 것과 같은 감각의 '소재'는 우선은 아직 아리스토텔레스의 πρώτη ὕλη[프로테 휠레, 제1질료]에 대한 일종의 인식이론적 대응물처럼 나타날 수 있었다. 아리스토텔레스의 제1질료와 마찬가지로 감각의 소재는 모든 규정 이전의 단적으로 무규정적인 것으로서 간주되며 그것이 갖게 되는 모든 규정성은 그것에 덧붙여져서 그것에 각인되는 형식에 의해서 주어져야만 한다. 이에 반해서 칸트 자신이 그의 '초월론적 토포스론(die transzendentale Topik[위상학])'의 이념을 완전히 전개하고 이러한 토포스론 내에서 '소재'와 '형식'의 대립에 확고한 지위를 부여한 후에는 사태는 다르게 표현된다. 왜냐하면 이제 양자는 존재의 근본규정 내지 본질규정이 아니라 순수한 반성개념이 되었기 때문이다. 이러한 반성개념들은 '반성개념의 다의성'이란 장에서 일치와 모순, 동일성과 차이성과 동일선상에서 논해지고 있다. 그것들은 해소될 수 없을 정도로 실제로 대립하면서 서로 대치하고 있는 존재의 두 극이 더 이상 아니고, 방법상의 대립관계이면서 동시에 방법상의 상관관계이기도 한 관계의 두 항인 것이다. 따라서 어떤 특정한 관점에서는 인식의 '질료'라고 불릴 수 있는 것이 다른 관점에서는 다시 형식이 부여된 것 혹은 형식적인 것으로서 인식된다는 것은 더 이상 모순적인 것이 아니라 전적으로 필연적인 것이 된다. 질료와 형식의 대립이 이와 같이 방법적으로 상대화되는 것과 함께, 이 두 대립항의 의미는 우리가 어떠한 정신적인 관계체계를 기초로 두느냐에 따라서 변하게 된다. 지각의 문제에 적용될 경우 이러한 사실이 의미하는 것은 다음과 같다. 즉 전(前) 과학적 의식이 머무르고 있는 세계를 과학적 인식의 구성적 규정들로부터 구별할 필요가 있는 경우에는 지각 자체를 상대적으로 단순한 것이라든가 상대적으로 '직접적인' 것으로 간주하고 그렇게 상정해도 좋다. 이러한 구성적 규정과 관련해서 보면 지각은 단적으로 주어진 것, '미리 주어져 있는 것'으로 보일지도 모른다. 그러나 이는 우리가 지각을 다른 문제연관으로부터 고찰하면서 철저하게 매개되고 조건 지어진 것으로서 인식할 가능성을 박탈하는 것도 아니며 또한 그러한 것으로서 인식할 의무에서 벗어나게 하는 것도 아니다. 여기에서 오히려 분명하게 되는 사실은 인식의 이론적 '형식'에 대한 분석이 인식의 개별적인 층에 머무르면서 그것에 고정되어서는 안 된다는 것, 그러한 분석은 인식을 구성하고 있는 계기들의 전체를 항상 시야 안에 두어야만 한다는 것뿐이다. 왜냐하면 과학적 개념, 즉 '추상적' 개념의 영역만이 이론적 해석과 이론적 의미에 의해서 관통되는 것이 아니라 '보통의' 경험 자체부터 이미 그것들에 의해서 관통되어 있기 때문이다. 그리고 초월론적 비판이 만약 대상인식의 구조를 드러내려고 한다면, 그것은 경험의 저 지적인 '승화물', 즉 이론과학이라는 상부구조에 자신을 한정해서는 안 되고 하부구조인 '감성적' 지각의 세계도 특수한 규정과 분절을 갖는 하나의 구조체로서, 즉 하나의 독자적인 정신적 코스모스로서 이해하는 것을 배워야만 한다.

앞에서 본 것처럼 『순수이성비판』은 이러한 요구에 부응했다. 그러나 그것은 자신의 고유한 전제로부터 너무나 명료하게 가리켰던 문제영역을 모든 측면에서 살펴보지는 않았다. 왜냐하면 『순수이성비판』은 자신의 방법적 근본과제에 의해서 애초부터 다른 방향으로 나아가라는 지시를 받았기 때문이다. 『순수이성비판』에서 '주관적' 연역은 '객관적' 연역 아래에 두어지고 있다. 즉 지각의식의 분석은 학으로서의 경험이 의거하는 전제와 원리는 무엇인가라는 결정적인 물음을 위한 전제로서 또한 동시에 그러한 물음을 위한 보완물 내지 첨가물로서의 역할을 하는 것에 불과하다. 학으로서의 경험은 여러 지각의 필연적인 결합에 의해서만 가능하다. 따라서 무엇보다도 먼저 이러한 필연적 결합과 그것의 가능성에 물음이 향해져야만 한다. 이와 함께 지각이 사유될 수 있기 위해서 필수적인 의미구조는 본질적으로 순수한 법칙구조로서 사유된다. 이러한 순수한 법칙구조가 의미하는 것은 개개의 지각들은 서로 고립된 채로 존재하지는 않지만 그렇다고 해서 단순한 집합체를 이루면 된다는 것이 아니라 하나의 사상적 구조체, 하나의 '경험의 맥락'을 이루어야 한다는 것이다. '경험적 사유 일반의 요청'의 두 번째 요청은 이러한 사실을 "경험의 실질적인 조건들(감각)과 연관되어 있는 것은 현실적이다"(B 266)라고 정식화하고 있다. 그러나 이러한 연관은 일반적인 지성법칙들에 의해서 산출되고 그것의 독자성과 형식성격에 있어서 규정되고 있으며, 모든 특수한 자연법칙은 이러한 일반적인 지성법칙의 특수화에 지나지 않는다. 따라서 칸트에 의하면 수학적 자연과학의 대상과 마찬가지로 경험적 직관의 대상을 조건 짓고 가능하게 하는 것은 동일한 하나의 순수하게 지적인 종합이다. 그리고 바로 이러한 동일성이야말로 순수하게 수학적인 개념이 감성적인 현상에 **적용될 수 있는가**에 대한 인식비판적인 근본물음의 해결도 포함하고 있는 것이다. 하나의 논리적 판단에서 여러 표상에 통일을 부여하는 동일한 행위가 하나의 직관에서 여러 표상들의 단순한 종합에도 통일을 부여하는 것이며, 이러한 통일이 일반적인 표현방식에 따르면 순수지성개념이라고 불리는 것이다. 따라서 수학적·물리학적 인식의 체계를 기초 짓는 범주들은 우리의 '자연적 세계개념'[4]이 의거하고 있는 것과 동일하다. 그것들 사이에는 어떠한 차이도 어떠한 원칙적인 단절도 인정되어서는 안 되는 것으로 보인다. 왜냐하면 만약 그러한 것이 인정된다면, 범주의 초월론적 연역이 의거하는 논증 전체가 그 의지할 바를 박탈당하게 되며, 범주의 '권리문제 (quid juris)'에 대한 물음, 즉 범주를 경험적·감성적 현상들에 적용하는 권리에 대한 물음은 더 이상 답해질 수 없기 때문이다. 이러한 권리는 모든 종합이―지각을 객관적인 지각으로, 즉 '어떤 것'에 대한 지각으로 만드는 종합조차도―순수한 지성개념에 따른

---

4) [역주] '자연적 세계개념'이라는 용어는 리하르트 아베나리우스가 『인간적 세계개념』(1891년)이라는 책에서 '자연과학적 세계개념'에 대해서 '인간의 자연적 세계개념'의 복권을 철학의 근본과제로서 주창한 데서 비롯된다. 아베나리우스의 이러한 용어와 사상은 후설의 생활세계(Lebenswelt)개념이나 하이데거의 주변세계(Umwelt)개념 모두에 큰 영향을 끼쳤다.

다는 사실에 근거한다. "예를 들어 내가 하나의 집에 대한 경험적인 직관을 그 직관의 다양을 각지함으로써 지각하게 될 경우, 나의 근저에는 **공간**과 외적 감성적인 직관의 **필연적 통일**이 숨어 있는 것이며, 나는 이를테면 그 집의 형태를 공간에서 다양의 이러한 종합적 통일에 따라서 묘사하는 것이다. 그러나 바로 이 동일한 종합적 통일은 내가 공간의 형식을 추상해 버린다면, 지성에 자리하며 하나의 직관 일반에서 동일한 종류의 것을 종합하는 범주, 즉 **양**의 범주다. 저 각지의 종합, 즉 지각은 철저하게 바로 이 범주를 따르고 있음에 틀림없다."[5] 그리고 감각의 순수한 '내용(Was[무엇임])'은 그것의 단순한 질조차도 동일한 의미에서 지성에 의해서 규정되어 있으며 따라서 어떤 점에서는 미리 헤아려 짐작할 수 있다. 왜냐하면 연속성의 원칙, 즉 내포량의 원칙이 이러한 질의 **변화**를 일정한 조건에 복속시키고 그것에 일정한 형식을 지정하기 때문이다. 이러한 방식으로, "경험적인 것인 각지의 종합은 지적이고 전적으로 아프리오리하게 범주에 포함되어 있는 통각의 종합에 필연적으로 합치해야만 한다."[6] "우리가 구상력으로 하나의 삼각형을 구성할 때에 수행하는 형성적 종합이, 어떤 현상에 대한 경험적 개념을 형성하기 위해서 그 현상을 각지할 때 우리가 수행하는 종합과 전적으로 동일하다는 것, 바로 이것만이 이러한 개념과 그러한 사물의 가능성에 대한 표상을 결합하는 것이다."[7] 이와

---

5) *Kritik der reinen Vernunft*, 2판, 162쪽.
6) 같은 책, 162쪽 주.
7) 같은 책, 271쪽.

같이 지각세계도 근원적으로는 지적인 '형식'을 갖는다는 사상이 칸트에 의해서 극히 엄격하게 그리고 모든 방향에 따라서 전개된다. 그러나 바로 이러한 형식은 칸트에게는 본질적으로는 수학적 개념들의 형식과 일치한다. 양자[지각의 형식과 수학적 개념들의 형식]는 기껏해야 얼마나 명료하게 나타나느냐에 따라서 구별될 뿐이며 본질과 구조 면에서는 서로 구별되지 않는다. 지각이 이론적 내용과 이론적 의의 면에서 자체 내에 포함하고 있는 모든 것은 수학적·물리학적 대상개념의 조건들, 즉 수와 양의 개념에 의해서 다 길어지는 것이다. 지각이 우리에게 어떠한 방식으로든 고정되고 형식을 부여받으려면 그것은 항상 이러한 가장 보편적인 수학적 규정을 통과할 필요가 있다. 어떤 지각이 '무엇인가' 그리고 그것이 '어떻게 있는가'라는 물음에 대한 참으로 엄격한 답은 그러한 물음이 '얼마만큼의 분량'이라는 물음으로 변화될 수 있을 경우에만 주어질 수 있다. 왜냐하면 어떤 지각이 다른 지각과 구별되는 모든 점은 궁극적으로는 어떤 특정한 척도체계, 즉 어떤 양적 위계에서 그것이 점하는 위치를 진술하는 것에 의해서만 객관적이고 이론적으로 표현될 수 있기 때문이다. 따라서 지각의식에 대한 비판적 분석과 정밀과학의 이론적 근본체계에 대한 분석은 동일한 결과에 다다르게 된다. 이러한 결과란 우리가 전자에서도 후자에서도 궁극적으로 소급되는 확고한 기초는 지성, 즉 아프리오리한 개념들의 동일한 근원층이라는 점이다.

그러나 이러한 결과가 칸트의 일반적인 문제설정의 틀 내에서는 필연적이면서도 수미일관된 것으로 나타날지라도, 우리가 일단 이러한 틀을 확장하고 보다 포괄적인 의미의 '초월론적 물음' 자체를 제기하려고 할 경우에는 그러한 틀에 안주할 수가 없다. 상징형식의 철학은 시선을 오로지 그리고 일차적으로 순수하게 과학적인 정밀한 세계**파악**에 향하지 않고 세계**이해**의 모든 방향에 향한다. 상징형식의 철학은 이러한 세계이해를 그것의 다양한 형태에서, 즉 그것의 표현들의 전체와 내적 차이에서 파악하려고 한다. 그리고 이 경우 세계를 '이해한다'는 것은 항상 현실의 어떤 주어진 구조를 단순히 수용하면서 반복하는 것이 아니라 정신의 자유로운 활동을 자체 내에 포함한다는 사실이 분명하게 된다. 진정한 세계이해이면서도 이러한 방식으로 고찰의 특정한 근본방향이 아니라 정신적 **형성작용**의 특정한 기본방향들에 근거하지 않은 것은 없다. 이러한 형성작용의 법칙들을 파악하기 위해서 우리는 무엇보다도 먼저 형성작용의 여러 차원을 서로 선명하게 구별해야만 한다. 수·시간·공간과 같은 특정한 개념들은 무릇 '다수성'이 '통일성'으로 결합되고 어떤 다양한 것이 특정한 형태들로 구분되고 분절되려면 절대적으로 필요한 종합의 근원적인 형식에 해당한다. 그러나 앞에서 본 것처럼 이러한 분절은 결코 모든 영역에서 동일한 방식으로 수행되지 않는다. 오히려 이러한 분절의 방식은 각각의 특수한 영역에서 타당하고 지배적인 특수한 구조원리에 본질적으로 의존한다. 특히 언어와 신화 각각은 특별히 그것들에게 귀속되고 그 개개의 형성물 모두에 공통의 색조를 부여하는 어떤 특수한 '양상'을 보여준다.[8] 우리가 정신적 세계의 '다차원성'에 대한 이러한 통찰을 견지한다면, 이와 함께 또한 '개념'과 '직관'

의 관계에 대한 물음도 즉각적으로 훨씬 복잡한 형태를 취하게 된
다. 우리가 순수하게 인식비판적인 물음의 권역 내에 머무르면서
과학적 기본개념들의 전제들과 타당성만을 탐구하는 한에서는,
감성적 직관과 감성적 지각의 세계도 또한 항상 바로 이러한 개념
들만을 고려하여 규정되며 이러한 개념들을 위한 전 단계로서 평
가된다. 감성적 직관과 감성적 지각의 세계는 그것으로부터 과학
의 이론적 형성물이 전개되는 맹아라는 것이지만, 이러한 맹아에
대한 기술(記述) 속에 그 맹아로부터 언젠가 출현하게 되는 저 형
태화 작용들이 부지불식간에 이미 투입되어 있다. 지각된 것과 직
관된 것의 구조가 처음부터 단 하나의 목표의 상(像) 아래서, 즉 과
학적 객관화라는 목표, 다시 말해 '자연'을 이론적 개념을 통해 통
일적으로 파악한다는 목표의 상 아래서 보이고 있는 것이다. 따
라서 외관상으로 직관은 수용적인 것으로 보이지만 직관 안에 이
미 지성의 '자발성'이 다시 발견된다. 이러한 지성은 자신의 고유
한 법칙성에 의해서 순수한 자연인식의 조건, 즉 과학적 경험과
그 대상이 갖는 법칙성의 조건이 된다. 그러나 '경험'의 체계적 구
조, 즉 자연인식의 보편적 체계에로 향하는 이러한 방향이 감성적
직관에 본질적으로 속할지라도 이러한 방향만이 감성적 직관에
포함되어 있는 유일한 의미지향은 아니다. 정밀과학의 개념적 파
악이 현상들의 세계를 편입시키는 사고형식에는 그것과 다른 특

---

8) 이에 대한 상세한 내용은 이 책 제1권의 일반적 서론의 특히 9쪽 이하와 29쪽 이하
[『상징형식의 철학 I: 언어』(박찬국 역), 33쪽 이하와 68쪽 이하]를 참조할 것.

성과 다른 의미방향을 갖는 형식들이 대립해 있다. 우리는 정신적인 봄(Schau)의 그러한 형식이 언어적 개념과 신화적 개념에서도 작용하고 있다는 사실을 이미 보았다.[9] 언어적 개념은 엄밀한 과학의 개념에 비하면, 한낱 개념의 선행형태나 사고의 잠정적인 형성물 내지 맹아로 나타날지 모른다. 그리고 신화적 개념은 단연코 사이비 개념으로 나타날지도 모른다. 그러나 그렇다고 해서 이러한 개념들이 특정한 성격과 특정한 의의를 전혀 가질 수 없는 것은 아니다. 언어와 신화의 개념도 정신적인 봄의 방식이며 현상들이 형성하는 계열, 즉 [끊임없이] 흐르면서도 항상 동일한 것으로 머무는 계열을 구분하고 그것에 생기를 불어넣으며 그러한 계열을 확고한 형태들로 결집시킨다. 언어는 명칭의 세계, 즉 일정한 의미를 갖는 음성기호의 세계 안에서 살고 있다. 그리고 언어가 이러한 명칭의 통일성과 확정성을 견지할 때, 이와 함께 이러한 명칭에 의해서 포착되고 지칭되어야만 하는 감각적 체험의 다양성 자체도 비로소 상대적인 안정성, 즉 일종의 정지상태에 도달하게 된다. **이름**이야말로 이러한 다양성 안에 항상성과 지속의 최초의 계기를 도입하는 것이다. 이름의 동일성이야말로 논리적 개념의 동일성의 전 단계이면서 그것을 선취하는 것이기도 하다. 신화의 영역에서 형태화는 다른 방식으로 수행된다. 신화의 영역에서도 '객관적' 세계가 구축되고 이러한 세계가 지속적이고 항상적

---

9) [역주] 카시러는 『상징형식의 철학』 제1권과 제2권 각각에서 언어와 신화를 고찰하고 있다.

인 것으로서 외적·내적 지각의 무한히 다양한 현상의 배후에서 통찰되지만, 그러한 세계는 영적·신적인 힘들로 이루어진 세계이며 생명을 갖고 행위하는 존재자들의 만신전(萬神殿, Pantheon)이기 때문이다. 그런데 언어와 신화라는 이 두 영역에서도 이론적·과학적 인식의 고찰과 분석에서 우리에게 드러났던 동일한 관계가 엿보인다. 이론적·과학적 인식에서도 '소재'와 '형식'은 서로 독립적으로 존재하면서 나중에서야 외적으로 결합되는 것에 지나지 않는 분리 가능한 **구성요소**들이라는 사실은 거의 입증될 수 없었던 것과 마찬가지로 언어와 신화라는 근원적인 층으로 귀환해서 보아도 그러한 분리는 입증될 수 없다. 우리가 우선 보는 것은 적나라한 감각, 즉 materia nuda[적나라한 질료]로서의 감각이고 그 다음에 그것에 어떤 종류의 형식부여 작용이 덧붙여지는 것은 아니다. 오히려 우리가 파악할 수 있고 접근할 수 있는 것은 항상 특정한 양식의 형성작용에 의해서 철저하게 지배되며 그것에 의해서 완전히 관통되어 있고 구체적인 규정성을 갖추고 있는 지각세계의 생생한 다양한 형태들이다. 신화가 입각해 있는 '원시적 사고'에 대한 극히 면밀하면서도 정확한 분석이 반복해서 선명하기 그지없이 보여주었던 것은 이런 종류의 원시적 **사고**에도 고유한 양식과 방향을 갖는 **지각**이 대응하고 있다는 단 **하나**의 귀결이었다. 신화적 형상이란 다채로운 베일—사물의 경험적 표상 주위에 점점 더 치밀하게 펼쳐지지만 그럼에도 불구하고 그 배후에 이 사물의 경험적 표상이 [신화적 형상이 도저히] 침범할 수 없는 견고한 핵으로서 존속하는 베일—과 같은 것은 아니다. 신화적 형상

의 힘을 이루는 것은 오히려 이 형상 속에도 '현실'을 직관하고 지
각하는 고유하며 독자적인 양식이 주어져 있다는 점이다. 이러한
양식은 일관된 경험적 법칙에 따르는 전체로서의 '자연'이라는 현
상을 드러내는 현실파악의 방식과는 전혀 다른 조건에 따른다. 신
화적 지각은 그러한 자연에 대해서는 전혀 알지 못한다. 그러나 그
러한 신화적 지각에도 시·공간적으로 서로 분리되어 있는 것들
을 하나의 동일한 신화적 '의미'의 계기와 표현 그리고 각인으로서
나타나게 하는 내적인 결합과 연관이 결여된 것은 아니다. 언어에
대해서도 유사한 것을 말할 수 있다. 언어에서도 언어가 수행하는
기능을 그것이 사고에 미치는 영향이라는 방향에서만 파악하면
서 언어가 지각세계의 구성과 형태화에 미치는 영향도 사고에 미
치는 영향 못지않게 본질적이고 근원적인 것으로서 주목하지 않
는다면, 이는 언어에 대한 일면적이고 불충분한 파악이 될 것이
기 때문이다. 언어의 형성력이 아마도 가장 명료하면서도 가장 결
정적으로 나타나는 것은 개념세계를 조립하고 분절하는 단계에서
가 아니라 지각의 현상적 구조 자체에서일 것이다. 훔볼트는 언어
란 분절된 음성이 사고내용의 표현을 가능하게 하는 영원히 반복
되는 정신의 노동이라는 정의를 언어에 대한 진정한 '발생적' 정
의로 보고 있다. 그러나 다른 한편으로 그는 사고의 이러한 작업
이 직관의 세계와 표상의 세계에서의 작업과 극히 긴밀하게 얽혀
져 있다는 사실을 의심하지 않는다. 즉 인간은 자기 자신으로부터
언어를 짜내는 정신작용에 의해서 동시에 언어 안으로 감겨 들어
간다. 따라서 인간은 언어라는 매체가 직관적 대상을 인간에게 제

시하는 방식으로만 그 대상과 관계하며 또한 그런 식으로만 살 수 있다.[10] 우리가 이러한 기본적 견해를 수용하게 되면 이제까지 파묻혀 있었거나 모호한 채로 남아 있었던 형식문제들의 세계, 즉 그 중요성 면에서 과학적 인식의 구조가 제기하는 문제들에 뒤떨어지지 않으면서 철학적으로 이러한 문제들과 동등한 자격을 갖는 형식문제들의 세계가 부상(浮上)해 온다. 우리가 이러한 문제들의 전체를 조망하게 될 경우에야 비로소 우리는 정신의 개별적 능력들 사이에서 그어지곤 하는 모든 경직된 경계선을 넘어서 나아가는 정신의 내재적인 역동성을 통찰하게 된다. 괴테의 말을 빌리면, 정신의 이러한 역동성과 끊임없는 운동 속에서 모든 봄이 곧 고찰하는 것이 되고, 모든 고찰이 곧 성찰하는 것이 되며, 모든 성찰이 결합으로 이행한다. 따라서 세계를 주의 깊게 바라볼 때에 우리는 이미 어떤 종류의 이론화를 행하고 있는 셈이다. 이하의 고찰과 탐구에서 중요한 것은 '이론(Theorie)'이라는 개념을, 색채론의 서론에 있는 괴테의 이 명제가 이론이라는 개념에 부여하고 있는 전체적인 폭에 있어서 파악하는 것이다. 우리에게 이론이란 세계에 대한 과학적 인식에만, 특히 이러한 인식의 논리적으로 탁월한 어떤 특정의 정점에만 한정될 수 없으며 또한 한정되어서도 안 된다. 오히려 우리는 특수한 방식의 형태화 작용, 즉 어떤 특정한 '의미' 통일체로의 고양이 행해지는 모든 곳에서 이론을 찾아내야만 한다.

---

10) Humboldt, *Einleitung zum Kawi-Werk*, Akad.-Ausgabe, VII, 1, 46, 60 u. ö.

2. 상징적 인식과 그것이 대상세계의 구성에 대해서 갖는 의의

철학은 신화와 언어가 자체 안에 숨기고 있는 여러 형식문제의 전체를 상당히 나중에서야 비로소 자신의 고찰의 권내로 끌어들였다는 사실, 즉 철학은 이러한 문제를 탐구하기보다는 오히려 오랜 동안 그것을 피하면서 문 앞에서 쫓아냈다는 사실은 철학적 개념이 갖는 독자성과 철학이 성립하는 역사적 조건을 고찰해 보면 잘 이해할 수 있다. 언어의 개념들과 신화의 개념들에서 표현되고 있는 세계관이 폐기되고 원칙적으로 극복될 때에야 비로소 철학의 개념이 자신이 갖는 힘을 완전히 발휘하고 순수하게 될 수 있다. 이러한 극복의 운동 내에서 비로소 '철학의 논리'가 구성되는 것이다. 철학의 논리는 자신에 적합한 성숙에 도달하기 위해서 무엇보다도 언어의 세계와 신화의 세계와 대결하고 이 양자와 변증법적으로 대립할 필요가 있다. 오직 이러한 길을 통해서만 철학은 자신의 본질개념과 진리개념을 성공적으로 규정하고 주장할 수 있었다. 플라톤의 경우에서 보는 것처럼 신화 자체를 아직 표현형식으로서 이용하고 능수능란하게 사용하는 경우에조차, 철학은 이러한 형식의 밖에 그리고 이러한 형식을 넘어서 존립해야만 한다. 즉 철학은 신화라는 형식과 순수한 로고스를 엄밀하게 그리고 선명하게 구별해야만 한다. 신화가 생성의 세계에, 따라서 가상의 세계에 사로잡혀 있는 반면에, αλήθια τῶν ὄντων[알레테이아 톤 온톤], 즉 존재자의 진리는 순수한 개념에 의해서만 파악된다. 철학적 인식은 그것이 자신을 사상의 순수한 에테르 안으로 고양할 수 있기 전에 우선 언어와 신화의 구속으로부터 자신을 해방시키고 인간의 결함을 보여주는 이러한 것들[언어와 신화]을 쫓아내야만 한다.

그리고 순수한 철학과 유사한 길을 걸으면서 **과학적 자연인식도** 자신의 고유한 과제를 파악하게 된다. 과학적 자연인식도 자신을 발견하기 위해서 우선 신화와 언어로부터 자신을 단절하는 위대한 정신적 분리, 즉 사고에 의한 κρίσις[크리시스, 분리]를 수행해야만 했다. 이러한 분리 작용이야말로 철학의 탄생 시점을 가리키는 것이라면, 자연의 경험적 연구와 수학적 규정의 출발점을 이루는 것이기도 하다. 그리스 철학의 초창기에는 이 두 개의 과제가 아직은 직접적으로 혼합되어 있다. 이오니아의 자연철학자들은 아리스토텔레스에 의해서 가장 오래된 '퓌지올로고이(Physiologe)'로 불리고 있다. 즉 그들은 자연(Physis)의 개념에 입각하여 로고스의 개념을 발견하는 사람들이다. 로고스가 자립적인 것이 되는 경우에조차, 즉 피타고라스 교단에서처럼 로고스가 순수한 수의 비례관계로 파악되고 이와 함께 감각적 지각의 소재로부터 분리되는 경우에조차 로고스는 여전히 자연과 연관되어 있다. 수는 모든 진리의 근거이자 원천이다. 이러한 수의 진리 자체는 수가 구체화되는 것에 의해서만, 즉 감각적 사물들 자체 안에서 수가 그것들의 조화, 그것들의 척도, 그것들의 질서로서 나타나는 것에 의해서만 존재한다. 또한 수의 이러한 개념적 '본질', 즉 수의 이러한 οὐσία[우시아, 실체]와 αλήθεια[알레테이아, 진리]는 직접적으로 출현하는 것이 아니라 낯선 세계로부터 온 것처럼 서서히 그리고 점진적으로 자신을 형성해야만 한다. 피타고라스의 수, 즉 수학과 자연과학의 수는 사유의 끊임없는 진전과정에서 신화적·마술적 수의 영역으로부터 쟁취됨으로써 비로소 발견된다. 그리고 과학적 자연인식은 신화적 개념들과의 투쟁과 동일한 투쟁을 언어적인 개념들과 수행해야만 한다. 과학적 자연인식은 언어에 존재하는 분리와 분할 그리고 결합과 통합에 의해 단순히 사로잡히지 않고 오히려 그것들을 전혀 다른 종류의, 다른 지적인 성격을 갖는 구별과 통일에 의해서 대체해야만 한다. 언어가 **명명하는** 것만으로 만족하는 곳에서 과학적 자연인식은 **규정**을 추구한다. 언어가 명칭의 다의성에 머무르는 곳에서 과학은 개념의 일의성을 추구한다. 그러나 이러한 자연인식은 과학으로서 처음 시작할 때부터 이러한 요구를 내걸음으로써 '통속적인 경험'의 세계상과의 결별도 훨씬 더 첨예한 형태로 수행했다. 여기에서 행해지는 단절을 통해 자연과학적 '대상'의 세계로부터 언어의 세계뿐 아니라 직접적 지각의 세계조차도 분리된다. 이러한 자연과학적 대상의 영역에 도달하기 위해서, 즉 자연을 그 객관적 존재와 객관적 규정성에서 파악하기 위해서 사고는 단순히 이름의 영역뿐 아니라 감성적 감각과 감성적 직관의 영역도 넘어서야만 한다. 이 두 가지 일을 동시에 수행했다는 바로 그 점에 그리스 사상의 가장 독창적이며 가장 생산적인 특징의 하나가 존재하지만, 물론 이러한 사실은 거의 주목을 받지 못했으며 그것이 갖는 완전한 의의도 거의 제대로 평가받지 못했다. 그리스 사상이 그 두 가지 일을 동시에 수행할 수 있었던 것은 언뜻 보기에는 극히 낯설고 역설적인 동일화가 행해지는 것에 의해서, 즉 **감각적 현실** 자체가 한낱 **언어적인** 현실로, 즉 명칭들의 존재로 해석되었다는 것에 의해서다. 통속적인 세계관이 가장 확실하면서도 가장 자명한 실재, 즉 전혀 의심의 여지가 없으며 반론의 여지도 없는 **실재**를 발견하는 곳에서, 철학적 관점은 변전과 변화, 즉 한낱 **명명행위**의 불안정과 자의성(恣意性) 밖에 인식하지 못한다. 파르메니데스는 교훈시에서 이렇게 말하고 있다. "생성과 소멸이든, 존재와 비존재든, 장소의 변화와 색채의 현란한 변화든, 사멸할 자들이 진리라고 확정하면서 신뢰하는 것은 모두 이름에 지나지 않는다." 여기서는 순수한 사고, 즉 참으로 **철학적인** 로고스가 언어의 사이비 로고스에 대해서 투쟁을 벌이고 있는데, 바로 이러한 투쟁에서 과학적 자연개념이 시작하고 출현하는 것이다. 여기서 데모크리토스는 파르메니데스에 직접적으로 결부되어 있다. 데모크리토스는 파르메니데스가 순수하게 사유된 존재, 즉 논리적인 존재에 입각하여 보여주었던 것과 동일한 계기를 자연의 존재, 즉 피시스의 존재에 입각하여 보여주고 있는 것이기 때문이다. 자연의 진리도 직접 우리 눈앞에 존재하는 것이 아니라 우리가 사물의 세계를 언어의 세계로부터 구별함으로써, 즉 항상적이고 필연적인 것을 우연적이고 관습적인 것으로부터 성공적으로 구별함으로써 비로소 발견되는 것이다. 그리고 우리의 언어적인 지칭뿐 아니라 우리의 감성적 감각의 전영역도 우연적이고 관습적인 것이다. 단것도, 신 것도, 색깔을 띠는 것도 소리를 내는 것도 오직 '약속에 따라서' 존재하는 것에 불과하며, 참으로 존재하는 것은 원자와 텅 빈 공간뿐이다. 그리고 이렇게 감각성질을 언어기호와 동일한 것으로 간주하며, 그것의 현실성을 이름의 현실성으로까지 끌어내리는 것은 과학적 자연개념의 발생과 관련된 한낱 개별적인 동향, 역사적으로 규정된 하나의 동향에 그치는 것은 아니다. 이 자연개념이 르네상스기의 철학과 과학에서 새로 발견되고 다른 방법적인 전제들 위에서 정초되는 곳에서도 우리는 이것과 전적으로 동일한 전회에 마주치게 되는 것은 우연한 일이 아니다. 갈릴레이는 '객관적인' 규정들을 한낱 '주관적인' 규정들로부터 구별하고 '제1' 성질을 '제2' 성질로부터 구별하면서, 제2 성질을 한낱 명칭의 위치로 끌어내리고 있다. 우리가 통상적으로 물체에 그것의 감각적 속성으로 소속시키는 모든 것, 즉 모든 냄새, 맛과 색채는 우리가 그것들이 속한다고 생각하는 해당 대상과 관련해서 볼 때, 대상 자체의 본성이 아니라 단지 그 대상이 감각하는 유기체인 우리에게 미치는 영향을 보여주는 언어일 뿐이다. 사고는 그것이 어떤 물리적 존재에 향하는 한, 필연적으로 이러한 존재에 양, 형태, 수라는 특정한 징표들을 부여해야만 한다. 즉 사고는 이러한 존재를 하나의 것 혹은 다수의 것으로서, 큰 것 혹은 작은 것으로서 사유해야만 한다. 이에 반해 빨간 것이나 하얀 것, 매운 것이나 단것, 향기로운 것이나 악취가 나는 것은 물리적 존재에 속하는 것이 아니다. 이 모든 명칭은 우리가 존재의 변화하는 상태를 가리키기 위해서 필요로 하는 기호일 뿐이다. 그러나 이러한 기호는 존재 자체에 대해서 외적인 것이며 우연적인 것이다.[11]

바로 과학적 자연인식의 이러한 방법적 **출발점**은 일단 그것이 획득되면 어떤 의미에서는 그것의 방법적 **종착점**도 의미할 수밖에 없는 것 같다. 과학적 자연인식은 이러한 목표를 넘어서 나아갈 수도 없으며 그것을 넘어서 물을 수도 없는 것으로 보인다. 이러한 인식이 그러한 것을 시도하려고 한다면, regresssus in infinitum [무한소급]에 빠져서 수습하기 어렵게 되기 때문이다. 즉 참된 객관적인 존재라고 자칭하는 모든 존재의 배후에 이제 다른 존재가 나타나는 것이며, 따라서 이러한 진행이 언젠가 저지되면서 이와 함께 인식의 절대적으로 견고한 공략 불가능한 '기초'가 확보되는 것은 불가능하기 때문이다. 그러나 최소한 **물리학자**에게는 이러한 무한정한 진행에 자신을 내맡길 필요는 없으며, 더 나아가 그에게는 그럴 권리조차 없는 것으로 보인다. 물리학자는 어디에선가 이러한 진행이 최종적인 규정성을 확보할 것을 요구하는 것이다. 그리고 그는 수학적인 것이라는 견고한 기초에 접촉하는 곳에서 그러한 최종적인 규정성을 발견한다. 일단 물리학자가 감성적 감각이라는 단순한 기호와 가상의 세계로부터 출발하여 수학적인 것이라는 이러한 층으로 소급하여 되돌아갔다면, 이와 함께 그는 이러한 층에 머무르고 그것에서 안식할 수 있는 권리를 얻은 것이다. 현대의 물리학자조차도 통상적으로 자신의 현실성 개념이 갖는 궁극적 성격에 대한 '인식론적' 회의를 일절 거부한다. 즉 현대의 물리학자는 플랑크(Planck)와 함께 현실적인 것을 **계측 가능**

---

11) Galilei, *Il saggiatore*, Opere, ed. Albèri, IV, 333. 상세한 내용은 *Erkenntnisproblem* 3판 I, 390쪽 이하를 볼 것.

한 것으로 정의함으로써 현실에 대한 명석하면서도 최종적인 정의를 발견하는 것이다. 계측 가능한 것의 이러한 영역은 그 자체로 존재하며 그 자체로 존속한다. 그 영역은 자립하는 것이며 또한 자명한 것이다. 이러한 수학적인 것의 객관성, 양과 수라는 이러한 확고한 기초 자체가 다시 흔들려서는 안 되며 반성에 의해서 기초가 침식되고 파헤쳐져서는 안 되는 것이다. 자연과학이 '변증법적' 사고의 길을 무시하는 것도 이렇게 자신의 기초가 파헤쳐지는 것을 두려워하기 때문이다. 자연과학에 자연스럽고 적합한 방향은 관찰된 현상들로부터 이것들의 원리에로 소급하고 다시 이러한 원리로부터 수학적으로 연역될 수 있는 귀결들로 나아가는 것이지, 이러한 원리 자체를 다시 정당화하고 정초하려고 하는 것은 아니다. 자연과학이 이러한 최초의 경향에 사로잡혀 있는 한, 그것에는 원리와 객관을 나누는 선명한 분리선과 같은 것은 없다. 원리는 객관적으로 **타당한** 것이기 때문에, 동시에 참된 의미에서 **현실적인** 것이기도 하다. 우선 과학은 자신의 기본적 규정들을 사물의 구체적인 형태로 자신 앞에 제시하는 방식으로만 정립할 수 있다. 여기에서는 이를테면 방법상의 '유물론'이 지배하는 것이며 이러한 유물론은 물질이라는 개념에서뿐 아니라 그 외의 물리학적 기본개념, 특히 '에너지'라는 개념에서도 지적될 수 있다. 이러한 기본적 경향이 갖는 위력, 즉 기능적인 것을 실체적인 것으로, 상대적인 것을 절대적인 것으로, 계측을 위한 척도의 개념을 사물의 개념으로 변화시키려는 노력은 자연과학적 사고의 역사에서 반복적으로 나타난다.

그러나 물리학이 최근 수십 년 동안 이룩했던 이론적 발전을 고려해 보면, 이 점에서도 또한 어떤 결정적인 전환이 준비되기 시작하고 있다는 사실이 분명히 드러난다. 더 나아가 아마도 이러한 결정적인 전환이야말로 현대물리학 전체에 **방법적** 특색을 부여하고 있는 동기일 것이다. 자연과학의 '고전적' 체계, 즉 갈릴레이-뉴턴식의 역학체계가 이론(異論)의 여지없이 통용되고 있던 동안에는, 그것이 의거하고 있는 원리들이 자연 자체의 기본법칙으로 여겨졌다. 뉴턴이 정의했던 것과 같은 공간과 시간, 질량과 힘, 작용과 반작용이란 개념들에 의해서 모든 물리학적 현실을 파악하기 위한 기본 틀이 최종적으로 확립되었던 것으로 보였다. 그러나 오늘날 자연과학적 인식 자체의 내재적인 진전에 의해서 이러한 사고방식은 갈수록 기반을 상실하게 되었다. 유일하고 경직된 자연체계 대신에 어떤 의미에서 열린 유연한 체계들이 나타났던 것이다. 이 경우 특히 실체개념이 겪었던 심각한 변화, 물질적인 덩어리에 대한 물리학으로부터 장(場)의 물리학으로의 진전, 이 모든 것이 이제 물리학적 인식의 비판적인 자기성찰에도 하나의 새로운 길을 가리켰다. 순수하게 내용적으로 볼 때, 자신의 발견에 의해 새로운 '전기역학적 세계상'을 비로소 가능하게 하고 준비했던 그 **동일한** 사상가가 물리학에서 '사유양식의 혁명'도 주도했다는 사실은 사유할 만한 가치가 있는 사실로서 특기할 만하다. 하인리히 헤르츠야말로 그의 『역학의 원리들』(1894년)에서 물리학적 인식의 '모사설'로부터 순수한 '상징이론'으로의 전환을 누구보다도 그리고 가장 결정적으로 수행했던 현대물리학자다. 자연과학의 기본개념들은 지금은 더 이상 사물처럼 직접적으로 주어져 있는 것의 복사와 모사로서 나타나지 않고 오히려 물리학적 사고가 구성한 일련의 구상으로서 도입된다. 이러한 구상의 이론적 타당성과 중요성은 그것으로부터 사고(思考)의 필연성에 따라서 도출되는 귀결이 경험에서 관찰 가능한 것과 반복해서 일치한다는 조건에만 의존한다.[12] 이러한 의미에서—헬름홀츠가 그의 인식론에서 수행했던 것처럼—이제 물리학적 개념들의 세계 전체가 하나의 순수한 '기호'의 세계로서 정의되는 것이다. 이러한 전환을 '고전적인' 자연이론의 인식론적인 기본전제와 비교해 보면, 하나의 특유한 대립관계가 부각된다. 갈릴레이는 감각적 성질을 '단순한 기호(puri nomi[순수한 이름])'로서 파악함으로써 자연과학의 객관적 세계상으로부터 그것을 제거하고 말았다. 감각적 성질은 자연의 객관적 필연성에 모순되는 관습적이고 우연하며 자의적인 성격을 갖고 있다. 인식은 현실적인 것, 즉 참으로 실재하는 것을 파악하기 위해서는 단순히 기호적인 것을 극복하고 떨쳐내야 한다. 그러나 이제 [헬름홀츠에서는] '주관적' 현상과 객관적·대상적 현실의 구분이 이제까지와는 다른 새로운 의미에서 행해지게 된다. 양자, 즉 감각도 수학적·물리학적 개념도 이제는 사물의 존재와 직접적으로, 즉 절대적 의미에서 합치한다는 요구를 제기하지 않기 때문이다. 양자는 순전히 지시적인 성격을 가질 뿐이며 단순히 현실의 '지표'

---

12) 상세한 내용은 이 책 제1권 50쪽 이하[『상징형식의 철학 I: 언어』, 106쪽 이하]를 볼 것.

에 불과할 뿐이다. 양자의 차이는 양자가 포함하는 지시기능이 상이한 가치, 즉 상이한 이론적 의미와 이론적 보편타당성을 갖는다는 데에 있을 뿐이다. 그러나 이와 함께 상징개념은 물리학적 인식이론 전체의 중심점이자 초점이 된다. 상징개념이 그러한 것으로서 인식되고 주목을 받게 된 것은 특히 물리학의 대상과 구조에 대한 뒤앙(Duhem)의 연구들에서였다. 뒤앙에게는 이러한 상징개념이야말로 단순한 **경험**과 엄밀한 물리학**이론** 사이의 진정한 차이를 형성하는 것이다. 경험은 개개의 사실을 감각적인 관찰에 드러난 그대로 파악하고 그것들을 순수하게 기술하면서 연결하는 데 만족하는 것 같다. 그러나 구체적인 감각적 현상을 그렇게 기술하더라도 물리학적 개념의 가장 단순한 형식에조차 도달할 수 없으며 더군다나 물리학적 법칙의 형식에는 더욱더 도달할 수 없다. 법칙이란 단순히 지각 가능한 사실들을 통합하면서 개개의 현상들을 흡사 하나의 실처럼 잇는 것이 아니기 때문이다. 직접적인 지각과 비교해 볼 때 어떠한 법칙도 오히려 하나의 μετάβασις εἰς ἄλλο γένος[메타바시스 에이스 알로 게노스, 다른 유(類)로의 이행], 즉 어떤 새로운 **형식**의 고찰로의 이행을 포함하고 있다. 법칙은, 관찰이 제공하는 구체적인 자료들 대신에 관찰자가 참이나 타당한 것으로서 가정하는 특정한 이론적 전제에 기초하여 그러한 자료들에 대응하는 것으로 간주되는 상징적 표상이 정립됨으로써만 성립한다. 모든 물리학적 **판단**은 필연적으로 이러한 권역 안에서 움직인다. 이러한 판단은 결코 관찰 가능한 다양한 개별적 사실에 대한 단순한 확인이 아니라 추상적이고 상징적인 개념들 상호 간의 관계를 언표하고 있다. 이러한 개념들의 의미는 직접적인 감각에 의해서 직관될 수 있는 것이 아니라 극히 복잡한 지적인 사고과정을 통해서 비로소 규정되고 확정될 수 있다. 바로 이러한 과정, 바로 이러한 사상적 해석이야말로 물리학적 이론의 본질을 형성하는 것이다. 따라서 사실의 세계와 물리학적 개념의 세계 사이에는 실로 일종의 hiatus, 즉 하나의 균열이 남아 있다. 이 두 세계의 내용 상호 간의 동일성이나 유사성에 대해서 말하는 것은 아무런 의미도 없다. 오히려 현실에서 관찰되는 '실제의' 사실과 **이론적인** 사실, 즉 물리학자가 자신의 관찰을 **언표하는** 공식 사이에는 항상 어떤 괴리가 존재하게 되는 것이다. 양자 사이에는 저 극도로 복잡한 사고작업의 총체가 개입하기 때문이다. 이러한 사고작업의 총체에 의해서, 구체적 사건을 이야기하는 것 대신에 그 자체로 순수하게 추상적인 의미를 갖고 특정한 상징적 기호에 의해서만 정식화될 수 있는 판단이 정립되는 것이다.[13] 물론 그렇다고 해서 현대물리학의 인식이론이 고전적 인식이론과 달리 물리학의 개념이 실재성을 가져야 한다는 요구를 **포기했다**는 것은 아니다. 다만 현대의 인식이론은 이러한 실재성 요구를 고전적 인식이론과는 다른 방식으로 **정의하며** 이러한 요구를 훨씬 복잡한 방식으로 **조정해**야만 한다는 것이다. 물리학적 개념의 상징적 성격을 인식한다는 것이 물리학적 개념의 객관적 타당성을 부정하는 것은 아니다.

---

13) Pierre Duhem, *La Théorie physique, son objet et sa structure*, Paris 1906, 245쪽 이하, 269쪽 이하.

물리학적 개념의 상징적 성격은 오히려 바로 이러한 타당성 자체와 개념의 이론적 정초의 한 계기를 형성한다. 여기에서 많은 새로운 문제가 대두되지만, 우리는 당장 이러한 문제들을 해결하려고 하지는 않을 것이다.[14] 이 서론에서 행해지는 고찰에서는 우선 문제 자체를 확보하고 이러한 문제가 우리의 연구 전체 내에서 갖는 체계적인 위치를 파악하는 것으로 충분하다.

3. 내적 경험에서 '직접적인 것'—심리학의 대상

그런데 이제 다음과 같은 이의가 제기될 수 있다. 우리의 고찰은 자신이 설정한 목표를 실현하지 못할 수밖에 없는데 이는 이러한 목표가 우리가 지금까지 걸었던 길에서 완전히 벗어나 있기 때문이라는 이의다. 사고에게 단지 상징과 기호의 층에 불과한 것을 돌파하여 그것의 배후에 있는 '직접적' 현실, 즉 베일이 벗겨진 현실을 파악할 수 있는 어떤 가능성이 존재하는지 아닌지를 묻는다면, 이러한 목표가 설령 도달 가능하더라도 그것은 [직접적 현실에 대한] '외적인' 경험의 길을 통해서는 아니라는 사실이 저절로 분명해진다. 이러한 외적 경험, 즉 **사물세계**에 대한 인식은 전적으로 특정한 이론적 전제와 조건에 구속되어 있다는 것, 따라서 그런 한에서는 자연인식에서 점진적으로 수행되는 것과 같은 **객관화**

---

14) 이에 대해서 상세한 것은 아래를 보라. 특히 제3부 제6장을 보라.

의 과정은 항상 동시에 논리적 **매개**의 과정, 즉 병합(倂合)의 과정이기도 하다는 것, 이 점에 대해서는 인식비판적 분석이 현대물리학의 영역에서 달성한 모든 진보에 입각해서 볼 때 의심할 여지가 거의 없다. 우리는 진정으로 '직접적인 것'을 외부의 사물에서가 아니라 우리 자신 안에서 찾아야만 한다. 시간·공간 안에 존재하는 **대상들**의 총체로서의 자연이 아니라 우리 자신의 자아만이, 즉 객관의 세계가 아니라 우리의 존재의 세계, 우리의 체험적 현실의 세계만이, 이러한 직접적인 것의 문턱으로까지 우리를 이끌 수 있는 것 같다. 따라서 굴절을 야기하는 모든 매체를 떠나서 현실 자체를 보려고 한다면 우리는 '외적' 경험의 인도(引導)가 아니라 내적 경험의 인도에 따라야만 한다. 모든 현실의 참으로 단순한 것, 그것의 궁극적 요소를 우리는 결코 사물에서 발견할 수 없다. 그것은 아마도 우리의 의식에서 발견될 수 있을 것임에 틀림없다. 의식에 대한 분석이 우리를 더 이상 분해할 수 없고 더 이상 분해할 필요도 없는—즉 모든 실재의 근원적인 구성물로서 명료하면서도 확실하게 인식될 수 있는—궁극적이고 근원적인 것으로 이끄는 것은 아닐까?

이러한 물음과 함께 우리는 형이상학과 심리학이 서로 접하고 양자가 서로 분리될 수 없을 정도로 서로 융합되어 있는 것으로 보이는 지점에 서 있게 된다. 철학의 역사에서 이러한 융합의 과정이 가장 명료하게 나타나는 것은 버클리에서다. 버클리의 『인간 인식의 원리들』은 언어에 대한 비판과 함께 시작하지만, 그는 이러한 비판을 모든 순수하게 개념적인 사고, 모든 '추상적' 사고에 대한 비판으로까지 확대한다. 추상이 배격되는 것은 우리가 그것에 우리를 내맡길수록 그것은 그만큼 더욱 우리를 단순히 간접적인 것의 영역 안으로 끌어들일 위험이 있기 때문이다. 바로 이 때문에 추상은 결코 형이상학의 방법이 될 수 없다. 형이상학적 인식은 직접적인 것에 대한 학설이 되고자 하기 때문이다. 우리는 자연탐구의 진행에 따르는 것에 의해서는, 즉 자연현상을 법칙에 입각하여 파악하고 이 법칙을 다시 수학의 형식언어로 언표하는 것에 의해서는 이러한 직접적인 것을 파악할 수 없다. 오히려 직접적인 것이 우리에게 주어지는 것은 우리가 개념적인 공식의 이러한 마력에서 벗어나서 내부지각의 세계를 그것이 작위와 추상에 의한 일체의 변형에 앞서서 우리에게 드러나는 그대로 받아들일 경우뿐이다. 우리의 모든 현실인식의 유일한 원천이자 핵심인 순수한 경험은 이론적인 왜곡 해석에 의해서 아직 접촉되지 않은 단순한 근원적 지각 이외의 어디에서도 찾을 수 없다. 지각의 존재야말로 모든 인식의 유일하게 확실하며 전혀 문제성이 없는 근원적인 소여(Urdatum)다. 고전적 자연과학이 의거했던 인식이론과 비교할 때 이제 하나의 완전한 역전, 즉 모든 가치의 전도가 수행되었다. 이제까지 고전적 자연과학의 인식이론은 자신의 대상의 실재성을 주장하기 위해서는 감각을 주관적인 '현상'으로, 심지어는 단순한 명칭에 불과한 것으로까지 폄하해야만 했다. 그러나 이제 정반대의 테제가 주장되고 있다. 즉 감각이야말로 유일하게 실재적인 것이 되고, 물질은 한낱 명칭이 되고 마는 것이다. 물질이라는 자연과학적 개념이야말로 이제 버클리에게는 '추상에 의한' 개념형성의 약점과 무력함을 폭로하는 전형적인 예가 된다. '물질'은 어떠한 개별적인 지각 안에도 주어지지 않는다. 물질은 그 자체 눈으로 볼 수도 없고 손으로 만질 수도 없다. 우리가 물질의 근본의미로까지 거슬러 올라가서 보면 물질에서 남는 것은 하나의 '일반관념'일 뿐이며 이러한 일반관념도 또한 모든 일반관념과 마찬가지로 사물 속에 어떠한 원상(原象)도 갖지 못하고 단지 하나의 단어가 갖는 일반성으로 해소되고 만다. 물질이라는 개념은 가장 유리한 경우에도 현실적인 것에 대한 막연하면서도 모호한 명목적 정의를 제공하는 것에 지나지 않는다. 이에 반해 그것에 대한 실질적 정의는 감관에 의한 감각의 권역, 즉 감각의 개개의 양상과 개별적인 차이에서만 발견될 수 있다. 이와 같이 여기에서도 인식비판의 기초가 되는 것은 언어비판이다. 버클리는 언어의 이중의 형식을 구별하면서 그것에 입각하여 우리 인식이 갖는 종적으로 상이한 두 개의 타당성 성격을 입증하고 있다. 버클리에 의하면 지각 자체도, 즉 감각적인 현상의 총체도 언어의 한 형식으로 간주되지만, 언어의 이 형식은 관습적인 언어와 기호언어와는 무관하다. 오히려 그것은 형이상학적 근원적 존재인 신이 인간과 이야기하는 저 근원적인 언어다.[15] 그러나 스콜라 철학의 논리학과 이것에 따르면서 갈수록 그것에 종속되었던 학문은 모든 진리와 현실의 이러한 근원적인 층으로부터 등을 돌리고 감관

---

15) 버클리의 시각언어(visual language)라는 개념에 대해서는 이 책 제1권, 80쪽 이하 [『상징형식의 철학 I: 언어』, 160쪽 이하] 참조.

의 직관적인 언어를 일반개념의 논증적 언어에 의해서 대체하고 내쫓고 말았다. 이러한 논리학과 그것에 따랐던 학문이 건립했던 구성물 전체를 허물 경우에만, 우리는 존재의 구체적이고 원초적인 상태와 근원적인 구성요소를 파악하고 이해하기를 희망할 수 있다.

이와 같이 버클리는 '외적' 경험에 대한 '내적' 경험의 투쟁, 즉 논리학에 대한 심리학의 투쟁을 주창하고 있다. 이러한 투쟁은 그의 철학 전체를 관통하고 있지만, 뉴턴의 수학과 뉴턴의 운동론의 기초에 대한 지칠 줄 모르는 논박에서 특히 잘 나타나고 있다. 그런데 버클리의 이러한 기본견해와 비교해 볼 때, 이제 19세기 물리학의 전선(戰線)에 주목할 만한 변화가 일어난다. 수학적 물리학에 대한 형이상학의 가장 첨예한 선전포고를 포함하고 있던 버클리류의 인식이론이 이제 물리학의 영역 자체 안으로 돌입하게 되는 것이다. 즉 물리학의 정초와 그것의 원리들의 음미가 바로 이러한 인식이론의 형태로 추구되는 것이다. 이와 함께 물리학의 고전적 체계와 극히 긴밀하게 결합되어 발전했고 궁극적으로는 칸트의 초월론적 철학의 체계에서 정점에 달했던 대상인식의 **논리학**도 마침내는 심리학에 자리를 양보하고 마는 것으로 보인다. 그리고 이 경우 심리학은 엄밀하게 감각주의적 방향을 취하면서 순수한 '요소심리학'으로서 구성된다. 19세기의 인식이론에서 마흐의 『감각의 분석』이 표방하고 있는 것도 이러한 방향전환인 것이다. 마흐는 사람들이 이제까지 '내적' 경험을 '외적 경험'으로부터 나누어왔던 자의적 구분, 즉 심리학을 물리학으로부터 나누어왔던 자의적 구분을 폐기하는 것이야말로 자기 학설의 참된 **방법론적** 근본의도라고 분명히 말하고 있다. 마흐는 내적 경험과 외적 경험, 심리학과 물리학을 어떤 직접적 통일 속에서 포섭하는 것을 가능하게 하는 것과 같은—즉 우리가 한 영역으로부터 다른 영역에로 발을 내딛자마자 우리의 개념세계 전체를 '전환하지 않으면 안 되는' 필연성에서 우리를 벗어나게 하는—어떤 원리론을 요구한다. 그리고 그는 물리적인 것의 세계와 심리적인 것의 세계가 형식 면에서는 아무리 서로 구별되더라도 하나의 동일한 원료로 짜여 있다는 점에서 양자의 공통성을 발견한다. 우리가 이러한 원료로까지 소급해 올라가자마자, 즉 최종적인 궁극적 요소들에 이르기까지 분석을 수행하자마자, 이제까지 우리가 '내적인 것'과 '외적인 것' 사이에 세웠던 모든 인위적 장벽은 사라지고 만다. 감성적 감각이라는 근원적 층과 그것의 순수한 존재로 귀환함으로써, 우리는 한낱 간접적인 것, 의미적인 것을 극복하게 되며 이와 함께 추상적인 개념 언어가 존재를 표시하는 명사를 채용할 때에 생기는 일체의 모호함, 일체의 양의성과 다의성도 극복하게 되는 것이다. 색과 음, 맛과 냄새에 대한 근원적 체험에 대해서는 그것이 내적 현실에 속하는가 아니면 외적 현실에 속하는가라는 물음은 어떠한 권리도 갖지 못할 뿐 아니라 더 나아가 어떠한 의미도 갖지 못한다. 왜냐하면 존재하는 모든 것을 존재하는 것으로서 성립시키는 구성성분이 존재하는 것의 어떤 특정한 **종**에만 속하며 그것에게만 존재한다고는 생각될 수 없기 때문이다. 따라서 순수하게 실증주의적 관점이 형이상학적 관점에 의해서 우리가 빠지게 되는 수수께끼를 해결하게 된다. 즉 세계에 대한 형이상학적 해석과 설명이 세계에 대한 순수한 기술(記述)에 자리를 내주게 되는 것이다.

이러한 기술은 물리적인 혹은 심리적인 '대상' 대신에 순수한 요소복합체와 그것들 사이의 다소간 강고한 결합을 정립할 경우에 자신의 목표에 도달하게 된다는 점에 대해서 물리학자로서의 마흐도, 심리학자로서의 마흐도, 그리고 인식이론가로서의 마흐도 전혀 의심하지 않았다. 그러나 물리학과 심리학이 보여준 그 후의 전개가 이러한 마흐의 신념을 결코 뒷받침하지 않은 것은 물론이다. 물리학에 관해서 말하자면, 여기에서는 플랑크(Planck) 정도의 사상가가 마흐의 인식이론에 단호하게 저항했다는 사실을 상기하는 것으로 충분하다. 플랑크는 마흐의 인식이론에서 참된 물리학적 대상개념의 정초가 아니라 오히려 그것의 완전한 해소를 본다. 그리고 **심리학**의 그 후의 전개는 마흐의 요소일원론의 기본적 전제들로부터의 이반(離反)을 아마도 훨씬 더 첨예하면서도 명확하게 수행했다. 여기에서 우리는 우선 이러한 전개를 상세하게 살펴보지는 않을 것이다. 우리는 오히려 인식의 단순한 '질료'를 모든 형성작용의 밖에 두면서 그것과는 독립적인 것으로 규정하려고 하는 모든 시도에 대해서 우리가 이제까지 제기하지 않을 수 없었던 **하나의 물음**만을 마흐의 이론에 제기하려고 한다. 모든 사실적인 것이 이미 하나의 이론이라는 점을 인식하는 것이야말로 최고의 인식이라는 괴테의 말은 그것이 어떠한 종류의 사실에 대해서도 타당하다면 단순한 감각의 사실에 대해서도 타당하다. 마흐 학설은 그것의 최초의 **출발점**부터, 그의 근본가정, 즉 심리적 형성물의 모든 내용과 존립은 그것의 단순한 구성요소의 존립에 구속되어 있으며 이러한 단순한 구성요소로부터 완전히 도출될 수 있다는 가정이 인정될 경우에만 타당하다. 그런데 이러한 전제의 유래와 마흐가 이러한 전제에 부여하는 정초를 검토해 보면, 놀랍게도 이 전제가 직접적인 심리학적 경험에서 결코 유래하지 않으며 과학적 **방법론**의 가치와 의미에 대한 마흐의 견해에서 유래한다는 사실을 알 수 있다. 심리적 경험이 우리에게 심적 형성물을 직접 제시하는 방식은 결코 요소적 감각들의 합으로서가 아니고 불가분한 전체—이 전체가 '복합적인 질(Komplexqualität)'이라는 의미로 이해되든 심적인 '게슈탈트(Gestalt)'라는 의미로 이해되든—로서라는 사실에는 이론의 여지가 없다. 마흐조차도 결국 이러한 사태를—적어도 '게슈탈트질(質)'이라는 개념과 문제가 최근의 심리학에 수용된 이래—완전히 간과하거나 부인하지는 않았다. 그러나 마흐가 여전히 주장하는 것은 감각적 체험의 요소 내지 그것의 근원적 소여로까지 거슬러 올라가지 않고서는 심리적인 것에 대한 **지식**은 획득될 수 없다는 것이다. 마흐에 따르면 모든 지식은 어떤 전체를 단지 **소유하는 것**에 의해서 성립하는 것이 아니라 비교적 단순한 사태로부터 그러한 전체를 **구성하는 것**에 의해서 성립한다. 즉 지식은 그것의 본질상 분석과 종합, 분리와 재결합이라는 이중의 과정을 통해서 구성된다는 것이다. 마흐가 갖고 있는 이러한 확신의 기원을 추적해 보면, 마흐가 경험심리학자로서보다도 오히려 **물리학자**로서 말하고 있다는 사실을 알 수 있다. 즉 '합성하는' 방법과 '분해하는' 방법을 모든 인식에 불가결한 두 개의 기본적 계기로 보는 갈릴레이의 고전적 학설이 마흐에서도 여전히 분명하게 잔향을 남기고 있는 것이다. 그러나 마흐는 자신이 물리학의 전제에 가했던 예리한 비판을 심리학에서는 하지 않고 있다. 그는 물리학자들이 말하는 원소에 대해서는 그것을 직접적·현실적인 것의 표현으로 보는 일체의 권리를 부인하고 있다. 그에게 그러한 원소는 단순한 보조개념에 지나지 않는다. 그것은 사고경제의 소산이며 우리가 자연과정을 기술할 때 불가결한 것이지만 그렇다고 해서 그것 자체를 자연의 주어진 내용으로 봐서는 안 된다는 것이다. 그런데 이러한 근거로 원자의 실재성에 대해서 극히 회의적인 태도를 취하는 마흐가 심적 요소의 실재성은 믿고 있다[는 점이 문제다]. 이 점에 비추어볼 때 마흐의 인식이론의 단초에는 명료한 한계와 역설이 존재한다. 왜냐하면 감각이라는 '단순한 것'은 원자라는 '단순한 것'과 적어도 동일선상에서 다루어져야 하지만, 직접 체험되는 현실을 기술해야만 하는 개념은 물리적인 사물세계를 묘사하기 위해서 사용되는 개념보다도 훨씬 신중하게 사용되어야 마땅하기 때문이다. 그러나 마흐에서는 이러한 관계가 완전히 전도되고 있다. 그는 원자라는 개념의 실체화에 대해서는 지칠 줄 모르고 투쟁하고 있으며, 이렇게 철학적으로 공격하는 것을 넘어서 원자라는 개념의 물리학적인 가치와 모든 '객관적' 자연과학에서 이 개념이 갖는 탁월한 의의를 과소평가하는 것조차 드물지 않을 정도로 심도 있게 철학적 공격을 수행하고 있다. 그러나 마흐는 감각이란 개념의 실체화에 대해서는 전혀 반감을 느끼는 것 같지 않다. 그렇지만 적어도 순수한 경험의 권역, 즉 심리적 사건 자체의 권역에서는, 실재적인 사태로서의 단순한 감각이라는 것이 결코 나타나지 않는다는 점은 분명하다. 우리는 단순한 감각이라는 개념으로부터―최근의 많은 심리학자가 그렇게 하는 것처럼―일체의 이론적인 가치를 박탈할 필요는 없다. 그러나 이러한 개념이 사실의 표현이라기보다는 이론적 가설의 표현이라는 사실 하나는 분명하다. 단순한 감각은 어떠한 경우에도 직접적으로 주어지지 않으며 가정된 것, 더 나아가 그 자체가 이미 구성된 것인 특정한 선(先)개념에 근거하여 상정된 것이다. 최근의 심리학에서 이러한 선개념에 대한 비판이 극히 첨예한 형태로 착수된 후부터는, 감각요소의 이른바 사실성이라는 것도 이러한 심리학에 의해서 하나의 이론적 선입견에 지나지 않는다는 점이 드러났다. 최근의 심리학에서는 '한낱' 질료라는 의미의 '직접적인 것'에는 어떤 내적 모순이 존재하는 것으로 입증되었다. 즉 심리적 형성물의 전체는 그 전체의 형식과 나란히 그리고 이것 외에 무정형의 어떤 것이 전체의 형식의 기체로서 존재한다는 식으로 분해될 수는 없다. 그러한 기체를 성공적으로 드러낼 수 있다고 해도 그 기체는 이렇게 드러내는 작용, 다시 말해 [심리적 형성물의 전체에서 기체를] 분리시키는 작용이 수행되는 것과 함께, 그 기체가 분절된 한 개의 의미통일체 내부의 계기인 한에서 그것에게 주어지는 의미도 상실하게 될 것이다. 그리고 이러한 의미가 상실될 경우 동시에 그 기체의 본래의 실재성, 즉 그 '심리적' 실재성도 상실된다.

'실증주의적' 인식이론이 참으로 실증적인 것, 즉 심리적인 것에 특유한 성격을 드러내고 파악할 수 있는 능력을 얼마나 결여하고 있는지는 다른 측면으로부터도 분명하게 된다. 마흐는 단순한 감각 자체의 순수한 사실성에 대해서뿐 아니라 의식의 요소들이 서로 명확하게 분리된 여러 감관의 권역으로 구분된다는 점에 대해서도 전혀 의심하지 않는다. 그는 이러한 구분이 직접적으로 '자연적 세계개념'의 내용에 속하는 것으로 여긴다. 직접적인 감각의 방식에서 주어져 있는 세계는 서로 분리되어 있는 다양한 감각인상으로 구성되어 있다는 것이다. 그는 이러한 세계의 '내용'과 함께 세계는 색과 음, 맛과 향, 기온에 대한 감각과 근육감각 등으로 나누어져서 주어진다고 본다. 그러나 지각이라는 현상이 그것의 근원적인 근본형태에서, 즉 그 순수성과 직접성에서 파악된다면 이러한 분리는 전혀 보이지 않는다. 지각이라는 현상은, 우선은 아직 구분되지 않은 하나의 전체로서, 즉 물론 어떤 방식으로 분절되어 있기는 하지만 이러한 분절이 결코 여러 감각요소로의 분해를 의미하지는 않는 전체적인 체험으로서 주어진다. 이러한 분리는 지각이 더 이상 그것의 단순한 내용에서 고찰되지 않고 어떤 특정한 사상(思想)적인 관점 아래에 두어지고 판단될 경우에야 비로소 생긴다. 지각의 '내용'이 파악되고 규정될 뿐 아니라 그 '기원'이 물어짐으로써 비로소 지각을 상대적으로 서로 독립해 있는 감각의 권역으로 분리할 필요가 생기는 것이다. 따라서 이러한 분리는 지각의식의 단순한 '상태'에 속하지 않고 오히려 어떤 반성의 계기, 즉 **인과적 분석**이라는 계기를 이미 포함하고 있다. 지각이 그것의 기원으로부터, 즉 그것의 발생조건으로부터 고찰됨으로써 지각 자체도 이러한 조건들의 차이에 따라서 여러 영역으로 나누어진다. 이제 지각의 특수한 **기관들** 각각에 지각내용의 자립적인 세계가 할당된다. 눈에는 색의 세계가, 귀에는 음의 세계가, 촉각에는 거칠거나 미끄러운 것의 세계가, 온도감각에는 차가운 것과 따뜻한 것의 세계가 대응한다는 것이다. 이러한 분석은 본래의 '과학'이 형성되면서 비로소 착수되는 것이 아니라 이미 전(前) 과학적 세계상에 속하는 것이지만, 그렇다고 해서 이러한 사실에 미혹되어 이러한 분석이 갖는 특유의 **이론적** 성격을 부인해서는 안 된다. 왜냐하면 물리학의 대상세계만이 반성의 특정한 동기, 특히 현상의 인과적 해석이라는 동기에 의해서 규정되는 것이 아니라 이미 전(前) 과학적 경험의 사물세계가 그러한 동기에 의해서 규정되어 있는 것이다. 이와 같이 그 변환은 거의 눈에 띄지 않더라도, 전(前) 과학적 경험의 사물세계에서 순수하게 현상적인 관점 대신에 **발생적** 관점이 이미 나타나는 것이다. 즉 현실적인 기원이든 가정되었을 뿐인 기원이든 기원의 차이가 지각의 **구조** 안으로 직접적으로 투입되는 것이다. 지각의 발생조건에서의 경험적 차이가 지각의 '자연스런' 분류원리, 심지어 그것의 유일한 분류원리로서 간주되는 것이다. 그런데 '자연스런 세계상'을 단순히 받아들일 수 없고 그것을 가능하게 하는 조건들을 묻지 않으면 안 되는 철학적 비판은 지각의 이러한 분류원리를 의문에 부치면서 최소한 이러한 원리가 유일하고 자명한 것인지를 의심할 충분한 이유를 갖는다. 이렇게 의심한다고 해서 철학적 비판이 그 분류원리 자체의 타당성을 결코 **부인하려고** 하는 것은 아니며, 단지 이러한 타당성을 절대적인 것으로서가 아니라 오히려 특수하고 상대적인 것으로서, 다시 말해 현실의 단순한 내용 속에 **주어져 있는** 것이 아니라 현실에 대한 어떤 특정한 해석에 속하는 것으로서 인식할 뿐이다. 실증주의는 형성작용의 차이를 내용상의 차이, 즉 경험적으로 주어져 있는 것의 차이로 봄으로써 여기서도 다시 순수한 에너지, 즉 형식의 능동성과 자발성을 부인한다. 그러나 순수한 **기술**(記述)이라는 실증주의에 고유한 요구가 엄격하게 받아들여질수록 '기술'의 권역과 '설명'의 권역은 명확하게 분리되지 않으면 안 된다는 점, 즉 눈앞에 보이는 것과 눈앞에 발견될 수 있는 것의 기술에는, 세계의 인과적인 '파악'을 지향하는 경향에 속하면서 이러한 경향에 의해서만 그 타당성과 필연성이 정당화되고 '연역'될 수 있는 동기는 일절 개입되어서는 안 된다는 점이 한층 더 강조되어야만 한다. '주어진 것'과 '사고된 것'을 엄밀하게 구별하는 것은 흄이래 경험론 자체의 가장 확실한 성과에 속하며 그것의 참된 기본적 요구에 속한다. 특히 인과성이란 '관념'은 단순한 감각적 인상에는 속하지 않으며 어떤 종류의 간접적인 추론에 의해서 인상으로부터 끌어내어질 수도 없다는 사실을 흄이 결정적으로 보여주었다. 그러나 실증주의적 인식이론은, 이러한 결론이 역의 방향에서도 타당하다는 사실, 따라서 지각의식에 포함되어 있는 순수하게 사실적인 것에 대한 서술에는 결국은 인과적 사고에 뿌리박고 있고 그것으로부터 자양분을 얻고 있는 어떠한 계기도 개입해서는 안 된다는 사실을 자주 망각한다. 따라서 기술적 관점과 발생적 관점을 혼동하는 것은 경험적 방법 자체의 정신에 대한 위반을 의미하지만, 지각의 순수한 현상학이 문제가 되고 있는 경우에 **감각**

생리학이 제시하는 사실들에 의거하면서 그것들을 참된 분류원리, 즉 fundamentum divisionis[분류의 기초]로 한다면, 이것이야말로 그러한 혼동에 해당한다. 마흐의 요소설은 이러한 위험에서 벗어나지 못했다. 따라서 그것은 최초에 구상되었을 때 보였던 것과는 전혀 다른 방법적 성격을 갖게 되었다. 마흐의 학설은 그것의 근원적인 근본의도에 따르면 객관화하는 과학의 대상개념, 특히 '물질'이라는 개념의 해체와 같은 것을 겨냥했던 것 같다. 즉 물질은 더 이상 실체적인 것으로 간주되어서는 안 되고 오히려 단순한 감각인상의 복합체로서 파악되어야 하고 감각인상의 단순한 집적으로서 정의되어야만 한다는 것이다. 물리학자의 독단적 '유물론'이 심리학의 입장으로부터 그리고 심리학의 도움을 받아서 수정되고 극복되어야 한다는 것이다. 이와 함께 물리적으로 단순한 것 대신에 심리적으로 단순한 것, 즉 단순한 원자 대신에 단순한 감각이 들어섰다. 그럼에도 불구하고 보다 엄밀하게 분석해 보면, 여기에서 인정되고 있는 물리적인 것에 대한 심리적인 것의 우위, 존재에 대한 의식의 우위는 단지 외관상의 우위에 지나지 않는다. 왜냐하면 현실적인 것의 전체를 구성하는 내용 내지 소재를 우리가 '물질'이라고 부르거나 '감각'이라고 부르는 것은 결정적인 것이 아니기 때문이다. 본질적인 것은 오히려 현실에 대한 해석 전체가, 즉 현실의 '형식'에 대한 파악이 어떠한 방향으로 움직이고 어떠한 범주를 근원적이고 궁극적인 것으로 전제하는가라는 것이기 때문이다. 그리고 이 점에 관해서 곧 분명해지는 것은 마흐가 자신의 인식이론을 구성할 때에 사용했던 범주의 틀이 세부적인 차원에서의 모든 변양에도 불구하고 객관적이고 객관화하는 자연과학의 틀일 뿐이라는 것이다. 마흐가 찾고 있었고 요구했던 것은 심리학의 대상과 물리학의 대상에 공통된 하나의 기반이었다. 이 둘은 서로 분리되어 따로 논해져서는 안 되고 어떤 하나의 뿌리로부터 도출되어야만 했다. 이러한 방법을 통해서 '내적' 경험과 '외적' 경험 사이에 생생한 상호작용이 실현되고 물리학이 심리학에 의해서 풍요롭게 되어야만 했다. 그러나 실은 마흐의 심리학의 최초의 단초에서부터 그가 이러한 목적을 달성하지 못했다는 것 그리고 왜 달성하지 못했는지가 이미 분명하게 드러난다. 마흐는 단순한 감각이란 개념을 구상하면서 그것을 자신의 심리학의 단초로 삼는다는 점에서 생리학자이자 물리학자로 머물렀다. 여기에서 감각은 그것의 순수한 현상에 있어서, 즉 과정으로서 받아들여지고 있는 것이 아니라 처음부터 실체로서, 즉 보편적인 '세계 소재 (素材)'로서 파악되고 있으며 이에 함께 물화(物化)되고 있다. 마흐가 단순한 감각이라고 부르는 사물은 심적 존재의 기체인 것과 똑같이 물리적 존재의 기체여야만 했다. 그러나 우리가 이러한 가정을 진지하게 생각해 보면 이러한 가정에 의해서는 두 종류의 '현실'의 참된 **형식**이 오인되고 근본적으로 부정되고 만다는 사실이 분명하게 된다.

이러한 사실은 우리가 현대 경험론의 문제설정을 그것의 역사적 기원으로까지 거슬러 올라가 살펴보면 보다 명료하게 드러난다. 홉스는 지각이야말로 철학의 참된 근본문제를 형성한다고 천명하고 있다. 모든 현상 중에서도, φαίνεσθαι[파이네스타이, 현출한다는 것] 그 자체야말로, 즉 도대체가 어떤 것이 나타나 있다는 사실이야말로 가장 경이롭고 근원적인 현상이기 때문이다.[16] 그러나 가장 근원적인 이 현상을 해석할 때에 홉스는 곧장 그리고 실로 의식적으로 물리학적 범주를 사용하게 된다. 그는 심리학은 그것의 정초와 구성에서 물리학의 방법을 모방함으로써만 철학적 인식으로까지 고양될 수 있다는 원칙을 세우고 있다. 철학적 인식은 모두 원인으로부터의 인식이지만 우리가 어떤 사물의 원인을 이해하기 위해서는 그 사물이 **발생되는** 과정을 우리 눈앞에 그려보아야만 한다. 즉 우리는 그 사물을 그것의 단순한 구성요소들로부터 구성해야만 하는 것이다. 홉스는 이러한 테제를 정초하기 위해서 갈릴레이의 자연과학의 형식에 의지하고 있다. 그러나 그는 자연과학의 형식을 지식의 어떤 부분영역에 제한하지 않고 그것이 인식될 수 있는 것의 모든 영역에―즉 물리학과 마찬가지로 심리학에도, 또한 논리학과 수학과 똑같이 법률학과 국가론에도―적용할 것을 요구하는 것이다. 이와 함께 홉스에게는 사고한다는 것이 모두 계산한다는 것, 즉 더하고 빼는 것이 된다. 그러나 이 경우 그것 자체로는 계산 기호 이외의 아무것도 아닌 순수한 **개념**과 이러한 개념이 최종적으로 관계하는 실재적인 것, 즉 계산이 다루고 파악하고 규정하려고 하는 내용은 선명하게 구별하지 않으면 안 된다. 개념 자체는 현실적인 것의 단순한 지표라는 기능 이외의 어떠한 기능도 갖지 않는다. 그리고 개념은 이러한 기능으로

---

16) Hobbes, *De corpore*, Cap. 25, sect. 1을 참조할 것.

전적으로 해소되기 때문에 개념은 언어에서 단어와 결코 구별될 수 없다. 개념은 단순히 '명목적' 의미만 가질 뿐 어떠한 '실질적인' 의미도 갖지 못한다. 그러나 이러한 단순한 기호의 세계의 배후에, 그 기호에 의해서 **표기되는** 것의 세계가 존재하며 이러한 세계는 **물체들**의 세계 이외의 것이 아니다. 따라서 [홉스의 경험론은] 외관상으로는 현상학적으로 출발하는 것처럼 보였지만, 즉 '현상하는 것 자체'라는 순수한 사실로부터 출발하는 것처럼 보였지만, 여기에서 갑자기 그 반대물로, 즉 '물질'을 유일하게 인식 가능하고 유일하게 실재하는 것으로 보는 절대적 현실성에 대한 테제로 귀착되는 것이다. 홉스의 경험론을 계승하는 사람들은 이러한 유물론을 인식론적 근거로부터, 혹은 형이상학적인 근거로부터 반박한다. 그러나 이러한 유물론은 그들에서조차도, 순수하게 **방법론적인** 관점에서는 결코 극복되지 않았다. 왜냐하면 그들의 심리학도 철저하게 자연주의의 궤도에서 움직이고 있기 때문이며, 그들의 지각설조차도 지각이라는 현상을 그 자체로서 기술할 수 있기 위해서 우선 그 전에 그것을 똑같이 자립적으로 존립하는 사물적인 구성부분으로 간주되는 부분들로 분해해야만 하기 때문이다. 이 경우 그러한 요소개념, 즉 그러한 심리적 '원자'라는 개념이 충분한 것이고 허용될 수 있는가라는 물음은 우선은 어디에서도 제기되지 않고 있다. 이러한 심리학적 고찰은 물리학과의 유비를 자신이 무조건적으로 그리고 거리낌 없이 의지하는 실마리로 간주하고 있는 것이다.

17세기와 18세기의 거의 모든 과학적 심리학은 이러한 권역 안에서 움직이면서, 의식의 '단순한' 요소들을 설정하고 그것들이 특정한 관념연합에 의한 결합체로 종합되는 규칙을 발견한다면 심리적인 것의 본질을 드러낼 수 있다고 기대했다. 오직 한 사상가만이 이러한 흐름에서 너무나 멀리 떨어져 있어서 그의 목소리에 귀를 기울이는 사람은 거의 없었던 것 같다. 헤르더가 바로 그 사람이었으며, 그는 언어의 기원에 관한 자신의 저서와 『인간의 영혼의 감각작용과 인식작용』이라는 저서에서 처음으로 새로운 길을 개척했다. 그는 순수한 철학적 정초와 관련해서는 통각의 통일로서의 의식의 통일이라는 라이프니츠의 개념에 의거하고 있다. 그러나 동시에 헤르더는 자신의 고유한 길을 걸으면서 얻게 된 모든 구체적인 인식과 통찰에 의해서 라이프니츠의 이 개념을 풍요롭게 하고 있다. 그는 물리학이나 생리학과 같은 자연과학으로부터가 아니라 언어의 의미내용에 대한 물음으로부터 출발한다. 그는 언어를 종래의 심리학적 범주 속으로 편입시키려고 하지 않고, 언어 속에서 살면서, 즉 언어를 구체적으로 이해하고 해석하면서 언어에 적합한 정신적 범주를 처음으로 발견하게 된다. 바로 이 점에서 그의 독창성과 천재성이 입증된다. 이와 함께 지각의 현상학에도 사고의 새로운 조류가 흘러들어 오게 되었다. 그리고 이 조류는 [지각의 현상학에] 직접적으로 생명을 불어넣고 [그것을] 풍요롭게 하는 자신의 힘을 즉각적으로 입증하게 된다. 이제 우리가 나아가야 할 방향을 제시하는 주도적 사상은 더 이상 자연인식의 영역이 아니라 언어철학의 영역에 존재하는 것으로 간주되며 이와 함께 고찰의 방식이 변하게 된다. 자연인식에서는 부분들에 대한 인식이 전체에 대한 인식에 선행하며, 전체의 실재성을 부분들의 전체성에 의해서 기초 짓는 것이 중요하며 심지어 필연적인 것으로까지 나타난다. 그러나 언어에 대한 고찰과 그것의 정신적 정초에는 이러한 길이 닫혀 있다. 왜냐하면 언어에 특수한 '의미'는 불가분의 통일체이자 전체이기 때문이다. 그것은 개개의 구성요소, 즉 개개의 '단어'를 하나씩 모아서 구성되는 것이 아니라 오히려 역으로 개개의 단어가 문장이라는 전체를 전제하며 이러한 문장에서 출발함으로써 비로소 해석되고 이해될 수 있는 것이다. 이제 우리가 이러한 관점을 지각의 문제에 적용해 보면, 즉 언어가 갖는 이러한 의미의 통일성을 실마리와 범례로 삼아 감성의 특성을 규정해 본다면 감성에 대해서도 이제까지와는 전혀 다른 이미지가 생기게 된다. 이렇게 되면 우리는 고립된 단어와 마찬가지로 고립된 '감각'과 같은 것도 한낱 추상에 지나지 않는다는 사실을 인식하게 된다. 문장이 단어로부터, 단어가 음절로부터, 음절이 문자로부터 '성립되지' 않는 것과 마찬가지로 실제의 살아 있는 지각도 색이나 음, 맛이나 냄새로부터 성립되지 않는다. 이러한 사실에서 출발하면서 언어철학자로서의 헤르더는 당시의 분석적 심리학이 개개의 '감관영역' 사이에 설정했던 장벽을 부정하면서 무너뜨리는 일에 착수하게 된다. 만약 감관의 내용들 사이에, 예를 들어 음의 세계와 그 외의 감관의 내용 사이에 실제로 그러한 근원적인 이질성이 존재한다면, 언어음이 어떻게 이 모든 영역을 표현하고 대신할 수 있겠는가? 이러한 전제에서 보면, 모든 언어표현은 불가해하며 부당한 이행, 즉 극히 드문 μετάβασις είς ἄλλο γένος[메타바시스 에이스 알로 게노스, 다른 유(類)로의 이행]로 나타나지 않을까? 헤르더는 이러한 의심의 이론적 기초에 해당하는 종래의 심리학의 분류를 부인함으로써 이러한 의심을 해소해 버린다. "시각과 청각, 색과 단어, 향기와 음은 어떻게 연관되어 있는가?"라고 그는 묻는다. 그리고 이 물음에 대한 해답은 우선은 다음과 같다. 즉 우리는 이러한 연관을 대상의 방향에서가 아니라 오히려 그것과는 다른 방향에서—외계의 사물에서가 아니라 자아 내지 지각의 '주체'에서—찾아야 한다는 것이다. 객관적으로 고찰하면 상이한 감관들에 주어진 것들은 서로 멀리 떨어져 있는 것으로 보일지 모른다. "그러나 **대상들** 속에 존재하는 이러한 속성들은 도대체 무엇인가? 그것은 **우리** 안에 존재하는 한낱 감성적 감각들이다. 그러한 것들로서 그것들은 모두 하나로 합류하는 것은 아닐까? 즉 하나의 사고하는 sensorium commune[공통감각]이 있고 이것이 다만 상이한 측면들로부터 촉발될 뿐이다. 거기에 해답이 있다." 헤르더는 여러 감관영역에로의 일체의 분할, 예를 들면 보이는 것의 세계, 들리는 것의 세계, 만질 수 있는 것의 세계로의 일체의 분할에 선행한다고 생각할 수밖에 없는 감성적 의식의 이러한 통일성과 전체성을 가리키기 위해서 '감정(Gefühl)'이라는 용어를 사용하고 있다. 감정에서는 우리가 감각을 분류할 때에 보통 의거하는 모든 구별은 아직 고정된 사실로서 파악되지 않고 오히려 이를테면 아직 in statu nascendi[생겨나려고 하는 상태에서] 파악되고 있다. 여기에서는 확정된 차이가 아니라, 의식의 순수한 역동성, 장래의 모든 형태화의 가능성을 숨긴 근원적인 끓어오름

과 약동이 지배하고 있다. "모든 감각기관의 근저에는 감정이 존재한다. 이러한 감정이 서로 전혀 이질적인 감각들에게 이미 하나의 긴밀하면서도 강력하지만 언표될 수 없는 유대를 부여하며 이러한 결합으로부터 극히 기묘한 현상이 생기는 것이다. 나는 그러한 예를 하나 이상 알고 있다. 예를 들어 사람들은, 아마도 유년기의 인상에서 비롯된 것이겠지만, 자연스럽게 이 음과 저 색, 이 광경과 이것과는 전혀 이질적인 어두운 감정을 빠른 심정변화와 함께 결합할 수밖에 없다. 이성이 차분하게 비교하는 한 그것들 사이에는 아무런 유사성도 존재하지 않는다. 도대체 누가 음과 색, 광경과 감정을 비교할 수 있겠는가? 우리는 극히 상이한 감관들의 그러한 결합으로 가득 차 있다. … 만약 우리가 사고의 연쇄를 중지시키고 각 항에서 그 항을 [다른 항과] 결합시키고 있는 것을 찾을 수 있다면, 그것은 얼마나 기묘한 사태로 보일 것인가. 즉 전혀 이질적인 감관들 사이에 얼마나 낯선 유비관계가 보일 것인가. 그러나 이러한 유비관계에 따라 마음은 능숙하게 움직이는 것이다! … 많은 상이한 감관을 동시에 동원하여 감각하는 감성적 피조물에서는 여러 관념의 이러한 집합은 불가피하다. 이는 모든 감관은, 마음의 단 하나의 적극적인 능력이 발휘되는 여러 발견양식 이외의 아무것도 아니기 때문이다. … 이러한 발견양식들을 분리하면서 사용하는 것을 우리는 많은 노력과 함께 배우게 된다. 그러나 근본적으로는 그것들은 항상 협동한다. 뷔퐁(Buffon)과 콩디야크(Condillacs) 그리고 보네(Bonnets)가 말하는 감각하는 인간에서 일어나는 감각의 분기(分岐)는 모두 추상에 지나지 않는다. 철학자는 감각의 하나의 실만을 추구하기 위해서 다른 실은 방치하지 않을 수 없다. 그러나 자연에서는 모든 실이 하나의 직물(織物)로 존재한다."[17]

헤르더의 이러한 명제들은 우선은 단지 하나의 개별적인 발언에 지나지 않고 그의 기본적 주제로부터 보자면 한낱 부차적인 것으로 나타날지도 모른다. 그러나 우리는 헤르더의 이러한 명제들과 함께 심리학뿐 아니라 정신사의 중요한 전환점에 서 있다. 왜냐하면 오늘날에 이르기까지 영향을 미치면서 근대 및 현대의 심리학에 참된 방법적 특성을 부여했던 저 중대한 대결이 여기에서 비로소 시작되기 때문이다. 즉 본질적으로 자연과학의 방법을 기준으로 하면서 관찰과 분석이라는 자연과학적 방법을 가능한 한 충실하게 모방하려고 하는 심리학과, 그 목표를 무엇보다도 먼저 정신과학들의 정초에 두고 있는 다른 형식의 심리학적 고찰 사이에서의 투쟁이 시작되는 것이다. 위에서 우리가 살펴본 명제들에 헤르더가 도달하게 된 것은 심리학적 경험의 길을 통한 것이 아니다. 그를 이끄는 정신생활에 대한 그의 위대한 총체적 직관, 즉 정신생활을 그것의 모든 풍요로움에 있어서 그리고 그것의 구체적인 개별적 표현들의 충만함에 있어서 파악하면서도 그것을 궁극적으로 하나의 근원적 힘, 즉 '인간성'이라는 공통의 뿌리로부터 도출하려고 하는 전체적 직관인 것이다. 헤르더는 이러한 통일성이 심리학적 분석가들의 추상작업에 의해서 위협받고 있다고 보

---

17) Herder, *Über den Ursprung der Sprache*, Werke(Ausg. Suphan) V, 60쪽 이하.

았다. 여기에서 심적 과정의 전체를 생생하게 파악하려고 하는 질풍노도 시기의 심리학이, 부분만을 취급하려고 하는 encheiresis naturae[자연에 대한 부분적 취급방식]에 항의하여 봉기하고 있다. 헤르더가 추구하는 것은 객관화하는 과학의 방법을 통해서 구성되는 대상으로서의 자연의 통일이 아니라 인간성의 통일이다. 그의 사상은 하만(Hamann)에서 유래하는 것이지만, 괴테에 의하면 하만의 기본적 견해는 다음의 명제로 요약된다. 즉 인간이 행위나 말로 이룩하려는 모든 것은 여러 능력이 하나로 통합되어 있는 상태에서 비롯되는 것임에 틀림없으며 "개별화된 모든 것은 배격되어야 한다"는 것이다. 이러한 명제는 '객관적 정신'의 세계를 조망하려고 하는 언어철학과 미학과 종교철학의 근본명제이기도 하며, 지각의 심리학과 지각의 현상학도 이러한 명제에 의해서 새로운 결정적 자극을 받게 되었다. 헤르더가 출발점으로 삼았던 이러한 주요명제는 그동안 심리학적 경험에 의해서 점점 더 입증되고 확증되었다. 즉 심리학적 경험은, 서로 확연히 분리된 감관영역으로의 분열과 같은 것은 지각의 근원적인 존재방식에 결코 속하지 않는다는 사실, 오히려 우리가 의식의 '원초적인' 형태들로 거슬러 올라갈수록 이러한 분열은 사라진다는 사실을 점점 더 명료하게 보여주었던 것이다. 우리가 통상적으로 여러 감관이 수용하는 감각들 사이에 설정하고 있는 엄밀한 경계선은 그 어디에도 존재하지 않는다는 것이야말로 지각의 독특한 본질적인 특징으로 나타난다. 지각은 비교적 미분화된 하나의 전체를 이루고 있으며, 개개의 감관영역은 아직 선명하게 그러한 전체로부터 분리되어 있지 않으며 두드러져 있지도 않다. 현대의 발달심리학은 동물심리학과 아동심리학 그리고 '자연민족의 심리학'이라는 영역에서 획득된 풍부한 실례에 입각해서 이러한 사태를 입증했다. 이러한 모든 지각세계에서 시각과 청각의 영역, 취각과 미각의 영역은, 사물의 성질들을 명확히 드러내려고 하는 우리의 '이론적' 지각에서보다도 훨씬 더 긴밀한 상호침투와 그것과는 전혀 다른 결합 양상을 보여주고 있다. 그러나 다른 한편으로 [시각과 청각의 영역, 취각과 미각의 영역 사이의] 이러한 연관은 결코 원시적인 의식에서만 보이는 것이 아니라 그것을 훨씬 넘어서까지 여전히 유지되고 있다. 발달된 의식에서도 색에 결부된 음과 숫자, 색에 결부된 냄새와 언어라는 현상과 같은 이른바 '공(共)감각(Synästhesie)'의 현상은 결코 비정상적인 것이 아니다. 오히려 그것에서는 지각의식이 갖는 하나의 특정한 근본태도, 하나의 일반적인 성격이 드러나 있다. 베르너는 이러한 사태를 다음과 같이 정리하고 있다. "여기에서는 색과 음이 감정과 같은 원(原)체험 속에서 의식되고 있으며, 이러한 원체험에서는 색에 특유한 광학적인 '질료'도 음에 특유한 청각적 '질료'도 아직은 전혀 존재하지 않는다. 따라서 음과 색의 이러한 통일이 가능한 것은 이것들이 소재 면에서 아직 전혀 분화되지 않고 있든가 거의 분화되지 않고 있기 때문이다."[18] 이와 같이 현실적인 것은 그것의 궁극적인 감각적 요소들, 즉 감각이라는 근원적인 소여로 분해하는 방식으로만 파악되고 이해될 수 있다고

---

18) Heinz Werner, *Einführung in die Entwicklungspsychologie*, Leipzig, 1926, 68쪽.

생각하는 심리학적 경험론의 꿈을 점차로 파괴한 것은 심리학적 경험 자체였던 것이다. 이러한 '소여'는 이제 오히려 개념의 실체화로서 입증된다. 따라서 순수한 경험이 한낱 구성에 대해서, 감성이 추상적 개념에 대해서 승리를 거두도록 돕는 것을 자신의 사명으로 삼았던 학설이 오히려 개념실재론의 극복되지 않은 명백한 잔재를 포함하고 있는 것으로 드러난다. 이와 함께 우리가 확정하려고 했던 현실적인 것의 '질료'는, 우리가 그것을 붙잡으려고 하는 순간에 이를테면 우리의 손 밑에서 빠져나가 버린다. '외적' 경험과 마찬가지로 '내적' 경험이 우리에게 제시했던 이러한 드라마에는 어떤 사실적인 필연성이 지배하고 있는 것은 아닐까? 이러한 질료에 대한 **물음**은 우리가 모든 수단을 동원하여 새로운 해결책을 찾아야만 하는 물음이라기보다는, 근본적으로 바로잡을 수 있고 또한 바로잡아야 할 필요가 있는 물음이 아닐까?

4. 근대형이상학에서 직관적 인식과 상징적 인식

그러나 만약 우리의 의심을 최종적으로 해소시키고 진정시킬 수 있으면서도 우리가 이제까지 들어서지 않은 하나의 영역이 있다면 이 영역이야말로 바로 그것이다. 경험이라는 것이 과학적 경험으로서, 즉 물리학적 내지는 심리학적 경험으로서 이해되는 한 이러한 의심은 해소될 수 없다는 점은 경험에 대한 소박한 신뢰를 상실하고 경험 자체를 비판적인 눈으로 보는 것을 배운 사람에게는 거의 자명한 사실로 나타난다. **과학**이 자신의 그림자를 결코 넘어설 수 없다는 것은 말할 나위가 없기 때문이다. 과학은 특정한 이론적인 기본적 전제들에 의해서 비로소 구성된다. 그러나 바로 이 때문에 과학은 그러한 전제들에 구속되어 있고 철벽 안에 갇혀 있는 것처럼 그러한 전제들 안에 갇혀 있다. 그러나 과학의 이러한 방법론 밖에, 아니 그것과 정반대되는 지점에 이러한 감옥의 벽을 파괴할 수 있는 다른 가능성이 존재하는 것 아닐까? 정녕 **모든** 실재는 과학적 개념이라는 매체를 통해서만 파악될 수 있고 접근될 수 있는 것일까? 아니면 오히려 분명한 것은, 과학적 사고처럼 항상 추론 속에서 그리고 추론 속에서만 움직이는 사유는 존재의 참되고 궁극적인 뿌리를 절대로 드러낼 수 없다는 사실 아닐까? 아무리 추론을 거듭해 보아도 **존재**의 뿌리에 닿을 수는 없다. 이는 모든 상대적인 것은 궁극적으로는 절대적인 것에 의거하며 그것에 기초하기 때문이다. 따라서 이러한 절대적인 것이 과학에는 은폐되어 있고 과학 앞에서 끊임없이 달아나고 있을 경우에, 이러한 사실만으로도 과학은 현실인식의 참된 수단이 될 수 없다는 점이 분명하게 드러난다. 논증적 사고라는 수고로운 우회로를 통해서 점차적으로 현실에 도달하려고 해도 우리는 그러한 현실을 포착할 수는 없다. 오히려 현실의 핵심 속으로 직접 들어가는 것이 중요하다. 그러한 직접성은 사고에는 거부되어 있으며 순수한 직관에만 열려 있다. 순수한 직관은 논리적·논증적 사유가 결코 수행할 수 없는 것을 행한다. 순수한 직관은 논리적·논증적 사유가 결코 수행할 수 없는 것, 더 나아가 논리적·논증적 사유가 자신의 본성을 인식하자마자 시도조차 할 수 없는 것을 수행한다. 논리적 도식기능의 본질을 일반적인 형태로 언표해 보면, 우리는 그것이 **공간**의 도식기능에서 유래한다는 사실을 알 수 있다. 논리적 도식기능을 통한 모든 개념적 파악은 공간적인 파악과 유사하게 행해진다. 공간의 영역에서 사유가 자신의 대상을 '파악하는 것'은 대상을 일정한 거리를 두고 고찰하는 것에 의해서만 가능하다. 따라서 여기에서는 사고가 대상과 아무리 밀접하게 결합되어 있을지라도 이러한 결합은 항상 대상과의 분리를 의미하며, 대상과의 공존은 대상과의 분리가 되는 것이다. 이러한 분리 대신에 [대상과의] 진정한 통일을 달성하려면, 즉 존재와 인식이 단순히 대치하지 않고 서로 침투하는 통일을 달성하려면, 이러한 종류의 공간화, 즉 이러한 종류의 거리설정을 초극한 인식의 근본형식이 있어야만 한다. **공간적 기호체계**의 강제로부터 벗어나 존재자를 더 이상 공간적 비유와 공간적 형상을 통해서 파악하지 않고 존재자의 한가운데에서 서서 순수한 내적 직관에 의해서 존재 안에 머무르는 인식만이 엄밀한 의미에서 형이상학적이라고 불릴 수 있다.

이러한 명제들은 베르그송 철학의 기본사상을 이해하기 쉽게 서술한 것이다. 베르그송 사상의 기원을 가장 명료하게 통찰할 수 있는 그의 가장 초기에 속하는 저작들에서 베르그송은 자신의 문제를 바로 다음과 같은 방식으로 정식화했다. 그가 설하는 바에 의하면 형이상학이란 기호(Symbol)에 의지하지 않고 통찰을 수행할 것을 요구하는 학문이다. 즉 "형이상학이란 기호 없이 해나갈 수 있는 학문이다(la Metaphysique est la science qui prétend se passer des symboles)."[19] 우리가 한낱 기호에 불과한 모든 것을 잊고 언어의 구속과 공간적 형상과 공간적 유비의 성격을 갖는 언어의 구속으로부터 벗어날 수 있을 때에야 비로소 참된 현실이 우리에게 와 닿을 수 있다는 것이다. 언어와 추상적 개념이라는 기호 체계가 현실 안으로 도입하는 여러 분리는 필요불가결한 것일 수 있다. 그러나 그것이 필요불가결한 것은 순수인식을 위한 것이 아니라 오직 행위를 위한 것이다. 인간은 세계를 세분화하지 않고서는, 즉 세계를 개개의 활동권역과 활동대상으로 분해하지 않고서는 세계에 작용을 가할 수 없다. 이에 반해 세계에 대해서 그렇게 외면적인 행위를 수행하는 데 그치지 않고 오히려 내면적 직관을 추구할 경우에, 즉 세계에 작용을 가해 세계를 변화시키려고 하지 않고 오히려 직관하면서 이해하려고 할 경우에 우리는 모든 추상적 구분에서 벗어나야만 한다. 모든 개념적 작업이 수행되는 방식인 분별지 그리고 이러한 작업이 진척될수록 우리가 더욱더 빠져드는 분별지 대신에, 이제 확고하게 통일되어 있고 지속적인 생자체가 우리를 포용하게 된다. 우리는 공간적 표상의 본질에 속하는 것과 같은 단순한 분리와 병존에 머무르는 것 대신에 유동적인 생성, 즉 순수지속에 침잠하게 된다.

이와 같이 베르그송의 학설은 모든 기호형성의 가치와 권리를 거부하고 있다. 이러한 거부는 형이상학의 역사에서 나타났던 가장

---

19) *Introduction á la Métapysique*(처음에는 *Revue de Métapysique et de Morale* 이라는 제목으로 출간되었다).

철저한 거부일 것이다. 기호형성의 행위는 베르그송에게는 마야의 베일로 나타나는 것이다. 그러나 베르그송의 이러한 생각은 물론 다음과 같은 암묵적인 전제에 입각해 있으며 이러한 전제가 없으면 그것은 곧 의심스러운 것이 될 수밖에 없다. 베르그송의 기호비판은 그가 모든 기호형성을 매개의 과정으로 볼 뿐 아니라 **사물화**의 과정으로도 보고 있다는 것에 근거하고 있다. 베르그송은 사물이라는 형식을 모든 종류의 '간접적인' 현실파악의 원형으로 여기고 있다. 따라서 그가 순수자아와 순수지속이라는 절대적인 것을 이러한 간접적인 파악의 영역으로부터 근본적으로 구출하려고 한다는 것, 즉 그가 '무제약적인 것'을 사물성의 범주에 의한 폭력적 왜곡으로부터 지키고 그러한 범주 속에서 경직되는 상태로부터 구출하려고 한다는 것은 하나의 필연적인 귀결에 지나지 않는다. '물리적' 존재, 즉 사물적·공간적 존재를 서술하기 위해서 고안되고 이러한 서술을 위해서 충분한 사고수단과 개념수단이 순수시간의 유동적인 운동 속에서만 우리에게 주어지는 자아의 실상을 어떻게 파악할 수 있겠는가? 생의 흐름과 넘쳐흐름을 인위적으로 중단시키고 그것을 여러 종과 유(類)로 분류함으로써 생의 본질에 근접할 수 있다고 어떻게 희망할 수 있겠는가? 생의 본질은 우리의 모든 개념적인 구분을 무시한다. 왜냐하면 우리가 여기에서 마주치는 것은, 상이한 것들이 하나의 유(類)의 통일 아래 두어지고 그것에 종속되어야만 한다고 할 경우에는 항상 전제되어야만 하는 동질성이 아니라 오히려 철저한 이질성이기 때문이다. 바로 이러한 무한한 이질성이야말로 생의 참된 근원적인 과정을 그것의 모든 소산으로부터 구분하는 것이다. 따라서 생의 흐름은 우리의 경험적·이론적 개념의 망 안으로 포획될 수 없다. 생의 흐름은 이러한 개념 망을 통과해 버리며 그것을 넘어서 넘쳐 흐르는 것이다. 이런 의미에서 베르그송에게는 모든 '주조된' 형식이 생의 적대자로 나타난다. 형식은 본질적으로 한정하는 것임에 반해서 생은 본질적으로 무한정한 것이기 때문이며, 또한 형식은 완결되어 있고 정지해 있는 것임에 반해서 생의 운동은 상대적인 정지점 외에는 어떠한 정지점도 알지 못하기 때문이다.

그러나 이제 우리는 이렇게 묻지 않을 수 없다. 현실에 대한 이러한 **생물학적 견해**가 현실의 여러 나타남의 **전체**를 다 길어내고 있는가? 아니면 그것은 오히려 현실의 부분적 측면만을 표현하고 있는 것은 아닌가? 베르그송의 학설은 그것이 간접적으로 강하고 결정적인 자극을 받았던 셸링의 자연철학[20]과 특히 다음과 같은 한 점에서 일치한다. 즉 그것들은 모두 기계론에 생기론을, '객관 속의 자연'에 '주관 속의 자연'을 대치시킨다. 베르그송은 사물의 세계에 타당한 범주를 통해서는 주관을 파악할 수 없다는 사실을 셸링이 『철학의 원리로서의 자아에 대해서』(1795년)라는 자신의 처녀작에서 제기했던 것과 동일한 논거에 의거하면서 순수하게 방법적으로 입증하고 있다. 그러나 베르그송에서는 주관성 자체, 즉 우리가 직관에 의해서 확보하는 순수자아의 세계가 셸링에

---

20) 이러한 관계에 대해서는 Margarete Adam의 박사학위논문인 *Die intellektuelle Anschauung bei Schelling in ihrem Verhältnis zur Methode der Intuition bei Bergson*, Hamburg 1926을 참조할 것.

서보다 더 좁은 권역에 제한되어 있다. 왜냐하면 셸링이 비록 자연의 과정을 베르그송과 마찬가지로 '창조적 진화'로 파악하고 있다고 하더라도 셸링은 그것을 어디까지나 '정신을 향한 진화과정'으로 파악하기 때문이다. 셸링에서는 정신의 최고의 창조작용—언어, 신화, 종교, 예술, 인식이라는 창조작용—에서 입증되는 것과 같은 정신의 형성활동은 자연의 조형활동을 계승하면서 고양시키는 것이다. 즉 정신적 형식은 유기적 형식과 대립되는 것이 아니라 오히려 유기적 형식을 완성하는 것이며 유기적인 것의 가장 성숙한 열매인 것이다. 이에 반해 베르그송에서는 '자연적인 것'의 세계에 대한 '정신적인 것'의 세계의 이러한 우위는 더 이상 존재하지 않는다. 베르그송에게 중요한 것은 자연의 완전한 자기 충족성이며, 자연은 순수한 실체성을 갖고 오직 자신에게만 의지하며 자신으로부터만 이해되어야만 한다. 베르그송은 형이상학적 직관의 길과 자연과학적 경험의 길의 첨예한 대립을 지칠 줄 모르고 강조하지만, 위와 같은 사실을 고려해 볼 때 그는 자연주의적으로 방향 지어져 있고 자연주의적으로 구속되어 있는 시대의 아들로서 드러난다. 왜냐하면 모든 참된 자발성, 모든 생산성과 근원성은 엘랑 비탈(élan vital), 즉 순수한 생의 약동에 속하는 것으로 간주되며, 정신의 활동에는 단지 소극적인 의미밖에 인정되지 않기 때문이다. 정신의 활동은 생의 흐름이 항상 부딪혀서 부서지고 결국은 쇠퇴하게 되는 견고한 제방이자 방파제를 구축(構築)할 뿐이기 때문이다. 그러나 이러한 비유 자체가—베르그송의 서술에 특징적인 각인을 부여하는 다른 많은 비유나 은유와 마찬가지로―공간적 존재와 공간적 운동의 세계로부터 빌린 것은 아닌가? 따라서 그것은 정신의 역동성을 표현하기에 불충분하지 않은가? 정신의 영역에서는 '객관성'이라는 개념이 어떤 전환과 변화를 경험하게 된다. 따라서 앞으로도 계속해서 '객관성'이라는 개념을 어떠한 의미에서든 '소박실재론'이 생각하는 사물의 개념과 동일시하는 것은 물론이고 그것과 유비적으로 비교하는 것조차도 허용되지 않는다는 것이야말로 정신의 영역을 규정하고 한정하는 가장 중요한 계기의 하나인 것이다. 왜냐하면 정신의 영역에서 중심적인 문제가 되는 것은 존재의 객관성이 아니라 의미의 객관성이기 때문이다. 이렇게 정신을 바라보는 시각을 변화시켜 보면 베르그송의 형이상학 전체가 기초하고 있는 저 이원론도 새로운 빛 안에서 보이게 된다. 왜냐하면 베르그송에서 모든 형이상학적 인식의 출발점이자 열쇠를 형성하는 자아라는 근원적 현상, 즉 순수지속의 체험은 분명히 모든 형식의 경험적·사물적인 현실로부터 분리될 수 있으며 그것들과 원칙적으로 대립할 수는 있지만, 이러한 분리와 격리도 어떤 객관적 의미내용이 우리에게 주어지는 형식들의 경우에는 경험적·사물적인 현실과 동일한 의미에서 일어나는 것은 아니기 때문이다. 순수자아라면 근원적으로 생동하고 활동하고 있는 자신을 파악하고 자신의 생동성과 역동성을 주장하기 위해서 한낱 사물의 세계에 등을 돌리면서 어떤 의미에서 자신의 절대적인 고독과 내면 속으로 후퇴할지도 모른다. 순수자아는 사물의 세계에게서 빌린 모든 도식을 망각하고 그것을 자신으로부터 물리침으로써 비로소 자신의 고유한 형태에 도달하게 된다.

그러나 '객관적 정신'의 세계는 한낱 '장벽'이라는 성격을 결코 보이지는 않는다. 정신적 '주체'로서의 자아가 객관적 정신이라는 매체 속으로 진입하더라도 이것은 결코 외화(Entäußerung)의 활동[21]이 아니라 자기 자신을 발견하고 자기 자신을 규정해 가는 활동을 의미한다. 여기에서 자아가 몰입하는 형식들은 장애가 아니라 오히려 자아가 스스로 운동하면서 자신을 전개하기 위한 매체인 것이다. 왜냐하면 자아와 세계가 '대결'하는 저 장대한 과정이야말로 자아가 존재하기 위한 필연적 조건일 뿐 아니라 자아가 자기 자신을 **인식하기** 위한 필연적 조건이지만, 그러한 과정은 '객관적 정신'의 형식들의 힘을 빌려서 비로소 일어나기 때문이다. 베르그송의 형이상학은 생의 순수한 현상으로부터 출발하지만, 이러한 현상은 인식의 모든 형식으로부터 해방됨으로써만 파악될 수 있다. 그러나 이러한 형이상학이 우리에게 '생에 대한 인식'도 동시에 제공하지 않는다면 그것은 형이상학도 철학도 아니게 될 것이다. 그렇지만 보다 엄밀하게 관찰해 볼 경우 오로지 직관적인 봄에만 **근거하려고** 하는 그의 철학에는 그러한 봄이 **가능하다는** 사실을 비로소 이해할 수 있게 만드는 바로 그러한 계기가 결여되어 있다. 생의 자기**파악**이 가능하기 위해서 생은 단지 자기 자신에만 머물러 **있어서는** 안 된다. 그것은 자신에게 형식을 부여해야만 한다. 왜냐하면 생은 형식이라는 바로 이러한 '타자성(Andersheit)'을 통해서만 자신의 현실성은 아니더라도 자신의 '가시성(可視性)'을 비로

---

21) [역주] 여기서 외화는 사물화와 같은 것을 의미한다고 할 수 있다.

소 획득하게 되기 때문이다. 생의 세계를 형식의 세계로부터 단적으로 분리시키고 양자를 서로 대립적인 것으로 보는 것은 생의 현실성을 그것의 가시성으로부터 분리시키는 것을 의미하는 것이지만, 바로 이러한 분리야말로 베르그송의 형이상학이 이미 자신의 사상적 단초에서부터 공격했던 '인위적' 추상에 속하는 것이 아닌가? 모든 형식은 형식인 한 필연적으로 은폐하는 것이 아니라 오히려 드러내고 개시(開示)하는 것이 아닌가? 베르그송은 형이상학적 직관의 기본적 방향을 규정하고 그것의 본질을 조명하기 위해서 드물지 않게 그것을 예술적 직관과 비교하고 있다. 사실, 그의 스승인 라베송에서도 예술은 바로 '형상화된 형이상학(une métaphysique figurée)'으로서 그리고 형이상학은 '예술에 대한 반성'으로서 나타난다.[22] 그러나 바로 이러한 예술활동에서, '내적' 직관의 작용을 '외적' 조형의 작용으로부터 분리시키려는 모든 시도는 필연적으로 좌절하지 않을 수 없다는 사실이 가장 분명하게 드러난다. 즉 예술활동에서는 직관하는 것 자체가 이미 조형하는 것이며, 조형하는 것이 순수한 직관이다. 예술활동에서 '표현'은 이미 완성된 채로 주어져 있는 내적인 원형을 따르는 추후적인 어떤 것, 비교적 우연적인 어떤 것이 아니다. 오히려 내적 심상은

---

22) "예술은 형상화된 형이상학이며 형이상학은 예술에 대한 반성이다. 그리고 심원한 철학자를 낳는 것도 위대한 예술가를 낳는 것도 이러한 동일한 직관이며, 이러한 직관이 다양하게 활용되었을 뿐인 것이다." Bergson, *Notice sur la vie et les œuvres de M. F. Ravaisson-Molien*, Paris 1904(Marg. Adam의 앞의 책, 20쪽에서 재인용).

작품으로 종합되고 작품이라는 형태로 외부에 나타남으로써 비로소 자신의 내용을 획득하게 된다. 동일한 것은 생의 '직접적인' 통일로부터 여러 매개를 거쳐 하나의 세계로서의 정신의 세계를 출현시키는 보편적인 창조과정에 대해서도 말할 수 있다. 이러한 필연적인 매개들에서 분리라는 계기, 즉 참된 현실로부터의 이반(離反)과 소외라는 계기밖에 보지 못하는 형이상학은 칸트가 '인간 이성의 궤변' 중 하나라고 인식했고 하나의 유명한 비유에 의해서 특징지었던 저 착오에 사로잡혀 있는 것이다. 이러한 형이상학은, actus purus(순수활동), 즉 순수한 생의 운동의 에너지는 이러한 운동이 아직 전적으로 자신에게만 맡겨져 있고 그것에서 형식들의 세계에 대한 어떠한 저항도 생기지 않은 곳에서 가장 완전하게 자신을 드러낸다고 믿고 있다. 그러나 이를 통해서 이 형이상학은 이러한 저항이 이러한 운동 자체의 계기이자 조건이라는 사실을 망각하고 마는 것이다. 생은 형식들 내에서 자신을 표현하고 그것들을 통해서 자신의 형태를 얻게 되지만, 이러한 형식들은 생에게는 저항을 의미하는 것과 동시에 생의 불가결한 지지대(支持坮)를 의미한다. 형식이 생에 여러 장벽을 설정해도 생은 그러한 형식에서 비로소 자신의 힘을 의식하게 되며, 그러한 형식에 직면함으로써 비로소 자신의 힘을 사용하는 것을 배우게 된다. 이와 함께 외관상으로는 대항력으로 보이는 것 자체가 그대로 생의 운동 전체의 추진력이 된다. 즉 순수한 주관성은 외부로 향함으로써 자신을 비로소 발견하게 되지만, 이러한 외부성은 사물의 외부성이 아니라 형식과 상징이라는 외부성인 것이다.

그러나 우리는 여기에서 모든 측면에서 몰려드는 문제들의 권역 안으로 발을 들여놓지 않고 이 지점에서 멈추기로 한다. 이 서론에서 행해지는 고찰의 목표는 이러한 문제들을 해결하는 것이 아니다. 오히려 이러한 고찰은 직접적인 것에 대한 단순한 **물음**이 어떤 측면으로부터 제기되든 그러한 물음이 자체 내에 이미 숨기고 있는 난점을 드러내고 그것에 특유한 변증법을 지적하려고 했을 뿐이다. 우리는 인식론도 형이상학도 또한 사변도 경험도—이러한 경험이 '외적' 경험으로 이해되든 '내적' 경험으로 이해되든—이러한 변증법을 완전히 극복할 수는 없다는 사실을 보았다. 우리는 실로 [직접적인 것과 형식 사이의] 이러한 상극을 분리하여 정신적 우주의 한 장소로부터 다른 장소로 옮겨갈 수는 있다. 그러나 이와 함께 이러한 상극이 최종적으로 극복되는 것은 아니다. 남아 있는 유일한 방법은 철학적 사고가 성급한 해결책에 안주하지 않고 바로 이러한 상극을 스스로 결연히 인수하는 것이다. 직접성이라는 낙원은 이러한 사고에는 닫혀 있다. 즉 철학적 사고는—클라이스트의 『인형극장에 대하여』라는 에세이의 한 구절을 인용해서 말하자면—"세계일주 여행을 하면서 이 세계가 아마도 뒤쪽 어디에선가 열려 있는지를 보지 않으면 안 된다." 이 경우 요구되는 것은 이러한 세계일주 여행이 globus intellectualis[지적 지구]의 참된 전체를 포함해야만 한다는 것, 즉 '이론적 형식' 자체가 무엇인지에 대한 규정은 그것의 개별적인 성과들 중 하나로부터 취해져서는 안 되고 그것의 가능성들의 전체를 항상 시야 안에 두어야 한다는 것이다. 형식의 영역을 완전히 초월하려고 하는 모든 시도가 좌절하더라도 이러한 영역은 단지 여기저기 접촉되는 것에 그치지 않고 완전하게 답파(踏破)되지 않으면 안 된다. 사고는 무한한 것을 직접 파악할 수는 없어도 유한한 것 속에서 모든 방향을 향해서 걸어야만 한다. 아래에서 행해질 연구가 과제로 하는 것은 지각의 단적인 표정(Ausdruck)가치와 표상의 재현적(repräsentativ) 성격, 특히 공간표상과 시간표상의 재현적 성격에서부터 시작해서 언어와 이론적 인식의 일반적 의미에 이르기까지 어떤 식으로 하나의 통일적 연관이 성립하는지를 보여주는 것이다. 이러한 연관의 존재양식을 통찰하고 파악할 수 있기 위해서 우리는 그러한 연관의 **구축과정**을 살펴보아야 하며, 이러한 구축과정에 기초하여 이러한 연관이 그것의 개별적인 **국면들**이 아무리 다양하고 심지어 서로 대립하더라도 하나의 동일한 정신적 근본**기능**에 의해서 지배되고 인도되고 있다는 사실을 확인해야만 한다.

제1부
표정기능과 표정세계

제1장 주관적 분석과 객관적 분석

일반적 상징기능이 이론적 의식의 형성에 대해서 갖는 의미를 물을 경우, 이러한 의미를 드러내는 가장 간단하면서도 확실한 길은 곧장 순수한 이론의 가장 고차적이고 추상적인 성과들을 살펴보는 데 있는 것처럼 보인다. 왜냐하면 이러한 성과들에서 상징기능과 이론적 의식형성의 연관이 가장 명료하게 드러나기 때문이다. 존재에 대한 이론적 규정과 이론적 처리는, 사고가 직접 현실에 향하는 것이 아니라 어떤 **기호체계**를 구축하고 그 기호를 대상의 '대리자'로서 이용하는 것에 의해서 좌우된다. 이러한 대리기능이 잘 수행될 경우에야 비로소 존재는 질서 있는 전체, 즉 명료하게 조망될 수 있는 하나의 구조가 되기 시작한다. 그것은 특수한 존재든 특수한 사건이든 그 내용이 이러한 방식으로 성공적으로 **재현되는** 경우에는, 그만큼 더욱더 일반적인 규정들에 의해 관통되어 있는 것으로 드러난다. 사고는 이러한 일반적 규정들을 추구하고 이러한 규정들의 각각을 다시 상징을 사용하여 표현함으로써 존재와 그것의 이론적 전체 구조의 보다 완전한 모델을 획득하게 된다. 그렇게 되면 사고는 이러한 이론적 구조를 확인하기 위해서 더 이상 개별적인 대상을 입수하여 그것을 그 완전한 구체성에 있어서, 즉 그것의 감각적 '현실' 그대로 자신 앞에 세우고 볼 필요가 없게 된다. 사고는 개개의 사물과 개개의 사건에 몰두하지 않고 여러 관계와 결합으로 이루어진 하나의 전체를 탐구하고 파악하게 된다. 즉 물질적인 개체들 대신에 법칙의 세계가 사고에게 개시되는 것이다. 기호의 '형식'을 통해서, 즉 기호를 일정한 방식으로 조작하고 그것들을 확고하고 일관된 규칙에 따라서 서로 결합하는 가능성을 통해서, 이제 사고작용에게 자신의 고유한 형식이, 즉 이론적 자기 확실성이라는 성격이 주어지게 된다. 기호의 세계에로 이렇게 후퇴함으로써 사고가 자신의 고유한 세계, 다시 말해 이념의 세계를 정복하기 위한 결정적인 돌파구도 준비되는 것이다.

여기에서 성립하고 있는 관계를 처음으로 완전히 명확하게 인식하고 자신의 논리학과 형이상학과 수학을 구성하면서 이러한 인식으로부터 여러 귀결을 끌어내었던 사람은 라이프니츠였다. 그에게는 '사상(事象)의 논리학'의 문제는 '기호의 논리학'의 문제와 불가분하게 결부되어 있다. Scientia generalis[보편학]는 자신의 도구이자 매체로서 Characteristica generalis[보편적 기호법]를 필요로 한다. 이 기호법은 사물 자체에 직접 관계하지 않고 그것의 재현물에 관계한다. 그것이 다루는 것은 res[사물]가 아니라 'notae rerum[사물의 기호]'인 것이다. 그러나 이러한 사태는 기호법의 객관적인 내용에 아무런 손상을 입히지 않는다. 왜냐하면 라이프니츠 철학의 근본사상에 따르면 관념의 세계와 실재적인 것의 세계 사이에는 '예정조화'가 지배하고 있는바, 이러한 예정조화가 기호의 세계를 객관적인 '의미'의 세계와 결합하고 있기 때문이다. 현실적인 것은 무조건적으로 이념적인 것의 지배 아래 있다. "le réel ne laisse pas de se gouverner par l'idéal et l'abstrait[현실적인 것은 관념적·추상적인 것에 의해서 지배되지 않으면 안 된다]." 그러나 다른 한편으로, 사상(思想)이 감성계에 대해서 행사하는 이러한 지배는 사상이 어떤 의미에서 감성계의 고유한 색을 받아들이는 것에 의해서만, 즉 사상이 자신을 감성화하고 구체화하는 것에 의해서만 드러날 수 있으며 효력을 발휘할 수 있다. 현실적인 것의 분석은 관념의 분석으로, 그리고 관념의 분석은 기호의 분석으로 거슬러 올라간다. 이렇게 해서 상징세계가 일거에 정신의 초점, 즉 지성적 세계의 참된 초점이 되었다. 형이상학 및 일반적 인식론의 방향들도 모두 하나같이 상징개념으로 모아지게 되며 일반논리학의 문제들과 특수한 이론과학의 문제들이 상징개념을 통해서 결합된다. 특히 '정밀'과학은 전적으로 상징개념의 주박(呪縛)에 묶여 있다. 왜냐하면 정밀과학의 정밀함의 척도는 그것이 기호—더 나아가 그것의 의미가 엄밀하면서도 일의적(一義的)으로 정의될 수 있는 기호—로 번역될 수 있는 언표만을 인정한다는 바로 그 점에 있기 때문이다. 정밀과학이 설정하고 있는 인식의 이상은 19세기와 20세기에서 이루어진 정밀과학의 발전을 통해서 점차적으로 실현되어 왔다. 라이프니츠의 기호법이라는 근본사상으로부터 현대 '기호논리학'의 사상이 생겨났으며, 다시 이러한 사상으로부터 새로운 원리에 입각한 수학이 형성되었다. 오늘날 수학은 기호논리학의 도움 없이는 아무것도 할 수 없는 상태이며, 더 나아가 현대의 수학기초론에 관한 연구들, 특히 러셀의 연구들을 고찰해 보면 수학이 기호논리학과 **나란히** 어떤 특수한 지위와 어떤 종류의 독립적인 권리를 도대체 주장할 수 있는지가 점점 더 의문스럽게 된 것 같다. 라이프니츠에서 상징개념이 그의 형이상학과 논리학의 vinculum substantiale[실체적 유대]를 이루고 있는 것처럼, 현대의 과학론에서도 그것은 논리학과 수학, 더 나아가 논리학과 정밀한 자연인식 사이의 vinculum substantiale를 이루고 있다. 상징개념은 정신적이고 엄밀한 유대이며 이러한 유대를 절단해 버릴 경우에는 정밀한 지식의 **형식**뿐 아니라 그것의 본질적 **내용**까지도 상실되어 버린다는 사실이 도처에서 증명되고 있다.

그러나 이렇게 상징개념이 정밀한 인식이라는 개념에서 **구성적** 역할을 한다고 간주되어야 할 경우에, 이러한 사실로부터 상징개념은 이러한 영역에서만 **사용되어야 한다**는 귀결도 생기는 것 같다. 상징개념이야말로 이론적인 것과 정밀한 것의 영역을 비로소 참으로 개시할 경우, 그러한 개념은 이 영역 안에 갇힌 채로 머물러 있어야 하며 그것을 넘어서 나아갈 수도 없고 그것을 넘어서 내다볼 수도 없는 것으로 보이는 것이다. 추상적인 개념의 세계에게는 기호의 세계에 사로잡힌다는 것이 가능할 뿐 아니라 심지어 필연적인 것으로 나타날지도 모른다. 그러나 기호와 이렇게 결합됨으로써 개념이 갖게 되는 합리적 완성을 아무리 높게 평가한다 할지라도, 인식은 그것의 **최종단계**에 이르러서야 이러한 종류의 완성에 도달하게 된다. 인식의 **전체**, 인식형식들의 총체를 조망하는 것이 문제가 될 경우에, 이러한 최종단계에만 시선을 향하고 그것의 출발점과 중간단계를 고려하지 않아도 되는가? 모든 개념적 인식의 근저에는 필연적으로 직관적인 인식이 존재하며, 모든 직관적 인식의 근저에는 지각하는 인식이 존재한다. 따라서 우리는 상징기능의 역할을 개념적 사고의 이러한 전(前) 단계—즉 간접적이며 논증적인 지식이 아니라 **직접적인 확실성**을 포함하고 있다는 바로 그 점을 자신의 특징으로 갖는 것으로 보이는 이러한 전단계—에서도 탐색해야만 하는 것일까? 그런데 우리가 '상징적인 것'의 지배를 직관과 지각에까지 확장하려고 할 경우, 이는 도리어 이것들의 직접성을 박탈하고 직관과 지각을 전적으로 부당하게 **지성화**하는 것이 아닐까? 따라서 이렇게 순수한 개념적 인식의 문턱에서 우리가 상징문제에 **부딪히게 된다면**, 다른 한편으로 우리는 상징문제가 개념적 인식의 문턱에서 **발생한다는** 사실을 인정해야만 하는 것 같다. 개념이 한낱 재현적 기호에 의지하고 그것으로 충족될 수 있는 것에 반해서, 지각과 직관은 자신의 대상에 대해서 그것과는 전혀 다른, 심지어는 정반대라고까지 말할 수 있는 관계에 있다는 사실이 이 개념을 지각과 직관으로부터 결정적으로 분리시키고 있는 것으로 보인다. 지각과 직관은 자신들은 적어도 이러한 대상과 직접 '접촉'하고 있다고, 즉 '사상(事象)' 자체에 관계하고 있다고 여기며, 사상의 단순한 대리기호와 관계하고 있는 것은 아니라고 여기는 것이다. 따라서 만약 우리가 지각과 직관의 '직접성'과 논리적·논증적 사고의 간접성 사이의 이러한 한계를 부인하고 제거해 버리려고 한다면, 이는 인식비판의 가장 확실한 통찰 중 하나를 부정하는 것이 될 것이며 수 세기에 걸친 전통 속에서 확립된 고전적인 구별을 방기하는 것이 될 것이다. 칸트의 인식론조차도—'초월론적 감성론'의 도입부를 구성하고 있는 유명한 구절들에서—이러한 구별을 확정했으며, 이것을 그 후의 모든 분석의 출발점으로 삼았던 것이다. 그러나 그럼에도 불구하고 우리가 우리의 체계적인 근본문제가 제시하는 방향에 따른다면, 여기에서 곧 새로운 문제가 생기게 된다. 즉 이러한 문제의 시각으로부터 보면, 이론적 인식을 지탱하고 있고 구성하고 있는 여러 '능력'을 나누는 것은 전통적 심리학과 인식론이 통상적으로 행하는 것과는 본질적으로 다른 방식으로 행해져야 하는 것이다. 우리는 이미 언어와 신화를 분석하면서[1] 상징에 의한 파악과 상징에 의한 형태화의 기본형식을 통찰했으며, 이러한 기본형식이 개념적이고 '추상적인' 사고의 형식과 결코 일치하지 않고 오히려 이것과 전적으로 다른 특징을 갖고 있다는 사실을 알게 되었다. 이러한 사실로부터 분명해지는 것은 상징적인 것은 순수하게 그 자체로 이해되는 한, 즉 그것이 충분한 폭과 보편성에서 이해되는 한, 결코 정밀과학, 특히 수학과 수학적 자연인식을 형성하는 것

---

1) [역주] 『상징형식의 철학』 제1권과 제2권 각각에서 행해진 언어와 신화에 대한 분석을 가리킨다.

과 같은 순수한 **개념기호**의 체계에 한정되지 않는다는 점이다. 언어적 형성체도 신화적 형성체도 우선은 이러한 개념기호의 세계에 대해서 이것과 전혀 비교될 수 없는 것으로서 대립해 있는 것이다. 그러나 그것들이 모두 '표현'이라는 권역에 속하는 한, 그것들 모두에게 공통된 특성이 존재한다. 따라서 그것들 사이에 존재하는 종차는 하나의 공통된 유(類)로의 소속성과 하나의 유 내에서의 공속성(共屬性)을 배제하지 않고 오히려 그것을 전제하고 요구한다. 신화의 형상세계와 언어의 음성조직 그리고 정밀한 인식이 이용하는 기호는 각각 표현의 고유한 **차원**을 규정하고 있다. 이 모든 차원이 전체적으로 고려될 때에야 비로소 그것들은 정신적 시(視)공간의 전체를 구성하는 것이 된다. 상징기능이 처음부터 개념적 지식, 즉 '추상적' 지식의 차원에 한정된다면, 우리는 이러한 전체를 보는 눈을 상실하게 된다. 오히려 중요한 것은, 상징기능이 이론적 세계상의 어떤 특정한 개별적 단계에 속하는 것이 아니라 오히려 이론적 세계상을 그것의 전체에서 제약하고 지탱한다는 사실을 인식하는 것이다. 개념의 영역에 이르러서야 비로소 상징기능에 의해서 제약받는 것이 아니라 직관과 지각의 영역부터 이미 상징기능에 의해서 제약받는다. 왜냐하면 직관과 지각도 또한 '자발성'의 영역에 속하며 단순한 '수용성'의 권역에 속하지 않으며, 직관과 지각에는 인상을 외부로부터 수용하는 능력뿐 아니라 인상을 독자적인 형성법칙에 따라서 형태화하는 능력도 존재하기 때문이다. 따라서 『순수이성비판』에서 경험 일반의 가능성이 의거하고 있는 것으로 간주되는 저 세 개의 근본적인 인식원천—감성,

구상력, 지성―도 상징문제의 관점에서 보면 새로운 방식으로 서로 연관되어 있고 서로 결합되어 있다는 사실이 분명하게 드러난다. 이러한 결합은 구별 자체를 폐기하는 것은 결코 아니며, 그러한 결합을 통해서 상이한 영역들의 경계가 없어지고 서로 뒤섞이게 되는 것은 아니다. 그러나 이렇게 경계가 있음에도 불구하고 이론적 인식이 자신의 최종적·확정적 형태에 도달하기까지 통과하지 않으면 안 되는 개별적 국면들 사이에 이제 다른 질서, 어떤 확고한 연관이 성립하게 된다.

그러나 우리가 이러한 경과와 단계적 추이를 상세하게 추적할 수 있기 위해서는 그 전에 어떤 일반적인 방법상의 **예비문제**에 답하는 것이 중요하다. 우리가 이론적 **의식**의 형식과 구조에 대해서 탐구할 경우 우리는 의식이라는 개념을 사용하는 것만으로도 이미 온갖 종류의 곤란에 부딪히게 된다. 이는 의식이라는 개념이야말로 철학에서 진정한 프로테우스[자유롭게 자신의 모양을 변화시키는 바다의 신]인 것 같기 때문이다. 의식개념은 철학의 여러 영역 모두에서 사용되면서도 그 영역들의 어떤 하나에서도 동일한 의미를 갖지 않은 채 끊임없이 그 의미가 변화하고 있다. 형이상학도 인식론도, 경험적 심리학도 순수현상학도 의식개념을 서로 다르게 사용하고 있다. 의식개념이 이렇게 다양하게 사용됨으로써 철학적 사고의 여러 영역 간의 경계 논쟁이 반복해서 불붙게 된다. 우리 자신의 체계적인 근본물음이 이렇게 서로 투쟁하고 있는 영역들 중 **어떤 것**에 속하는지가 처음부터 확정되어 있지 않은 만큼, 그것이 이러한 곤란에 빠질 위험은 더욱 커지게 된다. 상징형식의 철학이 제기하는 물음은 사람들이 통상적으로 인식론과 심리학, 현상학과 형이상학 등에 속하는 것으로 보곤 했던 다른 물음들과 긴밀하게 결부되어 있다. 상징형식의 철학이 자신을 위해서 일종의 방법적 자율성을 요구해야 할 뿐 아니라 자신이 의거할 근거와 지반을 독자적으로 조달하고 확보해야만 하지만, 그럼에도 그것은 이러한 모든 영역을 끊임없이 조망하지 않으면 안 된다. 이러한 영역들 사이에 반복해서 생기는 결합이 한낱 혼합으로 되지 않으려면, 그러한 결합이 어떠한 의미에서 추구되고 이해되는지가 분명해져야만 한다. 여기에서는 우선 심리학에 눈을 향해 보자. 만약 심리학의 과제가 단지 의식현상을 경험적·인과적으로 '설명하는' 것이라면, [상징형식의 철학과 심리학 사이에] 경계선은 쉽게 그어질 수 있는 것 같다. 왜냐하면 특히 순수한 인식비판과 마찬가지로 상징형식의 철학도 전체적으로 볼 때는 의식의 이러한 경험적인 기원이 아니라 의식의 순수한 구성을 탐구하기 때문이다. 상징형식의 철학은 의식의 시간적 발생 원인을 탐구하는 것이 아니라 오로지 '의식 안에 있는 것'만을, 즉 의식의 구조형식들을 파악하고 서술하는 것만을 목표한다. 언어든 신화든 이론적 인식이든, 상징형식의 철학에서 그것들은 '객관정신'의 기본 형태로 간주된다. 따라서 상징형식의 철학은 그것들이 어떻게 '생성되었는가'라는 물음에 답하려고 하지 않고 그것들의 '존재'를 순수하게 그 자체로서 제시하고 이해하려고 한다. 우리는 저 보편적인 '초월론적' 물음의 권역, 즉 여러 개별적인 의식형식의 quid facti[사실문제]를 출발점으로만 삼고 그것의 의미와 quid juris[권리문제]를 겨냥하는 저 방법론의 권역 안에 서 있다. 그러나 다른 한편으로는 칸트 자신이 바로 이러한 '초월론적인' 방법론이 자신 안에 고찰의 두 가지 상이한 기본방향을 포함하고 있다는 사실을 거듭해서 강조했다. "하나는 순수지성의 **대상들**에 관계하면서 이 지성의 아프리오리한 개념들의 객관적 타당성을 드러내고 설명해야 한다. 다른 하나는 순수지성 자체의 가능성과 그것이 의거하고 있는 인식능력들에 대해서 고찰하는 것, 따라서 순수지성을 그것의 주관적 관계에 있어서 고찰하는 것을 목표한다." 이와 같이 칸트는 '객관적 연역'의 길에 '주관적 연역'의 길을 결합하면서 심리학적 관념론으로 다시 전락하는 것을 걱정할 필요는 없었다. 왜냐하면 그에게는 주관성의 의미 자체가 결정적으로 변화되었기 때문이다. 칸트에게 '순수한' 주관성은 개별적인 것이라든가 경험적·우연적인 것이라든가 하는 성격을 갖고 있지 않으며 그것은 오히려 모든 참된 보편타당성의 원천이자 근원인 것이다. 공간과 시간의 주관성이 수학, 즉 기하학적·대수학적 원칙들의 객관성을 기초 짓고 보증하는 역할을 한다. 이와 마찬가지로 칸트가 **통각**의 초월론적 통일로까지 소급하는 것도 그것으로부터 그리고 그것에 의해서 보편적이고 필연적인 법칙들의 총체인 **자연**의 통일성을 설명하기 위해서다. 이와 같이 주관과 객관의 대립관계는 이 양자가 경험대상의 구축과 구성에서 필연적으로 서로 관계하고 있다는 사실이 드러남으로써 제거된다. 양자의 갈등이 양자의 순수한 상호관계에 복종하는 것이다. 그러나 우리가 과학적 인식만을 문제삼는 것을 넘어서 오히려 '세계이해'의 형식들의 총체를 문제삼는다면, 이러한 갈등은 새롭게 불붙게 된다. 이러한 '세계이해'에서도 또한 우리는 주관성을 기능들의 전체로서 파악하는바, 이러한 기능들로부터, 즉 하나의 '세계'와 그것의 특정한 의미-질서라는 현상이 우리에게 비로소 실제로 구성된다. 그러나 이러한 '의미'도—비록 우리가 그것에 어떠한 의의와 타당성을 부여하든—이론적 인식과 그것의 원리와 공리의 영역에서 타당했던 것과 같은 동일한 종류의 보편타당성을 여전히 요구할 수 있는가? 오히려 여기에서 '아프리오리성'은 어떤 다른 수준, 즉 '한낱 주관적인 것'의 차원으로 전락할 위험에 처해 있는 것 아닌가? 이러한 위험성은 칸트의 방법론을 최대한 엄격하게 견지하면서도 동시에 그것을 이론적·과학적 세계상의 권역을 넘어서 확장하려는 최초의 시도를 했던 저 사상가에서 이미 지적되고 있는 것 같다. 빌헬름 폰 훔볼트에서 언어의 분석은 시종일관 다음과 같은 사상을 모토로 하고 있다. 즉 언어에서 그 '객관적인' 계기만이 고찰된다면 언어의 정신적 내용은 결코 완전히 평가될 수 없다는 사상이다. 그는 오히려 이렇게 강조하고 있다. "비록 동일한 음성이라도 그것을 파악하는 기분이 다르다면, 그것이 갖는 효과에도 강약의 차이가 생기게 된다. 이는 흡사 어떠한 표현에도 이러한 표현에 의해서 절대적으로는 규정될 수 없는 무엇인가가 떠다니고 있는 것과 같다. … 개념에서도 언어에서도 어떤 것도 개별적으로는 나타나지 않는다. 그러나 여러 결합이 진정으로 개념적 결합이 되는 것은 심정(das Gemüt)이 내적인 통일 속에서 활동할 경우, 즉 충만한 주관성이 이미 완성에 도달한 객관성을 향해서 빛을 발할 경우뿐이다.

언어는 단순히 상호이해를 위한 교환수단일 뿐 아니라 정신이 자신의 힘의 내적 활동에 의해서 자기 자신과 대상들 사이에 정립해야만 하는 참된 세계라는 감정이 영혼 속에서 참으로 눈을 뜰 경우, 영혼은 더욱 많은 것을 언어에서 발견하고 언어 안에 투입하게 되는 참된 길을 걷게 된다.”[2] 여기에서 우리는 훔볼트가 의거하고 있는 다른 종류의 주관성에 마주하게 된다. 이러한 주관성은 이론적 인식의 경우와 동일한 방식으로는 원칙적으로 이해될 수도 없고 아프리오리한 종합적 원칙들의 체계로 발전될 수도 없는 주관성이다. 언어는 단순히 추상적 사유형식으로서 파악되어서는 안 되고 구체적인 삶의 형식으로서 이해되어야만 한다. 언어는 대상으로부터가 아니라 ‘그것을 파악하는 기분’의 상이성으로부터 설명되어야 한다. 그런데 이러한 방향전환은 심리학의 인도에 우리 자신을 내맡기는 것 이외의 방식에 의해서 가능한가? 심리학이야말로 우리를 ‘추상적’ 주관성의 영역으로부터 ‘구체적인’ 주관성의 영역으로 인도하고 우리가 ‘사고형식’으로부터 ‘생의 형식’으로 돌파하는 것을 가능하게 하는 유일한 길을 보여주는 것은 아닌가?

철학이 오늘날 처해 있는 문제상황으로부터 보면, 이러한 물음에 대해서 명료하면서도 만족스런 답이 주어질 수 없다. 그러한 답이 주어지기 위해서는 우선 **심리학이란 개념** 자체가 탐구되고 그것의 방법론과 과제범위가 명확하게 확정되어야 한다. 칸트의 일

---

2) Humboldt, *Einleitung zum Kawi-Werk*, W. Ⅶ, 1, 176쪽.

반적 전제들에 입각하면서 [심리학의] 이러한 경계설정을 수행했던 것, 즉 '비판적 방법에 의한 일반적 심리학'을 구축했던 것이야말로 나토르프의 주요한 공적이다. 자연과학과 경쟁하면서 경험적 관찰이라든가 정밀한 측정과 같은 방법을 모방하는 것을 자신의 최대의 야심으로 삼았던 심리학에 대항하여 나토르프는 독자적인 방식으로 다시 뒤를 돌아 내면으로 향한다. '의식'은 그에게는 모든 대상인식에 유효한 공통의 방법에 의해서 취급되고 탐구될 수 있는 존재의 **일부분**이 아니라 오히려 존재를 조건 짓는 '근거'로 간주된다. 이러한 입장과 함께, 심리학이 순수한 '의식설'로 존재하려고 하는 한 심리학은 비판철학의 체계에서 다른 구성부분들과 나란히 존재하는 **하나의** 구성부분이 아니라 그것들 모두에 대해서 대극(對極)을 형성하며 방법적인 대항력을 형성하게 된다는 사태가 성립한다. 왜냐하면 체계의 모든 다른 구성부분—논리학과 윤리학 그리고 미학—은 객관화라는 하나의 위대한 과제에 기여하는 상이한 계기들에 지나지 않기 때문이다. 그것들은 대상의 영역 또는 가치의 영역, 법칙의 영역 또는 규범의 총체를 구축하며, 이러한 법칙이나 규범에 대해서 일정한 한도와 일정한 형식을 갖는 객관적 타당성과 구속력을 요구한다. 이에 반해 심리학은 이러한 방식으로 이미 규정되어 있는 존재에 관계하지 않고 그러한 규정 각각에 **맹아**로서 선행하면서 그 근저에 놓여 있는 것을 묻는다. 심리학이 자신을 올바르게 이해하는 한, 그것은 의식을 객관적 현실과 유사한 어떤 것으로 기술하는 방식으로 인식하려고 하는 것은 아니다. 오히려 심리학에게는 '무엇인가가 의식되어 있다'

는 사실은 더 이상 환원될 수 없는 궁극적인 것이다. 따라서 그것은 그 자체로서 증시(證示)될 수 있을 뿐이며 사물인식을 위한 범주형식에 의해서, 특히 실체성과 인과성이라는 범주에 의해서 '설명될' 수 없다. 따라서 심리학의 '대상'은—대상이라는 표현방식이 허용될 수 있는 한—자연의 대상, 즉 공간 안의 '사물'과 시간 안의 사건과 변화와 결코 비교될 수 없으며, 그것들과 어떤 방식으로든 지위를 다투지도 않는다. 왜냐하면 **심리학의 대상**은, 현상하는 어떤 것, 즉 공간과 시간 속에서 발견될 수 있고 존재하는 어떤 것이 아니라 단지 현상한다는 순수한 사실 자체이기 때문이다. '현상한다'는 사태가 일어난다는 것, 지각하고 직관하며 사고하는 자아에 관계하며, 이러한 자아에 드러나는 현상들이 존재한다는 것, 이러한 근원적 사실이야말로 심리학이 다루는 유일한 문제다. 나토르프는 다음과 같이 결론을 짓는다. "그런데 이렇게 되면, 아리스토텔레스처럼 의식을 자연 속에 편입시키는 것도, 또한 최근의 압도적 다수의 심리학자들처럼 의식을 자연과 병존하는 것으로 볼 뿐 아니라 경우에 따라서는 심지어는 자연을 포섭하는 것으로 보면서도 의식을 자연을 파악할 때와 동일한 사고수단에 의해서 처리하고 따라서 실제로는 그것을 또 하나의 **자연**으로서 묘사하는 것도 전혀 불가능하게 된다. 그런데 칸트적인 의미에서 이론적 인식의 세계('자연' 또는 '경험')에 대해서 제2의 세계로서의 도덕적 세계도 있다면, 제3의 '세계'로서의 예술의 세계도 있고, 그리고 아마도 그것들을 넘어선 초월적 세계로서의 종교적 세계도 있다. 그러나 의식의 내면세계는 이러한 세 개의 혹은 네 개의 세계에 대해서 논리적으로 상위 혹은 동열 혹은 하위에 자리하는 것이 아니라, 그것들 모두의 세계에 대해서, 즉 모든 종류와 모든 단계의 객관정립에 대해서 그 반대 면을, 즉 내면에의 전환을 표현하는 것이며, 다시 말해서 그러한 모든 세계가 궁극적으로는 그것들을 체험하는 의식으로 수렴된다는 사실을 표현한다. 이러한 궁극적 수렴이야말로, 충만한 구체적 내용을 갖춘 의식으로서의 심리적인 것에 대한 개념이 미리 주어진 것으로서 단순히 인정할 뿐 아니라 비로소 건립하고 전개해야만 하는 것이다."[3]

심리학의 개념과 과제에 대한 이러한 파악과 함께 우리는 이제 비로소 심리학과 우리의 고유한 체계적 문제인 상징형식의 철학이라는 문제 사이의 생산적인 대결이 가능하게 되는 유일한 기반 위에 서게 된다. 여기에서 우선 다음과 같은 물음이 생길 것임에 틀림없다. 그러한 물음이란, 모든 정신적인 것이 궁극적으로 수렴되는 의식이라는 이 순수한 '내면세계'를 드러내고 기술하기 위해서는 대상적 현실을 서술할 목적으로 창조된 모든 개념과 모든 시점이 배제되어야만 한다면 우리는 어떻게 의식의 이러한 순수한 '내면세계'에 접근할 수 있는가라는 물음이다. 파악될 수 없는 것을 그럼에도 불구하고 파악하는 수단, 즉 그것 자신은 아직—직관적인 공간의 질서와 시간의 질서라는 형식이든, 순수하게 지적인 질서의 형식이든 혹은 윤리적이거나 미적인 질서의 형식이든—어떠한 고정된 형식 안으로 들어가지 않는 것을 어떠한 방식으

---

3) Natorp, *Allgem. Psychologie nach kritischer Methode*, Tübingen 1912, 19쪽 이하.

로든 '언표할 수 있는' 수단은 어디에 존재하는가? 의식이 모든 '객관'을 형성하는 작용을 위한 순수한 잠세력일 뿐이고 어떤 의미에서 그러한 형성작용을 단지 인수하는 것이든가 그것의 준비단계일 뿐이라면, 어떻게 해서 바로 이러한 잠세력 자체가 사실로서, 더 나아가 어떤 의미에서는 모든 정신적인 것의 근원적 사실로서 취급될 수 있는지는 가늠할 수 없다. 왜냐하면 모든 사실성은 단순한 규정 가능성 이상의 것을 의미하며, 어떤 '관점'에서의 규정성을, 어떠한 형식을 통한 각인을 자체 내에 포함하고 있기 때문이다. 나토르프라면, 그가 이해하는 의미에서 '의식되어 있다는 것'은 실은 직접 주어져 있거나 발견될 수 있는 것이 아니라는 사실을 지적함으로써 이러한 의구심에 응할 것이다. 여기에서 문제가 되고 있는 '내면세계'는 직접적인 관찰이든가 그것 이외의 심리학적 '경험'을 수단으로 하여 접근될 수 없으며 구성적 사고에 의해서 단지 하나의 '가설적인' 설명근거로서 정립되는 것도 아니다. 왜냐하면 이러한 '사실'이나 '설명근거'와 같은 모든 것은 객관화하는 고찰 방향 내에서만 비로소 존재하지, 이것의 외부나 그것에 앞서서 존재하는 것이 아니기 때문이다. 그러나 여기에서 필요한 것은, 이러한 객관화하는 고찰의 내부에 머무르면서 '의식'의 장소를 확정하는 것이 아니라 오히려 목표설정 자체를 원칙적으로 변화시키는 것이다. 우리는 인식이 자신의 '대상'에로 향해 가는 운동에 사로잡혀서는 안 되고, 모든 객관인식의 배후에 숨어 있는 하나의 목표를 통찰해야만 한다. 이러한 역설적인 욕구를 만족시키는 것은 가능할지라도 단지 간접적으로만 만족시킬 수 있다는 점은 분명하다. 우리는 의식의 직접적인 존재와 생을 순수하게 그 자체로서 결코 드러낼 수 없다. 그럼에도 불구하고 그 자체로서는 폐기될 수 없는 객관화 과정을 이중의 방향으로, 즉 그 terminus a quo[출발점]으로부터 terminus ad quem[종국점]까지, 이러한 종국점으로부터 다시 출발점까지 답파(踏破)함으로써 그러한 객관화 과정에서 새로운 측면과 새로운 존재를 간취하는 것은 의미 있는 일일 것이다. 나토르프에 의하면, 심리학의 '대상' 일반이 그 자체로 명확하게 드러나게 되는 것은 이러한 끊임없는 왕복운동, 이러한 이중적인 방법에 의해서만 가능하다. 심리학의 대상은, 수학과 자연과학 그러나 또한 윤리학과 미학의 구성방법에 이것과는 다른 어떤 순수한 '재구성'의 작업이 대치될 경우에야 비로소 나타나게 된다. 물론 이러한 재구성의 작업은 구성적인 작업을 이미 수행된 것으로서 전제해야만 하는 한, 비자립적인 것으로 머무른다. 그러한 재구성의 작업이 구성적인 작업에 머무르지 않고 그것의 배후로까지 소급해서 묻는다 하더라도, 다른 한편으로 이러한 구성작업 자체를 출발점으로 하면서 그것에서 수행되고 그것을 통해서 확보되고 있는 것을 끌어들이지 않는다면 그러한 소급적인 물음을 제기할 수 없다. 따라서 우리가 심리학을 나토르프가 말하는 의미에서 이해하는 한, 심리학에는 물론 단순한 페넬로페(Penelope)[4]

---

4) [역주] 페넬로페는 오디세우스의 아내로 오디세우스가 트로이 원정 때문에 20년 동안 집에 돌아오지 못하는 사이에 많은 남자들이 구혼을 했다. 페넬로페는 구혼자들에게 지금 짜고 있는 자수가 다 되었을 때 결혼한다고 약속하고서는, 낮에 짠 천을 밤에 풀어 시간을 벌면서 정절을 지켜냈다.

식의 작업 이외의, 또한 그것 이상의 일은 거의 남아 있지 않은 것으로 여겨진다. 즉 그것은 '객관화'의 여러 형식에 의해서 짜인 복잡하고 정교한 직물을 다시 해체한다. 이 점에서 이러한 심리학은 순수한 이론과 윤리학 그리고 미학의 '플러스 방향'에 대해서 그것과는 역의 방향, 즉 '마이너스 방향'을 대치시킨다. 그러나 이 경우 이 두 개의 표현은 물론 절대적 의미에서가 아니라 상대적 의미에서 이해되어야 한다. "대립관계는 서로 대치하는 관계가 되는 것이지만 이것은 동시에 필연적으로 상관관계도 의미한다. 그러나 그렇게 되면 이러한 상호관계에서 마이너스 방향은 의식이 무(無)가 되는 상태로까지의 감소, 퇴행의 과정을 의미하지 않는다. 오히려 주변으로의 확대에 중심으로의 심화가 상응하며, 이러한 심화는 물론 근원으로 소급하면서 이것과 관계를 맺는 것이다. 그러나 이러한 심화에 의해서, 객관화하는 방향의 인식에 의해 획득된 것들 중 아무것도 다시 상실되는 것은 아니다. 오히려 상실된 것으로 보였던 것조차도, 즉 나쁜 의미의 '주관적인 것'으로서 배제되었던 것조차도 다시 수용되고 완전히 복권되며, 동시에 새롭게 획득된 것도 모두 보존되고 이 복권된 것과 결합되는 것이다. 따라서 의식의 전체 내용은 축소되지 않고 오히려 증대되고 풍부해지며 심화된다."[5]

여기에서 엄밀하게 '비판적인' 성찰과 함께 설정되고 있는 것은 의식에 대한 현상학의 참으로 보편적인 프로그램이다. 그리고 나토

---

5) Natorp, 앞의 책, 71쪽.

르프가 이 프로그램을 그것이 구상되었을 때와 동일한 정신으로 완전히 그리고 전면적으로 실현할 수는 없었다고 하더라도, 이러한 사실에 의해서 이러한 프로그램 자체가 갖는 의미와 가치는 전혀 감소되지 않는다. 나토르프는 말년에 이르기까지 그리고 자신의 마지막 저술에 이르기까지 자신의 프로그램을 실현하기 위해서 끊임없이 고투(苦鬪)했다. 나토르프의 『일반심리학』은 단편으로 끝났으며, 유일하게 완성된 제1권도 나중에 나토르프 자신이 분명히 그렇게 불렀던 것처럼 문제설정을 위한 단순한 서설에 지나지 않았고 '기초 지음을 위한 기초 지음'에 지나지 않았다. 그로 하여금 이러한 출발점을 넘어서 나아가도록 노력하게 만들었던 것은, 무엇보다도 먼저 그가 전진하면 할수록 그의 눈에 정신적 세계의 '다차원성'이 보다 분명하면서도 확실하게 개시되었기 때문이다. 이러한 다차원성 때문에 '객관화하는' 고찰의 길과 '주관화하는' 고찰의 길, 즉 구성적·구축적인 인식의 길과 재구성적 인식의 길이 단순히 일직선의 형상으로 표현되고 그 이중의 의미, 즉 플러스 방향과 마이너스 방향에 입각해서 읽히는 것은 허용되지 않는다. 정신적인 의미영역들의 구별은 종적인 구별이며 양적인 구별은 아니다. 따라서 우리가 이러한 정신적 의미의 영역들 사이의 차이를 객관화의 '다소(多少)'라든가 의미의 플러스라든가 마이너스라든가의 차이로서 규정하려고 시도하자마자, 바로 이러한 종적인 차이는 제거되고 만다. 정신을 객관화할 수 있는 단계들의 전체를 일직선상에 투영하려고 해도 이러한 도식적인 모사에 의해서는 본질적인 특징들은 필연적으로 흐릿해지고 만다. 나토르프 자신도 철학체계의 구체적인 구축과 확대를 시도했던 말년에는 이러한 사실을 분명하게 인식하고 그것을 주저하지 않고 고백했다.[6] 여기에 남아 있는 난점이 무엇인지는 '상징형식들'의 구체적인 전체를 나토르프의 심리학이 제시하는 일반적인 저 틀 안에 편입시키려고 하자마자 분명하게 드러난다. 바로 **이러한** 심리학의 전체적 구상에서는 언어의 고찰과 분석에 주요하면서도 중요한 역할이 할당되어야만 했다는 것은 부인할 수 없다. 왜냐하면 언어를 통한 규정은 순수한 **개념**을 통한 규정을 준비하고 이러한 규정을 위한 길을 개척하는 것으로서 불가결하기 때문이다. 따라서 나토르프의 심리학조차도 최소한 그 **구상**의 단계에서는 언어의 이러한 의의를 분명하게 인정했다. 그의 심리학은 객관화하는 힘과 수행이 과학적으로 확정된 개념과 과학적으로 기초 지어진 판단에 비로소 내재하는 것이 아니라 언어를 사용하는 모든 문장에 내재한다는 사실을 강조하고 있다. "자기 자신의 의식의 직접적인 모습, 더 나아가 타자의 의식의 직접적인 모습도 직접 그 자체는 아니고 오직 그것들의 '표현'을 통해서만 포착될 수 있다. 이러한 표현은 표현인 한에서는, 실제로는 항상 이미 의식 자신의 영역으로부터 객관성(어떠한 단계의 것이든)의 영역으로의 외화(Entäußerung)이며 나섬(Heraustreten)이다. 여기에 심리학자가 결코 소홀히 할 수 없는 풍부한 연구자료가 존재한다는 것은 극히 분명하다. 왜냐

---

6) 특히, 나토르프의 유고를 편집한 『실천철학강의(*Vorlesungen über praktische Philosophie*)』를 참조할 것. 상세한 것은 나토르프에 바친 나의 추도문(*Kant-Studien*, XXX, 1925)을 볼 것.

하면 고도로 형성된 언어는 어휘와 통사론적 관계들과 모든 구성부분 각각에 원초적 인식의 무진장한 부를 숨기고 있기 때문이다. … 이러한 원초적인 인식과 객관화는 자신의 고유한 목적의 한계 내에서는 선명함과 정확함에 있어서 과학적 인식과 객관화에 거의 뒤지지 않는다."[7] 비록 과학이 자신의 고유한 인식이상으로부터 [언어에서 나타나고 있는] 객관화 작용을 한낱 불완전한 전 단계로서 내려다볼지라도, 바로 이러한 전 단계야말로 심리학의 관점에서 보면 고유하면서도 매우 중요한 단계를 표현한다. 이러한 단계의 특수성이 탐구되어야만 하고 충분히 인정되어야만 한다.[8] 그러나 나토르프의 심리학이 실제로 전개될 때는 그것은 이러한 원리를 제대로 인정하고 있지 않다. 왜냐하면 객관화의 과정이 이러한 심리학에서 기술될 경우, 이러한 기술은 항상 과학적 사고와 과학적 인식이라는 저 최종적이고 최고의 단계를 기준으로 하고 있기 때문이다. 이러한 기술로부터 그리고 오직 이러한 기술로부터만 **주관-객관관계의 정의**가 끌어내어지고 있다. 나토르프에게는 '객관적인 것'에의 방향이야말로 '필연적인 것'과 '보편타당한 것'에의 방향과 합치하는 것이며, '필연적인 것'과 '보편타당한 것'에의 방향 자체는 다시 '법칙적인 것'에의 방향과 일치하기 때문이다. 따라서 그에게 법칙이란 모든 객관화—그것이 어떠한 형식, 어떠한 단계에 속하든 간에—일반에 공통되는 상위개념을 표현하

---

7) Natorp, 앞의 책, 99쪽.
8) 같은 책, 221쪽.

고 있다. 따라서 나토르프는 모든 개별적인 것이 법칙이라는 보편적인 것에 관계하며 법칙의 '실례'로 간주되고 오직 그러한 것으로서만 규정되는 것은 자연인식에 한정되지 않는다고 본다. 그는 동일한 규정방식이 모든 윤리적 고찰과 미적인 고찰에 대해서도 타당하다는 사실을 강조한다. 윤리적 인식도 미적인 인식도 비록 개별적인 것에 입각해서만 그리고 개별적인 것을 위해서만 법칙을 찾을지라도 어떻든 법칙을 찾는다는 것이며, 법칙을 발견하게 될 경우에만 그것들은 자신들이 추구하는 객관적 타당성을 획득하게 된다는 것이다. 따라서 나토르프에게는 논리학뿐 아니라 윤리학도 그리고 윤리학뿐 아니라 미학과 종교철학마저도 '법칙과학'의 영역에 속하며, 그것들 모두는 구체적인 객관과학과 동일한 의미에서, 아니 그것보다 더 철저한 의미에서 객관화하는 성격을 갖는 것이다. "객관과학들이 자신의 영역들 각각에 속하는 현상으로부터 출발하면서 이러한 현상의 법칙들을 인식하려고 노력하는 것이라면, 법칙과학은 이러한 구체적인 법칙인식의 수속의 전체를 규정하고 있는 법칙을 묻는다. 따라서 법칙과학은 법칙으로 환원하는 작업을, 즉 과학적 인식의 구성적 수속을 다시 한 번 한 단계 더 추상적인 것으로 환원하며 한 단계 더 추상적인 것으로 높이는 것이다."[9]

그런데 비록 이러한 주장이 윤리학과 미학 그리고 종교철학에는 전적으로 타당하다고 하더라도, 이러한 학문들이 다루는 정신적

---

9) 같은 책, 94쪽.

내용, 즉 윤리와 예술 그리고 종교 자체에도 과연 타당한 것일까? 그러한 내용들조차 법칙들의 권역에서 움직이는 것일까? 또는 그것들에 고유한 '객관화 작용'은 전혀 다른 기준을 따르는 것은 아닐까? 즉 여기에서 추구되고 있는 것은 법칙의 객관성이 아니라 '형태'의 객관성은 아닐까? 'Praxis[실천]'와 'Poiesis[시작(詩作)]——나토르프가 나중에 윤리와 예술 그리고 종교와 같은 객관화 작용들을 가리키기 위해서 만들어낸 체계적 개념들을 사용하자면——는 단순히 법칙, 즉 '이론'이라는 상위개념에 종속되고 그것에 포섭될 수 있는가? 우리가 고찰의 중심을——나토르프 자신의 기초 지음이 요구하고 있는 것처럼——과학적 인식의 개념들이 아니라 언어의 개념들에 두자마자, 이론적 객관화의 영역에서 법칙개념에 귀속되고 있는 역할은 이러한 영역에서조차도 의심스러운 것이 된다. 왜냐하면 언어의 개념들은 예외 없이 법칙 내에서의 규정과 법칙에 의한 규정과는 결코 동일하지 않은 '규정'의 형식을 보여주기 때문이다. 언어적 '개념'의 보편성은 과학적인, 특히 자연과학적인 '법칙'의 보편성과 동일선상에 서 있는 것은 아니다. 즉 과학적인 법칙의 보편성은 언어적 개념의 보편성의 단순한 연장이 아니다. 양자는 서로 다른 궤도에서 움직이며 정신의 형성작용의 서로 다른 방향을 표현한다. 재구성이라는 작업이 성공적으로 수행되려면 이 두 방향을 엄격하게 구별하면서 각각의 고유한 특성을 파악할 필요가 있다. 사실상 언어에 내용과 특성을 부여하는 '표시기능'은 과학적 인식의 개념 속에서 작용하고 있는 '의미기능'과 동일하지 않다는 것, 그리고 이러한 '의미기능'도 '표시기능'의 단순한 발전,

즉 직선적인 연장이 아니고 양자는 질적으로 서로 다른 종류의 의미부여 작용을 포함하고 있다는 것이 분명하게 된다. 그리고 객관을 형태화하는 작용의 이러한 구별에는 '주관'에서의, 즉 '의식'의 특유한 태도에서의 구별도 상응할 수밖에 없다. 우리가 한편으로는 정신의 '온전한 객관성'에 대한 참으로 구체적인 직관을, 다른 한편으로는 '온전한 주관성'에 대한 참으로 구체적인 직관을 획득하려고 한다면, 우리는 나토르프가 원리로서 설정하고 있는 저 방법론적인 상관관계를 정신적 창조의 영역 전체에 적용하려고 시도해야만 한다. 그렇게 되면, 나토르프가 칸트의 『비판』의 3분법에 크게 의거하면서 근저에 두고 있고 일반적 방향설정을 위한 확고한 좌표계로 삼았던 '객관화'의 세 가지 주요방향만으로는 충분하지 않다는 사실이 분명하게 된다. 우리의 고찰은 논리적인 것, 윤리적인 것, 미적인 것이라는 세 개의 차원을 넘어서야만 한다. 즉 우리의 고찰이 만약 이 일차적인 주관적 '원천', 즉 의식의 근원적인 태도 방식과 형태화 방식으로까지 거슬러 올라가려면, 특히 언어의 '형식'과 신화의 '형식'을 자신의 권역 안으로 끌어들여야만 한다. 이제 우리는 이러한 관점에 입각하여 우리의 물음, 즉 지각하고 직관하고 인식하는 의식의 구조에 대한 물음을 해명할 것이다. 이 경우 우리는 자연과학적 방법론에도, 즉 인과적으로 설명하는 심리학의 방법론에도 또한 순수한 '기술'이란 방법에도 사로잡히지 않고, 그러한 문제의 해명을 시도할 것이다. 오히려 우리는 '객관적 정신'의 문제들, 즉 객관적 정신의 본령을 이루고 있고 그것의 존재의 장을 이루고 있는 형태들로부터 출발할 것이다.

그러나 우리는 단순한 사실로서의 그러한 형태들에 머무르지 않고 어떤 재구성적 분석을 통해서, 그것들의 기본적인 전제들, 즉 '그것들을 가능하게 하는 조건들'로 거슬러 올라가려고 할 것이다.

제2장 지각의식의 기본계기로서의 표정(Ausdruck)현상

이론적 철학에서 지각의 문제는 이중적인 면에서, 즉 심리학적 관점과 인식비판적인 관점 아래서 제기된다. 이 두 관점은 철학사 전체에 걸쳐서 끊임없이 서로 투쟁해 왔다. 그러나 그 대립이 첨예하게 전개될수록, 동시에 또한 바로 이 두 관점에 두 개의 초점, 즉 지각의 문제군 전체가 필연적으로 둘러싸고 움직이고 있는 두 개의 초점이 존재한다는 사실이 더욱 분명하게 되는 것 같았다. 물음은 지각의 발생과 전개에로 향하든가 아니면 지각의 객관적 의의와 타당성에로 향한다. 물음은 지각의 발생에 관한 것이든가 아니면 대상인식의 전체에서 지각이 수행하는 기능에 관한 것이든가 두 가지 형태를 띤다. 이 두 가지 물음의 방법적인 지위 논쟁과 경쟁이 어떤 식으로 결정되고 그것들 중 어떤 것에 우위가 인정되든, 이론적 철학의 관심이 이 두 가지 물음으로 귀착된다는 사실 하나만은 확실한 것으로 보였다. 왜냐하면 경험의 전체가

'안'과 '밖'이라는 분명하게 분리된 두 개의 영역으로 나눠진다는 것이 확실하다면, 우리가 지각에게 이 두 영역에서 적합한 장소를 지정하는 것이 가능하게 되자마자, 즉 한편으로는 지각을 특정한 규칙을 따르는 심리적 사건으로서 파악하고 다른 한편으로는 이론적 객관정립의 기반으로서, 다시 말해서 그것의 최초의 장으로서 파악하자마자 지각의 본질을 완전하게 인식하게 된다는 사실도 확실한 것으로 보이기 때문이다.

전자의 심리학적 관점에서는 지각의 **생성**과 이것의 인과법칙이 발견되면 지각의 본질은 다 파악된 것으로 간주된다. 이러한 법칙은 **특수한** 것이더라도 경험적 법칙이기 때문에 자연에 대한 설명 전체의 틀 내에서만 발견될 수 있고 규정될 수 있다. 따라서 여기에서는 자연상(自然像), 특히 물리학이 묘사하고 있는 것과 같은 자연상이 필연적인 출발점이 된다. 이러한 자연상 자체의 진리성, 즉 그것의 객관적 타당성에 물음이 향해지는 것은 아니고 오히려 그것의 객관적 타당성은 문제가 제기될 때에 이미 함께 정립되고 전제되고 있는 것이다. 자연의 합법칙성과 자연인식의 일반적 범주는 자명한 것으로 전제되어 있으며, 그것들로부터 그리고 그것들을 기초로 하여 지각에 대한 특수한 설명도 획득되지 않으면 안 된다. 따라서 여기에서 지각의 심리학은 필연적으로 생리학과 물리학으로 귀착되고 만다. 심리학은 지각의 세계와 객관적인 '자극'의 세계 사이에 성립하는 의존관계를 확정하는 것을 제일의 과제로 갖는 정신물리학이 되고 만다. 이러한 의존관계가 인과관계로 간주되든 함수적 대응관계로 간주되든, 항상 타당한 것은 '자극'과

'감각'이 어떠한 방식으로든 서로 동조(同調)하며 따라서 그것들의 기본적인 구조관계는 서로 합치함에 틀림이 없다는 점이다. 자극세계의 분절과 지각세계·감각세계의 분절 사이에 '평행관계'가 성립한다는 사실이 위의 사실로부터 저절로 귀결된다. 즉 보편적인 '항상가정(恒常假定, Konstanzannahme)'이 주장하는 것처럼, 일정한 자극에는 항상 일정한 감각이 대응되는 것이다. 이러한 고찰방식에서는 지각이 갖는 엄밀한 의미의 '시원적인' 본질특징을 인정할 수 없게 된다. 왜냐하면 이러한 사고방식으로부터 보면, 지각 자체의 의미와 내용은 '외부'세계의 상황을 충실하게 반영하고 재현하는 데에 있게 되기 때문이다. 따라서 지각의 **분절**도 자극의 분절에 완전히 따르는 것이 된다. 우리는 지각의 물리적 **원인들**의 차이를 지각 자신의 규정들에서 그대로 재발견할 수 있으며, 감각기관들이 사물들처럼 서로 분리되어 있는 상태가 필연적으로 감각현상 속에 그것에 대응하는 분리를 낳는다는 것이다.

인식비판적인 물음[1]은 이러한 문제설정과는 정반대되는 것으로 보인다. 인식비판적인 물음은 '사물'로부터 '현상'에로가 아니고 '현상'으로부터 '사물'로 향하는 것이다. 따라서 인식비판적인 물음은 지각과 그것의 성질을 '외부로부터' 제약된 것으로서가 아니라 오히려 제약하는 것으로서, 즉 사물인식의 구성계기로서 간주할 수밖에 없다. 그러나 인식비판적인 물음이 지각을 오로지 이러한 기능에서만 고찰하기 때문에 이번에도 또한 지각은 처음부터

---

1) [역주] 여기서 카시러는 칸트의 인식비판을 염두에 두고 있다.

어떤 특정한 '빛' 아래서, 즉 어떤 특정한 이론적 관점 아래서 나타나게 된다. 지각은 더 이상 그것의 '원인'인 외부세계로부터 규정되지 않지만, 이제 그것은 그것에 부과된 **목표**에 의해서 규정되어 있다. 그리고 이러한 목표란 경험, 즉 자연과학을 그 나름대로 가능하게 하는 것이다. 따라서 이제 지각의 의미는 현존하는 세계의 **모상**(Abbild)이라는 데에 있지 않고 어떤 특정한 의미에서 자연대상의 **원형**(Vorbild)이라는 데 있다. 지각은 자연대상을 일종의 도식적 밑그림의 형태로 이미 포함하고 있다는 것이다. 그러나 자연대상을 규정하기 위해서는 순수한 지성기능이 지각에 주어지는 경험적 재료에 끊임없이 관계해야만 한다. 여기에서도 또한 지각이 보통 처음부터 그것의 구조에 있어서 '자연'이라는 구조체, 즉 사물세계의 구조에 극히 유사한 일종의 객관적인 '구조체'로 간주된다는 사실이 위의 맥락에서 보면 분명하게 될 것이다. 사물의 '속성'에는 지각의 특정한 '성질'이 대응한다. 따라서 지각은 그 자체로 이미 분절되어 있고 확고한 주요형태와 특정한 기본적 클래스에 따라서 구분되어 있는 것으로 나타난다. 그러나 이와 함께 이론적 자연**개념**의 구성조건 중 하나인 '사물·속성'이라는 범주가 이미 지각에 대한 순수기술, 즉 지각의 **현상학** 안에 투입된다. 지각은 '다양한 것', 즉 순수직관의 종합적 기능과 순수지성의 종합적 통일이 비로소 질서와 연관을 부여해야만 하는 다양한 것으로서 묘사된다. 그러나 그럼에도 불구하고 보다 예리하게 살펴보면, 한낱 규정 가능한 것에 지나지 않는 것으로 보이는 이 다양이 이미 이론적 규정의 극히 특징적인 성격들을 포함하고 있는 것으로 나타난다. 물론 그것은 아직은 결코 '본래의' 대상, 즉 완성된 최종적인 대상은 아니지만, 이러한 대상에의 지향을 포함하고 있다. 그리고 그것은 이러한 방식으로 대상에로 향함으로써 이미 부지불식간에 이 대상을 **모범으로** 삼고 있다. 따라서 순수한 인식비판이 '직접적' 지각을 기술하면서 아무리 멀리 거슬러 올라가더라도 이러한 기술은 항상 인식비판 자체의 개념과 그것의 일반적인 과제로부터 생기는 보편적 규범에 복종하고 있다. 지각의 본질은 그것의 '객관적 타당성'이라는 점에서 규정되고 만다. 그러나 이와 함께 지각의 본질에 대한 기술에는 인식의 특정한 '관심'이 개입되어 있는 것이 된다. 지각을 '이해한다'는 것은 그것을 현실인식의 구성에서 특수한 구성부분으로서 파악하는 것, 즉 '우리의 모든 인식이 대상에 대해서 갖는 관계'가 의거하고 있는 기능들의 전체에서 지각에게 귀속되는 위치를 지각에 지정하는 것이다.

그러나 우리가 지각을 단지 이러한 하나의 '관점'에서, 즉 이론적 자연과학이 말하는 '자연'을 모범으로 하면서 파악하지 않기로 결심하자마자, 지각은 우리에게 본질적으로 다른 형태를 띠게 된다. 물론, 지각을 정신에 대한 **모든** 연관에서 벗어나게 하고 가능한 의미지향의 **전체로부터** 단절시켜서, 그것을 적나라하게 그 자체로 있는 모습으로 제시하려는 시도는 불합리하고 방법적으로도 희망이 없는 것으로서 나타난다. '감성'조차도 결코 한낱 정신 이전의 것이나 전혀 비-정신적인 것으로서 간주될 수 없다. 오히려 감성 자체가 '존재'하고 존립하는 것도 그것이 의미의 특정한 기능에 따라서 분절되는 한에서다. 그러나 이 의미기능은 결코—좁은 의미의—'이론적인' 의미의 세계로 해소되는 것은 아니다. 우리가 이론적·과학적 인식의 특수한 조건들을 도외시한다고 해서 우리가 형식 일반의 영역까지도 떠나버린 것은 아니다. 우리는 단순한 혼돈에 빠진 것은 아니며, 지각의 세계에서 우리를 수용하고 둘러싸고 있는 것은 그 자체로 또한 이념적인 우주인 것이다. 언어의 구축과 신화적 세계의 구축에서 점증적으로 명료하게 우리 앞에 나타났던 것도 이러한 우주였다. 그리고 이제 이와 함께 지각 자체를 고찰하고 평가하기 위한 새롭고 훨씬 더 넓은 관점이 주어진다. 이제 지각에서는 다음과 같은 기본적 특성들, 즉 처음부터 자연의 대상도 '외부세계의 인식'도 결코 겨냥하지 않으면서 전혀 다른 방향의 파악을 가리키는 기본적 특성들이 부각된다. 특히 신화는 구조와 내적 분절을 결코 갖지 않는 것은 아니지만, 아직은 '사물'과 '속성'에 따른 현실의 분절화를 알지 못하는 세계를 우리에게 보여준다. 오히려 신화에서는 모든 존재형태가 아직 어떤 독특한 '유동성'을 보여주고 있다. 즉 신화에서는 모든 존재형태가 서로 구별되지만 그렇다고 해서 서로 단절되어 있는 것은 아니다. 어떠한 존재형태도 외관상으로는 완전히 대립되는 것으로 보이는 다른 존재형태로 언제든지 변화할 수 있다. 신화적인 '변용'은 '동일성'이라는 논리법칙에 구속되지 않으며, 또한 종들의 어떤 고정된 '불변성'에서 자신의 한계를 발견하지도 못한다. 신화적인 변용에는 부동(不動)의 명확한 징표에 의해서 서로 분리되고 영구히 이러한 분리 안에 머물 수밖에 없다는 의미에서의 어떠한 논리학상의 유(類)도 어떠한 생물학상의 속(屬)도 존재하지 않는다. 오히려 여기에서는 우리의 경험적인 유개념과 종개념에 의해서 그어지는 모든 경계선이 끊임없이 이동하고 소멸한다. 동일한 하나의 존재자가 끊임없이 새로운 형식으로 **이행할** 뿐 아니라 그것이 존재하는 동일한 순간에 많은 다른 다양한 존재형태, 그뿐 아니라 서로 대립된 존재형태들을 자신 안에 포함하며 자신 안에서 결합한다. 그러나 만약 직접적 **지각**이 이미 순수하게 그 자체로 그리고 모든 '지적인' 파악과 해석에 앞서서 어떤 의미에서 필연적으로 세계를 고정된 여러 클래스로 분류하고 분할하고 있다면, 신화적 세계의 이러한 특유한 유동성은 이해할 수 없는 것이 될 것이다. 만약 그렇다고 한다면, 신화는 도처에서 '논리학'의 법칙뿐 아니라 '지각의 기본적 사실들'과도 대립할 수밖에 없을 것이다. 그러나 실제로는 지각의 **내용**과 신화의 **형식** 사이에는 이러한 대립이 생기지 않고 오히려 양자는 완전히 서로 유착하여 성장하며 서로 용해되고 전적으로 '구체적인' 통일체를 형성한다. 신화에 대해서 반성하지 않고 신화의 세계 **속에서** 살고 있는 경우에는 '참으로' 지각된 현실과 신화적 '공상'의 세계 사이에 아직 어떠한 균열도 존재하지 않는다. 이 경우에는 신화적 형성체가 충만하면서도 직접적인 지각의 색깔을 띠고 있으며 다른 한편으로 지각 자체도 신화적 형태화 작용의 빛 속에 **빠져** 있다. 이러한 상호침투는 지각 자체가 신화적인 것의 양식과 방향에 적합하고 어떤 의미에서 그것들을 수용하는 특정한 근원적·본질적 성격을 보일 경우에만 이해될 수 있다. 발달심리학은 '미발달한' 지각의 특징으로서 '막연하다'든가 '복합적이다'라는 성격을 드는 것이 보통이다. 그러나 이러한

'막연한 것', 즉 세분화와 분절의 결여에 대해서 말하는 것도 우리가 이미 암묵적으로 지각을 어떤 특정한 지적인 척도, 즉 이론적 형성작용의 척도에 비추어 고찰할 경우에만 타당성을 갖는다. 그러나 '미발달한' 지각이라도 그 자체로는 결코 분절을 결여하고 있는 것도 아니고 혼란스런 것도 아니다. [발달한 지각에 대해서] 그것이 갖는 차이는 '객관적인' 파악, 즉 현실을 '사물'과 '속성'의 총체로서 보는 견해가 움직이는 수준과는 전혀 다른 수준에 놓여 있을 뿐이다. 따라서 신화에 대한 철학이 셸링이 처음으로 제기했던 원리적 요구를 충족시키려고 한다면, 다시 말해 신화를 단지 우의(寓意)적으로(allegorisch), 즉 일종의 유치한 물리학이라든가 유치한 역사로서 이해하지 않고, '자의(自意)적(tautegorisch)'으로, 즉 자립적인 의의와 고유의 성격을 갖는 하나의 의미형성체로서 이해하려고 한다면, 신화에 대한 철학은 신화가 근원적으로 뿌리를 내리고 있고 끊임없이 새로운 양분을 끌어내는 **지각체험**의 저 형식에도 나름의 권리를 인정해야만 한다. 이와 같이 지각 자체의 어떤 원초적인 양식에 기초를 두고 있지 않다면, 신화는 공허 속에서 부유하게 될 것이며, 정신의 보편적인 **현상형식**이기는커녕 오히려 일종의 정신질환, 즉 광범위하게 퍼져 있지만 우연적이고 '병적인' 현상을 의미하게 될 뿐일 것이다.

그러나 실제로는 신화적 세계관의 상관자와 이러한 상관자가 어떤 특정한 방향의 지각 속에서 소유하고 있는 기초가 무시될 수는 없다. 이와 관련해서는 **이론적** 세계상조차 이러한 기초를 실로 다양하게 변용하고 이것과는 종류도 유래도 다른 여러 형태화 작용에 의해서 은폐하고 있지만 그러한 기초를 완전히 소멸시키지는 못했다는 사실을 잘 고려해 보는 것이 좋다. 이론적 세계관조차도 엄밀한 인과법칙에 의해서 지배되고 이것에 의해서 서로 결합되는 사물들의 총체라든가 변화의 복합체로서의 현실밖에 알지 못하는 것은 아니다. 이론적 세계상은 다른 보다 근원적인 의미의 어떤 세계, 즉 순수한 **표정현상**으로서 나타나는 한에서의 세계를 여전히 '가지고 있다.' 우리의 재구성 작업이 신화가 생기는 기반, 그러나 또한 **경험적** 세계상이 갖는 특정한 성격들을 설명하고 도출하기 위해서는 결여할 수 없는 기반에 도달하려면 우리는 표정이라는 이 층으로까지 거슬러 올라가야만 한다. 왜냐하면 '이론적' 현실조차 근원적으로는 결코 일정한 속성과 물리적 성질을 갖춘 물리학적 물체의 총체로서 **경험되지는** 않기 때문이다. 오히려 아직 전적으로 이러한 형식의 자연과학적 **설명**과 해석 밖에 존재하는 일종의 현실**경험**이 존재한다. 이러한 현실경험은 지각에서 파악되는 '존재'가 한낱 객관으로서의 사물의 존재가 아니라 살아 있는 주관이라는 존재방식으로 우리에게 나타나는 곳에서는 어디서든 존재한다. 다른 주관에 대한 그러한 경험, 즉 '너'에 대한 경험이 어떻게 해서 **가능한가**라는 것은 형이상학적이거나 인식이론적인 난문으로 나타날지 모른다. 그러나 단지 사실만을, quid facti[사실문제]만을 다루는 지각의 순수현상학은 이러한 물음에 전혀 관여하지 않으며 이러한 물음에 그것이 나아갈 길을 보여줄 수도 없다. 우리가 순수한 지각의 현상학에 **빠져보면**, 생(生)에 대한 지각은 단순한 사물의 지각으로 해소될 수 없다는 것, '너'에 대한 경험은 결코 단순한 '그것'에 대한 경험으로 해소될 수 없으며 아무리 복잡한 개념적 매개를 통해서도 그러한 경험으로 환원될 수 없다는 것, 이 하나의 사실만은 어떻든 분명하게 된다. 순수하게 발생적인 관점으로부터 보아도, 이 두 개의 지각형식의 어느 쪽에 우위가 주어져야만 하는가에 대해서는 의문의 여지가 없는 것 같다. 우리가 지각을 [그 근원을 향해서] 소급해 갈수록, 그것에서는 '너'라는 형식이 '그것'이라는 형식에 대해서 더욱 우위를 가지며 그것의 순수한 표정성격이 사태성격과 사물성격을 압도하는 것이다. '표정을 이해하는 것'이 '사물을 아는 것'에 본질적으로 선행하는 것이다.

심리학적 **경험**조차 그것이 사실들을 처음부터 어떤 특정한 작위적인 도식에 편입시키지 않고 솔직하게 사실에 충실하려고 할 경우에는, 항상 이러한 사태를 확인해 왔다. **동물**의 '의식'을 어떤 방식으로든 파악하고 기술하려고 하는 시도가 이미, 인간의 지각이 편입될 수 있는 체제를 어떠한 방식으로든 그대로 동물의 세계에 적용하고 투입하려고 하는 것은 완전히 잘못된 길이라는 사실을 보여주었다. 이러한 '투입'이 위험한 것이라는 사실은 분명하며, 따라서 최근의 심리학의 특정한 학파가 여기에 놓여 있는 모든 문제를 단호하게 무시함으로써만 이러한 위험에서 벗어날 수 있다고 믿는 것도 이해할 만하다. 현대의 행동심리학, 즉 '행동주의'의 방향은 이러한 부정으로부터, 즉 일종의 방법적 금욕에서 생긴 것이다. [이러한 행동주의의 입장에서는] 동물에게 모든 종류의 '의식'을 부정하는 쪽이 동물의 의식을 순수하게 의인(擬人)적인 방식으로, 즉 인간에게 고유한 범주에 의해서 기술하는 것보다도 아무튼 보다 신중하고 안전한 것으로 여겨졌던 것이다. 이미 데카르트가 자신의 심리학에서 동물들에게 의식생활이 존재한다는 사실을 철저하게 부정하고 동물을 순수한 기계로 간주했을 때, 그는 의심할 바 없이 완전히 정합적으로 사고했던 것이며 다만 자기 자신의 논리학이 명하는 바에 따랐던 것이다. 왜냐하면 그에게 '의식'이란 본질적으로 자아의 반성적 자기파악이라는 근본작용—다시 말해 자아의 존재가 사고의 존재로서 파악되고 구성되는 작용—을 의미하기 때문이다. 데카르트에서는 순수이성의 이러한 근본작용이 없다면 감각작용도 지각작용도 표상작용도 존재하지 않는다. 무릇 심적인 것이 '존재'한다고 해도 그것은 어떤 특정한 합리적인 형성작용과 결합작용의 형태로만 사유될 수 있다. 일반적으로 말해서 '명석판명한 관념'이야말로 모든 존재정립의 근본전제와 유일하게 타당한 기준을 형성한다. 전적으로 합리론적인 토양에서 자라나온 데카르트의 테제가 자신을 철저한 경험주의라고 부르기를 좋아하는 오늘날의 심리학에 의해서 수용되고 있다는 사실은 언뜻 기묘하게 보일지도 모른다. 그러나 합리적 추론의 길과 순수한 '경험'의 길—경험이라는 것으로 단지 귀납적 관찰과 비교라는 방법을 이해한다면—이 여기에서 서로 만나는 것은 결코 우연이 아니다. 왜냐하면 바로 이 귀납이야말로 객관화하는 자연과학의 방법으로서 전적으로 특정한 논리적인 전제들에 묶여 있고 이러한 전제들의 힘으로 자신이 지성의 활동의 하나, 즉 현실을 사고에 의해서 파악하는 활동의 하나라는 사실을 입증하기 때문이다. 따라서 귀납의 존재기준과 진리기준은 외관 상으로는 그것과 대립되는 것으로 보이는 것, 즉 연역이라는 방법 과 결코 종적으로 다른 것은 아니다. 오히려 이 양극은 바로 그러 한 대치 속에서 전적으로 통일적인 인식원리와 인식이상을 설정 하고 있는 것이다. 그리고 이러한 인식이상의 입장으로부터 보면 동물적인 의식의 세계와 같은 것은 극히 의심스럽고 증명될 수 없 는 것이기 때문에 존재하는 것으로 간주되기도 어렵다. 그러나 우리 가 고찰의 시야를 확대하면서 본래의 경계선을 달리 긋는다면 다른 광경이 나타나게 된다. 왜냐하면 우리가 사물세계의 형식들 과 이러한 세계의 구조가 의거하고 있는 지적인 범주를 단순히 동 물의 세계에 투입해서는 안 되는 것처럼, 인간의 경우에도 이렇 게 지적으로 제약된 세계만이 그가 그 안에서 존재하고 사는 유 일한 세계는 아니라는 사실을 상기해 보면 다른 연관이 즉각적으 로 분명하게 드러나기 때문이다. 우리가 '의식'이라는 개념을 한편 으로는 지적인 반성작용만을 가리키는 것에 사용하고 다른 한편 으로 대상적 직관만을 가리키는 것에 사용한다면, 이와 함께 우리 는 동물적 의식의 가능성을 의심할 뿐 아니라 인간 의식의 큰 영 역과 이른바 전체 주(州)를 망각하고 부정하게 되는 위험에 빠지게 된다. '우리가 의식의 가장 이른 단계에까지 거슬러 올라가서 본다 면 그것에서는 세계가 무질서한 '감각들'의 혼란으로서 체험되고 있으며 이 감각들 각각에서 '밝다'든가 '어둡다'든가 '따뜻하다'든 가 '춥다'든가라는 특정한 객관적인 질이 파악된다[2]'는 견해는 전 적으로 근거가 없다는 사실이 분명하게 된다. 예를 들어 코프카는 다음과 같은 사실을 지적하고 있다. "근원적인 혼돈이 존재한다는 이러한 이론이 옳다면, 사람들은 어린아이의 관심을 불러일으키는 것은 우선은 '단순한' 자극이라고 기대해야만 할 것이다. 왜냐하면 혼돈으로부터 가장 먼저 분리되고 다른 것들과 가장 먼저 결합되는 것은 단순한 것이기 때문이다. 그러나 이것은 모든 경험과 모순된다. 어린아이의 태도에 가장 많이 영향을 미치는 자극은, 그것에 단순한 지각이 대응하고 있기 때문에 심리학자에게는 특히 단순한 것으로 나타날 것임에 틀림없는 자극이 아니다. 음향에 대한 최초의 분화(分化)된 반응이 생기는 것은 인간의 소리에 대해서이며, 따라서 상당히 복잡한 자극(과 '감각')에 대해서다. 유아는 단순한 색채가 아니라 인간의 얼굴에 관심을 보인다. … 그리고 생후 6개월경에 이미 부모의 얼굴표정이 유아에게 미치는 영향이 확인될 수 있다. 앞에서 언급한 혼돈이론의 관점에서 보면, 인간의 얼굴과 같은 현상은 극히 다양한 명암감각과 색채감각의 혼돈 이외의 것이 아니다. 더구나 이러한 혼돈은 끊임없이 변화하며 유아 자신이나 유아가 마주하고 있는 사람이 움직임에 따라서 그리고 조명이 변화함에 따라서 변화한다. 그럼에도 불구하고 유아는 이미 생후 2개월에 엄마의 얼굴을 알아보며, 이미 생후 6개월경에는 호의적인 얼굴과 '악의 있는' 얼굴에 다르게 반응한다. 더구나 그 반응이 너무나 다르기 때문에, 유아에게 현상으로서 현실적으로 주어지는 것은 호의적인 얼굴이나 악의 있는 얼굴이며 명

---

2) [역주] 여기서 ' ' 표시는 역자가 문장의 의미를 분명히 하기 위해서 붙인 것이다.

암의 분포와 같은 것은 아니라고 할 수 있다. 이러한 사태를 경험에 의해서 설명하고 이러한 현상들이 단순한 시각적 감각들이 서로 결합하고 그리고 다시 이것들에 유쾌하거나 불쾌한 결과가 결합됨으로써 감각의 어떤 근원적인 혼돈으로부터 생긴다고 상정하는 것은 불가능한 것 같다. … 그렇다면 남는 것은, '호의적'이라든가 '비호의적'이라든가와 같은 현상들이 전적으로 원초적인 것이며, 예를 들면 파랑색 얼룩과 같은 현상보다도 원초적인 것이다라는 견해뿐일 것이다."[3] 이러한 기본적 견해, 즉 순수한 **표정체험**이 간접적인 것이 아니라 근원적인 성격을 갖는다는 사실을 인정하는 견해로부터 출발할 때에야 비로소 동물의 의식이라는 현상에로의 가교—그러한 것이 존재한다면—도 놓일 수 있다. 왜냐하면 동물의 의식도 특히 보다 높은 단계에서는 놀랄 정도로 섬세한 뉘앙스를 갖는 극히 풍부한 체험들을 갖고 있는 것으로 보이기 때문이다. 예를 들면 W. 쾰러는 침팬지에 대해서 다음과 같은 사실을 확인하고 있다. "동물들에게 어떤 종류의 언어가 있다고, 즉 특정의 동작과 음성이 기호기능과 표시기능을 갖는다고는 말할 수 없어도, 동물들이 '서로를 이해하기' 위해서 사용하는 표정의 움직임으로 간주될 수 있는 것은 극히 다양하다. 그러나 우리들 심리학자가 인간에게서 보이는 이런 종류의 이해를 통상적으로 자기 자신의 의식경험으로부터의 유추 내지 재생산적 보완에 의한 것이

---

3) Koffka, *Die Grundlagen der psychischen Entwicklung*, 94쪽 이하; 이것과 유사한 고찰과 결론은 Bühler, *Die geistige Entwicklung des Kindes*, 83쪽 이하와 W. Stern, *Psychologie der frühen Kindheit*, 312쪽.

라고 보는 경향이 있기 때문에, 동물의 상호이해라는 현상에 접하게 되면 이론적으로 곤혹스러움을 느끼게 된다. 그러나 이러한 곤혹은 동물이 실제로 서로 이해하는 과정이 갖는 자명함과 확실성과 기묘할 정도로 대조적이다." 이러한 곤혹에서 벗어나기 위해서는, 즉 어떤 특정한 심리학적 방법론이 심적인 것의 요소로서 **요청하는** 것과 경험이 비교적 일차적이고 근원적인 것으로서 우리에게 **제시하는** 것으로 보이는 것 사이의 이러한 대립을 벗어나기 위해서는, 문제설정 전체를 원칙적으로 변경하는 수밖에 없다. 따라서 쾰러는 더 나아가 이렇게 묻고 있다. "어떤 종류의 형태화 작용은 그 자체로 끔찍한 것이라든가 섬뜩한 것이라는 성격을 갖는다는 점에 그 특질이 존재하는 것은 아닐까? 왜냐하면 그러한 형태화 작용들을 위한 특별히 타고난 메커니즘이 그것들에 그러한 성격을 갖게 하는 것이 아니라, 마음의 이미 주어져 있는 속성으로 인해서 일정한 형태 조건들은 필연적으로, 즉 사태적·법칙적으로 섬뜩한 것이라는 성격을 산출하고 다른 조건들은 우아한 것이라는 성격을, 다른 조건들은 조야한 것이라는 성격을, 또 다른 조건들은 힘이 넘치고 강인한 것이라는 성격을 산출하기 때문이다."[4] 이러한 물음이 제기되고 있다는 사실로부터도, 현대의 지각심리학이 도처에서 어떤 식으로 새로운 영역에로의 진격을 감행하도록 내몰리고 있는지가 분명하게 될 것이다. 물론 지각심리학은 우

---

4) W. Koehler, Zur Psychologie des Schimpansen, *Psycholog. Forschung*, Bd. 1, 27쪽 이하, 39쪽 이하.

선은 주저하면서 그러한 새로운 영역에 발을 내딛고 있다. 그러나 이러한 영역을 제대로 개척하고 개간하기 위해서 필요한 조건은 심리학이 수 세기 이래로 그 지배 아래 있었던 **감각주의적인** 지각론에 의해 구속되어 있는 상태로부터 결정적으로 해방되는 것이다. 여기에서 감각주의는 문제들을 자유롭게 보는 것을 이중의 방향에서 방해한다. 즉 감각주의는 감각'인상'을 모든 심적인 것의 기본요소로서 정립함으로써 지각의 참된 생을 이중의 의미에서 부정하고 만다. '위쪽'으로는, 즉 사고와 인식에 관련된 문제들의 측면에서는 이제 지각의 모든 순수한 의미내용이—그러한 의미내용이 인정되는 한에서의 이야기이지만—지각의 감성적 '질료'로 환원되고 오직 그것으로부터만 도출되어야만 한다. 지각은 집합체가 된다. 즉 perception[지각]은 여러 인상들이 단순히 합류하고 연상에 의해서 결합됨으로써 비로소 생기는 것이 된다. 따라서 지각세계가 따르고 있는 특유한 이론적 구성법칙도, 지각세계의 순수한 지적인 형식도 무시된다. 그러나 바로 이러한 무시로 인해 이제 동시에 감각주의적 심리학 내부에서 특유의 **변증법**이 시작되게 된다. 왜냐하면 감각심리학은 지성의 권리를 가능한 한 제한하려고 하지만 지성의 지배에서 결코 벗어나지 못하기 때문이다. 지성의 **정당한** 요구를 제한하려고 하는 바로 이러한 시도가 도리어 지성이 다른 곳에서 자신을 주장하고 이른바 '비합법적인' 방식으로 자신을 관철하려고 하는 사태를 야기하는 것이다. 그런데 지성은 부지불식간에 지각, 즉 순수한 perception[지각]을 규정하는 식으로 지각에 끼어든다. 언뜻 보기에는 지각이 지성을 '감성화'하는 것으로 보이지만 실은 지성이 지각을 '지성화'하는 것이다. 왜냐하면 지각세계를 개별적인 인상들의 총합으로 해체하는 것은 '보다 높은' 정신적 기능들이 지각세계에서 갖는 역할뿐 아니라 지각세계가 의거하고 있는 강력하면서도 몰아대는 힘을 갖는 **기층**(基層)을 보지 못하기 때문이다. 감각주의적 지각론은 인식의 나무에서 벌거벗은 줄기만을 남긴다. 그것은 이 나무의 수관(樹冠), 즉 이 나무를 자유롭게 공중으로, 순수한 사고의 에테르 안으로 자신을 향하게 하는 수관을 보지 못하며, 이 나무의 뿌리, 즉 이 나무를 땅에 고정시키고 땅 속으로 내려가게 하는 뿌리도 보지 못한다. 이 뿌리는 경험론적인 심리학과 인식론이 현실에 대한 모든 지식의 근원으로 보고 있는 감각과 반성의 단순한 관념들에 있는 것은 아니다. 그것은 감관에 의한 감각의 '요소들' 안에 있지 않고 근원적이고 직접적인 **표정성격들** 안에 있다. **구체적인** 지각은 비록 그것이 한층 더 단호하면서도 의식적으로 순수한 객관화의 길을 걷는 경우에도 이러한 표정성격들로부터 완전히 자신을 단절하지는 않는다. 구체적인 지각은 밝음 또는 어두움, 차가움 또는 따뜻함과 같은 감각적인 질들의 단순한 복합체로 결코 해소되지 않으며, 항상 어떤 특정하면서도 특수한 음조를 갖는 표정에 맞추어 조율된다. 구체적인 지각은 단지 대상의 '내용'에만 향하지 않고 대상이 전체로서 나타나는 방식을 파악한다. 즉 구체적인 지각은 현상 속에서 순수하게 그 자체로서 그리고 현상에 대한 대상적 해석으로부터 독립해서 포함되어 있는 매혹적이라든가 위협적인 성격, 친숙하다든가 섬뜩하다는 성격, 마음을 편하게 해주든가 두려움을 일으키는 성격을 파악하는 것이다.

그러나 여기에서 우리는 **심리학**이 순수한 표정체험이라는 이러한 심층에 점차 다시 소급해서 다가가기 시작하고 있는 그 길을 이 이상 추적하지는 않을 것이다. 순수한 표정체험을 심층적으로 파악하는 것과 관련해서는 무엇보다도 루트비히 클라게스[5]가 선도자이자 개척자인 것은 분명하다. 그는 이러한 표정체험을 파악하고 해석하는 것에서 출발해서 지각심리학의 **방법론**을 전면적으로 변화시키고 그것의 **문제설정**을 수정하는 것으로 나아갔던 것이다. 그러나 우리는 여기에서도 또한 우리 자신이 직접적인 관찰과 기술의 길과는 다른 길을 걷도록 내몰린다고 느낀다. 우리는 우리의 연구진행방식에 따라서 도처에서 형식들의 세계, 즉 '객관적 정신'의 영역을 통과하게 된다. 우리는 이러한 영역에서 출발하면서 소급하여 추론하고 '재구성하는' 고찰에 의해서 '주관성'의 영역으로의 통로를 획득하려고 시도할 것이다. 그리고 우리의 이제까지의 연구성과에 비추어볼 때 여기에서 어떤 **지점**에서부터 착수해야 하는지에 대해서는 아무런 의심도 있을 수 없다. 순수한 표정체험이라는 문제군과 그것에 대한 현상학이 문제가 되는 곳에서는 우리는 개념적 인식에 의한 안내와 지시를 따를 수 없으며 또한 단지 언어에 의한 안내에도 따를 수 없다. 왜냐하면 개념적 지식과 언어는 일차적으로 순수하게 **이론적인** 객관화에 봉사하기 때문이며, 사유된 로고스든 말해진 로고스든 아무튼 '로고스'의 세계를

---

5) [역주] Ludwig Klages(1872~1956): 독일의 철학자이자 심리학자.

구성하기 때문이다. 이와 같이 개념적 지식과 언어는 여기에서 문제가 되고 있는 영역과 관련해서는 구심적인 방향보다는 원심적인 방향을 따르고 있다. 이에 반해 이 영역의 살아 있는 중심점으로 이끄는 것은 신화다. 왜냐하면 단순히 **대상화할** 뿐인 다른 모든 양식에 의존하지 않고 그것들에 독자적으로 대립하면서 **세계를 형태화하는** 방식을 우리에게 보여준다는 바로 그 점에 신화의 고유성이 존재하기 때문이다. 신화는 순수하게 이론적인 객관화가 수행할 뿐 아니라 필연적으로 수행할 수밖에 없는 '실재'와 '비실재', '현실'과 '가상' 사이의 단절을 아직 알지 못한다. 신화의 모든 형성물은 존재의 단 하나의 차원 속에서 움직이며 그 안에서 완전히 만족하고 있다. 신화에서는 핵심도 외피(外皮)도 존재하지 않으며, 변전하고 일시적인 현상들인 한낱 '우연한 것들'의 근저에 항상 불변적인 것으로서 존재하는 실체로서의 사물도 존재하지 않는다. 신화적 의식은 현상으로부터 본질로 **추론하지** 않으며, 오히려 현상 안에 본질을 소유하고 **갖는다.** 본질은 현상의 배후로 물러서지 않고 현상 안에 나타나며, 자신을 은폐하는 것이 아니라 현상에 자신을 제공한다. 신화에서 그때마다 주어진 대상은 [그 배후의 다른 것을] 단순히 대신하는 재현(Repräsentation)이라는 성격을 갖지 않고 진정한 현존(Präsenz)이라는 성격을 갖는다. 존재하고 현실적인 어떤 것이 현상을 매개로 하여 단지 간접적으로 '재현'되는 것이 아니라 이 현상 안에 완전히 **현전**(現前)한다. 예를 들어 기우제(祈雨祭)와 같은 주술적 행위에서 물이 뿌려질 경우 이 물은 결코 '실재하는' 비의 단순한 상징이나 '유사물(Analogon)'이라는 역할을 하지 않고 근원적인 '공감'이라는 끈을 통해서 비와 결합되어 있고 하나가 되어 있다. 비의 정령 자체가 물 한 방울 한 방울 속에서 살아 있으며 그것에서 손으로 잡을 수 있는 것처럼 생생하게 현존해 있다.[6] 이와 같이 신화의 세계에서는 모든 현상이 항상 본질적으로 화신(化身, Inkarnation)이다. 신화에서는 본질이 가능한 다양한 현상방식들로 **배분되고** 그러한 현상방식들의 각각에 본질의 단순한 단편이 포함되어 있지 않고, 본질이 현상 안에 **전체**로서, 즉 불가분의 파괴될 수 없는 통일체로서 현현(顯現)하는 것이다. 이러한 사태야말로—'주관' 쪽으로 방향을 전환하여 말하자면—신화체험의 세계는 표시작용과 의미부여 작용이 아니라 오히려 순수한 표정체험에 기초하고 있다는 사실을 보여준다. 여기에서 '현실'로서 현존하고 있는 것은 일정한 징표와 '특징'이 부여되고 이러한 징표와 특징에 의해서 인식되고 서로 구별될 수 있는 사물들의 총체가 아니라 다양하고 충만하며 근원적으로 '인상학(印象學)적인' 성격들이다. 이러한 세계는 아직 전체적으로도 부분적으로도 매 순간 총체로서 파악될 수 있는 특유의 '얼굴'을 가지고 있으며, 언젠가는 한낱 일반적 형상이라든가 기하학적·객관적인 선과 윤곽으로 해소될 수 있는 것은 아니다. 여기에서는 '주어진 것'은 우선 한낱 감각적인 것, 즉 감각자료들의 복합체로서 주어진 후 이것들에 나중에서야 비로소 '신화적 통각'의 어떤 작용에 의해 이

---

6) 상세한 것은, 예를 들면 이 책 제2권 56쪽 이하, 77쪽 이하『상징형식의 철학 II: 신화적 사유』(박찬국 역), 107쪽 이하, 166쪽 이하] 및 Sprache und Mythos, *Studien der Bibl. Warburg*, VI, 75쪽 이하를 참조할 것.

를테면 영혼이 불어넣어져 '의미 있는 것'으로 되는 것이 아니다. 표정-의미는 오히려 지각 자체에 달라붙어 있으면서 지각 속에서 파악되고 직접적으로 '경험되는' 것이다. 이러한 근본체험으로부터 비로소 신화적 세계의 일정한 본질적인 특징들도 완전히 해명될 수 있게 된다. 신화적 세계를 순수한 이론적 의식의 세계로부터 가장 선명하게 구별하는 것은 아마도 신화적 세계에 특유한 무차별성이며, 이와 함께 신화적 세계는 이론적 세계에서 가장 중요한 의미와 가치의 차이들을 해소해 버린다. 신화적 세계에서는 꿈의 내용은 깨어 있을 때의 체험의 내용과 동일한 무게를 갖는다. 신화적 세계에서는 형상은 사태와, 이름은 그것이 가리키는 대상과 동등하다.[7] 이러한 '무차별성'을 완전히 이해할 수 있기 위해서는 신화적 세계에는 아직 논리적인 표시의미라든가 기호의미는 존재하지 않고 그것에는 여전히 순수한 표정의미가 진솔하면서도 무제한적으로 지배하고 있다는 사실을 고려해야만 한다. 왜냐하면 어떤 존재자가 순수하게 그 표정에 입각해서 파악될 경우, 그 존재자는 그것이 인과적 결합의 전체로서의, 즉 원인과 결과로 이루어지는 전체로서의 경험적 '현실'에서 어떠한 의미를 갖는가라는 관점에서 파악되고 있는 것은 아니기 때문이다. 신화적 세계에서 존재자는 자신의 내용과 이른바 자신의 무게를 그것이 자신 안에 품고 있는 간접적인 **귀결**들로부터 비로소 얻게 되는 것이 아니다.

---

7) 상세한 것은 이 책 제2권 47쪽 이하[『상징형식의 철학 II: 신화적 사유』, 94쪽 이하]
   와 그 외의 곳을 참조할 것.

그 내용과 무게는 순전히 존재자 자체 안에 있는 것이다. 신화적 세계에서 결정적인 것은 존재자가 무엇을 초래하는가가 아니라 그것이 그 단순한 존재에서 무엇으로 '존재하며' 이러한 존재에서 자신을 무엇으로서 고지하는가 하는 점이다. '현상'과 '작용'은 서로 분리될 수도 대립될 수도 없으며, 따라서 '현상'과 '현실'도 서로 분리될 수도 대립될 수도 없다. 왜냐하면 어떤 내용이 신화적 의식에 행사하는 모든 힘은 그 내용이 나타나는 방식과 양상 자체에 근거해 있고 이것들에 포함되어 있기 때문이다. 이러한 기본적 사고방식의 관점에서 보면 '현상'과 '사태'의 관계는—양자가 구별되는 한—완전히 역전되지 않을 수 없다. 여기서 형상은 사태에 대해서 어떤 특유의 우선권과 우월성을 주장할 수밖에 없다. 왜냐하면 대상 속에서 순수한 표정으로서 '존재하는' 것은 형상에서 폐기되거나 근절되지 않고 오히려 한층 더 고양되고 강화되어서 나타나기 때문이다. 형상은 이러한 표정의 존재를 한낱 우연적인 모든 규정으로부터 해방시키면서 그것을 하나의 초점 안에 결집시키기 때문이다. 경험적 세계관은 '대상'을 뒤로는 그것의 조건들로 분해하고 앞으로는 그것의 작용들을 탐색함으로써 규정하고 인식한다. 어떤 대상이 무엇으로 '존재하는지는' 그러한 작용들의 체계 안에서 점하는 개별적인 위치로서만, 즉 인과조직의 항으로서만 규정된다. 이에 반해 어떤 사건이 이렇게 일관된 보편적인 법칙질서 속에서의 단순한 계기로서 고찰되지 않고 이른바 그것의 인상학적인 개성에 있어서 체험되는 경우에는, 즉 모든 인과적 파악의 예비조건인 분석과 추상이 아니라 오히려 순수한 환시(幻視,

Vision)가 지배하는 경우에는 형상이야말로 참된 본질을 개시하고 부각시키는 것이다. 형상을 이용하는 모든 주술조차도 주술사가 이러한 주술에서 대상의 죽어 있는 모조품과 관계하는 것이 아니라 오히려 그 형상 속에 대상의 본질 내지 영혼을 소유하고 있다는 전제에 입각해 있다.[8] 아나톨 프랑스(Anatole France)가 그의 소설 『타이스』에서 '원시' 신앙과 원시 기독교에 대해서 서술했던 것에는 그리스도교의 은자인 파흐뉴스가 매춘부 타이스를 개종시키고 그녀의 옷과 장신구 그리고 가재도구도 불 속에 던진 후, 잠잘 때나 깨어 있을 때나 항상 사물들의 **형상들**에 쫓기는 모습이 묘사되고 있다. 그리고 이제 파흐뉴스는 이 모든 대상의 외적인 **존재**를 아무리 파괴해도, 이 대상들이 깃들어 있는 **형상들**도 똑같이 내쫓지 못하는 한에서는 아무런 효과도 없다는 사실을 깨닫게 된다. 그는 신을 향해 이렇게 부르짖는다. "육신이 결코 할 수 없었던 것을 망상이 하는 것을 허락하지 마시옵소서. 육신을 정복한 저를 환영이 정복하지 못하게 하소서. 저는 지금 제가 일찍이 맛보았던 그 어떤 것보다 더 큰 위험에 처해 있다는 사실을 알고 있습니다. 저는 몽상이 현실보다도 더 큰 힘을 갖고 있다는 사실을 체험하고 알고 있습니다. 몽상이야말로 상위의 현실이니, 몽상이 현실보다

---

8) 예를 들면 Budge, *Egyptian Magic*, 65쪽을 참조할 것. "이집트인들은 … 남자든 여자든 또한 동물이든 생물이든 그것들을 묘사한 형상 속에 그 형상이 표현하는 존재자의 영혼과 성질 그리고 속성을 이전시키는 것이 가능하다고 믿었다. 신전에 안치되어 있는 신상(神像)은 이 신상이 표현하고 있는 신의 영혼을 포함하고 있으며, 먼 옛날부터 이집트인들은 조각상과 형상에는 모두 내적인 영혼이 깃들어 있다고 믿었던 것이다."

더 큰 힘을 가질 수밖에 없습니다. 몽상이야말로 사물들의 혼입니다." 여기에서 '사물들의 혼'이란 순수한 표정의미를 의미한다. 이것으로 사물은 의식을 사로잡고 자신의 주박 안으로 끌어들인다. 그리고 이러한 의미는 깨어 있을 때의 세계에서보다도 오히려 꿈과 환상에서 더 다채롭고 강렬하게 그리고 더 강력하면서도 순수하게 자신을 개시한다. 왜냐하면 깨어 있을 때의 세계에서 순수한 직관은 경험적인 작용에 의해서 대체되고 내쫓기기 때문이다. 즉 대상들은 자신의 본래의 '얼굴'을 잃어버리고 그 대신에 특정한 인과관계 내지 목적론적 관계를 위한 무색 무형의 중심점으로만 간주된다.

그런데 신화의 형태세계는 또 다른 점에서 순수한 표정현상을 이해할 수 있는 길을 우리에게 알려준다. 우리가 이러한 형태세계를 이론적인 선입견 없이 기술하려고 한다면, 우리는 그릇된 사물개념뿐 아니라 적어도 불충분하고 부적합한 주관개념도 멀리해야만 한다. 신화적 의식의 근본작용을 일종의 '의인화(擬人化)' 작용으로 해석하는 것만큼 통상적이고 정당한 것도 없는 것처럼 보인다. 사람들은 의식이 어떻게 해서 경험적 현실, 즉 사물들과 이것들의 성질들로 이루어진 현실을 어떤 다른 종류의 현실, 즉 영혼을 갖고 행위하는 주관이라는 현실로 변화시키게 되었는가를 설명하게 되면, 신화를 해명하고 신화의 심리학적 '메커니즘'을 드러냈다고 믿는다. 그러나 사실은 이와 함께 신화적 의식의 terminus a quo[출발점]도 terminus ad quem[종국점]도 오인(誤認)되고 만다. 왜냐하면 신화적 의식은 그것이 사물의 세계를 구성하는 방식에서뿐 아니라 **인격의 세계**를 구성하는 방식에서도 이론적 인식의 의식과는 구별되기 때문이다. 신화적 의식에서는 객관성뿐 아니라 '주관성'과 관련해서도 고유의 '범주'와 특유의 파악이 지배하고 있다. 신화는 결코 객관적 세계관을 단순히 주관적 세계관으로 '전환'한 것을 의미하지 않는다. 왜냐하면 이러한 전환을 위해서는 이 두 개의 측면 각각이 이미 그 자체로 **현존**하고 그 자체로 **규정되어** 있다는 것이 요구되기 때문이다. 그러나 바로 이러한 규정 자체가 오히려 신화가 그 나름대로의 방식으로 그리고 자신의 근본방향에 따라서 그 해결을 모색해야만 하는 참된 **문제**다. 신화는 자아와 세계가 '대결'하는 하나의 방식, 더 나아가 그 양극이 서로 배제하고 서로 대립함으로써 비로소 자신들의 형식과 확고한 형태를 스스로 획득하게 되는 대결의 방식인 것이다. 따라서 '자아'라는 표상, 즉 살아 있고 행위하는 '주체'라는 표상조차도 신화형성과정의 **시작**이 아니라 오히려 그것의 일정한 **성과**와 결과에 지나지 않는다. 신화는 이미 완성되어 있는 자아표상과 영혼표상에서 출발하지 않고 오히려 이러한 표상에로 비로소 이끄는 매체이며, 신화라는 정신적 매체에 의해서 비로소 '주관적 현실'이 발견되고 이것의 특수한 면이 파악되는 것이다.[9] 이와 같이 신화는 바로 그것의 가장 근원적인 형태, 즉 그것의 참으로 '원초적인' 형태에 있어서는 이른바 형이상학적 의미의 '영혼실체'라는 개념도 '사물실체'

---

9) 이에 대해 상세한 것은 특히 이 책 제2권, 185쪽 이하[『상징형식의 철학 II: 신화적 사유』, 325쪽 이하]를 참조할 것.

라는 개념도 알지 못한다. 신화에서는 물체적 존재도 심적인 존재도 아직 고정되지 않은 채 어떤 특유의 '유동성'을 갖고 있고 보존하고 있다. 현실은 확연하게 확정된 징표를 갖는 사물들의 명확한 클래스로 분할되어 있지 않으며, 여러 생명권을 나누는 선명하면서도 고정된 경계선도 존재하지 않는다. '외적' 지각의 세계에 영속적인 기체들이 결여되어 있는 것처럼, 그에 못지않게 내적 지각의 세계에도 영속적인 주체들이 결여되어 있다. 왜냐하면 이러한 내적 지각의 세계에도 신화의 근본동기, 즉 '변용'이라는 동기가 지배하고 있기 때문이다. 신화에 보이는 형태변용은 '자아'조차도 자신의 '권역' 안으로 끌어들이면서 자아의 통일성과 단일성을 폐기한다. 자연의 형식들 사이의 한계와 마찬가지로 '나'와 '너' 사이의 경계도 극히 유동적이다. 생명은 여기에서도 아직 생성의 영속하는 흐름이고 역동적인 흐름이며, 이것이 점점 자체 내에서 나눠지고 개별적인 파도들로 나눠진다. 따라서 신화적 의식은 자신이 파악하는 모든 것에 생명이라는 형식을 각인하지만, 이렇게 **만물에 생명을 부여하는 것은 만물에 영혼을 부여하는 것과는** 처음부터 결코 동일한 의미를 갖지는 않는다. 왜냐하면 신화적 의식에서 생명은 아직은 유동적이고 모호한 성격, 즉 전적으로 '프리애니미즘적 (präanimistisch)'[10] 성격을 보여주기 때문이다. 생명은 인격적인 것과 비인격적인 것, '너'라는 형식과 한낱 '그것'이라는 형식이 아직

---

10) [역주] 프리애니미즘(preanimism)은 애니미즘에 앞서서 모든 사물에 초자연적인 영혼과 힘이 존재한다고 믿었던 신앙을 가리킨다.

구별되지 않은 무차별 상태에 머물러 있다. 신화적 의식에서는 죽은 객체로서의, '한낱' 사물로서의 '그것'은 어디에도 존재하지 않는다. 그러나 다른 한편으로 '너'라는 것조차도 아직 어떤 명확히 규정된 엄밀하게 개인적인 얼굴을 가지고 있지 않고 언제라도 한낱 그것, 즉 비인격적인 전체적인 힘이라는 표상 속으로 용해될 수 있다.[11] 직관적으로 체험된 현실의 개개의 모든 성격은 주술적인 특징과 주술적 관계를 포함하고 있다. 아무리 덧없고 일시적인 사건이라도 나름대로의 주술적 · 신화적 '의미'를 갖는다. 숲속에서 나는 속삭이듯 살랑거리는 소리, 지면을 스쳐가는 그림자, 수면 위에서 빛이 희미하게 반짝이는 것, 이 모든 것이 영적인(dämonisch) 성질과 영적인 기원을 갖고 있다. 그러나 이렇게 '모든 곳에 퍼져 있는 영(Pandämonium)'은 극히 점차적으로만, 명확히 구별될 수 있는 개성적인 형태들, 즉 인격적인 요정들과 신들로 나눠진다. 직관될 수 있는 모든 현실이 주술적 힘을 갖는 숨결에 의해서 휩싸여 있으며 주술적인 힘을 갖는 세력에 의해서 둘러싸여 있다. 그러나 바로 이러한 공통적인 분위기, 즉 직관될 수 있는 모든 현실이 그 안에서 존재하고 살고 있는 이러한 분위기야말로 그러한 현실이 개성을 갖는 개별적인 것으로 나타나는 것을 아직은 방해하며 그렇게 개별적인 것으로 완전히 전개되는 것을 방해한다. 모든 것이 모든 것과 보이지 않는 실로 결합되어 있으며, 이러한 결

---

11) 이에 대해서는 특히 *Sprache und Mythos*, 51쪽 이하와 『상징형식의 철학』 제2권 189쪽 이하에 주어져 있는 **마나** 표상에 대한 서술과 입증자료들을 참조할 것.

합, 즉 이러한 보편적인 '공감' 자체도 가볍게 떠다니는 기묘한 비인격적인 성격을 갖고 있다. "서로 호응하며 전조가 나타나고 경고가 발해지지만", 이러한 모든 것의 배후에 반드시 하나의 인격적 주체가 있어야만 하는 것은 아니며, 그러한 경고의 배후에 명확하게 인식될 수 있는 윤곽을 갖고서 경고하는 어떤 자가 있어야만 하는 것도 아니다. 바로 이러한 주체를 형성하는 것은 **현실의 전체**이며 그것의 개개의 **부분**은 결코 아니다. 이렇게 끊임없이 지시한다든가 의미한다든가 하는 순수한 행위 내지 기능은 어떤 의미에서 자기 자신에 근거하고 있는 것이며, 어떤 인격적인 기체나 행위자로 환원될 필요가 없다.

성숙한 이론적 의식의 입장과 이러한 **의식이 수행하는** 내적인 것과 외적인 것, 주관적인 것과 객관적인 것의 분리로부터 시선을 돌려서 신화적 세계의 이러한 기본구조에로 눈을 향하는 것은 때로는 극히 어려운 것일지도 모른다. 그러나 우리가 우리의 시점(視點)을 어떤 다른 영역으로 옮기자마자, 즉 우리가 순수한 **표정현상**의 권역 안에 서자마자, 다시 신화적 세계의 독자성이 선명하면서도 명확하게 부각된다. 왜냐하면 이러한 권역에서조차도 신화가 그것의 초기형태에서 우리에게 보여주는 저 특유의 이중성이 즉각적으로 다시 나타나기 때문이다. 세계의 '의미'가 아직 순수한 표정의미로서 받아들여지는 곳에서는 모든 현상이 그 자체로 어떤 특정한 '성격'을, 즉 현상으로부터 단순히 추정되고 추론되지 않고 직접적으로 그 현상에 귀속되는 성격을 보여준다. 즉 모든 현상이 음울하다든가 명랑하다는 특성, 마음을 흥분시킨다든가 가라앉힌다는 특성, 안도하게 만든다든가 두려움을 야기한다는 특성을 자체 내에 갖고 있는 것이다. 이러한 규정들은 표정가치와 표정계기로서 현상하는 내용 그 자체에 붙어 있으며, 현상의 배후에 존재하는 것으로 간주되는 주체를 경유할 경우에야 비로소 현상하는 내용으로부터 읽히는 것은 아니다. 어떤 특정한 심리학이론이 순수한 표정현상을 어떤 이차적인 해석작용에 의해서 비로소 생긴다고 보면서 그것을 '감정이입'의 소산으로 설명하는 것은 순수한 표정현상을 오해하는 것이다. 이러한 이론의 근본적인 결함과 πρῶτον φεῦδος(프로톤 프세우도스[가장 큰 오류])는 그것이 현상으로서 주어지는 것들의 서열을 전도한다는 데 있다. 그러한 이론은 감각이라는 죽은 '소재'에 감정이입을 통해서 새롭게 생명을 불어넣기 위해서 미리 지각으로부터 생명을 빼앗고 지각을 한낱 감성적인 감각내용들의 복합체로 만들어야만 한다. 그러나 이러한 방식으로 죽어 있는 소재에 주어지는 생명이라는 것은 궁극적으로는 가상의 생명에 불과하며 심리적 착각의 소산에 불과하다. 지각은 '살아 있다'는 성격을 자신의 고유한 권리에 입각하여 소유하는 것이 아니라 어떤 낯선 심급으로부터 빌리고 있는 것에 지나지 않는다. 지각 자체는 직접적으로는 결코 감각들의 전체로서 주어지는 것이 아니라는 사실, 지각의 순수한 현상에는 전적으로 다른 차원에 존재하는 특정의 현상하는 양태들이 속한다는 사실이 여기에서는 간과되고 있다. 그러나 이러한 양태들이 전적으로 근원적인 방식으로 지각의 내용 속에 함께 주어지지 않는다면, 어떠한 이론도 어떤 것을 무로부터 마법을 써서 나타나게 하듯이 그러한 양태들을 나타낼 수 없을 것이다. 사실상 우리가—밝음이라든가 어두움, 따뜻함이라든가 차가움, 거칢이나 미끄러움과 같은—'단순한' 감각의 자료들에 도달하게 되는 것은, 지각의 어떤 특정한 기층을 무시하고 특정한 이론적 의도 아래 그 기층을 제거함으로써 비로소 가능하게 된다. 그러나 이러한 추상을 아무리 밀고나가도 이러한 기층 자체를 제거하고 소멸시킬 수는 없다. 우리가 특정한 이론적 의도를 추구하면서 이러한 기층을 넘어선 곳에 시선을 향하고 결국에는 그러한 기층을 전적으로 '도외시'하지 않을 수 없는 경우에조차도 이러한 기층은 자신을 있는 그대로 주장한다. 이러한 '도외시'가 순수하게 이론적인 '의도'로부터 행해진다면, 즉 객관적인 자연질서를 구성하고 이러한 질서의 법칙성을 파악하려는 의도로부터 행해진다면, 전적으로 정당성을 갖는다. 그러나 그러한 도외시에 의해서 표정현상들의 세계 자체가 소멸될 수는 없다. 그리고 우리가 표정현상을 단순한 부수현상, 즉 원래는 유일하게 주어지는 감각내용에 대한 부가물로 간주한다면, 우리는 그것만으로도 이미 더 이상 이러한 표정현상 **자체**의 언어를 말하지 않고 표정현상을 그것 자체의 핵심으로부터 이해하지 않고 있다는 것도 또한 똑같이 분명하다. 감각의 '객관적' 내용에 나중에 그리고 우연처럼 특정한 표정성격이 주관적인 첨가물로서 덧붙여지는 것은 결코 아니고 오히려 이러한 표정성격이야말로 지각의 본질적인 구성부분에 속하는 것이다. 이러한 표정성격은 그 자체에 있어서 결코 '주관적인' 것이 아니고 도리어 지각에 실재성의 근원적인 색채를 부여하는 것이며, 이러한 색채야말로 지각을 비로소 '현실에 대한 지각'으로 만드는 것이다. 왜냐하면 우리가 파악하는 모든 현실성을 그것의 근원적인 형식에서 보면, 그것은 우리에게 대치해 있고 대립해 있는 특정한 **사물세계**의 현실성이 아니고 오히려 우리가 경험하는 살아 있는 **작용**의 확실성이다. 그러나 이러한 현실은 감성적으로 주어진 것으로서의 감각에 의해서가 아니라 오직 표정과 표정의 '이해'라는 근원현상에 의해서 우리에게 주어진다. 특정한 지각체험들에서 어떤 표정의미가 개시되지 않는다면, 존재는 우리에게 무언(無言)의 것으로 남게 될 것이다. 만약 현실성이 표정지각 덕분에 단순한 사물지각으로서의 지각 안에 어떠한 방식으로든 이미 **포함되어 있으면서** 표정지각 속에서 전적으로 특유한 방식으로 자신을 개시하지 않는다면, 현실성은 결코 단순한 사물지각으로서의 지각으로부터 **추론될 수도** 없을 것이다. 그리고 이와 같이 표정지각 속에서 현실성이 전적으로 특유한 방식으로 자신을 개시한다고 해서, 이러한 개시가 곧장 생의 현상을 개별적인 주관, 즉 선명하면서도 명료하게 서로 차이를 보이면서 대치하고 있는 특정한 **자아세계들**에 결부 짓는 것은 아니다. 표정지각에서 일차적으로 파악되는 것은 생 자체이지, 개별적인 영역들로 분화되어 있고 특정한 **개성적인** 중심에 구속되어 있는 생이 결코 아니다. 표정지각에서 근원적으로 '나타나는' 것은 현실의 어떤 보편적인 **성격**이지 특정한 개체들의 존재와 양태가 아니다. 표정지각은 그것이 갖는 온갖 다채로움과 생동성에도 불구하고 여전히 '비인격적인 것'이라는 성격을 갖고 있다. 표정지각은 항상 그리고 도처에서 **고지**(告知)**작용**으로 존재하지만, 그것은 바로 그 때문에 고지한다는 현상 자체 속에 머물러 있으며 자신을 위한 특정한 기체를 필요로 하지 않는다. 바로 이 점과 함께 신화의 특정한 근본형태들과 근원형태들이 갖는 '비인칭성'에 어떤 새로운 빛이 비치게 된다. 이 점에서도 또한 신화의 '사고형식'이 그 '생활형식'과 극히 밀접하게 결합되어 있다는 사실이 드러난다. 신화의 사고형식은 전적으로 구체적인 지각방식 안에 포함되어 있고 그것에 근거하고 있는 사실을 반영하면서 그것을 대상의 형태로 우리들에게 제시할 뿐이다.

따라서 이 점에서 현상학적 분석의 방법론과 순수하게 객관 쪽으로 향하는 '정신의 철학' 사이에 존재하는 관계가 새롭게―그리고 극히 인상적인 방식으로―우리에게 나타나게 된다. 양자는 너무나도 밀접하게 결합되어 있고 너무나도 필연적으로 서로에게 의존하고 있어서 그것들은 적극적인 성과라는 점에서 끊임없이 서로 밀접하게 협력하고 있을 뿐 아니라 역으로 또한 고찰의 어느 **한쪽** 방향에서의 잘못되었거나 불완전한 모든 단초가 즉각적으로 다른 쪽에서 발견되고 느껴질 수 있게 된다. 개개의 상징형식들 속에 포함되어 있는 객관적 내용을 파악하는 데 결함이 있다면, 이러한 내용이 근거하고 있는 현상들이 오인될 위험이 항상 따르게 된다. 다른 한편으로 이러한 현상들에 대한 순수한 기술에 끼어드는 모든 이론적 선입견은 이러한 현상들로부터 생기는 형식들의 의미내용에 대한 평가도 동시에 위험에 빠뜨리게 된다. 무엇보다도 다음과 같은 **하나의** 범주[의인화라는 범주]는 순수한 표정현상에 대한 선입견 없는 해석을 신화적 세계의 근본구조에 대한 선입견 없는 파악과 마찬가지로 곤란하게 하고 방해하는 범주다. 사람들은 표정현상이든 신화적 세계의 근본구조든 그것들이 '의인화' 작용에 의해서 생겨나고 그것에 뿌리를 내리고 있다고 보면서 그것들에 대해서 올바른 판단을 내리고 있다고 믿는다. 그리고 사실, 우리가 문제의 **부정적인** 면밖에 보지 못하는 경우에는 이러한 특성묘사도 언뜻 보기에는 정확하며 충분한 것으로 나타날지도 모른다. 왜냐하면 순수한 표정현상도 신화적 형태도 이론적 인식의 체계구성에서 추구되고 도달되는 것과 같은 대상성이라든가 한낱 '사물성'이라는 저 형태를 결코 보여주지 않는다는 것은 의심할 여지가 없기 때문이다. 그러나 이러한 사태가 의미하는 것은, 이 두 개의 영역이 경험적·이론적 의미에서의 어떤 명확한 사물적 범주를 갖고 있지 않기 때문에 어떤 명확한 인격적 범주를 이미 소유하고 있고 필연적으로 그것에 의거하고 있을 것임이 틀림없을 것이라는 것은 아니다. 왜냐하면 사물적 범주와 인격적 범주라는 이러한 대립 자체의 **형성**과 양극 사이에 생기는 긴장관계는 정신이 일정한 '높이'에 도달했을 때야 비로소 생기는 것이기 때문에, 그러한 긴장관계가 무분별하게 시원, 즉 원초의 '원시적인' 층들에서부터 이미 존재한다고 간주되어서는 안 되기 때문이다. 신화적 세계에 관해서 말하자면, 이러한 긴장관계는 인간이 자신을 둘러싸고 있는 현실을 더 이상 단순히 그대로 받아들이지 않고 그 현실에 능동적으로 대치하면서 그것을 능동적으로 형성하기 시작했을 경우에야 비로소 생겼다는 사실은 이미 분명하게 되었다. 인간 행위의 여러 권역이 서로 분리되고 각각의 특수한 의미와 가치가 파악됨에 따라서, 신화적 감각을 처음에 지배하고 있었던 모호함은 후퇴하고 자체 내에 분절을 갖는 신화적 우주에 대한 직관, 즉 신들의 세계라든가 신들의 나라에 대한 직관이 생기기 시작하는 것이다.[12] 이와 동일한 의미에서 표정 일반의 세계에 관해서도 또한, 그것에 명확하게 발달된 자아의식이 처음부터 속하지는 않는다고 말할 수 있다. 왜냐하면 **무릇 체험한다는 것**—표정을 체험한다는 것은 우선은 그것을 **감수한다는 것** 이외의 것이 아니며 그것을 파악한다기보다는 오히려 사로잡히고 엄습되는 것이다—과 바로 이러한 '수용성'은 모든 자기의식이 근거하고 있는 '자발성'과는 분명하게 대립되는 것이기 때문이다. 이 점을 무시하게 되면, 우리는 동물의 의식마저도 그것이 표정체험들로 채워져 있고 그것들에 의해서 침투되어 있고 가득 차 있다는 바로 그 이유 때문에 인격적 분절과 인격적 형태를 갖춘 의식의 하나로서 기술해야 한다는 귀결에 이를 수밖에 없다. 비뇰리(Vignoli)는 자신의 저서 『신화와 과학』에서 이러한 귀결을 가장 선명하면서도 철저한 형태로 끌어내었다. 자신의 학설을 순전히 실증주의적인 인식이론에 기초해서 구성하고 있는 비뇰리는 신화의 **생물학적 뿌리**를 발견함으로써 신화를 이해하고 해석하려고 한다. 그는 신화를 의식의 필연적이고 자발적인 기능, 즉 그 소재만이 변할 뿐 그 형식은 영속적으로 존립하는 기능으로 여긴다. 신화가 갖는 경험적인 보편성은 영혼의 어떤 항상적인 근원적 소질, 즉 신화가 비롯되고 항상

---

12) 상세한 것은 『상징형식의 철학』 제2권, 220쪽 이하, 239쪽 이하를 볼 것.

새로운 힘을 끌어내는 소질을 드러내는 것에 의해서만 올바르게 파악된다는 것이다. 이러한 요청에 따라서 비놀리는 "신화 자체의 발생을 필연적으로 포함하고 있는 근본원리, 즉 모든 형태의 신화가 그것으로부터 솟아나고 그 후에 행해지는 모든 종류의 반성활동에 자신을 제공하는 최초의 원천을 현장에서 파악하기 위해서, 심신이 복합된 상태로 있는 우리 정신의 전적으로 단순하면서도 기본적인 활동들을 철저하게 음미하려고 한다." 그런데 우리가 신화적인 것의 이러한 보편타당한 원리, 이러한 참된 '아프리오리'를 드러내려면, 우리는 인간의 감각작용과 지각작용 그리고 표상작용을 분석하는 데 그쳐서는 안 된다는 것도 분명하다. 우리의 방법에 충실하려면 우리는 유기체적인 생활형식들의 계열을 필연적으로 한 걸음 더 거슬러 올라가지 않을 수 없다. 왜냐하면 이미 동물세계에서도 동물이 외계로부터 경험하는 모든 감성적 영향을 어떠한 방식으로든 '생명을 갖는 것으로 만들면서' '인격화'하려고 하는 충동이 지배하고 있기 때문이다. "동물에게는 어떠한 감관감각도 그것이 의식되는 형식에서는 동물 자신의 내면에 대한 표상에 상응하는 살아 있는 어떤 것의 표상과 즉각적으로 밀접하게 결합된다. 동물은 자신의 생활로부터 여러 행위, 여러 감각과 충동, 여러 희망과 공포로 이루어진 하나의 드라마를—비록 그것이 불명료하게 의식되더라도—형성한다. … 동물의 내면을 지배하고 있는 특유의 생생한 감각이 … 외부에서 그 동물의 주의를 불러일으키는 자연의 모든 물체와 현상 속에 투입된다. … 따라서 동물들은 외계의 모든 형식, 모든 대상, 모든 현상에 동물 자신의 내면에 존재하는 생명, 즉 자기 자신의 인격적이며 심적인 활동이 부여되어 있는 것으로 본다. 자연의 물체도 자연의 현상도 동물에게는 그 자체로 존재하고 있는 것과 같은 실재적인 객체가 아니고 오히려 동물에게 이익을 가져다주기도 하고 위험을 초래할 수 있는 잠재적으로는 살아 있고 행동하는 대상으로 여겨지고 있다는 점은 확실하다."[13] 따라서 신화를 낳는 영혼의 드라마는 인간의 의식에서 비로소 시작되는 것이 아니라 동물의 의식에서 이미 시작된다. 왜냐하면 동물의 의식에서 이미 동물이 인지하는 존재 일반을 인격적인 존재라는 형식으로 파악하려는 충동이 지배하고 있기 때문이다. 인간은 자신의 세계가 이러한 충동에 의해서 지배되고 인도되는 유일한 존재자도 최초의 존재자도 아니다. 인간은 단지 '인격화'를 향한 불명료하고 무의식적인 충동을 의식적이고 반성적인 작용으로 변형할 뿐이다. 비놀리는 이러한 주장을 입증하기 위해서 그 자신이 동물을 오랜 세월에 걸쳐서 관찰하면서 수집한 무수한 경험적 자료들을 원용하고 있다. 물론 이러한 일련의 관찰들을 개관해서 보면, 동물의 지각세계에서 순수한 표정성격이 극히 우세하며 이러한 표정성격이 '객관적인' 지각, 즉 '사물과 그의 속성'에 대한 지각에 대해서 철저하게 우위를 갖는다는 하나의 사실만은 확실하게 드러난다.[14] 그러나 그렇다고 해서 동물에

---

13) Vignoli, *Mythus und Wissenschaft*, 독일어 번역본, Leipzig, 1880, 5쪽 이하, 46쪽 이하.

14) 동물의 의식에게 결정적이면서도 전형적이기도 한 것으로 나타나는 이러한 '표정 체험의 우위'는 최근의 동물심리학에서도 특히 풍스트(Pfungst)의 관찰과 자세

게도 그러한 표정성격 자체가 이미 특정한 '주체'에, 더 나아가 명료하게 파악된 '인격'에 속하는 것으로 보일 것임이 틀림없다든가, 그러한 표정성격은 그러한 '담지자'에 속하는 것으로만 체험될 수 있다든가 하는 것까지 이러한 관찰들에 의해서 입증되는 것은 아니다. 그러한 주체가 정립되고 전제되는 경우에는 전혀 다른 정신적인 기원을 갖는 다른 종류의 종합이 수행되고 있는 것이 분명하다. 물론 이러한 종합도 단적으로 무로부터 생길 수 없으며 일종의 generatio aequivoca[모호한 혈통]에서도 유래할 수도 없다는 사실 하나만은 인정되고 강조되어야만 한다. 이러한 종합은 감각적 지각의 어떤 기본방향에 결부되어 있으며, 그것이 이러한 방향을 훨씬 넘어서 있는 곳에서조차 그러한 기본방향에 여전히 구속되고 속박되어 있다. 물론 비놀리가 동물의 의식의 구성을 규정하고 있다고 보는 사상, 즉 "동물의 의식에게는 동물 자신의 내면의 직접적인 표현이 생명과 자유의지를 갖는 것으로 나타나는데 우주의 실재 각각에게도 이와 동일한 생명과 자유의지가 부여되어 있는 것으로 나타난다"[15]는 사상을 우리는 동물에게 적용하고 인정할 생각은 없다. 인간의 경우에도 **생**의 전체상이 결코 처음부

한 연구에서 입증되고 있다. 풍스트는 이제까지 아직 완전히 출간되지는 않은 풍부한 관찰자료를 기초로 하여, 통상적으로 고등동물에 귀속되곤 하는 이른바 '지능적인 작업'의 많은 것이 실은 순수한 표정작업이라는 사실, 즉 그러한 작업들은 추론과 사고과정에 의거하지 않고 동물이 인간의 어떤 무의식적인 표정운동에 대해서 갖고 있는 극히 섬세한 감각에 의거하고 있다는 사실을 입증할 수 있었다.

15) Vignoli, 앞의 책, 49쪽 참조.

터 이러한 명확한 형태로, 즉 의식적이고 자유로운 **의욕**이라는 형태로 나타나는 것은 아닌 이상, 그러한 사상은 인간에게도 적용되고 인정될 수 없다. 인간의 경우에도 인간이 최초에 파악하는 생은 개별적인 주관이라는 개성적 형태와 개성적인 경계를 갖는 생으로서가 아니라 오히려 하나의 전체적인 생으로서 나타난다. 생은 최초에는 항상적인 자아의 성질도 항상적인 사물의 성질도 띠지 않으며, 자기동일적인 주관 속으로도 불변적인 객관 속으로도 곧장 침전(沈澱)하지는 않는다. 이러한 형태로 침전하는 것의 기원을, 즉 이렇게 분화되고 분절되는 것의 기원을 우리가 보여주려고 한다면, 우리는 **표정**(Ausdruck)의 영역을 넘어서 **표시**(Darstellung)의 영역으로, 즉 무엇보다도 **신화**의 고향과 같은 정신의 영역을 넘어서 **언어**의 영역으로 향할 필요가 있다. 즉 무한히 다양하고 이리저리 요동하는 다채로운 표정체험들은 언어라는 매체에 의해서 비로소 고정되기 시작하는 것이다. 언어라는 매체에서 비로소 그러한 표정체험들이 '형태와 이름'을 획득하게 된다. 신의 고유**명사**가 인격적인 신들의 **형태**의 기원이 되며, 이러한 인격적인 신들의 형태를 경유해서야, 즉 인격신의 표상을 매개로 해서야 비로소 고유의 자아, 즉 인간의 '자기'라는 표상도 발견되고 확보된다.[16]

그러나 언어의 기능과 신화의 기능이 이렇게 비교될 때, 우리의 이제까지의 고찰 전체에서 일찍이 예상되었음에 틀림없는 하나의 우려가 새롭게 불러일으켜지고 첨예하게 되는 것 같다. 사람들은

---

16) 상세한 것은 *Sprache und Mythos*의 특히 17쪽 이하와 42쪽 이하를 참조할 것.

이렇게 물을 것이다. 이러한 고찰의 목표가 **이론적** 세계의 구성을 이해하는 것일 때, 이러한 고찰은 도대체 왜 신화적 의식의 형성물과 같은 것을 고려하는가? 어떠한 이론적 세계관이든 그것이 이론적인 것이라고 불릴 수 있기 위해서는, 신화적 형성물들과 결별하고 아무런 유보조건도 없이 단번에 그것들을 방기하는 것에서부터 출발해야만 하지 않을까? 인식의 왕국에 이르는 통로는 우리가 신화에 의해서 빠져들어 가는 꿈의 환상세계에서 해방되고 신화의 형상세계가 한낱 가상의 세계라는 사실을 통찰하는 것에 의해서만 확보될 수 있는 것 아닐까? 일단 이러한 통로가 쟁취되고 **진리의 왕국**이 자체로서 이미 개시된 후에, 이러한 진리의 왕국으로부터 **가상의** 영역을 되돌아보는 것이 무슨 의미를 가질 수 있는가? 이러한 물음을 고려할 때, 언어는 결코 신화와 동등한 것으로 간주될 수 없다. 언어에 관한 한, 그것이 어떤 특유하고 자립적인 방식으로 이론적 세계의 형성과 분절화에도 참여한다는 것은 분명하다. 과학조차도 언어의 협력 없이는 수행될 수 없다. 과학도 또한 도처에서 **언어개념**이라는 [과학의] 전(前) 단계에 결부되어 있는바, 과학은 언어개념으로부터 점차적으로 자신을 해방시키면서 순수한 **사고개념**의 형식을 쟁취해야만 한다. 그러나 신화로부터 과학의 단절은 더욱 선명하면서도 가차 없는 형태로 나타난다. 이러한 단절은 돌이킬 수 없는 분리, 즉 의식이 자신 안에서 경험하는 참된 결정적 위기(Krisis[분리])로 이끈다. 신화의 세계상과 이론적 인식의 세계상은 공존할 수 없으며, 동일한 사고공간 안에 병존할 수도 없다. 오히려 양자는 서로를 엄격하게 배척한다. 다시 말해서 한쪽의 시작은 다른 쪽의 종말과 같다. 그리스 신화에 의하면, 프로세르피나(Proserpina)의 사과를 깨물면 영혼은 영원히 황천으로 끌려가고 낮의 빛 속으로 되돌아가지 못하게 되지만, 이와는 반대로 낮의 시작, 즉 각성된 이론적 의식과 이론적 지각의 시작은 신화적 환영의 세계로의 귀환을 더 이상 허용하지 않는 것 같다. 왜냐하면 이러한 귀환은 단순한 전락, 즉 정신의 어떤 원시적이고 이미 극복된 단계로의 전락일 수밖에 없기 때문이다.

그런데 우리가 신화의 형식과 과학의 형식에 대한 순수하게 추상적인 고찰에 그칠 경우에는 이러한 결론이 필연적인 것으로 나타날지라도, 이 두 가지 형식이 어떤 보편적인 '정신의 현상학'이라는 관점에서 고찰되고 평가되자마자 이러한 결론은 커다란 난점들을 포함하는 것으로 나타난다. 왜냐하면 '정신'의 세계는 하나의 철저하게 **구체적인** 통일체를, 즉 정신의 활동무대를 이루고 있는 가장 극단적인 대립들조차도 여전히 어떠한 방식으로든 **매개된** 대립들로서 나타나는 방식으로 통일체를 이루고 있기 때문이다. 정신의 세계에서는 갑작스런 균열이나 비약은 존재하지 않으며, 이러한 세계를 여러 가지 '부분'으로 해체하는 hiatus[간극]는 존재하지 않는다. 오히려 정신적인 의식 일반이 통과하는 모든 형태는 어떠한 방식으로든 이러한 의식의 항상적이고 지속적인 구성부분에 속한다. 어떤 특정한 형식을 넘어서 나아가는 것 자체가 가능하게 되는 것은, 그 형식이 완전히 몰락하고 흔적도 남기지 않고 근절되고 마는 것에 의해서가 아니라 그것이 의식 전체의 연속성 속에 머물러 있으면서 그것 안에 보존되는 것에 의해서다. 왜냐하면 정신 속에는 절대적인 '과거'와 같은 것은 존재하지 않고 정신이 과거의 것조차 여전히 자신 안에 포함하고 그것을 현재로서 보존한다는 바로 그 점에 의해서 언어의 통일성과 전체성이 구성되기 때문이다. 헤겔은 이러한 사태에 대해서 다음과 같이 말하고 있다. "현재의 정신의 생명을 이루고 있는 것은, 한편으로는 여전히 서로 병존하고 있으면서도 다른 한편으로는 과거의 것으로서 나타나고 있는 것에 불과한 여러 단계의 순환이다. 정신은 자신의 배후에 남겨두었던 것으로 보였던 계기들을 자신의 현재의 깊이 속에도 가지고 있다."[17] 이러한 기본적 견해가 정당하다면, 우리는 신화적 '지각'과 같은 극히 독특한 역설적인 형성물조차 이론적 의식이 파악한 현실의 전체상 속에서 완전히 소실되어 버린 것, 전혀 불필요한 것으로 간주할 수 없을 것이다. 이러한 신화적 지각을 뚜렷하게 지배하고 있는 근본경향은 그것이 현실을 보는 다른 여러 방식에 의해서 아무리 배척되고 그 자체 내에서 변형을 겪게 될지라도 그렇다고 해서 완전히 소실되지는 않는다. 신화적 의식의 **내용들**의 몰락은 그 내용들을 낳는 정신적 **기능**의 몰락을 의미하지는 않는다. 신화적 **형성물들**의 어떤 것도 경험적 현실과 그것의 대상들의 권역 안으로 구출될 필요는 없지만, 신화에서 자신을 최초로 구체적으로 표현했던 정신의 **잠세력**(Potenz)이 어떤 특정한 관점에서 자신을 주장한다는 것, 즉 신화가 이론적 자기의식이라는 새로운 '차원'의 내부에서 새로운 형태를 취하고 일종의

---

17) Hegel, *Vorles. über die Philos. der Geschichte*, S. W., IX, 98.

변신을 겪으면서 계속하고 살아남으면서 작용한다는 것도 분명하다.

이렇게 신화가 계속해서 작용을 미친다는 사실을 특히 우리의 경험적 세계상의 어떤 곳에서 찾아야만 하는지는, 우리가 신화의 참된 상관자로 인정했던 것이 사물에 대한 지각이 아니라 오히려 순수한 **표정지각**이었다는 사실을 상기하면 곧 분명하게 된다. 왜냐하면 그렇게 되면 이제 문제는 다음과 같은 형태를 취하게 되기 때문이다. 즉 이러한 순수한 표정지각이 이론적 의식의 진행과 발전에 따라서, 즉 '대상으로 향하는' 지각의 방향에 의해서 언젠가 완전히 배제되고 마는가, 아니면 표정지각은 대상으로 향하는 방향과는 달리 자립적인 권리와 고유한 **영역**—즉 그것을 구성하고 규정하기 위해서 표정지각이 없어서는 안 되는 영역—을 형성하는가? 사실, 이러한 영역의 특징은 정확하게 규정될 수 있다. 그것은 자연의 대상들의 현실성이 아니라 오히려 다른 '주관들'의 현실성이 우리에게 개시되는 앎(Wissen)의 형태다. 물론 **이러한 앎**, 즉 '타인의 마음'에 대한 앎은 우리의 경험적 인식의 전체에 극히 자연스럽게 편입되어 있고 이러한 전체의 불가결하고 '자명한' 구성요소로서 나타날지라도 일찍부터 인식론적이고 심리학적 **반성**의 참된 핵심이 되어왔다. 이러한 앎을 설명하고 정당화하기 위해서 반복해서 새로운 이론이 등장해 왔지만, 이러한 설명들 모두가 자신에게 요구하고 있는 확실성의 정도는 이미 이러한 앎의 단순한 현상학적 소견(所見) 속에 존재하는 확실성에는 조금도 근접하지 않는다는 사실도 또한 반복해서 드러났다. 이러한 현상학적 소견을 확증하고 근거 짓는 대신에 그러한 이론은 오히려 일관되게 그것을 부정해 왔다. 왜냐하면 그러한 이론의 출발점이 아무리 다양하고 아무리 다양한 길을 밟더라도, 여기에서 시도된 모든 설명시도는 하나의 원리적인 전제와 어떤 특정한 방법상의 목표설정 면에서 일치하기 때문이다. 그러한 설명시도 모두는 자기 자신의 의식상태에 관계하고 그것에 국한되는 것이 아닌 모든 앎은 '외적' 지각에 의해서 매개되어 있음에 틀림없다는 전제에서 출발했던 것이다. 그리고 그러한 설명들은 '외적' 지각이 오직 사물지각이라는 형식을 취할 경우에만 존재할 수 있고 유효한 것으로 보았다. 따라서 '너'의 지각을 사물지각이라는 일반적 형식으로 환원한다는 것, 즉 한쪽을 다른 쪽으로 환원하는 것이야말로 이론이 반복해서 수행해야만 하는 참된 과제로 여겨졌다. 그러나 바로 이러한 시도야말로 오히려 πρῶτον ψεῦδος[프로톤 프세우도스, 제일의 오류]가 된다. 왜냐하면 경험 가능한 것의 전체를, 사물적인 내용들로 이루어져 있거나 그러한 내용들을 구성요소로 하여 필연적으로 합성되어야만 하는 하나의 복합체로 본다는 것 자체가 이미 순수한 체험지평을 이론에 의해서 자의적으로 협소하게 만드는 것이었기 때문이다. 이러한 체험지평의 내부에서 표정지각은 실은 사물지각에 대해서 심리학적으로 볼 때 보다 앞선 것, 즉 πρότερον πρὸς ἡμᾶς[프로테론 프로스 헤마스, 우리에게 보다 앞선 것]를 의미할 뿐 아니라 참된 πρότερον τῇ φύσει[프로테론 테 퓌세이, 본성상 앞선 것]이기도 하다. 표정지각은 특유의 형식과 고유의 '본질'을 갖고 있으며 이러한 형식과 본질은 전혀 다른 존재영역과 의미영역을 규정하는 것에 유효한 범주들에 의해서 기술될 수 없으며 그러한 범주들에 의해서 대치되는 것은 더욱 불가능하다. 이러한 형식을 언어라는 거울에 비춰보면, 그것은 전통적 심리학—그 기술(記述)이 거의 항상 특정의 개념적 전제들에 의해서 이미 이끌려지고 구속되어 있는 전통적 심리학—에서보다도 훨씬 명료하면서도 설득력 있게 나타난다. 언어라는 거울에서는 '객관적인 것'에 대한 모든 지각이 원래는 어떤 종류의 '인상학적' 성격을 포착하고 구별하는 것에서부터 출발하며, 이러한 특성들로 여전히 가득 차 있다는 사실이 대부분의 경우 직접적으로 인식될 수 있다. 예를 들면 어떤 특정의 동작에 대한 언어표현은 거의 예외 없이 다음과 같은 계기를, 즉 동작의 형식 자체를 객관적인 공간적·시간적 사건의 형식으로 기술하지 않고 오히려 해당 동작이 표현하는 상태를 명명하면서 언어에 의해서 고정한다는 계기를 포함하고 있는 것이다. 현대의 모든 심리학자 가운데 여기에서 성립되고 있는 연관을 가장 명확하게 인식하고 여러 각도로부터 이러한 연관에 대한 이론적 이해의 길을 처음으로 열었던 클라게스는 이렇게 말하고 있다. "'민첩함', '느림' 그리고 필요하다면 '모가 나 있음'은 순수하게 수학적인 방식으로 이해될 수 있을지도 모른다. 이에 반해 '둔중함', '성급함', '거북함', '번거로움', '과장됨'과 같은 것들은 운동방식을 보여주는 명칭임과 동시에 삶의 상태를 보여주는 명칭이기도 하지만, 실제로는 이러한 운동방식과 삶의 상태를 그것들의 성격을 진술함으로써 기술하고 있다. 운동형태와 공간형식을 특징지으려고 할 경우 우리는 부지불식간에 심적인 속성들을 특징짓게 된다. 이는 형식과 운동은 지성에 의해서 대상성이라는 관점으로부터 판단되기 이전에 심적 현상으로서 체험되기 때문이며, 사물개념의 언어적 표현조차도 인상체험을 매개로 해서만 일어나기 때문이다."[18]

이와 같이 신화적 직관을 낳은 저 심적·정신적 기본적 구성부분은 비록 의식이 이러한 신화적 직관이라는 협소함을 오래전에 넘어섰고 다른 형태화 작용을 향해서 나아간 후에도 여전히 살아남아 있다는 사실을 언어는 우리에게 보여준다. 이러한 수원(水源)은 갑자기 하루아침에 흐르는 것을 중단하지 않는다. 그것의 흐름은 보다 넓은 다른 강바닥으로 향할 뿐이다. 왜냐하면 우리가 신화적인 것의 근원적인 수원이 완전히 고갈되어버렸다고 생각한다면, 즉 순수한 표정체험이 소실(消失)되고 그것의 고유성과 특수성이 근절되어 버렸다고 생각한다면, 이와 함께 '경험'의 중요하고 광대한 영역들도 고려되지 않은 채로 방치될 것이기 때문이다. 바로 이러한 경험에는 물리적 대상으로서의 사물에 대한 앎뿐 아니라 '다른 주관들'에 대한 앎도 속한다는 사실은 의심할 여지가 없다. 어떠한 형태의 반성도 어떠한 형태의 간접적인 추론도 이러한 앎을 창출해 낼 수 없다. 왜냐하면 반성이란 작업은 이러한 앎이 뿌리내리고 있는 체험의 층을 스스로 산출해 내는 것이 아니라 그것을 이론적으로 해석하는 것일 뿐이기 때문이다. 이론이 이러한 체험층 속에 포함되어 있는 독자적인 양상의 확실성을 제시할 뿐

---

18) Klages, *Ausdrucksbewegung und Gestaltungskraft*, 3판과 4판, Leipzig, 1923, 18쪽.

아니라 **산출할** 수도 있다고 생각한다면, 그것은 이론의 기묘한 자만이며 일종의 지적인 교만이다. 그렇게 산출된 것은 결국은 환영에 지나지 않으며 비록 생명의 실상인 것 같은 외관을 하고 있어도 실은 자립적인 생명력이 내재하지 않는 허상에 지나지 않는다. 사실, 다른 주관에 대한 앎에 대해서 시도되었던 잘 알려진 '설명들' 대부분은 결국은 단순한 착각설 이외의 또한 그것 이상의 어떤 것으로도 귀착되지 않는다. 이러한 이론들 사이의 차이는 그것들이 그러한 착각을 기술하는 방식에 존재할 뿐이며 그러한 착각이 어떻게 해서 발생했는지에 대해서 생각하는 방식에 존재할 뿐이다. 그러한 착각은 어떤 때는 논리적 착각의 일종으로 간주되고, 어떤 때는 미적 착각의 일종으로 간주된다. 그것은 또한 어떤 때는 이성의 기만으로 간주되고, 어떤 때는 상상력의 기만으로 간주된다. 그러나 이러한 이론들에서 무시되고 있는 것은 다음과 같은 것, 즉 순수한 표정기능 자체의 의미와 내용은 정신적 형태화의 어떤 **개별적** 영역[예를 들어 사물지각의 영역]을 우회함으로써 비로소 **인정되는** 것은 아니라는 것이다. 왜냐하면 순수한 표정기능은 참으로 보편적이고 어떤 의미에서 세계를 포괄하는 기능이며 따라서 오히려 여러 의미영역에로의 분화, 예를 들면 신화와 이론, 논리적 고찰과 미적 직관에로의 분화에 선행하는 것이기 때문이다. 표정기능의 확실성과 '진리성'은 이른바 신화 이전의 것, 논리학 이전의 것, 미학 이전의 것이다. 오히려 그것은 그러한 형태화 작용들 모두가 어떠한 방식으로든 발생하고 사로잡혀 있는 공통의 토양을 형성한다. 바로 이 때문에 이러한 진리는 우리가 그것을 고정하려고 하면 할수록, 즉 그것을 처음부터 어떤 개별적인 영역에 '못박아두려고 하면' 할수록, 다시 말해 오로지 그 영역의 범주로 표현하고 규정하려고 하면 할수록, 그만큼 더욱더 우리의 손을 빠져나가게 되는 것 같다. 논리학과 이론적 인식의 입장에서 출발하는 한, 인식의 통일성은 **모든** 앎을—비록 그것이 어떠한 종류의 대상에 관계하든—엄밀하게 등질적인 것으로서 파악하는 것에 의해서만 유지될 수 있는 것 같다. 알려진 것의 내용상의 차이는 확실성의 원리상의 차이도 확실성의 방법상의 차이도 자체 내에 포함해서는 안 된다. 따라서 '다른 자아'에 대한 앎도 자연에 대한 앎, 즉 경험적인 대상계에 대한 앎이 의거하고 있는 것과 동일한 조건에 복속되어 있어야 한다는 요구도 정당하고 근거가 있는 것으로 여겨진다. 자연의 법칙성이 존재한다는 사상에 의해서 비로소 자연의 대상이 실제로 또한 참으로 구성되는 것처럼, 즉 객관화하는 인식의 영역에서 대상과 법칙성이 서로에게 속하고 서로 상관적으로 관계하는 것처럼, 동일한 사실은 다른 주관들에 대한 앎이 구성되는 것을 가능하게 하는 경험의 형식에 대해서도 타당한 것 같다. 즉 이러한 앎도 무엇보다도 먼저 보편타당한 원리에 의한 보증을 필요로 하는 것이지만, 이러한 원리는 인과율 이외의 어디에서 발견될 수 있겠는가? 왜냐하면 인과율이야말로 모든 현실인식을 위한 참된 아프리오리이며, 우리가 '내재'의 영역, 즉 '자기 자신의' 의식현상이라는 좁게 한정된 '영역'을 넘어설 수 있게 하는 유일한 다리로서 나타나기 때문이다. 딜타이조차도—비록 정신과학에 대한 그의 견해는 전체로서 보자면 다른 방향을 가리키고 있다고 할지라도—우선은 아직, 이러한 [인과율에 기초하는] 추론을 불가항력적인 것으로 보면서 그것을 자신의 인식이론적 고찰의 기초로 만들기에 충분할 정도로 '실증주의자'였다. 딜타이에게도 '외부세계의 실재성'—이 경우 외부세계란 공간 속의 물체들로 이루어진 세계이기도 하다면 다른 주관들의 현실성이기도 하지만—에 대한 믿음은 어떤 유추(類推)에 근거하고 있는데, 딜타이는 이러한 유추에 본질적으로는 인과적 추론의 형식을 부여하고 있다. 우리가 다른 주관들의 현실을 결코 직접적으로 '인지할' 수 없고 오직 간접적으로 '전이'에 의해서 추측할 뿐이라는 이러한 명제는, 딜타이에서도 거의 공리라고 말해도 좋을 정도의 타당성을 갖고 있다.[19] 물론 그것은 정신적인 것의 본질과 구조에 관한 그 자신의 **구체적인** 견해와는 거의 모든 면에서 모순되는 공리다. 그러나 우리가 그러한 구체적이고 정신사적인 현실의 구조를 도외시하면서 오직 순수한 인식이론의 지반에 입각해 있는 입장으로부터 고찰해 보아도, 이러한 '유추'의 이론에는 어떤 주목할 만한 역설이 포함되어 있다. 왜냐하면 만약 이러한 '유추'의 이론이 올바르다고 한다면, 이와 함께 우리의 세계상과 현실이해의 전체에 대해서 참으로 보편적인 의의를 갖는 하나의 명제는 생각할 수 있는 가장 빈약한 인식이론적 기반 위에 세워지는 것이 될 것이기 때문이다. '다른 자아'의 확실성이 일련의 경험적 관찰

---

19) 특히 딜타이의 Ideen zu einer beschreibenden und zergliedernden Psychologie, *Abhandlung der Berliner Akademie der Wissenschaft*, 1894.

과 귀납적 추론 이외의 어떤 것에도 의거하지 않는다면, 즉 그 확실성은 우리가 우리 자신의 신체에서 인지하는 것과 동일하든가 유사한 표정의 움직임이 타인의 물리적 신체에서도 나타난다고 하는 것, 그리고 동일한 '결과'에는 항상 동일한 '원인'이 대응함에 틀림없다는 사실에 근거한다면, 이러한 추론만큼 기초 지음을 결여한 추론은 거의 없을 것이다. 이러한 추론을 보다 예리하게 고찰해 보면 그것은 전체로서도 세부적인 점에서도 철저하게 허약한 것으로서 입증된다. 왜냐하면 원인들의 동일성으로부터 결과들의 동일성을 추론할 수 있다는 것은 분명하지만, 동일한 하나의 결과가 서로 전혀 다른 원인들로부터 산출될 수 있는바 결과의 동일성으로부터 원인의 동일성을 추론할 수는 없다는 것은 잘 알려진 인식론적 원리이기 때문이다. 그 외에, 이러한 이의를 도외시하더라도 여기에서 문제되고 있는 종류의 추론이 기초 지을 수 있는 것은 가장 유리한 경우에도 항상 단지 잠정적인 가설이든가 단순한 개연성에 불과하기 때문이다. 그렇다면 다른 자아의 현실성에 대한 '믿음'도 그것의 순수하게 인식이론적 타당성에 입각하여 말하자면, 예를 들면 빛 에테르의 존재에 대한 믿음과 동일한 방식으로밖에는 기초 지어지지 않을 것이다. 물론 이와 관련해서는 빛 에테르에 대한 '가설' 쪽이 다른 주관에 대한 가설보다도 비교도 되지 않을 정도로 엄격하고 정확한 관찰에 입각해 있다는 극히 중요하면서도 방법적으로 결정적인 차이가 있다. 따라서 어떠한 종류의 인식이론적 회의도—독아론의 주장을 철저하게 관철하는 그러한 회의까지도—자신의 승리를 확실한 것으로 만들려면 우선 이러한 '유추'를 공격하기만 하면 되었던 것이다. 생의 현실은 그 자신의 존재와 그 자신의 의식현상의 권역에 한정되지 않는다는 확실성은 [이러한 유추에서는] 그 자체로 순수하게 '논증적' 인식일 것이며, 더 나아가 그 기원도 타당성도 극히 의심스러운 인식일 것이기 때문이다.

의심할 여지도 없이, 이런 종류의 고려에 입각하여 사람들은 고찰의 입장을 지성의 영역, 즉 '논리적인 것' 일반의 영역으로부터 어떤 다른 영역으로 옮기지 않으면 안 된다고 생각하게 되었다. 즉 단순한 '논증적' 기초 지음 대신에 '직관적' 기초 지음이 추구되었으며, 반성의 간접성 대신에 '감정'의 직접성과 근원성에서 기초 지음을 추구했던 것이다. 따라서 사람들은, 다른 자아의 확실성은 연역과 추론, 즉 사고조작들을 합한 것에 뿌리박고 있는 것이 아니라 오히려 어떤 근원적인 양식의 '체험'에 뿌리박고 있음에 틀림없다고 강조했다. 테오도어 립스는 이러한 체험양상으로서 '공(共)체험이나 추(追)체험'이라는 형식을 들고 있다. 이러한 형식에서 그리고 오직 이러한 형식에서만 자아에게 비로소 '너'의 가능성과 현실성이 개시된다는 것이다. 그러나 이러한 주장에도 이러한 '너'의 현실성이 결코 본원적인 현실성이 아니고 항상 빌려진 현실성일 수 있을 뿐이라는 사실이 포함되어 있다. "다른 심적 개체는 … 나에 의해서 나로부터 창출된 것이다. 그의 내면은 나의 내면으로부터 취해진 것이다. 다른 개체든 다른 나든, 나 자신을 혹은 내가 타인의 신체적 현상에 대한 감성적 지각을 계기로 하여 내 속에서 체험하는 것을 바로 이러한 감성적 현상에 투사하고 반영하며 방사한 것의 결과다. 즉 나 자신을 특유한 방식으로 이중화한 것이다."[20] 이와 같이 '다른 개체'의 존재와 성질에 대한 앎이 소급되는 것은 다시 한 번 어떤 종류의 반영과정 내지 '반성적' 매개과정이다. 이러한 과정 자체가 변한 것이 아니라 다만 굴절매체가 다른 것이 되었을 뿐이다. 그러나 이러한 이론이 내건 목표는 이를 통해서 정말로 도달되었는가? 이러한 이론은 논리학으로부터 감성론으로 그 중심을 옮김으로써 보다 '생의 현실에 가까운' 것이 되었는가? 우리가 우리 자신의 존재로부터 획득하여 밖으로 투사하는 저 다른 자아라는 것이 환영이나 일종의 심리적인 fata morgana[신기루] 이상의 것이라는 사실을 우리에게 보증하는 것은 무엇인가? 이러한 이론이 이끄는 곳으로 따라가 보면, 이러한 다른 자아는 그 유래도 인식론상의 지위도 서로 전혀 다른 두 개의 요소로 합성된 어떤 기묘한 중간적 존재로서 나타난다. 우선 첫째로, 이러한 다른 자아가 의거하고 있는 것은 감성적 감각이다. 왜냐하면 감정이입 작용의 출발점이 되는 것은 우리에 의해서 순수하게 그 자체로서, 즉 '한낱 물리적인' 내용으로서 파악되는 물질적 성질과 변화의 지각이기 때문이다. 세계가 원래는 이렇게 '한낱 물리적인' 방식으로 주어져 있다는 것은 전혀 의문시되고 있지 않다. 다만 세계의 이러한 일차적인 현상만으로는 충분하지 않으며, 어떤 새로운 현상, 즉 생명과 마음의 현상이 어떤 특유의 근본작용에 의해서 산출되지 않으면 안 된다는 한 가지 사실

---

20) Lipps, *Die ethischen Grundfragen* 2판, 1905, 16쪽 이하.

만이 강조되고 있다. 공감하고 뒤쫓아 느끼는(Nachgefühl) 작용,
즉 '본능적 공감'의 작용에 의해서, 현실이 그 최초의 기계적 경직
성으로부터 구출되고 어떤 정신적·심적인 현실로 변화되는 것이
다. 그러나 만약 이러한 변용이 우리 자신의 자아를 단순한 감각
의 '소재' 속으로 이입시키는 것만으로 일어난다고 간주된다면, 이
와 함께 생명이란 '현상'은 다시 미적인 '가상'으로 전락하고 만다.
이러한 기본적 견해에 따르면, 세계가 생명을 갖는 것으로 나타나
는 것은 그것이 아직 미적 직관의 미광(微光) 안에 휩싸여 있는 한
에서다. 그러나 인식의 예리한 빛줄기 앞에서는 이러한 착각도 사
라져야만 할 것이다. 우리가 생명 자체를 파악하고 획득했다고 믿
었을 때 우리에게 주어졌던 것은 실은 생명의 우상일 뿐이었다는
사실이 이제 분명하게 되어야만 할 것이다[고 그러한 기본적 견해는
주장한다]. 이러한 귀결에서 벗어나기 위해서는 악순환, 즉 '유추'
의 이론과 마찬가지로 감정이입이론이 그 안에서 움직이고 있는
circulus vitiosus[악순환]를 드러내는 것 이외의 방법은 없다. 이
두 이론은 현실의 분리를, 즉 현실을 '외부'와 '내부', '물리적' 존재
와 '심적' 존재로 이원론적으로 구분하는 것을 기정의 사실로서 받
아들이면서 이러한 분리 자체를 가능하게 하는 조건들에 대해서
물으려고 하지 않는 것이다. 여기에서 현상학적 분석은 고찰의 순
서와 방향을 역전시켜야만 한다. 즉 현상학적 분석은 물리적인 것
이 심적인 것이 **되는** 것은 논리적 추론에 의한 것인가 아니면 미적
투사에 의한 것인가라고 물어서는 안 되고, 오히려 지각을 소급하
여 그것이 사물의 지각이 아니라 순수한 표정지각**으로 존재하는** 지

점, 따라서 그것이 내적인 것임과 동시에 외적인 것으로 **존재하는**
지점까지 추적해야만 한다. 여기에서는 무릇 하나의 문제가 성립
한다고 해도 그것은 어떻게 해서 '내면화'가 일어나는가라는 문제
가 아니라, 오히려 원래의 표정성격이 부단히 진행하는 '외화'를
통해서 어떻게 해서 점차로 여러 객관적 '징표들', 즉 사물의 여러
규정과 성질에로 이행해 가는가라는 문제다. 이러한 '외화'는 표정
의 세계가 어떤 다른 형식으로 이행함에 따라서, 즉 그것이 '표시'
의 세계로 그리고 마침내는 순수한 '의미'의 세계로 접근해 감에
따라서 증진해 간다. 이에 반해, 표정의 세계가 아직 전적으로 자
기 자신 안에 머물러 있는 한, 그것은 자신 속에 집중되어 있으며
자신 안에 안주하고 있다. 여기에서는 순수한 표정성격으로부터
출발하면서, 그러한 표정성격에서 고지되는 현실에로 추론해 갈
필요가 없다. 오히려 이러한 표정성격 자체가 그대로 현실의 직접
적인 색채를 띠고 있는 것이다. 왜냐하면 이러한 표정성격만이 이
러한 발전단계에 존재하는 의식을 완전히 채우는 것이기 때문이
다. 표정성격과 이러한 요구를 문제 삼으면서 그것을 침해할 수
있는 어떠한 존재의 척도도, 어떠한 객관적 '타당성'의 척도도 아
직 생기지 않은 것이다. 생이 아직 전적으로 표정이란 현상 속에
머물러 있는 곳에서는 생은 이러한 현상 속에서 만족해 있으며,
그것이 '세계'에 대한 사상을 구상한다고 해도 그것은 아직 세계
가 가능한 표정체험들의 전체가 되고 이를테면 그것의 극장과 무
대로 되는 형태로만 구상한다. 물론 이론적 인식의 사물개념과 인
과개념은 이러한 원초적인 세계관에 대해서 '존재'에 대한 새로운

견해와 **정의**를 창조한다. 그러나 이러한 정의가 다른 것들을 배제하는 유일한 정의로서, 즉 유일하게 가능한 정의로서 간주된다면, 그러한 정의에 의해서 순수한 표정세계에 이르는 모든 교량은 철거되고 만다. 그 전에는 현상이었던 것이 이제는 문제가 되며, 더 나아가 아무리 예리한 인식도 아무리 정치하게 짜인 이론도 결코 완전히는 해결할 수가 없는 문제가 되는 것이다. 현상 자체가 근원적으로 보일 수 있었던 시계(視界)가 다른 시계에 자리를 양보해 버렸기 때문에 현상 자체가 일단 시선에 대해서 자신을 닫아버린다면, 간접적인 추론의 어떠한 힘을 가지고서도 현상 자체를 드러낼 수는 없게 된다. 현상 자체로 돌아가는 길은 이론적 사유가 구사하는 여러 방법을 축적하면서 그것들을 더욱더 정교하고 섬세한 것으로 형성한다는 데 있을 수 없다. 현상 자체로 돌아가는 길이 발견될 수 있다면, 그것은 오직 우리가 이론적 사유의 일반적 본질 안으로 더욱 깊이 진입하면서 이론(異論)의 여지가 없는 그것의 권리와 필연성은 인정하면서도 동시에 그것이 **제약된 것이라는 사실**을 이해하는 것을 배우는 것에 의해서뿐이다. 이론적 사유가 나아가는 방향이 다시 명확하게 파악되고 이해된다면, **이러한 방향**에서는 표정세계를 찾는 것도 발견하는 것도 불가능하다는 것 그리고 그것이 왜 불가능한지도 즉각적으로 분명하게 될 것이다. 순수한 이론이라는 **도구**를 아무리 강화하고 정련시켜도 그것의 **조준선**이 변경되지 않는 한, 여기에서는 아무것도 할 수 없다. 직접적이고 단적인 표정**의미**는 이론적 세계인식이 갖는 의미와 구별되지 않으면 안 된다. 표정의미를 '설명'하려고 시도하기 전에, 그것은 먼저 in integrum[현상 그대로] 회복되어야만 한다.

이러한 길을 명료하게 인식하면서 유추이론 못지않게 감정이입이론이 사로잡혀 있는 근원적인 **현상학적** 약점을 예리한 비판과 함께 드러냈다는 것이 셸러의 공적이다. 셸러 자신의 학설은 유추이론의 난점에서도 감정이입이론의 난점에서도 벗어나려고 한다. 그는 '다른 자아'의 확실성을 그것에 선행하는 다른 것으로부터 '설명'하려고 하지 않으며 다른 것으로 환원하려고도 하지 않는다. 셸러는 오히려 이러한 확실성, 즉 '너의 명증성'을 고찰이 **시작해야만 하는**, 그 이상으로 소급될 수 없는 '주어진 것'으로 본다. 셸러에 의하면 유추이론과 감정이입이론의 근본적 결함은 두 이론 모두에서 현상학적 입장이 완전히 방기되고 그 대신에 하나의 실재론적 입장이 상정되고 있으며 더 나아가 은밀하게 상정되고 있다는 점에 있다. 그러나 철학자가 무엇보다도 조심하지 않으면 안 되는 것은 주어져 있는 것에 눈을 향하지 않고, 전제되어 있는 어떤 실재론적인 입장에 따를 때 '주어질 수 있는 것'에 주의를 향하는 것이다.[21] 이러한 [실재론적] 이론 내부에서 '가능한' 것을 현상하는 현실의 척도로 삼아서는 안 된다. 셸러의 '지각이론'은 이러한 '현실'을 질적으로 규정되어 있고 질적으로 분화되어 있는 '감각들'로 구성되어 있는 것으로 보지 않고 오히려 표정의 통일체들과 표정의 전체들로 구성되어 있는 것으로 기술한다. 이러한 전체들을 단순한 색채질의 총합으로서 설명하는 것은—비록 그것

---

21) Scheler, *Wesen und Formen der Sympathie*, Bonn 1923, 282쪽 참조.

에 의미의 통일체와 형태의 통일체 그리고 운동형태와 변화형태를 포함시키더라도—가능하지 않다. 오히려 그것들은 원래 미분화된 하나의 전체인 것이며, 이것이 두 개의 상이한 '작용방향' 속에서 파악됨으로써 비로소 상이한 형태를 띠게 된다. 지각체험은 이른바 '외적' 지각의 작용에서는 개인의 신체를 '자연'의 대상, 즉 물리적 세계의 한 대상으로서 보여주는 기능을 갖게 되지만, 내적 지각의 작용에서는 자신의 자아든 타인의 자아든 자아를 상징화하는 기능을 갖게 된다. 지각체험은 우선은 그것 자체로서는 '물체계'에 대한 직관 속에 존재하는 것이 아니며 또한 '한낱 심적인' 현실에 대한 직관 속에 존재하는 것도 아니다. 오히려 이러한 체험에서 파악되는 것은 어떤 의미에서는 하나의 통일적인 생명의 흐름이며, 이것은 나중에 일어나는 '물리적인 것'과 '심리적인 것'으로의 분열에 비해 아직은 전적으로 중립적인 것이다. 이러한 중립적인 근원이 그 후 물체적 대상의 직관으로 형태화될 것인지 아니면 살아 있는 주관의 직관으로 형태화될 것인지는 본질적으로 이러한 형태화의 방향에 달려 있다. 다시 말해 직관이 '상호 외재적인 직관(Auseinanderschau)'의 형식을 취하는지 아니면 '상호 내재적인 직관(Ineinanderschau)'의 형식을 취하는지에 달려 있다. "이와 같이 지각의 상이한 방향들에서 비로소 그리고 어떤 방향의 지각이 일어나느냐에 따라서, 동일한 자극계열의 통일적인 형성체가 어떤 경우에는 다른 개인의 **신체**가 지각되는 것과 같은 현상(내지는 환경세계 인상들의 직관될 수 있는 계열인 현상)으로서 주어지고, 어떤 경우에는 다른 개인의 **자아**가 지각되는 것과 같은 현상, 즉 내면

세계가 눈에 보이는 것이 된 표정계열인 현상으로서 주어진다. 바로 그 때문에 어떤 '표정현상'의 통일성(예를 들면 미소를 짓는 것, 위협적인 혹은 선의로 가득한 시선이나 정겨운 '시선'과 같은 것)을 언젠가 어떤 일정량의 현상들—그 양이 아무리 크더라도—로 분해하는 것, 더 나아가 그러한 현상들의 구성부분이 우리가 물체 내지 물리적 환경에서 유래하는 어떤 인상의 통일성을 지각할 경우의 현상의 통일체를 위한 동일한 통일체들인 그러한 일정량의 현상들로 분해하는 것은 본질적으로 불가능하다. 내가 외부지각의 태도를 취하면서 이러한 지각에서 나에게 주어지는 현상 통일체들, 즉 개인의 신체의 아무리 작은 것이라도 드러내는 통일체들을 탐색하면서 이러한 통일체들을 가능한 모든 방식으로 아무리 조합해 보아도, '미소를 지음'이라든가 '탄원'이라든가 '위협적인 제스처'라는 통일체를 결코 볼 수 없다. 이와 같이 신체의 뺨의 표면을 물들인 것으로서 우리 눈앞에 나타나는 빨강이라는 성질은 '뺨을 붉힘'이라는 통일체, 즉 추체험된 어떤 수치심이 그것의 빨강으로 '결실되어 나타나는' 통일체는 결코 아닌 것이다."[22]

우리는 셸러가 자신의 주장에 부여하고 있는 보다 면밀한 **정초**에 대해서는 여기에서는 이 이상 더 상세하게 살펴보지는 않을 것이다. 오히려 우리는 그의 주장에서 우리 자신의 탐구와 문제설정의 방향을 함께하는 **하나의** 계기만을 부각시키는 것으로 만족할 것이다. 특징적인 것은, 셸러가 '내부지각'과 '외부지각'의 참된

---

22) Scheler, 앞의 책, 304쪽 이하.

현상학적 차이를 보여주기 위해서 양자의 소재상의 차이가 아니라 '상징기능'의 차이에서 출발할 수밖에 없다는 점이다. 우리의 기본적 견해, 즉 우리가 통상적으로 '현실'이라고 부르는 것 모두는 결코 소재만으로 규정되는 것과 같은 것이 아니라 어떤 종류의 현실정립 속으로도 상징형성 작용의 어떤 일정한 **동기**가 개입하고 있으며 이러한 동기는 그 자체로서 인식되고 다른 동기들로부터 구별되어야만 한다는 우리의 기본적 견해가 셸러의 연구에서 다시 입증되고 있는 것이다. 그러나 그것과는 다른 보다 특수한 관점으로부터 보아도 셸러의 연구가 도달한 성과는 우리에게 중요하다. 왜냐하면 '표정기능'은 **이론적** 의식과 **이론적** '현실'의 구성에서도 자신의 근원성과 아울러 대체할 수 없는 고유성을 주장하는 참된 근원적 현상이라는 사실이 셸러의 연구에서 극히 선명하게 드러나 있기 때문이다. 만약 우리가 이러한 기본적 기능이 폐기되었다고 생각한다면, 이와 함께 우리에게는 '내적 경험'이라는 세계에 이르는 길은 폐쇄되고 말 것이며 우리를 '너'의 영역으로 이끌 수 있는 유일한 교량도 제거되고 말 것이다. 표정이라는 **원초적** 기능을 다른 '보다 높은' 기능—이 경우 그것이 지적 기능이든 미적 기능이든—에 의해서 대체하려는 시도는 불완전한 대용품, 즉 자신에게 요구되는 것을 결코 수행할 수 없는 불완전한 대용품만을 낳을 뿐이다. 이러한 보다 '높은' 기능들이 유효하게 작동하는 것도, 그것들이 표정체험이라는 근원적인 층을 전적으로 원초적이며 독자적인 형식으로 이미 전제하는 한에서만 가능하다.[23] 이러한 근원적인 층이 우리가 신화의 세계로부터 미적 세계에로, 그리고 미적 세계로부터 이론적 인식의 세계로 나아가자마자 매우 현저하게 변용되고 변형된다는 것은 확실하다. 그러나 그러한 층은 전적으로 제거되는 것은 아니다. 이론적·과학적 인식이 진전됨에 따라서 순수한 표정기능이 갈수록 자신의 기반을 상실하고 생명의 순수한 '상(像)'이 사물적 존재와 사물적·인과적 연관의 형식으로 변환된다는 것은 확실하다. 그러나 생명의 순수한 상이 이러한 형식 속으로 완전히 흡수되고 그 안으로 침몰할 수는 없다. 왜냐하면 만약 그렇게 흡수되고 침몰하게 된다면, 저 신화적인 정령들의 세계와 신들의 세계가 몰락하는 데 그치지 않고 '살아 있는 것 일반'이라는 근본현상도 소멸되고 말 것이기 때문이다. 이와 같이, 우리가 신화적 세계의 본래의 도구(Organon)라고 인식했던 의식의 저 근본동기가 경험적 현실의 구성에도 결정적인 점에서 개입하고 있다는 사실이 분명해진다. 우리가 이러한 경험적 현실을 이중의 현실로서, 즉 '외적 현실'과 '내적 현실', 혹은 '물리적 현실'

---

23) 셸러는 감정이입론에 반대하면서 다음과 같이 올바르게 서술하고 있다. 즉 "자신의 자아를 감정이입한다는 과정이 어떠한 소여(所與)를 향해서 일어나야 하는가에 대해서 [감정이입론은] 결코 말할 수 없다. 감정을 이입하기 위해서는 예를 들면 어떠한 것이든 시각적 내용이 있으면 충분한가? 그렇지 않다는 것은 분명하다. 왜냐하면 우리는 결코 임의의 시각적 내용에 '감정이입하지' 않기 때문이다. 사람들은 어떠한 것이든 생명을 가진 것들의 '표정의 움직임'이나 적어도 태도방식을 보여주는 시각적 내용들이 필요하다고 말한다. 그러나 이러한 답변도 사태에 부합되지는 않는다. 어떤 운동에 대한 시각적 영상이 표정의 움직임에 대한 영상이라는 것에 대한 통찰은, 생명을 가진 다른 것이 있다는 사실에 대한 인식을 이미 전제하는 통찰이기 때문이다. 어떤 움직임을 표정으로서 파악하는 것은 생명체를 상정할 수 있는 근거가 아니라 그 귀결인 것이다.

과 '심적 현실'로서 인식하고 파악할 수 있다고 믿고 있는 것은 우리가 사물세계의 내용 안으로 심적 존재와 심적 사건을 어떠한 방식으로든 나중에 '투입한다'는 것에 근거하지는 않는다. 오히려, 원래는 유일하게 존재하는 생명의 영역이 자기 자신 속에서 자신을 구별하고, 이러한 구별에 의해서 갈수록 자신을 제한해 가는 것이다. 이러한 과정에 의해서 대상들의 세계, 즉 '자연'과 '자연법칙'의 세계가 생명의 현상들에 편입되는 것이 되지만, 이렇게 편입된다고 해서 대상들의 세계가 생명의 현상들을 언젠가 완전히 자기 자신 안으로 흡수하면서 이와 함께 그것들을 완전히 제거할 수 있는 것은 아니다.

따라서 여기에서는 '주관적' 분석의 길도 '객관적' 분석의 길도 동일한 하나의 목표로 이끈다. 셸러는 본질적으로는 주관적 분석의 길을 걸었다. 그는 현상학자로서 자아의식과 '타자의식'의 내용을 드러내려고 노력했다. 이 경우 그는 이러한 의식을 완전히 발달된 형태와 관련하여 파악하고 있다. 즉 그는 이미 '외적' 경험과 '내적' 경험으로 나눠진 세계상으로부터 출발하는 것이며, 경우에 따라서만 시선을 뒤로 향하면서 의식의 '보다 미발달한' 형태화 작용을 고찰의 권역 안으로 끌어들인다. 이에 반해 우리는 우리의 일반적인 문제설정에 따라서 정반대의 방향을 취해야만 했다. 우리는 '객관적 정신'의 형성체의 하나인 신화적 세계의 특성을 묘사하는 데서 출발하면서 '복원(復元)'의 방법에 의해서 이러한 형성체에 대응하는 의식층에 도달하려고 해야만 했다. 이 두 가지 고찰 방식의 성과가 서로를 조명하고 서로 확증함으로써 순수한 표정체험의 심층을 우리에게 개시하는 이중의 관점이 비로소 획득된다. 셸러는 타자의식이 자아의식보다 앞서며 너에 대한 지각이 나에 대한 지각에 선행한다고 주장한다. 그러나 이러한 주장은 순수하게 **심리학적** 고찰의 입장에서 보면 항상 불합리한 것으로 나타난다. 왜냐하면 우리가 내관(內觀, Introspektion), 즉 심리학적인 '자기관찰'의 방법에 빠져서 오로지 그것만을 신봉하자마자, 이러한 내관에서 그리고 이러한 내관을 통해서 파악되는 모든 것은 이미 우리 자신의 자기의 권역 안에 편입되어 있는 것으로 나타나기 때문이다. 그러한 내관의 방법에서는 항상, 어떤 세계—그것이 외적 대상의 세계든 다른 주관의 세계든—가 자아에게 개시되기에 앞서서 자아가 어떠한 방식으로든 '미리 주어져' 있어야만 하는 것 같다. 이에 반해 상징형식의 고찰, 특히 신화의 고찰로부터 출발하게 되면, 사태는 다르게 나타난다. 왜냐하면 아마도 신화적 세계상의 특징을 보여주는 것은 다음과 같은 사태, 즉 이 세계상의 내부에서는 '자신의 자아', 즉 엄밀하게 개인적인 '자기'에 대한 앎은—그러한 것이 존재한다고 해도—결코 출발점에 있는 것이 아니라 종국점에 있다는 사태이기 때문이다. '심리학적 관념론'의 입장에 서 있는 인식이론이 그렇게 자주 그 자체로 명증적이라 주장했던 전제—즉 근원적으로 주어지는 것은 자기 자신의 의식상태일 뿐이며, 이러한 의식상태로부터 출발하여 어떤 추론에 의해서 비로소 타인의 체험세계의 현실성도 물체적 자연의 현실성도 획득된다는 가정—는 우리가 신화적 현상들의 구조에 시선을 향하게 되면 즉각적으로 극히 의심스러운 것으로서 입증된다.

이러한 신화적 현상에서는 자아가 자기 자신 속에 있는 것은, 자아가 동시에 상대방 속에 있을 경우뿐이며, 이러한 상대, 즉 너에 관계하고 있을 경우뿐이다. 자아가 자신에 대해서 알고 있다고 해도, 그것은 이러한 기본적이고 근본적인 관계 속의 하나의 관계점(Bezugspunkt)으로서만 알고 있다. 신화적 현상에서 자아는 다른 생명체들의 중심으로 향하면서 그것을 지향하는 방식에서만 자기 자신을 소유하는 것이다. 자아는 사물적인 실체, 즉 공간 속의 다른 모든 사물로부터 고립되어 그것들과 완전히 분리된 채로 있으면서도 존재하는 것으로서 생각될 수 있는 사물적 실체가 아니다. 그것은 자신이 다른 것들과 함께 하나의 세계 속에 있다는 사실을 알면서 이러한 통일체 속에서 자신을 다른 것들과 구별함으로써 비로소 자신의 내용, 자기 자신에 대한 '자각(Für-Sich-Sein)'을 획득한다. 셸러는 이렇게 강조하고 있다. "우리가 '우선' 주어져 있는 우리 자신의 체험의 소재로부터 타인의 체험의 상을 구성한 다음에 이러한 타인의 체험을 타인의 신체적 현상 안으로 투입해야만 한다는 식으로 사태가 진행되지는 않는다. 오히려 사실상 자신의 것도 타인의 것도 나누지 않고 그것들을 서로 융합된 상태로 포함하는 체험들의 흐름, 즉 나라든가 너라든가가 아직 분화되어 있지 않은 체험들의 흐름이 우선은 흐르고 있다. 그리고 이러한 흐름 속에서 점점 더 확고한 형태를 취하게 되는 소용돌이들이 형성되며, 이러한 소용돌이들이 흐름의 항상 새로운 요소들을 서서히 자신의 권역 안으로 끌어들이고, 이러한 과정 속에서 잇달아 나타나면서 극히 점진적으로 서로 분화되는 개인들이 소용돌이들에 배분되는 것이다."[24] 신화적 '자아의식'의 형식을 깊이 연구하면서 우리는 도처에서 이러한 과정의 가장 현저한 예들과 증거들을 살펴보았었다. 신화적 '자아의식'의 형식에서 우리는 생의 흐름의 연속체로부터 점차적으로 벗어나면서 보다 확고한 형태를 취하는 개개의 소용돌이의 생성을 아직은 직접 통찰할 수 있다. 우리는 생명의 전체, 즉 인간계뿐 아니라 동물계와 식물계까지도 포함하는 생명의 미분화된 전체로부터 인간적인 것이라는 '독자적인' 존재와 독자적인 형식이 극히 서서히 떠오르면서 자신을 부각시키는 과정을, 그리고 다음에 이 존재의 내부에서 유(類)와 종의 '현실성'이 개인의 현실성에 전적으로 선행하는 과정을 추적할 수 있다. 문화의식의 그러한 형성과정과 그러한 과정에서 보이는 잇달아 일어남의 법칙에 입각함으로써 비로소 우리는 개인적 의식의 특징을 보다 명확하게 보고 예리하게 파악하며 이해하는 것을 배운다. 다른 한편으로 여기에서는, 개인의 영혼을 고찰할 때 인식하는 것도 해석하는 것도 곤란했던 많은 것이 플라톤의 말을 빌리자면 흡사 '대문자로 쓰인' 것처럼 나타난다. 문화의식의 위대한 창조물들에 입각함으로써 비로소 '자아로의 생성과정'도 또한 참으로 읽혀질 수 있는 것이 된다. 왜냐하면 인간은 자신의 정신적 행위들 속에서 비로소 자신의 자아의식으로까지 성숙해 가기 때문이며, 인간은 끊임없이 흐르면서도 항상 동일한 체험계열 속에 머물지 않고 이러한 계열을 분할하고 그것에 형태를 부여함으로써 비로소 자신의

---

24) Scheler, 같은 책, 285쪽.

자기를 소유하게 되기 때문이다. 다음에 인간은 형태화된 체험현실의 이러한 상 속에서만 자기 자신을 '주관'으로서, 즉 다양한 형태를 취하는 자신의 존재의 모나드적 중심으로서 다시 발견하게 된다. 신화에서는 이러한 내면으로의 전환(Innen-Wendung)과 의식적이 되어가는(Inne-Werdung) 움직임을 매 걸음마다 추적할 수 있다. 신화가 '주어지는' 일차적인 방식은 특정의 주술적·신화적 성격을 갖고 외부로부터 들어오는 여러 각각의 인상 속에서 인간이 이를테면 분열되고 그러한 인상들 사이에서 이리저리 찢겨진다는 데 있다. 그러한 인상들 각각은 자신의 존재에 의해서 인간의 의식 **전체**를 요구하며 그것을 매료시키고 그것에 자신의 고유한 색깔과 기분을 각인한다. 자아는 우선은 이러한 각인에 대치시킬 수 있는 아무것도 갖지 않으며 그것을 변화시킬 수도 없다. 자아는 그러한 각인을 다만 수용할 뿐이며 이러한 수용작용 속에 사로잡혀 있을 뿐이다. 이와 같이 자아는 특정한 개별적 현상들 속에서 자신에게 드러나면서 저항하기 어렵게 갑작스럽게 엄습해오는 모든 표정계기 사이에서 노리개가 된다. 이러한 표정계기들은 확고한 순서도 없고 서로를 연결시켜 주는 것도 없이 잇달아 나타나며, 개개의 형상들은 자신의 신화적 '얼굴'을 예측할 수 없는 방식으로 바꾼다. 익숙하고 친숙한 것, 비호하고 지켜주는 것이라는 인상이 갑자기 그 반대물, 즉 접근하기 어렵고 불안하게 하는 것, 음침하고 소름끼치는 것으로 직접적으로 이행할 수 있다.[25] 현실

---

25) 나는 여기에서 슈피트의 *Die Religion der Eweer*(Leipzig, 1911, 7쪽 이하)에서

은—특히 우제너(Usener)가 '순간신'과 '특수신'을 구별하면서 지적했던 것처럼—오랜 동안 이렇게 전적으로 막연한 의미에서의 '영적(dämonisch)'인 성격을 띠고 있으며, 그 후 서로 분명하게 구별되고 인격적인 성질과 특징을 갖는 여러 '영(靈)들'의 왕국이 된다.[26] 이 왕국은, 다채롭게 변화하면서 잇달아 나타나는 상이한 종류의 인상들이 혼돈스럽게 얽혀 있었던 상태를 벗어나 점차적으로 서로 분리되고 여러 형태로 농축되면서 그러한 형태들 각각이 특정한 하나의 본질을 갖게 될 때 생겨난다. 흡사 무로부터 출현하고 무 속으로 다시 소멸해 들어가는 것 같은 신화의 원시적 체험들로부터 이제 비로소 성격의 통일과 같은 것이 부각되어 오는 것이다. 순수한 표정체험들 자체는 이 경우에도 여전히 자신이 이제까지 가졌던 힘을 보존하고 있지만, 그것들은 서로 어떤 새로운 관계를 맺게 되고 서로 보다 긴밀하게 결합되며 보다 높은 차원의 형성체로 성장해 간다. 표정은 체험될 뿐 아니라 이를테면 성격학적으로 평가된다. 정령과 신이 비교적 안정된 명확한 인상학적 특징에 의해서 인식되고 서로 구별된다. 신화가 이러한 방향

취한 하나의 실례를 예증으로 제시하고 싶다. "안보(Anvo)의 최초의 거주자들이 도착했을 때 그중의 한 남자가 숲에서 우람한 바오밥 나무 앞에 서 있게 되었다고 한다. 이 나무를 보면서 그는 겁에 질렸다. 자신이 왜 이렇게 겁에 질리게 되었는지를 이해하고 싶어서 그는 승려를 찾아갔다. 그는 저 바오밥 나무는 하나의 트로(trö) 신이며 이 신이 그에게 거주하면서 그의 숭배를 받기를 원한다는 답변을 얻었다. 따라서 공포야말로 그 남자가 트로 신이 그에게 자신을 현시(顯示)했다는 사실을 인식하는 징표였던 것이다."

26) 상세한 것은 나의 연구 *Sprache und Mythos*의 특히 18쪽 이하를 참조할 것.

에서 시작한 것이 언어와 예술에 의해서 완성된다. 왜냐하면 신에게 비로소 완전한 개성이 생기는 것은 신들의 이름과 신들의 형상에 의해서이기 때문이다. 이와 같이 인간이 자기 자신을 명확히 한정된 어떤 특정한 **개별적 존재**로 보게 되는 것은 인간이 그것으로부터 출발하면서 현실의 전체상을 점진적으로 구축하기 위한 기점(起點)이 아니다. 인간이 자신을 그러한 개별적 존재로 보게 되는 것 자체는 정신의 여러 기본적 에너지 모두가 활동하고 서로 간섭하는 어떤 창조과정의 종결점이자 성숙한 열매인 것이다.

제3장 표정기능과 심신(心身)문제

의식이 전적으로 자신 안에 머물면서 동시에 자신 이외의 현실을 파악하는 방식이 우선 처음으로 그리고 직접적으로 우리에게 나타나는 것은 순수한 표정현상에서이며, 즉 어떤 일정한 현상이 단순히 '주어지고' 눈으로 보이면서도 동시에 내적으로 생명이 불어넣어져 있는 것으로서 느껴진다는 사실에서다. 이러한 사실 자체가 어디로부터 비롯되고 어떻게 설명될 수 있는가라는 물음은 여기에서는 더 이상 제기될 수 없다. 왜냐하면 이러한 물음의 해결은 필연적으로 어떤 순환에 빠질 수밖에 없기 때문이다. 있는 그대로의 표정현상조차 이러한 현상을 초월하는 어떤 것으로부터 과연 파악되고 **도출될** 수 있을까? 이런 의문을 제기하는 것은 오히려 이러한 표정현상이야말로 우리를 비로소 모든 종류의 '초월'로, 모든 종류의 실재성의 의식으로 이끄는 매체이기 때문이다. 따라서 지각이 본래 가지고 있는 이러한 '상징적 성격'을 회의하면서 부정하는 것은 현실에 관한 우리 모두의 앎의 뿌리를 잘라버리는 것이 될 것이다. 그러나 다른 한편으로 이러한 상징적 성격 자체를 다시 정초하려는 모든 시도조차도 물론 무효가 된다. 여기에서 오히려 우리는 괴테의 말에 의하면 '가장 생득적'이고 가장 필연적인 개념, 즉 원인과 결과라는 개념이 우리를 오류에 빠지게 하고 불행을 초래하게 될 수 있는 지점에 서 있다. 왜냐하면 우리가 인과성이라는 범주를 순수한 표정기능에 어떤 방식으로 적용하든, 그러한 범주는 표정기능을 설명하기는커녕 이러한 기능으로부터 참된 '근원적 현상'이라는 성격을 박탈하면서 도리어 그러한 기능을 은폐하기 때문이다.

그러나 우리가 표정이라는 이 현상을 순전히 그것만 고립시켜서 고찰하지 않고 다른 현상들과 함께 종합적으로 고찰할 경우에도, 즉 그것을 하나의 유에 속하는 종으로 볼 경우에도 동일한 은폐의 위험이 생기는 것은 아닐까? '표정'이라는 것의 특수성과 그것의 대체 불가능한 독자성을 무시하지 않고, 그것에서 '상징적인 것'의 특수한 종류와 방향을 볼 수 있을까? 표정을 이렇게 분류하는 것은 표정이 그 자체로부터 멀리할 뿐 아니라 다행스럽게도 벗어나 있는 문제군으로 표정을 짐 지우는 것은 아닐까? 왜냐하면 '상'과 '사태', '기호'와 '기호에 의해서 표시된 것'의 차이를 알지 못하는 것이야말로 표정의 고유한 특권이기 때문이다. 표정에서는 '단순히 감각적인' 존재로서의 현상과 이 현상과 다르면서 이것이 간접적으로 표현하고 있고 다른 정신적·심적 내용 사이의 분리는 전혀 존재하지 않기 때문이다. 표정은 그것의 본래적인 본질로부터 볼 때 표현이기는 하지만, 그것은 이렇게 표현하면서도 시종일관 내면 속에 머무른 것이다. 표정에는 핵심도 외피도 없으며, '첫 번째 것'도 '두 번째 것'도 없고, '한편'도 '다른 편'도 없다. 따라서 만약 '상징적인 것'이라는 개념이 '한낱' 상과 '사태 자체' 사이의 이러한 구별이 명확히 나타나고 그 자체로서 뚜렷하게 파악되고 강조되는 사례에 한정되는 방식으로 정의된다면, 의심할 것도 없이 표정이라는 현상은 이러한 개념이 아직 전혀 적용될 수 없는 영역이다.

이에 반해 우리는 처음부터 상징개념에 다른 보다 넓은 의미를 부여했다. 우리는 어떠한 종류의 것이든 일반적으로 감성적인 것의 '충만한 의미'가 표현되는 현상들, 즉 어떤 감성적인 것이 존재하면서도 동시에 하나의 의미의 특수화와 구체화, 그것의 현현(顯現)과 구현으로서 나타나는 현상의 전체를 상징이라는 개념으로 포괄하려고 했다. 이를 위해서는 이러한 현상을 구성하는 두 가지 계기가 이미 자체로서 선명하게 분리되고 서로 다르면서 대립적인 것으로 **알려질** 필요가 없다. 이러한 형식의 앎은 상징개념이 발달해 가는 과정의 출발점에서 나타나는 특징이 아니라 그 종국에서야 비로소 나타나는 특징일 뿐이다. 이 두 가지 계기의 이중성은 의식이 아직 미발달한 모든 현상에서도 **그 싹을 보이는 것**이 사실이지만, 이러한 잠재적 구조가 결코 처음부터 현실화되지는 않는다. 감성적·정신적 의식의 여러 형태를 역사적으로 아무리 살펴보아도, 우리는 일체의 분리와 구별에 선행하는 전적으로 대립을 결여한 것, 절대로 단일한 것으로서의 의식을 결코 만나지 못한다. 의식은 항상 자기 자신 속에서 자신을 분화하는 살아 있는 것, 즉 ἓν διαφαινόμενον ἑαυτῷ[헨 디아페노메논 헤아우토, 자기 자신과 싸우는 하나]로서 나타난다. 그러나 이러한 차이가 존재한다고 해도 그것은 아직은 차이로서 **정립되어** 있는 것은 아니다. 오히려 이러한 정립은 의식이 생의 직접성으로부터 정신의 형식으로 그리고 자발적인 정신적 창조활동이라는 형식으로 이행하면서 비로소 일어난다. 이러한 이행에 의해서 비로소 그 자체로 이미 의식의 구성부분에 속해 있는 모든 긴장이 전개된다. 즉 내적인 대립을 이루고 있음에도 불구하고 그때까지 구체적인 통일체로 존재했던 것이 이제 분열하기 시작하며 분석적인 분리라는 형태로 자신을 '해석하기' 시작한다. 그런데 순수한 표정현상은 이러한 형태의 어떠한 분열(Ent-Zweiung[양분화])도 알지 못한다. 순수한 표정현상 속에는 개념적인 해석의 조건에 구속되지 않는 어떤 '이해'의 방식 내지 이해의 양식이 주어져 있는 것이다. 즉 이러한 현상을 단순히 **진술하는 것**이 그대로 동시에 그것을 **해석하는 것**이며 더 나아가 그것이야말로 이 현상에 대해서 가능하면서도 필요하기도 한 유일한 해석인 것이다.

그러나 순수하게 이론적인 세계고찰, 즉 철학이 표정현상을 취조하면서 그것을 자신의 법정 앞에 소환하자마자, 이러한 통일성과 단순성, 즉 이러한 자명성은 즉시 사라져버리고 극히 복잡한 문제군에 자리를 내주게 된다. 왜냐하면 표정현상이 자체 내에 숨기고 있는 **계기들**의 차이가 기원의 차이로까지 높여지기 때문이다. 현상학적 물음이 존재론적 물음으로 변화되며, 표정이 자신의

'의미'로서 고지하는 것에만 몰두하는 태도가 표정의 근저에 놓여 있는 존재에 대한 물음에 의해서 배제되는 것이다. 이러한 존재는 단순한 존재로서 간주될 수 없고 오히려 두 개의 이질적인 구성요소의 결합으로 나타난다. '물리적인 것'과 '심리적인 것', '마음'과 '신체'가 이러한 존재 속에서 결합되고 서로 관계한다. 그러나 그 각각이 다른 세계에서 유래하고 다른 세계에 귀속되는 양극의 그러한 '결합'은 어떻게 해서 가능한가? 사물 자체의 형이상학적 본질에서 단적으로 대립되는 것으로 보이는 것이 어떻게 해서 **경험** 속에서 공존하고 양립할 수 있는가? 표정이라는 현상에서 심적인 존재와 신체적 존재를 결합하는 유대가 현상의 차원에서 참된 존재의 차원으로, 즉 형이상학적 인식의 차원으로 이행하는 순간에 찢겨지게 되는 것도 이 때문이다. 형이상학적 실체로서 **존재하는** 한에서의 물체와 마음 사이에는 가능한 어떠한 매개도 존재하지 않는다. 자신의 원래의 문제설정에 이미 뿌리박고 있는 존재론의 모든 노력은 어떠한 경우에도 모든 의미문제를 순수한 존재문제로 변화시키려고 한다. 존재야말로 모든 의미가 최종적으로 어떠한 방식으로든 그것에 붙잡혀 매어 있어야만 하는 기반인 것이다. 순수하게 상징적인 어떠한 관계도 자신의 fundamentum in re [사물 안에 존재하는 기초]를 제시하는 데 성공하지 못하는 한, 즉 바꿔 말해 이러한 관계가 그 자체로 **의미하는** 것이 어떠한 **실재적인** 규정으로 환원되고 그것에 의해 기초 지어지지 않는 한, 그것은 인식되고 확증된 것으로서 간주되지 못한다. 그리고 여기에서 형이상학의 문제체제 전반을 지배하고 있는 것은 특히 두 가지 규정,

즉 사물개념과 인과개념이다. 그것 이외의 모든 관계는 결국은 이 사물이란 범주와 인과성이라는 범주로 귀착되며 이 두 개의 범주에 의해서 문자 그대로의 의미에서 흡수되어 버린다. '사물'과 '속성', '원인'과 '결과'의 관계로서 직접적으로 주어지지 않거나 이론적인 사고작업에 의해서 그러한 관계로 해석될 수 없는 것은 결국은 이해되지 않은 채로 남게 된다. 그리고 이렇게 이해될 수 없는 것은 그것의 존립조차 의심스럽고 공허한 가상, 즉 감관이나 상상력의 환각으로 해소되고 만다.

심신문제가 '경험'의 지반을 결정적으로 떠나서 형이상학적 사고의 영역으로 이행하자마자 겪게 되는 운명에서만큼 이러한 일반적인 사태가 분명하게 드러나는 경우는 없다. 이렇게 이행할 때 심신문제에게 특별히 요구되는 것은 그 전에 자신의 고유한 언어를 망각하는 것이다. 순수한 표정기능의 언어는 그것이 실체적인 형이상학적 세계관의 언어, 즉 실체개념과 인과개념의 언어로 번역될 경우에야 비로소 유의미하고 이해 가능한 것으로 간주된다. 그러나 이러한 번역을 위해서 아무리 많은 노력을 쏟아도 그러한 노력은 결국은 불충분한 것으로 입증된다. 여기에서는 항상 모든 형이상학적 사고작업을 비웃는 것 같은 어두운 잔여가 남아 있다. 아리스토텔레스 이래의 형이상학의 작업 전체로도 이러한 잔여를 완전히 극복할 수 없었으며, 심신관계의 '불합리성'을 근본적으로 제거할 수 없었다. 근대의 위대한 고전적 체계들이 모든 노력을 기울였음에도 불구하고, 즉 '합리론'이 데카르트와 말브랑슈, 라이프니츠와 스피노자와 함께 심신문제를 자신의 권역 안으로 끌어들이고 자신의 지배 아래 두기 위해서 온갖 시도를 했음에도 불구하고, 이러한 문제는 전혀 해결되지 못한 것으로 보이며 그것은 여전히 기묘하면서도 역설적인 문제로 남아 있는 것 같다. 따라서 이러한 문제에 관해서는 **현대의 형이상학자**도 그가 동시에 현상학자로 존재하려고 하는 한 곧 어떤 곤란한 딜레마에 **빠**지게 된다. 현대의 형이상학자도 심신문제를 형이상학적인 존재인식과 본질인식의 영역 안으로 완전히 끌어들여서 이 문제를 **그러한 인식의 빛**에 의해서 철저하게 규명하는 데 성공하지 못하고 있는 것이다. 그러나 다른 한편으로 그도 이러한 규명 불가능성은 이러한 문제 자체가 원래 모호한 문제이기 때문만은 결코 아니라는 사실을 자신에게 숨길 수 없다. 무엇보다도 먼저 관점의 교체, 즉 경험적 관점으로부터 형이상학적 관점으로의 **교체**야말로 형이상학의 역사에서 심신문제가 옛날부터 가지고 있었던 저 주목할 만한 불투명함과 모호함을 낳았던 것이다. 특유의 예리하면서도 엄격한 사고에 의해서 이러한 문제상황을 파악하고 그것을 가차없이 그리고 기탄없이 인식했던 것에 니콜라이 하르트만의 형이상학이 갖는 주요한 공적 중 하나가 있다.[1] 하르트만의 『인식의 형이상학』은 예전의 형이상학 체계들처럼 이러한 모호함을 불식시키려고 하지 않고 이러한 모호함을 단지 지적하려고 노력할 뿐이다.

---

1) 니콜라이 하르트만의 형이상학에 대한 이하의 언급을 보완하는 것으로서 나의 논문 "Erkenntnistheorie nebst den Grenzfragen der Denkpsychologie", *Jahrbücher der Philosophie*, begr. von Frischeisen-Köhler, hsg. von W. Moog, Bd. III, Berlin 1927, 79쪽 이하에서의 보다 상세한 기술을 참조하기 바란다.

하르트만은 더 이상 어떠한 대가를 치르고서라도 이러한 형이상학적 수수께끼를 해명하려고 하지 않고 이러한 수수께끼를 명료하면서도 완전하게 제시하는 것으로 만족한다. 따라서 그에게는 '문제학(Aporetik)'이 형이상학의 본질적인 구성요소가 된다. 심신문제에 대해서 말하자면, 우리가 단지 직접적인 현상학적인 상태만을 주목하는 한 우선은 그러한 문제학이 성립할 수 있는 여지가 없다는 점은 명확한 것 같다. 하르트만 자신도 심신의 통일은 인간의 본질 속에 **존재하며** 따라서 비로소 **해명될** 필요가 전혀 없다는 사실에서부터 출발한다. 이러한 통일은 그것이 작위적으로 분열되지 않는 한 존재하며 존립한다. 그런데 심신의 관계를 설명한다고 주장하는 전통적인 형이상학적 이론이 예외 없이 범하는 것은 바로 이러한 전적으로 작위적인 분리다. 상호작용론도 심신평행론도 자신들의 과제에 올바르게 수행하는 것은 아니다. 즉 그것들은 현상으로서 주어져 있는 것을 기술하든가 경우에 따라서는 그 윤곽만이라도 묘사하는 대신에 그것을 전적으로 다른 종류의 사태에 의해서 대체한다. 그러나 하르트만 자신에 있어서도 현상의 측면으로부터 보면 의문의 여지없는 확실한 것으로 나타나는 이 통일도 우리가 그것을 사고에 의해 해명하려고 시도하자마자 붕괴하고 만다. 순수하게 체험에 입각해서 볼 때, 즉 순수하게 의식의 입장에서 볼 때, 우리가 신체를 갖지 않는 마음도, 마음을 갖지 않는 신체도 알지 못한다는 점은 확실하다. 그러나 다른 한편으로 이렇게 통일을 **아는** 것만으로는 그것을 **인식하고** 있는 것은 아직 아니다. 이러한 직접적인 앎이 '물리적인 것'과 '심리적인 것'

이 서로 접속해 있을 뿐 아니라 불가분하게 결합되어 있다는 사실을 아무리 잘 보여준다고 해도, 이러한 사실상의 유대를 개념적인 유대로, 즉 개념적인 의미에서의 필연적인 유대로 변화시킬 수는 없다. "하나의 과정이 신체적인 사건으로서 시작하면서 심적인 사건으로서 끝나는 것이 어떻게 해서 가능한지는 결코 파악될 수 없다. 우리는 in abstracto[추상적으로는] 그러한 것이 있을 수 있다는 사실을 이해해도 in concreto[구체적으로는] 그것이 어떻게 해서 가능한지를 이해하지 못한다. 여기에는 생리학적 개념이든 심리학적 개념이든 어떠한 범주적 개념도 소용이 없는 가지성(可知性)의 절대적 한계가 있다. 문제가 되고 있는 경계선의 이쪽과 저쪽을 직접적으로 지배하는 것과 같은 '정신물리적 인과성'을 상정하는 것은 일종의 자연주의적 순진함이었다. 그뿐 아니라 생리적인 것과 심리적인 것이라는 우리에게 잘 알려져 있는 이 두 개의 영역이 서로 연결되어 있어서 공동의 경계선에서 정말로 서로 접하고 있는지, 아니면 오히려 그것들이 서로 멀리 떨어져 있어서 저 두 영역 사이에 어떤 영역이 개재하고 있는 것은 아닌지—그 경우 바로 이 영역은 저 두 영역 사이의 제3의 비합리적인 영역일 것이지만—가 극히 의문스런 것이다. … 왜냐하면 이러한 통일은 존재론적으로 부정될 수는 없어도 생리학적으로도 심리학적으로도 파악될 수 없기 때문에, 그것은 아마도 모든 개념적 파악에 저항하는 단지 존재할 뿐인 통일로서, 즉 물리적인 것을 넘어서 있는 것과 동시에 심적인 것도 넘어서 있는 통일로서, 요컨대 정신물리적인 존재라는 비합리적인 심층으로서 이해되지 않으면 안 될 것이기 때문이다. … 그렇다면 정신물리적 과정의 통일적 본질은 이러한 존재론적 심층 속에 존재하는 것이 된다. 즉 그것은 그것의 존재라는 점에서는 실재하지만, 그 자체로는 물리적인 것도 심리적인 것도 아니고 이 양자 모두에서 의식에게는 표층밖에 보이지 않는 비합리적인 과정인 것이다."[2]

하르트만의 위 인용문에서는 심신문제에 대한 형이상학의 일반적인 태도를 규정하는 특징적인 추론의 방식이 모범적일 정도로 간결하면서도 분명하게 나타나고 있다. 현상으로서는 부정할 수 없는 심신연관의 통일도 형이상학의 개념들에 의해서는 항상 단지 불완전할 뿐 아니라 자기모순적으로 표현될 수밖에 없다는 사실로부터 추론되는 것은, 이러한 개념들에 결함이 있다는 결론이 아니라 오히려 존재가 불합리하다는 결론이다. 현상의 통일을 파괴하면서 이러한 통일을 서로 괴리된 요소들로 해체하고 만다는 책임을 형이상학적 사고가 져야 하는 것이 아니라, 오히려 이러한 불가해성과 모순이 현실 자체의 중심에 속하는 것으로 간주되는 것이다. 존재 자체에서 사고의 어떠한 노력을 통해서도 메워질 수 없는 hiatus irrationalis[비합리적인 간극]가 입을 벌리는 것이다. 심적인 것의 본질과 물리적인 것의 본질을 나누는 간극을 메우기 위해서 남아 있는 길은 하나밖에 없는 것 같다. 이 두 개의 본질이 경험적으로 잘 알려져 있고 경험적으로 접근 가능한 존재의

---

2) N. Hartmann, *Grundzüge einer Metaphysik der Erkenntnis*, Berlin 1921, 322쪽 이하.

권역 안에 머물러 있는 한, 그것들은 서로 이질적으로 존재할 수밖에 없다. 그럼에도 불구하고, 우리에게는 전적으로 이질적으로 보이는 것들도 그것들이 어떤 공통의 근거에서 유래하는 한에서는 어떤 내적인 관계를 맺을 수 있는 가능성이 있다. 물론 이 경우 이 공통의 근거는 더 이상 경험 가능한 것의 영역에서가 아니라 어떤 초월적인 영역에서 탐색되고 있다. 그리고 이러한 사실에는 동시에 이 근거가 본래의 의미에서 인식될 수 있는 것이 아니라 단지 추측되고 기껏해야 가설로서 정립될 수 있다는 점이 포함되어 있다. 따라서 하르트만은 이렇게 결론을 내리고 있다. "이러한 사실을 고려해 볼 때 심적 현상과 신체적 현상의 평행성은 그것들이 공통의 근거를 갖고 있다는 사실로부터 필연적으로 생기는 후속(後續)현상일 것이다. 최종적으로 문제가 되는 통일적이고 실재적인 과정이 시작하고 끝나는 것은 물리적인 것에서도 심적인 것에서도 아니고 직접적으로는 결코 의식되지 않는 실재하는 제3의 영역에서다. 즉 물리적인 사건으로서, 혹은 심적인 사건으로서 나타나는 것은 이러한 실재적인 과정의 상이한 항들이나 부분들일 뿐이다."[3] 이로부터 분명하게 되는 것은, 현대의 형이상학이 심신의 연관문제에 대해 제시하는 해답도 실로 내용 면에서는 과거의 체계들과 구별되지만 일반적인 개념적 유형 면에서는 구별되지 않는다는 사실이다. 대립들을 해소하는 제일의 근거는 기회원인론과 스피노자주의적인 동일철학과 라이프니츠의 예정조화의 체계

---

3) 같은 책, 324쪽.

에서처럼 신적인 제일의 근거로서 규정되지는 않고 있다. 그러나 그러한 제일의 근거가 수행해야만 하는 기능, 즉 경험적으로 결합될 수 없는 것을 자신의 통일성 속에서 결합하고 절대적 존재의 영역에서 coincidentia oppositorum[대립물의 통일]을 수행하는 이러한 기능은 변하지 않은 채로 남아 있다. 그러나 이와 함께 문제는 해결된 것이 아니라 미루어졌을 뿐이다. 왜냐하면 심신이 어떻게 연관되는가라는 물음을 우리에게 던지는 것은 어디까지나 현상인 것이며, 바로 이러한 **현상**이 우리에게 이 양자는 결코 분리되지 않고 항상 서로 연관되어 있다는 사실을 가르쳐주기 때문이다. 따라서 우리가 **현상**의 통일을 설명하지 않고 오히려 인식할 수 없는 초월적인 제일의 근거를 끌어들이는 것으로는 그러한 물음에 답했다고 할 수는 없는 것이다. 모든 단적인 표정현상에서 체험되는 것은, 신체적인 것과 심적인 것의 분리될 수 없는 상관관계이며 전적으로 **구체적인** 종합이다. 그러나 이러한 구체적 체험은 헤겔이 말하는 '추상의 caput mortuum[잔재]', 즉 물자체를 경험적으로 상이하면서도 분리되어 있는 모든 것에 공통된 궁극의 뿌리로서 끌어들이는 것에 의해서 '설명될' 수 없고 이해될 수도 없다. 과제는 경험 **자체**에 의해서 설정된 것이며, 문제는 경험 자체의 품속에서 자라난 것이다. 따라서 이러한 문제의 극복을 경험 자체의 수단에 의해서 수행할 것을 우리는 기대하고 요구해야만 한다. 즉 여기에서는 형이상학적인 것으로의 도약은 해결을 진척시키는 데 더 이상 도움이 될 수 없다. 왜냐하면 심신문제는 이미 '자연적 세계상'에 속하고 자연적 세계상의 한계 내에서, 즉 그것의 이론적인 지평의 내부에서 필연적으로 생기는 문제이기 때문이다.

여기에서 심신문제의 근원적이고 진정한 구조를 인식하려면, 말할 것도 없이 이러한 지평 자체를 전체적인 폭에서 그리고 그것의 가능한 다양한 국면에서 수용할 필요가 있다. 우리가 **인과성의** 범주를 모든 경험적인 존재와 사건의 유일한 범주 혹은 그것들에 대한 참으로 구성적인 범주로 상정한다면, 이러한 폭은 자의적으로 좁혀지게 되고 이러한 다양성도 무시되고 만다. 이론적인 자연과학의 입장으로부터 보면 물론 그러한 상정은 정당한 것으로 나타난다. 왜냐하면 이론적 자연과학에서 자연은 궁극적으로는 '보편적 법칙에 의해서 규정되는 한에서의 사물의 존재'를 의미하기 때문이다. 그러나 자연인식의 '대상'을 비로소 구성하는 법칙들에 따른 이러한 질서와 규정은 결코 경험적인 규정 가능성의 유일한 형식은 아니다. 모든 경험적 '연결'이 직접적으로든 간접적으로든 인과적인 연결로 해소될 수는 없다. 오히려 이러한 해소의 유혹에 저항하는 경우에만, 즉 어떤 결합을 그것 독자의(sui generis) 형성체로서 존립시키고 유효한 것으로 인정할 경우에만 이해될 수 있는 어떤 종류의 기본적인 결합형태가 있는 것이다. 그리고 바로 이러한 결합의 원형으로서 최초로 나타나는 것이야말로 '신체'와 '마음'의 연관인 것이다. 형이상학의 역사에 관해서 말하자면, 형이상학은 그것의 역사가 진행되는 과정에서 이러한 심신관계가 결코 아무런 문제없이 인과적 사고의 도식에 의해서 파악될 수 없고 더 나아가 바로 이러한 도식의 적용이야말로 무수한 아포리아와 이율배반(Antinomie)의 출발점과 근거가 된다는 사실을 더욱더 명료하게 인식하지 않을 수 없었다. 그러나 형이상학이 이러한 사태로부터 끌어내었던 결론은 대부분의 경우, 이 점에 관한 한 **경험적인** 인과성은 다른 형식과 다른 타당성을 갖는 인과성, 즉 '**초월적인**' 인과성에 의해서 대체되어야만 한다는 것뿐이었다. 심신관계가 근본적으로 비인과적인 관계로서가 아니라 초인과적인 관계로서, 즉 보다 높은 차원의 인과성에 기초하고 있는 것으로서 파악되는 것이다. 하르트만은 다음과 같은 사실을 강조하고 있다. "인과적인 연결의 규정(Determination)보다도 훨씬 더 보편적인 규정만이 존재론의 영역에서 모든 것을 포괄하는 존재범위를 지배하는 유형의 규정일 수 있으며, 존재한다는 성격만은 공유하지만 그 외의 점에서는 다양하게 이질적인 존재형상들을 서로 결합하는 유형의 규정일 수 있다는 사실은 자명하다. 그러한 유형의 규정이 객관화된 자연의 연결인 인과연관에 대해서 갖는 관계는 초객관적인 것이 객관화된 것에 대해서 갖는 관계와 동일할 수밖에 없다. 그러나 그러한 유형의 규정은 인과성의 차안에 존재하는 것이 아니라 인과성의 피안에 존재한다. 그러한 규정은 인과적인 것도 인과적인 것 이하의 것도 아니며 오직 초인과적인 것일 수밖에 없다. 즉 주관과 주관의 배후에 있는 초주관적인 것이 속하는 것과 동일한 존재영역에 속하는 한에서의 초객관적인 것에 관계하는 유형의 규정일 수밖에 없다."[4] 이와 같이 공간적·시간적 사건의 세계를 지배하는 것과 같은 경험적 규정 대신에 어떤 다른 규정,

---

4) 같은 책, 260쪽 이하.

즉 '예지적인' 규정이 상정되고 있다. 물론 이러한 규정은 그것이 극복될 수 없는 비합리성을 갖고 있고 원칙적으로 인식 불가능하다는 사실을 동시에 인정하는 방식으로만, 또한 그러한 조건 아래에서만 상정될 수 있는 것으로 여겨지고 있기는 하다. 그러나 오히려 그러한 비합리성의 보다 깊은 근거는 해명되어야 할 현상에 처음부터 어떤 그릇된 척도가 적용되고 있다는 점에 있는 것은 아닐까? 심신관계를 조건 짓는 것과 조건 지어지는 것의 관계, 내지 '근거'와 '귀결'의 관계로 변화시킴으로써 이러한 관계를 기술하려는 모든 시도가 결국은 수습할 수 없는 곤란에 부딪히고 만다는 사실을 형이상학의 역사는 가장 명료하게 보여주고 있다. 사고가 심신관계를 경험적인 인과관계의 망으로 포획하려고 하든 아니면 순수하게 예지적인 규정의 망 안으로 포획하려고 하든, 심신관계는 항상 거듭해서 사고에서 빠져나간다. 왜냐하면 이러한 모든 종류의 규정은 마음과 신체를 각각 자립적이고 그 자체로 존재하는 두 개의 존재자로서 나타나게 하면서 그중의 하나가 다른 것에 의해서 조건 지어지고 규정된다고 생각하는 것이지만, 심신관계가 보여주는 서로 개입하면서 서로 얽혀 있고 서로 교차하는 독특한 방식은 그중의 하나가 다른 하나에 의해서 규정된다는 형식에 대해서 항상 거듭해서 저항하기 때문이다.

따라서 심신문제와 관련하여 우리가 해결책을 발견할 수 있는 것은 형이상학의 세계—즉 본질적으로 실체성과 인과성의 개념에 의해서 구성되고 이러한 개념들에 의해서 지배되고 있는 세계—에로 전진하는 것이 아니고, 표정이라는 '근원적 현상'으로 귀환하는 것에 의해서다. 처음부터 '존재론'으로 되려고 하지 않고 오히려 표정현상을 그것의 특유한 구조에서 존재하게 하고 인정하려고 하는 모든 형이상학에게 사실 심신문제는 즉각적으로 완전히 다른 형태를 띠게 된다. 현대의 형이상학에서 이러한 길을 처음으로 걸었던 사람은 클라게스였다. 클라게스에게 순수한 표정체험은 그가 그것으로부터 존재론의 세계를 근저로부터 전복하려고 했던 아르키메데스의 점을 의미한다. 그리고 이와 함께 그에게는 존재를 '신체적인' 절반과 '심적인' 절반으로 분리하는 것도 불가능하게 된다. 클라게스는 이렇게 강조한다. "마음은 신체의 의미이며 신체는 마음의 현상이다. 마음이 신체에 작용을 미치는 것이 아니라면 신체가 마음에 작용을 미치는 것도 아니다. 왜냐하면 둘 중 어느 것도 사물의 세계에 속하지 않기 때문이다. '작용을 미친다'는 것은 **사물들**이 서로 작용을 미친다는 것과 분리될 수 없기 때문에 원인과 결과라는 관계는 이미 **해체되어 있는** 연관의 여러 부분의 명칭에 불과하다. 이에 반해 의미와 현상은 하나의 연관 자체이든가 혹은 오히려 모든 연관의 원형이기조차 하다. 원인과 결과의 관계와는 비교할 수 없을 정도로 다르고 긴밀함 면에서 원인과 결과의 관계에 비교할 수 없을 정도로 우월한 관계를 떠올리는 것이 어려운 사람은 기호와 그 기호에 의해서 표시되는 것의 관계를 생각해 보면 도움이 될 것이다. … 개념이 언어의 의미라면 마음은 신체의 의미다. 언어가 사상의 옷이라면, 신체는 마음의 현상이다. 언어로 표현되지 않는 개념이 없는 것처럼, 현상으로 표현되지 않는 마음도 존재하지 않는다."[5] 우리는 간결한 이러한 정식(定式)을 수용할 것이다. 왜냐하면 이러한 정식과 함께 우리는 곧바로 다시 우리 자신의 체계적인 문제의 중심점에 서게 되기 때문이다. 심신의 관계는 사물 상호 간의 관계로도 인과관계로도 전환될 수 없는 순수하게 **상징적인** 관계의 최초의 범형 내지 원형을 표현한다. 여기에는 원래 내부도 외부도 없으며, 선후도 없고 작용을 미치는 것도 작용을 당하는 것도 없다. 여기에서 보이는 결합은 분리되어 있는 요소들을 비로소 결합할 필요가 있는 결합이 아니고, 원래 의미로 가득 찬 하나의 전체, 더 나아가 이러한 전체가 자기 자신을 해석하는, 즉 자신을 이중의 계기로 분해하고 이러한 계기들 속에서 자신을 '전개하는' 결합인 것이다. 심신문제에로의 참된 통로는 모든 사물결합과 모든 인과결합조차 궁극적으로는 **이러한 종류의** 의미결합에 의거하고 있다는 사실이 온전히 인식될 때에야 비로소 발견된다. 이러한 의미결합은 사물들의 결합과 인과적인 결합의 **내부에서** 하나의 특수한 **클래스**를 형성하는 것이 아니라 오히려 이러한 두 개의 결합 자체가 의거하고 있는 기초적인 전제이며 그것들의 conditio sine qua non[필요불가결한 조건]인 것이다. 우리의 연구가 진행됨에 따라서, '표시'라는 상징기능과 '의미'라는 상징기능에 의해서 비로소 사물들 상호 간의 관계나 인과관계에 대해서도 정당하게 말할 수 있는 저 '객관적인' 현실에의 통로가 열린다는 사실이 더욱더 명료하게 드러날 것이다. 이와 같이 분절된 현실에 대한 우리의 직관을 비로소 가능하

---

5) Klages, *Vom Wesen des Bewußtseins*, Leipzig 1921, 26쪽 이하.

게 하는 것도 순수한 표정기능, 표시기능, 의미기능이라는 정신의 세 가지 기능이 된다. 따라서 이러한 기능들의 내실을 사물세계로 부터 빌려온 비유에 의해서 해설함으로써 그 내실을 우리에게 분명하게 하려는 설명은 모두, 일종의 ὕστερον πρότερον[휘스테론 프로테론, 부당한 가정의 오류]을 범하는 것이다. '현상'과 그것에서 표현되고 있는 심적인 내용의 관계, 언어와 그것에 의해서 표시되고 있는 의미의 관계, 마지막으로 임의의 추상적인 '기호'와 그것이 지시하고 있는 의미내용의 관계, 이 모든 것은 사물들이 공간속에서 병존하고 사건들이 시간 속에서 잇달아 일어나고 실재적인 변화들이 서로를 야기하는 방식과는 아무런 공통점도 갖지 않는다. 그러한 관계들의 독자적인 의미는 그것 자체로부터만 읽힐 수 있으며, 이러한 의미 자체에 의해서 비로소 '가능하게 되는' 세계로 부터 빌려온 비유에 의해서 명확하게 될 수는 없는 것이다.

이러한 사태에 대한 인식을 항상 거듭해서 어렵게 하는 원인은 표정을 짓고 표현하고 의미하는 이러한 모든 작용이 그 자체로 직접 현전하지 않고 그 성과의 전체 속에서만 보일 수 있게 된다는 사정에 있다. 그러한 작용들은 그것들이 활동하고 자신들이 달성한 것 속에서 자신을 고지하는 경우에만 존재한다. 그러한 작용들은 원래 자기 자신을 되돌아보는 것이 아니라 자신들이 수행해야만 하는 일, 자신이 그 정신적 형식을 구성하지 않으면 안 되는 존재 쪽으로 눈을 향하는 것이다. 따라서 이러한 작용들에 고유한 현실성과 고유한 활동을 기술하려고 해도, 그러한 기술은 그러한 작용들의 성과, 즉 그러한 작용들에 의해서 야기된 것에서 유래하는 기술, 어떤 의미에서 그 성과의 언어를 사용하는 기술일 수밖에 없다. 이러한 사정은 현상이 **형이상학**의 권역 안에서 경험하는 좁은 의미의 '사변적인' 해석에서 비로소 나타나는 것이 결코 아니다. 특히 심신관계에 대해서 말하자면, 모든 단순한 표정 체험 속에서 나타나는 신체와 마음의 소박하면서도 굴절 없는 저 통일은 본래의 형이상학이 출현하기 훨씬 이전부터 이미 의문스런 것이 되었다. **신화적 세계상**이 이미 이러한 통일에 균열을 야기한 것이며 이러한 세계상에서부터 이미 계기들의 이중성을 두 개의 존재의 실체적 분리로까지 첨예화하는 **이원론**이 시작되고 있는 것이다. 물론 신화는 그것이 시작될 무렵에 이러한 두 개의 정신적 태도를 아직 명확하게 분리한 것 같지는 않으며, 순수한 표정 현상의 입장으로부터 귀결되는 견해와 이론적·'형이상학적' 해석의 입장으로부터 귀결되는 견해의 중간에 존재하는 것 같다. 신화에서도 실로 심신의 분리가 도입되고는 있지만, 그것은 나중에 일어나는 것처럼 아직 선명하게 행해지고 있지는 않다. 신체와 영혼은 거의 분리되지 않은 채 존재하며 언제든 다시 서로 용해될 수 있다. 세계는 물체적인 것으로도 정신적인 것으로도 사유되며, 이러한 구별에 전적으로 무관심한 주술적인 힘에 의해 철저하게 지배되고 있다. 이러한 주술적 힘은 '사물'에도 '인간'에도, '물질적인 것'에도 '비물질적인 것'에도, 무생물에도 생물에도 똑같이 깃들어 있다. 여기에서 파악되고 정신적으로 객관화되고 있는 것은 이른바 작용 자체의 신비이며, 이러한 신비 내부에서는 '영혼'의 작용이라는 특수한 종류와 '물체'의 작용이라는 특수한 종류 사이에 어

떠한 경계도 설정되고 있지 않다.[6] 이러한 경계설정은 의식이 세
계를 여러 표정성격을 갖는 전체로서 '소유하고' 체험할 뿐 아니라
현실의 근저에 확고한 **기체**를 상정하는 방식으로 현실을 파악하게
될 경우에야 비로소 수행된다. 왜냐하면 이러한 실체화는—우리
가 여기에서 여전히 **빠져** 있는 '구체적인' 사고의 단계에서는— 직
접 **공간적** 규정과 공간적 직관의 형식에 적용되는 것에 의해서만
가능하게 되기 때문이다. 심신 사이에 성립하는 종류의 '협동'은
이제 한낱 '공존(Beisammen)'의 협동으로서 나타나고 이러한 함께
있음은 동시에 근본적으로 어떤 종류의 상호외재성(Auseinander)
을 포함하고 있기 때문이다. 그것들이 갖는 이원적 성격도 계기들
의 이원성에서 **영역들**의 이원성이 되며, 현실은 최종적으로 '내부
세계'와 '외부세계'로 분열하게 된다. 이제 신체적인 것은 더 이상
단순한 표정으로서, 즉 심적인 것의 직접적인 현현(顯現)으로 나타
나지 않는다. 신체는 영혼을 노정하기는커녕 오히려 영혼을 견고
한 껍질처럼 둘러싸면서 은폐한다. 영혼은 죽음을 통해서 이러한
껍질을 돌파함으로써 비로소 고유한 본질과 가치 그리고 의미를

---

6) 상세한 것에 대해서는 『상징형식의 철학』 제2권 89쪽 이하와 *Sprache und
Mythos*, 53쪽 이하를 볼 것. 이러한 미분화에 원시적 표정체험의 어떤 명확한 기
본적 특징이 반영되어 있다는 사실은 다른 '원초적인' 의식형태가 이러한 신화적·
주술적인 사고방식에 대해서 보여주는 유사점에 주목해서 본다면 분명하게 드러
날 것이다. 예를 들어 어린아이들의 세계에도 동일한 미분화가 보인다는 것—즉
"어린아이는 정신적·인격적인 것을 구체적·물질적인 것으로서 **체험한다**"는 것—
은 아동심리학이 자주 강조해 온 점이다. 상세한 점은 Werner, *Einführung in die
Entwicklungspsychologie*, § 43 및 W. Stern, *Psychologie der frühen Kindheit* 3판,
417쪽 이하를 참조할 것.

다시 갖게 된다. 그러나 이러한 신화적·종교적인 원초적 사고방식은 여전히 신체와 영혼의 결합을 보존하고 있다. 왜냐하면 신체와 영혼은 본질과 기원에서는 분리되어 있어도 그들의 **운명**에 의해서 극히 긴밀하게 결합되어 있기 때문이다. 여기에서는 존재적인 본질적 통일성 대신에 신화적인 운명의 통일성이 나타나고 있다. 시원적인 운명의 판결에 의해서 영혼은 신체적인 생성의 윤회 속에 속박되어 있고 '탄생의 굴레'에 빠져 있다. 이러한 **신화적** 구속의 엄격함과 견고함은 신체적인 존재의 권역과 심적인 존재의 권역 사이에 상정되고 있는 분리를 폐기하는 것은 아니지만, 그것들은 이러한 분리에 포함되어 있는 모든 **논리적** 귀결이 즉각적으로 극히 엄밀하게 끌어내어지는 것을 방해하지는 않는다. 여기에서 최후의 결정적인 일보를 비로소 내딛는 것이 형이상학적 사고다. 형이상학적 사고는 심신의 '공존'을 한낱 경험적인 계기로, 따라서 우연적인 계기로 만들고 만다. 이러한 우연적인 결합으로는 신체와 영혼 각각의 본질로부터 생기는 필연적인 대립을 폐기할 수 없다. 어떠한 vinculum substantiale[실체적 유대]도 원래 서로 이질적인 것들을 참으로 통일된 것으로 융합할 수 있을 정도로 강하지는 않다. 형이상학은 자신의 역사가 전개되는 과정에서 갈수록 더 이러한 길로 내몰리게 된다. 아리스토텔레스에서는 아직 영혼은 신체의 완성태(Entelechie)로서, 따라서 신체의 가장 고유한 '현실'로서 나타난다. 그러나 근대의 형이상학은 순수한 '표정'의 영역에 속하는 모든 것을 신체에서 원칙적으로 박탈함으로써 신체를 단순한 **물체**로 파악하게 되며, 더 나아가 이러한 물체를 구성하는 물질(Materie)을 순수하게 기하학적인 물질로 규정하게 된다. 데카르트에 의하면 물체개념에서 그것의 유일하게 필연적인 징표로서 남는 것은 길이와 폭 그리고 깊이로 이루어져 있는 연장(延長)뿐이다. 다른 한편으로 모든 심적 존재, 의식의 모든 존재는 cogitatio[사고]의 작용으로 해소된다. 그러나 기하학과 역학이 구축하는 이러한 공간적 세계와 순수한 사고작용이라는 원칙적으로 비공간적인 존재 사이에는 가능한 경험적 매개뿐 아니라 가능한 논리적 매개도 존재하지 않는다. 오직 신적인 원(原)근거라는 초월적 존재만이 신체와 영혼이 동시에 발견되고 양자의 대립이 폐기되는 하나의 매체를 표현한다. 그러나 절대자에서 일어나는 이러한 대립의 폐기에 의해서도 양자 사이의 경험적 · 현상적 대립이 완화되는 것은 물론 아니며 이러한 대립을 더욱더 선명하게 부각시킬 뿐이다. 이러한 대립에서 벗어나는 것은 결국은 그것들의 참된 원천으로 다시 하강하는 것에 의해서만, 다시 말해서 순수한 표정현상에서 심적인 것이 신체적인 것과, 신체적인 것이 심적인 것과 긴밀한 관계를 갖는 것으로서 나타나는 저 **상징적 관계**의 중심으로 되돌아가는 것에 의해서만 가능하다. 그러나 이러한 관계의 독자성이 그 자체로서 비로소 명확하게 드러나는 것은, 말할 것도 없이 우리가 그러한 관계를 넘어서 나아갈 때, 즉 표정기능을 고립된 계기로서가 아니라 정신의 포괄적인 전체의 일부로 보면서 이 전체의 내부에서 그것의 위치를 규정하고 그것의 특수한 작용을 이해하려고 할 때 가능하다.

제2부

재현의 문제와
직관적 세계의 구조

제1장 재현(Repräsentation)의 개념과 문제

우리가 순수한 표정체험 속에 포함되어 있는 원초적인 형식의 현실의식에서 보다 풍부하고 보다 고차적인 형식의 세계관으로 나아가려고 할 경우, 우리는 이를 위한 실마리와 일반적 규준을 다시 한 번 오직 정신문화의 객관적인 형태들에서만 찾을 수 있다. 순수한 표정체험이 자체 내에 포함하는 모든 것을 넘어서 있는 성과들이 이러한 객관적 형태들을 통해서 드러날 수 있다면, 이러한 성과들로부터 그것들이 뿌리박고 있는 기능들에까지 소급해야 하는 과제가 생긴다. 이미 앞에서 본 것처럼, 순수한 표정기능의 의미와 근본방향은 신화의 세계로부터 출발할 때 가장 명료하면서도 가장 확실하게 파악될 수 있다. 신화의 세계는 표정기능의 의미에 의해 아직 완전히 지배되고 있고 철저하게 관통되어 있으며 혼이 불어넣어지고 있다. 그러나 이러한 신화의 세계가 그 자체로 보다 풍부하게 전개되어 감에 따라 신화의 세계에서도 이미 하나의 새로운 동기가 힘을 발휘하게 된다. 신화에서도 현실은 자기완결적인 하나의 '코스모스'를 이루고 있다는 것, 즉 신화는 현실을 개별적인 특성들과 성격들의 단순한 합으로서가 아니라 **형태들**로 이루어진 하나의 전체로 보고 있다는 사실이 이미 우리에게 이러한 동기의 존재를 시사하고 있는 것이다. 신화적 의식 중에서도 우리가 소급할 수 있는 가장 초기의 형식에서는 세계의 '얼굴'이 아직 쉴 새 없이 변전하고 있는 것처럼 보인다. 바로 이러한 동적인 성격과 덧없음, 모든 형태의 이렇게 급격하고 극히 직접적인 상호전환이 신화적 세계상 자체의 본질에 속하는 것 같다. 여기에서 세계는 아직 자신에 향해진 관찰하는 시선을 어디에서도 견뎌내지 못하고, 매 순간 다르고 기묘하게 부침(浮沈)하는 빛 아래서 그 시선에게 자신을 드러낸다. 비록 이러한 세계의 끊임없는 변동으로부터 점차적으로 보다 안정된 형성물이 부상해 올 경우에조차도, 즉 개개의 현상 자체가 유동적이고 막연한 정령적 '성격'을 띨 뿐 아니라 그것이 정령적이고 신적인 **본질**의 현현으로서 파악되고 체험될 경우에조차도 바로 이러한 정령적이고 신적인 본질은 아직 참된 항상성과 보편성을 가지고 있는 것이 아니다. "개개의 현상이 전적으로 그대로 신적인 것이 되며, 아무리 한정된 것이라고 해도 유(類)개념은 어떠한 방식으로도 개입하지 못한다. 당신이 눈앞에서 보는 어떤 **하나의** 사물이 그 자체로 신이며 신이란 그것 이상의 아무것도 아니다." 그러나 신화는 그것이 정신의 어떤 새로운 근본능력과 밀접하게 결합되고 이러한 능력에 의해서 내적으로 관철될수록, 단순한 '순간적 신들'에 대한 이러한 최초의 직관을 넘어서 나아가도록 내몰린다. 언어의 힘이 비로소 신화의 형성물에 안정과 지속성을 부여하는 것이다. 우제너는 '신들의 이름'에 관한 그의 저술에서 이러한 과정을 상세하게 추적하면서 언어의 역사를 실마리로 하여 그러한 과정을 해명하고 해석하려고 했다. 이러한 특수한 해석들의 많은 것이 불확실하고 의심스러울지라도, 그러한 해석들에서는 신화적 의식의 현상학에 존재하는 어떤 보편적인 기본경향이 명료하면서도 선명하게 파악되고 있다.[1] 공간적·시간적으로 분리된 전적으로 상이한 현상들을 동일한 하나의 주관의 표현으로서, 즉 어떤 특정한 자기동일적인 신적 존재의 계시로서 이해하는 것을 가능하게 하는 저 재발견과 재인식의 가능성을 비로소 부여하는 것이 언어인 것이다. 따라서 언어는 이러한 기본적 단계에서조차도 그것이 최고의 논리적 완성을 이뤘을 때 비로소 수행하는 것과 동일한 기능을 원리상으로는 이미 수행하고 있다. 즉 언어는 '개념을 통한 재인(再認)'을 위한 매체가 되고 있으며, 신화에서조차도 그러한 '개념을 통한 재인'이 없다면 신화의 형태들은 지속성과 내적인 안정성을 획득할 수 없을 것이다. 그러나 언어와 신화의 이러한 공통의 성과에 의해서 우리는 이미 어떤 새로운 정신적 세계의 문턱에 서 있게 된다. 신화조차도 이미 자체 내에, 감정과 정서적 흥분의 흐름에 사로잡히는 대신에 이러한 운동을 제어하면서 그것을 어떤 특정한 정신적

---

1) 상세한 것은 이 책 제3권 106쪽 이하[『상징형식의 철학 III: 인식의 현상학』, 186쪽] 및 제2권 241쪽 이하[『상징형식의 철학 II: 신화적 사유』, 419쪽 이하]를 볼 것.

초점에, 어떤 '형상'의 통일성으로 집약하려는 노력과 능력을 보여주고는 있다. 그러나 신화의 형상들은 내면의 흘러넘치는 운동으로부터 직접 떠오르는 것이기 때문에, 그것들은 항상 다시 그러한 내면의 운동 속으로 끌려들어갈 위험에 처해 있다. 정지와 내적 항상성이라는 계기가 비로소 획득되는 것은 그 형상이 어떤 의미에서 자기 자신을 넘어서 성장하고 우선은 거의 눈에 띄지 않는 이행을 통해서 表現될 경우에야 비로소 가능하다. 왜냐하면 신에 대한 표현은 두 개의 상이한 정신적 요소를 자체 내에 포함하고 있으며 그것들을 서로 용해시키기 때문이다. 신에 대한 표현은 신을 그것이 직접적으로 살아서 현전(現前)해 있는 모습으로 파악한다. 왜냐하면 그러한 표현은 결코 단순한 모상으로 간주되지 않고 오히려 표현에서 구체화되고 작용하고 있는 것은 신 자체이기 때문이다. 그러나 다른 한편 이러한 순간적인 작용이 신의 존재의 전체를 다 길어내는 것은 아니다. 표현은 현전인 것과 동시에 현전화이기도 하다. 지금 여기에 어떤 것으로서 우리 앞에 존재하는 것, 이 특수한 것, 이 특정한 것으로서 주어져 있는 것이 다른 한편으로는 이러한 특수화에 의해서 완전히 해소되지 않는 어떤 힘의 유출이자 표출로서 주어져 있는 것이다. 우리는 이제 형상의 구체적인 개별성을 통해서 이러한 총체적인 힘을 보는 것이다. 이러한 힘은 비록 아무리 무수한 형식 속에 자신을 숨길지라도 이 형식들 어느 것에서도 자기동일성을 유지하고 있다. 즉 이러한 힘은 그러한 모든 형식 속에서 간접적으로 파악되고 그러한 형식들에 의해서 '재현되는' 확고한 '본성'과 존재를 갖고 있는 것이다.

그러나 이러한 종류의 '재현'이 언어로부터 비로소 전적으로 이해되고 평가될 수 있을지라도, 다른 한편으로는 언어적 표출의 모든 방식이 동일한 방식으로 이런 종류의 재현에 구속되어 있다고 말하는 것은 타당하지 않다. 오히려 '표시'를 향한 경향이라는 것이 존재한다고 해도, 최초의 맹아적 형태에서만 존재하는 언어적 표출의 기층(基層)이 존재하는 것 같으며 이러한 기층에서 언어는 아직은 거의 오직 순수한 표정요소와 표정성격 속에서 움직이고 있다. 언어음성도 우선은 아직 전적으로 단순한 발성의 단계에 묶여 있는 것 같다. 언어음성은 '객관적' 현실의 어떤 개별적 성질을 '가리키는' 것이 아니라 오히려 말하는 사람의 내적인 상태를 단순히 발산하는 것이며 그러한 상태의 역동적 긴장을 직접적으로 분출하는 것이다. 일반적으로 '동물언어'라고 불리는 것은 모두 지속적으로 이 단계에 묶여 있는 것 같다. 동물들이 부르는 소리와 울부짖는 소리가 두려움에서 비롯된 울부짖음이나 환희에서 비롯된 울부짖음, 교미를 하기 위해서 부르는 소리나 경고하기 위해서 부르는 소리 등으로 아무리 다양하게 구별될지라도, 그것들은 한낱 '감탄사'의 영역을 벗어나지 않는다. 동물들이 부르는 소리와 울부짖는 소리가 '유의미'하더라도 그것들은 외계의 특정한 사물과 사건에 그것들의 기호로서 부속(附屬)되어 있다는 의미에서 유의미한 것은 아니다. W. 쾰러의 관찰에 따르면, 최고도로 발달된 유인원의 언어조차도 극히 다양한 주관적 상태와 욕구의 직접적 표현으로서는 아무리 풍부하더라도 이러한 감탄사의 권역 안에 갇혀 있다. 즉 그것은 결코 대상적인 것에 대한 '표시'나 '지칭'

이 되고 있지 않은 것이다.[2] 어린아이의 경우에도 명명(命名) 기능
은 언어발달의 최종단계에서 비로소 나타난다. 즉 어린아이의 경
우에도 학습에 의해서 획득된 '객관적' 언어의 단어는 상당한 기
간 동안에는 발달한 언어가 단어에 결합하는 것과 같은 독특한 객
관화하는 의미를 갖지 못한다. 오히려 여기에서 모든 유의미한 것
은 정감과 감각적 흥분의 층에 뿌리박고 있으며 항상 거듭해서 이
러한 층으로 거슬러 올라가면서 그것과 관계를 맺고 있다. 따라서
예를 들면 어린아이가 사용하는 최초의 '형용사'는 사물의 성질과
징표를 가리키기보다는 오히려 내면의 상태를 표현한다. 이와 마
찬가지로 두 살짜리 어린아이의 경우에조차도 아직, 긍정과 부정,
'예'와 '아니요'는 논리적인 의미의 '언표' 내지 확인하는 정립으로
서가 아니라 욕구라든가 거부와 같은 정감적 태도결정의 표현으
로서 사용된다.[3] 언어의 발달과정에서 순수한 '표시기능'에 비로소
점차적으로 길이 열리게 되지만, 이러한 기능은 그 후 더욱더 강
화되면서 마침내는 언어에서 지배권을 획득하게 된다.[4] 그러나 이

---

2) W. Koehler, Zur Psychologie des Schimpansen, *Psychologische Forschung* I,
   27쪽(이 책 제1권, 138쪽[『상징형식의 철학 I: 언어』, 267쪽])을 참조할 것.
3) 상세한 것에 대해서는 Clara und William Stern, *Die Kindersprache*, Leipzig
   1907, 35쪽, 39쪽, 224쪽 이하를 볼 것.
4) 나는 '표시기능(Darstellungsfuntion)'이라는 용어를 여기에서는 카를 뷜러가 말하
   는 의미에서 사용하고 있다. 『상징형식의 철학』 제1권에서(특히 17쪽 이하, 134쪽
   이하) 언어철학적인 면에서 문제를 논할 당시만 해도 나는 그의 저작들을 알지 못
   했다. 그만큼 더욱더, 이 점에서 일반적인 언어철학적·언어사적 분석과 심리학
   과 생물학을 본질적인 토대로 하고 있는 뷜러의 연구 사이에 원리상의 일치가 성
   립하고 있다는 사실을 여기에서 지적해 둘 필요가 있다. K. Bühler, Kritische

렇게 되는 경우에조차도 이러한 순수한 표시기능이 그 지배권을 다른 정신적인 동기와 근본동향과 공유할 수밖에 없다는 것은 분명하다. 언어의 경우에는 그것이 '표시'와 순수한 논리적 '의미'의 방향으로 아무리 나아가더라도 원초적인 표정체험과의 연관은 결코 단절되지 않는다. 언어의 최고의 지적 성과에조차도 극히 명확한 '표정성격'이 여전히 포함되어 있는 것이다. 일반적으로 의성어라고 불리는 것은 모두 이 영역에 속한다. 왜냐하면 참으로 의성어적인 언어형성체에서는 객관적으로 주어진 현상들의 직접적인 '모방'보다도 아직 전적으로 순수하게 '인상학적인' 세계관의 주박(呪縛) 아래 존재하는 음성형성과 언어형성이 훨씬 중요하기 때문이다. 음성은 여기에서는 이를테면 사물들의 직접적인 '얼굴'을 포착하고 이와 함께 사물의 참된 본질을 포착하려고 시도하는 것이다. 살아 있는 언어는 언어를 '생각'의 순수한 매체로 사용하는 것을 배우게 된 지 오랜 시간이 지난 후에도 이러한 연관에서 결코 벗어나지 못한다. '인상학적' 표현이라는 이러한 근거로 항상 거듭해서 되돌아가려고 하고 자신의 원천이자 영원한 회춘의 샘으로서의 그러한 근거 속으로 몸을 담그는 것은 무엇보다도 시적인 언어일 것이다. 그러나 언어가 어떤 일정한 논리적 '의미'를 드러내고 이 의미를 단순히 그 자체로서 그 객관성과 보편성 면에서 제

Musterung der neueren Theorien des Satzes, *Indogerman. Jahrbuch*, Bd. VI, 1919; Vom Wesen der Syntax, *Festschrift für Karl Vossler*, Heidelberg 1922. 최근의 연구로는 Über den Begriff der sprachlichen Darstellung, *Psychol. Forschung* III, 282쪽 이하도 참조할 것.

시하려고 하는 경우에조차도, 언어는 멜로디와 리듬이라는 표현
수단을 자유롭게 사용하는 다양한 가능성을 결여할 수 없다. 이러
한 표현수단 자체는 없어도 되는 장식품과 같은 것이 아니라 의미
부여 자체의 참된 매체이며 구성부분으로서 입증된다. 일반적으
로 '언어 멜로디'라는 개념으로 총괄되곤 하는 계기들은 명제의 논
리적 구조와 논리적 이해에도 관여하고 있다. "언어 멜로디는 어
떤 통일적인 의미에 의해서 형성되어 있으며, 의미의 보다 엄밀한
규정에도 결정적으로 기여한다. 따라서 그것은 통일체로서의 전
체적 의미의 감각적 표현이자 재현이다."[5] 언어병리학에서도 언어
에서 '음악적인' 부분을 올바르게 파악하지 못하는 이른바 '실음
악증(失音樂症, Amusie)'의 경우 문법적이고 통사론적 의미의 파악
도 어떤 점에서 변질되고 손상을 입게 되는 것이 통례라는 사실을
임상적 관찰이 가르쳐주고 있다. 언어의 의미 자체와 그것의 해석
에는 예를 들면 특정한 명제가 의문문이나 명령문의 성격을 갖는
것처럼 그 언어의 의미가 갖는 어떤 종류의 '화법상'의 방향이 불
가결하지만, 이러한 방향도 많은 경우 거의 이러한 음악적 요소에
의해서만 표현된다.[6] 이와 같이 여기에서도 또한 '의미'의 '정신적'
계기가 '감성적' 표정계기와 얼마나 밀접하게 결합되어 있으며 이
양자의 상호규정과 상호침투에 의해서 언어의 참된 생명이 얼마

---

5) Julius Stenzel, Sinn, Bedeutung, Begriff, Definition. Ein Beitrag zur Frage der
   Sprachmelodie, *Jahrbuch für Philologie* I(1925), 182쪽.
6) 상세한 것은 A. Pick, *Die agrammatischen Sprachstörungen*, Bd. I, Berlin
   1913, 16쪽 이하를 볼 것.

나 크게 형성되는지가 다시 확인된다. 언어의 생명은 일찍이 단순히 감성적인 것에 그쳤던 적이 없으며 순수하게 정신적인 것일 수도 없다. 그것은 항상 신체인 것과 동시에 마음이기도 한 것으로서만, 즉 로고스의 신체화로서만 파악될 수 있다.

그러나 언어의 실제 현실에서는 감성적인 표정성격과 논리적 의미계기가 아무리 분리되기 어려울지라도, 이러한 양자 사이에 순수하게 기능적인 차이가 존재한다는 사실은 부인할 수 없다. 논리적인 의미계기를 감성적인 표정성격으로 해소하려는 모든 시도나 전자가 후자로부터 발생한다고 보려는 모든 시도는 실패할 수밖에 없다. 순수하게 발달심리학적으로 고찰해 보아도, '표시기능'은 반드시 항상 단순한 표정의 영역에 속하는 형성물들로부터 연속적으로 발달해 온 것이 아니라 그러한 형성물들에 대해서 항상 어떤 종적인 새로움, 즉 어떤 결정적인 전환점을 보여주고 있다. 동물적 감각의 세계는 아직은 전적으로 이러한 거대한 경계선 앞에 위치하고 있는 것 같다. 동물에게는 언어에 의해 표시하는 능력이 결여되어 있지만, 이와 마찬가지로 본래적인 '지시의' 몸짓도 결여되어 있다. 모든 지시하는 동작에 포함되어 있는 '손으로 가리키는 동작'은 동물에게는 불가능하다. 동물에게 자연은 아직은 전적으로 외적인 자극으로서 작용하고 있을 뿐이며, 이러한 자극이 자신에 대응하는 감각을 불러일으키려면 그것은 우선 감각적으로 현전해야만 한다. 이에 반해 동물에서 자연은 표상력에 의해서 구상되거나 대상의 현실존재를 선취하는 한낱 상으로 파악되지는 않는다.[7] 루트비히 클라게스는 그의 저서 『표상운동과 조형력』에서 이렇게 강조하고 있다. "인간은 실제의 물체 못지않게 상에 대해서도 반응하기 때문에, 인간의 표현운동 또한 직관적 공간의 표시내용과 다양하게 연관되어 있다. ⋯ 찬탄은 '상대방을 높이는 것'을 지향하고 있기 때문에 자신이 향하는 상대방을 자신의 위쪽에 두며, 질투는 '상대방을 폄하하는 것'을 지향하고 있기 때문에 상대방을 자신의 아래쪽으로 둔다. 이러한 감정도 표현상(上)의 특성도 동물에게는 낯선 것이지만, 다른 한편 동물은 직관적 공간조차도 파악할 수 없다. 그 때문에 동물은 예를 들면 그린 것이든 조각된 것이든 어떠한 모상에도 눈길을 주지 않고 그냥 지나쳐 버린다. 어떠한 동물이든 모상들이 갖는 대상적 내용을 조금도 이해하지 못한다. ⋯ 원근법에 따라서 소묘되거나 그려진 인간은 동물에게는 다채로운 한 조각 마분지에 지나지 않는다."[8] 인간의 경우에

---

7) 이에 대해서 상세한 것은 이 책 제1권, 128쪽 이하『상징형식의 철학 I: 언어』, 248쪽 이하]를 볼 것.

8) Klages, 앞의 책, 95쪽과 198쪽. 동물들이 모상에 자주 극히 강하게 '반응한다'는 사실, 예를 들어 격렬한 경악을 표출하면서 모상 앞에서 물러난다는 사실은 물론 이러한 견해를 반증하는 것이 아니라 오히려 확증하는 것이다. 예를 들면 B. 풍스트는 자신이 길렀던 어린 원숭이가 어느 날 어떤 인간의 초상화―그것은 피두스(Fidus)가 그린 프리드리히 대왕의 초상이었으며 이 초상에서는 대왕의 두 눈의 크기가 강조되어 있었다―앞에서 격렬하게 경악했으며 그 그림이 치워졌을 때에서야 비로소 안정을 되찾을 수 있었다고 보고하고 있다. 그러나 이 경우 분명히 원숭이는 그 그림을 한 인간의 초상으로서 보지 않고 그 그림에서 표정에 관련된 특정한 특징만을 파악한 것이다. 여기에서 작용하고 있는 것은 '눈처럼 보이는 것' 자체에 대한 **인상학적인** 체험인 것이며, 이러한 체험은 어떤 인간의 얼굴을 인지하는 것과 눈을 이 얼굴의 '일부'로서 인지하는 것을 전제하는 것은 아니다. 이러한 차이에 대해서는 베르너(Werner)의 의견(*Entwicklungspsychologie*, 53쪽)을 참조

도 상들과 함께 사는 것을 오래전에 배운 후에조차도, 심지어 언어, 신화, 예술이라는 자신이 창조한 상들의 세계에 완전히 편입된 후에조차도 특유의 상(像)의식을 갖기까지는 오랜 발달과정을 거쳐야만 한다는 점은 분명하다. 인간의 경우에도 처음에는 순수한 상의 차원과 인과관계의 차원은 결코 분리되어 있지 않다. 기호에 표시기능 대신에 특정한 인과적 기능이 귀속되는 것이 보통이며, 의미한다는 성격 대신에 작용한다는 성격이 항상 거듭해서 귀속된다.[9] 그리고 여기에서도 또한 '개체발생적' 발달의 순서는 '계통발생적' 특징들을 충실히 보존하고 있다. 개체발생적 발달의 순서가 보여주는 바에 따르면, 표시기능이 그 자체로서 나타나는 것과 함께, 다시 말해 감각적 직관의 내용을 그것의 현재, 즉 그것의 단순한 '현전'으로 해소해 버리지 않고 그것을 다른 것의 표시 내지 '대표'로 보게 되는 것과 함께, 어떤 의미에서 의식은 전적으로 새로운 높은 수준에 도달하게 된다. 어떤 개별적 감각인상이 상징적으로 사용되고 상징으로서 이해되는 순간과 함께 항상 새로운 세계가 열리게 되는 것이다. 눈과 귀 모두가 멀어 있던 헬렌 켈러에게 처음으로 '언어이해'가 출현했던 순간을 그녀의 스승은 상세하게 보고하는데, 이러한 보고야말로 이러한 사태에 대한 가장 중요한 심리학적 증언의 하나다. 또한 그러한 보고의 참된 의미는 개인 심리학적 문제의 권역을 훨씬 넘어선다.[10] 왜냐하면 이러한

하기 바란다.

9) 상세한 것은 『상징형식의 철학』 제2권, 51쪽 이하, 284쪽 이하를 볼 것.

10) 이 보고는 매우 잘 알려져 있지만 그것이 특기할 정도로 상세하기 때문에 여기에

보고에서는 순수한 표시기능이 시각적인 것이든 청각적인 것이든 어떤 특정한 감각질료에 구속되어 있는 것은 아니라는 것, 이러한 표시기능은 비록 자유롭게 사용할 수 있는 소재가 극도로 제한되어 있고 순수하게 촉각적인 영역에만 한정되어 있을 경우에조차도 이에 굴하지 않고 자신을 주장하며 의기양양하게 자신을 관철할 수 있다는 사실이 명료하면서도 인상적으로 나타나 있기 때문이다. 이렇게 해서 이름의 표시기능, 즉 "… 라고 불린다"는 사태가 어린아이에게 열리게 되면, 현실에 대한 그의 내적인 태도 전체가 변화하게 되며 '주관'과 '객관'이라는 원칙적으로 새로운 **관계**가 생기게 된다.[11] 그때까지 감정과 의지를 직접 엄습해 온 대상들

도 인용했다. "우리는 펌프가 있는 곳으로 갔다. 거기에서 나는 펌프로 물을 끌어올리면서 펌프의 입구에 컵을 대라고 헬렌에게 말했다. 차가운 물이 쏟아져 나와서 컵을 가득 채웠을 때 나는 컵을 쥐고 있지 않은 헬렌의 다른 손바닥 위에 w-a-t-e-r라고 한 글자씩 썼다. 손 위에 흐르는 차가운 물의 감각에 바로 이어졌던 이 단어는 헬렌을 놀라게 했던 것 같다. 헬렌은 컵을 떨어뜨리고 거기에 꼼짝하지도 않고 서 있었다. 어떤 극히 새로운 빛이 그녀의 얼굴을 환하게 했다. 헬렌은 water라는 단어를 여러 번 썼다. 그리고 헬렌은 꾸부려 앉더니 땅을 만지면서 그것을 무엇이라고 부르는지를 물었다. 똑같이 헬렌은 펌프와 울타리를 가리켰다. 그러고는 헬렌은 갑자기 몸을 돌리면서 내 이름을 물었다. 나는 헬렌의 손바닥에 '선생님'이라고 썼다. 이 순간 헬렌의 유모가 헬렌의 여동생을 펌프로 데려왔다. 헬렌은 '아기'라고 쓰고 유모를 가리켰다. 돌아오는 길 내내 헬렌은 극도로 흥분에 차 있었고 자신이 만지는 모든 것의 이름이 무엇인지를 물었다. 그렇게 해서 얼마 안 되는 시간 안에 30개의 새로운 단어를 헬렌은 습득하게 되었다." Helen Keller, *Die Geschichte meines Lebens*, 독일어판, Stuttgart 1904, 225쪽 이하. 상세한 것은 Clara Stern과 William Stern, 앞의 책, 176쪽 이하를 볼 것.

11) 명명(命名) 기능이 갖는 이러한 결정적인 중요성을 보여주는 좋은 예를 특히 뷜러 (Bühler)는 『어린아이의 정신발달』에서 제공하고 있다. *Die geistige Entwicklung*

이 이제 비로소 멀리 떨어져 보이기 시작한다. 즉 그러한 대상이 '직관'되며, 그것의 공간적인 윤곽과 그것의 독립적인 질적 규정이 현전화(現前化)될 수 있을 정도의 거리에 대상이 나타나게 되는 것이다.

헤르더는 이러한 직관능력을 가리키기 위해서 '반성'이라는 용어를 선택했다. 앞에서 이미 본 것처럼, 헤르더에게서 반성이라는 개념은 18세기, 특히 프랑스 백과전서파의 언어철학에서 그 개념에 부여했던 것과는 다른 의미를 가지고 있다. 왜냐하면 헤르더의 반성개념은 감성적인 직관내용들의 위치를 임의로 바꾸고 그것들을 기본적인 구성요소들로 분해한 후 자유로운 결합에 의해서 새로운 형상을 산출하는 인간 지성의 단순한 능력을 가리키는 것은 아니기 때문이다. 헤르더가 말하는 의미에서 반성이란 주어진 직관내용'에 대한' 단순한 사고는 아니다. 그것은 오히려 바로 이러한 내용들 자체의 형태를 함께 규정하고 구성하는 것과 같은 것이다. 이러한 반성능력을 발휘하기 위해서는, 인간은 자신의 감관을 스쳐지나가는 꿈처럼 극히 불안정한 상에서 벗어나 각성의 한순간에 자신을 모으고 자유로운 의지와 함께 하나의 상에 머물면서 분명하면서도 냉정하게 그것에 주의를 향하고 그 대상이 바로 이것이고 다른 것이 아니라는 사실을 보여주는 **징표**들을 추출해야만 한다.[12] 그러나 징표들의 모든 **비교**, 순수하게 논리학적인 의미에

---

des Kindes 2판, Jena 1921, 207쪽 이하, 374쪽 이하.

12) Herder, *Über den Ursprung der Sprache*, 상세한 것은 『상징형식의 철학』 제1권, 95쪽 이하를 볼 것.

서 사람들이 '추상'이라고 부르곤 하는 모든 것에 필연적으로 선행해야만 하는 이러한 최초의 **정립**은 어떻게 일어날 수 있는가? 이경우 주어져 있는 아직 미분화된 현상의 전체로부터 특정한 요소들을 끄집어내면서 그때마다 특수한 '주시(注視)'의 작용에 의해서 그러한 요소들에 의식을 향하는 것만으로는 충분하지 않다. 오히려 결정적인 것은 이러한 전체에서 하나의 계기가 추상작용에 의해서 끄집어내어지는 것이 아니라 그것이 동시에 전체의 대표 내지 '대리'로서 간주된다는 것에 있다. 왜냐하면 이와 함께 비로소 [그러한 계기의] 내용이 자신의 개별성 내지 소재상(上)의 특수성을 잃어버리지 않고 어떤 보편적 형식의 각인을 함유하게 되기 때문이다. 이제야 비로소 그러한 내용은 참된 의미의 '징표'로서 기능하게 된다. 즉 그것은 그것이 새로 우리 앞에 나타나게 되었을 때 우리가 그것을 **재인(再認)하는** 것을 가능하게 하는 기호가 된 것이다. 이러한 '재인'의 작용은 필연적으로 '대표(Repräsentation)'의 기능에 구속되어 있으며 그것을 전제한다. 하나의 전체적 현상을 그것을 구성하는 계기들 중 하나로 압축하면서 그것을 상징으로까지 농축시켜서 그 전체적 현상을 개별 계기 안에 또한 개별적 계기에 입각하여 간단명료하게(prägnant) '보유하게 되었을' 경우에만[13] 우리는 그것을 시간적 생성의 흐름으로부터 끄집어낼 수 있다. 처음에는 항상 단지 어떤 **특정한 개별** 시점(時點)에 속해 있고 그러한

---

13) '간단명료함'이라든가 '간단명료하게 보유한다'는 개념에 대해서는 나중에 나오게 될 제2부 제5장에서의 서술을 참조하기 바란다.

시점에 사로잡혀 있는 것처럼 보였던 개별적 계기의 존재가 이제 비로소 일종의 '지속성'을 획득하게 된다. 왜냐하면 체험적 현재의 단순한, 이른바 점(點)과 같은 '여기'와 '지금' 속에서 어떤 다른 것, 즉 '여기에 없다', '지금은 없다'를 재발견하는 것이 이제 가능하게 되는 것이다. 우리가 '개념'과 '의미'의 동일성이라든가 사물과 성질의 '항상성'이라고 부르는 것은 모두 이러한 근본적 재발견의 작용에 근거하고 있다. 이와 같이 한편에서는 언어를, 다른 한편에서는 직관적 세계의 특수한 분절을 비로소 가능하게 하는 것은 양자에게 공통된 어떤 기능이다. 따라서 직관적 세계의 '분절' 쪽이 분절된 언어의 성립에 선행하는 것으로 간주되어야만 하는가 아니면 그것에 후속하는 것으로 간주되어야만 하는가라는 물음—혹은 전자가 후자의 '원인'인지 아니면 결과인지라는 물음—은 잘못 설정된 것이다. 입증될 수 있는 것은 이러한 '보다 앞선'이나 '보다 나중'과 같은 것이 아니라 정신적 분절의 두 개의 근본형식 혹은 근본방향 사이의 내적인 연관일 뿐이다. 순수하게 시간적으로 보아도 이 양자의 어느 것이 다른 것으로부터 '발생하는' 것은 아니다. 아마도 그것들은 동일한 정신적 뿌리에서 뻗어 나온 두 개의 줄기와 같은 것이다. 우리는 이러한 뿌리를 그 자체로 독립적으로 노정시키면서 직접적으로 관찰될 수 있는 의식의 소여(所與)로서 드러낼 수는 없다. 우리에게 가능한 것은 각각이 명료하고 밝은 빛 안에서 우리 앞에 존재하는 두 개의 싹을 아무런 편견 없이 관찰하고 다음에 그것들의 공통의 '근원'으로까지 거슬러 올라감으로써 그 뿌리를 간접적으로 발견하는 것뿐이다. 여기에서도 또한 저 정신물리적인 연관의 불가분의 통일성이 드러나 있다. '반성'이라는 근본능력은 자신의 작용들 하나하나에서 '내면'과 '외면'의 양 방향으로 동시에 작용한다. 즉 이 능력은 한편으로는 음성의 분절화나 언어활동의 분절화와 율동화(Rythmisierung)로 나타나며, 다른 한편으로는 표상세계가 갈수록 보다 선명하게 분화되고 분리되는 것으로 나타난다. 한쪽의 과정이 다른 과정에 지속적으로 영향을 미치며, 바로 이러한 살아 있는 역동적인 상호관계로부터 의식의 새로운 균형이 점차적으로 생겨나고 하나의 안정된 '세계상'이 형성되는 것이다.

우리는 언어에 대해서 고찰하면서 '징표의 정립'이라는 이 작용이 향하고 있는 일반적 방향을 알게 되었다. 언어는 부유하면서 사라져가는 '꿈같은 상'으로부터 가장 먼저 특정한 개별적 특징, 즉 특정한 지속적인 특징과 속성을 부각시킨다. 이러한 '속성'은 순수하게 그 내용으로부터 보면 전적으로 감성적인 것일지도 모른다. 그러나 속성을 속성으로서 정립하는 작용은 추상이라는, 혹은 보다 적합하게 말하자면 한정이라는 순수한 작용이다. 순수한 표정체험에는 이러한 종류의 규정작용은 낯선 것이다. 순수한 표정체험은 순간 속에서 살고 순간 속에서 사라진다. 이에 반해 이러한 규정작용에서 의식은—자신의 근본성격에 대항하여, 즉 의식이 존재하고 성립하는 곳으로 보이는 헤라클레이토스적인 생성의 흐름에 대항하여—다시, 아니 한없이 자주 동일한 강물에 몸을 담그는 것이 요구된다. 어떤 내용이 객관적 시간과 체험시간의 거리를 넘어서 지속적이며 항상적인 것으로 파악되고 자기동일적인 것으로서 정립되어야만 하는 것이다. 이러한 종류의 동일화 작용 속에―비록 이것이 순수하게 '감성적인 질'의 정립과 확정에 한정되어 있다고 해도―모든 형태의 '개념형성'의 맹아와 단서가 숨어 있다. 왜냐하면 우리가 서로 다르고 시간적으로도 서로 분리되어 있는 두 개의 인상에서 파악하는 '동일성'과 '유사성'은 그러한 인상들에 덧붙여지고 그러한 인상들이 속하는 것과 동일한 지평에 단순히 편입되어 있는 단순한 하나의 인상과 같은 것이 결코 아니기 때문이다. 어떠한 것이든, 여기에 지금 주어져 있는 것이 이것으로서 간주되고 이것으로서 인식될 경우에―예를 들면 그것이 어떤 특정한 빨간색이나 일정한 높이의 하나의 음으로서 인식될 경우에―그것에는 항상 이미 참으로 '반성적인' 계기가 숨어 있다. 그러나 언어에서 명확하게 나타나는 '성질을 보여주는 개념의 형성'은 이 점[어떤 것을 이것으로서 규정하는 것]에 그치지 않는다. 이러한 개념형성은 상이한 것들을 그것들에서 보이는 어떤 유사성이나 동일성에 입각하여 통일하는 것에 만족하지 않고, 이러한 방식으로 획득된 개개의 정립 자체를 다시 포괄적인 전체로, 즉 일정한 집합과 계열로 통합하는 것이다. 이와 같이 예를 들면 색의 현상들이 아무리 다양하고 그것들 자체에서 보이는 색조와 밝기가 아무리 변하더라도, 그것들은 빨강색의 사례들, 혹은 녹색의 사례들로 간주될 뿐 아니라 '이러한' 빨강색과 녹색 자체도 다시 '색 일반'의 개별사례 내지 대표자로서 나타난다. 이와 함께 우리는 '제일의 보편자'라는 용어 아래 통합했던 것과 동일한 개념들의 지반 위에 서 있다. 로체[14]는 이렇게 강조하고 있다. 즉 '색'과 '음'

이라는 유(類)개념은 여러 색과 음의 현상들의 개별적·종적 차이들이 무시되고 제거되면서 이러한 현상들의 전체가 어떤 방식으로든 하나의 일반적인 **표상상**(表象像, Vorstellungsbild), 이른바 하나의 '일반개념(general idea)'으로 통합됨으로써 형성되는 것은 아니다. 오히려 결정적인 것은, 특수한 것들 자체의 계열 내부에서 일정한 분할이 도입되고 이러한 분할에 의해서 이제 이러한 계열이 하나의 특징적인 구분과 분절을 갖게 된다는 데 있다. 이러한 계열의 지속적이고 한결같은 흐름 속에서 점차적으로 일정한 두드러진 점들이 부각되고 이러한 점들 주위에 나머지 구성부분들이 모이게 된다. 즉 명료하게 눈에 띄는 주요계기들로서 견지되고 그러한 것들로서 어떤 의미에서 특별한 강조점을 갖춘 특정한 형태들이 형성되는 것이다. 이러한 종류의 강조점과 분절화에 결정적으로 함께 기여하는 것이 언어라는 사실은 언어에서의 개념형성을 우리가 분석할 때 도처에서 드러났다. '제일 보편자'는 언어에서 자신의 의지처와 확고한 침전물을 발견함으로써 비로소 참된 안정을 얻게 된다.[15] 여기에서 의식은 언어의 인도 아래 새로운 성찰능력을 갖게 되며 새로운 차원으로 자신을 고양하게 된다. 잡다하게 분산되어 있던 것이 서로 집결될 뿐 아니라 자립적이고 독자적인 형성체, 보다 고차의 형성체로 통합되는 것이다. 이후 이러한 형성체가 결정화(結晶化)의 참된 핵심이 되고, 새롭게 형성되는

---

14) [역주] Rudolf Hermann Lotze(1817-1881)는 독일의 철학자이자 논리학자.

15) 이에 대해 상세한 것은 특히 『상징형식의 철학』 제1권, 249쪽 이하를 볼 것.

것은 모두 이것에 결부된다. 우리는 이제까지 이러한 과정을 언어에 입각해서 추적하려고 시도했다. 우리는 언어형성체에 입각해서 '현실의 분석'을, 즉 현실이 '실체'와 '성질', '사물'과 '속성', 공간적인 규정들과 시간적 관계들로 분리되어 가는 사태를 드러내려고 시도했다. 이제 필요한 것은 동일한 문제를 다시 한 번, 그러나 다른 관점에서 제기하는 것이다. 언어의 형식과 우리가 직관적 현실을 파악하는 형식 사이에 존재하는 내적인 결합은 양자의 구조가 본질적으로 동일한 단계를 통과한다는 사실을 우리가 발견할 때에야 비로소 완전히 분명해질 것이다. 세계의 구분, 즉 대상들과 상태들, 종들과 유(類)들로의 저 'divisio naturae[자연적 분할]'가 결코 처음부터 '주어져 있는' 것은 아니라는 사실이 분명하게 되자마자, 이렇게 다양한 형태로 우리 앞에 나타나는 **직관적 세계라는** 풍부하면서도 다층적인 직물(織物)이 얼마나 특정한 정신적 에너지에 의해서 규정되고 지배되는가라는 물음이 제기될 수밖에 없다. 이러한 물음은 이러한 직물을 해체하면서 그것을 구성하는 실들 하나하나를 분리해서 추적하지 않는다면 답해질 수 없다. 그러나 방법론적으로 필요한 이런 종류의 세분화도 여기에서 문제가 되고 있는 과제의 전체를 반드시 염두에 두어야만 한다는 사실은 말할 나위도 없다. 우리의 분석은 여기에서도 또한 장래의 종합을 위한 하나의 전 단계이자 준비 이상의 것일 수 없으며 또한 그것 이상의 것이어서도 안 된다. 우리가 '대표'와 '재인'이라는 일반적인 근본기능이 밟는 특수한 도정(道程)들을 엄밀히 추적하면 할수록, 그러한 도정들의 본질과 독특한 통일성이 더욱더 분명하게 드러나게 될 것이다. 또한 정신이 직관적 세계상의 창조와 마찬가지로 언어의 창조에로, 현실에 대한 대상적 **직관**과 마찬가지로 그것에 대한 '논증적' **개념파악**으로 자신을 고양하게 되는 것도 결국은 동일한 하나의 기본적인 수행에 의한 것이라는 사실이 더욱 분명하게 드러날 것이다.

제2장 사물과 속성

언어와 사유의 관계에 대한 물음은 철학과 마찬가지로 오래된 것이며, 아니 철학보다도 더 오래된 물음일 것이다. 이 물음은 인간 정신에게 떠올랐던 가장 오래된 물음들 중 하나다. 언어에 대한 물음은 자연에 대한 물음보다도 더 일찍부터 인간정신을 사로잡고 자극했던 것 같다. 경이라는 철학적 감정에 불을 붙였던 것도 경이로운 것들 중에서도 참으로 근원적으로 경이로운 것인 언어다. 인간이 처음으로 언어에 대해서 묻게 되었을 때 언어는 인간에게 생성된 것으로서가 아니라 항상 존속하고 있는 것으로서, 다시 말해서 인간의 작품으로서가 아니라 오히려 하나의 낯선 힘으로서, 즉 자신이 그 아래 복속되어 있다고 느끼면서 그것 앞에 허리를 굽히는 낯선 힘으로서 나타났다. 주술의 세계상은 언어와 이름이 갖는 전능한 힘에 대한 이러한 신앙으로 가득 차 있으며 그것에 의해 관통되어 있다. 철학적 반성이 비로소 이러한 주술적인 주박(呪縛)을 풀게 된다. 그러나 이 경우 이러한 철학적 반성 자체도 우선은 아직 사고형식과 언어형식이 불가분의 통일을 형성하고 있는 저 '태곳적 논리학'에 의해서 완전히 지배되고 있다.[1] 그리고 철학적 논리학이 점차적으로 이러한 결합을 느슨하게 하고 '순수한' 사고의 자립적이고 자율적인 법칙들에 대한 성찰을 더욱더 심화시켜도, 언어철학은 철학적 논리학보다도 훨씬 더 오랫동안 그리고 훨씬 더 집요하게 이러한 결합을 고집하고 있다. 언어철학에서는 말하는 것과 사고하는 것은 동일하다는 주장이 항상 새로운 형식을 띠고 반복되고 있으며 항상 새로운 기초 지음과 함께 나타나고 있다. "언어야말로 이성을 창조한 것이다. 언어가 나타나기 전의 인간은 이성을 갖지 않았다." 라자루스 가이거(Lazarus Geiger)는 이러한 주장을 간결하면서도 함축적으로 정식화했다. 이와 함께 언어에게는 정신의 왕국에서 최고의 지위가 보증되고 있고, 단적으로 보편적인 가치를 갖는 업적이 인정되고 있는 것으로 보인다. 그런데 여기에서 주장되고 있는 언어와 이성의 동일성을 보다 상세하게 음미해 볼 경우, 물론 이러한 동일성이 두 개의 서로 다른 방향에서 볼 때 불완전한 것이라는 사실, 즉 그것은 한편으로는 언어에게 너무 많은 것을 인정하고 다른 한편으로는 언어에게 너무 적은 것을 인정하고 있다는 사실이 분명하게 된다. 즉 언어와 이성의 동일성을 주장하는 사람들은 개념적 사고의 형식

---

1) 이에 대해서는 Ernst Hoffmann, *Die Sprache und die archaische Logik*, Heidelberg 1925를 볼 것.

에서는 사고가 언어의 지도와 후견으로부터 해방되고 '이론적' 의미라는 자립적인 영역을 건립하게 된다는 사실을 간과할 뿐 아니라 언어가 충족시키지 않으면 안 되는 정신적 기능은 본래의 '논리학적인' 문제들의 권역, 즉 개념과 판단과 추론의 영역에 제한될 수 없다는 사실조차도 보지 못하고 있다. 언어적 형식이 갖는 위력은 그것이 논리적·논증적 사고의 표현수단과 매체로서 기능할 수 있다는 것으로 다하지 않는다. 언어적 형식의 위력은 이미 세계에 대한 '직관적인' 파악과 형태화에까지도 미치고 있으며, 개념의 왕국을 구성하는 것에 못지않게 지각과 직관을 구성하는 것에도 관여하고 있다. 지각과 직관의 구성도 의식 전체의 내부에서 우리가 '표시'로의 이행이라고 불렀던 저 일반적 전환이 수행되고 관철된다는 것에 구속되어 있다. 직관의 세계부터 이미 그 개개의 요소들이 단순히 '현전적(現前的, präsentative)' 성격이 아니라 재현적(repräsentative) 성격을 갖는다는 것, 바꿔 말하면 그것들이 단순히 '거기에 존재하고 있을' 뿐 아니라 서로를 위해서 존재한다는 것, 즉 그것들이 서로를 지시하며, 특정한 의미에서 서로를 대리할 수 있다는 사실에 의해서 본질적으로 규정되고 있다. 언어는 사고의 단순한 외피가 아니라 '사상을 특정한 형태로 구성하는 지표이자 원인'이라는 사실은 크게 강조되곤 했지만, 원리상으로는 이것과 동일한 결론이 직관의 영역에 대해서도, 더 나아가 지각의 영역에 대해서도 끌어내져야만 한다는 사실이 항상 분명하게 인식되지는 않았다. "실로 개개의 사물과 실제의 현상에 대한 직관적 인식은 언어 밖에 그리고 언어에 앞서서 이루어지지만, 개념적으로

파악하고 인식하는 것은 언어를 매개로 해서만 일어난다."[2] 그러

---

2) Moritz Lazarus, *Das Leben der Seele in Monographien über ihre Erscheinungen und Gesetze*, Bd. II, Berlin 1857, 193쪽. 현대의 **사고심리학**—예를 들면 회니히스발트(Hoenigswald)에 의해서 대표되는 형태에서의—은 언어의 수행을 우선 오직 논증적 사고의 영역에서만 찾고 그것을 분명하게 이 영역에 한정하려고 하는 것 같다. 그런데 보다 예리하게 보면, 회니히스발트가 전개하고 있는 것과 같은 '사고의 언어의존성'에 관한 이 학설은 훨씬 포괄적인 의미를 갖는다는 사실이 드러난다. 회니히스발트에 의하면 언어와 원초적인 관계를 갖지 않는 사고는 존재하지 않으며, 그 '가능성'이 언어에 종속되는가 어떤가라는 조건에 결부되어 있지 않은 사고체험도 존재하지 않는다. 왜냐하면 '어떤 것'을 사유하는 자는 항상 이 어떤 것을 정립할 때 이미 그것의 객관적 존재와 객관적 타당성의 영역 안으로 들어서게 되고, 사고된 것은 모든 사람에 대해서 동일한 것이거나 적어도 동일한 것이어야만 한다고 가정하기 때문이다. 따라서 '어떤 것'을 사유한다는 것과 사유된 것에 대해서 서로 이해할 수 있다는 것은 서로 변환이 가능한 개념들이다. '어떤 것'을 사유하는 자는 자신의 사고내용이 객관적인 것이라는 이러한 가정을 세우기 때문에 또한 그렇게 가정하는 한에서, 필연적으로 어떤 언어표현을 찾게 되는 것이다. 따라서 '사고의 언어의존성'이야말로 "사고가 문장이나 말을 통해 자신의 사상내용을 언어구조에 입각해서 전개하기 위한 결정적인 조건"이며, 그것은 또한 "심리학적으로 보면 사고가 자신의 사상내용을 언어구조에 입각해서 전개하기 위해서 흔들림 없이 노력하는 현상"을 설명하는 것이다. 이러한 논증을 보다 상세하게 검토해 본다면, 이러한 논증이 결코 좁은 의미에서의 논리적·논증적 사고의 영역에만 한정되지 않는다는 사실을 알 수 있다. 즉 그러한 논증은, 이론적 의식 일반의 모든 작용에 '객관성'에 대한 요구가 조금이라도 존재하기만 한다면, 다시 말해 그러한 작용들이 어떠한 방식으로든 '대상'에 관계하고 향하기만 한다면 이론적 의식 일반의 모든 작용에도 적용되는 것이다. 대상적인 것에 대한 이러한 지향은 결코 논리적 판단과 추론으로서의 사고에만 특유한 것이 아니라 이미 지각작용과 직관작용에도 특유한 것이다. 지각작용과 직관작용에서도 또한 '어떤 것'이 지각되고 '어떤 것'이 직관되는 것이다. 따라서 어떤 것을 정립하는 작용이 '언어의존성'과 밀접하게 결부되어 있다면, 이러한 언어의존성은 이미 이러한 원초적인 층들에서도 나타나며 그것들의 구성에 결정적으로 참여하고 있다고 볼 수밖에 없다. 사실 회니히스발트의 사고심리학이 갖는 독특한 점은 그것을 심리학의 전통적 고찰

나 '직관적 인식'은 개념적으로 파악한다는 것과 안다는 것으로부터 실제로 이러한 방식으로 구별되고 이것들의 단순한 질료적 기체로서 전제되는 것일까? 사물들에 대한 직접적인 직관이 존재하는가? 아니면 오히려 사물에 대한 앎, 즉 '사물'과 '속성'에 따른 현실의 분절 자체가 어떤 매개의 결과 비로소 생기게 되지만 우리가 통상 이러한 매개를 통찰하지 못하는 것은 우리가 그것을 끊임없이 수행하고 이러한 수행에 몰두하기 때문은 아닐까?

발달심리학의 일정한 성과들을 일별하는 것만으로도 사물과 속성으로 세계를 분절하는 것이 결코 자명하지 않으며 모든 형식의 현실'체험'에 필연적으로 고유한 것은 아니라는 사실을 분명하게 알 수 있다. 예를 들어 동물의 '지각작용'과 '표상작용'의 특징은, 고정적인 사물과 사물 자체에 입각하여 변하면서도 그 자체로는 지속적인 성격을 소유하고 있는 일정한 속성들은 그것들에게는 아직은 주어져 있지 않다는 데에 있는 것 같다. 동물은 아직 특

방식과 언어사용과 비교해 볼 때 '사고'의 개념에서 결정적인 확장을 수행하고 있다는 점에 있다. 왜냐하면 회니히스발트의 사고심리학에서 사고는 더 이상 감각과 직관, 감정과 의욕과 같은 다른 클래스와 대립하는 심리현상들의 어떤 개별적인 클래스를 의미하지 않고 심리적인 근본현상 자체이며, 모든 심적 내용을 비로소 심적인 것으로 만드는 것이기 때문이다. 여기에서 '사고'는 체험 일반의 모든 의미연관성과 유의미성을 가리키는 보편적인 표현이 되며, 회니히스발트가 간취하고 강조하고 있듯이 가장 기본적인 심리적 사실—이것은 감각, 표상, 표상요소 등의 이름으로 불리고 있지만—에조차도 귀속되는 이러한 유의미성이야말로 저 '의미의 언어의존성'에 의해서 비로소 참으로 구성되는 것이다(전반적인 것에 대해서는 Richard Hoenigswald, *Die Grundlagen der Denkpsychologie* 2판, Leipzig, 1925, 28쪽 이하, 128쪽 이하, 157쪽을 볼 것).

정한 개별적인 징표들, 즉 그것들에 의해서 어떤 내용이 재인되고 또한 그것들 덕분에 그 내용이 아무리 자주 그리고 아무리 다양한 조건 아래에서 출현하더라도 '바로 이것'으로서, 즉 '동일한 것'으로서 지칭될 수 있는 개별적 징표들을 지각체험의 복잡한 전체로부터 추출할 수 없다. 동일한 것이라는 이러한 성격은 직접적 체험에 포함되어 있는 하나의 계기가 결코 아니라는 사실은 분명하다. 왜냐하면 감각적 체험의 수준 자체에서는 '동일한 것의 회귀'는 존재하지 않기 때문이다. 모든 감각적 인상 각각은 순수하게 그 자체로서 볼 때는 그것에 고유한, 결코 반복되지 않는 어떤 종류의 '색조'나 '색채'를 갖고 있다. 이러한 색조나 색채의 순수하게 표정성격이 우위를 점할 경우에는 우리가 생각하는 것과 같은 의미의 '동질적인' 세계도 항상적인 세계도 존재하지 않는다. 동물의 경우에는 일반적으로 아직 사물의 확고한 통일성이 존재하지 않으며 동물이 지각하는 현실이 아직 분절되지 않은 '복합적인 질들'로 이루어져 있다는 사실은—특히 한스 폴켈트의 면밀한 관찰에 따르는 한—의문의 여지가 없는 것으로 보인다.[3] 손다이크도 이렇게 강조하고 있다. "동물에게 사물은 인간의 삶에서 보이는 것과 같은 견고하면서도 고정된 잘 정의된 대상으로 아직 존재하지 않으며 특정의 구체적인 전체적 상황 속에 깊이 파묻혀 있고 용해되어 있는 상태로 존재한다. 따라서 동물로 하여금 동일한 태도

---

3) 이에 대해서는 특히 거미에 대한 폴켈트의 유명한 관찰을 참조하라. 상세한 것에 대해서는, Hans Volkelt, *Über die Vorstellungen der Tiere*, Leipzig, 1914, 15쪽 이하, 46쪽 이하를 볼 것.

를 취하게 하기 위해서는 이러한 전체적 상황이 완전히 동일할 필요가 있다."[4] 따라서 이 점을 고려해도 '사물'은 결코 지각과 단순한 '인상'의 감각적 특질에만 근거하지 않고 하나의 '반성적'—헤르더가 말하는 '반성'의 개념과 동일한 의미에서의—성격을 갖는다는 사실이 분명하게 드러난다. 어린아이의 발달과정에서도 사물의 세계에 대한 직관은 처음부터 성립하는 것이 아니라 어떤 의미에서 언어의 세계로부터 비로소 쟁취되어야만 한다는 것은 명백하다. 어린아이가 마음대로 사용하는, 즉 [그 의미를] 이해하면서 사용하는 최초의 '명칭들'은 우선은 아직 어떤 고정되고 지속적인 객관이 아니라 그 대신에 단지 다소간의 유동적이고 막연한 전체적 인상을 가리키는 것에 지나지 않는 것 같다. 이러한 전체적 인상이 우리가 보기에는 아주 조금 바뀌는 것에 지나지 않을 경우에도 어린아이는 '동일한' 명칭을 사용하지 못하게 된다. "어머니가 다른 모자나 다른 옷을 입는 것만으로도, 어떤 사물을 방의 다른 장소에 놓는 것만으로도 어린아이는 그것을 낯설게 느끼게 되며 그것을 가리키는 단어를 더 이상 말할 수 없게 된다."[5] 단어가 이러한 최초의 협소함으로부터 해방되어 보편적 의미와 보편적 적용 가능성을 갖는다는 사실을 어린아이가 이해하게 될 경우에야 비로소 '사물'의 새로운 지평도 어린아이의 의식에 출현하게 된다. 그리고 이 경우에도 **상징의식** 자체가 일깨워지는 순간이 동시

---

4) Edward L. Thorndike, *Animal Intelligence*, 1911, 109쪽, 119쪽.
5) Bühler, *Die geistige Entwicklung des Kindes* 2판, 128쪽.

에 돌파의 순간으로 나타난다. 이때 어떤 식으로 어린아이에게 거의 가라앉힐 수 없는 '명명(命名)에의 열망'이 생기게 되고, 어린아이가 자신이 만나는 모든 새로운 인상에 대해서 그것들을 가리키는 명칭을 지치지도 않고 찾게 되는지를 관찰자들은 동일하게 묘사하고 있다. 관찰자들 중에서는 이때 어린아이에게는 명명에의 욕구가 거의 광적인 것으로까지 높아지는 것 같다고 강조하는 사람들도 있다.[6] 명명에의 이러한 열광에서 일어나고 있는 것이 정신의 공허한 유희가 아니고 대상적 직관으로 향하는 어떤 근원적인 충동이라는 사실을 우리가 분명하게 깨닫게 된다면, 이러한 명명에의 열광은 이해할 수 있는 것이 된다. '이름에 대한 갈망'은 결국은 형태에 대한 갈망이며 '본질적인' 파악을 향한 충동에서 비롯된다. 이와 같이 어린아이도—어린아이의 특징을 잘 보여주는 사실이지만—우선 어떤 사물이 어떻게 불리는지를 묻지 않고 그 사물이 무엇인지를 묻는다. 어린아이에게는 대상의 존재와 그것의 이름은 완전히 하나로 융합되어 있다. 즉 어린아이는 이름에 입각해서 그리고 이름을 통해서 대상을 소유하는 것이다. 이와 같이 이름은 어린아이가 그것을 전달이라는 의식적인 목적을 위해서 사용하기에 앞서서 무엇보다도 먼저 어린아이의 표상세계를 구축하는 것에 중요하고 결정적인 역할을 한다.[7] 이름이 항상 동일한 의미를 갖는다는 인식과 사물의 동일성과 성질의 동일성에 대한 인식

---

6) David R. Major, *First steps in mental growth*(1906), 321쪽을 참조할 것. 인용은 Cl. u. W. Stern, *Die Kindersprache*, 176쪽에 의거했음.
7) 이것에 대한 증거들에 대해서는 Stern, 같은 책, 175쪽 이하를 볼 것.

은 함께 발달하고 전개된다. 왜냐하면 양자는 의식이 순수한 '표시기능'의 지배를 받게 될 때 경험하게 되는 전환의 상이한 계기들뿐이기 때문이다. 이름의 의미가 획득된 지금에서야 비로소, 존재도 우리의 시선에 대항하는 것이 되면서 우리의 눈은 그것을 냉정하게 관찰할 수 있게 된다. 그리고 이렇게 존재가 대항하는 것이됨으로써 비로소 '대상'이 획득되고 확보된다. 이렇게 참으로 지속적인 대상성은 신화적·주술적 사고방식이 아직 알지 못하는 것이다. 이러한 종류의 사고방식은 이론적 직관과 이론적 인식의 권역에서 우리에게 나타나는 것과 같은 저 특징적이고 독자적인 의미의 '사물'을 아직 알지 못한다. 신화적·주술적 사고방식에서는 여전히 모든 '현실적인 것'이 서로 변환 가능하며, 모든 속성이 어떤객관으로부터 다른 객관으로 이전될 수 있다.[8] 언어의 출현과 함께 순수한 상징의식이 형성되고 그것이 더욱더 강화되면서 비로소 사물이라는 '범주'도 중요성과 안정성을 획득하게 되며, 마침내는 직관의 전체에 한층 깊이 침투하게 되는 것과 함께 갈수록 명료하면서도 예리하게—어떤 의미에서는 더욱 경직되고 일면화되면서—이러한 직관의 전체에 자신의 각인을 찍게 된다.

그러나 사물이라는 범주가 이론적 존재와 이론적 인식의 영역에서 행사하는 바로 거의 무제한적인 이러한 지배권으로 인해, 다름 아닌 이 영역 자체의 내부에서 이 범주의 '기원'을 제시하는 것이 불가능하기까지는 않더라도 곤란한 것으로 보인다. 이론적으

---

8) 상세한 것은 특히 『상징형식의 철학』 제2권, 71쪽 이하를 볼 것.

로 인식된 모든 것이 항상 각인된 형식으로서만 우리에게 주어진
다면, 우리는 이를테면 각인하는 작용 자체를 이론적으로 이해하
고 이론적으로 도출하는 것을 어떻게 기대할 수 있겠는가? 우리가
여기에서 지배하고 있는 **기능**을 이른바 직접적으로 파악하는 것
은 결코 가능하지 않을 것이다. 이 기능은 우리에게는 이러한 성
과 속에서만 주어지며, 항상 거듭해서 이러한 성과 속에서 사라지
고 마는 것이다. 그러나 이러한 기능을 적어도 간접적으로라도 가
시적인 것으로 만들 수 있는 하나의 길이 있다. 왜냐하면 이론적
세계의 모든 조직과 구조가 반드시 접합의 동일한 양식과 동일한
안정도를 보여주지는 **않기** 때문이다. 의식의 형성체들에서 현상
은 항상 순수하게 표시하는 성격을 갖지만, 여기에서 지배하고 있
는 역동적인 긴장관계는 모든 경우에 동일한 것은 아니다. 그리고
다름 아닌 이러한 비동일성과 가변성이야말로, 우리가 상호관계
에 있는 것으로만 알고 있는 두 가지 계기를 바로 그러한 상호관
계 속에서 서로 구별하는 방책을 가르쳐준다. 물론 이러한 구별을
행할 때 의미와 중요성의 차이들을 보다 이해하기 쉬운 것으로 만
들기 위해서 이러한 차이들을 존재에서의 실재적인 차이들로 환
원하고 그것들을 사물의 세계의 성질과 구조에 대한, 혹은 단순한
감각들로 이루어진 세계의 성질에 대한 실재론적인 가정으로부터
설명하려는 유혹에 저항해야만 한다. 이러한 종류의 모든 설명
이 순환론에 빠진다는 사실을 우리는 이미 순수한 **표정현상**을 판
단이라든가 추론이라는 특정한 작용에 근거하고 있는 **간접적 현
상**으로 분류하려고 하는 모든 시도에 의거해서 보여줄 수 있었다.[9]

사람들이 순수한 표시기능에 대해서 설명하려고 하는 여러 시도에는 '정초'라는 동일한 형식이 항상 새롭게 반복해서 나타난다. 그러한 시도들은 참된 표시현상이 자체 내에 포함하고 있는 '지시작용' 대신에 입증한다든가 증명한다라는 다른 순전히 간접적인 형식을 항상 내세우려고 한다. '지향'작용, 즉 대상을 '사념하는' 작용은 일반적으로 어떠한 방식으로든 논증작용으로, 즉 일련의 논리적 사고절차로 변해야만 한다. 그러나 단순한 표정체험을 유비추리와 같은 것으로 해소할 수 없었던 것과 마찬가지로, 표시작용을 그것의 참된 근본형태와 근본적인 규정성에서 파악하는 한 표시현상에 대해서도 그러한 것은 성공하지 못한다. '표상'이 우리에게 어떤 객관적인 것을 **재현한**다는 사태, 즉 이러한 표상에서 그리고 이러한 표상을 통해서 객관적인 것이 '인식된다'는 사태는 그것의 단순한 '상태'에 입각해서 볼 때, 어떤 내용이 다른 내용에 **의존해** 있다는 사태, 즉 어떤 내용이 어떤 **인과성**—그것이 경험적인 것이든 초월론적인 것이든—에 의해서 다른 내용에 구속되어 있다는 사태와 극히 선명하게 구별된다. 따라서 '귀납적' 추론의 형식이든 '연역적' 추론의 형식이든, 이런 종류의 인과성을 인식하는 추론형식은 필연적으로 표시라는 현상과 그것의 문제를 간과해 버린다. 왜냐하면 표시라는 현상과 문제도 결코 '추상적' 사고의 영역에 속하지 않고 현실에 대한 직관적 파악의 권역에 속하기 때문이다. 물론 이러한 파악방식은 순수한 표정체험과 비교할 때 다

---

9) 이 책 64쪽 이하를 참조할 것.

른 것이 되었다. 표정체험에서 지배하는 것과 같은 '너에 대한 지각(Du-Wahrnehmung)'이라는 양태에 이제 '그것에 대한 지각(Es-Wahrnehmung)'이라는 새로운 양태가 나타나기 시작하는 것이다. 그러나 어떤 경우에도, 즉 '너'든 '그것'이든 우리는 그것들을 추론하는 것이 아니라 어떤 특수한 근원적인 방식으로 그것들을 직접본다는 사실은 변함이 없다. 이러한 봄이 무엇에서 유래하는지를 묻는 것은 쓸데없는 것이다. 우리가 확인해야 하는 것은 이러한 봄이 그 자체로 어떠한 것인가 하는 것뿐이다. 왜냐하면 우리의 과제는 이러한 봄을 이미 타당한 것으로서 간주된 어떤 기존의 이론속에 포섭하는 것이 아니기 때문이다. 오히려 중요한 것은 이러한 봄 그 자체가 어떻게 해서 순수한 '이론' 자체, 즉 '객관적인' 규정들과 사태들의 정립과 파악을 비로소 가능하게 하는가를 파악하는 것이기 때문이다. 참된 재현기능이 문제가 되는 경우에는 항상, 우리는 단순한 감각소재—즉 그것에 대해서 수행되는 특정한 작용에 의해서 나중에서야 비로소 대상적인 것에 대한 표시로 형성되고 그러한 표시로서 해석되는 단순한 감각소재—와 관계하고 있는 것은 아니다. 오히려 객관적으로 유의미한 전체, 대상적 '의미'로 가득 찬 전체로서 우리 눈앞에 존재하는 것은 항상 형식이 부여된 전체적 직관이다. 여기에서도 또한 남아 있는 것은 순수한 표정이라는 사태와 똑같이 이러한 기본적 상징관계를, 대상에 대한 모든 '인식'의 구성계기로서 입증될 수 있는 참된 근원적 현상으로서 인정하는 것뿐이다. 의식의 현상들은 한낱 순간적인 상들로서 의식 앞에서 부유하는 것이 아니다. 여기에 주어져 있는 것은 여기에 없는 것을 지시하고 지금 주어져 있는 것은 지금 주어져 있지 않은 것을 소급해서 지시하든가 아니면 미리 지시하지 않는다면, 직관적 세계의 현상은 이해될 수 없을 뿐 아니라 심지어 기술될 수도 없을 것이다. 지시라는 이러한 기능 내부에서만 또한 이러한 기능에 의해서만, 우리에게 객관적 현실에 대한 인식과 객관적 현실 내부에서 '사물'과 '속성'으로의 특수한 분절 내지 구분이 성립된다. 그러나 역으로 이러한 지시기능 자체는 여기에서도 또한 대상적 규정과 대상에 관한 선행적 정립(Voraus-Setzungen)으로부터는 이해될 수 없다.

이러한 사태를 세부에 걸쳐서 분명하게 드러내기 위해, 우리는 우선은 감성적·직관적 현상들 중 어떤 특정한 권역으로부터 출발할 것이다. 감각주의적 심리학은 대체로 색의 세계를 일정한 구별에 따라서 분절되고 채도(彩度, Helligkeit)와 색조에 따라서 여러 등급으로 나눠진 감각들의 다양으로 본다. 그러나 이미 헤링은 빛 감각에 대한 그의 기초적인 연구에서 설득력 있는 근거와 함께 이러한 견해에 대해서 이의를 제기하고 있다. 그는 이렇게 강조한다. 즉 색을 '감각'이라고 부르는 사람들은 색에서는 일차적으로 '주관적' 규정이 문제가 되고 있는 것 같은 인상을 불러일으킨다. 그러나 주관성이라는 이러한 특징지음은 비록 물리학적으로 정초되어 있을지라도—현상학적으로는 전혀 근거가 없는 것이다. 왜냐하면 순수한 체험이라는 점에서 보자면 색은 결코 자신의 자아의 상태라든가 그것의 변용으로서 주어지는 것이 아니기 때문이다. 오히려 색에서 우리에게 개시되는 것은 어떤 객관적 규정들이며 대

상적 현실의 상태들이기 때문이다. 따라서 이런 의미에서의 색은
―우리가 그것에 대한 현상학적 고찰로부터 생리학적 내지 물리
학적 설명으로 일탈하지 않는 한―감각이라고 부르기보다는 속성
이라고 불러야 할 것이다. 색에서 직접 그리고 본래적으로 지각되
는 것은 자아의 어떤 상태도 빛의 어떤 성질도 아니다. 오히려 우
리는 색을 통해서 대상적인 구조들을 본다. "본다는 행위에서 일
어나는 것은 광선 자체를 보는 것이 아니라 이러한 광선에 의해서
매개되어 외적인 사물을 보는 것이다. 눈이 우리에게 가르쳐주는
것은 외적 사물로부터 오는 빛의 그때마다의 강도와 성질이 아니
라 이러한 사물 자체다."[10] 이와 같이 '생리학적 광학'의 입장으로
부터 볼 경우에조차도, 빛의 인상들과 그것들 사이의 차이를 단순
히 수용하는 것에 지나지 않는 것과 같은 종류의 '봄'과 직관적 세
계를 구성하는 것과 같은 종류의 직관 사이에는 선명하게 선을 그
을 필요가 있다는 사실이 입증된다. 특히 이른바 '어떤 시각적 사
물이 갖는 색채의 항상성'이라는 사실을 고려할 때 우리는 특정
한 자극들의 단순한 동등성, 예를 들면 눈에 들어오는 일군(一群)
의 빛의 양만으로는 직관의 내용을 일의적(一義的)으로 규정하기
에는 충분하지 않다는 사실을 알 수 있다. 비록 '동일한' 빛 자극
이라도 그것은 지각이 처해 있는 특수한 조건에 따라서 현실의 구
성에 극히 상이한 방식으로 이용된다는 사실, 외관상으로는 동일

---

10) Ewald Hering, *Grundzüge der Lehre vom Lichtsinn*, Berlin 1920, 13쪽
    (*Handbuch der Augenheilkunde*, Teil I, Kap. 12에 최초로 발표되었음).

한 빛 '감각'도 매우 상이한 객관적 '의미'를 가질 수 있다는 사실이 분명해진다. 보다 엄밀한 현상학적 분석—예를 들면 샤프가 자신의 저서『지각의 현상학을 위한 기여』에서 모범적인 방식으로 수행하고 있는 분석—에게는, 우리가 '색'이라고 부르는 현상 자체에는 몇 개의 명확한 **수준**이 구별되며 이러한 수준들 중 어떤 것에 속하느냐에 따라서 색이란 현상 자체가 우리에게 극히 다른 중요성을 갖게 된다는 사실이 우선 분명하게 된다. 색은 실로 **어떤** 수준에서는 '빛의 형성체'로 간주된다. 이 경우 색은 그대로 빛의 형성체로서 파악되고 그러한 규정성에 있어서 분명하게 되지만, 그것에는 대상적인 것을 가시적인 것으로 만들고 표상 가능한 것으로 만드는 기능은 주어지지 않는다. 그러나 다른 수준에서는 역으로 오로지 대상적 규정들에게만 시선이 향하면서, 색은 항상 단지 색에서 나타나는 객관적인 것을 보기 위한 매체로 사용될 뿐이며 그것에 고유한 현상**방식**에서 고찰되지는 않는다. 샤프는 이러한 사태를 다음과 같이 서술하고 있다. "보통의 인간이 사물을 보는 방식과 예술가가 사물을 보는 방식에는 우리가 미적인 것을 모두 도외시할 경우에조차도 차이가 있다. 보통의 인간은 … 사물을 볼 때 사물이 조명의 어떠한 변화에도 불구하고 외관상 보유하고 있고 아마도 사람들이 사물에 부착되어 있는 현실의 색이라고 부르는 색밖에 보지 못한다. 보통의 인간은 반사와 빛 그리고 다채로운 음영이 극히 눈에 띄는 것이 아닌 한 그것들을 보지 못한다. 분명히, 그는 자신의 모습이 태양에 의해서 비춰진 지면에 드리워진 그림자를 볼 것이며, 또한 손거울을 사용하여 빛을 벽에 쏠 때 벽에서 춤추는 반사광과 태양빛 속에서 투구가 반짝거리는 것과 난로에서 불이 탈 때 그 빛이 벽에서 깜빡거리는 것을 볼 것이다. 그러나 이에 반해, 하늘이 흐릿할 때는 버찌와 눈에는 조명이 어느 정도든 간에 항상 광반(光斑, Lichtfleck)이 있다는 사실을 깨닫지 못한다. … 따라서 이러한 빛이 없다면 대상은 지각될 수 없을지라도, 역으로 대상이 표상되기 위해서 빛이 지각될 필요는 없다는 사실은 분명하다. … 우리는 빛이 대상에 모아지고, 그림자가 되어서 대상 위에 드리워지고, 빛으로서 대상을 관통하고, 광휘와 햇빛으로서 대상에 자리를 점하는 모습을 관찰할 수 있다. 그뿐 아니라 이러한 빛에만 주목하여 대상이 거의 소실되어 버리는 상태도 있을 수 있는 것 같다. … 아마도 사물에 대한 지각과 빛에 대한 지각은 서로 양립할 수 없으며, 사물이 지각되기 위해서는 빛은 비록 불가결하더라도 눈에 띄지 않게 배경으로 물러서 있을 필요가 있다. 빛이 자신이 있어야 할 적합한 장소에 존재한다면 사물에 대한 지각이 성립한다. 빛이 무시될 수 없을 정도로 너무 강하게 나타난다면, 사물에 대한 지각은 교란된다. 빛은 시선을 사물 쪽으로 '이끌어야 하며' 시선이 빛에 사로잡혀서는 안 된다." 그리고 계속해서 샤프는 이렇게 서술한다. 즉 우리가 여기에서 구별되고 있는 두 개의 색의 수준을 변경하는 순간에, 다시 말해서 이때까지는 단순한 '빛의 효과', 즉 조명색으로 간주되었던 색을 '사물에 부착해 있는' 색, 즉 사물의 색의 형태로 보거나 그 반대로 하는 순간에, 지각 전체도 즉시 어떤 다른 성격과 의미를 갖게 된다. '색'이 우리의 의식과 관계를 맺게 될 때의 수준과 이러한 색의 수준에 의해서 표시되는 대상 사이에는 극히 명확한 의존관계가 존재하는 것이다. 즉 "색의 수준의 변화는 그것에 의해서 표시되는 대상의 변화를 직접적인 귀결로서 초래한다."[11] 여기에서 색의 **수준**으로서 지칭되고 있는 것이야말로 색이 개개의 사례에서 수행하는 특수한 **표시기능**으로부터 비롯되는 저 전적으로 특정한 '봄(Sicht)'이다. 샤프도 이렇게 강조한다. 즉 색 자체는 우리에게 사물을 표시하는 것이다. "그러나 사물을 표시하기 위해서는 색이 거기에 있다는 것만으로는 충분하지 않다. 그것을 위해서는 색이 분절되고 질서 지어져 있고 여러 형식 안에 편입되어 있을 필요가 있다. … 이제 이러한 색의 질서를 매개로 하여 공간과 형태가 우리에게 표상된다. 따라서 공간은 색과 관련해서 표시된 어떤 것이다. 색 자체는 표시되지는 않고 직접적으로 주어지는 것이지만, 그것은 공간 안에서 여러 형식을 표시한다. … 그러나 이번에는 다시 이러한 형태가 사물을 그것의 속성들과 함께 표시한다. 형태는 아직 사물에 속하는 것도 아니고 또한 직접적으로 사물의 한 형식도 아니며, 표시된 것이면서 다른 한편으로는 표시하는 것이기도 하다."[12] 이상의 사실로부터 분명하게 되는 것처럼, 색 자체는 어떤 객관적인 공간 속에 자체로서 **존재하고** 이러한 공간 속에서 여러 가지로 분절되는 하나의 내용이 아니다. 오히려 색은 가능한 다양한 현상형식들에서 받아들여지면서 객관적 현실의

---

11) Wilhelm A. Schapp, *Beiträge zur Phänomenologie der Wahrnehmung*, I-D., Göttingen 1910, 78쪽 이하, 106쪽 이하.
12) 같은 책, 114쪽.

표상, 즉 '공간 속의 사물'이라는 표상이 그것에 의해서 비로소 획득되고 구성되는 기체인 것이다. 소박한 견해에 사로잡혀 있는 사람이 눈앞에 갖고 있다고 믿고 사물로서 어떤 의미에서 양손에 쥐고 있다고 믿고 있는 것이 바로 이러한 생생한 '현존' 자체를 갖게 되는 것은 '재현'의 여러 형식과 수준 덕분인 것이다.

그러나 물론 이러한 통찰로 인해 오도(誤導)되어서 이러한 형식들 자체의 근원성을 손상시키면서, 그것들의 의미와 수행에 입각해서 볼 때 그것들이 원칙적으로 벗어나 있는 한낱 간접적인 어떤 층에 그것들을 귀속시켜서는 안 된다는 것은 말할 것까지도 없다. '합리론'의 인식이론도 '경험론'의 인식이론도 이 점에서는 동일한 의미에서 과오를 범했다. 왜냐하면 '대상에 대해서 우리의 표상이 갖는 관계'의 근거는 무엇인가라는 물음과 관련하여 양자가 제시하는 **답변**이 아무리 다르더라도, 양자는 문제 자체의 정식화와 문제**설정** 방식에서는—자신들이 보통 의식하고 있는 것보다도 훨씬—일치하고 있기 때문이다. 즉 양자 어느 것도 그것들에 결부되어 있는 특정한 간접적인 작용들에 의해서 '단순한' 표상이 객관적이고 대상적인 직관의 형식으로 **전환될** 수 있는 길을 찾고 있다. 그것들은 현상이 의식의 단순한 소여로부터 실재, 즉 '외부세계'의 내용이 되는 변용을 설명하려고 한다. 경험론은 이러한 변용을 '연상'과 '재생'으로 소급시키며, 합리론은 그것을 판단과 추론이라는 논리적 조작으로 소급시킨다. 그러나 이 경우 양자 모두에 의해서 간과되고 있는 것은 여기에서 사람들이 의거하고 있는 모든 심리적인 과정이나 논리적인 과정은 너무 뒤늦게 온다는 사실이다. 그러한 과정은 모두 요소의 **결합**에 관련되어 있지만, 이러한 요소들은 이러한 결합에 앞서서 어떠한 방식으로든 이미 '존재하고 있는 것' 내지 정립된 것으로서 간주되고 있다. 그러나 여기에서 문제가 되고 있는 물음은 그러한 결합의 가능성과 근거에 관련된 것이 아니라 오히려 결합될 수 있는 것 자체를 **정립할 수 있**는 가능성에 향해 있는 것이다. 단순한 '인상들'의 연상적 결합도, 인상들의 아무리 긴밀한 논리적 연결도 어떤 현상이 어떤 대상적 존재를 지시하면서 어떤 대상적 직관의 계기로서 나타난다는 것에 존재하는 저 원초적인 정립양상을 설명할 수 없는 것이다. 합리론은 이러한 정립양상 자체는 그것을 개념의 하나의 수행, 순수한 지성의 하나의 작용으로 간주할 경우에만 '이해될 수 있다'고 믿는다. 이러한 기본적 경향은, 합리론이 근대철학의 역사에 등장했을 때 취했던 최초의 고전적 형태에서 이미 극히 선명하게 나타나고 있다. 사물의 동일성과 항상성이라는 관념은, 지각의 단순한 감각적 소여, 즉 색과 음, 촉각이나 냄새와 맛이라는 질들에 그 자체로 포함되어 있는 것이 결코 아니고 2차적으로, 즉 논리적 반성에 의해서 비로소 그것들에 **부가된다**는 점이야말로 데카르트의 『성찰』이 첫째로 증명하려고 하는 것이다. 다양하며 그 자체로는 완전히 분리되어 있는 감각적 현상들에 실체라는 '생득관념'을 적용함으로써 비로소 우리는 하나의 동일하고 지속적인 **대상**에 대한 직관, 즉 감각적 현상들이 관계 지어지고 그것의 규정들과 **속성들**을 표시하는 것들이 되는 대상에 대한 직관을 얻게 된다. 내가 내 앞에서 감각적으로 지각하고 있으며, 나에게 하얗고 둥글며

딱딱하고 향기가 좋은 것으로서 나타나 있는 한 조각 밀랍은 각각의 **개별적인** 관점에서는 변화할지도 모른다. 그것이 녹게 될 때 그것의 모든 속성은 변화될지도 모른다. 그러나 그럼에도 불구하고 이 밀랍은 나에게 **동일한** 밀랍으로 남는다. 왜냐하면 밀랍은 이러한 동일성을 감관으로부터가 아니라 순수지성으로부터 얻게 되기 때문이다. "나의 지각은 시각도 촉각도 상상도 아니다. 나의 지각이 그와 같은 것이었던 적은 한 번도 없다. 오히려 그것은 오로지 정신의 통찰이다." 이와 함께 지각작용은 그것에 내재하고 있는 대상적 관계 덕분에 단번에 순수한 사고작용으로 변용되고 만다. '정신의 통찰', 즉 inspectio mentis야말로 단순한 인상을 비로소 대상의 여러 현상방식으로 만드는 것이다. 감각적 현상이 대상적인 것을 '볼 수 있는 것'으로 만들고 그것을 재현하는 능력은 지성의 어떤 능력, 즉 '무의식적인 추론'을 행하는 지성의 능력에 기초하는 것이 된다. 이와 함께 데카르트가 원래 서 있었던 기반은 방기되고 데카르트는 지각의 **현상학**으로부터 지각의 **형이상학**으로 이행하게 된다는 점은 말할 나위가 없다. '나는 생각한다'로부터 출발하여 **절대적** 대상의 실재론을 논박하려고 했던 데카르트는 결국은 '생득관념'의 실재론에서 난파하고 마는 것이다. 데카르트는 자신이 근본형식과 방법과 관련하여 이미 극복했던 저 스콜라 철학의 존재론으로 향하는 길을 신에 대한 명석판명한 관념이라는 것에 의해서 다시 밟게 될 수밖에 없었다. 이와 마찬가지로 이론적 의식에 관한 데카르트의 순수한 분석도 이러한 이론적 의식의 유래와 기원에 대한 형이상학적 가정으로 다시 귀착되고 만다.[13]

하나의 진정한 μετάβασις εἰς ἄλλο γένος[메타바시스 에이스 알로 게노스, 다른 유(類)로의 이행]를 자체 내에 포함하고 있는 이러한 행보를 피하려고 한다면, 남아 있는 길은 현상들을 그것들의 초월적 '근거들'로부터 도출하고 설명하려고 하지 않고, 그것들을 오로지 그것들의 상호관계 속에서만 파악하고, 이러한 관계에 의해서 현상들이 서로를 조명하게 하는 것 이외에는 없다. 그러나 이러한 조명은, '표시'라는 성격이 그 자체로서는 '의식' 일반의 본질에 속하는 것이면서도 그럼에도 불구하고 의식의 모든 형성체 속에서 항상 똑같은 정도로 간결하고 명료하게 나타나지 않는다는 사실에 의해서 가능하게 되며, 이와 함께 우리가 이러한 표시라는 성격을 여러 **위상**으로 분해할 수 있고 어떤 위상으로부터 다른 위상으로의 이행을 관찰할 수 있는 어떤 수단을 획득하게 된다는 사실에 의해서 가능하게 된다. 이러한 종류의 고찰방식에서, 현상의 내용 자체와 그것의 표시기능 사이에 존재하는 저 역동적 **긴장관계**에 수반되는 상이성이 분명하게 부각된다. 이러한 상이성은 이미 일반적인 형태로 시사되었다. 아무리 '요소적인' 것이라도 모든 감각내용은 이미 이러한 긴장으로 차 있으며, 어떤 의미에서 그러한 긴장으로 충전(充電)되어 있다. 모든 감각내용은 결코 단순히 고립되고 분리된 내용으로서 존재하지 않는다. 그것은 자신의 존재 자체에서 자신을 넘어서 지시하고 있다. 즉 그것은 '현전(Präsenz)'

---

13) 상세한 것에 대해서는 나의 책 *Leibniz' System in seinen wissenschaftlichen Grundlagen*, Marburg 1902의 서론을 참조할 것.

과 '재현(Repräsentation)'의 어떤 구체적인 통일체다. 의식이 보다 풍부하고 보다 고차적인 형태화 작용으로 나아감에 따라서 이러한 통일체도 보다 확고하고 보다 선명한 각인을 띠게 된다. 즉 통일의 계기들이 서로 보다 명확하게 구별되지만 동시에 이러한 계기들 간의 내적 관계와 결합이 이러한 분리에 의해서 헐거워지거나 약화되지 않고 그 대신에 오히려 갈수록 강화되는 방식으로 나타난다. 우리가 이러한 과정을 고려하면서 개개의 감관영역들을 서로 비교해 보면, 그것들에서 어떤 종류의 단계적 구조를 확인할 수 있다. 즉 비교적 불명확한 것에서 출발하여 갈수록 보다 높은 단계의 명확하고 직관적인 '구별'에로 향하는 어떤 종류의 계열이 이러한 감관영역들에서 생기는 것이다. 이러한 명확함의 시원이 어떠한 것인가에 대해서는 '원시적인' 감관들에 의해서 비로소 확인할 수 있다. 원시적 감관들은 본질적으로 자주 극히 강렬한 것이면서도 그럼에도 불구하고 서로 완전히 정밀한 '질적인' 구별을 허용하지 않는 어떤 표정가치들의 범위 내에서 움직인다. 예를 들면 취각의 개별적인 소여들은 특히 그러한 표정성격에 의해서, 즉 사람들을 유혹하거나 혐오감을 불러일으키는 것, 자극적이거나 부드러운 것, 즐겁게 하거나 불쾌하게 하는 것, 마음을 가라앉히거나 자극하는 것이라는 성격에 의해서 구별되는 것 같다. 그러나 이러한 정감적 구별은 아직 개별적인 질들 사이의 참으로 '객관적인' 구별이 되지는 않았다. 다른 감각적 다양, 특히 음과 색에서 나타나는 것과 같은 종류의 등급 설정과 서열 설정이 냄새에서는 수행될 수 없다는 점은 분명하다. 왜냐하면 우선 냄새에서는 아직 명확한 **공간적** 규정이 결여되어 있기 때문이다. 즉 냄새는 어떤 특정한 장소에 '부착해 있는 것'은 아니고, 위치를 결정하려고 하더라도 어떤 일관된 모호성, 즉 '고무와 같은 신축성'을 갖고 있기 때문이다.[14] 이러한 영역에 확고하게 발을 내딛고 이 영역을 자신의 힘으로 관통하는 것이 **언어**에게 얼마나 어려운가라는 사실로부터도 이러한 모호성은 분명하게 드러날 것이다. 우리가 언어로 특정한 냄새의 성질을 지칭하려고 할 때, 우리는 대부분의 경우 다른 감각적·객관적 소여에 기초하여 형성된 **명사**를 사용하는 우회적인 방법을 쓸 수밖에 없게 된다는 사실을 깨닫게 된다. 예를 들어 색에─빨강과 파랑, 노랑과 초록과 같은─'일반적인' 색명에 의해서 주어지는 것과 같은 구분은 냄새의 경우에는 불가능하다. "냄새를 표현하는 우리의 언어는 (예를 들면 장미 같다든가 장뇌(樟腦)와 같다든가와 같은) 형용사화된 냄새의 담지자일 뿐이거나 (나무딸기 같다든가 재스민과 유사하든가와 같은) '본래의' 냄새의 담지자를 비교를 위해서 끌어들이는 수밖에 없다. 우리는 재스민과 은방울꽃, 장뇌와 우유로부터 즉각적으로 공통의 색, 즉 '하얀색'을 추상할 수 있을 것이다. 그러나 우리는 이것과 유사한 방식으로 공통된 것에 주목하고 차이를 도외시함으로써 공통의 냄새를 추상할 수는 없다."[15] 이와 같이 우리는 냄새의 경우에는 아직 일체의 언어형성과 일체의 진정한 개념형성의 출발점이 되는 저 '제일

---

14) 상세한 것은 Henning, *Der Geruch*, 2판, Leipzig, 1924, 275쪽, 278쪽을 볼 것.
15) 같은 책, 66쪽.

의 보편자'의 피안에 서 있다. 그러나 후각의 영역에서 **촉각**의 영역으로 눈을 돌리자마자, 우리는 이미 '인상이 표상으로 높아지는 과정'에서 하나의 본질적인 일보(一步)를 내딛게 된다. 종종 이러한 촉각이야말로 바로 참된 '현실감각'—즉 그 현상이 '실재성을 입증하는 힘이 가장 강한 성격'을 갖고 있고, 따라서 다른 모든 감관에 대해서 인식이론상 우위를 갖는 감각—이라고 언급되었다.[16] 그러나 객관화에로 향하는 이러한 경향이 촉각에 아무리 고유한 것으로 속하더라도, 이러한 경향은 이를테면 절반 정도에 머무르고 있다. 왜냐하면 이러한 경향은 단순한 상태적인 규정과 순수하게 대상적인 규정 사이에 아직 어떠한 명료하면서도 예리한 선을 긋고 있지는 않으며, 대상적 규정을 상태적 규정의 베일로 감싸는 방식으로 제시하기 때문이다. 촉각에서 우리는 자신의 신체에 대한 지각이라는 매체를 통하는 방식으로만 대상을 파악할 수 있으며, 이러한 기반으로부터 대상을 분리시킬 수 없다. 따라서 촉각현상은 그것에서는 신체에 관계하는 '주관적인' 구성부분이 사물과 사물의 속성에 관계하는 다른 구성부분과 불가피하게 결합되어 있다는 의미에서 '양극적'이다. "촉각현상들 중에는 특히 내적 태도가 적합할 경우 오직 객관을 지시하는 것으로 보이는 현상이 존재하지만, 태도가 변하면 … 이러한 촉각현상 속의 감각적인 것—즉 우리의 신체의 상태에 속하는 것—이 단지 추론된 것이 아니라 직관적으로 주어진 속성인 것처럼 나타나는 현상이 존재

---

16) Katz, *Der Aufbau der Tastwelt*, Leipzig, 1925, 255쪽.

한다. … 현실적으로는 촉지각의 주관적 측면이나 객관적인 측면의 어느 한쪽이 거의 지각될 수 없을지라도 그 양극성은 … 직관적으로 실감될 수 있는 것이다."[17] 따라서 촉각에 표시로 향하는 경향이 존재한다는 사실은 분명하다. 그러나 그 경향은 아직 참으로 실현된 것은 아니다. 촉각에서는 '객관적' 내용이 자신의 신체의 경계선상에 그치고 있고 자신과 참으로 '대치하는 것'으로 되고 있지 않으며 또한 어떤 관념적인 거리를 취하지도 않고 있다. 이렇게 거리를 취하는 것은 청각과 시각이라는 최고의 '객관적인' 감각에서 비로소 달성된다. 그리고 청각과 시각에서조차 이 두 영역 내의 현상 모두에게 동일한 명료함과 강도로 표시기능이 인정되는 것은 아닌 이상, 이 두 영역에서도 여전히 표시기능에 일종의 단계들이 있다는 것은 분명하다. 색에 관해서 말하자면, 우리가 카츠에 의해서 발전적으로 계승되었던 헤링(Hering)의 일련의 기초적 연구에 따를 경우 색에서는 세 개의 현상방식이 서로 구별될 수 있다. 우리는 색을 단순한 광학(光學)적 상태, 즉 우리가 순수하게 그 자체로서 파악하는 특정의 명확함과 색조를 갖춘 '빛의 형성물'로서 파악할 수 있다. 그러나 또한 우리는 색을 '대상의 색'— 즉 이를테면 허공 속에 떠다니는 것이 아니라 특정한 사물의 담지자에 부착해 있고 그것의 '속성'으로서 우리에게 의식되는 색—으로서 파악한다. [색을 단순한 광학적 상태로 볼 경우] 우리는 **평면색**이라는 현상을 눈앞에 두고 있지만, 이러한 색은 단순하면서도 평

---

17) 같은 책, 19쪽.

면적인 질로서 주어지고 어떤 대상적인 기체와 결합되어 있지 않다. 이에 반해 후자의 경우[색을 대상의 색으로서 파악할 경우], 색은 '**표면색**', 즉 어떤 특정한 대상에 속해 있는 성질로서 우리에게 나타난다. 다음에 이러한 두 가지 현상방식과 대조되는 제3의 것으로서 공간적인 색 내지 **공간색**, 즉 어떤 특정한 3차원 공간을 채우는 것으로 보이는 색의 현상방식이 존재한다. 우리는 이러한 세 개의 시점으로부터 생기는 다양한 개별 문제들을 여기에서 이 이상 상세하게 다룰 필요는 없다.[18] 우리에게 결정적이고 보편적인 의미를 갖는 문제는, 색현상이 받아들여지고 있는 시점(視點), 즉 색현상이 보이는 측면이 변화하면, **전체로서의**, 즉 직관적 소여로서의 현상 자체도 통상적으로 곧장 어떤 특징적인 변위(變位)를 경험하게 되는 경향이 있다는 데에 있다. 우리가 '내적 태도'를 변화시킴으로써 그때까지 표면색으로서 간주되고 그러한 것으로서 특정한 대상적인 담지자와 관계 지어졌던 현상을 단순한 평면색의 현상으로 전환하게 되면, 이와 함께 색의 전체상이 변화하게 되며 다른 종류의 직관적 규정 속에서 우리 앞에 나타나게 된다. 풍경의 색은 통상적인 직립자세로 볼 때보다도 머리를 [다리 사이로] 숙여 거꾸로 해서 볼 때 훨씬 더 빛나고 분명하게 나타나게 된다는 사실을 헬름홀츠는 가끔 지적했다. 그는 이러한 현상을 이렇게 해석하고 있다. "통상적인 관찰방식에서 우리는 객관 자체를 올바르

---

18) 상세한 것에 대해서는 모두, Katz, *Die Erscheinungsweise der Farben und ihre Beeinflussung durch die individuelle Erfahrung*, Leipzig 1911의 상세한 분석을 참조하기 바란다.

게 판단하려고 할 뿐이다. 녹색 표면은 어떤 거리에서 보면 약간 변화된 색조로 나타난다는 사실을 우리는 알고 있다. 그러나 우리는 이러한 변화를 무시하는 습관이 있으며, 먼 곳에 있는 목초지나 나무들의 변화된 녹색을 가까이 있는 대상들의 녹색과 동일시하곤 한다. 예를 들면 먼 곳에 있는 산맥과 같이 극히 멀리 떨어져 있는 대상들의 색은 거의 식별되지 않는다. 그 색은 대부분의 경우 밝은 대기의 색에 의해서 은폐된다. 이 불분명한 청회(靑灰)색은 위쪽으로는 하늘의 맑고 푸른색이나 석양의 주황색과 경계를 접해 있으며 아래쪽으로는 목초지와 숲의 생생한 녹색과 경계를 접하고 있으면서 이러한 대조에 의해 일어나는 여러 변화에 강하게 영향을 받고 있다. 멀리 떨어져 있는 이러한 불분명하고 변화하기 쉬운 색의 경우 우리는 시간이 변하고 조명이 변함에 따라서 그 색에 일어나는 차이에 보다 면밀하게 주목하는 것에 반해, 그 색의 참된 속성을 규정하려고는 하지 않는다. 왜냐하면 우리는 이 색을 어떤 특정한 대상의 색으로 볼 필요가 없으며 이 색의 속성이 변한다는 사실을 알고 있기 때문이다. 그러나 우리가 팔 아래로나 다리 사이로 보는 것처럼 통상적이지 않은 방식으로 볼 경우에 풍경은 우리에게 평평한 상(像)으로 나타난다. … 이와 함께 색들도 멀고 가까운 대상들에 대한 관계를 상실하고 이제 전적으로 그것에 특유한 차이들과 함께 우리에게 나타나게 된다."[19]

---

19) Helmholtz, *Handbuch der physiologischen Optik* 2판, Hamburg und Leipzig, 1896, 607쪽.

이제까지의 심리학은 '내적 태도'의 변화에 수반되는 감각적인 전체적 인상에 특유한 이러한 변화를 설명하기 위해서 일반적으로 두 개의 상이한 수단을 사용했다. 즉 한편으로 심리학은 헬름홀츠에서 보는 것처럼, 현상을 어떤 지적 활동, 즉 어떤 판단작용 내지 추리작용의 결과로 보았다. 물론 이 경우 이러한 판단작용과 추론과정은 다양한 '무의식적인 추론들'의 결합체로 간주되었으며, 이와 함께 결국은 순수하게 현상적인 것이 아니라 형이상학적인 것에 속하는 것으로 간주되어야만 했다. 이렇게 형이상학적인 것에 속한다고 보는 점에서 '경험론자'인 헬름홀츠조차도 데카르트에 의해서 형성된 것과 같은 저 합리론적 지각이론의 옹호자이자 계승자라는 사실이 분명하게 된다. 그러나 다른 한편으로 지각의 심리학은 순수한 현상에 머무르려고 했다. 즉 심리학은—헤링이 헬름홀츠에 반대하면서 항상 거듭해서 말했던 것처럼—여기에서 언급되고 있는 현상들에서 문제가 되고 있는 것은 "본질적으로 다른 봄(Sehen)이며 단순히 외적인 상황의 차이에 대한 우리의 지식만은 아니다"[20]라는 사실을 강조했다. 그런데 이 심리학은 이러한 '보는 작용의 차이'를 해명하기 위해서 본다는 작용에 수반되고 그것을 수정하는 재생적인 계기들에만 주목하게 되었다. 논리적 기

---

20) Hering, *Grundzüge der Lehre vom Lichtsinn*, I. Abschnitt, § 4, 8쪽. 뷜러(Bühler)도 또한 "게슈탈트[형태] 인상과 진정한 판단소여는 서로 전적으로 다르다"는 원리에 입각하여 헬름홀츠의 '판단이론'에 예리한 비판을 가했다. *Handbuch der Psychologie*, Teil I: Die Struktur der Wahrnehmungen, Jena 1922, § 15 u. s.를 참조할 것.

능 대신에 기억과 '재생적 구상력'의 기능이 들어섰다. 헤링은 이렇게 주장하고 있다. "우리가 어떤 주어진 순간에 보고 있는 것은 결코 눈에 날아 들어오는 광선의 종류와 강도 및 망막(網膜)장치 전체의 그때마다의 상태에 의해서만 제약되는 것은 아니다. 오히려 이것들은 광선에 의해서 야기되는 색의 이른바 일차적인 발생요인에 지나지 않는다. 이러한 요인에 모든 부수적 상황에 의해서 환기되는, 이전에 경험된 것의 재생이 결합되며, 이렇게 이전에 경험된 것이 2차적이고 우연적인 요인으로서 그때마다의 보는 작용을 함께 규정하고 있는 것이다. … 어떤 외적 사물이 어떤 색을 띠고 있는지를 극히 자주 보게 되면, 이 색이 우리의 기억에 소멸되지 않고 새겨지게 되면서 기억되는 상의 확고한 한 속성이 된다. … 우리가 이미 경험에 의해서 잘 알고 있고 혹은 그 색에 대해서는 이미 알고 있다고 생각하는 모든 사물을 우리가 기억하고 있는 색이라는 안경을 통해서 보고 있는 것이며, 따라서 그것을 이러한 안경 없이 보는 것과는 자주 다르게 보고 있는 것이다. 그뿐 아니라 언뜻 습관적으로 사물을 볼 경우에는, 기억된 색을 재생시키는 모든 계기가 완전히 배제되었을 때—이를 위해서는 우리가 색에 특별한 주의를 향하지 않는다는 점이 항상 전제가 되고 있지만—우리가 실제로 보게 되었을 전적으로 다른 색 대신에 바로 지금 보고 있는 사물의 기억된 색이 나타나게 된다. 우리는 사물의 실제 색을 사물이 우연히 갖게 되는 색으로부터 구별할 수 있는 위대한 능력을 가지고 있다. 이와 같이 물체의 형태와 그것의 기복(起伏), 그것의 거리에 대한 지각을 우리에게 함께 전하는 것을 돕는 물체 표면에 드리워진 미세한 농담(濃淡)의 음영은 우리에게는 어떤 우연적인 것으로 나타난다. 우리는 그것을 그 음영을 담지하고 있는 평면색과 구별하면서 음영의 어둠 외에 또한 그것을 통과하여 평면의 '실제' 색을 보고 있다고 생각한다. 매끄러운 평면에 나타나는 니스의 광택색은 지각에서는 어떤 의미에서는 평면의 '실제' 색으로부터 분리되는 것이다."[21] 이와 같이 헬름홀츠에서는 논리적·지적 현상으로서, 즉 판단과 추론의 결과로서 해석되었던 현상들이 헤링에 의해서는 본질적으로 '기억에 관련된' 현상으로 규정되고 있다. 헤링에게는 일반적으로 기억은 모든 '유기적으로 조직된 물질'의 본질적 속성이기 때문이다.[22] 그러나 심리학적 경험 자체도 이러한 설명에 지속적으로 만족할 수는 없었다. 카츠는 헤링의 실험을 수용하고 확대하는 자신의 실험을 제대로 해석하기 위해서는 기억된 색을 끌어들이는 것만으로는 결코 충분하지 않다는 사실, 예를 들면 색을 판정하기 위해서 앞에 놓여 있는 여러 장의 색지가 개별적으로 규정되어 있지도 않고 관찰자들이 이전부터 그 색을 그 자체로서 알고 있지 않은 경우에조차도 '빛의 원근법'이라는 현상, 즉 대상의 '실제의' 색과 조명에 의해서 대상에 '우연히' 부착되어 있는 질이 구별된다고 하는 독특한 현상이 생긴다는 사실을 분명하게 주장하고 있다.[23] 이러한 사실

---

21) Hering, 앞의 책, § 4, 6쪽 이하.

22) Hering, *Über das Gedächtnis als allgemeine Funktion der organisierten Materie*, Wien 1876을 참조할 것.

23) 이에 대해서 상세한 것은 Katz, 앞의 책, 특히 § 17, 214쪽 이하를 참조할 것.

로부터, 카츠는—처음에는 우리가 색을 볼 때 기억된 색이 중심
적 역할을 한다고 가정했지만—정작 색을 보는 작용을 설명할 때
는 기억된 색이 종속적 역할을 할 수밖에 없다고 추론하고 있다.[24]
여기에서 경험적 심리학 자체가 다시 우리의 보편적인 철학적 문
제의 문턱에 서 있게 된다. 왜냐하면 색의 세계의 구성, 즉 그것
의 질서와 분절화에서도, 또한 이 색의 세계가 공간적이고 대상적
인 관계들을 재현하기 위해서 행하는 역할에서도 작용하고 있는
것은 논증적인 '지성'의 작용과 단순히 '재생적인' 구상력이 아니라
오히려 칸트가 '지각 자체의 필연적 구성부분'이라고 불렀던 '생산
적 구상력'이라는 사실이 다시 분명하게 되기 때문이다.[25] 엄밀한
의미의 '지각의 구성부분'은 주어진 '감각'에—그것을 판단에 의해
서 해석하기 위해서든, 그것을 기억의 재생적 요소들에 의해 보완
하기 위해서든—단순히 덧붙여지는 하나의 요인을 의미할 수 없
다. 여기에서 문제가 되고 있는 것은 이러한 사후적인 **보완**이 아니
라 오히려 전체로서의 직관에 관련된 것이며 그것을 전체로서 비
로소 '성립시키는' 근원적 **형성작용**이다. 우리가 이러한 작용을 앞
에서 행한 고찰에 근거하여 '**상징적** 이념화(symbolische Ideation)'
작용이라고 지칭할 경우, 이러한 지칭으로부터 우리는 **이러한 종**
류의 이념화가 그때마다의 보는 작용을 **함께** 규정하고 있는 '2차
적이고 우연적인 요소'가 아니라 정신적인 의미에서는 그것이야

'빛의 원근법'이라는 개념과 문제에 대해서는 특히 § 8, 90쪽 이하를 참조할 것.
24) 같은 책, Vorwort VII쪽.
25) 이 책 11쪽 이하를 참조할 것.

말로 보는 작용을 비로소 구성하는 것이라는 사실을 통찰할 필요
가 있다. 우리에게는, 어떠한 방식의 정신적 **봄**, 즉 이념화 일반에
의거하지 않는 보는 작용과 가시적(可視的)인 것은 있을 수 없기 때
문이다. 이러한 '정신적인 봄'의 권역 밖에 존재하는 보는 작용과
보인 것, 즉 모든 종류의 형태화 작용의 권역 밖에 존재하고 그것
에 앞서는 것과 같은 '단순한' 감각은 공허한 추상물에 지나지 않
는다. '주어져 있는 것'은 이미 항상 어떤 특정한 '**관점**'에서 수용된
것이며 이러한 관점의 상(相) 아래에서(sub specie) 파악되어야만
한다. 왜냐하면 이러한 관점이야말로 주어져 있는 것에 비로소 '의미'
를 부여하는 것이기 때문이다. 이 경우 이러한 의미는 부차적 · 개념
적인 **부가물**로도 연상에 의한 부가물로도 이해되어서는 안 된다.
오히려 그것은 근원적인 **직관 자체**의 단적인 의미다. 우리가 '봄'의
한 형식으로부터 다른 형식으로 옮기자마자 어떤 특징적인 변용
을 겪게 되는 것은 직관의 개별적인 **계기**뿐 아니라 오히려 **전체**로
서의, 즉 확고한 통일 속에 있는 직관 자체일 것이다. 직관하는 자
는 이미 창조적으로 태도를 취하고 있다는 괴테의 말은 과학적으
로 규정된 직관과 예술적으로 형성된 직관뿐 아니라 이미 소박한
경험적 직관에 대해서도 타당하다. "따라서 인식하는 자가 아무
리 상상에 대해서 경계의 십자가를 긋고 그것을 조복(調伏)시키려
고 해도, 그는 자신도 모르는 사이에 생산적 구상력의 도움을 받
지 않을 수 없다."[26] '생산적 구상력'과의 이러한 관계로부터 괴테

---

26) Goethe, *Naturwissenschaftliche Schriften*, Weim. Ausgabe, VI, 302쪽.

자신에게도, 그가 반복해서 강조하고 있는 사실, 즉 "아무리 똑같이 보더라도 봄과 봄 사이에는 차이가 있다는 사실"—다시 말해서 "감각적으로" 보는 것은 항상 이미 '정신의 눈으로 보는 것'이라는 사실—이 분명하게 되었다. 그럼에도 불구하고 생리학자와 생리학적 광학자는 감각적 요인과 정신적 요인을 분명히 분리하려고 하면서, 감각적 요인을 '일차적인 것', 정신적 요인을 '이차적이고 우연적인 것'으로 보는 경향이 있다. 이러한 경향은 생리학자와 생리학적 광학자 자신이 취하고 있고 그들에게 고찰의 방향을 제시하고 있는 '관점'의 입장, 즉 지각과정에 대한 인과적 분석 내지 발생적 '설명'의 입장으로부터 보자면, 어느 정도 정당화될지도 모른다. 그러나 이렇게 상대적인 정당성만을 가지고 있는 것을 절대적으로 정당성을 갖는 것과 혼동하는 것은 완전히 잘못된 일일 것이다. 이 점에서, 순수하게 **현상학적 고찰**은—이러한 고찰이 아직 '보다 이전의 것'이라든가 '보다 이후의 것'에 대해서 말한다면—오히려 이러한 관계를 역전시킬 것이다. 즉 현상학적 고찰은 '이념화'라는 '봄'의 양식이야말로 참된 πρότερον τῇ φύσει[프로테론 테 퓌세이, 본성상 앞선 것]라고 강조할 것이다. 왜냐하면 이러한 이념화에서 또한 이러한 이념화를 통해서 비로소 보이는 것의 **의미**도 나타나며 또한 이러한 이념화에 따라서 비로소 그 의미가 규정되기 때문이다.

색의 세계와 색이 우리에게 제시하는 여러 '현상방식'을 이런 관점에서 다시 한 번 고찰해 보면, 우리의 일반적 결론이 그것들에서 일관되게 입증되고 있다는 사실을 발견한다. 색의 '환원[축소]'

을 아무리 추진하더라도, 다시 말해서 색에서 그것의 **표시하는** 성격, 즉 공간적인 것과 대상적인 것에 대한 그것의 재현적 가치를 아무리 제거해 보더라도 색이 직관적인 분절을 전혀 갖지 않는 단순한 '감각'으로 되는 지점까지 소급해서 추적하는 것은 불가능하다. 색의 '근원적인 현상방식'으로서 우리 눈앞에 나타나는 것은 이른바 평면색이다. 그렇다면 '망막의 중앙은 빛에 대한 최초의 반응으로서 평면색을 의식에 제시하거나, 표면색을 지각하게 되기 전에 이러한 반응양식[평면색에 대한 지각]을 야기하는 상태를 통과한다'[27]는 명제는 생물학적으로도 심리학적으로도 뒷받침될 수 있게 된다. 완전히 발달된 색채의식, 공간의식, 대상의식에서조차 인위적으로 선택된 실험조건에 의해서, 공간색과 대상색이 모두 단순한 평면색으로 전환되어 '색의 인상들의 완전한 환원'이 일어나는 것도 가능할 수 있다.[28] 이제 색은 더 이상 공간도 어떤 특정한 사물도 볼 수 있게 하지도 않으며, 어떤 의미에서는 오직 자기 자신만을 볼 수 있게 할 뿐이다. 즉 색은 뉘앙스로 풍부한 다양한 '빛 체험' 내부에서의 한 항으로서 나타난다. 그러나 이러한 빛 체험들조차도 그것들이 서로 첨예하게 대조되고 이렇게 대조됨으로써 서로 질서 지어지는 한, 여전히 하나의 명확한 형성작용을 보여준다. 빛 체험들은 다양한 정도의 '응집력'을 소유하고 있어서 어떤 색이 다른 색으로부터 보다 크거나 보다 작은 거리에 의해

---

27) Katz, 앞의 책, 306쪽 이하.
28) 색채인상의 이러한 '완전한 환원'이라는 개념과 방법에 대해서는 특히 같은 책, § 4, 36쪽 이하를 참조할 것.

분리되어 나타나며, 이러한 거리에 의해서 **계열화**의 어떤 극히 분명한 원리가 생긴다. 그뿐 아니라 이러한 계열 자체 속에 일정한 특별한 점들이 존속하며 이러한 점들을 중심으로 하여 개별적인 요소들이 분류된다. 색의 어떤 개별적인 뉘앙스가 단순한 빛 인상으로서 받아들여질 경우에조차도 그것은 단적으로 '현전하고 있을' 뿐 아니라 동시에 '대표하는' 성격을 갖는다. 예를 들어 지금 여기에 주어져 있는 이 빛, 순간적이고 개별적인 이 빨강색은 자신을 단순히 우리에게 드러낼 뿐 아니라, '하나의' 빨강색으로서, 즉 자신이 대표하고 있는 종의 범례로서도 나타난다. 그것은 빨강색의 여러 뉘앙스의 계열 전체에 속하는 방식으로 그러한 계열 속에 귀속되며, 이렇게 귀속되어 있음으로써 이러한 계열의 전체를 표현하게 된다. 이러한 관계가 존재하지 않는다면, 인상이 '바로 이것'으로서, 즉 아리스토텔레스가 말하는 의미의 τόδε τι(토데 티 [이것])로서 규정되지 않을 것이다. 더 나아가 어떤 개별적인 색의 인상이 그것이 속해 있는 색의 종류를 대표할 뿐 아니라 그것이 그 자체로서 전혀 이질적인 것, 즉 사물의 규정과 공간적 규정을 표시하는 수단으로서 기능하게 될 때에는 우리는 표시의 새로운 차원에 도달하게 된다. 색이라는 질(質) 자체는 이제 그것이 부착해 있는 그것의 담지자, 즉 어떤 지속적인 기체를 지시하는 단순히 '우연적인 것'이 되는 것이다. 의식이 이러한 '지시', 이러한 종류의 '이념화'에 따르자마자, 이와 함께 색 자체도 의식에게 순수하게 직관적인 체험으로서, 이를테면 어떤 다른 빛 속에서 나타나게 된다. 즉 이러한 새로운 형식의 '봄'은 색 속에 있는 다른 것을

'볼 수 있게' 만드는 것이다. 단순히 평면색으로서의 색에 머무르는 한 우리는 조명에 의한 색의 변화에 대해서도 말할 수 없으며 또한 동일한 하나의 색이 다양한 정도로 '형성'되어 주어져 있을 수 있다는 사실에 대해서도 말할 수 없다.[29] 왜냐하면 양자는 동일화(Identifikation) 작용을 전제하지만, 이러한 작용은 평면색이 평면색으로서, 즉 하나의 단순한 '평면적인 질'로서 파악되는 경우에는 아직 완전히 결여되어 있기 때문이다. 평면색에서는 어떠한 색의 현상도 바로 이 순간에 대해서만 타당하며 다른 한편으로 바로 이 순간만을, 즉 그 색의 이러한 현재만을 완전히 채운다. [평면색에서] 색의 현상은 자신에 관계하고 자신에 집중되어 있으며, 따라서 그 상태의 어떠한 변화도—동시에 그리고 필연적으로—그 현상이 무엇'인지'에서의 변화, 즉 그것의 '본질'의 변화를 자체 안에 포함하고 있다. 그러나 색의 바로 이러한 특유한 자기충족성, 이러한 '자족성'도, 우리가 색을 더 이상 단순히 '그 자체에 입각하여' 받아들이지 않고 그것을 표시수단, 즉 '기호'로서 사용하자마자 사라지고 만다. 어떠한 기호도 그것의 본성상 다의적(多義的)이고 다의적일 수밖에 없는 것처럼, 이제 색 자체도 '다의적'이 된다. 언어의 어떤 특정한 단어가 항상 문장의 전체 속에서만 그리고 그 문장에 의해서 표현되는 의미의 전체로부터만 해석될 수 있는 것처럼, 이제 개개의 색현상도 우리가 그것을 받아들이는 그때마다의 맥락에 따라서 극히 상이한 '의미를 가질' 수 있다. 그리고 이러한 여러

---

29) 이에 대해 상세한 것은 같은 책, 특히 § 24, 264쪽 이하를 참조할 것.

의미에의 연관과 의미의 수태(受胎)가 직관적 체험 자체의 권역 속에서 그대로 나타난다. 어떤 색이 대표적인 것으로서 받아들여져서 그것의 지위가 변하자마자—즉 그것이 표면색으로서가 아니라 평면색으로서 '보이게' 되고 또는 거꾸로 평면색으로서가 아니라 표면색으로서 '보이게' 되자마자, 그 색은 순수하게 직관적으로도 우리로 하여금 다른 기분이 들게 하며 '다르게 보이게 된다.' 두 개의 색 a와 b가 있고 우리가 그것들을 평면색으로서 서로 비교해보면 a쪽이 분명히 보다 밝은 색으로 그리고 b쪽이 보다 어두운 색으로 보이는 경우에도, 우리가 고찰의 다른 수준으로 이행하여 a와 b를 물체색 내지 공간색으로 보자마자 이러한 관계가 단번에 역전되고 만다. 헤링과 카츠의 연구는 색의 현상이 어떤 색의 질서로부터 다른 질서로 이행할 때에 일어나는 이러한 특유의 전환에 대한 주목할 만한 예들로 가득 차 있다. 이러한 예들 중 하나는 다음과 같다. "창가에 서서 한쪽 손에는 하얀색 종이, 다른 손에는 회색 종이를 들고 우선은 그것들이 약간의 거리를 두고 서로 수평이 되게 나란히 보자. 다음에 회색 종이를 창에 가까이 두고 하얀색 종이를 창으로부터 떨어지게 해서 보면, 곧 회색 종이의 망막상(網膜像) 쪽이 하얀색 종이의 망막상보다도 광도가 높게 된다. 그러나 우리는 이러한 밝기의 변화를 느끼면서도, 지금은 광도가 더 높지만 '실제로는' 회색 종이를 여전히 회색으로 보며, 지금은 광도가 낮지만 '실제로는' 하얀색 종이를 여전히 하얗다고 보는 것이다. 그러나 그 종이들을 어떠한 방식으로든 고정된 하나의 관(管)을 통해서 한쪽 눈만으로 보면서 두 개의 종이가 다른 것에 그림자를 드리우지 않고 서로 직접적으로 인접해 있고 각 종이의 일부만이 보일 수 있게 할 경우에는, 그 두 개의 상(像)을 완전히 동일한 수준에서 볼 수 있게 된다. 이제 두 개의 광도의 차이에 비례해서, 회색의 종이가 보다 밝고 하얀 종이가 보다 어둡게 보이게 된다. … 회색 종이나 하얀 종이를 서로 바뀌가면서 창에 근접시키거나 떨어뜨릴 경우, 우리는 그 평면의 하양(밝음)과 검음(어두움)이 눈에 띄게 증가한다는 사실을, 그 종이의 '실제' 색에 대한 한낱 우연으로 간주하게 된다. 하얀 종이든 회색 종이든 비록 그것들이 우연히 보다 밝거나 우연히 보다 어둡게 보일지라도 그것들은 우리에게는 '그것들이 실제로 가지고 있는' 색을 보존하고 있는 것이다. 따라서 이 경우 우리가 보고 있는 것은, 어떠한 이유로든 평면 위에 '얼룩'이 생겼을 때 일어나는 것과 같은 평면의 '실제' 색의 변화는 아니다. 그 경우 평면에 속해 있는 색은 비록 우리가 그 색의 변화를 실제로 느낄 경우에조차도 우리에게는 그대로 존속하고 있는 것으로 보이는 것이다. 오히려 많은 경우 평면의 하양색과 검정색의 우연한 증대는 그것의 '실제' 색과는 완전히 분리된 것으로서 보인다. 예를 들어 어떤 평면 위를 하나의 그림자가 달리거나, 거울과 같은 것이 움직이면서 움직이는 빛의 얼룩을 평면 위에 산출할 경우 등이 바로 그렇다."[30] 보다시피 여기에서 현상에서의 변화의 원인이 되고 있는 것은 **기준점**의 변화다. 어떤 특정한 색을 갖고 있는 '사물'이 기준점으로 간주될 경우에는, '재인(再認)'

---

30) Hering, *Grundzüge einer Lehre vom Lichtsinn*, § 4, 9쪽.

도 '재현(再現)'도 이러한 사물을 실마리로 하여 행해진다. 항상적인 '대상'에 어떤 항상적인 색이 지속적 '속성'으로서 귀속되며, 모든 색현상은 이러한 속성을 우리에게 표시하고 이러한 속성의 기호로서의 역할을 한다는 단 하나의 의미와 단 하나의 과제만을 갖는다. 이에 따라서 우리는 변화하는 조명효과는 '도외시하고' 오직 대상의 '지속적인 색'에만 시선을 향하게 된다. 그러나 이러한 '도외시'와 '시선의 방향'이 변하게 되자마자 동시에 색현상의 모습 전체도 변하게 된다. 이러한 모습은 그것을 사물의 '실체성'이라는 상(相) 아래에서(sub specie) 보는가, 아니면 여러 사정의 일시적인 조합에 의거하는 하나의 '작용'으로서 보는가에 따라서 다르게 나타난다. 헤링이 들고 있는 예를 다시 한 번 인용해 보겠다. "내가 나뭇잎으로 인 지붕 아래의 길을 걷고 있노라면, 무성한 나뭇잎들 사이를 통해서 길 위의 어떤 장소에 직접 햇빛이 쏟아지고 있다. 일순간 나는 석회가 쏟아져서 하얗게 된 장소를 보고 있다고 생각한다. 그러나 보다 잘 주의해서 보면, 내가 보고 있는 것은 더 이상 하얀색이 아니라 회갈색(灰褐色) 지면을 비추는 빛에 지나지 않는다." 요컨대 '이념화'의 방향이 순수하게 '시각적'인 현상을 전적으로 특정한 두 개의 노선에서 드러나게 한다. 즉 한 경우에서는 시각적 현상이 사물·속성연관의 표현으로서 사용되고, 다른 경우에는 어떤 인과관계의 표현으로서 사용된다. 즉 한 경우에 그것은 우리에게 어떤 실체적 존재(즉 '얼룩'의 존재를), 다른 경우에는 하나의 순간적 효과로서의 빛의 반사를 상징적으로 표현하고 있는 것이다. 그러나 이 두 가지 경우와 관련하여, 그 자체로 동일하게 존립하고 있는 '감각'에 실체성이라든가 인과성과 같은 '범주'가 단지 사후적으로 덧붙여지고 그것이 이 감각을 이미 마련되어 있는 형식적 도식 안으로 강제로 편입시킨다는 식으로 현상을 기술한다면 우리는 오류를 범하게 된다. 왜냐하면 이 경우에는 바로 저 결정적인 사실이, 즉 '재인'과 '재현'에게 나아가야 할 길을 지시하는 저 기준점의 동일성이라는 것이 단지 단순히 미리 주어져 있다는 의미에서 '거기에 존재하고 있는' 것이 아니라 고찰의 방향과 이러한 고찰이 겨냥하고 있는 **이념적 목표**로부터 비로소 생긴다는 사실이 간과되기 때문이다. 지향이 '객관적' 경험이라는 의미에서 '대상의 통일'에로 향해 있을 경우에, 조명색은 바로 이러한 대상의 연속성을 눈에서 놓치지 않기 위해서 우리가 '무시하는' 어떤 우연적인 것으로서 나타나게 된다. 이에 반해 우리가—이것은 물론 통상적으로는 특수한 '과학적' 태도에서만 보이는 것이지만—색의 현상과 빛의 현상을 그 자체로서 연구한다면, 즉 대표하는 것들로서의 그러한 현상들을 통해서 대상에로 눈을 향하지 않고 그러한 현상들에 고유한 구조에 몰입한다면, 저 동일성도 사물의 영역으로부터 '현상'의 영역으로 옮겨지게 된다. 덧없고 가변적인 현상 자체, 순간적인 '그렇게 있고 다르게 있지 않은 존재방식'을 갖는 현상 자체야말로, 우리가 이제 확정하고 인식하려고 하는 것이다. 즉 표시하는 것이 표시되어야 할 것의 계열 안으로 들어간 것이다. 그러나 이와 함께 우리가 표시하는 것과 표시되는 것의 상호관계 일반으로부터 벗어나게 된 것은 아니다. 왜냐하면 만약 그렇다면 우리는 구체적인 '직관'의 영역조차도 떠나버린 셈이기

때문이다. 실은 기본적 관계의 양극, 즉 기준점만이 이동했을 뿐
이며 이러한 기본적 관계 자체의 일반적 기능은 존속한다.[31] 동시

---

31) 우선은 아직 자신의 여러 관찰과 실험을 일반적인 **연합이론**의 틀 안으로 편입시
키면서 단순한 '재생적 구상력'의 법칙에 의해서 설명하려고 노력하는 것으로 보
였던 카츠가 갈수록 사태 자체에 의해서 이러한 설명 틀로부터 벗어나게 되는 것
은 특기할 만하다. 이른바 '빛의 원근법' 현상, 즉 대상의 '본래' 색이 특정한 '불규
칙한' 조명 속에서만 그 대상에 귀속되는 대상색으로부터 구별되는 것은 대상의
'본래' 색을 '시각적 잔존물의 집중적 재생으로 보는 것으로는' 충분히 설명될 수
없다는 사실을 카츠는 분명하게 지적하고 있다. 그는 이렇게 말하고 있다. "고찰
되고 있는 과정이 … 인상들과 표상들이 연합될 경우에 보통 보이는 과정과 어떤
점에서도 동일하지 않다는 사실로부터도 이미, 지금 문제되고 있는 사례에서 재
생된 표상들에 대한 어떤 조작이 행해지고 있다고 곧바로 인정될 수 없다." 왜냐
하면 우선 첫째로 통상적인 의미의 연합에서는 서로 연합되는 요소들에게 완전
한 자립성과 독립성이 인정되기 때문이다. 그 요소들의 어떤 것도 바로 지금 존
재하는 결합과는 다른 어떠한 결합 속으로 진입할 수 있다. 더 나아가 연합을 통
해서 결합되는 요소들 사이에는 어떠한 종류의 '내적' 연관도 존재할 필요가 없
다. 요소들은 단지 외적으로 '서로' 우연히 만날 뿐이며, 어떠한 방식으로든 필연
적인 연관을 갖지 않는다. 마지막으로, 연합의 두 항이 서로 결합되기 위해서는
그것들은 함께 존재하든가 잇달아 일어나는 것으로서 제시되는 것이 필요한 것
으로 간주된다. 그러나 이 세 가지 전제 중 어떤 것도 조명과 조명된 것의 구별
로 이끄는 과정에 대해서는 타당하지 않다. "일반적 견해에 따르면, 통상적이지
않은 조명 속에서 나타나는 인상은 통상적인 조명 속에서 나타나게 될 색을 재
생해야만 한다. 따라서 그 경우에는 표면색들 자체가 요소들로서 간주된다. 그
러나 이러한 견해는 잘못된 것이다. 왜냐하면 나는 특정의 조명 없이 표면색만
을 그 자체로는 결코 체험할 수는 없기 때문이다. 특정한 조명이 특정한 표면색과
연합되는 것이 아니라, 서로 관계를 맺게 되는 요소들 자체가 표면색과 조명의 산
물인 것이다." 더 나아가 여기에서 결합되는 요소들은 어떤 내적 친화성을 가지고
있다. 즉 색체험들은 끊임없이 변화함으로써 서로 이행할 수 있는 것이다. 그리고
마지막으로 이러한 색체험들은 결코 동시에 주어지는 것은 아니지만, 그렇다고
해서 예를 들면 음절들이 서로 결합하기 위해서 일정한 속도로 잇달아 일어나야
만 하는 것처럼 일어날 필요도 없다. 이 모든 차이를 견지하고 용어상으로 고정

하기 위해서 카츠는 통상적인 연합개념 대신에 '연쇄연합'이라는 개념을 도입하고 있다. 이 '연쇄연합'이 통상적인 의미의 연합과 다른 점은 "연합되는 요소들 자체가 (조명과 조명을 받는 것이라는) 두 개의 양으로부터의 산물들이지만 어떤 가변적인 양(조명)과 어떤 불변적인 양(조명을 받는 것)으로부터의 산물들이라는 그것들의 본성은 요소들의 연쇄에 대한 체험으로부터 비로소 추정될 수 있게 된다"(Katz, 앞의 책, 376쪽 이하)는 사실에 존재한다. 그러나 '연쇄연합'이라는 개념에 의해서 '고전적' 연합이론의 틀은 확대되기는커녕 오히려 붕괴되고 만다. 왜냐하면 '연쇄연합'에서 문제가 되는 것은 이른바 '유사연합'과 '근접연합'이라는 것 속에 존재하는 것과는 전혀 다른 관계형식이기 때문이다. 즉 여기에 존재하는 것은 '상징적으로 함께 주어져 있음(Mitgegebenheit)'이라는 관계, 즉 여기에 지금 주어져 있는 특수한 현상이 단지 자기 자신뿐 아니라 복합체 전체를—여기에서는 '다양한' 조명 속에 존재하는 '동일한' 대상이라는 현상을—대표하고 표시하는 관계인 것이다. 따라서 계열의 개개의 항들을 결합하는 것은, 그러한 항들 사이의 유사성이나 그것들이 경험적으로 잇달아 일어나거나 함께 공존하는 식으로 함께 주어지는 빈도도 아니고, 그러한 항들이 충족시키는 지시라는 공통의 기능, 즉 감각적으로는 이질적임에도 불구하고 이러한 항들이 공통의 기준점(바로 동일한 '대상' X)에 소급적으로 관계 지어진다는 것이다. 이러한 관계는 연합이라는 것으로 설명되지 않고 오히려 그것이 '연합'을, 즉 다양하고 서로 다른 것들의 결합을 비로소 가능하게 하는 것이다. 카츠 자신도 말하고 있는 것처럼 '여러 색의 변화가 일어나는 하나의 대상이라는 의식이야말로 조명이 변화하면서 이 대상에 의해서 야기되는 여러 색체험을 결합하는 끈을 제공한다."(같은 책, 379쪽) 그러나 우리가 앞에서 보았던 것처럼, 바로 이러한 의식의 특수한 형식은 단순한 표상들의 '함께 있음'이나 표상들의 '연합'에 의해서는 '설명'될 수 없는 것은 물론이고 충분히 특징지어질 수도 없다(이에 대해서는 특히 『상징형식의 철학』 제1권 73쪽 이하를 참조할 것). 카츠의 일련의 연구는 우리가 '평면색'의 수준으로부터 '표면색'의 수준으로 이행하자마자—즉 우리가 평면색을 대상의 '객관적 통일'에 관계 짓고 이를테면 이것에 부착되는 것으로 보자마자—순수한 색현상이 어떻게 해서 전적으로 다른 상호연관을 맺게 되고 전적으로 새로운 배열을 획득하게 되는지를 극히 계발(啓發)적으로 보여주고 있다. 이전에는 여러 색현상이 비교적 고립되어 있었고 각각의 현상이 어떤 의미에서는 '자기 자신'만을 드러냈던 것에 반해서 이제 그것들은 이러한 공통의 소급적 관계에 의해서 각각의 항이 전체를 대표

에 여기에서 감각적 현상들이 대표적 성격을 획득하고 표시기능
의 담지자가 되는 것은 그러한 현상들이 그 자체로 끊임없이 발전
적으로 자신을 분화해 가는 것에 의해서만 가능하다는 것, 그러
나 다른 한편으로는 또한 역으로, 하나의 직관적 전체가 그 자체
안에서 정밀하게 분절되면 될수록 더욱더 풍부하면서도 폭넓은
표시 가능성을 획득하게 된다는 것도 명확하게 된다. 분절된 다양
성 내부에서만 어떤 계기가 전체를 대표할 수 있다. 그리고 다른
한편으로 의식은 비록 형태화된 전체가 존재하더라도 그 계기들
중 하나를 현전화할 필요가 있을 뿐이며, 그 계기에 입각해서 그
리고 그 계기 속에서 전체 자체를 파악하고 이러한 계기를 매개로
하여 전체를 '소유할' 수 있게 된다. 이와 같이 기준점의 모든 이
동, 직관적으로 주어져 있는 구조 내에서의 모든 '중심이동'에도,
일반적으로 이러한 구조 속에서 또한 이러한 구조를 통해서 표시
되는 것의 변환이 대응하고 있다. 한낱 평면색의 경우에는 '시점'
의 이러한 변화는 제한된 범위에서만 일어난다. 왜냐하면 평면색이
평면색으로서, 즉 한낱 '평면적인 질'로서 받아들여지는 한, 평면색

하고 전체의 대표가 되는 것과 같은 하나의 연속적 계열, 즉 하나의 완결된 연쇄
를 이루게 된다. 개개의 감각적 현상은 단순한 경험적 유사성이나 경험적인 연속
적 발생과 함께 있음이라는 관계에 의해서 서로 외적으로 결합되지 않고 그 각각
이 상징적으로 대표하고 있는 통일적 대상이라는 공통의 매체에 의해서 통합
되고 '하나가 되는' 것이다. 현상들 사이에 비로소 '정신적 결속'을 건립하는 이러
한 통합은 의미에 의한 통합이다. 즉 다양하고 특수한 색현상들이 전체적으로 하
나의 동일한 대상을 '의미하고' '표시하기' 때문에, 또한 그런 한에 있어서 그러한
현상들 자체도 합류하여 하나의 통일적 '직관'이 되는 것이다.

에는 어떠한 기능적 의미의 구별도 없고 전경(前景)도 배경(背景)도 없기 때문이다. 그러나 색이 표면색이 되고 어떤 사물의 '속성'으로서, 즉 지속적인 성질로서 받아들여지게 되자마자 즉시 이러한 구별이 나타나게 된다. 한낱 **지금 여기**에 유일하면서도 미분화된 복합체로서 주어져 있는 감각체험에서 이제는 서로 명확하게 규정된 근본계기들이 출현하게 된다. 즉 통일적인 직관이 항상적인 요인과 가변적인 요인으로 분해된다. 조명의 모든 변화에도 불구하고 대상이 갖는 '불변적인' 색이 '보이게' 되고, 이것은 조명의 변화가 야기하는 일체의 변용으로부터 구별된다. 이러한 구별, 이러한 내적 분절이 여러 방식으로 일어난다면 이와 함께 '보는 작용'의 대상도 변하게 된다. 앞에서 거론했던 헤링의 예를 다시 한 번 끌어들이자면, 가로수길의 나뭇잎들로 인해서 생긴 어두운 그늘을 빛이 투과(透過)할 때 생기는 밝은 장소는 어떤 때는 이 사물의, 어떤 때는 저 사물의 통일성에 결부될 수 있다. 예를 들어 그것은 어떤 때는 '태양빛에 비춰진 갈색의 모래땅'으로 보일 수 있고, 어떤 때는 땅에 부어져 있는 석회의 하얀 물체색으로 보일 수 있다. 전자의 경우에는 '조명'이라는 요인이 변수로서 설정되고 있으며, 우리가 볼 수 있는 범위 내의 어떤 장소에서 생기는 차이가 이러한 요인의 변화에 의해 '설명된다.' 이에 반해 후자의 경우에는 이러한 요인은 불변적인 것으로 간주되며, 차이는 두 개의 상이한 '시각대상'(지면과 그것 위에 흩어져 있는 석회)이 주어져 있다는 사실로 환원된다. 색현상은 그것이 어떤 사물의 통일성에 결부되느냐에 따라서 항상 다른 성격과 아울러 순수하게 직관적인 다른 의미

를 갖게 된다. 색현상은 그것이 다른 대상계열로 이행하고, 이 대
상계열을 그것의 전체성과 연관에 있어서 표시하게 되자마자 다
른 것으로 '존재하게' 된다. 왜냐하면 현상의 존재는 그것이 갖는
대표하는 기능과 분리될 수 없기 때문이다. 현상이 다른 것을 '의
미하게' 되자마자, 즉 다른 전체적 복합체를 자신의 배경으로서 지
시하게 되자마자, 그것은 더 이상 동일한 것으로서 '존재하지' 않
게 된다. 현상을 이렇게 착종되어 있는 상태로부터 떼어내서, 그
것을 모든 지시기능에 선행하고 이러한 지시기능 외부에 있는 자
립적인 것으로 파악하려고 하는 것은 한낱 추상에 지나지 않는다.
왜냐하면 어떤 것을 표시하지 않고 단지 존재하는 것에 지나지 않
는 한낱 감각이라는 적나라한 핵심은 결코 실제의 의식 안에도 실
제의 의식에 대해서도 존재하지 않으며, 가령 존재한다고 해도 단
지 심리학자의 의식 내의 조작물로서만 존재한다. 즉 그러한 적나
라한 핵심이라는 것은 윌리엄 제임스가 '심리학자의 오류(the
psychologist's fallacy)'라고 불렀던 저 환상의 전형적인 예인 것이
다. 우리가 이러한 환상으로부터 근본적으로 벗어나고 '감각'보다
는 오히려 '직관'이, 요소가 아니라 형태화된 전체야말로 의식에게
주어지는 유일한 자료라는 사실을 인정한다면, 남아 있는 문제는
이러한 직관의 '형식'과 직관이 수행해야만 하는 '표시기능' 사이에
어떠한 연관이 성립하는가라는 것일 수밖에 없다. 이윽고 직관의
형식과 직관의 표시기능 사이에 참된 상호관계가 존재한다는 사
실도 분명하게 된다. 즉 직관의 형성이야말로 표시가 당연히 필요
로 하는 참된 매체인 것이며, 다른 한편으로 직관을 표시수단으로

서 사용하는 것이 직관 속에 항상 새로운 '측면'과 계기를 출현시키고 이러한 측면들과 계기들을 보다 풍부하면서도 보다 분화된 전체로 형성해 가는 것이다.

제3장 공간

이미 분명해진 것처럼, 직관적 현실의 구성은 유동하면서도 항상 동일한 계열을 형성하는 감각적 현상들이 분화되는 것과 함께 시작된다. 현상의 끊임없는 흐름의 한가운데서 이제 특정한 기본적 단위들이 확보되고, 이후 이것들이 방향을 정하기 위한 확고한 중심점이 된다. 개개의 현상은 이러한 중심에 관계 지어짐으로써 비로소 자신의 특징적인 의미를 획득하게 된다. '객관적' 인식의 그 후의 모든 발전, 즉 직관적 존재의 전체상이 받아들이게 되는 모든 해명과 규정은, 이러한 과정이 갈수록 큰 원환을 그리게 된다는 사실과 결부되어 있다. 현상적 현실이 현전적(präsentative) 계기와 재현적 계기, 표시하는 것과 표시되는 것으로 분해됨으로써 어떤 새로운 주제가 획득되고 이것이 갈수록 강한 효과를 미치게 되며 이후 이론적 의식의 운동 전체를 규정하게 된다. 여기에서 시작되는 이러한 근원적 충동이 파문처럼 증식되고, 현상들의 전체가 우선은 우리에게 나타나는 방식인 저 유동적 운동이 실로 중단되지는 않지만 그러한 유동적인 운동으로부터 점차로 특정한 개개의 소용돌이가 갈수록 명료한 형태로 분리되어 간다. 우리는 이제까지 '사물'과 '속성'이라는 시점(視點)하에서의 현상계의 분절에만 주목했지만, 이러한 분절도 물론 이러한 과정 전체의 한 계기를 형성할 뿐이다. 그러한 분절 자체가 다른 주제들과 결합하고 그것들과 동시에 작용함으로써만 가능하게 된다. 변전하는 현상들이 귀속되는 고정적인 **사물이라는 통일체**의 정립은 이러한 통일체가 동시에 **공간적인** 통일체로서도 규정되는 방식으로 수행된다. 사물의 '존립'은 그러한 공간적 통일체의 고정성에 결부되어 있다. 사물이 바로 이러한 **하나의** 사물이고 이러한 하나의 사물로서 존속한다는 점이 우리에게 명확하게 되는 것은, 무엇보다도 우리가 직관적 공간의 전체 안에서 그 사물의 '장소'를 지정함으로써 가능하게 되는 것이다. 우리는 사물에게 매 순간 그것의 특정한 공간을 귀속시키고 이 사물의 위치들의 전체 자체를 다시 하나의 직관적 전체로 종합한다. 그리고 이러한 직관적 전체가 대상의 운동을 법칙적으로 규정된 항상적 변화로서 우리에게 드러낸다. 그리고 이를 통해서 사물이 그때마다 공간 안의 고정된 한 점에 결부되며, 그 **위치**가 '현실적인' 공간 안에서 다른 모든 대상의 위치와 관련하여 규정되고 나타나는 것과 똑같이 우리는 사물에게 그 공간적인 '크기'와 '형태'를 그것의 객관적인 규정으로서 부여한다. 이렇게 해서 사물이라는 주제와 공간이라는 주제의 저 '동맹', 즉 원자라는 개념으로 가장 간결하게 **과학적으로** 표현되었던 '동맹'이 형성된다. 그러나 원자라는 이 개념은 그것이 이론물리학적 세계상을 구성하는 데 힘을 발휘하기 전에 이미 경험적인 지각세계 안에서 작용하고 있던 맹아를 발전시켰을 뿐이다. 지각조차도 사물을 하나의 객관적인 공간 안에 위치시키고 이를테면 정주하게 함으로써 '사물'을 정립하고 '사물'을 그것의 가변적인 상태와 성질로부터 구별하는 것에 이르게 된다. 개개의 '현실적인' 사물이 자신의 이러한 현실성을 증명하는 것은, 무엇보다도 그것이 공간의 어떤 부분을 차지하고 다른 모든 사물을 그것으로부터 배제하는 것에 의해서다. 궁극적으로 사물의 개체성이란 그것이 이러한 의미에서 공간적인 '개체'라는 것, 즉 그것이 자신이 존재하는 고유한 '세력권'을 가지고 있고 이러한 세력권 안에서 모든 다른 존재에 대해서 자신을 주장한다는 것에 근거한다. 이와 같이 우리의 고찰은 직접적으로 사물·속성이라는 문제로부터 **공간문제**로 소급해 갈 수밖에 없다. 즉 사물·속성문제에 대한 진술과 정식화에는 공간문제에 대한 어떤 종류의 기본적인 규정들이 이미 포함되어 있다.

그러나 물론 이와 함께 우리는 거의 풀어낼 수 없는 문제군(問題群) 앞에 서 있게 된다. 공간문제가 어떠한 방식으로든 관계되지 않고 이런저런 방식으로 얽혀 있지 않은 철학의 영역, 특히 이론적 인식의 영역은 무릇 존재하지 않기 때문이다. 형이상학과 인식비판, 물리학과 심리학의 모든 것이 공간문제를 제기하고 해결하는 데 똑같이 깊이 참여하고 있다. 그러나 우리는 여기에서는 공간문제를 그것에 대한 이러한 사상적 분지들의 모든 것과 관련하여 다룰 생각은 없으며, 공간문제의 풍부하면서도 복잡하게 얽혀 있는 직물

(織物)로부터 오직 하나의 실마리만을, 즉 공간문제가 우리의 체계적인 근본문제 내지 주요문제와 결부되어 있다는 사실을 입증하는 하나의 실마리만을 끄집어낼 것이다. 이와 함께 우리의 물음은 다음과 같은 형태를 띠게 된다. 즉 공간문제는 보편적인 상징문제와 어떠한 관계에 있는가? 공간, 즉 사물이 그 '안에서' 우리에게 나타나는 공간은 단순한 직관적 소여인 것인가 아니면 아마도 어떤 상징적 형성과정의 성과 내지 결과에 지나지 않을까? 이러한 문제설정과 함께 우리는 물론 심리학적이고 인식이론적인 고찰에 의해서 개척된 길로부터 벗어나 처음부터 어떤 새로운 기반 위에 서게 된다. 왜냐하면—언뜻 생각하기에는 기묘하면서도 역설적으로 보일 것이지만—이제 문제의 중심이 자연철학에서 문화철학으로 이동하기 때문이다. 공간은 사물세계의 구성에 어떤 의미를 갖는가라는 문제가 첨예화되고 심화되어, 정신적인 현실이라는 특수한 현실의 구성에 공간은 어떠한 의미를 갖고 어떠한 역할을 하는가라는 다른 문제로 변화되는 것이다. 우리는 공간이 보편적인 '정신의 현상학' 내부에서 어떠한 위치를 갖는지를 명확하게 밝히기까지는 공간의 '기원'도 그것의 가치와 그것에 고유한 중요성도 완전히 이해할 수 없을 것이다. 따라서 이제 다음과 같은 물음, 즉 순수한 공간직관의 객관화하는 수행과 이러한 객관화의 진전에 결정적인 형태로 협력하고 있는 다른 정신적 에너지 사이에 어떠한 연관이 존재하는가, 특히 언어는 공간적 직관의 세계를 획득하고 확보하는 것에 어떻게 관여하는가라는 물음이 제기되어야만 한다. 전통적인 심리학도 인식이론도 이 모든 문제를 충분히

해명하지 못했다. 더 나아가 전통적인 심리학이나 인식이론은 그 어느 것도 물음 자체를 참으로 엄밀하면서도 명확한 형태로 제기했던 것 같지 않다. 그리고 바로 이러한 태만 때문에 양자에게는 공간문제로 향하는 중요한 통로가 닫혀져 버렸다. 전통적인 심리학과 인식이론은 이런 문제를 존재에 관한 일반적인 문제군뿐 아니라 의미에 관한 일반적 문제군과 연결하면서 그것에 편입시키는 실을 놓쳐버린 것이다. 그러나 다른 한편으로 가장 잘 알려져 있는 공간이론에서조차도 이러한 이론들이—비록 우선은 아직 무의식적으로 또한 어떤 의미에서 자신들의 본의(本意)에 반해서일지라도—바로 이러한 방향에서 문제를 추구하지 않을 수 없게 되는 지점이 정확하게 제시될 수 있다. 공간문제 일반이 참으로 체계적이고 선명하게 고찰되고 논해지는 순간부터 하나의 기본개념이 갈수록 명확하게 고찰의 중심이 된다. 이 기본개념은 하나의 붉은 실처럼 공간이론의 역사를 관통하고 있다. '합리주의적인' 성격의 것이든 '감각주의적인' 성격의 것이든, 혹은 '경험론적인' 성격의 것이든 '생득설적인' 성격의 것이든 이러한 공간이론들은 자신들을 완성하고 기초 지으려고 하면서 자신들이 항상 기호라는 개념으로 소급하게 되는 것을 목격하게 된다. 이러한 동향은 17세기에 공간문제를 수학적으로 정밀하게 논하기 위한 최초의 기초를 놓았던 케플러와 데카르트의 공간이론에서 보이며, '생리학적 광학'의 출발점이 되는 버클리의 『시각에 대한 새로운 이론』에서 이미 훨씬 더 선명하게 나타나고 있다. 그러나 이것들에 못지않게 '공간표상의 기원'에 대한 현대의 모든 학설에서도 이러한 동향은 헬름홀츠와 헤링, 로체와 분트까지 추적될 수 있다. 간략한 역사적 개관을 통해서 이러한 연관을 분명히 하는 것은 충분히 의미 있는 일이다. 왜냐하면 이러한 개관과 함께 우리는 동시에, 여기에 이미 도처에서 잠복해 있는 체계적인 문제에 봉착할 수밖에 없기 때문이다.

공간개념에 대한 데카르트의 분석은 실체개념에 대한 그의 분석과 극히 긴밀하게 결합되어 있다. 여기에서는 공간문제와 실체문제의 존재론적 · 형이상학적 연관을 극히 충실하게 반영하고 있는 어떤 방법상의 통일과 상관관계가 존재한다. 왜냐하면 데카르트 형이상학의 근본전제에 따르면 '사물', 즉 경험적 대상은 그것에 대한 순수하게 공간적인 규정에 의해서만 명석판명하게 정의될 수 있기 때문이다. 길이와 폭 그리고 깊이로 이루어지는 연장만이 경험의 대상을 규정하는 유일한 객관적인 술어라는 것이다. 보통 물리적 실재의 속성으로 간주되는 것도 그것을 참으로 엄밀한 형태로 개념적으로 파악하려면, 우리는 그것을 모두 순수한 연장의 관계로 환원하고 이러한 관계로 남김없이 해소해야만 한다. 그러나 보다 상세하게 검토해 보면, 데카르트에서 사물의 개념과 수학적인 공간개념 사이에 보이는 이러한 불가분의 관계는 두 개념이 동일한 하나의 **논리적** 근본기능에서 유래하고 이러한 기능에 공통의 뿌리를 두고 있다는 사실에 근거하고 있다. 왜냐하면 데카르트가 지적하고 있는 것처럼 기하학적 연장의 연속성과 동질성과 마찬가지로 사물의 동일성도 감성적인 감각과 지각에 직접적으로 주어지는 자료들은 결코 아니기 때문이다. "시각이 우리에게 인식하게 하는 것은 여러 형상뿐이며, 청각이 우리에게 인식하게 하는 것은 여러 울림이나 소리뿐이다. 따라서 우리가 이러한 형상과 소리 이외에 이러한 형상과 소리에 의해서 **지시되고 있는** 것이라고 생각하는 무엇인가가 우리에게 주어지는 것은 외부로부터 오는 감각적 표상들에 의해서가 아니라 오히려 그 소재(所在)와 기원이 우리 자신의 사고 속에 존재하는 어떤 생득관념에 의해서라는 사실은 분명하다."[1] 이와 같이 우리가 보통 직관적 공간에 부여하고 있는 모든 규정도 자세히 보면 순수하게 논리적인 성격의 것이다. 우리는 이러한 논리적 성격들, 즉 항상성과 무한성 그리고 동형성과 같은 징표들에 의해서 순수기하학의 공간을 정의한다. 그러나 사물의 공간, 즉 '물리적인' 공간의 직관도 다른 방식으로 성립하는 것은 아니다. 우리가 이러한 공간에 도달하는 것도 감각에 의해 제공되는 개별자료들을 지성이 종합함으로써, 즉 지성이 이러한 자료들을 서로 비교하고 이를테면 그것들을 서로 일치시킴으로써 가능하다. 이런 식으로 일치시키고 서로 연관시킴으로써 사고가 구상하는 하나의 구성적 도식으로서의―즉 데카르트에서는 질서와 척도의 보편적인 기초학인 저 '보편수학'의 한 소산으로서의―공간이 우리에게 생기는 것이다. 공간적인 것을 직접적으로 **지각한다고** 믿는 경우에조차도 우리는 이미 이러한 보편수학의 권역과 주박(呪縛)의 한가운데에 서 있다. 왜냐하면 우리가 사물의 크기, 사물의 거리, 사물들의 상호위치라고 부르는 것은

---

1) Descartes, *Notae in programma quoddam*, ed. Adam-Tannery VIII, 360; 상세한 것은 *Erkenntnisproblem* I, 3판, 489쪽 이하를 볼 것.

보이는 것도 만져질 수 있는 것도 아니고 오직 측정되고 계산될 수 있는 것에 지나지 않기 때문이다. 공간지각의 어떠한 작용도 측정의 작용을 포함하고 있으며 따라서 수학적인 추론 작용을 포함하고 있다. 이와 같이 데카르트는 ratio—이 단어는 '이성'이라는 의미와 동시에 '계산'이라는 의미도 갖는데 바로 이러한 이중의 의미에서—가 직관의 영역뿐 아니라 지각의 영역에조차 개입하는 것으로 보며 이와 함께 이러한 영역도 ratio에 귀속되고 ratio의 근본법칙에 따르는 것으로서 설명하게 된다. 모든 직관작용은 어떤 이론적인 **사고작용**에 구속되어 있으며, 이러한 이론적 사고작용 자체도 다시 논리적인 판단과 추론에 구속되어 있다. 따라서 순수 사유의 근본작용에 의해서 자립적인 사물세계라는 형식에서든 직관적인 공간세계라는 형식에서든 현실이 우리에게 비로소 개시하고 접근될 수 있게 된다.

버클리의 『시각에 대한 새로운 이론』은 그것의 구성과 인식이론적 전제로부터 보면 데카르트의 이러한 학설과 **정반대되는 것**으로서 나타난다. 그럼에도 불구하고 그것은 데카르트의 학설과 어떤 특정한 출발점을 공유한다. 왜냐하면 참으로 현실적인 모든 것이 단순한 감각 속에 포함되어 있다고 생각하는 감각주의자 버클리에게도 감각적인 '지각'만으로는 공간성에 대한 특수한 의식이라든가 경험의 대상이 우리에게 주어질 경우의 공간적 분절과 공간적 배치를 설명하기에는 부족한 것으로 보이기 때문이다. 버클리에서도 개별적인 감각자료들이 직접 공간적인 규정들을 그 자체로 담지하고 있지는 않다. 오히려 공간적인 규정들도 영혼이 이러한 감각자료들에 가하는 복잡한 해석과정을 통해서 비로소 성립하는 것이다. 우리에게 공간의 형상이 생기는 것은 감각, 특히 시각과 촉각이 우리에게 매개하는 지각에 질적으로 새로운 어떤 특유한 지각이 덧붙여지는 것에 의한 것이 아니다. 우리에게 공간의 형상을 환기하고 그것을 견지하기 위해서 필요한 것은, 오히려 개별적인 감각자료들 사이에서 산출되는 일정한 관계다. 이러한 관계는 우리가 확고한 규칙에 따라서 어떤 자료로부터 다른 자료로 이행하고 그것들을 서로 연관시킬 수 있는 종류의 관계다. 그러나 버클리는 데카르트가 이렇게 연관시키는 작용을 설명하기 위해서 지성의 어떤 근원적 기능과 지성의 '생득관념'을 끌어들이는 것과는 정반대의 길을 걷는다. 버클리에 따르면, 기하학자 데카르트가 말하는 '순수공간'은 물리학자 뉴턴이 말하는 '절대공간'과 마찬가지로 관념이라기보다는 하나의 우상에 지나지 않는다. 그들이 말하는 어떠한 공간도 의식의 단적인 사실을 발견하는 것을 목표하는 심리학의 비판에 견뎌낼 수 없다. 관찰로도 그리고 선입견에 사로잡히지 않은 현상학적 분석으로도 수학자와 수학적 물리학자가 조작하는 '추상적인' 공간에 대해서는 아무것도 알 수 없다. 관찰과 현상학적 분석은 전적으로 동질적이며 무한하고 일체의 감각적 성질로부터 벗어나 있는 연장을 알지 못한다. 그렇다고 해서 이러한 관찰과 현상학적 분석에게 대상들의 크기와 위치 그리고 거리를 알려줄 수 있는 특수한 부류의 감각이 존재하는 것도 아니다. 여기에서 개입하는 것은 오히려 단순한 '지각'으로도 논리적·논증적 지성활동으로도 환원될 수 없으며 한낱 감성적인 것으로서도 한낱 지성적인 것으로서도 지칭될 수 없는 영혼의 또 하나의 근본능력이다. 이 근본능력에서 문제가 되는 것은 정신의 참된 활동, 즉 어떤 종류의 '종합'인 것이지만, 이러한 종합은 추상적 논리학과 형식적 수학의 규칙이 아니라 오히려 '구상력'의 규칙에 기초하는 종합이다. 구상력의 이러한 규칙과 수학 및 논리학의 규칙 사이의 차이는 무엇보다도 구상력의 규칙이 보편타당하고 필연적인 결합이 아니라 항상 경험적이고 우연적인 결합밖에 낳지 못한다는 사실에 존재한다. 개별적인 감관의 영역들을 서로 결합하고 그것들이 마침내는 서로를 대신할 수 있을 정도로까지 밀접하게 결합시킴으로써 그것들을 서로 유착시키는 것은 어떤 '객관적인' 필연성과 어떤 종류의 사태적인 내적인 필연성이 아니라 습관과 관습(habit and custom)이다. 버클리에 따르면 공간직관의 발달은 이러한 대리 가능성에 결부되어 있다. 공간직관의 발달은 감각적 인상들이 자신들이 처음에 가졌던 한낱 현전적인 내용을 넘어서 점차 재현적인 기능을 획득하게 된다는 사실을 전제하고 있다. 그러나 버클리에 따르면 이러한 재현을 위해서는 단순한 재생이라는 수단 이외의 어떠한 다른 수단도 필요하지 않다. 공간경험의 구성을 가능하게 하기 위해서는 '지각'의 능력에 간접적이기는 하지만 지각의 능력에 못지않게 중요한 '암시'의 능력이 덧붙여지지 않으면 안 된다.[2] 암시의 능력이 강화되고 개별적인 감관인상이 자신

---

2) Berkley, *New theory of vision* 및 *The theory of vision vindicated and explained*. '암시'라는 개념과 버클리의 체계에서 그것이 갖는 지위에 대해서는 *Erkenntnisproblem* 3판 II, 283쪽 이하를 참조할 것.

과는 전혀 다른 감관인상을 '암시하고' 의식에 그것을 생생하게 현전화하는 능력을 획득하게 됨에 따라서, 우리에게 비로소 하나의 연쇄가, 즉 그것의 힘으로 현실의 요소들을 하나의 전체로, 다시 말해 공간과 '공간 안의 사물들'로 이루어지는 하나의 세계로 결합시키는 연쇄가 생기는 것이다.

그런데 데카르트의 합리론적 공간이론과 버클리의 경험론적 공간이론은 19세기의 사상계에서 잇달아 출현했던 많은 사변적 · 심리학적 · 인식비판적 이론을 위한 최초의 서막만을 형성할 뿐이다. 그러나 이 모든 이론은 순전히 내용만 보면 서로 다를지라도 그것들의 사상적 유형은 데카르트와 버클리 이래로 거의 본질적인 변화를 겪지 않았다고 할 수 있다. 그러한 이론들에서 행해지고 있는 고찰은 데카르트와 버클리에서 처음으로 첨예하면서도 명확하게 나타났던 일반적인 방법론상의 두 개의 선택지 사이에서 여전히 움직이고 있다. 데카르트와 버클리 이후 모든 공간이론은 어떤 의미에서 이러한 두 개의 선택지에 구속되어 있으며, '반성'의 길이나 '연상'의 길을 걷지 않을 수 없는 것 같다. 물론 이 두 길 중 어떤 것을 선택함에서 항상 일의적이고 최종적인 결단이 내려지는 것은 아니다. 이 두 극 어느 것에도 기울어지지 않은 채 어떤 의미에서 이론을 미결정의 상태로 두려는 시도가 드물지 않게 나타난다. 예를 들어 헬름홀츠는 수학자이자 물리학자로서는 데카르트적 주지주의에 구속되어 있지만, 심리학자이자 경험론적 철학자로서는 버클리에 근접하고 있다. '무의식적 추론'이라는 그의 이론은 역사적 · 체계적 연속성 면에서 분명히 데카르트의 '굴절 철학

(Dioptrik)'으로까지 소급되지만, 다른 한편으로 이러한 추론의 성격은 그 본래의 유례(類例)와 모범이 더 이상 논리학과 수학의 추론식에서가 아니라 '귀납적 추론'의 형식들에서 구해지고 있다는 점에서 변화되는 것 같다. 궁극적으로 헬름홀츠에게도 감각인상들이 하나의 공간적 질서 안에 수용되고 편입되는 것을 설명하기 위해서 그러한 인상들을 연상에 의해서 결합하고 재생적으로 보완하는 능력이 있으면 충분한 것으로 여겨지고 있다. 헬름홀츠의 공간이론이 이렇게 방법적으로 이중의 입장을 취하게 되는 근거를 추적해 보면, 그것이 헬름홀츠의 일반적인 기호이론에 존재하는 유사한 분열에 기인하고 있다는 사실이 분명해진다. 헬름홀츠의 인식이론 전체는 기호라는 개념에 닻을 내리고 있다. 즉 그에 의해서 현상의 세계란 기호들의 총체—즉 그것들의 원인인 실재하는 사물들과는 그 어떤 점에서도 유사하지 않지만, 그러한 사물들에 법칙적으로 귀속되고 사물들의 모든 차이와 관계를 표현할 수 있는 기호들의 총체—이기 때문이다. 그러나 이와 함께 인정되는 것 같은 상징개념의 우위는 헬름홀츠에서는 체계적으로 엄밀하게 견지되고 있지는 않다. 그는 이제 인과성의 문제를 일반적인 의미의 문제에 편입시키고 종속시키는 대신에 오히려 정반대의 길을 걷기 때문이다. 즉 그는 기호의 기능 자체가 인과관계의 특수형식으로서 이해되고 설명되어야만 한다고 말하는 것이다. 이와 함께 헬름홀츠에 따르면 '자연을 개념적으로 파악할 수 있는' 조건인 인과성이라는 '범주'는 다시 현상들을 순수하게 기술하는 것에 침입하게 되며 그러한 기술을 그것이 나아갈 길로부터 점차

벗어나게 한다.[3]

그러나 이와 함께 우리에게는, 재현의 문제와 재현이란 현상을 그것이 있어야 할 장소에 두면서 그것을 순수하게 그 자체로부터 해명하려고 한다면 이러한 순수한 기술은 어떠한 방식으로 구체화 되어야만 하는가라는 물음이 생기게 된다. 우리는 이미 사물·속 성의 관계를 분석할 때, 이러한 관계에 대한 설명을 논증적 판단 의 영역에서 구하거나 단순한 재생적 과정의 영역에서 구하는 한 그 관계의 핵심을 포착할 수도 없으며 그것의 결정적 의미를 평가 할 수도 없다는 사실을 알았다. 그럼에도 불구하고 버클리에서 시 작하여 로체의 '국소기호(局所記號, Lokalzeichen)' 이론에 이르는 공 간론의 전개과정에서 등장했던 거의 모든 '기호이론'은 바로 이러 한 딜레마의 지배 아래 있다. 경험론적 철학은 자신의 전제들로부 터 공간의 '형식'을 설명하기 위해서는 자기 자신의 기본개념, 즉 '감각'이라는 개념을 보다 정밀하게 파악하지 않으면 안 된다는 사 실을 깨달았다. 이 철학은 단순한 감각 자체의 '사태내용'과 이 감 각이 주어지는 양태를 경험의 과정에서 비로소 감각에 덧붙여지 고 감각의 원래 내용을 다양하게 변용하는 다른 계기들로부터 분 리할 수밖에 없었다. 이러한 변화와 변형에 근거하여 단순한 감각 자료들로부터 공간에 대한 직관과 표상이 전개될 수 있었던 것이 다. 경험론적 철학에서는 '마음의 화학'이라고도 말할 만한 이러한

---

3) 이에 대해 상세한 것은 이 책 『상징형식의 철학 III: 인식의 현상학』 제III부, 제1장 과 제2장을 볼 것.

기법을 갈수록 정치하게 구명하려고 시도했지만, 그러한 기법으로도 이제까지 이러한 과제를 만족스럽게 해결할 수 없었으며 '공간생성'의 비밀을 제대로 알아낼 수도 없었다는 사실은 말할 것까지도 없다. 헤링의 '생득설(Nativismus)'은 비공간적인 요소들의 함께 있음과 연속적 발생으로부터 공간적인 것은 결코 '생길' 수 없다는 점, 오히려 연장과 공간성은 어떤 의미에서 우리의 모든 감성적 지각의 더 이상 환원될 수 없는 '성격'으로 인정되어야만 한다는 점을 끊임없이 강조했으며, 그의 이러한 주장은 전적으로 정당했다. 이와 같이 현대심리학도 그 자체로 비공간적인 감각으로부터 공간적인 지각으로의 결정적인 이행이 행해지는 의식의 현장을 포착하려는 희망을 점점 더 포기하게 되었다. 그러한 이행과 관련하여 수행되고 물어져야 할 것은 공간성 자체의 발생이 아니라 공간성 자체가 갖는 특정한 **국면들**의 구별, 즉 공간성 자체 내에서의 특정한 악센트[강약] 부여 방식들과 분절 방식들을 구별하는 것에 관련되어 있다. 우선은 전적으로 비공간적인 것이 어떻게 해서 공간성이라는 성질을 갖게 되는지를 설명할 수 없지만, 어떠한 길을 통해서 그리고 어떠한 매개에 의해서 단순한 공간성이 공간 '그 자체'로 이행하게 되는가, 즉 실용적 공간이 체계적 공간으로 이행하게 되는가라는 물음은 제기될 수 있고 또한 제기되어야만 한다. 왜냐하면 원초적인 양식의 공간체험과 대상에 대한 직관을 가능하게 하는 조건으로서의 **형식화된** 공간 사이, 더 나아가 이러한 직관적·대상적 공간과 수학적인 양과 질서를 갖춘 공간 사이에는 큰 거리가 있기 때문이다.[4] 우리는 우리가 현재 처해 있는 연구단계에서는, 이 공간의 마지막 국면, 즉 수학적으로 '정의되고' 수학적으로 '구성된' 공간의 구조는 아직은 전적으로 도외시할 것이다.[5] 우리는 공간을 우선은 단지 경험적 직관과 경험적 대상세계의 '형식'으로서만 다룰 것이다. 그러나 이러한 한정에도 불구하고 바로 이러한 형식이 상징적 요소들에 의해서 침투되어 있고 그러한 요소들로 가득 차 있다는 사실이 즉시 분명하게 된다. 우

---

4) 최근에 하이데거의 예리한 분석(Sein und Zeit, *Jahrbuch für Philosophie und phänomenologische Forschung*, Bd. VII, 1927, 102쪽 이하)에 의해서 명확하게 밝혀지고 있는 일련의 규정들은 공간적인 것의 원초적 체험, 즉 순수하게 '실천적인' 공간에 관계하고 있다. 하이데거에 따르면 우선 '도구적 존재자(das Zuhandene)', 즉 '도구'로서 현존하는 것에 대한 모든 특성묘사는 이미 공간성의 계기를 고려하게 된다. "자리 및 자리의 다양성은 사물들이 임의로 눈앞에 존재하는(Vorhandensein) '지점'으로 해석되어서는 안 된다. 자리는 그때마다 하나의 도구가 속하는 특정한 '저기'이고 '여기'다. … 도구적 존재자가 점하는 다양한 자리가 방역(方域)에 의해서 방향 지어져 있다는 사실이야말로 주변세계에서 가까이서 마주치는 존재자의 주변적인 성격, 즉 우리 주변에 있다는 성격을 형성한다. 3차원으로 펼쳐져 있는 다수의 가능한 위치들이 우선 주어지고, 그것이 눈앞의 사물들로 채워지는 것은 결코 아니다. 공간의 이러한 3차원성은 도구적 존재자의 공간성에서는 아직 은폐되어 있다. … 이처럼 모든 지점은 일상적 교섭의 진행이나 진로를 통해 발견되고 주위를 고려하면서(umsichtig) 해석되는 것이며 [객관적으로] 관찰하는 공간측정에 의해서 확정되고 기재되는 것은 아니다." 우리 자신의 고찰과 과제가 하이데거의 고찰과 구별되는 것은 무엇보다도, 그것이 '도구적 존재자'라는 이 단계와 그 공간성의 양식에 그치는 것이 아니라 이 단계를 부인하지 않으면서도 이것을 넘어서 묻는다는 점에 있다. 우리의 고찰과 과제는 도구적 존재자의 한 계기로서의 공간성으로부터 눈앞의 존재자의 형식으로서의 공간에 이르는 길을 추적하려고 한다. 그리고 우리의 고찰과 과제는 이러한 길이 어떤 식으로 **상징적 형성작용**—'표시작용'과 '의미작용'이라는 이중의 의미에서(이 책 제III부)—의 영역 한가운데를 관통하여 나아가는지를 보여주려고 한다.

5) 이러한 '수학적 공간'의 구조에 대해서는 이 책 훨씬 아래, III부, 3-5장을 볼 것.

리가 '공간'이라고 부르는 것은 우리에게 간접적으로 표시되는, 즉 어떤 '기호'에 의해서 우리에게 알려지는 고유한 대상이 아니다. 그것은 오히려 이러한 **표시작용** 자체의 어떤 고유의 방식, 표시작용 자체의 특수한 도식이다. 그리고 이러한 도식에서 이제 의식은 어떤 새로운 방향결정의 가능성을 획득하게 된다. 즉 의식은 이제 '객관적인' 현실 내지 객관화된 현실조차도 의식에게 변화된 것으로 나타나게 하는 정신적 시선의 특수한 방향을 획득하게 되는 것이다. 이러한 변화는 한낱 '질'로부터 '양'으로의 실재적인 이행이나 순수한 '내포성(Intensität)'으로부터 '외연성'으로의 실재적 이행 그리고 그 자체로 비공간적인 감각으로부터 어떠한 방식으로든 '공간적인' 지각으로의 실재적인 이행을 의미하지 않는다. 이러한 변화는 공간의식의 발생―형이상학적인 발생이든 심리학적인 발생이든―에 관련된 것이 아니다. 오히려 이러한 변화에서 나타나는 것은 공간의식이 자신 속에서 경험하는 **의미변화**, 또한 그것에 의해서 비로소 이 의식 속에 함축되어 있고 잠재되어 있었던 의미의 전체가 비로소 분명하게 드러나게 되는 **의미변화**에 지나지 않는다.

이러한 변화를 분명히 드러내기 위해서 우리는 여기에서도 심리학적 관찰과 고찰로부터 시작하지 않고, 우리의 일반적인 방법론상의 전제들에 따라서 '객관적인' 측면, 즉 '객관적인 정신'의 측면으로부터 문제를 구명하려고 시도할 것이다. 어떠한 방식으로든 공간의 세계에 관계하고 공간의 세계 안에 정주하려고 하지 않는 정신의 수행도 창조활동도 존재하지 않는다. 왜냐하면 공간의 세계에로 향하는 것이 '대상화'를 위한, 즉 존재의 파악과 규정을 위한 최초의 필연적인 행보이기 때문이다. 공간은 이를테면 그것을 통해서 정신의 생산성이 비로소 자신을 '확인하고' 자신의 최초의 형성물과 형태를 산출할 수 있게 되는 보편적인 매체다. 언어와 신화가 어떤 식으로 이러한 매체에 침투하고 어떤 식으로 이러한 매체 속에서 '자신을 형상화하는가'를 우리는 이미 분명하게 밝혔다. 양자는 이러한 과정에서 동일하게 진행하지 않는다. 양자는 각자가 취하는 근본방향에서 서로 구별된다. 신화는 그것의 공간적인 '방위결정'의 전체에서도 그리고 공간적인 '방위결정'의 전체적 의미에서도 신화적 세계감정의 시원적·원시적 방식들에 구속되어 있다. 신화가 도달하는 공간적 '직관'도 이러한 세계감정을 은폐하고 근절하는 것은 아니다. 오히려 그것은 이러한 세계감정을 순수하게 표출하기 위한 결정적인 수단이다. 신화에서 공간적 규정과 구별은 공간 안의 모든 '방위'에, 즉 '여기'와 '거기'에, 태양이 뜨는 곳과 태양이 지는 곳에, '위'와 '아래'에 고유한 신화적 악센트[강약]가 부여되는 것에 의해서만 생긴다. 그러나 그러한 공간적 규정과 구별 모두는 순수하게 직관적인 의미뿐 아니라 각각에 고유한 표정성격을 가지고 있다. 동질적인 공간, 즉 그 내부에서는 개별적인 규정들이 서로 등가(等價)일 뿐 아니라 서로 치환(置換) 가능한 동질적인 전체로서의 공간은 신화에서는 아직 존재하지 않는다. 원근(遠近), 고저(高低), 좌우, 이 모든 것은 자신의 대체 불가능한 특성, 즉 특수한 양식의 주술적 의미를 갖는다. 이러한 공간상의 대립 모두에 '성(聖)'과 '속(俗)'이라는 기본적인 대립이 얽혀 있을 뿐 아니라 성과 속이라는 기본적인 대립이야말로 공간상의 대립 모두를 비로소 구성하며 어떤 의미에서는 그것들을 출현하게 하는 것이다. 어떤 구역을 특수한 공간, 특화된 공간으로 만드는 것은 어떤 추상적·기하학적 규정이 아니라 그러한 구역을 지배하는 고유의 신화적 분위기이며 그 구역을 둘러싸고 있는 신령스런 기운이다. 따라서 신화적 공간에서의 여러 방향은 개념적 관계 또는 직관적인 관계가 아니다. 여러 방향은 마력을 부여받은 자립적인 존재다. 신화적 의식에게 모든 공간적 규정이 갖는 이러한 표정의미와 '인상학적인' 성격을 온전히 느끼기 위해서는, 예를 들면 고대 멕시코문화권에서 보이는 것과 같은 방위를 맡는 신들과 정령들의 **형상적**(bildlich) 표현에 몰입해야만 한다.[6] 신화적 사고에도 결코 공간의 '체계성'이 결여되어 있는 것은 아니지만, 그러한 모든 체계성은 신화적 사고의 권역을 넘어서는 것은 아니다. 고대 로마의 조복자(鳥卜者)[새가 나는 것을 보고 점을 친 사람]는 templum, 즉 성역(聖域)을 확정하고 그것에서 여러 지대(地帶)를 구별함으로써, 모든 '관상(觀想, Kontemplation)' 일반의 기본조건과 전제조건을, 즉 그것의 최초의 발단과 착수(着手)점을 창출한다. 그는 특정한 시점(視點)으로부터 우주를 구분한다. 즉 그는 하나의 정신적 좌표계를 설정하며, 이러한 정신적 좌표계에 입각하여 모든 존재와 사건의 방위가 정해진다. 이러한 방위결정은

---

6) 이에 대해서는 Th. W. Danzel, *Mexiko: Grundzüge der altmexikanischen Geisteskultur*, Hagen und Darmstadt 1922에 게재되어 있는 도판(圖版) 자료를 참조할 것.

세계의 전체를 조망하는 것과 아울러 그러한 조망 안에서 그리고 그러한 조망과 함께 미래를 예견하는 것을 가능하게 하고 보증한다. 그러나 물론 이러한 조망이 행해지는 영역은—순수한 '이론'의 영역에서처럼—자유롭고 이념적인 선으로 이루어진 구조체는 아니다. 오히려 그 공간의 개개의 방위에는 어떤 실재적이고 운명적인 힘, 즉 행복을 가져다주거나 불행을 가져오는 힘이 거주하고 있다.[7] 따라서 여기에서는 자연의 존재와 인간의 존재를 포괄하는 마력의 고리(Ring)는 파괴되지 않고 오히려 더욱더 긴밀하게 결합되어 갈 뿐이다. 즉 신화적 직관이 아무리 멀리까지 손을 뻗쳐도 그것은 마력적인 고리의 힘을 파괴하지 않고 오히려 그 힘을 끊임없이 확인하는 것에 기여할 뿐인 것이다.

신화의 이러한 기본적 태도에 비하면 언어는 처음부터 새롭고 원칙적으로 다른 길을 취하는 것으로 보인다. 왜냐하면 언어에서 발견되는 공간에 대한 최초의 단어들을 이미 특징짓고 있는 것은 어떤 특정한 '지시적' 기능을 자체 내에 포함하고 있다는 점이기 때문이다. 우리는 모든 언어행위의 기본형식 중 하나가 '**지시**'라는 형식으로까지 소급된다는 것, 즉 그러한 기본형식은 의식이 지시하는 형식을 자신 속에 완성할 경우에 비로소 성립하고 강화될 수 있다는 사실을 이미 보았다. 여기에서는 이미 지시하는 **몸짓**이 발달의 한 경계석(境界石)을, 즉 객관적 직관과 객관적 형태화로 향하

---

7) 전체적인 내용에 대해서는 이 책 제2권, 104쪽 이하, 125쪽 이하[『상징형식의 철학 II: 신화적 사유』187쪽 이하, 222쪽 이하]를 참조할 것.

는 도상에서 어떤 결정적 단계를 형성한다.[8] 그러나 지시하는 몸 짓에 싹으로서 포함되어 있는 것이 분명하게 그리고 완전히 전개 되는 것은 언어가 이러한 경향성을 수용하면서 그것을 자신의 고 유한 궤도 안으로 끌어들임으로써 비로소 가능하게 된다. 언어에 서 지시적인 불변화사(不變化詞)[9]는 원근 및 특정한 기본적 방향들 의 구별을 위한 최초의 표현수단에 해당한다. 그러나 원근과 이러 한 기본적 방향들의 구별도 우선은 전적으로, 말하는 주체의 상 (相) 아래에서(sub specie), 즉 말하는 주체의 특수한 '입장'으로부 터 행해진다. 말하는 자로부터 듣는 자로의 방향과 듣는 자로부터 말하는 자로의 반대방향 사이의 차이가 언어에 의해서 진술되고 언어에 의해서 고정되는 최초의 차이들의 하나를 형성하는 것 같 다. 그러나 이러한 차이, 즉 나와 '너'의 구별, 내가 자신 앞에 '대 (對)'치(置)시키는 대상적 존재와 나의 구별과 함께 세계고찰의 어 떤 새로운 단계로의 돌파가 수행되는 것이다. 이제 나와 세계 사 이에, 이 양자를 서로 결합하는 동시에 서로 격리시키고 분리시키 는 하나의 띠가 펼쳐지게 된다. 이러한 특유한 이중의 관계를 가 장 명료하게 보여주는 것은 언어에 의해 완성되고 언어에 침전되 어 있는 공간의 직관이다. 이러한 직관에서 거리가 **정립되지만**, 그

---

8) 이에 대해서는 『상징형식의 철학』 제1권 128쪽 이하, 149쪽 이하에서의 서술을 참 조할 것. 이 점에 관해서는 한스 프라이어(Hans Freyer)도 동일한 견해를 보이고 있으며, 그는 그의 『객관적 정신의 이론』(Leipzig, 1923)에서 '지시하는' 몸짓이 갖 는 결정적인 의의와 그러한 몸짓이 모든 단순한 '표정의 움직임'에 대해서 갖는 원 칙적인 차이를 강조하고 있다. 특히 이 책 위 부분 16쪽 이하를 참조할 것.
9) [역주] 불변화사는 부사, 전치사, 접속사를 총칭하는 말이다.

러한 거리는 바로 이렇게 정립됨으로써 어떤 의미에서는 **극복되기도 한다**. 언어의 도움으로 완성되는 직관의 공간에서는 '서로 분리되어 있음'이라는 계기와 '함께 있음'이라는 계기, 혹은 전반적(全般的)인 분리와 결합의 계기가 어떤 의미에서 서로 균형을 이루고 있다. 즉 그것들은 서로 일종의 이념상의 평형상태 속에 존재한다. 신화는 그것의 최고의 가장 보편적인 단계에서조차도 [언어와는] 종류도 유래도 달리하는 어떤 구별을 공간적인 구별 밑에 밀어 넣는 것에 의해서만 공간적인 구별을 파악할 수 있었다. 신화에서는 공간적 광경의 모든 차이가 부지(不知)중에 표정과 인상상(上)의 특징의 차이로 변화되었다. 이와 같이 신화의 공간적 광경은 '객관적' 형태화를 위한 맹아를 포함하고 있음에도 불구하고 감정과 주관적 감각의 색채에 의해 물들어 있다. 언어조차도 아직은 전적으로 이러한 영역에 뿌리를 두고 있다. 그러나 언어에서는 동시에 새로운 전회, 즉 표정공간으로부터 표시공간으로의 전회가 분명하면서도 첨예하게 수행되고 있다. 개개의 '장소들'은 더 이상 단지 일정한 질적이고 감지될 수 있는 성격에 의해서만 서로 구별되지 않게 되며, 그러한 장소들에서는 '사이'라는 관계, 즉 공간적 **질서**의 특정한 관계가 등장하게 된다. 예를 들면 거리의 여러 정도를 표현하기 위해서 모음의 색조의 차이를 이용하는, 아직은 전적으로 '원시적인' 공간어도 이미 언어가 취하게 되는 이러한 근본 방향의 특징을 보여주고 있다. 원시적인 공간어는 '여기'와 '저기', '여기에 현존하는 것'과 '여기에 존재하지 않는 것'을 구별하지만, 동시에 양자 사이에 어떤 종류의 '양적 관계'—아직은 초보적이고 부정확할지라도—를 수립함으로써 양자를 동시에 결합한다. 이와 함께 한낱 실천적 공간으로부터 대상적 공간으로의, 행동공간으로부터 직관공간으로의 진전이 완수되지는 않더라도 일반적인 원리에 있어서는 규정되고 선취되고 있다. 동물의 세계에도 인정되어야만 하는 한낱 행동—공간은, 공간적 규정들과 공간적 관계들을 자유롭게 조망하는 것, 즉 서로 분리된 장소에 있는 것들을 그러한 분리에도 불구하고 동시적인 시선의 통일 속으로 모으는 것을 가능하게 하는 '개관(槪觀, Synopsis)'을 아직 알지 못한다. 그러나 행동공간을 지배하고 있는 것은, 플라톤이 말하는 것과 같은 συνορᾶν εἰς ἕν[슈노란 에이즈 헨, 모든 것을 하나로 종합해서 보는 것]은 아니고 단지 특정한 여러 동작이 서로 대응하고 서로 조정되는 관계일 뿐이다. 이러한 대응은 공간적인 관계들에 대한 '표상', 즉 그러한 관계들에 대한 '조망'에 의해서 수반되고 인도되지 않고서도 가능하다.[10] 일정한 동작들의 진행은 재현적인 '의식'으로 이끌

---

10) 예를 들어 한스 폴켈트가 자신의 저서 *Über die Vorstellungen der Tiere*에서 거미의 공간적 방위결정의 방식에 대해서 묘사하고 있는 것은 동물의 세계가 일반적으로 사로잡혀 있는 '행동공간'의 특징을 잘 보여주고 있다. "거미는 대상물이 거미줄에 걸려도 대상물이 움직일 경우에만 대상물을 향해 급하게 나아갔다. 그러나 대상물이 움직이지 않고 조용히 거미줄에 걸려 있을 경우에는, 거미는 자신의 집으로부터 대상을 향해서 지체 없이 달려나가지 않고 거미줄 중앙에 정지했다. 그러고 나서 거미는—인간에 빗대서 말하자면—우선 이 중앙으로부터 방사선상으로 펼쳐져 있는 선을 손으로 탐지하면서, 날아 들어온 대상물이 어떤 방향에서 거미줄에 걸려들었는지를 확인했다. … 집파리 한 마리가 윙윙거리는 소리와 함께 거미줄에 날아들어 왔을 때에도, 이 희생물은 이런 방식으로 가끔 거미줄에서 벗어났다. 거미줄에 걸린 그 순간부터 파리는 어떤 절망적인 자세로 꼼짝도 않고 있었던 것이다. 거미는 파리가 거미줄에 걸릴 때의 최초의 하나의 짧은

지 않고서도, 즉 그러한 진행의 개별적인 단계들이 '상호 외재적으로' 그리고 '잇달아' 표현되고 재현전화되지 않고서도 거의 무의식적으로 행해질 수 있으며 또한 특정한 '메커니즘'에 의해 항상 동일한 방식으로 일어날 수 있다. 인간의 정신생활이 발달하는 과정에서도 공간적 관계들을 순수하게 재현하는 상태로의 이행은 상당히 나중에 일어난다는 것은 말할 나위도 없다. 자연민족들에 대한 일련의 보고가 가르쳐주는 바에 따르면, 자연민족들의 공간적 '방위결정'이 보통 그 정밀함과 예리함에 있어서 문화인들의 방위결정보다도 우월하지만 그럼에도 불구하고 그것은 오로지 어떤 '구체적인' 공간감각의 궤도 안에서 행해진다. 자연민족들은 자신의 환경의 모든 지점, 예를 들면 어떤 강물의 모든 개개의 장소와 강물이 휘어지는 곳을 극히 정밀하게 알고 있지만 이 강물의 지도를 그릴 수는 없으며 따라서 그것을 하나의 공간적인 **도식**의 형태로 기억할 수도 없다. 한낱 행동으로부터 도식과 상징 및 표시로의 이행은 모든 경우에 공간의식의 진정한 '분리[위기-Krisis]'를 의

흔들림에 의해서 중앙으로 유도되고, 이 중앙으로부터 방사선상의 실을 순서대로 손으로 탐지했다. 가끔 거미는 파리가 꼼짝도 하지 않고 걸려 있는 방향을 알아냈지만, 가끔은 알아내는 데 실패했다. 이 경우에 거미는 아무런 성과도 없이 원래의 장소로 되돌아갔다. … 이 모든 것으로부터 이론의 여지없이 분명해지는 사실은, 거미가 거미줄 주변부에서 일어나고 있는 것에 대한 충분한 정보를 중앙으로부터 입수하는 것은 (상(像)에 의한 것이든 단지 움직임을 보는 것에 의해서든) 시각적 성질들을 통해서가 아니라는 것이다. 여기에서도 또한 촉각이 거미의 행동의 본질적 조건 중 하나가 되고 있는 것이다. … 거미줄에서 손으로 탐지하는 거미로부터 대상물이 2-3센티밖에 떨어져 있지 않은 곳에 걸려 있는 경우에조차도 거미는 그것을 발견하지 못하는 경우가 있는 것이다."(같은 책, 51쪽 이하)

미하며, 더 나아가 그 범위가 공간의식에 한정되지 않고 정신의 어떤 일반적인 전환과 변용, 즉 참된 '사고양식의 혁명'과 함께 진행되는 '분리'인 것이다.[11]

이러한 변용의 일반적인 성격을 분명히 하기 위해서 사물·속성 관계에 대한 우리의 분석의 성과를 다시 살펴볼 것이다. 이 분석에서 이미 분명하게 된 것은, 우리는 공간의 매개를 통하는 것 이외에는 사물의 '항상성'에 도달할 수 없다는 것, '객관적인' 공간이야말로 경험적인 대상성 일반의 매체라는 것이다. 이 양자, 즉 공간직관과 사물직관의 획득도 잇달아 일어나는 체험들의 흐름이 어떤 의미에서 억류(抑留)되는 것에 의해서만, 즉 체험들의 단순한

---

11) '공간의식'에 어떤 종류의 병리학(病理學)적인 변화가 생겼을 때에 사람들이 갖게 되는 경험도 '행동공간'과 '상징공간'의 차이를 분명히 하는 데 적절한 예가 된다. 그러한 경험은, 공간적 형태들을 그 자체로 인식하고 대상적으로 해석하는 능력이 심하게 손상된 많은 환자들이 그럼에도 불구하고 극도로 복잡한 공간적인 작업을—이러한 작업이 어떤 다른 방법으로, 즉 특정한 동작과 '운동감각적인 (kinästhethetisch)' 지각을 통해서 달성되는 한—수행할 수 있다는 사실을 보여준다(이에 대해서는 Gelb und Goldstein, *Über den Einfluß des vollständigen Verluste des optischen Vorstellungsvermögen auf das taktile Erkennen; Psycholog. Analysen hirnpathologischer Fälle*, Leipzig 1920. 상세한 것은 이 책 『상징형식의 철학 III: 인식의 현상학』 제2부 6장 제4절을 참조할 것). '눈이 먼 사람'의 공간도—눈이 멀게 된 사람의 상세한 자기분석으로부터 알 수 있는 것처럼—표시공간과 상(像)공간이 아니라 일차적으로는 역동적인 '행동공간'으로서, 즉 특정한 행동영역과 운동영역으로 간주되어야만 하는 것 같다. 이에 대해서는 Wilh. Ahlmann, Zur Analysis des optischen Vorstellunslebens. Ein Beitrag zur Blindenpsychologie. *Archiv f. d. ges. Psychologie*, Bd. 46(1924), 193쪽 이하와 J. Wittmann, Über Raum, Zeit und Wirklichkeit; *Archiv f. d. ges. Psychologie*, Bd. 47(1924), 428쪽 이하를 참조할 것.

'연속적 발생'이 하나의 '동시성'으로 변형되는 것에 의해서만 가능하게 된다. 이러한 변형은 사라지는 사건의 계기들 각각에게 상이한 의미가 부여되고 상이한 '원자가(原子價)'가 귀속되는 방식으로 일어난다. 어떠한 사건도 사건의 권역에 속하는 것으로 간주되는 한, 엄밀한 의미에서는 오직 하나의 개별적인 시점에서만 '주어진다.' 순간은 현상을 창출하지만 그것을 다시 탈취해 버린다. 이러한 끊임없는 생성 속에서 특정한 정류점(停留點)과 상대적인 정지점이 획득될 수 있는 것은, 그것들의 존재로부터 보자면 가변적이고 일시적인 개별적인 내용들이 자신을 넘어서 어떤 지속적인 것을, 즉 이 모든 변화하는 상이 단지 그것의 상이한 현상방식들에 지나지 않는 어떤 지속적인 것을 지시하는 것에 의해서만 가능하다. 가변적인 것이 일단 이렇게 어떤 지속적인 것의 표현으로 간주되게 되면, 가변적인 것은 완전히 새로운 '얼굴'을 갖게 된다. 왜냐하면 이제 시선은 더 이상 가변적인 것에 머물지 않고 그것을 통과하고 그것을 넘어서 향하기 때문이다. 우리가 언어기호에서 파악하는 것은 음조나 음향 그리고 언어기호의 감각적인 변화가 아니다. 우리는 언어기호에서 그것이 전하는 의미를 '간취(看取)한다.' 이와 마찬가지로 개개의 현상도 그것이 사물의 기호, 즉 대상으로서 사념되고 형성된 것의 기호로서 기능하게 되자마자 자신의 자립성과 자족성, 즉 자신의 개별적인 구체성을 상실하게 된다. '색의 전환'이라는 사실이 이미 이러한 사태를 우리에게 분명히 보여주었다. 어떤 색이 통상적인 것과는 다른 조명 아래에서 보일 경우에도 그 색은 '통상적인' 조명에 맞추어지고 조정된다. 그 색은 어떤 의미에서 통상적인 색조(色調)로 소급되어 파악되며 이러한 통상적인 색조로부터의 한낱 '우연적인 이탈'로 간주된다. '상수 (常數)'와 '변수(變數)', '필연적인 것'과 '우연적인 것', '보편적인 것' 과 '개별적인 것'이라는 이러한 구별이야말로 모든 '객관화'를 위한 맹아와 핵심을 포함하고 있다. 카츠는 이러한 현상을 다음과 같이 기술하고 있다. "통상적이지 않은 조명 아래서 이루어지는 지각 에서는, 이러한 조명의 강도에 따라서 그 현저함에 정도의 차이는 있더라도 색채감각이 조명과 조명된 것으로 현상적으로 분할되는 사태가 일어난다. … 시각적인 자극에 기초하여 제공되는 감각소 재가 마음의 눈에 의해 분할되면서, 이러한 색과정에서 대상의 색 에 대응하는 구성부분이 대상의 상을 구성하는 데 우선적으로 이 용된다. 이에 반해 육안으로 보인 시야 전체에 여러 강도로 펼쳐 져 있는 조명색에 대응하는 구성부분 쪽은 통상적이지 않은 조명 으로서 나타난다."[12] 카츠가 강조하고 있는 것처럼, 조명에 대한 이러한 '고려'는 전혀 통상적이지 않은 다채로운 조명, 따라서 그 것에 대한 특별한 경험이 있을 수 없었던 조명이 가해지는 경우에 조차 생긴다.[13] 이러한 사실로부터 분명하게 되는 것은, 색이라는 시각적 '현상'이 사물이라는 '시점' 아래에 두어지고 색채가 사물 적인 것의 '표현수단'으로 간주되자마자 시각적 체험 자체가 특징 적인 방식으로 분절되고 이러한 분절에 의해서 변형된다는 사실

---

12) E. Kaila, Gegenstandsfarbe u. Beleuchtung, *Psycholog. Forschung*, Bd. Ⅲ, 32쪽 이하.

13) Katz, *Die Erscheinungsweise der Farben*, 275쪽 이하.

이다. 그리고 그 자체로는 통일적인 현상이 이렇게 상이한 의미를 갖는 구성부분들로 분해되는 것은 공간직관의 구성에도 불가결하다. 공간직관에서도 어떤 주어져 있는 지각에서 지속적인 것을 가변적인 것으로부터, '유형적인 것'을 '일시적인 것'으로부터 나누는 '분할'이 일어난다. 대상공간으로서의 공간은 특정한 지각들에 어떤 대표적 가치가 부여됨으로써 비로소, 즉 특정한 지각이 방위결정의 확고한 기준점으로서 선택되고 부각됨으로써 비로소 정립되고 획득된다. 일정한 기본형태가 그것들에 비추어 다른 형태가 측정되는 규범으로서 설정되는 것이다. 공간직관에 대한 심리학적 이론도 이러한 사태를 고려해 왔다. 그것은 윌리엄 제임스 이래로 '선택'이라는 동기를 공간표상을 형성하기 위한 하나의 본질적 조건으로서 강조해 왔던 것이다. '생득설적인' 공간론에 입각해 있는 제임스는 우리가 생득적이고 확고한 시각적 공간지각들을 가지고 있다는 것, 그러나 우리가 이러한 지각들로부터 실재의 참된 담지자로 간주되는 개별적인 공간지각들을 선별하면서 그 이외의 나머지 지각들은 그것들을 위한 단순한 기호와 암시로 간주하게 되는 것을 배우는 것은 경험에 의해서라는 가정으로부터 출발한다.[14] 우리는 모든 지각에서 이러한 종류의 선택을 항상 행하고 있다. 즉 우리는 모든 지각에서 어떤 특정한 형태를 끄집어내면서

---

14) "우리는 생득적이고 고정된 시각적 공간지각을 갖고 있다. 그러나 우리는 경험에 의해서 이러한 지각들에서 어떤 종류의 지각을 선별하여 그것만을 실재의 유일한 담지자로 보게 된다. 즉 나머지 지각들은 이 지각의 기호와 암시가 되는 것이다." James, *Principles of Psychology* II, 237쪽.

이러한 형태에서야말로 대상의 '참된' 형식이 표현되고 있다고 말하면서, 그것 이외의 형태는 대상의 주변적이고 다소간 우연한 현상형식으로 인정할 뿐이다. 대상의 상이 봄의 일정한 조건들에서 겪게 되는 원근법적인 위치변동과 왜곡은 이러한 방식으로 '교정되는' 것이다. 따라서 어떤 상을 '본다'는 것은 항상 그 상에 대한 전적으로 특정한 평가를 포함하고 있다. 즉 우리는 그 상을 직접적으로 주어져 있는 그대로 직관하지 않고 공간적인 경험 전체의 맥락 안에 편입시키고 이를 통해서 비로소 그것에게 그것 특유의 의미를 부여한다.[15] 제임스가 여기에 존재하는 기본적 관계를 분명히 하기 위해서 의도치 않게 언어와의 비교를 끌어들이고 있다

---

15) 예를 들어 눈에 대해서 비스듬하게 세워져 있는 평면에 묘사된 정방형을 볼 경우, 망막상에 모사되는 비율에 따르면 두 개의 예각과 두 개의 둔각을 갖는 4각형으로서 나타날 것이지만, 이 경우에도 실제로는 그것이 '정방형'이라는 자신의 '성격'을 보존하고 있다. 똑같이 순수하게 그것 자체로서는 타원에 일치하게 될 시각적 인상은 원으로 '변형된다.' 즉 그것이 안면(顏面)과 평행한 평면상에서 우리에게 제시될 경우에 우리가 보게 될 형태로 변형되는 것이다. 그런데 이 경우 주목할 만하고 특기할 만한 것은 이른바 '정신맹(精神盲, Der Seelennlinde)'의 특정한 병리학적 사례들에서는, 이러한 현상이 자주 전적으로 결여되어 있거나 적어도 침해되고 있는 것으로 보인다는 사실이다. 골트슈타인과 겔프가 상세하게 보고하고 있는 '정신맹환자'는, 우선 원 또는 정방형이 그의 안면과 평행한 위치에 제시된 후 그 다음에 이 두 도형의 시각상들이 수직축을 중심으로 하여 돌려서 변형되면─25도에서 30도 정도의 회전밖에 하지 않았는데도─타원, 혹은 세로가 긴 장방형(長方形)을 분명하게 '보았다.' 그러나 이 경우에도 두 눈으로 보고 있을 경우에는, 제한된 정도일지라도 '외관상의 형태'가 획득되었다. 왜냐하면 이때 환자는 제시된 상을 망막상에 모사된 비율에 따르지 않고 대상의 '실제' 형태에 따라서 파악하고 있기 때문이다. 상세한 것에 대해서는 Gelb und Goldstein, *Psychol. Analysen* I, 36쪽 이하.

는 사실은 분명히 우연이 아니고 징후적이고 체계적인 의미가 있다. 그는 이렇게 말하고 있다. "우리가 수많은 시각경험 중에서 개별적인 '정상적인' 현상을 선별하는 것은 심리학적 관점으로부터 보면 언어에 의한 사고와 유사한 과정을 밟고 있으며 그것과 동일한 목적에 봉사하는 현상이다. 어떠한 경우에도 우리는 다양하면서도 모호한 내용들 대신에 소수의 명확한 명사를 정립한다. 실제의 사물이 취하는 현상방식들은 다양해도 사물 자체는 오직 하나이기 때문에, 이 사물의 현상방식들 대신에 사물 자체를 정립함으로써 우리가 정신적으로 획득하게 되는 것은 표상되는 상들에서의 차이와 그것들의 변전하고 유동하는 속성들을 무시하고 그것들 대신에 분명하고 불변적인 **명칭**을 사용할 때에 획득하는 것과 동일하다."[16] 이러한 과정 덕분에 개개의 공간직관은 우리에게 어떤 특유의 '투명성'을 획득하게 된다. 우리가 어떤 대상을 우연한 조명색 아래에서 보더라도 그러한 조명색을 관통하면서 대상의 '지속적인' 색을 보게 되는 것과 마찬가지로, 예를 들면 어떤 대상이 움직일 때 우리에게 생기는 다양한 시각상들도 아무리 특수한 형태로 나타나고 또한 아무리 변화하더라도 대상의 '지속적인 형태'를 통찰할 수 있는 여지를 우리에게 남겨둔다. 즉 그러한 시각상들은 단순한 '인상'이 아니라 '표시'로서 기능하는 것이며, 그것들은 '자극'으로 존재하는 것을 그치고 '상징'이 된다.[17] 이와 같이 이러한

---

16) James, 앞의 책, II, 240쪽.
17) 순전히 **발생적인** 물음에 관해서 말하자면, 이러한 특유의 '상징의식'이 상당히 나중에서야 비로소 발생하고 강화된다는 것은 여기에서도 또한 확실한 것 같다.

점으로부터도 상징기능이 사람들이 보통 생각하고 인정하는 것보다도 훨씬 깊은 의식층에까지 관여하고 있다는 사실이 새롭게 분명하게 된다. 이론적 인식의 세계상, 즉 과학적 세계상의 단계에 이르러서야 비로소 상징기능이 자신의 각인을 부여하게 되는 것이 아니라, 지각의 원초적인 형태들에서부터 이미 자신의 인장을 찍는 것이다. 여기에서 존재하는 연관과 차이는 우리가 '지각공간'의 구조와 '추상적인' 기하학적 공간의 구조와 비교해 볼 때 가장 분명하게 드러날 수 있다. 이 두 구조가 서로 **동일한** 것으로 간주되어서는 안 된다는 사실은 분명하다. 지각공간 자체에는 수학이 정의하고 사용하는 것과 같은 의미의 동형성이라는 술어도, 연속성과 무한성이라는 술어도 귀속될 수 없기 때문이다. 그러나 이러한 차이에도 불구하고 이 두 구조는 그 어떤 것에서도 특정한 양식과 방향에서 **불변자들이 형성되고 있다는 사실**이 확인되고 명확히 나타나고 있는 한 어떤 공통의 계기를 보여주고 있다. 펠릭스 클라인(Felix Klein)은 모든 기하학의 '형식'은 그것에서 어떤 공간적인 성질의 규정과 관계가 선택되고 불변적인 것으로서 정립되는지에 달려 있다고 말하고 있다. 통상의 '계량'기하학의 출발점이 되는 것은 어떤 공간도형의 성질들과 관계들 중에서 특정한 변화

이러한 상징의식이 언어가 습득되고 사용되는 과정에서 획득되는 것임에 틀림없지만, 이와 마찬가지로 시각의 심리학도 망막의 중앙이 빛에 대한 최초의 반응으로서 의식에 제시하는 것은 평면색이며, 나중에야 비로소 표면색에 대한 의식이 나타나고 강화된다는 결론에 도달하고 있다. 이에 대해서는 Katz, 앞의 책, 306쪽 이하, 397쪽 이하.

들—예를 들면 절대공간 내에서의 그 형상의 이동과 그것의 개별적인 규정부분들의 상대적인 증대나 상대적 감소, 마지막으로는 그것의 부분들의 배열에서 일어나는 일정한 전환이라는 변화들—에 의해서 전혀 영향받지 않는 것은 모두 그 도형에 '본질적으로' 속하는 것으로서 본다는 점이다. 어떤 형태가 임의의 수의 그러한 변화를 겪었다고 해도 계량기하학의 의미에서 그 형태는 항상 동일한 것으로 간주된다. 이와 같이 그 형태는 자기동일적인 하나의 기하학적 개념을 재현하는 것이다. 이러한 기하학적 개념을 확정할 때에 어떤 특정한 변환만을 선택하는 것에 결정적으로 구속되는 것은 아니다. 이와 같이 예를 들면 단순이동, 유사성변환, 대칭이동 그리고 그것들 외에 어떠한 공간적인 형태변화도 일으키지 않는 일련의 조작들에 무릇 가능한 모든 사영(射影)적인(projektive) 변형들을 덧붙인다면, 계량기하학은 사영기하학으로 이행하는 것이 된다.[18] 따라서 클라인에 의하면 모든 특수한 기하학은 특정한 변환군들에 대해서 타당한 하나의 불변량 이론인 것이다. 그러나 바로 이 점에서 분명하게 되는 것은, 여러 '기하학들'의 구상과 각각의 기하학의 근저에 놓여 있는 공간개념의 형성은 경험적 공간, 즉 우리의 **감관에 의해서 경험되는** 공간의 형성 속에 이미 싹을 갖고 있고 형성되고 있던 어떤 과정을 단지 더 진행시킨 것에 불과하다는 사실이다.

---

18) S. F. Klein, "Erlanger Programm", *Mathemat. Annalen*, Bd. 43. 상세한 것에 대해서는 이 책 제3부 제4장을 참조할 것.

경험적 공간조차도 다수의 현상과 다수의 개별적 시각'상'이 몇 개의 그룹으로 종합되고 이러한 그룹들이 동일한 하나의 대상의 표현으로 간주되는 것에 의해서만 성립한다. 이 이후 가변적인 개개의 현상은 주변을 형성하는 것으로 나타날 뿐이다. 이 주변의 모든 점은 어떤 의미에서 창끝처럼 중심을 향하게 되며, 그 결과 우리의 모든 고찰은 특정한 방향으로 향하게 되고 항상 거듭해서 동일한 사물의 통일체라는 중심을 향하게 된다. 이러한 경험적 공간에서도—비록 순수하게 기하학적인 상징공간이 구성될 경우와는 그 범위와 정도가 다를지라도—이러한 중심점들을 상이하게 설정할 수 있다. 기준점 자체가 이동될 수 있으며 관계의 방식이 변화될 수도 있다. 그리고 그러한 변화에 따라서 항상 현상은 다른 추상적인 의미를 갖게 될 뿐 아니라 다른 구체적이고 직관적인 의미와 내용도 갖게 된다. 공간적 형태들의 직관적 의미에서 일어나는 이러한 변화가 특히 간단명료하게 나타나는 것은 일반적으로 '반전착시(反轉錯視, die optische Inversion)'라는 명칭으로 총괄되는 일련의 잘 알려진 현상에서다. 동일한 하나의 시각적 복합체가 어떤 때는 이러한, 어떤 때는 저러한 공간적 대상으로 변형되고, 어떤 때는 이러한, 어떤 때는 다른 대상으로서 '보일' 수 있다. 이러한 반전은 우리가 범하는 판단착오도 아니며 우리가 '날조하는' 한낱 '표상'도 아니고 참된 지각체험이다.[19] 이 모든 것에서 '시각'

_____

19) 이것에 대해서는 v. Hornbostel(*Psycholog. Forschung* I, 1922, 130쪽 이하)이 행하고 있는 '반전착시' 현상에 대한 탁월한 서술을 참조할 것.

의 변화가, 보이는 것조차도 곧 지각상(上) 다른 것으로 만든다는 사실 그리고 시점의 변화가 통찰된 것을 순수하게 그것의 현상적 내용에서 변형시킨다는 사실이 새롭게 입증된다. 의식의 형성작용과 분절작용이 진전되면 될수록 또한 의식의 개별적인 내용이 '유의미한 것'으로 되면 될수록, 즉 그 내용이 다른 내용을 '지시하는' 힘을 획득할수록, 의식이 '시각'의 변화를 통해서 어떤 형태를 다른 형태로 변화시킬 수 있는 자유도 그만큼 증대하게 된다.[20]

중심을 형성하고 중심을 창출하는 작용인 이러한 집중작용은 정신의 어떤 생산적인 근본기능에서 유래하는 것이며, 따라서 단순히 재생(再生)적인 과정들로부터 결코 완전히 설명될 수 없다는 사실을 우리는 이미 분명히 밝혔다.[21] 버클리의 개념이론도 공간표상의 기원에 대한 그의 이론과 마찬가지로 재현의 기능에 의거

---

20) 쾰러도 유인원(類人猿)에 대한 '지능시험'에서, 유인원이 '통찰력을 필요로 하는' 작업에서 수행하고 있는 모든 것이 시각적 · 공간적인 분절능력과 시각공간을 비교적 자유롭게 '개관'하는 능력에 얼마나 밀접하게 결부되어 있는지를 반복해서 강조하고 있다. '지능'시험의 특정한 과제를 동물이 수행하기 어려울 경우 이는 그 대부분이 바로 시각적 구조의 이러한 변형이 곤란하다는 것에서 기인한다 (W. Koehler, Intelligenzprüfung an Anthropoiden I, *Abhandl. der Berliner Akad. d. Wissenschaften, Math.-physik.* Klasse 1917, 특히 90쪽 이하, 105쪽 이하를 참조할 것). 순수하게 시각적인 공간 내부에서의 이러한 재편성과 '중심이동'의 능력이야말로, 심리학적 관점에서 보면 '도식공간—라이프니츠의 표현에 따르면 어떠한 개별적 · 현실적 사물도 아니고 오히려 '가능한 공존(共存)의 질서 (un ordre des coexistences possible)'인 공간—을 획득하기 위한 출발점이자 전제조건인 것 같다.
21) 특히 이 책 위 부분 153쪽 이하[『상징형식의 철학 III: 인식의 현상학』, 25쪽 이하]를 참조할 것.

하면서도 그러나 이러한 재현의 기능 자체를 다시 한낱 '습관과 관습'으로 환원하려고 할 경우에 논리적 순환에 빠지게 된다.[22] 이러한 순환을 폭로하고 동시에 '연상' 자체를 가능하게 하는 조건들을 물음으로써 이러한 문제를 뿌리에서부터 공략하고 있는 책이 『순수이성비판』이다. "… 연상의 저 경험적 규칙은 무엇에 근거하는가, 또한 이러한 연상 자체는 어떻게 해서 가능한가 나는 묻는다. 다양한 것의 이러한 연상의 가능성의 근거가 객관 속에 존재하는 한에서는 그것은 다양한 것의 친화성이라고 불린다. … 모든 현상을 관통하면서 적용되는 법칙의 가능성뿐 아니라 필연성조차도 의거하고 있는 객관적 근거, 바꿔 말하면 모든 현상을 그자체로 연상 가능한 감각자료들로 철저하게 간주하고 또한 재생에 있어서 결합의 보편적 법칙들에 복종하는 감각자료들로 간주하는 가능성뿐 아니라 필연성조차도 의거하고 있는 객관적인 근거, 즉 구상력의 모든 경험적 법칙에 앞서서 아프리오리하게 통찰될 수 있는 근거가 있음에 틀림없다. 나는 현상들의 모든 연상의 이러한 객관적 근거를 현상들의 친화성이라고 부를 것이다. … 따라서 상상력의 초월론적 기능을 매개로 해서만 현상들의 친화성조차도 가능하게 되고 그것과 함께 연상이 가능하게 된다. 다시 이러한 연상을 통해서 마침내는 법칙에 따르는 재생도 가능하게 되고 이와 함께 경험 자체가 가능하게 된다는 것은 분명히 기이

---

22) 상세한 것에 대해서는 나의 책, *Erkenntnisproblem* 3판, Bd. II, 297쪽 이하를 참조할 것.

하지만 이제까지 서술한 것에 입각해서만 보더라도 명백한 것이다. 왜냐하면 이러한 초월론적 기능이 없다면 대상들의 어떠한 개념들도 하나의 경험 속으로 합류하지 못할 것이기 때문이다."[23] 그러나 칸트가 여기에서 의거하고 있는 상상력의 '초월론적' 기능은 비록 그것을 단순히 재생적인 과정이 아니라 오히려 '통각적인' 과정으로 환원하려고 하는 경우에조차도 그것의 참된 핵심에서는 파악되지 않는다. 물론 여기에서는 한낱 감각주의적인 모든 정초를 넘어서 나아가는 결정적인 행보가 행해지고 있는 것 같다. 왜냐하면 '통각'은 단지 '주어져 있는' 인상들을 파악하고 나중에 종합하는 것만을 의미하지 않고 정신의 순수한 자발성, 즉 정신의 창조적 활동을 가리키기 때문이다. 그런데 이러한 자립성을 심리학이론에서는 대부분의 경우—특히 분트(Wundt)에서 보는 것처럼—일반적으로 '통각'을 '주시(注視)'라는 현상에 의해서 설명하고 마침내는 이러한 현상으로 완전히 해소해 버림으로써 다시 모호하게 만들고 만다. 공간지각을 설명하기 위해서 이러한 주시라는 현상을 끌어들였던 것은 특히 옌슈였다. 그는 '주시의 여러 방식'을 참으로 결정적인 동기로서 반복해서 끌어들이고 있다. 우리가 '공간 내에서의 위치결정'이라고 부르는 것은 옌슈에서는 모두 주시의 그러한 방식들에 의해서 규정되고 인도되는 것으로 나타난다. 옌슈가 이러한 위치결정의 일반적인 원리로서 거론하는 것은 "그것 이외의 위치결정의 동기가 작용하지 않는 경우에는 시각

---

23) *Kritik der reinen Vernunft*, 1판, 113쪽 이하, 122쪽 이하.

인상들의 위치는 주시되고 있는 장소로부터 떨어져 있는 곳에 정해진다"라는 명제다.[24] 그러나 비록 옌슈에 의한 실험의 개별적인 성과들 모두를 수용한다고 해도, 과연 주시라는 원리가 공간에 관한 어떤 이론을 뒷받침하는 기초로 간주될 수 있을 정도로 충분히 해명되어 있고 이론적으로 충분히 선명하게 규정되어 있는가라는 일반적인 방법론상의 문제가 생긴다. 공간이론과 마찬가지로 옌슈의 일반적인 **개념이론**도 이러한 원리에 의거하고 있다. 옌슈는 개념이론도 개념이 비롯된다는 '추상'의 작용을 본질적으로 주시 작용으로서 간주했다. 우리의 시선이 일련의 감각적 표상들을 훑을 경우에 이러한 표상들의 성질 전체에 똑같이 **주의가 향해지는** 것은 아니고 우리는 그때마다 그것들 중에서 우리의 시선이 우선적으로 머무르는 하나의 특정한 계기를 끄집어낸다. 이러한 방식으로 주의가 향해지지 않았던 부분들이 궁극적으로 배제되고 그것들 대신에 단지 주시의 중심에 존재하고 있는 다른 부분들만이 남겨짐으로써 주의가 향해진 것의 총괄로서의 개념이 생겼다는 것이다. 그런데 보다 상세하게 검토해 보면, 이러한 개념이론도 순환에 빠지고 있다는 것, 즉 이러한 이론에서는 추구되고 있는 것이 주어져 있는 것과 혼동되고 있으며 비로소 정초되어야 할 것이 근거와 혼동되고 있다는 사실이 곧 분명하게 된다. 왜냐하면 주시가 처음부터 어떤 일정한 **방향**을 취하고 이러한 운동 전체에

---

24) Jensch, Über die Wahrnehmung des Raumes(*Zeitschrift für Psychologie*, Ergänzungsband 6); Leipzig 1911. 특히 '주시의 위치결정'에 대한 제5장을 참조할 것.

서 이러한 방향을 견지하는 것에 의해서만, 즉 주시가 다양한 지각들을 어떤 통일적인 **시점**(視點) 아래서 파악하고 그것들을 이러한 시점 아래서 비교하는 것에 의해서만, 주시는 개념을 창출하는 작용이 될 수 있기 때문이다. 그러나 '시점'의 이러한 통일이 비로소 개념을 **창출하는** 것이 아니라 오히려 그러한 통일에는 개념이 이미 포함되어 있는 것이다. 즉 이러한 통일성이야말로 개념의 논리적 내용과 논리적 기능을 형성하고 있는 바로 그것이다. 개념을 형성하기 위해서는 일반적으로 무엇인가에 주의가 향하는 것만으로는 충분하지 않다. 그러한 주시는 단순한 감각작용이나 표상작용 혹은 상상작용이라는 다른 모든 작용에도 수반될 수 있는 것이다. 결정적인 사태는 오히려 그렇게 주의가 향해지는 것에, 즉 사고가 일련의 특수한 내용들을 논증적으로 훑어볼 때 염두에 두고 있으면서 그러한 내용들 전체를 연관 짓는 목표에 존재한다. 그러나 개념형식의 획득에 불가결한 이 동일한 근본작용은 각각 특징적으로 규정된 **공간형식**의 획득에도 똑같이 불가결하다. 이러한 사실이 가장 명확하게 드러나는 것은 여러 기하학적 '공간'에서다. 즉 시선이 겨냥하는 목표가 달라짐에 따라서 또한 그것이 '불변적인 것'으로서 정립하는 계기가 달라짐에 따라서, 시선에는 다른 '공간양식'이 생겨나고 '계량'공간이나 '사영(射影)'공간이라는 개념이 구성되는 것이다. 그러나 우리의 경험적인 직관공간조차도 궁극적으로는 이렇게 끊임없이 수행되는 '선택'작용에서 유래하며, 이러한 선별은 그때마다 어떤 특정한 선택원리를, 즉 결정하는 역할을 하는 시점(視點)을 요구한다. 직관공간에서도 특정한 고정점,

즉 현상들이 이를테면 그 주위를 도는 축이 되는 특정한 고정점이 정립되어 있는 것이다. 이러한 회전운동에서는 회전의 중심도 회전의 방향도 변할 수 있기 때문에, 개개의 지각도 공간적 '현실'의 구조 전체에 대해서 극히 상이한 의미와 가치를 가질 수 있다. 그러나 이러한 모든 차이를 넘어서 이론적인 근본기능의 통일성이 견지되고 이러한 통일성이 그러한 관계들의 전체를 지배하는 것이다. 지각이 어떤 개별적인 것, 즉 여기에 지금 주어져 있는 것의 단순한 파악에 그치지 않고 표시라는 성격을 획득하게 됨으로써, 다채로운 현상들이 하나의 '경험연관'으로 종합된다. 표시의 두 가지 근본계기―표시하는 것과 표시되는 것, '대표하는 것'과 '대표되는 것'―가 구별된다는 것이야말로 다음과 같은 맹아, 즉 그것이 성장하고 완전하게 전개됨으로써 공간의 세계가 순수직관의 하나의 세계로서 출현하게 되는 맹아를 포함하고 있는 것이다.

제4장 시간직관

발달된 이론적 사고는 보통 시간을 모든 사건을 포괄하는 '형식', 즉 그 속에서 현실의 모든 내용이 '존재하고' 그 내용에 하나의 위치가 지정되는 보편적 질서라고 본다. 시간은 하나의 물리적 존재나 물리적 힘으로서 다른 사물과 나란히 존재하는 것은 아니다. 즉 시간은 자신의 고유한 존재성격과 작용성격을 갖고 있지 않은 것이다. 그러나 사물들의 모든 결합, 사물들 사이에 성립하는 모든 관계는 결국 시간적 사건의 규정들, 즉 이전과 이후, '지금'과 '지금이 아님'이라는 구별로 귀착된다. 사유가 다양한 사건들을 하나의 체계로 종합하고, 그러한 체계 내에서 개별적인 사건들이 그것들 '이전'과 '이후'와 관련하여 규정됨으로써 비로소 현상들이 하나의 직관적 현실이라는 전체적 형태로 서로 결합된다. 독자적인 시간적 도식기능이 비로소 '객관적인' 경험 자체의 형식을 가능하게 하는 것이다. 이와 같이 시간은—칸트가 말하고 있듯이—'대

317

상 일반을 규정하는 상관자'다. 칸트에 따르면 지성과 감성의 연관을 보증하는 '초월론적 도식'은 '규칙에 따르는 아프리오리한 시간규정' 이외의 것이 아니다. 이러한 도식들에 의해서 가능한 모든 대상과 관련해서 **시간계열과 시간내용, 시간질서와 시간총괄**이 규정되는 것이다. 이 경우 이러한 '도식'과 '형상' 사이에는 하나의 선명한 원칙적인 구별이 존재한다. 왜냐하면 "형상은 생산적 상상력의 경험적 능력의 산물"이지만 "감각적 개념들의 도식은 아프리오리한 순수한 구상력의 산물이고 이를테면 모노그램[낙관(落款)]이며, 형상들은 그것에 의해서 또한 그것에 따라서 비로소 가능하게 되기"[1] 때문이다.

시간이란 문제를 이러한 방식으로 제기하면서도 물론 칸트는 현상과 그것의 단순한 형식과 관련해서 작동하는 지성의 이러한 도식기능이 "인간 영혼의 깊은 곳에 숨겨져 있는 기법"이며 "우리가 언젠가 자연으로부터 이러한 기법의 참된 조작법을 읽어내어 그것을 분명하게 보게 되는 것은 거의 불가능하다"고 덧붙이고 있다. 사실 여기에서 우리는 이러한 문제에 형이상학의 측면으로부터 접근하든 혹은 심리학이나 인식이론의 측면으로부터 접근하든 곧 넘어설 수 없는 '개념파악의 한계' 앞에 직면해 있는 것 같다. 직접적인 의식에게는 가장 확실하게 가장 잘 알려져 있는 것인 시간도 우리가 시간의 이러한 직접성을 넘어서 그것을 반성적인 고찰의 권역 안으로 끌어들이려고 하자마자 어둠에 싸이게 된

---

1) *Kritik der reinen Vernunft*, 2판, 181쪽 이하.

다는 아우구스티누스의 말은 여전히 타당성을 잃지 않고 있는 것 같다.[2] 시간을 정의하려는 어떠한 시도나 시간의 특성을 객관적으로 묘사하려고 할 뿐인 시도조차도 즉시 우리를 해소하기 어려운 이율배반에 빠뜨리고 만다. 물론 이러한 이율배반과 아포리아의 공통된 근거 중 하나는 형이상학도 인식비판도 칸트가 '형상'과 '도식'을 구별할 때 밝히고 언명하고 있는 저 엄격한 경계를 지키지 않았다는 데에 있는 것 같다. 형이상학도 인식비판도 감각적 형상을 '순수한 상상력의 모노그램'에 관련짓는 것 대신에 오히려 이 순수한 상상력을 순전히 감각적인 규정들에 의해서 해명하

---

2) 아래의 장이 집필된 것은, 하이데거에 의한 '시간'과 '시간성'에 관한 최근의 분석─많은 점에서 전적으로 새로운 길을 지시하고 있는 분석─(『존재와 시간』, 1927년)이 발표되기 전이다. 나는 여기에서 이 분석의 성과들에 대한 상세한 비판적 검토를 할 생각은 없다. 그러한 검토는 하이데거의 이 저술의 전체가 출간되었을 때에서야 비로소 가능할 것이며 생산적인 것이 될 수 있을 것이다[역주: 『존재와 시간』은 제1부 제1편과 제2편만 발간되었다]. 왜냐하면 『상징형식의 철학』의 근본문제는 하이데거 저작의 제1권이 분명히 그리고 의식적인 의도와 함께 배제했던 바로 그 영역에 놓여 있기 때문이다. 『상징형식의 철학』이 다루고 있는 것은 하이데거가 '현존재의 근원적인 존재의미'로서 드러내고 있는 시간성의 존재방식은 아니다. 물론 『상징형식의 철학』도 하이데거가 '현존재의 실존성'의 궁극적인 근거로서 발견하면서 그것의 개별적인 계기들에 대해서 명확하게 하려고 하고 있는 이러한 '시간성'을 결코 부정하지 않는다. 그러나 『상징형식의 철학』의 물음은 이러한 시간성을 넘어선 곳에서 비로소 시작한다. 즉 이러한 '실존적인' 시간성으로부터 시간─형식으로의 이행이 일어나는 바로 그 지점에서 시작하는 것이다. 『상징형식의 철학』은 이러한 시간─형식을 가능하게 하는 조건들이야말로 현존재의 실존성을 넘어서 있는 '존재'를 정립할 수 있게 하는 조건이라는 사실을 입증하려고 한다. 공간에서와 마찬가지로 시간에서도 현존재의 존재의미로부터 '로고스'의 객관적인 '의미로의 이러한 이행, 이러한 메타바시스(μετάβασις[전화])'야말로 『상징형식의 철학』의 참된 주제이며 참된 문제인 것이다.

고 '설명'하려고 하는 유혹에 항상 굴복하고 만다. 이러한 유혹은 정신의 어떤 적극적인 근본능력, 즉 언어능력에 의해서 항상 거듭해서 갱신되고 육성되기 때문에 그만큼 더욱 강하고 위협적이다. 언어는 시간적인 규정들과 시간적인 관계들을 표현하려고 하면 우선은 예외 없이 **공간**의 매개에 의존하지 않을 수 없다. 그리고 언어가 공간세계와 이렇게 얽혀 있기 때문에 공간 '속에' 있다고 여겨지는 **사물**의 세계와 언어의 유대가 동시에 생기게 된다. 따라서 시간의 '형식'이 언어로 표현되는 것은, 공간적 규정들과 대상적 규정들에 어떠한 방식으로든 의거하는 한에서만 가능하다.[3] 이와 같이 공간에 의거하려고 하는 강박(強迫)은 너무나 강해서 언어의 권역을 넘어서 정밀과학의 개념형성에까지도 미치고 있다. 즉 정밀과학에서조차도 시간에 대해서 '객관적으로' 기술하려고 한다면 우선은 시간의 본질을 공간적 형상에 의해서 표현하고 분명히 하는 수밖에 없는 것 같다. 정밀과학에서는 무한한 직선이라는 형상이야말로 '시간의 외적·형상적 표상'이 되는 것이다. 그러나 어떠한 것이든 그러한 도형적 기호에 의해서 시간의 참된 형태가 파악되는가? 아니면 오히려 그러한 것에 의해서 종을 달리하는 본질적으로 이질적인 어떤 계기를 시간에 부당하게 귀속시키는 것 아닌가? 언어에 의한 모든 규정은 동시에 필연적으로 언어에 의해서 고정하는 것일 것이다. 그러한 고정화를 단순히 **시도하는** 것만으

---

3) 이에 대해서 상세한 것은 이 책 제1권, 170쪽 이하[『상징형식의 철학 I: 언어』, 324쪽 이하].

로도 이미 시간에게서 순수한 생성이라는 그것의 참된 본래적인 의미를 박탈하고 마는 것 아닌가? 이 점에서는 언어보다도 신화가 시간의 참된 의미에 더 깊이 진입해 있는 것 같다. 신화는 시간의 근원적 형식 속에 머물러 있는 것으로 보인다. 왜냐하면 신화는 세계를 고정된 존재로서가 아니라 오히려 끊임없는 생기(生起)로서 파악하고 있으며, 완료된 형태로서가 아니라 항상 갱신되는 변용(Metamorphose)으로서 파악하고 있기 때문이다. 신화는 자신의 이러한 근본견해로부터 이미 전적으로 보편적인 시간직관으로까지 자신을 고양시키고 있다. 왜냐하면 신화에서는 생성하고 있는 것과 생성된 것에 대한 직관이 생성작용 자체에 대한 직관과 구별되고 있기 때문이다. 개별적인 것과 특수한 것 모두는 보편적이며 범할 수 없는 운명의 힘이라는 생성작용의 지배 아래에 있다. 개체들 각각에게 존재와 생명을 부여하는 것은 이러한 운명의 힘이다. 신들조차도 시간과 운명의 지배자가 아니며 시간과 운명의 근본법칙인 모이라(μοῖρα)의 법칙에 복속되어 있는 것이다. 이와 같이 신화에서 시간은—그것이 순수하게 이론적인 의미에서 사건의 우주적 질서라고 생각되기 훨씬 이전에—운명으로서 체험된다.[4] 시간은 '이전'과 '이후'라는 질서를 위한 한낱 관념적인 망(網)이 아니라 오히려 시간 자체가 망을 짜는 것이다. 이와 같이 신화에서는 이미 시간에게 어떤 보편성이 주어져 있지만, 그럼에도 불구하

---

4) 이 책 제2권 128쪽 이하, 138쪽 이하, 143쪽[『상징형식의 철학 II: 신화적 사유』, 228쪽 이하, 244쪽 이하, 253쪽]을 참조할 것.

고 시간은 자신의 충만한 생동성과 구체성을 보존하고 있다. 즉 지상의 것이든 천상의 것이든 인간이든 신이든 모든 존재가 근원적인 현실로서의 시간 속에 포함되어 있고 구속되어 있는 것이다.

그러나 기원에 대한 물음이 더 이상 신화로부터가 아니라 철학, 즉 이론적 반성으로부터 제기되자마자 어떤 새로운 관계의 조짐이 나타나게 된다. 시원이라는 신화적 개념은 이제 원리라는 개념으로 변화된다. 이러한 원리조차도 우선은 원리의 순수하게 개념적인 규정 속으로 구체적인 시간직관이 들어가 있는 방식으로 파악된다. 철학적 사유에서는 존재의 항상적인 '근거'로서 나타나는 것도 동시에, 우리가 생성의 계열을 소급해 올라가면 만날 수밖에 없는 최초의 원초적인 존재형태로서 간주되는 것이다. 그런데 사유의 물음이 더 이상 오로지 **사물들**의 근거에 향하지 않고 사유 **그 자신**의 존재근거와 권리근거로 향해지게 되면, 동기(動機)들의 그러한 착종도 곧 해소되고 만다. 철학이 처음으로 이러한 물음을 제기하는 곳에서는, 즉 철학이 현실의 근거가 아니라 **진리**의 의미와 근거를 묻는 곳에서는, 이와 함께 존재와 시간 사이의 모든 결속이 단번에 끊어지게 되는 것 같다. 이제 참된 존재가 무시간적인 존재로서 발견된다. 이 이후, 우리가 시간이라고 부르는 것은 한낱 명칭, 즉 언어와 인간의 '사념'이 짜낸 직물(織物) 이상의 것이 아닌 것이다. 존재 자체는 이전도 이후도 알지 못한다. 즉 "존재는 있었던 것도 아니고 앞으로 있게 될 것도 아니며 단적으로 **있는** 것이다. 존재는 오직 지금 속에만 응결되어 서 있는 것이다."[5] 무시간적인 진리의 상관자인 무시간적 존재라는 이 개념과 함께 신화로부터 '로고스'의 해방, 즉 신화적인 운명의 힘에 대한 순수사고의 독립선언이 행해지고 있다. 그리고 철학은 자신의 역사가 진행되는 과정에서 항상 새롭게 자신의 이러한 기원으로 되돌아간다. 파르메니데스와 마찬가지로 스피노자도 무시간적인 인식의 이상, 즉 sub specie aeterni[영원의 상 아래서의] 인식이라는 이상을 내세우고 있다. 스피노자에게도 시간은 자기 자신의 형식을 그릇되게 절대적 실체, 즉 절대적 존재에 각인하는 imaginatio(상상력), 즉 경험적 상상력의 형성물이다. 그러나 형이상학은 시간의 수수께끼를 형이상학의 문턱으로부터 내쫓아 버림으로써, 즉 파르메니데스의 간결한 표현을 빌리자면 생성과 소멸을 자신으로부터 추방함으로써 시간의 수수께끼를 극복한 것은 아니었다.[6] 왜냐하면 그렇게 함으로써 절대적 존재로서의 존재가 모순의 짐으로부터 해방되는 것처럼 보이지만, 이번에는 **현상들**의 세계가 그만큼 완강한 모순의 짐을 지게 되기 때문이다. 이후 현상세계는 생성의 변증법에 결정적으로 내맡겨지게 된다. 철학의 역사는 엘레아학파의 사고가 다양성과 운동이라는 추상적 개념에서 발견했던 이러한 변증법이 어떤 식으로 경험적 인식, 즉 물리학과 그것의 원리적 정초 속으로도 점차로 침입하게 되는지를 가르쳐주고 있다. 뉴턴은 외적 대상에 관계없이 그 자체로 흐르는 '절대적 시간'이라는 요청을 자신의 체계의 정점에 설정함으로써 이러한 정초를

---

5) Parmenides, frag. 8(Diels); V. 1-33.
6) Parmenides, frag. 8, Vers 22; 제2권, 158쪽 이하 참조.

수행하고 있다. 그러나 이러한 절대적 시간의 본질에 대한 고찰이 심화될수록 이러한 절대적 시간이라는 것으로 정립되고 있는 것이—칸트의 말을 빌리자면—어떤 종류의 '실재하는 비실재물(existierendes Unding)'이라고도 할 만한 것이라는 사실이 보다 명확하고 선명하게 된다. 흐름이라는 것이 시간의 근본계기로 간주됨으로써 시간의 존재도 본질도 그것이 흘러간다는 점에 있는 것으로 간주되는 것이다. 물론 시간 자체는 이러한 흘러감에 참여해서는 안 된다. 왜냐하면 그러한 변전은 시간 자체에 관계하는 것은 아니고 오직 생기의 내용에만, 즉 시간 속에서 잇달아 일어나는 현상들에만 관계하기 때문이다. 그러나 바로 이와 함께 존재하지 않는 부분들로 조립되어 있는 하나의 존재자, 즉 하나의 실체적 전체가 정립되는 것 같다. 왜냐하면 과거는 '더 이상 존재하지 않는' 것이며, 미래는 '아직 존재하지 않는' 것이기 때문이다. 그렇게 되면 시간에서 존립하는 것으로서 남는 것은, 미래의 '아직 존재하지 않음'과 과거의 '더 이상 존재하지 않음' 사이를 매개하는 현재만이 존재할 수 있는 것 같다. 우리가 이러한 매개물에 어떤 유한한 연장을 부여하면서 그것을 **시간이 펼쳐진 것**으로 본다면, 그것에서도 다시 동일한 문제가 나타난다. 즉 현재라는 이 매개물도 그중의 개별적인 순간만이 존립하고 존재하며, 그것 이외의 모든 계기는 존재에 선행하든가 아니면 이미 존재를 배후에 남겨두게 되는 다양성(Vielheit)이 되고 마는 것이다. 다른 한편으로 우리가 '지금'을 엄밀하게 점으로 해석한다면, '지금'은 이러한 고립화에 의해서 시간계열의 한 항으로 존재할 수 없게 된다. 그러한 '지금'에 대해서는 오래된 제논의 아포리아가 생기게 된다. 이것은 화살은 그것이 날아가는 궤도 위의 각 점에서 단 하나의 위치를 점할 뿐이며, 따라서 생성, 즉 '이행'의 상태에 있지 않기 때문에 날아가는 화살은 정지하고 있다는 아포리아다. 시간측정의 문제도—그것이 경험 자체에 의해서 부과되고 경험적 수단에 의해서 완전히 해결될 수 있는 것으로 보이는 경험적 문제일지라도—항상 거듭해서 변증법적 음미와 구명의 혼란에 빠져들게 된다. 라이프니츠와 클라크(Clarke) 사이의 왕복서간에서 뉴턴의 옹호자이자 대변자인 클라크는 시간의 측정 가능성으로부터 시간의 절대적이고 실재적인 성격을 끌어내고 있다. 그에 따르면 존재하지 않은 것은 객관적인 양과 객관적인 수라는 속성을 가질 수 없다는 것이다. 그러나 라이프니츠는 이러한 논거를 즉시 그 반대의 논거로 바꿔버린다. 즉 그는 시간의 양에 대한 규정이 모순 없이 사유될 수 있는 것은 우리가 시간을 실체로서가 아니라 순수하게 이념적인 관계로서, 즉 '가능한 것의 질서'로서 사유할 경우뿐이라는 사실을 보여주려고 한다.[7] 이와 같이 인식이 진보할수록—이러한 인식의 진보가 형이상학적인 시간고찰에 의해서 획득되든 물리학적 시간고찰에 의해서 획득되든 간에—시간에 내재하는 이율배반적 성격이 더욱더 분명하게 그리고 더욱더 가차 없이 드러나게 되는 것 같다. 즉 '시간'의 존재는 우리가 그것을 어떠한 수단으로 파악하려 하더라도

---

7) 상세한 것은 나의 편집에 의한 Leibniz, *Hauptschriften zur Grundlegung der Philosophie*, Philos. Bibl., Bd. 106, 142쪽, 159쪽, 189쪽 이하, 225쪽 이하를 참조할 것.

항상 거듭해서 우리의 손을 빠져나가게 된다.

　사유가 시간개념을 일반적인 **존재개념**에 종속시킴으로써 지배하려고 시도하자마자 항상 거듭해서 생기게 되는 이러한 변증법은, 서양의 철학적 사유의 역사에서 처음으로 시간의 문제군을 그것의 범위 전체에서 설정하고 조망하고 있는 아우구스티누스의 『고백록』의 저 고전적인 장에서 이미 극히 간결하면서도 명료하게 나타나고 있다. 아우구스티누스는 이렇게 추론하고 있다. 즉 현재가 과거로 이행하는 것에 의해서만 시간규정, 즉 시간상의 현재가 된다면, 자신을 파괴함으로써만 성립하는 것과 같은 것을 도대체 어떻게 하나의 존재라고 부를 수 있는가? 혹은 우리는 어떻게 해서 시간에게 어떤 양을 귀속시키고 이 양을 **측정할** 수 있는가? 왜냐하면 이러한 측정은 우리가 지나간 것과 현전하고 있는 것을 서로 결합시키고 그것들을 정신의 **하나의** 시선 안으로 종합하는 것에 의해서만 성립할 수 있지만, 그러나 이러한 두 가지 계기는 그것들의 순수한 존재양식에서 보면 서로 모순 대립하기 때문이다. 남아 있는 출구는 하나밖에 없다. 즉 이러한 대립을 해소하는 것은 아니지만 그것을 상대화하는—달리 말하면 그러한 대립을 절대적 모순이 아니라 단지 일정한 조건 아래에서의 대립으로 나타나게 하는—어떤 **매개**가 발견되어야만 한다. 그리고 바로 이러한 매개는 아우구스티누스에 따르면 시간**의**식의 그때마다의 진정한 작용에서 수행된다. 우리를 시간의 미궁(迷宮)으로부터 이끌어낼 수 있는 아리아드네의 실은 우리가 시간의 문제를 이제까지와는 근본적으로 다른 방식으로 제기할 때—즉 그것을 실재론적·독단론적 존재론의 기반으로부터 의식현상의 순수한 분석이라는 기반으로 옮길 때―비로소 발견된다.[8] 현재·과거·미래로의 시간의 분리는 이제 더 이상 실체적인 분리, 즉 그것을 통해서 서로 이질적인 세 가지 존재양태가 그것들의 '자체적 존재'에 있어서 규정되고 서로 분리되어야만 하는 실체적인 분리가 아니다. 그것은 단지 현상하는 현실에 대한 우리의 인식에 관계할 뿐이다. 엄밀하게 말하자면 우리는 세 개의 시간이 있다고 말해서는 안 되며, 보다 정확하게는 현재로서의 시간이 세 가지의 상이한 관계를 자체 내에 포함하고 있고 이러한 관계를 토대로 세 가지 상이한 측면과 규정을 포함하고 있다고 말해야만 할 것이다. 존재하는 것은 지나간 것의 현재이며, 현전하고 있는 것의 현재이고, 다가올 것의 현재인 것이다. "지나간 것의 현재가 기억이라고 불리며, 현전하는 것의 현재가 직관이라고 불리며, 다가올 것의 현재가 기대라고 불린다." 따라서 우리는 절대적인 **사물**로서의 시간이 똑같이 절대적인 세 개의 부분으로 나뉘어져 있다고 생각해서는 안 된다.

---

8) 이와 같이 아우구스티누스의 사상세계의 구조 속에서 이미, 시간이라는 주제가 **존재의 물음** 자체에 근본적으로 새로운 방향을 지시한다는 것, 즉 존재물음 자체의 전환과 변형으로 이끈다는 점에서 시간이라는 주제가 갖는 참된 힘이 입증된다. 따라서 시간이라는 주제는 **현대** '존재론'의 전개과정에서 그것에게 주어지는 것과 동일한 기능을 이미 아우구스티누스에서도 본질적으로 갖고 있다. 현대 존재론도 자신의 과제는 무엇보다도 먼저 시간을 '모든 존재이해와 존재해석의 지평'으로서 분명히 드러내고 참으로 파악하는 데에 있다고 보고 있으며, 올바르게 드러나고 올바르게 해명된 시간이란 현상에서 '모든 존재론의 중심적인 문제군(問題群)이 뿌리내리고 있다'고 보고 있는 것이다(하이데거, 『존재와 시간』, 특히 제5절을 참조할 것).

오히려 지금의 통일적 **의식**이 세 개의 상이한 기본적 방향을 포섭하고 있으며 이러한 삼중성으로서 자신을 구성한다. 의식의 현재는 못 박힌 것처럼 어떤 개별적인 순간에 부착되어 있지 않고 필연적으로 이 개별적인 순간을 넘어서 전방으로도 후방으로도 나아간다.[9] 따라서 시간을 파악한다는 것은 그것을 서로 분리되어 있지만 존재적으로 결합되어 있는 세 개의 실재로부터 합성하는 것은 아니다. 오히려 그것은 서로 명확하게 구별되어 있는 세 개의 지향, 즉 지금에 대한 지향과 이전에 대한 지향 그리고 이후에 대한 지향이 어떤 식으로 하나의 **의미**의 통일로 종합되는지를 이해하는 것이다. 물론 이러한 종합이 가능하다는 사실은 다른 어떤 것으로부터 도출될 수 있거나 입증될 수 없다. 오히려 우리는 여기에서 참된 근원적 현상이기 때문에 그 자신에 의해서만 증명될 수 있고 설명될 수 있는 현상에 직면해 있는 것이다. "Quid est ergo tempus? Si nemo ex me quaerat, scio, si quaerenti explicare velim,

---

9) "그러므로 과거, 현재, 미래라는 세 가지 시간이 있다고 말하는 것도 적당치 않습니다. 아마도 '과거 일의 현재, 현재 일의 현재, 미래 일의 현재라는 세 가지 시간이 있다'고 말하는 것이 옳을 것입니다. 사실 이 세 가지는 **영혼** 속에 있는 어떤 것입니다. 그렇지 않다면 나는 영혼 이외의 어디에서도 그것을 찾아볼 수 없습니다. 즉 과거 일의 현재는 '기억'이며, 현재 일의 현재는 '직관'이고, 미래 일의 현재는 '기대'입니다." Augustinus, *Confessiones*, 제11권, 26절[번역은 『고백록』, 선한용, 대한기독교서회, 2007년, 401쪽을 참조했지만 번역을 약간 수정했음]. longa expectatio(긴 기대)도 longa memoria(긴 기억)도 여기서는 물론 심적 작용으로서의 기대와 기억의 실재적인 지속을 가리키지 않는다. 그것이 의미하는 것은 기대와 기억은 자신이 향하는 **내용**을 '짧다'든가 '길다'고 규정한다는 것이다. 즉 시간 규정은 심적 작용에 관한 것이 아니라, 그것의 '지향적 대상'에 관한 것이다.

nescio(그러면 시간이란 도대체 무엇입니까? 만일 아무도 나에게 묻지 않는다면 나는 알고 있습니다. 그러나 묻는 자에게 그것을 설명하려고 하면 나는 모릅니다.)"[10] "예를 들어 어떤 물체가 소리를 내기 시작한 다고 생각해 보자. 그 소리가 계속 울리다가 끊어지면 정적이 이어진다. 이제 그 소리가 지나갔으니 더 이상 들리지 않게 된다. 그 소리가 울리기 전에는 그것이 미래에 속한 것이므로 우리는 그 소리의 길이를 잴 수 없다. 그것이 아직 존재하지 않기 때문이다. 그러나 지금은 그 소리가 이미 지나가 버렸으니 우리는 그것을 잴 수 없다. 그러므로 우리는 그 소리가 실제로 울리고 있는 동안에만 그것을 잴 수 있을 것이다. 그때에만 우리가 잴 수 있는 어떤 것이 있기 때문이다. 그러나 실은 그때에도 그 소리는 정지하지 않고 계속 흘러 지나가 버린다. 길고 짧은 음절들이 서로 교대로 존재하는 8음절의 운각(韻脚, Versfuß[글귀의 끝에 다는 운자])을 예로 들어보자. 긴 음절은 짧은 음절을 낭송할 때보다 시간이 두 배나 걸린다. 이와 같이 우리는 긴 음절을 짧은 음절을 가지고 측정하며 전자는 후자의 두 배가 된다는 사실을 안다. 그러나 이러한 음절들은 순서대로 읽히는바, 나는 어떻게 해서 짧은 음절을 고정시켜 놓고 그것을 척도로 사용할 수 있는가? 그렇게 할 수 없는 것이 긴 음절은 짧은 음절이 낭송되어 지나간 후에야 낭송되기 시작하기 때문이다. 또한 이 긴 음절 자체의 경우도 나는 그것이 끝나기

---

10) 같은 책, 제11권, 17절[번역은 『고백록』, 선한용, 대한기독교서회, 2007년, 394쪽을 참조했음].

전에 측정하는가 아니면 그것이 끝난 후에 측정하는가? 끝나기 전이라면 이 음절이 지속하는 시간은 아직 다 하지 않았다. 끝난 후라면 그 음절은 끝나버렸기 때문에 이미 사라지고 말았다. 그렇다면 내가 측정하는 것은 무엇인가? 짧은 음절은 어디에 있고 긴 음절은 어디에 있는가? 두 음절은 소리가 난 후 사라지고 지나가 버려서 지금은 더 이상 있지 않다. 그럼에도 나는 그것들을 측정하면서 자신 있게 긴 음절은 짧은 음절을 낭송할 때보다 시간이 두 배나 걸린다고 주장한다. 따라서 내가 측정하는 것은 이미 사라진 음절들 자체가 아니라 내 기억에 고정되어 남아 있는 어떤 것이다. 나의 정신이여, 나는 네 안에서 시간을 측정한다. 지나가 버린 사물이 내 안에 설정하고 그 사물이 지나가도 내 안에 남아 있는 규정, 이렇게 현전하는 것으로서의 규정이야말로 내가 측정하는 것이며, 이렇게 현전하는 규정이 생기기 위해서 사라지지 않으면 안 되었던 것을 측정하는 것은 아니다. 정신 속에는, 현재와 과거와 미래는 하나가 되어 있다. 왜냐하면 정신이 기대하고 주의를 향하고 회상할 경우, 정신이 기대하는 것이 정신의 주의가 향해지는 것을 매개로 하여 정신이 회상하는 것으로 이행해 가기 때문이다. 미래가 아직 있지 않음을 누가 부인하겠는가? 그러나 우리 정신에는 아직 오지 않은 미래의 일에 대한 기대가 이미 존재해 있다. 과거의 일은 이미 지나가 현재에 있지 않음을 누가 부인하겠는가? 그러나 우리 정신에는 과거의 일에 대한 기억이 아직도 존재해 있다. 현재라는 시간은 순간적으로 지나가기 때문에 아무 연장도 없음을 누가 부인하겠는가? 그러나 정신의 직관은 지속된다. 왜냐하면 비록 현재는 이미 지나갔어도 직관은 존속하기 때문이다. 그러므로 현재 있지 않은 미래의 시간이 긴 것이 아니다. 미래가 길다 함은 미래에 대한 우리의 기대가 긴 것뿐이다. 또한 이미 있지 않은 과거도 길 수는 없다. 과거가 길다 함은 과거에 대한 우리의 기억이 긴 것뿐이다."[11]

이제 사물로서의 시간과 순수한 체험으로서의 시간 사이에, 즉 객관적으로 생기하는 것이 그 위를 흐르는 강바닥과 같은 것으로 간주할 수 있는 시간과 본질적으로 '현재라는 시간(Präsenzzeit)'으로서만 우리에게 주어질 수 있는 의식으로서의 시간 사이에 명확한 구분이 수행된다. 이와 함께 열려지게 된 문제군도 이렇게 일단 명확하게 파악되면 다시 진정되지 않게 된다. 이후 이러한 문제군은 형이상학과 인식론의 역사 전체에 걸쳐서 나타나게 되며, 최근에도 현대의 '사고(思考)심리학'의 정초를 위한 시도에서도 다시 부활하게 되었다.[12] 그러나 우리 자신도 바로 여기에서 우리의 체계적 문제의 참된 중심점으로 소급해 가야만 한다는 사실을 깨닫게 된다. 왜냐하면 여기에서는 시간의 재현이라는 현상을 존재

---

11) "그러므로 아직 있지 않은 미래의 시간이 긴 것이 아니다. 미래가 길다 함은 미래에 대한 우리의 기대가 긴 것뿐이다. 또한 이미 있지 않은 과거도 길 수는 없다. 과거가 길다 함은 과거에 대한 우리의 기억이 긴 것뿐이다." 같은 책, 제11권, 37절 [번역은 『고백록』, 선한용, 대한기독교서회, 2007년, 412쪽을 참조했음]; 특히 26절 이하를 참조할 것.

12) Hoenigswald, *Die Grundlagen der Denkpsychologie*를 참조할 것. '현전시간'과 '객관적' 시간, '형태화된 시간'과 '초월적 시간' 사이의 차이에 대해서는 특히 67쪽 이하, 87쪽 이하, 307쪽 이하를 볼 것.

하고 실재하는 시간으로서의, 즉 '형이상학적' 시간으로서의 존재의 시간(Seins-Zeit)이 갖는 문제들과 혼동해서는 안 된다는 요구가 분명하면서도 확고하게 제기되기 때문이다. 우리는 이 존재시간으로부터 **출발하면서** 체험된 시간, 즉 '자아시간'으로 나아갈 수는 없다. 오히려 우리는 정반대의 길만을 택할 수 있다. 이 경우 우리는 다음과 같은 식으로 문제를 제기할 수밖에 없다. 즉 우리는 도대체 어떻게 해서, 미래와 과거를 구성계기로서 포함하고 있는 '지금'이라는 순수한 현상으로부터 출발하여 다음과 같은 시간, 즉 과거와 현재 그리고 미래라는 세 개의 단계가 서로 구별되고 객관적으로 '상호 외재적이며' 또한 서로 잇달아 일어나는 것으로 간주되는 것과 같은 종류의 시간으로 이끌려지게 되는가라고. 이 경우 고찰은 항상 오로지 '이념적인 것'으로부터 '실재적인 것'으로, '지향작용'으로부터 그 '대상'으로 향하는 방향을 취할 수밖에 없다. 이에 반해 **실체성**이라는 형이상학적 범주로부터 출발하면서 시간에 대한 순수한 직관으로 거슬러 올라가는 길은 결국은 전혀 존재하지 않는다. 여기에서 유일하게 수미일관된 결단은 바로 이러한 직관 자체를 거부하는 것, 즉 그것을 파르메니데스와 함께 존재하지 않는 것으로서 설명하든가, 또는 스피노자와 함께 그것을 상상의 산물로서 설명하는 것이다. 그러나 형이상학의 이러한 거부를 통해서 순수한 현상들이 배제되고 단적으로 파괴될 수는 없기 때문에, 결국 유일하게 가능한 해결책은 문제를 원칙적으로 전환하면서 정반대의 방향을 취하는 것이다. 우리가 인식해야만 하는 것은 자아의 근원적 시간구조로부터 우리에게 경험적 사물과 사건이 존재하는 것으로 여겨지는 시간질서로의 이행, 즉 그 안에서 '경험의 대상'이 우리에게 주어지는 시간질서로의 이행이다. 그리고 여기에서 우선 분명하게 되는 것은, 이러한 '대상'이 의미하는 바로 그것이 단지 간접적으로 이러한 시간질서에 **관계 지어질 뿐** 아니라 바로 이러한 시간질서에 의해서 비로소 **정립될 수 있게 된**다는 것이다. 근대철학에서 문제를 이런 식으로 파악했던 최초의 철학자는 칸트가 아니라 라이프니츠였다. 라이프니츠는 이미 '단자론적(monadologisch)' 시간이야말로 πρότερον τῇ φύσει[프로테론 테 퓌세이, 본성상 앞선 것]이며 우리는 이러한 단자론적 시간으로부터 출발하여 비로소 수학적·물리학적 시간으로 도달하게 된다는 사실을 보여주고 있으며, 이것이야말로 뉴턴의 시간론에 대한 그의 논박의 핵심부분을 이루고 있다. 단자론의 체계에서는 과거와 미래를 포함하고 있는 자아의 현재야말로 출발점, 즉 terminus a quo인 것이며, 따라서 그것의 존재와 의미는 어떠한 'inflxus physicus[물리적 영향]'에 의해서도 어떠한 '외부' 원인에 의해서도 설명될 수 없다. 자아의 현재는 자신 이외의 모든 객관적 존재와 객관적 지식을 위한 매개가 되는 것이다. 왜냐하면 모나드는— 여기에서 실재론적 실체개념을 전도하는 라이프니츠에 따르면— 자신의 표상작용에 의해서만 **존재하기** 때문이다. 그러나 이 모나드는 과거와 미래를 지금이란 시점에서 파악하는 방식으로만 표상할 수 있다. 이렇게 일자에서 다수가 표현된다(multorum in uno expresso)는 사태는 **모든** 의식작용의 본질에 속한다. 그러나 그러한 사태가 다른 어떤 곳에서보다도 가장 명료하게 파악되고 제시될 수 있는 것은 아마도 시간적인 현상들이 갖는 성격에서일 것이다. 시간적 현상들 이외의 모든 영역에서는 '재현'은 단지 간접적인 작용으로서, 어떤 방식으로든 직접적으로 주어져 있는 의식의 소재에 단지 덧붙여지는 것처럼 보일 수 있다. 즉 재현은 의식의 소재에 원래 속하는 것이 아니라 그것에 나중에 덧붙여지는 것처럼 보일 수 있는 것이다. 예를 들면 공간에서는 분명히 모든 내용은 필연적으로 다른 내용에 **관계하며**, 따라서 모든 '여기'는 '저기'와 인과적인 작용이나 역학적 작용에 의해서 **결부되어** 있다. 그러나 '여기'의 순수한 의미는 언뜻 보기에는 그것만으로도 성립할 수 있는 것처럼 보이며 '거기'라는 의미와 독립적으로 이해되고 정의될 수 있는 것처럼 보인다. 그러나 시간에 대해서는 그러한 분리는 추상에 의해서조차도 결코 가능하지 않다. 어떠한 순간도 세 개의 시간관계와 시간적 지향을 직접 포함하고 있다. 현재 내지 지금은 재현전화의 작용에 의해서만, 즉 현재 내지 지금이 포함하고 있는 과거와 미래에 대한 지시에 의해서만 현재**로서의** 성격을 갖게 된다. 따라서 시간에서는 '재현작용'은 '현전화'에 덧붙여지지 않고 오히려 재현작용이야말로 '현재' 자체의 내용과 핵심을 형성한다. 여기에서 '내용'과 표시, '존재하는 것'과 '상징적인 것'을 서로 분리하려고 하는 시도는 비록 성공하더라도 시간적인 것의 생명을 침해하고 파괴하는 것이다.

그리고 시간의식의 특수한 형식과 함께 이제 자아의식의 특수한 형식조차도 파괴되고 만다. 왜냐하면 시간의식과 자아의식은 서로를 조건 짓기 때문이다. 즉 자아는 시간의식의 삼중적 형식에서만 자신을 발견하고 인식하지만, 다른 한편으로 시간의 세 국면도 자아 내에서만 그리고 자아에 의해서만 통합된다. 추상적이고 개념적으로 정립되면 서로 대립하는 것 같고 서로를 영원히 기피하는 것처럼 보이는 규정들이 그럼에도 불구하고 시간 속에서 어떻게 함께 '동행할 수 있는가' 하는 것은 사물들로부터가 아니라 자아로부터만 이해될 수 있다. 왜냐하면 한편으로 칸트의 표현에 따르면 "항상 변하지 않고 머물러 있는 자아야말로 의식되는 한에서의 우리의 모든 표상의 상관자"이기 때문이지만, 다른 한편으로 자아가 바로 이러한 자신의 동일성과 지속성을 확보할 수 있는 것은 자아 자신이 끊임없이 흐르는 것에 의해서만 가능하기 때문이다. 자아는 불변성과 동시에 변화이고, 지속과 동시에 이행이다. "나는 자신이 이 지금 속에 서 있다고 느끼면서도 그 자신이 과거를 향해서 끊임없이 이행해 가는 것을 볼 뿐 아니라 미래에 대해서도 결코 선명하게 한계를 갖지 않는 것을 본다. 즉 완결되고 중단되면서 한동안 쉰 다음에 다시 새롭게 시작하는 것이 결코 아니라는 사실을 본다. 나는 미래를 향해서도 계속해서 흐르는 것이다. 나는 이 지금을 방금 과거가 된 지금으로부터 흘러나온 것으로서 느끼면서도 동시에 내가 서 있는 이 지금이 곧 사라져버리고 그것에 이어지는 지금 속으로 흘러들어 간다는 사실도 확신하고 있다. 지금에 대한 나의 체험은 다음과 같은 두 개의 측면을 갖고 있는 것이다. 즉 그것은 자신을 이전으로부터 도래하는 것으로서 느끼는 한편, 나중으로 변화되는 것으로서 느낀다. 모든 지금은 나에게는 소멸해 가는 방금 현전하고 있었던 것이며, 바로 이와 동시에 그것에 이어지는 지금, 즉 지금은 아직 현전하지 않고 있는 것으로의 이행이다."[13] 물론 자아체험의 이러한 형식도 순수한 기술에 의해서만 제시될 수 있다. 그것은 다른 보다 깊은 것으로 환원된다는 의미에서는 '설명될' 수 없다. 이러한 설명이 어떠한 방향을 취하든, 즉 그것이 형이상학적인 경향을 따르든 또는 심리학적인 경향을 따르든, 그러한 도출의 시도는 항상 자아체험 자체를 폐기하는 것이 된다. 즉 그것의 연역은 그대로 그것에 대한 부정으로 전환되는 것이다. 스피노자는 시간을 '상상력'의 영역에 귀속시킴으로써 자아도 동일한 권역에 편입시킬 수밖에 없게 된다. 분명히 스피노자에서도 의식, cogitatio[사고작용]는 무한한 실체의 속성으로서 나타난다. 따라서 그것은 영원하고 필연적인 것으로서 규정되고 있는 것으로 나타난다. 그러나 그는 이러한 의식이 인간의 자아의식과는 한낱 이름 이상의 공통점을 갖고 있지 않다는 것을 결코 의심하지 않는다. 우리가 실체에 자기의식이라는 술어를 부여할 경우에, 즉 신적 지성과 신적 의지라는 표현을 사용할 경우에, 우리는 한낱 언어상의 비유를 사용하고 있을 뿐이다. 사태에 입각해서 볼 때 여기에는[신의 자기의식과 인간의 자기의식, 신적 지성 및 신적 의지와 인간적 지성 및 인간적 의지 사이에는] 성좌로서의 개와 실제로 짖는 개 사이에 있는 것 이상의 공통성은 존재하지 않는다. 자아의식과 시간의식의 근원성과 자립

---

13) Joh. Volkelt, *Phänomenologie und Metaphysik der Zeit*, München 1925, 23쪽 이하.

적인 성격은 심리학상의 경험론과 감각주의가 양자에 가하는 비판에 의해서 [합리론과는] 정반대의 방향으로부터 부인되고 있다. 그러나 경험론과 감각주의에서도 우리는 실체적인 근본견해에 근본적으로 구속되어 있다. 다만 [합리론에서와는 달리] 경험론에서는 의식의 모든 형태화 작용은 단순한 [절대적] 존재가 아니라 단순한 감각으로 환원되고 해소되고 있을 뿐이다. 이러한 요소적 구성부분 자체는 그 자체의 순수한 상태에서는 자아의 형식도 시간의 형식도 포함하고 있지 않다. 양자는 오히려 부차적인 산물로서, 즉 단순한 요소로부터의 발생적 도출을 필요로 하는 우연한 규정으로서 나타난다. 따라서 자아는 '표상들의 다발'이 되고 시간은 한낱 다수의 감각적 인상이 되고 만다. 시간을 의식의 기본적 사실, 즉 단순한 지각에서 찾는 자는 그것에서 시간에 대응하는 것을 아무것도 발견하지 못할 것이다. 즉 음과 색의 개별적 표상이 존재하는 것과 똑같이 시간이나 지속의 개별적 표상이 존재하는 것은 아니다. 흄이 강조하는 바에 따르면, 플루트로 다섯 음이 연주되면 우리 속에서는 시간의 인상이 불러일으켜진다. 그러나 이 경우 이러한 시간은 결코 순수하게 청각적인 인상에 그것과 동일한 종류의 것으로서 그리고 동일한 가치를 갖는 것으로서 덧붙여지는 새로운 인상이 아니다. 그러나 그렇다고 해서 예를 들면 정신이 단순한 청각의 유인과 자극에 의해서 어떤 새로운 관념, 즉 '반성'의 관념을 창조하고 자신으로부터 끌어내는 것도 아니다. 왜냐하면 정신은 자신의 모든 표상을 몇천 번에 걸쳐서 분석해도 그러한 표상들로부터 어떤 특유의 근원적 지각, 즉 시간에 대한 지각을 획득할 수 없을 것이기 때문이다. 왜냐하면 정신이 음을 들을 때에 실제로 의식하고 있는 것은 개개의 음 자체를 제외하면 그것들에 부착해 있는 양태적 성격 이외의 아무것도 아니며, 다시 말해서 그러한 음들이 나타날 때의 특유한 **현상방식** 이외의 아무것도 아니기 때문이다. 우리는 나중에 이러한 현상방식이 순수하게 그 자체로서 음이라는 소재에 결부되어 있는 것이 아니라 다른 모든 감각자료에서도 나타나고 자신을 표현할 수 있다는 사실에 대해서 반성할 수 있다. 그러나 이와 함께 시간은 실로 감각 소재의 **특수성**으로부터는 분리될 수 있어도 감각적 소재 **일반**으로부터는 분리될 수 없다. 따라서 흄에게는 시간표상은 결코 자립적인 내용이 아니다. 오히려 그것은 감각적 인상과 대상에 '주목하거나' '주시하는' 어떤 종류의 형식으로부터 생기는 것이다. 본질적인 점에서는 마흐(Ernst Mach)가 흄으로부터 그대로 받아들이고 있는 이러한 도출방식이 '지향'의 특수한 방식들과 방향들을 한낱 주의의 작용으로 환원시키는 모든 시도가 빠져 있는 것과 동일한 순환 속에서 헤매고 있다는 것은 분명하다.[14) 시간에 '주목'하려고 한다면 우리는 그 계열에 '주의'를 향해야 하며, 더 나아가 그 계열 안에 나타나는 특수한 내용이 아니라 이 계열에만 '주의'를 향해야만 하는 것이다.[15) 그러나 바로 이러한 주시의 **방향**이 이미 시간의 **전체**

---

14) 이에 대해서는 이 책 위 부분 187쪽 이하를 참조할 것.

15) Hume, *Treatise of human nature*, Book I, Part II, sec. 3. "그러나 이 경우 마음은 여러 음이 나타나는 방식에만 주의를 향하며, 나중에 이 개개의 음들을 고려하지 않고 이 현상방식에만 주의를 향할 수 있게 된다."

를, 즉 이미 시간의 일반적 구조와 그 특징적인 질서의미를 포함하고 있다는 것은 분명하다. 심리학적 경험론은 이 점에서는 실재론적 존재론이 자신의 영역 내부에서 빠져 있었던 것과 동일한 오류추리에 빠져 있다. 심리학적 경험론조차도 '현상적인' 시간을 어떤 '객관적인' 규정과 관계로부터 도출하려고 한다. 다만 그것의 대상은 이제 더 이상 절대적 실체가 아니라 감각적인 인상일 뿐이지만 이것은 그럼에도 불구하고 절대적인 것으로서 정립되어 있다. 그러나 '물자체'도 '감각 자체'도 시간의식에서 우리에게 나타나는 저 기본적 관계를 설명하지 못한다. '표상들의 연속적 발생'은 '연속적 발생에 대한 표상'과는 결코 동일하지 않으며 또한 어떻게 해서 후자가 전자로부터 귀결될 수 있는지도 이해될 수 없다. 왜냐하면 표상들의 흐름이 순수하게 사실적인 변화로서, 즉 하나의 객관적 · 실재적인 사건으로서 받아들여지는 한, 표상들의 흐름에는 아직 변화 자체에 대한 의식은, 즉 시간이 계열을 이루는 것이면서도 항상적인 현재로서, 다시 말해 '재현전화'로서 자아 속에 정립되고 자아에 대해서 주어져 있는 저 방식에 대한 의식은 포함되어 있지 않기 때문이다.[16]

과거가 지금 속에 상징적으로 포함되어 있다는 사실과 지금의

---

16) '현상학적' 시간과 객관적 '우주적' 시간의 차이에 대해서는, 특히 Husserl, *Ideen zu einer reinen Phänomenologie und phänomenologischen Philosophie* § 81 이하를 참조할 것. 하이데거가 후설의 일련의 강의를 편집하여 *ahrbuch für Philosophie und phänomenologische Forschung*(Bd. XI, 1928)의 최신 권에 발표한 시간의식에 대한 상세한 분석[『내적 시간의식의 현상학』]은 유감스럽지만 여기에서는 다뤄질 수 없었다.

시점으로부터 미래가 예견된다는 사실을 객관적 존재와 객관적 생기의 인과법칙으로부터 도출함으로써 이해하려고 하는 다른 모든 시도는 바로 이러한 암초에 부딪혀 좌초하게 된다. 여기에서도 또한 어떤 순수한 앎의 연관, 즉 '의식'의 어떤 형식이 어떤 존재연관에 의해 치환됨으로써 이해 가능한 것이 될 수 있다고 여겨지고 있는 것이다. 그러나 이러한 존재연관은 그것이 설명해야 하는 것과 아무리 밀접하게 결부되어 있어도 이것과는 종적으로 다른 것이다. 비록 과거가 현재 속에 여전히 어떤 의미에서 존속하고 있더라도, 과거의 이러한 존속으로부터 재현작용이라는 현상에 이르는 어떠한 교량도 존재할 수 없다. 왜냐하면 '재현작용'은 단순한 과거 파지(Retention)와는 정도 면에서 아니라 종적으로 다른 것이기 때문이다.[17] 특유한 '상기의식', 즉 과거를 과거로서 인식하는 이 의식을 설명하기 위해서는 과거가 현재 안에 아직 어떤 방식으로든 실체적으로 존재하고 있다든가, 이 양자가 끊어질 수 없는 끈에 의해 서로 결합되어 있다는 것만으로는 충분하지 않다. 왜냐하면 과거가 현재 안에 '있는' 바로 그 경우에, 즉 과거가 현재에 '내재하는' 바로 그 경우에, 그럼에도 불구하고 의식이 어떻게 해

---

17) 이러한 사실은 엄밀하게 '실증주의적'이고 심리학주의적인 연구자들에 의해서 조차도 때때로 인정되고 있다. 예를 들어 Th. Ziehen, *Erkenntnistheorie*, Jena 1913, 287쪽 이하를 참조할 것. 치엔 자신의 논리학과 인식이론은 이러한 사실로부터 체계적이고 필연적인 결론을 끌어내는 것은 아니며 여기에서 증시된 기본적 구별에 대한 오인(誤認)에 근거하고 있다는 사실을 나는 다른 곳에서 분명히 하려고 했다(*Jahrbuch für Philosophie*, hrsg. von W. Moog, Dritter Jahrgang, Berlin 1927, 39쪽 이하).

서 과거를 현재 있지 않은 것으로서 파악하고 과거의 존재를 어떤 시간적으로 **멀리 떨어진 곳**으로 밀어낼 수 있는지가 불분명한 채로 남아 있기 때문이다. 이 경우, 예를 들어 [과거와 현재의] 실재적인 일치는 주장될 수도 있지만 그러한 일치는 [과거와 현재 사이의] 거리를 포함하기는커녕 오히려 그것을 배제하고 불가능하게 만들 위험이 있는 것이다. 현재라는 시점은 존재상(上)으로는 파르메니데스가 말하는 것처럼 '모두 지금 속에만 존재하며' '변하지 않고 동일하게 있으면서 자기 자신 속에 정지해 있으며 확고하게 자기 자신 속에 머물러 있지만', 그럼에도 불구하고 그 시점이 그 자신 속에서 분열되고 구별될 수 있는가? 현재로서의 그 시점이 어떻게 해서 과거와 미래를 자신으로부터 떼어내고 자신으로부터 구별할 수 있는가? 플라톤은 프로타고라스의 감각주의적 인식이론에 대한 그의 논박에서 특수한 형식의 상기가 갖는 확실성, 즉 μνήμη[므네메]에 주목할 것을 촉구했다. '앎'과 감각적 지각을 동일한 것으로 보는 것을 반박하기 위해서는 그것만으로도 충분하다는 것이다.[18] 플라톤의 이러한 이의제기는 '기억'이라는 현상 자체를 인식심리학의 출발점이자 축으로 보면서 그것을 순수하게 자연주의적 고찰의 틀 내에서 파악하려고 하는 것을 통해서 약화되지는 않는다. 이러한 '므네메[유기체적인 기억]'에 대한 생리학적 이론을 체계적으로 구축한 것은 리하르트 제몬이지만 최근에는 버트런드 러셀이 의식에 관한 자신의 설명과 분석을 정초하기 위

---

18) Platon, *Theaitet* 163 D ff 참조할 것.

해서 그 이론을 언급하고 있다. 제몬에 의하면 우리가 '기억'이라고 부르는 것은 '의식'의 영역에서 비로소 나타난 것이 아니다. 우리는 그것을 모든 유기적 물질과 모든 유기적 생명의 근본속성 중 하나로 보지 않으면 안 된다. 모든 생명체는 하나의 역사를 갖는다는 것, 즉 생명체가 현재의 특정한 작용에 반응하는 방식은 순간적인 자극의 상태뿐 아니라 유기체에 주어졌던 이전의 일련의 자극에도 의존하고 있다는 것이야말로 '살아 있는 것'과 '죽은 것'을 구별하는 점이다. 유기체에 주어지는 인상은 비록 그것의 원인이 더 이상 존재하지 않을 경우에도 어떤 점에서는 계속해서 보존된다. 왜냐하면 어떠한 자극도 특정한 생리적 '흔적', 즉 '기억흔적(Engramm)'을 남기며 이러한 '기억흔적'의 각각은 그 나름대로, 유기체가 장차 동일한 혹은 유사한 자극에 반응하는 방식도 규정하기 때문이다. 따라서 우리가 의식적 지각이라고 부르는 모든 것은 신체, 특히 뇌와 신경계의 현재 상태뿐 아니라 이 양자에 가해졌던 작용들의 **총체**에 의존해 있는 것이다.[19] 러셀은 이러한 관점을 다시 채택하면서, 이러한 관점에 의해서 그리고 그것에 의해서만 '물질'과 '정신' 사이가 선명하면서도 엄격하게 구별될 수 있다는 사실을 보여주려고 한다. '정신'과 '물질'은 그것들의 본질과 '소재'에 의해서 구별되는 것이 아니라 오히려 양자에서 지배하고 있는 '인과작용'의 형식을 통해서 구별된다는 것이다. 물질에서는 한

---

19) 상세한 것은 Semon, *Die Mneme*, Leipzig 1904, *Die mnemischen Empfindungen*, Leipzig 1909를 볼 것.

날 물리적 원인으로 소급함으로써 사건과 그것의 법칙성에 대한 충분히 정확한 기술(記述)이 얻어질 수 있다. 이 경우 물리적 원인의 결과는 일반적으로 어떤 개별적 순간을 넘어서 지속하지 않는다. 이에 반해 정신에서는 이러한 고찰을 필연적으로 넘어서지 않을 수 없다. 우리가 지금 여기에 주어져 있는 사건을 완전히 파악하기 위해서는 시간적으로 떨어진 힘으로까지 소급해야만 한다. 그러나 다른 한편으로 러셀에 의하면 '물리적인' 인과작용과 '므네메적' 인과작용 사이의 차이는 '지각'과 '기억' 사이의 현상학적 차이를 충분히 만족스럽게 설명한다. 그뿐 아니라 바로 이러한 차이야말로 인과작용의 이러한 이중의 형식을 의미한다. 지각과 표상, 감각과 관념을 순수하게 내적인 기준에 의해서, 예를 들면 강도의 크기라든가 그것들에 속하는 그 외의 심리적인 '성격'에 의해서 구별하는 것은 결코 성공하지 못한다. 오히려 양자를 서로 구별하고 '심상(images)'의 영역을 그 자체로서 특징짓고 구성하는 것은 그것들에서는 서로 다른 **결합법칙**이 지배하고 있다는 사태다. "심상과 감각의 차이는 양자의 원인으로 소급하는 것에 의해서만 발견될 수 있다. 즉 감각은 감각기관을 통해서 우리에게 주어지지만 심상은 그렇지 않다. 심상은 그것의 물리적 원인을 도외시하면 항상 어떤 므네메적인 원인을 갖고 있으며 므네메적인 법칙들에 따라서 생긴다. 즉 그것은 습관과 이전의 경험에 의해서 지배되고 있는 것이다. 이러한 두 종류의 원인성 사이의 차이를 결정적인 것으로 간주해도 좋다면, 우리는 감각이 오로지 물리적 원인에 의해서만 야기되는 것에 반해서, 심상은 물리적인 원인 외에 므네메적인 원인도 갖고 있다는 사실에 의해서 양자를 구별할 수 있다."[20]

그러나 그 자체로는 이렇게 극히 정합적인 이론도 의미의 현상학적 차이들은 존재와 인과적 생기의 차원으로 환원하는 것에 의해서는 해명될 수 없으며 제거될 수 없다는 사실을 망각하고 있다.[21] 이 이론은 인과작용의 차이 자체는 항상, 의식을 이른바 외부로부터 관찰하는 제3자적인 방관자에게만 주어진다는 사실을 간과하고 있다. 이미 어떤 '객관적 시간'을 가지고 조작하고 이러한 시간 안으로 사건을 편입시키고 그것 안에서 사건에게 질서를 부여하려고 하는 방관자라면 이 경우 두 가지 종류의 결합을, 즉 순수하게 '물리학적' 법칙에만 따르는 결합과 동시에 생리학적이고 심리학적인 법칙에 따르는 결합을 서로 구별할지도 모른다. 그러나 사건의 자연적 원인들 내부에서의 그러한 구별은 모두 분명히 자연질서 일반이라는 생각을, 그리고 이와 함께 객관적인 시간질서라는 생각을 이미 전제하고 있다. 현재와 과거와 미래를 분리하고 현재에서 과거를 다시 인식할 줄 아는 의식만이 현재를 과거에 결부시킬 수도 있으며 과거 속에서 현재에 대한 '지속적인 영향'을 통찰할 수도 있다. 어떠한 경우에서든 그러한 분리는 근본적 작용이다. 즉 그러한 분리는 어떠한 인과적 도출에서도 이미 전제

---

20) Russell, *The Analysis of Mind*, London 1921, 149쪽 이하, 또한 287쪽 이하도 참조할 것.

21) 이에 대해서 상세한 것은 *Jahrbücher der Philosophie*, hrsg. von W. Moog, Dritter Jahrgang, Berlin 1927, 49쪽 이하에 발표된 러셀의 저서에 대한 나의 비판적인 논평을 참조할 것.

되어야만 하는 것이기 때문에 이러한 종류의 도출에 의해서는 설명될 수 없는 근원적 현상인 것이다. 비록 자연주의적인 '므네메[유기체의 기억]' 이론을 전면적으로 수용할 경우에조차도, 즉 살아 있는 유기체에 인상이 생길 때에는 그것은 반드시 일련의 선행하는 인상들에 향하고 그것들에 의해서 수정된다는 전제로부터 출발할 경우에조차도 바로 이러한 수정작업 자체는 여전히 **어떤 작용을 다른** 작용으로 치환하는 하나의 사실적 사건일 뿐이다. 그러나 그렇다면—이제 다시 이렇게 묻지 않으면 안 될 것이다—도대체 이러한 변화는 그러한 변화로서 어떻게 인식될 수 있는가? 현재가 단지 객관적으로 과거에 의해서 규정되어 있을 뿐 아니라, 과거에 의해서 규정되어 있다는 것을 알 수 있고 과거를 자신의 규정근거로서 인식하면서 그것에 관계할 수 있는 것은 어떻게 해서 가능한가? 비록 이전의 것의 '기억흔적과 물리적 흔적이 남아 있다고 해도 바로 이러한 사물적인 **잔존물**은 그 자체로는 결코 [과거에 대해서 현재가 갖는] 특유한 형식의 **소급관계**를 설명하지 못한다. 왜냐하면 이러한 소급관계는 무엇보다도, 나눌 수 없는 순간의 내부에 다수의 시간규정이 설정되고 단순한 '지금'에 주어져 있는 의식의 내용 전체가 어떤 의미에서 현재와 과거 그리고 미래에 할당되어 있다는 사실을 전제하기 때문이다. 이러한 형식의 현상적 분화야말로 본래의 문제인 것이다. 그러나 '므네메' 이론이 설명하는 것은 기껏해야 보다 이전의 것이 보다 이후의 것 안에 실질적으로 내재하고 있다는 정도뿐이다. 여기에 지금 주어져 있는 내용에서 어떻게 분절화가 수행되고 이러한 분절화에 의해서 그 내용으로부터 어떤 개별적인 규정들이 채택되면서 시간의 심층차원으로 이전되는가는 므네메 이론에 의해서 해명될 수 없는 것이다. 따라서 이러한 이론도 흄의 이론과 마찬가지로 문제를 제대로 파악하지 못한 채, '연속적 발생에 대한 표상'을 '표상들의 연속적 발생'으로부터 도출할 수 있다고 믿고 있다.

자연주의적 경향의 심리학은 '지각'과 '상기'의 관계를, 상기를 어떤 의미에서 단지 지각의 이중화, 즉 두 번째 세위의 지각으로서 나타난다는 식으로 파악하려고 한다. 상기는 과거의 지각에 대한 지각이라는 것이다. 즉 홉스가 말하는 것처럼 'sentire se sensisse meminnisse est[자신이 감각했다는 것을 감각하는 것이 상기하는 것이다].' 그러나 이러한 정식 자체 속에서 이미 이중의 문제가 나타난다. 홉스는 감각을 정의하여 감각이란 유기적 신체가 외부로부터 작용하는 자극에 대해서 행사하는 반응일 뿐이라는 식으로 정의한다. 그러나 이러한 상황에서 어떻게 해서 기억이라는 현상이 나타날 수 있는가? 어떤 현전하고 있는 자극에 이어서 일어나는 반응을 그 원인이 되었던 이제는 더 이상 현전하지 않은 이 자극에 결부시켜서 설명하는 것이 어떻게 가능한가? "자신이 지각했다는 것을 지각하는 것"은 어떻게 가능한가? 홉스가 자신의 명제에 부여한 정식 속에 이미 모든 난점이 나타나 있다. sentire se sensisse[자신이 감각했다는 것을 감각한다]라는 것, 이것은 우선 첫째로, 서로 다른 시간에 속하는 서로 다른 두 감각이 동일한 주관에 결부된다는 것, 즉 감각하는 자도 감각한 자도 동일한 '나'라는 것을 의미한다. 그런데 이러한 사실은 다시 자신의 여러 상태와 양태를 서로 구별하면서 그것들에 상이한 시간적인 위치가(位置價)를 부여하고 이것 자체를 하나의 연속적 계열 속에 질서 짓는 것도 바로 이러한 나라는 사실을 의미한다. 이렇게 되면 홉스가 처음에 설정했던 관계는 여기에서는 완전히 역전되고 만다. 즉 홉스는 자신의 체계의 원리들에 따르면 감각을 기억의 전제조건으로서 사유해야 하는 반면에, 다른 한편으로는 그에게는 기억이 감각 자체의 구성부분이 되고 마는 것이다. 이 일관된 '유물론자'조차도 이렇게 강조하고 있다. "모든 물체에는 감성적 감각능력이 부여되어 있다는 명제를 제시했던 탁월한 철학자들이 있었다는 사실을 나는 잘 알고 있다. 그리고 우리가 감각의 본성을 오로지 외적 자극에 대한 반작용이라는 것에서만 찾는다면, 나는 사실상 그러한 종류의 가정을 반박할 어떠한 수단도 알지 못한다. 그러나 비록 단순한 반응에 의해서 이러한 물체들 속에 어떤 표상이 형성될 경우에조차도 이러한 표상은 대상이 멀어지게 되자마자 곧 사라지게 될 것이다. 따라서 물체들은 자신이 감각했다는 사실을 결코 상기하지 못하는 식으로 지각하지만, 이러한 사실은 여기에서 문제가 되고 있는 것과 같은 종류의 감각에서는 무의미하다. 왜냐하면 우리가 감각이라는 것으로 보통 이해하는 것은 그 표상들을 매개로 하여 이루어지는 대상에 대한 판단, 즉 표상들을 서로 비교하고 서로 구별함으로써 이루어지는 대상에 대한 판단인 것이지만, 이러한 비교와 구별은 필연적으로 항상 기억의 작용과 결합되어 있으며 이러한 기억의 작용에 의해서 비로소 시간적으로 앞선 것이 나중의 것과 결합되고 한쪽이 다른 쪽으로부터 분리될 수 있기 때문이다."[22] 홉스에 의하면 이러한 사태는 특히 촉각현상을 고찰하고 분석해 보면 분명하게 드러난다. 그 이유는 모든 촉각적 질이 촉각에 의해서뿐 아니라 기억에 의해서도 지각된다는 점에 있다. "왜냐하면 어떤 한 시점에서 많은 사물에 접촉한다고 해도 그러한 사물들을 감각하기 위해서는 시점의 흐름, 즉 시간이 필요하며, 시간을 감각하기 위해서는 기억이 필요하기 때문이다." 사실, 최근의 일련의 연구가 촉각의 영역에 관해서 특히 명확하게 보여주었던 것처럼 운동과 아울러 시간은 촉각현상 자체의 형성요인의 하나다. 따라서 촉각현상을 깊이 있게 살펴보는 것은 지각심리학에서 오랫동안 거의 지배적인 지위를 점해왔던 '시간 원자론적 경향'을 반박하는 것에 특히 도움이 된다. 그 경우, 촉각의— '딱딱하다'든가 '부드럽다', '거칠다'든가 '매끄럽다'는—기본적인 성질들은 운동에 의해서 비로소 생기는 것이며, 따라서 우리가 촉각을 어떤 한순간에 국한시키게 되면 그러한 성질들은 이 순간 내에서 더 이상 감각자료로서 발견될 수 없게 된다. 우리가 이러한 성질들을 느끼는 것을 가능하게 하는 것은 시간적으로 분리된, 특정한 순간을 채울 뿐인 자극과 그것에 대응하는 감각도 아니라면 순간적인 감각적 체험들의 단순한 총합도 아니다. 오히려 우리가 그러한 성질들을 그것들의 객관적인 '원인'이라는 측면으로부터 고찰할 경우, 그러한 성질들에서 문제가 되는 것은 **자극과정**—즉

---

22) Hobbes, *De corpore*, P. IV, Cap. 25, § 1, § 5. 홉스의 심리학에 대해서는 특히 Hoenigswald, *Hobbes und die Staatsphilosophie*, München 1924, 109쪽 이하를 참조할 것.

개별적인 '감각들'에 의해서 응답되는 것이 아니라 더 이상 어떠한 시간적인 구성부분도 본질적인 것으로서 포함하고 있지 않은 하나의 전체적 인상을 구성하는 자극과정―인 것이다.[23] 따라서― 우리가 앞에서 보았던―흄이 기술했던 관계는 여기에서는 완전히 역전된다. 즉 감각적인 체험들의 연속적 발생으로부터 시간흐름의 표상이 생기는 것이 아니라 어떤 특정한 시간적 과정을 파악하고 분절화하는 것으로부터 어떤 특유한 감각적 체험이 생기는 것이다. 즉 언뜻 보기에는 매우 기묘하게 여겨지지만, 인상들의 계열로부터 시간의 관념이 '추상되는' 것이 아니라 연속적 발생이라는 형태로만 파악될 수 있는 계열을 통람(通覽)하는 것이 결국은 모든 연속적 발생을 자신으로부터 떨쳐내고 통일적이고 동시적인 것으로서 우리 앞에 서 있게 되는 것처럼 보이게 하는 성과를 낳는다. 여기에서 새로운 측면으로부터 분명하게 되는 것은, '기억' 의 기능이 결코 과거의 인상들의 단순한 재생에 한정되지 않고 이러한 기능에 지각세계의 구성에서 참으로 창조적인 의미가 귀속된다는 것, 즉 '상기'는 이전에 주어진 지각을 단지 반복할 뿐 아니라 새로운 현상들과 새로운 자료들을 구성한다는 사실이다.[24]

---

23) 이에 대해서 상세한 것은 Katz, *Der Aufbau der Tastwelt*, 3장, 56쪽 이하를 볼 것.
24) '상기(想起)의식'이 제기하는 심리학적이고 인식이론적인 문제들이 엄격한 감각 주의와 실증주의를 어떤 식으로 거듭해서 위기에 빠뜨리고 어떤 특정한 지점에서 그 입장을 전환하지 않을 수 없게 했는지를 추적하는 것은 역사적으로도 체계적으로도 흥미 있는 일이다. 19세기 철학에서 이러한 변화는 아마도 한스 코넬리우스에서 가장 현저하게 나타나는 듯하다. 원래는 마흐와 아베나리우스가 생각하고 있는 것과 같은 엄격한 경험론을 표방했던 코넬리우스는 바로 이 점에서 방향

순수한 시간의식의 이러한 창조적 성격은 순수한 시간의식이

전환을 수행하고 있지만, 이러한 전환이 결국 그를 다시 칸트의 '초월론적' 문제
설정에 극히 가깝게 이끌고 있다. 코넬리우스는 시간체험의 형식이 결코 '설명될
수 없다'는 것, 즉 그것이 다른 사실로는 환원될 수 없다는 점으로부터 출발한다.
왜냐하면 그러한 모든 설명시도는 설명되어야 할 것을 항상 이미 전제할 수밖에
없기 때문이다. 다양한 체험들과 각각의 개별적 체험이 하나의 시간적 전체와 하
나의 자아 전체의 부분으로서 주어져 있다는 사실은, "우리의 생의 어떠한 시점
에서도 타당한 것으로 인정되어야만 하는 사실들 중 하나"를 의미한다. 즉 그러
한 사실은 하나의 초월론적 법칙성인 것이다. 더 나아가 코넬리우스는 상기의식
에 관한 전통적인(즉 감각주의적 · 연합심리학적인) 파악으로는 어떤 일정한 내용
a가 의식에 나타나는 순간에는 그 내용 자체뿐 아니라 그것에 선행하는 다른 내
용 b도 의식에 주어져 있다는 사실을 결코 충분히 기술할 수 없다는 사실을 보여
주려고 한다. 어떤 체험 a의 상기는 이 체험의 잔향, 즉 어떤 '기억상' a가 남아 있
다는 사실에 의해서는 설명될 수 없다. "왜냐하면 비록 그러한 잔향이 남아 있어
도 그것은 **새로운** 순간에 속하는 하나의 내용에 지나지 않을 것이기 때문이다. 즉
이러한 잔향은 b와 동시에 나타나는 **현재의** 하나의 내용으로서 주어져 있는 것
에 지나지 않을 것이기 때문이다. **과거에 대한 앎**이 현재에 주어지기 위해서는 오
히려 저 잔향이 동시에 우리에게 이 앎을 **매개**하고 이를테면 이 과거에 대한 하나
의 **지시**를 포함하고 있다는 성질을 갖는다는 것이 요구된다. 상기를 현재의 체험
속에 과거의 체험에 대한 어떤 앎이 주어지고 따라서 우리의 앎에게 전자가 후자
를 재현한다는 사실을 나는 상기체험의 **상징적 기능**이라고 부를 것이다." "여기
에서 다시 문제가 되고 있는 것이 어떤 **초월론적 법칙성**이라는 사실을 우리는 쉽
게 알 수 있다. 왜냐하면 만약 상기가 일반적으로 그리고 일차적으로 **다양한** 체험
들에 대한 상기가 아니라면 시간경과에 대한 인식은 성립할 수 없을 것이기 때문
이다." 이러한 고찰—이러한 고찰을 위해서 코넬리우스는 분명히 '재생의 조합'
과 '개념에서 재인의 종합'에 대한 칸트의 상응하는 서술을 원용하고 있지만—에
서 출발한 후 이어서 그는 인식이론에 어떤 새로운 방향을 부여하게 되며, 처음
에 시도되었던 순수하게 실증주의적인 정초로부터 '초월론적 체계구조'에로 이끌
리게 된다. 코넬리우스의 저작 *Transzendentale Systematik, Untersuchungen
zur Begründung der Erkenntnistheorie*, München 1916, 53쪽 이하, 73쪽 이하
를 참조할 것.

움직이고 있는 제3의 기본적 방향에 주목해 보면, 즉 과거에 대한 회고 대신에 **미래**에 대한 예견을 고찰해 보면 보다 명료하면서도 보다 특징적으로 나타난다. 미래에 대한 예견도 시간의식의 본질에 속하며 시간의식은 현재에 대한 직관과 상기와 기대의 상호관계에서 비로소 완전한 것이 된다. 따라서 시간의식의 성격묘사에는 상기와 마찬가지로 **기대**도 똑같이 필연적으로 속한다는 사실은 이미 아우구스티누스가 강조하는 바다. 그리고 객관적·물리학적 시간이 아니라 오히려 '단자론적' 시간에서 출발하는 경우 어디서든 시간 파악의 중심에 들어서게 되는 것은 바로 이 기대라는 현상이다. 라이프니츠에 의하면 단자의 특징을 이루는 '일자에서 다수의 표현'이라는 것은 과거뿐 아니라 미래에도 근원적으로 관련되어 있다. 자아는 자기 자신을 '시간 속에' 존재하는 것으로서 직관하지만 그 경우 자신을 여러 정지상태의 단순한 총합으로서가 아니라 시간 속으로 앞을 향해 자신을 **펼치면서** 현재로부터 미래에로 나아가려고 노력하는 존재로서 파악한다. 이러한 형식의 노력 없이는 우리가 통상적으로 '표상'이라고 보는 것, 즉 어떤 내용을 실제로 떠올리는 것으로 보는 것도 결코 우리에게는 주어지지 않는다. 이와 같이 진정한 자아는 결코 한낱 '지각들의 다발'과 같은 것이 아니라 항상 새로운 내용이 산출되는 살아 있는 원천이자 근거이기도 하다. 즉 "fons et fundus idearum praescripta lege nasciturarum[미리 제시되어 있는 규칙에 따라서 생기는 여러 관념의 원천이자 근거]"이다.[25] 자아의 내실(內實)은 우리가 그것을 순전히 정태적인 것으로 사유하려고 한다면, 즉 우리가 그것을 힘의 개념을 통해서가 아니라 단순한 존재의 개념을 통해서 사유하려고 한다면, 우리의 손에서 빠져나가고 말 것이다. 라이프니츠는 대담한 조어(造語)에 의해서, 즉 현재의 표상인 perceptio의 곁에 그것과 동등한 권리를 갖는 것으로서 percepturitio[미래의 표상]를 설정함으로써 이러한 사태를 특징지었다.[26] 양자는 서로 불가분하게 결합되어 있다. 왜냐하면 의식은 자신 속에 머물러 있는 것이 아니라 끊임없이 자기 자신을 넘어서, 주어져 있는 현재를 넘어서, 아직 주어져 있지 않은 것을 향해서 나아가는 것에 의해서만 존재하기 때문이다.

현대심리학도 '기억'에 대한 분석을 이러한 방향으로 계속해서 추구하고 심화시켜 왔다. 현대심리학도 기억의 본질적인 작용들 중 하나는 기대에서, 즉 미래를 향한 방향에서 간취되어야만 한다는 사실을 강조하고 있다.[27] 그뿐 아니라 발생적으로 고찰해 보면 심지어 기대가 상기보다 앞서는 것으로 나타난다. 왜냐하면 미래로 '향해 있다'는 특유의 태도는 유아의 가장 초기 표현에서조차도

---

25) 라이프니츠가 de Volder에게 보낸 편지, *Schriften*, hg. von Gerhardt, Bd II, 172쪽.

26) "일반적으로 영혼 안에서 파악되는 모든 것은 다음 두 가지로 환원될 수 있다. 그 하나는 그의 신체에 따라 영혼과 조화를 이루는 외부 사물의 현재 상태에 대한 표현이며, 다른 하나는 새로운 표현에 대한 경향성으로 이는 신체의 (혹은 외부 사물의) 미래 상태에 대한 경향성을 대변하는 것이다. 간단히 말하면, 표상과 미래의 표상으로 환원할 수 있는 것이다." *Briefwechsel zwischen Leibniz und Christian Wolff*, hg. von Gerhardt, Halle 1860, 56쪽.

27) 예를 들면 Koffka, *Die Grundlagen der psychischen Entwicklung*, 171쪽을 볼 것.

이미 발견되는 것 같기 때문이다.[28] 19세기의 심리학은 그것이 '경향'이라고 부르고 있는 라이프니츠의 개념을 복권시키고 이 개념을 그것의 기본적 의미에서 승인하면서 비로소, 현재와 기존의 개별적 인상들을 모자이크 조각들처럼 서로 덧붙인다는 경직된 사고방식으로부터 해방되었다. 특히 이러한 사고방식을 전제로 해서는 역동적인 생성, 즉 '의식의 흐름'에 대한 참된 통찰에 도달하는 것은 불가능하다는 사실을 명확히 인식하고 주장한 인물이 윌리엄 제임스였다. 제임스가 언어에 대한 고찰을 통해서 이러한 결론에 도달했다는 사실은 특기할 만하다. "실은 인간 언어라는 광대한 영역은 사고를 위한 방향표지 이외의 것이 아니며, 이러한 방향표지에 의해서 우리는 특정한 감각적인 심상이 이 경우 아무런 역할을 하지 않으면서도 그러한 표지가 보여주는 방향에 대해 극히 선명한 의식을 갖는다. 감각적인 심상은 고정된 심적 사실이다. 우리는 그것을 정지시켜 두고 그것에 우리의 시선을 우리가 원하는 대로 고정시켜 둘 수 있다. 이에 반해 어떤 논리적인 운동을 표현하는 기호에 관해서 말하자면, 그것은 이를테면 항상 진행하고 있는 심적인 이행과정에, 즉 항상 날아가는 상태에서만 붙잡힐 수 있는 심리적 이행과정에 관계하고 있다. … 우리가 그러한 방향감각들을 붙잡아두려고 한다면 그것들은 완전한 현재가 되고 방향감각으로서의 그것들 자체는 사라지고 만다. … 우리의 심적 생활의 3분의 1 이상을 점하는 부분은 이러한 신속한 예견,

---

28) 이에 대해서는 W. Stern, *Psychologie der frühen Kindheit*, 66쪽을 참조할 것.

즉 일정한 사고도식의 선취, 다시 말해서 분절된 언어로 명확하게 표현되기 훨씬 전에 이루어지는 선취로 구성되어 있다고 볼 수 있다."[29] 이러한 신속한 예견(these rapid premonitory perspective views of schemes of thought[사고도식에 대한 이러한 신속한 선구적 원근법적 전망])은, 모든 심적 존재와 심적 생활이 결국 '단순한 감각들'에 포함되어 있고 그것들에 근거하고 있다면 그리고 우리의 모든 표상과 관념이 이전 인상들의 복제일 뿐이라는 도그마를 고집한다면 어떻게 설명될 수 있겠는가? 상기가 갖는 확실성은 어떤 의미에서는 이러한 독단적 도식에 부합될지도 모르고, 적어도 과거에 대한 의식을 이 과거의 일종의 사실적 잔존(殘存), 즉 직접적인 현재까지 미치고 있는 과거의 영향력으로 환원하려는 시도가 행해질 수 있을 것이다. 그러나 미래에 대한 의식에 대해서는 이러한 종류의 환원은 모두 실패하고 만다. 어떤 사물이나 사건은 그것들 자신이 사라진 후에조차도 우리에게 영향을 미칠지도 모른다. 그러나 그것들이 존재하기도 전에 그것들이 영향을 미칠 수 있을까? 그리고 우리가 이러한 물음에 대해서 부정적으로 답한다면, 과연 우리는 도래하는 것에 대한 기대나 미래에 대한 독특한 '지향'을 야기하는 어떤 현실적인 '자극'이나 객관적인 '원인'을 제시할 수 있을까? 어떠한 것이든 자연주의적이고 객관주의적인 의식이론의 입장에 서는 한, 여기에서는 사태를 전도(顚倒)하는 것 이외의 길은 존재하지 않는다. 즉 직접적으로는 또한 순수한 현상

---

29) James, *Principles of Psychology*, I, 252쪽 이하.

으로서는 우리에게 기대라는 형태로 **나타나는** 것도 사태상으로는 단순한 상기로 해소되고, 연상과 재생의 법칙에 의해서 설명될 수 있어야만 한다는 것이다. 물론 이러한 설명으로는 의식이 미래로 향한다는 사태는 이해되기는커녕 오히려 부인되고 폐기되고 만다. 미래에 대한 우리의 예견은 '현재 존재하는 것'과 '과거에 있었던 것'의 조합으로서의 '현실적인' 의식과 대조적인 한낱 자기기만이라든가 환각이 되고 만다.

그러나 수학적 자연과학이 생각하고 근저에 두고 있는 것과 같은 '객관적' 시간의 형식을 이러한 관점으로부터 파악하고 적절하게 기술하는 것이 성공할 경우에조차도, 이러한 사고방식에 의해서는 **역사적 시간**, 즉 문화와 역사의 시간은 배제되고 자신의 본래 의미를 박탈당하고 말 것이다. 왜냐하면 우리에게 역사적 시간의 의미는 과거에 대한 회고뿐 아니라 이에 못지않게 미래에 대한 예견에 의해서도 구성되기 때문이다. 즉 이러한 시간의 의미는 과거의 고찰과 회상에 의거하는 것과 동일한 정도로 노력과 행위, 즉 미래로 향하는 경향에도 의거하고 있기 때문이다. 의욕하고 행위하는 존재자, 즉 미래를 향해서 나아가고 미래를 자신의 의지에 의해서 규정하는 존재자만이 하나의 '역사'를 가질 수 있으며, 항상 역사를 **산출하기** 때문에 그리고 역사를 **산출하는** 한에 있어서 역사에 대해서 알 수 있다. 따라서 진정한 역사적 시간은 결코 한낱 사건의 시간이 아니다. 오히려 역사적 시간에 대한 특유의 의식은 **고찰**이라는 광원 못지않게 **의욕**과 그것의 **수행**이라는 광원(光源)으로부터도 방사(放射)되는 것이다. 여기에서 관상(觀想)이라는 계기는 활동이라는 계기와 불가분하게 결합되어 있다. 즉 관상은 활동에 의해서 그리고 활동은 관상에 의해서 배양되는 것이다. 왜냐하면 역사적 의욕 자체가 '생산적 구상력'의 활동 없이는 생기지 않으며, 다른 한편으로 상상력은 그것이 의지의 살아 있는 충동에 의해서 규정되고 활기가 주어지는 경우에만 참으로 창조적이 될 수 있기 때문이다. 이와 같이 역사의식은 행동력과 상상력의 상호관계와 상호작용에 의거하고 있다. 즉 역사의식은 자아가어느 정도로 명확하고 확실하게 미래의 존재를 형상을 통해서 자신 앞에 제시하고 모든 개개의 행위를 이러한 형상으로 향할 수 있는지에 달려 있는 것이다. 여기에서 다시 한 번 상징적 재현이라는 양식이 갖는 전체적인 힘과 깊이가 드러난다. 왜냐하면 여기에서 현실보다 앞서 달리면서 그것에게 길을 지시하고 비로소 길을열어주는 것이야말로 상징이기 때문이다. 상징은 현실을 현재 존재하는 것으로서 또한 이미 생성된 것으로서 단순히 회고하지 않고 오히려 이러한 현실의 생성 자체의 계기이자 동기가 된다. 정신적 의지와 역사적 의지를 한낱 '생에의 의지'—즉 생존을 향한순수한 충동—로부터 구별하는 참된 종적인 차이가 비로소 나타나는 것도 이러한 형태의 상징적 직관에서다. 충동은 그것이 아무리 격렬하게 전방을 향해서 몰아대는 것으로 나타나도 실제로는항상 후방으로부터 규정되고 조종된다. 충동을 이끄는 힘들은 충동의 배후에 존재하지 충동의 전방에 존재하지 않는다. 즉 그 힘들은 감각적인 인상과 직접적인 욕구로부터 생기는 것이다. 이에반해 의지는 이러한 구속으로부터 벗어나 있다. 의지는 미래의 것과 한낱 가능한 것을 어떤 순수하게 상징적인 작용에 의해서 자신 앞에 제시하면서 이러한 미래의 것을 향해 손을 뻗치고 한낱 가능한 것을 붙잡으려고 하는 것이다. 이제 행위의 모든 단계는 어떤 이념적 구상을—즉 그 행위를 전체로서 선취하면서 행위에 통일성과 연관과 안정성을 보증하는 이념적 구상을—끊임없이 고려하면서 행해지게 된다. 이러한 전망과 자유로운 개관의 힘이 커질수록 행위 자체도 보다 큰 역동성과 보다 순수한 정신적 형식을 획득하게 된다. 행위의 의미는 이제 더 이상 그 성과에 존재하지 않고 작용과 형태화 과정 자체에 존재하는 것이며, 이러한 과정 자체 속에 동시에 세계를 새로운 기본적 방향에서 **이해하기** 위한 조건이 포함되어 있다.

이러한 사실과 함께 역사적 사실이 우리 인간에게만 '나타나고' 자신의 특유한 **형태**를 갖게 되는 것은 일정한 독특한 '**보는**' 방식에 의해서라는 사실이 입증된다. **공간의식**을 분석할 때 우리에게 명확하게 되었던 규정들이 이제 시간의 형성과정에서 대응물을 발견하게 된다. 우리가 공간의식을 분석할 때 단순한 '행동공간'과 '상징공간'을 구별하지 않을 수 없었던 것처럼, 시간의 영역에도 유사한 구별이 존재하는 것이다. 시간 속에서 일어나는 모든 행위는 어떠한 방식으로든 시간 속에서 분절된다. 그러한 행위는 모두 일정한 순서, 어떤 계기적 질서를 보이고 있으며, 이러한 순서나 질서 없이는 그 행위는 자체 내에 통일적인 연관을 갖는 전체로서 성립할 수 없게 된다. 그러나 **사건의** 질서 있는 연속적 발생으로부터 시간 자체와 그것의 개별적인 연관들의 순수한 **직관에**

이르기까지에는 긴 도정이 존재한다. 동물의 생명조차도 극히 복잡하고 시간적으로 극히 치밀하게 분절된 일련의 행동 속에서 유지되고 있다. 동물과 같은 유기체가 자신의 환경세계 속에서 살아갈 수 있는 것도 그것이 환경으로부터 비롯되는 자극에 적절한 방식으로 '반응하기' 때문이며, 이러한 반응은 항상 개개의 행동계기들의 전적으로 특정한 순서, 즉 그러한 행동계기들의 시간적인 결합을 포함하고 있는 것이다. 우리가 보통 동물적 '본능'이라는 이름으로 파악하는 모든 것은 결국 동물이 처해지는 일정한 상황들이 항상 거듭해서 일정한 '행동사슬'을 야기하며, 이러한 행동사슬 각각이 전적으로 특정한 방향의미를 보여준다는 사실로 귀착되는 것 같다. 그러나 행동을 **수행할** 때 나타나는 이러한 의미방향의 통일성은 동물'에게' 주어지는 것도 아니고 동물의 의식에서 어떠한 방식으로든 '재현되지도' 않는다. 동물에서는 개개의 단계와 국면이 서로 **결합되기** 위해서 그것들이 '주관적으로', 즉 어떤 '자아'에 의해서 '포착되고' '이해될' 필요는 없는 것이다. 오히려 그러한 행동순서 속에서 움직이고 있는 동물은 그것에 사로잡혀 있는 것과 같다. 동물은 그러한 행동순서로부터 임의로 벗어날 수 없으며, 그러한 순서를 이루는 계기들을 개별적으로 떠올림으로써 행동이 일어나는 순서를 중단시킬 수도 없다. 동물에게는 이러한 형태로 떠올리는 것과 마찬가지로 미래의 선취, 즉 미래를 **심상**과 이념적 **구상**이라는 형태로 선취하는 것도 불가능하며 또한 필요하지도 않다. 인간에서야 비로소 어떤 새로운 형식의 시간**직관**에 뿌리박은 새로운 형식의 **행위**가 생기게 된다. 인간은 구별하고 선택하고 방향을 정한다. 그리고 이렇게 '방향을 정한다'는 것은 항상 동시에 자신을 미래로 향하게 하고 미래에 관계하는 것을 자체 내에 포함한다. 이제까지는 반응의 고정된 연쇄에 지나지 않았던 것이 이제는 유동적이고 동적이면서도 중심을 향해서 수렴되고 자기완결적인 계열, 즉 그 모든 항이 전체에 대한 고려에 의해서 규정되어 있는 계열로 변형된다. '전방을 바라보고 후방을 되돌아보는' 그러한 힘에 인간 '이성'의 참된 사명과 근본기능이 존재하는 것이다.[30] 인간의 이성은 하나의 동일한 작용이란 형태를 취하면서도 '논증적'이면서 '직관적'이기도 하다. 그것은 개개의 시간단계들을 서로 구별하고 명확한 분절 속에서 그것들을 서로 분리시키면서도 그것들을 새롭게 총괄하면서 다시 통일시킨다. 이러한 시간적인 분화와 통합이야말로 행위에게 비로소 정신적 각인—즉 자유로운 운동을 요구할 뿐 아니라 이에 못지않게 이 운동이 어떤 통일적인 목표를 향해서 부단히 흔들림 없이 향할 것을 요구하는 정신적 각인—을 부여한다.

이러한 사실로부터, 시간의 통일적 의식이 포함하고 있는 근본규정들에서 어떤 때는 이 규정만을 그리고 어떤 때는 저 규정만을 뽑아내고 이러한 특정한 규정만을 격리시켜서 그것에 특별한 독점적 가치를 부여하는 식으로 시간의 통일적 의식을 분석하는 것은 허용될 수 없다는 점과 그것이 왜 허용될 수 없는지가 분명하

---

30) "그렇다. 하느님이 인간에게 이렇게 전후를 살펴보는 힘이라는 광대한 사고력을 부여했는데, 그 능력, 즉 신과 같은 이성을 사용하지 않은 채로 썩게 내버려 두어도 좋은 것인가?"(원문은 영어, 강조는 카시러, 셰익스피어 『햄릿』 IV, 4)

게 된다. 이러한 방식으로 시간의 어떤 개별적 국면이 다른 국면들에 비해서 우월한 것으로 간주되고 다른 모든 국면의 규범이 되자마자, 우리는 더 이상 시간의 정신적 전체상을 보지 못하게 되며 어느 정도의 중요성을 갖든 시간의 특수한 전망밖에 보지 못하게 된다. 우리는 앞에서 시간을 '보는' 이러한 전망의 차이가 이미 신화적 세계상의 형태화 작용 속에서 어떤 식으로 나타나고 있는지를 보았다. 신화적 세계상에서는 사고와 감정의 강조점이 과거와 현재 그리고 미래의 어떤 것에 두어지느냐에 따라서 세계의 사건에 대한 서로 다른 신화적–종교적 직관과 해석이 생긴다.[31] 그러나 신화적 세계관에서 보이는 것과 동일한 차이는 순전히 개념적 해석, 즉 '형이상학적' 해석의 영역에서도 보존되고 있다. 형이상학의 형식 중에는 시간직관의 전적으로 특정한 **유형**에 속하고 어떤 의미에서 그것에 구속되어 있는 것 같은 것이 있다. 파르메니데스와 스피노자가 형이상학적 사고의 순수한 '현재 유형'을 체현하고 있다면, 피히테의 형이상학은 미래에 대한 전망에 의해서 전적으로 규정되어 있다. 그러나 어떠한 것이든 이렇게 시간의 특정 국면에만 일면적으로 방향 지어져 있는 것은 시간의 순수한 현상에 어떠한 방식으로든 폭력을 가하고 그것을 토막 내면서 이렇게 토막 난 상태로 위축시킬 수밖에 없다는 것은 항상 분명하다. 이렇게 토막 내고 위축시키는 추상에 대해서 베르그송만큼 강력하게 항의했던 사상가는 없다. 그의 학설의 전체적인 구조와 『의식

---

31) 이 책 제2권 145쪽 이하[『상징형식의 철학 II: 신화적 사유』, 256쪽 이하] 참조.

에게 직접적으로 주어져 있는 것들에 대한 시론』에서부터 『창조적 진화』에 이르는 그의 학설의 전개는 이러한 점으로부터 이해될 수 있다고 말할 수 있다. 종래의 존재론이 존재의 영역과 시간의 영역 사이에 상정하고 있었던 종속관계를 역전시켰던 것은 여전히 베르그송 형이상학의 공적으로 남아 있다. 독단적으로 확정된 존재개념에 따라서 시간의 이미지가 형성되고 개조되어서는 안 되고 오히려 시간에 대한 순수한 직관에 따라서 현실의 내용과 형이상학적 진리의 내용이 규정되어야만 한다는 것이다. 그러나 과연 베르그송 자신의 학설은 자신이 극히 선명하게 제기하고 있는 이러한 요구를 온전히 충족시키고 있을까? 그의 학설은 전체적으로 그리고 오직 시간의 근원적 소여에 대한 직관, 즉 '순수지속'에 대한 직관 속에 머물러 있는가? 아니면 그의 학설에서도 이러한 근원적 소여에 대한 기술 속에 특정한 '전제', 즉 특정한 '선행적-소여' 혹은 '선-판단[선입견]'이 섞여 있는 것은 아닐까? 이러한 사실을 분명히 하기 위해서 우리는 베르그송의 기억이론으로 되돌아가지 않으면 안 된다. 물질과 기억은 베르그송 형이상학의 두 개의 기둥이며 두 개의 극이다. 그 이전의 형이상학이 연장을 갖는 실체와 사고하는 실체, 즉 신체와 마음 사이에 엄격한 분리선을 그었던 것처럼 베르그송의 체계에서도 기억의 영역이 물질의 영역으로부터 분리된다. 어떠한 방식으로든 한쪽 계기를 다른 쪽 계기로 환원하려고 하는 시도는 헛된 것이며, 예를 들어 기억을 '유기적 물질의 기능'으로 이해하려고 하는 것은 그 자체로 모순된 것이다. 베르그송에 따르면 이러한 종류의 시도는 보통 '기억'이라고 불리는 두 가지 근본형식이 명료하면서도 확실하게 구별되지 않은 한에서만 행해질 수 있다. 기억이라고 불리는 것 중에서는 습득된 일련의 동작으로 구성되어 있을 뿐이며 따라서 습관의 한 형식에 지나지 않는 순전히 운동적인 성질을 갖는 기억(motorisches Gedächtnis)이 존재한다. 그러나 기계장치 혹은 자동장치에 지나지 않는 이러한 종류의 기억으로부터 참된 정신적 기억은 엄밀하면서도 원칙적으로 분리되어 있다. 왜냐하면 이러한 정신적 기억과 함께 우리는 더 이상 필연성의 영역이 아니라 자유의 영역에 존재하기 때문이며, 다시 말해서 사물의 권역과 그것의 강제 아래 존재하지 않고 자아, 즉 순수한 자기의식이라는 중심점 안에 존재하기 때문이다. 참된 자기란 행위하면서 외부로 손을 뻗고 외부에 작용을 가하는 것이 아니라 순수한 상기에 의해서 시간을 되돌아보면서 시간의 깊은 곳에서 자신을 재발견할 수 있는 자아다. 시간의 깊은 곳에 대한 통찰은 활동 대신에 순수한 직관이 들어설 때—즉 우리의 현재가 과거에 의해서 관통되고 양자가 직접적인 통일로서 체험될 때—비로소 가능하게 된다. 그러나 물론 직관의 이러한 방식과 방향은 행위와 그것의 장래의 목표, 즉 이러한 행위에 의해서 비로소 달성되어야만 하고 우리의 활동에 의해서 쟁취되어야만 하는 목표로 향하는 다른 시선에 의해서 끊임없이 방해를 받고 탈선(脫線)하게 된다. 이제 우리의 지난 생은 더 이상 순수한 기억상의 형태로 보존되지 않으며, 어떠한 지각도 시작되는 활동을 위한 맹아를 자신 안에 포함하는 한에서만 작동한다. 그러나 이와 함께 형성되는 것은 전적으로 다른 종류의 경험이다. 기능할 준비가 되어 있는 일련의 메커니즘, 즉 외적 자극에 대해서 보다 풍부하고 보다 다양한 반응을 할 수 있으며 외부세계가 부과하는 더욱더 많은 수의 과제에 응답할 준비가 되어 있는 메커니즘이 이제 신체 속에 침전되고 저장되는 것이다. 훈련에 의해서 더욱더 확고하게 되어가는 메커니즘의 총체도 또한 일종의 기억이라 불릴 수 있을 것이다. 그러나 이러한 기억은 우리에게 우리의 과거를 더 이상 표상하지 않고 단지 우리의 과거를 상연(上演)하는 것에 지나지 않는다. 이러한 과거는 과거에 대한 상을 보존하는 것이 아니라, 이전에 유효하게 작동했던 것만을 현재의 순간에 이르기까지 연장하고 있을 뿐이다.[32] 그러나 베르그송에 의하면 상기-기억, 즉 과거에로 향해진 상-기억(Bild-Gedächtnis)만이 진정한 정신적 의미를 가지고 있으며, 이에 반해 운동기억에는 어떠한 사변적 인식가치도 존재하지 않는다. 그것에는 단순한 이용가치밖에 없다. 운동기억은 생명유지의 목적에 기여한다. 그러나 그것은 이러한 기능을 얻는 대가로 생의 참된 근거를 파악하는 것을 단념할 수밖에 없다. 즉 그것은 '생에 대한 앎'에 이르는 통로를 상실할 수밖에 없다. 일단 행위와 유용성의 영역에 발을 들여놓자마자 우리는 순수한 직관을 포기할 수밖에 없다. 우리는 더 이상 순수지속의 직관 속에 존재하지 않으며, 이제 이러한 직관에는 어떤 다른 상, 즉 공간과 공간 내의 물체라는 상이 밀어 넣어진다. 공간 안의 '사물들'은 나란히 놓여 있고 서로 분리된 고정된 통일체로서 취급된다.

---

32) Bergson, *Matière et mèmoire*(독일어 번역본, Jena 1908, 74쪽 이하).

왜냐하면 그러한 통일체에 입각해서만 우리는 우리의 행동을 착수할 수 있는 특정한 중심을 갖게 되기 때문이다. 그리고 이러한 '현실(Wirklichkeit)', 즉 있을 수 있는 **유효한 것들**(Wirksamkeiten)[33] 의 이러한 총체를 향한 모든 행보와 함께 우리는 참된 실재로부터, 즉 자아의 근원적 형식과 근원적 생에로의 침잠으로부터 갈수록 멀어지게 된다. 이러한 생을 다시 획득하기를 바란다면, 우리는 일종의 강력한 결단에 의해서 지각의 우위로부터 우리를 해방시켜야만 한다. 왜냐하면 우리는 과거를 향해서 되돌아가려고 하는 반면에, 지각은 우리를 앞을 향해서 몰아대기 때문이다. 이와 같이 감각과 상기는 결코 동일한 길을 걸을 수 없다. 감각은 단지 행위의 결과일 뿐인 것의 강제 속으로 우리를 더욱더 강하게 빠져들게 하는 반면에, 상기는 우리를 그러한 강제로부터 해방시킨다. 즉 감각이 우리를 '대상들'의 세계 안으로 빠지게 하는 반면에, 상기는 모든 객관화에 앞서서, 또한 공간적·대상적 도식의 질곡에서 벗어나서 우리로 하여금 자기의 본질을 통찰하게 한다.

하나의 통일적이고 자기완결적인 근본직관에 형태를 부여하면서 그것을 전개하고 있는 베르그송의 체계와 같은 것은 외부로부터 고찰되고 판정되어서는 안 되고 자신의 척도에 의해서 평가되어야 한다는 요구를 제기해도 좋다. 따라서 우리는 이러한 체계에

---

33) [역주] 현실을 의미하는 독일어 Wirklichkeit와 유효한 것들을 의미하는 독일어 Wirksamkeit는 '작용을 가하다'는 의미의 wirken이라는 동사와 연관되어 있다. 베르그송은 우리의 행동을 외부 물체에 작용을 가하는 것으로 파악하고 있는 것이다.

대해서 단 하나의 물음, 즉 이러한 체계는 자신의 과제와 규범에 충실한지 어떤지―이 체계는 시간이란 현상을, 그것이 순수한 직관에 나타나는 그대로 전체로서 파악하고 전체로서 기술했는지―라는 단 하나의 물음만을 제기할 것이다. 베르그송의 시간관에 대해서는 어떤 의심과 어떤 체계적인 우려가 즉각적으로 일어나게 된다. 왜냐하면 과거·현재·미래라는 시간의 세 국면은 시간에 대한 직관에서는 직접적인 통일체로서―즉 개개의 시간국면이 상이한 가치를 갖지 않는 통일체로서―우리에게 주어지기 때문이다. 시간에 대한 직관에서는 어떠한 국면도 다른 국면들로부터 분리되어 있지 않으며, 또한 어떠한 국면도 '본래적인' 국면으로서, 즉 참되고 근원적인 국면으로서 특징지어질 수 없다. 이러한 국면들은 모두 똑같이 단일한 시간 '관념' 속에 주어져 있으며 똑같이 필연적으로 이러한 관념 속에 포함되어 있다. 아우구스티누스의 말에 따르면 세 개의 시간이 존재하는 것이 아니라 단지 하나의 현재만이―그럼에도 불구하고 지나간 것의 현재, 현전하는 것의 현재, 또한 다가올 것의 현재이기도 한 현재(praesens de praeteritis, praesens de praesentibus, praesens de futuris)만이―존재한다. 따라서 사실상 자아도 자신에 대한 직관에서 시간의식의 전혀 상이한 세 가지 방향들로 분열되지 않고 그것들 중 어느 하나에만 구속되어 있지도 않으며 오로지 또는 우선적으로 그것에게만 내맡겨져 있지도 않다. 우리가 시간을 실체적인 통일체로서가 아니라 오히려 기능적인 통일체로서, 즉 삼중적인 방향의미를 자체 내에 포함하고 있는 현전화의 기능으로서 간주한다면, 시간을 구성하

는 계기들 중 어떤 것이라도 전체적인 결합으로부터 분리되는 것
은 전체로서의 시간 자체를 붕괴하고 말 것이다. 그러나 바로 이
렇게 시간의 어떤 계기를 전체적인 결합으로부터 분리시키는 것
이야말로 베르그송 형이상학의 특색을 이루는 것이다. 베르그송
이 본래적으로 시간적인 것으로서 인정하는 것은 결국은 과거뿐
이다. 이에 반해 미래 의식은 그에게는 이미 순수한 시간직관의
틀로부터 벗어나 있다. 우리가 과거의 것을 직관하지 않는 경우
에, 즉 행위하는 경우에, 다시 말해서 우리가 미래의 막을 열고 그
것을 형성하려고 하는 경우에는 순수지속이라는 이미지는 곧 구
름으로 가려지고 흐릿하게 된다. 그 대신에 우리는 종류도 유래도
다른 형성물을 보게 된다. 우리 앞에 이제 있는 것은 더 이상 참된
시간성, 근원적 시간성이 아니라 동질적인 공간이라는 추상적 도
식이다. "과거를 어떤 상의 형태로 일깨울 수 있기 위해서는 현재
의 활동을 사상(捨象)할 필요가 있다. 우리는 쓸모없는 것을 중시
할 줄 알아야 하며 꿈을 꾸려고 해야만 한다. 아마도 인간만이 이
런 종류의 노력을 할 수 있다. 그리고 그 경우에조차도 우리가 이
러한 방식으로 거슬러 올라가려고 하는 과거는 끊임없이 우리 손
에서 빠져나가려고 한다. 이는 흡사 이렇게 뒤로 향하는 기억이
다른 보다 자연스런 기억—즉 앞으로 향하려는 그것의 운동이 우
리를 행위와 생활로 몰아대는 것과 같은 기억—과 모순되는 것과
같다."[34] 베르그송의 학설에 저 특유의 낭만주의적이고 정적주

---

34) Bergson, *Materie und Gedächtnis*, 75쪽.

적인 특성이 들어오게 되는 것은 바로 여기에서이며, '생의 약동', 'élan vital'에 대한 모든 강조에도 불구하고 베르그송의 학설은 그러한 성격을 갖고 있는 것이다. 즉 과거에 대한 회고만이 우리를 자아의 궁극적인 근거와 사변적 인식의 심연으로 이끈다는 것이다. 그런데 미래로 향하는 것에는 이러한 이상화가 거부되고 있다. 미래로 향하는 것은 단지 '실용적인' 가치를 가질 뿐이며 이론적인 가치를 갖고 있지는 않다. 그러나 우리에게 미래는 과연 항상 단지 직접적인 **작용**의 목표로서만, 즉 가장 좁은 의미에서의 실천적인 **작용**의 목표로서만 주어지는 것일까? 오히려 작용이 참된 힘과 자유로 자신을 고양시키려고 할 경우에는, 그 작용 자체의 근저에 순수하게 정신적인 어떤 '선견(先見, Vorblick)'이, 즉 어떤 이념적 계기 내지 동기가 근거에 놓여 있어야 하지 않을까? 플라톤은 '이데아'의 내실과 의미를 단지 지식과 순수한 인식에서만 발견한 것은 아니었다. 그는 이 내실과 의미를 지식과 순수한 인식 못지않게 모든 형성적 **행위**, 더 나아가 도덕적 활동뿐 아니라 제작적 활동, 즉 데미우르고스[제작자]적 활동에서도 발견했던 것이다. 자신의 기술을 구사하면서 특정한 용구를 제작하는 자는 그 경우 단순한 습관과 직업적인 '숙련'에 기초하여 제작하는 것은 아니다. 그의 작용을 규정하면서 그것에게 길을 지시하는 것은 오히려 어떤 근원적인 형태에서의 정신적 **직관**이다. 베틀의 몸체 부분을 제작하는 가구공은 그 경우 감각적인 모델로서 그 앞에 이미 존재하는 어떤 **사물**을 모방하지 않는다. 오히려 그는 베틀의 몸체 자체의 형태와 목적, 즉 그것의 '형상'에로 눈을 향한다.[35] 플라톤에 의하면

신적인 데미우르고스조차도 다른 방식으로 행하지 않는다. 그의 창조는 그의 직관의 형식에 의해서, 즉 원형이자 모범으로서의 선의 이데아에 눈을 향하는 것에 의해서 규정되고 인도된다. 베르그송에서 무시되고 부인되는 것은 행위가 갖는 이러한 이데아적인 성격이다. 베르그송에게는 모든 행위가 결국은 감각적 욕구에만 근거하고 있으며 특정한 운동장치와 자동장치로 해소되고 만다. 이와 함께 우리를 과거 속으로 이끄는 순수직관은 미래를 가리키고 미래에 대해서 긴장하고 있는 모든 종류의 '지향'과 극히 첨예하게 대립하게 된다. 그러나 시간의식을 순수하게 현상학적으로 분석해 보면 이러한 종류의 가치평가는 어떠한 뒷받침도 갖지 못한다는 사실이 드러난다. 시간의식을 현상학적으로 분석해 볼 때 상기의식과 기대의식 사이에는 가치의 현저한 차이가 전혀 존재하지 않는다는 사실이 드러나며, 오히려 그것이 입증하는 것은 이 두 개의 의식 속에는 공통된 특수한 정신적 기본능력이 작용하고 있다는 것이다. 다가올 것을 상의 형태로 자신 앞에 **제시하는** 정신의 능력이 과거의 것을 하나의 상으로 변화시키면서 상의 형태로 **갱신하는** 능력보다도 열등한 것은 아니다. 그 두 가지 능력에서는 '재현전화' 내지 '재현'이라는 동일한 근원적 능력이 나타나고 있으며 입증되고 있다. 자기 자신에 대한 정신의 인식은 이러한 이중의 길을 통해서 비로소 획득되고 확보될 수 있다. 즉 정신의 자기 인식은 정신이 자신의 순수한 현재 안에 자신의 역사를 보존하

---

35) Platon, *Kratylos* 389 A.

면서 자신의 미래에 형태를 부여하면서 선취함으로써 비로소 생기는 것이다. 베르그송도 이러한 전개를 '창조적 진화'로 간주하지만, 그 경우 창조라는 그의 개념은 본질적으로 자연에 대한 직관에서 취해지고 있지 정신에 대한 직관에서 취해지고 있는 것은 아니다. 즉 그것은 **역사적** 시간이 아니라 **생물학적** 시간에 방향 지어져 있다. 역사적 시간에서는 상기의 기능과 행위의 기능을 엄밀하게 단절하는 것—이러한 단절이야말로 베르그송의 형이상학 전체를 규정하고 결정하는 것이지만—은 가능하지 않다. 역사적 시간에서 양자는 끊임없이 서로 침투하는 것이다. 행위는 역사적 의식에 의해서, 즉 과거에 대한 회고에 의해서 규정되고 인도된다. 그러나 다른 한편으로 참으로 역사적인 상기조차도 미래를 선취하고 미래에 형태를 부여하는 것을 돕는 힘들로부터 비로소 생긴다. 정신 자신이 '생성하는' 정도로만, 즉 정신이 미래의 방향으로 자신을 전개하는 정도로만 정신은 과거의 상에서 자신을 통찰할 수 있다. 이러한 반조(返照) 내지 '반성'의 형식은 정신의 노력과 의욕의 형식으로부터 분리될 수 없다.[36] 이와 같이, 자아가 보다 자유

---

36) 이 책 위 부분 209쪽 이하를 참조할 것. '역사적 시간'의 본질에 대한 동일한 기본 견해가 테오도어 리트(Th. Litt, *Individuum und Gemeinschaft* 3판, 307쪽)에 의해서 아름다우면서도 간결하게 표명되고 있다. "나는 이미 존재했던 것과 이제까지 생성했던 것이 내가 과정의 중심인 것처럼 나를 향하고 있다고 느낀다. 왜냐하면 나라는 이 중심은 동시에, 시작된 것을 내가 완성하고 그릇된 것을 수정하며 필요한 것을 실현하는 것에 착수할 수 있는 유일한 장소이기 때문이다. 더 나아가 모든 생명의 중심과 마찬가지로 이 중심이 자신 속에 통일하고 있는 것은, 형태화 작용의 서로 외적으로 병존하고 있는 두 개의 형식과 방향이 아니며 또한 서로 병존하면서 단지 자유로운 형태화 작용이라는 형식적 원리에 의해서

롭게, 보다 포괄적으로 그리고 보다 대담하게 미래를 향해서 손을 뻗고 미래의 방향으로 자신을 전개할 때, 자아에게는 자신의 '역사'도 변화하며 그 역사는 보다 심화되고 승화되어 가는 것이다. 따라서 역사적 삶과 역사적 의식의 시점(視點)으로부터 보면, 과거로의 방향과 미래로의 방향은 서로 대립하고 있는 실재의 두 요소로서가 아니라 하나의 이념적 상관관계의 두 계기로서만 고찰되고 취급될 수 있다. 그럼에도 불구하고 베르그송에서는 양자를 실

결합되는 것에 지나지 않는 고찰의 행위들과 작용의 행위들도 아니다. 이 양자는 내용상 마지막 세부에 이르기까지 서로 결합되어 있다. 내가 과거로부터 나를 향해서 달려온다고 보는 생성의 모든 노선은 나에게는 **현재**—즉 지금 생성 중에 있는 역사의 영역으로서의 나에게 쇄도하면서 그러한 나를 요구하는 **현재**—를 분절하고 해석하기 위한 하나의 동기를 의미할 뿐 아니라, 능동적으로 행위하는 자로서의 내가 자기 나름대로 이러한 현실의 **미래**를 규정하는 결단을 내리도록 호소하는 것을 의미한다. … 이와 같이 우리가 진리의 절반밖에 보지 못한 채 과거의 '상'이라고 부르는 것 속에는 동시에 도래하고 있는 것을 향하는 의지도 살고 있는 것이며, 이러한 의지가 실현하려고 하는 선도적 상(像)에는 저 과거에 대한 어떤 앎이 침전되어 있는 것이다." 본질적으로 상이한 근본전제로부터 출발하면서 동일한 성과, 즉 '역사적 시간'에는 장래라는 동기가 내재하고 있다는 견해를 정초한 사람은 하이데거이며, 이러한 정초야말로 『존재와 시간』이 행하고 있는 분석의 가장 생산적이고 가장 중요한 성과에 속한다. 그는 이러한 분석을 다음과 같이 요약하고 있다. "자신의 존재에 있어서 본질적으로 **장래적**이며, 따라서 자기의 죽음에 대해서 자유롭기 때문에 죽음에 직면하여 분쇄되면서 자신의 현사실적 '현(現)'으로 내던져질 수 있는 존재자만이, 즉 장래적이면서 등근원적으로 **기재(旣在)적**으로 존재하는 존재자만이, [중략] 자신의 시간에 대해 **순간적**으로 존재할 수 있다. 동시에 유한한 본래적인 시간성만이 운명과 같은 것, 즉 본래적 역사성을 가능하게 한다."(*Sein und Zeit*, erste Hälfte, § 74) 바로 이 구절에서 베르그송과 하이데거의 '시간의 형이상학' 사이에 존재하는 체계적인 근본대립이 가장 선명하게 표현되는 것 같다.

재적 대립요소로서 고찰한다는 전자의 태도가 지배하고 있는 한, 그는 그 자신이 너무나 명료하게 폭로했던 것과 동일한 착오에 빠지고 있는 것으로 보인다. 그에게서조차도 시간과 상이한 시간단계들에 대한 분석 속으로 부지불식간에 어떤 공간직관과 **공간도식**이 끼어들고 있는 것 같다. 우리가 일반적으로 어떤 특정한 운동을 수행하려고 할 경우, 우리는 공간 속에서 그 운동이 취할 수 있는 개별적 방향 중 어떤 하나를 선택해야만 한다. 우리는 앞쪽 **또는** 뒤쪽, 오른쪽 **또는** 왼쪽, 위 **또는** 아래로 나아가야만 한다. 그렇지만 시간의 방향들과 관련해서도 [공간의 방향들과] 동일한 고정된 '상호분리'가 존재하는 것처럼 보이더라도 이는 외관상으로만 그럴 뿐이다. 시간의 방향들에 존재하는 것은 오히려 다음과 같은 다양성, 즉 그것의 요소들이 서로 구별되면서도 의연히 항상 상호 침투하고 있는 다양성이다. 베르그송 자신의 극히 특징적인 말을 빌려서 말하자면, 여기에서 지배하고 있는 것은 "une multiplicité de fusion ou de pénétration mutuelle[서로 융합하고 서로 침투하는 다양성]"인 것이다. 두 개의 시선—현재로부터 과거로 거슬러 올라가는 시선과 미래로 향하는 시선—은 그것들이 서로 침투하면서, 즉 그것들이 직접 '유착'되면서 비로소 시간에 대한 단 하나의 구체적이고 전체적인 직관을 낳는 것이다. 물론 이러한 유착도 공간적 관계들과 유사한 것으로 보면서 단순한 일치나 합치로 간주해서는 안 된다. 오히려 항상 문제가 되고 있는 것은 두 동기 사이의 대립이며 그것들 사이의 끊임없는 '대결'인 것이다. 그러나 이러한 투쟁은 어느 한쪽이 승리하고 다른 쪽이 패배하는 것으로 끝날 수 없으며 끝나서도 안 된다. 왜냐하면 양자는 끊임없이 대립하면서 서로 작용하고 이러한 대립 속에서 비로소 시간과 역사적 의식이라는 살아 있는 옷을 짜도록 정해져 있기 때문이다. 이런 의미에서 역사가는 프리드리히 슐레겔의 말을 빌리자면 뒤를 향한 예언자다. 시간에 대한 진정한 직관은 단순한 회고적 상기에 의해서 획득될 수 없다. 오히려 그것은 인식과 동시에 행위이기도 하다. 왜냐하면 생─한낱 생물학적인 것으로서가 아니라 정신적인 것으로서 이해된 생─이 형성되는 과정과 생이 자기 자신을 파악하고 인식하게 되는 과정은 궁극적으로 하나의 통일체를 형성하고 있음에 틀림없기 때문이다. 즉 생이 자신을 파악한다는 것은 그 자체로 존립하는 어떤 형식이 단순히 외부로부터 생을 둘러싸고 그러한 형식 안으로 생이 밀어 넣어진다는 것이 아니다. 오히려 그것은 생이 자신에게 자신의 형식을 **부여하면서** 바로 이렇게 부여한다는 작용, 즉 능동적 형태화 작용에서 그 형식을 **이해하는** 방식이다.

제5장 상징의 수태(受胎)

우리는 이제까지의 고찰에서 지각세계의 구성은 의식에 제공되는 개별적인 내용들이 더욱 다채롭고 풍부한 의미기능으로 채워짐으로써 수행된다는 사실을 보았다. 이러한 과정이 진행될수록, 의식은 더욱더 넓은 영역을 어떤 단일한 계기 속에 포함하고 조망할 수 있게 된다. 이제 의식의 요소들 하나하나가 그러한 기능들에 의해서 가득 차게 되는 것이다. 즉 의식은 다양한 의미결합체들 속에 존재하고 이러한 의미결합체들도 서로 조직적으로 연관되어 있으며, 이러한 연관의 힘으로 우리가 우리의 '경험'세계라고 부르는 저 전체를 구성한다. '경험'의 이러한 전체로부터 어떠한 복합체를 분리해 내어보아도—즉 공간 속에서 현상들의 함께 있음이든 시간 속에서의 연속적 발생이든, 혹은 사물과 속성이라는 질서든, '원인'과 '결과'라는 질서든 그 어느 것을 고찰해 보아도—, 이러한 질서들은 항상 어떤 특정한 '이치'와 어떤 공통된 형식적 기본성격을 보여준다. 즉 이러한 질서들은 그 계기의 어떤 것으로부터도 전체에로 이행할 수 있는 성질을 갖고 있는 것이다. 왜냐하면 그 계기의 어떤 것에도 이러한 전체의 구조가 표시될 수 있고 표시되어 있기 때문이다. 이러한 표시기능들이 서로 협력하기 때문에, 의식은 "현상들을 하나하나 해독함으로써 그것들을 경험으로서 읽어낼 수 있는" 능력을 갖게 된다. 이제 모든 특수한 현상 각각은 단지 하나의 문자에 지나지 않는다. 문자라는 것은 그것 자체를 파악하는 것이 목적이 아니며, 그 자체가 어떠한 감각적 구성부분으로 이루어져 있는가 어떤가 그리고 그 감각적 외관은 전체로서 어떠한가라는 관점으로부터 고찰되는 것이 결코 아니다. 오히려 문자가 속해 있는 단어의 의미와 이 단어가 속해 있는 문장의 의미를 떠올리기 위해서 우리의 시선은 문자를 무시하고 그것을 관통한다. 이제 내용은 단지 의식 '속에' 존재하면서 자신의 단순한 존재에 의해서 의식을 채우는 것이 아니다. 오히려 이제 내용은 의식에게 말하며, 의식에게 어떤 것을 '의미하는' 것이다. 내용의 존재 전체는 어떤 의미에서 순수한 형식으로 변화되었다. 그것은 오직 어떤 특정한 의미를 전달하고 그것을 다른 의미와 결합하여 의미의 조직 내지 의미의 복합체로 종합한다는 과제에만 봉사한다.

감각주의적 심리학의 근본경향은 의식의 요소들을 그것들의 의미결합체로부터 분리시키면서 순수한 '자체적인 존재'에 있어서 드러내는 것을 겨냥한다. 그러나 이러한 감각주의적 심리학조차도 단지 그 자체로서 '존재할' 때의 개개의 감각적 지각에 대해서

의식의 통일과 의식의 전체를 체계적으로 구성하려고 **기능할** 때의 감각적 지각이 갖는 차이를 전적으로 무시할 수는 없었다. 그러나 감각주의적 심리학은 기능 자체를 일종의 존재로 환원하려고 함으로써 이러한 차이를 곧 다시 제거해 버린다. 감각주의적 심리학은 다음과 같이 고찰한다. 즉 개별적인 '인상'이 우리에게 어떤 의미를 **전달하는** 것은 바로 이 의미가 인상 자체 속에 '존재하지' 않는다면 도대체 어떻게 해서 가능할 것인가? 그리고 이렇게 '존재한다'는 것 자체는 의미가 인상의 전체 속에 그 구성부분으로서 **포함되어** 있다는 것 이외의 다른 무엇을 의미할 수 있겠는가? 심리학적 분석에 의해서 예리하게 된 시선이라면 이러한 구성부분을 발견하고 분리시킬 수 있을 것임에 틀림없다. 이와 같이 감각주의는 개별적 지각이 의미라는 계기를 갖고 있다는 사실을 부정하고 부인할 수는 없다. 그럼에도 불구하고 감각주의는 이러한 계기를 개개의 감각적 사실들로부터 합성하고 이러한 합성에 의해서 그것을 '설명'하려고 함으로써 자신의 근본방향을 고집한다. 정신의 '형식'은 감각적 소재로 환원됨으로써, 즉 이 형식 혹은 적어도 이 형식의 심상을 산출하기 위해서 필요한 감각적 인상들의 단순한 공존과 연합 그리고 경험적인 결합이 드러남으로써 비로소 이해 가능하게 된다는 것이다. 이렇게 보면 정신의 이러한 심상은 물론 가상에 불과하다. 이러한 심상 자체에는 형태도 진리도 없고 오로지 실체적인 요소들[감각적인 요소들]만 진리와 현실성을 갖는 것으로 간주된다. 정신의 심상은 이를테면 모자이크처럼 이러한 요소들로부터 만들어진다는 것이다. 그러나 심리학적 비판가가 획득하는 이러한 통찰은 우리가 현실의 심적 생활에서 이러한 심상을 **사용하는** 것을 방해하고 제한하지는 않는다. 비록 그 심상이 가상이라고 인식되고 이른바 인식이론적으로 가상으로 드러날지라도 그것이 바로 가상**이면서도** 여전히 현실성을 갖는다는 것, 즉 그것이 '상상력'의 일정한 필연적 법칙에 따라서 생긴다는 것만으로 충분하다는 것이다. 의식의 필연적이고 항상 동일한 방식으로 일어나는 메커니즘이 감각적인 체험들과 그것들의 연합으로부터 그러한 심상을 끌어내는 것이다. 이와 같이, 그 심상에는 논리학상의 독자적인 권리도 단순한 감각과는 다른 특수한 의미내용도 귀속되지 않지만 이제 그것에는 실용적인, 즉 생물학적으로 볼 때 중요한 기능이 귀속된다. 이러한 기능 속에 그 심상의 성격이 존재한다. 우리가 이제까지의 고찰에서 지각이 갖는 '상징가(價)'라고 불렀던 것은 감각주의적인 견해에서 보면 순전히 경제적인 가치밖에 갖지 않는다. 의식은 자신을 채우는 개개의 감각적 인상들에 매 순간 동일한 강도로 집중하고 몰두할 수 없으며 또한 그러한 모든 인상을 똑같이 선명하면서도 똑같이 구체적으로 그리고 똑같이 개별적으로 떠올릴 수는 없다. 따라서 의식은 많은 개별적 내용이 들어가고 개별적인 내용들이 무차별하게 하나로 흘러들어가는 도식과 전체적인 상을 창출한다. 그러나 이러한 도식과 전체적인 상은 여러 인상의 단순한 요약, 즉 간결한 농축으로 존재하려고 할 뿐이며 그러한 것 이외의 것일 수도 없다. 정확하면서도 엄밀하게 보는 것이 문제가 되는 경우에는, 이러한 요약은 다시 배제되지 않으면 안 된다. 즉 상징가 대신에 현실가(價), 즉 실제의 감각가가 들어서야만 한다. 따라서 모든 상징적 사고와 지각은 단순히 소극적인 작용, 즉 생략의 필요성 또한 생략할 수밖에 없음이라는 필요성에서 생기는 작용에 지나지 않는다. 개별성 자체 속에서 살고 이러한 개별성 모두를 똑같이 직접적으로 파악하기에 충분할 정도의 범위와 힘을 갖는 의식이라면, 상징적인 통일 형성을 필요로 하지 않을 것이다. 그러한 의식이라면 전체에서든 개별적인 부분에서든 재현하기(repräsentativ)보다는 현전하게 할(präsentativ) 것이다.

이러한 기본견해가 지배하는 한, 지각에 대한 모든 참된 현상학을 위한 최초의 전제들이 결여된 채로 있게 된다. 감각주의와 실증주의는 자신을 원칙적으로 감각자료들의 '주어져 있음'에 제한함으로써 어떤 의미에서는 '상징을 보지 못하게 될' 뿐 아니라 바로 이러한 것에 의해서 '지각을 보지 못하게 된다.' 왜냐하면 이제 감각주의와 실증주의는 지각을 한낱 감각으로부터 구별하면서 감각을 능가하게 하는 지각의 특징적인 계기와 동기를 배제해 버렸기 때문이다. 이러한 [감각주의적이고 실증주의적인] 단초의 변혁과 원칙적인 방법적 수정이 두 개의 상이한 측면으로부터 행해졌다. 그리고 이와 함께 비로소 지각을 보다 깊이 인식비판적이고 현상학적으로 이해하기 위한 지반이 마련되었다. 『순수이성비판』은 '초월론적 통각'이라는 개념에서 지각을 가능하게 하는 조건 자체를 인식함으로써 이 점에서 앞서나가고 있다. 『순수이성비판』에 따르면, 우리에게 주어지는 최초의 것은 현상이며 이러한 현상이 의식과 결합되어 있는 경우 지각이라고 불린다. 왜냐하면 최소한의 의식이라도 의식과 관계하지 않고서는 현상은 우리에게 결코 인식의 대상이 될 수 없을 것이기 때문이다. "그러나 어떠한 현상도 어떤 다양한 것을 포함하고 있고 이와 함께 마음 자체 속에 여러 지각이 분산되고 개별적으로 나타나기 때문에 그러한 여러 지각의 결합이 필요하지만, 그러한 결합은 감각기관 자체 속에는 존재할 수 없다." 칸트는 감각주의의 근본오류가 "감각기관은 우리에게 인상들을 제공할 뿐 아니라 더 나아가 그러한 인상들을 종합하고 대상의 심상을 형성한다"는 그릇된 가정 안에 존재한다고 본다. "대상의 심상을 형성하기 위해서는 인상들을 수용하는 것 이외에 그 이상의 어떤 것, 즉 그러한 인상들을 종합하는 기능이 요구된다."[1] 따라서 '심상'과 '인상'은 인식비판적으로도 현상학적으로도 더 이상 동일한 유형에 속하지 않으며, '심상'은 '인상'으로부터 도출될 수 없다. 왜냐하면 모든 진정한 심상은 결합의 자발성을, 즉 그것에 따라서 형태화 작용이 행해지는 **규칙**을 자체 내에 포함하기 때문이다. 지각세계 자체의 구성과 분절이 의거하는 이러한 가능한 규칙들의 총체를 『순수이성비판』에서는 '지성'이라는 개념 아래에 포괄하고 있다. 지성이란, 모든 지각은 **의식된** 지각인 한에서 항상 필연적으로 **형식이 부여된** 지각임에 틀림없다는 근본현상에 대한 간결한 초월론적인 표현이다. 만약 지각과 자아, 지각과 대상이라는 두 종류의 관계가 보편적이고 필연적인 법칙들에 복

---

1) *Kritik der reinen Vernunft*, 1판, 120쪽 이하, 2판, 129쪽 이하. 그리고 이 책 위 부분 11쪽 이하 참조.

종하고 있지 않다면, 지각을 자아에 '속하는' 것으로 생각할 수 없으며 지각은 객관적으로 '어떤 것', 즉 지각된 **대상**에 객관적으로 관계할 수도 없을 것이다. 이러한 법칙들이야말로 지각에 그 '주관적' 의미와 '객관적' 의미를 부여하고, 이러한 의미가 지각을 **개별성**으로부터 해방시키면서 지각에 그것이 의식과 대상적 경험의 **전체** 속에서 갖는 하나의 위치를 부여하는 것이다. 이와 같이 다름 아닌 개별적인 것이 전체 속으로 귀속되는 것과 이렇게 귀속되는 여러 방향을 표현하는 순수지성개념은 지각에 나중에 덧붙여지는 것이 아니라 오히려 지각 자체의 구성요소에 해당한다. 지각은 그것이 특정한 형식 속에 존재하는 한에서만 성립한다. 감각주의적 심리학이 의식의 **요소들**을 규정하기 위해서 행하는 분석은 사태에 입각해서 볼 때, 의식**구조** 자체를, 즉 종합을 전제한다. "왜냐하면 자신이 그 전에 아무것도 결합하지 않았다면 지성은 아무것도 분해할 수 없기 때문이다. 왜냐하면 분해되어야 할 것은 이미 결합되어 있는 것으로서 표상능력에 주어져 있어야만 하지만, 그러한 결합은 **지성에 의해서만** 가능하기 때문이다." 통각의 분석적 통일, 즉 전체적 지각을 개개의 요소로 분해하는 것은 항상 종합적 통일을 전제로 해서만 가능하다.[2] 지각이 개개의 범주에 의해서 언표되는 저 특징적인 **의미결합체**들 속에 존재한다는 것, 바로 이것에 의해서 비로소 지각은 **특정한** 지각, 즉 어떤 자아의 표현이자 어떤 객체, 다시 말해 어떤 경험대상의 현상이 된다.

---

2) *Kritik der reinen Vernunft*, 1판, 130쪽, 133쪽.

그러나 물론 여기에는 아직 어떤 난점과 모호함이 존재하는데, 이것들을 『순수이성비판』은 자기 자신으로부터는 완전히 해명할 수도 제거할 수도 없었다. 왜냐하면 칸트는 『순수이성비판』에 의해서 제기된 사실상 새로운 사상에 대한 적합한 표현을 곧바로 발견하지는 못했기 때문이다. 칸트는 자신이 이제까지의 심리학의 방법론적 전제들에 가장 결정적인 논박을 가하면서도 바로 거기에서 이 심리학의 언어로 계속해서 말하고 있는 것이다. 칸트가 획득하고 확보하려고 하는 새로운 '초월론적' 통찰은 18세기의 능력심리학의 개념들을 통해서 표현되고 있는 것이다. 그래서 여기에서 '수용성'과 '자발성', '감성'과 '지성'은 다시 심적인 '근본능력'으로서 사유되고, 그 각각이 우선은 자립적인 심적 현실로서 존립하고 그 후에 양자가 실제로 협력함으로써, 즉 양자가 서로 원인이 되는 방식으로 협력함으로써 경험을 [그러한 협력의] '산물'로서 산출한다고 서술되고 있는 것으로 보일 수 있다. 물론 이렇게 되면 '초월론적'이라는 것의 의미 자체가 폐기되고 만다는 것은 분명하다. 왜냐하면 칸트 자신이 초월론적 물음은 '대상이 아니라 오히려 아프리오리하게 가능한 한에서의 대상 일반에 대한 우리의 인식양식'과 관계한다고 그 의미를 규정했기 때문이다. 그리고 그는 자신에게 문제가 되는 것은 경험의 발생을 설명하는 것이 아니라 경험의 순수한 구성을 분석하는 것이라고 끊임없이 강조하지 않았던가? 그러나 이러한 모든 천명(闡明)을 통해서도 지성에 대한 칸트의 분석을, 그것에서는 사고작용을 형성하는 새로운 종류의 심리학적 '형식부여 작업'이 문제가 되고 있을 뿐이라는 해석으로부터 지켜낼 수 없었다. 이러한 해석이 옳다면, 칸트의 문제설정이 감각주의의 문제설정보다도 앞서는 것은 그것이 의식내부에 존재하는 힘들 사이의 관계를 변경시키고 심적 능력들에 새로운 능력 하나를 덧붙였다는 점에만 있게 될 것이다. 그런데 이러한 변경과 첨가를 아무리 높이 평가하려고 하더라도 칸트의 연역은 **방법상으로는** 여전히 감각주의적 설명시도와 동일한 차원에서 움직이는 것이 될 것이다. 왜냐하면 그 경우 칸트의 연역도 순수한 **의미문제**를 해명하고 해결하기 위해서 이 문제를 **현실문제**로 치환하면서 그것을 실재적인 사건과 이러한 사건을 규정하는 인과적인 '힘들'로 환원하려고 하는 하나의 새로운 시도에 불과할 것이기 때문이다. 순수지성개념들의 객관적 **타당성**이야말로 칸트가 원래 묻고 있는 유일한 문제이고 그는 그러한 타당성을 그것을 가능하게 하는 조건들에 있어서 파악하려고 하고 있지만, 여기에서는 그러한 객관적 타당성은 그 자체로 존립하고 있는 '초월론적 주관', 즉 이러한 타당성의 '산출자'인 주관에서 유래한다고 간주함으로써 정당화되고 있는 셈이다. 그러나 이와 함께 비판적·현상학적 문제가 존재의 문제에 의해서—즉 순수하게 **기능적인** 고찰이 어떤 **실체적인** 고찰에 의해서—교체되고 만다. '지성'은 '죽어 있는 감각'에 생명을 불어넣고 그것을 의식의 '생명'으로 일깨우는 마술사나 영매와 같은 것으로 나타나는 것이다. 그러나—여기에서 이렇게 묻지 않으면 안 되지만—이러한 비밀스런 과정, 즉 지성의 이러한 마술은, 우리가 이른바 '죽어 있는 감각' 자체가 어떠한 실재도 아니고 심리학적 사고의 단순한 작위적 소산이라는 사실을 통찰했을 경우에도 필요할까? 의미와 무관한 단순한 **존재**로부터 어떻게 해서 **의미**와 같은 것이 '생성되는가', 원칙적으로 의미와 무관한 것인 감각이라는 단순한 '원료'로부터 어떻게 해서 하나의 의미가 **생기는가**와 같은 물음은, 의미와 무관함 자체가 바로 한낱 허구에 불과한 것이라는 사실이 통찰된 후에도 여전히 제기될 수 있을까? 칸트가 극히 강력하게 천명하고 있는 것처럼, 만약 원래 "최소한의 의식이라도 의식과 관계하지 않고서는 현상은 우리에게는 무가 되고, 더 나아가 현상은 그 자체로는 어떠한 객관적 실재성도 갖지 않고 인식 속에서만 존재하기 때문에 도처에서 무일 것이라면"[3] 비판철학을 토대로 해서 이러한 '무'가 어떻게 해서 '어떤 것'이 **되는**지를 탐구하고, 또한 그 무가 어떻게 의식의 형식들 속으로 **수용되고** 그러한 형식들로 주조되는지를 탐구하는 것에 어떠한 정당성이 인정될 수 있을 것인가? 왜냐하면 이 무는 이러한 형식들 속에서만 존재하고 그러한 형식들에 앞서서 미리 존재하지는 않기 때문이다.

역사적 **출발점**에서 칸트적 사고와 다를 뿐 아니라 그것에 전적으로 대립해 있다고까지 보이는 다른 사고계열에 의해서도 우리는 유사한 고찰과 방법상의 물음으로 이끌려진다. 현대의 현상학은 지각의 정의와 분석에서 칸트보다는 오히려 브렌타노와 의식에 대한 그의 개념규정에 결부되어 있다. 브렌타노의 『경험적 입장으로부터의 현상학』은 의식 내지 '심적인 것' 일반의 두드러진 계기를 '지향성'이라는 성격에서 발견하고 있다. 어떤 내용이 '심적

---

3) 같은 책, 1판, 120쪽.

인' 내용이라는 것은 그것이 어떤 특유의 방향규정, 즉 '사념한다' 는 규정을 포함하고 있는 경우에 한정되어 있다. "모든 심리적 현상은 중세의 스콜라철학들이 어떤 대상의 지향적 존재(혹은 아마도 정신적인 내재라고 불러도 좋은 것이지만)라고 불렀던 것을 특징으로 갖는다. 우리는 이것을—전적으로 모호하지 않은 표현이라고는 말할 수 없지만—어떤 내용에 대한 관계, 어떤 객관(이 경우 이것은 어떤 실재로 이해되어서는 안 된다)에 대한 방향 혹은 내재적 대상성이라고 부를 것이다. 이러한 지향적 내재야말로 심리적인 현상들에만 고유한 것이다. … 따라서 우리는 심적 현상이란 어떤 대상을 지향적으로 자신 속에 포함하고 있는 현상이라고 말함으로써 이 현상을 정의할 수 있다."[4] 여기에서 다시 통찰되고 있고 극히 첨예하게 강조되고 있는 것은 심적인 것이 우선 그 자체로 고립된 '소여'로서 존립한 후 나중에서야 비로소 다른 것들과 관계를 맺게 되는 것이 아니라, 관계는 이미 그것의 순수한 본질규정에 속해 있다는 것이다. 심적인 것은 바로 이렇게 존재하면서 어떤 의미에서 자기 자신을 넘어서고 다른 것으로 **향하는** 방식으로만 존재한다. 그러나 다른 한편으로는 여기에서도 또한 이러한 사태에 대한 **표현**에는 어떤 모호함이 남아 있다. 왜냐하면 브렌타노도 또한 이러한 기본적인 관계**방향**을 특징짓기 위해서 **존재**에서의 차이에 대해서 말하면서, 사물의 실재적 존재로부터 지향적 '내재' 혹은 정신적인 '내재'를 구별하고 있는 것이다. 이러한 표현방

---

4) Brentano, *Psychologie vom empirischen Standpunkt*, I, Leipzig, 1874, 115쪽.

식은 다시 '사념'이란 기능이 **실체적인 존재**에 의해서 설명되고 명확히 되어야만 하는 것 같은 인상, 즉 표상이 대상에로 '향할' 수 있는 것은 대상이 어떠한 형태로 표상 속에 '깃들어 있기' 때문에, 즉 대상이 표상 속으로 '들어가고' '표상 속에' 포함되어 있기 때문이라는 인상을 다시 불러일으킨다. 그러나 이와 함께 여기에서 부각되었어야만 했던 '지향적인 것'의 특징이 다시 제거되고 만다는 것은 분명하다. 이러한 사실은 『논리연구』와 『순수현상학과 현상학적 철학을 위한 구상들』에서 후설이 브렌타노의 사상을 보다 발전시키고 충분히 형성함으로써 비로소 완전히 명확하게 되었다. 왜냐하면 후설이 의식에 어떤 대상을 표현하는 의미부여 **작용**이라는 표현을 사용할 때, 그는 표현되는 것에 대해서 표현하는 것이 맺는 이러한 관계는 사물의 세계로부터 취해지는 어떠한 유비에 의해서도 해명될 수 없다는 사실을 전혀 의심하지 않기 때문이다. 의식의 작용에서 어떤 실재적인 심리적 주체의 활동을 보는 '활동성의 신화'는 더 이상 문제가 될 수 없게 되며, 똑같이 의식의 작용이 자신의 객체에 대해서 갖는 관계도 한쪽이 다른 한쪽속에 **내재한다**든가에 대해서 말할 수 없는 방식으로 분명하게 파악되고 있는 것이다. 오히려 지금은, 어떤 작용 속에 포함되어 있는 실재적(reell)인 부분과 이 작용이 이념적으로 '표상하는 것', 즉 그것이 지향이라는 의미에서 겨냥하는 것이 극히 첨예하게 구별된다. 후설이 강조하는 것처럼, 이러한 구별이 행해지지 않고 엄격하게 수행되지 않는 경우에는 불가피하게 어떤 무한소급에 **빠**지게 된다. 왜냐하면 표상이 이른바 대상의 일부, 즉 대상의 영상을 자신의 실재적인 구성부분으로서 포함할 경우에만 대상에 관계할 수 있다면, 이러한 삽입과 편입은 항상 새로 반복되지 않으면 안 되기 때문이다. "심리학적·실재적인 지각의 실재적인 부분을 이루고 있는 모사상(模寫像)은 다시 하나의 실재적인 것, 즉 다른 실재적인 것에 대해서 원상(原象)으로서 **기능하는** 실재적인 것이 될 것이다. 그러나 이러한 것은 오직 모사하는 의식에 의해서만 가능할 것이다. 이렇게 모사하는 의식에서는 우선 처음에 어떤 것이 현상하며 이와 함께 우리는 첫 번째 지향성을 갖게 된다. 그리고 이렇게 현상한 어떤 것이 다음에 다시 의식 속에서 다른 것의 '상(像)객관(Bildobjekt)'으로서 기능한다. 이를 위해서는 첫 번째 지향성에 기초하고 있는 두 번째 지향성이 필요하게 될 것이다. 그러나 이러한 의식방식들의 어떠한 개별적인 것도 이미 내재적 객관과 현실적 객관의 구별을 요구하고 있으며 따라서 위와 같은 구성에 의해서 해결되어야만 하는 동일한 문제를 자체 내에 포함하고 있다는 사실도 또한 똑같이 분명하다."[5] '재현' 또는 '지향'이라는 기본적 관계는 모든 대상인식을 **가능하게 하는** 조건이며, 따라서 그러한 관계에 대한 기술에는 그러한 관계에 의해서 가능하게 되는 것, 즉 사물세계 자체에 그 실재적인 부분으로서 혹은 그것에서 일어나는 실재적인 사건으로서 속하는 것은 결코 수용되어서는 안 된다는 사실을 잊을 경우에는 항상 그리고 그러한 사

---

5) Husserl, *Ideen zu einer reinen Phänomenologie*, 186쪽. 특히 *Logische Untersuchungen II*, 372쪽 이하 참조.

실을 잊을 경우에만 이런 종류의 안티노미에 빠지게 된다. 이제 감각주의에 대한 경계선이 선명하게 그어지게 된다. 후설의 지적에 따르면, 기술(記述)적 분석은 이제까지 '의미부여 작용'의 종적인 특수성을 보려고 하지 않고 이러한 작용이 수행하는 것은 항상 필연적으로, 표현에 항시 수반되는 어떤 종류의 상상적인 심상(心像, Phantasiebilder)을 환기하는 것에 의해서 성립함에 틀림없다고 믿어왔지만 이러한 믿음이야말로 기술적 분석의 뒤처진 상태를 증명한다.[6] 여기에서 성립하는 관계를 인식 가능한 것으로, 즉 학술적인 용어에 의해서 파악될 수 있는 것으로 만들기 위해서는 이제 현상학적 존재의 흐름은 '질료 층'과 '노에시스 층'으로 나눠진다. 순수하게 기능적인 모든 문제, 즉 의식과 의미에 관한 참된 문제는 노에시스 층에 속한다. 왜냐하면 '의도한다[의미를 갖는다](Sinn zu haben)' 내지 '무엇인가를 염두에 둔다[의미 속에 갖는다](im Sinne zu haben)'는 것이 모든 의식의 근본성격이며, 따라서 의식은 일반적으로 체험일 뿐 아니라 의미를 갖는 '노에시스적' 체험이기 때문이다.[7] "의식은 바로 무엇인가'에 대한' 의식이며, '의미'를, 즉 이른바 '영혼'이라든가 '정신'이라든가 '이성'의 핵심을 이루는 것을 자신 안에 포함하고 있다는 것이 의식의 본질인 것이다. 의식은 '심적인 복합물', 즉 함께 융합되어 있는 '내용들'을 가리키는 용어가 아니며 또한 그 자체로는 의미도 갖지 않고 임의로 혼합해

6) Husserl, *Logische Untersuchungen II*, 61쪽 참조.
7) Husserl, *Ideen*, § 85, 90쪽(175쪽, 185쪽).

보아도 어떠한 의미도 산출할 수 없는 감각들의 '다발'이나 흐름을 가리키는 용어도 아니다. … 의식은 감각주의가 의식에서 오직 보려고 하는 것, 즉 실제로는 그 자체로는 의미를 갖지 않고 비이성적인—그러나 물론 합리화(Rationalisierung)를 수용할 수 있는— 질료와는 전적으로 다른 것이다."[8]

이렇게 해서 우리는 두 개의 상이한 사상운동과 사상방향 어느 것에서도, 즉 '종합'이라는 개념으로부터 출발해도 '지향'이란 개념으로부터 출발해도 우리의 중심문제로 되돌아가도록 지시를 받게 된다는 사실을 깨닫게 된다. 그러나 이러한 문제의 입장에서도 아직 하나의 의문과 의심이 남아 있다. 이러한 의문과 의심이란, 후설에서 보이는 것처럼 극히 선명하게 의식의 영역이 '의미'의 영역과 동일시된다면 의식 內에서 도대체 질료와 형식의 대립이 절대적 대립으로서 아직 견지될 수 있을까? 이 경우에도 아직 두 개의 '층'이 존재하는 것으로 간주되고 그중의 하나가 한낱 질료적인 층에 불과한 것으로서 불릴 수 있을까? 혹은 감각적인 질료에 생명을 부여하면서 이 질료를 비로소 특정한 의미로 채우는 '혼을 불어넣는(beseelen) 작용'이라는 말에는 오히려 '물리적인 것'과 '심적인 것'을 분열시키는 저 이원론—'신체'와 '영혼'을 상관적으로 서로 연관된 것으로서가 아니라 실체적으로 서로 다른 것으로서 보는 저 이원론—의 잔재가 아직도 포함되어 있는 것은 아닐까? 그러나 이러한 상관관계가 필연적인 것이라는 것은 순수한 **표정현상**을

---

8) 같은 책, § 86, 176쪽.

고찰할 때 이미 분명하게 되었으며,[9] 또한 우리가 **표시의 문제**라는 방향에서 디뎠던 일보(一步) 일보에서 항상 새롭게 증시되었다. 그러나 상관관계가 이렇게 필연적이기 때문에, '존재'와 '의식', '질료'와 '형식'을 두 개의 상이한 '층'으로서 서로 대립시키는 것은 원칙적으로 배제된다. 후설은 체험의 전체를 두 개의 부분으로 분열시킨다. 즉 아직 아무런 '의미'도 포함하고 있지 않은 '일차적인 내용들'과 지향성이라는 독특한 것을 기초 짓는 체험 내지 체험 계기로 분열시키고 있는 것이다. '감각적' 체험, 즉 색 자료, 촉각 자료, 음 자료와 같은 '감각적' 체험들, 즉 감각자료들 위에, 혼을 불어넣는 의미부여적인 하나의 층, 즉 "**자신 안에 아무런 지향성도 갖지 않는 감각적인 것**으로부터 구체적이며 지향적인 체험을 성립시키는 하나의 층"[10]이 발견된다는 것이다. 그러나 여기에서도 다시 이렇게 물음을 제기하지 않으면 안 된다. 이러한 '성립'과정 자체가 순수하게 **현상학적으로** 증시될 수 있는 것에 속하는가? 현상학은 현상학인 한에서 필연적으로 의미와 지향성의 영역에 머무는 것인데, 그 현상학이 의미와 무관한 것을 지시만이라도 하려고 할 수 있는가? 사실상 여기에서는 "감각적 휠레(ΰλη[질료])와 지향적 모르페(μορφή[형상])의 주목할 만한 이중성과 통일성"이 거듭해서 다시 부각될지도 모른다. 그렇다고 해서 이 때문에 우리가 '형식 없는 질료'와 '질료 없는 형식'에 대해서 말하는 것은 과연 정당

---

9) 이 책 위 부분 108쪽 이하, 116쪽 이하 참조.
10) Husserl, *Ideen*, § 85, 172쪽.

한가? 이러한 분리는 어떤 의미에서는 의식분석을 위해서 불가결한 도구 중 하나일지도 모른다. 그러나 이러한 분석적 분리, 이러한 '이성상의 구별(distinctio rationis)'을 현상 속에, 즉 의식에게 순수하게 주어져 있는 것들 자체 속에 투입해도 좋은가? 우리는 과연 여러 형식들 안으로 **들어가는** 동일한 질료적 구성부분에 대해서 말할 수 있을까? 이렇게 의심할 수 있는 것은 우리는 항상 의식현상의 구체적 전체밖에 알지 못하기 때문이다. 우리는 아리스토텔레스적으로 말해서 '질료'와 '형상'의 쉬놀론(σύνολν[합성체])밖에 알지 못하는 것이다. 현상학적 고찰의 입장에서는 '질료 자체'도 '형식 자체'도 존재할 수 없다. 존재하는 것은 항상 전체적인 체험뿐이며, 이러한 전체적 체험이 질료와 형식이라는 시점(視點) 아래에서 서로 비교되고 이러한 시점에 따라서 규정되고 분절될 수 있을 뿐이다. 예를 들어 우리는 한편으로는 직접적인 지각의 상태에서 듣고 있는 멜로디와 다른 한편으로는 한낱 상기하고 있는 것에 불과한 멜로디가 '동일한' 멜로디라고 말할 수 있다. 그러나 이는, 두 개의 체험, 즉 지각체험과 상기체험이 어떤 실체적인 구성부분면에서 서로 일치한다는 것을 의미하지는 않고, 양자가 서로에게 귀속되어 있으며 서로 기능적으로 관련되어 있다는 사실을 의미할 뿐이다. 여기에서 문제가 되고 있는 것은, 동일한 감각적 구성부분이 상이한 형식들 속에서 반복해서 나타난다는 것이 아니라 특정한 체험의 전체들이 수적으로도 질적으로도 상이함에도 불구하고 동일한 것을 향하고 있으며 동일한 '대상'을 **표시하고 있다는** 것이다. 그리고 이와 함께 우리가 계속해서 보았던 것처럼, 표시

개념 자체로부터 귀결되는 저 상대화도 동시에 또한 주어지는 것이 된다. 왜냐하면 의식의 어떠한 내용도 그 자체로 단순히 '현전하지도' 않으며 그 자체로 단순히 '재현적'이지도 않기 때문이다. 오히려 모든 실제적인 체험은 이 두 계기를 서로 떼려고 해도 뗄 수 없는 통일성에 있어서 포함하고 있기 때문이다. 모든 현재적인 것은 재현전화의 의미에서 **기능하며**, 모든 재현전화는 의식에 현전하고 있는 것에 결부되는 것을 요구한다. 혼을 불어넣고 '정신을 불어넣는' 모든 작용이 의거하고 있는 것은 이러한 상호작용이며, 결코 '형식'만도 '노에시스적 계기'만도 아닌 것이다.

그럼에도 불구하고 반복해서 '질료적' 계기와 '노에시스적' 계기의 추상적 분리를 야기하고 또한 그러한 분리를 정당화하는 것으로 보이게 하는 것은 이 양자가 절대적인 의미에서는 서로 **분리될** 수 없다고 하더라도 상당한 정도로 서로 **독립적으로 변화된**다는 사태다. 물론 '질료'는 항상 **어떤** 형식 속에 존재하는 것일 수밖에 없다. 그러나 그것은 어떤 특정한 종류의 의미부여 작용에 구속되어 있지 않고 어떤 의미부여 작용으로부터 다른 의미부여 작용으로 이행하며 이를테면 '전화(轉化)한다.' 이러한 사태를 가장 선명하게 부각시키기 위해서는 이러한 이행에 의해서 의미의 **양상**이 변화되는 예들을 끌어들이는 것이 좋을 것이다. 예를 들어 우리가 시각 분야에 속하는 체험을 고찰해 보아도 그러한 체험은 결코 '감각적인 소여', 즉 밝음과 색이라는 시각적인 질들만으로 구성되어 있는 것은 아니다. 이러한 시각체험의 순수한 가시성(可視性)은 특정한 형식의 '보는 작용'과 별도로 또한 그것에서 독립해 있는 것으로 간주되어서는 안 된다. 이 체험은 '감각적' 체험으로서 항상 이미 어떤 의미의 담지자이며 어떤 의미에 봉사하고 있는 것이다. 그러나 바로 이 점에서 그러한 감각적 체험은 극히 여러 기능을 수행할 수 있으며, 이 때문에 극히 다양한 의미세계들을 가시적(可視的)인 것으로 만들 수 있다. 우리는 예를 들면 단순한 한 줄의 선(線)이라는 시각적 형상물조차도 그것의 순수한 표정의미에 따라서 파악할 수 있다. 우리가 한 줄의 선을 스스로 그려보고 그것에 침잠해 본다면, 그 형상으로부터 동시에 어떤 특유한 인상학(人相學)적인 성격이 우리에게 말을 걸어온다. 순수하게 공간적으로 한정된 선을 통해 어떤 특유의 '기분'이 형성되는 것이다. 즉 공간에서 선이 파도처럼 상하(上下)로 그려진 모습은 어떤 내면의 움직임을, 어떤 역동적인 고양과 침잠을, 어떤 심적 존재와 심적 생활을 자신 속에 포함하고 있다. 그리고 이 경우 우리는 우리 자신의 내적인 상태를 주관적이고 자의적인 방식으로 공간적인 형식 속으로 투입하여 느끼는 것이 아니라 오히려 이러한 공간형태 자체가 자신을 영혼을 갖는 전체로서, 즉 생의 자립적인 표현으로서 우리에게 드러내는 것이다. 이러한 공간형태에는 변화 없이 지속적으로 이어지는 것도 있거나 갑자기 중단되는 것도 있고, 원환을 이루면서 완결되는 것도 있다면 도약하는 것도 있으며, 거친 것도 있다면 부드러운 것도 있다. 이 모든 것은 그 공간형태의 고유한 존재, 즉 그것의 객관적인 '본성'의 규정으로서 그것들 자체에서 드러난다. 그러나 우리가 이 선을 어떤 다른 '의미'로 받아들이자마자, 즉 그것을 수학적 형상이나 기하학적 **도형**으로 간주하자마자 이 모든 것은 즉시 자취를 감추게 되며 파괴되고 완전히 지워진 것처럼 나타나게 된다. 이제 선은 한낱 도식, 즉 일반적인 기하학적 **법칙성**에 대한 표현수단이 된다. 이러한 법칙성을 표현하는 데 기여하지 않는 것, 즉 그 선 속에 개별적인 계기로서 함께 주어져 있는 것에 불과한 것은 이제 단번에 완전히 무의미한 것으로 전락하게 된다. 그것은 말하자면 정신의 시야로부터 소멸되고 마는 것이다. 그 선이 갖는 색과 명도(明度)만이 아니라 그 선의 절대적인 양도 소멸된다. 즉 그러한 양은 기하학적 형상으로서의 선에서는 전혀 중요하지 않다. 그 선의 기하학적 의미는 이러한 양 자체에가 아니라 오로지 양들 상호 간의 관계, 즉 그것들 사이의 연관과 비례에만 달려 있다. 그 전에는 파도 모양의 선의 상하운동과 그것을 매개로 해서 일정한 리듬을 갖는 어떤 내적 기분이 나타났던 반면에, 이제 우리는 어떤 삼각함수를 표현하는 그래프, 즉 그 내용 전체가 결국은 그것을 해석하는 **공식**으로 해소되는 하나의 곡선에 직면하게 된다. 공간형태는 이러한 공식을 위한 범례 이상의 것이 아니다. 그것은 그 자체로는 직관될 수 없는 수학적 사고내용을 감싸고 있는 외피일 뿐이다. 그리고 이 수학적 사고내용은 그것만 따로 고립해서 존재하지 않는다. 그것에는 보다 포괄적인 법칙성, 즉 공간 자체의 법칙성이 표현되고 있다. 개개의 기하학적 형성체는 모두 이러한 법칙성에 기초하여 다른 가능한 공간형태 전체와 결합되어 있다. 개개의 기하학적 형성체는 일정한 **체계**, 즉 '진리들'과 '명제들'의 총체, '근거들'과 '귀결들'의 총체에 속해 있으며, 이러한 체계란 모든 특수한 기하학적 형태를 비로소 가능하게 하고 구성하며 이해 가능한 것으로 만드는 보편적 의미형식을 가리킨다. 그런데 우리가 선을 신화적인 표지(標識)로 보거나 미적인 장식으로 볼 경우 우리는 완전히 다른 시야 속에 서 있게 된다. 신화적 표지는 그 자체로 신화적 기본대립, 즉 '성'과 '속'의 대립을 포함하고 있다. 신화적 표지가 건립되는 것은 이 두 영역을 서로 분리하기 위해서이며, 경고하고 위협함으로써 부정(不淨)한 자들이 성스러운 것에 접근하고 접촉하는 것을 막기 위해서다. 더나아가 이 경우 이 표지는 성스러운 것을 식별할 수 있는 한낱 기호와 징표로서 작용할 뿐 아니라 사실상 그것에 내재하는 힘, 즉 주술적인 강제력과 주술적인 배척하는 힘조차 갖고 있다. 미적 세계는 그러한 강제에 대해서는 전혀 알지 못한다. 장식으로서 고찰될 경우 도안(圖案)은 논리적·개념적 방향에서의 '의미작용'의 영역에서도 주술적·신화적인 암시와 경고의 영역에서도 벗어나 있는 것으로 나타난다. 이 경우의 도안은 순수한 예술적 고찰, 즉 미적인 '직관' 자체에만 개시되는 의미를 갖고 있다. 이 경우에도 또한 공간형태에 대한 체험은 그것이 어떤 전체적 지평에 속하고 그 지평을 우리에게 개시함으로써 비로소, 즉 그 체험이 단순히 '존재할' 뿐 아니라 이를테면 살아 있고 숨 쉬고 있는 어떤 특정한 분위기 속에 존재함으로써 비로소 완결되는 것이다.[11]

---

11) 이에 대해서는 할레(Halle) 국제학회 석상에서의 나의 강연 Das Symbolproblem und seine Stellung im System der Philosophie(*Zeitschrift für Ästhetik und allgemeine Kunstwissenschaft*, hrsg. von Max Dessoir, XXI, 191쪽 이하)에서의 상세한 서술을 참조할 것.

의미부여 작용의 여러 양태를 서로 대비하지 않고 그것들 중 어떤 개별적인 양태에 집중해도 우리는 동일한 관계를 보다 좁은 공간으로 압축된 형태로 다시 발견하게 된다. 이 경우에도 또한 저 동일한 특징적인 분화의 과정―그것에 의해서 어떤 내용이 극히 다양한 '의미'의 뉘앙스를 띨 수 있고 어떤 뉘앙스로부터 다른 뉘앙스로 이행할 수도 있는 과정―을 추적할 수 있다. 예를 들어 우리는 앞에서 '색'이라는 내용은 전적으로 동일한 광학적 성질을 보이지만, 이는 사실은 외관상으로만 그럴 뿐이라는 사실을 보았다. 색은 그것이 단순하고 자립적인 규정으로서 파악되든가 아니면 '대상의 색'으로서 어떤 객체에 부착해 있는 것으로 사유되느냐에 따라서 상이한 '가치'를 갖게 된다. 색의 세계는 **어떤** 면에서 보면 괴테의 말 그대로 '빛의 유희'를 표현할 뿐이지만, 다른 면에서 보면 사물의 세계에 결부되고 그것에 관계하며 이를테면 그것에 부착해 있는 것으로 나타난다. 즉 색은 어떤 경우에는 부유하는 빛의 형성체이자 빛의 구조체이며, 다른 경우에는 자기 자신을 볼 수 있게 하는 것이 아니라 오히려 자신을 통해서 다른 것을 볼 수 있게 만드는 것이다. 후자의 경우에도 우선 색 **일반**이라는 중성적이고 무차별한 기체가 먼저 제시되고 이것이 나중에 여러 형식 속으로 들어가고 이를 통해서 다양한 방식으로 변용되는 것은 아니다. 오히려 색현상 자체가 순수하게 현상적인 **상태**에 있어서 그것이 속해 있는 **질서**에 이미 의존해 있다는 것, 즉 색현상의 순수한 **현상방식**이 이미 이러한 질서에 의해서 규정되어 있다는 사실이 분명하게 되었다.[12] 우리는 이러한 상호규정을 표현하기 위해서

'상징적 수태(受胎)'라는 개념과 용어를 도입하려고 한다. 따라서 이러한 '상징적 수태'는 어떤 지각적 체험이 '감각적' 체험이면서 동시에 특정한 비-직관적 '의미'를 자체 내에 포함하고 이러한 의미를 직접 구체적으로 표현하는 방식을 가리킨다. 여기에서 문제가 되고 있는 것은 우선 한낱 '지각적인' 소여가 존재하고 그것에 나중에 어떤 '통각적인' 작용이 접목되어 이 작용에 의해서 지각적인 소여가 해석되고 판단되고 변형된다는 사태가 아니다. 오히려 이 지각 자체가 그 자신의 내재적인 구조에 의해서 어떤 종류의 정신적인 '분절'을 획득하게 되는 것이며, 지각은 그 자체로서 이미 구조화되어 있기 때문에 어떤 특정한 의미구조에도 속하게 되는 것이다. 자신의 충만한 현실성 속에서 그리고 전체성과 생동성 속에 존재하는 지각은 동시에 '의미' 속에서도 살고 있는 것이다. 지각은 나중에 사후적으로 의미의 영역 속으로 받아들여지는 것이 아니라 처음부터 이 영역 속으로 태어나는 것으로 나타난다. '수태'라는 표현도 지금 여기에 주어져 있는 개별적인 지각현상이 어떤 특징적인 의미의 전체에 이념적으로 긴밀하게 연관되어 있다는 이러한 사태를 가리키려고 하는 것이다. 예를 들어 우리가 우리의 시간의식의 근본적이고 주요한 방향에서 미래로 향하고 있고, 이를테면 미래로 돌진한다고 할 경우, 이러한 돌진이 의미하는 것은 지금 우리에게 주어져 있는 현재의 지각의 총합에 단지 어떤 새로운 인상, 즉 미래의 어떤 환영이 덧붙여진다는 것을 의미하지

---

12) 이 책 제2부 2장, 144쪽 참조.

는 않는다. 오히려 미래는 완전히 특유한 시각 속에서 자신을 나타낸다. 즉 그것은 현재에 의해서 '선취되고 있는' 것이다. '지금'은 미래로 가득 차 있고 미래로 포화(飽和) 상태에 있는 지금, 라이프니츠가 이름 지었던 것처럼 praegnans futuri, 미래를 수태하고 있는 것이다. 이러한 종류의 수태가 부인될 수 없는 명백한 특징들에 의해서 개별적인 지각상들의 한낱 양적인 누적(累積)으로부터도 또한 그것들의 연상적인 결합과 연합으로부터도 구별된다는 것, 이와 마찬가지로 그것은 판단과 추론이라는 순수하게 '논증적인' 작용으로 환원하는 것에 의해서 설명될 수 없다는 것, 이러한 사실은 이미 이 책의 도처에서 분명하게 되었다. 상징과정은 의식을 관통하면서 흐르며, 이렇게 흐르는 가운데 비로소 의식의 다층성과 연관, 즉 그것의 풍부함과 연속성 그리고 항상성을 실현하는 생과 사고의 통일적인 흐름과 같은 것이다.

따라서 이러한 상징과정은, 의식의 분석은 결코 의식을 '절대적인 요소들'로 환원할 수 없다는 사실을 새로운 측면에서 분명히 보여준다. 왜냐하면 의식의 구조를 지배하면서 이러한 구조에서 진정한 '아프리오리'로서, 즉 본질적으로 제일의 것으로서 나타나는 것은 바로 연관이며 순수한 **관계**이기 때문이다.[13] 자아에 대한 앎

---

13) 나는 '관계의 우위'라는 이러한 근본사상을 나토르프와 공유한다. 나토르프는 바로 이러한 사상이야말로 모든 '비판적 심리학'의 기초와 전제라고 본다. 나토르프는 이렇게 강조하고 있다. "관계는 의식에서 너무나 본질적인 것이어서 모든 참된 의식은 관계라고 말할 수 있을 정도다. 그러나 이것은 현전(Präsentation) 기능이 아니라 재현(Repräsentation) 기능이야말로 근원적인 것이라는 사실을 의미하며, 현전 기능은 재현적 의식 안에 포함되어 있는 계기로서 재현적 의식으로부터 재현

과—실재적 대상이든 이념적 대상이든—대상에 대한 앎은 '표현하는 자'로부터 '표현된 것'에로 나아가고 표현된 것으로부터 다시 표현하는 자에게로 되돌아가는 것으로부터 생긴다. 이러한 왕복 운동에 의해서 우리는 의식의 참된 맥박을 포착하는 것이며, 이러한 맥박의 비밀은 맥박이 한 번 뛸 때 수천의 결합이 생긴다는 데에 있다. 한낱 소여(所與, Datum), 즉 단지 주어진 것과 그것을 주어져 있는 그대로 반영하는 의식적 지각은 존재하지 않는다. 오히려 모든 지각은 어떤 특정한 '방향성격'을 가지며, 이것에 의해서 자신의 여기와 지금을 넘어서 지시한다. 지각은 한낱 미분적인 것으로서도 경험의 적분을 포함하고 있는 것이다.[14] 이러한 적분, 즉 어떤 개별적 계기로부터 경험의 전체를 이렇게 포착하는 것이 가능하고 수행될 수 있으려면, 한쪽으로부터 다른 쪽으로의 이행을 규제하는 일정한 법칙이 필요하다. 순간적 지각의 개별적인 가치는—여기에서도 또한 수학적 비유를 사용해 본다면—어떤 일반적인 함수방정식 속에 존재하고 그것에 의해서 규정될 수 있는 가치로서 파악되지 않으면 안 된다. 이러한 규정 자체는 개별적인 가치들을 단순히 쌓아올리고 서로 덧붙여 결합함으로써 획득되

된다는 사실을 의미한다. … 사실상, 의식에 현전하고 있는 것은 재현을 위한 기초로서만 추상에 의해서 추출되는 것 같다. 그것은 이론적인 재구성에게만 나타나는 것이다. 반면에, 본래는, 즉 의식의 현실적 생활에서는 오히려 관계야말로 제일의 직접적인 계기이며 다른 관계점은 항상 또한 똑같이 본질적으로 여기에 … 포함되어 있다."(*Allgemeine Psychologie*, 56쪽)

14) 이 '적분'이라는 개념에 대해서는 『상징형식의 철학』 제1권 40쪽에서의 상세한 서술을 참조할 것.

지 않고 그러한 가치들이 어떤 범주적인 기본형식들과 주요형식들 내부에서 경험하는 질서에 의해서만 획득될 수 있다. 개별적으로 존재하는 것의 대상적인 의미는 그것이 공간적·시간적 질서와 인과의 질서 그리고 사물·속성의 질서 속에 편입됨으로써 규정된다. 이러한 질서 각각에 어떤 식으로 편입되느냐에 따라서 개별적으로 존재하는 것은 어떤 특수한 방향 의미, 이를테면 어떤 특정한 목표점을 지시하는 벡터(Vektor)를 획득하게 된다. 수학에서 방향을 갖는 양[속도와 같은 벡터 양]과 방향을 갖지 않는 양[온도와 같은 스칼라 양]이 단순히 서로 더해질 수 없는 것과 마찬가지로, 현상학과 인식비판에서도 '질료'와 '형식', '현상'과 범주적 '질서'가 서로 결합된다고는 말할 수 없다. 모든 특수한 것은 그러한 범주적 질서를 '고려'해서 규정될 수 있을 뿐 아니라, 이론적 구성체로서의 '경험'이 생기기 위해서는 질서를 '고려'하여 규정되어야만 한다. 그러한 이론적 구성체에 '참여하는 것'에 의해서 비로소 현상에 객관적인 현실성과 객관적인 규정성이 주어진다. 현상이 획득하는 '상징적 수태'는 현상에게서 그것의 구체적인 풍요로움을 박탈하지 않는다. 오히려 그러한 '상징적 수태'는 이러한 풍요로움이 단순히 흘러가 버리지 않고 확고하고 자기완결적인 하나의 형태로 성숙하도록 보장하는 것이다.

제6장 상징형식의 병리학에 대해서

1. 실어증(失語症) 이론의 역사에서 상징의 문제

논리학과 언어철학이 존재한 이래로 사고와 언어의 관계는 항상 새롭게 철학적 고찰의 대상이 되어왔다. 철학적 반성이 처음으로 자각적으로 행해지기 시작된 이래로, 이 문제는 탐구의 초점이 되어왔다. 그리스어는 이 두 개의 기본적 물음, 즉 사고에 대한 물음과 언어에 대한 물음을 단 하나의 표현으로 결합함으로써 이러한 사태에 대한 살아 있는 증인이 되고 있다. 개념과 언어의 통일, 즉 사고되는 '로고스'와 말해지는 '로고스'의 통일이야말로, 어떤 특정한 의미에서 그리스적 사색 전체의 terminus a quo, 즉 그 출발점이 되고 있는 것이다. 그러나 다른 한편으로 이 양자를 더욱 엄밀하게 분리하여, 양자를 방법적으로 구별하는 것도 그 기본적 과제에 속하며 이 과제를 명확하게 파악함으로써 비로소 논리학이 학으로서 성립하게 되었다.[1] 그러나 논리학의 역사에서 이 차이는 극히 점진적으로만 인식되었고 엄밀하게 체계적으로 표현되었다. 논리학의 역사에서는 근원적인 사고방식이 거듭해서 분출한다. 즉 사고와 언어 사이의 복잡한 관계를 어떤 단순한 동일성의 관계로 환원함으로써 해명하려고 하는 시도가 반복해서 시도되는 것이다. 중세의 **유명론**은 논리학적 개념의 수수께끼를 해명하기 위해서 이러한 환원의 방법만을 사용하고 있다. 즉 [유명론에 따르면] 개념은 그것의 본질과 그것이 의미하는 모든 것을 자기 자신으로부터 자기 자신을 통해서 획득하지 않고, 그 보편성과 그 의미를 단지 언어로부터 빌릴 뿐이다. 중세의 논리학에서 보편개념의 본질을 둘러싸고 행해진 수 세기에 걸친 논쟁에서 최후로 승리를 거둔 것은 새로운 인간들(Moderni), 즉 윌리엄 오컴학파에 속하는 유명론자들과 명사(名辭)론자들이었다. 그리고 근대철학에서 이러한 승리는 궁극적으로 굳어진 것 같았다. 홉스만이 "veritas non in re, sed in dicto consistit[진리는 사물 속에 있는 것이 아니라 말에 존재한다]"라는 명제를 공표하고 있는 것은 아니다. 라이프니츠도 그의 처녀작인 『개체의 원리에 대해서(*De principio individui*)』에서 이미 유명론적 논리학자의 편에 서고 있다. 그의 논리학적 형식론의 구조 전체가, 사태에 대한 인식은 **기호**의 올바른 사용에 의존하기 때문에 일반적 기호학의 정초야말로 보편적 학문론, 즉 'Scientia

---

1) 이에 대해서 상세한 것은, Ernst Hoffmann, Die Sprache und die archaische Logik, *Heidelberger Abh. zur Philosophie und ihrer Geschichte* II, Freiburg und Tübingen 1925, 또한 이 책 137쪽 이하를 참조할 것.

generalis[보편학]'를 달성하기 위한 전제조건이라는 명제에 의존하고 있다.

　언어와 사고 사이의 내적인 관계와 상호결합이라는 이 문제에 비하면, 그것과 근친관계에 있는 또 하나의 문제, 즉 **지각세계의 구성에 언어가 어떠한 의미를 갖는가**라는 물음은 훨씬 나중에서야 철학에 의해서 자각적으로 제기되었다. 이는 전적으로 이해할 만하다. 왜냐하면 옛날부터 모든 사고는 단순히 **간접적인 것**의 영역에서 움직이는 반면에 지각은 직접적인 확실성과 **직접적인 현실성**을 갖는다는 점이야말로 사고와 지각 사이의 특징적인 차이로서 간주되어 왔기 때문이다. 이러한 확실성과 현실성을 포기하고 언어와 기호 그리고 상징의 지배를 받아들인다면, 우리는 모든 확고한 기반을 잃게 되는 위험에 처하게 될 것이다. 상징의 의미가 어딘가에 근거해야만 한다면, 그것은 단적으로 주어져 있고 단적으로 자명한 것에 근거해야만 하는 것 같다. 한낱 기호가 갖는 모든 의미는 처음부터 모호함이라는 저주에 걸려 있는 것 같다. 즉 상징에 의한 모든 표현은 다의성의 위험을 숨기고 있는 것이다. 우리는 지각 속에 주어져 있는 인식의 기초로 돌아감으로써 비로소 이러한 다의성으로부터 해방된다. 이러한 기초로 귀환함으로써 비로소 우리는 '잘 정초된 대지'에 발을 딛게 되는 것이다. 따라서 '개념실재론'에 대한 투쟁의 의의와 목표는, 이러한 투쟁에 의해서 참된 근원적인 실재에 이르는 길을 열면서 **지각의 실재론**을 명확하게 그리고 득의양양(得意揚揚)하게 주장하는 데에 있는 것 같았다. 모든 진리는 언어 속에 포함되어 있다고 주장하고 마침내는 진리를 언어로 해소하고 마는 홉스조차도 이러한 철저한 유명론적인 결론으로부터 하나의 영역만은 분명하게 제외하고 있다. [홉스에 따르면] 본성상 자의적이고 한낱 약속에 지나지 않는 모든 사고와 언어는 결국은 직접적인 감각적 현상들에서 자신의 한계를 발견하게 된다. 이러한 현상들은 단지 그대로 수용되고 인정되어야만 한다. 언어와 사고가 이 근원적인 층 위에 세운 구축물 전체가 제거된다고 가정할 경우에도, 이 근원적인 층 자체는 침해될 수 없는 확실성과 함께 손상되지 않은 채로 남게 될 것이다. 현대의 감각주의적인 심리학도, 지각인식의 자족성과 자율성을 주장하면서 지각을 자기충족적이고 자명한 것으로 보는 이러한 독단 위에 건립되어 있다. 심리학 자체의 권역 내에서 이러한 독단에 대해서 분명하게 공격이 행해졌어도 이것은 산발적으로만 행해졌으며, 이러한 독단을 그것이 점하고 있었던 지배적인 지위로부터 추방했던 것도 극히 점진적으로만 그리고 상당히 뒤늦게 이루어졌다. 그것은 수십 년간에 걸쳐서 수행된 심리학의 방법론적 변혁 덕분에 이루어졌다. 그러나 이미 오래전부터 전적으로 다른 측면으로부터지만 바로 이러한 독단에 균열이 생기게 되었다. 이러한 독단에 처음으로 결정적인 공격을 가한 것은 경험심리학이 아니라 비판적 **언어철학**이었다. 빌헬름 폰 훔볼트에 의해서 수행된 언어학의 확장과 심화의 특징을 보여주는 것으로서, 그가 자신의 물음을 처음부터 개념의 세계뿐 아니라 지각세계와 직관세계까지 향했다는 사실만한 것은 없다. 그는 언어의 사명이 이미 그 자체로 지각되고 있는 대상을 음성에 의해서 표현하는 것으로 그친다는 사고

방식은 지각세계와 직관세계에서조차도 결코 입증되지 않는다고 보고 있다. 인간은 세계를 사고하고 개념적으로 파악할 때에만 언어라는 매체에 의거하는 것이 아니다. 오히려 인간이 세계를 직관적으로 보고 이러한 직관 속에서 사는 방식이 바로 이러한 매체에 의해서 이미 제약되어 있다. 어떤 '대상적인' 현실에 대한 인간의 파악, 인간이 이러한 대상적 현실을 전체로서 눈앞에 두고 그것을 세부에 걸쳐서 형성하고 구분하고 분절하는 방식, 이 모든 것이 이미 언어의 협력 없이는, 즉 언어의 살아 있는 '에너지' 없이는 실현될 수도 완성될 수도 없는 작업인 것이다. 훔볼트 언어철학의 이러한 근본적이면서도 주도적인 명제들에 의해서 심리학에게조차도 하나의 중요한 과제가 부과되었다. 그러나 심리학 자체 내에서 이러한 과제의 심대한 중요성이 인정되기까지는 오랜 시간이 필요했다. 물론 헤르바르트(Herbart)학파의 라자루스와 슈타인탈에서도 이미 언어의 본질에 대한 보다 깊은 통찰 없이는 심리학의 참된 기초 지음은 달성될 수 없다는 확신이 지배하고 있다. 슈타인탈은 동일한 하나의 저작에서 심리학에 대한 입문과 일반언어학에 대한 입문을 제공하려고 했다.[2] 그리고 분트가 그의 '민족심리학'을 포괄적인 언어이론과 함께 구축하기 시작했을 때 심리학과 언어학의 유대는 보다 긴밀하게 된 것 같았다. 그러나 다른 한편으로, 언어는 분명히 심리학적 고찰의 가장 중요한 대상들 중

---

2) Steinthal, *Einleitung in die Psychologie und Sprachwissenschaft*, Berlin 1871, Lazarus, *Das Leben der Seele in Monographien über ihre Erscheinungen und Gesetze*, Bd. II, Berlin 1857.

하나로 인정되었을지라도 언어가 이 심리학적 고찰의 **방법론**에 아무런 결정적인 영향을 미치지 않았다는 점이 분명하게 되었던 것도 바로 분트의 이러한 이론에서였다. 왜냐하면 특수한 심적 현상들을 설명할 때 분트가 항상 의거하고 있는 심리학의 기본도식은 언어의 분석에 의해서 전혀 수정되지 않고 있을 뿐 아니라 오히려 그 기본도식이 언어라는 새로운 대상으로 전용되고 있을 뿐이기 때문이다. 이러한 언어분석에 의해서 심리학에는 중요한 한 장(章)이 덧붙여지게 되지만, 이 장은 다른 기존의 장들 곁에 나란히 존재할 뿐이다. 그것이 기존의 장들에 덧붙여진다고 해서 심리학의 내적인 체계구성에, 즉 마음 자체의 근본구조에 대한 파악에 어떤 원리적인 변경이 가해졌다는 것은 아니다. 이렇게 말하는 이유는, 언어를 고찰하려고 했을 때 분트는 심리학의 기초 지음이 이미 오래전에 수행된 것으로 보았기 때문이다. '경험'과 '지각', '표상'과 '직관', '연합'과 '통각'이라는 개념들은 '생리학적 심리학'으로부터 이미 확고하게 규정되었다. 분트의 '민족심리학'은 그러한 개념들을 새롭게 주조하려고 하기는커녕, 그것들을 언어, 신화, 종교, 예술이라는 새로운 소재에 의해서 확증하고 강화하려고 할 뿐이다. 현대심리학이 언어에 대한 고찰을 처음부터 확립되어 있는 특정한 도식에 구속되어 있는 상태로부터 벗어나게 하면서 언어를 하나의 새로운 적용영역으로 보는 것에 그치지 않고 심리학의 진정한 방법론적 핵심으로 보게 될 때까지는 오랜 기간에 걸친 노고가 필요했다.[3]

여기서 열린 새로운 길을 걷는 발걸음은 심리학의 한정된 권역 내에서는 서서히 그리고 마지못해서 내딛어졌을 뿐이었지만, 여기에 제시되고 있는 문제는 다른 측면으로부터 강력하면서도 결정적으로 조명을 받게 되었다. 언어의 형성과 지각세계의 구조 사이의 연관에 대한 물음은 본래의 언어심리학에서는 상당히 뒤늦게 제기되었지만, **언어병리학**은 처음부터 이 문제로 고심해야만 했다. 물론 언어병리학도 우선은 언어의 특정한 변형이 순수한 **사고과정**의 영역에서 야기하는 여러 장애를 기술하고 분석하는 것에서 출발했다. 그러나 이 길을 따라서 멀리 나아갈수록, 이러한 틀이 너무 좁게 짜였다는 사실이 분명해졌다. 개개의 언어장애 속에서 단순한 '지능장애'밖에는 보지 않는 입장에 서는 한, 이러한 언어장애에 대한 순수한 임상(臨床)적 상(像)을 선명하게 그려내는 것은 불가능했다. 환자의 언어의식과 언어능력의 변화에 의해서 변용되고 손상되는 것은, 환자의 '지능'뿐 아니라 환자의 **행동 전체**이며 마음의 전체 구조라는 사실이 입증되었다. 한쪽의 언어세계와 다른 한쪽의 지각세계와 직관세계 사이의 참된 내적 연관은 양자를 결합하고 있는 유대가 특수한 조건 아래서 이완되기 시작할 때에야 비로소 완전히 명확하게 파악될 수 있게 되는 것 같다. 이러한 이완과 함께 비로소 그것에 의해서 어떤 것이 타격을 입는

---

3) 언어문제가 현대의 심리학 연구에서, 특히 심리학의 일반적 방법문제와 관련하여 얼마나 중요한 공헌을 했는지는 카를 뷜러(Karl Bühler)의 저작들을 통해서 가장 명료하게 파악될 수 있다. 지금은 특히 그의 저작 *Die Krise der Psychologie*, Jena, 1928에서 행해지고 있는 포괄적인 기술을 참조할 것. 회니히스발트(Hoenigswald)의 '사고심리학'에서 언어문제가 갖는 지위에 대해서는 이 책 138쪽 이하 참조.

지가 그 본래적 의미와 적극적인 의의에 있어서 분명하게 드러난다. 통상 우선은 감각기관들에 주어지는 것으로서 간주되는 '지각'의 세계가 언어라는 정신적 매체에 얼마나 많이 의지하고 있는지가, 즉 언어에서 행해지고 있는 정신적 매개과정의 하나하나의 저해나 장애가 지각 자체의 '직접적인' 성질과 '성격'을 얼마나 크게 손상시키고 변화시키는지가 이러한 이완에 의해서 분명해지는 것이다. 이 점에서 병적 증상들에 대한 관찰과 세심한 기술(記述)이 현상학적 분석에 직접적으로 기여한다. 여기에서 사고의 분석기술이 어떤 의미에서 자연의 분석기술과 만나게 된다. 즉 정상적인 의식에서는 극히 긴밀한 결합상태, 즉 일종의 '유착상태'에서만 주어져 있는 계기들이 병적인 의식에서는 분리되고 서로 상이한 의미를 갖게 되면서 서로에 대해서 거리를 두게 된다. 그리고 이와 함께 세계에 대한 우리의 사고뿐 아니라 우리에게 현실이 '눈앞에 존재하는' 직관적 형태부터 이미 얼마나 크게 **상징형성 작용**의 법칙과 지배 아래 존재하는지가 비로소 완전히 입증된다. forma dat esse rei[형식 자체가 사물에 그 존재를 부여한다]라는 스콜라철학의 오랜 명제가 여기에서 새로운 타당성을 갖게 된다. 이러한 명제의 진리 내용과 그 상대적 정당성은 아마도 이 명제를 그것이 원래 성립했던 존재론적 형이상학의 영역으로부터 다시 현상적인 것의 영역으로 되돌려놓으려고 결심할 경우에야 비로소, 즉 이 '형식'을 **실체적인** 의미에서 받아들이지 않고 오히려 순수하게 **기능적인** 의미에서 이해할 때에야 비로소 분명하게 드러나게 된다.

따라서 여기서 언어병리학은 그 의미가 언어병리학의 고유한 한계를, 더 나아가 개별과학 일반의 한계를 훨씬 넘어서는 하나의 문제에 부딪히게 된다. 언어병리학 자체도 그것이 발전해 가는 과정에서 이러한 연관을 더욱더 명료하게 의식하게 되었다. **실어증 이론**은 최종적으로는 헨리 헤드의 저작에서 체계적으로 통일되었지만 여기에서도 **상징개념**이 분명히 부각되면서 연구의 중심을 차지하게 되었다.[4] 실어증이라는 병이 생기게 되면서 의식이 겪게 되는 장애는 헤드에 의해서 상징적 진술과 상징적 표현(symbolic formulation and expression)의 장애로서 불렸다. 따라서 여기에서 형성되는 것은 극히 보편적인 문제개념이며, 헤드는 이러한 개념에 의해서 개별적인 증상들을 정리하고 그 개념을 중심으로 하여 그것들을 분류하려고 한다. 그러나 이와 함께 일반적인 언어철학에게조차도 언어병리학이 제공하는 관찰과 이 관찰에 결부되어 있는 물음들을 더 이상 무시할 수 없게 되었다.[5] 왜냐하면 위로 향하는 길과 아래로 향하는 길이 동일하다는 헤라클레이토스의 말

---

4) Henry Head, *Aphasia and kindred disorders of speech*, 2 Bände, Cambridge 1926. 이 책의 주요한 장들은 헤드에 의해서 이미 이전에 학술지 *Brain*의 43권 (1920), 46권(1923)에 발표되었다. 여기에서 원문에서의 인용은 단행본에 따랐다.

5) 내가 헤드의 연구들을 처음으로 알게 된 것은, 이 책의 제1부와 제2부에 포함되어 있는 지각문제의 현상학적·인식비판적 분석이 본질적인 점에서 종결된 후였다. 이러한 분석의 성과가 헤드에 의한 일련의 관찰과—오직 임상경험만을 토대로 하여 형성된—그의 전체적인 이론적 견해에 의해서 간접적으로 확증되었다는 것은 그만큼 더 중요하고 의미 있는 것으로 여겨졌다. 이러한 관찰들이 순수하게 **철학적인** 관점에서도 중요한 의미를 갖는다는 점이 철학 자체의 영역에서 비로소 인식되었고 강조되었던 것은 Henri Delacroix의 저서 *Le Langage et la Pensée*, Paris 1924에서였다. 특히 Livre IV, 477쪽 이하를 참조할 것.

이 진실이라는 사실이 과학의 영역에서 증명된다면, 그것은 항상 방법적으로도 체계적으로도 중요한 현상이기 때문이다. 헤드의 연구들의 선구자라고 볼 수 있는 잭슨은 이미 1860년부터 1890년까지 30년에 걸치는 그의 기본적 연구들에서 언어병리학의 문제들을 감각적 지각의 현상학의 특정한 근본물음들과 결부지음으로써 하나의 일반적 틀에 편입시켰다. 잭슨은 언어장애를 시각적·촉각적 인지기능의 특정한 장애들과 유사한 것으로 보면서 그것들을 '무지각(imperception)'이라는 공통의 이름으로 기술했다. 이와 함께 언어가 논리적 사고에서뿐 아니라 지각세계의 형태화, 즉 순수하게 '지각적인' 파악에서도 중요하다는 사실이 하나의 원리로서 인정되었다.[6] 이와 같이 오늘날 골트슈타인(Goldstein)과 겔프(Gelb)와 같은 이 분야의 탁월한 전문가들은 실어장애는 단순히 고립된 작용으로서의 언어활동에서만 지장을 초래하는 것이 아니라 오히려 환자의 언어세계에서 일어나는 모든 변화에도 항상 그 환자의 태도 전체의—즉 그의 지각세계와 마찬가지로 그의 실천적 세계와 현실에 대한 그의 활동적 태도 전체에—어떤 일정한 특징적 변화가 대응한다고 보는 입장에 서 있다. 이와 함께 훔볼트가 그의 언어철학의 정점에 두었던 명제가 참이라는 사실이 새로운 측면으로부터 분명해진다.[7] 여기에 존재하는 문제군을 명료

---

6) 잭슨의 저작들에 대해서는 이 저작들의 가장 중요한 것들을 새롭게 편집했던 헤드의 자세한 기술 Hughlings Jackson on Aphasia and kindred disorders of speech etc., *Brain* 1915, XXXVIII, 1-190을 참조할 것. 또한 실어증에 관한 헤드의 저작 제1권, 30-53쪽도 참조할 것.

하게 통찰하려면, 우리는 이 문제군을 그것을 구성하는 개개의 실들로 해체하고 그 실들의 하나하나를 개별적으로 살펴보는 노고를 마다해서는 안 된다. 이 경우 우리는 우선 상징개념이 실어증이론의 내부에서 겪었던 역사적 전개, 즉 이 개념이 오늘날 실어증이론에서 점하고 있는 중심적 위치에 서서히 도달하게 되었던 역사적 전개를 회고하는 것에서부터 시작할 것이다.

이미 1870년에 핀켈부르크는 실어장애에 대한 포괄적인 보고에서 **상징상실증**(Asymbolie)이라는 술어를 도입했으며 이와 함께 여러 실어장애를 어떤 의미에서 하나의 공통분모로 수렴하려고 했다.[8] 그러나 이 경우 그는 상징개념 자체를 제한된 의미에서 받아들였다. 즉 그는 이 개념을 본질적으로 '인위적인' 기호, 관습적인 기호로 보았다. 이러한 인위적인 기호를 형성하고 그것을 이해하는 능력이 어떤 특유의 심적 능력이며 독자적인 능력이라는 사실을 증시하기 위해서 핀켈부르크는 칸트가 『인간학(*Anthropologie*)』에서 특히 한 장을 할애하여 facultas signatrix[기호를 사용하는 능력]

---

7) 『상징형식의 철학』 제1권과 제2권을 완성한 후에 골트슈타인과 겔프의 업적들을 연구하면서 비로소 나는 현대 언어병리학의 견해가 훔볼트가 자신의 언어이론을 구축할 때에 의거했던 기본견해에 대해서 갖는 이러한 연관에 주목하게 되었다. 왜냐하면 그들의 연구에서 내가 받은 문헌적인 자극과 아울러 두 저자의 끊임없는 개인적인 격려와 지원이 없었더라면 나는 그 연관을 다시 추구해 볼 용기를 거의 갖지 못했을 것이기 때문이다. 특히 골트슈타인은 자신의 발표 논문들에서 다루고 있는 수많은 증례에 대해서 나에게 반복해서 설명했으며 이를 통해 나는 그러한 증례들을 보다 정확하게 이해할 수 있었다.

8) Finkelnburg, Vortrag in der Niederrhein-Gesellschaft der Ärzte in Bonn, *Berliner Klinische Wochenschrift* 1870, VII, 449쪽 이하, 460쪽 이하를 참조할 것.

를 논하면서 이 능력을 감각적 인식이나 순수한 지성적 인식과 구별했던 것을 원용하고 있다. 칸트는 이렇게 설명하고 있다. "사물(직관)의 형태는 개념에 의한 표상을 위한 수단으로만 사용되는 한에서 상징이며, 상징에 의한 인식은 상징적 인식 내지 비유적 인식이라고 불린다." 이런 의미에서 칸트는 '몸짓'이라는 모방적 기호와 아울러 무엇보다도 먼저 문자기호와 음성기호(음표), 숫자, 더 나아가 신분이나 직업을 나타내는 기호(문장이나 제복), 명예와 불명예의 기호(훈장과 낙인)조차도 상징에 속하는 것들로서 들고 있다.[9] 핀켈부르크는 이런 종류의 상징들의 의미를 파악하고 그것들을 유의미하게 사용할 수 없다는 점에 실어장애의 핵심이 있다고 보았으며, 이 경우 그는 자신의 주장을 뒷받침하기 위해서 실어증환자가 음표나 화폐를 올바르게 인식할 수 없다든가, 예를 들면 십자 기호를 만들 수 없다든가 하는 사실을 언급하고 있다. 그러나 '상징상실증(Asymbolie)'이라는 개념과 술어는 실어증 연구의 진전과 함께 곧 보다 넓은 의미를 갖게 되었다. 이제 '상징상실증'이라는 것은 더 이상 인위적 기호에 대한 이해의 결여와 부족이 아니라, 감각기능이 정상적으로 유지되면서도 보거나 만질 수 있는 대상들을 있는 그대로 인식하고 그것들을 적절히 사용할 수 있는 능력이 결여되어 있는 상태를 가리키게 되었다. 이 경우 '감각성' 상징상실과 '운동성' 상징상실이 구별되었다. 감각성 상징상실에서는 '사물을 올바르게 인식할 수 없는' 무능력이 전면에 부각

---

9) Kant, *Anthropologie*, erstes Buch, S. W. (ed. Cassirer) VIII, 78쪽 이하.

되고 그것으로부터 이차적으로 그 사물을 사용하는 능력의 결여가 비로소 파생되어 나온다. 이에 반해 운동성 상징상실증은 본질적으로 운동표상의 특정한 장애라는 형태로 나타나며 이 장애에 의해서 특정의 단순한 운동 내지 운동들의 복잡한 전체를 구상하고 적절하게 수행하는 것이 곤란하게 되거나 불가능하게 된다. 따라서 예를 들어 베르니케(Wernicke)가 『실어 증후군(*aphasische Symptomenkomplex*)』에 관한 그의 저서(1874년)에서 상징상실증이라는 개념을 나중에 프로이트가 (시각적 또는 촉각적) **인지불능증**(Agnosie)이라는 이름으로 부르게 되는 병증을 가리키기 위해서 사용한 것에 반해, 마이네르트는 그의 『정신의학 임상강의』에서 나중에 리프만이 '운동신경장애(Apraxie)'이라는 개념 아래 포괄했던 현상들을 가리키기 위해서 '상지(上肢[팔])의 운동성 상징상실증'이라는 표현을 사용했다.[10] 그러나 이러한 전개와 평행해서 이미

---

10) Meynert, *Klinische Vorlesungen über Psychiatrie*, 272쪽. 이전의 문헌에서 상징상실증이라는 술어가 어떤 식으로 사용되었는지에 대해 상세한 것은, Karl Heilbronner, Über Asymbolie(*Psychiatrische Abhandlung.*, hg. von Wernicke, Heft 3/4, Breslau 1897, 특히 41쪽 이하를 참조할 것)에서 보인다. '인지불능증(Agnosie)'이라는 술어는 프로이트에 의해 처음으로 사용된 반면에, '운동신경장애(Apraxie)'라는 개념은 이미 슈타인탈(Steinthal)의 *Einleitung in die Psychologie und Sprachwissenschaft*(1871)에서 사용되었지만, 그것이 처음으로 일반적으로 사용된 것은 Hugo Liepmann(*Das Krankheitsbild der Apraxie*, Berlin 1900; *Über Störungen des Handelns bei Gehirnkranken*, Berlin 1905)에 의해서다. 또한 A. Pick, Asymbolie, Apraxie, Aphasie (I. *Congrès international de Psychiatrie*, Amsterd. 1908) 및 Heilbronner, Die aphasischen, apraktischen und agnostischen Störungen(Lewandowsky의 *Handbuch*, Bd. II, 1037쪽)도 참조할 것.

잭슨에 의해서 시작된 또 하나의 전개가 진행되었다. 잭슨은 여러 실어장애를 파악하고 그것들에 공통적인 하나의 특징을 찾기 위해서 단어의 사용이 아니라 **문장**의 사용으로부터 출발했다. 그는— 아마도 훔볼트를 상세하게 알고 있지 못했던 것이 분명함에도— 훔볼트의 언어철학의 근본통찰, 즉 현실에서 말이라는 것은 그것에 선행하는 여러 단어들로 합성되는 것이 아니라 거꾸로 말의 전체로부터 단어들이 생긴다는 통찰에 의거하고 있다.[11] 따라서 잭슨에게는 문장과 문장기능의 분석이 실어증 연구의 열쇠가 된다. 실어증환자를 임상적으로 관찰할 때, 단순히 환자의 어휘를 확인하는 것에서 출발하면서 환자에게 어떠한 단어들이 결여되어 있는지, 남아 있는 단어들 중 환자가 자유롭게 사용할 수 있는 것은 어떤 것들인지를 확인하려고 한다면, 잭슨이 강조하는 것처럼 전적으로 불안정하고 불확실한 결과만 생기게 된다. 왜냐하면 어휘의 영역에서는 수행능력이 큰 변동을 보인다는 사실이 가장 잘 알려진 임상경험의 하나이기 때문이다. 오늘은 특정한 단어를 사용하는 환자가 다음날은 그 단어를 사용할 수 없거나, 그 단어를 특정한 맥락에서는 어려움 없이 사용하지만 다른 맥락에서는 자유롭게 사용할 수 없게 된다. 따라서 실어장애의 본성과 특징을 파악하기 위해서 여기에서 필요한 것은 바로 이 **맥락**의 유형을 보다 상세하게 규정하는 것, 따라서 단어의 사용방식 자체가 아니라 오히려 그 단어들이 사용될 경우의 특수한 **의미**, 말의 전체 속에서

---

11) Humboldt, *Einleitung zum Kawi-Werk*, S. W. VII, 1, 72쪽.

단어들이 차지하는 **기능**에 주목하는 것이 중요하다. 여기에서 잭슨은 우선 어떤 기본적 구별에서부터 출발한다. 즉 그는 한쪽에는 순수하게 **정서(情緖)적인** 언어표현군을, 다른 쪽에는 '명제적인' 표현군, 즉 **서술적인** 표현군을 두면서 각각을 하나의 그룹으로서 파악하고 있다. 실어가 발병할 때 통상적으로 정서적인 언어표현은 진술적인 표현보다도 손상되는 경우가 훨씬 적고 또한 손상되는 정도도 훨씬 가볍다. 따라서 바로 이러한 증상을 관찰할 때 분명하게 드러나는 것은 언어표현에는 비교적 서로에 대해서 독립해 있고 전적으로 상이한 두 개의 층이 있어서 그 한쪽에서는 단순히 내면의 상태가 표현되고 다른 쪽에서는 객관적인 사태가 '사념되고' 표현된다는 점이다. 이 두 층을 잭슨은 '저차적인' 언어와 '고차적인' 언어(inferior and superior speech)로서 서로 대치시키고 있다. 명제로서의 참된 가치, 즉 '명제가(命題價, propositional value)'는 고차적인 언어의 표현들에만 귀속된다. 우리의 '지적' 언어는 모두 이렇게 명제가를 갖고 있으며 이것에 의해서 지배되고 관통되고 있다. 고차적인 언어는 감정과 흥분을 표현하는 데 사용되지 않고 대상들과 대상들 사이의 관계를 표현하는 데 사용된다. 그리고 실어장애에 의해 본질적으로 손상되고 전적으로 상실되는 것은 명제들을 형성하고 이해하는 바로 이러한 능력이지 단순히 단어들을 사용하는 능력이 아니다. "개별적인 단어들은 의미를 갖지 않는다. 이러한 사실은 서로 연관을 갖지 않는 일련의 단어들에 대해서도 타당하다. 언어의 단위는 문장이며, 하나의 단어라도 그 안에 다른 단어들이 함축되어 있고 함께 이해되고 있을 경우에는 하나의 완전한 문장의 역할을 한다. 어떤 단어가 명제로서의 가치를 갖는지는 그 단어가 사용되는 방식에서만 평가할 수 있다. '그렇다'든가 '아니다'라는 단어들은 명제로서의 가치를 갖는다. 그렇지만 이는 그 단어들이 어떤 판단에 대한 동의 내지 거부라는 의미로 사용될 때뿐이다. 그러나 이 단어들은 판단의 표현으로서 (propositionally[명제적으로]) 사용될 수 있는 것과 마찬가지로 단순한 간투사로서(interjectionally[간투사적으로])도 사용된다. 실어증 환자도 '아니다'라는 말을 사용할 수는 있다. 그러나 그는 그 단어를 정서적으로만 사용할 수 있을 뿐이지 판단이나 명제의 의미로는 더 이상 사용하지 못한다."[12] 잭슨에 의하면 참으로 지적인 언어능력, 즉 언어가 사고를 위해 수행하는 모든 것은 이러한 '진술' 내지 술어화의 능력 속에 존재한다. "따라서 실어증은 술어적인 명제를 형성하는 능력을 잃는 것과 동일한 의미를 갖는다(Loss of speech ist the loss of power to propositionise). 이 경우 문제가 되는 것은 그러한 명제를 단순히 음성을 통해서 발화하는 능력의 상실이 아니라 내적으로든 외적으로든 명제를 형성하는 능력의 상실이다. 우리는 여기에서 '능력'이라는 통상적인 용어를 사용하고 있지만, 우리가 이 용어로 염두에 두고 있는 것은 실어증환자가 발화와 명제 형성이라는 어떤 특수한 심적 '소질'을 상실했다는 것은 아니다. 생생한 말을 구성하는 명제들로 형성되거나 형성될 수 있

---

12) Jackson, *Brain* XXXVIII, 113쪽 이하. 잭슨이 '정서적' 언어와 '명제적' 언어, '저차 언어'와 '고차언어'를 어떤 식으로 구별하고 있는지에 대해서는 Head, 앞의 책, I, 34쪽 이하를 참조할 것.

는 단어들로부터 분리되어 따로 존재하는 그러한 소질이나 언어 능력은 존재하지 않는다. 오히려 여기에서 우리는 **이러한** 용법과 아울러 또 하나의 다른 용법이 존재하지만 그것은 본래 언어가 아니라고 말하지 않을 수 없다. 따라서 우리는 실어증환자가 상실한 것은 **단어들** 자체가 아니라 언어로서 사용되는 한에서의 단어들이라고 말할 뿐이다. 요컨대, 실어증이란 단어들의 완전한 상실을 의미하는 것은 결코 아니다." 잭슨의 이러한 규정을 이어받은 사람이 헤드다. 잭슨이 '진술'의 능력, 단어들의 '명제적' 사용이라고 불렀던 것을 헤드는 **상징적** 표현의 능력이라든가 상징적 진술의 능력이라고 부른다. 그러나 이 경우 그는 상징적인 것에 관한 이러한 기능을 언어에만 한정하지 않음으로써, 잭슨을 넘어서는 중대한 일보를 내딛고 있다. 분명히 언어는 이러한 기능의 가장 분명한 대표적인 것이다. 그러나 언어가 이 기능의 활동영역 전체를 포괄하는 것은 아니다. 오히려 헤드에 의하면, '상징적' 행동은 직접적으로 언어적인 활동이 아닌 인간의 작업과 활동에도 보인다. 따라서 무엇보다도 먼저 **행동**을 보다 정확히 분석해 보면, 언어의 영역에서 확인되는 것과 동일한 대립이 행동의 영역 전체를 관통하고 있다는 사실이 드러난다. 주어진 외적 자극에 대해서 이를테면 '기계적으로' 발동되는 직접적인 행동형식이 있는 반면에, 일정한 시간표상이 형성되고 행동이 향하는 목표가 사고에 의해서 선취되는 것을 통해서만 가능하게 되는 행동형식도 있다. 그리고 이 후자의 행동에는 언어적 사고와 극히 밀접한 근친관계에 있고 이러한 언어적 사고와 함께 **상징적** 사고라는 공통의 이름 아래 포섭될 수 있는 사고가 관여한다. 헤드에 의하면 우리의 '의도적인' 동작과 활동의 대부분은 이런 종류의 '상징적 요소'를 포함하고 있으며, 따라서 그러한 동작과 활동이 갖는 독자성을 정당하게 평가하려면 이러한 요소를 명료하게 인식하고 분리시켜야만 한다. 언어에서와 마찬가지로 행동에서도 간접적인 층과 직접적인 층, 더 높은 층과 더 낮은 층이 존재한다. 그리고 이 두 층 사이의 경계선을 우리에게 명료하게 보여주는 것도 다시 실어증상이다. 실어증환자는 어떤 구체적인 상황에 의해서 촉발되고 상황이 필요로 하는 것이면 일정한 행동을 취할 수 있다. 그러나 그는 동일한 행동을 그러한 구체적인 동기를 떠나서 자유로운 의지에 따라서는 수행할 수 없다. 이미 잭슨은 이러한 사실을 보여주는 여러 실례를 제시했다. 예를 들어 그는 많은 환자가 입술을 적실 필요가 있을 때에는 즉각적으로 입술을 적시는 반면에, 혀를 보여주라는 단순한 요구에는 응할 수 없다는 사실을 지적했다. 헤드는 체계적으로 구성된 관찰을 통해서, 즉 세심하게 만들어진 일련의 테스트를 통해서 환자를 비교적 간단한 '직접적' 작업에서부터 시작하여 보다 어려운 '간접적인' 작업을 하게 하면서 그 하나하나의 경우에 그들의 행동을 정확하게 측정하는 방식으로 극히 많은 이런 종류의 사례를 제시했다. 그리고 그는 이러한 관찰로부터 언어장애에서든 행동장애에서든 문제가 되는 것은 어떤 공통의 근본장애, 즉 환자가 '상징적' 행동과 상징적 진술을 행하는 능력의 상실이라는 결론을 끌어내고 있다. 헤드는 자신의 기본적인 견해를 이렇게 요약하고 있다. "상징적 진술과 상징적 표현으로 내가 생각하는 것은 활동의 개시와 그 최종적인 수행 사이에서 어떤 언어적 상징이나 다른 상징이 어떤 역할을 하는 종류의 행동이다. 여기에서는 통상적으로는 언어행동이라고 간주되지 않는 많은 행동도 포함한다. 실어증환자에게 부과되는 과제가 비교적 단순한 행동에 가까운 것일수록 그 과제는 용이하게 수행된다. 이에 반해 어떤 상징적인 진술을 요구하는 활동에서는 항상 그 과제에 포함되는 명제가가 커질수록 그 수행은 그만큼 더 결함이 많아지게 된다. 상징적 진술이 덜 필요하게 과제를 변형하게 되면, 과제의 수행은 더 수월해지게 된다."[13]

이와 같이 실어증이론은 일찍부터 일반적인 상징문제로 귀착되는 방향을 취했다. 그러나 물론 실어증이론이 그 도정의 모든 국면에서 이러한 근본방향을 견지하면서 그 방향을 처음부터 선명하면서도 명료하게 인식하는 데 항상 성공했던 것은 아니다. 이 이론이 그렇게 하는 것을 항상 거듭해서 방해했던 것은 의학이론과 임상적 관찰이 오랜 동안 거의 무제한적이고 무조건적으로 신봉했던 유형의 **심리학**이었다. 잭슨을 제외하고 실어증이론의 거의 모든 위대한 연구자들은 우선은, 감각주의적 요소심리학에 의해서 규정되어 있으면서 집요하게 그들을 사로잡았던 '정신적인 것'에 대한 하나의 표상으로부터 출발했다고 할 수 있다. 그들은 복잡한 정신작용도 그것을 구성하는 단순한 부분들로 분해할 수 있게 되면 그것을 이해하고 설명하는 것이 된다고 믿었으며, 이러한

---

13) Head, 앞의 책, I, 211쪽 이하.

구성부분들 자체는 단순한 감각인상들이나 그러한 인상들의 총합 이외의 아무것도 아니라는 것을 자명하면서도 교의(敎義)로서 확실한 것으로 간주했다. 그러나 바로 이러한 근본견해 때문에 그들은 관찰에서는 '상징적인 것'의 참된 원리와 문제에 극히 가깝게 다가갔으면서도 이론에서는 거듭해서 그것들로부터 멀어질 수밖에 없었다. 왜냐하면 감각주의로부터는 상징문제의 핵심에 이르는 어떠한 길도 있을 수 없기 때문이다. 감각주의는 전형적으로 '상징현상을 보지 못하는' 근본견해인 것이다.[14] 이와 같이 실어증이론이 감각주의적 심리학을 실마리로 하고 그것을 안내자로 삼아 움직이는 한, 언어기능의 의미를 포착하고 규정하는 수단으로서 이 이론에 남아 있는 것은 바로 이 의미를 감각적 **'상들'**의 집합체로 해소하려는 시도뿐이었다. 그러한 상들을 조합하는 총합, 즉 시각적·청각적·운동감각적 감각들의 결합에 의해서 언어가 '설명되었던' 것이다. 그리고 이러한 심리학적 견해에는 생리학적 견해가 대응했다. 왜냐하면 감각적 인상들의 모든 특수영역에 대해서 어떤 고유한 중추, 즉 뇌 속의 명확하게 한정된 어떤 영역이 그것의 물질적 기체로서 탐색되었고 요청되었기 때문이다. 베르니케는 실어증후군에 관한 그의 저서(1874년)와 『뇌질환 편람(*Lehrbuch der Gehirnkrankheiten*)』에서 '청각영상'을 위한 고유한 중추—그는 그것을 첫 번째 측두회(側頭回)에서 찾았다—와, 언어음의 올바른 발음에서 결정적인 것으로 간주되는 '운동영상'을 위한 다른 중

---

14) 이 책의 224쪽 이하를 참조할 것.

추—그는 그 자리를 세 번째 전두회(前頭回)에서 찾았다—를 상정하고, 더 나아가 이 양자와 아울러 이 양자를 매개하고 결합하는 역할을 하는 '개념중추'가 있다고 보았다. 그 후 이러한 도식들은 훨씬 더 확장되고 세분화되었다. 임상적인 경험과 관찰이 새롭게 진보하면서 점점 더 복잡하게 되는 새로운 '도표(Diagramm)'가 형성되었다.[15] 이 경우, 예를 들면 버클리와 흄에 의해서 정의된 것과 같은 '인상'이라는 심리학적 개념이 해부학적·생리학적 입장에서 극히 진지하게 받아들여졌다. 뇌 속의 세포 각각과 그러한 세포들의 집합 각각에는, 특정한 인상만을 받아들이고 보관하며 이어서 그렇게 저장된 시각영상·청각영상·촉각영상을 새롭게 흘러들어 오는 내용과 비교하는—경험에 의해서 획득된 특수한—능력이 부여되어 있다고 생각되었던 것이다. '백지(tabula rasa)'라는 오랜 비유가 부활하게 되었다. 우리가 말하고 읽는 것을 배우는 것은—예를 들어 헨셴이 설명하는 바에 따르면—"인장 반지의 형태가 밀랍에 새겨지듯이"[16] 어떤 종류의 문자와 어떤 종류의 '기억흔적'이 뇌세포에 새겨지기 때문이라는 것이다. 이러한 전개과정의 전체를 단지 그 **방법적인** 측면에서 고찰하는 것만으로도 그것에서는 어떤 기묘하면서도 동시에 극히 계발적인 이상한 사태(Anomalie)가 나타나게 된다. 왜냐하면 이러한 길을 걸었던 연

---

15) 그중에서도 특히 리히트하임(Lichtheim)이 자신의 저서 『실어증(*Aphasie*)』(1885)에서 제시한 도식은 사고의 이러한 전체적 경향을 가장 잘 보여주고 있다.

16) Henschen, *Klinische und anatomische Beiträge zur Pathologie des Gehirns*, Head, 앞의 책, I, 83쪽 이하에서 재인용.

구자 모두는 분명히 철저한 '경험론자들'이었기 때문이다. 그들은 이러한 길을 걷고 있는 자신들은 오로지 사실 자체만을 추구하고 있으며, 직접적인 관찰에 입각해서만 모든 결론을 끌어냈다고 믿었다. 그러나 여기에서도 다시 한 번 '경험론'과 '경험' 사이에 존재하는 균열이 극히 명료하게 보인다. 왜냐하면 이러한 길을 걷는 한, 현상들에 대한 순수한 '기술'을 하기는커녕 오히려 현상들은 처음부터 [관찰에] 선행하는 일정한 이론적 가정과 선입견에 따라서 해석되기 때문이다. 헤드는 이들을 **도표제조자들**(Diagram Makers)이라고 부르면서 이러한 학파에 대해서 다음과 같이 비판하고 있다. 즉 그들은 순전히 사변적인 근거에 입각하고 있으며, 사실들을 선입견 없이 기술하는 것이 아니라 어떤 일반적이고 '아프리오리한 [선험적인]' 고찰에 의해서 이끌리고 있다고.[17] 바로 이러한 경향에 대해서 헤드는 잭슨의 입장으로 되돌아갈 것을 요구하고 있다. 그의 생각으로는 잭슨이야말로 처음으로 이러한 방법과 단절하면서 실어증상에 대한 엄밀하게 현상학적 관찰방법에 따를 것을 요구하고 그것을 수행했던 사람이기 때문이다.[18] 언어능력이 특정한 단어영상과 시각영상의 소유에 근거하고 있다고 보고, 읽고 쓰는 능력이 특정한 문자들의 소유에 근거하고 있다고 보면서 실어증과 정서

---

17) Head, 앞의 책, I, 135쪽 등.
18) "언어장애에 대한 모든 연구자가 개개의 병증에 대한 '사실들'을 다루고 있다고 주장했다. 그러나 모든 현상은 무엇보다도 심리적이며, 생리학적 · 해부학적 설명을 허용한다고 해도 그것은 2차적인 것에 불과하다는 사실을 인정한 사람은 잭슨을 제외하고는 아무도 없었다." 같은 책, I, 32쪽.

불능증(正書不能症, Agraphie), 독서 불능증(Alexie)의 원인을 그러한 영상들의 상실에서 찾으려는 이론에 이러한 현상학적 고찰이 결코 유리하게 작용하지는 않는다. 왜냐하면 이러한 이론에서는 임상적 현상들의 가변성과 불안정성이 결코 만족스럽게 설명되지 않기 때문이다. 이러한 이론은 동태적으로만 파악될 수 있고 기술될 수 있는 사건을 순수하게 정태적인 요소들로 환원하려고 한다. 임상경험이 가르쳐주는 것처럼 어떤 환자는 다른 상황에서는 망각하고 있는 어떤 종류의 단어를 특정한 상황에서는 아무런 문제 없이 사용한다. 이러한 행동의 차이는 해당되는 **단어의 영상**이 파괴되었다는 것으로부터 출발할 경우에는 설명될 수 없다. 왜냐하면 어떤 단어영상이 일단 파괴돼 버리면 그것은 특정 조건 아래에서는 다시는 회복될 수 없을 것이기 때문이다.[19] 이러한 종류의 관찰 때문에 의학적 연구 자체가 '뇌 신화학(Hirn-Mythologie)'—개개의 심적 '능력'에 대응하는 명확하게 한정된 해부학적 중추를 제시하려고 하는 저 시도를 사람들은 노골적으로 그렇게 불렀다—의

---

19) 내가 프랑크푸르트 신경학연구소에서 볼 기회를 가졌던 골트슈타인의 환자들 중 한 사람은 내가 그에게 제시한 시계(Uhr)의 '명칭'은 떠올릴 수 없었지만, '지금이 몇 시인가'라는 내 질문에는 곧 바로 '1시(ein Uhr)'라고 답했다. 따라서 'Uhr'라는 단어는 '사물의 명칭'이라는 기능에 있어서는 상실되었지만, 다른 기능들에서는 극히 잘 알려져 있었던 것이다. 헤드도 똑같이, '예(Yes)'와 '아니요(No)'라는 단어들을 질문에 대한 응답으로서는 아무런 문제없이 사용할 수 있었지만 그 단어들을 그의 앞에서 말할 경우에는 **반복할** 수 없었던 한 환자에 대해서 보고하고 있다. 이 환자는 어떤 실험에서는 '아니요'라는 단어를 반복하라는 요구에 대해서는 머리를 저었던 반면에, 그 다음에 "아니요, 나는 그것을 어떻게 하는지 몰라요(No, I don't know how to do it)"라는 말을 덧붙였다고 한다. 같은 책, II, 322쪽.

궤도로부터 갈수록 이탈하게 되었다. 실어장애와 인지불능장애를 해석할 때 현상학적 문제설정이 주도적인 역할을 해야 한다는 점, 즉 어떤 특정한 병변(病變)에 중추신경계의 어떤 물질적 과정이 대응하는가라는 문제는 세심한 개별적 관찰을 통해서 환자가 갖는 체험의 특수한 형식이 확정되었을 때에야 비로소 제기될 수 있고 답해질 수 있다는 점을 실어증이론에 관한 자신의 저작들에서 처음부터 강조한 사람은 독일에서는 특히 골트슈타인이었다. 그에 따르면 기능을 뇌의 특정한 영역에 위치하는 것으로 보려는 시도는 심리학적 · 현상학적 분석에서만 행해질 수 있는 것이지만, 이 경우 그러한 분석 자체가 특정한 기능영역론에 의해 오도되지 않고 수행되어야만 한다.[20] 또한 피에르 마리도 『실어증 문제의 재검토』―그는 1906년에 이러한 재검토를 요구했으며 이를 통해서 관련 연구에 새로운 길을 열었던 것이지만―에서 '영상이론'에 대한 예리한 방법론적 비판에서 출발하고 있다. "저 유명한 단어영상이라는 것의 고정(固定)이 어떤 식으로 행해질 수 있는지를 우리에게 한 번 가르쳐달라. 각각의 단어가 청각영상을 받아들이는 이 중추에 하나씩 기입되는가? 그러나 그렇다면―여러 언어를 사용하는 사람의 경우는 특히 그렇지만―이 중추는 얼마나 거대하게 발달해야 할까? 아니면, 이 중추에 고정되는 것은 단어를 구성하

---

20) Goldstein, Einige prinzipielle Bemerkungen zur Frage der Lokalisation psychischer Vorgänge im Gehirn, *Medizinische Klinik* 1910, *Psychologische Analysen hirnpathologischer Fälle*, hg. von A. Gelb und K. Goldstein, Bd. I, Leipzig 1920(아래에서는 Gelb und Goldstein으로 인용할 것임), 5쪽 이하.

고 있는 개개의 음절일까? 그렇다면 문제가 되는 것은 보다 간단한 수행, 소수의 영상만이 필요한 수행일 것이다. 그러나 이 경우에는 이 여러 음절을 결합하고 그것들을 다시 단어로 형성하는 것과 같은 지적인 작업이 필요할 것이다. … 그러나 그렇다면 단어에 고유한 청각영상 중추를 무엇 때문에 상정하는가? 그러한 중추의 존재를 증명하는 것은 아무것도 없다."[21]

마리의 이러한 근본견해는 **철학적인 관점**에서 본질적인 진보를 보여주고 있다. 이는 마리의 근본견해에서는 언어라는 정신적 기능을 순수하게 소재적인 계기들부터, 즉 '휠레적인(hyletisch)' 계기들로부터 출발하면서 그것들을 쌓아올림으로써 설명하려는 일체의 시도가 폐기되고 있기 때문이다. 여기에서 언어는 하나의 통일적 전체로서 파악되고 있으며, 마리에 따르면 언어는 '지성'의 통일적 전체 이외의 어디에도 기원을 가질 수 없다. 따라서 언어장애의 원인은 모두 그 본래의 기초인 지성의 어떤 장애에 있다. 임상적 관점에서 마리는 환자의 두 개의 상이한 기본형식을 구별했다. 마리에 의하면 한편으로는 베르니케가 말하는 '감각성 실어증'이 존재하는데 그것의 본질적 증상은 환자의 언어이해가 폐기되든가 심각한 정도로 손상된다는 데 있다. 그러나 이 증상은 결코 단독으로 생기는 것은 아니며 항상 지성의 어떤 일반적인 지적 결함과 결부되어 생긴다. 마리에 의하면 이 질환형태에는 다

---

21) Pierre Marie, *Revision de la Question de l'Aphasie*(Extrait de la Semaine Médicale du 17 octobre 1906), Paris 1906, 7쪽 이하.

른 형태가 대립해 있다. 이것은 언어이해도 보존되며 문자에 의한 표현능력도 저하되지는 않지만 단어사용이 심각하게 손상된다는 특징을 갖는다. 마리에 따르면, 이 경우 문제가 되는 것은 지능장애가 아니라 중추에 원인이 있는 단순한 구어(構語)장애, 즉 '구어불능(Anarthrie)'이며 이것은 진정한 의미의 실어증(베르니케가 말하는 실어증)과는 신중하게 구별되어야만 한다. 이제까지 이러한 구별을 어렵게 만든 것은 참된 (베르니케가 말하는) 실어증상과 구어장애 증상이 혼재된 복합적인 증상이 존재한다는 사실일 것이다. 통상적으로 브로카(Broca) 유형의 실어증 내지 '피질 아래의 운동성 실어증'이라고 불려왔던 질환은 이러한 혼합체, 즉 하나의 '증후군(Syndrom)'인 것이다. 브로카 유형의 실어증이란 다른 원인에 기초하고 있는 장애, 즉 '구어불능'이 부가(附加)되어 있는 베로니케 유형의 실어증이다.[22] 그러나 마리의 이 이론은 이중의 이의에 노출되어 있는 한편 이중의 난점을 가지고 있다. 한편으로 마리가 생각하는 순수한 '구어불능'은 임상적 사실로서는 입증될 수 없다는 점이 분명하게 되었다. 환자의 언어이해가 완전한 형태로 보존되고 있는 것처럼 보이는 경우조차도 하나의 고립된 '운동성' 실어증이 생기는 것은 아니며, 오히려 언어표현에서의 구음 결함에는 항상 환자의 정신적인 태도 전체에 일어나는 일정한 변화가 수반된다는 사실이 분명하게 되었다. 마리는 이렇게 강조하고 있다.

---

22) 이에 대해서는 Pierre Marie, 앞의 책, 33쪽 이하를 볼 것. 무엇보다도 그의 제자인 Moutier의 *L'Aphasie de Broca*, Paris 1908에서의 마리의 이론에 대한 상세한 서술, 특히 244쪽 이하를 참조할 것.

"구어불능환자의 운동성 장애는 진정한 의미의 실어증과는 무관하다. 구어불능환자는 [언어를] 이해하고 읽고 쓸 수 있다. 환자의 사고는 손상되지 않으며 그의 경우에는 내적인 언어가 침해되지 않았기 때문에 언어에 의한 것 이외의 어떠한 방식으로 사고내용을 표현할 수 있다." 그러나 이 이론은 보다 예리한 관찰에는 견뎌 낼 수 없었다. 오히려, 마리의 기준에 따르면 순수한 언어불능환자라고 불려도 좋은 환자의 경우에조차 과제의 난이도를 올리자마자 언어이해에 일정한 결함이 존재한다는 사실이 드러났다. 구어불능환자들의 언어이해와 문자에 의한 표현능력이 언뜻 보기에는 손상되지 않은 것처럼 보이는 경우에도, 그러한 능력들은 정상적인 경우에서와는 다른 '수준'에서 작동했다. 한편으로 문자에 의한 표현은 협소하게 되었으며 비교적 적은 수의 단어들만을 사용했다. 다른 한편으로 '추상적인' 언어표현이 보다 구체적이고 순전히 감각적인 영역에 보다 근접해 있는 표현에 의해서 대체되었다.[23] 그러나 다른 한편으로 마리가 '진정한' 실어증의 본래적인 근거로 보았던 저 지능저하에 대해서조차도 보다 상세한 규정이 필요했다. 마리 자신도 그러한 규정을 제시하려고 노력했다. 즉 그는 '지능'이라는 단순한 유(類)개념에 어떤 종차를 덧붙임으로써, 다시 말해 그는 실어증을 '정신적' 질환으로 보았는데 그러한 정신질환은 **치매와** 혼동되어서는 안 된다는 사실을 거듭해서 반복함으

---

23) 이에 대한 증거들에 대해서는 특히 Head, 앞의 책, I, 200쪽 이하, II, 252쪽 이하를 볼 것.

로써 저 지능저하라는 개념을 해명하고 보완하려고 노력했던 것이다. 마리는 논적(論敵)인 데쥬린(Déjerine)에 대해서 일상생활에서의 행위만을 고려한다면, 이러한 행위에 관해서는 실어증환자는 정상적인 사람과 거의 차이를 보이지 않는다는 사실을 분명히 인정하고 있다. '지적 황폐'는 다른 영역에서 그리고 보다 정치한 방법에 의한 검사가 행해질 경우에야 비로소 드러난다. "치매와 진행성 마비에는 지적 능력의 현저한 저하가 인정될지라도 치매환자와 진행성 마비환자는 실어증환자는 아니며, 다른 한편으로 실어증환자는 비록 그들이 지적 결함을 보인다 해도 정신병자는 아니다." 왜냐하면 실어증환자의 경우에는 지능의 **전체**가 아니라 그것의 어떤 **측면**, 이를테면 지능의 부분적 국면에서만 장애가 존재하기 때문이다.[24] 그러나 바로 이 부분적 측면에 대한 보다 상세한 성격묘사를 제시할 것을 요구할 경우, 우리는 마리와 그의 제자인 무티에에게서 여기에서는 바로 '특수한 언어지능'의 결함(un déficit intellectuel spécialisé pour le langage)이 존재한다는 답변만을 듣게 된다. "실어증은 치매는 아니다. 실어증이 치매와 마찬가지로 지능의 일반적인 결함을 보여주는 것은 분명하지만, 실어증은 그것에 덧붙여서 언어의 특수한 결함도 보여준다. 이 점이야말로 실어증을 항상 통상적인 치매로부터 구별해 주는 점이다."[25] 그러나 이와 함께 물론 설명은 단순한 동어반복으로 끝나고 만다.

---

24) Marie, 앞의 책, 11쪽 이하.
25) Moutier, 앞의 책, 228쪽, 특히 205쪽을 참조할 것.

따라서 이제 이렇게 묻지 않을 수 없게 된다. 즉 실어증환자에 있어서 장애가 일어나고 저하된다는 바로 저 '언어적' 사고는 도대체 어떠한 종류의 것인가, 그것은 '사고 일반'의 다른 형식과 방향과 어떠한 징표에 의해서 구별되는가라고. 혹은 언어에서 지배하고 있는 것과 같은 '상징적' 사고를 아직 필요로 하지 않고, 그것으로부터 비교적 독립해 있는 것으로 입증되는 일상적 사고, '실천적 사고'의 층이 존재하는가? 그렇다면 이 두 개의 층은 어떻게 서로 경계가 지어지는가? 언어병리학에서 이러한 물음들은 잭슨[26] 과 헤드, 골트슈타인과 겔프에 의해서 갈수록 명확하게 제기됨으로써, '언어'와 '사고'의 관계에 대한 일반적인 사변적인 고찰로부터 출발하는 방향에서는 그 해결을 모색할 수 없었다. 언어병리학은 이러한 해답을 역의 방향에서, 즉 임상적 연구의 수단을 더 정치하게 형성하고 개개의 증례를 현상학적으로 분석함으로써 획득하려고 시도해야만 했다. 그러나 바로 이러한 경험적 방법에 의해서 언어병리학은 결국은, 전적으로 보편적인 의미가 내재하는 일련의 문제들—즉 새로운 개별적 관찰 사실들을 쌓아올리는 것에 의해서가 아니라 심리학적 사고양식의 혁신과 일종의 역전에 의해서만 그 해결책이 기대될 수 있는 특정한 근본물음들—에 직면하게 되었던 것이다.

---

26) 이미 잭슨은 실어증 연구의 물음은 'how is general mind damaged?[정신 일반은 어떻게 손상되는가?]'라는 형태를 취해서는 안 되고, 'what aspect of mind is damaged?[정신의 어떤 측면이 손상되는가?]'라는 형태를 취해야만 한다는 사실을 강조하고 있다. Head, 앞의 책, I 49를 참조할 것.

2. 실어증에서 지각세계의 변화

상징기능을 보다 깊이 인식하는 데 병적인 경험들이 갖는 중요
성을 올바르게 평가하기 위해서는, 순수한 언어장애라는 협소한
권역에 머물러서는 안 된다. 협의의 실어장애와 일반적으로 '인
지불능장애'라든가 '운동신경장애'라고 불리는 다른 종류의 장애
들 사이에 밀접한 친연성이 존재한다는 사실은 임상적 관찰에 의
해서 오래전부터 지적되어 왔다. 우리는 여기에서는 이러한 영역
들을 보다 엄밀하게 나누는 것은 이 이상 할 필요는 없다. 그것은
오직 개별연구만이 할 수 있는 것이다. 그러나 이론적 근본견해와
해석에 존재하는 모든 차이에도 불구하고 오늘날 개별연구 자체
에서는 다음 한 가지 사실만은 일반적으로 승인되는 것 같다. 그
것은 통상적으로 실어증, 인지불능장애, 운동신경장애라는 이름
아래 기술되는 병상이 서로 극히 밀접하게 연관되어 있다는 점이
다. 하일브로너는 실어증과 인지불능장애, 운동신경장애의 각 장
애를 포괄적으로 개관하면서 이러한 장애들은 원칙적으로는 구별
될 수 없다는 것, 즉 실어증상은 인지불능장애와 운동신경장애와
분리되어 하나의 특수한 그룹으로서 존재하는 것이 아니라 동일
한 그룹의 특수사례에 지나지 않는다는 사실을 강조하고 있다.[27]
따라서 실어증을 하나의 독립된 질병군으로서 부각시키는 것은

---

27) Heilbronner, 앞의 책, Lewandowsky의 *Handbuch der Nervenkrankheiten*,
   II, 1037쪽 이하.

순수하게 이론적 고려에 의한 것이라기보다는 진료상의 필요에 의한 것으로 설명되고 정당화되어야 한다.[28] 골트슈타인과 겔프의 환자들의 경우에도 처음에는 순수하게 시각상의 '형태 맹(盲)'만이 문제인 것처럼 생각되고 언어이해와 자발적 언어는 언뜻 보기에 전적으로 문제가 없다는 것이 증명되었지만, 보다 상세한 분석을 해보면 이것들도 건강한 사람들의 언어로부터 극히 현저하게 일탈하고 있다는 사실이 분명하게 되었다. 즉 이 환자에게는 '비유적인' 표현을 이해하는 것도 사용하는 것도 불가능했던 것이다. 따라서 이 모든 사실을 고려할 때 우리의 고찰처럼 순수하게 이론적인 사고에 의해서 규정되는 고찰에서는 우선 여기에서 보이는 개개의 질병군을 엄밀하게 분리하지 않고 오히려 그것들이 공유하는 공통의 근본계기를 드러내는 것이 정당한 것으로 여겨진다. 물론 그렇다면 이 근본계기 자체를 보다 정확하게 규정하고 식별할 필요도 있을 것이고 또한 그와 같은 것은 가능할 것이지만, 이 경우 '상징기능' 일반에 대한 분석으로부터 획득된 일반적 성과들이야말로 이러한 종류의 식별을 위한 기반을 마련하는 데 도움이 될 것이다. 왜냐하면 바로 이러한 성과에 의해서 언어행위와 지각적 인지 그리고 행동을 위한 조건들로서 간주되어야만 하는 개개의 상징적 행위들의 다양성과 그것들 사이의 서열을 보다 명확하게 개관할 수 있을 것이기 때문이다.

지각세계의 구성은 감각적 현상들의 전체가 그 자체로 분절된

---

28) Heilbronner, *Über Asymbolie*, Breslau 1897, 47쪽.

다는 조건, 즉 이 현상들의 전체가 관계 지어지고 방향 지어지고 이끌리게 되는 특정한 **중심들**이 형성된다는 조건에 매여 있다. 그러한 중심들의 형성은 세 개의 주요한 방향에서 추적될 수 있다. 즉 이러한 중심들의 형성은 현상의 질서를 '**사물**'과 '**속성**'이라는 시점으로부터 구성하기 위해서도 그 질서를 공간적인 '**함께 있음**'과 시간적인 '**잇달음**'에 있어서 구성하기 위해서도 필요하다. 이 세 가지 질서를 실현하고 확립할 경우에 항상 문제가 되는 것은 끊임없이 흘러가면서도 항상 동일한 채로 머무는 현상들의 계열을 어떠한 방식으로든 중단시키고 이러한 계열로부터 어떤 '특별한 점들'을 드러내는 것이다. 그 전에는 사건의 등질적인 흐름이었던 것이 이제는 이를테면 이 특별한 점들을 향해서 합류한다. 즉 흐름 자체의 한가운데서 개별적인 소용돌이들이 생기고 이러한 소용돌이들의 부분들이 공동의 운동에 의해서 서로 결합되는 식으로 나타난다. 정태적인 전체가 아니라 오히려 **역동적인** 전체가, 즉 실체적인 통일이 아니라 오히려 **기능적인** 통일이 이렇게 창출됨으로써 현상들의 내적 연관이 생기게 된다. 왜냐하면 이제 현상들 속에는 전적으로 고립된 것은 보이지 않고 오히려 다른 요소들과 함께 그러한 공통적인 운동 속에 포함되어 있는 모든 요소 각각이 그러한 운동의 전체적 법칙과 형식을 자신 속에 담지하면서 의식에 대해서 이 운동을 대표할 수 있기 때문이다. 이제 우리는 의식의 흐름의 어떤 지점에 몸을 두어도 항상 곧, 그 흐름의 모든 개별적인 운동이 겨냥하는 특정한 생생한 중심점에 서 있게 된다. 하나하나의 특수한 지각이 **방향을 갖는** 지각이 되는 것이다. 즉 개개의 지각은 그것의 단순한 내용 외에 그 지각을 특정한 관점에서 또한 특정한 '방향'에서 유의미한 것으로 만드는 하나의 '벡터'를 갖게 된다.[29] 언어병리학의 경험들은, 우리가 지각세계의 이러한 일반적인 구성법칙을 확인하고 그것을 부정적 측면으로부터 검증하는 것에 기여할 수 있다. 왜냐하면 지각세계의 구조가 의거하는 정신의 기본적 능력은 그것이 아무런 내적인 방해도 알력도 없이 직접 수행되는 경우보다도 오히려 그 수행이 어떠한 방식으로든 변질되고 방해받는 경우에 우리에게 보다 명료하게 나타나기 때문이다. 앞에서 언급한 비유를 다시 한 번 사용해서 말하자면, 우리는 병적인 사례를 건강한 지각이 수행될 경우의 저 '소용돌이'를, 즉 운동의 저 역동적인 통일점을 해체하는 것과 같은 것으로 생각할 수 있다. 이러한 해체는 결코 완전한 파괴를 의미하는 것일 수는 없다. 왜냐하면 그렇게 파괴될 경우에는 감각적 의식의 생명 자체가 소멸될 것이기 때문이다. 그러나 이 생명이 보다 좁은 한계 내에 갇히게 된다고, 즉 정상적인 인간의 지각세계와 비교해서 보다 좁고 보다 제한된 권역 내에서 활동하게 된다고 생각할 수 있을 것이다. 이렇게 되면 소용돌이의 주변부로부터 시작하는 운동은 더 이상 소용돌이의 중심으로 곧바로 전달되지 않으며 이를테면 원래의 발현영역 내부에 그치든가 비교적 가까운 범위에만 전해지게 된다. 이제 더 이상 지각세계의 내부에서 참으로 포괄적인

---

29) 이에 대한 상세한 정초에 대해서는 이 책, 특히 제2부 제2장에서부터 제4장까지를 참조하기 바란다.

의미통일체가 더 이상 형성되지 않게 된다. 그러나 아마도 지각의
식은 이제 그것에 할당되어 있는 보다 좁은 영역에서는 어느 정도
의 확실성과 함께 움직일 수 있을 것이다. 왜냐하면 이러한 의식
의 진동 자체가 그친 것이 아니라 진동의 폭만이 좁아졌기 때문일
것이다. 이 경우에도 개개의 감각인상에는 여전히 '의미의 벡터'가
주어져 있을 것이지만, 이러한 벡터는 전적으로 특정한 통일적 중
심을 겨냥하는 공통의 방향성을 더 이상 갖지 못할 것이며 정상적
인 지각의 경우보다도 훨씬 더 분산되어 있을 것이다. 언어기능의
어떤 병적인 저하도 특정한 '청각영상'과 그것과 유사한 것의 결
여 등에 의해서가 아니라 그와 같은 표상방식이 갖는 문제적인 성
격에 의해서만 충분히 정밀하게 설명될 수 있을 것이다. 훔볼트가
강조하는 것처럼, 사람들이 서로 이해하게 되는 것은 그들이 어
떤 언어공동체의 모든 구성원에 동일한 감각인상, 혹은 동일하거
나 유사한 표상을 환기하는 특정한 음성기호에 자신들을 맡기기
때문인 것은 아니다. 오히려 음성기호를 듣는 것에 의해서는 항상
각각의 주체 속에서 동일한 악기의 동일한 건반이 울리게 될 뿐이
며, 이것에 이어서 곧장 각각의 주체 속에서 그 건반에 대응하는
개념들이 생기기는 하지만 그것들은 결코 동일한 개념들은 아니
다. "이러한 방식으로 연쇄 속의 하나의 고리, 악기의 하나의 건반
이 만져지면 그 전체가 떨리는 것이며, 영혼으로부터 개념으로서
발현하는 것은 가장 멀리 떨어진 고리에 이르는 개개의 고리를 포
함하고 있는 전체와 조화를 이루고 있다."[30] 종래의 언어병리학자
는 여기에서 훔볼트가 서술하는 것과 같은 과정의 병적 장애에 대

해서, 우리가 언어라고 부르는 정신의 악기의 특정한 건반들이 **파괴되었음**이 틀림없다고 거듭해서 가정했다. 그러나 오늘날의 견해는 이 악기의 건반들이 더 이상 이전과 동일한 의미로는 **음을 내지 않는다**는 것, 즉 그것들이 더 이상 이전처럼 전체의 운동을 야기할 수 없다는 것을 확인하는 것으로 만족하고 있다. 그러나 문제의 연관을 보다 명확하게 파악하고 보다 정밀하게 특징짓기 위해서, 이제 우리는 일반적 고찰의 권역을 넘어서 병적 현상들의 각각의 특징에 눈을 향해야만 한다.

골트슈타인과 겔프는 일반적인 **색명(色名)건망증**(Farbennamen-Amnesie)을 갖고 있는 환자의 사례를 기술하고 그것을 상세하게 분석한 적이 있다. 이 환자는 일반적인 색명—'파랑'과 '노랑', '빨강'과 '초록'이라는 이름—을 자유롭게 올바르게 사용할 수 없었으며, 그 명칭들이 타인에 의해서 사용되었을 때 그것들에 올바른 의미를 결합할 수도 없었다. 예를 들어 일련의 털실 견본들과 색지들 중에서 빨강과 노랑 그리고 초록의 견본을 골라내 보라고 할 경우 그는 속수무책으로 있었다. 그에게 이 과제는 일체의 의미를 잃고 있었던 것이다. 반면, 이 환자가 개개의 색의 뉘앙스를 올바르게 '보면서' 건강한 사람들과 동일한 방식으로 그것들을 서로 구별하고 있다는 점은 의심할 여지가 없었다. 그가 받은 모든 색채검사는 일치했으며 이와 함께 그가 색에 대한 식별능력을 완전히

---

30) Humboldt, *Einleitung zum Kiwi-Werk*, Akad.-Ausg. VII, I, 169쪽(제1권, 105쪽 이하 참조).

보지하고 있으며 결코 '색맹'이 아니라는 사실이 입증되었다. 여러 색을 서로 **분류하고**, 그것들을 어떠한 방식으로든 '정리하는' 시험을 할 경우에야 비로소 특징적인 장애가 나타났다. 왜냐하면 환자는—이미 분명하게 된 것처럼—이러한 분류를 할 때 따라야만 하는 어떠한 고정된 원리도 갖고 있지 않기 때문이다. 정상적인 사람이라면, 어떠한 방식으로든 어떤 일정한 색 견본의 **기본적 색조**에 속하는 색은 모두 서로 함께 '속해 있다'고 보는 반면에, 이 환자는 항상 단지 극히 근접한 감각적 유사성을 갖는 색들만—따라서 색조와 밝기 등에서 정확하게 합치하는 색들만—하나로 모았다. 따라서 이 경우에도 어떤 분류형식으로부터 다른 분류형식으로 갑자기 이행하는—즉 지금까지는 눈앞에 있는 어떤 견본과 동일한 색조의 색을 한데 모았던 반면에 이번에는 견본과 동일한 밝기의 색들만을 한데 모으기 시작하는—일이 일어났다. 그러나 다른 한편으로 이 환자의 경우, 과제를 제시할 경우에 일반적인 색명을 사용하지 않고 앞에 놓인 견본들 중에서 특정한 대상의 색에 대응하는 색깔을 갖는 것을 선별할 것을 요구했을 때 현저하게 좋은 결과가 있었다. 이 경우에는 선별이 항상 극히 안정되고 정확하게 수행되었다. 즉 환자는 눈앞의 견본들 중에서 잘 익은 딸기의 색, 우체통의 색, 당구대의 색, 옷의 색, 제비꽃의 색, 물망초의 색 등을 찾아야만 하는 때에는 항상 그 색을 아무런 문제없이 잘 선별했다. 이런 식으로 행해진 검사의 결과는 예외 없이 양호했다. 환자가 언급된 대상의 구체적인 색에 대응하지 않는 색을 가리키는 일은 한 번도 없었다. 그리고 바로 이러한 능력으로 인해,

이 환자가 어떤 조건들 아래서는 색의 일반적인 명칭들에 대해서도 보통과는 다른 태도를 취하는 것조차 가능하게 되었다. 예를 들면 '파란 것'을 선택하라는 과제가 주어지면, 그는 처음에는 그의 기본적 장애 때문에 이 과제에 일정한 의미를 결합할 수는 없지만 그럼에도 불구하고 때로는 그 과제를 자신에게 이해 가능한 다른 과제로 번역함으로써 해결했다. 왜냐하면 이 환자는 "꽃 하나가 파랗게 피어 있다. 물망초라는 이름의 꽃"이라는 시구를 잘 알고 있었던 것이며, 이 시구를 암송함으로써—또한 동시에 그가 기억하는 유사한 관용구를 통해서—색에 대한 일반적인 **명칭**의 영역으로부터 구체적인 **사물에 대한 명칭**의 영역으로 이행할 수 있었기 때문이다. 이제 그는 물망초의 파랑이 앞에 놓인 견본들 중에서 보이면 물망초의 파랑을 지시한다. 그러나 그는 그 선별을 규정했던 물망초의 '기억색'에 전적으로 대응하지 않는 다른 뉘앙스의 파랑은 그것이 아무리 가까이 있어도 선별하지는 못했다. 이 환자는 동일한 우회로를 통해서, 자주 '빨강'이라든가 '파랑'이라는 단어를 그에게 제시된 색에 대한 표현으로서는 언뜻 보기에는 올바르게 사용할 수 있었다. 그러나 이것이 가능했던 것은 그의 기억에 남아 있는 관용구—예를 들면 눈처럼 하얗다든가, 풀처럼 푸르다든가, 하늘처럼 파랗다든가, 피처럼 붉다와 같은 관용구—가 보조수단으로서 사용되는 색에 한정되었다. 이 경우 이러한 관용구는 이를테면 정해진 주문처럼 사용되었다. 즉 어떤 제시된 색의 뉘앙스가 환자에게 피의 이미지를 환기하면, 이에 이어서 환자는 이 이미지로부터 자동적인 언어행위에 의해서 '빨강'이라는 단어를 언표했다. 그러나 그에게 이 단어는 여전히, 정상적인 사람이 '빨강'이라는 명칭에 결부시키는 동일한 **직관**이 결코 대응하지 않는 공허한 단어에 지나지 않았다.

이제 환자의 **직관세계**는 어떠한 관점에서 그리고 어떠한 특징에 의해서 건강한 사람의 직관세계와 구별되는가라는 물음을 제기한다면, 젤프와 골트슈타인은 본래적인 차이는 환자가 건강한 사람의 색세계를 지배하고 있는 **체계적 분절화**의 원리를 더 이상 자기 마음대로 이용할 수 없다는 점에 있다는 결론에 도달할 것이다. 색을 분류할 때 환자가 보여주는 태도가 건강한 사람의 태도보다도 '원시적이며' '비합리적인' 것으로 나타나는 것은, 환자가 색을 선별할 때 오로지 감각적 유사성의 '정도'에 의해서 규정되며 다른 모든 관점은 주목하지 않고 지나쳐 버리기 때문이다. 그가 색들을 어떠한 의미에서든 서로 공속하는 것으로 보기 위해서 그는 전적으로 특정한 구체적인 '일치체험'을 가져야만 한다. 즉 색은 그것의 직접적인 현상에 있어서 '동일한' 것으로서 환자에게 주어져 있어야만 하는 것이다. "모든 실타래 각각은 환자에게 어떤 특징을 갖는 색체험을 환기시키지만, 이 체험은 실타래의 객관적인 속성에 따라서 어떤 때는 색에 의해서 규정되고 다른 때는 밝기나 부드러움에 의해서 규정되었다. 따라서 두 가지 색, 예를 들어 견본과 실타래의 실이 객관적으로는 동일한 색조를 갖더라도 밝기가 다르다면 그것들은 환자에게는 반드시 서로 공속하는 것으로 보이지 않았다. 이는 밝기나 온기(溫氣)가 우세했기 때문이다. … 환자는 어떤 구체적인 일치체험에 근거해서만 그러한 공속관계를 받아들일 수 있었다. 이러한 체험이 성립했던 것은 동일한 색들의 경우뿐이었다." 정상적인 사람이라면, 색들을 서로 공속하는 것으로 보기 위해서 인상들의 그러한 동일성을 결코 필요로 하지 않는다. 정상적인 사람은 전적으로 서로 다르고 서로 멀리 떨어져 있는 색의 인상들도 하나의 동일한 '색 범주'에 속하는 것으로 본다. 그는 빨강의 다양한 **뉘앙스**들 속에서 '빨강'이라는 동일한 하나의 **종**을 보며 각각의 특수한 뉘앙스를 전적으로 이러한 종의 한 실례, 하나의 사례로서만 본다. 바로 이렇게 개별자를 특정한 유형의 색의 **대표**로서 보는 것이 환자에게는 가능하지 않다. 정상적인 인간과 환자의 이러한 대조를 겔프와 골트슈타인은 다음과 같이 종합적으로 특징짓는다. "정상적인 사람은 지시에 따라서 색을 분류할 경우에는 특정한 관찰 방향을 취하게 된다. 그는 지시에 따르면서 견본을 그 기본색에 관련짓는 방식으로만, 즉 그 기본색이 어느 정도의 밝기나 어느 정도의 순도(純度)로 나타나는가는 고려하지 않으면서 관찰하는 것이다. 이 경우 구체적인 색은 순수하게 단독적인 존재로 받아들여지지 않고 오히려 빨강, 노랑, 파랑이라는 개념을 대표하는 것으로서만 받아들여진다. 색은 직관적으로 주어져 있는 결합상태로부터 해방되어 특정한 색범주의 대표자로서, 즉 빨강, 노랑, 파랑의 대표로서만 받아들여지는 것이다. 우리는 이러한 '개념적' 태도를 … '범주적' 태도라고 부르고 싶다. 따라서 정도의 차이는 있을지라도 환자에게 모든 분류원리가 결여되어 있는 이유는 범주적 태도를 취하는 것이 그에게는 불가능하든가 어렵기 때문이다."[31]

이러한 병례(病例)의 고찰은 우리의 가장 일반적인 주요 성과 중 하나를 새로운 측면으로부터 확증해 주는 것이기 때문에 특히 중요하다. 이러한 연구의 과정에서 우리에게 반복해서 분명하게 된 것은, 순수한 지각체험의 분석과 성격묘사에서조차도 이미 이러한 체험의 직접적 내용과 간접적 내용, 혹은 현전적 내용과 재현적 내용—즉 체험의 직접 '주어져 있는' 모습과 이 체험이 충족시키는 표시기능—이 엄격하게 구별되어야만 한다는 것이었다. 실제로, 여기에서 고찰된 병례에서 환자의 색현상을 건강한 사람들의 색현상으로부터 구별하는 것은 우리가 이 두 개의 현상에서 제시할 수 있는 어떤 순수하게 내용적인 성질은 아닌 것 같다. 오히려 양자 사이의 진정한 차이는 환자의 색현상이 더 이상 건강한 사람의 색현상과 동일한 방식으로 표현수단으로서 기능할 수 없다는 사태에 근거하고 있다. 환자의 색현상은 더 이상 '벡터 양'이 되지 못하고 단순한 상태가치가 되어버렸다. 즉 거기에는 색채계열의 일정한 특별한 점들, 즉 그것들에 의해서 비로소 정상적인 색지각이 그 특징적인 형식을 갖게 되는 점들로 '향한다'는 성격이 결여되어 있다. 여기에서는 일체의 시각적 체험이 자기 자신 속에 갇혀 있든가 가장 가까운 주변에 속하는 체험에만 관계할 수 있다. 표시기능이 극히 좁은 범위 안에 갇혀 있는 것이다. 즉 직접적으로 유사한 것들만이 서로를 '대표할' 수 있고 서로를 대리할 수

31) Gelb und Goldstein, Über Farbennamenamnesie, *Psychologische Forschung*, Bd. VI(1924), 152쪽 이하.

있는 것이다. 따라서 여기에 존재하는 것은, 겔프와 골트슈타인과 함께 보다 구체적이든가 '보다 삶에 밀착해 있다'고 말할 수 있는 전체적 태도다. 그러나 이러한 태도는 밀착 때문에 조망할 수 있는 일체의 자유를 결여한다는 대가를 치르게 된다. 왜냐하면 지각은 점진적으로 상징적 내용에 의해 채워짐으로써 비로소─즉 정신적 직관의 특정한 형식들 속에 몸을 두고 그러한 형식들 사이를 자유롭게 옮겨 다님으로써 비로소─바로 이러한 자유를 획득하게 되기 때문이다. 그러나 이것이 가능하게 되는 것은, 시선이 단지 개개의 인상에 고착되지 않고 개별적인 것을 보편적인 것으로 향하는 길, 즉 일정한 이론적인 의미 중심으로 향하는 길을 지시하는 도표로서 이용할 경우뿐이다. 독일어에는 이러한 이중적 과정을 종합적으로 표현할 수 있는 극히 특징적이고 다행스런 하나의 단어인 Absehen이라는 단어[32]가 존재한다. 우리가 특정한 밝기와 색조를 갖는 어떤 색을 단지 여기에 그리고 지금 주어져 있는 이 개별적인 체험색으로서 받아들이지 않고 오히려 빨강이나 초록이라는 종의 한 특수사례로서 파악할 경우에, 우리는 이 색과 함께 이 종으로도 눈을 향한다. 즉 우리가 의식의 초점에 두는 것은 색 자체보다도 오히려 이러한 종인 것이며, 우리에게 색 자체는 이러한 종의 대표로서 간주될 뿐이다. 그러나 우리가 이런 방식으로 빨강과 초록이라는 종을 향해서(auf) '겨냥하는(absehen)' 한, 우리는 현재의 감각인상 속에 보이는 다양한 개별적 사태를(von) 도외

---

32) [역주] Absehen은 겨냥하다와 도외시하다라는 이중적 의미를 가지고 있다.

시하는 것을(absehen) 알고 있음에 틀림없다. 그러나 환자에게는 이 두 가지를 건강한 사람과 동일한 방식으로 행하는 것이 가능하지 않다. 그에게는 색세계를 하나로 조망하기 위해서 필요한 확고한 중심점이 결여되어 있으며, 또한 다른 한편으로 색체험의 구체적인 전체 속에서 하나의 계기를 추출해 내고 이 계기와 직접적으로 융합해 있는 다른 계기들은 도외시할 수 있는 가능성도 결여되어 있다. 실로 환자도 주의의 방향을 바꿀 수는 있다. 색을 분류할 때 그는 기본적 색조의 일치로부터 출발할 수도 있다면 명도의 일치로부터 출발할 수도 있기 때문이다. 그러나 환자 자신이 이러한 주목의 방향을 자유롭게 전환할 수 있는 것은 아니다. 그는 '주목'을 어떤 때는 어떤 '방향'으로, 어떤 때는 다른 방향으로 이행하지만, 자발적으로 그 방향 중 하나를 견지하면서 다른 방향을 배제할 수는 없는 것이다. 환자에게 주목을 일정한 어떤 방향으로 향하도록 외부로부터 강제할 수는 있어도 그는 주목의 방향이라는 말의 특유한 '의미'를 파악할 수 없다. 즉 그는 자신이 주시해야만 하는 것에 지속적으로 눈을 향할 수 없으며, 그것을 항상 거듭해서 눈에서 놓치고 만다.[33] 이와 같이 환자는 순간적인 인상 속에서 살고 있고 활동하면서 그러한 인상에 사로잡혀 있고 빠져 있다.[34]

33) 이에 대해서 상세한 것은 Gelb und Goldstein, 앞의 책, 특히 150쪽 이하를 볼 것.
34) 이에 대해서 또 하나의 주목할 만한 예를 드는 것을 허락하기 바란다. 하인리히 엠브덴(Heinrich Embden) 교수를 통해서 나는 함부르크의 바름벡(Barmbeck) 병원에서 실어증의 개별적인 예들을 볼 기회를 가졌다. 나는 여기에서 그에게도 깊은 감사를 표하고 싶다. 한 환자에게 문자에 대한 그의 이해력을 테스트하기 위해서 이전에 그가 일했던 회사의 이름이 적혀 있는 카드를 보여주었다. 그 회사의

특정한 '의미 벡터'에 의해 채워지고 관철되어 있을 뿐 아니라 일반적으로 그것을 자유롭게 **변주할** 수 있다는 점이 정상적인 지각의식의 근본능력이다. 예를 들어 우리는 우리에게 제시된 하나의 시각적 형상을 경우에 따라서 서로 다른 '관점'에서 관찰할 수 있으며, 경우에 따라서 서로 다른 계기에 '주목하여' 파악하고 규정할 수도 있다. 그리고 이러한 규정형식이 바뀔 때마다 매번 그 형상에서 '본질적인 것'으로서 드러나는 것도 변하게 된다. 즉 새로운 '시각' 덕분에 그 형상에서는 매번 다른 것이 '보일 수' 있게 되는 것이다.[35] 이러한 사실을 고려할 때 여기에서 다시 다음과 같은 물음이 제기될 수 있다. 이러한 물음이란, 지각이 순수하게 재

정식명칭은 'X, Y und Co.'였지만, 의사는 이 회사의 이름을 'X und Y'라고 썼다. 자발적으로는 거의 말을 할 수 없었던 그 환자는 카드를 보자 머리를 저으며 말미에 무엇인가가 덧붙여져야만 한다는 것을 몸짓으로 보여주었다. 그러나 그것이 덧붙여져서 회사명이 'X Y und Co.'로 표기된 후에도 그는 완전히 만족하지 못했으며 X라는 이름과 Y라는 이름 사이에 다시 무엇인가가 빠져 있다는 것을 이해시키려고 했다. 관찰하고 있던 의사들이 무엇이 빠져 있는지를 발견하고 그것을 정정하여 환자를 만족시키는 데까지는 상당한 시간이 걸렸다. 즉 처음 두 이름 사이에 **쉼표**가 빠져 있다는 사실이 분명하게 되었다. 따라서 이러한 병례에 의해서 건강한 사람에게는 전혀 중요하지 않은 사태가 이 환자에게는 그 구체적인 체험 전체에서 다른 모든 특징과 동일한 중요성을 갖는다는 것, 즉 환자는 문자의 **의미**에 집중하기보다는 **형상** 자체에 고집한다는 사실이 분명하게 되었다. 이를 통해서 겔프와 골트슈타인이 단순한 '일치체험'이라고 부르는 것과 '범주적 태도'라고 부르는 것 사이의 차이가 아주 잘 드러난 것으로 나에게는 여겨진다. 즉 감각적인 일치체험은 쉼표가 없으면 완전하지 않은 것에 반해서, 문자가 단순한 표현수단에 불과한 '범주적 태도'는 쉼표를 무시할 수 있으며 또한 무시할 것임에 틀림없다.
35) 이에 대해 상세한 것은 이 책, 특히 185쪽 이하를 참조할 것.

현적인 수행에 있어서 획득한 이러한 새로운 '자유'는 언어에 빚지고 있는 것인가 아니면 오히려 그러한 자유가 언어 자체를 비로소 가능하게 하는 것인가. 여기에서는 어떤 것이 앞서고 어떤 것이 나중인가, 즉 어떤 것이 근원적인 것이고 어떤 것이 파생적인 것인가라는 물음이다. 골트슈타인과 겔프 또한 이러한 물음을 스스로 제기하면서 여기에 존재하는 것은 일방적인 의존관계가 아니라 순수한 상호관계로 보아야만 한다는 결론에 도달하고 있다. 실로 "언어는 생에 밀착해 있는 원시적인 태도로부터 방향을 바꿔서 범주적 태도로 향할 수 있게 하는 가장 효과적인 수단 중 하나다"라는 점은 그들에게도 의심할 여지가 없는 것 같다. 그렇지만 그들은 언어를 이러한 범주적 태도의 참된 근거로 보지는 않는다. 그들은 다음과 같이 강조한다. "병리학의 사실들로부터 우리가 알 수 있는 것은 명칭에 대한 건망증과 범주적 태도의 결여는 함께 진행된다는 사실뿐이며 그중 어떤 것이 일차적이고 어떤 것이 부차적인지는 아니다. … 범주적 태도와 언어를 유의미한 방식으로 소유하고 있다는 것은 동일한 하나의 기본적 태도의 표현이다. 양자 중 어떤 것이 원인이고 어떤 것이 결과는 아닐 것이다. 이러한 기본적 태도가 손상되고 이에 상응하여 보다 원시적이고 보다 생에 밀착한 태도로 전락한다는 것이야말로 우리의 환자들에게서 보이는 모든 증상을 야기하는 장애인 것 같다."[36]

사실 언어구조와 지각구조 사이의 철저한 연관을 제시하고 이

---

36) Gelb und Goldstein, 앞의 책, 155쪽 이하.

해하려고 할 경우 문제가 되는 것은 인과성의 확인, 즉 '원인'과 '결과'의 관계와 같은 것일 수는 없다. 본질적으로 중요한 것은 시간적인 '선후'관계가 아니라 '기초 지음'이라는 사태적인 관계다. 우리가 언어를 분석할 때 상이한 세 개의 층을 구별하면서 그것들을 감각적 표현의 위상, 직관적 표현의 위상, 순수하게 개념적 표현의 위상으로서 규정했던 것도 바로 이러한 방향에서였다.[37] 이러한 구별은 **언어사적으로** 고려된 것은 아니었다. 만약 그런 식으로 고려되었다면, 우리가 언어의 역사적 발전과정에서 상이한 언어단계들이 잇달아 일어나는 것을 확인하면서 첫 번째 단계는 순전히 감각적인 '유형'을, 두 번째 단계는 순수하게 직관적인 '유형'을, 세 번째 단계는 개념적 '유형'을 구현하고 있다고 상정해야 했을 것이다. 그러나 이러한 상정은 터무니없는 것이다. 왜냐하면 언어의 현상 **전체**는 그것의 정신적 구성계기들 **전체**에 의해서 비로소 구성되며, 따라서 이러한 전체는 최고도로 발달한 언어에서와 마찬가지로 '극히 원시적인' 언어에도 존재하는 것으로 간주되어야만 하기 때문이다. 그렇다면 이러한 계기들을 실재적인 것으로서 서로 고립된 것으로 파악하는 것이 아니라 이러한 계기들 사이의 가변적인 역동적 **관계**를 고찰하는 것이 필요이다. 이제 우리는 언어세계에서의 정신적 방향을 규정하기 위해서 사용했던 이러한 고찰방식이 지각세계에도 얼마나 적용 가능하고 유효한 것

---

37) 상세한 것은 이 책 제1권, 134쪽 이하[『상징형식의 철학 I: 언어』, 260쪽 이하]를 볼 것.

으로 입증될 수 있는가라는 물음을 우리 자신에게 제기해야만 한다. 지각세계에도 언어의 구성에서 보이는 것과 같은 일종의 이념적인 '층위구조(Schichtung)'가 있다고 볼 수 있는가? 지각세계가 전적으로 정태적인 상태로 존재할 경우에는, 즉 지각세계의 전체가 우선 응고된 형태로 우리에게 주어지고 항상 이미 일정한 언어개념과 언어범주에 따라서 구획되어 있는 경우에는 그러한 층위구조는 인식되기 어렵다. 그러나 언어의 도식기능이 이완되고 바로 이와 함께 지각조차도 이를테면 정태적인 균형상태에서가 아니라 오히려 불안정한 균형상태로 우리에게 나타나는 경우에는 그러한 층위구조가 훨씬 더 명석판명하게 우리에게 드러나게 된다. 바로 이 점에, 즉 그러한 '불안정한' 균형의 사례를 우리 눈앞에 제시한다는 바로 이 점에 언어병리학 자체가 갖는 방법론적 가치가 존재한다. 여기에서 관찰되는 기능들의 '해체'가 제멋대로 진행되는 것이 아니라 일정한 계획에 따르는 것 같다는 사실은 언어병리학 자체에서도 이미 일찍부터 주목되었다. 이미 잭슨은 이러한 병변(病變)이 '저차언어'의 영역보다도 '고차언어'의 영역을 침해하는 경우가 훨씬 더 많다는 것, 즉 이러한 병변이 언어생활의 정서적 측면보다도 오히려 순수하게 '지적인' 측면에 더 관계하고 있다는 사실을 지적했다.[38] 환자들 중에서는 특정한 단어들과 문장들을 순수하게 '객관적인' 서술을 위해서는 더 이상 사용할 수 없지만, 그럼에도 불구하고 그것들이 말의 전체에서 다른 의미를 갖

---

38) 이 책 247쪽 이하를 참조할 것.

게 되면, 즉 정서들과 마음의 움직임을 표현하는 것으로서 사용되어야만 할 경우에는 올바르게 사용할 수 있는 사람들이 있다는 것은 언어병리학의 가장 확실한 관찰들 중 하나다.[39] 그리고 순수한 서술기능 자체의 영역 내에서조차도 어떤 일정한 변위(變位)가 일어나는 경향이 있다. 즉 '추상적인' 표현 대신에 '구체적인' 표현이, '일반적인' 표현 대신에 특수하고 개별적인 표현이 사용되며, 바로 이 때문에 건강한 사람의 언어에 비하면 말의 전체가 압도적으로 '감각적인' 색채를 띠게 된다. 순수하게 사고상(上)의 관계와 규정을 자체 내에 포함하는 그러한 언어개념들 대신에, 어떠한 방식으로든 '감각을 통해서 분명히 지각될 수 있는' 특색을 띠는 개념들이 사용되는 것이다. 즉 '그림 같은' 표현이 우위를 점하게 되며, 순수하게 의미의 성격을 갖는 모든 것은 정도의 차이는 있지만 배제된다.[40] 지각세계의 영역에서 이러한 현상은 특히 색명의 변화에서 현저하게 나타난다. 골트슈타인과 겔프의 건망성 실어증환자의 경우와 마찬가지로 헤드의 많은 환자들도 색감각은 전혀 손상되지 않았으면서도 일반적인 색명―'빨강'과 '노랑', '파랑'과 '초록'을 가리키는 명칭―을 전혀 사용하지 못했다. 이에 반해 이 환자들은 이러한 일반적인 명칭이 아니라 특정한 대상색을 표현하는

---

39) 이에 관한 다양한 증명은 헤드에서 보인다. 예를 들어 *Aphasia and kindred disorders of speech*, I, 38쪽 이하, I, 385쪽 이하 등을 참조할 것.

40) 이처럼 '그림 같은' 표현이 우위를 점하고 있는 실례들은 헤드의 *Krankheitsgeschichte*에서도 자주 보인다. 예를 들면 *Krankheitsgeschichte* 제17호, 제2권, 252쪽. 또한 제1권, 220쪽도 볼 것.

명칭을 사용했다. 즉 그들은 자신에게 제시된 견본의 색을 말하기
위해서 그것이 '풀처럼' 보인다든가 '피'처럼 보인다고 말했다. 심
지어는 이러한 대상들의 이름을, 어떤 색이 주로 **사용**되는 것들과
관련된 다른 이름이 자주 대신했다. 예를 들어 헤드의 환자들 중
한 사람은 자신이 떠올릴 수 없었던 '검은(black)'이라는 단어를 검
은 색이 장례(葬禮)에 사용되는 색이라는 이유로 '죽은(dead)'이라
는 말로 대신했다.[41] 언어의식 내부에 존재하는 기본방향과 동시
에 지각의식의 특정 **방향**이 여기에서 나타난다는 사실이 명료하
게 인식될 수 있다. 왜냐하면 언어조차도 일반적인 색명을 곧바로
직접적으로 확정하지는 않고 구체적인 대상의 이름에서부터 출발
했기 때문이다. 자연민족의 언어는 대개의 경우 색의 질(質)들 사
이의 차이를 표현하기 위해서 그 질들이 보이는 대상들에 의거하
여 그 질들을 명명하는 것 외의 수단을 가지고 있지 않은 것 같다.
이러한 현상들을 정당하게 평가하려면 지각의 개별적인 계기들이
순수하게 대표적인 성격을 갖게 되는 과정, 즉 이러한 계기들이
일정한 '표현의미'로 자신을 채우는 과정이 그 자체로서는 종결될
수 없다는 점, 따라서 우리는 그것의 시작도 종말도 확정할 수 없
고 그 과정에서 항상 개개의 단계들만을 드러내고 그것들을 어떤

---

41) 헤드의 *Krankheitsgeschichte* 제2호, 제2권, 특히 25쪽을 볼 것. 발병하기 전에
   는 페인트공(工)이었던 헤드의 다른 환자(제22호)는 자신에게 제시된 색 견본의
   이름은 말할 수 없었지만, 각각의 색이 어떤 재료로 만들어지고 어떠한 방식으
   로 제조될 수 있는지에 대해서는 상당히 정확하게 서술했다. Head, *Aphasia and
   kindred disorders of speech*, I, 527, II, 337을 참조할 것.

이상적인 단계 계열에 따라서 배열할 수 있다는 점을 항상 명심해야만 한다. 우리가 지각의 개별적인 계기들이 순수하게 대표적인 성격을 갖게 되는 과정을 구성하는 개개의 단계들만을 드러내고 그것들을 어떤 이상적인 단계 계열에 따라서 배열하려고 할 경우, 직관적인 분절과 언어적인 분절 어느 쪽에서도 그 모든 주요 특성에서 서로 일치하는 하나의 상이 생기게 된다. 언어에서의 '개념형성'을 고찰해 보아도 그것이 구체적·감각적 명칭으로부터 시작하고 그것으로부터 점차적으로 순수한 관계와 추상적인 의미의 표현으로 나아간다는 사실이 항상 거듭해서 나타난다. 따라서 언어에서의 '원시적인' 모든 개념형성은 무엇보다도 먼저 그 다양성에 의해서, 즉 고정된 통일점을 둘러싸고 아직 결정(結晶)되지 않은 언어개념의 이상할 정도로 풍부한 특수성에 의해서 보다 고차적인 개념형성으로부터 구별되는 것이다. 동일한 하나의 '유(類)'에 속하는 자연적 존재, 혹은—앉거나 가는 것, 먹거나 마시는 것, 때리거나 파괴하는 것과 같은—동일한 하나의 과정도 그것에 수반되고 그것을 수정하고 그때마다 다른 것으로 변화시키는 특수한 상황에 따라서 그때마다 특수한 다른 이름으로 불리게 된다. 우리는 이러한 과정을 이미 다음과 같이 특징지으려고 했었다.[42] "만약 사람들이 직관세계의 총체를 하나의 동일한 평면과 같은 형상을 갖는 것으로 상정한다면 그리고 명명이라는 행위에 의해서 잇달아 특정한 개별적 형상들이 강조되고 그것들의 주변과 구별

---

42) 『상징형식의 철학』 제1권, 265쪽 이하를 참조할 것.

된다면, 이러한 규정의 과정은 우선은 항상 이러한 평면의 개별적이고 협소하게 한정된 부분에만 관계할 뿐이다. … 왜냐하면 개개의 단어는 아직은 자신만의 비교적 한정된 행동반경만을 가지고 있으며 그것을 넘어서는 무력하게 되기 때문이다. 다수의 서로 상이한 의미영역들 자체를 다시 하나의 통일적 형식에 의해서 표현되는 새로운 언어적 전체로 통합하는 가능성이 그것에는 결여되어 있다. 개개의 단어 모두에 내포되어 있는 형태화와 분리의 힘이 작용하기 시작하고는 있지만 그것은 너무 일찍 한계에 도달하게 된다. 그리고 이제 어떤 새로운 자립적인 출발점을 취하는 것에 의해서 직관의 새로운 권역이 열려야만 한다. 각각이 고립되어 있고 독립적으로 작용하는 이러한 여러 개별적인 충동들 모두를 합해도 기껏해야 집합적 통일성에 도달할 뿐이지 참된 유(類)적인 통일성에 도달하는 것은 아니다. 그 경우 언어표현의 총체는—그것이 하나의 총체를 이루게 될 수 있다면—하나의 집적체일 뿐이지 내적으로 분절된 체계는 아니다. 분절화의 힘은 개개의 명명과 함께 소진되었으며 포괄적인 통일체를 형성하기에는 충분하지 못하다."

언어병리학의 사실들을 고찰함으로써 이제 이러한 사태는 우리가 예기치 않았던 방식으로 다시 입증된다. 사실 건망증을 겪고 있는 일반적인 환자의 색세계를 건강한 사람의 색세계로부터 구별하는 것은 건강한 사람의 색세계에 존재하는 포괄적인 통일성이 환자의 색세계에는 결여되어 있다는 점이다. 건강한 자의 색세계에 비해서 환자의 색세계에는 일관되게, 압도적으로 풍부한 음영, 다양성, 현란한 다채로움이라는 성격이 존재한다. 골트슈타인과 겔프가 강조하는 것처럼, 건강한 사람도 제시된 견본과 함께 많은 색의 샘플을 가능한 한 수동적인 태도와 함께 단순히 지나치게 하면 [환자가 경험하는 것과] 동일한 종류의 다채로운 인상을 환기시킬 수 있다. "그 경우 우리는 전적으로 특정한 태도를 취하고 있다는 체험, 예를 들면 어떤 특정한 색조를 향해서 특정한 태도를 취하고 있다는 체험을 하는 것이 아니라 자신에게 몰려드는 연속적인 체험들에 의해 사로잡혀 있다고 느낀다. … 그러나 우리가 지시에 따른 분류작업을 하게 되자마자 전체적인 현상적 과정이 일거에 변하고 만다. 이전에는 다채롭고 혼란스런 것으로 나타났던 인상들의 집합이 이제는 특유의 분화를 겪게 된다. 즉 견본의 기본색조와 동일한 범주에 속하는 색이 다른 색으로부터 구별되며, 그 범주에 속하지 않는 색은 지배적인 색에 비하면 아무래도 좋은 것이 된다. 그것은 단순히 무시되는 것이다."[43] 이러한 사실이 의미하는 것은, 언어세계든 지각세계든 그것들이 비로소 체계적으로 분절될 수 있게 되는 것은 유의미성 내지 '중요성'의 차이들에 의한 것이다. 이러한 과정에서 지각의 새로운 형식이 선행하고 이것에 이어서 비로소 언어형식이 따르는가, 아니면 그 역의 과정이 타당한가, 즉 언어야말로 비로소 지각의 새로운 형식을 낳는가라는 물음에 대해서는 지금은 더 이상 고민할 필요가 없다. 왜냐하면 우리에게 필요한 것은 바로, 양자를 실제로는 분리할 수 없다는 것, 즉 '감각들의 언어'와 순수한 음성언어는 서로 밀접하게 연

---

43) Gelb und Goldstein, 앞의 책, 151쪽 이하.

관되어 있으면서 함께 발전한다는 사실을 인식하는 것이기 때문이다. 지각세계나 직관세계의 형상을 언어로 표현하기 위해서는 우선 그 형상이 어떤 특정한 '봄'에 의해서 종합되는 것이 분명히 필요하지만, 다른 한편으로 바로 이런 종류의 봄은 언어에 고정됨으로써 비로소 그 항상성과 지속성을 갖게 된다. 이와 같이 창조된 통일성은 언어라는 유대가 그것을 결속시키지 않는 한 언제든 다시 몰락하고 해체되어 버릴 것이다. '감성'이 순수하게 자체 안에서 시작했던 것을 비로소 완결시키는 것은 언어의 '의미(Sinn)'인 것이며 감성에 의해서 지향되었던 것이 언어의 의미에서 달성되는 것이다. 그리고 이와 함께 비로소, 고금의 회의주의가 일찍부터 언어와 그것이 갖는 특수한 인식가치에 대해서 제기했던 주요한 이의들 중 하나도 해소된다. 사람들이 언어에 대해서 비난했던 것은 항상 언어는 참된 현실, 즉 직접적 체험의 현실이 보여주는 풍부함과 개별성을 담을 수 없기 때문에 언어에게는 이러한 현실이 영원히 닫혀 있을 수밖에 없다는 것이었다. 한정된 수의 일반적 기호는 이 풍부한 현실을 파악하고 모사할 수 없다는 것이다. 그러나 이러한 이의에서 간과되는 것은 여기에서 언어에게 짐이 되는 '일반적인 것'에의 경향은 언어에게만 속하는 것이 아니라 지각 자체의 형식 속에 이미 근거하고 있고 포함되어 있다는 사정이다. 만약 지각이 근원적으로 상징적인 요소를 자체 안에 포함하고 있지만 않다면, 지각은 언어의 상징적 표현에게 어떠한 의지처도 출발점도 제공하지 못할 것이다. 따라서 회의적인 언어비판의 πρῶτον φεῦδος[프로톤 프세우도스, 제일의 오류]는, 일반적인 것은 개념과 언어에서 비로소 생기는 반면에 지각은 전적으로 개별적인 것, 전적으로 개체적인 점과 같은 것으로 보는 점에 있다. 만약 그렇다면, '의미들'의 세계인 언어세계와 단순한 '감각들'의 집합체로서 간주되는 지각세계 사이에는 넘어설 수 없는 심연이 존재하게 될 것은 말할 나위가 없다. 그러나 여기에서 지각세계와 언어세계 사이에 그어지는 단절선이 실은 '감각'의 세계와 지각의 세계 사이에 그어져야 한다는 사실이 일단 분명해지면, 물음은 단번에 다른 형태를 띠게 된다. 의식적이고 자체 내에서 분절되어 있는 모든 지각은 사람들이 언어와 함께 시작된다고 생각하는 저 중대한 정신적 위기(Krisis[분리])를 이미 넘어서 있다. 지각은 더 이상 순수하게 수동적이지 않고 능동적이며, 더 이상 수용적이지 않고 '선택적'이며, 개별화되어 있지도 개별화하지도 않으며 일반적인 것을 향해 있다. 이와 같이 지각은 그 자체로 어떤 것을 의미하고 무엇인가를 말하며 무엇인가를 사념하는 것이며, 언어는 이러한 최초의 의미기능을 이어받으면서 그것을 전면적으로 전개하고 완성할 뿐이다. 언어의 단어는 표현가치 내지 재현적인 내용으로서 지각 자체 속에 함축적으로 포함되어 있는 것을 분명하게 전개한다. 이에 반해, 감각주의와 회의적 언어비판이 인식의 최고기준 내지 이상으로서 제시할 수 있다고 믿고 있는 저 전적으로 개별적인 지각, 한낱 단독적인 지각이라는 것은 근본적으로 하나의 병적 현상이다. 즉 그것은 지각이 언어라는 자신의 발판을 상실하기 시작하고 이와 함께 지각에 정신적인 것의 영역으로 진입하는 가장 중요한 통로가 닫힐 때에 나타나는 현상인 것이다.

3. 사물지각의 병리학에 대해서

병리학은 대상에 대한 **지각적 인지**가 중대한 손상을 입고 있다는 공통의 징표를 갖는 일련의 장애를 시각성 인지불능증과 촉각성 인지불능증이라는 개념 아래 종합하고 있다. 이러한 종류의 병례들에서는 감각적 식별능력 자체는 손상되지 않았거나 적어도 본질적인 손상은 입지 않은 것 같다. 개개의 시각적인 질들 내지 촉각적인 질들을 파악하고 그것들을 서로 식별하는 능력을 탐구하기 위한 시험을 해보아도 언뜻 보기에 환자는 건강한 사람과 본질적인 차이를 갖지 않는 것 같다. 환자는 '거친 것'과 '매끄러운 것', '딱딱한 것'과 '부드러운 것', '밝은 것'과 '어두운 것', '유색의 것'과 '무색의 것'을 구별한다. 그러나 그럼에도 불구하고 그는 이러한 모든 자료를 건강한 사람과 동일한 방식으로 대상들을 인지하는 데 사용할 수는 없다. 촉각성 인지불능증을 겪고 있는 환자에게 그가 잘 알고 있고 일상적으로 친숙한 대상을 주면, 그는 그것이 차갑고 매끄러우며 무게를 갖는다고 말할 수는 있어도 그것이 하나의 주화(鑄貨)라고는 말할 수 없다. 또한 부드럽고 따뜻하며 가볍다고는 말할 수 있어도 그것이 솜이라고 말할 수 없다. 이 경우 특히 눈에 띄는 것은 통상적으로 이러한 장애는 지각적 인지의 특정한 범위에 국한되어 있으며 이러한 범위 밖에서는 환자의 인지과정은 건강한 사람의 경우와 완전히 똑같이 진행된다는 점이다. 예를 들어 촉각성 인지불능증은 대부분의 경우 그 장애가 **한쪽** 손에 국한되어 나타난다. 예를 들어 환자가 어떤 대상을 왼손에 쥐고 있을 때는 단지 무겁고 딱딱하고 차갑고 매끄럽다고만 말할 수 있었던 반면에, 환자가 그것을 오른손에 쥐게 되자마자 환자는 즉시 '시계'라고 인지하면서 시계라고 말했다. 따라서 이러한 장애 전체는 일반적으로 다음과 같이 기술할 수 있을 것이다. 즉 환자에게 일정한 감각영역의 자료들은 아마도 변양되었을지라도 어떠한 방식으로든 존속하지만 그것은 그에게는 건강한 사람에게 보이는 것처럼 대상성이라는 지표를 띠고 있지는 않다.[44] 장애의 이러한 성격이 시각적 영역에서 특히 명료하게 나타나는 것은 이른바 '정신맹(精神盲, Seelenblindheit)'의 병례에서다. 왜냐하면 정신맹 환자는 [눈으로는] '보기' 때문이다. 즉 그는 밝기와 색의 차이는 정상적인 사람 못지않게 정확하게 파악하며, 최소한 덜 심각한 병례들에서는 통상적으로 단순한 크기의 차이와 기하학 도형의 차이조차도 정확하게 파악한다. 그러나 환자는—시각적 자료에만 의지하는 한—객관도 인지할 수 없으며 또한 그 객관이 대상으로서 무엇이고 무엇을 의미하는가도 인지할 수 없다. 이러한 점들과 관련해서는 항상 극심한 혼동이 일어나는 것이다. 예를 들

---

44) 손에서 일어나는 지각장애와 결코 결부되어 있지 않은 촉각성 인지불능증의 병례가 있는가라는 물음에 대해서는—내가 아는 한—의학 문헌에서는 일치된 의견이 없다. Heilbronner(Die aphasischen, apraktischen und agnostischen Störungen, Lewandowsky의 *Handbuch* II, 1046)는 이 문제와 관련된 현 상태를 요약하면서, '촉각마비'의 전형적인 예들에서는 항상 어떤 종류의 지각 부전(不全)도 관찰되지만 이러한 지각 부전은 촉각성 인지기능 장애의 심각함과 비례하지는 않는다고 말하고 있다. 따라서 촉각성 인지장애는 결코 지각장애로 환원될 수 없으며 이것에 의해서 충분히 이해될 수도 없다는 것이다.

어 리사워(Lissauer)가 자세하게 보고하고 있는 환자는 어떤 때는 우산을 나뭇잎이 달린 식물로 보았지만 다른 때는 연필로 보았으며, 또한 색깔이 선명한 사과를 어떤 부인의 초상으로 보기도 했다. 이 환자는 종종 대상을 '인지하고 있는' 것처럼 보였지만 그 대상의 의미를 어떤 개별적 징표, 즉 어떤 '진단학적 징후'에 기초해서 추측하고 있을 뿐이며 분절된 전체로서의 그 대상에 대한 어떠한 시각적인 전체상도 가지고 있지 않다는 사실이 곧 분명하게 되었다. 예를 들어 어떤 병례의 경우 환자는 어떤 그림이 어떤 특정한 동물을 표현하고 있다고 정확하게 말했지만, 어떤 부분이 머리이고 꼬리인지는 정확하게 말할 수 없었다고 한다.[45] 여기에서 우리는 이러한 병례들과—개별적인 특징과 임상적 전체상에서는 아무리 달라도—이전에 고찰했던 병례들을 결합하는 어떤 공통의 계기를 곧바로 포착할 수 있다. 왜냐하면 여기에서도 문제가 되는 것은 **의미체험** 영역에서의 어떤 특징적인 장애이기 때문이다. 그러나 이와 함께 우리는 다시 한 번 병리학에 의해서 그것의 고유한 권역을 훨씬 뛰어넘는 문제, 즉 인식의 가장 일반적인 법정에서만 해명될 수 있고 해결될 수 있는 문제에 직면하게 된다.

대상의식의 분석은 근대철학의 근본적 주요과제 중 하나다. 이러한 분석이야말로 이론철학 전체의 가장 중요한 과제라고 보았던 사람이 다름 아닌 칸트다. 1772년에 마르쿠스 헤르츠(Markus

---

45) Lissauer, Ein Fall von Seelenblindheit nebst einem Beitrage zur Theorie derselben, *Archiv für Psychiatrie und Nervenkrankheiten*, Bd. XXI(1890), 239쪽.

Herz)에게 부친—그 후에 칸트가 수행한 이성비판의 문제설정 전체의 맹아를 포함하고 있는—저 유명한 편지에서 칸트는 우리들 속의 표상이라고 불리는 것이 대상에 어떻게 관계하는가라는 물음이야말로 "이제까지 자기 자신에게 은폐되어 있었던 형이상학의 모든 비밀을 해결하는 열쇠"라고 말하고 있다. 그러나 칸트의 선행자들도 이 문제에 대한 통찰을 전혀 가지고 있지 않은 것은 아니었다. 오히려 그들 모두는 이 문제를 참된 근본문제로 보면서 항상 새로운 수단을 끌어들여 그것을 해결하려고 노력했다. 이러한 개개의 해결 시도들 모두는 서로 아무리 달라도 하나의 내적인 연관을 가지고 있다. 왜냐하면 이러한 여러 시도에 존재하는 하나의 특정한 **방법적** 근본차이가 갈수록 첨예하면서도 명료하게 드러나게 되기 때문이다. 이러한 시도들은 항상 거듭해서 모두 두 가지의 상이한 원리적 해결 가능성, 두 가지의 전형적 해답으로 귀착된다. 즉 한쪽에서는 물음에 대한 해명이 '이성'으로부터 기대되고 요구되며, 다른 한쪽에서는 '경험'으로부터 기대되고 요구된다. 한낱 '표상'을 그것이 지시하는 '대상'으로부터 분리시키는 틈은 어떤 때는 합리론적 이론에 의해서, 다른 때는 경험론적 이론에 의해서 메워져야만 한다고 주장되었다. 합리론적 이론은 어떤 순수하게 논리적인 기능이 이 두 개의 계기를 가교(架橋)한다고 주장하였고, 경험론적 이론은 탐구되는 결합의 역할이 '상상력'에 존재한다고 주장하였다. 표상에게 그 '객관'으로서의 가치, 즉 그 대상적인 의미를 부여하는 것은 합리론에서는 표상에 결부되어 있는 순수한 **사고과정**이라고 주장되고, 경험론에서는 표상을 그것과 유사한 다른 표상과 결합하는 **연합**과정이라고 주장되는 것이다. 합리론에서는 추론—특히 '결과'로부터 '원인'으로의 추론—이야말로 대상성의 영역으로 이끄는 것이며 어떤 의미에서는 그것을 정복한다고 주장되는 반면에, 경험론에서 대상은 결국 일정한 규칙에 따라서 서로 결합된 개별적인 감각자료들의 **집합체**에 불과한 것으로 나타난다.

그러나 인식론의 역사와 심리학의 역사에서 끊임없이 지배권을 다투었던 두 이론의 근본적 결함은 그것들이 대상의식을 **설명하려**고 하면서도 대상의식 자체의 순수한 **내용**을 항상 이미 어떠한 방식으로든 변형하고 자의적으로 변화시킬 수밖에 없다는 점에 있다. 양자 모두 결국은 순수한 현상 **자체**를 포착하지 못하고 오히려 그것을 자기 자신의 전제들에 따라서 무리하게 왜곡하려고 한다. 어떤 대상이 특정한 지각체험 속에서 '자신을 표현한다'는 사실, 즉 지금 여기에 주어져 있는 것으로서의 지각체험 속에서 지금 여기에 주어져 있지도 않고 현전하지도 않는 사물이 '눈에 보이게 된다'는 사실은 아무리 많은 개별적인 감각인상을 서로 융합하는 것에 의해서도—혹은 논증적 사고, 즉 이론적 추리와 추론에 의해서 직접 주어져 있는 것을 넘어서는 것을 통해서도—결코 이해될수 없다. 이와 관련된 합리론과 경험론의 해결 시도는 설명이라기보다는 차라리 사태를 전이(轉移)하는 것에 지나지 않는다. 한낱 '연합'의 끈도 또한 언뜻 보기에는 그것보다도 훨씬 더 긴밀하고 엄밀하게 보이는 삼단논법도 대상에 대한 표상의 관계 속에 숨어 있는 전적으로 특유의 결합형식을 구성하기에는 충분하지 않다는 사실이 분명하게 된다. 오히려 여기에 존재하는 것은 다른 근본적이고 근원적인 관계—즉 순수하게 **상징적인** 관계이기 때문에, 경험적·실재적인 객관들 내지 현실적인 사물들 사이에서 보이는 어떠한 관계와도 전적으로 다른 차원에 속하는 관계—인 것이다. 우리는 이러한 상징적 관계를 사물의 규정들로 환원하지 않고 오히려 이러한 관계에서 사물의 규정들을 정립하는 것을 가능하게 하는 조건을 인식해야만 한다. 대상에 대한 표상의 관계는 야기된 것이 야기하는 것에 대해서 갖는 관계가 아니며 또한 원형에 대해서 모상이 갖는 관계도 아니다. 오히려 그것은 표시된 내용에 대해서 표시수단이 갖는 관계, 또한 기호에 의해서 표시된 의미에 대해서 기호가 갖는 관계에 유사하다. 어떤 감각적인 것이 의미를 포함하면서 그 의미를 의식에 직접적으로 표현하는 관계를 '상징[에 의한 의미의] 수태(受胎)'의 관계라고 부른다면, 이 수태라는 사태는 한낱 복사(複寫)의 과정으로도 또한 간접적인 지적 과정으로도 환원될 수 없다. 즉 이러한 사태는 궁극적으로는 그것 없이는 우리에게 '객관'도 '주관'도, '대상'의 통일도 '자기'의 통일도 존재하지 않는 어떤 자립적이고 자율적인 규정으로서 인정되어야만 할 것이다.[46]

그러나 여기에서 다시 병리학적 사례들이 이렇게 긴밀하게 결합된 통일이 느슨해지거나 완전히 파괴되는 독특한 광경을 우리에게 보여준다. 여기에서는 특정한 감각영역의 내용들은 순수한

---

46) 전반적인 것에 대해서는 이 책 142쪽 이하 및 185쪽 이하를 참조할 것.

표현내용으로서 기능하는 힘을 어떠한 방식으로든 상실해 버리는 것 같다. 즉 그러한 내용들이 현존해도 그리고 그것들이 어떠한 방식으로 존재해도 그것들에게는 어떠한 재현적 내용도, 대상의 어떠한 '수태'도 더 이상 깃들어 있지 않다. 이러한 사실을 명확히 드러내기 위해서 우리는 우선 다시 한 번 몇 개의 특징적인 실례들에 대한 고찰에서부터 출발할 것이다. 리사워의 '정신맹 환자'의 병례에 대해서는 이미 언급했다. 리사워 자신은 당시의 지배적인 심리학적 근본견해에 따라서—그의 연구는 1890년에 출간되었다—이 병례를 해석하면서 여기에서는 '연합능력의 병적인 장애'가 존재한다고 보았다. 즉 환자는 특정한 물리적 자극에 대응하는 개개의 감각적 인상은 가지고 있지만 '연합의 장애'를 겪고 있기 때문에 이러한 인상들을 다른 인상들과 올바른 방식으로 결합할 수 없다는 것이다. 리사워는 정신맹의 두 가지 상이한 형태를 상세하게 구별하면서 각각을 '통각(統覺)형' 정신맹과 '연합형' 정신맹이라고 불렀다. 통각형—철학의 용어법에 따르면 차라리 '지각형'이라고 불러야만 하지만—에서는 감각적 지각 자체가 손상을 입고 있는 것에 반해서, 연합형에서는 지각은 손상되지 않고 시각적 인상도 그 질은 변화되지 않지만 시각적인 지각내용과 그것에 해당하는 개념을 구성하는 시각 이외의 구성요소들 사이의 연합은 파괴되어 있다. 따라서 후자의 경우 환자는 지각은 하더라도 지각된 것을 이해하지 못한다. 환자는 개개의 시각적 질들은 소유하고 있지만, 그것들로부터 다른 권역의 질들로의 이행—그때마다 주어져 있는 지각을 특정한 사물의 조직으로 편입하는 것을 비로소 가능하게 하는 이행―을 수행할 수 없는 것이다. 따라서 여기에서 우리가 눈앞에 보고 있는 것을 이론화해서 보자면 그것은 다시 '이해'의 작용을 인상들의 단순한 총합, 감각적 '형상들'의 규칙적 계열로 해소함으로써 설명하려고 하는 시도일 뿐이다. 이러한 견해가 다시 한 번 생리학적으로 확장되어, 시각성 '기억장(記憶場)'의 손상이라든가 이러한 기억장을 시(視)지각 중추(中樞)와 결합하고 있는 연합섬유의 손상이 문제가 되는 것으로 간주되었다.[47] 폰 슈타우펜베르크는 1914년에 발표된 '정신맹'에 대한 전문적인 논문에서 이 질환의 두 가지 근본형태를 구별하면서, 임상적으로 잘 알려져 있는 병례들이 이 두 가지 근본형태에 속하는 것으로 보았다. 근본형태들 중 하나에서 문제가 되는 것은 "조잡한 시각적 인상들을 중추에서 가공하는 과정에서의 장애이며, 이러한 장애에서는 보다 섬세한 형태를 형성하는 것이 더 이상 가능하지 않게 되든가 충분히 가능하지 않게 된다. 근본형태들 중 다른 하나에서 문제가 되는 것은 이전의 자극복합체들의 연상이 불가능하게 되든가 혹은 곤란하게 된다는 의미에서 표상능력의 전반적 손상이며 이 때문에 다소간 불완전한 시각적·형상적 요소들이 이전의 자극복합체들을 더 이상 공명(共鳴)하게 만들지 못하는 것이다."[48] 따라서 여기에서도 또한 임상적 관찰을 본질적으로는 뇌 속의 과정들이라든가 개별적인 중추들을 결합하는 연락로(連絡路)에 대한

---

47) Lissauer, 앞의 책, 249쪽 이하를 참조할 것.

48) v. Stauffenberg, *Über Seelenblindheit*, Wiesbaden 1914.

어떤 종류의 생리학적 근본견해의 틀 안에서 해석하고 있다. 이러한 한 종류의 일련의 시도들에 대해서 1918년에 처음으로 발표되었던 겔프와 골트슈타인의 연구는―이 연구가 이제까지 관찰된 적이 없는 임상적인 개별현상들에 의지한다는 점은 제외하더라도―무엇보다도 먼저 **방법상의** 새로운 전환을 의미하고 있다. 왜냐하면 이 두 저자는 특정한 병증에 대한 어떤 생리학적 설명을 시도하기 전에 우선 현상학적 분석이 상세하게 수행되어야만 한다는 입장, 즉 병에 의해서 변화된 **체험**이 사실상 어떤 성질의 것인가라는 물음을 제기해야만 하며 질환의 '자리'와 그 원인에 대한 일체의 가설로부터 벗어나 일차적으로 이러한 물음을 해명해야만 한다는 입장에서 출발하기 때문이다. 이러한 요구는 하나의 원리로서 이미 잭슨에 의해서 제기되었던 것이지만, 이제 이 요구가 순수하게 사실적인 증세에 있어서 분석에 커다란 곤란을 초래했던 하나의 병례에 입각하여 관철되었던 것이다. 그 병례란, 시각적 인지의 극히 중대한―시각만으로는 극히 단순한 형태조차도 파악할 수 없을 정도로 중대한―손상을 겪는 한 환자의 병례였다. 이 환자는 단순한 기하학적 도형의 윤곽과 평면도형의 의미를 파악할 수 없었을 뿐 아니라 불연속적인 요소들로부터 형태들을, 예를 들어 네 개의 각의 위치를 표시하는 점들로 표시된 사각형을 제대로 인지할 수도 없었다. 골트슈타인과 겔프는 자신들의 연구의 성과를 아래와 같이 요약하고 있다. "환자가 시각을 통해서 보고 있는 것에는 독특한 성격을 갖는 구조가 결여되어 있다. 그가 갖는 인상은 정상적인 사람의 경우에서처럼 확실하게 형태화되어 있지 않다. 예를 들어 그것에는 사각형, 삼각형, 직선, 곡선 등의 성격을 보여주는 각인이 결여되어 있다. 그가 보고 있는 것은 '얼룩들'인 것이며 그는 그것에서 높이와 폭, 그것들 사이의 상호관계와 같은 극히 대략의 성질들만 볼 수 있다."[49] 따라서 이 환자에서는 대상의 시각적 인지기능도 극히 심각하게 손상되어 있음이 틀림없다. 그러나 이제 여기에서 이 병례의 특히 현저하고 주목할 만한 사태가 나타났다. 즉 이 환자는 언뜻 보기에는 그러한 장애가 있다고 생각할 수 없을 정도로 특정한 **작업들**을 문제없이 수행했다. 그는 자신의 환경에서 매우 잘 행동했을 뿐 아니라 실생활에서의 그의 태도도 정상적인 사람과 거의 다를 바가 없었다. 머리에 총을 맞고 부상을 입은 것이 그의 병의 원인이었다. 부상을 입기 전에 그는 광부였다. 그러나 그가 치유되고 전체적인 상태가 좋아지게 되자 그는 단기간에 아무런 어려움 없이 새로운 직업에 숙달할 수 있었다. 그는 자신에게 제시된 유색(有色)의 그림들의 내용을 본질적인 점에서 올바르게 묘사할 수 있었을 뿐 아니라, 자신에게 제시된 입체적인 대상의 이름을 말해야 했을 경우에도 어떠한 현저한 장애도 보이지 않았다. 즉 그는 일상적으로 사용되는 친숙한 대상들은 통상적으로 즉각 '인지'했던 것이다. 특히

---

49) Gelb und Goldstein, Zur Psychologie des optischen Wahnehmungs- und Erkennungsvorgangs(이 논문은 처음에는 *Zeitschrift für die ges. Neurologie und Psychiatrie*, Bd. 41, 1918에 발표되었고, *Psychologische Analysen hirnpathologischer Fälle*, Leipzig 1920, I에 다시 수록되었다). 이하의 인용은 1920년에 나온 책에 따른다.

눈에 띄는 점은 그가 그러한 대상들을 충분히 정확하게 **묘사할** 수 있었고 정상적인 사람보다 약간 느리기는 하지만 **읽을** 수도 있었다. 이러한 변칙적 사태는, 이 환자가 이 모든 작업을 그가 이용하는 **시각적** 현상들에 기초하여 수행하는 것이 아니라 전적으로 다른 방법에 의해서 그것을 수행했다는 사실이 상세한 분석—그 상세한 내용을 여기서는 다룰 수 없지만—에 근거하여 분명하게 되었을 때에야 비로소 설명될 수 있었다. 평면적인 형상과 입체적인 대상을 '인지하는 것', 쓰여 있고 인쇄되어 있는 문자들을 읽는 것은 항상, 환자가 시각에 나타나 있는 것을 일정한 **동작**으로 모사할 수 있을 경우에만 가능했다. 이 환자는 자신이 읽는 모든 것을 그 문자들을 독특한 방식으로 그려내는 방식으로 써보아야만 했다. 즉 그는 그에게는 그 윤곽이 유색의 얼룩으로 보이는 활자 하나하나를 그것에 대응하는 방식으로 머리를 움직이면서 그려내고, 이를 통해서 얻어진 여러 운동감각적 인상들을 근거로 하여 문자 하나하나와 최종적으로는 전체로서의 단어를 식별했다. 그러나 환자의 머리를 고정시키거나 문자를 따라서 그려내는 운동감각적 독해의 가능성을 다른 수단에 의해서 배제함으로써 그러한 동작을 하지 못하게 하면, 그는 활자나 원과 직사각형과 같은 단순한 기하학 도형도 더 이상 인지할 수 없었다. 그럼에도 불구하고 빛과 색에 대한 감각은 보존되어 있었고 변질되었더라도 그 정도는 매우 미약하여 시각적 인지에 미치는 영향은 거의 없는 것으로 간주되어도 좋았다. "환자는 시각공간(Sehraum) 속에 배치된 유색의 얼룩과 무색의 얼룩을 보았다. 아마도 그는 어떤 얼룩이 다른 얼룩보다 더 위에 있거나 아래에 있는지, 오른쪽에 있는지 왼쪽에 있는지, 엷은지 진한지, 큰지 작은지, 짧은지 긴지, 가깝거나 먼지도 보지만 그 이상의 것은 보지 못하는 것 같다. 왜냐하면 여러 얼룩이 병존하면서 혼란스런 인상을 야기할 뿐 정상적인 인간의 경우처럼 특수한 방식으로 확고한 형태를 갖는 전체라는 인상을 야기하지는 않기 때문이다."[50] 따라서 환자의 시각적 체험은 개별적인 의미단편들만을 형성할 뿐이며 이 단편들은 더 이상 하나의 의미 전체, 즉 하나의 통일적인 의미를 수태하는 것이 될 수는 없었다. 정상적인 사람의 지각에서는 모든 특수한 측면은 항상 어떤 포괄적인 연관, 즉 여러 측면들로 이루어져 있지만 질서 있게 분절되어 있는 하나의 전체에 관련되며, 이러한 연관으로부터 해석되고 의미를 얻게 된다. 그러나 시각성 인지불능증과 촉각성 인지불능증의 병례들은 바로 이러한 연관이 해체되어 있음을 보여준다. 보통 모든 개별지각은 일종의 이념적인 의미통일체 속에 포함되어 있으며 이러한 의미통일체에 의해서 종합되어 있다. 이는 하나의 **문장**이 갖는 의미에 대한 체험이 개별단어들에 대한 개별적인 해석들을 포함하고 있고 이러한 해석들을 계기들로서 포섭하고 있는 것과 마찬가지다. 그러나 환자들의 경우에는 개별지각들이 이를테면 산산이 부서져 있다. 의미의 연속체는 갈수록 한낱 비연속체가 된다. 개개의 감각적 형상 자체는 손상되지 않지만 이 현상들의 통사론적 구조는 손상된다. 이는 우리가 이른바 '문법장애

---

50) 같은 책, 128쪽 이하.

(Agrammatismus)[51]에 의한 언어장애'에서 관찰할 수 있는 것과 유사한 일종의 지각의 '문법장애' 같은 것이 일어나고 있는 것과 같다.[52]

이러한 사실을 고려할 경우, 골트슈타인과 겔프의 정신맹 환자의 병례는 동일한 저자들에 의해서 서술된 색명 건망증의 병례와 —비록 그 임상적 전체상에서는 아무리 달라도—**이론적으로는** 동일한 선상에 놓일 수 있으며 동일한 하나의 공통적인 시점 아래 포섭될 수 있다. 색명 건망증에서는 개개의 색체험이 실로 독자적으로 성립하지만 색계열의 어떤 특별한 점들에 더 이상 방향 지어지지 않으며 이 후자를 더 이상 대표할 수 없는 것과 마찬가지로, 인지불능증의 현상들에서 문제가 되는 것도 지각의 '대표적' 성격, 즉 지각의 표시기능에서 장애가 일어난다는 것이다. 지각은 이른바 평면적인 것으로 머무는 것이다. 즉 지각은 더 이상 '대상'이라는 심층의 차원에 따라서 규정되지 않으며 이러한 차원을 향해서 이끌리지도 않는다.[53] 그리고 임상적 사실들을 아무런 선입견 없이 관찰하고 평가해 보면, 여기에서 한낱 '연합의 장애' 이상의 것이 문제가 되고 있다는 사실이 드러난다. 골트슈타인과 겔프는 이러한 사실들이 연합심리학적 설명의 도식에 의해서는 무리하게만 설명될 수 있으며 심지어 이러한 사실들은 그러한 도식에 전적으로 모순된다는 점을 극히 강력하게 강조하고 있다. 여기에

---

51) [역주] 문법에 따라서 말하는 것에 장애가 있는 것을 말함.
52) 이에 대해서 상세한 것은, A. Pick, *Die agrammatischen Sprachstörungen*, I, Berlin 1913.
53) 이 책 262쪽 이하를 참조할 것.

서 문제가 되는 것이 '논증적' 사고, 즉 판단작용과 추론작용의 장애라고 상정하는 것도 거의 도움이 되지 않는다. 골트슈타인과 겔프의 정신맹 환자는 어떤 '지능장애'를 보이지만 이러한 장애는 전적으로 다른 영역에서 생겼다. 즉 이 환자에게는 시각공간뿐 아니라 '수공간'도 결여되어 있기 때문에, 그는 개개의 수를 그 순수한 위치가(位置價)에 입각하여, 즉 그것의 '보다 큼'과 '보다 작음'이라는 관계에 입각하여 배열할 수 없었고 따라서 그 수들을 유의미한 방식으로 헤아릴 수도 없었다.[54] 이에 반해 이 환자는 대부분의 순수하게 형식적인 판단과 추론은 전혀 오류 없이 행할 수 있었다. 나 자신도 여러 번 반복해서 이 환자와 대화를 나눌 기회가 있었지만, 그때마다 매번 그의 사고의 명석함과 예리함, 그의 추론의 정확함과 형식상의 올바름에 놀랐다. 그리고 바로 이렇게 고도로 발달된 논증적 '추론'활동 덕분에 그는 시각적인 표상능력과 기억능력의 심각한 손상을 많은 경우 거의 완전히 보충할 수 있었으며 따라서 그러한 장애들이 실생활에서는 거의 문제가 되지 않았다. 왜냐하면 그는 어떤 대상을 그 시각적 현상에 기초하여 직접 '인지'하는 것은 아니지만, 그에게 남아 있는 불충분하고 불확실한 시각적 자료들을 사물의 의미를 간접적으로 추론하기 위한 지표들로서 이용했기 때문이다. 물론 이 지표들은 상징으로서 의미를 수태하는 참된 지각에 내재하는 직접적인 '현전화'의 힘은 가지고 있지 않았다. 즉 그것들은 단지 신호로 기능할 뿐이지 상징으

---

54) 이에 대해서는 이 장의 제4절을 참조할 것.

로 기능하는 것은 아니다. 그는 자신이 아직 파악할 수 있었던 상대적으로 매우 적은 공간형태, 예를 들어 '아래쪽은 폭이 넓고 위쪽은 폭이 좁은'이라든가, '어디에서든 폭이 동일한'이라는 규정으로부터 일정한 참조사항들을 획득한 후 그것들에 입각하여 눈앞의 대상이나 그림으로 묘사된 것의 종류에 대해서 추측할 수 있었다. 그러나 보다 상세하게 조사해 볼 때, 이러한 모든 병례에서 행해지는 것은 참된 지각적 인지작용이 아니라 자신이 눈앞에 보고 있는 대상에 대한 '추정'이라는 사실이 드러났다. 저 리사워의 환자도 비스마르크의 초상을 올바르게 '인지'했을지라도 그 초상의 어디에 눈이 있고 귀가 있으며 모자가 있는지는 진술하지 못했기 때문에, 그의 경우에도 행해지고 있는 것은 이러한 추정 이상의 것은 아니었다. 그리고 골트슈타인과 겔프의 정신맹 환자의 경우, 이 환자의 이러한 종류의 대상인지에 관해서 수행된 상세한 기록에서, 지각에 의한 참된 **의미수태**와 대상에 대한 한낱 논증적인 지식, 즉 단순히 표지(標識)에 기초한 지식 사이에 존재하는 특유의 차이가 어디에 존재하는지가 분명히 드러난다. [의미를] 수태하고 있는 지각은 대상이 그것의 현상방식들 중 하나에 구체적으로 현전하는 방식으로 그 대상을 '확보하고 있지만', 지식은 하나의 특정한 특징으로부터 대상을 '향해서' 추론할 뿐이다. 전자에서 문제가 되는 것은 시선의 통일이며 이러한 통일의 힘으로 다양한 측면들이 하나의 객관에 속하는 측면들로서 나타난다. 그리고 그 객관은 이러한 측면들에서 동일한 하나의 객관으로서 직관적으로 '사념되고' 있다. 이에 반해 후자에서 지각은 이를테면 하나의 현상으로부터 다른 현상으로 서서히 그리고 신중하게 탐색하면서 전진해야 하며, 그리고 마지막에서야 지각된 것의 의미를 밝혀야 한다. 이러한 사실은 지각판단의 양상에서도 특징적인 방식으로 나타난다. 왜냐하면 [의미를] '수태한' 지각이 항상 어떤 단정적인 정립으로 이끄는 것에 반해서, '논증적인' 지각은 '개연적인' 정립에 머무르는 것이 보통이기 때문이다. 전자는 전체에 대한 직관을 자체 내에 포함하는 반면에, 후자는 가장 순조롭게 진행되는 경우에조차도 여러 징표의 올바른 조합으로 이끈다. 전자는 상징적이고 유의미한 것인 반면에, 후자는 징후적·지시적일 뿐이다.[55]

---

55) 건강한 사람의 대상인지를 특징짓는 '표현능력의 수태'에 대해서 환자의 탐색하는 방법, 즉 '논증에 의해서 조합하는' 방법이 갖는 이러한 차이는, 내가 환자와 만나서 대화를 나눌 기회를 가질 때마다 극히 인상 깊게 의식되었다. 여기에서 문제가 되고 있는 특수한 계기를 파악하려면 골트슈타인과 젤프 자신에 의한 기록을 읽어보아야만 한다. 그러나 나는 그 기록에서, 환자가 일상생활에서 자기 주위에 있는 어떤 대상을 '인지할' 경우에 보이는 전체적인 태도를 가늠할 수 있는 간단하면서도 특징적인 검사를 여기에서 소개하고 싶다. 이 검사는 환자와 함께 공원을 산책하면서 그에게 여러 대상과 사건을 보여주는 것으로 이루어져 있다. 대상 1. (대략 50보 정도 떨어진 곳에서 청소를 하고 있는 남자). 환자는 자발적으로 이렇게 말한다. "저기에 있는 남자는 청소를 하고 있습니다. 나에게는 그것이 분명합니다. 나는 그를 매일 봅니다." 질문(무엇이 보입니까?) "하나의 긴 선입니다. 그리고 그 아래쪽에 어떤 것이 보입니다. 이것은 어떤 때는 여기에 있고 어떤 때는 저기에 있습니다." … 이때 그는 자신이 길에서 사람과 차를 어떻게 구별하는지를 자발적으로 말한다. "사람들이 모두 똑같습니다. 마르고 깁니다. 차는 폭이 넓습니다. 그것은 바로 눈에 뜨이고 훨씬 굵습니다." 대상(6) (등, 그 옆에 큰 돌). 환자는 오랫동안 생각한 후 '등'이라고 말한다. 그가 말하는 바에 따르면 그는 길고 검은 하나의 선과 그 위에 폭이 넓은 어떤 것을 보았다. 나중에 그는 "위의 것은 투명하고 네 개의 봉(棒)을 가지고 있다"고도 말했다. 그는 돌을 '언덕'이라고 설명한다. "그것은 땅일 수도 있다."(Gelb und Goldstein,

이러한 차이를 기술하려고 할 때 항상 예증(例證)으로서 떠오르는 것은 어떤 문장을 '읽는 것(Lesen)'과 그것을 단순히 한자한자 읽는 것 사이에 존재하는 차이다. 골트슈타인과 겔프는 자신들의 환자들에 대해서 이렇게 보고하고 있다. "환자는 마분지를 잘라서 만든 직사각형, 원형, 타원형, 마름모형 등의 도형을 손으로 만져보면서 그 형태를 올바르게 진술할 수 있었다. 그러나 그가 그렇게 올바르게 진술할 수 있었던 것은 (각, 직선, 경계선, 곡선 등과 같은) 단위들을 이미 서술된 방식으로 인지하면서 그것들로부터 이를테면 글자 하나하나를 읽으면서 전체로 추론하는 것에 의해서였으며, 객관에 대한 어떤 동시적인 이미지를 갖는 것에 의해서는 아니었다." 체험의 바로 이러한 진행방식, 즉 이러한 파편(破片)적 성격에, 인지불능장애를 어떤 종류의 실어장애와 결합하는 어떤 공통적인 징표가 존재하는 것 같다. 실어증환자 중에서는 자신의 말이 바로 이러한 파편적 성격을 갖고 있다는 것을 느끼는 사람도 있는 것 같다. 즉 그들은 언표된 말을 파악하거나 책을 읽을 경우 실로 세부적인 것들은 이해하지만, 이러한 세부적인 것들이 충분히 빨리 그리고 정확하게 "함께 진행되지" 않는다고 한탄하는 것이다. 헤드의 어떤 환자는 이렇게 말했다. "나에게는 모든 것이 작은 조각들입니다. 어떤 것에서 바로 그 옆에 있는 것으로 점프하는 사람처럼 나는 점프해야 합니다. 나는 그것들을 볼 수는 있지만 표현할 수는 없습니다."[56] 지각의 표현적 성격과 단어의 의미

앞의 책, 108쪽)

성격에서 일어나는 장애는 모두 어떤 방식으로든 체험의 연속성을 침해한다는 것, 즉 그러한 장애에 의해서 환자의 세계가 '파편적인 것이 될' 위험성이 있다는 것을 이 이상으로 명료하게 보여주는 것은 거의 불가능할 것이다. 우리는 여기에서 불가피하게 플라톤을 떠올리게 된다. 플라톤은 지각을 점(点)과 같은 성격을 갖는 개체들의 집합으로 해소시키는 프로타고라스의 감각주의적 지각이론에 반대해서 이렇게 주장한다. 즉 [트로이 전쟁의] 목마 속에 병사들이 나란히 있는 것처럼 우리 속에 다양한 지각들이 단지 병존하고 있을 뿐이고 이 모든 것이 하나의 이데아의 통일 속으로 (εἰς μίαν τινα ἰδέαν[에이스 미안 티나 이데안]) 종합되지 않는다면 끔찍할 것이라고. 플라톤에서는 '시야'의 통일인 이데아의 이러한 통일에 의해서 비로소 혼의 통일도 구성된다.[57] 시각성 인지불능장애는 '봄(Sehen)'의 장애가 아니라 오히려 이런 종류의 '시야'의 장애인 것이다.[58] 따라서—이 분야의 최고의 전문가들과 가장 예리

---

56) 상당히 높은 지능을 가지고 있었던 젊은 장교였던 헤드의 환자 제2호의 말, Head, 앞의 책, II, 32쪽을 참조할 것. 또 다른 환자(제8호)는 퍼즐 게임을 하려고 시도했지만 그것을 제대로 할 수 없었다고 말하고 있다. "나는 조각그림 맞추기 게임을 하려고 했지만 제대로 할 수 없었다. 나는 조각그림 하나하나는 볼 수 있었지만 그것들 사이의 관계는 볼 수 없었으며 어떠한 일반적인 관념도 가질 수 없었다."(같은 책, II, 113쪽)

57) Platon, Theaetet 184 D.

58) 골트슈타인과 겔프의 환자들 중 한 사람은—정신맹 환자인 슈나이더와는 달리—적절한 시각표상을 스스로에게 환기시킬 수는 있었지만, 그 시각표상에는 분명히 결함이 있었다. "그가 마음속에 떠올릴 수 있었던 것은 … 어떤 대상의 개개의 단편, 개개의 부분뿐이었지만, 이것들은 매우 명료하게 떠올릴 수 있었다. 그 경우 문제가 되는 것은 그 대상이 큰지 작은지가 아니었다. 본질적인 것은 그

한 관찰자들이 반복해서 강조한 것처럼—이러한 종류의 장애에 의해서는 '세계상'의 개별적인 특성들이 손상되고 흐려질 뿐 아니라 이 세계상 자체가 전체로서 변화되고 만다. 즉 이 세계상은 그 구조와 그것을 구축하는 정신적 원리가 변화되었기 때문에 다른 전체적 형식을 갖게 된다.

4. 공간 · 시간 · 수

임상적 관찰에서 볼 수 있는 것처럼, 시각성 인지불능증이라는 명칭 아래 포섭될 수 있는 질환에는 거의 예외 없이 '공간감각' 과 공간지각의 중대한 병적인 변화가 수반되는 것 같다. 감관자극의 위치를 규정하는 능력이 극히 심각하게 손상되어 있는 것이 보통이며, 환자가 자기 자신의 신체와 팔다리 각각의 상대적 위치에

대상의 세부가 단순한가 복잡한가 하는 것이었다. 복잡하다면, 환자는 그 대상을 단지 파편적으로, 즉 부분부분만을 연이어서 떠올릴 수 있었다. 이 경우—그가 항상 자신에게 자발적으로 말했던 것에 따르면—어떤 부분을 명료하게 파악한 순간, 나머지 부분이 빠져나가고 말았다." 예를 들어 사자가 어떻게 보이는가 라는 질문에 대해서, 이 환자는 이렇게 대답했다. "갈색이며, 머리는 크고, 꼬리를 가지고 있다. … 그러나 내가 머리를 생각하면, 다리 부분을 놓쳐버린다." (Gelb und Goldstein, 앞의 책, 122쪽) 이 말에 대해서도 헤드에 의해서 보고되고 있는 환자의 다른 말을 대비해 볼 수 있다. "나는 하나의 고립된 문장이라면 그것의 의미를 이해할 수 있다. 그러나 단어는 어느 하나도 이해할 수 없다. 단락의 중간을 이해할 수 없기 때문에, 나는 되돌아가 그 앞의 마침표에서부터 다시 시작해야만 한다."(Head, *Brain*, XXXXIII, 114쪽)

관해서 갖는 표상도 중대한 결함을 보이고 있다. 예를 들어 정신
맹 환자 슈나이더는 눈을 감고 있을 때는 자신의 머리와 그 외의
신체부분의 위치를 규정할 수 없었다. 그가 자신의 팔다리 중 하
나를 어떤 특정한 위치로 움직일 경우에도, 예를 들어 자신이 오른
팔을 옆구리 방향으로 수평으로 올릴 경우에도 그는 **직접적으로는**
팔의 위치를 말할 수 없었다. 그는 다만 힘들게 우회적인 노력을
함으로써, 즉 몸 전체를 특정한 방식으로 진자(振子)처럼 움직임으
로써 자신의 팔의 위치를 가리킬 수 있었다. 이 경우에도 전체적
인 결과는 개개의 작업을 '하나씩 분해하는 방식으로' 획득되어야
만 했던 것이다. 이 환자는 또한 자신의 신체가 공간에서 전체로
서 어떤 위치에 있는지를 직접적으로 느낄 수 없었다. 예를 들어
그는 자신이 서 있는지 또는 소파에 수평으로 누워 있는지 아니면
45도 각도로 비스듬히 누워 있는지를 자신 있게 말할 수 없었다.
또한 그는 자신의 팔다리 하나하나를 다른 사람이 움직일 경우에
도 그것이 어떤 방향으로 그리고 어느 정도로 움직이는지에 대해
서―앞에서 언급한 것처럼 우회적인 여러 행동을 할 경우가 아니
라면―아무 말도 할 수 없었다. 자신의 의지로 수행하는 모든 운
동도 눈을 감은 상태에서는 극히 어려웠다. 즉 환자는 **특정한** 팔다
리를 움직이라는 요구에 대해서 처음에는 어쩔 줄을 모르고 있었
다. 이에 반해 그는 자동적으로 행해지는 일상생활상의 특정의 운
동과정은 정도 차이는 있지만 상당히 잘 수행했다. 예를 들어 그
는 성냥상자에서 성냥을 하나 꺼내서 자신 앞에 있는 촛불에 불을
켜는 것은 상당히 신속하게 할 수 있었다. 이 모든 사실로부터 분

명하게 된 것은 환자는 실로 특히 자신의 운동감각적 느낌을 토대로 하여 여전히 어떠한 방식으로든 공간 내에서 '올바르게 행동할' 수 있었고 특정한 상황에 대해서는 공간적으로 볼 때 적절하게 **태도를 취할** 수 있었지만 공간 전체에 대한 그의 '표상'은 극히 심각하게 손상되어 있었다는 점이다. 골트슈타인과 겔프는, 눈을 감은 상태에서는 이 환자가 어떠한 '공간표상'도 소유하고 있지 않은 것으로 보고 있다.[59]

여기에서도 지각의 **병리학**은 공간에 대한 순수한 **현상학**이 거둔 가장 중요한 성과들 중 하나를 확증하고 있다. 왜냐하면 공간의 현상학도 또한 단순한 **행동공간**과 순수한 **표시공간** 사이에 존재하는 차이를 거듭해서 부각시키고 있기 때문이다.[60] 행동공간은 단순한 활동영역을 의미하며, 표시공간은 이념적인 구성체를 의미한다. 그리고 '방위결정'의 방식은 이 두 경우에서 본질적으로 다르다. 즉 전자에서는 방위결정이 이미 습득된 운동 메커니즘에 입각하여 행해지는 반면에, 후자에서는 공간 내의 가능한 방향들의 전체를 포괄하면서 그러한 방향들을 어떤 특정한 방식으로 서로 관계 짓는 자유로운 조망에 입각하여 행해진다. 표시공간에서는 '위'와 '아래', '오른쪽'과 '왼쪽'과 같은 모든 것이 단지 신체의 일정한 느낌에 의해서 규정되고 그 느낌을 통해서 어떤 질적인 지표(指標)나 어떤 감각적 징표를 부여받는 것이 아니다. 그것

---

59) Gelb und Goldstein, *Psychologische Analysen* I, 206쪽 이하, 226쪽 이하.
60) 이에 대해서는 이 책 276쪽 이하를 참조할 것.

들은 오히려 하나의 체계적인 전체 지도 내에서 다른 관계들과 연관되어 있는 공간관계의 한 형식을 표현한다. 이러한 전체 체계 내에서 규정을 위한 출발점, 즉 영점(零點)은 자유롭게 선택될 수 있고 임의로 이동될 수 있다. 개개의 기본적이고 주요한 방향 하나하나는 어떠한 절대적 가치를 갖지 않고 상대적인 가치를 가질 뿐이다. 그것들은 결정적으로 고정되어 있는 것이 아니라 고찰의 시점(視點)에 따라서 변하는 것이다. 이러한 공간은 실재하는 고정된 껍질처럼 사물들과 사건들을 포함하고 있는 고정된 용기가 더 이상 아니다. 그것은 라이프니츠가 부르는 것처럼 '가능성들'의 이념적인 총체인 것이다. 이러한 공간 내에서의 방위결정은 의식이 이러한 가능성들을 자유롭게 떠올릴 수 있고 그것들을 직관과 사고에 의해서 미리 선취하면서 고려할 수 있다는 것을 전제하고 있다. 골트슈타인은 「시각과정에 대한 운동의 의존성(Über die Abhängigkeit der Bewegungen von optischen Vorgängen)」이라는 논문[61]에서 이 공간이 압도적으로 시각적인 성격을 가지고 있다는 사실을 강조하고 있다. 이러한 주장은 시각자료들이 공간구성을 위한 가장 중요한 재료를 이루고 있고 시각성 인지불능증에서 보는 것처럼 시각자료들이 심각하게 손상되면 공간구성도 더 이상 정상적인 사람과 동일한 방식으로 수행될 수 없기 때문에 의심할 바 없이 올바르다. 그러나 '상징공간'을 특징짓는 형식이 시각인상들로부터 도출될 수 없고 오히려 시각인상들은 상징공간 형성의

---

61) *Monatsschrift für Psychiatrie und Neurologie*, Bd. 54, 141쪽 이하.

하나의 개별 계기에 불과할 뿐이라면 그러한 주장은 보완될 필요가 있다. 시각인상들은 실로 상징공간 형성을 위한 필요조건이기는 하지만 그 충분조건은 아닌 것이다. 임상경험도 이러한 결론을 입증하는 것으로 보인다. 왜냐하면 환자의 시각적인 지각능력에 본질적인 변화가 일어나지 않는 그러한 병례들에서조차도 '공간직관'에는 극히 특징적인 변화가 관찰될 수 있다는 사실이 임상경험에서 나타나기 때문이다. 실어증환자들의 다수는 몸을 움직이지 않고서도 순수하게 시각만으로 적절하게 방향을 결정하고 자신을 둘러싸고 있는 객체들의 위치를 시각에 입각하여 적절하게 구별할 수 있지만, 하나의 **도식적 공간**으로 번역하는 것과 같은 것을 필요로 하는 작업이 요구되면 좌절하고 만다. 그들은 자신들이 보았고 보면서 인식했던 것을 그림을 그려내고 그림으로 **표현**할 수 없다. 그들은 자신의 방에 대한 간단한 스케치를 하지 못하며, 방안에 있는 대상들의 장소를 이 스케치에 기입하지 못한다. 그들이 그러한 시도를 하려고 할 경우 공간적인 관계들만이 고려되지 않고 순수한 **배치공간**으로서의 공간에게는 중요하지 않거나 교란을 일으키는 어떤 종류의 세부가 덧붙여지면서 일방적으로 우대를 받게 된다. 책상, 의자, 창과 같은 개별적인 사물들이 구체적으로 그려지고 세세하게 모사될 뿐이며 공간 내에서 그것들이 차지하는 위치는 **기호화되지** 못한다. 도식기능과 **기호화하는** 기능의 이러한 정지야말로 실어장애에서와 마찬가지로 인지불능장애와 운동신경장애에서도 관찰되는 기본적 장애의 하나를 이루고 있는 것으로 여겨진다. 이 점에 대해서는 다른 맥락에서 논해야만 할 것이다.[62] 여기에서 우리가 그러한 기능들의 정지를 고찰하는 것은, 그것이 단순한 행위공간과 태도공간과 대비되는 '직관'의 공간이 갖는 특징을 보여주는 결정적인 차이를 우리 눈앞에 보여주기에 적합하기 때문이다. 직관의 공간은 단지 감각적인 자료들, 특히 시각적인 자료들의 **현전**에만 의거하지 않고 '**현전화**'라는 근본기능을 전제하고 있다. 이러한 공간의 개별적인 위치들, 즉 '여기'와 '저기'는 명확하게 구별되어야만 한다. 그러나 그것들은 바로 이렇게 구별되면서도 다시 하나의 전체적인 시각, 즉 하나의 개관(槪觀) 속에서 다시 통합되어야만 한다. 이러한 개관에 의해서 비로소 이러한 공간 **전체**가 우리에게 제시된다. 여기에서는 분화의 과정이 직접적으로 동시에 통합의 과정을 포함하고 있다. 실어증환자가 많은 경우 제대로 수행하지 못하는 것도 바로 이러한 통합이며, 공간 내에서의 방위 결정이 하나씩 또한 어떤 의미에서 일보일보 (一步一步) 수행된다면 본질적인 장애가 일어나지 않는 경우에조차도 그러하다. 헤드는 그의 환자들 중 다수가 그들에게 잘 알려져 있는 특정한 길, 예를 들어 병원에서 자택까지의 길을 별 문제없이 찾아내면서도, 그들이 통과해야만 했던 개개의 거리들은 지시할 수 없었으며 그 길의 전체적인 행로를 연관성 있게 표현할 수 없었다고 보고하고 있다.[63] 이러한 보고는, 상징적인 요소들에 의

---

62) 이 장 제5절을 참조할 것.

63) 헤드의 *Krankengeschichte* Nr. 2, *Aphasia and kindred disorders of speech*, Bd. II, 31쪽. 그 이전의 것으로는 Head, *Aphasia and kindred disorders of speech*, I, 264, 339, 393, 415쪽 이하 등을 볼 것.

해서 아직 채워지지 않은 공간직관의 저 '보다 원시적인' 형식, 예를 들어 강이 흐르는 모든 개개의 장소는 잘 알고 있지만 강줄기의 지도를 그릴 수는 없었던 자연민족들에서 보이는 것과 같은 공간직관의 형식을 떠올리게 한다. 그리고 동시에 실어증환자들의 예에 입각하여 우리는 이러한 어려움의 보다 깊은 근거에 대한 새로운 통찰을 가질 수 있다. 많은 환자는 스스로의 힘으로 자신의 집의 도면을 그릴 수는 없지만, 그 기본적인 약도를 제공하면 그것에 입각하여 상당히 적절하게 방향을 결정할 수 있다. 예를 들어 환자가 잘 앉는 의자의 위치를 어떤 점에 의해서 보여주는 스케치를 의사가 그리면, 환자는 대개 아무런 노력도 필요가 없을 정도로 어렵지 않게 이 스케치에서 난로와 창 그리고 문의 위치를 손가락으로 가리킬 수 있다. 따라서 참으로 어려운 작업은 수속(手續)을 개시하고 **착수하는** 것, 즉 좌표평면과 좌표원점을 자발적으로 **선택**하는 것이다. 왜냐하면 바로 이러한 선택은 분명히 어떤 작도(作圖)작용과 작도활동을 포함하고 있기 때문이다. 헤드의 어떤 환자는 자신이 이러한 작업을 수행할 수 없는 것은 출발점(starting point)을 올바르게 확정할 수 없기 때문이며 일단 이 출발점이 주어지면 모든 일이 훨씬 쉽게 진행된다고 분명하게 말했다.[64] 여기

---

64) 헤드의 *Krankengeschichte* Nr. 2, Bd. II, 170쪽을 참조할 것. 자신의 힘으로는 자신의 집의 약도를 그릴 수 없었던 이 환자는 이렇게 말한다. "당신이 처음으로 나에게 이런 것을 하라고 요구했을 때 나는 그것을 할 수 없었습니다. **나는 출발점을 정할 수 없었던 것입니다.** 나는 집 안의 모든 것이 어디에 있는지를 잘 알고 있었습니다. 그러나 그것들을 한 장의 약도에 그리려고 했을 때, 출발점을 정하기가 어려웠습니다. 다음에 당신은 그것들의 위치를 약도에서 가리키게 했지만,

에 존재하는 어려움의 참된 성격은 여기에서 요구되고 있는 행보를 참으로 명확하게 또한 단호하게 수행하는 것이 과학, 즉 이론적 인식에게조차도 얼마나 어려웠는지를 고려해 보면 즉각적으로 분명하게 된다. 과학, 즉 이론물리학조차도 '사물공간'을 정립하는 것에서 출발하여 점차적으로 '체계공간'으로 이행해 갔다. 이론물리학도 또한 좌표계와 좌표원점이라는 개념을 끊임없는 사고작업을 통해서 획득해야만 했던 것이다.[65] 여러 **객체**, 즉 감각적으로 지각 가능한 여러 대상이 나란히 있는 것과 서로 분리되어 있는 것을 파악하는 것은 순수한 위치관계의 도식적 표현을 포함하는 면과 선 그리고 점으로 이루어진 하나의 이념적 총체를 구상하는 것과 분명히 서로 다르다. 따라서 특정한 운동을 극히 올바르게 수행할 수 있는 환자라도 그러한 운동을 **묘사**할 것을 요구하면, 즉 그러한 운동들 사이의 차이를 일반적인 개념을 사용하여 **서술**할 것을 요구하면 당혹스러워하는 경우가 적지 않다. 많은 실어증 환자에서는 '위'와 '아래', '오른쪽'과 '왼쪽'이라는 말을 올바르게 사용하는 능력이 심각하게 손상되어 있다. 많은 경우 환자는 이러한 일반적인 공간어에 의해서 표현되는 차이를 느낀다는 것을 몸짓으로 표현할 수 있다. 그러나 그는 그러한 공간어의 의미를 충분히 명확하게 의식할 수 없으며, 예를 들어 특정한 운동을 어떤 경우에는 오른손으로, 어떤 경우에는 왼손으로 수행하라는 요구

이 일은 매우 쉬웠습니다. 왜냐하면 당신이 출발점을 정해주었기 때문입니다."

65) 상세한 것은, 내 책 *Individuum und Kosmos in der Philosophie der Renaissance* (*Studien der Bibl. Warburg* X), Leipzig 1927, 183쪽 이하를 볼 것.

에 따를 수 없다.[66] 일반적으로 실어증환자에서 공간감각의 병적 장애는, 개개의 구체적인 목적에 결부되어 있는 특정한 행위를 적절하게 수행하는 데 충분한 '구체적인' 공간과 '추상적인' 공간, 즉 순수한 도식적 공간의 경계가 어디에 있는지를 극히 명료하게 보여준다. 물론 실어증의 가장 중한 병례들—특히 헤드가 '의미론적 실어증'이라고 명명했던 임상형태—에서는 구체적인 방위결정의 장애조차 생기는 것 같다. 그러한 증세를 갖고 있는 환자는 자신이 가야 할 길조차도 찾을 수가 없다. 그들은 병원에서 자신의 방이나 자신의 침대가 있는 곳을 찾지 못한다.[67] 그러나 이러한 병례들과는 대조적인 다른 병례들도 존재한다. 이 다른 병례들에서는 현실의 공간 내에서의 방향상실이 일어나고 있다고는 말할 수 없으며, 환자들은 자신의 **행동**을 통해서 그들이 공간 내에서 '올바르게 제자리를 찾을' 수 있다는 사실을 분명하게 보여준다. 그러나 다른 한편으로 보다 정밀하게 조사해 보면, 그들이 정상적인 사람들에게는 잘 알려져 있는 어떤 종류의 공간상의 기본적 구별을 특정한 공간개념들을 사용하면서 적절하게 파악할 수 있는 능력을

---

66) 헤드의 어떤 환자(*Krankengeschichte* Nr. 2)는 '오른쪽'과 '왼쪽'이라는 개념을 추상적으로 사용하는 능력을 상실했지만, 그럼에도 불구하고 의사와 대화를 나누면서 도로에서 차가 서로를 피하는 방식이 영국과 외국에서는 서로 다르다는 것—즉 외국에서는 '왼쪽에서 오른쪽으로' 피하는 반면에, 영국에서는 '오른쪽에서 왼쪽으로' 피한다는 것—을 몸짓으로 표현할 수 있었다(Head, *Aphasia and kindred disorders of speech*, II, 23쪽 이하).

67) Head의 *Krankengeschichte* Nr. 10, *Aphasia and kindred disorders of speech*, II, 170, 178. Bd. I, 264쪽 이하, 528쪽을 참조할 것.

상실했다는 것이 드러난다.

　내가 프랑크푸르트 신경학연구소에서 만날 기회를 가졌던 환자들 중 한 사람[68]은 방향과 각의 크기를 이해할 수 없었다. 그가 앉아 있는 책상 위에 어떤 사물을 그의 눈앞에 놓고 그곳으로부터 어느 정도 떨어진 곳에 그것과 나란히 되도록 다른 사물을 놓으라고 말했지만 그에게는 그것이 가능하지 않았다. 이 두 사물을 서로 직접 **붙어** 있게 놓으라고 말할 경우에만 그는 이 과제를 해결할 수 있었다. 즉 그는 대상들을 어떤 의미에서 서로 붙일 수는 있었지만, 공간 내에서의 방향 자체를 인식하면서 확정할 수는 없었던 것이다. 또한 그는 각의 크기에 대한 특유의 '감수능력'을 상실했다. 어떤 각이 '보다 크고' 어떤 각이 '보다 작은지'를 물었을 때 그는 처음에는 당혹스러워했지만, 다음에는 대부분의 경우 각을 형성하는 두 변이 보다 긴 쪽을 보다 큰 각이라고 말하곤 했다. 판뵈르콤(van Woerkom)이 관찰하고 자세하게 보고하는 실어증환자의 경우도 이것과 전적으로 유사한 장애를 보여준다. 이 경우에도 또한 환자의 '공간감각'의 본질적 변화는 공간 내에 어떤 고정된 축을 상정하고 다음에 이것을 공간을 나누기 위한 출발점으로서 사용하는 것이 그에게는 아무리 노력해도 가능하지 않을 정도로 곤란하다는 점에 있었던 것 같다. 예를 들어 의사가 환자를 마주

---

68) 이러한 병례는 지금까지 어떠한 문헌에서도 다루어진 적이 없다. 따라서 나는 다음에서는 골트슈타인이 이러한 병례에 관해서 나에게 주었던 구두(口頭)상의 보고와 가르침에 의거할 수밖에 없다.

하고 앉아 있고 자신과 환자 사이에 자[69]를 두고, 환자에게 동전 하나를 의사 쪽이나 환자 쪽에 놓으라고 말해도 환자에게는 그것이 불가능했다. 즉 양'쪽'의 대칭관계가 대칭관계로서 파악되지 못했던 것이다. 마찬가지로 이 환자에게는 어떤 자가 일정한 위치에 놓일 경우 두 번째 자를 그것과 동일한 방향으로 놓는 것이 가능하지 않았다. 그는 두 번째 자를 첫 번째 자로부터 약간 떨어진 곳에 그것과 평행하게 놓지 않고 양자를 서로 붙여놓았으며—그에게 과제의 의미를 아무리 설명해도—최종적으로는 그것들을 서로 이어서 놓았다. 판 뵈르콤은 이러한 병례에 대해서 다음과 같이 종합적으로 말하고 있다. 즉 환자가 시각과 촉각에 의해서 사물의 형태와 윤곽을 인지하고 그것들을 적절하게 다룰 수 있다는 사실을 고려하면 환자의 순전히 '지각적인' 기능은 전혀 손상되지 않았다고 할 수 있으며, 환자의 눈을 가리고 환자를 불러도 환자가 소리가 나는 쪽으로 몸을 향하기 때문에 환자의 방향감각도 손상되지 않았다고 할 수 있지만, 이에 반해 공간에 '투사하는' 능력은 완전히 상실했다고. "가장 단순한 형식의(즉 특정한 외적 자극에 대한 반사적인 운동으로서의) 운동은 수행할 수 있는 환자도 가장 고차적인 지적 형식의 운동, 즉 투사적인 작용에서의 운동의 원리는 자신 내에서 환기할 수 없다. 그는 방위결정을 위한 기본선(상하, 좌우로 향하는 선)을 그을 수도 없으며 어떤 봉을 다른 봉과 평행하게 둘 수도 없다. 이러한 장애는 그 자신의 신체에도 영향을 미친다.

---

69) [역주] 이 경우 '자'는 길이를 재는 도구를 가리킨다.

그는 자신의 신체도식(신체에 대한 상상적 표상)을 상실했으며 어떤 감각적 지각이 자신의 신체 어디에서 일어나는지는 규정할 수 있어도 그것을 투사할 수는 없다."[70] 이와 같이 병리학은 여기에서 경험적 심리학이 오랫동안 오인하고 부인해 왔던 어떤 구별—그렇지만 우리가 우리의 일반적인 이론적 정초에 있어서 항상 거듭해서 주목하게 되는 저 구별—에 직면하지 않을 수 없게 된다. 즉 병리학은—칸트의 개념을 빌려서 표현하자면—'생산적 구상력의 경험적 능력의 소산'인 **형상**과 '아프리오리한 순수구상력의 조합문자'인 감각적 개념들의 **도식**을 구별할 수밖에 없게 되는 것이다.[71]

그러나 칸트는 이미 도식기능의 이러한 '능력'을 공간적 직관에 한정하지 않고 무엇보다도 **수개념**과 **시간개념**에 연관 지었다. 그리고 사실 여기에 밀접한 연관이 존재한다는 사실을 다시 병리학적 예들이 특히 인상 깊게 보여주고 있다. 뵈르콤의 환자는 공간적 관계의 파악에서와 마찬가지로 시간직관의 형식에서도 또한 수에 관한 특정한 과제에 대해서 보여주고 있는 태도에서도 동일한 특징을 갖는 장애를 보였다. 예를 들어 이 환자는 요일과 일 년의 월명을 '순서대로 노래하는 방식'으로는 음송할 수 있었다. 그러나 그에게 어떤 요일과 월명을 말한 후, 그 **전후의** 요일과 월명을 말하게 할 경우에는 그는 그것을 할 수 없었다. 그는 수들의 순서는 정확히 말할 수 있었지만, 어떤 사물의 구체적인 집합을 셀

---

70) Van Woerkom, Sur la notion de l'espace(le sens géometrique), sur la notion du temps et du nombre, *Revue Neurologique* XXVI(1919), 113쪽 이하.

71) 이 책 189쪽[『상징형식의 철학 III: 인식의 현상학』, 317쪽]을 참조할 것.

수는 없었다. 그는 그 집합의 어떤 항으로부터 다른 항으로 순서대로 나아가는 대신에 이미 셈한 이전의 항으로 자주 되돌아갔다. 그가 어떤 집합을 헤아리면서 어떤 특정한 수사, 예를 들어 '삼'이라는 단어를 언표했을 때조차도 그는 자신이 이 단어에 의해서 표현하고 있는 것이 그 집합의 '양', 즉 '기수(基數)'를 표현하는 명칭이라는 사실을 전혀 생각할 수 없었다. 예를 들어 한쪽은 네 개, 다른 쪽은 다섯 개의 봉으로 이루어진 봉들의 두 계열을 환자 앞에 놓고 어느 쪽 봉이 더 많은지를 물으면, 환자는 두 번째 계열의 봉들을 하나씩 가리키면서 우선 다섯까지는 올바르게 셌지만 그 다음에는 혼란에 빠졌으며, 마지막에 센 봉을 잡고 '여섯'이라고 말했다. 그는 드물지 않게 끊임없이 큰소리로 계속해서 세면서 처음 계열의 이미 셈한 다른 봉들로 되돌아가거나 두 번째 계열로 옮겨갔다. 두 개의 봉을 나란히 놓으라는 실험의 경우에서와 마찬가지로 그에게 과제의 의미를 가르치려는 시도는 도로에 그쳤다.[72] 그리고 실어증환자가 단순한 '셈'은 어느 정도까지는 문제없이 수행하는 것처럼 보이는 경우에도 가장 초보적인 **계산조작**에서는 심각한 장애를 보였다.[73] 암산(暗算)에 의한 계산에서든 필산(筆算)에 의한 계산에서든 이러한 장애가 보였다. 헤드는 그의 환자들 대다

---

72) Van Woerkom, 앞의 책, 115쪽. 앞에서 언급한 골트슈타인의 환자도 '수를 파악하는 것'에서 동일한 장애를 보여주었다. 그는 순서대로 '셀' 수는 있었지만, 두 개의 수에서 어떤 것이 더 '큰지'를 비교할 수는 없었다.
73) 이에 대해서는 특히 무티에(Moutier)의 *L'Aphasie de Broca*, Paris 1908, 214쪽 이하에 실려 있는 자료를 참조하기 바란다.

수가 10까지 수를 말할 수 있었고 자주 10을 넘어서까지 말할 수 있었지만 그들 중 다수가 가장 단순한 산술문제도 풀 수 없었다고 보고하고 있다. 예를 들어 세 자릿수 두 개를 위아래로 쓰고 환자에게 그것을 더하도록 요구하면, 그는 두 수를 더하여 합을 내는 것이 아니라 각각의 숫자를 따로따로 더했다. 864와 256을 더하라는 과제가 주어지면 환자는 순차적으로 4+6, 6+5, 8+2의 합을 내고 이렇게 해서 얻어진 합들을 단순히 나란히 제시했을 뿐이며, 더 나아가 그 각각의 합을 낼 때에도 자주 오류를 범했다.[74] 특히 위아래로 놓인 숫자들의 합이 10을 넘어갈 경우에는, 즉 계산을 올바르게 수행하기 위해서 환자가 얻어진 답을 단지 쓰면 되는 것이 아니라 일정한 수의 단위를 '기억하고' 그것을 바로 위 자리에 더해야 하는 경우에는 이러한 오류가 더 자주 일어났다. 환자들은 필산으로 덧셈과 뺄셈을 할 경우에도 자주 오른쪽으로부터 왼쪽으로가 아니라 왼쪽으로부터 오른쪽으로 진행했으며, 뺄셈의 경우에는 어떤 때는 아래의 수를 위의 수로부터 뺐으며 다른 때는 위의 수로부터 아래의 수를 뺐다.

이 모든 개개의 임상적 관찰을 서로 결합하고 있는 공통의 기본적 특징을 보다 잘 이해하기 위해서는, 수를 세는 과정과 계산하는 과정의 일반적인 조건들로 이론적으로 소급하면서 이러한 과정의 개별적인 국면들을 두 과정의 협력에 비추어서 또한 두 과정 각각의 원리적인 어려움의 정도에 비추어 분리해서 살펴보아야만

---

74) 상세한 것은 헤드의 *Krankengeschichte* Nr. 7, 15, 19를 볼 것.

한다. 어떤 구체적인 집합에 속하는 것들의 수를 '셈할' 경우에는 한편으로는 '분별'의 작용이 요구되고, 다른 한편으로는 '관계 지음'의 작용이 요구된다. 즉 집합의 개별적인 요소들이 선명하게 분리되어야 하고 이러한 분리 위에서 '자연수열'의 항들에 분명하게 관계 지어져야만 한다. '분별'이라는 이러한 형식은 이미 어떤 '반성'의 작용을 포함하는 것이지만, 이러한 반성작용은 언어 속에서 또한 언어를 매개로 하여 비로소 완성된다. 따라서 그것은 언어기능에 중대한 장애가 있으면 필연적으로 함께 손상을 입는다. 피타고라스 교단에 따르면, 수의 본질은 '무규정적인' 지각 속에 사고에 의한 최초의 규정을 도입하는 것에 존재하지만, 이와 동일한 것은 언어에 대해서도 말할 수 있다. 수와 언어는 이러한 지적 작업에서 어떤 의미에서는 맹우(盟友)이며, 양자는 공동으로만 이러한 작업을 참으로 엄밀하면서도 순수하게 수행할 수 있다. 따라서 수에서 한낱 '기호'밖에 보지 못하는 수학적 '유명론'은 분명히 근거가 없고 예를 들어 프레게와 같은 탁월한 수학자들에 의해서 극히 유력한 논거에 기초하여 논박되었지만, 그럼에도 불구하고 이러한 유명론은 순수한 수개념의 의미를 충분히 재현하기 위해서는 항상 언어에 의지할 필요가 있다는 올바른 주장을 포함하고 있다. 언어에 의한 구분이 있고 나서야 비로소 수개념이 상정하고 요구하는 것과 같은 요소들의 '분별'이 확정되는 것이다. 언어의 힘이 마비되자마자, 즉 수들이 이미 습득된 음성계열로서 기계적으로 읊어지더라도 의미 있는 기호로서는 더 이상 이해되지 않자마자, 집합 자체를 파악할 경우의 명확한 구별도 소실되어 버린다. 즉 집합의 개별항들은 서로 명료하게 구별되지 않고 오히려 서로 불분명하게 혼합되기 시작하는 것이다. 그리고 이러한 구별의 결여와 결부되어, 그러한 구별과는 겉보기에는 대립되어 있지만 실제로는 그것과 상관관계에 있는 통일형성 작용의 유사한 결여가 나타난다. 우리에게 집합이 선명하게 분절된 다(多)로서 나타나지 않는 경우에는, 그 집합은 참으로 엄밀한 의미에서는 하나의 통일체로서도, 즉 부분들로 구성되어 있는 하나의 전체로서도 파악될 수 없는 것이다. 이러한 집합을 연속적인 종합에 의해서 개관(概觀)하고 그 요소들을 하나씩 자신에게 현전화하는 것이 사고에게는 가능할지도 모르지만, 이러한 과정이 종결된 후에는 이 모든 개별체는 하나의 정립작용 속으로 더 이상 종합될 수 없다. 여전히 개별적인 것들이 단순히 잇달아 일어나는 것에 머물고, 이러한 잇달아 일어나는 것들은 하나의 개념―집합의 '양'이라는 개념이야말로 바로 그것이지만―속으로 종합되지 않게 되는 것이다. 그러나 '다(多)'와 '일(一)', '부분'과 '전체'를 형성하는 이러한 형식은―구체적인 집합[에 속하는 것들]을 세는 것이 문제가 되는 한에서는―상대적으로 잘 행해진다고 하더라도, 산술적 '계산'이 문제가 되면 가장 단순한 계산조차도 보다 어려운 새로운 사고조작을 필요로 한다. 왜냐하면 이런 종류의 계산작용은 모두 수가 단지 이런저런 수로서, 즉 하나의 수계열 내에서 특정한 수로서 정립될 뿐 아니라 동시에 단위의 정립이 자유롭게 변경된다는 데에 근거하고 있기 때문이다. 이러한 계산작용은 어떤 고정된 도식으로서의 수계열에 관계 지어질 것을 요구할 뿐 아니라 이러한 도식

은 그 고정성에도 불구하고 **움직일 수 있는 것**으로서 사유되어야
만 한다. 외관상으로는 서로 대립하는 것처럼 보이는 두 개의 요
구의 이러한 통일이 어떻게 사유되어야만 하는지 또한 그 통일이
어떻게 달성될 수 있는지는 초보적인 덧셈이나 뺄셈이 잘 보여준
다. 예를 들어 7과 5의 합(合) 혹은 7과 5의 차(差)를 구하라는 과제
가 제기될 경우, 이 과제가 의미하고 있는 것은 근본적으로는 7로
부터 출발하여 5만큼 앞으로 나아가면서 셈하든가 5만큼 뒤로 나
아가면서 셈하는 것 이외의 아무것도 아니다. 따라서 결정적인 계
기는 7이라는 수가 원래의 수열에서의 자신의 위치는 유지하지만
그럼에도 불구하고 동시에 어떤 새로운 '의미'로 받아들여져야만
한다는 것, 즉 그것은 어떤 새로운 수열의 출발점으로 간주되고
이제 이 새로운 수열에서 그것이 영(零)의 역할을 떠맡는다는 데
에 있는 것이다. 이와 같이 원래의 수열의 어떠한 수도 새로운 계
산의 출발점이 될 수 있다. 출발점은 이제 더 이상 절대적인 출발
점이 아니라 상대적인 출발점이다. 즉 그것은 **이미 정해져 있는 것**
이 아니라 과제의 조건에 따라서 그때마다 **설정되어야만** 하는 것
이다.[75] 따라서 여기서 생기는 어려움은 공간의 경우에 생겼던 어
려움과 극히 유사한 것이다. 즉 이러한 어려움은 좌표원점을 자유
롭게 설정하고 폐기한다는 것에서, 또한 그러한 여러 원점에 관계
하는 여러 체계 사이를 이행하는 것에서 생긴다. 그때마다의 기본

---

75) 덧셈과 뺄셈이라는 초보적인 계산조작을 이렇게 '영의 상대화'에 정초하는 것
에 대해서는 예를 들어, Natorp, *Die logischen Grundlagen der exakten*
Wissenschaften, Leipzig 1910, 131쪽 이하에서의 상세한 서술을 참조할 것.

단위가 '확정되어야' 할 뿐 아니라 그러한 기본단위는 이렇게 확정되면서도 서로 교체될 수 있도록 움직일 수 있는 방식으로 유지되어야만 한다. 우리가 앞에서 선택한 예에서도 7이라는 수는 7이라는 자신의 의미를 **보존하면서도** 동시에 영이라는 의미를 수용해야만 한다. 즉 그것은 영으로서 **기능할** 수 있어야만 한다. 이와 같이 여기에서는 이미 참으로 상징적인 수행들의 복잡한 협력이 요구되고 있다. 따라서 실어증환자가 통상적으로 바로 이 영역에서 좌절할 수밖에 없다는 것도 이상한 일이 아니다. 왜냐하면 실어증환자는 수계열이 그에게 **고정된** 계열로서 주어져 있는 경우에조차도 그것을 바로 이러한 고정된 의미에서만 사용할 수 있기 때문이다. 어떤 수의 의미를 파악하고 체계 전체 내에서 그것의 위치를 올바르게 헤아리려면, 그는 1에서 시작하면서 어떤 의미에서 한 걸음씩 이 수까지 조심스럽게 탐색하면서 나아가야 한다. 두 개의 수, 예를 들어 13과 25 중에서 어떤 것이 더 큰가라는 문제 앞에서 많은 환자가 답을 제시할 수 있는 경우에도, 그들은 1에서부터 25까지의 **계열 전체**를 소리 내어 세고 나서 이 과정에서 25라는 명칭이 13이라는 명칭 후에 나타난다는 것을 확인하는 것에 의해서만 그렇게 할 수 있다. 그러나 이러한 방식으로는 두 개의 수 중에서 어떤 것이 더 큰지에 대한 진정한 이해는 획득될 수 없다. 왜냐하면 이러한 이해는 그것과는 전적으로 다른 것, 그 이상의 것을 전제하기 때문이다. 그것은 서로 비교되는 두 수가 각각 그 자체로 취해지는 것과 동시에 각각이 그 자체로 셈하는 작용의 공통의 출발점인 영에 **관계 지어질** 것을 요구하기 때문이다. 환자들이 개개의 수를 수기호로서 사용할 뿐 아니라 개개의 수의 위치가도 구별하는 것이 요구되는 경우에도 필산으로 덧셈과 뺄셈을 해야 하는 과제에서와 마찬가지로 혼란에 빠진다는 사실 역시 특기할 만하다. 왜냐하면 이 경우에도 '시점(視點)'의 전환이라는 똑같이 어려운 사태가 문제가 되기 때문이다. 동일한 하나의 감각기호, 예를 들어 2라는 수의 숫자 모양은 하나의 수치를 갖는 것과 동시에 하나의 위치가를 가지며 따라서 그것의 의미는 변화될 수 있다. 그것은 2를 의미할 수도 있지만 20을 의미하거나 200을 의미할 수도 있다. 서로 고정된 관계에 있는 많은 단위로 이루어져 있는 하나의 수체계에서 움직이는 것을 전제로 갖고 있는 다른 작업을 환자가 수행해야 할 경우에도 환자는 유사한 어려움에 부딪힌다. 시간을 예로 할 경우 환자가 시계를 특정한 시각에 맞추어야 할 경우가 그러하며, 수를 예로 하면 일정한 가치체계, 예를 들어 어떤 화폐체계 속에서 단위가 서로 다른 화폐를 서로 비교하고 환산해야 하는 경우에도 그러하다. 헤드는 이 두 가지 작업에 대해서 일정한 검사방법을 도입하여 그의 환자 모두에게 체계적으로 적용했다. 시계 테스트에서는 시계에서 시간을 정확하게 읽어낼 수 있는 환자들도 시계를 어떤 특정한 시각에 맞추어야 할 경우에는 제대로 하지 못했다. 장침과 단침의 의미가 자주 서로 혼동되었으며 20분 전 5시나 5시 10분 후로 시계를 맞추어야 할 경우에도 '전'과 '후'가 서로 혼동되었다.[76] 화폐의 사용과 관련해서도 유사한 일이 일어

---

76) 헤드의 환자 제8호는 시계를 20분 전 6시에 맞추라는 요구에 대해서 6시 20분에

났다. 즉 많은 환자는 화폐를 일상적으로 사용할 경우에는 올바르게 사용할 수 있음에도 불구하고 그들에게는 화폐의 '추상적 가치'에 대한 이해가 결여되어 있다는 사실이 분명하게 되었다. 일반적으로 이 환자들은 상품을 구입하면서 상품가격보다 큰 단위의 화폐를 지불했을 경우 자신들이 돌려받아야 할 화폐들의 종류와 수에 대해서는 오류를 범하지 않았다. 그러나 그들의 이러한 태도는 더 이상 개개의 화폐의 상대적 가치에 대한 일정한 계산 내지 평가에 근거한 것이 아니었다. 왜냐하면 이러한 상대적 가치(예를 들어 1실링은 몇 페니에 해당하는가라는 것)에 대해 그들은 자주 틀리게 말하거나 심지어는 아무 말도 못했기 때문이다.[77] 이와 같이 시간의식과 수의식의 이 모든 장애는 우리가 공간의식의 장애에서 관찰할 수 있었던 것과 동일한 방향을 지시하고 있다. 이러한 장애는 본질적으로는 공간적 관계든, 시간적 관계든, 수적 관계든, 그러한 관계를 파악하기 위해서 확고한 좌표계들을 창출하고 어떤 좌표계로부터 다른 좌표계로 자유롭게 선택하면서 이행하는 것이 곤란하다는 점에 근거하고 있는 것 같다. 공간에 관련해서 말하자면, 실어증환자가 할 수 없는 것은 몇 개의 좌표평면을 설정하고

맞추었다. 그의 잘못을 지적하자 그는 "나는 6시 전과 6시 후의 차이를 알 수 없다"고 말했다. '9시 15분'에 맞추라는 요구에 대해서 그는 시계를 9시에 맞추고 이렇게 설명했다. "나는 시계 바늘을 어느 쪽으로 움직이면 좋은지를 알 수 없다." (Head, *Aphasia and kindred disorders of speech*, II, 114)

77) 시계와 화폐 테스트의 상세한 내용에 대해서는 헤드의 *Krankengeschichte*를 참조하기 바란다. 특히 Head, *Aphasia and kindred disorders of speech*, I, 210쪽 이하, 335쪽 이하에서 이루어지는 총괄적인 서술을 참조할 것.

어떤 평면으로부터 다른 평면으로 이행하는 것, 즉 좌표변환인 것이다. 그리고 우리는 이 경우에조차도 이전에 행해진 검토를 다시 참조하게 된다. 왜냐하면 예를 들어 이전에 검토했던 색명 건망증의 병례를 돌이켜보면 이 경우에도 또한 참된 장애는, 환자가 여기에서 지금 주어져 있는 자신의 개별적인 시각체험에 너무나도 밀접하게 유착해 있기 때문에 그것들에 대해서 거리를 취하면서 그것들을 색계열에서 중심이 되는 특정한 탁월한 점에 관계 지을 수 없다는 점에 존재한다는 사실이 분명하게 드러났기 때문이다. 환자는 어떤 의미에서 자신의 감각적 일치체험에 집착하고 있다. 즉 그는 이 색계열의 어떤 항에서부터 가장 가까운 다른 항으로 나아갈 수 있지만, 감각적으로 서로 멀리 떨어져 있는 두 색을 어떤 일반적인 색개념을 매개로 하여 간접적으로 서로 연관 지을 수는 없었다. 그리고 똑같이 그는 상이한 '주의(注意) 방향들'(색깔에 의한 색의 분류와 밝기에 의한 색의 분류)을 혼동하고 양자를 명확하게 그리고 확실하게 구별할 수 없었다. 즉 그는 의식적으로 한쪽으로부터 다른 쪽으로 이행하지 못하고, 의식하지 못한 채로 한쪽으로부터 다른 쪽으로 일탈했던 것이다. 이것과 동일한 일탈, 즉 특정한 '시각(視覺)'방식을 그 자체로서 견지할 수 없는 것, 그리고 다른 한편으로 여러 시각양식 중에서 어떤 하나를 자유롭게 선택할 수 없다는 것은, 실어증환자의 공간직관과 시간직관 그리고 또한 수 표상에서 보이는 개개의 병적인 이상증세들이 근거하고 있는 **원리적인** 근본결함이다. 따라서 그러한 이상증세들은 이러한 근본결함으로부터 통일적으로 파악될 수 있다.

우리가 여기에서 도달된 지점으로부터 다시 한 번 '시각성 인지 불능증'의 문제들을 돌이켜보면 이러한 견해가 새롭게 확증되는 것을 알 수 있다. 언뜻 생각하기에 여기에서는 물론 전적으로 다른 사태가 문제가 되는 것으로 보인다. 왜냐하면 겔프와 골트슈타인이 서술하고 있는 '정신맹 환자'의 병례에서는 적어도 보다 중증의 실어장애는 문제가 될 수 없었기 때문이다. 이 정신맹 환자는 유창하게 그리고 자주 눈에 띄게 명료하면서도 정치하게 자신을 표현했으며, 그의 언어이해조차도 뚜렷한 결함을 보여주지는 않았다. 그러나 이 경우에도 보다 상세히 조사해 보면 헤드와 그 외의 연구자들이 실어증환자에서 관찰했던 것과 정확하게 일치하는 일정한 '지능장애'가 일어나고 있다는 사실이 분명하게 되었다. 그는 기계적인 의미에서는 여전히 계산할 수 있었다. 즉 그는 일정한 초보적인 산술문제는 풀 수 있었지만 그에게서 **수개념**의 참된 의미는 완전히 상실되어 있었다. 초보적인 산술문제를 풀 수 있었을지라도 그 해결은 단지 그 문제를 단순한 셈 과정으로 환원함으로써 가능했던 것이다. 예를 들어 그는 손상을 입은 직후에는 망각했던 99단[구구단]을 수업을 받고 다시 기억하게 되었다. 그러나 99단에서의 개별적 문제들, 예를 들어 5×7은 몇인가라는 문제가 주어지면, 그는 항상 1×7=7, 2×7=14에서 시작하여 순서대로 암송하면서 5×7까지 계속해서 나아가는 방식으로만 답할 수 있었다. 동일한 것은 합산에 대해서도 말할 수 있었다. 예를 들어 4+4를 구하라는 문제가 주어지면 그는 왼손의 손가락을 사용하여 새끼손가락부터 시작하여 검지까지 세고, 그것으로부터 다시 왼손의 엄지에서 시작하여 오른쪽 중지까지 세었다. 다음에 오른손의 약지(藥指)와 새끼손가락을 구부리고 다시 한 번 손가락 **전체**(왼손의 새끼손가락부터 오른손의 가운데 손가락까지)를 다 세고 나서 최종적으로 8이라는 답을 획득했다. 그럼에도 불구하고 이러한 결과와 함께 수들 사이의 관계와 양(量)들 사이의 관계에 대한 어떠한 '통찰적' 인식도 획득된 것은 아니었다. 예를 들어 환자는 3과 7 중 어떤 수가 더 큰가라는 물음에 대해서도 다시 간접적으로만, 즉 1부터 세면서 7이 3보다 '나중에' 온다는 사실을 확인하는 방식으로만 답할 수 있었다. 그는 여러 수조작들과 계산조작들 사이의 연관에 대해서도 이해하지 못했다. 예를 들어 그는 2×6이라는 문제와 3×4라는 문제로부터 12라는 답을 얻었어도 이 두 조작이 사태적으로 서로 결부되어 있다는 사실을 인식할 수 없었다. 그는 '그것들은 서로 절대적으로 다르다'라고 설명했다. 그는 (5+44)와 같은 문제를 수를 모두 [손가락으로] 헤아리는 방식으로 올바르게 '계산'했다. 그러나 답이 그렇게 수를 모두 [손가락으로] 헤아리는 방식으로도 얻어질 수 있지만 4를 더한다는 조작과 4를 빼는 조작이 서로 상쇄된다는 점을 그에게 이해시킬 수는 없었다. 환자 자신도 이러한 사실을 인정하면서, 다른 종류의 언어, 예를 들어 '집'이라는 단어에는 하나의 특정한 직관적 의미를 결부시킬 수는 있었지만 수사(數詞)는 그러한 의미를 갖지 않는다고 설명했다. 즉 그에게 수사는 무의미한 기호가 되었던 것이다.[78]

---

78) 수를 셀 때 차례가 되는 손가락을 매번 보지 않으면 안 되는 이 '구체적인' 방식의

그러나 주의 깊게 관찰해 보면, 이 환자의 사고와 언어에는 계산에서의 이러한 장애와 아울러 눈에 띄기 어려운 다른 장애가 있다는 점이 다시 입증될 수 있었다. 그의 사고와 언어는 언뜻 보기에는 건강한 사람의 사고규칙과 언어규칙으로부터 현저한 일탈을 보이지는 않았지만, 어떤 유비관계를 적절히 파악하고 어떤 언어적 은유를 적절하게 이해할 것을 요구하자마자 무능력을 노정했다. 이 경우 그는 대부분의 경우 완전한 방향상실 증세를 보였다. 그는 사고하고 말할 경우에 유비와 은유를 사용하지 않았으며 또한 그것들을 그에게 설명해 주어도 그것들의 의미를 이해시킬 수 없었다. 즉 그는 유비와 은유에 대해서 철저하게 기피하는 태도를 보였다. 어떠한 경우에도 그에게는 참된 tertium comparationis[비교를 위한 제3항]에 대한 이해가 닫혀 있었다.[79] 그런데 환자의 언어행동에서 관찰된 또 하나의 특징이 아마도 이 특징보다도 훨씬 주목할 가치가 있을 것이다. 그는 '현실'의 사태, 특히 자신의 구체적인 감각적 체험들에 직접 대응하는 사태가 아니면 [다른 사람의 말을] **따라서 말하는** 것조차도 할 수 없었다. 어떤 청명한 날에 함께 대화를 나누는 중에, 내가 그에게 "오늘은 비가

셈법은, 오늘날에도 여전히 자연민족들이 사용하고 있으며 그들의 언어에서도 그 정신적 흔적이 발견되는 셈법을 특기할 정도로 상기시킨다. 이에 대해서는 특히 Levy Bruhl, *Das Denken der Naturvölker*, II부, 4장에서의 '원시인들'의 셈법에 관한 탁월한 서술을 참조할 것.

79) 이에 대해 상세한 모든 것은, 여기에서는 W. Benary, Studien zur Untersuchung der Intelligenz bei einem Fall von Seelenblindheit, *Psychol. Forschung* II (1922), 209쪽 이하에서의 상세한 기록을 참조하기 바란다.

내리고 날씨가 나쁘다"라는 문장을 말하고 그 문장을 반복해 보라고 요청했을 때 그는 그렇게 할 수 없었다. 그는 처음 두세 단어는 쉽게 그리고 확실하게 말했지만 그 다음부터는 더듬거리면서 말을 중단했으며 그 문장을 끝마칠 수 없었다. 내가 프랑크푸르트 신경학연구소에서 만난 다른 '정신맹 환자'는 심각한 오른쪽 반신불수 때문에 오른팔을 움직일 수 없었으며, "나는 오른팔로 글을 쓸 수 있습니다"는 문장을 따라 말할 수 없었다. 즉 그는 반복해서 '오른쪽'이라는 잘못된[자신의 상태와는 어긋나는] 단어 대신에 '왼쪽'이라는 '올바른'[자신의 상태를 반영하는] 단어를 사용했다. 이러한 두 개의 오류, 즉 계산할 때 범하는 오류와 말할 때의 오류, 즉 유비와 은유를 사용할 때의 오류 사이에는 언뜻 보기에 최소한의 연관도 없는 것 같다. 그것들은 전적으로 별개의 영역에 속하는 것처럼 보인다. 그렇지만 우리의 이전의 연구성과를 돌이켜보면 여기에서도 또한 어떤 공통적인 점이 나타나지 않을까? 계산장애와 언어장애에서 보이는 모든 것이 '상징적 태도'의 동일한 감퇴와 장애는 아닐까? 이러한 태도가 산술에 대해서, 즉 수와 양을 유의미하게 조작하는 것에 대해서 어떠한 의미를 갖는지를 우리는 이미 보았다. 7+3이나 7-3과 같은 간단한 문제도 그것을 단지 기계적으로 푸는 것이 아니라 유의미하게 풀기 위해서는 자연수열이 이중의 시점에서 고찰되어야만 한다. 이 경우 자연수열은 '셈하는 수열(zählende Reihe)'과 '셈해지는 수열(gezählte Reihe)'로서 동시에 사용되고 있다. 이런 종류의 계산이 행해질 때는 항상 수열은 어떤 반복되는 반영, 어떤 의미에서 일종의 자기반성을 겪게 된다. 셈하는 과정은 우선 1에서 시작하면서 이 1로부터 확고하게 규정된 순서에 따라서 '자연수'의 계열을 전개한다. 그러나 이러한 과정은 이것에 머물지 않는다. 이제 이 수열의 어떤 곳에서도 동일한 조작이 시작될 수 있으며 또한 시작되지 않으면 안 된다. 내가 7+3의 합계를 내려면, 그것은 '자연수열'의 출발점이 7 자리만큼 미루어지고 이처럼 미루어짐으로써 얻어진 새로운 출발점으로부터 새로운 셈하는 행위가 시작된다는 것을 의미한다. 이전의 7에 이제는 영이 대응하며, 이전의 8에는 1이 대응하는 식이다. 따라서 앞의 문제를 해결한다는 것은 두 번째 수열의 3에는 첫 번째 수열의 10이 대응한다는 것, 만약 뺄셈이라면 두 번째 수열의 3에는 첫 번째 수열의 4가 대응한다는 것을 통찰하는 것이다. 이상을 도표로 표시해 보면 기본수열 (a)와 아울러 이러한 수열에 특정한 일의적 관계에 의해서 대응되는 두 개의 파생적 수열 (b와 c)를 형성해야만 한다.

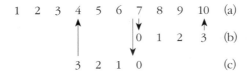

우리는 어떠한 계산조작에서도 기본수열로부터 이러한 파생적 수열들 중 하나로 이행하고 그것으로부터(위 도표의 화살표가 가리키고 있는 방식으로) 다시 기본수열로 되돌아가야만 한다. 환자에게

불가능한 것으로 나타나는 것은 '동일한' 수치를 셈의 상이한 방식들 속으로 이와 같이 끌어들이는 것이다. 계산조작을 단지 기계적으로가 아니라 유의미하게 행하려면 환자는 전방으로 향하든 후방으로 향하든 7에서부터 새롭게 셈해야만 하며, 따라서 7을 영으로서, 8을 1로서, 혹은 6을 1로서 '간주할' 수 있어야만 한다. 그러나 이렇게 7을 영으로 간주하는 것(그럼에도 불구하고 그 경우 이 7은 동시에 7로서 주목되어야만 한다)은 순수하게 재현적인 어려운 작업이다. 7은 7로 계속해서 존재해야 하며 원래의 영에 대한 그것의 관계는 견지되어야 한다. 그러나 동시에 7은 계산의 과정에서 원래의 영을(또한 다른 계산조작들의 과정에서는 모든 임의의 다른 수조차도) 대신할 수 있고 대신해야 하며 그것을 대리할 수 있고 대리해야 한다. 7로 계속 존재하면서도 그것은 그럼에도 불구하고 영으로서, 1로서, 2로서 기능할 수 있다.[80] 동일한 하나의 수가 행하는 이러한 다중적인 기능을 환자는 이해할 수 없다. 즉 여러 시점과 여러 시선의 방향에 동시에 자유롭게 적응하는 것이 그에게는 가능하지 않은 것이다. 우리는 이러한 사실을 이미 색명 건망증의 병례에서

---

80) (7+3)(6+3)(5+3)이라는 문제를 다시 위의 도표로 표현해 보면,

1	2	3	4	5	6	7	8	9	10	(a)
						0	1	2	3	(b)
					0	1	2	3		(c)
				0	1	2	3			(d)

수열(a)의 수 7은, 수열(b)에서는 0, 수열(c)에서는 1, 수열(d)에서는 2로서 기능한다.

보았다. 색명 건망증 환자에게는 구체적으로 주어져 있는 개별적인 색현상을 이러한 개별적 현상으로서 보는 것도, 색조나 밝기에 '주목해서' 보는 것도 가능하지 않으며, 또한 이러한 고찰방식 모두를 엄밀하면서도 명확하게 구별할 수 없었다. 똑같이 정신맹 환자도 7이라는 수에서부터 새로운 셈이 시작된다는 것, 따라서 이수는 영으로서 취급될 수 있다는 점을 이해할 수 없었다. "환자에게 7에서부터 셈하기 시작하라는 과제를 줄 경우, 1에서부터 자그마한 소리로 세기 시작하는 것을 방해받으면 그는 이러한 과제를 수행할 수 없었다. 그는 의거할 점을 갖지 않았기 때문에 혼란스러워했다."[81] 이러한 사실은, 헤드의 환자의 저 발언, 즉 그가 자신의 집에 대한 도식적인 그림을 작성할 수 없는 것은 어떤 임의로 설정된 점을 '출발점'으로서 고정하는 것이 그에게는 어렵거나 불가능하기 때문이라는 발언에 자구(字句)까지도 엄밀하게 대응한다.[82] 그리고 이러한 사실로부터 우리는 이제 환자가 언어상의 유비와 은유를 적절하게 사용할 수 없는 것과 환자의 심적·정신적 **태도 전체** 사이에 어떠한 연관이 존재하는지도 이해할 수 있게 된다. 왜냐하면 여기에서도 또한 기본적으로 문제가 되고 있는 것은 동일한 작업 혹은 적어도 **원리상**으로는 유사한 작업이기 때문이다. 은유를 적절히 이해하고 사용하기 위해서 요구되는 것은 바로 이것, 즉 동일한 단어가 여러 의미로 '받아들여진다'는 것이다.

---

81) Benary, 앞의 책, 217쪽.
82) 이 책 286쪽 주 2번을 볼 것.

단어는 그것이 직접 감각적으로 현전하게 하는 것 외에 다른 간접적인 '전용된' 의미도 갖고 있다. 그리고 은유의 이해는 의미 있는 어떤 권역으로부터 다른 권역으로 자유롭게 이행할 수 있는가 아닌가, 즉 어떤 때는 이 의미, 어떤 때는 저 의미로 '적응할' 수 있는가 아닌가에 달려 있다. 환자에게 어렵게 되거나 불가능하게 된 것은 '시점'의 이러한 자유로운 전환이다. 환자는 현존하는 것, 즉 감각적으로 제시될 수 있고 눈앞에 있는 것에 집착하며 그것을 눈앞에 없는 다른 것과 임의로 교환할 수 없다. 언어도 또한 이러한 기본적 경향에 따르고 있다. 예를 들어 [환자의 경우] 문장을 형성하는 것은 그 문장이 주어져 있는 것과 직접적으로 체험된 것을 확고한 발판으로 갖고 있는 한에서는 제대로 수행되지만, 이러한 발판이 없으면 방향을 상실하고 만다. 즉 그것은 현실적인 것에 대한 사고일 뿐 아니라 가능성에 대한 사고인 사고의 높은 대해로는 감히 나아갈 수 없는 것이다. 따라서 환자가 '말할' 수 있는 것은 항상 사실적인 것, 눈앞에 있는 것뿐이며 단지 표상되거나 가능한 것은 아닌 것이다.[83] 왜냐하면 이를 위해서는 어떤 현전하는 내용이 흡사 현전하지 않는 것처럼 다루어지는 것, 즉 현전하는 내용으로부터 '시선을 돌려서' 그것과는 다른 순수하게 이념적인

---

83) 여기에서 우리는 그 외에 '원시'인의 정신적 태도에서도 언어에 대한 유사한 태도가 보인다는 사실을 떠올릴 수 있다. 예를 들어 Karl von Steinen은 Bakairi어에 대한 그의 책에서 그가 통역사로서 고용한 원주민들로 하여금 어떠한 이유에서든 그들에게 그 내용이 무의미하거나 불가능한 것으로 여겨졌던 문장을 번역하게 하는 것이 매우 어려웠다고 보고하고 있다. 그 원주민은 그러한 문장을 번역하는 것을 머리를 흔들면서 거부하곤 했다.

표적으로 '시선을 향하는' 것이 필요하기 때문이다. 동일한 하나의 경험요소를 똑같이 가능한 여러 **관계연관** 속에 이렇게 편입시키는 것, 그리고 이러한 관계연관에 입각하여 또한 그러한 관계연관들 속에서 동일한 방위결정을 한다는 것이야말로 수와 수기호를 이해하면서 조작하기 위해서도, 유비를 구사하고 사고하기 위해서도 필요한 하나의 기본작업이다. 유비(Analogie)라는 이 **단어**는 그리스어에서는 전적으로 이러한 이중의 의의로 사용된다는 것, 즉 그것은 일정한 언어적·논리적 관계를 보여주기 위해서도, 일정한 산술적 관계를 보여주기 위해서도 사용된다는 사실을 우리는 여기에서 떠올릴 수 있다. 유비란 그리스어에서는 아직 관계 내지 '비례'라는 개념 일반을 총칭하는 표현이며, 주지하듯이 그것은 칸트와 『순수이성비판』에서 개진된 '경험의 유추'론에 이르기까지 유지되어 온 용어법이기도 하다. 따라서 유비는 수의 '의미'를 파악하기 위해서도 또한 언어에 의해서 표현된 관계사상의 '의미'인 언어상의 '은유'의 '의미'를 파악하기 위해서도 똑같이 불가결한 **관계 짓는 사고**(das beziehentliche Denken)의 하나의 기본적 방향을 표현하는 것이다. 데데킨트와 같은 현대의 수학자는 『수란 무엇이고 무엇을 위한 것인가?』라는 책에서 '자연수'의 체계 전체를 단 하나의 논리적인 기본기능으로 환원했다. 즉 그는 자연수의 체계는 "사물과 사물을 관계 짓고 어떤 사물에 어떤 사물을 대응시키거나 하나의 사물을 다른 사물에 의해서 모사하는 정신의 능력"[84]에

---

84) Dedekind, *Was sind und was sollen die Zahlen?* 2판, VIII쪽.

근거하고 있다고 본다. 산술적 조작을 그 의미에 입각하여 유의미하게 수행하기 위해서도, 또한 언어상의 유비를 그 의미에 입각하여 이해하기 위해서도 똑같이 요구되는 것은, 이러한 '모사'—결코 모방이라는 의미는 아니고 순수하게 상징적인 의미에서의—인 것이다. 이 어느 경우에도 그 전에는 '절대적인' 의미로 이해되었던 정립이 상대적인 정립으로 변형되어야만 한다. 이러한 변형이야말로 '정신맹 환자'가 항상 거듭해서 어려움에 부딪혔던 것이다. 환자는 7을 항상 7로 볼 뿐이고 동시에 그것을 영으로 볼 수는 없었다. 이와 마찬가지로 그는 언어의 경우에도 그에게 말해진 모든 것을 '문자 그대로 받아들여도' 좋은 때만 올바르게 이해할 수 있었다.[85]

그런데 실어증의 영역과 인지불능증의 영역에서 일어나는 개별적인 오류행동들 사이에 존재하는 연관은 제3의 완전히 다른 측면으로부터도 조명될 수 있다. 이제까지 우리는 계산하고 수를 세는 조작에서 보이는 결함과 언어상의 유비의 이해와 사용에서 보이는 결함 사이에 존재하는 사고상(上)의 공통분모를 보려고 노력했다. 그러나 이제 우리는 이러한 결함들에, 통상적으로 그것들과 함께 나타나지만 순전히 개념적으로 고찰했을 경우에는 언뜻 보

---

85) 이에 대해서 상세한 것은, Benary(앞의 책, 259쪽 이하)의 자세한 보고를 참조할 것. 이러한 보고들 중 하나에서는 환자가 '[자신이 하기] 어렵다'고 분명하게 말하는 '관계의 비교'를 논리적인 우회로를 통해서, 즉 저 잘 알려져 있는 '논증적이고' 모색하는 방식으로 점차적으로 이해할 수 있게 되는지를 매우 생생하게 묘사하고 있다(271쪽).

기에 그것들과 아무런 관련도 없어 보이는 다른 장애들을 덧붙이고 싶다. 헤드는 일군의 테스트를 만들어서 그것을 체계적으로 적용했다. 이 테스트에서 환자가 해야 하는 과제는 환자를 마주하고 있는 의사가 수행하는 운동을 정확하게 반복해야만 하는 것이었다. 의사는 오른손으로 자신의 오른쪽 눈을, 왼손으로 자신의 왼쪽 귀를 가리키면서—혹은 보다 어려운 테스트들에서는 거꾸로 오른손으로 왼쪽 눈을 가리키는 등—환자에게 동일한 동작을 할 것을 요구했다. 이 경우 거의 모든 테스트에서 여러 오류와 오해가 생겼다. 의사의 동작에 좌우대칭으로 **상응하는** 동작을 하는 대신에 환자는 자주 단순히 의사의 동작과 일치하는 동작을 했다. 예를 들어 의사가 왼손으로 왼쪽 눈을 만지면 환자는 그 동작 자체는 반복했지만, 그 경우 의사의 왼쪽 손에 직접 **마주해** 있는 환자의 오른손이 사용되었다. 그러나 이러한 오류도, 의사가 환자와 마주하지 않고 환자 뒤에 앉아서 자신이 행하는 동작을 거울로 환자에게 보여주는 경우에는—환자가 의사의 말을 제대로 이해하지 못해서 과제의 의미를 명료하게 파악하지 못하는 경우를 제외하면—거의 완전히 사라졌다. 이 점에 대해서 헤드는 이렇게 설명하고 있다. 즉 나중의 경우에는 지각된 행동을 단순히 모방만 하면 될 뿐인 반면에, 첫 번째 경우에서는 지각된 행동을 단순히 모방하는 것만으로는 충분하지 않고 오히려 그 동작은 올바르게 재현되기 전에 **언어로 정식화**되어야만 한다는 것이다. 행위는 그것이 어떤 감각적 인상의 직접적인 재현 이외의 것을 요구하지 않을 경우에는 제대로 행해지지만, 적절한 수행을 위해서 '내적 언어행위'

내지 '상징적 표현'의 작용이 요구될 경우에는 제대로 행해지지 않는다.[86] 우리도 이러한 설명에 이의는 없다. 그러나 우리는 우리의 이제까지의 이론적 검토에 근거하여, 이제 이 '상징적' 표현의 성격과 특색을 보다 일반적으로 파악하는 것과 동시에 보다 정밀하게 규정할 수 있다고 생각한다. 왜냐하면 이러한 이론적 검토를 돌이켜보면, 우리는 [환자들이 겪는] 어려움의 참된 핵심이 감각적으로 지각된 것을 단어들로 번역하는 것에 있는 것이 아니라 오히려 이른바 번역 일반에 있다고 볼 수 있기 때문이다. 환자가 자신 앞에 앉아 있는 의사의 동작을 정확하게 반복하려고 할 경우, 이것은 그 동작을 기계적으로 모방함으로써 가능하게 되지는 않는다. 오히려 환자는 그 동작의 '의미'를 미리 변환해야만 한다. 의사에게 '오른쪽'인 것이 환자에게는 '왼쪽'이며, 또한 그 역(逆)이기도 하다. 따라서 올바른 동작은 이러한 차이가 분명하게 파악되고 모든 개별적인 경우에서 고려될 경우에 비로소 수행된다. 즉 행위

---

86) 상세한 것은 Head, *Aphasia and kindred disorders of speech*, I, 157쪽 이하, 356쪽 이하. 특히 제1권, 208쪽의 다음 부분을 참조할 것. "대부분의 실어증환자는 나와 얼굴을 맞대고 앉아 있을 때나 명령이 그림의 형태로 주어질 경우 나의 동작을 제대로 따라 하지 못했다. 그러나 이러한 동작과 그림에 의한 표현이 거울에 비춰지면 환자는 나의 동작을 통상적으로 실수 없이 행했다. 왜냐하면 첫 번째 경우에는 명령의 수용과 명령의 수행 사이에, '오른쪽'과 '왼쪽', '눈'이나 '귀'와 같은 단어들 또는 그것과 유사한 언어상징이 무언중에 개입되어야만 하기 때문이다. 그러나 거울에 비칠 때는 동작은 많은 경우 순전히 모방만 하면 되었고 어떠한 언어표현도 필요하지 않았기 때문이다. 환자는 식탁 위에 있는 사물들 중에서 눈앞에 놓여 있고 손안에 있는 것과 동일한 종류의 사물을 선택하는 것보다는 단순히 따라 하는 동작과 그처럼 직접 인지하는 것을 훨씬 수월하게 행했다."

가 의사의 좌표계로부터 환자의 좌표계로 '치환'될 경우에야 비로
소 올바른 동작이 수행되는 것이다. 산술적인 계산의 경우와 언어
상의 은유를 그 자체로서 이해한다는 과제에서와 마찬가지로 이
경우에도 제대로 이루어지지 않는 것은 이러한 치환이자 전환이
며 변환인 것이다.[87] 우리는 여기에서 우리의 '체계구성'의 통일성

---

87) 실어증에 관한 골트슈타인의 가장 새로운 종합적인 연구보고(*Neurologische
und psychiatrische Abhandlungen aus dem Schweizer Archiv für Neurologie
und Psychiatrie*, hg. von C. von Monakow, Zürich 1927)에서도 어떤 '태도'
형식에서 다른 '태도' 형식으로 자유롭게 이행하기가 어렵다는 것이 실어장애의
본질적 계기의 하나로서 강조되고 있다. "우리가 실어증환자에서 극히 자주 발
견하는 고집은, 통상적으로 단순히 어떤 병적 고집으로서 설명되고 혹은 오히
려 그러한 것으로서 치부되는 경향이 있다. 그러나 그러한 고집의 많은 것은 우
리가 태도의 결함이라는 계기, 특히 태도를 재빠르게 변화시키는 것이 불가능
하다는 장애를 고려하게 되면, 즉각적으로—내용적으로도—이해될 수 있다.
그 경우에는, 무엇보다도 그러한 고집이 결코 모든 작업에서 동일한 정도로 나
타나는 것이 아니라 경우에 따라서 특정의 작업에서만 나타난다는 사실도 해
명될 것이다."(44쪽 이하) 여기에서 전개되는 기본적 견해는, 내가 이 책을 쓰
고 난 후에서야 비로소 L. Bouman과 A. A. Grünbaum의 논문(Experimentell-
psychologische Untersuchungen zur Aphasie und Paraphasie, Zeitschriften
für ges. Neurologie und Psychiatrie, Bd. 96, 1925, 481쪽 이하)에서도 입증
되고 있다고 생각한다. 보우만과 그륀바움이 관찰한 환자는 이전에는 회계사였
지만, 지금도 어떤 초보적인 계산규칙을 이용할 수 있고 그러한 규칙에 의거하
여 개개의 산술적인 작업은 올바르게 수행할 수 있었다. 그러나 이 경우 계산에
서 사용되는 여러 **단위**를 서로 명료하게 구분하고 계산과정에서 그것들을 구별하
지 못한다는 사실에서, 그가 수와 수개념을 유의미한 방식으로 조작하고 있는 것
은 아니라는 사실이 드러났다. 예를 들어 1파운드의 사과 값이 30센트라면, 5파
운드의 사과는 얼마인가라는 문제에 대해서, 그는 약간 생각을 한 후에 150이라
는 수를 올바르게 산출했지만, '단위에 대한 지칭'과 관련해서는 오류를 범했다.
즉 환자는 150개의 사과라는 것이 답이라고 믿었던 것이다. 또한 예를 들어 하
루에 5굴덴(Gulden)을 사용하면 100굴덴으로 며칠을 살 수 있는가라는 문제에

과 완결성을 위해서 임상적으로 관찰된 현상들을 자의적으로 해석하는 것은 아니다. 오히려 이러한 현상들 자체가 철저하게 이러한 설명 방향을 가리키고 있다. 환자 자신이 장애가 갖는 바로 이러한 성격을 놀라울 정도로 선명하면서도 간결하게 강조하고 있는 것도—즉 환자가 자신에게 제기된 과제를 수행하는 어려움이 외국어 텍스트를 모국어로 번역할 때의 어려움에도 비교될 수 있다고 지적하는 것도—드물지 않다.[88] 언어 자체도 비로소 점진적

대해서도, 환자는 20이라고 계산상으로는 올바르게 답변했지만 이 숫자가 일수나 주수나 연수를 가리키는지 아니면 굴덴을 가리키는지조차도 전혀 분간하지 못했다(같은 논문, 506쪽 이하). 기하학의 특정한 문제들에 대한 그의 태도도 위의 태도들에 못지않게 특징적이었다. 일련의 도형, 예를 들어 삼각형과 사각형 그리고 원을 환자 앞에 두고 그것들을 부분적으로 서로 겹치게 해서 그러한 도형들이 겹쳐져 있는 여러 장소는 몇 개의 도형에 함께 속하게 하고 그 외의 다른 장소들은 한 개의 도형에만 속하게 하면, 환자는 단지 하나의 도형에만 속하는 지점은 아무런 어려움 없이 가리킬 수 있다. 이에 반해서 삼각형과 사각형, 삼각형과 원, 혹은 삼각형과 사각형 그리고 원에 공통적인 지점을 가리키라고 요구할 경우에는 그는 매우 오랫동안 생각하고 눈으로 보일 정도로 애를 쓴 후에야 그 지점을 가리킬 수 있었다. 동시에 환자는 자신이 내놓은 답이 올바른지에 대해서 주관적으로 강한 불안과 의구심을 가지고 있었다(485쪽). 따라서 이 경우에도 환자는 무엇보다도, 동일한 하나의 '요소'를 동시에 여러 관계연관 속에 편입시키라는 요구, 즉 그것을 여러 기하학적 전체에 '속해 있고' 그것에 관계되어 있는 것으로서 생각하라는 요구에 대해서 어려움을 느끼는 것 같다. 왜냐하면 그러한 요구를 충족시키는 것이야말로 실어증과 인지불능증에서 저해되고 있는 '시각'의 자유로운 전환을 전제로 하기 때문이다.

88) 헤드의 환자들 중 한 사람인 젊은 장교는 처음에는 '손과 시청각 테스트'의 과제들을 극히 결함이 많은 방식으로만 수행할 수 있었지만, 상당한 시간이 흐르고 그의 상태가 매우 좋아진 후에는 이러한 검사들을 비교적 잘 수행할 수 있었다. 환자는 이 경우 자신의 태도를 이렇게 설명했다. "나는 당신을 보고 그 다음에 나는 '그는 자신의 손을 내 왼쪽에 두고 있다. 따라서 그 손은 내 오른쪽

으로 순수하게 관계 짓는 사고의 도구로 형성되었다는 것, 그리고 바로 이 점이 언어의 가장 고차적이고 가장 어려운 작업의 하나라는 사실을 우리는 여기에서 떠올리게 된다. 언어도 또한 구체적·직관적인 개별규정의 표현에서부터 출발하여 다양한 중간단계를 거쳐서 논리적인 관계 표현으로까지 자신을 끊임없이 변형해 간다.[89] 그러나 물론 우리가 당면한 문제는 언어와 언어적 개념형성의 권역에만 속하는 것도 아니며 이 권역 내에서 완전히 해명될 수 있는 것도 아니다. '상징의식의 병리학'도 이 문제를 가장 넓게 파악할 것을 우리에게 촉구한다. 왜냐하면 상징의식의 병리현상은 특정한 언어장애와 지각적 인지장애에서뿐 아니라 그것들에 못지않게 **행위의** 어떤 **장애**에서도 나타나기 때문이다. 실어증과 시각성 및 촉각성 인지불능의 병증에 **운동신경장애**의 병증도 가세하는 것이다. 우리는 이 운동신경장애의 병증도 우리의 일반적인 문제의 권역 안으로 끌어들이려고 시도할 것이다. 우리는 다음과 같은 물음을 제기하고 싶다. 즉 인지불능장애와 실어장애가 지각세계의 이론적 구성과 그 특유의 분절을 보다 정밀하게 포착하는 것에 기여했던 것처럼, 운동신경장애도 행위의 구조법칙에 대

에 있다'고 말한다. 나는 이러한 사실을 마음속에서 번역하고 변환시켜야만 한다."
(*Krankengeschichte* Nr. 8, II, 123) 다른 환자는 이렇게 설명했다. "나는 항상 '그것은 어느 정도 알고는 있지만 아주 잘 알고 있지는 않은 외국어를 번역하는 것과 같다'고 말했다. 그것은 프랑스어에서 영어로 번역하는 것과 같다."

89) 이에 대해서 상세한 것은, 이 책 제1권, 159쪽 이하, 174쪽 이하, 187쪽 이하, 288쪽 이하[『상징형식의 철학 I: 언어』, 294쪽 이하, 332쪽 이하, 354쪽 이하, 532쪽 이하]를 참조할 것.

한 보다 깊은 통찰을 우리에게 제공할 수 있지 않은가 그리고 만약 제공할 수 있다면 어느 정도나 제공할 수 있는가라고.

5. 행동의 병적 장애

실어증이라는 개념 아래 포괄되는 언어장애와 시각성 내지 촉각성 인지불능증이라고 불리는 지각적 인지장애가 행위의 일정한 장애와 극히 자주 결부되어 있다는 것은 일찍이 감지되었다. 바로 이러한 관찰에 근거하여 실어증과 인지불능증과 같은 증후군에서 문제로 되는 것이 엄격하게 구획된 **개별적 기능들**의 장애와 결락(缺落)일 수는 없고 오히려 여기에서는 '지능' 일반이 어떠한 방식으로든 축소되어 있음에 틀림없다는 견해가 반복해서 제창되었다. 피에르 마리가 생각하는 것처럼, 그러한 '지능의 쇠약'이야말로 실어증의 원인이라고 상정한다면, 이러한 쇠약이 환자의 언어이해와 언어표현의 영역에서뿐 아니라 행위, 즉 실천적 태도의 영역에서도 어떠한 방식으로든 나타날 것임에 틀림없다는 것은 이해 가능할 뿐 아니라 필연적인 것으로 여겨졌던 것이다. 사실 관찰이 가르쳐주는 바로는, 이러한 행위의 영역에서는 드물지 않게 심각한 장애가 보였다. 예를 들어 환자들은 명령에 따라서 특정한 단순한 행위를 적절하게 수행할 수 있었지만, 그러한 부분적 행위들로 이루어진 복잡한 행위를 올바르게 수행할 수 없었던 것이다. 어떤 환자는 예를 들어 의사의 요구에 따라서 혀를 보이거나 눈을 감는 것 또는 의사에게 손을 건네는 것은 할 수 있었다. 그러나 이러한 행위들을 동시에 하라고 요구하면 환자의 행동은 불안정하게 되었으며 결함이 많았다.[90] 환자에게 **양자택일하는 문제**가 제기될 경우에는, 즉 환자가 일정한 구체적 상황에서 '예'인가 '아니요'인가를 결정해야 하는 경우에는, 이런 종류의 장애는 보다 극심한 형태로 나타났다. 예를 들어 환자는 집에 있을 것인지 또는 밖으로 나갈 것인지를 따로 물어보면 올바르게 대답할 수 있었지만, 집에 있을 것인지 **아니면** 밖으로 나갈 것인지라는 물음은 올바르게 이해하지 못했다. 환자가 앉아 있는 식탁 위에 일상적으로 사용되는 일정한 수의 물건들—칼 하나와 가위 하나 그리고 열쇠 하나—을 놓고 이러한 대상들을 환자로 하여금 환자의 손에 주어져 있든가 눈앞에 놓여 있는 다른 것들과 비교할 것을 요구하는 헤드의 어떤 검사에서, 시각적으로나 촉각적으로 제시되어 있는 **하나의** 사물에 대응하는 것을 식탁의 복제물들 중에서 지시하는 것이 문제일 경우에는 많은 환자가 그것을 오류 없이 행했다. 그러나 두 개 내지 그 이상의 대상을 환자의 손이나 눈앞에 동시에 놓은 후 환자로 하여금 그것들을 식탁 위에 있는 복제물들과 비교하도록 하면 그는 혼란에 빠졌다. 그때 원형과 복제를 비교하는 행동이 행해지는 경우에조차도 그것은 많은 주저와 함께 혹은 그릇되게 행해졌던 것이다.[91] 다른 병례들에서, 어떤 환자는 일정한 행위를 자동적

---

90) 예를 들어 Head의 *Krankengeschichte* Nr. 9, II, 139쪽을 참조할 것.
91) 예를 들어 같은 책, Nr. 1, II, 6쪽을 참조할 것.

으로 수행할 수는 있어도 임의적으로 그러한 행위를 할 수는 없었다. 예를 들어 그는 입술을 축이기 위해서는 혀를 내밀 수 있었지만, 그러한 동기 없이 의사의 단순한 명령에 따라서는 혀를 내밀수 없었다.[92] 이 모든 것으로부터 실어증환자에서 질환은 그의 사고와 지각의 형식뿐 아니라 그의 의지와 의도적인 행위의 형식까지도 침해하거나 변형한다는 사실이 분명한 것 같다. 이와 함께 이러한 변형도 또한 일관되게 관찰될 수 있는 전적으로 특정한 **방향**을 지시하고 있는 것은 아닌가라는 물음이, 그리고 이러한 방향을 추적하는 것은 우리의 고찰이 향해 있는 **이론적** 근본문제를 보다잘 해명하는 데에 기여할 수 있는 것인가라는 물음이 우리에게 생긴다.

그러나 이러한 일반적 형태로 물음을 설정하기 전에, 임상적 관찰에 의해서 확인되는 '운동신경장애라는 병증'을 보다 정밀하게 한정하고 그것의 특질을 보다 섬세하게 추구할 필요가 있다. 후고리프만은 이 분야에서 토대를 놓는 연구를 수행했던바, 임상적인다양한 증상들에 대해서 처음으로 그렇게 정밀한 개념적 구분을시도했다는 데에 그의 공적이 있다. 리프만은 '운동신경장애'라는일반적 개념을 이렇게 파악하고 있다. 즉 그는 이 개념에 의해서,특정한 목적을 추구하는 의도적인 동작의 장애—단 사지의 운동능력의 결함에 의해서 야기된 것이 아니며 행위가 향하는 객관에

---

92) 예를 들어 잭슨이 이런 종류의 증례들에 대해서 언급하고 있다. *Brain* XXXVIII, 37쪽, 104쪽을 참조할 것.

대한 지각적 인지능력의 결함에 의해 야기된 것도 아닌 장애—를
염두에 두고 있다. 운동신경장애에서는 사지 자체의 운동능력은
그대로 유지되어야만 하며, 완전마비와 부분마비에 의해서 운동
능력이 손상되어서는 안 된다. 다른 한편으로 환자의 잘못된 행위
는 대상에 대한 **오인(誤認)**에 의한 것이어서도 안 된다. 시각성 내
지 촉각성 **인지불능**에서 보이는 것과 같은 일련의 오인의 병례들
에서는 엄밀한 의미의 운동신경장애가 문제가 되고 있는 것은 아
니다. "**어떤 대상을 오인했기 때문에** 그것을 잘못 사용하는 사람의
행위, 즉 그의 πράττειν[프라테인, 행위]은 분명히 그 자체는 전적
으로 올바른 것이며, 단지 그릇된 전제들 때문에 잘못 행해진 것
에 불과하다. 행위 자체는 그 전제와 전적으로 조화되어 있다. 칫
솔을 담배로 여기는 사람이 칫솔로 담배를 피우려고 할 경우에 그
는 전적으로 올바르게 행동하고 있는 것이다."[93] 이와 함께 운동
신경장애에 대한 일반적 정의가 획득되었다고 할 수 있다. 리프만
에 의하면 이러한 정의에 따르면서도 장애의 두 가지 기본형식이
명확하게 구별될 수 있다. 행위가 적절하게 수행되지 못하게 되는
것은, 의지가 그 행위를 **구상하는** 단계에서, 즉 의지가 자신을 위

---

93) Hugo Liepmann, *Über Störungen des Handelns bei Gehirnkranken*, Berlin
1905, 10쪽을 참조할 것. 아래에서 서술되는 것에 대해서는 특히 Liepmann의
Das Krankenbild der Apraxie, Berlin 1900을 참조할 것. 또한 아래의 서술에서
는 방향 설정을 위해서 v. Kleist, Der Gang und der gegenwärtige Stand der
Apraxieforschung, *Ergebn. der Neurol. und Psychiatrie*, Bd I, Heft 2, 1911 및
K. Goldstein, Über Apraxie, *Beihefte der mediz. Klinik* Heft 10(1911)의 종합
적인 보고를 참조했다.

해서 미리 행위에 대한 '관념'을 형성하는 단계에서 오류를 범하는 것에 의해서든가, 아니면 이러한 구상은 적절히 형성되었지만 그것을 실행하려고 할 때 사지의 어떤 부분이 의지의 '명령'에 복종하지 않는 것에 의해서든가다. 리프만은 전자를 관념성(ideatorisch) 운동신경장애, 후자를 운동성(motorisch) 운동신경장애라고 부르고 있다. 관념성 운동신경장애의 경우 어떠한 방식으로든 손상되고 있는 것은 행동 전체의 '지향'과, 이러한 지향을 개개의 부분적 활동들로 나누는 것이다. 이러한 부분 활동들이 올바른 방식으로 맞물리고 그것들이 전체로서의 하나의 행위로 종합되기 위해서는 어떤 일정한 질서하에서 지향되고 수행되지 않으면 안 된다. 따라서 관념성 운동신경장애에서 손상되는 것으로 나타나는 것은 바로 이러한 질서다. 관념성 운동신경장애에서는 하나의 행위라는 복잡한 구조체 개개의 구성요소들이 혼동되거나 그 시간적 순서가 혼동되고 있는 것이다. 예를 들어 담배 하나와 성냥갑을 환자에게 건네면, 환자는 성냥갑을 여송연의 끝을 자르는 도구로 여기는 것처럼 그것을 열고 밀어서 닫는다. 그 후 그는 성냥을 꺼내지 않고 담배로 성냥갑의 측면을 문지른다.[94] 따라서 여기에서는, 요구되고 있는 동작복합체에 사실상 속해 있는 각각의 동작은 수행되고 있기는 하지만 이러한 동작들이 필요한 방식으로 완전하게 행해지지 않고 있으며 또한 올바른 순서로 행해지고 있는

---

94) Bonhoeffer, *Archiv für Psychiatrie*, Bd. 37, 38쪽, Liepmann, *Über Störungen des Handelns bei Gehirnkranken*, 22쪽 이하에서 인용.

것도 아니다. 이에 반해 운동성 운동신경장애에서는 어떠한 방식으로든 병적으로 변화되고 있는 것은 동작의 구상 자체가 아니다. 오히려 여기에서는 그러한 구상은 일반적으로 올바르게 행해지고 있지만, 그럼에도 불구하고 그러한 구상은 더 이상 건강한 사람의 경우와 동일한 방식으로 실행될 수 없다. 병이 든 지체(肢體)가 이를테면 의지에 따르기를 거부하는 것이다. 즉 그것은 의지가 지정하는 방향으로 더 이상 움직일 수 없다. 이러한 사태가 가장 현저하게 나타나는 것은, 다른 지체는 목적에 부합되는 운동을 수행하는 능력을 보존하고 있는 반면에 어떤 하나의 지체만이 위와 같이 의지와 수행의 연합체로부터 배제되어 있을 경우다. 예를 들어 실행연구에서 일종의 고전적인 의의를 갖게 된 '참사관(參事官)'이라 불리는 리프만의 환자의 유명한 병례에서는, 환자가 오른손으로는 아무리 단순한 동작도 할 수 없었지만 왼손으로는 동일한 동작을 아무런 문제없이 수행할 수 있었다는 주목할 만한 사태가 나타나고 있다. 따라서 여기에서 이 경우 환자의 '자아', 즉 통일적인 주체로서의 환자 자신에게는 과제에 대한 적절한 이해와 과제를 해결하기 위한 그 외의 모든 심적·정신적 조건이 결여되어 있는 것은 아니다. 예를 들어 환자는 왼손으로 병마개를 따서 그 병에서 물 한잔을 컵에 따를 수 있었으며, 이러한 사실에서 그가 이 행위계열에 포함되어 있는 개개의 동작을 정신적으로 지배하고 그러한 동작들을 적절한 순서로 배열할 수 있다는 점이 드러난다. 따라서 '관념에 따르는 과정' 전체는 극히 정상적으로 진행된다. 즉 그가 동일한 동작을 오른손으로는 수행할 수 없다는 것은 장애가 이러한 관념에 따르는 과정에 있는 것이 아니라 오히려 이 과정을 오른손의 운동기관으로 번역하는 과정에 있음에 틀림없다는 사실을 보여준다. 이러한 병례에서 운동신경장애는 심적인 것 전체의 장애가 아니라 오히려 '사지에 관련되는 장애'인 것이다. 즉 이러한 운동신경장애는 특정한 개별적인 지체의 감각운동장치 전체가 심적인 전체 과정으로부터 어떤 식으로 '분리될' 수 있는지를 보여주는 것이다.[95] 환자 자신도 이러한 특유의 '분리'를 느끼고 있는 것 같다. 예를 들어 하일브로너의 좌측 운동신경장애환자는 자신의 왼손을 믿을 수 없다고 한탄했다고 한다. 즉 오른손은 그가 둔 곳에 움직이지 않고 있는 반면에, 왼손은 결코 고정시킬 수 없었으며 때로는 그 자신이 뜻하지 않은 일정한 동작을 반복해서 수행하고 있다는 것이다. 환자는 이러한 왼손의 움직임을 결코 자신의 활동이라고 부를 수 없었다. 그는 그러한 움직임이 전혀 자신에 속하지 않는다고 느꼈으며 이러한 사실을 제3자의 활동이라고 말하는 방식으로 언표하기조차 했다.[96] 이런 종류의 병적 장애가 '행위'의 심리학 전체에서 결정적인 중요성을 갖는다는 것, 이러한 종류의 장애가 우리가 '의지'와 의도적인 동작의 중심문제들을 보다 깊이 파악하는 데에 기여할 수 있다는 사실은 거의 의심할 여지가 없다. 그러나 우리의 기본적 문제의 맥락에서는 '운동성' 운동신경장애와 '지체 운동성' 운동신경장애와 같은 현상들은 일단 도외시

---

95) Liepmann, *Über Störungen des Handelns bei Gehirnkranken*, 36쪽 이하.
96) Heilbronner, Lewandowsky의 *Handbuch* II, 1044.

하고, 리프만이 '관념성 운동신경장애'라는 이름 아래 총괄하고 있는 현상들에 집중하는 것이 좋을 것이다. 왜냐하면 바로 여기에서 '이론'과 '실천'이 다시 밀접하게 접근하게 되기 때문이다. 여기에서 행위의 형식이 사고와 표상의 형식과 불가분하게 융합되어 있다는 사실이 분명하게 드러난다. 그리고 이 경우 이제, 우리의 의도적인 행위의 특징을 이루고 있고 그것을 다른 종류의 행위로부터 종적으로 구별하고 있는 것은 어떠한 종류의 '표상작용', 어떠한 경향의, 어떠한 방향의 '표상작용'인가라는 일반적인 문제가 생기게 된다. 여기에서도 또한 이제까지의 고찰에서 우리에게 타당한 것으로 입증되었던 저 차이, 즉 행위의 '직접적' 형식과 '간접적' 형식, '현전적인' 정신태도와 '재현적인' 정신태도 사이의 차이, 다시 말해 감각적인 인상과 감각적인 대상을 고집하는 것과 이러한 속박으로부터 해방되어 어떤 다른 영역, 즉 상징적·이념적 영역으로 이행하는 태도 사이의 차이가 나타날까?

운동신경장애의 영역에서 일관해서 관찰되는 가장 잘 알려진 현상들 중 하나는 여기에서도 또한 환자가 수행할 수 있는 개별적인 **작업들**을 단지 모아놓는 것에만 만족하는 한, 그 병증이 극히 현저한 형태로 동요한다는 것이다. 이러한 방법으로는 실어장애를 기술할 경우와 마찬가지로 어떤 선명하면서도 일의적인 성과를 낼 수 없다는 사실이 즉시 분명하게 된다. 언어장애는 환자의 단순한 언어사용으로부터 읽어낼 수 없다. 오히려 환자는 어떤 언어를 특정한 조건 아래에서는 매우 잘 사용할 수 있지만 다른 조건 아래에서는 사용할 수 없다. 이와 동일한 사실이 행위와 특정한 동작의 수행에 대해서도 타당하다. 그러한 동작들이 어려움 없이 수행되는 상황도 있지만, 다른 상황에서는 그러한 동작들이 전혀 수행될 수 없다. 예를 들어 환자는 분노의 동작을 연기할 수는 없다. 그러나 정말로 화가 나게 되면 그는 전적으로 올바른 분노의 동작을 수행하는 것이다. 다른 환자는 명령에 따라서 선서를 하기 위해서 손을 올릴 수 없지만, 선서문을 읽어주면 명령에 따라서 손을 올린다. 이러한 종류의 차이를 분명히 하기 위해서 '구체적인' 동작과 '추상적인' 동작이 구별되었다. 이 경우 추상적 동작이란 요구에 따라서 행해지는 고립된 의도적인 동작이며, 구체적인 동작이란 일정한 상황 아래서 다소간 기계적으로 행해지는 일상생활의 동작이다. 골트슈타인의 어떤 환자는 그 모든 '추상적' 동작에서는 극히 심각한 장애를 보였지만, 일상적인 행동에서는 이러한 장애에 의해서 본질적인 면에서는 거의 방해받지 않았다. 그는 스스로 몸을 씻었고 면도를 했으며 자기의 모든 물건을 정리했고, 수도꼭지를 열고 전기 콘센트를 사용하는 행동을 할 수 있었다. 그러나 이 모든 행동은 그것이 대상 자체, 즉 현실적인 객관 자체에 접하면서 행해져도 좋을 때 제대로 행해질 수 있었다. 예를 들어 문을 노크하라고 환자에게 요구할 경우에, 환자가 그것을 제대로 할 수 있었던 것은 환자의 손이 문에 닿을 수 있었을 때뿐이었다. 그러나 환자를 문에서 한 걸음 물러나게 해서 손가락을 문에 닿을 수 없게 하면, 시작되었던 노크 동작은 곧 중단되고 말았다. 똑같이 이 환자는 망치를 손에 쥐고 벽 앞에 서 있을 때는 벽에 못을 박을 수 있었지만, 못을 뺀 후 못을 박는 동작을 **해보라고**

했을 때는 동작을 멈추든가 아니면 앞에서 수행된 동작과는 분명히 구별되는 알 수 없는 동작을 했다. 그는 종잇조각이 그가 앉아 있는 책상 위에 놓여 있으면 명령에 따라서 그것을 입으로 불어서 날릴 수 있었다. 그러나 이 종잇조각을 치우면 그는 불어서 날리는 동일한 동작을 할 수 없었다. 유사한 일은 순수하게 표정동작에서도 일어났다. 즉 환자는 요구에 따라서 웃을 수는 없었지만, 대화 중에 우스운 이야기가 나오면 웃었다.[97] 이런 종류의 환자들에게는 어떤 동작을 해 보여도 그들이 그것을 제대로 따라 하는 경우는 극히 드물다. 환자는 그 동작을 전체로서 따라 하지 않고 그것을 자신이 파악한 단편적인 개별적 부분들을 조립하는 식으로만 그 동작을 따라 한다. 따라서 외적으로만 보면 상당히 잘 따라 하는 것처럼 보이는 경우에도 행위의 **성격** 전체가 변질되고 만다. "손으로 환자에게 원 하나를 그려 보이면, 그는 항상 그 동작을 해 보이는 의사와 자기 자신의 손을 끊임없이 번갈아 보았다. 환자가 그 동작을 부분부분만을 따라 한다는 사실을 사람들은 분명히 볼 수 있었다. 따라서 그는 본래 어떠한 원도 그리지 못하고 단지 몇 개의 짧은 선을 그려서 그것들을 이어 붙여서, 결과적으로 원과 유사한 것을, 보다 정확하게 말해서 다각형과 같은 것을 만들어내는 것에 불과했다. 그가 본래 원을 그리지 않았다는 것은, 그 앞에서 의사가 행하던 동작을 갑자기 변화시킬 경우 그가

---

97) 상세한 것은, 「시각적 과정에 대한 운동의 의존성」이라는 골트슈타인의 논문(이 책 284쪽을 참조) 147쪽 이하를 참조할 것.

—자신이 처음에 시작했던—원을 그리는 것과 유사한 동작을 곧장 타원이나 어떤 다른 도형을 그리는 동작으로 변화시킨다는 사실로부터 분명하게 되었다."[98]

우리는 여기까지는 운동신경장애라는 병증의 어떤 주요특성만을 묘사하려고 시도했지만, 이러한 묘사는 이 정도로 그치고 이제 우리는 이러한 특성들이 **이론적으로** 어떻게 평가되어야만 하는지라는 문제를 제기하고자 한다. 종래의 견해에서는 실어장애의 경우와 마찬가지로 여기에서도 또한 통상적으로 특정한 '기억영상'의 상실을, 환자가 보이는 변화된 태도의 참된 근거로 보았다. 언어의 이해와 문자의 사용에서 보이는 장애가 '청각영상'과 '문자영상'의 상실에 의해서 야기된다고 설명하려고 했던 것과 마찬가지로 행위의 변질도 또한 본질적으로는 '상기능력', 즉 이전의 인상, 특히 운동감각성의 영역에서 인상을 다시 환기할 수 있는 능력의 손상에 의해서 설명하려고 했던 것이다. '상징상실(asymbolisch)' 장애의 모든 영역을 이런 식으로 설명하려고 했던 베르니케(Wernicke)에 이어서, 리프만도 처음에는 환자에서는 "습득된 특정한 동작형식을 상기하는 능력이 전반적으로 소실(消失)되었든가 최소한 환기하기 어렵게 되었기 때문에, 그러한 동작형식은 예를 들어 객체들을 다룰 때 해당 객체로부터 주어지는 시각성·촉각성·운동감각성의 인상들의 도움을 받아서 비로소 떠올려지게 된다"는 사태야말로 행동을 병적으로 변화시키는 근본조건으로 보

---

98) 같은 논문, 166쪽.

았다. 따라서 리프만에서는 기억에 의지하여 동작을 수행할 수 없다는 이러한 불능—결국 표정의 동작에만 한정되지 않고 그것 이외의 잘 알려진 객체조작에서도 나타나는 이러한 불능—이야말로 '운동신경장애'의 핵심으로 간주되고 있다.[99] 그러나 리프만 자신도 운동신경장애를 본질적으로 순수하게 재생적 과정들의 장애로 환원하고 마는 이러한 이론에 오랜 동안 만족하지는 않았으며, 이 이론을 세련되게 수정하려고 했던 것으로 보인다.[100] 무엇보다도 먼저, 리프만 자신이 인정하고 강조한 사실,[101] 즉 '자유로운' 행동에서 나타나는 것과 극히 유사한 결함이 동작을 단순히 **모방하면** 되는 경우에도 통상적으로 출현한다는 사실이 이러한 견해에 불리하게 작용하는 것이다. 환자가 특정한 동작을 할 수 없는 것은 단지 그의 기억영상을 재환기할 수 없기 때문이라고 한다면, 그 동작이 다른 사람에 의해서 그에게 제시되고 이를 통해서 직접적으로 다시 환기될 경우에는 적어도 그 동작을 반복할 수 있어야 하

---

99) H. Liepmann, Die linke Hemisphäre und das Handeln(1905)을 참조할 것. 이 논문은 *Drei Aufsätze aus dem Apraxiegebiet*, 26쪽 이하, 33쪽에 재수록되었다.

100) 내가 아는 한, 리프만은 1908년에 프랑크푸르트에서 열린 정신과의사 연차총회 석상에서 했던 강연에서 운동신경장애를 한낱 '재생능력'의 장애에 의거하여 설명하려는 시도를 최종적으로 포기했다. 리프만 자신이 이 강연에서 운동신경장애는 **일반적으로** 기억소실, 즉 기억상실이나 피에르 마리의 이론이 상정하는 의미에서의 지능장애의 결과로서 정의될 수 없다는 점을 강조하고 있는 것이다(Über die Funktion des Balkens beim Handeln, *Drei Aufsätze aus dem Apraxiegebiet*, 66쪽에 재수록).

101) Liepmann, Die linke Hemisphäre und das Handeln(*Drei Aufsätze* etc, 27쪽 이하)을 참조할 것.

지 않을까? 그 이외에도 이러한 설명방식은 리프만 그 자신에 의해서 확인된 운동신경장애라는 병증의 보다 세부적인 특징, 즉 이 병증에서 나타나고 있는 이상(異常)의 **특수한 성격**을 적절하게 고려하고 있는 것 같지 않다. 골트슈타인이 프랑크푸르트 신경학연구소에서, 우리가 앞에서 언급했던 환자 슈나이더의 병증을 나에게 보여주면서 설명했을 때 나에게 가장 주목할 만한 극히 놀라운 특징들 중 하나로 여겨졌던 것은, 환자가 그 직전까지는 매우 적절하게 수행했던 동작을 이 동작의 객관적인 '기체'가 사라지게 되자마자 중단하고 만다는 사실이었다. 그는 조금 전만 해도 문 앞에 서서 왼손으로 문을 노크하는 동작을 올바르게 수행했다. 그러나 그를 한 걸음 정도 문에서 물러나게 하는 것만으로도 그는 정지하고 말았다. 이미 올려 있던 팔은 이제는 흡사 무언가에 붙잡혀 있기라도 하는 것처럼 공중에 머물러 있었다. 의사가 아무리 요구해도 그는 문을 노크하는 동작을 할 수 없었다. 이 경우 노크 동작, 즉 환자가 몇 초 전에 수행했던 동작의 **기억영상**이 그의 기억에서 사라져버렸다고 상정해야 할까? 혹은 조금 전에 한 장의 종이를 책상에서 불어서 날렸던 환자가 그 대상 없이, 이를테면 아무것도 없는 곳에서 그 동작을 수행하라고 요구를 받으면 그것을 반복할 수 없다는 것도 입으로 분다는 운동감각적인 **기억영상**의 결여에 의한 것일까? 이렇게 특이한 현상에 대해서는 분명히, 어떤 연상 메커니즘으로 소급하는 식의 설명과는 다른 보다 깊은 설명이 필요할 것이다. 골트슈타인은 모든 동작, 특히 모든 '추상적인' 의도적인 동작이 **시각적인 과정**들에 원칙적으로 의존해 있다는 사실을 지적함으로써, 이러한 사태를 설명하려고 했다. 그는 두 명의 '정신맹 환자'의 증상에 입각하여 시각적인 인지작용과 표상작용의 모든 손상이 통상적으로 운동능력과 행위 일반의 심각한 장애를 수반한다는 사실을 입증할 수 있었다. 결국 골트슈타인에게 이러한 사실은 우리가 수행하는 모든 의도적인 동작은 어떤 일정한 매체에 입각하여 어떤 '배경' 앞에서 일어난다는 사태에 근거하고 있는 것으로 보였다. "우리는 자신의 동작을 그것과 아무런 관련이 없는 '공허한' 공간 안에서 하는 것이 아니라, 그것과 전적으로 특정한 관계에 있는 공간에서 행한다. 운동과 그것의 배경은 본래 인위적으로만 나뉠 수 있는 하나의 통일적 전체의 두 계기다." 시각-공간적인 체험이 심각하게 손상되어 있는 정신맹 환자는 자신의 동작을 위해서 시각에 기초해 있는 매체를 더 이상 창출할 수 없기 때문에 그의 동작은 일관되게 극히 심각하게 손상되어 있을 수밖에 없으며, 최소한 건강한 사람의 동작과는 전적으로 다른 '형식'을 보일 수밖에 없다. 비록 그의 동작이 효과 면에서는 비교적 양호한 상태로 행해지는 것처럼 보일 경우에도, 그것은 전혀 다른 기반 위에 세워져 있다. 즉 그의 '배경'이 이제 시각적 영역으로부터 운동감각적 영역으로 옮겨진 것이다. 이 경우 골트슈타인은 시각적인 배경과 운동감각적 배경 사이의 중요하면서도 결정적인 차이의 하나를 무엇보다도 운동감각적 배경이 시각적 배경에 비해서 자유롭게 변화되기가 훨씬 더 어렵다는 데 있다고 본다. "시각에 기초해 있는 배경은 나의 신체와 그 동작으로부터 독립해 있다. 즉 시각적으로 표상된 공간은 나의 신체의 위치가 변해도 신체와 함께 움직이지 않고 신체 밖에 고정되어 있다. 따라서 우리는 그 공간 속에서 자신의 동작을 여러 방식으로 수행할 수 있다. 이에 반해 운동감각에 기초해 있는 배경은 우리의 신체에 훨씬 긴밀하게 결부되어 있다. 시각에 기초해 있는 평면의 경우에는 내가 자신의 신체를 그것에 맞추는 반면에, 운동감각에 기초해 있는 평면의 경우에는 나의 신체와 항상 특정한 관계에 있다. 예를 들어 글을 쓰는 행위가 운동감각에 기초해 있는 것으로 표상해 볼 경우, 그것은 나의 신체에 대해서 전적으로 특정한 위치에 있는 책받침을 처음부터 포함하고 있다." 골트슈타인의 어떤 환자의 병례에서 이러한 사태는 환자의 공간이 항상 그의 신체가 자리하는 위치에 방향 지어져 있다는 특유의 형태로 나타났다. 이 환자에게 '위'란 항상 그의 머리가 있는 장소를 의미했고, '아래'는 그의 발이 있는 장소를 의미했다. 따라서 그는 예를 들어 소파에 누워 있을 때는 방의 상하를 올바르게 가리킬 수 없었다. 이와 같이 사실, 그는 항상 거의 동일한 평면에서 글자를 쓰거나 그림을 그리는 동작을 수행했는데, 이 경우 이 평면은 완전히 수직은 아니고 약간 뒤로 기울어져 있었다. 서서 글을 쓸 때 그는 이렇게 평면의 위치를 가장 편안한 위치로서 습득했다. 그러나 그는 "예를 들면 이 평면을 간단히 **이동할 수 없었다. 즉 그는 다른 평면에서는 글을 쓸 수 없었다.** 다른 평면에서 글을 쓸 것을 그에게 요구하면, 그는 우선은 그러한 동작이 행해져야 할 이 새로운 평면을 힘들여서 만들어내야만 했다. 예를 들어 그는 수평의 평면 위에 하나의 원을 그려보라는 요구에 대해서 두 팔을 몸에 밀착키시고 아래팔을 위팔에 대해서 직각으로 유지하고 난 후 몸을 진자처럼 움직이면서 이에 따라 아래팔이 거의 수평방향으로 움직이게 했다. 다음에 그는 운동감각적 느낌에 의지하여 아래팔이 움직이고 있는 평면을 수평면으로서 고정하고 이 평면 위에 앞에서 서술한 것과 같은 방식으로 글 쓰는 동작을 행했다. 운동감각에 기초한 이러한 평면은 확고하게 고정된 상태에서, 신체 전체의 위치가 변함에 따라서 신체에서 가장 평안한 평면의 위치 또한 변할 수밖에 없었다. 이러한 사실은 환자로 하여금 처음에는 서 있는 상태에서, 다음에는 누워 있는 상태에서 글을 쓰게 하면 극히 쉽게 입증될 수 있다. 그가 글을 쓰고 있는 평면은 항상 그의 신체에 대해서 동일한 위치를 유지하고 있는 것이며, 그렇게 되면 당연히 서 있을 때와 누워 있을 때의 신체의 두 위치가 서로 직각인 것처럼 두 개의 평면도 또한 객관적으로는 서로 직각이 되는 것이다."[102]

또한 여기에서도 하나의 극히 특징적이고 주요한 특색이 우리에게 분명하게 드러나게 된다. 왜냐하면 우리가 실어증환자와 인지불능환자의 극히 여러 작업에서 마주쳤던 것, 그뿐 아니라 그들의 '지적' 장애 일반의 핵심으로 나타났던 것은 바로 '배치전환(Transposition)', 즉 좌표계의 자유로운 변환이 어렵고 불가능하다는 점이었기 때문이었다. 우리는 이러한 어려움과 불능을 환자들의 행위에서와 마찬가지로 그들의 계산작업과 공간 내에서의

---

102) Goldstein, *Über die Abhängigkeit der Bewegungen von optischen Vorgängen*, 162쪽 이하, 169쪽 이하.

방위결정의 형식과 언어표현에서도 항상 반복해서 발견할 수 있는 것이다. 우리는 바로 이 때문에 다음과 같은 물음을 제기하지 않을 수 없게 된다. 환자의 태도가 보여주는 이러한 전적으로 일반적인 변화는 그들의 **시각적** 체험의 변화된 형식으로 소급함으로써 충분히 설명될 수 있는가? 혹은 여기에서는 장애의 일반성에 상응하게, 이러한 장애의 가장 일반적인 **원인**도 상정되어야만 하는 것은 아닐까? 왜냐하면 무엇보다도 먼저 골트슈타인이 상세하게 기술했던 환자 슈나이더의 임상소견이 이 환자가 일정한 행위를 수행하기 위해서는 시각의 도움뿐 아니라 그것과 동일한 정도로 촉각의 도움도 필요하다는 사실을 보여주고 있기 때문이다. 환자는 예를 들어 문을 계속 **보고 있으면서도** 문에 손이 닿지 않게 되고 문을 **만질 수 없게** 되자마자 적절한 노크 동작을 할 수 없게 되었던 것이다. 시각적인 뒷받침이 박탈될 경우뿐 아니라 촉각적인 뒷받침이 박탈될 경우에도 '운동의 구상'은 붕괴되고 만다. 다른 한편 '배치전환'이 **근본적으로** 어렵게 되는 것은 결코 시각적인 인지작용과 표상작용이 특히 강하게 손상되어 있는 환자들에서만 발견되는 것은 결코 아니라는 사실이 우리에게 이미 드러났다. 시각적인 인지작용과 표상작용에는 거의 손상이 보이지 않는 실어증의 병례에서도 동일한 어려움이 존재한다는 사실을 우리는 이미 보았다. 헤드가 자신의 환자들에게 행했던 손과 시청각의 테스트에서 환자들이 제대로 행동하지 못한 것은 환자들의 시각체험에 어떤 결함이 있었기 때문은 아니다. 왜냐하면 의사가 환자들의 뒤에 서서 환자들이 의사의 동작을 거울로 볼 수 있게 했을 때, 그들은 일반적으로 의사의 동작을 아무런 문제없이 따라 할 수 있었기 때문이다.[103] 바로 여기에, 실어증의 병례에서든 시각성 인지불능증의 병례에서든 행위의 변질이 어떠한 **방향**에서 진행되는지를 알려주는 하나의 지침이 존재하는 것 같다. 앞에서 우리는 '운동신경장애'를 가진 골트슈타인의 환자를 고찰했지만, **동일한** 환자가 동시에 언뜻 보기에 극히 기묘한 **언어장애** 증상도 보였다는 사실을 상기시키고 싶다. 이 환자의 경우 분명히 기계적으로 따라 말하는 기능에는 장애가 있었지만 이 장애가 매우 현저한 것은 아니었다. 그러나 이 장애의 정도는 말의 내용에 의해 좌우되었다. 그는 "나는 왼손으로 글을 잘 쓸 수 있습니다"라는 문장은 정확하게 따라 말했다. 이에 반해 '왼쪽'이라는 말을 '오른쪽'이라는 말로 치환해야 될 경우에는 그는 이 동일한 문장을 어떤 의미에서 "입 밖으로 낼 수 없었다." 왜냐하면 그는 반신불수로 오른손을 움직일 수 없었기 때문에, 그 경우 그는 '비현실적인 것'을 말하라는 요구를 받고 있다고 느꼈기 때문이다.[104] 환자의 모든 행위에서 나타나는 것은 이것과 동일한 제한, 즉 동일한 '객관에의 구속'이며, 구체적으로 현전하고 있는 객관적인 '사물의 상태'에 대한 동일한 구속이 아닐까? 그는 항상 현실적인 대상, 즉 감각적으로 주어져 있고 눈앞에 존재하는 대상에만 작용을 가할 수 있고, 단순히 표상된 대상에는 작용을 가할 수 없다. 그는 실제의 대상에 의거하는

---

103) 위에서 서술한 내용, 특히 302쪽, 주 1번을 참조할 것.
104) 이 책 297쪽을 참조할 것.

한에서는 건강한 사람의 경우와 거의 본질적인 차이 없이 작용들을 수행할 수 있다. 그는 공간 내에서 아무런 문제없이 자신이 가야 할 방향을 찾을 수 있다. 즉 그는 익숙한 환경에서는 행동하는데 큰 어려움이 없다. 예를 들어 그는 병원 안을 혼자서 다닐 수 있으며 자기 방의 문을 아무런 어려움 없이 발견할 수도 있다. 그러나 환자가 고정된 '사물공간'에서가 아니라 어떤 의미에서 자유로운 상상공간에서 움직여야 할 경우, 이 모든 기능은 작동하지 않는다. 그는 벽에 못을 잘 박을 수 있다. 그러나 그가 방금 수행했던 이 동작도 그 바탕이 되는 감각적·물질적 기반이 제거되자마자 갑작스럽게 중단되고 만다. 그는 '아무것도 없는 곳'을 향해서는 못을 박는 동작을 따라 할 수 없는 것이다. 하일브로너의 보고에 의하면, 그의 환자의 다수는 대상이 없는 동작을 수행하라는 요구를 받을 경우, 예를 들어 돈을 세거나 문을 여는 동작을 해보라는 요구를 받을 경우, 약간 생각을 한 후에 극히 기묘한 방식으로 시험적으로 손가락을 움직이고 몸을 무리하게 돌렸다. 그리고 그들은 얼굴을 극도로 찌푸리면서 분노와 불만의 표정을 지었다. 이러한 환자들 중 한 사람인 약제사는 운동신경장애를 앓고 있는 왼손으로 환약을 돌리는 동작을 해보라는 요구를 받았는데 그 과제를 극히 '고통스런 과제'라고 말했다.[105] 다른 환자는 일상적으로 사용되는 대상들이 그에게 익숙한 방식으로 그리고 익숙한 상황에서 주어지는 한에서는 그것들을 적절하게 사용할 수 있었다. 그

---

105) Heilbronner, Lewandowsky의 *Handbuch* II, 1039쪽 이하.

러나 이런 일을 익숙하지 않은 상황에서 해야 할 경우 그는 할 수 없었다. 또한 그는 다른 사람들과 식사를 하는 시간에는 모든 건강한 사람과 똑같이 스푼과 잔 등을 사용할 수 있었지만 식사시간 이외에는 때때로 동일한 사물들을 전혀 불합리한 방식으로 사용했다.[106] 이러한 사실로부터, 개별행위들은 전적으로 특정한 구체적인 상황 속에서만 유의미하게 행해진다는 것, 그러한 행위들은 동시에 이러한 상황 속에 이를테면 용해되어 있으며 이러한 상황으로부터 벗어나서 독립적으로 행해질 수는 없다는 사실을 알 수 있다. 이러한 종류의 병례들에서 이렇게 자유로운 행동을 어렵게 하는 것은 환자가 자신의 동작의 매체와 배경이 되는 어떠한 감각적·시각적 공간을 창출할 수 없다는 것이 아니라 오히려 그가 자신의 동작이 이루어지는 어떠한 '**활동공간**(Spielraum)'도 마음대로 이용할 수 없다는 것으로 보인다. 왜냐하면 이 '활동공간'은 '생산적 구상력'의 형성물이기 때문이다. 즉 이 공간은 우리가 현전하고 있는 것을 현전하지 않는 것으로, 현실의 것을 가능한 것으로 치환할 수 있을 경우에만 열릴 수 있는 것이다. 건강한 사람이 현실의 벽뿐 아니라 한낱 '상상된' 벽에도 못을 박는 동작을 할 수 있는 것은 그가 감각적으로 주어져 있는 것의 요소들을 자유롭게 변양시킬 수 있기 때문이다. 즉 그는 여기에 지금 주어져 있는 것을 '머릿속에서' 존재하지 않는 다른 것과 치환하고 후자를 전자 대신에 정립할 수 있기 때문이다. 그러나 이미 본 것처럼, 환자들

---

106) Heilbronner, *Über Asymbolie*, 16쪽.

에서 일관해서 저해되고 있는 것은 바로 이러한 형태의 변환과 입장 치환이다. 그들의 동작과 행위는 정형화되어 있는 성격을 갖는다. 그것들은 고정되고 습관적인 궤도 위에서 그리고 이를테면 고정된 연결 속에서 진행되어야만 한다. 환자들이 비교적 잘 그리고 안정되게 움직이는 공간은, 사물들이 서로 강하게 부딪히는 좁은 공간일 뿐 더 이상 표상의 자유롭고 넓은 '상징공간'이 아니다. 예를 들어 환자는 시계를 손에 갖고 있을 때에는 상당히 복잡한 동작이 요구되는 경우에조차도 그 시계의 태엽을 감을 수 있다. 그러나 환자의 손에서 시계를 뺏을 경우, 즉 이 동작을 위한 감각적 기체를 제거할 경우, 바로 이 동일한 동작을 환자는 '머릿속에서 표상할' 수 없으며, 이렇게 단순히 머릿속에서 표상하는 것만으로는 그 동작을 수행할 없다.[107] 왜냐하면 이렇게 머릿속에 표상한다는 것은 한낱 사물공간 이상의 것을 전제하기 때문이다. 그것은 하나의 '도식적인' 공간을 요구하는 것이다. 단어와 문장의 일상적인 이해와 일상생활의 틀 내에서의 언어사용이 문제가 되는 한에서는 그러한 언어행동이 전혀 손상되지 않았든가 본질적으로는 거의 손상되지 않았다. 그럼에도 불구하고 이렇게 도식화하는 능력의 결여, 즉 공간적인 도식 내에서뿐 아니라 사고의 도식 내에서도 움직일 수 있는 능력의 결여가 환자의 언어행동에서도 항상 반복해서 나타났다. 이 경우에도 환자가 언어를 사용할 때 대상에

---

107) 골트슈타인의 *Über die Abhängigkeit der Bewegungen von optischen Vorgängen*, 153쪽에 나오는 환자 Schneider의 병력을 참조할 것.

확고하게 의지하는 한에서는, 즉 어떤 구체적인 대상을 지칭하는 것에서부터 다른 대상을 지칭하는 것으로 나아갈 수 있는 한에서는, 장애가 거의 눈에 띄지 않는다. 그러나 어떤 대상을 다른 대상 대신에 설정하고 언어상의 유비와 은유를 올바르게 파악하고 사용하도록 요구하자마자 장애가 즉시 분명하게 나타나게 된다.[108] 이를 통해서 그가 말하는 방식도 무엇인가 특유의 경직된 성질을 갖게 된다. 말하는 방식에도 또한, 언어에 비로소 그 폭과 생생함과 유연함을 부여하는 '활동공간'이 결여되어 있는 것이다. 그 어떤 경우에도, 즉 그의 언어활동에서든 그의 행위에서든 한낱 '현전화 작용'에 의해서 이루어지는 모든 것은 상당히 잘 행해지는 반면에, 일찍부터 마비되고 마는 것은 바로 저 '재현' 작용이다.[109]

---

108) 이 책 297쪽 이하를 참조할 것.

109) 이 환자에서는 행위의 이러한 특유의 '상동증(常同症, Stereotypie)'이 개개의 행동에서뿐 아니라 그 행위 전체에 걸쳐서도 뚜렷하게 관찰되었다. 예를 들어 군대식 경례동작을 해보라고 요구하면, 그는 그 요구를 작은 소리로 따라 말했다. 그리고 그것을 어떤 의미에서 고정된 **상투적 문구**로서 이용하면서, 그 소리를 들으면 흡사 기계적인 충동에 따르는 것처럼 오른손이 오른쪽 관자놀이로 향했다. 이제 그의 오른손을 움직이지 못하게 하고 왼손으로 경례하도록 요구하면, 약간 주저한 후 왼손을 사용해서 해당 동작을 할 수 있었다. 그러나 이때 그의 손은 머리의 상응하는 장소로, 즉 왼쪽 관자놀이로 향하지 않고 다시 그 전과 **동일한 장소로**, 즉 오른쪽 관자놀이로 향했다. 이 장소가 군대식 경례의 목표점'으로서 **고정되어** 있어서 임의로 다른 장소로 대체될 수 없었던 것이다. 어떤 고정된 '상투적 문구'에 언어상(上)으로도 동작상(上)으로도 속박되어 있다는 사태는, 환자가 실로 선서동작은 할 수 있지만 선서문의 상투적인 문구가 그 앞에서 말해질 때만 그가 오른손과 선서 때 사용되는 손가락들을 펼치는 병례들에서도 나타난다. 판 뵈르콤(van Woerkom)은 공간적인 파악에서 특유의 장애를 보이는 환자에 대해서 이렇게 보고하고 있다(이 책 478쪽 이하를 참조할 것). "통상

따라서 지금 문제가 되는 병례들에서도 손상되고 있는 것으로 나타나는 것은—우리의 이전의 용어법을 다시 한 번 사용하자면 —'보는(Sehen) 행위'의 양식보다도 오히려 '시각(視角, Sicht)'의 형식인 것이다. 시각의 형식이 이렇게 손상됨으로써 '운동의 전체적인 구상'이 어렵게 된다. 왜냐하면 모든 자유로운 운동구상은 일정한 양식의 시각, 즉 어떤 정신적인 선취, 다가올 것과 한낱 가능한 것에 대한 어떤 예견을 필요로 하기 때문이다. 운동신경장애를 겪는 환자는 때때로 일정한 목표표상을 올바르게 파악하는 것처럼 보인다. 그러나 자극이 새롭게 출현하고 외부로부터 주어지자마자 그는 즉시 다시 자신의 궤도를 벗어나게 되고 그의 행위는 그릇된 방향으로 이끌리게 된다. 목표가 되는 관념이—리프만이 말하는 것처럼—'감각에 기원을 갖는' 어떤 다른 표상에 의해서 구축(驅逐)되고 마는 것이다.[110] 다른 병례들에서는 다소간 불명확한 목표표상이 환자의 일련의 행위를 여전히 관통하고 있는 것처럼 보인다. 그러나 그것은 더 이상 행위의 전체를 하나의 시점

적인 검사에서는 운동신경장애가 분명한 형태로 나타나지는 않는다. 환자는 초에 불을 붙이고, 판자에 못을 박고, 선서를 하고, 위협적인 몸짓과 같은 것을 할 수 있다. 그러나 행위의 처음에는 항상 어떤 잠복시간이 존재한다. 그로 하여금 위협적인 몸짓을 하게 하려도 해도, 내가 그에게 '무언가를 너에게서 훔친다면 어떻게 할 것인가'라고 말한 후가 아니면 그러한 반응은 나타나지 않았다. 선서를 하는 몸짓도, 내가 선서를 하게 하는 상투적인 문구를 말한 후가 아니면 그는 행하지 못했다." *Revue Neurologique*, XXVI, 114.

110) Liepmann, *Über Störungen des Handelns bei Gehirnkranken*, 27쪽 이하 및 A. Pick의 저서 *Studien über motorische Apraxie und ihr nahestehende Erscheinungen*, Wien 1905.

(視點) 아래에 두고 이 시점에 따라서 그것을 내적으로 분절하는 것에 충분할 정도로 선명하고 명확하게 파악되고 있지는 않다. 행위의 개개의 국면들은 한낱 집합체를 이루고 있는 것에 지나지 않는다. 그것들은 아직 어떠한 방식으로든 '**서로 함께**' 수행되지만, **서로 맞물리면서** 긴밀한 질서를 이루지는 않는다. 어떤 목적론적 구조 대신에 나타나는 것은 한낱 [기계적] 과정이다. 각각의 행동 국면에 전체 내에서 일의적인 장소를 부여하면서 다른 것에 의해서 교체될 수 없는 시간적·사태적인 규정을 부여하는 하나의 목적에 의한 조직화 대신에, 여기에서는 어떤 때는 이런 방식으로 다른 때는 저런 방식으로 서로 뒤섞이는 부분적인 행동들의 단순한 모자이크가 지배하고 있다. 리프만이 '관념성 운동신경장애'라는 이름 아래 서술했던 저 어떤 의미에서 제멋대로의 행위가 생기는 것이다. 이미 잭슨이 강조하고 있는 것처럼 "모든 의도적인 행위에는 어떤 선취(先取, Vorgriff, preconception)가 존재한다. 행위는 실제로 수행되기 전에 잠재적으로 수행되는 것이다. 작업과정에 대한 '몽상'이 작업 자체에 선행하는 것이다."[111] 환자는 대부분의 경우 그때마다의 직접적인 욕구와 필요에 따라서 특정한 행동은 아직 올바르게 수행할 수 있지만, 이처럼 '몽상할' 수는 없으며 구상에 의해서 미래를 선취할 수 없는 것이다. 물 한잔을 마셔보라고 요구할 경우 그러한 요구에 응할 수 없던 환자가 갈증이 생기자마자 즉시 아무런 어려움 없이 물 한잔을 마신다.[112] 일반적

---

111) Hughlings Jackson on Aphasia etc. *Brain* 1915, XXXVIII, 168쪽을 볼 것.

으로 이런 일이 특정한 목표에 **직접적으로** 향할수록 그것은 제대로 수행되지만, 이에 반해 그 시작과 종결 사이에 일련의 **중간항들**이 개재되고 이러한 중간항들이 자체로서 고려되어야만 하고 행위 전체에 대해서 그것들이 갖는 의미가 고려되어야만 할 경우에는 그 일은 제대로 수행되지 못한다. 예를 들어 이러한 사태는, 헤드의 환자들 중에서 당구를 칠 때 '간접'타구에 실패한다고 한탄하는 사람들이 있다는 사실에서 매우 현저하게 나타난다. 즉 그들은 어떤 당구공을 직접적으로 겨냥할 경우에는 명중시킬 수 있지만, '당구대의 테두리로부터' 쿠션을 하게 하거나 제3의 당구공을 매개로 해서 어떤 공으로 다른 공을 맞추게 할 경우에는 제대로 할 수 없다.[113] 왜냐하면 바로 이런 종류의 간접적인 수행은 그것이 어떤 것이든 근본적으로는 항상 상징적인 수행이기 때문이다. 즉 이런 종류의 수행을 제대로 하기 위해서는 사람들은 현실적인 대상의 현전으로부터 벗어나야만 하며 자유로운 재현전화 작용 속에서 한낱 사고의 대상일 뿐인 관념적인 목표를 자신의 눈앞에 그릴 줄 알아야 하는 것이다. 이 경우에는 언어의 특징을 이루고 있

---

112) Liepmann, *Drei Aufsätze aus dem Apraxiegebiet*, 15쪽. 리프만은 대상들을 제대로 다루지 못하는 현상은 그가 고찰한 병례들 중에서도 일반적으로 소수라고 강조하고 있다. 더 나아가 리프만은 그러한 현상은 전적으로 특정한 조건들 아래에서 나타나며, 오히려 대부분의 행동은 심각한 장애 없이 수행되고 있다는 사실을 강조하고 있다(같은 책, 28쪽, 34쪽). "대상들을 다루는 능력을 손상시킬 정도의 장애는 행동장애가 일반적으로 인정되는 병례들 중에서 기껏해야 4분의 1에 지나지 않는다."

113) Head의 *Krankengeschichte* Nr. 8(*Aphasia and kindred disorders of speech*, II, 113, 122).

을 뿐 아니라 언어의 완전한 형성을 위해서 불가결한 것과 동일한 '반성적인' 태도가 필요하다. 이런 태도를 취할 수 있는 능력이 손상되면 언어사용 능력도 손상되고 저해받는 것과 마찬가지로, 이것에 유사한 장애가 통상적으로 예를 들어 독서 능력과 글 쓰는 능력처럼 대상 자체가 아니라 대상을 가리키는 '기호'와 그 의미에 관계하는 다른 활동에서도 일어난다. 그리고 이 경우에도 또한 동일한 단계적인 추이가 존재한다고 할 수 있다. 왜냐하면 여기에서 손상되는 것으로 나타나는 것은 대부분의 경우 읽거나 쓰는 능력 자체가 아니기 때문이다. 오히려 이 두 행위 중에서 정상적인 태도로부터의 이탈이 특히 현저한 특정한 수행이 존재한다. 읽고 쓰는 것을 제대로 수행하기 위해서 일종의 '변환', 즉 어떤 체계로부터의 다른 체계로의 이행이 필요할수록 그러한 결함도 그만큼 강하게 나타나게 된다. 어떤 텍스트를 단순히 옮겨 쓰는 것, 즉 문자 하나하나를 그대로 옮겨 쓰는 것은 [환자도] 제대로 수행하지만, 어떤 글자체로부터 다른 글자체로 바꿔 쓰는 것, 예를 들어 인쇄체를 필기체로 변환하는 것은 어렵거나 불가능한 것이다.[114] 구술하는 것을 받아쓰는 것은 비교적 잘하는 반면에, 자발적으로 글을 써야 할 경우에는 심한 장애를 보일 수 있다. 그리고 이 경우에도 매우 익숙해진 정형화된 상투적인 문구를 사용하는 것이 문제가 되는지 아니면 자유롭게 문장으로 표현하는 것이 문제가 되는지에 따라서 극히 주목할 만한 차이가 존재한다. 헤드의 어떤 환자

---

114) 이에 대해서는 Head의 상세한 증명, 예를 들어 제1권 317쪽 이하를 참조할 것.

는 자신의 이름과 주소를 써보라는 과제는 제대로 수행했지만, 어머니의 주소를 써보라는 과제는 어머니와 같은 집에 살고 있음에도 불구하고 제대로 수행하지 못했다.[115] 이 경우에도 문제가 되는 것은 수행의 내용보다도 오히려 형식이다. 즉 여기에서도 기준은 단순히 **수행되느냐 아니냐**에 있는 것이 아니라 이러한 수행이 상황의 전체로부터 볼 때 또한 그 수행이 행해지는 조건들로부터 볼 때 어떤 **의미를 갖는가** 하는 데 있다.

그러나 우리는 [병적 사례들을 고찰하는 것을] 여기에서 중단할 것이다. 왜냐하면 철학을 기대하고 있는 독자들에게는 우리가 병적인 사례들을 너무나 오랫동안 고찰하고 있으며 이러한 사례들의 세부적인 사항에 너무나 많이 몰두하고 있다는 인상을 일찍부터 받았을 것이기 때문이다. 그러나 그러한 병례들로부터 우리의 일반적인 문제에 대한 무엇인가 현실적인 가르침을 얻고자 한다면 이러한 길은 피할 수 없었다. 왜냐하면 지도를 받아야만 했던 이 분야의 가장 뛰어나고 가장 면밀한 전문가들이 여기에서 관찰되고 있는 장애들에 대해서, 일반적인 증후학, 즉 수행과 그 실패의 단순한 목록은 도움이 되지 않는다는 사실을 이구동성으로 강조하기 때문이다. 모든 병례 각각이 새로운 병증을 보여주기 때문에 그 각각은 그 고유의 중심으로부터 이해될 필요가 있는 것이다. 여기에서는 무언가 일반적인 '능력'—언어의 능력이든, 목적에 따른 행위 능력이든, 읽고 쓰는 능력이든—의 손상이 문제가 되고

---

115) Head, *Aphasia and kindred disorders of speech*, I, 38쪽, 198쪽.

있지 않다. 이런 종류의 일반적인 능력은—일찍이 헤드가 노골적으로 표명했던 것처럼—먹거나 걷는 일반적인 능력과 마찬가지로 존재하지 않는다.[116] 그러한 실체적인 파악방식 대신에 기능적인 파악방식이 들어서야만 한다. 즉 우리가 여기에서 목격하고 있는 것은 어떤 **능력**의 상실이 아니라 극히 복잡한 심적 · 정신적 **과정**의 변질과 변형이다. 이 경우 이러한 변질이 전체적 과정의 특징적인 국면 중 어떤 것에 영향을 미치는가에 따라서 극히 상이한 병증이 생기는 것이다. 그리고 이러한 병증들은 분명하게 진술될 수 있는 개별적인 특징과 징표에서는 서로 동일하지 않지만 그럼에도 불구하고 그것들에서 보이는 변질과 일탈이 모두 동일한 **방향**을 지시하는 한 서로 결부되어 있다. 우리는 가장 철저하고 가장 면밀한 관찰자들이 우리에게 제공한 개개의 병례의 세부적인 내용을 철저하게 살펴보면서 이러한 일반적인 방향을 확인하려고 했다. 즉 우리는 실어장애와 인지불능장애 그리고 운동신경장애의 '공통분모'를 발견하려고 했다. 그러나 그렇다고 해서 이것도 또한, 우리가 언어행위와 지각적 인지작용과 행위의 불가결한 조건인 다양한 재현적 · 상징적 **수행**들을 하나의 '**기본능력**'의 다양한 현상으로 보면서 '상징적 능력 자체'의 여러 활동으로 간주해도 좋다는 것을 의미하지는 않는다. '상징형식의 철학'은 그러한 실체화를 전혀 필요로 하지 않으며, 자신의 방법적 전제들에 충실하고자 한다면 그러한 실체화를 허용할 수도 없다. 왜냐하면 상징형식의 철학

---

116) 같은 책, 143쪽 이하.

이 찾는 것은 **존재**에서의 공통성이 아니라 **의미**에서의 공통성이기 때문이다. 따라서 여기에서도, 우리는 간과해서는 안 되는 병리학의 학설들을 보다 일반적인 **문화철학적** 문제로 전환하려고 시도해야만 한다. 언어와 그것과 친연관계에 있는 상징적인 기본수행들의 병적인 변질현상들로부터, 이러한 수행들이 문화의 구성과 전체적인 형태에 대해서 어떠한 의미를 갖는지에 대해 어떤 시사를 읽어낼 수 있을 것인가? 겔프와 골트슈타인은 환자의 태도를 건강한 사람의 '범주적' 태도로부터 구별하기 위해서 그것을 '보다 원시적인' 태도라든가 '보다 생에 밀착해 있는' 태도라고 부르고 있다. 그리고 사실 생에 밀착해 있다는 표현은 **유기적·생명적** 기능들의 전체가 생이라는 개념 아래 총괄되고 이러한 기능들이 **정신**에 특유한 기능들에 대치(對峙)될 경우에는 적절한 표현이라고 할 수 있다. 왜냐하면 이 두 영역들 사이에 존재하면서 양자 사이에 선명한 선을 긋는 것은 바로—'상징형식'이라고 불리는 통일적 개념 아래 총괄될 수 있는—저 정신적 형상들이기 때문이다. 생은 이러한 상징형식으로 이행하기 훨씬 전에 그 자체에 있어서 합목적적으로 형태화되어 있고 일정한 목표들을 향해 있다. 그러나 이러한 목표들을 **안다는** 것은 항상 생의 이러한 직접성, 생의 이러한 '내재성'과의 어떤 단절을 포함하고 있다. 세계에 대한 모든 인식과 세계에 대한 보다 좁은 의미에서의 모든 '정신적인' 작용은 자아가 세계를 자신으로부터 밀쳐내고 고찰에서든 행위에서든 세계에 대해서 일정한 '거리'를 취할 것을 요구한다. 동물적인 태도는 아직 이러한 거리를 알지 못한다. 동물은 자신의 환경세계 속에 살고 있을 뿐, 그 환경세계를 자신에게 이렇게 대치시키는 방식으로 표상하지는 못하는 것이다. '표상으로서의 세계'의 이러한 획득은 오히려 여러 상징형식의 목표이자 성과—즉 언어, 신화, 종교, 예술, 이론적 인식의 결과—인 것이다. 이러한 모든 상징형식 각각이 고유의 영역, 즉 내적인 의미를 갖는 어떤 가지적(可知的) 권역을 구축하는 것이며, 이러한 권역은 생물학적 영역 내에서의 단순히 합목적적인 모든 행동으로부터는 분명히 그리고 엄격하게 분리되어 있다. 그러나 이러한 경계선이 다시 사라지기 시작하면—즉 의식이 특히 언어로부터 확실한 안내를 받지 못하고 이러한 언어의 안내가 더 이상 이전만큼 명확한 형태로 의식에 주어지지 않게 된다면, 지각적 인지작용과 행위도 즉시 다른 성격을 띠게 된다. 사실 실어증과 인지불능증, 운동신경장애와 같은 병증들에서 보이는 많은 현상을 '건강한' 행위를 척도로 하여 측정하지 않고 오히려 비교적 단순한 생물학적 층위로부터 채택된 기준을 선택한다면, 이러한 현상들은 생각지 않은 놀라운 면모를 드러낸다. 어떤 환자는 식사시간 동안에는 자신에게 제공된 수저나 컵을 올바르게 사용하지만, 식사시간이 아니면 그것들이 무엇인지를 제대로 알지 못하며 목적에 부합되게 사용하지 못한다. 그런데 동물의 '행위'도 자주 극히 유사한 양상을 띤다. 거미는 자신에게 친숙한 방식으로 자신의 거미줄에 걸려든 모기나 파리는 곧장 습격하면서도, 친숙하지 않은 상황에서 그것들과 마주치면 흡사 적을 앞에 두고 있는 것처럼 뒤로 물러난다는 사실을 상기해 보라. 더 나아가 말벌은 포획물을 자신의 굴속으로 당장 끌고 들어가지 않고 그것을 굴 앞에 둔 채 먼저 동굴을 검사하지만, 이러한 습관적인 행위계열이 어떤 외부의 간섭에 의해서 중단되면 이러한 검사를 삼십 번씩 혹은 사십 번씩 반복한다.[117] 우리는 여기에서도 다시 환자들에게서 관찰되는 것과 같은 저 고정되고 정형화된 행위계열들의 한 예를 보게 된다. [환자와 곤충의] 이 두 가지 경우에서 그 표상작용도 행위도 어떤 의미에서 고정된 궤도를 걷도록 강제되기 때문에, 이러한 궤도로부터 벗어나서 대상의 개별적인 '징표'나 개별적인 특징을 갖는 행위국면들을 따로 떼어내서 생각할 수 없게 되는 것이다. [환자나 곤충의] 행동은 배후로부터의 어떤 충동에 의해서 지배되며, 이러한 충동이 행동을 미래로 향해서 몰아대고 돌진하게 하는 것이다. 즉 그러한 행동은 이 미래로부터 그리고 미래에 대한 예기, 미래에 대한 이념적인 '선취(先取)'에 의해서 규정되지 않는 것이다. 우리가 **객관적인** 문화의 진행을 추적해 보면, 이러한 규정, 즉 '이념적인' 것에의 이러한 진전이 이중의 방식으로 나타난다는 것을 알 수 있다. 객관적 문화에서는 **언어적** 사고의 형식과 **도구적** 사고의 형식이 서로 밀접하게 결부되어 있으며 서로 의존하고 있는 것으로 나타난다. 인간은 언어에서뿐 아니라 도구에서도 '간접적인' 행동이라는 새로운 기본적 방향을 자신의 것으로 만들며, 이것이 인간이라는 종에게 고유한 것이 되는 것이다. 이제 인간은 세계에 대한 표상에서도 그것에 대한 작용에서

---

117) Volkelt, *Über die Vorstellungen der Tiere*, 17쪽과 29쪽(이 책 178쪽 이하 참조).

도 감각적인 충동과 가장 직접적인 욕망의 강제로부터 해방된다. 직접 손을 뻗어서 붙잡는 것을 대신하여 이제 다른 새로운 획득방식, 다른 새로운 이론적·실천적 지배방식이 개발된다. 즉 '손으로 붙잡는 것'으로부터 '개념적으로 파악하는 것'으로 길이 열리는 것이다.[118] 실어증환자와 운동신경장애환자는 인류가 오랫동안 끊임없이 개척해야만 했던 이 길에서 한 단계만큼 뒤로 후퇴한 것으로 보인다. 단지 간접적인 모든 것은 그에게는 어떠한 방식으로든 이해할 수 없는 것이 되었다. 손을 붙잡을 수 없는 것과 직접적으로 존재하지 않는 것은 모두 그의 사고와 의지에서 빠져나간다. 그는 '현실적인 것', 즉 구체적으로 눈앞에 존재하고 있고 해당 순간에 '필요한 것'이면 아직 파악할 수 있고 일반적으로 올바르게 취급할 수 있지만, 그에게는 정신적인 전망, 즉 눈앞에 존재하지 않는 것, 단지 가능한 것에 대한 조망이 결여되어 있다. 병적인 태도가 상실하고 있는 것은 직접 지각된 것과 직접 욕구된 것의 권역을 넘어서도록 몰아대는 정신적 충동의 힘인 것이다.[119] 그러나 이

---

118) 이에 대해서는 『상징형식의 철학』 제1권, 128쪽 이하를 참조할 것.

119) 가장 고등의 동물에게서조차도 이러한 권역을 돌파하는 것이 얼마나 어려운지는 쾰러(Koehler)가 유인원에 대해서 행한 일련의 관찰이 특히 계발적인 방식으로 보여주고 있다. 이미 어떤 종류의 원시적인 '도구사용'이 확인되는 경우라도 도구의 사용이 어떤 종류의 '우회'를 필요로 하는 경우에는—따라서 예를 들어 어떤 과일을 직접 자신 쪽으로 가져오는 것이 아니라 과일이 동물에게서 떨어져 있고 장애물을 우회해서 가져와야만 하는 경우에는—동물에게 도구의 사용은 극히 곤란하게 된다. 여기에서 필요한 것은 '자연적'·생물학적 행동의 일종의 '변환'인 것이지만, 환자들이 반복해서 가장 큰 어려움에 부딪히는 것으로 보이는 것도 또한 이러한 '변환'과 관련해서다. 골트슈타인과 겔프의 어떤

러한 병적 행동은, 그것에서 일어나는 그러한 후퇴에 의해서 정신의 운동 전체와 정신의 구성의 내적 법칙을 어떤 새로운 측면으로부터 이해할 수 있게 해준다. 정신화의 과정, 즉 세계의 '상징화'의 과정은, 이러한 과정이 더 이상 자유롭게 방해받지 않고 수행되지 않고 여러 방해에 대해서 저항하고 그것에 대항하여 자신을 관철해야만 하는 바로 그곳에서 그 가치와 의미가 우리에게 파악될 수 있게 된다. 언어병리학과 행위의 병리학은 유기체의 세계와 인간적 문화의 세계, 생의 영역과 '객관적인 정신'의 영역 사이에 존재하는 거리의 폭을 측정할 수 있는 하나의 척도를 우리에게 제공한다는 것도 바로 이러한 의미에서인 것이다.

환자는 자신 앞에 제시된 일련의 대상을 그것들 사이의 귀속관계에 따라서 배열해야 했지만, 코르크 마개뽑이와 코르크가 우연하게도 헐겁게 꽂혀 있던 병을 함께 놓는 것을 거부했다. 그는 자신의 행위를 "그 병은 이미 열려 있다"는 이유로 정당화했다. 따라서 여기에서 배열의 원리로서 문제가 되는 것은 코르크 마개뽑이의 '가능한' 사용목적이 아니다. 오히려 구체적으로 눈앞에 존재하는 어떤 현실적인 개별사례와 그것의 특수한 필요에 따라서만 결정이 내려지고 있는 것이다. *Psychologische Forschung*, Bd. VI, 180쪽 이하를 참조할 것.

제3부

의미기능과
과학적 인식의 구조

제1장 개념의 이론에 대해서

1. '자연적 세계상'의 한계

우리의 이제까지의 고찰이 행해졌던 영역을 하나의 통일적인 명칭으로 부른다면, 우리는 그것을 '자연적 세계개념'의 영역이라고 부를 수 있을 것이다. 이러한 영역은 도처에서 전적으로 특정한 이론적 구조, 즉 사상적인 형성과 결합을 보여주었지만, 다른 한편으로 이러한 형성의 일반적인 법칙은 특수한 내용에 너무나 밀접하게 결부되어 있고 그러한 내용에 의해서 너무나 깊이 침투되어 있어서 이러한 내용과 분리해서는 표현될 수 없었다. 이론적 형식 자체가 무엇'이며' 그것의 특수한 의미와 타당성이 어디에 존재하는가는 고찰의 이 단계에서는 그것의 산물에 입각해서만 드러날 수 있었다. 이론적 인식의 원리들은 이러한 산물 속에 용해되어 있었다. 그것들은 추상적으로, 즉 그것들만 따로 분리되어서

'그 자체로' 규정되지 않았으며 '대상들'의 특정한 질서, 다시 말해서 직관된 객관적인 형상들의 어떤 특정한 질서에 입각해서만 제시될 수 있었다. 따라서 여기에서 반성과 재구성적 분석은 아직 형식 자체의 **기능**이 아니라 이러한 기능의 어떤 특수한 **성과**에 향해졌다. 사고는 객관성에 대한 어떤 특정한 상을 형성하며 이러한 상을 자기 자신으로부터 제시하지만, 다른 한편으로는 자신의 고유한 근거로부터 비롯되는 바로 이러한 상에 구속되어 있으며, 사고가 자기 **자신**에 대해서 갖는 인식조차도 바로 이러한 상을 매개로 해서만, 즉 **대상적인** 인식을 매개로 해서만 사고에 주어질 수 있다. 사고의 시선은 후방에 있는 자기 자신과 자기 자신의 수행에 향하지 않고 전방에 있는 사물의 '현실성'에로 향해 있다. 사고가 이러한 방식으로 획득하는 것은 '너'의 세계와 '사물'의 세계다. 이 두 세계는 사고에게 우선은 의문의 여지가 없는 것, 즉 문제될 것이 없는 전적으로 확실한 것으로서 나타난다. 자아는 소박한 표정체험의 형태나 지각체험의 형태로, 자신 이외의 주관의 존재와 '우리 밖에 존재하는 대상'의 존재를 포착한다. 그리고 자아는 이러한 존재와 그것에 대한 구체적인 직관 속에 머무르며 구속되어 있다. 이러한 직관 자체가 어떻게 '가능한가'는 이 경우에는 문제시되지 않으며 문제가 될 필요도 없다. 직관은 그 자체로 존립하며 자기 자신을 입증하고 다른 것에 의해서 지탱되고 보증될 필요는 없는 것이다.

그러나 사물의 현실성에 대한 이러한 무조건적인 신뢰도, **진리**문제가 대두되자마자 변화와 최초의 동요를 경험하게 된다. 인간이 현실 속에서 존립하고 현실과 함께 살 뿐 아니라 이러한 현실에 대한 **인식**을 자신에게 요구하는 순간, 인간은 현실과의 새로운 관계, 즉 원칙적으로 다른 관계에 들어서게 된다. 실로 진리문제는 우선은 현실의 개별적인 **부분**들에 관계할 뿐이며 전체로서의 현실 자체에 관계할 수 없는 것 같다. 이러한 전체 내부에서 이제 타당성의 여러 '층'이 서로 구별되며 '실재'와 '가상'이 첨예하면서도 명료하게 분리되기 시작한다. 그러나 진리문제의 본질에는 그것이 일단 이러한 방식으로 제기되면 그 자체로는 진정될 수 없다는 사실이 속한다. 진리개념은 자체 내에 어떤 내재적인 변증법을 숨기고 있으며, 이러한 내재적인 변증법이 진리문제를 가차 없이 앞으로 몰아대는 것이다. 진리개념은 그때마다 도달된 모든 한계를 넘어서 돌진하며, '자연적 세계개념'의 개별적인 **내용들**을 문제시하는 것으로 만족하지 않고 그것의 **실체**, 즉 그것의 총체적인 형식 자체를 공격하게 된다. 이제까지 '현실성'을 보증하는 가장 확실하고 가장 신뢰할 수 있는 증인이었던 모든 것, 즉 '감각'과 '표상' 그리고 '직관' 등이 이제 새로운 법정으로 소환되며 심문을 받게 된다. '개념'과 '순수사고'라는 이 법정은 본격적인 **철학적** 고찰이 착수되는 때에 비로소 설치되는 것은 아니다. 그것은 이미 모든 **과학적** 세계고찰이 시작될 때 이미 설치된다. 왜냐하면 그때 이미 사고는 지각과 직관에 의해서 주어진 것을 단순히 자신의 언어로 번역하는 것으로 만족하지 않고 지각과 직관에 의해 주어진 것에 대해서 어떤 특징적인 형식변경, 일종의 정신적인 개조를 수행하기 때문이다. 물론 과학적 개념이 충족시켜야만 하는 일차적인 과제는 직관적인 것에 의해서 실증되고 직관적인 것의 권역에서 구체화되어야만 하는 어떤 규정규칙을 수립하는 것으로 보인다. 그러나 이러한 규칙이 직관의 세계에 타당해야만 한다는 바로 그 이유 때문에 또한 타당해야만 하는 한, 이러한 규칙은 더 이상 직관의 세계에 단순히 그것의 한낱 구성구분으로서, 즉 직관의 세계 자체의 요소로서 속하지는 않는다. 이러한 규칙은 직관의 세계에 대해서 독특하고 자립적인 어떤 것을 **의미한다**. 비록 직관의 세계에 대한 그것의 독립적인 의미가 우선은 직관적인 소재에 입각해서만 알려질 수 있고 입증될 수 있다고 해도 그렇다. 과학적 의식이 발전해 갈수록, [직관의 세계와 규정규칙의] 이러한 구별은 보다 첨예하게 되고 분명하게 된다. 이제 규정규칙은 단순히 **정립될** 뿐 아니라 바로 이렇게 정립됨으로써 동시에 보편적인 사고작업으로서 **파악되고** 그러한 것으로서 **통찰되는** 것이다. 그리고 이러한 통찰이야말로 이제 새로운 형식의 통찰, 즉 새로운 형식의 정신적 '전망'을 창출한다. 이러한 전망과 함께 비로소 우리는 참으로 '이론적인' 세계고찰의 문턱에 서 있게 된다. 이러한 과정의 고전적인 예가 그리스 수학의 성립과정에서 보인다. 왜냐하면 **그리스 수학**의 성립에서 결정적인 것은 수라는 기본적 주제의 의미가 인식되었다는 것도, 우주가 수의 법칙 아래에 두어졌다는 것도 아니기 때문이다. 그러한 일보(一步)는 참으로 이론적 사고, 즉 엄밀하게 과학적인 사고가 개시되기 훨씬 이전에 이미 내딛어졌다. 신화에서도 이미 수를 보편적인 의미, 즉 참으로 세계를 포섭하는 의미로까지 격상시켰으며, 수가 존재의 전체에 행사하는 지배력, 즉 수의 초자연적인 전능함을 인정하고 그것에 대해서 말하는 것이다.[1] 수의 최초의 과학적 발견자, 즉 피타고라스 교단의 사람들은 우선 은 아직 수를 이처럼 주술적·신화적으로 보는 기본견해의 주박 (呪縛)에 사로잡혀 있었다. 그리고 그들에서는 수개념의 이러한 신 화적 구속과 아울러 이것과 다른 직관적인 구속이 보인다. 수는 그 자체로 고유한 존재로서 사유되지 않고 항상 구체적인 집합 의 수로서 사유되었다. 수는 특히 공간적인 규정과 공간적인 배치 에 결부되어 나타난다. 수는 원래 산술적인 본성을 갖는 것과 함 께 기하적인 본성을 갖는다. 그러나 이러한 구속이 완화되고 수의 순수하게 **논리적** 본성이 인식되면서 비로소 수에 대한 순수한 학 문의 기초 지음이 수행된다. 실로 이러한 단계에서도 아직 수는 직관적 현실로부터 분리되지는 않는다. 수가 보여주려고 하는 것 은 이러한 현실, 즉 자연적 우주가 복종하는 근본법칙 이외의 것 은 아니다. 그러나 수 자체는 하나의 물리적·사물적인 것으로 존 재하지 않으며 어떤 경험적 대상과 유사한 것으로 규정될 수 없는 것이 된다. 비록 수가 자신의 실질적 **존립**을 수에 따라서 질서 지 어지는 구체적 사물에 입각해서만 갖는다고 해도, 수에게는 감성 적인 지각과 직관과 명료하게 구별되는 **인식형식**이 귀속된다. 오 로지 이러한 구별 덕분에 수는 피타고라스 교단의 내부에서 감성 적인 것의 **진리**에 대한 참된 표현이 될 수 있었던 것이다.[2] 그리고

---

1) 상세한 것은 『상징형식의 철학』 제2권, 170쪽 이하.
2) 피타고라스 교단의 수가 갖는 이러한 이중의 지위에 대해서 상세한 것은, 내 책 *Geschichte der griechischen Philosophie*(*Lehrbuch der Philosophie I*, hrsg. von

순수한 이론의 발단에서 나타난 이러한 사태야말로 순수한 이론의 발전과 계속적인 형성에 대해서도 결정적인 의미를 갖게 된다. 이론이 자신이 목표하는 현실파악을 실현하는 것은 오직 자신과 현실 사이에 일정한 거리를 두면서 이론이 현실을 갈수록 더욱더 '무시하는' 것을 배우는 것에 의해서만 가능하다는 사실이 거듭해서 드러났다. 자연적 세계상이 머무르는 **형태들**, 즉 자연적 세계상이 그 힘을 빌려서 자신의 구조를 획득하게 되는 **형태들**이 엄밀한 이론적 **개념들**로 변형되는 것도 바로 이러한 특유의 거리설정에 의해서다. 직관적 형태들 속에 아직 발굴되지 않은 보물로서 숨겨져 있던 것이 이제 의식적인 사고작업에 의해서 점진적으로 드러나게 된다. 직관적 현실의 분절과 질서가 의거하고 있는 계기들을 그 자체로서 파악하고 그것들의 특수한 의미에서 인식하는 개념의 최초의 성과는 바로 거기에 존재하는 것이다. 직관적 존재 속에 함축적으로, 즉 그것에 한낱 부수되는 방식으로만 주어져 있던 관계들이 개념에 의해서 드러나게 된다. 즉 그러한 관계들이 따로 분리되고 순수한 자체적인 타당성에 있어서—플라톤이 말하는 αὐτὸ καθ᾽ αὐτό[아우토 가사 아우토, 자립적 존재자]로서—드러나는 것이다.

그러나 순수한 의미와 타당성의 영역으로 이렇게 이행하는 것과 함께 물론 사고는 수많은 새로운 문제들과 난점들에 마주하게 된다. 왜냐하면 이제야 비로소 단순한 현실존재와 그것의 '직접성'

Max Dessoir, 29쪽 이하)를 참조할 것.

과의 최종적인 단절이 수행되었기 때문이다. 우리가 **표정**의 영역이라고 불렀던 저 영역이 이미 이러한 직접성을 초월했으며, **표시**의 영역이라고 불렀던 것은 더욱더 이러한 직접성을 초월했다. 이는 양자는 한낱 '현전'의 권역에 머물지 않고 재현의 근본기능에서 생겼기 때문이다. 그러나 순수한 **의미** 영역 내부에서는 이러한 재현기능이 더 큰 역할을 할 뿐 아니라 여기에서 비로소 이 기능이 갖는 의미의 독자성이 극히 명확하면서도 첨예하게 나타난다. 이제 지각과 직관이 아직 알지 못했던 일종의 분리, 즉 '추상'이 수행된다. 인식은 순수한 관계들을 사물의 구체적이고 개별적으로 규정된 '현실성'에 연루된 상태로부터 벗어나게 하면서 그러한 관계들을 순수하게 그 자체로서 그 '형식'의 일반성에 있어서, 즉 그것이 갖는 관계라는 **성격**에 있어서 현전하게 한다. 존재 자체를 관계적 사고의 여러 방향에서 철저하게 답사하는 것으로는 더 이상 충분하지 않으며, 인식은 이를 위해서 하나의 보편적인 척도**체계**를 필요로 하고 그러한 체계를 창출한다. 이러한 체계는 이론적 사고가 진보하는 것과 함께 갈수록 보다 확고하게 근거지어지며 보다 포괄적으로 형성된다. '자연적 세계개념' 내부에서 성립하는 것과 같은 개념과 직관 사이의 '소박한' 관계 대신에 이제 그것과는 다른 '비판적' 관계가 들어서게 된다. 왜냐하면 이론적 개념은 그 단어가 갖는 엄밀한 의미에 있어서 대상들의 세계를 개관하고 그것들의 질서를 단순히 반영하는 것만으로는 만족하지 않기 때문이다. 여기에서는 다양의 총괄, 즉 다양의 통관(通觀, Synopsis)은 대상에 의해서 사고에 단적으로 지시되는 것이 아니라 사고 자체 속에 숨어 있는 규범과 규준에 따라서 사고에 고유한 자립적 활동에 의해서 창출되지 않으면 안 되는 것이다. 자연적 세계개념의 한계 내에서 사고의 활동은 다소간 산발적인 성격을 보여주는 반면에, 즉 사고는 어떤 때는 이 점에서, 어떤 때는 저 점에서 시작하고 그러한 점으로부터 여러 방향으로 전개되는 것에 반해서, 사고는 이제 갈수록 긴장의 도를 높여가는 통합과 갈수록 엄격하게 되어가는 의식적인 집중을 필요로 하게 된다. 어떤 특수한 문제로부터 시작하든, 모든 개념형성은 결국 하나의 궁극목표이자 주도적 목표에 의해서 방향 지어지며, '진리 자체'를 파악하는 것을 향한다. 모든 특수한 정립과 개별적인 개념구조는 결국은 모든 것을 포괄하는 통일적 사고연관에 편입되어야만 한다. 이러한 과제는 사고가 그러한 과제를 스스로 설정하면서 그것의 실현을 위한 새로운 수단을 창출하지 못한다면 실현될 수 없을 것이다. 이제 사고는 직관의 세계가 사고에게 어떤 의미에서 완성된 형태로 가져다주는 형태들에 더 이상 머무를 수 없으며, 전적으로 자유롭게, 즉 순수하게 자발적으로 상징의 나라를 구성하는 것으로 이행해야만 한다. 이제 사고는 자신의 세계 전체에게 방향을 부여하는 도식들을 건축가처럼 설계하는 것이다. 물론 이러한 도식도 또한 한낱 사고, 즉 전적으로 '추상적인' 사고의 공허한 공간 속에 머무를 수는 없다. 즉 이러한 도식도 어떤 받침대와 지지대를 필요로 하지만, 그것은 이러한 받침대와 지지대를 더 이상 단순히 경험적 사물의 세계로부터 취하지 않고 스스로 창출한다. 관계들과 개념적 의미들의 체계의 근저에 기호들의 총체가 존재하지만, 이러한 기호들의 총체에 입각해서 저 체계의 개별적인 요소들 간에 존재하는 연관이 조망될 수 있고 읽힐 수 있게 된다. 사고가 자신의 길을 나아가면 갈수록 이러한 연관은 더욱더 긴밀해진다. 바로 이 시점에서, 사고가 향하는 여러 내용들 사이의 결합 각각에 기호의 어떤 결합, 즉 기호의 어떤 조작이 대응하는 상태가 사고가 추구하는 이상적인 목표들의 하나로 나타나게 된다. '보편적 기호법(charakteristica generalis)'에 대한 요청이 '보편학(scientia generalis)'에 수반되는 것이다. 이러한 기호법에서 언어의 작업이 계속해서 행해지는 것이지만, 동시에 언어는 새로운 논리적 차원으로 들어서게 된다. 왜냐하면 이러한 기호법에서 사용되는 기호는 한낱 표정적인 것뿐 아니라 직관적이고 재현적인 모든 것을 떨쳐버리고 순수한 '의미기호'가 되었기 때문이다. 이와 함께 우리에게 지각과 경험적 직관에서 성립하는 것과 같은 '대상에 대한 관계'와는 종적으로 구별되는 어떤 새로운 양식의 '객관적' 의미연관이 나타나게 된다. 이러한 구별의 계기들을 파악하는 것이야말로 개념기능에 대한 모든 분석이 수행해야 하는 첫 번째 과제다. 개념이라는 것이 개별적으로는 어떠한 상태에 있든 모든 개념에는 하나의 통일적인 인식의지가 살아 있고 지배하고 있는바, 우리는 그것의 방향과 경향을 그 자체로서 탐구하고 이해할 필요가 있다. 개념의 이러한 **일반적인** 형식의 본질이 해명되고 지각적인 인식과 직관적인 인식의 고유성과 명확하게 대비될 때에야 비로소 여러 특수한 과제에 착수하는 것도 가능하게 되며, 개념기능의 전체로부터 그 기능의 개별적인 작용과 형태를 고찰하는 것으로 이행할 수 있게 된다.

2. 개념[3]

(1) 개념과 법칙

직관적 인식에 대한 이제까지의 분석을 통해서 분명하게 된 것은 직관적 현실을 구성하는 개별적 계기들이 독자적으로 존재하지 않고 그것들 사이에는 '공동의 정립(Mitsetzung)'이라는 특유의 관계가 존재하며 직관적 현실의 형식도 본질적으로는 이러한 사태에 근거하고 있다는 것이었다. 직관적 현실에서는 고립된 것과 그것만 따로 분리되어 있는 것은 존재하지 않는다. 특정한 개별적인 지점과 특정한 개별적 순간에 속하는 것으로 보이는 것조차 결코 단순한 여기와 지금에 구속되어 있는 것은 아니다. 그것은 자기 자신을 초월하여 나아가면서 경험적 내용의 총체를 지시하며 여러 경험적 내용과 결합하여 특정한 의미를 갖는 전체를 형성한다. 이와 같이 공간적 직관의 어떠한 구조도, 공간적 형태의 어떠한 파악도, 대상들의 배치와 크기 그리고 거리에 대한 어떠한 판단도, 개별적인 경험들이 방금 말했던 방식으로 '서로 얽혀서 전체를 형성한다'는 사태에 구속되어 있다는 사실이 분명하게 되었다. 어떠한 개별적 내용도 공간적으로 규정되기 위해서는 전체에 비추어 측정되고 특정한 유형의 공간형태에 관련지어지고 이것에 입각하여 해석되어야만 한다. 이미 이러한 해석은 기호언어에 의

---

3) [역주] 이 제3부의 목차에는 이 1장 2절의 제목이 없고 2절에 속하는 소절의 제목들만이 나열되어 있다. '개념'이라는 2절의 제목은 역자가 붙인 것이다.

해서 수행되는 감성적 지각에 대한 해석과 마찬가지로 '개념'의 최초의 성과로 간주할 수 있다. 왜냐하면 이러한 해석은 바로 개념으로 향하고 개념의 참으로 기초 짓는 성과로 향하는 계기를 포함하고 있기 때문이다. 그러한 해석은 개별적이고 특수한 것을 어떤 특정한 총체에 편입시키고 개별적이고 특수한 것에서 바로 이러한 총체의 표현을 보기 때문이다. 직관적 인식이 개념으로 향하는 이러한 길에서 나아가면 갈수록, 이러한 인식의 특수한 내용 각각은 나머지 모두를 대표하고 '가시(可視)적인' 것으로 만드는 힘을 보다 많이 획득하게 된다. 우리가 이렇게 대표하는 기능이 개념기능 일반에게 결정적이고 특징적인 것이라는 사실을 인정한다면, 지각의 세계와 공간적·시간적 세계에 이러한 기능이 결코 결여될 수 없다는 점에는 의문의 여지가 없다. 현대의 지각이론에서 이러한 견해를 제시하는 사람은 특히 헬름홀츠이며, 그는 그러한 견해를 그의 '생리학적 광학이론' 전체의 근거로 삼고 있다. "'파악한다 (begreifen)'는 것이 '개념(Begriff)을 형성한다'는 것을 의미한다면, 그리고 우리가 어떤 클래스의 대상들이라는 개념 속에 동일한 징표를 갖는 대상들이 그 자체로 갖추고 있는 것을 통합한다면, 이와 전적으로 유사하게 시간 속에서 변화하는 일련의 현상들의 개념은 그 모든 단계에서 동일하게 존속하는 것을 통합하려고 함에 틀림없다. 우리는 시간이 아무리 변해도 다른 것에 의존하지 않고 동일하게 존속하는 것을 '실체'라고 부르며, 변화하는 양들 사이의 불변적인 관계를 그러한 양들을 결합하는 법칙이라고 부른다. 우리가 직접적으로 지각하는 것은 후자뿐이다. … 현상을 사고에 의해서 파악함으로써 획득되는 최초의 성과는 **법칙적인 것이다.** …
우리가 도달할 수 있는 것은 현실적인 것의 영역 내에서의 법칙적
질서에 대한 지식이다. 물론 이러한 질서는 우리의 지각인상들의
기호체계로만 표현된다." 이러한 견해에 따르면 논리적 개념이 수
행하는 기능은 현상들 자체 속에 이미 포함되어 있는 법칙적 질서
를 고정하는 것, 즉 지각이 무의식적으로 따르고 있는 규칙을 의
식적으로 제시하는 것이다. 이런 의미에서 헬름홀츠에게는 예를
들면 하나의 물체적 대상의 입체적 형태에 대해서 우리가 갖는 단
순한 직관적인 표상조차도 일련의 무수한 감성적 직관상으로부터
통합된 개념의 역할을 제대로 행하는 것이 된다. 그러나 이러한
개념은 기하학자가 구성할 수 있는 것과 같고 말로 표현될 수 있
는 정의에 의해서 통합되는 것이 아니라, 다양한 관점에서 드러나
는 물체적 사물의 상들이 '법칙의 생생한 표상'에 의해서 통합되는
것이다. 따라서 일반적으로 말해서 하나의 개별적인 대상에 대한
표상도 이미 하나의 개념으로서 지칭되어야만 한다. 왜냐하면 이
러한 표상은 "이 대상이 여러 측면으로부터 관찰되고 접촉되고 그
외의 다른 방식으로 탐구될 경우에 우리 속에서 환기시킬 수 있는
모든 가능한 개별적 감각의 집합을 포섭하기 때문이다."[4]

개념기능을 지각과정 자체의 핵심에 속하는 것으로 인정하는
이러한 견해가 전통적 논리학의 통상적인 언어사용에 부합되지
않는다는 사실을 헬름홀츠 자신이 통찰하고 있었고 또한 강조했

---

4) Helmholtz, *Handbuch der physiologischen Optik*, 2판, 599쪽 이하, 948쪽.

었다. 논리학의 전통에서는 개념의 본래적이고 두드러진 특징은 그것의 보편성에 있는 것으로 간주되는 경향이 있다. 그러나 보편적인 것은 논리학의 전통에서는 '많은 것에 공통적인 것'으로 여겨지고 있다. 어떤 대상을 다른 대상과 비교하는 것이 아니라 오히려 대상을 구성하는 것이, 즉 하나의 개별적인 대상에 대한 관념의 획득이 문제가 되는 경우에 어떻게 그러한 공통성이 지배적인 역할을 할 수 있겠는가? 그런데 헬름홀츠는 이러한 이의(異議)를 정당한 근거를 제시하면서 반박할 수 있었을 것이다. 왜냐하면 자세히 살펴보면 이러한 이의는 선결문제 요구의 오류(petitio principii)를 자체 내에 포함하고 있기 때문이다. 이러한 이의에서 개념의 필연적인 조건으로서 간주되는 저 보편성이야말로 논리적 분석에 의해서 확보된 결과라기보다는 오히려 논리학이 '형식적인' 논리학인 이상 논리학이 처음에 형성될 때부터 전제했던 잠재적 요청을 의미하기 때문이다. 논리학의 최근의 발전에 의해서 바로 이러한 요청의 의심스러움이 더 잘 인식되고 분명하게 되었다. 개념이 필연적으로 하나의 '유(類)'의 표상을 포함한다든가, 개념 상호 간에 성립하는 모든 관계는 최종적으로는 '포섭', 즉 유와 종의 상하관계라는 유일한 근본관계로 환원되어야만 한다는 견해는 최근의 논리학에서 여러 측면으로부터 논박되었다.[5] 이러한 견해를 포기하고 칸트와 함께 개념이라는 것으로 다양한 내용을 결집하고 서

---

5) 예를 들면 Wilhelm Wundt, *Logik*, 2판, Stuttgart 1893, I, 99쪽 이하, Sigwart, *Logik*, 2판, Freiburg, 1889, I, 319쪽 이하를 참조할 것.

로 결합하는 '규칙의 통일'을 염두에 둔다면, 우리의 지각세계나 직관세계의 구조가 이미 그러한 통찰을 결여할 수 없다는 사실은 분명하다. 왜냐하면 그러한 규칙의 통일에 의해서 비로소 직관 자체의 내부에서 특정한 형상들이 부각되기 때문이다. 즉 규칙의 통일에 의해서 비로소 직관에서 확고한 상호 공속관계가 창출되며, 이것을 통해서 질적으로 서로 다른 다양한 현상들이 동일한 객관의 규정으로서 받아들여지게 된다. 이 경우 결정적인 것은 이러한 현상들에서 어떤 공통적인 것이 추출되고 이러한 현상들이 하나의 보편적 현상 아래에 포섭된다는 것이 아니라 이러한 현상들이 하나의 공통의 **기능**을 충족시킨다는 것, 즉 현상들이 서로 철저하게 다르면서도 하나의 특정한 목표점을 **향해** 있고 지시한다는 것이다. 이러한 '지시'의 형식은 물론 감성적 직관의 세계에서는 좁은 의미의 '논리적' 개념의 세계에서와는 다르게 나타난다. 왜냐하면 지각이나 직관에서는 단지 **행해지고 있을** 뿐인 지시가 개념에서는 **의식되어야만**[6] 하기 때문이다. **의식되어 있다는** 이러한 새로운 존재방식이야말로 개념을 순수사고의 형상으로서 비로소 참으로 구성하는 것이다. 지각의 내용과 순수직관의 내용조차도 어떤 특징적인 형식의 규정작용 자체가 없이는, 즉 내용들을 포섭하고 그것들을 서로 공속하는 것으로서 고찰하는 하나의 '시점'이 없이는

---

6) [역주] 원문에서는 bewußt(의식되어)가 아니라 gewußt(인식되어)로 쓰여 있다. 따라서 원문에 따르면 '인식되어야만'으로 번역을 해야 할 것이다. 그러나 바로 뒤에서는 Bewußtheit(의식되어 있음)라는 단어가 나오고 있고 문맥상으로 볼 때도 '의식되어'라고 번역하는 것이 적절하다고 생각하여 '의식되어'라고 번역했다.

특정한 내용으로서 사유될 수 없다. 그러나 이 경우 지각과 직관의 시선은 서로 비교되거나 그 이외의 어떠한 방식으로든 서로 상호 공속 관계를 갖는 요소들 자체에 향하며, 이러한 요소들이 공속하는 양상에 향하는 것은 아니다. 논리적 개념이야말로 비로소 이러한 공속의 양상 자체를 부각시킨다. 논리적 개념이 가장 먼저 수행하는 것은 자아가 시야 안에 존재하고 시야 안에 두어짐으로써 포착되는 대상들로부터 봄의 방식 자체에, 본다는 것의 성격 자체에 자신을 향하는 저 전향(轉向)이다. 이러한 특수한 종류의 '반성'이 행해지는 경우에야 비로소 우리는 사고의 본래 영역에 존재하게 되며 그것의 중심점과 초점에 존재하게 된다. 그리고 이러한 사실로부터 '상징형성'이라는 문제의 내부에서 개념에 할당되는 깊은 의미도 즉시 분명하게 된다. 왜냐하면 이제 이 '상징형성'의 문제가 새로운 측면으로부터 우리에게 제시될 뿐 아니라 그것이 어떤 다른 논리적 차원으로 들어섰기 때문이다. 사람들은 '직관'과 '개념' 사이의 경계를, 직관을 대상에 대한 '직접적 관계'로 간주하면서 그것으로부터 개념의 간접적이고 '논증적인' 조치를 구별하는 방식으로 긋고는 한다. 그러나 직관도 결코 개별적인 것에 머무르지 않고 전체를 추구하며 이 전체에 도달하기 위해서는 다양한 요소들을 개관하면서 최종적으로는 그러한 요소들을 하나의 시선 속에 모아야 한다는 의미에서 '논증적'이다. 그러나 개념은 직관적 종합의 이 형식에 대해서 '논증적인 것'의 새롭고 보다 높은 방식을 표현한다. 즉 개념은 현상들의 유사성이나 현상들 상호 간의 직관적으로 파악 가능한 그 외의 관계가 제시하는 확고한 노선을 따르는 것은 아니다. 개념은 이미 개척되어 있는 길이 아니라 오히려 길을 개척하는 기능 자체다. 직관은 요소들을 결합할 때 정해진 길에 따른다. 바로 이러한 성격 때문에 직관의 순수한 형식과 그 도식기능이 성립하게 된다. 그러나 개념은 이러한 길들에 대해서 알고 있다는 의미에서뿐 아니라 자기 스스로 이러한 길들을 지시한다는 의미에서 직관을 능가한다. 개념은 이미 개척되어 있고 잘 알려져 있는 길을 걸을 뿐 아니라 그 길을 개척하는 데 도움을 제공한다.

물론 엄밀한 '경험론'의 입장으로부터 보면, 개념이 갖는 이러한 기본적인 힘이야말로 개념에 '주관성'이라는 오점을 결정적으로 안겨주는 것으로 보인다. 실증주의적이고 경험론적인 인식이론 전체를 이러한 의혹과 비난이 관통하고 있다. 이미 베이컨에서도 모든 개념적 사고에 대해서 제기되는 본질적인 이의는 바로 다음과 같은 내용을 갖는다. 즉 개념적 사고는 순수하게 주어진 것으로서의 경험의 현실성에 충실하지 않다는 것, 다시 말해 개념적 사고는 이러한 현실을 단순히 받아들이지 않고 오히려 그것을 어떤 의미에서 변형하며 이렇게 변형하는 것과 함께 왜곡한다는 것이다. 이와 같이 개념의 자유와 그것의 자발성은 한낱 자의(恣意)로서 간주된다. 그러나 이러한 비난의 보다 깊은 근거는 경험론이 이러한 자유 자체를 그것의 전체적인 의미와 폭에서 취하지 않고 그것을 순전히 조합(組合)하는 자유로서 이해한다는 사실에 존재한다. 즉 개념은 인식의 새로운 내용을 정립할 수도 산출할 수도 없으며, 감각에 의해서 자신에게 주어지는 단순한 관념들을 다양한 방식으로 교체하면서 그것들을 임의로 결합하고 분리할 수 있을 뿐이다. 이와 같이 해서 인식의 참된 원(原)자료들로부터 인출된 현상들이 산출되는 것이지만, 이러한 현상들은 **혼합**의 결과일 뿐이며 따라서 한낱 혼합의 소산이 갖는 불안정성을 자체 내에 포함하게 된다. '혼합된 양태(mixed modes)'는 지성이 내적인 지각이나 외적 지각 속에 현존하고 있는 것을 파악하는 것에 만족하지 않고 그것들로부터 지성에만 속하는 새로운 결합을 형성하는 경우에 생긴다. 감성적 감각 속에도 현실적 대상의 세계 속에도 **이러한 혼합양상의 원형과 원본은 존재하지 않는다.** "이러한 관념들을 보다 상세하게 관찰해 보면, 우리는 그것들이 전적으로 다른 기원을 갖는다는 사실을 발견하게 된다. 정신은 다양한 결합작용을 수행할 때 자주 어떤 능동적인 힘을 발휘한다. 왜냐하면 정신은 일단 단순한 관념들이 주어지면 그것들을 극히 다양한 방식으로 통합할 수 있고 이를 통해서 새로운 복합적인 관념들을 산출할 수 있지만, 이 경우 그러한 복합적인 관념들이 자연 속에 실제로 자신이 상정하는 통합의 방식으로 존재하는지 어떤지를 문제 삼지 않기 때문이다. 이러한 근거로부터 이러한 관념은 개념(notions)이라고 불린다. 그러한 관념은 사물의 실재가 아니라 오히려 인간의 사고에 자신의 원상(原像)과 지속적인 존립을 갖는다. … 이러한 종류의 개념은 다양한 단순한 관념들을 통합하고 그것들을 자신의 부분들로 갖는 하나의 복합적인 전체로서 파악하는 정신의 작용으로부터 자신의 통일성을 갖게 된다."[7] 개념은 로크의 경험론 체계에서 이렇게 인정을 받고는 있지만 너무나 빈약하고 불확실한 토대 위에 놓이게 되어서 개념의 존립과 타당성을 뒤흔들기 위해서는 최초의 일격으로도 충분하다. 이 경우 버클리는 [로크에서 보이는] 이렇게 제약된 인정조차도 철회함으로써, 즉 개념을 인식의 자립적인 원천이 아니라 오히려 모든 기만과 오류의 원천이라고 봄으로써 로크보다 더 첨예하면서도 보다 정합적으로 사고하고 있다. 모든 진리의 근거가 단순한 감각자료들에 존재한다면, 이러한 근거를 떠나자마자 단순한 가상적인 상만이 생길 수밖에 없다. 개념 **일반**에 대해서 내려지는 이러한 판결은 버클리에서는 모든 종류의 개념과 모든 논리적 개념에 대해서도 내려지게 된다. 더 나아가 이러한 판결이 일차적으로 향하는 것은 외관상으로는 '가장 정밀한 개념', 즉 수학과 수리 물리학의 개념들이다. 이러한 개념들 모두는 실재와 사물의 진리와 본질에 통하는 길이 아니라 오히려 그것들로부터의 이탈이다. 그러한 개념들은 정신을 예리하게 만드는 것이 아니라 직접적인 지각에 의해 우리에게 주어지는 유일한 참된 현실에 대해서 정신을 둔감하게 만든다.

그러나 개념에 대한 바로 이러한 철저한 거부에 의해서 역사적으로도 체계적으로도 사고의 독특한 전환과 급변이 준비된다. 버클리는 자신의 비판에 의해서 개념에게 그것의 뿌리에서부터 타격을 주었다고 믿었다. 그러나 이러한 비판을 궁극에 이르기까지 생각해 보면, 그러한 비판은 오히려 개념을 이해하고 평가하기 위해서 극히 생산적인 긍정적인 계기가 된다. 왜냐하면 여기에서 명

---

7) Locke, *Essay concerning human understanding*, B. II, Chap. XXII, sect. 1-4.

맥이 끊어지는 것은 개념 자체가 아니기 때문이다. 여기에서 [개념과 지각의] 첨예한 단절에 의해서 제거되는 것은, 이제까지 수 세기에 걸치는 논리학과 심리학의 전통에 의해서 개념이 '일반표상', 즉 일반관념(general idea)과 결부되어 왔던 사태이기 때문이다. 이러한 일반관념이 단호하게 제거되며 내적인 모순을 갖는 형성물로서 인식되는 것이다. 직각 삼각형도 아니고 예각 삼각형도 둔각 삼각형도 아니면서 동시에 이것들 모두인 삼각형의 상이라는 '일반'표상은 공허한 허구에 지나지 않는다. 그러나 버클리는 이러한 허구를 논박함으로써 자신의 근본의도에 반해서 오히려 개념에 대한 보다 심원한 다른 견해를 위한 기반을 처음으로 마련한 셈이었다. 왜냐하면 일반표상을 철저하게 논박하면서도 버클리조차 그 존립을 인정하고 있는 것은 '재현기능'이 갖는 일반성이기 때문이다. 개개의 구체적이고 직관적인 형상, 예를 들면 특정한 길이의 변과 특정한 크기의 각을 갖는 하나의 삼각형은 개별적이면서도 다른 모든 삼각형을 대신할 수 있으며 기하학자에게는 그것들을 대표할 수 있기 때문이다. 이와 함께 하나의 삼각형의 직관적 표상으로부터 삼각형의 '개념'이 생긴다. 그러나 이는 우리가 그 표상에 포함되어 있는 일정한 규정들을 제거하는 것에 의해서가 아니라 오히려 우리가 그러한 규정들을 변화 가능한 것으로 상정하는 것에 의해서다. 따라서 우리가 동일한 하나의 개념의 개별적인 '사례들'로 간주하는 여러 형상들을 서로 결합하는 것은 그러한 형상들의 유(類)적인 통일성이 아니라 변화를 규정하는 규칙의 통일성이며 이러한 규칙에 의해서 어떤 개별적 사례로부터 다른 개별적 사례가 도출되고 결국은 일반적으로 '가능한' 사례들의 전체가 도출될 수 있다. 버클리는 상들의 유(類)적인 통일성은 배격하지만 이러한 '규칙의 통일성'은 부정하지 않았다.[8] 그러나 이와 함께 즉시, 그가 인정하는 통일성이 순수한 '표상심리학'의 토대 위에서 **정초될 수 있는가**라는 물음이 제기될 수밖에 없다. 규칙은 비록 그 타당성의 방식이 구체적인 표상형상으로서 나타나지 않더라도, 즉 직접적인 '지각'에 의해서 볼 수 있는 것은 아니더라도 존재하며 타당하다. 따라서 버클리가 이러한 규칙에 대응하는 감각적 · 직관적인 기체를 찾으려고 한다면, 그는 그것을 말, 즉 **명칭**에서만 발견할 수 있다. 그러나 이러한 유명론도 개념이란 문제를 해결할 수는 없고 문제의 해결을 뒤로 미룰 뿐이다. 왜냐하면 명칭은 어떤 것을 가리키고 '의미할' 능력을 가짐으로써 비로소 명칭이 되기 때문이다. 명칭에게서 이 의미하는 기능이 제거된다면, 명칭은 명칭**으로서의** 성격을 박탈당하며 한낱 감각적인 음향으로 전락하게 된다. 그런데 역으로 명칭에게 의미기능을 인정한다면 바로 명칭이 갖는 이러한 의미기능의 수수께끼 속에서 다시 '개념'의 수수께끼 전체가 대두된다. 따라서 우리는 이 개념의 수수께끼를 명칭이라는 우회로를 통해서 이해하기보다는, 경험론적인 견해와 경험론적인 비판조차도 개념에게 인정할 수밖에 없었던 종류의 '재현', 즉 저 '대리기능'이 무엇을 의미하는지라는 문제를 제

---

8) 버클리의 개념이론이 갖는 이러한 **긍정적** 핵심에 대해서는 내 책 *Erkenntnisproblem* 3판, II, 297쪽 이하에서 행해지고 있는 이 이론에 대한 서술을 참고할 것.

기함으로써 탐구의 중심으로, 즉 그것의 초점으로 직접 돌진하는 것이 좋을 것이며 또한 돌진해야만 한다.

(2) 수학적 논리학에서 개념의 위치

그리고 우선 여기에서도 이러한 근본관계를 양적인 관계로 환원함으로써 파악하는 것이 가장 좋을 것 같다. 사실, 개념이 '다(多)에 있어서 하나'라는 규정은 그 자체로 이러한 종류의 양화를 요구하는 것 같다. 이러한 규정은 개념문제가 시작될 당시로, 즉 소크라테스의 '귀납법'과 플라톤의 '변증법'에서 개념문제가 참으로 발견되었을 때까지로 소급될 수 있다. 그리고 그러한 규정은 그 이후로도 계속해서 논리학과 철학 일반의 기본적이고 근원적인 구성부분에 속해왔다. 칸트조차도 개념을 순수직관으로부터 구별하기 위해서 가능한 상이한 표상들의 무한한 집합 속에 그것들의 공통된 **징표**로서 포함되어 있는 하나의 표상, 따라서 그러한 표상들을 자신 아래(unter) 포함하는 하나의 표상으로서 정의한다.[9] 이러한 징표가 규정되려면, 즉 그것의 의미가 인식되려면, 이 목표로 이끄는—유일한 길은 아니지만—가장 확실한 길은 '논증(discursus[개관])'이 실제로 행해지는 장면에, 즉 공통적인 것을 끌어내야만 하는 집합을 실제로 두루 살펴보는 것에 존재한다. 이러한 집합에 속하는 요소들을 단순히 나란히 세워보라. 그렇게 단순히 세워보면 즉시 그것들의 통일의 형식을 발견하게 될 것이며,

---

9) *Kritik der reinen Vernunft*, 2판, 40쪽을 참조할 것.

그러한 요소들 속에서 또한 그러한 요소들에 입각해서 그것들을 서로 묶는 논리적 '끈'을 동시에 포착하게 될 것이다. 개념에 대한 감각주의적 **심리학**에게는 이러한 견해가 저절로 대두된다. 왜냐하면 감각주의적 심리학에게는 자아의 통일과 마찬가지로 개념의 통일성도 단순한 '표상들의 다발'로 해소되고 말기 때문이다. 그러나 이러한 환원은 감각주의와는 전혀 다른 측면으로부터, 더 나아가 그것과 전적으로 대립되는 측면으로부터도 요구되고 지지되는 것 같다. 즉 논리학의 수학화가 진행될수록 논리학에서, 어떤 개념의 '내용'을 그것의 '외연'으로부터 파악하고 마침내는 그러한 내용을 바로 이러한 **외연**에 의해서 대체하는 노력이 더욱 강하게 행해졌다. 왜냐하면 이것이 성공하는 정도로만 수학적 논리학의 목표가 달성되는 것으로 여겨졌으며, 다시 말해 개념의 질적인 계기가 양적인 고찰의 지배 아래 두어지는 것으로 여겨졌기 때문이다. 개념을 엄밀한 의미에서 '총괄(Inbegriff)'로 정의함으로써 비로소, 즉 개념이라는 것을 서로 간에 순수하게 **집합적** 통일을 형성하는 요소들의 어떤 클래스로 간주함으로써 비로소, 개념이 정밀한 집합론적인 고찰의 대상이 될 수 있는 것으로 여겨졌던 것이다. 이와 함께 비로소 논리학에서도, 자연과학이 자신의 영역에서 오래전부터 수행했으며 자연과학을 비로소 엄밀한 인식이라는 지위로 격상시켰던 작업이 수행되었다고 당시의 사람들은 생각했다. 이렇게 해서 논리학의 동질화가 달성되었으며, 개념들의 상호관계와 상호규정이 일반적인 집합계산의 기본규칙으로 환원되었다. 특히 슈뢰더(Schröder)가 자신의 『논리대수 강의(*Algebra der Logik*)』

에서 논리학을 순수한 '영역 논리학'으로서 구성하려고 했던 것은 이러한 의도에서였다. 이러한 논리학은 클래스들이 서로 일치하는지 아닌지만을 탐구해야 하며 이 경우 클래스는 그것이 포괄하는 요소들의 집합으로 간주되어야만 한다. 이러한 요소들을 결합하는 것은 한낱 **그리고**(Und)라는 관계다. 이러한 관계는 러셀의 말에 따르면 숫자 3을 티스푼(tea spoon)과 결합할 수도 있고 키메라와 4차원 공간과 결합할 수도 있는 관계다.[10] 물론 개념에 대한 바로 이러한 견해와 취급에 대해서 수학적 논리학 자체의 진영 내부에서도 이미 일찍부터 엄중한 비판적 이의가 제기되었다. 슈뢰더에 대해서 부분과 전체의 관계를 기본적 관계로 갖는 영역계산은 논리학으로부터 완전히 분리되어야만 한다는 반론을 제기했던 사람은 다름 아닌 프레게였다. 그는 이렇게 쓰고 있다. "사실상 나는 개념이 논리적으로 그 외연에 선행한다고 생각하고 있으며, 클래스로서의 개념의 외연을 개념이 아니라 개별사물들에 기초 지으려는 시도는 잘못되었다고 본다. 이러한 방식으로는 영역계산을 수행할 수는 있어도 논리학을 수행할 수는 없다." 여기에서 수학과 논리학의 관계가 슈뢰더에서와는 원칙적으로 다른 방향으로부터 고찰되고 기초 지어지고 있다. 즉 양자의 관계가 **클래스 개념**의 측면으로부터가 아니라 **기능개념**의 측면으로부터 파악되고 있으며, 개념 자체가 본질적으로 기능으로서 이해되고 정의되고 있는 것이다.[11]

---

10) Russell, *Principles of Mathematics*, I, Cambridge 1903, 71쪽을 참조할 것.

(3) 클래스 개념과 관계개념

현대의 수학적 논리학은 그것이 클래스라는 근본개념과 클래스 계산의 전제들을 견지하는 경우에조차도, 전적으로 자립적인 항 으로서 **관계계산**을 등장시킴으로써 위와 같은 견해를 고려하고 있 다. 수학원리론에 관한 러셀의 탐구에서는 클래스 개념에 대한 관 계개념의 논리적 우위가 보다 분명하면서도 보다 단호하게 서서 히 나타나고 있다. 1903년의『수학의 원리들』에서 러셀은 이미 이 렇게 말하고 있다. "수학적 사고를 주의 깊게 분석해 보면, 특정한 유형의 관계가 이러한 사고의 참된 대상이라는 사실이 분명해진 다. 따라서 관계의 논리학은 클래스 논리학보다도 직접적으로 수 학과 연관되어 있으며, 수학적 진리에 대한 이론적으로 정확하고 적합한 표현은 관계논리학의 도움에 의해서만 가능하다. 지금까 지는 통상적으로 관계에 대한 언표는 클래스에 대한 언표만큼 근 본적이지 않은 것으로 간주되었지만 이는 하나의 철학적 오류다. 이러한 오류로 인해서 관계가 어떤 종류의 클래스인 것처럼 취급 하게 되어왔다.[12] 이런 의미에서 관계가 수학적 개념과 개념 일반

---

11) 프레게가 이러한 자신의 근본견해를 엄밀하면서도 수미일관된 형태로 견지하지 않고 오히려 그것을 다시 개념에 대한 전적으로 양적인 견해로 대체했다는 사실 이 최근에 빌헬름 부르캄프(Wilhelm Burkamp)의 저서 *Begriff und Beziehung, Studien zur Grundlegung der Logik*, Leipzig 1927에 의해서 명확하게 밝혀졌 다. 특히 IV 연구「개념논리학에서 클래스와 수」를 참조할 것. 인용된 프레게의 문 장은 Kritische Beleuchtung einiger Punkte in E. Schröders Vorlesungen über die Algebra der Logik, *Archiv für systematische Philosophie*, Bd I, 1885에 나 와 있다. Burkamp, 앞의 책, 198쪽을 참조할 것.

12) Russell, 앞의 책, Chap. II, § 27(23쪽 이하).

의 기본적이고 본질적인 계기라는 사실이 일단 인정되면, 개념의 **내용**을 그것의 **외연**으로부터 이해하려고 하는 시도는 더 이상 유지될 수 없다. 실로 러셀 자신은 그 후에도 계속해서 개념을 순수하게 요소들의 클래스로서 규정하려고 하지만, 이 경우 그는 클래스에 대한 두 개의 정의를 확연히 구별하지 않을 수 없게 된다. 그가 강조하는 것처럼 클래스를 규정하는 데는 두 개의 길이 있다. 하나는 클래스에 속하는 항들을 하나씩 열거하고 그것들을 단순히 집적하는 방식으로, 즉 '그리고(Und)'에 의해서 결합하는 길이며, 다른 한편으로는 클래스의 모든 항이 충족시켜야만 하는 일반적 징표, 어떤 조건을 보여주는 길이다. 후자의 방법에 의한 클래스의 산출을 러셀은 '내포적' 산출법이라고 부르면서, 전자의 방법에 의한 산출법, 즉 '외연'에 의한 정의에 대치(對峙)시켰다. 그러나 양자 사이의 관계는 이러한 단순한 대치에 머물지 않는다. 내포에 의한 정의가 외연에 의한 정의에 대해서 우위를 갖는다는 사실이 점점 더 분명하게 된다. 내포에 의한 정의에는 무엇보다도 보다 큰 논리적 일반성을 갖는다는 이점이 있다. 왜냐하면 그러한 정의만이 헤아릴 수 없는 요소들의 집합[무한집합]을 포함하는 클래스조차도 자체 내에 포함할 수 있기 때문이다. 물론 러셀은 이러한 구별을 순전히 심리학적 구별로 간주함으로써 우선은 그 구별을 수평화하면서 그 구별의 의미를 약화시키는 것으로 보인다. 러셀은 이렇게 말하고 있다. "클래스는 외연에 의해서 정의될 수 있거나 내포에 의해서 정의될 수 있다. 즉 우리는 하나의 클래스를 이루는 **대상**의 종류를 정의할 수 있든가, 혹은 하나의 클래스를 표시하는(denote) 개념의 종류를 정의할 수 있다. 그러나 클래스라는 일반적 개념이 이렇게 이중의 방식으로 정의될 수 있다고 해도, 어떤 종류의 특수하고 무한한 클래스들은 내포적으로만, 즉 그 대상들을 이런저런 개념에 의해서 표시하는 방식으로만 정의할 수 있다. 그러나 나는 이러한 구별은 순전히 심리학적인 것이라고 믿는다. 논리학적으로는 외연적 정의도 똑같이 무한한 클래스에도 적용될 수 있는 것 같다. 그러나 현실적으로는 우리가 그러한 정의를 시도하려고 해도 그 목적을 달성하기 전에 죽음이 우리의 찬양할 만한 부지런한 노력을 중단시키고 말 것이다."[13] 그러나 나의 견해로는 러셀의 논리학이야말로 여기에서 주창되고 있는 것처럼 [내포적 정의와 외연적 정의를] 동등한 것으로 설정하면서 발전시키고 유지할 수 없었던 것으로 보인다. 내포에 의한 정의가 단순히 주관적인 우위뿐 아니라 객관적인 우위도 차지한다는 것, 즉 내포에 의한 정의가 단지 πρότερον πρὸς ἡμᾶς[프로테론 프로스 헤마스, 우리에게 보다 앞선 것]일 것일 뿐 아니라 πρότερον τῇ φύσει [프로테론 테 퓌세이, 본성상 보다 앞선 것]이기도 하다는 것이 러셀의 논리학에서 갈수록 분명해진다. 왜냐하면 어떤 클래스의 요소들을 통합하여 그것들을 열거하면서 외연적으로 보여주려고 하기 전에 어떠한 요소들이 그 클래스에 **속하는** 것으로 간주되어야만 하는지가 먼저 결정되어야만 한다는 것은 분명하지만, 이러한 물음은 '내포적'인 의미에서의 클래스 **개념**을 토대로 해서만 답해

---

13) 같은 책, Ch. VI, sect. 71.

질 수 있기 때문이다. 그 클래스에서 통합되는 항목들은 일반적으로 정식화될 수 있는 특정한 조건을 그것들 모두가 충족시킴으로써 서로 통합되어 있는 것으로 나타난다. 그리고 이제 총괄 자체가 개체들의 단순한 합이 아니라 바로 이러한 조건에 의해서 정의되며, 이 조건의 의미는 그 조건이 어느 정도로 많은 개체에서 충족되는가, 아니 도대체 어떤 개체에서 충족되는가를 물을 필요도 없이 독자적으로 파악되고 또한 언표될 수 있는 것이다. 프레게는 슈뢰더에 반대하면서 이렇게 주장하고 있다. "내가 '모든 인간'이라는 단어를 주어로 갖는 명제를 언표할 때, 나는 이 명제로 아프리카 오지에 사는 내가 전혀 알지 못하는 추장에 대해서까지 무엇인가를 말하려고 하는 것은 아니다. 따라서 내가 '인간'이라는 말로 이 추장을 어떤 방식으로 가리킨다는 것은 전적으로 잘못된 것이다." 러셀 자신이 『수학원리(*Principia mathematica*)』에서 외연은 **불완전한 상징**이며, 이 불완전한 상징의 사용은 내포에 관계 지어짐으로써 비로소 의미를 갖는다고 분명하게 강조할 경우에 이와 동일한 근본견해를 표명하고 있는 셈이다.[14] 여기에서 전개되는 이론에 따르면 클래스라는 것을 그 자체로 통합하는 것은 그것 안에 통합되어 있는 모든 항이 어떤 특정한 명제함수(propositional function)의 변수로서 사유되어야만 한다는 사태다. 따라서 개념의 핵으로서 나타나는 것은 이 명제함수이며 한낱 순수한 집적체로

---

14) Whitehead und Russell, *Principia mathematica*, Cambridge 1910쪽 이하, II, 75쪽. 상세한 것은 Burkamp, 앞의 책, 186쪽 이하를 볼 것.

서의 집합에 대한 관념은 아니다.

(4) 명제함수로서의 개념

이 경우 명제함수 자체는 특정한 개별명제, 즉 통상적인 논리적 의미에서의 판단과는 엄격하게 구별되어야만 한다. 왜냐하면 명제함수가 우리에게 제공하는 것은 무엇보다도 판단을 위한 틀에 지나지 않으며, 그것에는 명제가 갖는 결정적인 징표가 결여되어 있는 이상, 즉 그것은 그 자체만으로는 참도 거짓도 아닌 이상, 그것 자체는 판단이 아니기 때문이다. 참이나 거짓은 어떤 **특정한** 술어가 어떤 **특정한** 주어에 결합되는 개개의 판단에만 존재하는 것이지만, 명제함수는 그러한 규정성은 전혀 갖지 않고 일반적인 도식을 제시하는 것에 지나지 않는다. 이 도식이 개별적 진술이라는 성격을 갖기 위해서는 우선 그것에 특정한 가치가 대입될 필요가 있다. 러셀은 명제함수를 이렇게 정의한다. "명제함수는 하나 또는 복수의 규정되지 않은 요소들을 포함하고 있으며, 이 규정되지 않은 요소들에 수치(數値)들이 투입될 때 그로부터 하나의 판단이 생긴다. 바꿔 말하면, 명제함수는 그것의 수치들이 판단인 함수인 것이다." 이런 의미에서 수학의 모든 방정식은 명제함수의 한 예다. 예를 들어 우리가 $x^2-2x-8=0$이라는 방정식을 생각해 보자. 우리가 x의 우선 전적으로 규정되지 않은 수치 대신에 이 방정식의 두 개의 근을 대입하면 이 표현은 참이 되며, 그 이외의 수치가 대입될 경우에는 거짓이 된다.[15] 이러한 규정을 근저에 놓을 때에야 '클래스'의 개념에 어떤 일반적이고 순수하게 '내포적'인 정의가 주어진다. 이제 어떤 명제함수 φ(x)의 유형에 속하는 성질을 갖추고 있는 모든 x를 고찰하고 이러한 함수에 관해서 '참된' 가치로서 입증되는 x의 가치들을 통합한다면, 이와 함께 우리는 함수 φ(x)에 의해서 특정한 클래스를 정의한 것이다. 이런 의미에서 모든 명제함수는 하나의 클래스를, 즉 φ(x)라는 성질을 갖는 x의 클래스를 낳는 것이 된다. 이 경우 '라는 성질을 갖는'이라는 규정은 다른 규정들로 더 이상 분해될 수 없는 것이며, 독자적인 의미로서, 즉 '정의될 수 없는 논리적 최종항'으로서 인정되어야만 한다. 어떠한 클래스도 그 클래스의 항들에 대해서만 참이며 모든 다른 사물에 대해서는 거짓인 하나의 명제함수를 진술함으로써 비로소 정의된 것이 된다.[16] 그러나 이와 함께, 논리학이 '개념'이라고 불리는 것을 총체적인 집합으로 해소하려는 노력에 대해서 오히려 역으로 집합이 다시 개념에 기초하는 것이 된다. 따라서 우리는 여기에서는 한낱 논리계산만으로는 그 이상 앞으로 나아갈 수 없다. 논리계산은 순수한 의미분석을 대체할 수 없으며 그것은 항상 순수한 의미분석을 극히 엄밀하면서도 극히 단순한 공식으로 표현할 수 있을 뿐이라는 사실이 분명하게 드러난다.

따라서 [수학의] 이러한 측면으로부터는 개념에 대한 분석적 해명을 기대할 수 있어도 개념에 대한 참으로 '발생적 정의'는 기대

---

15) Russell, *Introduction to Mathematical Philosophy*(1919) 2판, 1920, 155쪽 이하 참조.

16) Russell, *Principles of Mathematics*, Chapter VII, § 80, 84, *Introduction to Mathematical Philosophy*, Chapter XVII, 181쪽 이하 참조.

할 수 없는 것이 되지만, 그럼에도 불구하고 다른 관점에서 보면 수학은 이 점에서 논리학에 길을 터줄 수 있는 것 같다. 왜냐하면 —여기에서도 또한 칸트의 '순수이성의 방법론'의 일반적 규정에 따라서 말해 보자면— 철학이 '수학의 방법을 모방하는 것'에서 구원을 기대해서는 안 될지라도 수학은 다음과 같은 내용, 즉 그것에서 순수한 개념기능의 특수한 의미가 가장 명확하게 읽혀질 수 있으며 참으로 적합하게 파악될 수 있는 내용을 철학에 제공하기 때문이다. 개념은 그것에 대한 '정밀한' 수학적 표현에서 가장 명료하게 나타나는 것이다. 이러한 수학적 표현에서만 그리고 이러한 수학적 표현에서야말로 개념이 무엇이며 무엇을 의미하고 무엇을 수행하는지가 '대문자로' 쓰여 있는 것 같다. 나는 과거에 내가 수행한 한 연구에서 이러한 길을 밟았다. 나는 그 연구에서 수학과 수학적 물리학의 개념들을 범례로 하여 개념기능 일반의 보편적 규정을 제시하려고 시도했다. 물론 이러한 고찰에 대해서는 부분을 전체로 간주하고 있다는 이의가 제기될 수 있다. 이러한 이의에 따르면 개념에 대한 참으로 논리적이고 현상적인 분석은 개념을 그 의미의 **전체성**에서 파악해야 하고 개념을 그 개별적인 수행들과 수행 국면들의 **총체**에서 파악해야 하는 반면에, 수학과 정밀과학은 기껏해야 개념을 완성된 모습에서 인식하지만 이와 함께 인식되는 것은 개념의 최종적인 모습일 뿐이라는 것이다. 개념에 대한 완전한 규정이 획득되려면 이러한 최종적인 모습이 출발할 때의 모습과 결부되고 중간의 모든 매개단계가 조망되고 답파되어야만 하는 것은 아닐까? 사실, 몇몇 논리학자는 자신들이

'논리적 개념'이라고 부르는 것과 '과학적 개념'이라고 부르는 것을 구별할 뿐 아니라 전자를 후자에 대한 일종의 대극(對極)으로 간주했다. 예를 들어 분트는 이렇게 말하고 있다. 논리적 개념과 과학적 개념은 사고발달의 대극적인 최종점을 형성한다. 즉 사고는 논리적 개념에서 출발하며 과학적 개념과 함께 자신의 특정 방향의 활동을 종결한다. 논리적 개념은 두 가지 근본조건에만 구속되어 있다. 그것이 요구하는 것은 내용의 명확함과 다른 개념들과의 논리적 연관이다. 그러나 과학적 개념은 그 이상의 것을 요구한다. 그것은 그 개념에 의해서 인식이 어떤 종국에, 적어도 어떤 상대적인 종국에 도달해 있는 것, 즉 인식이 모든 면에서 타당하다는 것을 인정받고 이를 통해서 보편타당성의 단계로까지 고양되어 있을 것을 요구한다.[17] 따라서 '과학적' 개념의 구조로부터 '논리적' 개념의 구조를 도출하고 읽어내는 것은 결국은 유(類)와 종을 혼동하는 것으로 귀착되는 것 같다. 우리의 탐구의 가장 중요한 성과 중 하나가 '형성과 특성 면에서 과학적 개념과 선명하게 구별될지라도 다른 한편으로 사고상(上)의 정확함을 결코 결여하고 있지 않은 어떤 종류의 형성작용을 인정해야만 하는 것이라면' 우리는 이러한 항의를 피할 수 없는 것 같다.[18] 이제 이러한 통찰을 논리학

---

17) Wundt, 앞의 책, 95쪽 이하. 분트와 유사한 견해를 최근에는 하이만스(Gerhard Heymans)가 제시하고 있다. 그의 논문 Zur Cassirerschen Reform der Begriffslehre와 나의 반론(*Kant-Studien*, Bd. XXXIII, 1928, 109쪽 이하, 129쪽 이하)을 참조할 것.

18) 이에 대해서는 특히 나의 글, Die Begriffsform im mythischen Denken, *Studien der Bibliothek Warburg*, I, hg. von Fritz Saxl, Leipzig 1922를 참조할 것.

의 사고방식 자체로까지 소급해서 적용해야만 하는 것은 아닐까? 즉 우리는 여기에서도 또한 '개념 일반'의 단 하나의 통일적인 유형이 아니라 사고형식들과 인식형식들의 복잡하면서도 분화된 전체를 발견하려고 해야만 하는 것은 아닐까? 사실상 우리의 이제까지의 고찰 전체가 다음과 같은 사실을 반복해서 우리에게 분명히 보여주었다. 그러한 사실이란, 우리가 지각세계와 직관세계의 상징적 형성이라고 불렀던 것은 결코 '추상적' 개념에서 비로소 시작되는 것은 아니며 추상적 개념의 최고 완성태인 정밀과학적 개념에서 비로소 시작하는 것은 더욱 아니라는 사실이다. 이러한 형성작용의 종류와 기본방향을 이해하기 위해서 우리는 물음을 훨씬 더 깊이 있게 제기해야만 했다. 즉 우리는 과학적 세계개념의 차원에서 '자연적 세계개념'의 차원으로 소급해야만 했던 것이다. 그러나 바로 이러한 소급에 의해서 이제 우리에게, '정밀한' 개념에 대한 이전의 분석의 성과를 무시하기는커녕 오히려 그것을 새로운 측면으로부터 확증해주는 보다 광범한 이론이 생겨났다. 왜냐하면 우리는 문제영역의 확장을 시도하지 않으면 안 되었지만, 우리가 이전에 수학적 관계개념을 예로 하여 증시하려고 했던 문제의 순수한 상태는 그러한 확장에 의해서 전혀 저촉되지 않는다는 사실이 여기에서 우리에게 분명하게 되었기 때문이다. 우리가 물음을 인식의 어떤 점에서 제기하더라도, 즉 우리가 인식의 최고단계로까지 올라가든 인식의 가장 낮은 층으로까지 내려가든, 우리가 직관을 문제로 삼든 순수한 사고를 문제로 삼든, 우리가 언어상의 개념형성을 문제로 삼든 혹은 논리적·수학적 개념을 문제로 삼든, 우리가 그것들에서 항상 재발견하는 것은 '다(多)에서의 하나'이다. 그리고 이것이야말로 구체화의 극히 다양한 단계들에서 그 의미가 동일한 것으로서 우리에게 분명하게 나타나는 것이다. 그리고 이 모든 사례에서 이 '포괄적인 하나'는 종들과 개체들을 포섭하는 유(類)의 통일성이 아니라 오히려 다양한 것을 내적으로 서로 연관시키고 규정하는 관계의 통일성인 것이다. 관계라는 이러한 근본형식은 탁월한 수학자들에 의해서 수개념의 핵심이라고 불리며 따라서 또한 수학적 사고 일반의 핵심이라고도 불리고 있다.[19] 그러나 이러한 근본형식은 결코 수학의 영역에 국한되는 것은 아니다. 그것은 극미(極微)의 것 속에서도 극대의 것 속에서도 작용하고 있다. 즉 관계라는 이 근본형식은 가장 단순한 감각적 재발견과 재인식에서 시작하여 사고가 주어져 있는 모든 것을 넘어서고 사물들의 단순한 '현실성'을 넘어서 '가능한 것'이라는 자신의 자유로운 영역을 건립하는 사고의 최고의 구상에 이르기까지 인식의 총체를 지배하고 있는 것이다. 따라서 개념은 관계라는 이러한 근본형식에 근거하고 그것에 닻을 내리고 있음에 틀림없다. 보다 예리한 논리학적이고 인식비판적 분석에게 '개념적으로 파악한다'는 것과 '관계 짓는다'라는 것은 도처에서 상관항으로서, 즉 참된 상관개념으로서 입증된다.[20] 이러한 상관관계 자체

---

19) Dedekind, *Was sind und sollen die Zahlen?* 2판, Braunschweig 1893(이 책 301쪽을 볼 것).

20) 내가 내 책 *Substanzbegriff und Funktionsbegriff*, Berlin 1910에서 옹호하고 보다 상세하게 정초했던 이 주장은 부르캄프의 저서 *Begriff und Beziehung*에 포함

는 우리가 어떠한 '세계개념' 속에서 살든, 즉 우리가 관계하는 것이 지각세계와 직관세계의 경험적 '사물'이든 자연과학의 '가설'이든 순수수학의 '구성'이든 그것들 모두 속에 존속한다. 여기에서는 사고의 내용이 사고의 순수형식을 침입하지도 변화시키지도 않는다. 데카르트의 유명한 비유에 따르면 태양의 빛이 그것이 비추는 대상들이 서로 다르다고 해서 달라지지 않는 것과 마찬가지다. 이는 '세계'―그것이 감성적 대상의 총체로 생각되든 논리적 대상의 총체로 생각되든, 실재적 대상의 총체로 생각되든 논리적 대상의 총체로 생각되든―의 구조는 바로 분절화와 형태화의 특정 원리들에 의해서 가능하기 때문이다. 그리고 개념이 하는 일은 이러한 형태화하는 계기들을 따로 드러내고 사고를 위해서 그것들을 **고정**하는 것이다. 개념은 '논증(discursus)'의 특정한 방향과 규범을 제시한다. 즉 그것은 다양한 내용들이 지각에 속하든 직관에 속하든 순수사고에 속하든 파악하고 '개관하는' '시점'을 표시한다. 논리학적이고 인식비판적인 이론에서 보이는 개념의 본질에 대한 여러 오류는 결국은 그러한 이론들이 개념을 이렇게 순수한 **시점**으로서가 아니라 눈에 보이는 하나의 **사물**로서, 즉 감각적인 세계 안

되어 있는 개념문제에 대한 최신의 연구에 의해서 본질적인 점에서는 모두 추인(追認)되었다. 부르캄프는 슈뢰더, 프레게, 러셀의 학설을 상세하게 비판하면서, 단순한 클래스의 논리학에서 순수한 관계의 논리학으로의 전환을 결연한 태도로 수행하고 있다. 부르캄프에서도 정립, 동일성, 차이, 관계라는 사고기능은 수형식의 기본전제인 것과 마찬가지로 모든 순수한 형식 일반의 전제이기도 하다. "이러한 사고기능은 모든 형식이 그 위에 비로소 구축될 수 있는 보다 깊은 기초다." (Burkamp, 앞의 책, Ⅳ. Studie, § 86, Ⅴ. Studie, § 95쪽 이하)

이나 그것 곁에 혹은 그것 위에 존재하는 어떤 것으로서 간주했다는 데서 비롯된다. 개념을 둘러싼 '거인들의 장대한 싸움'에서 서로 대치하고 있는 두 진영은 이 점에서는 동일한 의미에서 잘못을 범하고 있다. 한쪽은 개념을 손으로 잡으려고 함으로써, 다른 쪽은 개념을 초감각적인 장소로 추방하면서 개념을 실체적인 것, 즉 바로 이 초감각적인 장소에 현존하고 있는 것으로서 봄으로써 오류를 범하고 있는 것이다. 플라톤이 개념의 관계적 본성을 인식하는 것에 가장 가깝게 접근하고 있는 곳에서, 즉 그가 이데아론의 근원적 형식을 κοινωνία τῶν γενῶν[코이노니아 톤 게논, 유(類)동사의 관여]의 사상과 요청에 의해서 심화하는 곳에서 위의 두 견해를 배격하고 있다는 것, 즉 플라톤이 『소피스트』편에서 개념에 대한 감각주의자들과 유물론자들의 무시에 대해서도 '이데아의 친구들'의 개념실재론에도 반대하고 있다는 사실은 특기할 만하다.[21] 그러나 이러한 개념실재론에 대한 반대운동, 즉 중세와 근대의 '유명론'조차도 자신이 조소하던 사슬로부터 결코 자유롭지 못하다. 왜냐하면 유명론도 개념의 본성을 규정하려고 하면서 결국은 그림자를 붙잡기 때문이다. 유명론은 개념을 사물로서 발견할 수 없기 때문에 단순한 음성, 바람 소리(flatus vocis)로 간주한다. 그러나 유명론도 이러한 한낱 음성, 즉 말해지는 말을 여전히―비록 2차적인 것일지라도―일종의 실재로서 취급하고 있을 뿐이지 말의 순수한 의미기능에 주목하면서 바로 그것에 말의 '객관적' 내용이 근거

---

21) Platon, *Sophistes*, 245 E 이하를 참조할 것.

하는 것으로 파악하고 있지는 않다. 이와 같이 유물론자도 유심론자도, 개념실재론자도 유명론자도 개념의 의미를 확립하고 고정하려고 할 때 항상 거듭해서 존재의 어떤 영역에 의거하고 있다. 그러나 바로 이 때문에 언어와 인식이 갖는 상징으로서의 내용에 대한 보다 깊은 통찰이 행해질 수 없게 된다. 왜냐하면 그러한 통찰은 모든 존재가 의미로부터만 또한 의미를 매개로 해서만 파악될 수 있고 접근될 수 있다는 점에 성립하기 때문이다. 따라서 개념 자체를 개념적으로 파악하려고 하는 사람은 개념을 대상과 똑같이 파악하려고 해서는 안 된다. 인식에 대한 감각주의적인 근본견해가 포함하는 내적 모순이 가장 분명하게 드러나는 것은 바로 이점에서다. 현상의 세계, 감관들의 세계를 감각주의적 견해에 내맡기고 인도함으로써 그만큼 확실하게 '지성적' 세계를 감각적인 것이 일절 섞이지 않도록 순수하게 지키고 그것을 독자적인 자립적 법칙에 따르는 영역으로서 주장할 수 있게 된다고 생각했던 관념론적인 논리학자들이 있어왔다. 이에 반해 우리의 근본적 문제의식으로 인해 우리는 처음부터 그것과는 대립되는 길을 걸을 수밖에 없었다. 즉 감각주의로는 감각적 세계 자체를 통일적이고 모순 없이 이해할 수 없다는 사실이 우리에게 갈수록 분명하게 드러났다. 우리에게 중요한 것은, 감각주의가 그 전부터 자신의 소유권을 이론의 여지가 없는 것으로서 주장해 왔던 영역에서 감각주의와 대결하면서 '관념'의 본질로부터 출발하지 않고 감각적 현상 자체의 본질로부터 출발하여 감각주의를 근본적으로 변화시키는 것이었다. 왜냐하면 감각적 현상에 대한 분석을 통해서 분명해진 것은 다름 아니라 감각적 현상의 나타남 자체, 그것의 '현전'이 순수하게 재현전적인 기능들의 단계 지어지고 분절화된 체계 없이는 불가능하다는 점이었기 때문이다. 가시적인 것의 총체가 자신을 전체로서, 즉 직관적인 하나의 전체적인 코스모스로서 구성하기 위해서는 '봄'의 특정한 근본형식을 필요로 했던 것이다. 이러한 근본형식은 가시적인 대상들에 입각해서 **증시될** 수 있어도 가시적인 대상과 **혼동되어서는** 안 되고 그 자체가 가시적인 **객관으로**서 받아들여서는 안 된다. 단일성과 타자성, 유사성과 비유사성, 동일성과 차이의 관계가 없다면, 직관의 세계는 확고한 형태를 획득할 수 없다. 그러나 이러한 관계들 자체가 이 세계에 속하더라도 그것들은 세계의 **부분**을 형성하는 것이 아니라 그것의 **조건**을 형성하는 것이다.

직관적 인식의 근본층과 근원층에서 우리에게 분명하게 되었던 바로 이러한 관계는, 우리가 사고와 개념적 파악의 다른 '보다 높은' 단계로 나아갈 경우에 확증된다. 여기에서 순수한 '의미'의 세계는 표시의 세계에 원칙적으로 이질적인 아무것도 덧붙이지 않는다. 의미의 세계는 표시의 세계에 '가능적으로' 이미 포함되어 있는 것을 전개할 뿐이다. 물론 다른 한편으로는 '가능태'가 '현실태'로 이렇게 나아가는 것이야말로 인식의 가장 어려운 작업이다. 왜냐하면 여기에서 필요한 것은, 직관적 현실의 형태들 속에 포함되어 있는 '지시'의 기능들을 이렇게 폐쇄되어 있는 상태로부터 해방하여 그것들을 순전히 기능적인 타당성의 방식으로 파악하는 것이기 때문이다. 즉 직관적인 것 속에 이미 지배하고 있고 직관적인 것에서 구체적으로 증시될 수 있는 여러 관계양식을 한편으로는 하나씩 고립시키고 다른 한편으로는 그것들을 상호규정성과 상호의존성에서 파악하는 것과 같은 타당성에 대한 하나의 **이론**, 즉 하나의 형식론이 요구되는 것이다. 이와 같이, 예를 들면 공간세계의 구성을 위해서는 특정한 기본적 규범들이 필요하다는 것과 이러한 구성이 가능하게 되는 것은 개개의 공간지각이 끊임없이 어떤 종류의 근본형태들을 '기준으로 삼고 있다'는 것에 의해서뿐이라는 사실을 우리는 보았다.[22] 그러나 기하학적 인식이 비로소 이러한 형태들이 복종하는 **법칙**을 파악하며 그것을 그 자체로서 객관적으로 명확하게 언표하는 것이다. 그리고 여기에서도 또한 개념의 이론은 항상 규정의 형식을 그 형식에 의해서 비로소 규정 가능하게 되는 내용과 혼동하지 않도록, 즉 **법칙의 영역과 법칙에 의해서 규제되는** 것의 영역이 서로 뒤섞이지 않도록 주의해야만 한다. 이 두 영역은 서로 철저하게 연관되어 있어도 그것들의 의미에서는 선명하게 분리되어야만 한다. 여기에서 논리계산의 상징언어가 의미분석에 도움이 될 수 있다. 왜냐하면 기호언어는 여기에서 문제가 되고 있는 사고상(上)의 구별을 어떤 의미에서 직접 눈앞에 드러내기 때문이다. 우리가 개념을 그 개념에 포섭되는 것을 열거함으로써 정의된다고 생각하는 것이 아니라 어떤 특정한 **명제함수**를 진술함으로써 순수하게 내포적으로 정의된다고 생각한다면, 이 명제함수 $\varphi(x)$에는 서로 분명히 이질적인 두 계기

---

22) 이 책 181쪽 이하 참조.

가 포함되어 있다. φ라는 문자에 의해서 표시되는 함수의 일반적 형식은 이 함수에 '참된' 수치로서 대입되는 변수 x가 취하는 여러 수치와는 선명하게 구별된다. 함수는 이러한 수치들의 연관을 규정하지만, 그것 자체는 이러한 수치들 중 하나는 아니다. x의 함수는 x의 계열, 즉 x_1 x_2 x_3 등과 동질적이지 않다. 러셀도 이 명제함수에 대한 자신의 이론에서 이렇게 강조하고 있다. "주의하지 않으면 안 되는 것은, 여기에서 주장되고 있는 견해에 따르면 $φx$에서 $φ$는 분리될 수 있는 자립적 존재가 아니라는 것이다. 즉 $φ$는 $φx$라는 형식의 명제 속에서 살고 있는 것이며 이것을 떠나서는 살아남을 수 없다. … 만약 $φ$가 분리될 수 있는 존재(a distinguishable entity)라면, 다시 말해서 $φ$가 자기 자신에 대해서 언표되는 것과 같은 $φ(φ)$라고도 표기될 수 있는 명제가 존재한다면, $φ(φ)$가 부정되는 '$φ(φ)$가 아니다'라는 명제도 존재하게 될 것이다. 이러한 명제에서 우리는 $φ$를 변수로 볼 수 있으며 이렇게 함으로써 하나의 명제함수를 획득하게 될 것이다. 그런데 여기에서, 이 명제함수에 포함되어 있는 언표가 자기 자신에 대해서 언표될 수 있는가라는 물음이 제기된다. 이 언표는 자기 자신에 대한 언표 불가능성을 의미한다. 즉 이 언표가 자기 자신에 대해서 언표될 수 있다면 이 언표는 언표될 수 없는 것이다. 역으로 이 언표가 자기 자신에 대해서 언표될 수 없다면, 이 언표는 언표될 수 있는 것이다. 이러한 모순은 하나의 명제함수의 함수 부분은 그 자체로 독립적인 존재가 아니라는 것을 인정하면 피할 수 있게 된다."[23]

여기에서 잘 알려진 논리적 역설의 형태를 취하면서 다시 대두되는 것은 일찍부터 논리학을 움직였을 뿐 아니라 형이상학의 전개 전체에 깊이 관계되는 하나의 난문(難問)이다. 즉 지금 모습을 바꾸어 우리 앞에 등장하고 있는 것은 오래된 **보편문제** 이외의 것이 아니다. 이러한 문제가 어떻게 해결되든, 즉 보편을 개별적인 사물들에 **선행하는** 것으로 생각하든 혹은 개별적인 사물들을 **따르거나** "그것들 안에 **포함되어 있는**" 것으로 생각하든 이러한 해결책들 모두는 동일한 **방법상의** 근본오류를 보여주고 있다. 그러한 해결책들은 순수한 의미관계를 경험적 **사물들**이나 **사건들** 사이의 관계로 간주하는 것이다. 왜냐하면 '전(前)'과 '후(後)', '안'과 '밖'이라는 말은 그러한 경험적 사물들과 사건들 사이에 대해서만 적용될 수 있기 때문이다. '전'과 '후', '안'과 '밖'이라는 **비유를** 형이상학적인 규정은 아닐지라도 논리적으로 타당한 규정으로 간주했던 것이 보편논쟁에 참여했던 거의 모든 당파의 숙명이었다. 그러나 '보편적인 것'과 '특수한 것'은 존재에서가 아니라 의미에서 서로 구별된다는 것과 의미 차원에서의 구별은 공간적 · 시간적인 것의 차원에서 통용되는 차이로 환원될 수 없으며 그러한 차이에 의해서 적합하게 언표될 수 없다는 사실이 일단 분명해지면 이러한 모든 비유적 표현은 더 이상 우리를 기만할 수 없게 된다. 여기에서 시도된 모든 해결책 중에서 보편자의 존재를 개별적인 사물들 속에서 찾는 해결책이 항상 상대적으로 가장 만족스러운 것으로 보인다. "보편자는 실체적 사물이 아니라 여러 개별적 사물들 속에서

23) Russell, *Principles of Mathematics*, Ch. VII, § 85.

만 존재한다(universalia non sunt res subsistentes, esd habent esse solum in singularibus)." 왜냐하면 이 경우에는 최소한 [보편자와 개별사물들] 사이의 외적인 **분리**가 피해지기 때문이며, 공간으로부터 빌린 비유가 사용되어도 보편적인 것과 특수한 것의 엄밀한 **상관관계**와 상호관계가 그대로 보존되기 때문이다. 그러나 바로 이러한 상관관계가 우리를 즉시 새로운 곤란에 직면하게 하고 우리를 오해에 빠뜨릴 수 있다. 왜냐하면 이러한 상관관계는 서로 관계되어 있는 계기들의 **동질성**과 혼동되는 위험을 자체 내에 포함하고 있기 때문이다. 그렇게 혼동되면, 개념적인 보편자는 한낱 공통적인 것이 되고 만다. 즉 실로 그 자체는 고유하고 새로운 사물은 아니어도 여러 사물 속에 현존하는 **유사성**을 표현하는 것이 되는 것이다. 이제 보편자의 의미는 유사성, 즉 similitudo라는 범주로 환원될 수 있는 것으로 보인다. 그러나 이와 함께 순수한 **관계개념**이라는 개념의 의미조차도 부당하게 협소해지고 만다. 왜냐하면 유사성은 관계들의 체계에서 하나의 특수한 사례의 역할만 할 뿐, 개념적 관계 자체의 '유형'이라는 위계로까지 높여질 수는 없기 때문이다. 다양한 것들은 그것들 사이의 유사성이라는 관점에서만 비교되고 종합되는 것은 결코 아니다. 이런 형식의 종합에 대해서, 그것과 등등한 권리를 가지면서도 전혀 다른 시점(視點)에 입각해 있고 다른 종류의 '관점'에 의해서 규정되어 있는 다른 형식의 종합이 대항한다. 그리고 여기에서는 이러한 각각의 관점, 즉 관계 R_1 R_2 R_3 각각이 동일한 요구를 해도 좋다. 즉 그것들 각각은 전적으로 정당한 '개념'을 정의하는 것이다.[24] 개념이 제시하고 부각시키는 일반적인 의미계기에 관해서 말하자면, 이 계기에 속하게 되는 모든 것은 단지 유사할 뿐 아니라 동일하다. 개개의 견본이 하나의 '개념'의 예로서 간주되기 위해서는 그 하나하나가 그 개념의 **전체**를, 즉 그 개념이 포함하고 있는 조건들의 총체를 충족시켜야만 한다. 그러나 이렇게 관점이 동일하다고 해서 그 개념에 의해서 통합되는 많은 요소가 어떤 공통된 구성부분을 가져야만 한다는 것을 의미하지는 않는다. 왜냐하면 관점 자체는 그러한 요소들에 전적으로 또는 부분적으로 포함될 수 있는 것과 같은, 즉 공간적인 것에 유사하게 어떠한 방식으로든 그러한 요소들에 '깃들어 있는' 사물과 같은 것이 아니기 때문이다. 예를 들어 함수방정식이 어떠한 방식으로든 그것에 '참된 가치'로서 대입되는 개개의 변수 속에 깃들어 있는가? 평면곡선의 방정식이 평면곡선의 '개념'이라고 불리는 것은 그것이 이 곡선상의 점의 좌표를 보여주는 모든 수치에 대해서는 참이 되는 반면에 다른 수치에 대해서는 거짓이 되는 하나의 명제함수이기 때문이다.[25] 그 곡선상의 개개의 점들은 이러한 조건에 의해서 하나의 통일체로 종합되지만, 이러한 통일체는 그러한 개개의 점들에 대해서 이러한 종류의 **귀속**이라는 공통점 이외의 어떠한 공통점도 갖지 않는다. 그러한 귀속의 법칙이 설정되면, '가능한' 공간상의 점들의 전체가 그러한 법칙에 따라서 서로 선명하게 구별되는 두 개의 클래스로 나뉘게 된다.

---

24) 이러한 주장의 논거에 대해서는 내 책, *Sunstanzbegriff und Funktionsbegriff*, Kap. I, 특히 18쪽 이하를 참조할 것.

25) Russell, *Introduction to Mathematical Philosophy*, 156쪽 참조.

즉 이러한 법칙에서 언표되는 관계를 충족시키는 점과 그것을 충족시키지 않는 점으로 나뉘는 것이다. 직관에 의해서 어떤 공간적인 특징과 성질을 갖는 특수한 형태로서 파악되던 것이 이제 사고에 의한 분석에 의해서 소속의 일반법칙으로 환원되는 것이다. 그리고 이러한 사실은 수학적 개념에만 타당한 것이 아니라 모든 참된 개념구조의 본질적 특징을 표현하는 것이다. 왜냐하면 직관에서는 분산되어 있고 더 나아가 바로 이러한 직관의 관점에서 보면 전적으로 분리되어 있는 것을 그것을 위한 새로운 이데아적인 **기준점**을 설정함으로써 종합한다는 것이야말로—플라톤의 말에 따르면 συνάγειν εἰς ἕν[슈나게인 에이즈 헨, 하나로 종합한다]—항상 개념의 근본과제로서 나타나기 때문이다. 특수한 것, 즉 처음에는 서로 분리되려 하는 것이 이러한 기준점을 향하게 되면, 그러한 방향의 통일성에 의해서 '본질'이라는 새로운 통일성이 그것에게 각인된다. 그 경우 바로 이러한 본질 자체는 존재적인 것이 아니라 논리적인 것으로, 즉 하나의 순수한 의미규정으로서 받아들여져야만 한다. 감각적이거나 직관적인 이질성을 극복하는 일치가 성립하게 되는 것은 많은 요소에서 실체적으로 동일한 것이나 실체적으로 일치하는 것이 제시됨으로써가 아니라 그러한 요소들이 아무리 서로 달라도 하나의 의미연관의 계기들로서 받아들여지고 각각이 자신의 부분에서 또한 자신의 특수한 위치에서 이러한 의미의 총체와 기능을 구성하는 것에 의해서다.

개념의 통일성이 이러한 방식으로 파악된다면, 물론 그러한 통일성은 우선은—칸트가 다른 맥락에서 형성했던 용어를 사용한

다면—투영된 통일성 이외의 것일 수 없다는 것은 분명하다. 왜
냐하면 개념은 비교와 귀속을 위한 시점을 설정할 뿐이며 그 개념
에 의해서 주어지는 규정에 적합한 무엇인가가 '현실존재' 속에서
발견되는가 아닌가에 대해서는 아무것도 말하지 않기 때문이다.
이러한 근거만으로도 이미 개념에 대한 충분한 설명은 그것의 한
낱 외연에 대한 고찰로부터, 즉 개별자에 대한 고찰과 개별자 자
체로부터 획득되는 것은 아니라는 것, 그리고 왜 그러한가라는 것
이 분명하게 된다. 왜냐하면 개념에 의해서 수립된 통일성에 어
떤 개별자가 대응하는가 어떤가, 어떠한 특수가 '그 개념의 통일성
에 속하는가 어떤가'는 결코 확실하지 않기 때문이다. 개념을 '클
래스'로 환원하려고 하는 수학적 논리학에서는 '공(空)집합'의 도입
과 편입에 항상 특수한 난점이 존재한다는 사실이 분명하게 되었
다. '공집합'은 완전한 논리학적 개념이론에서도 논리학적 수이론
에서도 불가결한 것이었지만, 그럼에도 불구하고 공집합은 모든
순수하게 '외연적인' 고찰에게는 역설과 모순으로 가득 차 있는 것
이었다. 바로 이러한 역설이야말로 개념의 문제에 전회를 야기했
던 것이며, 이러한 전회로 인해 예를 들면 러셀은 단순히 외연적
인 사고방식으로는 충분하지 않다고 생각하면서 그것을 '내포적
인' 사고방식에 의해서 보완하고 심화시켰다. 왜냐하면 **어떠한 요
소도 포함하고 있지 않은** 클래스가 그 요소들을 진술하는 것에 의
해서 정의될 수 없다는 것이 분명하기 때문이다. 이러한 클래스는
특정한 명제함수에 의해서 내포적으로만 지시될 수 있다.[26] 개념에
대한 통상적인 추상이론은 무엇보다도 그것이 다음과 같은 요소

들, 즉 개념이 그것들로부터 구성되고 그것들로부터 추상되어야
만 하는 요소들을 **주어져 있는** 요소들로서 상정해야만 한다는 점
에서도 자신의 한계를 노정한다. 개념이 일련의 개별자들로부터
공통적인 것을 추출하고 서로 다른 부분을 사상하는 것이라면 개
념은 우선은 그러한 개별자들을 눈앞에 두고 있어야 하는 것이다.
즉 개념은 그것들을 개념 고유의 형식으로 변형할 수 있기 전에,
그것들을 감성적이거나 직관적으로 규정된 것으로서 '갖지' 않으
면 안 된다. 그렇게 되면, 개념은 **존재하는** 것만을 표시할 수 있을
뿐이며 '존재하지 않는' 것은 표시할 수 없게 된다. 모든 논리학의
단서(端緒)가 되고 있고 엘레아학파 논리학의 근본사상을 이루고
있는 것도 이러한 요청이다. 그러나 파르메니데스 뒤에 데모크리
토스와 플라톤이 등장한다. 그리고 이 두 사람은—데모크리토스
는 자연과학의 영역에서 그리고 플라톤은 변증법의 영역에서—비
존재에게 새로운 권리와 의미를 부여하게 된다. 플라톤은 『소피스
테스』에서 이렇게 말하고 있다. 지식의 체계, 즉 개념의 연합과 연
관은 존재와 비존재를 동등한 권리를 갖고 동등하게 필연적인 계
기로서 인정하려고 결의하지 않는 한 획득될 수 없다. 모든 개별
개념은 존재에 대한 진술 외에 비존재에 대한 풍부한 진술을 자체
내에 포함하고 있다. 술어명제에서 모든 '… 이다'는 그것에 '… 이
아니다'를 상관적으로 대응시켜서 생각할 경우에야 비로소 완전

---

26) 러셀의 논리학에서 공집합은, x의 모든 수치에 대해서 잘못된 어떤 명제함수
φx를 만족시키는 모든 x의 클래스라고 정의되고 있다. 상세한 것은 Russell,
Principles of Mathematics, Chap. 2, sect. 25를 참조할 것.

히 이해될 수 있다.[27] 사실 개념이 단지 현실적인 것의 한계 안에 머물러 있는 한 그것은 이러한 현실적인 것에 대한 이데아적인 규정에는 도달할 수 없다. 개념이 자신의 본래의 그리고 최고의 성과를 실현하기 위해서 요구되는 것은 '현실적인 것'의 고찰로부터 '가능한 것'의 고찰로 나아가는 것이며, 개념이 이러한 것에 성공하는 것은 그 반대의 것, 즉 '불가능한 것'도 두려워하지 않을 경우에 한해서다. '가능하지 않은 것'에 대한 생각이 얼마나 탁월한 의미를 갖는지 그리고 바로 이러한 생각이야말로 많은 경우 가능한 것의 영역과 그것의 체계적인 형성과 편성에 대한 자유로운 조망을 여는 것이라는 사실은 학문의 역사가 도처에서 가르쳐주고 있다. 개념이 관계 짓고 귀속시키기 위한 단순한 '시점'에 불과하다면, 개념은 서로 모순되는 것들을 결합하면서 이러한 결합에서 모순을 인식하고 그 근거를 통찰하기 위해서 모순되는 것들을 서로 결합하는 것조차 자유롭게 할 수 있음에 틀림없다. 따라서 '정십면체'라는 개념과 같은[3차원 공간일 수 없는 것의] 개념을 파악하는 것은 극히 유익하고 의미 있는 일이다. 왜냐하면 그 개념이 포함하고 있는 비-존재를 실마리로 하여 기하학적 세계의 존재에 대한, 즉 공간적인 것의 구조에 대한 어떤 새로운 통찰이 사고에 열리기 때문이다. 우리는 앞에서 개념이란 사고가 걷는 이미 개척된 **길**이 아니라 오히려 하나의 방법이고 **길을 개척하는** 방식 자체라고 말했다. 사고는 전적으로 자립적으로 그러한 길을 개척할 수 있다. 그

---

27) Platon, 앞의 책, 특히 248 E 이하 참조.

경우 사고는 주어진 것 속에 이미 완성된 형태로 존재하는 확고한 목표점에 구속되지 않으며 오히려 새로운 목표를 설정하여 어떤 길이 그러한 목표로 이끄는지를 탐색한다. 이러한 사실은, 기호논리학의 언어로 말하자면 개념이 기초하고 있는 '명제함수' 자체에는 참도 거짓도 귀속되지 않으며 명제함수에서는 이 함수가 타당한 변수 x의 특정한 가치가 존재하는지가 우선은 미결정의 상태로 있다는 사실에서 분명하게 나타나 있다. 그러한 명제함수가 특정한 의미를 지향하는 것은 분명하지만 그것을 아직 충족시키지는 않는다. 명제함수는 고정된 완성된 답변을 주지 않고 물음의 방향만을 확정할 뿐이다. 그러나 명료하고 확실한 답변이 발견되려면 모든 인식에 앞서서 물음의 바로 그러한 확정이 행해져야만 한다. 개념에 의해서 행해지는 것과 같은 인식의 특정한 조준선이 설정되기 전에는 연구는 시작될 수 없으며, 경험적 존재의 영역에서도 이념적 존재의 영역에서도 유효한 관계들이 결정될 수 없기 때문이다. 이 점에서 특징적인 것은 철학의 역사에서는 '개념' 자체가 처음에는 물음의 형태로 나타난다는 점이다. 소크라테스야말로 일반적 개념의 '발견자'라고 불린다. 그런데 소크라테스에서 바로 이러한 발견은 지식의 새로운 양식이라기보다는 무지의 양식으로서 나타난다. '존재하는 것은 무엇인가(τί ἔστι[티 에스티])'에 대한 소크라테스적인 물음 속에서 소크라테스적인 '인도(引導)(λόγοι ἐπακτικοί[로고이 에파크티코이, 도입적 논법])'의 방법이 포함되어 있다. 따라서 발전된 인식에서도 새롭게 획득된 모든 개념은 하나의 시도, 하나의 단서, 하나의 문제인 것이다. 그러한 개념의 가치는 그것이 특정한 대상들을 '모사하는' 데 있는 것이 아니라 그것에 의해서 새로운 논리적 전망이 열리고 그것의 힘으로 인식이 특정한 물음의 복합체 전체에 대한 새로운 통찰과 조망을 제공하는데에 있다. 따라서 기본적인 논리적 기능들 중에서 판단이 종결하는 성격을 가지고 있다면, 그것과 대조적으로 개념에는 본질적으로 개시하는 기능이 속한다. 개념이 물음을 던지고 그 물음에 대한 최종적인 결정은 판단이 내리게 된다. 개념은 하나의 방정식의 단서에 지나지 않으며, 그 해결은 특정한 이념적 대상영역에 대한 분석이나 점진적 경험에 의해 주어질 것으로 기대된다. 이런 의미에서 어떤 개념이 정밀하게 '정의되기' 훨씬 이전에, 즉 완전하고 최종적으로 정의되기 이전에 이미 인식의 영역 내에서 활동하고 있을 수 있으며 생산적일 수 있다. 왜냐하면 개념이 미리 가설적으로 선취하고 있음에 틀림없는 새로운 목표로 인식을 향하게 함으로써 인식해야 할 문제를 너무 이르게 해소해 버리는 것이 아니라 인식을 부단히 유동상태에 둔다는 개념이 지고 있는 과제 중하나가 바로 여기에 있다. 여기에서도 또한 분명하게 되는 것은 개념은 추상적인 것이 아니라 오히려 **예견적인 것**(prospektiv)이라는 사실이다. 개념은 단순히 이미 알려져 있는 것을 고정하고 그일반적 윤곽을 확정하는 것이 아니라 알려지지 않은 여러 새로운 결합을 항상 끊임없이 내다보는 것이다. 개념은 단지 경험이 제공하는 유사성과 연관을 수용할 뿐 아니라 새로운 결합을 주조한다. 개념은 경험적 직관영역의 내적 조직과 논리적·이념적인 대상영역의 내적 조직을 명확하게 드러내기 위해서 항상 새롭게 시도되어야만 하는 자유로운 데생인 것이다.

(5) 개념과 표상

이와 함께 개념을 순전히 **재생산적인** 성향에 의해서 설명하고, 그러한 성향에 제한하려고 하는 모든 개념이론은 모두 실패할 수밖에 없다는 사실이 분명하게 된다. 직관과 순수한 '표시기능'의 영역에서 이러한 제한이 성립하지 않는다는 사실이 이미 입증되었다. 즉 이미 이러한 영역들에서 경험적 지각과 경험적 인식 일반의 모든 이론은 도처에서 '생산적 구상력'이라는 기능의 도움을 빌려야만 했던 것이다. 개념에서는 생산적 구상력의 이러한 작용이 훨씬 강하게 증대된다. 따라서 개념을 재생물들의 총합, 즉 단순한 기억상들의 총체로 변화시키려고 하는 순간 이미 개념의 단순한 '본질'을 놓치고 만다. 개념을 재생물들의 총합이나 기억상들의 총체로 변화시키는 것에 대해서는 간단한 현상학적 성찰을 해보는 것만으로도 이의가 제기될 수 있다. 즉 개념을 그것이 직접 주어지는 그대로 파악하면, 개념은 기억표상과는 전혀 다른 것으로서, 다시 말해서 기억표상에 의해 대체될 수 없는 고유한 것으로서 나타나게 된다. 개념과 기억상을 동일시하기 위해서는 의식영역의 배후로 되돌아가야만 하며 순수한 논리학과 현상학으로부터 **생리학**으로 소급해 가야만 한다. 그렇게 되면 개념도 이전의 감관지각에 의해서 뇌 안에 남아 있는(무의식의) 흔적과 잔유물의 결과로 나타난다. 그러나 이 경우에는 논리학적 문제의 순수한 **의미**가 무시되고 논리학이 뇌-형이상학으로 변화된다는 사실은 도외시하더라도, 가령 그러한 것[이전의 감관지각에 의해서 뇌 안에 남아 있는(무의식의) 흔적과 잔유물을 표현하는 것]이 개념의 참된 과제라고 할 경우에 개념은 그러한 과제를 극히 엉성하게 실현하게 될 것이다. 그렇게 되면 현실을 개념적 사고로 파악할 수 있다고 생각하는 사람은 멀리 떨어져 있는 대상을 보다 잘 인식하기 위해서 ―대상 자체에 접근해서 그것을 직접 가까이에서 관찰하는 것이 가능한데도―굳이 높은 탑에 올라가서 그 탑에서 그 대상을 조망하려고 하는 사람과 유사하다는 베이컨의 조롱이 설득력을 얻게 될 것이다. 이러한 조롱에서도 한 가지 점만은 올바르게 통찰되고 있다. 즉 개념에 특유한 '태도'는 실은 개념이 직접적 지각과 다르게 일반적으로 대상을 자신의 시야 안에 두기 위해서는 그것을 먼 곳에 두어야 한다는 것이다. 다시 말해서 대상에 대해서 일종의 관념적 거리를 취하지 않으면 안 된다는 것이다. 개념이 '재현'이 되기 위해서는 '현전'을 폐기해야만 한다. 그러나 개념이 수행하는 이러한 전환은 우리에게는 그것이 엄격한 실증주의가 그것에 귀속시키는 부정적인 의미를 더 이상 전혀 갖지 않는다. 왜냐하면 우리가 앞에서 행한 지각에 대한 분석과 직관적 인식에 대한 분석에서 분명해진 것처럼 지각과 직관적인 인식에서조차도 이미 이러한 이행이 요구되고 일정한 한계 내에서 수행되고 있기 때문이다. 따라서 개념기능은 인식의 전체에 단절을 초래하지 않으며 감성적 인식, 즉 지각적인 앎의 초기단계에서 이미 작용하는 것으로 입증된 근본적 경향을 계속해서 수행하고 있을 뿐이다. 우리는 지금까지 추상이론을 비판하려고 했지만, 이러한 비판에 대해서는 다음과 같은 이의가 제기되어 왔다. 즉 이러한 비판은 최고로 발전된 개념, 즉 수학과 수학적 물리학의 개념들로부터 출발하면 실로 타당하지만 과학적 인식의 전(前) 단계를 주목하자마자, 즉 과학의 목표로부터 극히 멀리 떨어져 있으며 아직 이론에 의해서 변하지 않았고 이론의 짐이 지어지지 않은 우리의 '자연적인' 세계 상에서 이미 보이는 개념형성을 근저에 두자마자 무효가 되고 만 다는 이의다. 이러한 이의에 따르면 자연적 세계상에서 보이는 개 념형성에 대해서는 추상이론의 주장이 전적으로 타당하다. 왜냐 하면 [이러한 이의에 따르면] '직관적' 개념은 사실상 일련의 구체적 인 감성적 지각의 결과 우리에게 남아 있는 '일반적 기억상'이 발 전한 것이기 때문이다. 막스 브로트(Max Brod)와 펠릭스 벨치(Felix Weltsch)는 그들의 공저(共著) 『직관과 개념』에서 추상이론의 명예 를 이런 식으로 회복하려고 시도하고 있다. 그러나 나에게는 그들 이 개념에 대한 '추상적인' 견해의 본질적 특징을 드러낼 때 보여 주는 예리함과 간결함에 의해서, 도리어 그러한 견해가 결국은 반 복해서 빠질 수밖에 없는 변증법을 그만큼 분명하게 보여주는 것 같다. 왜냐하면 이러한 기본적 견해에 따르면 개념이 수행하는 본 래의 작업이자 인식을 위해서 본질적인 작업은 감각과 지각이 제 공하는 선명하면서도 개별적으로 규정된 상을 불명확하고 모호한 표상으로 변형시키는 데 있다는 것이 되기 때문이다. 이러한 모호 함이 개념의 필요조건으로 간주되며 그것이야말로 개념이 존재해 야 할 생존환경, 즉 그곳에서만 개념이 숨을 쉴 수 있는 대기권이 라는 것이다. 브로트와 벨치는 면밀한 심리학적 연구를 통해서 지각과 직관적 표상이 어떻게 점진적으로 개념의 이러한 환경에 진입하게 되는지를 보여주려고 하고 있다. 여기에서 매개물로서 기능하는 것은 기억의 단계다. 왜냐하면 이 단계에서 개개의 감각인상들 사이의 경계가 희미해지기 시작하고 이렇게 희미해지는 과정을 개념이 인수하여 계속해서 추진해 나가기 때문이다. "사실, 우리가 자신을 관찰해 보면 참으로 독자적인 기억상, 즉 이어지는 유사한 체험들의 영향으로부터 확실하게 벗어나 있는 일회적이고 문자 그대로의 순간적인 체험의 기억상이 얼마나 드문가가 명확하게 된다. 대부분의 경우 하나의 기억상은 일련의 인상 전체를 대표한다. 어떤 친구를 생각할 때 이 친구는 나와 맺었던 많은 관계 속에서 나타난다. 또한 내가 어떤 풍경을 떠올릴 때 그 풍경은 내가 자주 보았던 그대로 여러 넓이, 여러 밝음, 여러 분위기로 눈앞에 나타난다. 그러나 이러한 기억상들은 서로 다르더라도 직관적이지 않게 되는 것은 아니다. 따라서 무한히 진행되는 세분화로부터 세계를 구원하기 위해서는 자세하게 보면 서로 다른 기억상들로 분해되는 것들을 결합하여 다시 고차적인 통일체로 결합하는 표상들이 나타나야 한다는 조건에 실제로 부응하는 것이 일반적인 기억상이다. 일반적인 기억상은 이러한 사명을 완수하는 것이다. 일반적인 기억상은 **뚜렷하지 않은 표상**인 것이며 서로 다른 많은 선명한 표상으로 해석될 수 있다는 성질 덕분에 이러한 표상들을 자신 안에 포함하고 있다. … 이러한 일반적인 기억상에서 선명한 부분과 모호한 부분이 교체되는 그 방식 속에서 우리가 체험한 표상들의 전체의 복사(複寫)가 주어지며, 이러한 표상들 전체가 일반적 기억상 속의 모호한 특정한 층에 의해 대표되어 나타나게 되는 것이다." 이러한 사태를 분명히 하기 위해서 브로트와 벨치는 특정한 기호, 즉 A+x라는 기호를 도입하고 있다. 이 경우 A는 예를 들면 여러 밝기와 분위기 속에서 나타나는 풍경과 같은 체험된 다양한 표상에 **공통된 부분**을 의미하며, **서로 다른 부분들은** x 속에서 불분명하게 된다. "이와 같이 우리는 이제까지 극단적으로 모순되는 것으로 언급되었던 두 개의 외관상으로 서로 대립된 속성, 즉 '직관적인 것'과 '추상적인 것'을 하나로 결합하는 보조수단을 이러한 모호함에서 발견했다. 직관적이면서도 추상적인 표상이 존재하는 것이다. 즉 A+x라는 형식을 갖는 모호한 표상들이 존재하는 것이다." 그리고 그들은 우리가 **사고작용**을 자의적으로 과학적 인식의 영역으로 국한하지 않고 그 생생한 표현들의 전체에서 파악하려고 하는 한, 참된 사고의 심리학을 위한 기초도 이렇게 생각함으로써 비로소 놓이게 된다고 생각한다. 따라서 사고작용은 "(A+x)라는 형태의 생생한 활동"에 의해서 성립하게 된다. "우리가 모호한 일반적 직관 속에서 사유한다는 것은 확증된 사실로 보인다."[28]

그러나 이러한 생각에 의해서는 개념문제의 고르디아스의 끈[난문]이 제대로 풀린 것이 아니라 절단되었을 뿐이다. 개별적인 인상들의 무한한 다양성과 분산상태로부터 모호한 하나의 전체적

---

28) Brod und Weltsch, *Anschauung und Begriff, Grundzüge eines Systems der Begriffsbildung*, Leipzig 1913, 72쪽 이하, 144쪽.

표상으로 도피하는 것이 과연 이러한 다양성과 분상상태로부터의 '구원'이 될 수 있을까? 우리는 이러한 다양성을 방기하길 원하는 것일까? 그리고 그러한 것이 도대체 가능할까? 아니면 개념형성의 의미는 개념이 형성됨으로써 다수의 특수한 것의 미궁 속에서 우리 손에 [그러한 미궁에서 벗어나게 하는] 아리아드네의 실이 주어진다는 사실에 있는 것은 아닐까? 참된 개념이 직관의 세계에 등을 돌리는 것은 오직 이를 통해서 보다 확실하게 다시 직관의 세계로 이끌기 위해서다. 개념의 기능은 특수한 것을 규정하고 한정하는 데 있는 것이다. 이러한 주장에 대해서 그러한 기능은 최고도의 개념, 즉 엄밀한 과학적인 개념에만 내재한다고 이의를 제기할 수는 없다. 왜냐하면 비록 개념의 기능은 엄밀한 과학적 개념에서 가장 명확하게 나타날지라도, 즉 개념의 기능이 과학적 개념에서 가장 명확하게 파악되고 직접 논리적으로 분석될 수 있을지라도, 개념의 기능은 이러한 개념에 제한되는 것은 아니기 때문이다. 오히려 그러한 기능은 브로트와 벨치가 '직관적 개념'이라고 불렀던, 이론적·과학적 개념의 전(前) 단계이자 출발점과 같은 것에게조차도 이미 갖추어져 있다. 이러한 직관적 개념조차도 유(類) 개념이라기보다는 오히려 결합을 위한 개념이다. 즉 그것은 사물들의 선명하지 않은 공통상(像)을 형상하기보다는 지각에서 한낱 개별적인 것으로서 혹은 비교적 개별화된 것으로서 나타나는 것들 사이에 가교를 놓는 것이다. 이와 같이 예를 들어 색이라는 직관적 개념은 빨강·파랑·노랑·푸름이 불명확하게 서로 뒤섞여 있는 유(類)적인 상이 아니다. 오히려 바로 이러한 직관적 개념에 의해서 감각적 체험 전체로부터 하나의 특징적인 영역이 부각되며 어떤 특정한 관계 계기에 의해서, 즉 빛과의 관계와 눈과의 관계에 의해서 '정의되는' 것이다. 만약 개념이 본질적으로 많은 것들의 질서와 구조 그리고 구체적인 차이로부터 등을 돌리고 이러한 차이들을 평준화하는 것을 본령으로 한다면, 그러한 질서와 구조 그리고 구체적인 차이에 대한 통찰이 가능하겠는가?[29] 만약 차이들이 개념을 통해서 이해되고 개념으로부터 도출되지 않고 오히려 개념 속에서 차이들이 소멸되고 만다면 개념은 평준화가 아니겠는가? 그러나 우리가 개념 자체에 대한 파악과 관련된 두 개의 체계적인 대립에 머무르지 않고 이러한 대립의 보다 깊은 근거에

---

[29] 이에 대해 상세한 것은 나의 책 *Substanzbegriff und Funktionsbegriff*, 23쪽 이하를 참조할 것. 이 책에서 주장된 근본견해와 동일한 견해가 최근에 부르캄프에서도 보인다. "우리는 개개의 사물들로부터 출발하여 '의자'와 '개'라는 '개념'으로 상승하며, 다시 보다 높은 개념인 '생물', '물체', '질량'이라는 보다 높은 개념으로 상승한다. 우리는 개개의 상태로부터 '전기량', '전류의 강도', '에너지'와 같은 개념으로 상승하며, 개개의 수로부터 소수, '수' 일반이라는 개념으로 상승한다. … 그러나 이러한 법칙정립이 유의미하게 되는 것은 우리가 보다 낮은 단계들로 다시 내려갈 수 있을 경우뿐이다. 물체와 질량에 법칙적으로 타당한 것은, 이제 개념논리학상의 법칙성에 기초하여 '의자'와 '양탄자'에 대해서도 타당하게 되며, 궁극적으로는 내가 우연히 마주치게 되는 개별적인 의자에 대해서도 타당하게 된다. 이에 이 개별적인 의자는 그것이 속해 있는 모든 개념이 얽힘으로써 그 존재가 풍부하게 된다. … 개별적인 것을 풍부하게 하는 근거는 이 모든 경우에서 항상 보편적인 것에 대한 인식, 즉 보편적인 개념에 타당한 법칙들에 대한 지식에 존재한다. 특수한 것에 대한 지식과 특히 개별적인 것에 대한 지식을 이렇게 풍부하게 하는 것이야말로 서열을 갖는 개념들 전체의 목적이다. … 우리가 보다 높은 단계에서 작업하는 것도 보다 낮은 단계를 위해서다."(Burkamp, *Begriff und Beziehung*, I, Studies, 2쪽)

대해서 묻는다면 우리는 여기서 다시 우리의 중심문제인 재현의 문제로 거슬러 올라갈 수밖에 없다는 사실에 직면하게 된다. 재현과 그것의 '가능성의 조건'에 대한 파악이 개념의 파악을 지배하고 규정한다. 브로트와 벨치가 그들의 이론에서 '모호한 표상'에 호소하는 이유는 분명히 이러한 표상, 즉 철저하게 규정되어 있지 않고 어떤 의미에서 모든 색으로 변하는 표상이야말로 많은 내용을 대리(代理)할 수 있는 힘을 갖는 것으로 나타나기 때문이다. 어떤 표상이 이렇게 분명히 미규정적이라는 사실만이 **여러 가지로 해석될 수 있다**는 그것의 특성을 기초 짓는 것, 즉 그 표상에 그것이 어떤 때는 이 '의미'로 또한 어떤 때는 다른 '의미'로 받아들여질 수 있는 가능성을 부여하는 것으로 보이기 때문이다. 이러한 사실로부터 다음과 같은 결론이 도출된다. "여러 가지로 해석될 수 있다는 모호함이라는 성질이야말로 맹아상태의 $(A+x)$에게 개념의 주요특징—즉 개념이 내용과 나란히 외연을 갖는다는 특징—을 부여하는 것이지만 이것이 개념에 대한 이론가들에게 말할 수 없을 정도로 많은 곤란을 야기했던 것이다. … 단 하나의 표상이 다수의 대상을 가리키기 위해서 그 표상은 어떠한 성질을 가져야만 하는가? 앞에서 말했던 모든 것에 근거하여 우리가 제시할 수 있는 답변은 다음과 같은 것이다. 즉 어떤 $(A+x)$는 A가 x에 부과하고 있는 한계 내에서 여러 표상으로 변화될 수 있으며 이에 따라 그것은 동일함을 확인하는 판단(Identitätsurteil)에 의해서 서로 다른 현존해 있는 이러한 표상들과도 별 곤란 없이 결합될 수 있기 때문에, 그 $(A+x)$는 이러한 표상들에 대응하는 대상들을 가리킬 수 있게 된다. $(A+x)$가 동일함을 확인하는 여러 판단의 주어가 될 수 있다는 바로 이러한 성질 때문에 '가리킨다'는 개념의 기능이 가능하게 되는 것이다. 따라서 분명하게 서로 다른 두 개의 개별적인 상, 예를 들면 누워 있는 개(L)와 서 있는 개(S)의 상이 나에게 주어질 수 있다. 그런데 내가 L과 S 그리고 어떤 개가 취할 수 있는 나에게 잘 알려져 있는 여러 자세로부터 개의 $(A+x)$를 형성하게 되면, 즉 내가 그러한 상들로부터 그 '개'의 전체적인 표상을 끌어낸다면, 이러한 전체적인 표상에는 어떤 때는 누워 있다는 표상 $(A+x_1)$이, 어떤 때는 서 있다는 표상$(A+x_2)$이 덧붙여질 수 있으며, 따라서 $(A+x)$ 자체가 나에게 어떤 때는 $(A+x_1)$를, 또한 어떤 때는 $(A+x_2)$를 가리킬 수 있게 된다."[30]

그러나 우리가 앞에서 숙고했던 것을 돌이켜보면, 재현에 대한 우리의 견해와 여기에서 브로트와 벨치가 주장하고 있는 견해 사이의 대립이 바로 위의 인용문에 의해서 극히 선명하게 드러나게 된다. 왜냐하면 우리가 일관되게 논박하지 않으면 안 되었던 것은 어떤 표상의 **상징적** 내용이, 즉 어떤 표상에게 어떤 특정한 의미를 부여하는 것이 일반적으로 그 표상에 속하는 어떤 것으로서, 다시 말해 그 표상 속의 구별 가능한 실재적인 부분으로서 제시될 수 있다는 바로 이러한 가정이었기 때문이다. '의미한다'는 것과 '현실적으로 존재한다'는 것은 양자가 하나의 표상의 구성부분으로서 제시될 수 있다든가 양자가 이 표상을 '합성한다'는 의미에서 동질

---

30) Brod und Weltsch, 앞의 책, 77쪽 이하.

적인 것이 아니다. 여기에서 브로트와 벨치에 의해서 개념을 표시하는 것으로서 선택되고 있는 정식에 대해서 우리는 의문을 가질 수 있다. 왜냐하면 이 정식은 $(A+x)$, 즉 '일반적인 것'을 표시하는 기호와 '특수한 것'을 표시하는 기호를 단순한 플러스 기호로 결합하고 있기 때문이다. 일반적인 것과 특수한 것이, 다시 말해서 개념의 내용과 외연이, 즉 개념에서 '의미되고 있는 것'과 지각과 감성적 직관에서 '주어지고 있는 것'이 도대체 위와 같은 의미에서 서로에게 **덧붙여질** 수 있는 것일까? 이러한 덧붙임이라는 표상에 의해서, 개념을 특징짓고 탁월한 것으로 만드는 저 '유기적 통일성'이 서로 덧붙여져서 존재하는 상태로 변화되는 것이다. 하나의 특정한 개념을 가리키는 $\varphi(x)$에서는 함수 자체를 표시하는 표현과 이러한 함수에 의해서 통괄되는 개개의 수치를 표시하는 표현이 동일선상에 있는 것은 아니다. 즉 여기에서 서로 관련지어지고 있는 '계기들'을 어떤 덧셈의 항으로 생각해서는 안 된다. $\varphi(x)$라는 표현을 그것을 서로 따로따로 존재하는 **구성부분들**로 분해함으로써, 즉 $\varphi(x)$를 $\varphi+x$로 만듦으로써 이해할 수 있는 것으로 만들려고 하는 것은 그 자체로 모순적인 것이다. 왜냐하면 함수 기호 φ는 초등산술의 연산(演算)에 의해서 **변수**라는 다른 양과 결합될 수 있는 개별적인 **수량**을 표시하는 것이 아니기 때문이다. 우리는 앞에서 '개념'을 계열 속에 있으면서 그 계열의 개개의 항들이 잇달아 일어나는 법칙을 보여주는 ' 일반항'과 비교한 적이 있다. 계열의 이러한 **법칙**은 그 계열에 속하는 개개의 요소들을 특정한 조건들에 제한하지만, 그 법칙 자체는 계열의 한 항은 아니다. $\frac{1}{2} \frac{2}{3} \frac{3}{4} \frac{4}{5}$ 라는 형식의 산술적 수열은 $\frac{n}{n+1}$ 이라는 일반적 표현에 의해서 표시되지만, 이 $\frac{n}{n+1}$ 은 개별적인 양을 표시하는 것은 아니다. 오히려 그것은 계열의 **전체**를 대표하고 있다. 그것은 부분들의 단순한 합이 아니라 어떤 특징적인 관계구조로 간주되기 때문이다. 기하학에서도 유사한 현상이 보이는바, 원추곡선이라는 '일반개념'이 획득되는 것은 개개의 원, 타원, 포물선, 쌍곡선의 상들이 서로 뒤섞여서 하나의 모호한 전체상으로 통일되는 것에 의해서가 아니라 원과 타원, 쌍곡선과 포물선이 극히 명확하게 한정된 기하학적 형태로서 견지되면서도 동시에 어떤 새로운 하나의 관계연관 속으로 진입하게 되는 것에 의해서다. 다시 말해서 그것들 모두가 직(直)원추로 향하는 방향과 고유의 '시선'을 가지며 직원추를 절단하는 여러 절단면의 결과라는 것이 분명하게 되는 것에 의해서다. 동일한 사실은 **원칙적으로** '직관적 개념'이라는 가장 단순한 경우에도 타당하다. 직관적 개념조차도 결코 여러 감각적 인상과 기억표상의 단순한 집합체를 형성하는 것이 아니라 그것들의 특유한 분절을 포함하며 그것들의 분절형식을 표현하는 것이다. 직관적 개념들에서는 분리된 것이 '함께 보인다.' 그러나 이는 그것의 구성부분들이 서로 뒤섞이는 방식으로가 아니라 그것의 **연관**이 어떤 결합 계기를 고려하면서 확정되는 방식으로 일어난다. 그리스어에서는 달을 '측정하는 것(멘[μήν])'이라고 부르고 라틴어에서는 '비추는 것(luna)'이라고 부르지만, 이 상이한 명명의 근저에는 상이한 '직관적 개념'이 근저에 놓여 있다. 그러나 이러한 직관적 개념은 두 가지 경우 모두에서 비교와 관계 지음의 동기로서만, 즉 그 자체는 명료하게든 모호하게든 볼 수 있는 것으로서 주어져 있지 않은 '시점(視點)'으로서만 작용하는 것이다. 그리고 이 경우 이 시점이 그 후에 일어나는 인식의 진전에서 자기의 권리를 주장하는가, 아니면 인식의 객관적 구축과정에서 다른 보는 방식에 의해서 대체되는가는 우선은 아무래도 좋다. 그러한 변화는 실로 개념의 내용과 과학적 타당성과 관련해서는 일어나도 그것의 단순한 형식과 관련해서는 일어나지 않는다. 예를 들어 여러 언어에서는 나비가 '새'라고 불리지만, 그것에 의해서 표현되는 결합은 사고가 생물의 질서를 특정한 '자연과학적' 규준, 즉 형태학적 기준이나 생리학적 기준에 따라서 체계적으로 기술하는 것으로까지 진전하게 되자마자 물론 해소될 것임에 틀림없다. 그러나 이를 통해서 그러한 기준들 대신에 오직 '날아다닌다'라는 직관적 계기에만 주목하는 관계 지음의 시점이 전혀 무의미한 것으로서 천명되는 것은 아니며, 이 시점도 또한 다른 의미의 측정기준을 표현하고 있다. 다만 과학적 개관(概觀)의 입장에서는 이러한 측정기준이 다른 보다 완전한 측정기준에 의해서 대체되어야만 한다는 것뿐이다. 직관적 개념으로부터 과학적 개념으로의 이행에서 분명히 이러한 측정기준의 변화가 필요하다는 사정은, '전(前) 과학적' 개념에서는 측정한다는 조작 자체가 아직 행해지지 않고 있다는 사실, 전 과학적 개념조차도 관계 지음의 사고 일반의 특정한 근본법칙을 따르지 않고 있다는 사실을 결코 입증하지 않는다. 이에 반해 브로트와 벨치의 이론은 적어도 전 과학적 개념을—이렇게 말하는 이유는 그들이 과학적 개념에 대해서는 자신들의 테제를 극히 중요하면서도 결정적인 점에만 한정하고 있기 때문이다[31]—표상상과 기억상의 단순한 융합에서 생성되는 것으로 보고 있다. 이러한 이론에서는 의식이 일종의 사진의 감광판, 즉 시간의 경과와 함께 그 위에 여러 상이 산출되고 그러한 상들이 서로 겹쳐지고 서로 혼합됨으로써 마침내 하나의 불명확한 전체상이 형성되는 사진의 감광판에 비유되고 있다.[32] 그러나 사람들이 이러한 비유를 개념형성의 **생성과정**을 표현하는 것으로서 인정하려고 할 경우에조차 여전히 문제로 남는 것은, 어떻게 해서 이러한 비유에 의해서 개념의 **논리적** 기능이, 즉 여러 개별적 직관을 '명명하고' 표시하는 개념의 능력이 이해될 수 있는가 하는 점이다. 왜냐하면 개념이 여러 개별적 인상으로부터 **생겼**다는 사정은 정녕 그것만으로는 개념에게 개념의 원천이 되었던 것을 **재현하는** 힘을 부여할 수 없을 것이기 때문이다. 감광판 위에서 이러한 전체상이 **형성된다**는 것은 인정하더라도 그러한 상을 상으로서 알고 그것을 그것의 원천이었던 개별적 요소들로 **소급적으로 관계** 짓는 것은 이 감광판에게는 가능하지 않다. 이러한 관계 지음이 행해지기 위해서는 개념이 획득되었던 과정이 어떤 의미에서 처음으로 소급되면서, 개념이 합성되는 원천이 되었던 요소들이 서로 혼합되어 있던 상태로부터 다시 해방되고 서로 분리될 필요가 있을 것이다. 감광판이 그 위에 가해지는 모든 개별적 인상을 **혼합하는** 활동을 한다고 상정할 경우

---

31) 이에 대해서는 특히 Brod und Weltsch가 앞의 책 234쪽 이하에서 행하고 있는 나의 책 *Substanzbegriff und Funktionsbegriff*와의 비판적 대결을 참조할 것.

32) 이에 대해서는 특히 Brod und Weltsch, 앞의 책, 74쪽 이하를 참조할 것.

에, 우리는 그것에 **분리시키는** 힘도 인정해야 하는가? 그러나 바로 이것이야말로 엄밀한 의미에서 '재현'에서 전제되고 요구되는 것이다. 모든 '표시'기능은 동일성을 정립하는 작용과 구별하는 작용을 자신 안에 포함하고 있다. 더 나아가 양자는 단순히 잇달아 일어나는 것이 아니라 서로에게 속하는 것으로서 간주되어야만 하며, 동일성을 정립하는 작용은 구별 속에서, 구별은 동일성을 정립하는 작용 속에서 수행되어야만 한다. 개념들이 보여주는 이러한 종류의 '수축(Systole)'과 '확장(Diastole)', '결합(Synkrisis)'과 '분리(Diakrisis)'를 분명히 보여주기에는 사물의 세계와 이러한 세계에서 일어나는 사건과 작용에서 취해지는 모든 비유는 부적절하다. 여기에서 우리는 문제설정을 역전시키는 것에 의해서만 전진할 수 있다. 우리는 여기에서 개념이 **의미하고 있는** 것에서부터 시작해야 하며, 개념이 대상의 인식에서 어떠한 것으로서 자신을 보여주고 있는가, 대상인식의 구축을 위해서 어떠한 작용을 하는가를 살펴보는 것으로 나아가야만 한다. 이에 반해, '재현'이라는 정신의 근본작용을 부분으로 분해하고 더 나아가 어떤 의미에서 부분으로 분쇄하는 것에 의해서는 정신의 이러한 근본작용, 즉 개별적인 것 속에서 '일반적인 것'을 사념하는 근본작용은 결코 이해될 수 없다. 그렇게 할 경우에는 재현작용의 단편들과 파편들을 간직하지 못하고 의미의 영역으로부터 벗어나 단순한 사실존재에로 나아가게 된다. 그리고 어떠한 길도 이러한 사실존재로부터 의미의 영역으로 다시 이끌 수 없다.[33]

33) 이러한 주장을 보완하는 것으로서, 나의 논문 Erkenntnistheorie nebst den Grenzenfragen der Logik und Denkpsychologie, *Jahrbücher für Philosophie*, hg. von W. Moog, Bd. III, Berlin 1927, 55쪽 이하에서의 보다 상세한 서술을 참조하기 바란다.

제2장 개념과 대상

    '개념'과 '대상'의 관계라는 문제를 전적으로 새롭게 파악하고 그 것에 원칙적으로 변화된 방법적 의미를 부여했던 것은 『순수이성 비판』의 가장 중요한 성과 중 하나다. 이러한 전환은 칸트가 바로 이 점에서 '일반적' 논리학으로부터 '초월론적' 논리학으로의 결정 적 이행을 수행하는 것에 의해서 가능하게 되었다. 이러한 이행과 함께 비로소 개념론은 그것이 그때까지 전통적 견해에 의거했기 때문에 갈수록 얽혀들었던 경직상태로부터 해방되었다. 이제 개 념이 수행하는 일은 더 이상 단순히 분석적·형식적인 것이 아니 라 생산적·구축(構築)적인 것으로서 나타난다. 개념은 그 자체로 존립하고 있는 어떤 절대적 현실을 다소간 멀리에서 퇴색한 형태 로 모사하는 것이 아니라, 경험의 전제이며 이와 함께 경험의 객체 들을 가능하게 하는 조건이다. 칸트에서 대상에 대한 물음은 타당 성에 대한 물음이 되었고 '권리문제(quid juris)'에 대한 물음이 되었다. 그러나 대상의 '권리문제'가 결정될 수 있기 위해서는 그 전에 개념의 권리문제에 대한 또 하나의 물음이 답해져야만 한다. 왜냐하면 개념이야말로 대상의식이 진전되는 과정에서 인식이 도달하는 마지막 최고의 단계이기 때문이다. '직관에서의 각지(覺知, Apprehension)'의 종합과 '상상력에서의 재생'의 종합에는 '객관적' 인식의 구축과정을 참으로 완결시키는 '개념에서의 재인(再認)의 종합'이 덧붙여져야만 한다. '대상'을 인식한다는 것은 다양한 직관을 그것들의 질서와 관련해서 그것들을 규정하는 하나의 규칙에 복속시키는 것이기 때문이다. 그러나 이러한 규칙에 대한 의식과 그 규칙에 의해서 정립되어 있는 통일성에 대한 의식, 이것이야말로 개념이다. "따라서 우리의 모든 다양한 직관의 종합 속에는, 다시 말해 객관 일반의 개념들과 모든 경험대상의 종합 속에는 의식의 통일의 어떤 초월론적 근거가 발견될 수 있음에 틀림없다. 그러한 근거가 없다면 우리의 직관에 대응하는 어떠한 대상도 사유하는 것이 불가능하게 될 것이다. 왜냐하면 대상이란 그것의 개념이 종합의 이러한 필연성을 표현하는 것이기 때문이다."[1]

개념문제와 대상문제를 이렇게 종합적 통일이란 문제로 소급해서 서로 연관 지음으로써 이제 개념은 처음부터 '일반논리학'에서보다도 훨씬 넓은 기초에 세워지게 된다. 이제 개념을 단순한 유(類)개념으로, 즉 conceptus communis[공통개념]로 간주하는 것만으로는 더 이상 불충분하다. 왜냐하면 유개념은 의식의 **분석적 통**

---

1) *Kritik der reinen Vernunft* 1판, 106쪽.

일의 표현일 뿐이고 그 종합적 통일의 표현은 아니기 때문이다. 분석적 통일은 미리 사유된 가능한 종합적 통일에 의거해서만 표상될 수 있다. "여러 相異한 표상에 共通된 것으로서 사유되지 않으면 안 되는 표상은 그 표상들 이외에도 아직 相異한 것을 자체에 있어서 갖는 표상들에 속하는 것으로 간주된다. 따라서 그 표상은 그것을 conceptus communis[공통개념]로 만드는 의식의 분석적 통일을 그것에 입각해서 사유할 수 있게 되기 전에, 다른(예를 들면 단순히 가능한 것일지라도) 표상들과의 종합적 통일 속에서 미리 사유되어야만 한다."[2] 그리고 이제 이러한 사실로부터 즉각적으로 **사물개념**의 성격에 대한 생산적인 통찰—이 통찰은 이후 큰 영향력을 갖게 되는데—도 생기게 된다. 과거의 형이상학과 존재론은 사물의 통일성을 '실체적' 통일성으로서 파악한다. 즉 이러한 형이상학과 존재론에서는 사물이란 상태들의 변화 속에서 지속하는 자기동일적인 것이다. 따라서 사물은 하나의 자립적인 것으로서, 다시 말해 독자적으로 존재하는 것으로서 이러한 상태들, 즉 '우연한 성질들(die Akzidentien)'에 대치(對峙)해 있는 것이 된다. 사물이란 확고한 핵이며, 우연한 성질들은 그것에 단순히 외부로부터 덧붙여지는 것이다. 그러나 초월론적 논리학은 여기에서도 사물의 분석적 통일을 종합적 통일로 변화시킨다. 초월론적 논리학에서 사물이란 이른바 하나의 질료적인 끈, 즉 그것에 입각하여 가변적인 규정들이 가지런히 놓이게 되는 끈이 아니다. 오히

---

2) 같은 책, 2판, 133쪽, 주.

려 그것에서는 가지런히 놓는 수속이, 즉 가지런히 놓는 **형식** 자체가 표현되고 있다. "**하나의 대상으로 관련지어짐으로써** 우리의 표상들에 어떠한 새로운 성질이 주어지는지, 그것에 의해서 우리의 표상들이 갖게 되는 타당성은 어떠한 것인지를 탐구해 본다면, 그러한 관련지음이 수행하는 것은 표상들의 결합을 어떤 방식으로 필연적으로 만들면서 그것을 하나의 규칙에 따르게 하는 것 이상의 것이 아니라는 것, 역으로 우리의 표상들의 시간관계에서 어떤 질서가 필연적이라는 점에 의해서 표상들에 객관적인 의미가 부여된다는 사실을 우리는 발견한다."[3] 따라서 이후 중심적인 문제가되는 것은 절대적 객관으로서의 '객관'이 아니라 '객관적 **의미**'다. 즉 물음의 대상이 되는 것은 '물자체'로서의 대상의 **성질**이 아니라 '한 개의 대상으로 **관련지어지는**' 가능성이다. 그러한 관련지음은, 인식이 **여기**와 **지금**이라는 개개의 시공간에 주어지는 것과 같은 개개의 현상에 머무르지 않고 그러한 현상을 경험의 '맥락' 속으로 짜 넣는 것에 의해서만 성립한다. 그리고 개념이란 이렇게짜 넣는 일에 끊임없이 **작용하는** 것이며 경험을 가능하게 하는 기초가 되는 무수한 결합을 주조하는 것이다. 개념은 우선은 경험적인 개별자료들의 **분산상태**를 극복하고 그것들을 결합하여 하나의**연속체**, 즉 공간과 시간의 연속체로 형성하는 방식으로 활동한다. 그러나 개념이 바로 이러한 일을 할 수 있는 것은 오직 경험적인개별자료들 사이에 질서를 부여하는 확고하고 보편타당한 규칙을

---

3) 같은 책, 2판, 242쪽 이하.

창출하는 것에 의해서, 즉 공간에서의 공존관계와 함께 시간에서의 전후관계를 특정한 법칙에 따르게 하는 것에 의해서뿐이다. 개념 속에서 또한 개념의 힘에 의해서 개개의 지각들에 주어지는 바로 이러한 결합에 의해서 우리에게 '자연'이라는 관념이 구성된다. 왜냐하면 이러한 관념이 의미하는 것은 보편적 법칙에 따라서 규정되어 있는 사물들의 존재방식이기 때문이다.

이와 함께 대상은 형이상학적 의미에서의 '초월'의 자리에서는 끌려 내려졌다. 그러나 대상은 동시에—이러한 사실이야말로 비로소 비판적 인식이론을 특징짓는 것이지만—전혀 직관될 수 없는 것, 원칙적으로 직관될 수 없는 것으로 규정된다. 왜냐하면 『순수이성비판』의] 초월론적 감성론의 모두(冒頭) 글에 의하면 여러 감각을 질서 짓는 것 자체가 감각일 수 없는 것과 마찬가지로, 다양한 직관을 서로 결합하는 규칙 자체도 다시 직관일 수는 없기 때문이다. 따라서 우리가 '대상'이라고 부르는 것은 직관의 항상적인 가치(die konstanten Werte)들과는 대조적으로 한낱 X, 순전히 **사고될 뿐인** 통일점이 된다. "인식에 대응하는, 따라서 인식과는 구별되는 대상에 대해서 말할 때 우리는 그것으로 무엇을 염두에 두고 있는가? 이러한 대상이 단지 어떤 것 일반=X로서만 사유될 수밖에 없다는 사실은 쉽게 통찰될 수 있다. 왜냐하면 우리의 인식 이외에 이러한 인식에 대응하는 것으로서 대치시킬 수 있는 것은 아무것도 없기 때문이다."[4] '개념'과 '대상' 사이의 엄밀하면서

---

4) 같은 책, 1판, 104쪽.

도 정확한 상관관계를 건립하기 위해서는 대상의 관념에 대한 이러한 새로운 파악이 필요했다. 이제 대상을 파악한다는 것은 대상이 사유에 의해서 실제로 **포괄된**다는 의미에서는, 즉 파악되고 포착된다는 의미에서는 더 이상 가능하지 않게 된다. 인식이라는 근본적 관계의 이러한 모든 비유적 기술에 대신해서 어떤 순수하게 관념적인 관계, 즉 **조건 지운다**는 관계가 등장한다. 개념이 대상에 관계하는 것은 개념이 객관화 작용 자체의 필연적이고 불가결한 전제이기 때문이며 또한 그러한 한에서 있어서다. 즉 개념이라는 것이 대상의 존재를 가능하게 하는 기능, 변화하는 경험들 내에서 항상적인 근본적인 통일체가 존재하는 것을 가능하게 하는 기능을 표현하기 때문이다.

일단 이러한 통찰이 획득되면, 여기에서 제시된 일반적인 논리적 조건관계를 다시 하나의 특수한 사물관계로 치환하고 사물들 사이의 관계에 의해서 규명하려고 하는 인식에 대한 모든 해명은 타당성뿐 아니라 의미조차도 잃어버리게 된다. 인식과 대상은 이제 더 이상 공간적 객체들처럼 '여기'와 '저기', '이쪽'과 '저쪽'이라는 형태로 대치하지 않는다. 오히려 수 세기에 걸쳐서 인식문제에 대한 파악과 정식화를 지배해 온 이런 종류의 모든 지칭은 단적으로 부적절한 것으로서, 한낱 메타포로서 드러난다. 대상은 외부에도 내부에도 존재하지 않으며 이쪽에도 저쪽에도 존재하지 않는다. 왜냐하면 대상에 대한 관계는 존재적·실재적 관계가 아니라 **상징적 관계**이기 때문이다. 현대의 심리학자와 인식이론가들 중에서는 특히 테오도어 립스가 칸트의 길에서 멀리 벗어나 있으면서도 여기에[인식과 대상의 관계에] 존재하는 근본문제에 대한 예리하면서도 간결한 정식화를 다시 수행했다. 물론 그에게서도 또한 '의식'과 '대상'의 관계는 우선 전적으로 공간적인 비유를 이용한 언어로 표현되고 있으며, 이 때문에 양자는 서로 분리된 '영역'으로 나타난다. 의식은 대상을 자신에게 대치시키면서 대상과 관계하기 위해서는 자기 자신을 넘어서 파악하지 않으면 안 된다. 그리고 '초월적인' 것에로의 이러한 접근과 이러한 파악이야말로 의식에게 특유한 기능이다. 의식이란 그것의 가장 고유한 본질에 있어서 바로 이렇게 '자신의 그림자를 뛰어넘는 것'이다. 그러나 립스는 이러한 초기의 서술을 곧 수정한다. 그는 이러한 서술이 단지 메타포적인 성격밖에 갖지 않는다는 사실을 분명히 인정하게 되는 것이다. 왜냐하면 의식 내용이 대상적인 어떤 것에 향하고 이러한 대상적인 것을 재현한다는 사실은 이제 립스가 강조하는 것처럼 원인과 결과의 관계와 혼동되어서는 안 되기 때문이다. '표시한다(Bezeichnen)'는 것은 결코 작용을 가함의 특수한 경우로서 파악되어서는 안 되며 작용을 가함의 일반적 형식으로부터도 도출되어서는 안 된다. "엄밀한 의미의 현상(예를 들어 어떤 음의 감각내용)과 그것의 근저에 존재하는 어떤 실재(물리학적 의미의 음파)의 관계는 결코 인과관계가 아니라 전적으로 독자적인 종류의 관계, 즉 상징과 그것에 의해서 상징화되는 것의 관계다. 그리고 이러한 상징적 관계 내지 관련은 그 이상 서술될 수 없는 사실, 즉 음이라고 불리는 감각내용에서 또는 그러한 감각내용으로부터 우선 그것과 동일한 대상을 사유하고 그러한 대상을 현실적인 것으로 간주하고 다음에 이러한 현실적 대상을 인과법칙에 따라서 음파로 변환하여 사고하는 사실에 의해서 성립한다. 이렇게 변환하여 사고할 경우에도 저 특유의 상징적 관계, 즉 어떤 내용에 있어서 어떤 현실적 대상을 사고한다는 것, 다시 말해 저 **재현의 관계는** … 그대로 **존속하는 것이다.** 이는 놀랄 만한 일은 아니다. 왜냐하면 바로 저 변환하여 사고하는 경우에도 음파는 처음에 객관적으로 현실적으로 간주된 것 **대신에** 나타났기 때문이며, 바꿔 말하면 바로 후자가 음파로 **변환되어 사유되었을** 뿐이기 때문이다.”[5]

우리가 립스의 저서에서 이 구절을 특별히 선택한 것은 다음과 같은 중심점, 즉 철학의 역사에서도 철학의 체계에서도 개념과 대상의 문제가 그것을 둘러싸고 전개되는 중심점이 그 구절에서 특별히 명료하면서도 특별히 강조되어 지적되고 있기 때문이다. 개념과 대상의 문제는 자주 단순히 평행하는 문제로서 취급되어 왔다. 즉 '개념'의 질서는 '사물'의 질서에 평행하며 그것에 일대일 대응한다는 것이다. 그런데 이러한 외관상의 평행은 자체로부터 하나의 공통점을 규정한다. 즉 양자는 '재현'이라는 근본현상을 겨냥하는 것이다. 그러나 동시에 이제 이러한 일반적 현상 내부에서 보다 선명한 구별을 하는 것이 중요하다. 이미 분명하게 된 것처럼 개념은 명백하면서도 **논리적인** 것으로 형성되기 이전에 이미

---

5) Theodor Lipps, Inhalt und Gegenstand; Psychologie und Logik. *Sitzungsberichte der Münchener Akademie, Philosoph.-philop. Klasse*, 1903, 594쪽. 특히 Lipps 의 논문 Das Denken und die Gegenstände in Leitfaden der Psychologie, 3판, Leipzig 1909, 12쪽을 참조할 것.

직관의 영역 한가운데서 자신의 작업을 수행한다. 개념은 직관의 기본적 계기들을 종합하고 결합하며 서로 관계 짓는다. 그러나 이러한 방식으로 성립하는 모든 관계는 항상 거듭해서 개별적인 구체적인 형상들 속에서 실현되며 이러한 형상들을 규정하는 것으로서 그러한 형상들에 입각해서 나타난다. 그러한 관계들은 순수한 '지식'에서 포착되는 것과 같은 단순한 추상적인 관계가 아니라 직관적 현실의 **형태들**로 응축되고 그러한 형태들로서 우리 앞에 제시된다. 이미 앞에서 본 것처럼 헬름홀츠는 이러한 지각이론에서 개념이 바로 이러한 초보적인 **형태 형성**에서 협력하고 있다는 사실을 강조하고 있을 뿐 아니라 바로 이 점에 개념의 본질적인 역할들 중 하나가 있다고 보았다.[6] 그러나 일련의 구체적인 직관상들을 규정하는 '법칙의 살아 있는 표상'인 '직관적인 개념'과 보다 엄밀하고 보다 좁은 의미의 개념, **특히** 논리적 성격을 갖는 개념은 물론 서로 구별되어야만 한다. 이러한 좁은 의미의 개념에서 개념의 의미는 더 이상 직관적인 기체, 즉 어떤 주어진 것이나 주어질 수 있는 것에 고착해 있지 않고, 오히려 여러 '판단'과 '진리'로 이루어져 있는 하나의 체계 내부에서, 즉 어떤 특정한 **관계구조** 속에서 정해진다. 그리고 개념에서 보이는 이러한 이중적 의미, 이러한 상승구조에 대상의식의 이중의 형태화가 상응한다. 대상형성의 최초의 단계는 객관적인 존재를 전적으로 직관적인 존재로서 파악한다. 즉 직관의 근본질서인 공간과 시간이라

---

6) 이 책 335쪽 이하 참조.

는 질서에 속하고 그것에 편입되어 있는 존재로서 파악하는 것이다. 이러한 존재는 이러한 질서 속에 '존립하면서' 특정한 공간적 윤곽과 정해진 시간적 지속을 갖는다. 그러나 과학적 인식이 진보하고 자신의 고유한 방법적 도구를 마련함에 따라서 개념을 직접적으로 직관과 결합하는 끈은 갈수록 느슨해진다. 개념은 더 이상 '사물들의 현실'에 구속되지 않고 '가능한 것'을 자유롭게 구성하는 것으로 고양된다. 일찍이 한 번도 그리고 어디에서도 일어나지 않았던 것, 바로 이러한 것을 개념은 고찰 범위 안으로 끌어들이고 그것을 규범 내지 사고상(上)의 척도로 설정하게 된다. 바로 이러한 특성이 엄밀한 의미의 '이론'을 한낱 직관으로부터 분리하는 것이다. 이론은 직관의 한계를 돌파함으로써 비로소 순수한 이론으로서 완성된다. 순수한 사고가 직관이라는 모태로부터 떨어져 나오지 않는다면, 즉 순수한 사고가 원칙적으로 직관될 수 없는 본성을 갖는 형상으로까지 발전하지 않는다면, 어떠한 이론도 생겨날 수 없으며 특히 자연적 사건에 대한 정밀한 이론, 즉 수학적 이론은 생겨날 수 없다. 그리고 이제 최후의 결정적인 행보가 내디뎌진다. 즉 바로 이러한 형상들이 '객관적' 존재의 참된 담지자가 되는 것이다. 이러한 형상들에 입각해서만 존재의 법칙성이 언표될 수 있기 때문에 이제 이러한 형상들은 첫 번째 단계의 객관에 대해서보다도 고차의 객관이라고 불릴 수 있는 새로운 종류의 객관을 구성하게 된다. 과학이 자신의 고유한 방법에 대한 비판적 통찰을 갖게 되자마자, 즉 과학이 자신의 방법을 수행할 뿐 아니라 그것을 개념적으로 파악하게 되자마자, 과학은 **자신의 대상들**

과 '직접적인' 지각이나 직관의 대상들 사이의 동일성이나 유사성을 회복하려는 모든 시도를 물리쳐야만 한다. 과학은 과학의 대상이 실로 직관의 대상에 철저하게 연관되어 있다는 사실을 인정하지만, 전자가 결코 후자로 환원될 수 없다는 사실도 인정한다. 왜냐하면 그러한 모든 환원은 바로 과학적 사고의 특수한 작업을 인정하지 않는 것이 될 것이기 때문이다. 즉 세계와 세계연관에 대한 개념적 파악을 주어져 있는 것의 한낱 이중화로 전화(轉化)하고 말 것이기 때문이다.

그러나 여기에 **차이**가 있다는 점을 인정하는 것에는 동시에 하나의 논리적 **딜레마**가 수반된다. 이는 이제 다음과 같은 물음, 즉 이러한 차이와 함께 대상의식의 내부에서 제시되는 내적인 다양성은 바로 대상의식의 고유한 과제와 모순되지 않는가라는 물음이 제기될 수 있기 때문이다. 대상은 단적으로 **일의적인** 것으로서 사유되어야만 하는 것은 아닌가? 다양성, 운동, 어떤 단계에서 다른 단계로의 이행은 모두 의식 자체에만 속하는 것이고 그 의식이 향하고 자신 속에서 표현하려고 노력하는 존재에는 적용될 수 없는 것으로 보인다. 적어도 **존재**는 운동의 대극 내지 대립자, 즉 운동의 불변부동의 확고한 목표로서만 이해될 수 있다. 따라서 존재에는 어떠한 분화도 계층화도 존재할 수 없는 것으로 보이며 여기에서는 단순한 양자택일, 즉 파르메니데스의 ἔστι ἢ οὐκ ἔστι[에스티 에 우크 에스티, 존재하는가 존재하지 않는가]만이 타당하게 된다. 한낱 사고내용은 서로 나란히 존재할 수도 있고 그 일반성의 상이한 정도에 따라서 계층을 이룰 수도 있지만, 공간 안에서 서로 심하게 부딪히는 사물들의 영역에서는 이러한 협조는 일어나지 않는다. 사물들의 영역에서는 어떤 사물이 점유하고 있는 장소로부터 다른 사물은 물러나지 않을 수 없다. 즉 사물들의 영역에서는 자신이야말로 '현실적인 것'이라고 주장하면서 등장하는 두 개의 것 사이에 명료한 **결정**을 내리는 것이 중요하다. 그리고 그러한 종류의 모든 결정에는 동시에 어떤 희생이 수반된다. 우리는 의식의 '내재적' 내용, 즉 직접적인 감각, 지각, 직관에 드러나 있는 그대로의 현실과, 이론, 즉 과학적 개념이 제시하는 다른 종류의 존재, 다시 말해서 [직접적인 감각에 드러나 있는] 그러한 현실을 넘어서는 '초월적인' 존재 중 어떤 하나를 선택해야만 한다. 우리가 이러한 초월적 존재야말로 참된 존재, 본래적 존재라고 보면서 그것만 고집하게 되면, 저 최초의 세계는 감관의 단순한 환영으로 해소될 것이다. 색과 음이라는 '주관적인' 성질들 중에서 아무것도 자연과학적 대상들로 이루어져 있는 '실재'세계에는 남아 있지 않게 된다. 그러나 다른 한편으로 저울의 다른 쪽을 현실로 보게 되면, 이론상의 '객체', 예를 들면 원자와 전자는 한낱 추상물이 되고 만다. 자연과학이 말하는 '물질'은 순수한 지각 앞에서는 정당화될 수 없으며 순수한 지각에 부딪혀서 산산이 부서지고 만다. 그러나 인식 문제의 역사에서 항상 거듭해서 나타나는 이러한 양자택일은 암암리에 이미 하나의 독단적 전제를 자체 안에 포함하고 있다. 왜냐하면 그것은 증명되어야만 하는 것을 요청하고 있기 때문이다. 즉 그것은 petitio principii[논점선취의 오류]를 포함하고 있다. 물론 **실체적** 세계관은 '존재'에서 단적으로 고정되어 있는 것을 찾고 있으며, 더 나아가 그러한 존재를 어떤 주어에는 귀속되어도 다른 주어에는 귀속될 수 없는 하나의 속성, 즉 하나의 술어로 간주하기 때문이다. 그러나 인식에 대한 '비판적' 견해에서는 이러한 양자택일은 더 이상 타당하지 않다. 왜냐하면 이러한 비판적 견해에서는 존재한다는 말은 더 이상 '실재적 술어'가 아니기 때문이다. 이러한 비판적 견해에서 인식의 대상이라고 불리는 것은 그것이 인식의 어떤 특정한 형식, 인식의 어떤 기능에 관련지어짐으로써 비로소 자신의 특정한 의미를 갖게 된다. 그리고 이러한 기능들 자체들 사이에서는 한낱 경쟁과 갈등이 생기는 것이 아니라 오히려 상관적으로 상응하고 보완하는 관계가 성립하게 된다. 이러한 기능들 중 각각은 다른 것을 단적으로 부정하고 파괴하지 않는다. 오히려 그것들은 서로 다른 기능을 수용하고 그것을 그때마다 다른 체계적 **연관** 속에 두고 이러한 연관으로부터 새롭게 형성하고 새롭게 규정한다. 그리고 바로 이러한 종류의 **통합**에 의해서만 인식의 '대상'이 해명될 수 있고 기초 지어질 수 있는 것이다. 칸트의 말에 따르면 인식의 대상이란 "개념이 종합의 필연성을 표현하는 어떤 것" 이외의 것이 아니기 때문에, 그러한 대상의 존재에 관한 물음은 종합의 이러한 필연성이란 무엇을 **의미하고** 그러한 필연성은 어떠한 조건에 의거하는가라는 물음과 무관하게 답해질 수는 없다. 이러한 근본견해의 틀 내에서는 이러한 의미는 의미로서 단번에 '현존하지' 않고 연속적 단계를 이루는 일련의 조작들에서 비로소 **구성된다**고 말해도, 즉 그 의미는 일련의 여러 의미 **국면**을 거치고 나서야 비로소 자신의 참된 규정 내지 자신의 적합한 규정을 획득하게 된다고 말해도 결코 모순을 범하는 것은 아니다. 이와 같이 타당성의 영역에서는 타당성의 여러 계기와 가능성이 한낱 '존재'의 차원에서 사고될 수 있는 것과는 전혀 다르게 복합되고 서로를 포섭하게 되는 것이다. '대상'이라는 것이 '하나의 대상'으로서 사유되어야만 한다는 것은 바로 이러한 통일체 자체가 **기능적인** 통일체로서 점진적으로 구성된다는 사실을 배제하지는 않는다. 이러한 통일체는 일련의 규정들을 통과해야만 하며, 이러한 통일체가 그러한 규정들 중 어느 하나로 되어서는 안 된다. 즉 그것이 어떤 개별항이 되거나 혹은 그러한 계열을 종결시키는 **최종항**이 되어서는 안 된다. 이러한 통일체야말로 항으로부터 항으로의 진행을 규정하는 포괄적인 계열원리이기 때문이다.

따라서 한낱 지각대상조차도 결코 직접적으로 주어지지 않고 지각을 매개로 해서만 **표현되고** 지각에서만 '재현'될 수 있다는 사실이 이미 드러났다. 이러한 표현의 입장에 섰을 때에야 비로소 '사물'이라는 통일체에 대해서 말할 수 있다. **과정으로서** 진행 중인 지각은 끊임없이 흐르는 것이며, 이러한 통일체에 대해서 아무것도 알지 못한다. 지각에서 출현하는 어떠한 내용도 즉시 다른 내용에 의해서 구축(驅逐)되며 형성되는 것으로 보이는 어떠한 형태도 다시 과정의 와중으로 휩쓸려 들어가며 그러한 과정과 함께 사라져버린다. 그럼에도 불구하고 매 순간 변화하면서 극히 많은 간극을 갖고 단편적으로 존재하는 지각 데이터가 하나의 '대상'이라는 전체가 될 수 있는 것은 이러한 지각 데이터가 한낱 단편으로서 받아들여지지 않고 서로 '속하는 것'으로서 간주되고 어떤 특정한 의미를 갖는 전체에 대한 여러 표현으로서 고찰되기 때문이다. 이러한 고찰의 길은 직접적으로 주어진 것을 이중의 방향에서 넘어선다. 첫 번째 행보는 지각내용이 **연속성**이라는 시점 아래에 두어지는 것이며 두 번째 행보는 **정합성**이라는 시점 아래에 두어지는 것이다. 엄격한 감각주의조차도 이러한 사태를 인정하지 않을 수 없었다. 즉 흄조차도 '사물'은 결코 개별적인 지각들의 다발이 아니고 항상성과 정합성이라는 개념의 힘을 빌림으로써 비로소 자기동일적인 객관이라는 관념이 성립한다고 설하고 있는 것이다. 다만 흄은 자신의 기본적 견해에 따라서 이러한 개념 자체를 한낱 허구에 지나지 않는다고, 즉 상상력이 일반적 심리학적 법칙에 따라서 필연적으로 그 기초가 되고 있지만 어떠한 객관적·논리적 가치도 인정해서는 안 되는 상상력의 착각이라고 설명하지 않을 수 없는 것이다.[7] 그러나 이러한 설명으로는 순수한 종합에 내재하는 참된 타당성과 참으로 기초 짓는 힘이 간과되고 만다는 것을 『순수이성비판』은 특히 '현실성'을 '경험적 사고의 요청'으로서 설명하고 있는 절에서 입증했다. 우리가 덧없이 흘러가 버리는 감각적 인상들에게 이를테면 멈출 것을 명령하면서 그것들에게 그것들이 직접적으로 현존하고 직접 주어져 있는 기간을 넘어서는 존속을 인정하는 것이 바로 이러한 요청이다. 순수하게 질적으로 보면 이러한 존속은 우선은 지각 자체의 세력권을 넘어서지 못한다. 그것은 지각 내용 **자체**이며, 그 내용이 그대로 반

---

7) Hume, *Treatise on human nature*, P. IV, sec. 2.

복되면서 '지속'이라는 특정한 지표를 부여받을 뿐이다. 그러나 사고는 이러한 종류의 시간적인 '보완'과 통합에 머무는 것은 아니다. 사고는 그 내용을 단순히 자기 자신과 그것이 현재 주어져 있는 시간을 넘어서 연장시키는 데 그치지 않고 그것의 **변화**에도 주목하면서 그 변화의 법칙을 묻는다. 이러한 변화는 그것이 일어날 때 임의적으로 일어나지 않고 특정한 **규칙**에 따르는 것으로서 파악된다. 그러나 이러한 요구와 더불어 이제 사고는 일보 **전진**하도록 강요된다. 왜냐하면 이러한 규칙이 적용되는 **요소**들을 단순한 지각에서 나타나는 것과 전적으로 동일한 규정들에 의해서 정의하는 것에 그친다면, 변화의 정밀한 **규칙**을 수립하는 것은 불가능하다는 것이 드러나기 때문이다. 이러한 정의는 확장되고 심화되어야만 한다. 즉 지각의 특수한 성질과 그 존재양식이 지각대상의 존재의 규정을 위한 장애가 되어서는 안 되는 것이다. 인식에게 현상들이 **해석 가능한** 것이 되고 인식이 현상들을 이해 가능한 전체로 형성하려면, 인식은 보다 광범한 중대한 개조를 수행할 수밖에 없게 된다. 즉 인식은 지각 내용들 자체 사이에 새로운 결합을 수립해야 할 뿐 아니라 이러한 결합을 엄밀하게 개념적으로 표현하기 위해서 이제까지의 내용이 갖는 성질을 변화시키지 않으면 안 된다. 이제 감각적 세계의 근저에 하나의 '이데아적' 세계, 즉 의미와 순수이론의 세계가 구축된다. 왜냐하면 의미와 순수이론의 형성체를 통해서만 개개의 현상을 경험으로서 읽을 수 있기 위해서 필요한 연관법칙이 정식화될 수 있기 때문이다. 이러한 정식화와 함께 비로소 인식은 엄밀한 의미의 '대상'을, 즉 참으로 인식이라 할 수 있고 일의적인 질서에 편입될 수 있는 내용을 획득하게 되는 것이다.

이와 같이 순수한 지식의 영역 속으로 진입하기 위해서는 필연적으로 지각의 내실이 근본적으로 변형되어야만 하고 참된 의미에서 초월되어야만 한다. 그러나 이러한 의미의 초월은 존재에서의 초월과 혼동되어서는 안 된다. 왜냐하면 의미에서의 초월은 존재에서의 초월과 전적으로 다른 원리를 따르기 때문이다. 그러한 이행은 의미에서의 이행이지 존재에서의 이행이 아닌 것이다. 의미에서의 이행은 존재 내부에서의 관계들을 지배하고 규제하는 기본적 관계로부터 파악될 수 없으며 그러한 관계에 의해서 설명될 수 없다. '사념한다(Meinen)'라는 이러한 상징적 관계, 즉 현상들이 '대상'에 관계하고 대상을 이러한 관계에 있어서 표현하는 방식은 그것을 인과관계의 특수한 예로서 사유하면서 '근거율'에 편입시키고 종속시키려고 하면 제대로 파악될 수 없게 된다. 여기에서 특수한 차이에 대한 통찰을 어렵게 하고 순수한 의미관계를 인과관계로 환원하면서 인과관계로부터 설명하도록 유혹하는 것은 무엇보다도 '기호'라는 개념 자체와 그것을 사용하는 방식에 존재하는 다의성이다. 후설은 참으로 상징적인 기호, 즉 참으로 유의미한 기호를 단순히 '지시하는' 기호와 근본적으로 구별해야만 한다는 사실을 분명하게 강조했다. 예를 들어 우리가 어떤 단어를 어떤 의미의 담지자로 생각할 경우의 의미가 반드시 모든 기호에 포함되어 있는 것은 아니다. 자연적인 존재와 사건의 영역 내에서도 어떤 사물이나 사건이 어떤 항상적인 경험적 관계, 특히 '원인'과

'결과'의 관계에 의해서 다른 사물과 사건에 결부되면, 그것은 다른 사물과 사건의 기호가 될 수 있다. 예를 들어 연기는 불의 기호가 될 수 있으며 천둥은 벼락의 '기호가 될' 수 있다. 그러나 그러한 기호가 지시기능 외에 의미기능을 충족시킬 경우가 아니라면, 후설이 강조하는 것처럼 이러한 기호는 아무것도 표현하지 않는다. "의미한다는 것은 지시한다는 의미에서의 기호의 존재방식의 일종이 아니다."[8] 그러나 기호의 기능을 일차적이고 **보편적인** 기능으로 이해하지 않고 그것을 고찰의 어떤 **특수한** 시점 아래에 놓고 보면, 특히 그것을 처음부터 오직 **자연과학적** 개념형성의 상(相) 아래에서 보면, 이러한 근본적 차이가 무시되고 수평화되는 위험이 항상 거듭해서 생기게 된다. 자연과학적 개념형성은 인과적 사고의 규범과 지배 아래에 두어지기 때문에, 그것은 자신이 파악하는 모든 문제를 의도치 않게 인과성의 언어로 번역하며 일반적으로 이렇게 번역함으로써 비로소 그러한 문제들을 자신이 이해 가능한 것으로 만드는 경향이 있다. 이러한 번역과정은 헬름홀츠의 인식이론에서 특히 현저하게 보인다. 현대의 모든 물리학자 중에서 헬름홀츠야말로 수학적 물리학의 개념들이 실재적 대상과 **유사하다는** 요구를 내걸지 않고 이러한 대상에 대한 기호로서만 기능할 수 있다는 것을 가장 분명하게 강조했던 사람이다. 그는 이러한 견해를 아래와 같이 정초하고 있다. "우리의 감각들은 … 외적 원인에 의해서 우리의 기관들 속에 산출된 결과이며, 이러한 결과

---

8) Husserl, *Logische Untersuchungen*, II, 23쪽 이하.

가 어떻게 나타나는지는 물론 작용이 가해지는 기관의 종류에 전적으로 의존하고 있다. 우리의 감각의 질이 그것을 야기한 외적 작용의 특성에 대한 정보를 우리에게 제공하는 한, 그것은 그 외적 작용의 **기호**로 간주될 수 있지만 그것의 **모상**으로 간주될 수는 없다. 왜냐하면 상에게는 모사된 대상과의 어떤 유사성이 요구되고, 조상(彫像)에게는 형태의 유사성이, 소묘에게는 시야 안에 원근법적으로 투사된 것과의 유사성이, 색채화에게는 더 나아가 색깔들의 유사성이 요구되기 때문이다. 그러나 기호는 그것이 가리키고 있는 것과 어떠한 종류의 유사성도 가질 필요가 없다. 양자의 관계는 동일한 대상이 동일한 상황 아래서 작용하면 동일한 기호를 환기시킨다는 것, 따라서 동일하지 않은 기호는 항상 동일하지 않은 작용에 대응한다는 것에 제한된다."[9] 그런데 헬름홀츠가 기호개념을 사용하는 방식에는 두 개의 서로 다른 견해와 고찰방식이 부지불식간에 그리고 직접적으로 서로 이행하고 있다. 즉 한편으로 기호는 자신의 순수하게 지시적인 기능을 수행하면서 어떤 대상을 지시하고 지향하고 사념하는 어떤 것으로서 존재한다. 그러나 바로 다른 한편으로 이 어떤 것은 [자신이 지시하는] 바로 이 대상에 의해서 **작용이 가해지는** 하나의 규정으로 변화된다. 이와 함께 지각이 관계하고 지각이 자체 내에서 **표현하는** '지향적' 객체가 실재적인 사물—어떻게든 지각의 '배후에' 숨어 있으면서 단지 간접적으로만, 즉 작용으로부터 원인으로의 추론을 매개로 해

---

9) Helmholtz, *Handbuch der Physiologischen Optik* 2판, 586쪽.

서만 인식에게 파악될 수 있는 것과 같은 실재적인 사물—이 되고 만다. 이와 함께 우리는 순수한 '의미작용'의 영역을 넘어서 간접적인 추론의 영역으로 들어서고 만다. 또한 이와 함께 우리는 물론 동시에 이러한 단순히 간접적인 모든 과정에 포함되어 있는 전적인 불확실성에 내맡겨지게 된다는 사실을 알게 된다. 보다 상세하게 고찰할 경우, 헬름홀츠의 지각이론에서 또한 그의 인식이론의 구조에서 인과기능이 이중의 기능, 근본적으로 두 개로 분열된 기능을 수행해야만 한다는 사실이 드러난다. 인과기능은 "자연에 대한 개념적 파악을 가능하게 하는 조건"이다. 왜냐하면 다양한 경험적 관찰자료를 엄격하게 통일적인 질서로 종합하고 이와 함께 경험적 '대상'의 개념에 도달하게 되는 것도 인과기능에 의해서 비로소 가능하게 되기 때문이다. 그런데 다음에 우리는 인과적 사고의 형식에 의해서 전혀 다른 길로 내몰리게 된다. 즉 우리는 현상 자체의 순수한 **연관**을 파악하는 것 대신에 결과로서의 현상으로부터 그것의 미지의 **근거**, 그것의 자체 존재에서는 영구히 인식될 수 없는 근거를 향해 소급적으로 추론해야만 한다. 그리고 헬름홀츠의 학설에서는 이렇게 전적으로 상이한 두 개의 동기를 표시하기 위해서 '기호'라는 개념이 사용되고 있다. 감각이 기호로서 기능한다는 것은 우선은 감각이 지시하는 것은 경험 **자체**의 맥락 이외의 것이 아니라는 의미다. 『순수이성비판』에서는 이러한 사태가 다음과 같이 정식화되고 있다. "따라서 지각에 앞서서 그리고 지각으로부터 독립해서 하나의 현상을 하나의 현실적인 사물이라고 부르는 것은 우리가 경험의 진행되는 중에 그러한 지각에 마주칠 것임에 틀림없다는 것을 의미하든가, 그렇지 않으면 그것은 전적으로 무의미하든가 둘 중 하나다. 우리가 경험으로부터 출발하지 않거나 현상의 경험적 연관의 법칙에 따라서 나아가지 않는다면 어떤 사물의 현존을 추측하고 연구하려고 하는 것은 쓸데없는 일이 될 것이다."[10] 헬름홀츠에 의해서 수행된 것과 같은 『생리학적 광학』의 정초 전체가 칸트의 명제를 방법상의 모범으로서 그리고 자신의 모토(Motto)로서 받아들였다고 할 수 있다. 헬름홀츠에게조차도 우리가 현상에 대해서 그것이 '현실적인 것'이라고 확신 있게 말할 수 있을 때는 그러한 현상들이 일관된 경험적 법칙들에 따라서 결합되어 있다는 사실이 입증될 때다. 그러나 이러한 견해와 나란히 '투사이론'이 갖는 모든 난점을 갖는 헬름홀츠의 다른 견해가 병존하고 있다. 이러한 다른 견해는 우리에게 대상적인 것을 가리키는 기호는 그것 자체가 그러한 대상에 의해서 야기된 것이라고 보는 견해다. 이러한 견해에서 인식의 과제는 바로 이러한 야기하는 작용의 과정을 어떤 의미에서 역전시키는 데에 있는 것 같다. 작용의 길은 '외부'로부터 '내부'를 향하고 있으며, 인식의 길은 내적인 것을 다시 외적인 것으로 변화시켜야만 하고 주어진 감각에서 출발하여 주어져 있지 않은 것과 주어질 수 없는 것, 즉 감각의 '피안'으로 소급해서 추론하는 것이지 않으면 안 된다. 그러나 이러한 추론의 출발점이 이미 의심스럽다. 왜냐하면 '감각'이 사물에 대해서 가지고 있다는 인과적 의존관계는 결코

---

10) *Kritik der reinen Vernunft*, 2판, 274쪽.

감각 자체를 사물의 기호로서 기능하게 하는 것은 아닐 것이기 때문이다. 여기에서 가정되고 있는 **실재적** 관계는 그것만으로는 아직 그러한 실재적 관계를 통해서 설명되어야만 하는 **재현적** 관계를 위한 어떠한 충분한 근거도 가지고 있지 않기 때문이다. 대상을 가리키고 대상을 표현할 수 있기 위해서는 감각은 단순히 대상에 의해서 야기되어야만 하는 결과일 뿐 아니라 감각은 자신이 그러한 결과라는 사실을 **알고** 있어야만 할 것이다. 그리고 바로 그러한 인식의 가능성은, 우리가 한낱 '지시적인' 것에 지나지 않는 기호의 권역을 떠나서 진정한 기호, 즉 참으로 근원적으로 '유의미한' 기호의 권역에 들어서지 않는 한 이해 불가능한 것이 된다.

그러나 여기에서 출현하고 있는 여러 곤란의 보다 깊은 체계적 근거는 **원칙적으로 직관될 수 없는** 관계를 직관적 대상들의 세계와 그러한 세계들 사이에서 지배하는 관계에서 빌린 유비(Analogie)의 도움을 받아서 설명하려는 시도가 행해지고 있다는 사정에 존재한다. '대상에 대한 표상의 관계'가 구성되는 순수한 **의미범주의** 고유성과 특수한 의미는 그 범주의 근저에 어떤 존재적 규정—그것이 인과성이라는 규정이든 사물들 사이의 동일성과 유사성이라는 규정이든 '전체'와 '부분'의 관계이든—을 상정하는 것에 의해서는 결코 이해될 수 없는 것이다.[11] 여기에서는, 주어진 사물들의 어떤 성질과 이미 현존하는 사물의 현실의 상으로 소급해 가는 것 대신에 오히려 '현실' 일반의 **정립을 가능하게 하는** 순수한 조

---

11) 이 책 117쪽 이하와 365쪽 이하 참조.

건들로 소급해 가지 않으면 안 된다. 그리고 순수한 개념이 이러한 조건들에 속하기 때문에 또한 그러한 한에 있어서 사유는 이러한 개념 속에서 그리고 이러한 개념의 힘을 빌려서 대상에 관계하고 자신이 대상적인 의미를 갖는다고 주장할 수 있다. 우리가 개념을 엄밀한 논리학적 의미에서 **명제함수**로서 파악하고 그것에 의해서 정의할 경우 이러한 사실이 가장 명료하게 드러난다. 이러한 명제함수의 정식 $\varphi(x)$을 사용하여, 개념이란 문제를 파악하는 방식과 대상이란 문제를 파악하는 방식에 존재하는 이론적 대립의 모든 것을 그러한 정식에 입각해서 보여주면서 이러한 대립을 간단명료하게 표현할 수 있다. 즉 감각주의적 견해는 개념의 기능도 대상의 기능도 이러한 함수에 대입되는 **변수**의 수치에 주목하면서 이러한 수치를 단순히 병렬시킴으로써 파악할 수 있다고 믿는다. 그것에서는 φ가 흡사 그 자체로 하나의 x인 것처럼 혹은 $x_1 + x_2 + x_3$라는 x의 단순한 총합인 것처럼 파악되고 있다. 다른 견해는 명제함수에 결합되어 있는 계기들의 **구별**에서부터 출발한다. 그것은 개념에게 어떤 자립적인 논리적 타당성을 인정하는 것처럼 대상에도 어떤 자립적인 '초월적' 실재성을 인정하며, 이를 통해서 대상은 의식의 '내재적' 소여로부터 엄격하게 구별된다. 그러나 이러한 견해에서는 결국 개념과 대상 양자는 함수 $\varphi(x)$가 둘로 한가운데에서 나눠지는 것에 의해서만 확보될 수 있다고 믿는다. **관계** φ에게는 독특한 '타당성'이 인정될 뿐 아니라 그것은 하나의 '절대적' 존재, 즉 고립된 무제약적인 존재로 높여진다. 그러나 바로 이러한 관계가 그 의미와 내실을 갖게 되는 것은 다름 아니라 변수의 개개의 수치가 그것과의 관계에서 규정될 수 있고 또한 규정되어 있는 것으로서 간주될 수 있다는 데에 있다. 물론 함수 φ와 그 변수의 수치는 전적으로 다른 사고유형에 속하며 따라서 그것들이 서로 환원될 수 없다는 사실에는 변함이 없더라도 이렇게 서로 환원될 수 없다는 것은 그것들이 서로 **분리될 수 있다**는 사실을 의미하지는 않는다. 이와 같이, 예를 들면 '사물'이라는 통일체는 결코 개별적인 '현상'으로, 예를 들어 사물의 어떤 개별적인 공간적인 측면으로 해소되지 않는다. 오히려 그것은 가능한 측면들의 총체와 그것들을 결합하는 규칙에 의해서 규정될 수 있다. 개개의 현상 하나하나가 사물을 '재현하지만' 이러한 개개의 현상이 항상 사물과 참으로 **일치할** 수는 없다. 이런 의미에서 단순한 '현상'이 필연적으로 자기 자신을 넘어서 지시하며 '어떤 것의 현상'이라는 사실은 '비판적' 관념론에 대해서도 타당하다. 그러나 이 어떤 것은 어떤 새로운 절대자를, 실재하는 형이상학적 존재를 의미하지는 않는다. 왜냐하면 표현하는 것과 표현된 것, 현전하는 것과 재현전화된 것이 서로 일치하지 않는 것과 마찬가지로 후자는 항상 전자와의 관계에서만 또한 전자는 후자와의 관계에서만 이해 가능한 의미를 산출하기 때문이다. 함수가 개별적인 수치에 '타당한' 것은 바로 함수가 개별적인 수치가 아니기 때문이며, 다른 한편으로 개별적인 수치가 '존재하는' 것은 그것들이 함수에 의해서 표현되는 결합 속에 함께 존재하는 한에서다. 개별적인 분리된 것은 그 자체로 연관을 고려해서만 존립하는 것이며 그 연관을 어떠한 형태의 것이든 일반자로서—이 경우 일반자가 개념의 일반성이든 '대상'의 일반성이든 상관없다—가지고 있는 것이지만, 똑같이 일반자는 특수한 것에 입각해서만 자신을 표현할 수 있고 특수한 것을 위한 질서와 규칙으로서만 자신을 증시하고 확증할 수 있다. 이와 같이 결국 우리는 개념의 특수한 타당성과 경험적 대상성의 성격을 이해하기 위해서는 의미기능으로 소급할 수밖에 없다. 이러한 의미기능은 어떤 방식으로든 자체 내에서 분열되어 있지는 않지만 원칙적으로 상이한 두 개의 의미계기로 구성된다. 왜냐하면 어떠한 참된 의미도 그것이 참된 의미인 한에서는 결코 단순한 것이 아니고, 하나이면서 둘이기 때문이다. 그리고 참된 의미에 포함되어 있는 이러한 양극성은 이러한 의미를 분열시키지도 파괴하지도 않으며 오히려 그 의미의 참된 충실을 표현하기 때문이다.

제3장 언어와 과학
─사물의 기호와 질서의 기호

개념문제와 대상문제 사이의 연관에 향해졌던 이제까지의 고찰과 함께 우리는 논리학과 인식비판의 일반적인 원리적인 물음을 제기하게 되었다. 그러나 이와 함께 우리는 우리가 나아가야 할 길에서 거의 벗어나 버렸고 우리의 본래적인 체계적인 본래목표를 망각한 것처럼 보일 수 있다. 왜냐하면 우리의 물음은 논리학상의 의미의 문제로 향해져 있는 것도 인식비판의 문제 자체에로 향해 있는 것도 아니고 이 두 문제를 세 번째 항과의 관계, 즉 기호와 기호표시의 문제와의 관계에서 파악하는 것에 향하고 있었기 때문이다. 그런데 우리가 개념의 구조와 대상인식의 구조를 깊이 파고들수록 이 기호의 문제로부터 더욱더 멀어지는 것 같다. 왜냐하면 우리가 '유명론'의 입장을 아무리 강하게 고수하더라도 의미의 문제를 단순히 기호표시의 문제로 해소하고 의미를 남김없이 기호표시로부터 도출하는 것은 항상 불가능한 것으로 입증되기 때문이다. 의미는 의연히 논리상 본질적인 것이자, 참으로 πρότερον τή φύσει(프로테론 테 퓌세이[본성상 앞선 것])이기 때문이다. 의미가 핵심이자 중심으로서 입증되는 것에 반해서 기호표시는 그것에 비하면 갈수록 단지 '주변적인' 위치로 내몰리게 된다. 현대논리학에서는 개념의 내실이 순수한 관계구조라는 사실이 명확하게 드러나게 됨에 따라 이러한 관계구조의 이념적 의미에 대해서 이름은 2차적인 것, '외적인 것'에 그친다는 귀결을 더욱 명료하게 끌어내는 것이 통례다. 예를 들면 부르캄프는 이렇게 말하고 있다. "개념이란 불특정의 다양한 것에 관계할 수 있는 하나의 관계구조다. 이러한 개념은 우리의 사고작용에서 하나의 통일체를 이루고 있고 중요한 경우에는 하나의 이름을 통해서 지칭된다. 그러나 나의 이름이 나 자신이 아닌 것처럼 이름, 즉 단어는 개념이 아니다. 이름은 개념에 대해서 외적인 어떤 것이며 개념의 본질과는 아무런 상관이 없다. 내가 새로운 기계장치를 이해할 경우 그 장치는 나에게는 하나의 개념이지만, 내가 그것을 이해하기 위해서 그것에 하나의 이름을 부여할 필요는 없다. 불특정의 다양한 것에 전용(轉用)되는 함수적 연관이 개념인 것이다. 이름은 실용적인 첨가물에 지나지 않는다. 즉 이름은 일차적으로 개념을 위한 식별기준이자 표현매체로서 기능한다."[1] 이런 종류의 '생략기호'는 어떠한 자립적인 가치도 어떠한 '자율성'도 요구할 수 없다. 그

---

1) Burkamp, *Begriff und Beziehung, Studien zur Grundlegung der Logik*, Studie I, 7쪽.

것의 사명은 단지 대리하는 것에 있을 뿐이며, 어떠한 인식도 언젠가는 이러한 대리를 거치지 않고 사물 자체를 그 순수한 '자체존재'에서 보아야만 한다. 인식은 그렇게 볼 수 있게 됨으로써 비로소, 즉 인식은 언어와 단어가 그것에 두껍게 씌우려고 하는 외피를 벗어던짐으로써 비로소 엄밀한 의미에서의 인식이 된다.

그러나 바로 여기에, 즉 언어의 개념형성과 과학의 개념형성의 관계에, 이전에 우리가 정신의 전적으로 다른 영역에서, 즉 신화적 의식으로부터 종교적 의식으로의 진전 속에서 마주쳤던 것과 동일한 변증법이 나타나 있다. 종교적 의식은 신화적 세계상으로부터 악전고투하면서 탈출하고, 이러한 세계상에 대치(對峙)하면서 대립적인 태도를 취하지만 신화적 세계상을 포기할 수 없었다. 종교적 의식은 오히려 이러한 형상세계의 한가운데를 통과하면서 자신의 길을 개척해야 했다. 종교적 의식은 신화적 형상들을 부정하고 폐기하지 않고 오히려 그것들을 유지하고 바로 이렇게 유지함으로써 그것들에게 새로운 의미를 부여하는 방식으로 승리를 거둘 수 있었다.[2] 과학 및 그것의 '순수논리'와 언어관계에서도 동일한 대립이 인식될 수 있다. 모든 엄밀한 과학은 사고가 언어의 강제로부터 해방되고 언어에 대해서 자립적이 되고 성숙하게 될 것을 요구한다. 그러나 이러한 해방 작용조차도 언어의 세계에 대해서 전적으로 등을 돌리는 식으로 일어날 수는 없다. 언어가 걸

---

2) 이에 대해서는 『상징형식의 철학 II: 신화적 사유』의 마지막 부, '신화적 의식의 변증법'을 참조할 것.

어온 길을 버릴 수는 없으며 그 길을 종극에까지 걷고 그 종극을 넘어서 계속해서 나아가지 않으면 안 된다. 사고는 언어의 영역을 넘어서 나아가지만, 사고는 바로 여기에서 원래 언어 자체 안에 근원적으로 포함되어 있고 언어가 독자적으로 발전하는 과정에서 처음부터 살아 있는 동기로서 작용하고 있던 하나의 경향을 받아들인다. 이제 이러한 경향은 다만 그것의 완전한 힘과 순수성에서 분명하게 드러나게 되고 이를테면 한낱 잠재적인 상태로부터 해방되어 완전히 현실화된다. 그러나 그러한 경향에는 동시에 이제 성립하는 새로운 정신적 현실조차도, 즉 순수한 과학적 개념의 최고의 에너지조차도 은밀한 유대에 의해서 언어와 결합되어 있다는 사실조차도 포함되어 있다. 따라서 순수한 개념이 감성계를 넘어서 이념적이고 '예지적'인 것의 영역으로 아무리 높이 올라가더라도 순수한 개념은 결국은 항상 어떠한 방식으로든 언어라는 저 '세속적·지상적'인 기관에로 되돌아간다. 언어로부터의 해방은 불가피하면서도 의연히 언어 자체에 의해서 제약되고 언어 자체에 의해서 매개되어 있다는 사실이 분명하게 된다.

왜냐하면 언어개념으로부터 과학적 개념으로의 진전은 언어의 형성이 근거하고 있는 정신적 과정의 부정과 단순한 전회에 있지 않고 그 과정을 계속해서 진행시키면서 이념으로까지 고양시키는 데 있기 때문이다. '직관적' 개념으로부터 언어적 개념을 출현시켰던 동일한 정신적 근본힘이 궁극적으로 언어적 개념을 '과학적' 개념의 형식으로 주조하는 것이다. 앞에서 본 것처럼 '자연적 세계관'의 영역에서조차도 이미 '재현'의 기능이 지배하고 있다. 이러한 기능에 의해서만 감각의 세계가 '직관'과 '표상'의 세계로 형성될 수 있었다. 그러나 이러한 형성과정은 '직관'과 '표상'의 세계에서는 감각적인 것의 '질료'에 아직은 철저하게 구속되어 있는 것으로 드러났다. 이러한 질료가 표시작용의 단순한 수단으로서 **이용되었을** 경우에조차도 표상은 순전히 질료의 측면에서만 보면 감각세계의 질료와 동일한 질료로 **구성되어** 있는 것으로 보였다. 그리고 서로 분열되어 있지만 이렇게 밀접한 관계로부터 그것들 사이의 차이를 무시하려는 퇴행의 위험이 항상 반복해서 생겨났다. 즉 내용과 기능의 분리는 내용과 기능이 서로 침투하자마자 다시 상실될 수 있는 위험에 처해졌다. 왜냐하면 재현과 표현 자체가 자신의 담지자로서 하나의 특정한 직관적 **형상**을 필요로 하는 한, 재현과 표현은 자기 자신의 이러한 기체로부터 선명하면서도 원칙적으로 분리되지 않기 때문이다. 여기[재현과 표현]에서는 정신의 시선은 너무 쉽게 이러한 형상 자체의 세부에 사로잡혀 있으며 형상을 단지 출발점이자 통과점으로, 즉 '의미'의 매체에 불과한 것으로 보지 못한다. 이 점에서 언어가 비로소 새로운 결정적 전회를 야기한다고 할 수 있다. 언어가 감성적·직관적 형상과 구별되는 점은 바로 그것이 어떠한 고유의 감성적 질료도 갖지 않는다는 점이다. 언어를 그것의 한낱 감성적 구성분에만 주목하여 보면 그것은 부유하는 무규정적인 것으로서 나타난다. 그것은 숨결과 공기의 유희다. 그러나 바로 언어의 이렇게 파악할 수 없고 덧없는 면이야말로 동시에 순수한 표시기능의 관점으로부터 보면 직접적·감성적인 내용에 대해서 언어가 갖는 우월성을 정초하는 것이다. 왜냐하면 단어는 이른바 관계적 사고의 에너지에 저항하는 것과 같은 자존적·자립적인 '물질'을 더 이상 갖고 있지 않기 때문이다. 단어는 사고가 그것에 각인하려고 하는 어떠한 형태도 받아들인다. 단어 자체는 그 자체로 존재하는 것도 아니라면 구체적·실체적인 것도 아니며, 술어적인 **문장**과 말의 연관으로부터 비로소 의미를 갖게 된다.[3] 말의 살아 있는 역동성에서 비로소 단어는 자신의 특유한 내용을 갖게 되고 단어는 그 **자신**이 **된다.** 바로 여기에서 언어는 사고의 강력하고 불가결한 '매체', 즉 이를테면 사고를 자신의 고유한 끊임없는 운동의 권역 속으로 받아들이고 그것을 잡아채 가는 수레바퀴가 된다. 개별적인 감성적인 직관에게는 바로 그것이 갖는 구체적인 풍요로움과 정태적인 명확성 때문에 이러한 자유로운 운동이 허용되지 않는다. 이 때문에 물론 '말 없는 사고'의 존재는 부정할 수 없어도 이러한 사고는 언어적 사고의 경우보다도 훨씬 더 크게 항상 개체에, 즉 지금 여기에 주어져 있는 것에 구속되어 있다. 언어적 사고에서야 비로소 개념의 참된 **수준면**이 지각 가능한 것과 직관적으로 표상될 수 있는 것의 영역으로부터 명확하면서도 결정적으로 구분된다. 플라톤식으로 말

---

3) 물론 엄밀히 말하면, 이는 단어가 명석판명하게 그것의 순수하게 재현적이고 상징적인 성격에 있어서 파악되는 단계—따라서 명칭이 그것이 가리키는 사태의 실질적 **부분**으로 간주되는 신화적 사고를 넘어선 단계—에서야 비로소 타당하다. 명칭이 사태의 실질적 부분으로 간주되는 한, 그러한 명칭도 실체적인 고정성과 실체적인 구속성을 갖게 된다. 즉 신화적 '실체화'는 명칭 자체를 영적인(dämonisch) 존재로 변화시키는 것이다(이에 대해서는 특히 『상징형식의 철학』 제2권, 53쪽을 참조할 것).

해서 언어의 순수한 명명기능이야말로 λόγοι[로고이, 언어]의 영역과 πράγματα[프라그마타, 사물]의 영역 사이에 최초의 예리한 단절을 야기하는 것이다.[4] 이와 같이 단어는 실로 개념을 창조하는 것은 아니지만 그렇다고 해서 개념에 대한 한낱 외적인 부속물은 아니다. 오히려 단어는 개념의 **현실화**를 위한, 즉 직접적으로 지각되고 직관된 것으로부터 개념을 해방시키기 위한 가장 중요한 수단들 중 하나를 형성한다. 비록 이러한 해방이 인식을 구체적인 것과 개체적인 것의 낙원으로부터 추방하는 인식의 일종의 원죄처럼 보일지라도, 이러한 해방이야말로 정신이 **자신**의 세계를 비로소 획득하고 형성하게 되는 정신의 **노동**, 무한히 전진하는 정신의 노동의 시작이기도 하다.

이러한 과정의 양식과 방향을 **발생적** 고찰방식의 입장으로부터 분명히 드러낸다면, **발달심리학**이 가르치는 사실들이 우리가 순수하게 체계적인 분석을 통해서 도달하게 된 결과들과 전적으로 일치한다는 사실이 분명하게 된다. 개인이 성장하는 과정에서도 두 세계가 나눠지는 지점, 즉 '한낱' 직관적인 '일반적인 표상'으로부터 언어적 '개념'으로의 전회가 행해지는 지점이 분명하게 제시될 수 있다. 심리학에서 전자는 '도식화된 표상', 즉 "사실상 아직 '표상'이며 직관적인 명확함을 가지고 있지만 그 현상방식은 개개의 기억표상처럼 상세하지도 개체화되지도 않은 도식화된 표상으로서 기술될 수 있다. 그것들은 이를테면 감성적 직관 내부에 머물

---

4) Platon, *Phaidon*, 99 D쪽 이하.

고 있는 감성적인 추상 내지 단순화다." 그러나 성장이 진행되면 이러한 단계를 넘어서게 된다. "이러한 도식은 아직은 그것이 상기시키는 직관과 극히 막연하면서도 일정한 유사성을 가지고 있다. 그러나 사념된 것을 유사물에 의해서 표현하려는 필요는 점차적으로 사라지게 되고 대상에 대한 관계맺음, 즉 지향을 표시하는 데는 이러한 직관의 잔여로 충분하게 된다. 이와 같이 도식으로부터 단순한 기호가 생기게 된다." 이러한 전회와 함께 비로소 우리는 언어와 참된 개념적 사고의 영역으로 들어서게 된다.[5] 인간 언어의 고유성을 동물영역에서 다소간 명료하게 이미 형성되어 있는 여러 형식과 종류의 '의미조합(Semantik)'에 대해서 구별할 경우에도 유사한 결론에 도달하게 된다. 동물의 공동생활에서도 개개의 동물이 특정한 '기호'를 사용하여 자신이 속하는 종의 동료들과 연락을 취한다는 사실이 보인다. 예를 들어 벌은 자신이 발견한 먹이가 있는 곳으로부터 처소로 돌아가게 되면 거기에서 특정한 운동, 즉 일종의 '권유 댄스'를 행함으로써 동료들을 먹이가 있는 곳으로 날아가도록 유혹한다. 그 경우 그 벌은 먹이가 있는 곳에서 모은 꽃의 종류를 보여주는 향기의 샘플을 동료들 각각에 배분한다. 그리고 이 향기의 샘플이 떼를 지어 나는 동료들을 그 향기의 발생지로 유도하기 위한 '방위결정'의 수단으로서, 즉 '식별기호'로서 기능한다. 이런 종류의 기호부여와 기호를 통한 '의사소

<hr>

5) 상세한 것은 W. Stern, *Psychologie der frühen Kindheit* 3판, Leipzig, 1923, 301쪽 이하를 볼 것.

통'에 대해서 인간 언어의 '표시기능'을 구별하려고 한다면, 두 개의 본질적인 규정을 거론할 수밖에 없게 된다. 이에 대해서 뷜러는 이렇게 말하고 있다. "우리의 비판적 사고를 이렇게 함께 주어져 있는 꽃의 향기로서의 기능에 집중해 보자. 꽃의 향기는 수색자들[꿀을 찾는 벌들]이 자신의 본능에 따라서 비행공간을 수색하고 있을 때, 우리 인간의 경우라면 기억에 각인되는 식별기호와 유사하게 작용하고 있는지도 모른다. 그러나 잘 검토해 보면 동물에서 보이는 기호에 의한 교신 메커니즘의 전체에는 인간 언어의 표시작용에서 보이는 것과 같은 비교 불가능할 정도의 자유와 무제한이라고 말해도 좋은 적용영역이 근거하고 있는 두 개의 계기가 결여되어 있다. 그것은 첫째로는 기호가 소재(Stoff)로부터 벗어나 있다는 것이다. 왜냐하면 벌들 사이의 교신을 가능하게 하는 것은 바로 꽃의 향기라는 실재적인 소재이며 항상 그와 같은 것인 반면에, 인간의 명명행위에서 표시작용은 소재 샘플 없이도 교신을 가능하게 하기 때문이다. … (소재 샘플을 받아들이는 벌이) 자신의 기억인상을, 그 소재 샘플을 다시 사용할 필요도 없이 다른 동료들에게 전할 수 있게 될 경우에야 비로소, 즉 이러한 소재로부터의 자립성을 획득하게 되었을 경우에야 비로소 … 인간 언어와 비교될 수 있는 지반도 획득될 것이다." 그것에 덧붙여 두 번째 조건이 되는 것은 '분리 가능성'이라는 계기다. 인간 언어가 사용하는 '이름'은 더 이상 그것이 지시하는 사태의 일부가 아니다. 그것은 사태에 실재 속성으로서, 즉 '우유성(偶有性[우연히 갖추게 된 속성], Akzidentien)'으로서 사태에 부착해 있지 않고 자립적이고 순수하게 이념적인 영역에 속한다. 소재 샘플로부터 진정한 기호로의 전진과 기호가 그것이 가리키는 사물들로부터 원칙적으로 **분리될** 수 있다는 이 두 개의 계기가 합하여 비로소 인간 언어의 특수성과 그 특유의 의미와 가치가 생기게 된다.[6] 그리고 바로 이 두 계기야말로 제2의 진전, 즉 언어의 '단어기호'로부터 이론과학의 순수한 '개념기호'로의 진전이 의거하고 있는 것이기도 하다. 이러한 개념기호에서야 비로소 단어기호에서 시작되었고 의도되었던 것이 완성된다. 왜냐하면 단어가 아무리 명확하게 직관의 **개별적 내용**과 구별되어도 또한 단어가 자립적이고 어떤 특정한 '논리적' 내실을 부여받은 것으로서 직관의 **개별적 내용**과 대치할지라도, 단어는 항상 고정시키는 성격을 가지고 있어서 **전체로서의** 직관세계에 항상 구속되어 있기 때문이다. 단어가 순수한 관계표현으로서 기능하면서 그것이 더 이상 어떠한 의미에서도 주어져 있는 것에 대한 지시로서 사용되지 않고 그러한 지시 대신 순전히 술어로 사용되는 경우에조차도, 단어가 직관적 세계에 구속되어 있다는 사실은 분명히 드러난다. 우리는 언어의 구조에서 술어기능이 어떤 식으로 지시기능으로부터 생기고 서서히 또한 단계적으로 지시기능으로부터 발전해 가는가를 거듭해서 추적할 수 있었다. 적어도 모든 논리적 관계규정은 그 언어적인 형성의 **수단**을 직관적 관계, 특히 **공간적** 관계의 영역에서 빌리고 있다. 판단의 계사조차도, 즉 순수하게 술어적인 명제에서의 '이다'조차도 이와 같이 직관적 내

---

6) Karl Bühler, *Die Krise der Psychologie*, Jena 1927, 51쪽 이하.

실에 의해서 채워져 있는 것으로 나타난다. 즉 논리적인 '이다'
와 '그렇게 있음(So-Sein)'은 어떤 종류의 직관적인 '있다(Da-Sein)'
로 치환됨으로써만 언표될 수 있다. 이와 같이 언어는 내적인 강제
에 의한 것처럼 '본질'과 '존재' 사이의, 개념적인 '본질'과 직관적인
'현실' 사이의 경계를 제거하는 방향으로 항상 거듭해서 이끌린다.[7]
특정한 언어에서 접미사의 발전은 이러한 접미사가 갖는 '형식적'
의미의 핵심이 감성적 '질료'로부터 서서히 획득되어야만 한다는
것, 형식적 관계의 의미는 소재어들을 매개로 해서만 파악될 수
있다는 사실을 우리에게 명확하게 보여주었다.[8] 과학적 개념형성
과 '용어'는 여기에서 한 걸음 더 나아간다. 그것에서는 기호의 사
용이 제한을 가하는 일체의 감성적 조건들로부터 해방된다. '탈소
재화'의 과정도 '분리'의 과정도 함께 전진한다. 즉 기호가 **사물의**
영역으로부터 벗어나게 되면서 순수한 관계기호와 **질서기호**가 된
다. 이제 기호가 직접 '표상할 수 있게' 만들려고 하는 것, 즉 그 직
관적 윤곽을 정신의 눈앞에 드러내려고 하는 것은 개개의 **형상**이
아니다. 기호는 오히려 어떤 일반자, 즉 어떤 형식규정과 구조규
정을 드러내는 것을 겨냥한다. 이러한 형식규정과 구조규정은 개
별적인 사례에서 나타나기는 하지만 결코 그것으로 해소될 수는
없다. 이러한 일반자를 파악하기 위해서는 직접적인 지각이나 직
관에 제시되는 특수한 내용을 채택하여 그것에 언어적인 표현, 즉

---

7) 이에 대해서는 『상징형식의 철학』 제1권, IV장과 V장, 특히 295쪽 이하 참조.
8) 같은 책, 제1권, 284쪽 이하 참조.

하나의 '이름'을 부여하는 것만으로는 불충분하며, 또한 분류하는 언어적 개념형성이라는 의미로 현상의 보다 큰 그룹을 통일체로 종합하는 것만으로도 불충분하다. 이러한 종합은 오히려 특정한 체계적인 **계획**을 따라야만 한다. 방법적으로 '단순한 것'에서 '복잡한 것'으로 나아가지 않으면 안 된다. 이러한 요구에 의해 과학의 '의미조작'은 '자연적' 언어의 영역을 넘어서 나아가도록 내몰리게 된다. 과학의 의미조작은 자신의 기호를 더 이상 이러한 영역에서 빌릴 수 없고 오히려 그 기호를 자신이 요구하는 완전성과 일의성을 갖는 방향으로 창출해야만 한다. 원래 기호에 포함되어 있고 언어의 단어에 그 특유의 정신적 각인을 부여했던 기호의 '능동성'이 이와 함께 비로소 극히 순수하게 또한 완전한 힘을 갖고 모습을 드러내게 된다.[9] 정신적 형성작용은 외부로부터 주어진 임의의 소재를 이용하는 것이 아니라 자신이 필요로 하고 자신의 고유한 규정을 각인할 수 있는 소재를 자기 자신에게 제공한다.

따라서 여기서 한편으로 언어적 개념형성과 과학적 개념형성 사이에 존재하는 **차이**가 선명하게 드러나지만, 다른 한편으로는 이러한 차이로 인해 양자 사이의 **연속성**이 존속하기도 한다. 왜냐하면 과학적 개념이 언어적 개념으로부터 아무리 멀리 떨어져 있고 그것보다 아무리 고차적인 것일지라도 언어적 개념으로부터 과학적 개념으로의 이행은 참된 μετάβασις εἰς ἄλλο γένος[메타바시스 에이스 알로 게노스, 다른 유(類)로의 이행]를 의미하지 않기 때문이다.

---

9) 같은 책, 제1권, 19쪽 이하를 참조할 것.

과학적 인식으로의 진전에서 처음에 이러한 진전에 속해 있던 제한적인 조건들로부터 해방되면서 그러한 진전에 함축되어 있던 형태로부터 분명한 형태로 이행해 가는 것은, 언어가 형성될 때 처음부터 작용하고 있었던 바로 그 '로고스'다. 물론 우리가 언어에서 논리적 형상보다도 오히려 순수하게 **감성적인** 형상에 주목하는 한, 즉 언어가 순수한 '직관'의 영역으로부터 상승하면서도 지속적·본질적으로 이러한 영역에 구속되어 있다고 생각하는 한, 이러한 사태도 물론 다르게 표현될 것임에 틀림없다. 이와 같이 논리적 계기가 아니라 감성적 계기를 중심으로 놓는 언어철학에게는, 언어적 사고와 논리적 사고의 차이는 단순한 차이라기보다는 오히려 진정한 의미의 균열로 나타날 것임에 틀림없다. 따라서 포슬러는 이렇게 강조하고 있다. "언어적 사고에서부터 논리적 사고에 이르는 쾌적하고 부드러운 눈에 뜨이지 않는 이행도 진전도 존재하지 않고, 상승하는 것이든 하강하는 것이든 단계적 연속도 존재하지 않는다. 존재하는 것은 오직 전향(轉向)뿐이다. … 논리적 사고에서 살아 있으려고 하는 것은 언어적 사고에서는 말라죽고 경직되어 있어야만 한다. 사고가 개념이 되는 것은, 과거의 언어생활이라는 유충(幼蟲)에서 빠져나와 죽은 인형을 버림으로써만 가능하다. 이러한 … 폐기물 혹은 껍질은 직접적으로 유의미한 언어형식이 더 이상 아니고 로고스가 비약할 때 남겨놓은 일종의 흔적 혹은 족적일 뿐이다. 우리는 그렇게 형해화되고 퇴색되고 경직된 외형, 즉 문법적 도식을 보면서 논리적 사고가 언어적 사고로부터 자신을 해방시키기 위해서 수행해야만 했던 작업을 추후(追後)적으로 연구하고 인식할 수 있다."[10] 그러나 이러한 비유가 아무리 정확하더라도 이러한 비유에는 포슬러가 그것으로부터 이끌어내었던 결론과는 다른 체계적 결론도 포함되어 있다. 왜냐하면 언어에서 논리적 개념으로 진전하는 과정에 참된 변용이 수행된다고 해도, 이러한 변용 자체는 일종의 진화가 아닌가? 언어 속에 존재하는 로고스가 [죽은] 인형의 상태로 있는 것처럼 보이지만, 그럼에도 불구하고 그 로고스에는 이미 그것이 싸여 있는 외피를 언젠가는 돌파할 수 있게 하는 힘이 작용하고 있지 않은가? 내가 보는 한, 포슬러도 또한 자기 자신의 근본사상을 밀고 나가는 가운데 이러한 견해에 도달하고 있다. 왜냐하면 그가 언어와 과학의 대립과 긴장을 아무리 첨예하게 강조하더라도, 다른 한편으로 그는 바로 양자가 극히 멀리 떨어져 있고 서로 소외되어 있는 단계에서조차도 어떤 전회가 시작되고 있다는 사실을, 즉 이제 '사변적이고 반성적인 전회점'이 생기고 있다는 사실을 시사하고 있기 때문이다. 이러한 전회점에서 추상적 개념이 변증법적으로 됨으로써 비로소 논리적 사고는 자기 자신의 본질을 발견하게 되며 동시에 자신과 언어적 개념의 통일성을 발견하게 된다. 그러나 만약 사고의 '근저에' 어떠한 방식으로든 잠재적으로라도 이러한 통일이 존재하지 않는다면, 어떻게 해서 사고는 이러한 통일성을 발견할 수 있겠는가? 포슬러 자신도 여기에서 "사고의 자기 자신으로의 귀환"

---

10) Vossler, Sprache und Wissenschaft(*Geist und Kunst in der Sprache*, Heidelberg 1925(VIII), 220쪽 이하).

에 대해서 말하고 있다. 더 나아가 포슬러는 "우선은 회의(懷疑)에서 벗어나 피상적이었던 언어적 사고의 방향이 논리적 개념에 의해서 자신의 꿈으로부터 놀라서 깨어나게 되며 비판적으로 조명된다는 의미에서 사고의 자기 자신으로의 귀환에 대해서 말하고 있다. 따라서 논리적 개념은 언어적 사고의 방향을 파괴하고 부정하지 않고 언어적 사고의 몽유병적 행보를 중단시키며 그것에게 갈 길을 안내하려고 한다"고 말하고 있다.[11] 우리의 체계적 연구의 성과에 근거해 볼 때 우리는 포슬러가 주장하는 테제에 대해 이의를 제기할 필요가 전혀 없다. 포슬러의 테제에 대해서 다음 한 가지만을 강조해야만 한다. 즉 포슬러가 말하는 '반성적 전회'는 실로 언어의 피안에서 비로소 도달되는 것이지만, 그럼에도 불구하고 언어 자체 속에도, 즉 언어의 차안에서도 이미 인식될 수 있으며 어떤 의미에서는 준비되고 선취되고 있다는 것이다. 왜냐하면 언어의 단어 자체가 결코 직관의 단순한 산물이라고 간주될 수는 없고 '반성' 작용을 포함하고 있기 때문이다. 헤르더도 역설하고 있는 것처럼 성찰의 최초의 징표는 '영혼의 단어'였으며, '여러 이미지의 부유하는 꿈'으로부터의 깨어남이자 한낱 감각적인 체험으로부터의 깨어남이었던 것이다.[12] 정신 자체의 본질에는, 정신의 '자기 자신으로의 귀환'이 정신발달의 고립된 정점에서 일어나는 것이 아니라 이러한 발달의 전체를 지배하고 규정하고 있다는 사

---

11) 같은 책, 227쪽 이하.
12) Herder, *Über den Ursprung der Sprache*, 제1권, 96쪽 참조.

실이 포함되어 있다. 정신의 발달과정에서는 동일한 특징적 과정이 여러 수준에서 항상 거듭해서 일어난다. 이러한 과정에 의해서 '직접적인' 직관의 세계와 언어적 개념의 세계가 분리되는 것과 마찬가지로 논리적·과학적 개념들이 언어적 개념으로부터 분리되는 것이다.

왜냐하면 '징표를 발견하는' 과정이라든가 성질을 표현하는 개념을 형성하는 과정은 물론 과학에서 비로소 확고한 체계적인 궤도에 오르게 된다고 해도 그 출발점은 언어에 존재하기 때문이다. 언어에서 우연처럼 시작된 것이 과학에서 특정한 목표를 향해 방법적으로 수행되는 것이다. 언어개념, 즉 '명명(命名)'이라는 초보적인 기능부터 이미 '많은 것에 깃들어 있는 하나(Eines im Vielen)'가 파악되고 정신의 눈에 의해서 고정되지 않고서는 불가능한 것이다. 지각되고 직관된 다양한 내용은 특정한 '시점' 아래 파악되며 이러한 '시점'에 의해서 하나의 통일체로서 종합되어 보이게 된다. 개개의 언어개념 모두는 이러한 방식으로 특정한 중심점과 초점을 고정하며, 이러한 중심점과 초점으로 직관적 존재의 여러 영역으로부터 발하는 광선들이 모이고 어떤 의미에서 서로 침투하면서 종합되는 것이다. 그러나 이 모든 중심은 독자적으로 존재할 뿐이며 통일적이고 동질적인 전체를 형성하지는 않는다. 언어공간도 사고공간도 우선은 하나의 체계로서보다는 오히려 하나의 집합체로서 나타난다. 그것은 개별적인 장소들과 위치들로 이루어져 있고 이러한 장소들과 위치들은 일관되고 안정된 형태로 서로 결합되어 있지 않다. 물론 언어가 발전하면서 이러한 결함은 점차 극복된다. 왜냐하면 언어가 발달하는 과정은 단지 계속해서 '새로운' 이름들이 주조되고 새로운 개별적 의미가 획득되는 과정이 아니라 이러한 개별적 의미들이 서로 관계를 맺고 서로를 규정하는 과정이기 때문이다. 모든 서술문장은 이러한 규정을 위한 발단이 된다. 서술문에서는 주어가 술어에 그리고 술어가 주어에 관계 지어지며 양자가 서로를 한정한다. 개별적인 개념은 이러한 부단한 한정 작업에 의해서 비로소 완전한 의미를 획득하게 된다. 개별적인 개념이 말의 전체에서 진입하게 되는 조망할 수 없을 정도로 다양한 결합에 의해서 비로소 이 개념에 내용과 형태가 부여된다. 바로 이 점 때문에 우리는 이러한 형태를 결코 단적으로 고정되고 지속적인 것으로, 즉 최종적으로 확정된 것으로 생각해서는 안 된다. 이 형태는 담화의 흐름, 즉 담화가 우왕좌왕하고 일어났다가 사그라지는 과정에서 형성되고 자신의 존재를 주장함으로써만 존립한다. 언어는 그 전에 미리 정해진 하상(河床)을 조용히 흘러가는 것이 아니라 이르는 곳마다 그 하상을 거듭해서 새롭게 파내야만 한다. 언어는 갈수록 높아지는 새로운 형태들을 자신 속으로부터 산출하는 흐름 자체인 것이다. 바로 여기에 언어의 참된 근원적인 힘이 존재한다. 그러나 개념과 개념적 사고의 입장으로부터 보면 바로 여기에 언어의 결함도 존재한다. 왜냐하면 엄밀한 의미의 개념은 바로 부침(浮沈)하는 언어의 흐름에 하나의 목표를 설정하려고 하면서 견고함과 일의성(一意性)을 요구하기 때문이다. 언어가 그 **생성과정**에서 가질 수밖에 없는 모든 무규정성과 모호함이 개념의 존재에 의해서 극복되고 제거되어야만 한다. 따라서 비록 개념도 또한 어떤 상징적 '기호'로 표현될 필요가 있다고 하더라도 개념은 임의의 기호를 받아들이는 것이 아니라 자신이 깃들게 될 기호의 세계가 충족시키지 않으면 안 되는 극히 특정한 **요구들**을 내세운다. 이러한 요구들 중 첫 번째는 **동일성**의 요청이다. '동일한' 내용에 대해서는 항상 '동일한 기호'가 선택되어야만 한다. 언어에게 본질적이며 언어의 운동을 비로소 가능하게 하는 의미의 '활동공간'이, 즉 어떤 언어가 어떤 때에는 이 '의미'로, 어떤 때에는 저 '의미'로 받아들여질 수 있는 상황은 이제 의식적으로 제거되어야만 한다. '기호'와 '의미' 사이에 엄밀한 일의적인 대응을 설정하려는 노력이 행해진다. 그리고 이 근본적인 요청에는 동시에 또 하나의 요구가 포함되어 있다. 과학적 사고에서 설정되는 모든 새로운 개념은 처음부터 이러한 사고의 전체에, 즉 무릇 **가능한** 개념형성의 전체에 연관되어 있다. 어떤 개념이 무엇을 의미하고 무엇인지는 이러한 전체에서 그 개념이 갖는 타당성에 달려 있다. 개념에게 귀속될 수 있는 모든 '진리'는 사고내용과 사고 정립의 전체와의 연관 속에서 행해지는 항상적이며 일관된 이러한 **검증**에 구속되어 있다. 개념에 대한 이러한 욕구로부터 개념기호에 대해서도 하나의 자기완결적인 **체계**를 형성해야만 한다는 요구가 생기게 된다. 개개의 사고내용에 개개의 임의의 기호가 할당되는 것만으로는 불충분하며, 모든 사고내용이 하나의 확고한 질서를 이루고 그 결과 기호의 총체가 하나의 규칙에 따라서 분절되어야만 한다. 어떤 사고내용이 다른 사고내용에 의해서 제약되고 이것에 '기초하고 있는' 것처럼, 어떤 기호도 또한 다른 기호에 기초해야만 한다. 즉 어떤 특정한 구성법칙에 따라 다른 기호로부터 **도출될** 수 있어야만 한다. 물론 이러한 요구가 전적으로 엄밀하게 충족되는 것은 개념 자체가 '정밀성'에 대한 모든 요구를 충족시키고, 그 개념을 모든 측면에서 한정하고 규정하는 하나의 '정의'를 수용할 수 있을 경우뿐이다. 그러나 그러한 규정으로 향하는 **성향**은 개념이 향하는 대상들의 본성이 규정작용을 완전히 **수행하**는 것을 방해하는 경우에도 그 개념에서 지배하고 있다. 개념은 그것이 아직 구체적이며 개별적인 직관에 극히 가깝게 존재하고 그 직관에 몰두하면서 그것을 완전히 길어내려고 노력하는 경우에조차, 결코 개별적인 것으로서의 그 직관에 향하지 않고 이러한 직관을 자신의 형식들의 **연속체** 속으로 수용하면서 이러한 연속체로부터 이해하려고 한다. 특수한 개념은 '개념들의 공동체'를 형성하려고 노력한다. 플라톤식으로 말하자면, 개별적인 형상(에이도스) 내지 유(類, 게노스)는 κοινωνία τῶν γενῶν[코이노니아 톤 게논, 유(類)동사의 관여]으로 향하는 것이다. 이러한 노력은 언어에서의 단어들과 같은 한낱 다양한 기호들로 만족할 수 없으며, 기호들 자체가 어떤 특정한 **구조**를 갖기를 요구한다. 그러한 구조에 의해서 기호들은 단순히 나란히 존재하지 않고 자신을 다른 것들로부터 전개하면서 특정한 원리에 따라서 **개관(槪觀)**될 수 있게 된다.

물론 여기에서 제시된 새로운 과제를 해결하기 위해서 기호는 언어의 영역에서 일어났던 것보다도 훨씬 더 예리하면서도 강력하게 직관적인 현실존재의 영역에서 벗어나는 것이 필요하다. 언어에서의 단어도 이러한 영역을 넘어서 자신을 고양해야만 했지만 그것은 항상 다시 이러한 영역으로 되돌아왔다. 언어에서의 단어는 '지시한다'라는 순수한 기능에서 자신의 힘을 발휘하지만 그 경우 그러한 지시가 관계하는 대상을 결국은 어떠한 방식으로든 직접적으로 현전화하려고 노력하는 것이다. 앞에서 보았던 것처럼 언어는 근원적인 문법형식의 출발점이 되는 지시사를 형성할 때 항상 거듭해서 이러한 방식으로 하고 있다. 이러한 지시사 —예를 들면 '여기'와 '거기', 말하고 있는 사람의 공간적인 가까움과 멂, 말하는 사람으로부터 듣는 사람에로의 방향 혹은 그 역의 방향을 가리키는 지시사—가 처음 나타날 때에는 그것에는 아직 극히 감각적인 음조가 부착해 있다. 지시사는 직접적으로 지각된 것의 권역으로부터 개별대상을 부각시키는 직접적으로 지시하는 몸짓과 밀접히 융합되어 있다. 언어에서 공간어의 최초의 형성, 지시대명사와 관사 등의 형성에는 도처에서 언어와 몸짓의 이러한 원초적인 통일이 인식될 수 있다. 이러한 모든 단어는 원래는 음성 메타포 외의 것이 아니며 이러한 음성 메타포로서 그것들은 자신들이 발해지는 직관적 상황의 전체로부터 비로소 그 의미를 얻게 된다.[13] 그리고 언어가 감각적으로 현전하고 있는 것에 대한 이러한 구속으로부터 일찍이 벗어나서 순수하게 지적이며 '추상적인' 개념들 사이의 관계로 자신을 고양시키는 경우에조차도, 언어에는 구상(具象)적인 것으로 향하는 이러한 경향이 남아 있다.

---

13) 상세한 것은 『상징형식의 철학』 제1권, 132쪽 이하, 139쪽 이하, 152쪽 이하, 165쪽 이하 등을 볼 것.

언어는 여기에서도 또한 개념에 신체성을 부여하고 개념을 명확한 신체적인 특징을 갖는 것으로서 파악하려고 노력하는 것이다. 감각주의는 모든 언어가 갖는 이러한 메타포적 성격을 지적하면서 그것으로부터 모든 사고도 또한 감각적으로 규정되어 있고 감각적으로 구속되어 있다는 결론을 끌어내는 경향이 있다.[14] 그러나 이러한 추론은 사고작용이 이용하고 '순수한' 사고작용조차도 반드시 필요로 하는 상징조작이 오직 언어에 의지할 경우에만 타당성을 가질 수 있다. 그러나 사고의 발달과정은 오히려 정반대의 것을 가리킨다. 사고는 단순히 언어가 그것에게 완성된 형태로 주조된 것으로서 제공하는 기호를 이용할 뿐 아니라, 어떤 새로운 형식으로 진입하자마자 자신에게 적합한 기호형식을 창안하고 자신에게 부여한다. 그리고 이러한 순수한 '개념기호'가 언어에서의 단어로부터 구별되는 점은 바로 이러한 개념기호들에는 어떠한 직관적인 '함의'도 부착되어 있지 않다는 것, 이러한 개념기호들은 어떠한 감성적인 색조도 '색채'도 띠지 않는다는 점이다. 개념기호는 표시의 수단이자 직관적 표현의 수단에서 순수한 의미 담지자가 된 것이다. 이러한 개념기호들에서 사념되고 지향되고 있는 것은 현실적 지각의 영역뿐 아니라 가능한 지각의 영역 밖에 존재하는 것이다. 언어는 이러한 영역을 결코 완전히 떠날 수 없고 돌파할 수도 없다. 왜냐하면 언어가 담화로서, 즉 객관적인 '로고스'로서 전적으로 비감각적인 것으로 향할 경우에도, 언어는 이러한 비

---

14) 같은 책, 제1권, 74쪽 이하를 참조할 것.

감각적인 것을 항상 말하는 사람의 입장에서만 가리킬 수 있기 때문이다. 언어는 결코 언표 자체가 아니며 언어 속에는—항상 동시에—말하는 주체가 자기 자신을 언표하는 말함의 양식, 말함의 어떤 개별적 형식이 살아 있는 것이다. 실제의 모든 담화는 주체와 객체의 이러한 이중성 내지 양극성을 포함하고 있다. 실제의 담화에서는 단순히 특정한 사태가 지시되고 있을 뿐 아니라 이러한 사태에 대한 주체의 입장도 표출되고 있는 것이다. '글이라는 멜로디'의 무수한 극히 미묘한 뉘앙스, 역동적인 강세의 변화, 템포와 리듬, 그 변조와 여운 속에는 언표되고 있는 대상의 내용에 대한 자아의 관여가 표현되고 있다. 담화에서 이러한 '감정적인 색조'를 제거한다는 것은 담화의 고동, 맥박, 호흡을 파괴하는 것을 의미할 것이다. 그러나 물론 다른 한편으로는 정신이 발달해 감에 따라서 정신에 의해서 바로 이러한 희생[파괴]이 요구되는 단계가 있다. 이때 정신은 파악자 자신을 고려하는 것으로부터 생기는 모든 특수성을 제거하면서 순수한 세계파악으로 나아가야만 한다. 이러한 요구가 일단 제기되고 이러한 요구의 필요성이 의식적으로 승인되면, 언어가 세웠던 헤라클레스의 기둥[15]은 초극되어야만 한다. 이러한 이행과 함께 비로소 참된 '과학', 엄밀한 '과학'의 영역이 열리게 된다. 과학의 상징기호와 개념에서는 특히 [말하는 자의 심정이나 상태를] 단순히 표현하는 것에 불과한 모든 것은 제거

---

15) [역주] 헤라클레스의 기둥은 지브롤터 해협 낭떠러지에 있는 바위이며, 여기에서는 한계와 같은 것을 가리킨다.

된다. 여기에서는 더 이상 개개의 말하는 자가 아니라 단지 사태 자체가 '말해야 한다.' 물론 이것은 한편으로는 엄청난 위축을 의미하는 것처럼 보인다. 왜냐하면 이 경우에는 언어의 운동은 정지되고 그것의 '내적 형식'이 단순한 공식으로 경화(硬化)되는 것으로 보이기 때문이다. 그러나 다른 한편으로, 이러한 공식에 결여되어 있는 생기와 개별적인 풍요로움을 그것은 자신의 보편성, 자신의 사정거리의 넓은 폭, 보편적 타당성에 의해서 대체한다. 이러한 보편성에 의해서 개인적인 차이뿐 아니라 민족적인 차이도 폐지된다. '언어들'이라는 복수개념도 더 이상 유효성을 갖지 못한다. 그것은 Characteristica universalis[보편적 기호법]라는 사상에 의해서 구축(驅逐)되고 대체되며 이제 이것이 Lingua universalis[보편언어]로서 등장하게 된다.

그리고 이와 함께 이제 비로소 우리는 수학적 인식과 수학적 · 자연과학적 인식이 탄생하게 되는 곳에 서게 된다. [상징문제라는] 우리의 일반적 문제의 견지에서 말하자면, 이러한 인식들은 사고가 언어라는 외피를 돌파하는 바로 그 시점에서 생기지만 그러나 이때 이 사고는 전적으로 외피 없이, 즉 어떠한 상징적 의복도 입지 않고 나타나는 것이 아니라 원칙적으로 다른 상징형식 속으로 들어가게 된다. 가변적이고 불안정하며 다채로운 모호성을 갖는 언어의 단어는 이제 확정성과 의미의 불변성을 지닌 순수한 '기호'에 자리를 내주어야만 한다. 포슬러도 이렇게 강조하고 있다. "수학의 개념들과 수학적 자연과학의 개념들에서 모든 언어는 외적인 어떤 것으로서 동등한 가치를 갖는다. 이러한 개념들은 어떠한 언어에도 거주할 수 있다. 그것들은 외적인 언어형식 속에만 거주할 뿐이며 내적인 언어형식은 완전히 소모하고 비워버리기 때문이다. 원, 삼각형, 구, 수와 같은 수학적 개념들, 혹은 힘, 원소, 원자와 같은 자연과학적 개념들은, 직관적인 모든 것, 상상적인 모든 것, 그러한 것들 속에서 아직 출몰할 수 있는 모든 신화적 사고와 언어적 사고가 절멸됨으로써 완전하고 엄밀한 과학성으로까지 성장할 수 있다."[16] 그렇다 할지라도 정신의 삶에서 이러한 절멸은 결코 단절을 의미하지 않는다. 바로 이러한 절멸에서야말로 정신이 성장하기 위해서 따라야 하는 법칙의 통일성이 분명히 나타난다. 왜냐하면 바로 언어의 발단에서 작용하는 것으로서 입증되었던 '탈소재화'와 '분리'의 과정이 여기에서 새로운 단계로 회귀하며 이제 변증법적 첨예화, 철저화, 강화를 겪게 되기 때문이다. 물론 과학적 개념과 언어적 개념 사이에는 어떤 심연이 벌어져 있는 것으로 보인다. 그러나 보다 면밀히 살펴보면, 이러한 심연은 사고가 언어적 사고가 되기 전에 이미 한 번 넘어서야만 했던 것과 동일한 심연이다. 동물의 '의미이해'와 관련해서 앞에서 언급했던 저 예들을 돌이켜보면 동물이 개별적 순간과 현재의 개별적인 지각상황에 완전히 구속되어 있다는 사태야말로 동물의 의미이해가 갖는 본질적인 한계라는 사실이 분명하게 된다. 이와 같이 여기와 지금에 구속되어 있다는 사실이야말로 동물의 생활권 내에서 이루어지는 모든 '전달'형식의 특징이다. 개개의 꿀벌이 자신이

---

16) Karl Vossler, 앞의 책, Bd. VII, 225쪽.

발견한 꽃의 향기를 같은 꿀벌집에 사는 동료들에게 전달할 때, 이러한 전달은 실재하는 물질을 함께-나눔(Mit-Teilung)으로써 이루어진다. 꽃의 향기가 동료들이 날아서 모여들게 하는 신호와 자극이 되기 위해서는 그것은 발견되었던 장소로부터 동료들의 지각장 속으로 옮겨져야만 하고―문자 그대로 그 속으로 '운반되어야' 하며―, 이를 통해 동료들은 그 꽃으로 날아들도록 유혹받아야 한다. 이러한 단순한 형식에 점점 더 복잡한 형식이 덧붙여지고 중간항들이 개입함으로써 '보다 고차적인 접촉'이 생기게 되지만, 이러한 접촉을 비로소 가능하게 하고 기호에 '이해 가능성'을 부여하는 것은 여전히 대상의 감성적·직관적 현존이다.[17] 인간 언어야말로 직접 주어져 현존하는 감성적 상황에 구속되어 있는 상태를 극복하면서 공간적·시간적으로 멀리에 있는 것을 포착할 수 있다.[18] 이렇게 멀리 있는 것을 포착하는 것이야말로 인간 언어에서 모든 개념적 파악 일반의 단서가 된다. 그러나 공간과 시간의 광대한 영역을 파악하려는 사고의 노력조차도 더 이상 충분하지 못하고 근본적으로 다른 한층 더 어려운 종류의 전진과 초월이 요구되는 지점에 결국은 도달하게 된다. 이제 사고는 단순히 여기와 지금, 그때마다의 장소와 순간에서 벗어날 뿐 아니라 공간과 시간의 전체를 넘어서고, 직관적인 표현작용과 직관적으로 표현 가능한 것의 한계를 넘어선 곳으로 손을 뻗쳐야만 한다. 사고는 직

---

17) 이에 대해서는 Bühler, 앞의 책, 40쪽 이하에서의 서술을 참조할 것.
18) 이에 대해서는 『상징형식의 철학』 제1권, 128쪽 이하 참조.

관이라는 모태뿐 아니라 언어라는 모태로부터도 분리된다. 그러나 사고가 미리 언어의 학교를 통과하지 않았다면 바로 이 최후이자 최고의 어려운 일에 성공할 수 없었을 것이다. 사고는 이 언어의 학교에서 마침내는 언어 그 자체를 초월하여 자신을 고양시키는 힘을 축적하고 집중시켰던 것이다. 언어야말로 사고에게 직관적 현존의 권역을 철저하게 답파(踏破)하는 것을 가르치면서 사고를 감성적 개별자로부터 직관의 전체에로, 즉 그 총체에로 고양시켰던 것이다. 이제 사고는 이러한 직관의 전체에 대해서조차 만족하지 못한다. 오히려 사고는 이러한 전체를 넘어서 필연성과 보편타당성의 요구를 내건다. 언어는 더 이상 이러한 요구를 충족시킬 수 없다. 왜냐하면 언어의 구성에서 '이성'의 근원적인 힘이 아무리 지배적일지라도, 모든 특정한 언어는 각각에 고유한 '주관적 세계관'을 표현하며 그것으로부터 벗어날 수 없고 벗어나려고도 하지 않기 때문이다. 오히려 바로 이러한 차이, 이러한 분화야말로 언어가 자신을 전개하는 매체이며, 이러한 매체가 언어가 숨을 쉴 수 있는 대기인 것이다. 그러나 이에 반해 우리가 언어를 구성하는 단어들로부터 순수과학의 기호에로, 특히 논리학과 수학의 상징으로 나아가게 되면 여기에서는 이를테면 공기가 없는 공간이 우리를 둘러싸고 있는 것 같다. 그러나 동시에 분명하게 되는 것은, 이를 통해서 정신의 운동이 저지되고 파괴되지 않고 오히려 정신은 여기에서 비로소 이러한 운동의 원리, 운동의 시원을 자체 내에 갖고 있는 것으로서 발견된다는 점이다. 정신이 그렇게 오랫동안 의지했던 언어라는 '매체'는 정신을 더 멀리까지 나아가게 할 수 없는 반면에, 정신 자체는 그것을 새로운 목표로 이끄는 비상을 감행하기에 충분한 강력함과 힘을 자신이 갖고 있다고 느낀다.

정신이 걷는 이러한 길의 여러 단계를 개별적으로 추적해 본다면, 우리는 첫눈에 보기에 아직 전적으로 언어형성 자체의 영역에 속하는 것 같거나 적어도 그것에 깊이 뿌리박고 있는 과정에서부터 시작해야만 한다. 모든 정밀한 개념형성은 수의 영역으로부터, 즉 '자연수열(數列)'의 규정과 표기로부터 출발한다. 수기호의 계열은 모든 순수한 '순서기호'의 최초의 예이며 불변의 원형이다. 그러나 이와 같이 과학의 순수형식이 수의 형식과 함께 시작한다고 해도, 수 자체의 단서는 엄밀한 과학적 개념형성과는 다르며 시간적으로 그것보다 훨씬 이른 개념형성에 속한다. 그러나 수형성의 어떠한 단초도 보이지 않는 수단, 다시 말해 아무리 '원시적인' 수단에 의해서라도 하나와 다수의 구별이 파악되지 않고 특정한 언어적 수단에 의해서 고정되지도 않는 그러한 언어형성의 단계는 존재하지 않는다. 따라서 수와 계산의 형식이야말로 그것에서 언어적 사고와 과학적 사고의 연관과 양자의 특징적인 대립이 가장 명료하게 드러날 수 있는 연결고리다. 계산의 최초의 근원으로까지 거슬러 올라가면 언어가 아직 자립적인 의미와 자율성을 갖지 못하는 것 같은 영역에 도달하게 된다. 여기에서는 음성언어와 신체언어가 서로 분리되어 있지 않으며 극히 긴밀하게 결합되어 있다. 계산행위의 의미는 그것에 속하는 신체적 운동, 특수한 '계산하는 몸짓'의 수행 속에서만 파악될 수 있다. 따라서 수와 계산되는 것의 권역도 이러한 신체적 운동의 권역 이상으로까지는 미치지 못한다. 이 단계에서 수는 '사고개념'이라기보다는 오히려 '손의 개념(Handbegriff)'이다. 우리는 『상징형식의 철학』제1권에서] '자연민족'의 언어에서 수사(數詞)의 형성과 관련하여 도처에서 보이는 이러한 구속을 보여줄 수 있었다. 거기에서 분명하게 드러난 것처럼, 그러한 수사들에서는 순수하게 객관적인 '표시기능'이 가장 멀리까지 후퇴하게 되며 그것들은 '객관적인' 사태를 표현하는 데 사용되기보다는 오히려 어떤 종류의 운동과정을 일으키는 특정한 지시와 이른바 명령이다. 예를 들어 '5'를 가리키는 명사는 수를 셈하는 손을 접는다는 것을 의미하며, '6'을 가리키는 명사는 한 손으로부터 다른 손으로 '넘어간다'는 것을 의미한다. '주체에의 구속', 주체 안에 사로잡혀 있음이 이 이상으로 나아가는 것은 불가능한 것 같다. 왜냐하면 수를 셈하는 개별단계들이 서로 구별될 수 있기 위해서는 이러한 주체는 개별적인 자아로서뿐 아니라, 바로 이러한 특정한 물질적 신체로서 현전하면서 감각적으로 파악될 수 있어야만 하기 때문이다. 그러나 보다 예리하게 분석해 보면, 수를 셈하는 이러한 가장 원시적인 양식에서조차도 새로운 다른 방향을 가리키는 하나의 동기가 드러난다. 왜냐하면 초기의 수사가 언어적 형성 면에서는 아무리 감각적이고 '질료적인' 성격을 가지고 있을지라도, 이러한 사실은 초기의 수사가 충족시켜야만 하는 기능의 수행에 아무런 장애가 되지 않기 때문이다. 초기의 수사는 명사에 극히 밀접하게 의거하고 있다. 즉 손과 손가락, 발가락 등을 가리키는 명사가 동시에 특정한 수를 가리키는 고유명사로서 사용되는 것이다. 그럼에도 불구하고 해당 수사를 말할 때 '염두에 두어지고' 언어가 지향하는 것은 손이나 손가락 자체가 아니다. 오히려 무엇보다도 중요한 것은, 개개의 명사가 그때마다 특정한 계열을 이루면서 반복된다는 것, 이러한 계열 자체는 개개의 명사가 항상 동일한 순서로 다시 돌아오는 식으로 분명하게 기억되어야만 한다는 것이다. 이러한 조건이 충족되자마자, 이러한 계열에 속하는 각각의 요소는 그것의 최초의 의미를 넘어서 간다. 처음에는 단순한 사물의 기호였던 것이 이제는 위치의 기호가 된다. 뉴기니의 원주민은 수를 셈할 때 우선 왼쪽 손가락을, 다음에는 손목, 팔꿈치, 어깨, 머리, 가슴을 가리키는 이름들을 부르지만, 이렇게 개개의 신체부위의 명칭을 부르는 것에는 그것들을 감각적 대상들로서 가리키려는 의도는 없고, 오히려 그것은 수를 셈하는 행위 자체의 개별적인 단계들을 구별하기 위해서 사용된다. 즉 이러한 명사들은 수를 셈하는 행위의 '지표'로서 기능하고 있으며, 계열 전체 내부에서 '보다 앞선 것'이나 '보다 나중의 것'을 보여주는 것이다. 그와 같은 구별이 가능하게 되는 범위는 극도로 한정되어 있어서, 예를 들어 계열에서 제1항과 제2항, 혹은 기껏해야 제3항과 제4항에만 독립적인 명칭이 주어져 있으며, 그것들을 넘어서면 '불특정 다수'를 가리키는 막연한 표현만이 사용된다. 그러나 이렇게 극도로 한정되어 있어도 그러한 경우에조차도 사고의 새로운 실마리와 개시가 인식될 수 있다. 왜냐하면 언어의 단어가 비록 단순한 것이어도 이제 어떤 정신적 조작의 표현이 되었기 때문이다. 단어는 아직 끊임없이 그리고 이를테면 불안하게 개개의 감각적 대상들의 직관에 의지하고 있다. 그러나 그것은 동시에 그러한 대상들에서 우선은 아직 무규정적이고 불확실하지만 직관형식 속의 어떤 계기를 파악하고 있다. 이러한 계기는 이러한 대상들의 단순한 '무엇인가'에 관련된 것이 아니라 대상들이 자체 내부에서 질서 지어지고 서로 번갈아가며 **편입되는** 방식에 관련되어 있다.

과학적 수개념은 이러한 최초의 발단이 모든 우연적 제한으로부터 해방되어 전적으로 일반적으로 고양됨으로써 생긴다. 이러한 수개념은 최초의 정립부터 특정한 보편타당한 관심에 따라서 진행되는 **순서기호의 보편적 체계**를 요구한다. 이러한 진행에는 어떠한 외적 한계도 더 이상 설정되어서는 안 된다. 감각적 지각이나 직관적 표상에서 우리가 식별할 수 있는 '사물들'의 집합은 더 이상 이러한 순서기호 형성을 위한 척도가 되어서는 안 된다. 오히려 이제 이러한 순서기호는 순수하게 이념적 성격을 띠고 있다. 라이프니츠의 말을 빌리면 이러한 순서기호는 현실적인 것의 순서가 아니라 가능한 것의 순서를 표현한다. 오히려 우리는 언어를 고찰하면서 이러한 '이념에의 전환'이 어떠한 곤란에 부딪히는지, 사고가 자기 자신에 도달하는 이러한 길에서 어떠한 방해와 어떠한 끊임없는 퇴행에 내맡겨 있는지를 보았다. 여기에서는 이행과 매개가 한 걸음씩 점차적으로 이루어진다. 수는 처음에는 자립적인 의미도 순수하게 '추상적인' 의미도 갖고 있지 않으며, 아직은 **셈해지는 사물**에 입각해서만 나타날 수 있고 셈해지는 것이 갖는 특수성과 개별적 특성 모두를 지니고 있다. 따라서 그 경우 수는 무차별하게 '대상 일반'에 관계하지 않고, 대상들의 개별 클래스 각각에 관계하며 따라서 대상의 종류가 달라지면 다른 수사가 사용되어야만 한다. 인간과 사물, 생물과 무생물, 평평한 사물이나 긴 사물 혹은 둥근 사물은 그것들을 표시하기 위해서 각각 고유한 수사군을 필요로 하는 것이다. 그러나 수학적 수개념(Zahlbegriff)은 [사물과의] 이러한 모든 연루에서 벗어났다는 바로 이 점에 의해서 언어의 수사(Zahlwort)와는 구별된다. 이러한 수개념은 다양한 객관에 의해서 사고에 강요되는 것 같은 이질성을 극복하고 등질성에로, 즉 수라는 유(類)와 형상에로 나아간 것이다.[19] 이제 개개의 수는 그것의 위치가(位置價)를 제외하고는 어떠한 분리될 수 있는 존재도, 구체적으로 주어져 있는 것이라는 의미를 갖는 어떠한 '개체성'도 더 이상 갖지 않는다. 그리고 사고가 이러한 방식으로 수관계라는 순수한 형식을 그러한 관계 안으로 들어갈 수 있는 모든 것으로부터 구별함으로써, 사고는 앞으로는 이 형식 자체를 무제한적으로 적용할 수 있게 된다. 이제 수의 이른바 질적·양적 무한성이 생기는 것이다. 양적으로 무한하다는 것은 개개의 수를 낳는 조작이 그 조작의 결과에 대해서 항상 반복해서 적용될 수 있기 때문이며, 질적으로 무한하다고 말하는 것은 순서와 계열을 가능하게 하는 원리가 계열관계를 표현하는 내용의 특수한 성질로부터 독립해 있기 때문이다. 라이프니츠는 자신의 『보편적 기호법』을 위한 단편적 초고의 하나에서 이렇게 말하고 있다. "신이 만물을 크기, 무게, 수에 따라서 창조했다는 것은 옛날부터 이야기되

---

19) 상세한 것은 같은 책, 제1권, 191쪽 이하를 볼 것.

었던 것이다. 그러나 측정이 불가능한 사물들이 존재한다. 즉 어떠한 잠세력도 힘도 갖지 못한 사물들이 존재하며, 또한 부분들로 이루어지지 않아서 어떠한 측정도 허용하지 않는 사물들이 존재한다. 이에 반해 수에서 벗어나는 어떠한 사물도 존재하지 않는다. 따라서 수는 이른바 하나의 형이상학적 형상이며 산술은 사물의 힘을 구명하는 우주에 대한 일종의 정역학(靜力學)이다."[20] 수의 이러한 존재론적 보편성은 수야말로 고찰을 위한 전적으로 보편적인 이념적인 척도라는 사실에 뿌리박고 있다. 이러한 척도는 아무리 다양한 내용이라도 다음과 같은 하나의 조건을 충족시키는 경우에는, 즉 요소들이 그러한 다양한 내용들에서 확정되고 특정한 관점에 따라서 분절되고 질서 지어진다는 조건을 충족시키는 경우에는 항상 적용될 수 있다. 플라톤은 그의 자연철학에서 공간을 모든 질료적 존재의 원형이라고 부르고 있지만 그것은 공간이 모든 질료적인 것의 '수용원리', πρωτον δεκτικόν(프로톤 데크티콘[제1의 수용자])이기 때문이다. 모든 질료적 형태는 보편적인 공간형식의 특수한 한정일 뿐이기 때문이다. 유사한 방식으로 수의 왕국은 구체적인 질서에 대한 모든 개념적 이해와 파악을 수용할 수 있는 장이 된다. 사고는 자신이 수라는 형태로 가지고 있는 보편적인 기호체계에 입각함으로써 비로소 자신이 향하는 모든 존재를 일관되게 규정된 존재로서 파악하며 그것을 보편적이고 필연적인 것이라는 관점하에서 파악할 수 있게 된다.

---

20) Leibniz, *Philosophische Schriften*, hg. v. Gerhardt, VII, 184.

현대수학에 관한 이미지 중에서 가장 현저한 특징에 해당하는 것은 그것이 수의 순수한 개념이 갖는 이러한 논리적 보편성을 인정하면서 이러한 보편성 위에 해석학의 체계를 구축했다는 점이다. 물론 오늘날에도 여전히 수개념은 세부적인 점에서는 서로 매우 다르게 기초 지어진다. 그러나 칸토르(Cantor)와 데데킨트, 프레게와 러셀, 페아노와 힐베르트의 작업들에서는 이러한 기초 지음을 시도하는 특징적인 방법적 방향이 분명하게 나타나 있다. 수십 년 전까지만 해도 헬름홀츠 정도의 1급 사상가마저도 본질적으로 경험론적인 노선을 따르는 방식으로 수개념을 도출하려고 했던 반면에, 오늘날에는 [수개념의 기초 지음이라는] 이러한 영역에서 경험론은 갈수록 지반을 상실했다고 말할 수 있다. 밀의 『후추과자와 조약돌의 산술(*Arithmetik der Pfeffernüsse und Kieselsteine*)』을 반박하는 프레게의 고전적인 논증 이래로 이 점에 대해서는 최종적인 해명이 이루어진 것 같다. 프레게가 '개수(個數)'를 정의하고 도출할 때, 개수는 더 이상 '사물' 일반의 속성, 특히 감각을 통해서 지각 가능한 대상이 갖는 속성이라고는 할 수 없으며 오직 개념의 속성으로서만 규정될 수 있는 것으로 간주되고 있다. 프레게는 『산술의 기초』에서 이렇게 말한다. "내가 '네 마리 말이 황제의 마차를 끌고 있다'고 말할 경우 나는 4라는 숫자를 '황제의 마차를 끄는 말'이라는 개념에 덧붙이고 있는 것이다."[21] [수개념의 기초 지음이라는] 이 점과 관련하여 데데킨트는 다른 길을 걷고 있

---

21) Gottlob Frege, *Grundlagen der Arithmatik*, Breslau, 1884, 59쪽.

지만 그에게도 수개념이 "순수한 사고법칙의 직접적 유출"로서 간주되어야만 한다는 사실은 확실하다.[22] 그리고 러셀의 수학원리론의 전체가 목표하는 것은 수개념의 의미를 규정하고 확정하기 위해서는 순수한 '논리정수(論理定數, die logischen Konstanten)' 이외의 전제는 필요하지 않다는 사실을 증명하는 것이다. 수학상의 '직관주의'조차도 고찰의 이러한 기본방향에 대해서는 어떠한 반대도 하지 않고 있다. 왜냐하면 직관주의가 수학과 논리학의 관계에 대한 견해와 이 양자의 서열관계의 규정과 관련하여 형식주의적 방향과 논리주의적 방향으로부터 아무리 첨예하게 구별될지라도, 직관주의가 수 성립의 기원으로 간주하는 저 '근원적 직관'은 경험적 대상에 대한 직관과는 전적으로 다른 것이기 때문이다. 브라우어(Brouwer)조차도 순수하게 직관주의적인 수학을 기초 지으려고 시도하면서 사물의 표상으로부터가 아니라 어떤 기본적 관계를 설정하는 것에서부터 출발하고 있다. 그는 그러한 기본적 관계로부터 순서개념과 수개념이 생기는 것으로 본다. 브라우어의 정의에 따르면 "어떤 종(種) P가 잠재적으로 질서 지어져 있다고 불릴 때는, P의 요소쌍(a, b)인 부분종의 요소(즉 a와 b)에 대해서 우리가 'a는 b보다 작다' 또는 'a는 b 앞에 있다' 또는 'a는 b 왼쪽에 있다' 또는 'a는 b 아래에 있다' 또는 'b는 a보다 크다' 또는 'b는 a 뒤에 있다' 또는 'b는 a 오른쪽에 있다' 또는 'b는 a 위에 있다'라는 말로 표현하는―순서 짓는 관계라고 지칭될 수 있는―비대칭적

---

22) 『상징형식의 철학』 제1권 184쪽 참조.

관계가 명시되어 있을 때다. 그렇게 순서 짓는 관계라고 지칭될 수 있는 **비대칭적 관계**는 전적으로 일반적이며 정확히 지정할 수 있는 '순서라는 성격'을 갖는다. "[23]

수문제에 대한 순수수학 내부에서의 이러한 전개에 대해서 수문제에 대한 **철학**과 **인식비판**에서의 파악과 그 형태를 대치시켜서 보면 물론 후자에서는 다른 광경이 전개된다. 철학과 인식비판에서는 기본적 견해의 여러 체계적 대립이 수학에서보다도 훨씬 선명하게 나타나는 것이다. '비판'철학의 권내에서조차도 이러한 대립은 조정될 수 없는 것 같다. 『순수이성비판』의 체계적인 구분에 따르면, 수론은 초월론적 감성론에도 초월론적 논리학에도 속하지 않는다. 오히려 수론은 양자를 결합하는 중간항 내지 결합항이 된다. 수는 어떤 것을 (동종의) 어떤 것에 순차적으로 덧붙이는 가산(加算)을 포함하기 때문에, 칸트는 수를 지성개념의 하나인 **양**의 순수한 도식이라고 정의한다. 이와 같이 수는 의식이 시간 자체를 직관의 각지에 있어서 산출함으로써 '동일한 종류의 직관의 다양 일반을 종합하는 통일' 이외의 것이 아니다.[24] 이러한 기본적 견해를 발전시키는 작업은 중점이 '지성'의 계기에 두어지는지 아니면 '감성'의 계기에 두어지는지, **종합**이란 동기에 두어지는지 아니면 **직관**이란 동기에 두어지는지에 따라 두 개의 상이한 방향을 취할 수 있었다. 전자의 길을 택하면, 수는 단순히 순수한 사고의

---

23) L. E. J. Brouwer, Zur Begründung der intuitionistischen Mathematik II (*Mathemat. Annalen* 95[1926], 453쪽).

24) *Kritik der reinen Vernunft*, 2판, 182쪽.

형상으로서뿐 아니라 그것의 원형이자 기원 자체로서 나타난다. 수는 사고의 순수한 합법칙성에서 비롯된 것일 뿐 아니라 이러한 사고의 합법칙성의 궁극적인 기원인 최초의 근원적인 작용을 가리키는 것이다. 따라서 논리적 관념론은 이렇게 강조한다. "사고에게는 사고 자체보다 근원적인 것은 있을 수 없다. 여기에서 말하는 사고는 관계의 정립을 의미한다. 수의 근거로서 사고 이외의 무엇인가를 주장하려면 그것은 바로 이것, 즉 관계의 정립을 포함할 것이며, 그것이 수의 근거로 나타날 수 있는 것도 그것이 참된 근거, 즉 관계의 설정을 전제로서 포함하고 있다는 바로 이 이유 때문이다."[25] 이러한 견해에 대해서 리케르트가 자신의 저작, 『하나의 것, 통일성, 하나』에서 전개하고 있는 견해가 결정적으로 대립해 있다. 왜냐하면 리케르트에 따르면 수는 논리적인 것으로 해소될 수 없을 뿐 아니라 오히려 '비논리적인 것'의 범례를 형성하며, 인식비판가에게는 이러한 범례에서야말로 '비논리적인 것'의 본질이 가장 순수하게 파악되고 가장 명확히 제시될 수 있기 때문이다. 따라서 아무리 초보적인 산술개념이나 산술진리라도 그것들을 순수하게 논리적인 전제로부터 도출하려고 하는 것은 무망(無望)한 시도가 된다. "비록 1+1과 같은 명제조차도 이미 체험될 수 있거나 오직 직관될 수 있을 뿐인 직관적 계기, 즉 통일성이라는 논리적 형식에 의해서 단지 포섭되고 있을 뿐 그 외의 점에

---

25) Natorp, *Die logischen Grundlagen der exakten Wissenschaft*, Leipzig, 1910, 99쪽.

서는 비논리적인 계기를 전제한다."[26] 순수논리학의 전제들로부터 수의 본질을 파악하려는 모든 노력은 이러한 테제에 의해서 뿌리째 뽑히고 마는 것 같다. 그렇지만 여기에서도 리케르트의 이론을 단지 그것의 결과와 관련해서뿐 아니라 그것의 방법적이고 사태적인 **기초 지음**과 관련하여 고찰하면, 문제가 다른 양상을 띠게 된다. 왜냐하면 리케르트의 이론을 방법적이고 사태적인 기초 지음과 관련하여 고찰해 보면, 이러한 이론이 '논리적 관념론'의 기본적 견해와 선명하게 구분되면서 그것과 대립하게 되는 계기는 수에 대한 리케르트의 견해보다는 오히려 '로고스'의 본질에 대한 그의 견해에 존재하기 때문이다. 수에 관한 한, 리케르트도 그것을 '경험론적으로' 기초 짓는 어떠한 시도도, 즉 수의 의미와 내용을 경험적 현실의 '사물들'로부터 도출하려는 어떠한 시도도 극히 분명하면서도 결연하게 거부하기 때문이다. 리케르트에서도 경험으로부터의 수의 독립성, 수가 갖는 '아프리오리한 성격'과 '관념성'은 저촉되지 않고 있는 것이다. 그럼에도 불구하고 리케르트가 수를 '비논리적' 형상이라고 부르는 이유는 '수'라는 대상은 ─리케르트의 표현을 빌려 말한다면─'통일성(Einheit)'과 '타자성(Andersheit)'에 의해서, 즉 '동일성'과 '차이'에 의해서 구성되는 논리적 대상과는 달리 어떠한 독자적인 내용도 표시하지 않기 때문이다. 동일성과 차이는 그것들에 의하지 않고서는 어떠한 종류의

---

26) Rickert, *Das Eine, die Einheit und die Eins*, Heidelberger Abhandlungen zur Philosophie und ihrer Geschichte, (hg.) Ernst Hoffmann und Heinrich Rickert, Nr. 1; 1924, 87쪽.

대상성도 사유될 수 없는 논리적인 최소치다. 그러나 이러한 최소치는 수적인 '하나'의 개념, '양'의 개념과 요소들의 순차적인 잇달음이라는 수계열의 개념을 구축하기에는 불충분하다. 리케르트는 이렇게 역설하고 있다. "분명히 수학의 인식도 모든 순수한 이론적인 인식 일반과 마찬가지로 넓은 의미에서는 '논리적'이다. 그러나 수학적 인식에서는 순수한 로고스에 덧붙여져서 그것을 수학적인 로고스로 만드는 특별한 어떤 것이 있음에 틀림없다. 아니면 수학적인 이성은 순수한 논리적인 이성과 일치하는가? 오히려 수학자의 방법은 전적으로 특수한 의미에서만 '이성적인 것'은 아닐까?"[27] 이렇게 파악될 경우, 리케르트가 제기하는 문제는 의심할 여지없이 유의미하다. 다만 수가 논리적인 것으로 해소되지 않기 때문에 '비논리적'이라고 부르는 것은 이 문제에 대한 명쾌하면서도 적절한 표현은 아니다. 왜냐하면 이러한 표현은, 수의 본질에 순수하게 논리적인 동일성과 차이를 넘어서는 무언가 다른 것이 존재할 뿐 아니라 이 다른 것이 '사고와 이질적'인 것처럼, 즉 논리적인 것에 대립되는 것처럼 보이게 하기 때문이다. 그러나 단순한 분화는 그러한 대립을 결코 포함하고 있지 않다. 종차(種差)는 유(類)의 외부에 존재하지 않으며 유를 폐기하지도 않는다. 오히려 종차는 유 자체에 대한 보다 상세한 규정을 포함하고 있다. 논리적 관념론 역시 수와 '논리적인 것'의 단순한 일치를 주장하는 것은 결코 아니다. 물론 그것은 수를 바로 이 논리적인 것의 하나의

---

27) Rickert, 앞의 책, 4쪽.

한정으로 볼 뿐이다.[28] 논리적인 것이 무엇인지를 리케르트가 말하는 의미에서 파악한다면, 즉 동일성과 차이를 엄밀한 의미에서 유일의 '논리적인' 범주들로 본다면, 이러한 범주들이 그 자체만으로 수와 수학적인 것 일반의 영역을 자신으로부터 출현시키기에는 불충분하다는 점은 의심할 여지가 없다. 리케르트의 논증은 그것이 단지 이러한 명제를 확증하려고 할 뿐이라면, 현대의 논리계산, 특히 관계연산이 제공하는 보조수단을 사용할 경우에 훨씬 본질적으로 단순하면서도 선명하게 개진될 수 있었을 것이다. 왜냐하면 **동일성**과 **차이**는 이러한 연산의 표현을 빌려 말하자면 **대칭적** 관계이지만, 다른 한편으로 수영역의 구축을 위해서는 그리고 순차적인 계열 일반의 개념을 위해서는 어떤 **비대칭적인** 관계가 불

---

28) 리케르트가 저널 《로고스》에 발표했던 논문의 개정판에서 수행했던 논증이 주로 공격하는 것은 나토르프이지만, 나토르프에 있어서 두 개의 관점이 선명하게 구별되고 있지 않다는 점은 물론 여기에서 인정되어야만 한다. 나토르프가 수개념을 '다양의 종합'으로부터 **단적으로** 도출하려고 시도할 경우, 즉 여러 '종'이 하나의 '유'에 포함되어 있다는 사실 하나로부터 이미 수적인 차이가 생긴다는 사실을 보여주려고 할 경우, 리케르트가 **이러한** 시도에 제기하는 이의는 나에게는 전적으로 타당한 것으로 보인다(특히 Rickert, 앞의 책, 27쪽 이하). '수적' 차이는 분명히 '유적' 차이 이상의 것을 의미하며 그것과는 다른 것을 의미한다. 그러나 다른 한편으로 '양'과 '개념'이 일치하지 않는다는 사실로부터 양이 개념 속에 개념과 이질적이고 '비논리적인' 요소를 끌어들인다는 결론이 도출될 수는 없다. 물론 수의 종합과 마찬가지로 개념의 종합이 근거하는 것도 '관계정립작용'—동시에 구별하는 작용이기도 한 정립작용—이라는 동일한 근본작용이지만, 다만 이러한 논리적 작용이 수에서는 개념에서와는 다르게 '특수화되어' 있을 뿐이다. 즉 그것은 수에서는 다른 한정적 '관점'—계열과 계열질서라는 관점—아래 두어지고 있을 뿐이다(보다 상세한 정초에 대해서는 이 책의 아래 서술을 참조하기 바란다).

가결하기 때문이다.[29] 이에 반해 '논리적 형식'이라는 개념을 그것

---

29) '요소들 사이의 순서'라는 개념은 분석적으로 고찰할 경우, 요소들 사이의 비대
칭적인 관계의 존립으로 환원될 수 있다는 것, 그리고 이러한 개념은 필연적으
로 이러한 형식의 관계를 전제하고 있다는 사실을 밝힌 사람은 특히 러셀이었다.
Russell, *Principles of Mathematics*의 특히 24장과 25장 그리고 *Introduction
to Mathematical Philosophy*의 4장을 참조할 것. 알로이스 뮐러(Aloys Mülller)
도 또한 그의 책, *Der Gegenstand der Mathematik mit besonderer Beziehung
auf die Relativitätstheorie*, Braunschweig 1922에서 리케르트의 용어와 근본전
제로부터 출발하고 있다. 이러한 근본전제란 '논리적인 것에 특유한 것, 즉 논리
적인 근원현상의 성격묘사는 동일성과 차이에 의해서 **완성된다**'(31쪽)는 것이다.
뮐러가 논리적인 영역에서는 '계열'이라는 것은 존재하지 않고 존재할 수도 없으
며, 따라서 논리적 영역은 수의 구축을 위해서 가장 중요하고 절대불가결한 계기
를 결여하고 있다(34쪽)는 결론에 도달한 것은 이러한 전제하에서는 수미일관된
것이다. '논리적 관념론'의 입장에서 행해지는 인식비판이 논박하는 것도 이러한
결론 자체가 아니라 그것의 출발점이 되고 있는 전제다. 논리적 관념론에서 '논
리학'이라는 개념은 리케르트와 알로이스 뮐러가 생각하고 있는 논리학과는 다
르며 이것보다도 본질적으로 보다 풍부한 것이다. 물론 이러한 통찰과 함께 논쟁
의 모든 문제점이 단순한 용어상(上)의 차이로 환원되고 따라서 실질적으로는 비
생산적인 것으로 되어버리는 것처럼 보일 수도 있다. 결국 '논리적인 것'이라는
용어를 어떤 의미로 사용할 것인가는 각 사상가의 자유에 맡겨져야 하는 것 아닐
까? 이러한 권리는 물론 존중되어야만 한다. 그러나 다음 한 가지 사실만은 잊어
서는 안 된다. 즉 리케르트의 용어를 채용하면, 논리학 자체—'고전적인' 형태의
것이든, 퍼스(Peirce)와 불(Boole), 프레게와 페아노(Peano), 슈뢰더(Schröder)
와 러셀에 의해서 형성된 현대적 형태의 것이든—가 '논리적 대상'에 대한 이론
이라고 불려서는 안 된다는 것이다. 왜냐하면 리케르트가 '순수하게 논리적인 대
상'이라고 부르는 것에 자신의 범위를 제한하고 있는 논리학은 이제까지 존재한
적이 없었기 때문이다. 그러한 제한은 기껏해야 논리학이 시작되는 파르메니데
스에서 발견된다. 사실상 파르메니데스에게는 논리학의 문제 전체는 동일성과
차이, '존재'와 비존재로 해소되기 때문이다. 그러나 플라톤의 『소피스테스』도 이
미 이러한 일자와 타자라는 '근원적 현상'을 크게 넘어서고 있다. 왜냐하면 여기
에서는 이데아들의 공동체, 즉 κοινωνία τῶν γενῶν[코이노니아 톤 게논, 유(類)

의 완전한 일반성에서 이해하고, 그것을 모든 개별적인 종류의
관계—'추이적(推移的)' 관계든 '비추이적' 관계든 대칭적 관계든
비대칭적 관계든—가 특수한 사례로서 포함되는 '관계 지음의 가
능성 자체'의 표현으로 본다면, 수가 이러한 보편적 체계에 포함될
수 있다는 것을 부정할 수는 없게 된다. 물론 수가 이러한 체계 전
체에 해당하는 것은 아니지만 수는 그러한 체계로부터 제외되어
있는 것도 아니다. 오히려 수는 이러한 체계에서 초석이자 경계석
에 해당하며, 체계 전체의 견고함과 안정을 위태롭게 하지 않고서
는 이러한 체계에서 수를 제외할 수는 없다.

왜냐하면 수야말로 질서와 계열화 일반의 **도식**이기 때문에 사
고는 그것이 존재의 **내용**을 질서 있는 것으로서 파악하려고 하자

동사의 관여]이라는 사상이 중심에 있으며 이것이 논리학을 비로소 가능하게 하
기 때문이다. 이러한 공동체는 여러 개념과 판단의 체계적인 상호의존 관계, 그
것들 사이에 존재하는 '근거'와 '귀결'의 관계에 의거하고 있다. 그러나 이러한 논
리적인 '귀결'은 수계열에서의 잇달음과 마찬가지로 단순한 동일성과 차이로부터
도출될 수 없다. 수관계와 마찬가지로 '함의(含意, Implikation)'라는 기본적 관계
조차도 이미 단순한 동일성과 타자성에 대해서 새롭고 독자적인 것이다. 역사적
으로는 라이프니츠로 소급되는 새로운 형식의 '논리학'을 출발점으로 하면 양자
사이의 거리는 한층 더 명료하게 나타난다. 왜냐하면 이러한 새로운 형식의 논리
학이야말로 '순수형식'의 **전체**, 즉 아프리오리하게 타당한 결합 일반의 전체를 파
악하고 그 결합의 각각에 대해서 그것이 따르는 특수한 법칙을 수립하고, 기호를
통한 계산을 통해서 그러한 법칙을 확보하려고 하기 때문이다. 이러한 작업을 하
기에는 리케르트가 '순수하게 논리적인 대상'이라고 규정하는 논리적인 최소한은
충분할 수 없다는 것, 우리가 이러한 최소한을 넘어서지 않으면 안 된다는 것과
어느 정도 넘어서지 않으면 안 되는가 하는 것은, 예를 들어 러셀과 화이트헤드
가 체계적으로 요약하면서 표현하고 있는 이러한 『논리학』의 구체적인 현대적 형태
를 보면 그것들에 대한 생생한 인상을 얻을 수 있다.

마자 항상 거듭해서 수에 의지하게 되기 때문이다. 사고는 수에서 자신의 방향을 정하기 위한 근본수단, 이를테면 세계가 둘러싸고 도는 관념적인 축을 소유하고 있는 것이다. 다양한 '주어진' 내용이 사고에 대치하고 있는 경우, 사고는 그러한 내용들을 사고에 고유한 이상적 규범에 따라 재해석하려고 한다. 수를 철학적이고 과학적으로 최초로 발견하면서 열광에 빠졌던 피타고라스 교단의 사람들은 이러한 근본사태를 수가 존재이다는 말로 언표하고 있다. 왜냐하면 모든 존재는 규정성이란 형식, 즉 '조화로운 질서'라는 형식에서만 사유될 수 있기 때문이다. 그러나 규정성과 조화로운 질서는 수가 존재하는 곳에만 존재한다. 그러나 이미 피타고라스 교단의 사람들에서는 존재와 수의 형이상학적 동일성을 언표하는 기본정식과 아울러 방법 면에서 보다 선명하고 신중한 또 하나의 기본정식이 보인다. 이러한 정식에서 수는 더 이상 존재 자체라고 불리지 않고 '존재의 진리'라고 불린다. 진리의 본성과 수의 본성은 본질적으로 친연성을 갖는다. 한쪽은 다른 쪽에서만 또한 다른 쪽으로부터만 인식될 수 있다. 물론 이론적 인식이 그 후 발전되는 과정을 보면 논리적 형식 자체는 수와 셈해질 수 있는 것의 영역에 한정되지 않는다. 오히려 이러한 논리적 형식의 영역은 필연적 결합의 영역과 법칙이 미치는 범위와 일치한다. 수의 영역은 엄밀하게 법칙적으로 구축되어 있는 다양한 것들에 대한 가장 명료한 예증을 제공한다. 즉 하나의 기본적이고 근원적인 정립과 이러한 정립으로부터 제2의 정립으로, 이것에서 다시 제3의 정립으로의 진전을 규제하는 하나의 원리로부터—일의적(一義的)이고 체계적인 완전성과 함께―생기는 다양한 것들에 대한 가장 명료한 예증을 제공하는 것이다. 이후에 동일한 개념적 **유형**을 갖춘 구축물이 사고에 나타나는 곳에서는 어디에서든 사고는 수의 유사물을 갖게 된다. 라이프니츠는 그의 가장 초기 철학의 기본적 착상에서는 보편적 **산술**의 구상으로부터 출발한다. 그러나 그는 곧 이것을 일반적 **결합술**(Kombinatorik)이라는 구상으로 확장한다. 이러한 결합술은 수 자체뿐 아니라 전적으로 다른 종류의 형상, 예를 들면 점에도 관계할 수 있다. 라이프니츠는 순수한 점-연산(点-演算)인 *Analysis situs*[위치 해석]를 형성하여 결합술의 일례를 보여주었다. 근원적인 산출관계가 성립하고 그것이 하나의 영역 전체를 완전히 규정하는 모든 경우에 논리적 형식이 지배하기 위한 본질적 전제가 주어져 있다. 이러한 지배가 성립하기 위한 조건은 기본적 관계의 반복적 적용에 의해서 다양한 요소들 각각이 사색 행보들의 규칙적인 계열 속에서 획득되고 이러한 계열에 의해서 '정의되는' 것이다. 따라서 이렇게 가장 일반적인 의미에서 받아들여진 형식은 결코 '하나'와 '타자'의 정립과 양자의 구별로 해소되지 않고 하나가 타자에 의해서 규정 가능할 것을 요구한다. 이러한 규정 가능성이 경험적으로 '주어져' 있을 뿐 아니라 그러한 요소들 모두에 타당한 필연적인 법칙으로부터 생기는 모든 경우에 항으로부터 항으로의 엄밀하게 연역적인 진행과 유일한 종합적인 조망 속에서 항들의 전체에 대한 통람(通覽, Synopsis)이 가능하게 된다. 대상을 논리적·수학적 대상으로 규정하는 것은 봄의 이러한 특수한 방식이지 개별적인 계기와 개별적인 징표에서 표현될 수 있는 특별한 내용이 아니다.

현대논리학과 현대수학은 한 걸음씩 이러한 이상의 실현에 근접해 왔다. 그러나 이러한 이상이 이렇게 구체적으로 실현되기 오래전에 그것의 **설정**은 체계적인 철학에 의해서 이미 수행되었다. 그것의 기본적 구상은 이미 데카르트에 의해서 놀랄 만한 정도의 폭과 보편성과 함께 그리고 전적으로 예언자적인 명료성과 함께 언표되었다.[30] 스물두 살의 데카르트가 썼던 『사색일기』에는 이렇게 쓰여 있다. "학문은 현재 그 얼굴이 덮여 있지만 그 덮개가 제거되면 분명히 가장 고상한 모습으로 나타날 것이다. 학문의 연쇄를 통찰하는 사람에게는 그것을 마음속에 생생하게 떠올리는 것이 수열을 마음속에 떠올리는 것보다 어렵지 않다는 것을 알게 될 것이다."[31] 이제까지는 병존해 있으면서 하나의 느슨한 집합체를 형성하고 있었던 학문들이 하나의 '연쇄'를 이루는 것으로 종합되어야 한다. 이러한 연쇄에서는 어떠한 고리도 다른 고리와 맞물려 있고 엄격한 규칙에 의해서 결합되어 있다. 데카르트에서 새로운 형식의 학문론 일반을 위한 맹아를 포함하고 있었던 '연쇄'라는 바로 이러한 개념으로부터 데데킨트도 산술에 대한 자신의 새로운 정초를 수행했다. 그러나 데카르트에서 사고는 여기에서 획득된 확고한 **방법적** 관점으로부터 정밀과학의 **대상**에 대한 보다 깊은 다른 통찰이 생기는 방향으로 나아간다. 산술과 기하학,

---

30) 이하의 내용에 대해서는 내 책, *Erkenntnisproblem*, 3판, I, 445쪽 이하.
31) *Oeuvres inédites de Descartes* publ. par Foucher de Careil, Paris 1859, 4쪽.

정역학과 기계학, 천문학과 음악은 서로 극히 다른 대상들을 다루는 것 같지만, 이러한 학문들 모두는 잘 살펴보면 하나의 동일한 인식형식의 계기들, 즉 그러한 인식형식의 상이한 발현(發現)들이자 현현(顯現)들일 뿐이다. 이러한 인식형식이야말로 보편적 학문론, Mathesis universalis[보편수학]의 주제다. 이러한 인식형식은 수와 공간형태와 운동 자체에 관련된 것이 아니라, '순서와 척도'에 따라서 규정되는 모든 것에 관련된다. 그리고 이미 데카르트에서도 이러한 규정 중 순서개념 쪽이 보다 일반적인 주제로서, 척도개념은 보다 특수한 주제로서 나타난다. 우리가 다양한 것들에 대해서 행하는 모든 측정은 결국은 어떤 특정한 순서의 기능에 근거하고 있지만, 순서 지어진 모든 것은 특별한 전제들을 끌어들이지 않고서도 측정될 수 있다. 따라서 수학의 '대상'이 갖는 특성에 대한 참으로 결정적인 파악은 순서라는 하나의 기본개념으로 갈수록 집약된다. 이러한 사고과정은 라이프니츠에서 완성된다. 라이프니츠는 동시에 사고과정의 순서에는 정밀하게 규정된 기호의 순서가 대응하지 않으면 안 된다는 한층 진전된 요구를 제기한다. 사고는 이러한 기호의 힘을 빌릴 경우에만 그러한 관념적 대상들의 전체에 대한 참으로 체계적인 전망을 획득하게 된다. 모든 개별적인 사고조작 각각은 유사한 조작에 의해서 기호로 표현될 수 있고 기호의 결합을 위해서 확정되어 있는 일반적 규칙에 의해서 추후에 검증될 수 있어야만 한다. 이러한 요청에 의해 현대의 'Mathesis universalis[보편수학]'의 입장이 획득된다. 이러한 보편학에서는 수학적 사고과정 전체의 철저한 '형식화'가 아무리 요구되어도 '대상에 대한 관계'가 폐기되는 것은 아니다. 그러나 대상들 자체는 구체적인 '사물들'이 더 이상 아니며 순수한 관계형식이다. 특정한 다양한 것들이 '수학적 대상'의 영역에 속하는지 아닌지를 결정하는 것은 '무엇'이 결합되는가가 아니라 '어떻게' 결합되는가다. 현대의 어떤 수학자는 이러한 기본견해를 다음과 같이 요약하고 있다. "관계들의 어떤 클래스가 있을 경우, 우리가 제기하는 유일한 물음이 어떤 순서 지어진 대상군이 이러한 관계들을 충족시키는지 아닌지라는 물음이라면 이러한 탐구의 성과가 '수학적'이라고 불린다."[32] '수학적인 것'이라는 개념이 이렇게 파악되면서 수학적인 것은 초기의 고전적인 영역, 즉 양과 '크기'의 영역을 넘어서 원칙적으로 확장되었다. 이미 라이프니츠에서 결합법은 scientia de qualitate in genere(질 일반의 학)로 정의되고 있으며 이 경우 라이프니츠는 질을 가장 일반적인 의미의 '형식'과 동일시하고 있다. 사실 현대수학조차도 외연적인 '크기'의 고찰이나 비교를 더 이상 하지 않는 학문분야들의 전 계열을 포함하고 있다. 예를 들면 기하학에서도 '계량'기하학 외에 그 구성을 위해서 특별한 양적 관계, 보다 크다거나 보다 작다는 관점을 전혀 필요로 하지 않는 자립적이고 자율적인 형성체로서의 사영(射影)기하학이 존재

---

32) M. Bôcher, The fundamental concepts and methods of Mathematics, *Bulletin of the American Mathematical Society*, Bd. XI, 1905, 115쪽 이하. 이와 함께, 특히 수학을 '순서 지어진 대상들에 대한 학'이라고 규정하는 Gregor Itelson의 정의(*Revue de Metaphysique et de Morale*, XII[1904], 1037쪽)를 참조할 것. 상세한 것은 A. Voß, *Über das Wesen der Mathematik*, 3판, Leipzig 1922, 26쪽 이하 참조.

한다. 동일한 것은 Analysis situs[위치해석]와 라이프니츠에 의해서 기초 지어지고 헤르만 그라스만(Hermann Graßmann)이 그의 기본사상을 직접적으로 계승발전하면서 구축한 기하학적 기호법에 대해서도 타당하다. **산술**의 영역에서조차 이제 양개념에 의한 규정은 너무나 협소하다는 사실이 분명하게 된다. 치환이론은 초등산술(die elematare Arithmetik)이 전개하고 있는 것과 같은 수의 이론들을 보조할 뿐 아니라, 오히려 초등산술의 기초이론은 치환이론으로부터 비로소 완전히 엄밀하게 도출될 수 있다는 사실이 드러난다.[33] 그리고 여기에서 시작한 길은 다음에는 아마도 19세기 수학의 특징을 가장 잘 보여주고 있는 개념으로 간주되는 개념으로 이어진다.[34] 왜냐하면 문자기호 치환군(置換群)에 대한 연구로부터 연산군(演算群)이라는 **일반적** 개념과 **군론**(群論, Gruppentheorie)이라는 새로운 연구분야가 전개되었기 때문이다. 이러한 분야가 출현함으로써 종래의 수학체계에 하나의 중요한 영역이 '덧붙여졌을' 뿐 아니라 이러한 영역이 더욱 확장됨에 따라 여기에 수학적 사고의 새로우면서도 광대한 **주제**가 보이고 있다는 사실이 갈수록 분명하게 드러나게 되었다. 펠릭스 클라인의 유명한 '에를랑겐 프로그램(Erlangen Programm)'은 기하학의 '내적 정신'이 이러한 주제

---

33) 이에 대해서는 Otto Stolz와 Alfredo Capelli에 의한 산술에 대한 기술을 참조할 것. 자세한 것은 Otto Hölder, *Die mathematische Methode*, Berlin 1924, 173쪽 이하 참조.

34) 이에 대해서는 Hermann Weyl, *Philosophie der Mathematik und Naturwissenschaft*(*Handbuch der Philosophie*), (hg.) A. Baemler und M. Schröter, Abteil II, A. 23쪽 참조.

의 영향 아래 어떻게 변화하고 있는지를 보여주고 있다. 여기에서 기하학은 불변식론(不變式論, Invariantentheorie)에 이것의 특수사례로서 종속된다. 여러 기하학을 서로 결합시키는 것은 이러한 기하학들 각각이 특정한 변환과 관련하여 불변적인 것으로서 입증된 공간적 형상들의 확실한 근본특성들을 고찰한다는 사태이며, 이러한 기하학들의 각각을 특징짓는 특수한 변환군이 각각의 기하학에 존재한다는 사실이다.[35] 군론이 이렇게 기하학에 대한 전체적인 견해에 그리고 더 나아가 다른 근본적인 수학적 분야들의 형성에 개입했다는 것—리(Lie)의 변환이론이 미분방정식의 이론에 대해서 가졌던 의미를 상기해 보는 것만으로도 충분하다—, 이미 이것만으로도 일반적인 인식비판이라는 관점에서 볼 경우에도 군론에 어떤 특별한 지위가 귀속될 수 있다고 추정할 수 있다. 사실상 또한 수라는 근본개념과 군이라는 근본개념 사이에 어떤 내적인 방법적 연관이 성립한다는 점은 분명하다. 인식비판의 입장으로부터 보면 군개념은 수개념의 출발점이 되었던 것과 동일한 문제를 어떤 의미에서 보다 고차적인 고찰단계에서 다시 수용하고 있다. 자연수열(自然數列)의 창조는 최초의 '원(元, Element)'을 고정하고, 다음과 같은 규칙, 즉 그것을 반복해서 적용함으로써 연이어서 새로운 원(元)들이 산출될 수 있는 규칙을 지정하는 것과 함께 시작했다. 이러한 원들 모두, 우리가 수열의 원들로 수행하는

---

35) Felix Klein, *Vergleichnede Betrachtungen über neuere geometrische Forschungen*(이 책 제3권, 184쪽을 볼 것).

모든 결합 자체가 다시 새로운 '수'를 정의한다는 사실에 의해서 하나의 통일적 전체로 종합된다. 우리가 a와 b라는 두 개의 수의 '합'과 '빼기'와 '곱하기' 등을 형성할 때, a+b, a−b, a×b라는 값은 기본수열로부터 벗어나는 것이 아니다. 오히려 그것은 기본수열 자체에 특정한 위치로서 귀속되어 있든가 간접적으로라도 확고한 규칙에 따라서 기본수열의 위치에 관계 지어진다. 따라서 거듭해서 종합이 반복되고 우리가 앞으로 나아가도 우리의 고찰이 행해지고 있는 장인 논리적 틀은 확장되기는 하지만 결코 완전히 파괴되지는 않는다고 우리는 확신한다. 그 자체로 통일적인 '수의 **영역**'이라는 관념은 예를 들어 아무리 많은 산술적 연산조작을 결합해 보아도 결국은 다시 산술의 원들로 환원된다는 사실을 의미한다. 군론에서는 이러한 동일한 관점이 이제 엄밀하고 진정한 일반성을 갖게 된다. 왜냐하면 군론에서는 이른바 '원'과 조작의 이원론이 폐기되고 조작 자체가 원이 되었기 때문이다. 우리가 연속적으로 시도하는 두 개의 변환조작이 조작의 집합에 속하는 단 하나의 조작에 의해서도 도달될 수 있는 특정한 결과로 이끌 경우에는 이러한 조작의 집합은 하나의 군을 형성한다. 따라서 '군'이라는 것은 어떤 '폐쇄된' 조작영역, 어떤 조작체계라는 것으로 이해될 수 있는 것의 정확한 표현 이외의 것이 아니다. 이와 함께 변형군의 이론은—우리가 그것을 유한한 이산(離散)군에 결부하여 생각하든 연속적 변환군에 결부하여 생각하든—논리적으로 생각하면 산술의 어떤 새로운 '차원'이라고 불릴 수 있다. 이러한 이론은 더 이상 수가 아니라 '형식', 즉 관계와 조작에 관계하는 산술인 것이다. 그리고 여기에서도 또한 형식의 세계와 그것의 내적인 법칙성으로의 보다 깊은 침투는 항상 동시에 '실재적인 것'으로 향하는 새로운 일보, 즉 우리의 현실인식의 진행에서 새로운 일보를 의미한다는 사실이 분명하게 된다. "실재적인 것이 관념적인 것과 추상적인 것에 의해서 지배될 수 없다"는 라이프니츠의 말은 이 점에서도 참이라는 사실이 입증된다. 케플러가 수에 대해서 '수란 우리가 그것을 통해서 비로소 현실을 볼 수 있는 '정신의 눈'이라고 말했던 것처럼, 순수하게 지적인 수학의 가장 빛나는 예라고 불렸던 군론에 대해서도 그것에 의해서 비로소 특정한 물리적 연관이 완전히 해명될 수 있게 되었다고 말할 수 있다.[36] 민코프스키(Minkowski)가 특수상대성이론의 문제구성을 순수한 수학적 형식으로 표현하고 이와 함께 이러한 이론을 전적으로 새로운 측면으로부터 해명하는 것에 성공했던 것도 군이란 개념에 의해서였다. 더 나아가 현대물리학에서 획득된 특정한 인식으로부터 그것의 한낱 '우연적인' 성격을 박탈하고 그러한 인식을 일반적·체계적인 시점하에서 다루는 것을 가능케 함으로써 현대물리학의 근본문제들을 중요한 점에 있어서 해명할 수 있게 한 것도 '공간-계량(Raum-Metrik)'이라는 군론에 입각한 파악이었다.[37]

이러한 일반적·이론적 고려에 근거하여 수학의 체계 전체에서 수가 차지하는 위치를 다시 한 번 종합적으로 규정하려고 할 경우,

---

36) H. Weyl, 앞의 책, 23쪽 참조.
37) 이에 대해 상세한 것은 H. Weyl, *Raum, Zeit, Materie* 4판, 124쪽 이하를 볼 것.

이러한 규정을 위해서는 이러한 문제의 역사적 전개에서 자주 서로 교차하면서 여러 가지 면에서 서로 얽혀 있는 두 개의 계기를 서로 명확하게 분리하는 것이 필수적이라는 사실이 분명하게 된다. 피타고라스의 교설에서도 기본사상의 표현에서 이미 특유한 동요가 보인다. 모든 존재자는 본질적으로 수(數)이다라는 기본적인 주요정식과 모든 존재자는 수를 '모방'하며 이렇게 모방함으로써 수에 참여한다는 또 하나의 정식이 병존하고 있다. 필로라오스 (Philolaos)의 단편에서는 사물은 수이다고 말하고 있을 뿐 아니라 인식 가능한 모든 것은 어떤 성질을 갖든 자신의 수를 가지고 있다고 말하고 있다.[38] 이렇게 수를 '소유한다'는 것은 언뜻 생각하기에는 이해하기 어렵고 기묘하게 분열된 관계인 것처럼 보인다. 왜냐하면 그것은 자신 안에 통일성과 타자성, 동일성과 차이를 포함하고 있기 때문이다. 즉 그것은 '존재'와 '수'를 분리하면서도 동시에 서로 비교하면서 서로 떨어질 수 없도록 결합하고 있기 때문이다. 모티브의 이러한 근원적 긴장관계로부터 항상 거듭해서 변증법적인 상쟁(相爭)이 생기게 된다. 현대수학이 비로소 이러한 긴장관계를 보지하면서도 동시에 사고에 의해서 그것을 지배하기 위한 방책을 고안해 내었다. 현대수학은 여기에서 열리고 있는 양극성을 파악했지만 동시에 이러한 양극성을 순수한 상관관계로 발

---

38) Philolaos, 단편 4(Diels, 32B) καὶ πάντα γα μὰν τὰ γιγνωσκόμενα ἀριθμὸν ἔχοντι᾽ οὐ γὰρ οἷόν τε οὐδὲν οὔτε νοηθῆμεν οὔτεγνωσθῆμεν ἄνευ τούτου [그리고 실제로 인식되는 것은 모두 수를 가지고 있다. 왜냐하면 수 없이는 어떤 것도 생각될 수도 인식될 수도 없기 때문이다].

전시켰다. 오늘날 수학이 다루는 대상영역이 단순히 양으로, 즉 수와 크기로 **환원되지**는 않는다는 것은 분명하지만 다른 한편으로 모든 수학적 대상이 수와 수의 기초가 되는 순서형식에 끊임없이 **소급적으로 관계 지어진다**는 사태에는 변함이 없다. 따라서 수를 넘어서 이끄는 동일한 길이 항상 수로 다시 이끄는 것이다. 현대수학의 사고구조에 대한 통찰을 얻기 위해서는 이러한 두 가지 방향을 함께 고려해야만 한다. 비록 이러한 사고구조가 객관 측에서 보면 수를 넘어서 나아갈지라도 방법적으로는 여전히 수의 영역에 구속되어 있다. 헤르만 베일은 다음과 같은 사실을 강조하고 있다. "수학이 수와 공간에 관한 이론이라는 오랜 설명은 수학의 최근의 발전에 따라서 너무 협소한 것으로 여겨지고 있다. 그럼에도 순수기하학, 위치해석, 군론 등의 분야들에서도 이것들이 다루는 대상들이 원래부터 자연수와 관계를 갖고 있다는 사실은 의심할 여지가 없다."[39] 이와 같이 현대수학이 겪고 있는 이러한 확장에서야말로 '산술화'로 향하는 경향은 그대로 유지되고 있다. 그뿐 아니라 이러한 경향은 특히 현저하게 나타나고 있다. 19세기 수학에 자신의 정신적 각인을 남긴 모든 위대한 사상가는 끊임없이 전진하는 이러한 작업에서 함께 협력해 왔다. 수학을 모든 학문의 여왕이라고 불렀던 가우스는 산술을 수학의 여왕이라고 불렀다.[40] 동일한 의미에서 펠릭스 클라인은 '수학의' 철저한 '산술화'

---

39) Weyl, *Das Kontinuum, Kritische Untersuchungen über die Grundlagen der Analysis*, Leipzig, 1918, 17쪽.

40) Satorius v. Waltershausen, *Gauß zum Gedächtnis*, 79쪽(A. Voß, 앞의 책,

를 요구했다.[41] 수학적 인식의 최종적 보증도 산술화라는 이러한 길에 주어져 있는 것으로 보였다. 이와 같이, 예를 들어 기하학의 무모순성에 대한 힐베르트의 증명은 기하학의 요소(점·선·면)와 명제가 순수하게 산술적인 다양체로 일의적인 방식으로 모사되는 방법을 보여주는 방식으로 수행되었다. 더 나아가 이러한 다양체에 어떠한 모순도 나타날 수 없다는 사실과 그 이유가 분명하게 된다면 바로 이와 함께 기하학적 영역의 '정합성'이 보증되는 것으로 나타난다. 이와 같이 힐베르트에게는 수계열이야말로 수학 자체에 특징적인 저 '공리적 사고'의 궁극적 기층으로서 나타난다. 공리적 방법 일반의 수속은 개개의 지적 영역들의 기초들을 끊임없이 더 깊은 곳에 두는 것으로 성립한다. 그러나 진정으로 철저한 기초 지음과 견고화는 어떤 영역의 공리들을 수의 공리들에 의거하게 할 때에야 비로소 달성된 것으로 간주될 수 있다. 힐베르트는 자신의 서술을 다음과 같이 끝맺고 있다. "과학적 사고의 대상이 될 수 있는 모든 것은 그것들이 하나의 이론을 형성하기까지 성숙하게 되면 공리적 방법을 받아들이게 되며 이와 함께 간접적으로 수학을 받아들이게 된다. 우리는 공리들의 갈수록 깊어지는 층들을 향해 나아감으로써 과학적 사고 자체의 본질에 대한 보다 깊은 통찰을 획득하게 되며, 우리의 인식의 통일을 갈수록 더 의식하게 된다. 공리적 방법이 지배할 경우에 수학은 과학 일반에

3판, 113쪽에서 재인용).

41) F. Klein, Über die Arithmetisierung der Mathematik, *Nachrichten von der königlichen Gesellschaft der Wissenschaften zu Göttingen*, 1895, 82–91쪽.

서 주도적인 역할을 하게 되는 것이다."[42] 이 모든 것으로부터 우리가 인식할 수 있는 것은 현대수학의 특수한 개성을 규정하는 것은 사고내용으로서의 수가 아니라 오히려 사고유형으로서의 수라는 사실이다. 그러나 이러한 방식으로 '순수수학'이 문자 그대로 '수에 대한 학문'으로 정의되고 더 나아가 수가 '질서를 부여하는 우리 지성의 능력을 위해서 우리에 의해서 창조된 기호'라고 정의된다면,[43] 이와 함께 이러한 기호들 자체가 진리의 성격을 갖는가라는 물음이 더욱 긴박하게 제기되게 된다. 그러한 기호들은 자신에 상응하는 어떠한 객관적 의미도 갖지 않는 한낱 기호일 뿐인가? 그것이 아니라면 그러한 기호들은 사태 자체에 기초하고 있는가? 후자가 옳다면 우리는 이러한 근거를 어디에서 찾아야만 하는가? 그것은 이미 완성된 형태로 '직관'에 의해서 우리에게 주어지는가? 아니면 직관에 주어져 있는 모든 것으로부터 떨어져서 그리고 그것들로부터 독립해서 이성의 자립적인 작용, 즉 사고의 순수한 자발성에 의해서 획득되고 확보되어야만 하는가? 이러한 물음과 함께 우리는 수학의 기초개념들의 의미와 내용을 둘러싸고 현재 다시 일어나고 있는 방법논쟁의 중심과 정신적 초점에 서 있게 된다. 우리는 여기서 이러한 논쟁의 세부도 그 기원도 상세하게 다룰 수는 없다. 우리가 제기하는 물음은 단지 이러한 기초개념들의 의미와 내용이 우리 자신의 근본문제, 즉 '상징적 사고'의 문제와 관련

---

42) Hilbert, Axiomatisches Denken, *Mathematische Annalen*, Bd. 78(1918), 415쪽.
43) A. Voß, 앞의 책, 29쪽 이하, 106쪽 이하 참조.

하여 어떠한 의미를 갖는가, 그리고 그것들이 이러한 문제에 대해서 어떤 교훈을 자신 안에 포함하고 있는가 하는 것이다.

제4장 수학의 대상

1. 수학의 형식주의적 기초 지음과 직관주의적 기초 지음

오늘날 방법의 문제를 둘러싸고 첨예화되고 있는 '형식주의'와 '직관주의'의 대립을 고찰하기에 앞서 이러한 대립의 역사적 전제들과 선행형태들을 되돌아보자. 우리가 이러한 회고를 하는 것은 역사적 관심 때문만이 아니라 체계적 관심 때문이기도 하다. 여기에서 쟁점이 되고 있는 문제가 논리학과 철학에서 오랜 역사를 가지고 있다는 사실이 양 진영에서 미리 의식되었더라면 서로 논쟁을 하는 두 방향 사이의 많은 오해도 피해졌을 것이며 대립의 핵심도 더욱 명확하게 드러나게 되었을 것이라고 여겨진다. 이미 아리스토텔레스에서도 그가 기하학에서 정의의 본질은 한낱 개념에 대한 설명에 존재하는 것이 아니라 현실존재(Existenz)에 관한 정리와 증명을 자체 안에 포함하고 있다는 것을 시사하는 발언이 보인다. 즉 기하학자는 '삼각형'이라는 말의 의미를 전제하지만 그가 증명하는 것은 하나의 삼각형이 존재한다는 것이다.[1] 그렇지 않아도 기하학적 '작도'라는 개념은 고대의 철학이론과 수학이론이 부여했던 표현에서는 현실존재 증명의 문제와 밀접하게 결부되어 있다.[2] 그리고 16세기와 17세기에 수행되었던 것과 같은 수학적 사고방식의 '르네상스'는 바로 이 점에서 출발한다. 스피노자, 홉스, 치른하우스(Tschirnhaus)와 라이프니츠는 이 점에서 동일한 방향으로 작업을 하고 있다. 즉 그들 모두에게 발생적 정의 또는— 그들의 표현을 빌리면—'인과적' 정의의 문제가 수학적인 것의 영역을 넘어서서 체계적·철학적 의미를 획득하는 것이다.[3] 라이프니츠야말로 명확하면서도 탁월한 방식으로 이러한 모든 노력을 하나로 결집하면서 이러한 노력들이 논리학이라는 건축물 전체에서 차지하는 지위를 규정했던 사람이다. 중세논리학의 전체를 지배했던 '유명론'과 '개념실재론' 사이의 논쟁이 이제 새로운 형태를 취하게 된다. 즉 이러한 논쟁은 어떤 의미에서 불모의 사변에서 벗어나 정밀과학의 구체적인 작업에 의거하여 행해지게 되는 것

---

1) τί μὲν γὰρ σημαίνει τὸ τίργωνον ἔλαβεν ὁ γεωμέτρης, ὅτι δ᾽ ἔστιν δείκνυσιν (Analyt. II, 92b, 15) [이렇게 말하는 것은, 삼각형〈이라는 명칭〉이 무엇을 표시하는가는 기하학자가 〈논증에 앞서서〉 전제로서 인정한 것이지만, 삼각형이 존재한다는 것은 기하학자가 증명하는 것이기 때문이다.](〈 〉은 옮긴이의 삽입 주다.)

2) 상세한 것은, Hieronymus G. Zeuthen, Die geometrische Konstruktion als Existenzbeweis in der antiken Geometrie, *Mathematische Annalen*, Bd. 47 (1896), 222쪽 이하를 참조할 것.

3) 이 점에 대한 보다 상세한 증거는 내 책 *Erkenntnisproblem* 3판, 제2권, 49쪽 이하, 86쪽 이하, 127쪽 이하, 191쪽 이하를 참조할 것.

이다. 홉스는 수학의 기본적 개념들의 진리와 보편성이 한낱 언어의 진리와 보편성이라는 사실을 입증하려고 했다. 홉스에 따르면 이러한 진리와 보편성은 사태에 근거하는 것이 아니라 언어에 근거하고 있으며 오로지 언어기호에 대한 일치에 근거하고 있을 뿐이라는 것이다. 이러한 견해에 반해서 라이프니츠는 다음과 같은 견해, 즉 기호 자체가 유의미한 기호라면 특정한 객관적 조건들에 구속되어 있다는 견해를 제시하고 있다. 수학의 상징과 기호는 멋대로 형성되지 않으며 주관적인 임의에 따라서 결합되는 것도 아니고, 사태의 필연성에 의해서 지정되는 결합 가능성의 특정한 규범에 따른다는 것이다. 물론 그러한 상징과 기호가 항상 입각하지 않으면 안 되는 '사태'와 그것들이 그 내적인 진리를 표현하려고 하는 '사태'는 경험적인 사물과 같은 것으로 간주되어서는 안 되고 순수한 이념들 사이에 지배하고 있는 불변의 특정한 관계들로 간주되어야만 한다. 모든 수학적 개념형성도 모든 수학적인 기호부여도 그러한 관계들에 의거하며 그것들을 내적인 척도로 삼는다. 문자들의 결합은 이념들의 객관적인 관계에 상응해야만 한다.[4] "기호법이란 기호가 사고내용을 지시하도록, 즉 여러 기호가 사고내용이 갖는 상호관계와 동일한 상호관계를 갖도록 기호를 형성하고 질서 짓는 방법이다. 표현이란 표현되는 사물을 대신하는 기호의 집합이다. 표현의 법칙은 다음과 같다. 어떤 사물의 특징들

---

4) 특히 Leibniz, Meditationes de veritate cognitione et ideis(*Hauptschriften*, Ausg. Cassirer-Buchenau, I, 22쪽)를 참조할 것.

로부터 그 사물을 표현하는 관념이 구성되는 것과 마찬가지로 사물의 여러 기호로부터 그 사물의 표현이 구성된다는 것이다."[5] 수학의 '공식'과 이것이 지향하는 사태 사이의 관계는 이와 함께 명확히 확정된다. 공식은 사태를 지향함으로써 비로소 기호로서의 표시기능을 획득하게 된다. 다른 한편, 공식은 사태의 모든 본질적 특징을 자체 내에 포함하면서 간결하고 정확하게 표현해야만 한다.

따라서 라이프니츠에서는 수학적 기호세계의 구축도, 개개의 기호들의 창출과 결합도 처음부터 특정한 제한조건에 복속되어 있다. 즉 결합되는 대상의 '가능성'이 확실하게 보장되어야만 한다. 왜냐하면 사고요소들과 그것들에 대응하는 기호들의 모든 결합이 가능한 사고대상을 산출하지는 않기 때문이다. 사고내용들 중에는 그것들을 종합적으로 통일하려고 해도 이러한 종합에 의해서 서로를 보다 상세하게 규정하고 한정하기보다는 오히려 서로를 폐기하는 것들도 있기 때문이다. 따라서 현실적으로 수행 가능한 기호들의 모든 결합에 '자체적으로' 가능한 형상, 즉 논리적으로 규정되고 기초 지어진 형상이 상응하지는 않는다. 이러한 '근거', 즉 '사물 속에 존재하는 기초(fundamental in re)'는 그때마다의 개념형성을 위해서 항상 별개로 놓이고 별개로 증시되어야만 한다. 따라서 정의(定義)라는 것은 그것이 정의하는 대상을 단지 하

---

5) *Die Leibnizhandschriften der königlichen öffentlichen Bibliothek zu Hannover*, hg. von Bodemann, Hannover und Leipzig, 1895, 80쪽 이하.

나의 징표나 징표들의 총합을 진술함으로써 가리키는 완성된 것으로서 주어져서는 안 된다. 왜냐하면 완성된 정의에서는 이러한 총합이라는 것이 서로를 파괴하는 구성요소들로 이루어지는 위험이 항상 존재하기 때문이다. 이러한 위험은 우리가 무한집합을 다룰 경우 특별히 절박하게 된다. 무한집합을 다룰 경우에는, 유한한 것의 영역에서는 전적으로 허용될 수 있고 아무런 문제도 없는 개념형성 방식에서 집합의 구조원리와 모순되는 규정들이 항상 생길 수 있다. 예를 들어 서로 다른 수들의 유한한 계열이 주어져 있을 경우, 우리는 그것에서 '가장 큰' 수를 지시할 수 있지만, 수의 무한한 전체에서는 '가장 큰 수'라는 개념은 모순을 포함하게 된다. 유사한 사태는 '최대의 분수'라든가 '최소의 속도'와 같은 개념들의 형성에서도 볼 수 있다. 그럼에도 불구하고 라이프니츠는 그러한 개념들, 즉 그 요소들이 서로 양립할 수 없는 개념들의 개별적인 예들을 거론하는 데 그치지 않고 그것들을 이용하여 그것들로부터 일반적인 귀결을 도출한다. 어떤 수학적 대상에 귀속되는 개별적 **속성**의 이름을 거명하는 것만으로 그 수학적 대상을 가리키고 정의하려고 하는 모든 개념은 탄탄한 토대에 서지 못한다. 왜냐하면 특징적인 징표를 단순히 **서술하는** 것만으로는 사고내용의 영역에 그 징표에 상응하는 어떤 것이 존재한다고 보증할 수 없기 때문이다. 우리가 예를 들어 원을 주어진 범위에서 최대의 면적을 포함하는 성질을 갖는 평면곡선이라고 정의하더라도, 우리의 기하학이 갖는 전제들하에서 그러한 곡선이 '존재하는지' 어떤지 그리고 존재한다고 하더라도 지정된 조건이 **한 종류의**

곡선에 의해서만 충족될 수 있는지라는 물음이 항상 제기될 수밖에 없다. 첫 번째 물음에 대해서 말하자면, 우리의 설명에 의해서는 도대체 어떠한 기하학적 형상도 규정되지 않으며, 두 번째 물음에 대해서 말하자면 그것은 완전히 그리고 일의적으로 규정되지 않는다. 이 점에 대한 의혹을 제거하기 위해서는 원주를 산출하는 특정한 방식, 즉 그것의 modus generandi(산출방식)를 서술하면서 추구되고 있는 속성이 이러한 산출방법에 필연적으로 포함되어 있으며 이러한 산출방법에 의해서 함께 정립되어 있다는 사실을 엄밀한 연역적 논증에 의해서 증명하는 수밖에 없다. 이전에는 한낱 명목적인 성격밖에 갖지 못했던 정의가 이제야 비로소 '실재적 정의(Realdefinition)'로, 즉 대상을 그것의 구성요소들로부터 구축하는 정의로 이행하는 것이다. 그러나 라이프니츠에 따르면 우리가 이러한 구축의 완결성과 내적 정합성을 확신하기 위해서는 여기에서 행해지는 사고의 행보 하나하나에 그것에 유사한 기호조작을 대응시킬 수밖에 없다. 각각의 단순한 '관념'에 단순한 기호를 대응시키고, 더 나아가 이러한 기호들 상호 간의 일반적인 결합법칙을 정립한다면, 이와 함께 우리는 자신의 고유한 법칙들을 갖는 기호언어를 획득하게 된다. 이렇게 되면, '불가능한' 대상 개념들을 형성할 때에 생기는 이러한 법칙들의 위반이 기호 자체의 형식을 취하면서 우리에게 일어나며, 이제 우리는 잠재적인 논리적 모순을 감각적으로 파악 가능한 직접적인 징후에 입각하여 발견하게 되고 또한 그러한 징후에 입각하여 눈으로 볼 수 있게 만들 수 있다. 이와 함께 순수한 개념세계에 속하는 어떤 관계가 우리 눈에 보이는 상(像)의 형태로 파악 가능하게 되었다. 어떤 의미에서 우리는 사고를 자신의 내적인 작업장에서 벗어나게 하면서 그것이 복잡하게 얽혀 있는 상태 그대로 우리에게 직접적으로 자신을 드러내도록 강제한 것이다.[6]

따라서 수학의 정의와 대상에 대한 이러한 이론에 의해서 '감성'과 '이성' 사이에 선명하게 규정된 정확한 관계가 설정된다. 두 영역은 극히 명료하게 나뉘어 있으며 서로 혼합될 수 없고 어떤 점에서도 서로 이행할 수 없다. 어떠한 수학적 내용도 수학적 내용으로서는 감성에서 생기지 않는다. 왜냐하면 감성에게는 수학적인 것의 구성원리인 특징적 징표가 결여되어 있기 때문이다. 어떤 내용이 수학적 내용으로 간주될 수 있기 위해서는 **판명(判明)하게** (distinkt) 파악되어야만 한다. 바꿔 말하자면 그것은 모든 수가 일의적인 방식으로 소수(素數)들을 곱한 결과로서 표현될 수 있는 것과 마찬가지로 인식의 단순하고 그 자체로 확실한 근본요소들로부터 구성되어야만 한다. 감성적 체험은 그러한 철저한 분석을 수용할 수 없다. 감성적 체험에서 우리는 결국 어떤 총체들, 즉 더이상 그것들을 구성하는 계기들이나 규정하는 '근거들'로 해소될 수 없고 오직 '혼란스럽게'만 우리에 의해서 파악되는 어떤 총체들에 머물 수밖에 없다. '판명한' 인식과 '혼란한' 인식의 이러한 구분

---

6) 전체에 대해서는 내 책 *Leibniz' System in seinen wissenschaftlichen Grundlagen*, Marburg 1902, 1장. 라이프니츠에서 상징 개념의 지위와 의의에 대해서는 특히 최근에 발표된 Dietrich Mahnke의 논문 Leibniz als Begründer der symbolischen Mathematik, *Isis*, Bd. IX, 1927, 279쪽 이하를 참조할 것.

으로부터 직접적인 결과로서 생기는 것은, 라이프니츠에서 진정으로 수학적인 대상은 그 어떤 것도 감성에 **근거하지** 않는다는 것이다. 이러한 사실은 수에 대해서뿐만 아니라 동일한 정도로 엄밀하게 기하학적 연장에 대해서도 타당하다. 기하학적 연장도 또한 결국 지각에 주어지는 것은 아니며 순수한 지성이념(une idée de l'entendement pur)이다.[7] 그러나 라이프니츠가 이렇게 지성이야말로 모든 수학적인 것의 근원이자 원천이라고 천명하더라도, 다른 한편으로 라이프니츠에게는 **인간의** 인식은 감성적 기호의 도움을 빌릴 경우에만 '예지적'인 수학적 대상의 영역에 거주할 수 있고 그것에서 확고한 지반을 점할 수 있다는 사실도 확실하다. 인간에 의한 모든 인식의 근저에는 순수이성의 근원적 통찰이 존재한다. 그러나 인간의 인식은, 이성의 근원적 직관을 여러 상과 기호의 형태로 파악될 수 있는 것으로 만듦으로써만 우리 것으로 만들 수 있으며 우리를 위해서 확보할 수 있다. 직관적인 것은 이 경우 '본질상' 최초의 것, πρότερον τῆ φύσει(프로테론 테 퓌세이[본성상 앞선 것])이지만, 다른 한편으로 상징적인 것도 '우리에게 최초의 것 πρότερον πρὸς ἡμᾶς(프로테론 프로스 헤마스[우리에게 보다 앞선 것])'인 이상 이것도 불가결한 것으로 입증된다. 우리의 유한한 지성은 상을 필요로 하는 지성이며, 항상 그러한 것으로서 존재한다. 즉 우리의 지성은 보편적 기호법에 의해서 아리아드네의 실[안내하는 실]이 그것에게 주어지지 않으면, 사고 가능한 것의 미궁 속에서

---

7) 특히 *Nouveaux Essais sur l'entendement humain*, Livre II, Ch. 13쪽 이하 참조.

길을 잃어버릴 것이 틀림없다. 따라서 순수한 논리적 질서, '대상들'의 질서에서는 직관적인 것이 항상 참된 기초가 되고 있다. 그러나 우리가 자신으로부터 출발하여 이러한 기반에 소급해서 도달하기 위해서는 감성의 매체, 즉 상징적인 것이라는 중간층을 통하는 수밖에 없다.[8]

수학적 '이성'과 '감성'은 서로 상반되지만 이것들 사이의 그 자체로 극히 명석하고 단순한 관계도 우리가 라이프니츠에서 칸트로 나아가게 되면, 물론 보다 난해하고 복잡한 양상을 보이게 된다. 실로 어떤 점에서 칸트의 수학론은 라이프니츠 수학론의 직접적이고 직선적인 연장으로 보인다. 즉 칸트의 수학론도 수학의 기초개념들의 **구성 가능성**을 그것들이 갖는 진리와 타당성의 필요조건으로 보고 있다. 칸트에서 이러한 관점은 이미 일찍부터, 즉 비판기 이전의 저작들에서 수학방법론의 중심이 되고 있다. 어떠한 수학적 개념도 주어진 것으로부터의 단순한 '추상'에 의해서는 획득되지 않는다. 그것은 항상 자유로운 결합작용, '종합'작용을 포함하고 있다. 이러한 종합 '가능성'의 증시야말로 수학적 대상이

---

8) 이에 대해서는 특히 앞에서 언급한 만케의 논문(286쪽)에 수록되어 있는 라이프니츠의 「1675년의 초고」중 아래 부분을 참조하기 바란다. "우리는 단순한 관념을 획득함으로써 비로소 복합적인 것의 특징을 파악한다. … 어떤 사물이 가능하기 위한 필요조건들 하나하나를 생각해 내고 그것들을 하나로 결합한다고 하더라도 그 사물의 가능성에 대해서 판단하는 것은 용이하지 않다. … 비록 우리가 특징들의 도움을 받아 하나로 통합할 수 있다고 하더라도 그렇다.… 이 일[하나로 통합하는 일]은 우리가 모든 사물의 특징들을 동시에 지각하거나 표상하지 않는 한 불가능한 것이다."

진리가 되기 위한 필요조건이지만 동시에 충분조건이기도 하다. "원추는 보통의 경우는 어떻게 정의해도 상관없을지도 모른다. 그러나 수학에서 원추는 하나의 변을 축으로 하여 회전하는 직각삼각형을 의도적으로 표상함으로써 생긴다. 이 원추의 예뿐 아니라 다른 어떠한 예에서도 설명은 분명히 종합을 통해서 가능하게 된다."[9] 이와 같이 결국은 모든 수학적 증명은 구성에 기초하고 있다. 철학적 인식은 개념들에 기초하는 이성적 인식이며, 수학적 인식은 개념의 구성에 기초하는 이성적 인식이라는 것이다. 그러나 칸트가 이렇게 구성적 산출이라는 계기를 모든 수학적 개념형성의 기본적이고 근원적 성격으로 본다고 해도, 이러한 계기에 의해서 초래되고 기초 지어지는 인식의 구분은 라이프니츠에서의 경우와는 다른 형태를 띠게 된다. 여기에서 분할선은 체계 전체 내의 다른 곳에서 그어진다. 라이프니츠에게 문제가 되었던 것은 순수한 이성적 인식과 감성적 인식을 그것들의 **권리근거**와 관련하여 엄격하게 구별하는 것과 동시에 그것들을 **사용**할 경우에는 '보편적 기호법'이라는 매개항에 의해서 양자를 긴밀하게 결합하는 것이었다. 이 경우 수학적 사고와 논리적 사고는 **같은** 편에 속한다. 그것들은 순수지성의 세계, 즉 지성 자체(intellectus ipse)에 속한다. 이 양자에 대립하는 것이 지각의 세계이며 한낱 '사실적 진리들'의 세계다. 그러나 이러한 차이는 결코 양자의 대립관계, 진정한 적대관

---

9) Immanuel Kant, "Untersuchungen über die Deutlichkeit der Grundsätze der natürlichen Theologie und Moral", *Werke*, Ausg. Cassirer, II, 176쪽.

계가 될 수는 없다. 왜냐하면 라이프니츠 철학의 형이상학적 근본 원리인 '예정조화'의 원리는 이성과 경험의 관계에 대해서도 타당하기 때문이다. 어떠한 순수한 이성진리도 경험으로부터, 즉 감성적인 개별사례들의 관찰로부터 획득될 수 없지만, 모든 이성적 진리는 어떠한 제한도 받지 않고 경험에 대해서도 타당하다. 따라서 한쪽의 논리학 및 수학과 다른 한쪽의 경험적–물리학적 인식 사이에는 결코 분열이 생길 수 없다. 즉 라이프니츠의 체계라는 구축물 내에서는 수학이 어떻게 해서 [지각세계에] 응용 가능한가라는 문제는 생기지 않는다. 그러나 바로 이 문제야말로 칸트가 그 이전의 누구보다도 첨예하게 제기한 문제이며 이러한 문제로부터 그의 '비판적' 학설의 최종적 형태가 생겼던 것이다. 그는 '예정조화'라는 독단적인 사상을 배척하며, 아프리오리한 개념과 경험적 사실의 일치를 가능하게 하는 근거를 묻는다. 그리고 그는 이 물음에 대한 답을 경험적 대상도 대상인 한에서는 단적으로 주어져 있는 것이 아니라 수학적 구성이라는 계기를 포함하고 있다는 통찰에 의해서 획득한다. 경험적 대상성은 경험적인 것의 어떤 질서를 근거로 해서만 성립한다. 그러나 경험적인 것의 이러한 질서는 공간과 시간이라는 순수한 감성적 직관에 의해서만 가능하게 된다. 순수직관이라는 이러한 개념은 라이프니츠에 의한 인식의 '지성화' 못지않게 로크에 의한 '감성화'로부터도 거리를 취하려고 한다. 이제 수학적인 것은 철저하게 자립적인 논리적 타당성을 갖지 않게 되며, 수학적인 것의 의미, 즉 그것의 '권리문제'는 그것이 경험적 인식의 구축을 위해서 수행하는 역할에서 비로소 완전히 분명하게 된다. 이러한 역할에 끊임없이 관련되지 않고서는, 즉 이러한 역할을 고려하지 않고서는 '순수공간'과 '순수시간'에 대한 칸트의 설은 "한낱 머릿속에서 짜낸 환상에 몰두하는 것"에 지나지 않을 것이다. 이제 한 걸음 더 나아가 칸트는 순수한 감성적 직관의 형식에 따라서만 우리에게 나타나는 사물들이 존재한다는 사실을 전제하지 않는 한, 순수한 수학적 개념들은 독자적으로는 결코 인식이 될 수 없다고 천명하기까지 한다.[10] 따라서 수학적 관념들의 진리는 그것들의 경험적 충족과 극히 밀접하게 결부되어 있으며 심지어 이러한 충족에 구속되어 있는 것이다. 이와 함께 구성적 구축이라는 방법론이 이와 같이 새로운 영토를 정복했다. 즉 이러한 방법론이 어떤 의미에서 경험적인 인식 자체의 영역에 적용되게 된 것이다. 그러나 이를 통해서 동시에 논리적 인식과 수학적 인식은 라이프니츠의 인식론에 비해서 본질적으로 서로 멀어지게 되는 결과가 생긴다. 공간과 시간이라는 순수직관형식에 결부되지 않는 한, 사유는 한낱 분석명제들의 전체가 된다. 이러한 분석명제들은 자체 내에 어떠한 모순도 포함하고 있지 않지만, 인식의 전체를 위해서 어떠한 실질적 내용, 즉 적극적인 생산성을 갖는다고 주장할 수는 없다. 이러한 사실에 의해서 칸트의 체계 내부에서 '구성 가능성'의 요구에는 이중의 의미가 내재하고 있다는 점이 분명하게 된다. 즉 한편으로 이러한 요구에서는 '발생적 정의'에 대한 라이프니츠의 설에 이미 존재했던 바로 저 계기 이상의 아무

---

10) *Kritik der reinen Vernunft*, 2판, 147쪽.

것도 정립되지 않고 있으며 주장되지 않고 있다. 즉 주어져 있는 모든 것은 어떤 '산출하는 규칙'으로부터 이해되고 도출되어야만 한다는 것이다. 그러나 다른 한편으로 칸트에서는 하나의 개념을 '정의한다'는 것은 그 개념을 직접적으로 직관에서 나타낸다는 것, 즉 그것을 공간적·시간적 도식에 입각하여 파악한다는 것을 의미한다. 이제 '수학적 개념들'의 의미는 도식화의 이러한 형식에 구속되어 있는 것으로 보인다. 이와 같이 칸트에서는 '순수한 감성'이 수학의 전체 구조에서 라이프니츠에서와는 전적으로 다른 지위를 획득하게 되었다. 감성은 라이프니츠에서처럼 단순한 표현수단이 아니라 하나의 자립적인 인식근거가 되었다. 즉 직관은 기초 짓고 정당화하는 효력을 획득하게 되었다. 라이프니츠에서는 관념의 객관적 결합에 관한 직관적 인식의 영역에 대해서 우리가 관념들 자체가 아니라 그것들을 대리하는 기호들과 관계하는 상징적 인식의 영역이 분리되어 있다. 그러나 라이프니츠가 되돌아가는 직관은 논리적인 것의 반대심급을 형성하지 않고 오히려 논리적인 것과 수학적인 것을 자신의 특수한 형태들로서 포함한다. 이에 반해 칸트에서는 경계선이 직관적 사고작용과 상징적 사고작용 사이에 존재하지 않고 '논증적' 개념과 '순수직관' 사이에 그어지며 수학적인 것의 내용은 오로지 순수직관에 의해서만 제공되고 기초 지어진다.

이렇게 해서 생긴 방법상의 대립을 현대수학의 관점에서 고찰한다면, 현대수학은 칸트가 가리킨 길보다는 라이프니츠가 가리킨 길을 걸었다고 말할 수밖에 없다. 현대수학으로 하여금 이러한 길을 걷도록 했던 것은 특히 비유클리드 기하학의 발견이었다. 수학은 비유클리드 기하학에서 생긴 새로운 문제들 때문에 갈수록 하나의 '가설-연역체계'가 되었다. 이러한 체계가 갖는 진리로서의 가치는 오로지 내적인 논리적 완결성과 정합성에 존재하지, 어떤 내용을 갖는 직관적 언표에 기초하지 않는다. 수학은 이제 적극적인 증명수단과 기초 지음의 수단으로서 직관을 끌어들이지 않으며, 직관을 이용하더라도 자신이 순수한 사고작용에서 구축하는 일반적인 관계연관을 구체적으로 재현하기 위해서 이용할 뿐이다. 그리고 그러한 재현은 오늘날 수학이 보여주는 것처럼 단지 하나만 존재하는 것이 아니라 일반적으로 말해서 무한히 많이 존재한다. 따라서 특정한 '공리'체계는 단지 하나의 직관적인 데이터의 영역 내에서만 실현되는 것이 아니라 극히 다양한 방식으로 실현된다. 이러한 표현들이 다양하다는 것은 부정될 수 없지만, 이러한 사실이 더 이상 **수학적으로** 유의미한 것은 아니다. 왜냐하면 모든 다양한 직관적 영역은 수학적으로 볼 때, 단지 **하나**의 객관과 **하나**의 형식만을 지시하기 때문이다. 그러한 모든 직관적 영역에서 동일한 관계 R′, R″ 등이 똑같이 타당한 한 그리고 전적으로 순수한 관계들의 이러한 타당성이—19세기와 20세기에 극히 일반적으로 통용되고 완성되었던 새로운 사고방식에 따르면[11]—어떤 수학적 형식을 수학적 형식으로서 구성하는 유일의 것인 한, 그러

---

11) 이러한 발전의 **역사적** 전개에 대해서는 예를 들면 Federigo Enriques, *Zur Geschichte der Logik*, 159쪽 이하, 165쪽 이하에서의 증거들과 증명들을 참조할 것.

한 직관적 영역들은 이미 서로 '**동형적**(同型的, isomorph)'이다. 이미 현대 '기호논리학'의 창시자의 한 사람인 조지 불(George Boole)이 나중에 '추상'수학이 발전하면서 일반적으로 승인되었던 의미로 '형식과학'이란 개념을 규정하고 있다. 불은 분석과정의 타당성이 겉으로 나타나는 개별기호들의 해석에 의해서가 아니라 오직 그것들을 결합하는 법칙들에만 의존하고 있다는 사실을 역설하고 있다. 그만큼 '직관'의 개념과 문제로 총괄될 수 있는 모든 난점이 최근 수십 년 동안 수학 자체의 내부에서 분출했다는 것, 이러한 난점들이 수학에서 갈수록 큰 공간을 차지하게 되었다는 점은 언뜻 보기에는 놀랄 만한 것으로 나타날 것임에 틀림없다. 오늘날 논쟁은 다시 첨예한 형태로 진행되고 있다. 이러한 논쟁과 함께 수학과 논리학의 관계가 새롭게 모호하고 문제적인 것이 된 것 같다. 한쪽에는 순수수학을 논리학에 의해서 기초 지을 뿐 아니라 완전히 논리학으로 **해소하려고** 하는 사람들, 즉 양자 사이에 분할선을 그을 수 있는 가능성을 원칙적으로 부정하는 사람들이 있다.[12] 그러나 다른 한쪽에는 이러한 견해와 대립되는 견해가 존

---

12) 예를 들면 Bertrand Russel, *Introduction to Mathematical Philosophy*, 194쪽의 다음과 같은 특징적인 발언을 참조할 것. "역사적으로 말하자면, 수학과 논리학은 전적으로 다른 학문들이었다. 수학은 과학과 관련되어 있었고 논리학은 그리스어학과 관련이 있었다. 그러나 양자는 현대에 이르러 큰 발전을 했다. 논리학은 더욱더 수학적이 되었고 수학은 더욱더 논리학적인 것이 되었다. 그 결과 양자 사이에 선을 긋는 것은 전적으로 불가능하게 되었다. 사실 양자는 하나다. 양자의 차이는 소년과 성인의 차이다. 논리학은 수학의 소년기이며 수학은 논리학의 성년기다. 이러한 견해는 고전문헌들을 연구하는 데 시간을 보냈기 때문에 기호를 사용하는 추론을 전혀 할 수 없는 논리학자들과 전문적 기법을 습득했어도

재한다. 이러한 견해는 수학적인 것의 고유한 권리와 독자적인 의미를 극히 강력하게 주장하는 것과 함께 수학의 '대상'이 논리학의 대상으로부터 독립해 있을 뿐 아니라 예를 들어 '배중률'과 같은 '고전'논리학의 기본원리에 대해서조차 수학 쪽으로부터의 공격이 가해질 수 있다고 주장한다. 이러한 입장에서 보면, 논리학으로부터 도출될 수 없는 전적으로 자율적인 사고행위들도 존재하기 때문에 통상적인 형태의 논리학은 모든 사고작용의 기초가 될 수 없는 것으로 나타난다. 진리의 참된 근거를 놓는 것은 논리학이 아니다. 오히려 논리학은 자신에게 속하는 의미와 진리의 모든 것을, 결국은 다른 심급, 즉 수학적·근원적 직관의 확실성으로부터 얻게 된다. 이러한 근본견해를 가장 첨예하게 주장했던 브라우어에 의하면 모든 사고의 출발점이 되는 것은 수에 대한 사고다. 그리고 수에 대한 이론, 즉 산술로부터 비로소 논리학의 기본적 규칙들이 추상에 의해서 획득되었다. 그러나 이 경우 수학도 논리학도 유한집합에만 관계한다. 수학도 논리학도 유한집합의 규칙들을 정립하는 것이며, 어떤 분명한 '종결', 즉 어떤 최종적인 결착에 이를 수 있는 과정들만을 허용한다. 이러한 한계를 넘어서고 사고가 무한한 것의 개념을 자체 안에 포함하는 구상으로까지 나아가자마자, 사고는 이때까지의 이론으로는 해결할 수 없는 전적으로 새로운 문제에 직면하게 된다. 브라우어에 따르면, 현대해석

그 의미와 정당성에 대해서 탐구하는 수고는 하지 않는 수학자들의 불쾌감을 일으키고 있다. 다행스런 일은 이 두 유형의 학자들이 갈수록 드물어지고 있다는 점이다."

학은 이러한 문제를 해결하려고 시도했지만 아무런 성과를 거두지 못했다. 즉 현대해석학은 전진하면 할수록 더욱더 역설과 모순에 휘말리게 되었을 뿐이다. 이러한 모순들의 치유는 새로운 사고수단들을 형성하는 것에 의해서가 아니라 무릇 사고의 가능한 객관들을 비판적으로 제한하는 것에 의해서만 기대될 수 있다. 집합론은 더 이상 사고로 하여금 자신의 자연적 한계를 넘어서도록 몰아대지 않고 그 대신에 자신을 의식적이고 분명하게 유한한 과정에 제한하는 것에 의해서야 비로소 모순에서 벗어난 형식을 획득하게 될 것이다.[13] 따라서 이 점에서 현대수학은 참된 방법적 딜레마에 직면하게 되며 어떤 길을 선택할지를 결단해야만 한다. 그리고 이러한 결단이 어떻게 내려지든 현대수학은 무엇인가를 포기해야만 한다. 수학이 '명증[적인 학문]'이라는 자신의 과거의 영예를 유지하려고 한다면 이는 이러한 명증의 원천으로까지, 즉 정수(整數)의 근원적 직관으로까지 되돌아가는 것에 의해서만 가능하다. 그러나 다른 한편으로 이러한 귀환은 수학에게는 어떤 중대한 지적 희생을 하지 않고서는, 즉 고전 해석학이 조금씩 정복해 왔던 광대하고 풍요로운 영역을 단번에 폐쇄하게 될 수 있는 사태를 감수하지 않고서는 일어날 수 없는 것 같다. 수학 자체의 내부에서 이러한 논쟁을 최종적으로 해결할 수 있는 방법은 아직 보이지

---

13) Brouwer, "Intuitionism and Formalism", *Bulletin of the American Mathematical Society*, Bd. 20, 1913을 참조할 것. 수학에서 배중률의 의미에 대해서는 *Crelles Journal für die reine und angewandte Mathematik*, Bd. 154, 1925, 11쪽 이하를 참조할 것.

않는다.[14] 그러나 그 최종적 해결책이 어떠한 것이든 간에 순수한 인식비판의 입장에서 보면, 그러한 논쟁이 일어나고 있다는 **사실** 자체가 이미 하나의 중요하고 풍요로운 문제를 의미한다. 왜냐하면 이러한 논쟁이 행해지고 있는 불안정한 균형상태에서 인식비판가는, 현대수학의 구축에 협력해 왔고 수학이 오늘날에 갖고 있는 모습을 규정해 온 여러 사고력의 본성을 특별히 명료하게 인식할 수 있기 때문이다.

2. 집합론의 구축과 '수학의 근본적 위기'

현대해석학의 기본 원리들을 수정하는 데 최초의 결정적인 자극이 되었던 '집합론의 역설들'은 수학적 사고에서 여러 형태로 나타났지만, 그러한 역설들도 순수하게 **방법적으로** 고찰하면 하나의 단일한 개념적 정식(定式)으로 표현될 수 있다. 즉 이러한 역설들 각각은 다음과 같은 물음을 포함하고 있다. 그것은 하나의 개념적 징표를 단순히 진술하는 것만으로 일군의 대상을 확정하면서 이러한 대상들의 사유된 전체가 일의적으로 규정된 타당한 수학적 '객관'을 표현하는 것은 가능한가, 만약 가능하다면 그것은

---

14) 우리는 체계적 근본문제를 다루고 있기 때문에 현대수학에서 '직관주의'와 '형식주의'의 논쟁에 대해서 상세하게 다룰 수는 없다. 이 논쟁에 대해 상세한 것은 예를 들면 Hermann Weyl, "Die heutige Erkenntnislage in der Mathematik", *Symposion* I, 1쪽 이하를 볼 것.

어느 정도로 그러한가라는 문제다. 집합론이 형성되기 시작했던 초기에는 수학적 사고도 아직은 별 생각 없이 이러한 종류의 객관 형성에 몰두할 수 있다고 믿었다. 어떠한 사물이든 그것이 요소로서 어떤 집합에 귀속되는지 아닌지를 결정하는 근거가 되는 어떤 기준이 진술되면, 그러한 집합은 그 자체로 명확한 통일적 대상으로서 규정된 것으로 여겨졌던 것이다. 집합은 이러한 단 하나의 요구에 의해서 '정의된' 것으로 여겨졌으며, 그러한 집합의 '존재'는 정당한 수학적 대상으로서 확보된 것으로 여겨졌다. 더 나아가 '요소'가 집합에 귀속되는 것과 관련해서는 귀속이 원칙적으로 결정될 수 있으면 충분한 것으로 간주되었고, 개개의 경우에 대해서 사실적인 결정 가능성이 요구되지는 않았다. 예를 들어 '초월수'의 집합은 수학적 인식의 현재 수준에서는 π^π라는 수가 그것에 속하는지 아닌지가 불분명할지라도 위에서 언급된 의미에서는 '존재하는' 것이다.[15] 이러한 근본견해에 따르면 어떤 집합이 그것이 순전히 존립하고 있다는 의미에서 '주어져 있는' 것은, 정의의 역할을 행하는 어떤 규정에 의해서 사유 가능한 것의 권역으로부터 일정한 영역이 강조되고 이 영역의 요소들 모두가 모여서 하나의 전체를 형성한다고 사유될 경우다. 이 경우 이러한 집합의 방식은 어떠한 제한조건에 의해서도 구속되지 않는다. 정의하는 데 사용되는 속성 면에서 동일하다는 사실만이 집합의 항들에게 요구되는

---

15) 이 점과 이어지는 서술에 대해서는 Adolf Fraenkel, *Zehn Vorlesungen über die Grundlegung der Mengenlehre*, Leipzig und Berlin, 1927, 제1강과 제2강.

유일한 연관이다. 그러한 동일성이 존재한다면 이러한 항들을 서로 결합하는 그 외의 '내적인 유대'는 더 이상 필요하지 않다. 집합은 처음부터 특수한 '체계'라는 형식에 의해서가 아니라 단순한 '모음'이란 형식에 의해서 특징지어져 있다. 즉 집합이란 결국은, 질적인 의미에서의 친연관계에 대한 어떠한 고려도 하지 않고 하나씩 모여서 하나의 전체로, 다시 말해 하나의 개념적 총체로 통합될 수 있다는 바로 이러한 사실을 의미하는 것이다.

집합론의 이러한 출발점을 떠올려 본다면 집합론의 적용이 항상 '종적 의미'의 한계라고도 부를 수 있는 일정한 한계에 궁극적으로 부딪힐 수밖에 없었다는 사실도 놀랄 일은 아니다. 일반적으로 사고 가능한 것의 영역에서 어떤 **종적인** 의미법칙이 타당하다고 가정하면 이러한 법칙은 '모든 것을 모든 것과' **임의로** 총괄하는 것에 조만간에 한계를 설정할 수밖에 없을 것이다. 이 경우 일정한 결합법칙이 생길 것이며, 이러한 결합법칙을 통해서 특정한 통일형성은 가능한 것으로서 그리고 사태적으로 타당한 것으로서 인식되지만 다른 통일형성에는 그러한 타당성이 부인될 것이다. 19세기의 수학적 사고에 집합론의 안티노미라는 형태로 나타났던 것은 후자에 속하는 통일형성이었다. 이러한 안티노미의 해결 가능성에 대해서도 그리고 그러한 해결을 위해서 취해져야 할 길에 대해서도 처음에는 여러 견해가 서로 큰 차이를 보였지만, 집합에 대한 이제까지의 '무구속적인(ungebunden)' 정의가 포기되어야만 한다는 사실 하나만은 확실했다. 이 경우 이제 불가결한 것으로 인식되었던 구속이 처음부터 그 자체로 또한 순수하게 '형식적인' 의미로 이해되었다는 것이 '공리(公理)적 사고(das axiomatische Denken)'의 방향에 함축되어 있었던 것이다. 집합에 대한 정의에서의 임의성과 그것의 요소들에 대한 언표의 허용범위는 특정한 공리를 설정함으로써 집합론 내부에서의 모순이 피해질 수 있는 방식으로 제한되었다. 그러나 다른 한편으로 이렇게 부과된 제한에도 불구하고 집합론 자체의 사정거리와 적용력은 침해되지 않았다.[16] 이러한 종류의 논리적 예방조치에 의해서 수학의 기술(技術)적 요구들은 모든 점에서 충족될 수 있는 것으로 보였다. 집합론의 기초에 대한 제르멜로(Zermelo)의 연구들과 러셀의 유형이론은 이러한 길을 걸었다. 예를 들면 유형이론에 의해서 집합형성의 특정한 수속─즉 어떤 집합에 항으로서 속하는 하나의 개념이 그 개념의 정의 속에 전체로서의 최초의 집합이 포함되는 방식으로 특징지어지는 이른바 '비─술어적' 수속─에게는 정당한 수학에의 접근이 거부되는 것이다.[17] 어떠한 집합도 이러한 집합 자체에 의해서만 정의될 수 있는 항들을 포함해서는 안 된다는 점이 확정된 것이다. 그러나 이러한 금지령이 설정됨으로써 모순의 출현을 피하는 데 성공했을 경우에조차, 이러한 수속에 대해서는 여전히 원리적인 의문이 남아 있다. 왜냐하면 공리론은 실로 어떤 특

---

16) Zermelo, Untersuchungen ber die Grundlagen der Mengenlehre I, *Mathematische Annalen*, Bd. 65(1908), 특히 Hilbert, Axiomatisches Denken, *Mathematische Annalen*, Bd. 78(1918), 411쪽 이하를 참조할 것.

17) Russell, Mathematical logic as based on the theory of types, *American Journal of Mathematics*, Bd. 30(1908). *Introduction to Mathematical Philosophy*, Chap. 13.

정한 금지령의 내용만을 우리에게 제시할 뿐 그것의 본래적이고 방법적인 '근거'에 대해서는 우리에게 아무것도 알려주지 않기 때문이다. 어떤 특정한 공리—예를 들면 러셀이 '환원 가능성의 공리'로서 도입한 명제—는 분명히 그 공리의 유익한 귀결에 있어서는, 즉 '역설적인' 집합형성의 배제라는 점에서는 그 타당성이 증명되기는 하지만, 그 타당성 자체가 그것의 내적인 필연성에 있어서는 이해되지 않고 있다. 우리는 실로 그것이 현재 타당하다는 '사실(Dass)'은 이해할 수 있지만, '왜(Warum)' 그것이 타당한지는 이해할 수 없는 것이다. 이와 같이 공리론에 의해서 병의 특정한 징후의 출현만은 피해지지만, 과연 이러한 징후로 나타나는 병 자체는 그것에 의해서 참으로 그것의 핵심에 있어서 진단되고 치유되었는지 어떤지라는 의문은 항상 남아 있다. 그리고 이 점에 대해서 어떠한 확실성도 존재하지 않는 한, 그러한 병이 다른 곳에서 출현하지 않을까 항상 염려해야만 한다. 이러한 사태를 다음과 같이 강렬하게 표현한 사람이 있다. "푸앵카레의 말을 빌리면, 공리론이라는 울타리가 이론의 여지없는 집합론이라는 정당한 양들을 지키고 있으며, 모순으로 가득 찬 늑대들이 울타리로 둘러싸인 양 떼를 향해서 공격하는 것을 두려워하지 않게 해준다. 그 울타리가 언제라도 무너지지 않을까라는 점에 대해서는 안심해도 좋다. 그러나 이 울타리 안에 생각지도 않게 몇 마리의 늑대가 남아 있어서, 지금은 우리 눈에 띄지 않지만 언젠가 양 떼를 갑자기 습격하여—20세기 초에 그랬던 것처럼—그동안 울타리로 둘러싸여 있었던 안전지대를 다시 황폐하게 만드는 일이 없다고 누가 보장할 수 있는가? 달리 말하자면 공리들이 추론에 의해서 서로 관계를 맺게 되자마자, 그것들이 이제까지는 알려지지 않았던 모순을 낳을지 모르는 맹아를 자신 안에 은밀하게 숨기고 있지 않았다고 우리는 과연 보증할 수 있는가?"[18] 단지 일시적인 보증뿐 아니라 궁극적인 보증을 확보하려는 노력으로 인해 현대수학은 다시 논쟁의 핵심으로, 즉 수학에서의 정의와 수학적인 '존재'의 문제로 되돌아갈 수밖에 없었다. 이와 함께 이미 라이프니츠가 명료하고 예리하게 확정했던 **명목적 정의**와 **실재적 정의**의 구별이 다시 정당성을 획득하게 되었다.[19] 수학적 대상을 규정하고 그 가능성을 보증하기 위해서는 단어들로 표현될 수 있는 징표들을 통합하는 것만으로는 반드시 충분한 것은 아니다. 오히려 어떠한 경우에도 이러한 가능성을 보증하기 위해서는 단어들 자체가 그 의미로 치환되고 이 의미를 기준으로 해서 결정이 내려져야만 한다.[20] 특히 무

---

18) Fraenkel, 앞의 책, 153쪽.

19) 이 책 418쪽 이하를 참조할 것.

20) 나의 견해이지만, 이렇게 단어들을 의미로 치환하는 것을 원리적으로 요구함으로써 집합론의 어떤 역설들은 애초부터 완화된다. 예를 들어 잘 알려진 리처드 (Richard)의 역설을 살펴보자. 여기에서는 일정한 최소한의 음절들에 의해서, 예를 들면 독일어라면 기껏해야 30음절에 의해서 '정의될 수 있다'는 조건을 충족시키는 자연수들의 고찰에서 출발하자. 더 나아가 '30 내지 그것 이하의 음절에 의해서는 정의될 수 없는 가장 작은 자연수의 개념'과 같은 개념은—분명히 지금 언급한 단어 결합에 의하면 이 수가 30 이하의 음절로 정의되고 있는 한—모순을 포함하고 있다는 사실이 드러난다(상세한 것은 Fraenkel, 앞의 책, 22쪽 이하를 볼 것). 이러한 '안티노미'—그것의 창시자인 리처드 본인은 이것을 단지 특정한 수학적 개념형성들의 하나의 reductio ad absurdum[귀류법]으로서 드러내고 있을 뿐이지 중대한 사태상의 난문(難問)으로서 제시한 것은 아니지만—에 대해

한집합은 그러한 집합이 어떠한 방식으로 또한 어떠한 수단에 의해서 사고에 '주어질' 수 있는지라는 예비적인 물음이 앞서서 답해지지 않는다면 다루어질 수 없다. '역설을 포함하는' 집합은 이러한 '주어짐'이 결코 한낱 모으는 작용에 의해서, 즉 어떤 공통의 '속성'에 의해서만 규정되어 있는 임의의 요소들을 끌어 모으는 것에 의해서 일어날 수는 없다는 사실을 특히 명료하게 보여주고 있다. 왜냐하면 이러한 속성을 공유하는 모든 것을 모으라는 요구는, 그 **실현 가능성**이 어떠한 방식으로든 보증되지 않는다면 우선은 단순한 요청을 내거는 것에 불과하기 때문이다. 단순히 끌어모은 통일체가 아니라 집합의 구조를 규정하는 **법칙**의 '구성적' 통일성에 의해서만 실현 가능성에 대한 의심이 원칙적으로 극복될 수 있다. 왜냐하면 이러한 법칙은 가능한 무한의 적용례들을 **포섭하고 있을** 뿐 아니라 그러한 적용례들을 자기 자신으로부터 **출현시**키기 때문이다. 그러나 이러한 통찰과 함께 현대수학은 전적으로 독자적인 새로운 길을 걷게 되지만 결국은, 수학적 사고의 방법론자로서의 라이프니츠가 자신의 출발점으로 삼았던 지점으로 다시 되돌아간 셈이다. 참된 '실재적 정의'와 '발생적 정의' 사이에 존재

서 그것은 일반적으로 '가능한' 수학적 의미의 영역에서 일어나는 것은 아니라는 이유만으로, 그것에 참된 '배리(背理)'가 포함되어 있는 것은 아니라는 이의를 제기할 수도 있을 것이다. 왜냐하면 단어들을 통해서 수학적 대상을 유의미하게 정의할 수 있는 것은 한낱 단어들 대신에 그 단어들이 갖는 **의미지향**을 그것들에 투입할 수 있고 객관이 그러한 의미지향에 의해서 규정되어 있다는 사실에 의해서만 가능하게 되지, 하나의 순수한 언어형성체로서의 정의를 구성하는 단어들이나 음절들의 수를 셈하는 것에 의해서 가능하게 되지는 않기 때문이다.

하는 어떤 연관이 이제 다시 인식된 것이다. 바일(Weyl)도 또한 이 점을 염두에 두면서, 해석학의 참으로 확실하고 생산적인 기초를 확보하기 위해서는 '반복법'이라는 순수한 **수속**을 출발점으로 삼 아야만 한다고 역설하고 있다. 순수수론(數論)이 수학의 핵심이 되 며, '자연수'라는 범주가 그 자연수와 관련된 근원적인 관계, 즉 수 열에 있어서 '직접적 후속'이라는 관계를 표현하는 관계와 함께 수 학의 '절대적 조작의 영역'을 규정한다. 반복이라는 수속, 즉 하나 의 계열에 있어서 무한히 가능한 진행이라는 수속에 의해서 자연 수에 대한 기초적인 통찰이 획득될 수 있고 그러한 수속 위에 순 수수학 전체가 논리적으로 구축된다.[21]

이러한 기초 지음에서 **인식비판적으로** 볼 때 본질적이고 결정적 인 것은, 이러한 기초 지음에 의해서 비로소 **사물개념에 대해서 함수 개념이 갖는 우위**가 전면적으로 승인된다는 사태다. 수학이 '수의 근원적 직관'으로 환원될 경우에 이제 이러한 직관은 더 이상 구 체적인 **사물들**에 대한 직관을 의미하지 않고 하나의 순수한 **수속** 에 대한 직관으로서 파악된다. 이제 출발점이 되는 것은 **조작들**의 특정한 영역이다. 이러한 조작들이 비로소 우리가 '수들'이라고 부 르는 개체들로 인도한다. 이러한 개체들의 존립은 개체들이 미리 정해져 있는 규칙에 따라서 무한히 **정립될 수 있다**는 원리가 제시 되는 것에 의해서만 증명되며 그 이외의 어떠한 방식으로도 증명

---

21) Weyl, *Das Kontinuum, Kritische Untersuchungen über die Grundlagen der Analysis*, Leipzig 1918, § 3, 5, 6, 8쪽 이하, 17쪽 이하 참조.

될 수 없다. 이러한 종류의 개체 정립만이 개체들을 사고에 의해서 완전히 지배할 수 있다. 왜냐하면 여기에서는 '법칙(Gesetz)'에 대한 인식이 '정립된 것(das Gesetzte)'에 대한 인식에 엄밀한 의미에서 선행하기 때문이다. 수의 조작영역으로부터 비로소 셀 수 있는 것과 세어진 것이라는 사물의 영역이 열린다. 현대의 '직관주의'도 이러한 관념론적 사상에 의해서 침투되고 그러한 사상의 표현으로서 이해되는 경우에만, 수학의 기초에 대한 비판을 위해서 자신의 힘을 완전히 발휘하고 그 힘을 실증할 수 있다. 이 경우 물론 관념론 자체는 엄밀하게 '객관적' 관념론으로 이해되어야만 한다. 즉 수학의 대상영역은 셈한다는 심리작용에 의해서 기초 지어서는 안 되고, 수의 순수한 관념에 의해서 기초 지어져야만 한다. 내가 틀리지 않다면, '직관주의'에 대한 바일의 견해가 브라우어의 견해보다 우위를 갖는 것은 바로 이 계기를 한층 더 선명하게 파악하고 강조하고 있기 때문이다. 브라우어에 의하면 해석학은 순서대로 배열하는 유일한 관계에 의해서 완전히 규정되는 성격을 갖는 다양의 정립에서 시작한다.[22] 따라서 직관주의적 수학의 원리는 이러한 수학이 다루는 대상영역 전체가 간접적으로는 이러한 근원적·기본적 도식에 관계 지어져야 하며 이것을 범형으로 하여 형성되어야만 한다는 점에 있다. 이러한 사실로부터 귀결되는 것은, 비록 수학이 아무리 '존재'에 대해서 말하고 특정한 존

---

22) Brouwer, Zur Begründung der intuitionistischen Mathematik II, *Mathematische Annalen* 95(1926), 463쪽, 이 책 403쪽을 참조할 것.

재 정리(定理)를 언표하려고 해도 중요한 것은 이러한 정리 자체가 아니라 논증 속에서 수행되는 구성작업이라는 사실이다. 이런 의미에서 브라우어는 수학 전체는 "하나의 이론이라기보다는 하나의 행위다"라고 말하고 있다. 그러나 이 경우에도 우선, 수학의 영역에서 또한 수학의 경계 내에서 행위라는 개념 자체에 의해서 무엇이 이해되어야만 하는가에 대한 한층 더 상세한 설명이 필요할 것이다. 수학적 '행위'란 순수하게 지적인 행위이며, 시간 속에서 경과하는 것이 아니라 시간 자체가 의거하는 하나의 기본적 계기, 즉 '계열화'의 계기를 비로소 가능하게 하는 행위인 것이다. 따라서 수의 계열이 기초하고 있는 기본조작은 서로 잇달아 일어나는 경험적인 관계에 있는 개별적인 행위들을 종합하는 것으로, 즉 '점차로' 쌓여서 하나의 전체를 구축할 수 있는 것과 같은 것으로 해소되어서는 안 된다. 여기에서는 오히려 전체가 전적으로 엄밀하게 부분들에 '선행'한다. 즉 조작의 원리, 다시 말해 조작을 산출하는 법칙이 먼저 존재하고 모든 개별적인 정립은 그러한 법칙으로부터 비로소 자신의 의미를 획득하게 된다는 것이다. 계열 내에서 항으로부터 항으로 전진하는 것이 이러한 원리를 창출하는 것이 아니라, 이러한 전진은 이 원리를 전개할 뿐인 것이다. 그러한 전진은 어떤 의미에서는 그 원리가 무엇이고 무엇을 의미하는지를 해석하는 것이다. 따라서 '수학적' 행위는 항상 하나의 단적으로 보편적인 행위이며, 단 하나의 근거 정립을 행함으로써 무한히 가능한 부분행위들을 포괄하며 그것들을 완전히 조망할 수 있게 만드는 것이다. '순서대로 배열하는 관계' 자체가 출발점이 되면서 가능한 대상들의 영역 전체를 단번에 확정하기 때문에, 이러한 영역의 획득과 확보를 위해서는 개별적인 대상들을 하나씩 제시하면서 그것들을 하나씩 '구성하는' 것은 필요하지 않은 것이다. 그런데 브라우어가 주창하는 '직관주의'에서는 이러한 두 개의 관점이 선명하게 구별되고 있지 않은 것 같다. 브라우어의 직관주의는 '…이 존재한다(es gibt)'라는 형태의 모든 수학적 언표를 위한 정초를, '준다'라는 개별적인 작용에서 요구한다. 그러나 바로 이 때문에 이러한 직관주의에서는 순수하게 관념적으로 주는 것과 경험적으로 주는 것 사이의 경계가 소실되고 마는 위험이 존재한다. 이러한 경계를 표시하기 위해서는 라이프니츠가 다른 문제연관에서 창출했고 실행했던 구별을 다시 끌어들일 수 있다. 라이프니츠는 뉴턴의 절대공간과 절대시간이란 개념을 비판하면서, 우선 이러한 개념들은 어떠한 실제의 관찰에 의해서도 결코 입증될 수 없기 때문에 그것들에 객관적·물리학적 의미를 인정해서는 안 된다는 사실로부터 출발한다. 구체적인 경험에 의해서 입증될 수 없는 개념은 공허하다. 다시 말해서 그러한 개념에는 어떠한 특정한 일의적인 물리학적 '대상'도 대응하지 않는다. 예를 들어 우리가 우주의 '절대운동'의 존재방식이 변화한다고 말할 경우에, 우리에게는 절대운동이 존재하는지 아닌지를 확정할 수 있는 어떠한 수단도 존재하지 않기 때문에 이러한 변화에 대한 어떠한 가정도 물리학적으로는 무의미하다. 따라서 관찰의 한계는 동시에, 우리가 물리학적 실재라고 부를 수 있고 그렇게 부르는 것이 허용되는 것의 한계이기도 하다. 그러나 이 세상에는 경험적 연구의 수단으로 확증될 수 있을 필요는 없는 사건들이 있을지도 모른다는 이의에 대해서 라이프니츠는 자신의 근본 테제를 방법적으로 보다 첨예화함으로써 반론을 제기한다. 우리에게 자연의 현실, 즉 물리학적 대상세계의 현실을 구축하고 있는 요소들은 개별적으로 **직접적인 지각**에 의해서 파악될 수 있는 성질을 가질 필요는 없지만, 그럼에도 불구하고 그러한 요소들은 어떠한 경험적 데이터에 의해서 **간접적으로라도** 입증되어야만 한다. 여기에서 결정적인 것은, 실제의 관찰이 아니라 가능한 관찰인 것이며 observation(관찰)이 아니라 observabilité(관찰 가능성)인 것이다.[23] 동일한 의미에서 어떤 수학적 대상의 타당성을 결정하는 것은, 그것의 현실적인 구성이 아니라 아마도 가능한 구성, 즉 그것의 구성 가능성이라고 말할 수 있을 것이다. 구성의 실제적인 수행은, 사고가 어떤 일반적 법칙에 의해서, 즉 어떤 특정 영역의 아프리오리한 구조에 대한 통찰에 의해서 구성 **가능성**을 확보하자마자 필요하지 않게 된다. 집합론의 전개과정에서 '확정집합'이라는 개념이 수용하게 되었던 여러 의미를 떠올려 본다면, 우리가 여기에서 주목하고 있는 근본적 구별이 집합론의 용어로 극히 명료하게 표현될 수 있다. 집합론의 초기에 이 개념은 어떠한 임의적인 사고객관에 대해서도 그것이 그 집합의 요소에 속하는 것으로 간주될 수 있는가 아닌가가 확실하게 확정되어 있을 경우에는 하나의 집합이 충분히 규정된

---

23) Leibniz' Briefwechsel mit Clarke, fünftes Schreiben, § 72, Gerhardt VII, 403 (상세한 것은 내 책 *Leibniz' System in seinen wissenschaftlichen Grundlagen*, 246쪽 이하를 참조할 것).

것으로 여겨질 정도로 넓게 파악되었다. 이러한 의미에서 **요소의 확정된** 집합은 어떤 것도 우리에게 하나의 집합의 존립을 표현한다. 그 후 집합론의 역설에 의해서 그러한 집합개념의 무제한한 적용을 단념하지 않을 수 없게 되었다. 요소확정성의 요구가 **외연확정성**의 요구에 의해서 대체된 것이다. 이제 하나의 속성의 지정, 혹은 하나의 법칙의 지정에 의해서 정의된 모든 집합이 그것만으로 이미 타당한 수학적 대상을 구성하지는 않는다. 오히려 우리는 이러한 집합에 다시 그것이 **이상적으로 완결된** 집합이라는 것, 따라서 어떤 특정한 구성원리에 의해서 한정될 수 있는 사물들의 어떤 폐쇄된 권역 외부에는 그 집합의 어떠한 요소도 존재하지 않을 것을 요구한다. 그 후 브라우어가 다시 한 걸음 더 나아갔다. 그는 집합 속에, 미리 지정된 속성을 갖는 요소들이 나타나는지 어떤지 하는 물음이 항상 전적으로 유한한 수속에 의해서 결정될 수 있는 **결정적으로 확정적인** 집합만을 인정했던 것이다.[24] 우리가 여기에서 파악하려고 시도했던 것과 같은 '구성 가능성'이라는 개념은 '외연확정성'의 요구에는 부응하지만 '결정적 확정성'의 요구에 반드시 부응하는 것은 아니다. 왜냐하면 전자가 구성의 관념적인 가능성에 만족하는 반면에, 후자는 끝까지 실제로 수행된 구성을 요구하기 때문이다. 바일은 자신의 견해와 브라우어의 견해 사이

---

24) 집합개념의 이러한 3단계 분류에 대해서는 Oskar Becker, "Beiträge zur phänomenologischen Begründung der Geometrie und ihrer physikalischen Anwendungen", *Jahrbuch für Philosophie und phänomenologische Forschung*, Bd. 6(1923), 403쪽 이하를 참조할 것. Fraenkel, 앞의 책, 38쪽 이하도 참조할 것.

의 차이에 대해서 다음과 같이 정확하게 말하고 있다. "브라우어에 의하면, E가 자연수의 영역에서 유의미한 속성이며 n이 이러한 자연수의 어떤 것일 경우에 E가 수 n에 속하는지 아닌지가 자체적으로 확정되어 있다면, 속성 E를 갖는 수가 존재하는가 아닌가라는 물음은 수계열의 경우와 유사한 것이 된다. 이는 자연수의 개념이 계열의 개념과 대조적으로 … 외연확정적일지라도 그렇다. 브라우어는 이런 종류의 존재문제가 모두 결정될 수 있는 믿음에는 아무런 근거도 없다는 것으로 자신의 견해를 정초하고 있다. … 나는 이러한 견해에 의식적으로 대립해서 해석학을 기초지으려고 시도했을 때 다음과 같은 의견을 제시했다. 즉 중요한 것은 어떤 종류의 보조수단에 의해서, 예를 들면 형식논리학의 추론양식에 의해서 어떤 문제를 결정할 수 있는가 어떤가가 아니고 사태 그 자체가 어떻게 되어 있는가이다. 즉 자연수의 계열과 그것에 관련된 존재개념은, 수의 영역에서 유의미한 속성 E에 대해서 E라는 성질을 가진 수가 존재하는가 아닌가가 항상 자체적으로 확정되어 있는 방식으로 수학의 기초가 되고 있다는 것이다."[25] 사실상 이런 종류의 '그 자체'로 타당한 언표의 가능성과 권리는 그것과 함께 수의 객관적 '관념'을 주관적으로 헤아리는 작용으로 해소하고 관념론의 원리를 심리주의의 원리로 해소하는 것이 아니라면 부정할 수 없는 것이다. 바일이 "… 가 존재한다"는 일반적

---

25) Weyl, "Über die neue Grundlagenkrise der Mathematik", *Mathematische Zeitschrift* 10(1921), 53쪽.

형식을 갖는 언표를 본래적인 의미의 판단이라고 인정하지 않고 기껏해야 '판단의 추상체'로 인정할 경우에 그는 물론 일반적이고 추상적인 것을 너무 지나치게 과소평가하고 있는 것 같다. 바일에 따르면 "2는 짝수다"는 명제는 하나의 사태를 표현하는 진정한 판단이지만, "어떤 짝수가 존재한다"는 명제는 "2는 짝수다"는 판단으로부터 획득된 판단의 추상체다. 이러한 판단의 추상체는 보물의 존재를 알려주기는 하지만 그것이 존재하는 장소를 알려주지는 않는 한 장의 종이에 비유될 수 있다. 이러한 종이에게 참된 인식가치를 인정할 수는 없다. 왜냐하면 국민경제에서 식료품에 비유될 수 있는 현실적 가치를 갖는 것은 직접적인 것, 전적으로 개별적인 것이며, 일반적인 것 모두는 개별적인 것에 단지 간접적으로만 관여할 뿐이기 때문이다.[26] 그러나 여기에서 사용되고 있는 비유를 그대로 빌려서 조금 더 생각해 볼 경우 우리는 다음과 같은 질문을 제기할 수 있을 것이다. 즉 현시점에서 손으로 붙잡을 수 있는 형태로 눈앞에 존재하는 것, 직접적으로 현존하고 직접적으로 이용할 수 있는 재화로서 나타나는 것만이 '현실적인' 경제적 가치에 본래 속한다고 할 수 있는가? 여기에서도 또한 이런 의미에서 현실에 주어져 있는 것과 특정의 조건하에서라면 현실화될 수 있는 것이 구별되어야만 하지 않을까? 인식비판은 '일반적인 것'이 갖는 신뢰도를 부정하거나 뒤흔들려고 시도할 수는 없다. 인식비판이 해야 하는 것은 어떻게 하면 일반적인 것의 신뢰도가 올바른

---

26) 같은 논문, 54쪽.

방식으로 기초 지어질 수 있는가라는 물음을 제기하는 것뿐이다. 바일이 염두에 두고 있는 '일반적인 것'은 쨍그랑 소리를 내는 경화 (硬貨)로 간주될 수 없고 항상 대리물이나 대체물, 즉 한낱 어음 정도로만 간주될 수 있을지라도, 이 '일반적인 것'의 현금화가 보증되고 확보되기만 한다면 그것의 가치는 그것으로부터 결코 박탈되지 않는다. 수학이 개별적인 언표에 제한되지 않고 순전히 함수적인 규정들의 체계를 표현하는 것이 사실일지라도, 적어도 수학은 그러한 순전히 대리적인 가치를 결코 결여할 수 없다. 수학은 그것의 일반적인 명제들의 타당성을 위해서 특정한 개별적인 내용에 의한 실현을 결코 요구하지 않는다. 그것이 요구하는 것은 단지 실현 가능성뿐이다. 수학의 참으로 보편적인 근본판단들이 확보하고 있는 것은 바로 이러한 실현 가능성이다. 이러한 판단들은, 모든 것을 포괄하는 하나의 규칙인 것과 동시에 그러한 규칙의 무한히 다양한 적용례를 하나의 동일한 정신적 눈으로 포함하는 것을 허용한다는 의미에서 구체적으로 일반적이다. 이 경우 개별적인 적용례는 규칙을 정초하는 것이 아니라 단지 그것을 입증할 뿐이다. 규칙은 개별적인 것에서 자신을 표현하지만 그 의미가 개별적인 것으로 해소되는 것은 아니다. 그런 한 존재적 사태에 관한 일반적 판단은 바일이 주장하는 것처럼 결코 '논리학자들의 공허한 발명물'은 아니다. 왜냐하면 바일 자신이 인정하고 강조하는 것처럼 일반적인 '판단 어음들'이 무한히 풍부한 현실적인 판단들을 자신 안에 포괄하고 있다면 그리고 더 나아가 그러한 '판단 어음들'이 "그것들을 현금화함으로써 획득될 수 있는 모든 개별적인 판단을 위한 법적 근거를 정식화하고 있다"면, 이러한 법적 근거 자체는 아마도 한낱 무에서 유래하는 것일 수 없고 어떤 '객관적' 기초를 갖고 있음에 틀림이 없기 때문이다. 그럼에도 불구하고 현대의 수학적 직관주의도 '보편문제'를 둘러싼 철학적 논쟁에서 자주 나타났던 위험에 드물지 않게 노출되어 있는 것 같다. 사이비 일반자, 즉 '추상개념'으로서의 일반자에 대한 직관주의의 근거 있는 비판은 참된 일반자, 다시 말해 구성적 원리로서의 일반자에게도 미치고 있다. 그러나 수학과 '정밀과학'의 엄밀한 정초가 성공할 수 있으려면, 이 두 개의 일반자는 엄격하게 구별되어야만 한다. 일반자의 의미를 완화하고 그것을 개별자라는 의미로 해소시키는 것으로는 그러한 정초가 성공할 수 없다. 요구될 수 있고 요구되어도 좋은 것은 다음과 같은 한 가지, 즉 일반자의 의미가 단순히 '추상'되어 [개별자들로부터] 분리된 존재로 간주되는 것이 아니라 끊임없이 개별적인 것과 접촉하면서 그것과의 일관된 관계로부터 사유되어야만 한다는 것뿐이다.

사람들이 이러한 형태의 '구체적 일반자'를 그것이 어떤 방식으로든 현실의 '사물'로 다시 환원되어야만 하는 단순한 2차적·파생적인 것으로 간주할 경우에도 사람들은 그것을 오해하고 잘못 파악하고 있다. 이러한 환원의 시도는 수개념을 경험론적으로 도출하려고 하는 유파뿐 아니라 순수한 '논리주의' 내부의 어떤 특정한 유파에게조차도 특징적이다. 이 경우 경험론과 논리주의는 어떤 공통의 '실재론적' 전제에 서 있다는 점에서 일치한다. 즉 양자 모두는 수의 순수한 타당성은 수가 현존하는 실재적인 사물이라는 미리 주어져 있는 층으로 기초 지어지는 것에 의해서만 확보될 수 있다고 믿는다. 이 경우 경험론은 구체적·**감각적** 집합의 사실존재에까지 거슬러 올라간다. 즉 경험론은 수에 대한 순수한 언표를 지각과 직관에 직접적으로 주어져 있는 것에 대한 언표로 해석하려고 한다. 이러한 사고방식을 궁극에까지 밀고 나가면, 산술은 물리학의 일부가 되고 만다. 따라서 밀이 산술의 진리를 경험적 소재와 경험적 '환경'에 의해서 좌우되는 것으로 보았을 때—예를 들어 1+1=2라는 명제는 아마도 우리와는 다른 경험적 조건들 아래에서 살고 있을 시리우스 성(星)의 주민들에게는 어떠한 필연적 타당성도 가질 필요가 없다는 결론을 끌어냈을 때—전적으로 수미일관되게 사유하고 있었던 것이다. 프레게의 결정적인 비판이 나온 이래로 사람들은 산술을 **그런** 방식으로 '정초하는 것'을 일반적으로 포기했다. 그러나 프레게와 프레게의 노선을 따랐던 논리학자들이 수행했던 순수수론의 구축도—완전히 다른 방향에서이기는 하지만—참으로 '자율적인' 산술의 이상으로부터는 [경험론적 입장에] 못지않게 떨어져 있다. 왜냐하면 여기에서도 수의 궁극적이고 진정한 진리는 수 자체가 아니라 다른 어떤 것에 기초하고 있기 때문이다. 즉 [그들에 따르면] 수에 대한 언표는 **클래스**에 대한 언표로 인식되는 것에 의해서만 비로소 객관적 의미와 타당성을 획득하게 된다는 것이다. 물론 이제 감성적 다양이 아니라 순수하게 개념적인 다양으로 간주되는 **클래스**의 존재가 순수수학의 모든 명제를 위한 기초가 된다. 밀이 경험적 사물의 층에서 출발했던 것과 마찬가지로, 프레게는 특정의 개념사물들(Begriffs-

Dinge)로부터 출발하면서 이것을 순수한 수영역의 불가피하고 필연적인 기체(基體)로 보는 것이다. 프레게에 따르면, 이러한 기체 없이는 수는 어떤 의미에서 존재 내에서 발판을 상실해 버리고 전적으로 공허 속에서 부유하게 된다는 것이다.[27] 그러나 수가 갖는 순수하게 **함수적인** 기본적 의미는 이것을 사물의 경험적 '존재'로부터 도출하려고 할 경우 그것을 개념의 논리적인 '본질'로부터 도출하려고 하는 경우와 마찬가지로 잘못 파악되고 만다. 왜냐하면 두 가지 경우 모두에서 수는 더 이상 **정립**의 근원적 형식을 의미하지 않고 미리 주어져 있고 미리 전제된 어떤 것을 요구하기 때문이다. 러셀은 수개념을 클래스 개념으로부터 도출하고 있지만 이러한 도출에도 이러한 실재론이 특징적이다. 러셀에게 제일의 것은 수개념이 아니라 등수성(等數性, Gleichzahligkeit)의 개념이다. 이 등수성의 개념은 특정한 클래스들이 갖는 하나의 특성으로서만, 즉 요소들이 서로 일대(對)일로 대응하는 클래스들의 속성으로서만 정의될 수 있다. 예를 들어 '2'라는 개념은 어떤 사물의 그룹—우리가 통상 '쌍(雙)'이라고 부르는 사물—에서 직접 보이는 그러한 사물들로부터 추상되는 하나의 규정 이외의 아무것도 표현하지 않지만, 이는 '12'라는 수가 모든 '한 다스의 것들'에 공통된 속성을 표현하는 것과 동일하다. 즉 '12'의 의미는 '한 다스의 것들'

---

27) 수개념에 관한 밀의 정초와 프레게의 정초 사이에 존재하는 이러한 순전히 방법론적인 유사성에 대해서는 Wilhelm Burkampf가 *Begriff und Beziehung, Studien zur Grundlegung der Logik*(leipzig 1927), § 77, 208쪽 이하에서 개진하고 있는 적확한 소견(所見)도 참조할 것.

의 존재에 달려 있다. 왜냐하면 수 자체가 등가(等價)관계에 의해서 서로 결합되어 있는 '클래스들의 클래스'로서만 사유될 수 있기 때문이다. 따라서 여기에서도 또한—관계로부터, 즉 관계의 근본적 존립으로부터 존재와 그것의 질서와 분절이 도출되지 않고—비록 존재가 아무리 논리적으로 포착되고 논리적으로 순화되어 있어도 관계는 존재를 뒤따르고 있는 것이다.[28]

이러한 모든 시도에 반해서 '직관주의'가 실질적으로 기여한 점은 관계의 우위를 회복하고 이것을 원칙적으로 인정하고 있다는 점에 있다. 순수수론을 일반집합론의 단순한 특수사례로 생각하면서 자연수의 계열을 클래스 개념 내지 집합개념으로부터 논리적으로 '연역함'으로써 순수수론의 기초를 보다 깊은 곳에 두려는 모든 시도가 이제는 의식적으로 거부되는 것이다. 이러한 연역 대신에 '완전한 귀납법'이 등장한다. 물론 이러한 **명칭**은 의혹을 불러일으킬 수 있다. 왜냐하면 이러한 명칭은 수학을 논리학이 아니라 **경험과학**에 근접한 것으로 보면서 이러한 과학의 기본적인 하나의 수속에 근거하는 것으로 보고 싶어 하는 것 같기 때문이다. 그러나 여기에서 문제가 되고 있는 '귀납법'은 통상적으로 이 용어에 의해서 지칭되는 경향이 있는 '경험적 일반화'의 수속과는 완전히 다르다. 귀납법에는 이 단어의 역사적으로 근원적 의미, 즉

---

28) 클래스 개념의 '실재론'이야말로 러셀의 수론(數論)의 참된 핵심과 기본전제를 이루고 있다는 사실은 레온 브룬슈비크(Leon Brunschvieg)가 기호논리학을 비판하면서(*Les étapes de la Philosophie des Mathématiques*, 394쪽 이하, 413쪽 이하) 정확하게 지적하고 있다.

ἐπαγωγή[헤파고게], '인도한다'는 의미가 보존되어 있다. 이 '인도한다'는 것은 만약 그것이 일반적인 기준을 제시하는 것이 아니라면 그렇게 불릴 가치가 없을 것이며 단순한 암중모색으로 그칠 것이다. 따라서 참된 수학적 귀납법은 일반자에게 이끄는 길을 비로소 **탐색하는** 것이 아니라 이 길을 **지시하는** 것이며 더 나아가 이 길 자체인 것이다. 수학적 귀납법에서 참된 안내자의 역할을 하는 것은 주어져 있는 많은 사례로부터 그러한 사례들 모두에 대한 가설적인 추측 내지 주장에로 나아가는 '귀납적 추론'이 아니라 이른바 'n으로부터 $n+1$에의 추론'이다. 이러한 추론에서는 개별적 사례들, 즉 개별적인 수들에서 보이고 증명되었던 규정들이 취합되어 똑같이 개별적인 다른 사례들에 전용되는 것이 아니라 이를테면 수 **자체**의 절대적인 원리로의 소급이 수행되는 것이다. 즉 수열의 내부에서 어떤 항목과 그것에 '직접 이어지는 항'을 결합하는 동일한 기본관계가 이 수열의 전체를 관통하고 이 수열의 모든 부분을 규정하고 있다는 사실이 인식되는 것이다. 그런 한, 사실상—푸앵카레가 반복해서 강조하고 있는 것처럼—'완전귀납법'의 원리의 근저에는 참된 '아프리오리한 종합'이 놓여 있다.[29] 바일에게도 이러한 원리는 그 이상의 정초를 필요로 하지 않으며 또한 정초를 할 수도 없다. 왜냐하면 이러한 원리에 의해서 표현되고 있는 것은 수학의 근원적 직관, 즉 '항상 또 하나가 있다'는 직관 이외의

---

29) Henri Poincaré, *La Science et l'hypothèse*(Paris 1902), *La Science et l'méthode* (Lindemann에 의한 독일어 번역본, *Wissenschaft und Hypothese*, Bd. I und Bd. 17).

아무것도 아니기 때문이다.[30] 수학에서 '귀납적 증명'[31]이라고 불리는 모든 것이 추구하는 목표는 특정한 수학적 문제를 이러한 궁극의 인식원천으로까지 소급하여 이끄는 것과 아울러 이 문제가 확실히 결정될 수 있는 지점까지 이끈다는 것이다. 수학적 판단의 아프리오리한 성격과 이러한 판단에 고유한 특수한 '명증'을 정초할 수 있는 것은 어떠한 **사물들 상호 간의 관계**가 아니라 항상 순수한 **정립들 상호 간의 관계**—단일성의 정립과 차이의 정립의 **기능**, 즉 계열화와 대응시킴의 **기능**으로까지 거슬러 올라가는 관계—뿐이다. 초기의 기호논리학은 수개념을 집합개념으로부터 도출하려고 시도하면서 그러한 시도는 모두 논점선취의 오류(petito principii)를 포함하고 있다는 비난에 대해서 항상 특히 강력하게 항의했다. 아울러 이와 함께 초기의 기호논리학은 자신이 '동일성'과 '차이'에 대해서 말할 때 염두에 두고 있는 의미는 이미 **수적인 일**(一)과 **수적인 다**(多)를 포함하고 있지는 않으며, 따라서 '수적인' 의미를 순수하게 논리적인 의미로 환원시킬 수 있다면 이는 인식의 결정적인 진보를 의미한다는 사실을 지적했다.[32] 그러나 논점선취의 오류를 범하고 있다는 이러한 비난의 형식적 권리는 어떻든 간에, 클래스 개념으로부터 수개념을 연역하는 것이 인식비판

---

30) Weyl, *Mathematische Zeitschriften*, Bd. 10, 58쪽을 참조할 것.
31) '귀납적 증명'의 방법적인 독자성에 대해서는 예를 들면 Otto Hölder, *Die mathematische Methode*, 298쪽, 304쪽에서의 기술을 참조할 것.
32) 예를 들면 Louis Couturat, *Die philosophischen Prinzipien der Mathematik* (deutsche Ausgabe, 1908, 2장), Russell, *Principles of Mathematics*, 132쪽 이하를 참조할 것.

적 의미에서는, 즉 엄밀하게 '초월론적인' 의미에서는, 휘스테론 프로테론[ὕστερον πρότερον, 부당한 가정의 오류]을 포함하고 있다는 한 가지 사실만은 부정하기 어렵다. 왜냐하면 클래스 개념을 특정한 내용으로 채우기 위해서는 클래스 개념 속에 항상 이미 정립, 동일성, 차이라는 사고기능을, 따라서 수개념의 구성을 위해서 필요한 동일한 관계들, 즉 그것들로부터 수개념이 '클래스'를 경유하지 않고 직접 획득될 수 있는 동일한 관계들을 투입해야만 하기 때문이다.[33]

3. 수학이론에서 '기호'가 차지하는 지위

현대수학에 등장했던 수를 정초하는 여러 시도를 다시 한 번 돌이켜보면, 이 모든 시도에서 보이는 가장 현저한 특징은 결국은 그러한 모든 시도가 순수수학의 권능이 성립할 수 없게 되는 지점으로까지 우리를 이끈다는 점일 것이다. 결국 수학의 문제군에 의미도 기원도 전적으로 다른 하나의 문제군이 대치하게 된다. 즉 결정권은 순수수학의 손에서 박탈되어 개개 연구자의 '세계관'에 내맡겨져야만 하는 것 같다. 이미 폴 뒤 부아레몽(Paul du Bois-Reymond)이 자신의 책 『일반함수론』에서 이러한 역설적인 결론

---

33) 이에 대해서는 예를 들면 Burkamp, Klasse und Zahl in der Begriffslogik (*Begriff und Beziehung*, Studie IV, 182쪽 이하)를 참조할 것.

을 끌어내었다. 즉 이미 그는 '관념론자들'과 '경험론자들'의 논쟁이 엄밀하게 객관적이고 보편타당한 기준에 의해서 결정될 수는 없고 여기에서는 개개인의 철학적 신조가 권리를 갖게 된다고 밝혔다. 따라서 사실상 브라우어의 이론은 "수학에서 궁극에까지 사유된 관념론"이라고 불렸으며, 이에 반해 프레게와 러셀의 이론은 스콜라철학적인 '개념실재론'의 특정한 유파들과 부인할 수 없는 친연성을 갖고 있었다. 그러나 윌리엄 오컴의 철학에 의해서 새로운 이론, 이른바 '명사설(Terminismus)'이 등장하자마자 중세의 보편주의에서도 문제가 하나의 새로운 단계에 들어서게 되었던 것처럼, 오늘날의 순수수학의 진영에서도 유사한 전개가 수행되고 있는 것 같다. 수학의 '객관성'을 둘러싼 논쟁에서 물음이 직접 수학의 대상으로 향하지 않고 수학의 기호로 향하자마자, 이른바 전선의 이동이 일어나고 있다. 이제 '관념론'과 '개념실재론'의 피안에 하나의 자립적인 세력으로서 '형식주의'가 대두하고 있는 것이다. 그리고 이러한 형식주의와 함께 비로소 수학에서 영역침범의 위험, 즉 방법적 μετάβασις εἰς ἄλλο γένος[메타바시스 에이스 알로 게노스, 다른 유(類)로의 이행]의 위험이 최종적으로 극복된 것처럼 보인다. 수학이 이제까지 위협받아 왔던 자율성을 구하고 탈환하려고 한다면, 수학이 '기호'에 대한 순수한 이론이 되려는 결의를 굳건하게 하는 수밖에 없는 것 같다. 현대수학에서 이러한 귀결을 가장 첨예한 형태로 끌어내었던 사람은 힐베르트다. 그는 직관주의와 첨예한 투쟁을 벌이면서 직관주의에 대항하여 해석학과 집합론의 '고전적' 형식이 갖는 명예를 회복하려고 했다. 그러나 다른 한편으로 힐베르트의 이론에서 출발점이 되었던 것은 '무제약적인' 집합형성에 대한 극도의 비판적인 경계심이며, 집합론에서 '초한(超限)적인(transfinite)' 추론양식에 대한 불신감이었다. 따라서 그는 직관주의에 반대했던 것과 마찬가지로, 그가 프레게의 이론에 체현되어 있다고 보았던 '극단적인 개념실재론'에도 반대했다. 그리고 유한수를 무한한 것, 즉 '모든 사물의 체계'에 기초 지으려고 하는 데데킨트의 생각은 힐베르트에게 분명히 탁월하고 매력적인 것으로 보이지만, 힐베르트는 집합론의 여러 역설들 때문에 이러한 길을 걷는 것이 불가능하다는 점은 의심할 여지가 없다고 극도의 엄격한 어조로 역설한다.[34] 그럼에도 불구하고 사람들이 만약 힐베르트의 이론에서 두 개의 사상적 극단을 조정하면서 중도를 걸으려고 하는 시도밖에 보지 않으려고 한다면, 이 이론이 갖는 독자성을 보지 못하는 셈이다. 그의 이론이 제공하려고 하는 것은 오히려 지적으로 새로운 전체적인 안내도다. 힐베르트가 역설하는 것처럼 일반적 개념들의 외연과 내포를 추상적으로 조작하는 것이 수학적 사고를 반복해서 잘못된 길로 이끌었던 것이다. 따라서 이러한 방법과 단호하게 손을 끊고 사고가 이미 명확하게 지정되어 있는 계획에 따라서 전진할 뿐 아니라 동시에 그 행보의 하나하나가 검토될 수 있는 길을 발견하는 것이 중요하게 된다. 힐베르트가 자신의 '증명론'에서 창출하려고 하는 것은 그러한

---

34) Hilbert, *Neubegründung der Mathematik*(Abhandlung aus dem Mathematischen Seminar der Hamburgischen Universität I(1922), 157쪽 이하, 162쪽).

비판적 법정이다. 이러한 '증명론'에서 라이프니츠의 '보편적 기호법'의 근본사상이 새롭게 수용되며 간명하면서도 첨예화된 표현을 얻게 된다. '증명'의 심리(審理)가 내용적 사고의 측면에서 '상징적' 사고의 측면으로 이동하게 된다. 논리적 추론을 적용하고 논리적 연산을 수행하기 위한 예비조건으로서 우리에게는 항상 이미 어떤 종류의 감성적·직관적 기호들이 표상 속에 주어져 있어야만 한다. 그러한 기호들에 입각해서야 비로소 사고는 실마리를 획득하게 되는 것이며, 모든 착오에서 벗어나려고 한다면 이러한 실마리를 따라서 나아가야만 한다. 힐베르트는 이러한 자신의 견해를 다음과 같이 요약하고 있다. "나는 이러한 입장을 취함으로써 프레게와 데데킨트와는 정반대로 수론의 대상을 기호 자체로 보게 된다. 즉 우리가 때와 장소 그리고 그 기호가 작성될 때의 특수한 조건들과 그것을 사용할 때의 사소한 차이에서 독립해서 보편적이고 확실하게 그 형태를 재인식할 수 있는 기호 자체가 수론의 대상인 것이다. 바로 여기에 확고한 철학적 태도가 존재하며 나는 이러한 태도가 일반적으로 모든 과학적 사고, 이해, 전달을 위해서와 마찬가지로 순수수학의 정초를 위해서도 필요하다고 생각하지만, 이러한 태도는 태초에 기호가 있다고 본다."[35]

이러한 태도를 진지하게 받아들일 경우, 순수수학의 전체가 이제 한낱 유희로 해소되고 마는 것처럼 보인다는 것은 말할 것도 없다. 왜냐하면 기호가 특정의 이상적 **사태**를 우리에게 재현하는

---

35) 같은 책, 162쪽.

매개적 역할을 할 뿐 아니라 기호 자체와 기호들의 연결양식 내지 결합양식, 다시 말해 직관될 수 있는 기호군과 '수식'으로 통일되는 양식이 수학적 고찰의 대상을 이룬다고 한다면, 이러한 고찰은 이후 계속해서 자기 자신 속에 사로잡힌 채로 존재하게 되기 때문이다. 이러한 고찰은 전적으로 안전하게 자신의 권역 내에서 움직인다. 그러나 이러한 운동은 자신이 겨냥하는 조준점을 갖지 못한다. 자신의 이러한 기본적 견해를 정당화하기 위해서 힐베르트는 다른 누구도 아닌 칸트를 원용할 수 있다고 믿는다. 그에게 '초월론적 감성론'의 의미는 단지 논리학만으로는 수학을 창출할 수 없고 이를 위해서는 항상 '직관'에 의거하는 것이 필수적이며 불가피하다는 사실에 존재하는 것 같다. 그러나 힐베르트에서는 이 직관 자체가 칸트의 '순수직관'이라는 의미로 받아들여지지 않고 있다. 그것은 '아프리오리한 형식'으로서가 아니라 구체적·감각적 자료들의 전체로서 받아들여진다. "논리적 추론이 확실한 것이 되려면 대상들이 모든 부분에서 완전히 조망될 수 있어야만 한다. 대상들의 제시, 구별, 잇달음, 나란히 존재함이 대상들과 함께 동시에 직접적으로 직관할 수 있는 형태로, 즉 다른 어떤 것으로 환원될 수 없고 환원을 필요로 하지 않는 것으로서 주어져야만 한다. … 수학에서 우리가 고찰하는 대상들은 구체적인 기호들 자체, 즉 우리의 입장에 따르면 그 형태가 직접적으로 명료하고 재인(再認)될 수 있는 기호들 자체인 것이다."[36] 이 문구는 힐베르트 자신을 일

---

36) Hilbert, "Über das Unendliche", *Mathematische Annalen*, Bd. 95(1926),

제4장 수학의 대상 **727**

종의 '직관주의자'로 낙인찍기 위해서 종종 이용되었다. 그러나 이러한 외견(外見)상의 유사성은 힐베르트 체계의 전제들을 보다 상세하게 살펴보면 사라지고 만다. 왜냐하면 이 체계 내부에서 직관은 수학의 직관주의적 정초에서와는 완전히 다른 위치를 점하고 있으며 전혀 다른 의미로 **사용되고** 있기 때문이다. 여기에서 직관은 직관주의에서처럼 능동적인 역할이 아니라 수동적인 역할을 하고 있다. 즉 힐베르트에서 직관은 일종의 '주어져 있는 것'이지 일종의 '주는 활동(Geben)'은 아닌 것이다. 직관주의자들에게 정수(整數)에 대한 '근원적 직관'은 하나의 구성적 **원리**이며, 이러한 원리를 계속해서 적용함으로써 개별적인 수들의 무한집합이 산출되는 것이지만 힐베르트에서 직관의 사명은 논리를 갖지 않는 여러 대상을 우리에게 제시하는 것에 그치며, 이러한 대상들을 우리는 모든 사고에 앞서 직접적으로 체험되는 것으로서 있는 그대로 수용해야만 하는 것이다.[37] 물론 힐베르트의 기호수학에서는 기호조차도 단지 단순한 지시작용에 의해서 '이것'이라든가 '저것'으로서, 즉 하나의 토데 티(τόδε τι[이것])로서 제시될 수 있는 개개의 사물이라는 것은 아니다. 왜냐하면 기호들은 어떤 종류의 규정들에 있어서—예를 들면 기호를 형성하고 있는 물질과 그것의 색과 크기에 있어서—상당한 정도로 다를 수 있지만, 그것들이 '동일한' 기호라는 점에서는 변함이 없기 때문이다. 따라서 그 자체로 상이한

170쪽 이하.

37) Hilbert, *Neubegründung der Mathematik*, 162쪽.

감각적 내용들이 '동일한' 기호로서 기능할 수 있다. 기호들이 하위의 개별적 특징에서 서로 다르다고 해서 기호들의 재인식이 이루어지지 않는 것은 아니다. 그러나 그럼에도 불구하고 수학적 사고가, 예를 들면 기호들 대신에 어떤 '추상적인' 의미를 사용하지 않고 구체적 · 직관적 형상인 기호들을 사용하면서 이러한 형상들을 매개로 하여 자신이 나아갈 길의 방향을 정한다는 것에는 아무런 변함이 없다. 힐베르트에 의하면 수학적 추론과정의 '형식화'는 사고에서의 어떠한 모순도 특정의 기호조합들이 출현함으로써 직접 드러나는 정도로까지 완성되어야만 한다. 일반적인 '증명론'이 일단 이러한 지점까지 이르게 되면 사고는 일체의 내용적 고찰로부터 해방된다. 사고가 이제까지 빠지곤 했던 불시(不時)의 모순들도 이제는 어렵고 수고로운 '논증적' 과정에 의해서 모순으로서 드러날 필요가 없다. 오히려 이러한 모순들은 어떤 의미에서 직접적으로 '눈으로' 들어오게 된다. 어떤 증명의 내부에서 일반이론에 의해서 금해지는 어떤 특정의 성질을 갖고서 수식이 나타날 때에는 언제든지 그러한 수식들에서 모순의 출현이 확인될 수 있다. 만약 반대로 아무리 긴 추론계열이라도 그것에서 그러한 '금지된' 수식이 나타날 수 없다는 사실이 명확하게 되면, 바로 이를 통해서 이 계열의 무모순성이 증명되고 보증된다. 따라서 여기에서 현대수학의 '명사설(名詞說, Terminismus)'이 중세의 논리학적 명사설의 전개를 규정했던 방향과 정확하게 동일한 방향으로 추구되는 것 같다. 중세의 명사설에서는 언어의 단어들이 공허한 소리, '바람 소리(flatus vocis)'로 간주되었던 것과 마찬가지로, 현대수학의 명사설에서도 기호는 한낱 직관될 수 있는 도상(圖像)이 되며 그것에는 어떠한 자립적인 '의미'도 깃들어 있지 않다. 힐베르트의 이론을 반대하는 자들은 항상 거듭해서 바로 이 점과 관련하여 자신들의 반론을 제기했다. 수학의 **진리**가 힐베르트의 증명론에 의해서 보증된다고 해도 바로 이와 함께 수학은 장대한 **동어반복**으로 전락하고 만다고 그들은 이의를 제기했다. 왜냐하면 이제 수학에게 인정되는 타당성은 더 이상 객관적인 인식이 갖는 타당성이 아니라 한낱 약속에 따르는 게임의 규칙—체스에서 사용되고 있는 규칙에도 비유될 수 있는 규칙—으로서의 타당성이기 때문이다. 직관주의자들에게는 수학기호에 인간의 **지성**이 갖는 본질적인 기본방향과 성질이 표현되고 있지만, 형식주의자들에게 수학기호는 '종이 위의 기호'일 뿐이다.[38] 그러나 이러한 이의를 제기하면서 바일이 규약주의의 소극적 테제를 극복하면서 그것을 적극적인 주장에 의해서 대체하려고 하자마자 물론 다시 난관에 봉착하게 된다. 바일은 서로 다른 두 길에서 수학적 기호들에게 객관적 의미를 확보해 주려고 시도한다. 한편으로 그는 물리학에의 응용과 관련하여 수학기호를 고찰하며, 다른 한편으로는 형이상학의 상하(相下, sub specie)에서 그것을 고찰한다. 즉 수학이 '진지한 문화적인 문제'라면 힐베르트의 수식 게임에는 어떤 **의미**가 결부되어야만 한다. 그러나 수학기호가 겨냥하는 피안은 어디에 있는가?

---

38) Weyl, *Philosophie der Mathematik und Naturwissenschaft*(*Handbuch der Philosophie*, 1927), 44쪽 이하와 그의 논문 Die heutige Erkenntnislage in der Mathematik(*Symposion* I, 24쪽 이하)를 참조할 것.

"내가 수학을 물리학과 완전히 융합하지 않고 또한 수와 함수 등의 수학의 개념들(혹은 힐베르트가 말하는 기호들)이 에너지, 중력, 전자 등의 개념들과 동일한 방식으로 현실세계의 이론적 구축에 원칙적으로 관여하고 있다고 가정하지 않는다면, 나에게는 그러한 피안은 보이지 않는다." 그러나 이것만으로는 아직 불충분하다. 왜냐하면 물리학의 필요를 훨씬 넘어서는 수학의 초한(超限)적(transfinite) 구성부분에도 어떤 자립적인 의미가 귀속되어야만 하기 때문이다. 이러한 자립적인 의미라는 사상을 우리는 버릴 수 없다. 그러나 물론 우리는 이와 함께 이제, 더 이상 볼 수는 없고 그 존재를 단지 믿을 수밖에 없는 하나의 영역으로 진입했다는 사실을 우리 자신에게 숨겨서는 안 된다. "이론적으로 의식은 '자신의 그림자를 뛰어넘는 것', 즉 주어진 질료를 버리고 초월적인 것을 표현하는 데 성공한다. 그러나 이러한 것이 기호를 통해서만 가능하다는 것은 자명하다. 이론적 형성은 직관적인 통찰과는 다른 것이며, 그 목표는 예술적 조형이란 목표 못지않게 문제적이다. 인식이론적으로 절대화된 소박실재론을 파괴할 사명을 지고 있는 관념론 위에 제3의 영역이 우뚝 솟아오른다. … 내가 현상의 통찰을 인식이라고 부를 경우, 이론적 통찰은 **믿음**에 기초한다. 이러한 믿음이란 자아와 다른 자아의 실재성, 외계의 실재성, 신의 실재성에 대한 믿음이다."[39]

---

39) Weyl, *Philosophie der Mathematik*, 53쪽 이하, *Symposion* I, 30쪽 이하를 참조할 것.

여기에서 우리는 현대수학 내부에서의 방법논쟁을 지배하고 있는 대립을 가장 첨예화된 형태로 눈앞에서 보고 있다. 수학기호는 자기목적으로서, 즉 수학적 인식의 본래적인 대상으로서 간주될 수 있든가, 아니면 기호에는 어떤 종류의 정신적 생명이 불어넣어져야만 하든가. 후자의 경우 이러한 정신적 생명은 기호 자체 이외의 다른 어떤 것에 관계 지어지고 이 다른 것의 기호적 표현으로서 간주될 경우에만 기호에게 부여될 수 있는 것 같다. 그러나 일단 후자의 길이 선택되면, 즉 수학적 형상들에 '일과성(一過性)'의 의미가 부여된다면, 사고에게는 어떠한 한계도 더 이상 존재할 수 없게 되는 것 같다. 즉 사고는 그 일과성의 의미로부터 초월적 의미로 끊임없이 내몰리게 된다. 그러나 우리가 오늘날의 수학적 인식상황에 대한 고찰을 통해서 이 지점에까지 육박한 지금, 일단 여기에서 멈추고 다시 한 번 우리 자신의 체계적인 문제설정을 돌이켜볼 필요가 있다. 이러한 문제설정이 우리에게 가르쳐준 것은 우리가 여기에서 직면하고 있는 양자택일의 상황이 일의적이지도 완전하지도 않다는 사실이다. 우리는 우리의 고찰과정에서 반복해서 다음과 같은 사실을 통찰하게 되었다. 즉 '상징적인 것'의 진정한 개념은 전통적인 형이상학적 구별과 이원론에 부합되지 않고 오히려 그러한 틀을 파괴한다는 것이다. 상징적인 것은 '차안' 또는 '피안', '내재' 또는 '초월'의 어느 쪽에 속하지 않으며, 그것의 가치는 형이상학적 이원론에서 유래하는 이러한 대립을 극복한다는 바로 이 점에 있다. 상징적인 것은 한쪽이나 다른 쪽이 아니라 '다른 쪽 안에 있는 한쪽'과 '한쪽 안에 있는 다른 쪽'을 표현한다.

이와 같이 언어, 신화, 예술은 그 각각이 자립적이고 특징적인 구조를 갖지만, 그 구조의 가치는 어떤 외부의 피안적인 현실존재가 어떻게든 '반영되어' 있는 것을 통해서 주어지는 것은 아니다. 그것들의 내용은 각각이 자신에 내재하는 고유한 형성법칙에 따라서 독자적이고 자기완결적인 의미의 세계를 구축함으로써 부여된다. 이미 분명해진 것처럼 그것들 모두에서는 이처럼 '객관적' 형식화와 형태화의 어떤 원리가 작동하고 있다. 그것들은 '존재에로의 생성이 일어나는', 플라톤이 말하는 γένεσις εἰς οὐσίαν[게네시스 에이스 우시안]의 여러 양식인 것이다. 이러한 일반적 통찰을 이제 수학적인 것의 세계에 적용해 본다면, 우리는 여기에서도 수학의 기호들을 '한낱' 기호로, 즉 의미를 결여한 직관적 형태로 해소해야만 하든가 아니면 그것들에게 형이상학적이거나 종교적인 '믿음'만이 도달할 수 있는 어떤 초월적인 의미를 인정하든가라는 양자택일에서 벗어나게 된다. 왜냐하면 우리는 이 양자에서 수학적 기호들에 고유한 의미를 파악하지 못하기 때문이다. 수학적 기호에 고유한 의미는 그 자체로 '존재하는' 기호 속에 있는 것도, 그러한 기호가 모사하는 것 속에 있는 것도 아니며 이념형성 작용의 어떤 특수한 방향에 존재한다. 즉 이러한 기호가 겨냥하는 외적인 객체에 있는 것이 아니라 **객관화**의 특정한 방식에 있는 것이다. 수학적 형식의 세계는 질서를 부여하는 형식의 세계이지 사물의 형식의 세계는 아닌 것이다. 따라서 수학적 형식의 세계의 진리는 이러한 형식을 표현하고 있는 기호들로부터 기호로서의 의미를 박탈하고 이를테면 사태적·물리적 내용만을 남김으로써 규정되는 것이 아니며,[40] 또한 우리가 이러한 기호에 직접적으로 대응하고 있는 현실적으로 존재하는 개별적 대상을 제시함으로써 규정되는 것도 아니다. 수학적인 것에 **인식의 객관화 과정** 전체 내에서 그것이 차지하는 위치가 지정되는 것에 의해서만 수학적인 것의 특수한 가치가 인정되고 그것의 권리문제(quid juris)가 해결될 수 있다. 수학적인 것은 인식의 객관화 작용이라는 이 과정의 하나의 필연적인 계기인 것이며, 초월적 현실—이 초월적 현실이 물리적인 것으로서 간주되든 형이상학적인 것으로서 간주되든—의 일부도 아니고 모사도 아니다. 우리의 고찰 전체를 통해서 우리가 따랐던 이러한 관점을 견지한다면, 우리가 보았던 것과 같은 수학적인 것과 논리학적인 것의 관계와 수학적인 것과 '직관적인' 존재의 관계를 둘러싸고 있는 난점들도 그러한 관점으로부터 해명될 수 있다. 여기에 존재하는 차이는 사물의 차이가 아니라 기능의 차이로서 이해되고 평가될 때에야 비로소 참으로 선명하게 드러난다. 논리적 세계와 수학적 세계 그리고 경험적·대상적 세계는, 그것들이 뿌리를 내리고 있는 순수한 관계형식이라는 동일한 하나의 근원층이 존재하는 이상 공통의 기반을 가지고 있다. 이러한 형식들 없이는, 즉 일자성과 타자성, 동일성과 차이라는 범주적인 규정 없이는 논리적 대상의 전체도, 수학적 대상의 총체도, 경험적

---

40) Hilbert, *Neubegründung der Mathematik*, 163쪽 참조. "수론에 대한 학은 구체적 기호의 이러한 순수하게 직관적인 기초에 근거하여 구축돼야 한다. 수 자체이며 완전히 수의 본질을 형성하는 이러한 수기호 자체가 우리의 고찰 대상이지만, 이러한 수기호는 수기호라는 것 이외의 어떠한 의미도 갖지 않는다."

인 대상의 질서도 사유될 수 없을 것이다. 그러나 논리적인 것으로부터 경험적인 것으로, 즉 순수한 사고형식으로부터 경험의 대상으로의 진행은 어떤 특정한 단계를 거치며, 수학적인 것은 이러한 단계에서 불가결한 통과점으로서 나타난다. 논리적인 대상에 비해서, 수학적 대상은 이미 풍부한 새로운 '구체적인' 규정들을 드러낸다. 왜냐하면 수학적 대상은 정립 일반, 구별 일반, 관계 일반이라는 형식에 정립의 어떤 특정한 양태를, 즉 수의 체계와 '자연수의 계열'에서 나타나는 것과 같은 정립과 질서부여의 특수한 양태를 덧붙이기 때문이다. 그러나 다른 한편에서는 정립과 질서부여의 이러한 새로운 양태는 지각세계의 어떤 질서와, 우리가 '자연'의 대상이라고 부르는 대상에 도달하기 위한 불가결한 준비이자 예비조건이라는 사실이 분명하게 된다. 그런데 여기에서도 또한 수학적인 것의 객관적 의미는 그것이 자연, 즉 물리적 세계 속에 어떤 직접적인 상관항을 갖는다는 데에 있는 것이 아니라 그것이 이 세계를 세계의 구조에 따라서 구축하고 이와 함께 세계를 세계의 법칙성에 따라서 이해할 것을 가르친다는 데에 있다. 이런 의미에서 논리적 대상은 수학적 대상을, 수학적 대상은 경험적·물리적 대상을 지시하는 것이지만, 이는 어떤 이해 가능한 의미에 있어서 한쪽의 대상이 다른 한쪽의 대상의 모사 또는 모상으로 간주될 수 있다는 것은 아니다. 왜냐하면 이러한 대상들 각각이 대상정립의 어떤 특정한 단계를 대표하고 있으며, 또한 인식의 통일의 원리가 이러한 모든 단계를 분리시키지 않고 서로의 상호관계 속에서 파악하라는 요구를 포함하고 있기 때문이다.

이러한 원리적 통찰로부터 출발하여 비로소, 수학기호가 갖는 '진리로서의 가치'에 대한 물음에 참으로 만족스런 대답이 획득될 수 있다. 왜냐하면 이제 우리는 그러한 대답을 얻기 위해서 수학적 개념을 직접 사물들의 '절대적' 현실에 입각하여 측량할 필요가 없으며, 비교는 단지 한쪽의 수학적 인식형식과 다른 쪽의 논리적 인식과 물리적 인식 사이에서만 이루어지기 때문이다. 이러한 비교의 성과는 궁극적으로는 단지 이러한 형식들 중 어느 것도 독자적으로는 객관적 '존재'도 객관적·이론적 타당성의 영역도 구축할 수 없으며, 오히려 이러한 형식들은 서로 연관을 맺고 서로 협동하는 것에 의해서만 객관적인 '존재'와 객관적·이론적 타당성의 영역을 구축한다는 점에 있다. 따라서 이러한 형식들 중 어느 것에도 전적으로 고립된 진리와 타당성이 귀속되지 않고 그것들은 진리와 타당성을 항상 전체로서만, 즉 인식의 단계들과 체계 속에서만 갖는다. 이와 같이 우리는 바일처럼 '직관적 통찰'의 영역과 '이론적 형태화'의 영역을 엄격하게 분리하면서 전자를 '인식'에, 후자를 '믿음'에 귀속시킬 수는 없다. 왜냐하면 우리에게는 이미 어떤 의미기능들에 의해서도 채워지지 않고 이러한 기능들에 따라서 형태화되지 않은 채 분리되어 그 자체로 존재하는 직관적 '체험'은 존재하지 않기 때문이며, 다른 한편으로 그 실현을 어떠한 방식으로든 직관적인 것 속에서 찾고 발견할 필요가 없는 한낱 의미일 뿐인 것 같은 것도 존재하지 않기 때문이다. 우리는 '의미'를 '직관'으로 소급하여 그것에 관계 지음으로써만 파악할 수 있다. 이는 우리에게 직관적인 것이 '주어지는' 것이 우리가 의미로 '눈을 향하는' 것에 의해서만 가능한 것과 마찬가지다. 이러한 사실을 확실하게 고려할 경우 우리는 우리의 인식에서 상징적인 것이 자기 분열을 일으켜서 어떤 의미에서 '내재적인' 구성부분과 '초월적인' 구성부분으로 분리되는 것과 같은 위험에서 벗어나게 된다. 상징적인 것은 오히려 내재이자 동시에 초월인 것이다. 왜냐하면 상징적인 것에서는 원리상 초직관적인 내용이 직관적인 형식에서 나타나기 때문이다.

이와 함께 수학의 엄격하게 '형식주의적' 구축이 갖는 가치도 새롭게 조명받게 된다. 이러한 가치는 그 자체에 있어서 아무리 높이 평가받아도 지나치지 않다. 즉 힐베르트가 생각하는 것과 같은 '형식화'의 과제가 진정으로 최후에 이르기까지 수행될 경우에만 수학이 '엄밀학'으로서의 옛적부터의 지위와 명성을 정당화하고 지킬 수 있다고 주장해도, 이는 거의 지나친 말이 아닐 것이다. 왜냐하면 '형식화'의 과제가 진정으로 최후에 이르기까지 수행된다면, 수학적인 것 자체의 본질에 뿌리내리고 있는 저 논리적 기적이 다시 일어날 것이기 때문이다. 즉 **무한한 것**에 대한 물음이 유한한 결정방법, 즉 '**유한한**' 수속에 의한 결정방법에 의해서도 해결될 수 있을 것이다. 힐베르트 자신도 자신의 이론에 의해서 무한한 것이라는 이념이 유한한 것에 의해서 방법적으로 기초 지어지고 확보된다는 점이야말로 자신의 이론이 갖는 참된 장점이라고 말하고 있다.[41] 그러나 수학의 완성이 엄밀하게 형식주의적인 시점의 관철과 순수한 해방을 아무리 확고하게 요구한다고 해도, 다른 한편으로 이러한 수학적 · 기술(技術)적 관심은 순수하게 인식비판적인 관심과는 일치하지 않는다. 인식비판은 결국은 수학적 추상이 나름대로의 정당한 이유와 함께 분할했던 두 개의 근본계기의 통일을 회복시킬 것을 요구해야만 하기 때문이다. 사실 인식비판적으로 생각해 보면, '형식주의'와 '직관주의'는 서로를 결코 배제하지 않으며 또한 서로 분리될 수 없기 때문이다. 왜냐하면 순수한 직관에 의해서 그 의미가 파악되는 것이야말로 형식화의 과정에서 견지되고 보존되어야만 하고, 항상 자유롭게 사용될 수 있는 소유물로서 사고에 편입되어야만 하기 때문이다. 엄격하게 형식주의적인 입장의 가장 일관된 대표자들 중 하나인 라이프니츠가 이미, '직관적' 인식과 '기호적' 인식을 분리하지 않고 양자를 서로 떨어질 수 없도록 결합했던 것도 이런 의미에서다. 라이프니츠에 의하면, 직관적 인식은 수학의 기초를 형성하며, 기호적 인식은 사고가 이러한 기초로부터 출발하여 증명들의 빈틈 없는 연쇄를 통해서 귀결로 나아가는 것을 가능하게 한다. 사고는 이런 길을 나아가면서 관념적 사태 자체에 끊임없이 눈을 향할 필요는 없으며, 대부분의 경우 사고는 '관념'의 조작 대신에 '기호'의 조작을 행하는 것에 만족한다. 그러나 결국 사고는 물론 언젠가는 기호의 의미를 묻게 되는 한 지점—즉 기호에서 표현되고 표시되는 것의 내용의 해석이 요구되는 어떤 지점—에 도달하지 않을 수 없다. 따라서 수학적 기호는 라이프니츠에 의해서 망원경이

---

41) Hilbert, Über das Unendliche, *Mathematische Annalen*, Bd. 95, 1926을 참조할 것.

나 현미경에 비유된다. 이 둘에 의해서 인간의 시각능력이 아무리 증대되더라도 그것들이 시각을 대신할 수는 없다. 지적인 시각의 하나의 형식인 수학적 인식도 이성의 근원적이고 자립적인 기능에 기초하며 이러한 이성이 상징으로서의 기호를 도구로서 이용하는 것에 지나지 않는다. 오늘날 힐베르트에 의해서 수학적 형식주의는 엄청나게 확장되고 심화되었지만 내가 보는 한, 그렇다고 해서 위와 같은 원칙적인 결정사항을 뒤집을 수는 없다. 왜냐하면 힐베르트에서 이러한 기호체계의 구축과 완성은 그가 미리 순서와 계열의 개념을 '근원적 개념'으로서 근저에 두지 않았다면 불가능했을 것이기 때문이다. 힐베르트에서 수는 그것들이 한낱 기호로서 간주될 경우에조차도 항상 이미 위치기호다. 즉 힐베르트에서 수는 그 순서계열의 종류를 알려주는 일정한 '지표'를 갖추고 있는 것이다. 따라서 우리가 개별적인 기호들을 순수하게 직관적으로 주어져 있는 논리 외적인 여러 객관으로 간주할 경우에조차도, 바로 이러한 객관들은 서로 무관한 요소들로서 병존하는 것이 아니라 총체로서 일정한 조직을 이루고 있다. 우리가 출발기호로서 O에서 출발한다고 하면, 우리는 이것으로부터 어떤 규정된 진행에 있어서 다음 기호인 O'에 도달하고 그것으로부터 O″에 그리고 다시 O‴ 등에 도달한다. 결국 개개의 기호가 서로 확실히 구별되기 위해서는 일정한 질서에 따라서 구분되어야 한다는 의미다. 그리고 이러한 구분이란 근본적으로 이미 말의 내용적 의미에서의 '셈함'이다. O'에 도달하고 그것으로부터 'O″에 그리고 다시 O‴에' 등을 구별하기 위해서 사용하는 대시는 수개념의 순수하게 '서수(序數)적인' 도출이라는 의미에서 셈하는 것으로 서 **기능한다**. 일반적으로 이렇게 말할 수 있을 것이다. 즉 '직관적인' 사유는 수학이라는 건축물의 정초라는 역할을 갖는 반면에 상징적 사고는 이 건축물의 완성과 보전이라는 역할이 속한다. 인식비판적으로 고찰할 때, 이 두 과제는 어떤 의미에서 다른 레벨에 속한다. 힐베르트에게 "태초에 기호가 있었다"는 명제가 타당한 것은, 그가 자신의 이론의 본질적 사명을 오류를 방지하고 수학적 사고를 모순으로부터 지키는 것에서 보기 때문이며, 또한 그런 한에 있어서다. 그러나 오류의 방지에 기여하는 것은 오류를 방지하는 것만으로는 아직 진리의 완전하고 충분한 근거가 되지 않는다. 진리의 충분한 근거는 결국은 특정한 대상영역의 구축을 기초 짓고 일반적 법칙에 의해서 이 영역을 지배하는 것을 가능하게 하는 사고의 특정한 종합적 결합에서만 발견될 수 있다. 라이프니츠는 **발견된** 것에 대한 완전하고 빈틈없는 조망을 제공하고 그 체계적 연관을 표현하는 분석적 논리학 외에 발견의 논리학(logica inventionis)이 필요하다고 보았다. 이러한 구별을 염두에 두면, 다음과 같이 말할 수 있을 것이다. 즉 형식주의는 발견된 것의 논리학을 위한 불가결한 도구이지만 수학적인 '발견'의 원리를 드러내지는 못한다고. 힐베르트는 자신의 이론이 목표하는 것은 수학이라는 나라의 국가권력을 이제 고전적 해석학에 대해서 기도되었던 모든 '반란 시도'로부터 안전하게 지키는 것이라고 종종 말하고 있다.[42] 그러나 증명론이 언젠가 자신의 이러한 목표에 완전히 도달하게 될 경우조차도 논리학자와 인식비판가는 여전히 다음과 같은 물음을 제기할 수 있을 것이다. 즉 여기에서 수학이라는 국가권력을 방위하기 위해서 소집된 군대는 정신의 영역에서 수학의 지배를 **기초 짓고** 그것을 끊임없이 확충해 온 저 군대와 동일한 것인가라고. 형식주의는 수학적 이성의 '훈련'을 위한 지극히 탁월한 수단이다. 그러나 그것은 자신만으로는 자신의 존립을 설명할 수 없으며 자신의 존립을 '초월론적인' 의미에서 정당화할 수도 없다.

다른 한편으로, 형식주의가 데카르트에 의한 수학의 새로운 기초 지음 이래로 수리 철학이 끊임없이 싸워왔던 문제를 다시 수용하면서 이 문제에 대해서 최종적인 결정을 내렸다는 것은 형식주의가 거둔 중요한 성과 중 하나라고 말할 수 있을 것이다. 데카르트는 수학적 확실성의 두 개의 근본원천을 구별하고 있는데, 직관과 연역이 바로 그것들이다. 직관이 제공하는 것은 '이성의 빛'에 의해서 직접적으로 분명하게 밝혀지기 때문에 그것 이상의 정초를 수용할 수도 없고 필요로 하지도 않는 원리들이다. 이러한 빛은 감소되는 것도 어두워지는 것도 허용하지 않는다. 이 빛은 자신이 포착하는 모든 것을 분할하지 않고 전체적이고 무조건적으로 명료하면서도 확실하게 파악한다. 이에 반해 그 자체로 명증적인 공리로부터 간접적인 증명 수속을 통해서 비로소 도출된 그 자체로 명증적이지 않은 명제들의 경우에는 사정이 다르다. 왜냐하면 이 경우 사고는 순전히 '논증적으로' 진행하도록 강제되기 때

---

42) Hilbert, *Neubegründung der Mathematik*, 160쪽을 참조할 것.

문이다. 즉 사고는 자신이 서로 결합하는 관념들을 한눈에 조망할 수 없고 다소의 차이가 있는 몇 개의 중간항을 그러한 관념들 사이에 설정하여 그것들을 매개로 하여 결합하는 것이다. 그러나 이러한 중간항들은 진정한 통일성에 있어서, 다시 말해 '동시에' 정신에 결코 나타나지 않고 정신은 단지 연속적으로, 즉 어떤 항으로부터 다음 항으로 나아갈 수 있기 때문에, 정신은 이러한 연속적 과정 속에서 모든 생성에 부속되는 불확실성에 내맡겨진다. 정신은 증명의 어떤 항에서 다른 항으로 나아갈 경우 앞선 항들을 잊어서는 안 되고 그것을 **재생(再生)시켜야만** 한다. 그러나 다른 한편으로 정신은 이러한 재생의 정확성을 완전히 확신할 수는 없다. 정신은 직관의 확실성 대신에 이제 기억의 확실성과 충실성에 의지하지만, 이와 함께 정신은 원칙적으로 모든 회의에 내맡겨져 있다. 왜냐하면 데카르트의 방법적 회의는 정신의 어떤 능력이 우리를 오류와 허위에 **빠지게** 할 수 있다는 사실을 단 한번이라도 경험했다면 정신의 어떤 능력도 믿지 말라는 지침에서 정점에 달하기 때문이다. 그러나 단지 재생할 뿐인 기억의 확실성 이상으로 이러한 허위에 빠질 수 있는 능력이 있을까? 이와 같이 이제 연역이 그리고 이와 함께 수학적 증명수속의 핵심이 결정적으로 회의에 내맡겨지게 된다. 여기에 데카르트의 저 '악령'의 허구가 들어서서, 외견상으로서는 가장 확실한 추론에서조차도 우리를 기만하고 오류를 저지르도록 유혹할 수 있다. 왜냐하면 모든 사고**규칙**을 형식적으로는 올바르게 적용한 경우에조차도 사고**내용**이 동일한 규정성을 갖고 반복되지 않고 부지불식간에 변화되고 이를테면 우리가 깨닫지 못하는 가운데 다른 사고내용에 의해서 대체될 가능성이 항상 존재하기 때문이다. 주지하듯이, 데카르트에서는 이러한 미궁에서 탈출할 수 있는 어떠한 인식이론적인 길도 없고 오직 하나의 형이상학적인 출구만이 있을 뿐이다. 그러나 '신의 진실성'을 끌어들이는 것은 회의를 참으로 진정시키고 해소하기보다는 오히려 회의를 억누르는 것일 수밖에 없다. 그러나 바로 이 점에서 라이프니츠를 통한 수학적 증명의 기술과 방법론을 새롭게 형성하는 작업이 착수된다. 연역적인 수속의 확실성에 대한 데카르트의 회의가 라이프니츠의 '증명론'의 참된 원동력과 추진력이 되었다는 사실은 순전히 역사적으로도 추적될 수 있다. 수학적 증명이 참으로 엄밀하게 되려면 또한 그 증명이 참된 설득력을 가지려면, 그것은 한낱 기억의 확실성이란 영역에서 해방되어 그것을 넘어서 고양되어야만 한다. 사고 행보들이 잇달아 일어나는 것 대신에 순수하게 동시(同時)적인 조망(eine reine Simultaneität des Überlicks)이 들어서야만 한다. 오직 **상징적인** 사고만이 이러한 일을 완수할 수 있다. 왜냐하면 상징적 사고의 본성은 사고내용 자체를 조작하는 것이 아니라, 각각의 사고내용에 특정한 기호를 대응시키고 이렇게 대응시킴으로써 복잡한 증명의 모든 항을 단 하나의 공식으로 종합하면서 이 모든 항을 한눈에 하나의 분절된 전체로서 파악하는 것을 가능하게 하는 농축화를 수행하는 데에 있기 때문이다. 라이프니츠 기호론의 이러한 근본사상이야말로 힐베르트가 말하는 논리학적·수학적 증명 수속의 '형식화'에서 부활된 것이며, 그리고 이제 이 사상은 수학의 영역이 확대되고 수학의 개념수단들이 비상(非常)하게 세련되고 심화됨으로써 비로소 참된 완성을 보는 데까지 성숙한 것 같다. 이러한 사실로부터 우리는 힐베르트가 왜 수학적 추론이 관계하는 객관들이 그 모든 부분에 걸쳐서 완전히 조망되고 보편적이고 확실하게 **재인(再認)**될 수 있는 것들이 되어야만 한다는 사실을 그렇게 중시했는지를 이해할 수 있다. 이러한 '재인'을 가능하게 하고 이와 함께 사고를 단순한 **재생(再生)**의 위험성과 모호성으로부터 원칙적으로 벗어나게 하는 것은 사물이 아니라 기호뿐이다.

4. '이상적 요소'와 이것이 수학의 구축에서 갖는 의의

그런데 우리는 이제 수학의 증명이론으로부터 수학의 **대상영역**으로 시선을 돌리면서 이 영역의 구축에서 작용하고 있는 것으로 증시된 여러 사고능력에 대해서 탐구해 볼 것이다. 이 경우 방법적으로 중요한 기본 동기로서 나타나는 것은 특히 한계개념의 발전과 '이상적인 요소들'에 대한 이론이다. 한계개념에 대해서 말하자면, 이것도 또한 **과학**의 영역으로 수용되기 전에 **철학적** 사고의 권역에서 발견되었고 이러한 권역 내에서 최초로 규정되었던 기본개념 중 하나다. 수와 한계는 피타고라스 교단의 철학에서는 서로 치환 가능한 개념으로서 등장한다. 이 경우 이 양자 사이에서 일반적으로 어떤 것이 '보다 앞서고' '보다 나중의 것인지'를 논할 수 있다면 한계가 수에 대해서 논리적·형이상학적 우위를 갖는다고 할 수 있다. 왜냐하면 수는 그것만이 한계라는 개념에서 언표되고 있는 요청을 **충족시키는 가능성**을 보여준다는 사실에 의해서만 피타고라스 교단의 체계 내에서 결정적인 지위와 근본적 의의를 얻게 되기 때문이다. '한계'와 '한계 지어지지 않은 것', 즉 πέρας[페라스]와 ἄπειρον[아페이론]은 존재의 두 극인 것과 동시에 인식의 두 극이다. 그러나 존재에 미치는 수의 힘은 수가 이 두 극 사이를 교량을 놓는다는 점에 기초하고 있다. 무규정적이고 무한한 것은 수의 질서 속으로 진입함으로써 형상의 권력에 굴복한다. 만물의 조화는 이러한 종합에서 생기고 이러한 종합에 의해 성립한다. 이러한 조화의 확실성은 피타고라스 교단에서는 아직 어떠한 회의에 의해서도 손상되지 않고 있다. 그러나 철학적 인식 자체의 본질에는 그것이 항상 이러한 사실에 의지한다면, 바로 이렇게 의지한다는 바로 그 점에 의해서 이러한 사실 자체를 하나의 **문제**로 변화시키고 만다는 점이 포함되어 있다. 이러한 변화는 플라톤에서 일어났다. 플라톤에게조차도 한계와 한계 지어지지 않은 것은 그의 모든 사상의 축이 되는 두 가지 근본규정이다. 후기의 저작에서 πέρας[페라스]와 ἄπειρον[아페이론]이라는 대립쌍은 모든 '논리적인 것'의 근원, 영원불변의 '개념의 파토스' 자체라고 불리고 있다. 그러나 대립하는 두 극의 긴장이 이제 본질적으로 첨예하게 되었다. 왜냐하면 '규정'과 '무규정적인 것'의 대립은 플라톤의 기본 대립에 따르면, 이데아 세계와 현상세계 사이에 성립하는 또 하나의 대립을 자체 내에 포함하고 있기 때문이다. 이 두 세계 사이에는 조화라는 말의 엄밀한 의미에서 참된 '조화'는 있을 수 없다. 왜냐하면 이데아에 참으로 엄밀한 의미에서 '합치하는' 현상이 있을 수 없다는 것이 바로 이데아의 의미이기 때문이다. 따라서 이 두 세계의 관계는 항상 필연적인 거리와 서로에 대한 원칙적인 타자성을 자체 내에 포함하고 있다. 그리고 현상이 아무리 이데아를 분유하더라도[43] [이데아와 자신 사이의] 심연을 넘어설 수 없으며, ἑτερότης[헤테로테스, 타자성]란 계기를 제거할 수 없다. 이러한 근원적인 대립으로부터 플라톤에게는 '인식의 세계'와 경험적 **현실존재**의 세계 사이의 대립이 끊임없이 반복해서 분출하게 된다. 모든 인식은 그 형식과 본질로부터 규정을 향해 있는 반면에, 모든 현실존재는 그 자체로 무규정성에 내맡겨져 있다. 즉 인식에서 사고는 확고한 최종적 존재 속에서 안정을 찾지만, 현실세계에서는 결코 억류시킬 수 없고 명확한 한계로도 포함될 수 없는 생성의 흐름이 지배하고 있는 것이다.[44]

플라톤의 이러한 결정이 이후 수 세기에 걸쳐서 **형이상학**의 문제설정을 지배했을 뿐 아니라 학으로서의 **수학** 내부에서도 항상 새롭게 영향을 미쳐왔다는 것은 역사적으로도 주목할 뿐 아니라 체계적으로도 고려할 만하다. 폴 뒤 부아레몽은 자신의 『일반함수론』에서 수학적 대상에 관한 **진리 물음**을 거의 전적으로 플라톤

---

43) [역주] 여기서 '분유하다'로 번역한 그리스어 μέθεξις[methexis]라는 용어는 플라톤철학의 근본용어로 개개의 사물들이 사물들의 이상적인 원형인 이데아에 참여하면서 그 일부를 갖는다는 것을 의미한다. 예를 들면 개개의 아름다운 사물들은 미(美)의 이데아에 참여하고 그 일부를 갖기 때문에 아름다운 것이 된다.
44) 특히 Platon, *Philebos* 15 B 이하 참조.

적인 의미에서 제기하고 있다. 그러나 그는 이 물음에 관해서 어떤 최종적이고 일의적인 답변을 제출하지는 않고 있으며, 서로 대립하는 두 가지 고찰방향, 즉 '관념론'과 '경험론' 사이에서 선택의 여지를 남겨두고 있다. 그에 의하면 관념론은 '초월'의 길을 걷는 반면에 경험론은 '내재'의 길을 걷고 있다. 경험론은 수에서 규정의 수단을 보지만, 이러한 규정을 경험적 대상의 본성이 인정하는 것 이상으로 더 멀리 추구하지는 않는다. 경험론에서 이러한 규정은 모든 실제의 측정, 모든 구체적인 측정에 부과되는 제한에 항상 구속되어 있다. 측정의 수속은 갈수록 정밀하고 예리하게 형성될 수 있지만, 이러한 측정은 직관적 식별이 아직 가능한 모든 한계를 넘어서 추진될 수는 없다. 만약 그러한 한계를 넘어선다면, 측정은 이러한 이해 가능한 '의미'를 상실하게 될 것이다. 이에 반해 '관념론자'는 수학적 '의미'에 대한 어떤 견해와 정의로부터 출발하지만, 이러한 정의에 의하면 수학적 의미는 경험적 검증의 모든 조건으로부터 자유로우며 원칙적으로 그러한 조건에 의해 좌우되지 않는다. 관념론자는 비순환적인 무한소수(小數)와 같은 형상을 단지 그것의 가치에 대한 사실적인 '계산'이 그때마다 도달한 정도로까지 확정되는 것으로 볼 뿐 아니라 이를 넘어서 무한소수에게 일관되고 완전한 객관적인 확정성을, 즉 어떤 '자체적인' 존재를 인정한다. 뒤 부아레몽에 의하면 이렇게 서로 대립하는 경험론과 관념론 중에서 무엇이 옳은지가 결정될 수 있다고 해도, 이것이 수학적으로 결정될 수 있는 것은 아니라는 사실은 분명하다. 이러한 대립은 더 이상 수학적인 인식이 아니라 그 대신에 철학적

'신념'이 최종적인 결정을 내리는 영역에 속한다.[45] 이러한 판단은 언뜻 기이하고 역설적으로 보일지라도, 지난 수십 년 동안 수학적 인식에 대한 이론에서 전개된 상황에 의해서 충분히 확증되었던 것 같다. 왜냐하면 '이상적 요소들'의 진리성과 타당성에 대한 물음에서 수학은 여전히 두 개의 진영으로, 즉 '유명론적인' 견해와 '개념실재론적' 견해로 나뉘어 있으며, 순수하게 수학적인 기준들을 근거로 하여 이 양자 사이에서 결정을 내릴 수 있는 길은 이제까지 제시되지 않은 것으로 보이기 때문이다. 몇 명의 탁월한 연구자도 여기에서 문제가 되고 있는 것에 대한 답은 수학의 논리적 양심으로부터가 아니라 오히려 단지 **수학자**의 윤리적 양심과 그의 '세계관'으로부터만 획득될 수 있는 것처럼 말하고 있다. 다른 한편, 수학적 진리 물음의 중점이 이렇게 이동하는 것은 인식비판적으로 고찰할 때, 현대수학의 구축에서 '이상적인 요소'가 자신의 지배영역을 확장하고 자신의 중요성을 증대시킴에 따라서 한층 더 우려할 만한 것이 되고 있다. 물론 이러한 이상적 요소에 제한을 두고, 더 나아가 그것을 완전히 억압하려는 시도가 없었던 것은 아니다. "정수(整數)는 신이 창조한 반면에, 그 이외의 모든 수는 한낱 인간의 작품일 뿐이다"는 크로네커(Kronecker)의 말은 유명하다. 그러나 고대에서부터 현대에 이르기까지의 수학적 사고의 발전을 추적하면 수학적 사고가 최고의 승리를 거두고 있는 것

---

45) 뒤 부아레몽의 이론과 그의 이론에 대한 인식론적인 비판에 대해서는 나의 책, *Substanzbegriff und Funktionsbegriff*, 162쪽 이하를 참조할 것.

은 바로 이러한 '인간의 작품' 덕분인 것 같다. 이상적 요소가 실제로 사용되고 있고 또한 그것이 **생산적인 것**이라는 점은 부정할 수 없지만, 이 요소를 그 논리적 기초에서도 확보하고 그것을 수학적 사고의 궁극적 기초에 닻을 내리게 하려는 소망이 거듭해서 생기는 것도 이러한 문제상황 때문임이 틀림없다.

이와 같이 최근에는 특히 힐베르트가 다시 우리가 수학에서 '유한한' 언표들에 '이상적인' 언표를 '덧붙이는(adjungieren)' 결심을 하지 않는다면 수학이론의 참된 완성은 결코 가능하지 않다고 극히 분명하게 강조하고 있다. 수학자에게 이러한 '덧붙임'을 행하는 권리가 충분히 보증되는 것은 수학자가 한편으로 자신이 채택하는 새로운 대상들이 이전의 대상들에 대해서 확정되었던 것과 동일한 형식적 결합법칙에 따른다는 것을 보여줄 수 있고 더 나아가 새로운 이상적인 요소를 덧붙여도 이전의 좁은 영역에서 결코 모순이 생길 수 없다는 것—따라서 이상적인 형상이 제거될 때 이전의 형상에 대해서 밝혀지는 관계들이 항상 이전의 영역에서 타당하다는 것—을 입증할 수 있을 경우다.[46] 그러나 철학적 인식비판은 여기에서 다시 또 하나의 보다 엄격한 요구를 제기해야만 할 것이다. 이러한 인식비판에서는 새로운 요소가 오래된 요소와 모순 없이 **결합할 수 있다**는 의미로—즉 양자가 단순히 서로 **병존**하고 이렇게 병존하면서 각각이 자신을 주장한다는 의미에서—

---

46) Hilbert의 논문, Über das Unendliche, *Mathematische Annalen*, Bd. 95(1926), 174쪽 이하, 179쪽 참조.

새로운 요소가 오래된 요소에 대해서 동일한 권리를 갖는다는 것이 입증되는 것만으로는 충분하지 않다. 이렇게 단순히 형식적인 양립 가능성은 그것만으로는 아직 수학의 참으로 내면적인 **합병**, 즉 수학의 그 자체에 있어서 동질적인 논리적 구축을 보증하는 것은 아닐 것이다. 오히려 그러한 합병 내지 구축이 달성되고 보증되는 것은, 새로운 요소가 단지 종류와 유래를 달리하는 형상으로서 오래된 요소에 단순히 '덧붙여질' 뿐 아니라 그것이 오래된 요소의 체계적 필연적인 전개라는 것이 입증될 때 경우뿐이다. 그리고 **이러한** 연관의 증명은, 새로운 요소와 오래된 요소가 양자 사이에 어떤 의미에서 논리적 · 근원적 친연성이 존재한다는 것, 즉 새로운 요소가 이전의 요소에 덧붙일 수 있는 것은 그것이 이전 요소의 근원적인 **의미** 속에 이미 포함되어 있고 이 의미 속에 잠재적으로 함의(含意)되어 있는 것뿐이라는 사실을 입증하는 방식으로만 행해질 수 있다. 새로운 요소는 오래된 요소의 이러한 의미를 원리적으로 변화시키고 다른 것에 의해서 대체하려는 것이 아니라 오히려 이러한 의미를 비로소 전면적으로 전개하고 완전히 **명료하게 하는** 것이라는 기대를 충족시켜야만 한다. 그리고 이러한 기대는 수학의 역사에서 연이어서 나타났던 것과 같은 '이상적인 요소들'의 특성을 하나씩 고찰해 보면 결코 어긋나지 않는다. 수학의 영역을, 즉 수학의 **대상권역**을 확대해 온 행보 하나하나가 항상 동시에 수학을 한층 더 깊이 **정초하려는**, 즉 수학의 기초를 보다 깊은 곳에 두려는 도상(途上)에서의 행보였다. [확대와 심화라는] 이 두 가지 고찰 방향이 서로 지지하기 때문에만 그리고 서로 지지하는 한에서만, 수학적인 것의 내적인 완결성은 그 형상들의 끊임없는 성장에 의해서 위태롭게 되지 않고 오히려 갈수록 더 명료하고 엄밀하게 확증된다. 왜냐하면 여기에서는 모든 새로운 확장, 즉 외연의 모든 확대는 동시에 논리적 심화이기도 하기 때문이다. 일단 확보된 성과는 단지 평면적으로만 확대되는 것이 아니라, 모든 새로운 대상영역에서 확보된 성과 전체가, 즉 수학적 '진리' 자체가 한층 더 안정되고 한층 더 근본적으로 정초되는 것이다. '이상적 요소'의 결정적인 역할도, 최종적으로는 **이러한** 시점 아래 두어져야만 하며 이러한 시점으로부터 파악되고 정당화되어야만 한다. 그러나 이와 함께 이제 이 점에 관한 인식비판의 과제에 기묘한 **전회**가 일어난다. 왜냐하면 보다 엄밀하게 고찰해 보면, 이제 이러한 인식비판의 과제도 더 이상 새로운 요소를 오래된 요소로 환원하고 그것을 오래된 요소로부터 '설명하는' 것에 있지 않고, 오히려 새로운 것을 사상적인 **매개**로서 이용하면서 새로운 것의 힘을 빌려서 오래된 것의 참된 의미를 파악하고 오래된 것을 그 전에는 도달할 수 없었던 그 본질의 일반성과 깊이에 있어서 인식하는 데 있기 때문이다. 이러한 의미에서 수학의 논리적 길은 이상적인 요소들이 다른 요소들과 **병존할** 수 있는 고유한 권리와 공간을 쟁취하는 방향으로 향하지 않고, 수학은 이상적인 요소들에서 비로소 자신의 개념형성의 참된 목표를 달성하면서 이러한 개념형성이 무엇이고 무엇을 할 수 있는지를 비판적으로 이해하는 데까지 나아가는 것이다. 이상적인 형상의 'ratio essendi[존재근거]'는 오래된 형상들의 영역에서 발견되어야만 한다는 사실을 받아들일 경우에조차, 후자의 ratio cognoscendi[인식근거]는 이상적인 요소들에 존재한다. 왜냐하면 이상적인 요소들은 수학적 객관의 이런저런 개별영역일 뿐 아니라 수학적 객관화라는 사고 수속 자체가 뿌리를 내리고 있는 수학적 사고의 근원층을 드러내는 것을 의미하기 때문이다. 이상적인 요소들을 정립함으로써, 수학적 객관화라는 사고 수속은 전적으로 새로운 길을 걷는 것이 아니라 오히려 그것이 처음에는 아직 구속되어 있었던 '우연한' 제약들로부터 해방되면서 자신의 능력 전체와 활동범위를 참으로 자각하게 되는 것이다.

이상적인 요소의 도입이 그 중요성을 입증한 모든 개별영역에서 이러한 이탈과 논리적 해방의 특징적인 과정을 추적할 수 있다. 사고는 여기에서 외관상으로는 '불가능하게' 보이는 것을 통과하는 길을 두려워하지 않았다. 왜냐하면 그러한 길을 통하는 것에 의해서만 사고는 우선은 사고 자체 속에 갇혀 있는 자신의 고유한 가능성들을 참으로 자유롭게 모든 면에서 조망할 수 있게 되었기 때문이다. 수학에서 '허(虛, das Imaginäre)'의 발견, 그것의 논리적 정당화를 위해서 행해진 여러 시도는 수학적 사고의 이러한 기본방향을 보여주는 하나의 고전적인 예다. 허가 수학의 역사에서 처음으로 출현했을 때, 그것은 전적으로 이방인이자 침입자로 보였다. 그러나 이 이방인은 서서히 완전한 시민권을 획득하게 되었을 뿐 아니라 이 이방인을 통해서 비로소 수학이란 나라의 헌법의 원리들과 근거들에 대한 이전보다 훨씬 깊은 인식이 획득되었다. 이와 같이 헤르만 그라스만(Hermann Grassmann)은 임의의 많은 단위원(單位元)을 갖는 수를 사용함으로써, 참으로 일반적인 '연장론(延長論)'이라는 기하학의 새로운 개념을 창출했다. 다른 한편으로, 허량(虛量)의 도입에 의해서 비로소 대수학의 참된 체계화를 위한 통로가 발견될 수 있었다는 것, 즉 이러한 도입에 의해서 비로소 '대수학의 기본원리'에 대한 증명이 엄밀하게 수행될 수 있었다는 사실이 드러났다. 이러한 새로운 요소를 승인할 것인지 아닌지에 대한 논리적 시금석은 우리가 이러한 새로운 요소와 함께 들어선 고찰의 새로운 차원이 이전의 차원 내부에서 타당한 관계들을 우리로부터 멀어지게 하는 것이 아니라 오히려 이러한 관계들을 보는 우리의 눈을 예리하게 하는가 아닌가라는 점에 있다. 우리가 새롭게 열린 영역으로부터 오래된 영역으로 시선을 향하게 됨으로써, 오래된 영역 자체를 비로소 그것의 전체적인 범위에 있어서 우리 것으로 만들게 되며 그것의 한층 더 섬세한 구조를 알고 이해하는 것을 배우게 된다. 이와 같이 예를 들어 복소수(複素數)라는 개념을 통해서 '실수(實數)'들 상호 간의 이제까지 알려지지 않았던 많은 관계를 발견하고 참된 일반성에서 그러한 관계를 증명하는 것이 가능하게 되었다. 따라서 이러한 개념에 의해서 수학의 새로운 대상영역이 열려졌을 뿐 아니라 실수들의 법칙성을 이제까지와는 전혀 다른 방식으로 인식할 수 있게 하고 투명하게 하는 정신의 새로운 '시각(視角, Perspektive)'도 획득되었다. 여기에서 괴테의 다음과 같은 말, 즉 모든 새로운 대상은 올바르게 고찰되면 동시에 하나의 새로운 시각기관을 우리에게 열어준다는 말이 수학의 내부에서 참이라는 것이 입증된다. 예를 들면 쿠머(Kummer)에 의한 이상수(理想數)의 발견은 수론 내부에서 동일한 방식으로 영향을 미쳤다. 대수(代數)적 정수(整數)들 중에서 이제 놀랄 정도로 단순한 형식의 가분성(可分性)의 법칙이 생기고 그것에 의해서 언뜻 보기에는 서로 어떠한 내적인 친연성도 없는 것 같은 수 형상들을 그럼에도 불구하고 관념적인 전체로, 즉 특정한 '수체(數體)'로 통합할 수 있었던 것이다. 더 나아가 여기에서 기초 지어진 '대수적' 정수의 가분성 이론은 이 원래의 적용영역에 제한되지 않고 보다 넓은 영역, 즉 합리적인 기능들에 대한 설로 거의 완전히 전용될 수 있다는 사실이 분명하게 되었다. 이와 같이 이상적인 요소들의 도입은 수학사에 눈을 돌려보면, 도처에서 '사실에 의해서 확증된다'는 점이 입증된다. 그러나 물론 인식비판은 이러한 단순한 사실에 머물러 있을 수는 없고 이러한 **사실의 가능성**에 대한 물음을 제기해야만 한다. 왜냐하면 여기에서 수학의 여러 대상영역 간의 관계 속에서 개시되는 것은 첫눈에 꿰뚫어볼 수 있는 단순한 사태가 결코 아니기 때문이다. 수학의 내부에서 새로운 대상은 단순히 오래된 대상들 곁에 덧붙여지는 것이 아니라 오래된 대상들에 대한 관점을 내적으로 변화시키고 변형하며 오래된 대상들에 다른 인식형식을 각인한다는 것, 이것은 독자적인 지적인 현상이고 지금도 여전히 그렇다. 이러한 현상은 수학적 대상 형성 일반의 근원적 동기로까지 소급하는 것에 의해서만 제대로 해석될 수 있고 설명될 수 있다.

사실, 우리가 이른바 '이상적인' 형상을 참으로 이해하기 위한 열쇠를 찾아야만 한다면, 그것은 이상성이 결코 이러한 형상에서 시작하는 것이 아니라 이러한 형상에서 단지 극히 선명하고 특별히 강조된 형태로 나타날 뿐이라는 바로 그 점에 있다. 이미 주어져 있거나 눈앞에 보이는 대상들에게만 관계할 뿐인 참으로 수학적인 개념은 하나도 없으며, 모든 수학적 개념은 수학적인 것 일반의 권역에서 자신의 위치를 발견하기 위해서는 '종합적 산출'의 원리를 자신 안에 포함해야만 한다. 여기에서는 항상 일반적인 관계의 정립이 선행하며, 그리고 이러한 정립의 전면적(全面的)인 성취로부터 비로소 '발생적 정의'라는 의미에서 그때마다의 객관영역이 전개된다. 따라서 아무리 복잡한 이상적인 형상들을 도입하더라도 결국 그것들은 수학의 최초의 '요소들'에서 이미 시작했고 선취되었던 것을 계속하는 것이다. 힐베르트조차도 이상적인 형상을 성립시킨 방법은 그 기원을 초등기하학으로까지 소급해 갈 수 있다는 사실을 지적하고 있다.[47] 왜냐하면 현대수학에서뿐 아니라 초등기하학에서도 요구되는 것은 원리적으로는 동일한 논리적 사유작용이기 때문이다. 이러한 사고작용은 가능한 많은 관계가 단 하나의 '대상' 속으로 통합되고 이러한 대상의 힘으로 재현된다는 것으로 성립한다. 이러한 이상적인 재현작용이 없다면 아무리 단순한 수학적 대상이라도 결코 가능하지 않을 것이다. 따라서 '이상적' 형상은 그 말의 특수한 의미에서 경우에 따라서는 '고차의 대상'으로서 부를 수 있을지도 모르지만, 그것이 결코 '초등의' 대상과 질적으로 다른 것은 아니다. 고차의 대상과 초보적인

---

47) 같은 논문, 166쪽.

대상에서는 동일한 수속이 작용하는 것이며, 양자 사이의 차이는 다만 이상적인 요소에서는 이러한 수속이 이를테면 추출되고 순수한 정수(精髓)의 형태로 나타난다는 점에 있을 뿐이다. 왜냐하면 순수수학의 생각할 수 있는 '가장 단순한' 대상에서조차도, 즉 '자연수열(自然數列)'의 구축에서조차도 이미 순서를 형성하는 관계가 제일의 것으로서 입증되고 그 관계 속에서 그리고 그 관계의 힘으로 순서 지어진 것은 제2의 파생적인 것으로 입증되었기 때문이다. 일단 이러한 사실이 통찰되면, 순서를 형성하는 이러한 관계를 그것이 처음 시작했던 영역을 넘어서 적용하는 것을 방해하는 것은 아무것도 없다. 이제 그러한 관계의 의미, 그 관계가 갖는 창조적 에너지가 그것의 소산(所産) 속에서 소멸하지도 않으며 그것 속에 매몰되지도 않는다. 수의 형성이 최종적으로 의거하고 있는 수속은 정수(整數)라는 단순한 **형상**에서 소진되지는 않는다. 비록 정수 자체가 이미 무한의 그리고 무한히 다양한 구조체일지라도. 오히려 이러한 구조체 속에서 보이는, 즉 산출적 근원적 관계로부터 도출되는 **관계들의** 새로운 **체계** 각각 자체가 다시 새로운 정립 내지는 그러한 정립들의 그룹 전체를 위한 출발점이 될 수 있다. 여기에서 대상은 수학적 종합 자체의 조건들 이외의 어떠한 조건에도 따르지 않는다. 대상이 **존재하고 존립하는** 것은 수학적 종합이 **타당한** 한에서다. 그리고 이러한 타당성에 대해서 결정하는 것은, 외부에 존재하는 어떤 사물의 '현실성'과 초월적 '현실성'이 아니고 오직 수학적 관계들 자체의 내재적 논리다. 이와 함께 우리는 결국은 모든 이상적 요소의 타당성과 진리가 소급될 수 있는 단순한 원리를 파악했다. 수학에서 초보적 형상, 즉 산술에서의 단순한 수와 기하학에서 점과 직선조차도 이미 개별적인 '사물'로서 이해되는 것이 아니라 항상 하나의 관계체계의 항으로서만 정의될 수 있다면, 이상적 형상들은 어떤 의미에서 '체계들의 체계'를 형성한다. 이상적 형상은 저 초보적인 대상과는 다른 사상적 소재로 직조(織造)된 것이 아니다. 이상적 형상이 초보적인 대상과 구별된다고 해도 이는 단지 직조방식에서, 즉 그 개념적 복합의 정치함의 정도가 증대되었다는 점에서일 뿐이다. 따라서 우리가 이상적 요소들에 대해서 내리는 판단은 항상 최초의 대상 클래스 내부에서의 판단들로 변화될 수 있는 방식으로 파악될 수 있다. 다만 이제 이러한 판단의 주어로서 기능하는 것은 더 이상 **개개**의 대상이 아니라 대상군과 대상의 **전체**이지만. 이와 같이 예를 들어 우리는 '무리수'를 그 자체로 존립하고 그 자체로 규정되어 있는 단순한 수학적 '사물'로 간주하는 대신에, 유명한 데데킨트에 의한 도출의 의미에서 '단절'로서, 즉 유리수 체계의 완전한 분할로서 정의할 수 있다. 이 경우 이러한 체계는 **전체**로서 전제되며 또한 전체로서 무리수를 설명하는 데 관여한다. 따라서 원래의 수 영역의 '확장'이 일어나는 것은 이전의 **개체**들에 다른 새로운 개체들이 덧붙여진다는 의미에서가 아니라 이러한 개체들 대신에 오히려 무한집합이, 즉 수-**절편**(數切片—Zahl-Segment)들이 고려되고 이러한 절편들이 '실수(實數)'의 새로운 개념을 구성하는 것이 된다는 의미에서다.[48] 일반적으로 수학적 사고가 형성할 수밖에 없는 어떠한 새로운 종류의 수도 항상 이전 종류의 수들의 체계에 의해서 정의될 수 있고 그 수의 사용은 이 체계에 의해서 대체될 수 있다는 점은 분명하다.[49] 이러한 사실은 분수(分數)를 도입하는 과정에서 분명하게 드러난다. 왜냐하면 분수는—특히 J. 태너리가 역설한 것처럼—균등하게 '분할된 단위들'의 합으로 설명될 수는 없기 때문이다. 수의 단위 자체는 분할과 단편화를 허용하지 않고, 오히려 분수는 서로 일정한 순서로 병존하고 있는 두 개의 정수의 **총체**(ensemble)로 간주되어야만 하기 때문이다. 따라서 그러한 '총체'가 새로운 종류의 수학적 대상을 형성하고, 그것에 대해서 '같음', '보다 큼', '보다 작음', 덧셈, 뺄셈 등의 개별적인 산술적 연산이 정의되기 때문이다.[50] **기하학**에서 이상적 요소의 도입도 동일한 원리에 기초하고 있다. 슈타우트의 '위치의 기하학'에서 '비본래적' 요소[허선(虛線), 허평면 등의 허요소]의 도입은 다음과 같이 일어난다. 우선 평행선들의 한 군집에서 이 군집에 속하는 모든 개별적 형상이 공통적으로 갖는 하나의 계기가 강조되고, 이러한 계기가 그러한 평행선들의 공통의 '방향'으로서 고정된다. 동일한 방식으로, 서로 평행하는 모든 면에 동일의 성질, 즉 어떤 공통된 '배위(配位)'가 주어진다. 그 다음 아래와 같이 개념형성이 계속 진행된다. 즉 하나의 직선이 완전히 확정된 것으로 간주되는 것은 무엇

---

48) 실수를 하나의 수–절편으로서 보는 것과 같은 개념규정에 대해서는 특히 Russell, *Principles of Mathematics*, 270쪽 이하 및 *Introduction to Mathematical Philosophy*, 72쪽 이하 참조.

49) 이것에 대해 상세한 것은, 예를 들면 Otto Hölder, 앞의 책, 290쪽을 참조할 것.

50) J. Tannery, *Introduction à la théorie des fonctions*, VIII쪽, 또한 Voß, *Über das Wesen der Mathematik*, 36쪽 주도 참조할 것.

보다도 두 개의 점에 의해서뿐 아니라 하나의 점과 하나의 방향에 의해서라고 해도 좋다. 또한 하나의 평면이 완전히 확정된 것으로 간주되는 것도 세 개의 점이 아니라 두 개의 점과 하나의 방향에 의해서나 하나의 점과 두 개의 방향에 의해서라고 해도 좋으며, 마지막으로 하나의 점과 하나의 배치에 의해서라고 해도 좋다. 이러한 방식으로 슈타우트는 하나의 방향과 하나의 점, 하나의 배치와 하나의 직선의 논리적인 등가성(等價性)을 주장하기까지 한다.[51] 따라서 여기에서도 '비본래적' 요소들을 '본래적인' 점들 곁에 어떤 비밀스런 '존재'를 영위해야만 하는 개체들로서 도입할 필요는 없으며, 그러한 요소들에 대해서 항상 말할 수 있는 것, 즉 논리적이고 수학적으로 유의미한 진리라는 의미에서 그것들에 대해서 주장될 수 있는 것은 그러한 요소들이 자체 내에서 구체화하고 있고 표현하고 있는 저 관계들의 총체 이외의 것이 아니다. 그러나 수학에서 상징적 사고는 이러한 관계를 단지 추상적으로 파악하는 것에 만족하지 않고, 이러한 관계들 속에 존재하는 논리적·수학적 사태를 위해서 특정한 기호를 요구하고 창출한다. 그리고 최후에는 이러한 기호들 자체를 다시 완전히 유효한 수학적 대상, 즉 정당한 수학적 대상으로서 취급하게 된다. 수학의 '대상들'은 사물과 같은 어떤 것, 즉 실체적으로 존재하는 것의 표현이 아니고 처음부터 기능들의 표현 내지 '순서의 기호'로만 존재하려고 하고 또한 그렇게 존재할 수밖에 없다는 사실을 상기하면, 이렇게 치환될

---

51) Karl G. C. Staudt, *Geometrie der Lage*, Nürnberg 1847.

수 있는 권리를 갖는 것은 당연하다. 따라서 새로운 순서관계, 즉 한층 더 복잡한 순서관계로의 발전 모두는 결국 새로운 종류의 수학적 '대상들'을 창출하게 되지만, 이러한 새로운 대상들은 오래된 대상들과 어떤 종류의 직관적 '유사성', 즉 따로 추출될 수 있는 어떤 공통의 '징표'를 소유함으로써 결합되는 것이 아니다. 오히려 그것들은 본질적으로 동일한 종류의 사고원리에 따라서 형성되고 구축되는 한에 있어서, 오래된 대상들과 논리적으로 친연성을 갖고 있으며 그것들과 동일한 종류의 것이다. 그러나 여기에서 보증되고 있는 것과는 다르고 그것보다 더 깊은 '동종성'과 그것보다도 더 엄밀한 '등질성'이 요구되고 기대될 수는 없다. 왜냐하면 어떠한 수학적 대상의 '종류'도 그것을 산출하는 원리에 앞서서 그 자체로 확정되어 있지는 않고, 그것이 기초하고 있는 산출 관계에 의해서 비로소 규정되기 때문이다.

그러나 일반적으로 수학적 언표들의 체계 전체를 이렇게 한 점으로 집약하고 응축하는 것이 가능하다는 것이야말로 수학적 개념형성과 이론형성 일반의 가장 생산적이고 참으로 결정적인 계기들 중 하나다. 왜냐하면 이와 함께 비로소 수학적 방법은 자신의 고유한 근거로부터 산출하는 풍부한 형태들을 지배하고, 그러한 형태들이 갈수록 다양해지고 많아지더라도 그것들을 감당할 수 있기 때문이다. 수학적 방법은 이제는 이렇게 풍부한 형태들을 막연한 유적(類的)인 일반성으로 흐릿하게 만들 필요가 없다. 수학적 방법은 오히려 이러한 풍부한 형태들을 그것들의 구체성을 유지하면서도 지배하고 관통할 수 있다는 사실을 확신하기 때문에,

구체적인 전체성과 구체적인 명확성을 갖추고 있는 이러한 풍부함을 그대로 파악하는 데 몰두한다. 자신의 대상영역을 종합적이고 구성적으로 산출하지 않고 이러한 대상들을 어떠한 방식으로든 경험적으로 '자신의 눈앞에서 발견하는' 모든 학문에서는 다양한 자신의 대상들을 어떤 의미에서 하나씩 살펴보는 것에 의해서만 자신의 방법적 시점 아래 포섭할 수 있다. 그러한 학문은 다양한 대상들을 그것들이 경험적인 인식에 직접 주어지는 그대로 파악해야만 한다. 그것은 지각에 지각을 덧붙여야 하고 관찰에 관찰을 덧붙여야 하며 이 경우 이 모든 개별적인 대상을 하나의 체계적인 전체로 종합하는 것이 항상 **요구되지만**, 이러한 요구 자체가 사고를 통해서 선취하는 것이며 일종의 petitio principii[논점선취의 오류]일 수밖에 없다. 경험적 연구의 모든 새로운 국면 각각은 대상의 새로운 면을 개시한다. 경험적 사고가 한낱 암중모색으로서가 아니라 사고**로서**, 즉 통일을 요구하고 통일을 정립하는 기능으로서 이해되는 한, 여기에서도 또한 항상 **전체**에의 방향성이 유지되어야만 한다. 전체에로의 이러한 방향성은 개별적인 부분들이 서로 '보완하고' 합하여 최종적으로는 하나의 전체상을 형성하는 것에 의해서 입증된다. 그러나 이러한 보완 자체는 여기에서는 항상 하나의 잠정적인 성격밖에 가지고 있지 않다. 결국 여기에서 우리에게 주어지는 것은 '여러 부분들 중 부분'일 뿐이다. 왜냐하면 이러한 사고는 하나의 전체에 대한 근원적 파악으로부터 출발한 후 이 전체를 그 개별규정들로 전개하는 것이 아니라, 개별적인 경험적 자료들에 밀착하여 점차적으로 하나의 전체를 구축하려고 하기 때문이다. 수학조차도 그것이 인식하는 것 전체가 완료된 형태로 이미 주어져 있고 한눈으로 조망할 수 있는 형태로 눈앞에 존재한다면, 결코 종합적·점진적인 학이 아니었을 것이다. 수학의 지적 전진도 이제까지 알려지지도 않았고 접근될 수 없었던 새로운 영역으로 끊임없이 진격하는 성격을 갖고 있다. 수학은 자신이 창출한 모든 지적 수단에 의해서 수학의 대상영역에 대한 새로운 규정들을 개시한다. 따라서 수학에도 중요한 것은, 이미 알려져 있는 것의 단순한 분석과 분석적 '전개'가 아니라 참된 발견이다. 그러나 다른 한편으로 바로 이러한 발견 자체가 수학에서는 방법상 독특한 특징을 갖게 된다. 즉 길은 단순히 이미 결정적으로 확정되어 있는 특정한 출발점으로부터 갈수록 다양하고 풍부하게 되는 귀결로 통하는 것이 아니라, 출발 이래로 개시되고 정복되는 모든 새로운 영역 각각이 출발점 자체조차도 새로운 다른 빛 속에서 나타나게 하는 것이다. 여기에서 사고의 **전진**은 항상 자기 자신에 대한 회고도 포함하고 있다. 즉 그것은 동시에 **자기 자신으로의 귀환**이기도 한 것이다. 왜냐하면 수학적 '원리들'의 존립, 의미, 지적인 내용은 그러한 원리들을 전개할 때 비로소 완전히 드러나기 때문이다. 따라서 이러한 전개가 보다 풍부하게 이루어질 때 이러한 전개는 항상 원리들 자체의 새로운 깊이를 드러낸다. 이와 같이 우리는 다음과 같이 말할 수 있을 것이다. 정수에서 분수로, 유리수에서 무리수로, 실수에서 허수로 이행하는 것에 의해서 수학적 사고의 역사에서 수개념에 일어난 확장의 전체는 한낱 자의적인 '일반화'에 입각한 것이 결코 아니다. 오히려 그러한 확장에서 수 자체의 '본질'이 드러나게 되며 그 객관적인 일반성에 있어서 갈수록 깊이 파악되게 되는 것이다.[52] 헤라클레이토스가 피시스(Physis)에서는, 즉 스스로 움직이는 자연에서는 '상승의 길'과 '하강의 길'이 동일하다고 말했던 것처럼 수학이라는 이상적인 개념세계에서는 주변으로 향하는 길과 중심으로 향하는 길이 동일하다. 여기에서는 사고의 구심적인 경향과 원심적인 경향 사이에 경쟁이나 투쟁이 존재하지 않고 오히려 양자는 서로를 필요로 하며 서로를 촉진한다. 두 극으로서 서로 대립하는 것들의 이러한 정신적인 통합에는 수학의 '이상적 요소'의—인식비판의 입장으로부터 볼 때—극히 중요한 참된 성과조차 깃들어 있다. 이상적 요소 모두는 새로운 **요소**라기보다는 오히려 새로운 **종합**이다. 수학적 사고의 진자운동은 이른바 이중적인 운동의 형태로, 즉 관계로의 진동과 '대상'으로의 진동으로 행해진다. 이러한 사고는 모든 존재를 반복해서 관계로 해소한다. 그러나 다른 한편으로 이 사고는 항상 새롭게 관계들의 총체를 통합하여 **하나의** 존재라는 개념으로 통일한다. 이것은 수학이 관계하는 **객관들**의 클래스에 대해서 타당할 뿐 아니라 수학의 **개별분과들**에 대해서도 타당하다. 왜냐하면 참으로 생산적인 새로운 이상적 요소를 수학에 도입하는 것은 이러한 분과들의 전적으로 새로운 상호관계와 그것들 상호 간의 보다 긴밀하고 깊은 통합을 결과로서 초래하기 때문이다. 그

---

52) 이에 대한 보다 상세한 기초 지음에 대해서는 *Substanzbegriff und Funktions-begriff*, 2장을 참조할 것.

러한 분과들 사이의 경직된 분열, 즉 서로 상당히 상대적으로 무관계하게 대립하고 있는 객관들에 따른 분과들의 대립이 이제 가상이라는 사실이 분명해진다. Mathesis universalis[보편수학]라는 사상이 이러한 전체를 분열시키고 한낱 부분영역들로 나누는 모든 시도에 대해서 승리의 개가(凱歌)를 올린다. 이와 같이—주요한 예 하나만을 상기시키자면—허(虛)를 보다 깊이 인식함으로써, 수학의 개별연구가 가장 크게 풍부해졌을 뿐 아니라 이와 함께 개개의 영역들 상호 간의 연관에 대한 통찰을 어렵게 하고 방해했던 장벽이 제거되었다. 왜냐하면 허는 이러한 개별영역들의 어떤 것 앞에서도 정지하지 않고 자신이 자신 속에 포함하고 있던 새로운 사고형식을 개별영역들 모두에 침투시켰기 때문이다. 역사적으로 볼 때 '허'의 최초의 적용은 우선은 산술과 대수(代數), 특히 방정식론에 한정되었던 것 같다. '허'가 결정적으로 대수해석학의 논리적 구성부분이 된 것은 코치(Cauchy) 이후다. 그러나 '허'의 발전은 여기에 그치지 않는다. 퐁슬레(Poncelet)에 의한 사영기하학의 구축에서 '허'는 이미 공간론을 정복하고 있으며 기하학적 고찰의 전혀 새로운 형식을 창출했다. 그리고 여기에서는 '허'가 결코 한낱 덧붙여진 것이나 외부적인 것으로서 나타나지 않고 의식적으로 기하학적 개념형성의 중심에 들어서 있다. 그러나 퐁슬레는 '허'를 사용할 때 그가 '수학적 관계의 항상성'의 원리라고 정의한 전적으로 일반적인 원리에 의거하고 있다.[53] 그러나 '허'의 최고의 승리는

---

53) Jean victor Poncelet, *Traité des propriétés projective des figures*(Paris 1822).

그것이 거기에 그치지 않고 물리학에로, 즉 '현실인식'의 이론으로 침투한다는 데에 있다. 왜냐하면 물리학에서도 복소변수(複素變數)를 갖는 함수의 사용이 수학적 규정의 불가결한 보조수단이라는 사실이 입증되기 때문이다. 이제, 수학적 인식의 여러 내용과 분야를 둘러싸고 전적으로 새로운 띠가 둘러지게 된다. 내용들을 다소간 자의적으로 분절하는 것 대신에 서로를 조명하는 관계가 등장한다. 이러한 관계는 내용들에 새로운 빛을 비출 뿐 아니라, 이러한 관계에 의해서 수학적인 것의 모든 특수화에 앞서서 이것의 근저에 놓여 있는 수학적인 것 자체의 이른바 '절대적' 본성이 한층 더 엄밀하면서도 한층 더 깊은 의미에서 파악될 수 있게 된다.

이러한 통찰을 견지할 경우 이와 함께 이상적 요소에 대한 판정과 평가에서의 모든 허구설(虛構說)[54]은 뿌리가 잘려지게 된다. 왜냐하면 이상적 요소의 객관성의 핵심은 이제는 더 이상 이상적 요소에 상응하는 주어진 개별내용에서 구해질 수 없고, 하나의 순수한 體系의 존립 속에서만, 즉 어떤 특정한 관계복합체의 진리와 타당성에서만 구해질 수 있기 때문이다. 이러한 진리가 확보된다면 이와 함께 유일하게 가능한 객관적 기초가 드러나게 된다. 이상적 요소를 위해서는 그것 이외의 다른 기초는 발견될 수 없을 뿐 아니라 정당한 의미로는 탐색될 수조차도 없다. 이상적 요소들의 의미는 결코 직관적으로 파악될 수 있는 객관을 가리키는 개별적인

상세한 것은 D. Gawronsky, Das Kontinuitätsprinzip bei Poncelet, *Festschrift zu H. Cohen's 70. Geburtstag*(Berlin 1912), 65쪽 이하를 참조할 것.
54) [역주] 이상적 요소를 허구로 보는 입장.

'표상들'에서가 아니라 항상 하나의 복합적인 **판단-구조**에서만 제시되고 파악될 수 있다. 물론 수학적 객관화의 형식에는 이제 이러한 구조 자체가 대상이 되고 대상으로서 취급된다는 점도 수반된다. 그러나 이를 통해서 이러한 구조체와 경험적 '사물' 사이의 엄격한 장벽이 제거되지는 않고 여전히 존립한다. 이러한 장벽은 수학적인 것의 영역 내부에서 '비본래적인' 형상의 권역을 '본래적인' 형상으로부터 나누는 것이 아니라, 수학적 세계의 **전체**를 경험적 사물세계로부터 분리한다. 따라서 우리는 **모든** 수학적인 것에 허구라는 오점을 씌우려고 결의해야만 하든가, 아니면 최고의 그리고 가장 '추상적인' 정립작용까지도 포함한 모든 수학적인 것에 원칙적으로 동일한 성격의 진리성과 타당성을 인정해야만 하든가 둘 중 하나를 선택해야 한다. 이에 반해 본래적 요소와 비본래적 요소, 이른바 '현실적 요소'와 이른바 '허구적인' 요소로의 분리는 항상 절반의 것에 그친다. 왜냐하면 그러한 분리를 진지하게 받아들이게 될 경우에는 수학의 방법적 통일을 파괴해야만 할 것이기 때문이다. 다른 한편으로 이상적 요소의 정립과 이러한 요소가 수학의 전체 속에서 획득하는 위치에 의해서 항상 새롭게 증언되고 보증되는 것이야말로 바로 이러한 방법적 통일이다. 우리는 앞에서 이러한 사실을 허량(虛量)의 도입에 입각하여 추적할 수 있었다. 그러나 허량의 도입은 단지 훨씬 더 일반적인 사태에 대한 하나의 범례, 하나의 개별사례를 보여줄 뿐이다. 왜냐하면 수학적 사고가—대부분의 경우 장기간에 걸친 준비와 다양하게 행해진 시행착오 후에—그 전에 개별적으로 고찰하고 탐구했던 관계들에 대한 풍부한 개념을 하나의 정신적 초점으로 수렴하고 하나의 상징으로 표시하는 경우에는 항상, 이러한 지적·상징적 근본작용에 의해서 그 전에는 설로 멀리 떨어져 있고 외관상으로는 무관계한 것으로 보이는 것들조차도 하나의 전체로—통상적으로 우선은 문제의 전체인 것으로 보이지만 문제인 이상 이미 장래의 해결에 대한 보증을 자신 안에 포함하고 있는 전체로—종합되기 때문이다.

바로 이러한 논리적 과정에서 그 가장 성숙한 과실로서 무한한 것에 대한 해석이 자라나왔다. 뉴턴의 유율(流律) 계산법(Fluxionsrechung)의 발견도, 라이프니츠의 무한소산법(無限小算法, Infinitesimalrechung)의 발견도 당시 수학의 문제상황에 전적으로 새로운 내용적인 특징을 덧붙인 것은 아니었다. 유율이라는 결정적 개념도 미분과 미분계수(微分計數)라는 결정적 개념도 오히려 그때까지의 발전을 통해서 철저하게 준비되었다. 이러한 개념들은 그것들이 일반적으로 인식되고 일반적으로 정착되기 전에, 이미 극히 여러 영역에서—갈릴레이에 의한 역학의 정초와 페르마에 의한 극대·극소론, 무한급수(無限級數)의 이론, 이른바 '역접선(逆接線) 문제' 등에서—유효성이 입증되었다. 뉴턴의 기호: x와 라이프니츠의 기호: dy/dx는 우선은 이러한 정착을 가능하게 하는 역할을 했을 뿐이다. 그들의 그러한 기호는 이전에는 서로 별개로 행해졌던 여러 연구의 공통의 조준점을 보여주는 것에 지나지 않았다. 이러한 조준점이 일단 정해지고 하나의 상징으로 고정되는 순간, 이를테면 여러 문제의 결정화(結晶化)가 일어난다. 즉 이제 여러 문제가 모든 측면으로부터 하나의 논리적·수학적 형식으로 결정(結晶)되는 것이다. 여기에서도 다시 한 번 상징은, 신화에서부터 언어와 이론적 인식에 이르는 극히 다양한 영역에서 항상 도처에서 우리가 입증할 수 있었던 저 힘, 즉 **응축시키는** 힘을 보여준다. 그것은 흡사, 새로운 상징의 창조에 의해서 사고의 어떤 강력한 에너지가 비교적 산만한 형식으로부터 농축된 형식으로 이행하는 것과 같다. 대수(代數)해석, 기하학, 일반적 운동이론 등에서 여러 개념 상호 간, 여러 문제 상호 간의 긴장은 오래전부터 있어왔다. 그러나 뉴턴의 유율계산과 라이프니츠의 미분계산이 창시됨으로써 비로소 이러한 긴장이 일거에 방전(放電)되어 불꽃이 날아 흩어졌다. 이후 그 이상의 발전을 위한 길이 열렸으며 나아갈 길이 제시되었다. 이 길은 새롭게 창시된 상징에서 제시되고 함축적으로 정립되었던 것을 완전한 분명한 인식으로 높이는 것만 하면 되었다. 결국은 라이프니츠의 해석학 형식 쪽이 뉴턴의 형식보다도 뛰어났다는 것이 증명되었던 것도 바로 이러한 성과에 의해서였다. 뉴턴의 유율계산법도 문제들의 전체를 조망하려고 노력하고 있다. 즉 양의 개념과 연속적 변화의 개념을 참으로 보편적으로 파악하려고 노력하고 있다. 그러나 뉴턴에서 이러한 노력에는 처음부터 어떤 제약이 있었다. 왜냐하면 뉴턴은 역학에서 출발하고, 결국에는 항상 거듭해서 역학을 겨냥하고 있기 때문이다. 이 때문에 분명히 그의 사고는 외관상으로는 전적으로 추상적인 궤도에서 움직이는 경우에조차도 항상 역학의 유비(Analogie)를 필요로 하며 또한 그러한 유비를 고집하게 되었다. 따라서 **생성**에 대한 뉴턴의 일반적 개념은 전적으로 **운동**이란 현상에 방향을 맞추고 있다. 이와 같이 뉴턴의 해석이 기초하고 있는 유율의 개념은 속도의 모멘트라는 갈릴레이의 개념을 모방하고 있으며, 여전히 몇 개의 특징적인 개별특성을 그것으로부터 빌리고 있다. 이에 비하면 라이프니츠의 방법은 보다 형식적이고 추상적인 것으로 나타난다. 왜냐하면 그도 또한 분명히 동역학으로부터 출발하지만 동역학 자체는 그에게 그가 추구하는 형이상학을 위한 예비단계이자 입구로서의 역할을 할 뿐이기 때문이다. 이와 같이 그는 동역학을 처음부터 완전한 일반성에 있어서 파악할 수밖에 없고, 자신이 근저에 두고 있는 힘의 개념으로부터 물체의 운동에서 유래하는 모든 직관적인 2차적 표상을 배제할 수밖에 없게 된다. 따라서 라이프니츠가 자신의 해석의 토대로 삼은 그의 변화 개념은 더 이상 구체적·직관적인 특정한 내용으로 채워지거나 그러한 내용에 구속되지 않으며, 그것은 그가 '연속성의 원리'라고 부르고 있고 그러한 것으로서 정의하고 있는 '일반적 질서의 원리(principe de l'ordre général)'에 기초하고 있다. 따라서 여기에서 해석학의 근본문제는 '최초의 비(比)와 최후의 비'라는 뉴턴의 방법에서 일어나는 것과 달리 운동문제의 형식으로 번역되지 않고, 오히려 운동이론은 처음부터—급수(級數)이론과 기하학에서 곡선의 구적법(求積法)의 문제 등과 마찬가지로—전적으로 보편적인 논리적 규칙의 관할 아래 두어지는 하나의 특수사례 정도로만 사유되고 있다. 이런 의미에서 라이프니츠에게 산술, 대수학, 기하학, 동역학은 자립적인 학문이 되지 못하고 보편적 기호법의 한낱 견본들(échantillons)이 되었다.[55] 수학의 일반적이고 보편타당한 언어가 되려고 하는 이 보편적 기호법의 관점에서 보면, 이제 각 개별 영역들에서 획득되었던 이전의 모든 단초는 특수한 방언에 지나지 않는 것으로 나타난다. 과학들의 논리학은 이러한 단순한 방언 사용을 극복할 수 있으며 극복해야만 한다. 왜냐하면 이러한 논리학은 특수한 것들의 모든 결합에 잠재적으로 포함되어 있으며 이러한 결합들의 권리가 기초해 있는 사고의 궁극적이고 기초적인 관계들에까지 내려갈 수 있는 힘을 갖고 있기 때문이다. 이와 같이 기호의 보편성으로부터 사고의 참된 보편성이 생긴다. 라이프니츠는 '무한소(無限小)' 양(量)을 도입하고 사용하는 자신의 방법을 정당화하기 위해서 '허(虛)'의 예에 즐겨 호소하지만, 우리가 다루고 있는 문제의 맥락에서 비로소 이러한 유비는 그 참된 논리적 근거에서 이해될 수 있다. 여기에서 양자에 공통되고 양자를 결합하고 있는 것은, 관념론적 논리학자로서의 라이프니츠가 창출했으며 그가 수학을 구축할 때 도처에서 전제하고 있는 상징이론에 존재한다. 라이프니츠에서는 개별과학들의 형성과 일반적 과학론을 결합하고 이러한 일반적 과학론을 다시 그의 철학체계 전체와 결합하는 모든 실마리가 결국은 상징이론으로 수렴되고 있는 것이다.

이제 다시 한 번 수학적 개념형성의 **전체**를 돌이켜보면, 이러한 개념형성은 그 발전과정 전체에 걸쳐서 이미 학적 수학의 최

---

55) Brunschvicg, *Les étapes de la Philosophie des Mathématiques*, 199쪽을 참조할 것.

초의 출발점에서 플라톤이 참된 선견지명과 함께 지시했던 길에 충실히 머물렀다는 사실이 분명하게 드러난다. 수학적 개념형성이 추구하고 끊임없이 접근해 갔던 목표는 '규정'이라는 목표, 즉 πέρας[페라스, 한계]에 의해서 ἄπειρον[아페이론, 무한정한 것]을 극복한다는 목표였다. 모든 수학적 개념형성은 사고가 직관적으로 주어진 것과 직관적으로 표상될 수 있는 것으로부터 실로 완전히 해방되지는 않을지라도 직관의 유동적이고 무규정적인 면으로부터는 벗어나려고 하는 것과 함께 시작된다. 감각적 · 직관적으로 주어져 있는 것들은 서로 다채롭게 얽히고 눈치 챌 수 없을 정도로 서로 이행하지만, 수학적 개념형성은 그것들에 대해서 예리하고 명료한 분리를 행하는 것이다. 우리가 한낱 지각과 직관 속에 머무는 한, 그러한 분리는 결코 생기지 않는다. 지각과 직관에서는 수학이 부여하는 의미를 갖는 '점'도, '선'도, '면'도 존재하지 않는다. 모든 진정한 수학적 언표에 대해서 있을 수 있는 **주어들을** 비로소 정립하는 것은 수학의 공리적 사고다. 펠릭스 클라인이 공리를 우리가 직관의 부정확성과 제한된 정확성을 넘어서 무한한 정확성을 성취하는 것을 가능하게 하는 요청으로서 정의했던 것도 이러한 의미에서다.[56] 예를 들어 바일도 클라인과 마찬가지로 '직관적' 연속체와 '수학적' 연속체를 서로 대치시키면서 수학적 연속체에 도달하기 위해서는 유동하는 직관에 사고의 힘으로 정밀한

---

56) Felix Klein, *Vorlesungen über nicht-Euklidische Geometrie*, Göttingen 1912, 355쪽.

요소들이 부여되어야 한다고, 즉 사고가 직관적인 것의 무규정적인 다양성에 대해서 '실수(實數)'라는 엄밀한 개념을 가정해야만 한다고 역설하고 있다. 그리고 바일이 강조하고 있는 것처럼 여기에서 문제가 되고 있는 것은 '강제적으로 도식화하는 것'과 한낱 실용적인 사고경제의 수행도 아니고 주어진 것들을 관통하면서 그것들을 넘어서 파악하는 이성의 행위인 것이다.[57] 그러나 수학이 행하는 참된 지적인 기적은 이미 그 출발점을 규정하고 있는 이러한 '철저하게 관통하면서 파악함'이 수학 자체에서 결코 끝나지 않으며 항상 새롭게 그리고 항상 한층 더 높은 단계에서 반복된다는 점이다. 이렇게 '철저하게 관통하면서 파악함'만이 수학이 단순히 분석적일 뿐인 명제들의 총체로 응고되는 것과 공허한 동어반복으로 전락하는 것을 막는다. 수학**방법론**의 통일성과 완결성은, 수학을 성립시킨 창조적 근본기능이 수학 자체 내부의 어떠한 점에서도 정지되지 않고 항상 새로운 형태를 취하면서 작동하며 이러한 작동 속에서도 수학이 동일한 하나의 것으로서, 즉 파괴될 수없는 전체성으로서 자신을 주장하는 것에 기초하는 것이다.[58]

---

57) Weyl, *Das Kontinuum*, 특히 37쪽 이하, 65쪽 이하 참조.

58) 1927년 가을에 오스카 베커(Oskar Becker)의 논문 「수학적 존재(Mathematische Existenz)」(*Jahrbuch für Philosophie und phänomenogische Forschung*, Bd. VIII, 441-867쪽)가 발표되었을 때는, 수학적 개념형성에 대한 이 책의 서술이 이미 완료된 후였다. 내가 여기에서 추후(追後)적으로 스쳐 지나가는 형태로 베커의 이 논문과의 대결을 시도할 경우, 이는 베커의 논문이 갖는 중요성을 고려해 볼 때 온당하지 못한 것일 것이다. 그러한 대결이 효과적으로 착수되려면, 그것은 우리 자신의 체계적인 근본문제와는 다른 기반에서만 행해질 수 있을 것이다. 따라서 여기에서는 다음과 같은 한 점만을 언급하는 것으로 그친다. 나는

베커의 연구의 **출발점**, 즉 그가 '현상학적 접근방식의 원리'라고 부르고 있는 그의 원리를 전적으로 승인한다. 그는 자신의 접근방식을 다음과 같이 정식화하고 있다. "이러한 접근방식에 의해서 비로소 모든 대상성이 현상으로서의 성격을 갖게 되며, **초월론적 현상학**(이 현상학에서는 존재한다는 것은 구성되어 있다는 것과 동일한 의미를 갖는다)의 전적으로 **보편적인** 요구가 충족된다." 이제까지의 나의 상세한 서술로부터 분명히 드러나는 것처럼, 나는 베커가 이러한 원리로부터 끌어내는 결론, 즉 집합개념에 대해서 수개념이 우위를 갖는다는 주장(특히 599쪽 이하를 참조할 것)에도 전적으로 동의한다. 이에 반해, 내가 볼 때 베커의 논증에 의해서 증명되지 않은 것, 즉 수학의 오늘날의 문제상황으로부터 볼 때 결코 증명될 수 없는 것으로 생각되는 것은 수영역 구축의 기초가 되고 있는 저 일반적인 **'계열원리'**를—베커의 논문에서 일관해서 행하고 있는 것처럼—시간이란 현상과 결부시킬 경우 이러한 시도가 갖는 필연성과 권리다. "수학적 대상의 존재성격에 대해서 시간성이 갖는 결정적 역할"을 인정할 경우에도 여기에서 문제가 되고 있는 시간성은 "연속적 발생에서의 순서"(W. Hamilton의 표현에 따르면 'order in progression')의 일반적 도식 이외의 아무것도 아니다. '역사적 시간'이나 **수학자**의 '체험시간'과 수학의 이러한 '객관적' 시간은 결코 혼동되어서는 안 된다(Becker, 앞의 논문, 657쪽 이하를 참조할 것). 내가 보는 한, 현대수학에 대한 고찰은—이전과 마찬가지로 오늘에도—'초월론적' 관념론을 인간학으로 전환하는 시도를 정당화하지는 않는다. 수학에서 여러 순수한 구성원리와 아울러 수학적 대상성의 영역이 소급해서 관계 지어지는 '주관'은 여전히 칸트의 '초월론적 통각'의 '나는 생각한다'이며, 따라서 후설의 근원적 출발점이기도 한 저 '순수 자아', '자아-극'인 것이다. 이에 반해 베커는 수학의 내용과 존립을 오히려 특정한 존재방식과 방향을 갖는 '사실적인 생의 현상'으로 환원하려고 시도한다. 그는 수학적 '존재'가 결국은 특정한 '사실적 생의 방식들'에 기초하고 있다고 보는 것이다(621쪽 이하). 내가 생각하기에, 이처럼 한낱 현존재의 사실성에 의한 수학의 정초에 대해서 수학은 그것에 내재하는 '객관성'에 대한 기본적 요구로부터 항상 이의를 제기할 수밖에 없다. 이 책, 즉 『상징형식의 철학』 제3권을 교정하던 중에 입수된 최근 논문「수학의 철학에 있어서 이른바 '인간학주의'에 대해서」(*Philosophischer Anzeiger*, Jahrgang III, 1929, 369쪽 이하)에서 베커는 "이미 마르부르크의 신칸트주의자들이 수학의 철학적 정초라는 문제를 '관념론적' 출발점으로부터 파악하려고 했던 것은 정당했지만, 그들은 "인식주관이라는 관념을 너무나 막연하게 설정하고 있다는 점, 달리 말해서 주관성에 대한 이미 획득된 명확한 규정조차도 구체적인 문제설정에서 사용하고 있지 않다는 점" 때문에 파산하고 말았다고 말하고 있다(381쪽). 여기에서 '논리적 관념론'에 대해서 제기되고 있는 비난, 즉 "출발점이 막연하다"는 이러한 비난이 말하려고 하는 것이, 논리적 관념론은 '순수한' 주관성을 '인간'의 주관성의 규정들과 혼동하는 것을 거부하고 있다는 것이라면, 나에게는 이러한 비난이 일종의 petito princicipii[논점선취의 오류]에 입각하고 있는 것으로 보인다. 논리적 관념론은 수학적 '대상'에 대한 분석에서부터 출발하면서, 이 대상에 독특한 규정성을 수학적 '방법', 즉 수학적인 개념형성과 문제설정의 독특성으로부터 파악하려고 한다. 이 방법 자체가 무엇'인지'를, 논리적 관념론은 여기에서 오로지 이 방법에 내재하는 수행으로부터 간취하려고 하는 것이다. 그러나 바로 이러한 수행에서는 수학자 개인의 구체적인 주관성으로 해석되는 한에서의 주관성이 구성계기로서 발견되지는 않는다. 오히려 그러한 주관성은 의식적으로 배제되어 있다. 만약 베커가 이러한 사태를 부정하려고 한다면, ─즉 수학에 대한 단순한 정의(무한한 것을 유한한 수단으로 지배하려고 하는 학이라는 정의)가 이미 필연적으로 수학자 자체를 소급적으로 지시한다(379쪽)는 테제를 그가 주장한다면─, 나에게는 그러한 결론은 결코 수학적 인식 자체의 '현상'에 기초하지 않고 오직 이 현상에 대한 작위적인 해석에 의해서만 획득될 수 있는 것으로 보인다. 왜냐하면 지금 인용한 수학에 대한 정의에서도 강조점은 수학이 '유한한 수단'을 사용한다는 사실에 있지 않고, 오히려 수학이 유한한 수단의 힘을 빌려서 또한 그것을 통해서 무한한 것을 지배한다는 사실에 있기 때문이다. 이러한 지배라는 문제와 그 '가능성'의 문제를 추적해 가면, 필연적으로 유한한 실존인 '인간실존'의 장이 되고 있는 시간형식과는 전적으로 다른 '시간형식'에 부딪히게 된다. 내가 보는 한, 베커의 분석이 분명하게 보여주려고 하는 '극히 특정한 구체적인 구조들'(죽음, 역사성, '자유', '죄책 존재(Schuldigsein)'에 이르는 길은 수학의 대상으로부터도 수학의 방법으로부터도 출발하지 않고 있다. [베커가 말하는 것과 같은] '수학적인 것의 의미구조' 자체와 '인간이라는 유한한 존재자의 존재의미' 사이의 '본질적이고 명료한 관계'(383쪽 참조)라는 것은 수학의 오늘날의 문제상황으로부터도 이전의 어떠한 문제상황으로부터도 읽어낼 수도, 증시될 수도 없는 것 같다.

제5장 자연과학적 인식의 기초

1. 경험적 다양과 구성적 다양

 수영역의 구축은 다음과 같은 대상영역, 즉 기초가 되는 하나의 근원적 관계로부터 형성되고 그러한 관계에 의해서 완전히 조망될 수 있고 규정될 수 있는 대상영역의 예를 전형적인 순수함과 완전함에 있어서 우리에게 보여준다. 사고는 우선은 생각할 수 있는 가장 단순한 형식을 갖는 것으로 보이는 하나의 순수한 관계 ―즉 사고요소들에게 부과된 하나의 계기(繼起) 법칙에 의한 사고요소들의 계열화 이외의 아무것도 포함하지 않는 관계―로부터 출발한다. 그런데 이러한 초보적인 법칙으로부터 갈수록 더 폭넓고 더 복잡해지는 규정들이 생겨나게 되며, 이러한 규정들은 다시 엄밀하게 법칙적인 방식으로 서로 결합되고 마침내는 이러한 결합의 전체로부터 '실수(實數)'의 집합이 성립하게 된다. 그리고 해석학이라는 기적의 건축물은 이러한 집합에 근거한다. 수학적 인식이 자기 자신의 구성원리에 충실하기만 하다면—즉 그것이 직접 이러한 원리로부터 획득하고 도출할 수 있는 '대상' 이외의 어떠한 대상도 허용하지 않는 한—여기에는 인식의 절대적 한계에 부딪히고 내적 모순에 빠지는 위험은 전혀 존재하지 않는다. 대상의 특정 영역을 설정하고 한계 지으며, 이 영역을 바로 이러한 규정에 있어서 인식에 대해서 이론적으로 지배 가능한 하나의 전체로 형성하는 것은 관계 지음의 이러한 기본 형식 자체다.

그러나 사고에 의한 지배의 이러한 존재방식은 우리가 수학적인 것의 영역을 넘어서면—즉 '이상적인 것'으로부터 '실재적인 것(das Reale)'으로 나아가는 행보를 감행하게 되면—곧 붕괴되고 마는 것 같다. 왜냐하면 이 실재적인 것에서 순수한 '형식'에 대립하고 대항하는 '질료'의 영역이 시작되기 때문이다. 우리는 이제 법칙에 따라서 다양한 것들로 전개되고 분기해 가는 하나의 근원적인 통일체 대신에 단지 그 자체로, 즉 현존하는 다수(多數)로서 우리 앞에 펼쳐져 있는 다양에 직면하게 된다. 이러한 다양은—적어도 우리에게 직접 주어지는 방식에 있어서는—'구성될 수' 없다. 즉 우리는 이 다양을 단적으로 주어져 있는 것으로서 받아들여야만 한다. 바로 이 주어져 있다는 것이야말로 '물리적인 것'을 한낱 '수학적인 것'으로부터 구별하는 특수하고 두드러진 성격인 것 같다. 물리적인 것에서는 정합적이고 내적으로 수미일관된 순수사고에 의해서 우리에 대해서 하나의 대상세계가 구성되지 않고, 오히려 감각과 감성적 직관을 매개로 하여 어떤 외적인 '존재'

가 우리에게 주어지는 것이다. 이러한 획득방식은 단편적이고 부분적일 수밖에 없다. 우리는—미리 결정된 계획에 따르지 않고 그 자체로 무계획적이고 우연한 '관찰'에 따르면서—이 존재의 한 지점으로부터 다른 지점으로 나아가야만 한다. 우리는 우리가 걷는 길의 종점에서 그러한 개개의 지점을 모두 하나의 선에 의해서 결합할 수 있고 이 선의 형식을 일반적으로 기술하고 표현할 수 있다면 그것으로 만족한다. 그리고 우리는 새롭게 흘러 들어오는 '재료'에 의해서 요구될 때에는, 즉 우리의 지적 종합이 의지하고 있는 '자료'가 변하자마자, 이러한 형식을 다른 형식에 의해서 대체할 각오를 항상 하고 있어야만 한다. 따라서 이런 종류의 경험에 의한 속박에 대해서 이론적 사고는 우선은 무력한 것 같다. Natura non vincitur nisi parendo[내가 복종하지 않으면 자연은 정복되지 않는다]. 사고만이 자연의 개개의 형태에 대한 지식을 획득할 수 있지만, 이는 사고가 자연에 자신의 일반적 형식을 강요하는 것에 의해서가 아니라 사고가 자연의 개개의 형태 속에 침잠하면서 그것을 하나씩 모사하는 것에 의해서 가능하다. 이제 자연에 대한 조망은 확고하게 한정되어 있고 처음부터 완결된 지평 속에서 일어나지 않는다. 오히려 내용적 시야가 확대됨에 따라서 고찰의 방식도 변화하며 이른바 '조준선'이 이동하지 않을 수 없는 것으로 나타난다. 이와 같이 우리가 '자연'이라고 부르고, '사물의 존재'라고 부르는 것은 우선은 한낱 '지각의 광상곡'으로만 나타난다. 이러한 지각대상들은 하나의 실로 꿰어 있는 것처럼 병존하고 잇달아 일어나는 형태로 기술될 수도 있지만, 그럼에도 불구하고 이렇게 지각대상들을 하나씩 세는 방식은 정수(整數)의 진행에서 보이는 것과 같은 계열화의 저 특징적인 기본형식과는 분명히 다르다. 왜냐하면 여기에서는 어떤 항이 다른 항 뒤에 이어져도, 그것은 그 항이 동시에 다른 항으로부터 귀결되는 것에 의한 것이 아니기 때문이다. 즉 그 어떤 항은 일반적으로 확정 가능하고 계열의 전체에 대해서 타당한 규칙에 입각하여 선행하는 항으로부터 도출되지 않는 것이다. 오히려 여기에서는 길, 진행, 방법은 한낱 전진이 되고 한낱 경험적인 연속이 된다. 그러나 이와 함께 '개체성'과 '일반성'의 관계도 근본적으로 변하게 된다. 수의 경우도, 하나하나의 수가 모두 한 개의 개념적 개체, 즉 자신에게만 귀속되는 독자적인 징표들과 규정들을 갖춘 한 개의 대상이다. 그러나 바로 이러한 독자성은 그 자체로서의 수에 속하지 않고 수의 체계 내에서의 수에 속한다. 수의 이러한 독자성은 개개의 수가 가능한 수들의 총체에 대해서 갖는 순수한 순서관계에 기초하고 있다. 이와 같이 여기에서는 개체적인 것도 순수한 위치가(位置價)로서 사유되고 확정된다. 그러나 개개의 지각은 계열 내에서의 한낱 위치와는 다르며 그 이상의 것이다. 그것은 어떤 의미에서 독자적으로 또한 자력으로 존립한다. 그리고 개별적인 지각의 의미는 그것이 갖는 바로 이러한 특수성에 있는 것이다. 물론 지각도 우리가 공간의 전체라든가 시간의 전체라고 부르는 하나의 전체에 속해 있다. 그러나 지각은 한낱 '어디'와 '언제'라는 규정으로 환원될 수 없는 일회적이고 유일무이의 내용을 가지면서 이 전체를, 즉 자신이 처해 있는 공간의 개별적인 '점'과 시간의 개별적인 '순간'을 채운다.

모든 지각은 지각인 한, 하나의 관찰자에게만 그리고 그가 처한 특수한 공간적·시간적 조건들 아래서 직접적으로 주어진다. 이 지각이 이러한 고립된 상태로부터 어떻게 벗어나고 어떻게 다른 지각과 '결합'될 수 있는지는 결코 자명하지 않으며 전혀 예측할 수 없다. 왜냐하면 바로 이러한 결합은 단지 우연히 이질적인 것이 아니라 근본적으로 이질적인 것으로 생각하지 않을 수 없는 요소들의 종합을 요구하는 것 같기 때문이다. 지각은 그것에 내재하는 이질성 없이는 지각일 수 없는 것 같다. 왜냐하면 그러한 이질성 없이는 그것의 본질에 속하는 질적인 특수성을 상실할 수 있기 때문이다. 그러나 이러한 이질성으로 인해 지각이 인식과 이론적 파악을 가능하게 하는 조건인 체계의 형식에 참으로 편입되는 것은 불가능한 것 같다.

이러한 안티노미 안에 모든 자연과학적 개념형성의 최초의 단서, 그것의 변증법적 맹아가 숨겨져 있다. 왜냐하면 물론 사고는 수학적 대상의 영역으로부터 '물리적' 대상의 영역으로 이행하자마자 자신의 독자적인 형식과 독자적인 전제들을 포기하는 것이 아니라, 이제 이러한 전제들을 '주어진 것'이 그것들에게 보여주는 저항을 받아들이면서 입증하려고 노력하기 때문이다. 그리고 사고는 이제 바로 이러한 저항 자체를 받아들이면서 이제까지 사고 속에 닫혀져서 잠들어 있었던 새로운 힘을 자기 자신 속에서 발견하게 된다. 사고는 이를테면 불가능한 것을 수행하라는 요구를, 즉 '주어진 것'을 사고와 무관한 것이 아니라 사고 자체에 의해서 정립되고 사고의 구성적 조건들에 의해서 산출된 것으로 다루고 고찰하라는 요구를 자신에게 부과한다. 지각은 우선은 한낱 사실적 다양이라는 형식으로 나타나지만, [물리학적 사고는] 이러한 사실적 다양이라는 형식을 개념적 다양이라는 형식으로 전환하려고 하는 것이다. 자연에 대한 인식의 역사 속에서 나타나고 힘을 발휘하는 구체적인 물리학적 사고는 이러한 전환이 가능한지 아닌지를 묻지 않고 문제를 곧 요청으로 변화시킨다. 즉 이러한 사고는 여기에 존재하는 개념적 아포리아를 행위로 전환하는 것이다. 사고의 이러한 행위와 함께 모든 자연과학적 개념형성이 시작된다. 사고의 '논증적(diskursive)' 본성은 주어진 것의 계열을 받아들이고 수용하는 것으로 만족하지 못하고 이러한 계열을 실제로 '관통'하려고 함으로써 자신을 입증한다. 그리고 사고는 어떤 항으로부터 다른 항으로 나아가는 이행의 규칙도 동시에 탐구하는 방식으로만 그러한 계열을 관통할 수 있다. 이렇게 결코 직접적으로 주어지지 않고 단지 요청되고 탐구될 뿐인 규칙이야말로, **자연과학적** 사고의 독자적인 '사실성'을 모든 다른 형식의 단순한 사실인식으로부터 구별하는 특징이다. 물리학적 사고 속에서 발견되고 확인되는 vérités de fait[사실적 진리]조차도 의연히 물리학적 'ratio[이성]'의 특수성으로부터 규정되고 그것에 의해서 침투되어 있다. 이러한 사실은 물리학에서 말하는 '사실들'이라는 것을, 다른 영역의 사실들, 예를 들면 역사학에서 말하는 사실들과 비교해 보면 즉각적이면서도 결정적으로 분명하게 된다. "가장 중요한 점은 아마도, 모든 사실이 이미 그대로 이론이라는 사실을 인식하는 것이다"는 괴테의 말이 올바르며 깊이를 갖는 말이라는 것이 여기에서 즉시 입증된다. 최종적이고 결정적으로 확정되어 있고 불변적이고 절대적으로 주어져 있는 것이라는 의미의 사실성과 같은 것은 있을 수 없다. 즉 우리가 사실이라고 부르는 것은 항상 이미 어떠한 방식으로든 이론에 의해서 방향 지어져 있으며, 어떤 종류의 개념 체계를 고려하면서 그것에 의해서 잠재적으로 규정되어 있음에 틀림없다. 이러한 이론적 규정수단들은 한낱 사실적인 것에 추후적으로 덧붙여지는 것이 아니라 사실적인 것에 대한 정의 속에 들어가 있는 것이다. 이와 같이 사고의 특수한 관점이 처음부터 물리학의 '사실'을 역사학의 사실로부터 구별한다. 앙리 푸앵카레는 『과학과 가설』이란 책에서 이렇게 말하고 있다. "칼라일(Carlyle)은 일찍이 어느 곳에선가 '사실만이 중요하다'고 말한 적이 있다. '나라를 잃은 왕 조지가 여기를 통과했다. 이것은 찬탄할 만한 것이며, 이를 위해서 내가 세계의 모든 이론을 희생해도 좋은 하나의 실재가 여기에 있다.' 이것은 역사가의 말이다. 물리학자라면 오히려 이렇게 말할 것이다. '나라를 잃은 조지가 여기를 통과했다. 그것은 나에게는 아무래도 좋은 것이다. 그가 다시 여기를 통과하지 않을 것이기 때문에.'"[1] 이 간결한 표현에서 우리는 즉시 사실성이 갖는 두 개의 방법적 근원 의미들 사이의 근본적 대립을 파악할 수 있다. 공간 내의 어떤 특정한 지점과 시간 내의 어떤 특정한 순간에 결부되어 있는 어떤 개별적인 사건을 물리학자가 기술할 경우에 그가 겨냥하는 것은 개별성 자체가 아니다.

---

1) Henri Poincaré, *La Science et l'Hypothèse*(Paris, 1902), 9장, 168쪽.

그는 개별성을 반복 가능성이라는 상(相) 아래에서 고찰하고 있는 것이다. 그가 확정하려고 하는 것은 여기에서 지금 무엇인가가 일어난다는 것이 아니며, 물음이 향하고 있는 것은 사건의 조건들이다. 즉 물음은 다음과 같이 제기된다. 이러한 조건들이 견지되면 동일한 사건이 다른 장소들과 다른 시점들에서도 관찰될 수 있는지, 또는 이러한 조건들의 특정한 변화에 따라서 그 사건은 어떻게 변화할 것인지라고. 따라서 개별적 사실이 탐구되고 조사될 경우에도 고찰이 최종적으로 겨냥하는 것은 이러한 사실 자체가 아니라 이러한 사실이 반복해서 일어날 때 따르는 규칙인 것이다. 이러한 규칙의 **형식**은 우선은 아직 미정(未定)이다. 그리고 우리는 이러한 형식에 대해서 너무 성급하게 분명한 언표를 하지 않도록 조심해야만 한다. 이제까지 물리학에는 이러한 형식이 궁극적으로 확정된 것 같은 모습을 보이는 시대가 있었다. 헬름홀츠는 그의 기초적 논문 「힘의 보존에 대해서(Über die Erhaltung der Kraft)」 (1847년) 서문에서, 일반적 인과율을 물리학적 사고의 이러한 근원적인 형식으로서 제시하고 있다. 그에 의하면 일반적 인과율이야말로 자연과학적 문제설정 자체의 conditio sine qua non[불가결한 조건], 즉 '자연의 이해 가능성'의 조건이다. 오늘날의 물리학의 상태를 근거로 해서 볼 때 인식비판도 또한 이에 대해서 보다 신중하고 보다 조심스러운 판단을 내려야만 한다. 자연에 대한 모든 해명이 필연적으로 어떤 특정한 유형의 '인과법칙'의 형식을 띠어야만 하는지, 아니면 자연에 대한 해명은 한낱 '확률법칙'을 제시하는 것에 만족할 수 있고 또한 만족해야만 하는지라는 문제는—

그것에 대해서 어떤 결정이 내려지든—단순한 사고만으로는 결코 결정될 수 없다. 물리학 자체의 개념적 질서구조를 깊이 고찰할 경우에만 우리는 그 문제를 결정할 수 있으며 또한 자연과학적 사고의 내부에서 어떻게 해서 순수하게 '동역학적'인 합법칙성이 타당한 영역이 한낱 '통계적인' 합법칙성만이 타당한 영역으로부터 구별되는지를 알 수 있다.[2] 그러나 물리학적 사고가 어떤 사건을 엄밀하게 인과적으로 파악하려고 한다는 요구를 내걸지 않고 통계적 법칙을 설정하는 것으로 만족하는 경우에조차도, 이러한 사고가 본질적으로 겨냥하는 것은 항상 사건 자체가 아니라 사건의 규칙적인 면이다. 그리고 이러한 규칙성을 확인하는 판단은 결코 개별사례들에 대한 언표들의 단순한 총합, 즉 그것들의 집합체로 해소될 수 없다. 물론 엄격한 '경험론'은 자신의 근본경향에 따라서 그러한 해소를 시도할 것임에 틀림없다. 예를 들면 마흐(Ernst Mach)에게 낙하**법칙**을 수립한다는 것은 실제로는 다수의 구체적인 개별 관측을 통합하는 것 이외의 아무것도 의미하지 않는다. 그러한 다수의 개별관측은 그렇게 통합되어도 그것들이 하나의 공통적인 **언어표현**으로 파악된다는 변화 이외의 어떠한 변화도 겪지 않는다. 그의 생각으로는 갈릴레이의 낙하법칙의 형식 $s=gt^2/2$는 s[낙하 거리]의 특정한 개별 값에 t[낙하 시간]의 특정한 개별 값이 대응되는 이 [s와 t의 측정값의] 일람표에 대한 압축적인 표기로

---

2) 특히, M. Planck, *Dynamische und statistische Gesetzmäßigkeit*, Berlin 1914를 참조할 것. 이 책은 *Physikalische Rundblicke, Gesammelte Reden und Aufsätze*, Leipzig 1923, 82쪽 이하에 다시 수록되었다.

볼 수 있다. 우리가 이제까지 관찰된 **모든** 사례에 대해 이 [s와 t의 측정값의] 일람표를 명확하게 제시하는 것 대신에—규정되지 않은 변수의 위치에 특정한 수치를 대입하게 되면 구체적인 의미를 비로소 얻게 되는—일반적인 공식적 표현을 선택하는 것을 정초하고 정당화하는 것은 가능한 한 기호를 절약해서 사용할 것을 바라는 사고경제의 요구뿐이다. 이러한 고찰방식이 타당할 경우, 물리학적 사실성은 다시 한낱 기술적 사실성으로 환원되고 말 것이다. 양자 사이의 차이는 사태 자체가 아니라 우리가 그때마다의 사태를 표시하기 위해서 사용하는 기호에만 존재하는 것이 될 것이다. 그러나 우리가 철저한 경험론에 따라서 이러한 고찰방식을 취할 경우에도 바로 여기에서, 즉 우리의 일반적 문제[상징형식의 문제]와 관련하여 하나의 새로운 문제가 제기된다. '상징형식의 철학'은 일관해서 '기호'가 결코 사고의 한낱 우연한 외피가 아니라 기호의 사용 속에 사고의 특정한 방향전환, 사고의 어떤 기본적인 경향과 형식이 명확하게 각인되어 있다는 사실을 우리에게 알려주었다. 따라서 **어떤** 특정한 기호언어, 즉 수학의 '공식'이라는 기호언어를 다른 기호언어로부터 두드러지게 하면서 모든 다른 기호보다 우선시하는 필연성이 물리학적 사고의 어떠한 경향에서 유래하는가라는 물음은 여전히 미해결인 채로 남아 있다. 우리는 언어 자체에 대해서, 또한 정신에 의한 언어의 구성에 대해서 획득한 모든 통찰에 따를 때, 여기에서 단순히 '편리하다'는 이유만 작용하고 있다고 더 이상 상정할 수는 없을 것이다. [물리학에서 수학기호가 사용되는 것은 편리함 때문이라는] 이러한 상정이—혹은 원한다면 체계적 '선입견'이라고 말해도 좋지만—입증될 수 있을지 아닌지를 우리는 물론 물리학의 개념형성과 물리학에서의 기호사용에 대한 보다 상세한 분석을 통해서만 알 수 있다. 여기에서도 또한 길은 기호에 대한 파악을 매개로 하여 사태에 대한 파악, 즉 기호에 의해서 표시되는 것에 대한 파악으로 향한다. 물리학적 판단이 언표되는 상징을 통해서 비로소 물리학적 판단은 자신에 적합한 형식을 획득하게 되는데, 이러한 상징에 대한 고찰과 분석을 통해서만 우리는 물리학적 '대상성'의 존재방식과 성격을 이해할 수 있게 된다.

물리학의 이론에 관한 그의 저작에서 이러한 길을 최초로 걸었다는 것이 피에르 뒤앙의 공적이다. 이 저작에서는 개개의 현상들에 대한 단순한 관찰로부터 물리학적 명제와 물리학적 판단이 획득될 때까지 거쳐야만 하는 모든 관념적 매개가 특별히 예리하면서도 명료하게 제시되고 있다. 거기에서는 특정한 상징세계의 구축이야말로 물리학적 '실재'의 세계에 대한 접근을 비로소 가능하게 한다는 사실이 잘 제시되고 있다. 그러나 물리학에서 창조된 특수한 상징들 모두는 그 나름대로 다시 '실수(實數)'라는 근원적인 상징을 자신의 참된 기초로서 전제한다.[3] 우선 감각적 인상들의 순수하게 사실적인 다양으로서 또한 사실적 차이로서 나타나는 것이 물리학적 의미와 가치를 얻는 것은 우리가 그것들을 수

---

3) 물리학적 대상성에 대한 뒤앙의 이론을 상세하게 알고 싶으면, 이 책 25쪽 이하를 볼 것. 또한 내 책 *Substanzbegriff und Funktionsbegriff* 2판, 189쪽 이하도 참조할 것.

의 영역으로 '모사(模寫)하는' 것에 의해서만 가능하다. 이러한 모사와 그것이 따르는 극도로 복잡한 형식법칙을 단지 내용적인 의미로 이해하는 것만으로 충분하다는 가정, 즉 물리학의 세계에 들어가기 위해서는 지각에 주어지는 개별적인 내용을 다른 종류와 다른 특성을 갖는 내용 밑에 밀어 넣는 것만으로 충분하다는 가정으로부터 출발하는 것은, 이러한 모사와 그것이 따르는 극도로 복잡한 형식법칙을 올바르게 파악할 수 없다. 그러한 가정에서는 모든 특수한 지각의 클래스 각각에 단순히 하나의 특수한 기체가 대응되고 이러한 기체야말로 비로소 자신의 참된 '현실', 자신의 참으로 물리학적 '현실'의 완전한 표현이 될 것이다. 온도감각에 열의 감각으로서 나타나는 것은 그것의 물리학적 '진상'에 있어서는 분자운동으로서 인식되고, 눈에 색으로서 주어지는 것은 에테르의 진동으로서 규정된다. 그러나 직접적 지각내용이 다른 간접적 내용으로 어떤 의미에서 단편적으로 부분부분이 치환되는 이러한 종류의 번역에 의해서는 물리학의 방법론의 근본적 의미는 파악될 수 없다. 물리학의 방법론에서 문제가 되는 것은 오히려 색과 음, 촉감과 온도감과 같은 감각적 현상들로 이루어져 있는 현실을 **전체**로서 어떤 새로운 정신적 척도에 관계 지으면서 이러한 관계의 힘을 빌려서 그것을 고찰의 다른 **차원**으로 고양시키는 것이다. 따라서 결국, 우리가 특정한 객관적·물리학적 '기체'를 대치시키는 것은 결코 개개의 감각일 수는 없다. 서로 비교되고 서로 '측정되는' 것은, 한편으로는 관찰되는 현상들의 **전체**이며 다른 한편으로는 물리학이 '자연'의 질서와 법칙성을 언표하기 위해서 사용하는 개념과 판단의 **체계 전체**다. 물리학의 역사에서 통일적인 **원소**라는 표상을 다른 표상에 의해서, 즉 똑같이 사물적·실체적으로 파악되는 다른 표상에 의해서 치환함으로써 과학적 '유물론'을 극복할 수 있다고 믿었던 시대도 있었다. 실체적 물질 대신에 실체적 에너지나 실체적 에테르가 등장했다. 그러나 참된 인식비판적 심화는 이러한 방식으로는 달성되지 않았다. 이러한 심화는 물리학적 '모상' 일반의 개념이 보다 상세하게 분석되고 그것의 의미와 능력 면에서 보다 정밀하게 규정되었을 때에야 비로소 가능하게 되었다. 모상이라고 해도 그것은 결코 '지각계열'의 어떤 요소로부터 물리학적 '개념계열'의 어떤 요소로 직접 도약하는 것도 아니며, 양자의 직접적인 '유사성'이나 '대응'을 탐구할 수도 없다는 사실이 이제야 비로소 분명하게 되었다. 이러한 대응은 오히려 항상 경험적인 관찰자료들의 총체와 이론적 개념수단, 즉 물리학적 법칙과 가설들의 총체 사이에서만 탐구될 수 있다. 현대물리학은 이러한 사태를 갈수록 분명하게 의식하고 있으며 이러한 사태로부터 여러 논리적 귀결을 끌어냄으로써 비로소 존재론적 의미에서뿐 아니라 보다 포괄적인 방법론적 의미에서도 유물론을 극복했던 것이다. 이제 현대물리학은 구체적이고 감각적으로 제시될 수 있는 특정한 현상군(群)을 그 추상적·기하학적 대리물과 그 기계적 '모델'로 치환할 수 있다는 것만을 본령(本領)으로 갖는 자연현상의 '설명'을 단념하는 경향을 한층 더 강화하고 있다. 그러나 이러한 형태의 설명을 거부하는 것이 물리학적 법칙에서 자연현상에 대한 단순한 '기술'만을 볼 뿐인 저 실증주의에 일보 접근하는 것으로 보이는 것은 단지 외관상으로만 그럴 뿐이었다. 단지 부정적 계기만을 강조하지 않고 긍정적 규정으로 눈을 향할 때, 즉 기술(記述)수단들에 고유한 특성을 반성할 때 즉각적으로 그 차이가 분명하게 드러난다. 이러한 수단은 실증주의에서 '현실성'의 유일한 기준을 형성하는 것과 같은 종류의 '사실성'으로부터는 멀리 떨어져 있다. 즉 이 수단은 순수한 수학적 사고의 형성과 동일한 영역에 속하는 것이다. 이러한 근원적 이원성을 인정하는 것이야말로, 자연과학적 개념이 요구하고 건립하는 '조화'를 이해하기 위한 필요조건이다. 이러한 조화는 단순한 일치 이상의 것을 의미하며 그것과는 원리적으로 다른 것을 의미한다. 그것은 대립하는 것들을 서로 결합하는 진정한 종합적 작용이다. 모든 진정한 물리학적 개념과 모든 물리학적 근본판단에는 이러한 '대립물의 종합'이 포함되어 있다. 왜냐하면 항상 문제가 되는 것은, 두 개의 상이한 다양의 형식을 서로 관계 지으면서 어떤 의미에서 서로 침투시키는 것이기 때문이다. 출발점이 되는 것은 한낱 경험적인 다양, 단적으로 주어져 있을 뿐인 다양이다. 그러나 이론적인 개념형성의 목표는, 이러한 다양을 합리적으로 조망할 수 있는 다양, 즉 '구성적인' 다양으로 전환하는 것에 있다. 이러한 전환은 결코 완결되지 않는다. 그것은 갈수록 복잡한 수단을 사용하여 항상 새롭게 착수되는 것이다. 수학적 개념들을 자연에 '적용하는' 것이 어떻게 해서 가능한가라는 인식이론상의 근본문제는 결국은 이러한 사태와 이러한 사태에 포함되는 문제로 소급된다. 이러한 적용이 어려운 것은, 그것이 의식적인 μετάβασις εἰς ἄλλο γένος[메타바시스 에이스 알로 게노스, 다른 유(類)로의 이행]를 근거로 해서만 가능한 것 같기 때문이며, 즉 현상이 원래 속해 있는 것과는 다른 **유형의 질서**가 이러한 적용에서는 어떤 의미에서 무리하게 현상들에 부과되기 때문이다.

물론 우리가 실재론적 형이상학의 입장이 아니라 '상징형식의 철학'의 입장에 서면, 우리가 여기에서 직면하고 있는 개조작업은 그것에 수반되는 역설의 대부분을 극복하게 된다. 왜냐하면 바로 이것, 즉 정신의 생활 전체와 발전 전체는 다름 아닌 이러한 개조작업, 이러한 지적 변형에 의해서만 일어날 수 있기 때문이다. 그러한 변형이야말로 이미 **언어**의 단서와 그 가능성을 조건 지은 것이었다. 왜냐하면 언어도 또한 단순히 주어져 있는 인상들과 표상들을 단지 '표기할' 뿐 아니라 단순한 명명(命名)작용조차도 항상 동시에 어떤 형식 변경, 정신의 어떤 변환을 포함하고 있기 때문이다. 이미 본 것처럼, 이러한 변환은 언어가 진보할수록, 즉 언어가 이를테면 '자기 자신에로 도래할수록' 보다 예리한 악센트를 갖게 된다. 주어진 것에 대한 의거와 주어진 것과의 유사성은 갈수록 상실되고, 언어는 '모방적' 표현과 '유비적' 표현의 단계로부터 순수한 상징을 형성하는 단계로 나아간다.[4] 과학적 인식은 고찰의 다른 차원에서 동일한 과정을 반복한다. 과학적 인식도 또한 자연에 가깝게 다가가기 위해서는 [자연에 대한] 가까움을 단념하는 것을 배워야만 한다. 즉 주어져 있는 것을 어떤 관념적인 먼 곳으로

---

4) 상세한 것은 『상징형식의 철학』 제1권, 138쪽 이하를 볼 것.

보내야만 한다. 이와 같이 과학적 인식에서 참된 문제는 이렇게 멀리하는 것, 이러한 정신적인 거리 취함 **자체**에 있는 것은 아니며, 물리학적 사고작업이 나아가는 **특수한 방향**을 명확하게 규정하고 그것을 기본적 형성작용의 다른 방향들과 선명하게 구별하는 것이 중요하다. 이러한 구별에 대한 통찰은, 물리학적 사고가 지향하는 목표를 단지 그 일반성에 있어서 파악할 뿐 아니라 그 목표에 통하는 길을 그 개개의 단계로 구별하는 것에 의해서만 획득될 수 있다. 우리는 이러한 길을 어떤 의미에서 일보일보 밟아나가는 노고를 마다해서는 안 된다. 왜냐하면 우리가 이 길을 참된 의미에서 '답파하는' 것에 의해서만 이 길은 **기술될** 수 있기 때문이다. 괴테는 일찍이 위대한 인물들을 묘사하는 것에 대해서 이렇게 말한 적이 있다. 원천은 항상 그것이 유출하는 과정에 의해서만 기술될 수 있다고. 이 말은 어떤 일반적인 의미에서 정신의 살아 있는 모든 운동에 대해서 타당하다. 정신이 이렇게 진보해나가는 운동의 본성은 단순한 공식의 형태로 추상적으로 정의될 수는 없고 그것이 활동하는 그대로 그리고 운동 자체의 에너지의 형태로 파악될 수 있어야만 한다. procedere[전진하다]의 방법상의 법칙은 구체적인 과정 자체에 입각할 경우에만, 즉 그것의 시작과 발전, 그 방향전환과 변화, 그 정신적 위기와 전회에 입각할 경우에만 명료하게 파악될 수 있다.

독단적인 경험론도 독단적인 합리론도, 인식의 이러한 활동성, 이러한 순수한 과정 성격을 제대로 고려할 수 없기 때문에 파탄을 맞게 된다. 그것들은 인식의 참된 추동력이며, 인식 자체의 운동의 원리인 양극성을 부인함으로써 이러한 과정 성격을 폐기하고 만다. 대립하는 두 계기를 서로 **관련짓고**, 사고에 의해서 그것들을 매개하는 것 대신에 오히려 한쪽을 다른 쪽으로 **환원하려고** 할 경우에 이러한 양극성은 파괴되고 만다. 경험론은 구성적 개념을 '주어져 있는 것'으로 해소함으로써 이러한 환원을 행하고, 이와 반대로 합리론은 주어져 있는 것 각각에서 그것의 개념적 규정성의 형식만을 드러내려고 함으로써 그러한 환원을 행한다. 그러나 양자 모두에서 물리학적 인식의 대상영역을 구성하는 두 개의 기본적 대립항이 수평화되고 만다. 그러나 [사실은] 이러한 대립항이 서로 대치하는 가운데 비로소 물리학적 인식의 대상영역이 성립하게 되는 것이다. [독단적인 경험론과 독단적인 합리론에서는] 두 대립항의 단순한 일치가 양자의 참으로 생산적인 상관성 대신에 들어서게 된다. 이와 함께 개념의 생산성과 참된 창조성이 경험의 생산성과 창조성과 마찬가지로 제대로 인식되지 못하게 된다. 왜냐하면 개념과 경험은 상대방에 입각하여 평가되는 것에 의해서만 자신들 안에 숨어 있는 힘을 발휘하기 때문이다. '지각들의' 계열, 즉 병존과 연속적 발생이라는 경험적 계열형식이 문제를 제기하면, 이 문제가 개념적, 즉 구성적 계열형식에 의해서 해결되어야만 하는 것이다. 즉 지각의 계열이 어떤 병존관계와 연속적 발생관계를 설정하면, 이것이 발전적으로 상호 내속(內屬)관계로 변환되어야만 한다. 우선은 단지 시간적·공간적으로 함께 **존재하고 있다**는 것(Daß), 즉 그 공존의 사실성에 있어서 주어져 있을 뿐인 항들 a, b, c, d …의 총체가 서로에게 '**속하는**' 것으로서 인식되고 하나의 규칙에 의해서 결합되고, 그 규칙을 근거로 하여 어떤 항이 다른 항으로부터 '출현하는 사태'가 규정되고 예측될 수 있게 된다. 이러한 출현의 법칙은 지각의 대상이 '눈앞에 있는 것'과 동일하게 직접적인 방식으로 결코 함께 주어져 있지 않다. 이러한 법칙은 우선은 순전히 사고에 의해서, 즉 순수하게 가설로서 지각대상들의 근저에 존재하고 있는 것으로 간주되어야만 한다. 즉 우리는 a, b, c, d …라는 요소들을, 어떤 특정의 '일반항' x에 의해서 특징지어지는 하나의 계열 x_1, x_2, x_3, x_4 …의 항들로 사유될 수 있는 방식으로 질서 지으려고 시도하는 것이다. 이제 이러한 일반항에 특정한 양이 대입(代入)됨으로써 개별사례가 생겨야 하며 이러한 개별사례가 진정한 의미에서 '결과'로서 출현해야만 한다. 그러나 이러한 결과는 결코 절대적으로 존립하는 것은 아니며, 항상 새롭게 그리고 갈수록 더 정밀해지는 계열화의 방법에 의해서 획득되고 확보되어야만 한다. 경험적 계열형식을 수학적·관념적인 계열형식에 관계 짓는 과정은 결코 중단되지 않지만, 다른 한편으로 어떤 점에서도 한쪽이 다른 쪽으로 직접 이행하지 않으며 양자는 그 구조상 서로 분명하게 단절되어 있다. 수학적·물리학적 개념형식은 어떤 의미에서 경험과 함께 '시작되지만' 경험으로부터 '발생하는' 것은 아니라는 사실이 이러한 맥락에서도 분명하게 된다. 물론 경험이야말로 과제를 제기하는 것이기 때문에 경험이 [수학적·물리학적 개념형식에] 선행한다. 그러나 이러한 과제의 해결은 경험으로부터는 기대될 수 없기 때문에 수학적·구성적 사고의 독자적인 근본방향으로부터 획득되어야만 한다. 플라톤식으로 말해서 지각은 이러한 사고의 '조력자'이기는 하지만, 그것은 그것이 일깨우는 힘들을 산출하지는 않는다. 이러한 힘들이 [지각에] 대항하는 가운데 비로소 물리학적 객관의 세계가 성립되고 확립된다. 수학적·물리학적 개념으로 하여금 비로소 자신을 전개하고 그것에 고유한 깊이 숨겨진 '가능성들'을 완전히 개시하도록 강요하는 것은, 항상 경험적 직관과 이러한 직관에 직접 주어지는 '현실'과의 접촉이다. 물론 이러한 자기 전개의 과정에서 수학적·물리학적 개념은 곧 다시 처음의 물음의 한계도 넘어서도록 내몰린다. 이러한 개념은 그때마다 직면하고 있는 경험적인 문제를 위한 틀을 창출할 뿐 아니라 장래도 미리 포착한다. 즉 수학적·물리학적 개념은 '가능한' 경험을 위한 지적 수단을 준비하고, 이렇게 순수하게 구성된 가능성을 현실성으로, 즉 현실태로 전환하는 길을 지시하는 것이다.

이제까지 우리가 순수하게 구성적으로 기초 지을 수 있는 질서의 참된 원형으로 보았던 **수영역 자체**를 구축하는 과정에서 이미 이러한 이중운동이 나타나고 있다. 만약 피타고라스 교단의 사람들에 의해서 사고와 존재의 근본원리라고 확인되었던 의미에서의 정수(整數)가 항상 자기 자신의 한계를 넘어서도록 내몰리지 않았다면, 즉 만약 정수가 계속해서 '확장되지' 않았다면, '실수(實數)'의 영역은 현대 해석학에서 획득되었던 것과 같은 형식으로는 구성되지 않았을 것이다. 최초에 정립된 수개념의 이러한 확장의 필요성이 생긴 것은, 순전히 수개념 자신의 영역 내에서 생긴 문제들이 아니라 직관적 세계, 즉 양의 세계가 수개념에게 제기했던 문제들에 답하려고 한 것에 의해서다. 무리수의 발견으로 이끌었던 것도 우선은 길이를 측정하는 문제였으며, 이것이 수로 하여금 최초에 고정되어 있었던 울타리를 돌파하도록 어떤 의미에서 강제했던 것이다. 이 경우 처음에 무리수 자체는—그 명칭에서도 분명히 드러나는 것처럼—수 자체와 수에 내재하는 로고스에게 낯선 것으로 나타난다. 즉 무리수는 ἄλόγον(아로곤[이치를 결여한 것])이자 ἄρρητον(아레톤[말할 수 없는 것])인 것이다. 그러나 수가 바로 이러한 자신의 적대자에서 자신 속에 숨어 있는 지적인 힘과 내적인 부(富)를 처음으로 참으로 발견하게 된다. 그 후의 전개는 양의 세계를 다른 새로운 세계로서 단순히 수의 세계에 대치시키는 것이 아니라, 처음에는 외적인 충격에 의해서 야기되었던 전진(前進)을 내적으로 필연적인 전진으로, 즉 개념적으로 요구된 전진으로 전환하는 방향으로 나아간다. 최근의 해석학은 이러한 논리적 과정의 종점이라고 할 수 있다. 데데킨트는 무리수에 대한 자신의 이론 전체의 기초로서 다음과 같은 명제를 분명하게 제시하고 있다. 즉 측정 가능한 양의 개념이 전혀 없이도 단순한 사고의 유한한 체계에 의해서 순수하게 연속적인 수영역을 창조하는 것이 가능하며, 더 나아가 이러한 사고상(上)의 보조수단에 의해서 비로소 연속적 공간의 관념을 명확한 관념으로 형성하는 것도 가능하게 된다는 명제를.[5] 그리고 칸토르에게조차도 이러한 견해가 연속체

---

5) Dedekind, *Stetigkeit und irrationale Zahlen*(2판, Braunschweig 1892). 특히 Dedekind, *Was sind u. was sollen die Zahlen?*의 서문을 참조할 것.

에 대한 그의 이론을 구축하기 위한 원리이자 추동(推動)하는 동인 (動因)이 되고 있다.[6] 이와 같이 현대해석학에서 형성된 수개념의 특징을 이루고 있는 것은, 수가 그의 정신사 전체를 통해서 극히 긴밀하게 결합되어 있을 뿐 아니라 내적으로 얽혀 있는 것으로 보이는 구체적 · 직관적 존재의 영역에 대해서조차도 자신의 무조건 적인 '자율성'을 주장하고 있다는 점이다. 수개념은 **기초 지음**이라 는 면에서도 이후 순전히 자기 자신에 입각해야만 한다. 여기에 서 하나의 고전적 예에서 나타나는 동일한 관계가 구성적인 개념 형성과 경험적인 개념형성의 관계, 경험과 수학적 · 물리학적 '이 론'의 관계도 전면적으로 지배하고 있다. 경험적 직관이야말로 이 론으로 하여금 참으로 결실을 맺게 하는 요소라는 것은 거듭해서 입증되었다. 그러나 다른 한편으로 이처럼 결실을 맺게 되는 과정 은 이론 자체라는 발아시키고 생장시키는 힘을 갖는 종자도 필요 로 한다. 한층 더 깊이 직관세계와 접촉함으로써 사고는 단적으로 자기 자신을 넘어서도록 내몰리는 것이 아니라, 오히려 자기 자 신 속으로, 즉 자기 자신의 '근거' 속으로 보다 깊이 되돌아가도록 이끌린다. 그리고 사고는 이러한 기초로부터 출발하면서 이제 직 관적 존재의 복잡한 구조에 올바르게 대처할 수 있는 새로운 형식 들을 전개한다. 정밀한 자연과학의 역사에서 끊임없이 생기고 있 는 새로운 예들을 고려할 때, 우리는 위와 같은 방식으로 사고의

---

6) 예를 들어, Georg Cantor, *Grundlagen einer allgemeinen Mannigfaltigkeitslehre*, Leipzig 1883, 29쪽을 참조할 것.

근저로부터 자라나오는 것만이 궁극적으로 경험을 제대로 처리할 수 있다는 사실을 가르쳐준다. 화학의 개념 용어로부터 빌린 비유를 사용해서 말하자면, 감각적 직관은 자연과학적 이론의 형성을 위해서 본질적으로 '촉매적인' 역할을 한다고 말할 수 있을 것이다. 감각적 직관은 정밀한 개념형성의 과정에 불가결하며, 이러한 과정에서 생긴 산물 속에는, 즉 정밀한 개념의 논리적 실체 속에는 감각적 직관이 더 이상 자립적인 구성부분으로서 포함되어 있지 않으며 또한 그러한 것으로서 제시될 수도 없다. 이러한 정밀한 개념이 전진하면 할수록, 이러한 개념에서 출발점이 되었던 감성적·직관적 규정들이 실로 망각되거나 파괴되지는 않지만 전적으로 새로운 종류의 '형식화' 속으로 흡수되어 간다. 그리고 이러한 형식 변경은 단순히 감각적 직관의 불변적인 요소들이 서로 맺게 되는 외적인 관계가 아니라 이러한 요소들 자체의 뿌리를 공략하면서 그것들에게 새로운 의미를 부여하고 이러한 의미에 의해서 어떤 새로운 '존재'를 부여하게 된다.

지적·상징적 형식화의 이러한 길을 분명히 드러내기 위해서 여기에서는 우선 이러한 길의 일반적 방향을 어떤 의미에서 직접적으로 읽을 수 있는 하나의 개별사례를 살펴보기로 한다. 물리학은 수라는 기본개념 외에 또 하나의 구성적 기본개념, 즉 공간의 개념을 설정하지 않으면 물리학 특유의 대상세계를 구축할 수 없다. 수와 공간이라는 이 두 요소는 서로 침투하고 관통함으로써 비로소 효력을 발휘할 수 있다. 양자는 극히 긴밀하게 얽혀 있어서, 수의 학적 개념의 최초의 발견에도 그 징후가 보인다. 피타고라스 교단의 사람들에게 수라는 주제는 아직 공간이라는 주제로부터 분리될 수 없었다. 수들 자체의 상호관계는 공간적인 관계로서, 즉 점들 사이의 관계로서 제시될 경우에만 전개되고 표현될 수 있었다. 그러나 공간과 수의 이러한 종합이 수학적 사고와 자연과학적 사고의 역사에서 매우 중요하고 생산적이었다는 사실이 입증되더라도, 순전히 논리적으로 생각해 보면 그러한 종합에는 그리스 철학에서 제논의 아포리아에서 이미 생긴 문제점과 변증법을 위한 맹아가 숨어 있다.[7] 왜냐하면 공간 내지 '외적' 직관의 형식은 로고스에 복종한다고 가정할 경우에조차도, 공간의 로고스는 필연적으로 수의 로고스와는 다른 것이기 때문이다. 양자는 사상적 구조에 있어서 예리하면서도 분명하게 단절되어 있다. 공간 내의 점과 위치의 다양은 자유롭게 산출되는 다양이자 종합적으로 구축되는 다양인 수처럼 의식에 직접적으로 나타나는 것이 결코 아니다. 수의 경우와는 달리 공간의 경우에는, 어떤 일반적인 질서 형식의 규정, 즉 '순서'라는 질서형식에서 출발하여 이것으로부터 사고 행보들의 엄밀하면서도 간극 없는 연관에 의해서 특수한 관계들의 풍부한 전체를 전개하는 것은 가능하지 않다. 이러한 종류의 도출방식과 비교하면, 오히려 공간은 항상 '비로고스적인 것'이라는 성격, 즉 질서 지음과 구별 그리고 관계 지음이라는 순수한 활동에 의해서는 길어낼 수 없는 것이라는 성격을 갖는 것 같다.

---

7) 제논의 파라독스와 피타고라스 수학의 문제들과의 연관에 대해서는, Dessoir, *Lehrbuch der Philosophie*(Bd. I, Berlin 1924)에 수록되어 있는 그리스 철학에 대한 나의 서술을 참조하기 바란다.

그러한 활동에 의해서는 해소될 수 없는 잔여분이 [공간의 경우에는] 남아 있는 것이다. 즉 공간의 특수한 '형식'은 구성적으로 산출되지 않고 어떤 주어진 방식으로서만 받아들여질 수 있다. 따라서 공간에서는 '합리화'를 아무리 추진하더라도 넘어설 수 없는 한계가 설정되어 있으며, 합리화는 자신이 발전해 가는 어떤 시점에서 필연적으로 그러한 한계를 인정할 수밖에 없다. 수학의 철저한 논리화(Logifizierung) 경향도 이러한 제한을 제거하지는 못하고 이러한 제한을 한층 더 분명하게 제한으로서 인식했을 뿐이었던 것으로 보인다. 수의 영역과 순수하게 논리적인 형식의 영역 사이에 어떠한 경계도 인정하지 않으면서 오히려 수의 개념이 순수하게 논리적인 불변자들로부터 구축될 수 있다는 사실을 입증하기 위해서 자신의 모든 노력을 경주했던 러셀의 경우에도 공간이란 문제가 나타난 순간에 어떤 의미에서 하나의 논리적 간극이 입을 열었다. 실로 '추상적' 기하학이라면 그에게도 하나의 순수하게 수학적이고 따라서 엄밀하게 논리적인 형성체다. '추상적' 기하학의 대상과 순수수론의 대상 사이의 차이는 기하학이 순수수론에 비해서 보다 복잡한 계열형식을, 즉 2차원 내지 3차원의 계열을 연구한다는 점밖에 없다. 그러나 기하학의 이렇게 순수하게 개념적인 가설연역체계는 결국 실제의 공간, '현실적' 공간(actual space)에 대한 규정조차도 포함하고 있는 것은 아니다. 현실적 공간에 대한 규정들은 오히려 항상 경험으로부터만 간취(看取)될 수 있으며, 따라서 지금 말한 의미의 공간에 대한 학문은 경험적 자연과학으로서의 물리학의 한 분야가 된다.[8] 그러나 [기하학과 물리학이라는] 이 두 영역이 분리되고 '순수한 사고'가 이를테면 자신의 힘의 종국에까지 도달한 것으로 보이는 바로 그때, 순수사고의 의미와 목표가 어떤 새로운 방향에서 분명하게 된다. 왜냐하면 이제까지 우리가 일반적으로 '구성적' 다양과 '경험적' 다양 사이에 성립한다고 보았던 것과 동일한 기본적 관계가 이제 공간이란 문제에서 보이게 되기 때문이다. 어떤 경험적 다양의 법칙은 그것이 이미 이론적으로 탐구되고 이와 함께 전적으로 특정한 관점으로부터 **선취되지** 않는다면, 경험에 의해서 '발견될' 수도 없다. 그러한 관념적인 예견 없이는 경험적 지각의 다양은 결코 하나의 공간적인 '형식'으로 종합될 수 없을 것이다. 공간적인 것에서의 경험과 공간적인 것에 대한 경험 자체가 우리가 특수한 경험인 그 경험의 근저에 어떤 종류의 일반적 질서체계와 척도체계를 두지 않는다면 성립하지 않을 것이다. 상이한 사고유형을 갖는 이러한 질서체계와 척도체계야말로 우리가 여러 종류의 '사영(射影)'기하학, '기술(記述)'기하학, '계량'기하학에서 소유하고 있는 것이다. 이 모든 체계는 우선 '현실적인' 사물과 사실적 사태에 대한 언표를 전혀 포함하고 있지 않다. 이러한 체계들은 사실적인 것의 질서를 위한 순수한 '가능성', 그것을 위한 관념적인 **준비**를 마련할 뿐이다. 경험 자체는 자신 속에 그러한 가능성들을 **산출하는** 원리를 포함하고 있지는 않다. 경험의 역할은 그러한 가능성들 중에서, 그것들을 자신이 직면하고 있는 구체적인 개별사례에 적용하기 위해서 어떤 **선택**을 하는

---

8) Russell, *Principles of Mathematics*, 특히 47장, 372쪽 이하를 참조할 것.

것뿐이다. 경험이 하는 본래의 일은 구성이 아니라 한정인 것이다. 사고가 자립적·자발적으로 구축한 가능성들의 영역이 확대되면 될수록, 그만큼 사고는 자기 자신 속에 자신을 폐쇄시키지 않고 오히려 그만큼 더욱더 경험과 경험이 갖는 한정하는 기능에 자신을 열게 된다. 따라서 기하학의 가설연역체계 **자체**는 순수한 수 개념과 동일한 논리적 노선 위에 서 있다. 경험은 예를 들면 복소수(複素數) 영역의 창설에 개입하지 않는 것과 마찬가지로 기하학의 기초 지음과 공리의 설정에 구성요인으로서 개입하지 않는다.[9] 경험에 의존하지 않는 이러한 체계가 경험에서 생산적인 것이 되고 기하학의 개념적 요소와 관찰이 제공하는 자료들 사이에 어떤 관계가 창설되어야만 한다면, 이를 위해서는 우선 어떤 특정한 사

---

9) 내가 보는 한, '기하학'과 '경험'의 관계에 대한 이러한 기본적 견해와 관련하여 나는 현대의 물리학자들 중 M. v. Laue와 가장 가깝다. Laue, *Die Relativitätstheorie*, Bd. II, Braunschweig 1921, 29쪽을 참조할 것. 리만(Riemann)은 1864년에 나중에 일반상대성이론을 기초 짓는 데 중요하게 되는 일보를 내디뎠다. (유클리드 기하학의 단순한 거리 공식 $ds = \sqrt{dx_1^2 + dx_2^2 + dx_3^2}$ 대신에) 리만은 x^i에 대해 임의의 관계를 계수로 갖는 dx^i의 동차평방함수(同次平方函數) $ds^2 = \sum_{ik} \gamma_{ik} dx^i dx^k$를 선요소(線要素)의 평방으로서 두었던 것이다. 이 식(式)을 우리는 **일반화된 피타고라스의 정리**라고 부를 수 있을 것이다. 함수 γ_{ik}를 어떻게 선택해도 기하학의 어떤 특정한 양식이 규정된다. … 우리는 여기에서 유클리드에서 리만에 이르는 기하학이 이렇게 발전하는 역사 전체 중 어디에서도 물리학적인 것이 개입하지 않았다는 사실만을 언급하고 싶다. 추론은 순수하게 어떤 공리들로부터 행해졌다. 이러한 공리들은 분명히 유일하게 가능한 것은 아니며 인간의 정신은 다른 공리를 창조할 수 있다. 그러나 공리를 설정하는 경우에는, 예를 들면 복소수(複素數)를 창조하는 경우에서와 마찬가지로 경험으로부터의 차용(借用)은 **필요하지** 않다. 따라서 기하학은 모두 아프리오리한 것이다.

고의 매개가 필요하게 된다. 왜냐하면 한쪽의 계열이 다른 쪽 계열과 직접 비교되거나 다른 쪽 계열에 대해서 갖는 유사성이 결코 탐구될 수 없기 때문이다. 경험적 요소들과 이상적인 요소들 사이에는—이미 이데아적인 것의 참된 발견자인 플라톤이 극히 명확하게 인식하고 언명한 것처럼—무릇 가능한 어떠한 '유사성'의 관계도 성립하지 않으며 전면적이거나 부분적인 일치의 관계도 존재하지 않는다. 양자 사이에 건립될 수 있는 어떠한 공동성도, 즉 어떠한 κοινωνία[코이노니아, 관여]나 παρουσία[파루시아, 임재]도 '타자성'의 성격, 즉 ἑτερότης[헤테로테스, 타자성]라는 원리적 관계를 폐기하지 않는다. 여기에서는 '분유(分有, Teilhabe)'[10]라는 독자적이고 독특한 새로움을 갖는 근본규정이 유사성과 일치 대신에 들어선다. 산술적인 것과 기하학적인 것에 대한 물리적인 것의 이러한 분유는, 우리가 특정의 물리학적 '사물'과 과정에 특정한 수학적 개념을 **대응시키는 것**에 의해서만 달성될 수 있으며 기초 지어질 수도 있다. 그러나 양자를 이렇게 대응시키는 것은 양자가 **동일하다**고 주장하는 것이 물론 아니다. 특정한 기하학의 기본개념과 공리가 일단 극히 일반적으로 확정되어 있다면, 다음과 같은 물리학적 경험의 요소들, 즉 그것들이 보이는 행태가 이러한 개념과 공리에 상응하는 물리학적 경험의 요소들이 존재하는가 또한 어떠한 요소들이 적합한가가 탐구될 수 있다. 예를 들어 어떤 과정, 즉 빛의 전파라는 과정이 '순수'기하학의 어떤 특정

---

10) [역주] 분유란 개념에 대해서는 '제4장 수학의 대상' 각주 43)을 참고할 것.

한 가설연역체계에서는 '직선'이라고 정의되는 것에 대해서 물리학적으로 '유사한 것'을 획득하기 위해서 이용된다. 이러한 유비관계가 설정됨으로써 비로소, '측정 가능성'이라는 개념은 확고하게 규정된 의미를 얻게 되며 관념적인 산술적 수질서와 일반적인 기하학적 공간질서로부터 어떤 특정한 계량질서가 생기게 된다. 이러한 특정한 계량질서는 기하학적 개념이 물리학적 경험에 결부됨으로써 기하학적 개념이 현실로부터 추상적으로 유리되어 있는 상태에서 벗어나, '현실'에 의한, 즉 물리학적 현상들의 존재에 의한 특정한 '구속 상태' 속으로 들어가는 바로 그 시점에 생긴다. 그러나 이러한 구속도 또한 개념 자체와 공리 자체의 타당성에는 아무런 관련이 없다. 그것이 관련을 갖는 것은 우리가 경험의 요소들을 규정할 때 그것을 사용하는 방식뿐이다. 우리는 유클리드의 기하학의 전제들과 원리들의 기초를 고체들에 대한 경험에서 구하지는 않는다. 우리는 고체들에 대한 경험을 이용하여 유클리드 기하학의 이상적인 언표에 대한 물리학적 '대응물'을 얻게 될 뿐이다. 이러한 대응물의 양식에 따라서, 즉 우리가 어떤 물체를 고체로 볼 것인가, 어떤 운동을 직선운동으로 볼 것인가에 대한 결정이 변함에 따라서 우리가 근저에 두는 계량규정도 변화하며, 이와 함께 '기하학'의 형식도 변하게 된다. 이런 의미에서─더 나아가 오직 이러한 의미에서만─각각의 '구체적인' 기하학, 즉 일정한 확고한 계량규정에 의해서 특징지어지는 기하학은 이미 어떤 종류의 물리학적 전제들과 요청들을 포함하고 있다. 즉 각각의 기하학이 그것이 요청하는 방식으로만 경험적 내용으로 채워진다는 사실은 이러한 기하학들이 바로 이러한 내용에 논리적으로 **기초해** 있다는 것을 결코 의미하지는 않는다. 어떤 특정한 물리학적 계량 질서가 구성되기 위해서는, 수의 보편적 질서와 '가능한' 공간형태들 일반에 대한 학문으로서의 보편적 기하학이 선행해야만 한다. 이러한 방식으로 이미 라이프니츠가 극히 간결하면서도 예리하게 '추상적인 것'과 '구체적인 것' 사이의 방법적인 관계를 규정한 바 있다. 그는 로크의 견해에 반대하면서 이렇게 말하고 있다. "물체를 생각할 때 우리가 공간 이상의 무엇인가를 생각하고 있다는 것이 아무리 사실이라고 하더라도, 이러한 사실로부터 공간의 연장과 물체의 연장이라는 두 개의 연장이 존재한다는 결론이 따라 나오는 것은 아니다. 이는 여러 사물을 동시에 생각할 경우에 우리가 수 이상의 무엇인가를, 즉 res numeratas[헤아려지는 사물]를 생각하게 되지만, 그렇다고 해서 추상적인 다양인 수의 다양과 구체적인 다양인 헤아려지는 사물의 다양이 존재하는 것은 아닌 것과 동일하다. 이와 마찬가지로 우리는 공간이라는 추상적인 연장과 물체라는 구체적인 연장이라는 두 가지 연장을 생각할 필요는 없다고 말할 수 있다. 구체적인 것은 추상적인 것을 매개로 해서만 구체적인 것으로 존재하기 때문이다."[11] 여기에서는 엄격하게 관념론적인 결론이 끌어내어지고 있다. 즉 '관념'의 영역이 갖는 자립성과 독자적인 **의미**가 인정되고 있지만, 이러한 의미내용을 인정

---

11) Leibniz, *Nouveaux Essais sur l'entendement humain*, L. II, 4장, *Philosophische Schriften*, hrsg. von Gerhardt, Bd. 5, 115쪽.

한다고 해서 경험적·물리적 세계 곁에 '순수한' 공간이 따로 **존재**한다고 주장하는 것은 아닌 것이다.

그런데 '순수형식'의 세계와 '사물'의 세계 사이에 설정되는 관계는 우리가 개개의 '사물'에 개개의 '형식'을 대응시키는 종류의 관계가 결코 아니며, 이 두 개의 구조가 항상 오직 **전체로서** 서로 관계하고 서로 비교되는 관계라는 사실이 여기에서도 또한 다시 입증된다. 물론 이러한 사실로부터 개개의 것을 규정하고 확정할 때 거의 자의(恣意)와 유사한 자유가 생기게 되는 것 같다. '직선'이라는 개념에 어떤 특정한 물리학적 내용을 부여하기 위해서 빛의 전파라는 사건을 끌어들일 것인지 아니면 다른 확정의 방식을 채택할 것인지는 우선은 단지 선택의 문제, 자유로운 약속의 문제에 지나지 않는 것으로 보인다. 그러나 약속도 어떠한 방식으로든 '근거 지어져' 있어야만 할 것이다. 즉 이러한 약속도—스콜라 철학의 용어를 빌리면—어떤 fundamentum in re[사태 안에 존재하는 근거]를 가질 것이다. 왜냐하면 이러한 기초는 개개의 사물과 개별적인 '이것'과 '저것'이라는 방식으로 제시될 수 있는 것이 아니라 오히려 항상 경험의 총체, 경험의 종합적 결합으로부터 비로소 생기는 것이기 때문이다. 우리는 다음과 같은 가정, 즉 그것을 근거로 할 때 자연현상에 대한 '단순하면서도' 체계적으로 완성된 설명이 획득될 수 있는 가정을 선택한다. 그리고 이러한 '단순성'과 이러한 체계적 완결성은 양자 모두가 항상 단지 상대적이기 때문에, 우리가 원래의 가정을 적절하게 변양함으로써 보다 만족스런 다른 결과에 도달할 수 있는 가능성은 항상 열려 있다. 그러나 이렇게 '절대적' 타당성을 포기한다고 해서 수학과 정밀자연과학의 지적 상징으로부터 그 객관적 의미가 조금도 박탈되지는 않는다. 왜냐하면 이러한 상징이 객관적 의미를 획득하는 것은 상징의 배후에 존재하면서 상징이 모사하는 초월적 객관에 의해서가 아니라 그러한 상징의 수행, 즉 그러한 상징에서 수행되는 '객관화'의 기능에 의해서이기 때문이다. 비록 이러한 기능이 결코 그것의 종국, 참된 non plus ultra[궁극]에 도달하지는 못할지라도, 그것의 **방향**은 확정되어 있다. 길이 완결될 수 없다고 해서 이러한 방향의 확정성까지 상실되는 것은 아니다. 왜냐하면 그러한 방향은 '무한히 멀리 있는' 점들에 관계 지어짐으로써 정의되기 때문이다. 이러한 맥락에서 새롭게, 우리의 **자연인식**도 또한 모두—그것에서 바로 자연인식이, 즉 어떤 이념적 목표와 어떤 이념적 과제가 문제가 되고 있는 한—결국 어떤 자유로운 활동에, 즉 '이성이 자신에게 부여하는 하나의 입장'에 근거하고 있다는 사실이 분명하게 된다. 그러나 일반적으로 그런 것처럼 여기에서도 또한 참된 자유는 구속의 대립물이 아니라 오히려 구속의 단서이자 기원이다. 최초의 것, 즉 우리가 특정의 구성적 형상에 대응시키는 어떤 종류의 경험적 요소들을 선택하는 것은 우리의 자유다. 그러나 제2의 것과 그것에 이어지는 모든 것에서는—사고가 서로 맞물려 있는 추론들의 전체를 어떤 새로운 활동에 의해서 폐기하면서 완전히 새로운 가정과 함께 시작하는 것이 아닌 한—우리는 노예다. 왜냐하면 물론 경험적 다양 자체의 본질에는 엄밀한 의미에서 순수하게 구성적인 다양으로 해소되지 않는다는 점이 포함되어 있기 때문이다. 경험적 다양은 항상 어디까지든 무제한적으로 '구성 가능한' 것으로 사유되어야만 한다. 이와 같이 경험적으로 '주어져 있는 것'에 대한 사유의 실마리는 어느 곳에서도 결코 끊어지는 일이 결코 없지만, 사유의 실을 잣는 것이 언젠가 종결될 수는 없다. 왜냐하면 이러한 종결은 진보해 가는 규정의 **과정**이라는 경험의 '의미'에 반하는 것인바, [경험적으로 주어져 있는 것이라는] 직물의 완성이 아니라 그것의 파괴를 의미할 것이기 때문이다.[12]

그러나 동시에 자연공간, 즉 객관적·물리학적인 측정이 이루어지는 공간이란 문제에 비춰보면, 우리가 여기에서 움직이고 있는 사유의 차원이 명료하게 제시되면서 고찰의 다른 차원으로부터 구별될 수 있게 된다. 한낱 '함께 있음의 가능성'으로 사유된 공간 자체는 아직 명확하면서도 일의적인 형식을 갖고 있지 않으며 극히 다양한 종류의 형성에 똑같이 열려 있다. 플라톤은 그의 자연철학에서 공간을 πρωτον δεκτικόν[프로톤 데크티콘, 제1의 수용자]이라고 불렀다. 플라톤에게 공간은 단적으로 수용적이고 조형 가능한 것이며, '이데아'의 법칙 부여에 의해서 비로소 확고한 규정과 형태를 얻게 되는 모든 규정의 기초다. 상징형식의 철학을 구축하는 과정에서 우리는 공간이라는 주제에 내재하는 이러한 내적 조형 가능성을 훨씬 확대된 규모에서 배웠다. 왜냐하면 상징형식의 철학이 그 기본원리에 따라서 관념적인 것의 권역을 이론적

---

12) 이에 대한 상세한 정초와 관련해서는 내 책 *Substanzbegriff und Funktions-begriff*, 7장, 410쪽 이하를 볼 것.

인식의 영역에 한정하지 않음으로써, 즉 관념적인 것의 힘과 효력을 보다 깊은 다른 층으로, 특히 언어적 사고와 신화적 사고의 영역으로까지 소급해서 추구함으로써, 상징형식의 철학에서는 이러한 영역들 각각에 '공간성'의 고유한 방식도 대응한다는 사실이 분명하게 되었기 때문이다. '[공간적인] 함께 있음'의 형식은 항상 어떤 형성법칙에 따르며, 이러한 법칙 없이는 그 '함께 있음'의 형식은 구성될 수 없을 것이지만 형성과정은 매번 다른 길을 걷게 된다. 이제 우리는 경험적 '직관공간'으로부터 이론물리학의 '개념공간'으로 이끄는 이행을 이해해야만 하는 지점에 서 있다. 여기에서 우리는 바로 이러한 경험적 '직관공간' 자체가 이미 얼마나 특정한 상징적 요소에 의해서 채워져 있고 침투되어 있는 것으로 드러났는지, 특히 언어적 사고의 형식이 얼마나 강하게 그 공간의 형성에 함께 작용하고 얼마나 깊이 그것의 전체 구조를 규정하고 있는지를 떠올리게 된다. 이와 함께 우리는 경험적 직관공간의 단계에서 한낱 '주어져 있는 것'의 권역을 일찍이 벗어났다. 그러한 구축의 과정은 언어가 그 최초의 공간어, 즉 '거기'와 '저기', 가까움과 멂을 가리키는 지시대명사를 형성하는 곳에서 이미 시작되었다. 이러한 형성과정 자체도 추상적인 기하학의 공간과 객관적 자연인식의 공간으로 나아가게 되면 전적으로 새로운 성격을 띠게 된다. 이러한 공간에서도 우선은, 공간을 순수하게 '위상기하학적인' 규정들의 체계로서 특징짓는 '나란히 함께 있음'의 어떤 종류의 초보적 차이가 기초가 되고 있다. 우리가 포착하는 것은 점들의 '근접'관계, '이산(離散)'관계, 선들의 교차와 교착, 평면들 내지 공간 부분들의 '결합' 등이다. 그러나 이제 사고는 이러한 다양하고 복잡하게 얽혀 있는 직물(織物)로부터 점차 특정의 실을 뽑아낸다. 사고는 독자적인 전제와 독자적인 요청을 갖고 직관에 다가서며, 이와 함께 직관을 위해서 새로운 '방향 지움(Orientierung)'의 체계를 창출한다. 이러한 전제들이 어떠한 종류냐에 따라서 근원적인 순수한 위상공간으로부터 '사영'공간과 '계량'공간이 전개된다. 이 경우 이 계량공간의 형식은—앞에서 고찰한 의미에서—자유롭게 선택된 것으로 나타나는 **척도의 설정**에 의해서 좌우된다. 우리는 '고정된 것'으로서, 즉 그 부피가 불변적인 것으로서 간주되는 하나의 물체를 규정하며, 경험적으로 눈앞에 존재하는 '선'에 '직선성(直線性)'이라는 성격을 부여한다. 척도와 직선성의 설정이라는 이러한 작용에 의해서 각각이 특수한 구조에 의해서 특징지어지는 여러 '공간'이 생긴다. 순수하게 위상기하학적인 견해조차도 공간적 형상들의 **결합**에 대한 이론을 포함하고 있다. 즉 이러한 견해에서도 단순한 연결평면과 다중(多重) 연결평면은 서로 구별되며, 이러한 구별을 위해서 전적으로 특정한 수학적 기준이 지정된다. 그러나 그러한 [위상기하학적] 고찰은 단순히 공간형상들의 근접관계와 연결관계에 대한 고찰에 그치며, 그것들의 크기나 형태에 대한 특정한 개념은 고려하지 않는다. 크기와 형태라는 이 양자는, '기하학'의 그때마다의 형식을 비로소 구성하는 특성을 갖는 사고의 새로운 정립, 즉 새로운 '가설'이 덧붙여짐으로써 비로소 규정될 수 있게 된다.[13] 그런데 공간이라는 주제가 거쳤던 전개과정 전체를 우리가 다시 한 번 돌이켜 조망할 경우, 이제야 비로소 이러한 전개가 통과해야만 했던 대립들 사이의 전체 폭이 분명하게 된다. 어떠한 방식으로든 이러한 거대한 형성과정에 관여하지 않고 그 과정의 특정한 국면을 지배하지 않았던 정신의 근본방향과 근본힘은 단 하나도 존재하지 않는다. 감각과 직관, 감정과 상상, 생산적 구상력과 구성적이고 개념적인 사고는 모두 동일한 정도로 적극적으로 이 과정에 참여한다. 그리고 그것들이 서로 맞물리고 서로 조건 짓는 방식이 그때마다 새로운 공간의 형태를 창출한다. 그러나 동시에 이러한 과정 전체가 내적으로 다양한 형태를 가짐에도 불구하고 항상 동일한 일정한 방향을 취한다는 것, 그리고 이러한 과정에서 자아와 세계의 '분리'가 점차 보다 명확하고 또한 보다 강하게 의식된다는 것도 분명하다. 공간에 대한 신화적 의식은 아직 전적으로 주관적 감정의 영역에 갇혀 있으며 그 안에 편입되어 있다. 그러나 이미 이러한 신화적 의식에서 근본적인 생명감정의 초보적인 여러 대립으로부터 특정한 존재 대립, 우주적 힘들의 대립과 분리가 전개되어 나온다. 언어는 이러한 분기(分岐)

---

13) 내가 보는 한 카르납(Rudolf Carnap)이 자신의 논문 Der Raum, Ein Beitrag zur Wissenschaftslehre(*Kant-Studien*, Ergänzungshefte Nr. 56, Berlin 1922)에서 이러한 사태에 대해 가장 간결하면서도 가장 예리하게 분석하고 있다. 카르납은 한편으로 순수한 관계틀 내지 배열틀인 '형식적' 공간을 '직관공간'과 '물리적 공간'으로부터도 명확하게 구별하고 있으며, 더 나아가 이러한 세 종류의 공간 각각에서 '위상'공간과 '사영'공간 그리고 '계량'공간의 어떤 특정한 '하위 구분'이 행해질 수 있다는 사실을 보여주고 있다. 우리의 문제연관에서는 이러한 구분의 원리 자체만이 문제이고 구체적인 차이 자체는 문제가 되지 않기 때문에, 여기에서는 이러한 구분에 대해서 이 이상 상세하게 다루지는 않을 것이다. 이에 대해서는 카르납의 상세한 서술을 참조할 것을 바란다.

를 보다 추진하며 심화한다. 신화적인 '표정공간'이 언어를 매개로 하여 '표시공간'으로 변형된다. 그러나 최후의 결정적인 일보를 내딛는 것은 개념적 사고, 즉 기하학적 사고와 물리학적 사고다. 이러한 사고에서는 순수하게 '의인적인' 모든 구성부분이 갈수록 강력하게 배제되고 셈과 측정이라는 보편타당한 방법에 의해서 성립되는 엄밀하게 '객관적인' 규정들에 의해서 대체된다. 그리고 이러한 배제와 함께 감정과 의지의 영역에서 유래하는 모든 요소가 제거될 뿐 아니라 직관의 이미지와 순수한 도식도 갈수록 제거되어 간다. '표정공간'과 '표시공간'으로부터 순수한 '의미공간'으로의 이행이 이루어지는 것이다.[14] 그러나 이러한 이행을 가능하게 하기 위해서는 일련의 다른 중요한 매개가 필요하다. 수학과 수학적 자연과학의 역사는 이러한 변형과정이 얼마나 연속적이고 수미일관되면서도 얼마나 점진적이고 느리게 수행되었는지를 우리에게 보여준다. 우리는 여기에서 이러한 역사적 진행과정을 추적하지는 않을 것이다. 우리는 다만 현대물리학에서 우리에게 제시되어 있는 자연인식의 체계에 입각하여, 이러한 변형과정이 추구하는 목표와 이러한 과정에서 이용되고 있는 수단을 분명하게 보여주는 개개의 계기들을 선별하여 제시할 것이다.

---

14) 이에 대해서는 나의 논문 Das Symbolproblem und seine Stellung im System der Philosophie, 1927, *Zeitschrift für Ästhetik und allegemeine Kunstwissenschaft*, Bd. 21, 295쪽 이하의 상세한 서술을 참조할 것.

2. 물리학적 계열형성의 원리와 방법

물리학적 개념형성은 전적으로 형태를 결여한 소재로부터, 즉 단지 다양으로서 주어져 있을 뿐 어떠한 종류의 질서도 갖지 않는 '다양' 일반으로부터 시작하는 것은 아니다. 일반적으로 우리가 **현상들**의 권역 안에 머무는 한, 우리는 전적으로 구조를 결여한 이러한 다양에는 결코 마주치지 않는다. 우리가 거슬러 올라갈 수 있는 가장 초보적인 감각적 층위조차도 그것이 포함하고 있는 다양을 항상 이미 어떤 **계열원리**에 의해서 규정되어 있는 다양으로서 우리에게 제시한다. 물리학적 개념이 감각적 현상 자체 속에서 일어나는 이러한 계열화를 인계할 수 없다면, 자신이 수행해야 하는 일을 위해서 어떠한 착수점도 동기도 갖지 못할 것이다. 물론 물리학적 개념은 이러한 단계[지각의 단계]에서 자신에게 제시되는 계열형식에 머물지 않는다. 물리학적 개념은 이러한 계열형식을 기술적으로 확보하는 것만으로는 만족하지 못하고 변화시키고 변형한다. 그러나 지각 자체가 이미 어떤 종류의 구조요소를 포함하고 있지 않다면 물리학적 개념에게 바로 이러한 변형은 불가능할 것이다. 지각은 특정한 지각 권역들로 구분되어 있지만, 그러한 권역들 내부에서는 개개의 규정들이 단순히 '함께 있는' 것이 아니라 어떤 근원적인 상호관계를 형성하고 있다. 유사성과 비유사성, 친연성이나 대립성, 계층과 분절이라는 관계들이 드러나 보인다. 이와 같이 각각의 감각적 다양은 순수한 감각적 다양으로서도 여러 개별요소의 집합체로서 주어져 있는 것이 아니다. 그것들은 단지 단순히 거기에 있는 것만으로도 동시에 다양의 어떤 특정한 **유형**을 표현한다. 예를 들어 색의 세계는 각각의 색에서 색조(色調), 밝은 정도, 짙거나 연한 정도가 구별될 수 있는 한, 분명히 세 개의 시점에서 분절될 수 있다. 여러 색 사이의 이러한 근원적인 관계요인들에 입각하여 성립할 수 있는 관계들의 총체는 주지하듯이 특정의 기하학적 도식에 의해서, 예를 들면 색의 팔면체(八面體)로 재현될 수 있다. 이러한 도식들의 의미는 그것들에 의해서 색의 다양이라는 현상이 전적으로 이 영역 밖에 있는 다른 현상으로, 즉 기하학적 형태의 체계로 **환원된다**는 데에 있지 않다. 이러한 도식들에서 중요한 것은 색 자체에 고유한 관계들, 다시 말해 그 기본적 성질에 있어서, 즉 색의 감각적 · 직관적인 존재방식 안에 포함되고 함유되어 있는 관계들을 순수하게 상징적으로 표현하고 있다는 점이다. 우리 인간에게는―비록 나타나는 정도에 차이는 있을지라도―다른 주어져 있는 자료들과 결부되어 있지 않고 어떤 일반적인 질서에 편입되어 있지 않은 그러한 '개별적인' 감각적 자료는 존재하지 않는다. 설령 그러한 일반적인 질서가 감각적 · 직관적인 차원의 질서일지라도 그렇다. 이런 의미에서 '일반성'의 영역이 **개념**―이것은 합리론에서 논리적인 유(類) 개념으로 이해되는 것이 보통이다―에서부터 비로소 시작한다고 보는 것은, 전통적인 '감각주의' 못지않게 전통적인 '합리론'도 사로잡혀 있는 선입견이다. 왜냐하면 감각적 현상들 자체를 구체적으로 구별하는 과정 속에서 이미 어떤 특수한 것으로부터 다른 특수한 것으로 특정한 결합의 실이 종횡으로 이어져 있으며, 이러한 실에 의해서 개별적인 것이 '전체 속으로 편입되어 있기' 때문이다. 엄밀한 감각주의의 인식이론상의 근본적인 의도는 감각과 직관의 세계를 개별적인 요소들로, 즉 '감각의 원자들'로 해소하는 것이지만, 이러한 감각주의조차도 위에서 본 것과 같은 근원적 전체성이라는 사실을 무시할 수는 없었다. 흄이 어떤 근원적 '인상'에 기초를 두고 있지 않은 '관념'은 존재하지 않는다는 자신의 인식이론의 근본적인 주도명제를 처음으로 언표하고 기초 지었을 때, 그는 이미 모든 감각주의적 심리학의 이러한 근본원리에 대한 배제하기어려운 반증(反證)을 포함하고 있는 하나의 사태를 승인하지 않을 수 없다는 사실을 알았다. 흄의 명제가 전면적으로 타당하다면 의식의 활동은 한낱 재생작업에 한정되고 말 것이다. 의식에는 일체의 구성능력이 결정적으로 거부되는 것이다. 그러나 다른 한편으로 이러한 극단적인 결론은 비록 우리가 한낱 **감각적** 의식의 권역 안에 머물러 있을 경우에조차도 경험에 의해서 입증되는 것 같지는 않다. 왜냐하면 단순히 이전 감각의 모사나 복사가 아니라, 비록 아무리 소박한 것일지라도 새로운 인상의 '산출'을 포함하는 감각적 '표상'이 제시될 수 있기 때문이다. 상이한 두 개의 색을 보여주고 이것들의 '중간'에 위치하는 제3의 색을 떠올려 보라고 요구한다면, 비록 그 중간색을 이전에 직접적인 감각인상으로서 보지 않았다고 해도 우리는 그 색의 이미지를 떠올릴 수 있는 것이다. 여기에서 다양한 인상들 자체가 어떤 종류의 '내적 형식'을 자체 내에 포함하고 있다는 것이, 즉 다양한 인상들 자체가 어떤 결합의 법칙, 즉 이러한 다양의 내부에서 '현실적인 것'과 '현실적인 것'을 연결하고 현존하는 어떤 감각과 현존하는 다른 감각을 연결할 뿐 아니라 현실적인 것으로부터 '가능한 것'에 이르게 하는 것도 허용하는 결합의 법칙을 포함하고 있다는 사실이 분명하게 된다. 우리는 감각적 총체 중에서 직접적 경험이 우리에게는 텅 빈채로 남겨두었던 자리들도 '구상력'의 순수한 작용에 의해서 어떤특정한 내용으로 채울 수 있다. 물론 흄 자신은 이러한 문제를 단지 제기할 뿐이며 그것을 곧 다시 무시하고 말았다. 흄의 생각으로는, 그도 승인할 수밖에 없도록 압박하는 개별적인 예외사례에의해서 '관념은 인상들의 모사에 불과하다'는 보편적 원리의 타당성이 무효가 되는 것은 아니었다.[15] 그런데 요소심리학의 역사적재형성과정이 결국은 자기 자신을 체계적으로 극복하는 데까지나아가게 되는바, 그러한 과정은 바로 이 점에서부터 시작한다. 여기에는 브렌타노(Brentano)학파에서 형성되었던 것과 같은 '간접적 표상'의 이론이 결부된다. 그리고 여기에는 동시에 새롭고 보다 깊은 '관계의 심리학'으로 육성되는 맹아가 포함되어 있다. 이러한 심리학에서는 관계라는 근본형식이 그것의 자립적인 의미에서 포착되며 '고차의 대상'으로서 인정된다.[16] 심리학은 '순수한 관계는 독자적인 하나의 문제를 표현하고 있다'는 사실, 즉 '이 관계

---

15) Hume, *A Treatise on Human Nature*, Part I. sect. 1을 참조할 것.

16) 특히 Meinong, *Hume-Studien*(Sitzungsbericht der Wiener Akademie der Wissenschaften, Philosophisch-historische Klasse(1877)), 및 그의 논문 Zur Psychologie der Komplexionen und Relationen, *Zeitschrift für Psychologie*, Bd. 2(1891) 및 Über Ggenstände höherer Ordnung, *Zeitschrift für Psychologie*, Bd. 2(1891)와 Bd. 21(1899)를 참조할 것.

가 포함하고 있는 형식계기는 결코 한낱 내용계기로 환원될 수 없고 오히려 내용이 특정의 내용으로서 우리에게 **주어질** 수 있는 유일한 기반으로서 기능하는 구성적인 전제들을 이루고 있다'[17]는 사실을 통찰하게 되면서 비로소 관계라는 근본적 내용도 참으로 해명되었다.[18]

언어개념의 형성은 감각적 현상들 자체에서 이미 보이는 것과 같은 단순한 기본관계들, 즉 '유사성'과 '비유사성', '가까움'과 '멂'과 같은 관계들과 연관되어 있다. 그러나 다른 한편으로 우리의 연구에서 **이러한** 언어개념과 함께 이미 사고방식 전체의 새로운 전회가 시작된다는 사실도 분명하게 되었다. 왜냐하면 명칭을 부여하는 작용은 동시에 현상들에 대한 새로운 **분절화**이며 언어에 의한 지시는 지각세계의 내적인 변형과 함께 진행되기 때문이다. 이제 구체적으로 규정된 '인상'이 다른 인상에 단순히 이어질 뿐 아니라 끊임없이 흐르면서도 항상 동일하게 존재하는 계열이 특유의 방식으로 구분되는 것이다. 특정한 중심이 형성되면서 그것에 다양이 관련지어지고 그것을 둘러싸고 다양이 집단을 이루게 된다. '빨강'이라든가 '파랑'이라는 **명칭**이 비로소 명칭으로서 기능하는 것은, 그것이 이러한 중심을 지시하는 것에 의해서다. 이러한 명칭은 이런저런 개개의 빨강이나 파랑의 뉘앙스를 의미하는 것이 아니라, 이러한 뉘앙스를 갖는 무규정적인 다양이 하나로 보

---

17) [역주] 여기서 ' ' 표시는 역자가 문장의 의미를 분명히 하기 위해서 붙인 것이다.
18) 이에 대해 상세한 것은 내 책 *Substanzbegriff und Funktionsbegriff*의 마지막 장 433쪽 이하를 참조할 것.

이게 되고 사고에 의해서 하나로 정립되는 특수한 양식을 표현한다. 빨강과 파랑은 더 이상 개별적인 색체험을 가리키는 명칭이 아니라 특정한 색-범주를 가리키는 명칭인 것이다. 이렇게 '범주를 통해' 파악하고 형성하는 것과 직접적이고 감각적인 '일치체험' 사이에 존재하는 거리는, 언어기능의 병적 장애로 인해 지각세계와 그것의 구조가 겪게 되는 변화를 고찰해 보면 우리가 앞에서 보았듯이 특히 첨예하면서도 간단명료하게 나타나게 된다.[19] 그럼에도 불구하고 언어 자체는 아직 원칙적으로는, 직관적으로 표상될 수 있는 것의 영역을 넘어서지는 않는다. 언어는 직관 자체에서 특정한 근본계기들을 두드러지게 드러내고 **고정하지만** 이러한 계기들을 **초월하지는** 않는다. 빨강 '자체'와 파랑 '자체'는 물론 감각적 인상들의 세계 내에 그것들에 직접 **일치하는** 상관항을 갖지는 않는다. 그럼에도 불구하고 빨강이나 파랑의 의미를 구체적으로 충족시키면서 일반적인 명칭이 가리키는 것의 특수한 '사례들'로서 제시될 수 있는 색의 인상들은 무한히 많이 존재한다. 그러나 우리가 수학적·물리학적 개념의 영역으로 들어서자마자, '일반적인 것'과 '특수한 것' 사이의 **이러한** 유대도 끊어지게 된다. 수학적·물리학적 개념의 **발단조차도** 우리를 이미 다른 영역으로 들어서게 한다. 여기에서는 주어진 것 자체가 단순히 특정한 방식으로 구분되고 고정된 중심점을 둘러싸고 모여질 뿐 아니라 자신이 주어지는 원래의 방식에 완전히 대립되는 하나의 형식 속으로 주조된다.

---

19) 상세한 것은 이 책 II부 6장을 참조할 것.

왜냐하면 우리는 감각적 현상들 자체에서는 참으로 '정밀한' 규정들에 도달할 수 없기 때문이다. 오히려 감각적 현상들의 본질에는 어떤 종류의 모호함이 수반될 수밖에 없다는 점이 포함되어 있다. 우리가 감각적 현상들을 서로 구별하고 구분하더라도 우리가 여기에서 부딪히는 모든 차이에는 어떤 '차이의 문턱', 즉 그 이상 구분이 진행될 경우 차이 자체가 식별될 수도 없고 무의미하게 되고 마는 한계가 있다. 수학적·물리학적 개념은 이러한 문턱이라는 사실을 제거하는 것과 함께 시작된다. 지각이 유동적인 이행밖에 보여주지 않는 곳에서 수학적·물리학적 개념은 명확한 한계를 설정하고 요구한다. 이와 함께 발생하는 새로운 질서형식은 이전 형식의 '모사'가 결코 아니라 전체적으로 전혀 다른 유형에 속한다. 이러한 차이는 감각적 다양의 영역에서 지배하는 관계들을 그대로 수학적·물리학적 개념의 언어로 옮기려고 할 경우에 즉각적으로 나타나는 특유의 역설에서 나타난다. 예를 들어 감각적인 것으로서 받아들여지는 다양 자체 속에서 서로 구별될 수 없는 요소들을 '동일하다'고 부를 경우, 동일함에 대한 이러한 규정은 수학 자체 내에서 동일함이라는 개념이 갖는 '이상적' 의미로부터 심연에 의해서 떨어져 있다. 감각적 내용들에 대해서 언표될 수 있는 '동일성'은, 수학적 '동일성'이 따르는 결정적 조건이자 수학적 동일성을 비로소 참된 의미에서 구성하는 결정적 조건을 충족시키지 못한다. 어떤 지각된 내용 a가 다른 지각된 내용 b로부터 그리고 이 b가 다시 제3의 내용 c로부터 구별될 수 없고 따라서 방금 언급된 의미에서 a와 b, b와 c가 '동일하다'고 말할 수 있다 하더라도,

이러한 사실로부터 a와 c가 구별될 수 없다는 사실이 귀결될 수는 없다. 지각에서는 a=b와 b=c라는 등식이 타당하다고 해서 결코 a=c라는 결론이 따라 나오지는 않는 것이다. 지각에서는 수의 영역과 '정밀한' 사고 일반의 영역과는 달리, 동일성은 추이(推移)적 관계는 아니다. 이 하나의 예만으로도 이미 단순한 지각으로부터 수학적·물리학적 규정으로의 이행에서 문제가 되고 있는 것은 결코 '주어져 있는 것'의 차이를 '사유된 것'의 차이로 단순히 대체하고 있다는 것이 아니라 오히려 그러한 이행에서는 고찰방식의 전체, 고찰의 척도 자체가 어떤 전환을 하고 있다는 것을 알 수 있다. 이러한 전환의 본령(本領)은 어디에 존재하며, 이러한 전환이 통과하는 국면들은 어떠한 것인가?

첫 번째 국면에 대해서는, 우리가 순수하게 수학적인 개념형성의 목표와 경향을 파악하려고 했을 때 이미 서술되었다. 이미 보았듯이 이러한 개념형성에서 특징적인 것은 그것이 직관에 관계하는 경우에조차도 직관에 머무르지 않는다는 것이었다. 바로 여기에 현대수학이 전개되는 과정에서 그 특수한 의미와 중심적 중요성이 갈수록 더 깊이 인식되었던 '공리적' 방법의 핵심이 있다. 공리는 주어진 직관적인 요소들에 대해서는 타당하지 않다. 공리는 오히려—앞에서 언급했던 펠릭스 클라인의 정식화에 따르면—"우리가 직관의 부정확성과 제한된 정확성을 넘어서 무한한 정확성을 성취하는 것을 가능하게 하는 요청"인 것이다. 요청이라는 이러한 성격은 직관에서 빌린 것이 아니다. 이 성격은 오히려 직관에 규범으로서 내걸려지는 하나의 근원적인 규정이며 따라서 사고에서 비롯된 것이다. 공리의 타당성은 눈앞에 주어져 있는 요소들의 성질에 의해서 주어지는 것이 아니다. 오히려 공리야말로 그것에 따라서 요소들이 정립되고 요소들의 본성과 본질이 규정되는 것이다. 따라서 예를 들어 힐베르트의 공리계 속에서는 우리가 점이라든가 선이라고 부를 수 있고 전적으로 명확한 기하학적 기본관계가 타당하다는 것이 사후적으로 입증되는 자립적인 내용은 더 이상 존재하지 않는다. 오히려 하나의 점이 무엇이고 하나의 선이 무엇인지는 바로 이러한 기하학적 기본관계에 의해서 비로소 확정된다. 요소들의 의미는 미리 확정된 것으로서 공리 속으로 편입되는 것이 아니라 오히려 공리에 의해서 비로소 그 의미가 구성된다. 따라서 하나의 개별적인 공리나 공리의 체계를 수립할 때 문제가 되는 것은 이미 잘 알려져 있고 어떠한 방식으로든 직관적으로 '주어져 있는' 내용들을 서로 '어떻게' 결합할 것인지를 제시하는 것이 결코 아니라, 오히려 결합되어야 할 것 자체가 '무엇인지'를 공리를 통해서 획득하고 공리를 통해서 논리적으로 확보하는 것이다. 공리에 내재하는 논리적 요청이라는 성격은 감각적으로나 직관적으로 눈앞에 있는 내용에 의해서 직접 충족될 수 없다. 이러한 결함은, 이제 역으로 바로 이러한 요청 성격으로부터 출발하면서 그러한 요청 성격에 적합한 내용이 규정되고 이 내용이 그 요청 성격에 의해서 전면적으로 '정의된다'는 점에 의해서 보상된다. 그러나 이러한 종류의 암묵적 정의가 순수수학에서는 충분할지도 모르지만, 이것만으로는 물론 '어떻게 하면 이러한 정의가 물리학을 위해서 생산적인 것이 될 수 있는가'라는 물음은 결코 해명되지 않는다. 수학은 순수하게 사고적인 것이 직관적인 것으로부터 분리되어 있는 상태, 즉 양자의 χωρισμός[코리스모스, 분리]에 만족할 수 있다. 그러나 물리학은 양자 사이에 '분유', 즉 μέθεξις[메텍시스]의 관계를 요구한다. 이러한 분유는 주어진 것을 요청된 것의 상 아래에서 볼 경우에만 가능하다. 양자 사이에는 단순한 일치의 관계가 결코 생길 수 없다. 그러나 아마도 주어진 것에 존재하는 어떤 종류의 계열을 연결 짓는 것은 가능할 것임에 틀림이 없으며, 이러한 계열을 계속해서 추적해 가면 사고가 순수하게 구성적인 작업에 의해서 규정 일반의 기초로서 드러내었던 바로 저 계기에까지 도달하게 된다. 이러한 관계는, 우리가 관찰과 경험적 측정에 의해서 정하는 개별적인 '계열치(系列値)'를 계열을 계열 전체로서 수렴시키는 **한계치**에 의해서 치환함으로써 가능하게 된다. 물리학의 어떠한 법칙도 이러한 치환과정 없이는 참으로 엄밀하게 언표될 수도 기초 지어질 수도 없을 것이다. 자연과학의 '고전적' 이론들은 도처에서 이러한 '한계이행'의 과정에 대한 예증들을 제공한다. 여기에서는 예를 들면 '움직이지 않는 물체', '이상(理想) 기체', '비(非)압축성 유체(流體)', '완전한 순환과정'이라는 개념들을 고전적 이론들에서 지배적인 방법의 예들로서 드는 것만으로 충분하다.[20] 고전적 이론들이 이러한 방법을 통해서 겪게 되는 정신적 변용에 의해서 비로소, 직접 **관찰되었던** 내용들이

---

20) '물리학에서의 이상화'에 대해서는 예를 들면 Hölder, Die mathematische Methode, § 135, 389쪽 이하를 참조할 것.

물리학적 판단을 위한 주어가 된다. 공간에 관해서 말하자면, 아직 서로 명확히 확정된 어떠한 요소도, 즉 '점'도 '선'도 '면'도 존재하지 않는 단순한 지각공간과 표상공간이 우선은 자유롭게 산출된 하나의 도식에 의해서 기초 지어져야 하며 대체되어야만 한다. 기하학적 로고스가 주어진 것에 침투하고, 주어진 것을 넘어서 파악해야만 한다.[21] 이러한 논리적 행위야말로 '물리학적' 물체와 '물리학적' 사건이라는 개념을 비로소 참으로 조건 지우고 가능하게 하는 것이기도 하다. 단 이러한 개념들은 여기에서는 실체적인 의미에서가 아니라 오히려 기능적인 의미에서 파악되어야만 한다. 즉 이러한 개념들은 여기에서는 우선 첫째로 하나의 단순한 존재와 사건의 표현으로서가 아니라 어떤 특정한 질서, 어떤 특수한 고찰양태의 표현으로서 간주되어야만 한다. 따라서 예를 들자면 고전역학이 엄밀한 운동법칙을 파악할 수 있었던 것은 그것이 '질점'이라는 한계이념을 창출해 냈기 때문이다. 고전역학이 수립했던 규칙들은 주어진 물체들의 '현실적인' 운동을 직접 다루지 않고 이러한 한계이념에 관계하며 이러한 한계이념을 통해서 비로소 구체적·경험적 내용에 관계하는 것이다. 그리고 역학에 대해서 타당한 것은 똑같이 이론물리학 일반의 다른 모든 부분에 대해서도 타당하다. 예를 들어 전자기학(電磁氣學)에서 뉴턴의 만유인력의 법칙에 해당하는 것은 쿨롱(Coulomb)의 법칙이며, 이러한 법칙에 따

---

21) 이 책 471쪽에 인용된 H. 바일의 저서 *Das Kontinuum*에서 바일의 말을 참조할 것.

르면 **점의 형태를 갖는**다고 사유될 수 있는 전기량과 자기량은 그 양에 정비례하고 거리의 제곱에 반비례하는 식으로 서로 작용한다. 이런 종류의 언표는 엄밀한 의미에서 '경험될 수 없으며' 어떠한 직접적 관찰에 의해서도 검증될 수 없다는 것은 분명하다.[22] 바로 이런 종류의 변형에 의해서 우리는 감각적 지각 자체에서 우리에게 주어져 있는 사이비 연속체 대신에 참된 연속체를 정립할 수 있게 된다. 그리고 이러한 참된 연속체에—최종적으로는 해석학이 '모든 실수(實數)의 연속체'로 정의하는 기본적 계열에—관계지어짐으로써 비로소 지각이 수학적·물리학적 취급과 규정을 받을 수 있을 정도로까지 성숙하게 된다. 물리학의 방법이 아무리 풍요롭고 다면적으로 보일지라도, 또한 아무리 복잡하고 착종(錯綜)된 것으로 보일지라도 그것은 항상 이러한 하나의 본질적 목표에 의해서 규정된다. 이러한 사실에 입각하여 볼 때, 인식이론상의 학파 간의 논쟁에서 보편적으로 주장되고 정식화되고 있는 '귀납'과 '연역'의 엄격한 대립은 더 이상 존재하지 않는다. '귀납'과 '연역', '경험'과 '사고', '실험'과 '계산'은 오히려 물리학적 **개념형성** 자체의 상이하지만 똑같이 불가결한 계기들—즉 결국은 주어진 것을 순수한 다양한 수의 형식으로 전환한다는 단 하나의 과제를 해결하기 위해서 서로 결합되고 서로 힘을 합하는 계기들—인 것이다.

---

22) 이에 대해서는 예를 들어 H. Bouasse의 글 Physique générale(*De la méthode dans les sciences*, Paris, 1909), 73쪽 이하의 적절한 설명을 참조할 것.

이러한 일반적인 사고과정에 필요한 준비는 우선 경험적 직관에 의해서 우리에게 드러나는 개개의 지각 권역의 구분이 확정된다는 것, 그러나 이러한 권역들 각각의 내부에서는 유동적인 이행 대신에 수적으로 엄밀하게 확정될 수 있는 정밀한 규정들이 등장한다는 것이다. 물리학자의 세계조차도 우선은 감각이 직접 보여주는 차이들에 따라서 구분되고 분절된다. 즉 물리학자의 세계도 우선은 감각에서 보이는 차이를 그대로 존속시키면서 그것에 따라서 과학적 인식의 어떤 특정한 건축술 도식을 구축한다. 빛과 색에 대한 감각에는 광학이, 따뜻함에 대한 감각에는 열역학이, 음에 대한 감각에는 음향학이, 각각의 감각에 상응하는 이론적 담당기관으로서 대응되는 것이다. 그러나 이 경우에도 이미 감각내용은 새롭게 창출된 도식 속으로 수용될 수 있기 위해서는 그전에 철저한 변용을 겪어야만 한다. 우리가 감각내용들 자체에서 직접적으로 파악할 수 있는 무규정적인 '보다 많음'이나 '보다 적음', '보다 가까움'이나 '보다 멂', '보다 강함'이나 '보다 약함' 대신에, 수치(數値)의 등급, 도(度)의 단계가 등장해야만 한다. 감각기관 자체는 '도'에 의한 엄밀한 구획을 받아들일 수 없으며, 그것을 받아들이기 위해서는 우선 사고에 의한 번역을 필요로 한다. 바로 이러한 번역에 의해서 예를 들면 따뜻함에 대한 단순한 감각으로부터 **온도**의 개념이, 단순한 촉(觸)감각과 근육감각으로부터 **압력**의 개념이 형성된다. 이러한 형식 변경에 포함되어 있는 강력한 지적 작업은 부인될 수 없다. 이러한 지적 작업은 엄격하게 '경험론'의 방향을 취하는 인식이론에 의해서조차도 간과되거나 부인될 수 없다. 에른스트 마흐의 『열역학의 원리들』과 같은 책에서도, 따뜻함에 대한 단순한 감각과 현대열역학에 의해서 갈수록 정치하게 형성되어 온 온도의 엄밀한 개념 사이에 존재하는 거리가 얼마나 넓은지가 특별히 명료하게 의식되고 있다. 그러나 이론물리학은 그것이 아무리 복잡하고 아무리 고난도의 사고의 매개를 필요로 한다고 해도 이러한 성과에 머무르지 않는다. 이론물리학의 참된 그리고 가장 곤란한 과제가 감각적인 '질'을 정밀하게 정의될 수 있는 수학적 양으로 제고(提高)시키는 것만은 결코 아니다. 오히려 이러한 참된 근본물음, 즉 개별적인 질의 권역들 사이의 연관과 함수적 결합에 대한 물음은 이러한 준비작업이 수행된 후에야 비로소 시작된다. 개개의 질의 권역들은 서로 단순히 분리되거나 병존하는 상태로 파악되어서는 안 되며, 법칙적으로 규정될 수 있고 장악될 수 있는 통일체로서 사유되어야만 한다. 플랑크는 '물리학적 세계상의 통일'이라는 강연에서 물리학이 진보하면서 이러한 목표에 근접해 갔던 역사적 도정을 추적하고 있다. 그는 여기서 바로 이렇게 결정적인 방법적 진보는, 이론적 사고가 감각의 직접적 내용과 감각영역을 지배하고 있는 분절에 결부되어 있던 최초의 상태에 의해서 부과되어 있던 제한으로부터 갈수록 해방됨으로써 가능하게 되었다는 사실을 지적하고 있다. 이론적 사고는 이러한 우연한 구속을 자신으로부터 털어버림으로써 비로소 자신의 본질적 형식을 향해서 돌진할 수 있었다. 플랑크는 물리학의 업적 전체를 다음과 같이 총괄하고 있다. "이론물리학이 이제까지 이룩한 발전 전체의 특징은, 의인(擬人)적 요소[감각]로부터의 어떤 해방에 의해서 달성된 자신의 체계의 통일이다. 그러나 다른 한편으로 보통 인정되는 것처럼 감각이 물리학적 연구의 출발점을 이루고 있다는 사실을 고려하면, 이러한 근본전제로부터의 이러한 의식적 이반(離反)은 아무튼 놀라운 것일 뿐 아니라 역설적으로 나타날 것임에 틀림없다. 그럼에도 불구하고 물리학의 역사에서 이러한 사실만큼 현저한 사실도 없다. 진실로, 이러한 원칙적인 자기포기에는 그 보상으로서 헤아릴 수 없을 정도의 이익이 수반되는 것임에 틀림없다." 여기에서 지적되고 있는 역설은, 그것이 결코 물리학적 개념형성에만 존재하는 것이 아니라 물리학적 개념에서 '로고스' 일반의 본질적 특성과 근본 특성이 고지되고 있다는 사실을 고려하면 상당히 완화된다. 로고스는 자기 자신에 도달하기 위해서 항상 이러한 외관상의 자기포기를 통과하지 않으면 안 된다. 이미 언어의 발전이 언어는 감각적이고 구체적인 것에 등을 돌림으로써만 언어에 특유한 본질적 형식인 **상징적** 표현의 형식을 향해 돌진할 수 있다는 사실을 보여주고 있다.[23] 그러나 물리학에서 일어난—인식비판의 관점에서 볼 때 중요한—전환의 성과는, 물리학이 이러한 전환에 의해서 비로소 자신의 특수한 **대상문제와 대상개념**에 도달했다는 점에 있다. 여기에 물리학이 말하는 의미에서의 '객관'을 감각적 지각에 주어지는 단순한 '사물'로부터 구별하는 경계선이 존재한다. 지각의 대상조차 대상인 한, 한낱 지각 **내용**과는 엄격하게 구분된다. 지각의 대상은 순수하게 지

23) 이 책 제1권, 137쪽 이하를 참조할 것.

적인 종합작용을, 즉 그 자체는 감각되거나 지각되지는 않는 지적인 종합작용을 자체 안에 포함하고 있다. 그러나 여러 규정을 결합하는 이러한 종합은 물리학적인 객관개념에서 수행되는 통일성 정립의 형식과는 다르며 어떤 의미에서는 그것보다도 훨씬 까다롭지 않은 종류의 종합이다. 소박한 직관에 주어지는 '사물'에서도 개개의 요소들과 '속성들'은 서로 관계하지만 이러한 관계에서 그러한 요소들과 속성들은 아직 비교적 느슨한 구조밖에 형성하지 못한다. 어떤 속성이 다른 속성과 **병존**할 뿐이며, 한쪽이 다른 쪽에 의해서 정의된다고 해도 그것은 우연한 경험적 병존이라는 유대, 특히 **공간 내의 특정한 위치**에서의 병존에 의해서다. 헤겔의 『정신현상학』도 이러한 속성의 결합이 갖는 외면성과 느슨함에서 경험적·현상적 사물의 특성을 보고 있다. "이 소금은 단순한 '여기'에 존재하지만 동시에 다양이기도 하다. 즉 이 소금은 하얗고 예리하기도 하며 입방체이기도 하고 일정한 무게 등을 갖고 있기도 하다. 이 많은 속성은 모두 어떤 단순한 '여기'에 있으며, 즉 '여기'에서 서로 침투하고 있다. 어떠한 속성도 다른 속성과 다른 '여기'에 있지 않으며, 어떠한 속성도 다른 속성이 존재하고 있는 곳과 동일한 '여기'에 존재하고 있다. 동시에 이러한 속성들은 여러 '여기'에 의해서 나뉘어 있지 않은 채로 있으면서도, 서로 침투하지도 않고 서로 영향을 주지도 않는다. 예를 들어 하얀색이라는 것은 입방체라는 것에 영향을 주지도 않고 그것을 변화시키지도 않으며, 이 양자는 예리함 등에 영향을 주지도 않고 그것들을 변화시키지도 않는다. 그것들 각각은 그 자체로 단일한 **자기관계**이기 때문에 각각이 다른 것들을 그대로 방치해 두며, 무관심한 '… 도 또한'을 통해서만 그것들에 관계한다. 따라서 '… 도 또한'은 순수한 일반자 자체이거나 매체이며 여러 속성을 그와 같이 종합하는 **사물성**이기도 하다."[24] 엄격한 경험론은 옛날부터 사물의 개념을 이렇게 그것의 첫 번째 단계에서 확고하게 유지하려고 했다. 이러한 경험론에서는 자아가 '지각들의 다발'로 나타나는 것과 똑같이 사물도 서로 분리되어 있고 종류를 달리하는 속성들의 단순한 다발로서 나타난다. 그리고 이 엄격한 경험론은 엄밀한 **과학**의 객관개념조차도 이러한 사태를 파기할 수 없으며 여기에서 정립된 제한을 결코 넘어설 수 없다고 강조하고 있다. 로크는 바로 여기에서 순수한 수학적 대상의 세계와 물리학적 대상의 세계 사이에 존재하는 원칙적이고 지양될 수 없는 차이를 보고 있다. 그에 따르면 수학적인 것을 도처에서 지배하고 있는 것은 필연적 결합의 원리다. 즉 수학에서는 복합적 형상을 구축하는 여러 단순관념이 단순히 병존할 뿐 아니라, 우리는 어떤 관념이 다른 관념으로부터 생기고 다른 관념에 기초 지어져 있는지를 극히 엄밀하게, 또한 직관적 확실성을 갖고서 파악한다. 그러나 이러한 종류의 기초 지음과 명료한 연관도 경험적 대상을 규정하는 것이 문제가 될 경우에는 단적으로 우리에게 거부된다. 우리가 이해를 위한 사고상(上)의 도구를 아무리 확충하고 예리하게 하더라도 또한 우리가 아무리 직접적인 감각지각을 넘어서 일반적 개념과 일반적 이론을 확보하려고

---

24) Hegel, *Phänomenologie des Geistes*, Sämtliche Werke, II, 84쪽.

하더라도, 결국 우리는 항상 단순한 공존을 확인하는 것에 그치고 그러한 공존을 단지 그대로 수용하는 수밖에 없다. 우리가 통상 '금'이라는 명칭으로 부르는 실체는 그 금색이라는 성질 외에 특정한 경도와 금에게 특유한 일정한 비중을 가지고 있다는 것, 그 실체가 일정한 방식으로 다른 실체와 관계한다는 것, 예를 들면 왕수(王水) 속에서는 녹는다는 것, 이 모든 것을 우리는 단순히 경험에서 읽을 뿐이며 그러한 성질들을 결합하는 근거를 통찰할 수는 없다. 로크는 이렇게 추론을 하고 있다. "방법적이고 규칙적인 관찰에 익숙한 자가 그렇지 않은 자에 비해서 물체의 본성을 보다 잘 볼 수 있고 그 물체의 알려지지 않은 속성들을 보다 올바르게 예견할 수 있다는 사실을 나는 부정하지 않는다. 그러나 이 모든 것은 한낱 의견의 관심사일 뿐이지 참으로 확실한 인식의 관심사는 아니다. 단순히 실험과 사실 기술에 의해서(only by experience and history) 여러 실체에 대한 우리의 인식을 획득하고 증대시키는 이 길은 우리의 빈약한 인식이 이 세계에서 우리에게 부과되어 있는 제한 내에서 우리에게 허락하는 유일한 길인 것이며, 이 때문에 나는 자연과학이 결코 참된 학의 지위로까지 결코 올라갈 수는 없지 않을까라고 우려하고 있다. 우리는 항상 여러 종류의 물체와 그 다양한 특성에 대해서 극히 빈약한 일반적 지식밖에 얻을 수 없을 것이다. 분명히 우리는, 실험적 지식과 기술(記述)적 지식을 획득할 수는 있고 그것들로부터 실용적으로 유용한 귀결을 끌어낼 수 있으며, 생활에 필요한 것들을 더 잘 마련할 수 있을 것이다. 그러나 나는 우리의 능력이 그 이상 미칠 수 없으며 언젠가 그

틀을 넘어서는 것도 불가능하지 않을까 우려한다."[25]

현대의 이론물리학에 대해서 그것에서 로크의 이러한 예언이 실현되고 실증되었는지 어떤지 또한 실현되었다면 어느 정도인가 라고 묻는다면, 여기에서 또한 '경험론'의 언표와 참되고 구체적인 '경험'의 실상 사이에 통상적으로 어느 정도 큰 거리가 존재하는 지를 다시 한 번 분명히 확인할 수 있다. 분명히, 양자는 어떤 순수하게 부정적인 계기 면에서는, 즉 특정한 형이상학적 인식 이상에 등을 돌린다는 점에서는 일치한다. 현대물리학도 '자연의 내면 속으로' 돌입하라는 요구를—이러한 '내면'이라는 것이 경험적 현상들이 파생되어 나오는 궁극의 실체적 근거를 의미한다면—부정했다. 현대물리학이 자신에게 설정하는 과제는 '현상들을 한자 한자씩 읽음으로써 그것들을 [과학적] 경험으로서 해독한다'는 과제 이외의 것도 아니고 그 이상의 것도 아니다. 그러나 다른 한편으로 현대물리학은 감각적 '현상'과 과학적 '경험' 사이의 경계선을, 독단적 경험론의 체계에서—여기에서 로크와 흄을 염두에 두든 혹은 밀과 마흐를 염두에 두든 상관없다—그어졌던 것 이상으로 엄격하게 긋고 있다. 이러한 [경험론의] 체계가 순수한 사실성, 즉 'matter of fact[사실]'로서 기술하는 것에서는 이론적 자연과학이 말하는 '사실적인 것'과 역사학이 말하는 '사실적인 것' 사이에 어떠한 본질적·방법적 구별도 인정될 수 없다. 방금 보았던 것처

---

25) Locke, *An Essay concerning human understanding*, Book 4. Chap. 12. sec. 10.

럼, 위에서 인용한 로크의 글에서 이 두 개의 규정은 서로 혼합되어 있고 알아챌 수 없을 정도로 서로 용해되어 있다. 그러나 바로 이러한 동일화에 의해서, 물리학적 '사실성'의 참된 문제가 뿌리째 잘려지게 된다. 물리학이 말하는 사실은 역사적 기술이 말하는 사실과 동일하지 않다. 왜냐하면 전자는 후자와 전혀 다른 전제와 전혀 다른 사고상(上)의 매개에 의거하기 때문이다. 그러한 매개의 총체를 제거해 버리면 우리는 물리학적 사실성의 핵심을 순수하게 드러내지 않고 오히려 그것으로부터 그것의 특수한 의미를 박탈하게 되기 때문에 그것을 파괴하게 될 것이다. 여기에서 경험론의 전개 자체에서 독특한 변증법이 보인다. 왜냐하면 경험론이 '합리적인 것'에 가한다고 생각하는 타격이 이제 그 자신에게 가해지기 때문이다. 경험론은 모든 인식의 참된 기초인 경험의 권리를 보증하기 위해서는 경험을 순수하게 자립적인 것으로 만드는 것 이외의 것과 그 이상의 것은 필요하지 않다고 믿는다. 일찍이 로크는 이러한 사태를 다음과 같이 표현한 적이 있다. 즉 경험은 더이상 빌린 근거나 구걸한 근거에 입각해서는 안 되고 오히려 전적으로 자립적이고 자율적인 인식원천으로서 인정되어야만 한다고. 그러나 여기에서 행해지고 있는 단절, 즉 '아포스테리오리한[경험적인] 것'의 영역을 '아프리오리한[선험적인] 것'의 영역으로부터 예리하고 명확하게 벗어나게 하는 사명을 지고 있는 단절이 이제 아프리오리한 계기들뿐만이 아니라 그것들과 함께 **경험적인 개념형성 자체**의 형식에까지 미치게 된다. '특수한 것'과 '일반적인 것', '사실적인 것'과 '합리적인 것'의 일관된 상관관계에서 이러한 두 인자

(因子) 중 하나를 그것이 속해 있는 사고의 전체적인 연합체로부터 분리하려고 하는 시도는 모두 그 인자가 갖는 적극적인 의미를 말살하는 것과 같게 된다. 사실적인 것은 인식에 미리 주어져 있는 전적으로 무차별적인 **질료**로서 '자체적으로' 존립하는 것이 결코 아니며 항상 이미 범주적인 **계기**로서 인식의 과정 속으로 진입한다. 그리고 이러한 범주적인 계기는 그것이 관계하는 대극을 통해서—즉 그것이 겨냥하고 있고 구축에 일정 정도 참여하는 구조형식을 통해서—비로소 자신의 의미를 획득하게 된다. 이러한 관점 아래에서 비로소 '사실적인 것'이라는 개념이 포함하고 있는 전적으로 풍요로운 규정도, 즉 그 개념이 자신 속에 숨기고 있는 풍요로우면서도 섬세한 여러 차이도 선명하게 부각된다. 그러한 여러 차이가 편입되어 있는 형식에 따라서 이제 또한 순수한 '사실성'의 근본의미조차도 변하게 된다. 합리적인 것은 사실적인 것의 논리적 대립물이 아니라 사실적인 것의 본질적인 근본규정 중 하나다. 이러한 규정 수단이 변함에 따라서 사실적인 것 자체도 그때마다 여러 정신적인 내용으로 채워지게 된다. 즉 사실적인 것이, 그것으로 향해지는 이론적인 **물음**에 따라서 또한 이러한 특징적인 물음 형식 각각에 이미 들어가 있는 특수한 전제들에 따라서 물리학의 사실이 되거나 기술하는 자연과학의 사실이 되며 혹은 역사학의 사실이 되는 것이다.

여기에서는 물리학의 문제설정에 논의를 국한하겠지만, 이미 이러한 문제설정의 근원적인 기본방향에 의해서 감각적인 지각에 '주어진 것'이 얼마나 철저한 변형을 겪고 있는지가 곧 분명하게 된다. 왜냐하면 물리학이 다루면서 그 '존재'를 주장하는 객관이 단순한 감각적 성질들의 연합으로 해소될 수 없는 것과 마찬가지로 물리학의 '자료'도 단순한 감각들 자체는 결코 아니기 때문이다. 우리가 단순한 감각지각의 지반에 머물러 있는 한은, esse=percipi[존재한다=지각되어 있다]라는 테제를 엄격하게 관철시키는 데는 아무런 중대한 장애도 없는 것 같다. 이러한 영역 내부에서는 '대상'도 또한 비록 그것이 **개별적인** 지각의 형태로는 제시될 수 없을지라도 '단순한 관념들'의 단순한 집합체로서 정의될 수 있는 것 같다. 따라서 결국 여기에서는 대상의 통일성이 단지 **명목상의** 통일성으로서 나타나는 것이다. "나는 시각을 통해서 빛의 관념과 색의 관념을 여러 정도와 질적인 변양에 있어서 받아들이며, 촉각을 통해서 예를 들어 단단함과 부드러움, 열과 차가움, 운동과 저항을 지각한다. 취각은 나에게 냄새를 가져다주고, 미각은 맛을, 청각은 정신에게 음향을 극히 다양한 음조와 조합에 있어서 가져다준다. 이러한 감각들의 몇 개가 서로를 수반한다는 사실이 관찰되면 그것들이 하나의 이름으로 불리게 되는 사태가 생긴다. 그 결과 우리는 그것들을 하나의 사물로서 보게 된다. 예를 들어 어떤 색과 어떤 맛, 어떤 냄새, 어떤 특정한 형태와 경도(硬度)가 함께 나타나게 되면, 그것들은 '사과'라는 명칭으로 불리게 되고, 다른 관념 그룹들은 돌이나 나무, 책 그리고 유사한 감각적인 사물들을 형성하는 것이 된다."[26] 그러나 지각의 '대상'을 이렇

---

26) George Berkeley, *The principles of human knowledge*, Part I, sect. 1.

게 유명론적으로 해소하는 것에 대해서 어떤 판단을 내리더라도, **물리학**의 '대상'은 그것에 의해서 사념되고 정립되어 있는 것이 감각적 관념들의 단순한 집합과는 전적으로 다른 것이라는 이유 하나만으로도 이미 그렇게 해소될 수 있는 것이 아니다. 물리학의 대상도 [지각의 대상과 마찬가지로] 하나의 복합적 전체를 형성하고 있기는 하지만, 그것은 [감각적인] 인상들의 전체가 아니며 **수규정들과 척도규정들**의 총체인 것이다. 이러한 대상의 모든 구성부분 각각은 이러한 대상을 구축하는 데 사용되기 전에 [물리학의 피와 살이 되기 위한] 일종의 실체적 변화(Transsubstantiation)를 겪어야만 한다. 즉 그것들은 감각기관들의 단순한 '인상들'로부터 순수한 척도치(尺度値)로 변용되어야만 하는 것이다. 여기에서는 더 이상 맛이나 냄새, 소리와 모양이 대상을 구축하는 재료가 되지 않고 전적으로 다른 요소들이 그것들 대신에 들어선다. 사물은 개별적인 사물로서조차도 감각적 속성들이 공존하는 하나의 구체적인 것으로 더 이상 존재하지 않으며, 사물은 정수(定數)들의 총체, 즉 그 정수들 각각이 양(量)들로 이루어진 어떤 특정한 체계 내부에서 사물을 특징짓는 정수들의 총체가 된다. 사물은 더 이상 향기나 맛, 색깔이나 소리로 '이루어지지' 않는다. 사물의 존립과 다른 사물들에 대해서 그것이 갖는 개체적인 차이는 이러한 순수한 양적 가치에 근거하고 있다. 하나의 물체가 물리학적 의미에서 갖는 '본성'은 그것의 감각적 현상방식에 의해서가 아니라 그것의 원자량, 비열(比熱),[27] 굴절률, 흡수지수(指數), 전도율, 자기화율(磁氣化率)[28] 등에 의해서 규정된다. 물론 사물의 **술어들**에서 일어나는 이러한

변화는 이 모든 규정이 부착해 있다고 생각되는 **주어** 자체에는 우
선은 아직 아무런 영향도 미치지 않는 것 같다. 왜냐하면 개개의
물리학적 정수(定數)와 화학적 정수 상호 간에 성립하는 결합방식
은 언뜻 보기에는 감각적인 성질들 상호 간에 보이는 결합보다 결
코 우월하지 않으며, 또한 이러한 결합보다 더 견고하게 '기초 지
어져' 있지 않은 것으로 보이기 때문이다. 이 경우에도 우리는 병
존관계와 공존관계를 단지 수용하는 것에 만족해야만 하고 그러
한 관계가 '왜' 성립하는지를 보다 깊이 통찰하는 것은 불가능한
것 같다. 그러나 다른 한편으로는 물리학과 화학이 특히 최근 수
십 년 동안 이룬 발전 전체를 살펴보면, 이러한 과학들이 이러한
'왜'에 대한 물음을 결코 단념하지 않았다는 사실이 드러난다. 물
리학과 화학은 정수들의 공존을 단지 경험적으로 확정하는 것에
그치지 않고 일반적인 **체계연관**을 수립하는 것으로 나아갔으며,
이러한 연관으로부터 특정한 복합체의 출현을 '이해 가능한 것으
로' 만들려고 했다. 물론 이렇게 이해 가능하게 만든다는 것은 어
떤 독단적인 실체개념을 염두에 두면서 여러 '속성'과 '양태'를 '실
체의 **본질**'로부터 파악하고 도출하려고 했다는 것을 의미하지 않
고, 여러 종류의 정수(定數)의 연관을 규정하는 어떤 종류의 보편
적 **법칙**을 구한다는 것을 의미한다. 이러한 법칙을 근거로 하여 그
전에는 전혀 다른 종류의 것으로 보였던 영역들이 이제는 **하나의**

---

27) [역주] 비열은 물질 1그램의 온도를 1℃ 올리는 데 드는 열량과 물 1그램의 온도를
    1℃ 올리는 데 드는 열량의 비율을 가리킨다.
28) [역주] 자기화율은 물질의 자기화의 세기와 자기장 세기의 비율을 가리킨다.

시점(視點)으로부터 고찰되고 형성되며, 언뜻 보기에 전혀 다른 종류의 것들로 보였던 것들이 유사한 것으로서뿐 아니라 동일한 것으로서 인식되게 되었다. 현대물리학의 이러한 사상적 경향은 처음에는 아직 주저하면서 그리고 개별적인 문제에 제한하여 나타났지만, 갈수록 의식적이고 결연하게 나타났으며 그리고 갈수록 더 보편적인 것과 가장 보편적인 것을 향해 나아가는 것으로 나타났다. 우선은 특정한 물질의 물리학적·화학적 양태를 기술하는 정수들이 서로 보다 근접하게 되고 그것들 중 하나를 다른 정수와 확고한 관계에 의해서 결합하는 것이 가능하게 되었다. 이와 같이, 예를 들어 뒤롱(Duron)과 프티(Petit)는 1819년에, 어떤 안정된 원소의 원자량과 비열 사이에 존재하는 극히 특정한 관계를, 즉 어떤 원소의 비열은 그 원자량에 반비례한다는 관계를 발견하게 된다. 그 다음에 리샤르(Richarz)가 그 관계를 열운동론으로부터의 귀결로서 도출하는 것에 성공함으로써 이 관계는 이론적으로 확증되고 해명된다. 그러나 다른 한편으로, 뒤롱과 프티의 법칙에 따르면 모든 안정된 원소에 관해서는 동일한 값을 가져야만 하는 원자량과 비열로부터의 산물은 원자량이 작은 몇 개의 원소를 관찰해 보면 그렇지 않은 경우가 현저하게 많다는 사실이 분명하게 드러나게 되었으며, 이 때문에 처음에는 '이론'과 '경험'의 긴장관계가 존속되었다. 이러한 일탈은 아인슈타인이 **양자론(量子論)**의 근본견해를 고체의 열이론에 적용함으로써 그러한 일탈과 관련된 관찰 사례를 다시 한 번 새로운 이론적 연관 전체 속에 편입시킴으로써 비로소 이해될 수 있었다. 이러한 고찰방식을 토대로 하여 이제 고체의 비열과 이른바 '절대온도' 사이의 새로운 관계, 즉 데바이(Debye)의 법칙에서 확정되었던 새로운 관계가 분명하게 되었다. 복수(複數)의 정수 사이의 유사한 '접근'은 맥스웰(Maxwell)이 어떤 실체의 광학적 양태의 특징을 보여주는 정수에 대해서 그 실체의 전기적 행태를 보여주는 정수가 갖는 관계를 확정하는 것에 성공했을 때에도 나타났다. 빛의 전자파 이론을 근거로 하여 어떤 매질의 유전율(誘電率)은 그 굴절률의 제곱과 같다는 사실이 분명하게 되었던 것이다. 그러나 이러한 관계도 경험적으로는 우선은 한정된 범위에서만 타당했다. 그러한 관계는 기체와 관련해서만 경험적으로 정밀하게 입증되었지만, 이에 반해 예를 들어 액체인 알코올과 물에 대해서는 입증될 수 없었다. 그러나 이 경우에도 경험이 제시하는 것처럼 보였던 '예외사례'는 이론적 검토를 토대로 하여 설립된 일반적 규칙의 타당성을 무효로 만들 수는 없었다. 오히려 이러한 예외사례가 계기가 되어 이러한 규칙 자체가 보다 정밀한 규정을 받게 되었다. 이렇게 외관상으로는 일탈하는 것처럼 보였던 사례들은 유전율이라는 개념이 빛의 분산에 대한 전자이론에 의해서 보다 엄밀하게 파악되고 결정되었을 때 해명되었다.[29] 이제까지 서로 다른 것으로 보였던 정수들을 하나로 통합하여 봄으로써 원리상의 진보가 달성되는 것이 통례이지만, 이러한 진보의 특히 현저하면서도 순수하게 방법적인 관점에서 보

---

29) 이와 관련된 사실에 대해서는, 예를 들자면 Arthur E. Haas, *Das Naturbild der neuen Physik*(2판, Berlin und Leipzig 1924) 첫 번째와 세 번째 그리고 네 번째 강의에서의 서술을 참조할 것.

아도 계발(啓發)적인 또 하나의 사례가 중력질량과 관성질량이라는 두 개의 개념 사이에 아인슈타인의 중력이론에 의해서 산출되었던 연관의 양식에서 보인다. 두 개념의 순전히 경험적인 연관은 이미 오래전부터 알려져 있었으며 회전저울(Torsionswaage)을 사용한 에베슈(Eötvös)와 제만(Zeemann)의 실험을 통해서 확인되었다. 그러나 아인슈타인 이론의 결정적인 점은, 이제까지 불가해한 사실, 즉 일종의 '기묘한 사태'로 간주되었던 관성질량과 중력질량의 등가관계가 아인슈타인의 이론에 의해서 전적으로 새로운 사고법을 통해서 해석되었다는 사실에 있다. 과거의 이론에서는 한낱 '우연'으로만 여겨졌던 관성질량과 중력질량의 등가관계가 아인슈타인에 의해서 엄밀한 타당성을 갖는 원리로까지 높여졌던 것이며, 이러한 원리로부터 관성현상과 중력현상을 똑같이 포괄하는 하나의 기본법칙이 발견되었던 것이다.[30)]

이러한 모든 관계와 결합에서 결정적인 매개의 역할을 하는 것은 **수개념**의 일반적인 도식화 기능이다. 수는 서로 다른 여러 감각영역이 함께 만나면서 그것들 사이의 차이를 폐기하는 이른바 추상적 매체로서 기능한다. 이와 같이 예를 들면 맥스웰의 이론에 의해서 빛의 현상과 전기현상이 하나로 종합되지만, 이는 우리가 두 현상을 수로 표현하고 수에 의해서 정밀하게 표시하려고 하자마자 두 현상에 동일한 종류의 표시법이 생기게 되기 때문이다.

---

30) 상세한 것은 예를 들면 Von Laue, 앞의 책, II. 22쪽 이하 및 Erwin Freundlich, *Die Grundlagen der Einsteinschen Gravitationstheorie*, 3판, 35쪽 이하에서 행해지고 있는 일반상대성이론에 대한 유명한 서술을 참조할 것.

광학현상 자체와 전기현상 자체 사이에 존재하는 틈은 맥스웰의 방정식에서 나타나는 특정한 정수 c가 진공 속의 빛 속도와 엄밀하게 동일하다는 사실이 인식되자마자 사라진다. 바로 이러한 순수하게 수적인 관계의 형식에 의해서 감각적 성질들 사이에 존재하는 이질성이 극복되고 물리학적 '본질'의 등질성이 수립된다. 이에 대해서 플랑크는 이렇게 말하고 있다. "물론 전자기현상의 본질은 광학현상의 본질에 비해서 우리에게 보다 이해하기 쉬운 것은 전혀 아니다. 그러나 빛에 대한 전자기이론이 어떤 수수께끼를 다른 수수께끼로 대체한다고 말하면서 이 점을 이 이론의 결점으로 간주하려는 사람은 이 이론의 의미를 포착하지 못하고 있는 것이다. 왜냐하면 이 이론의 성과는 그것이 이제까지 서로 분리된 것으로 다루어졌던 물리학의 두 영역을 단 하나의 영역으로 통합했다는 것, 따라서 한 영역에 타당한 모든 명제는 즉각적으로 다른 영역에도 적용될 수 있게 되었다는 것에 존재하기 때문이다. 이것은 기계론적인 빛이론이 달성하지 못했고 달성할 수 없었던 성과다." 이론물리학이 겨냥하는 동일성은 현상들의 실체적인 '근원적 근거(Urgrund)'의 동일성이 아니라 현상들에 대한 수학적 표현의, 즉 상징적 표현의 동일성이다. 따라서 그것들의 기호체계가 완성될수록, 이러한 기호체계에 의해서 현상들의 전체를 포괄하고 각각의 개별현상에 체계 내에서 그것이 차지하는 특정한 위치를 지정하는 것에 완전히 성공할수록, 이론물리학은 자신에게 특유한 '설명'의 길에서 보다 멀리 나아가게 된다. 해명의 이러한 진보는 결국 엄밀한 계열식의 결합과 표현의 진보이지만, 오늘날에 이러한 진보는 물리학적 사건으로서 불릴 수 있는 모든 것의 다양성을 파악하고 포괄하는 하나의 기본적 계열이 실제로 존재하는 것 같다는 점에 의해서 입증되고 있다. 방사(放射)라고 하는 개념과 그것에 대한 현대의 이론이 이전에는 완전히 분리되어 있었던 영역들과 과정들을 종합하는 것을 가능하게 했다. 우선은 광선[가시(可視)광선]에 대해서 타당한 모든 법칙—반사와 굴절의 법칙, 간섭과 편광의 법칙, 방출과 흡수의 법칙—이 열선(熱線)에도 정확하게 동일하게 작용한다는 사실이 인식됨으로써, 앞에서 고찰된 일반적 전제라는 의미에서 양자 사이에 사고상(上)의 하나의 '연합'이 수립되고 이것에 의해서 열과 빛을 우리에게 고지하는 감각들의 질적 차이가 극복되었던 것이다. 양자는 이후—물리학적 판단의 '객관적' 의미에서—더 이상 순수한 수치(數値) 내지는 위치가(位置價), 즉 두 종류의 방사선의 '파장'을 표현하는 특정한 지수 이외의 어느 것에 의해서도 구별되지 않게 되었다. 광선[가시광선]과 열선[적외선]의 이러한 연합에 스펙트럼의 [열선인 적외선과는 반대의] 다른 쪽에서 화학적 효력을 갖는 자외선이 덧붙여졌다. 그리고 마침내 한쪽에서는 헤르츠파[전파]가 발견되고, 다른 쪽에서는 엑스선과 감마선이 발견됨으로써 방사선현상의 영역이 다시 확장되는 것에까지 이르게 되었다. 이러한 확장은 동시에 그만큼 더 깊고 유의미한 통일을 자체 내에 포함하고 있다.[31] 모든

---

31) 상세한 것은 막스 플랑크가 그의 강연 Das Wesen des Lichtes(1910)에서 행하고 있는 전체적인 전개과정에 대한 간결한 개관을 참조할 것. 이 논문은 *Physikalische Rundblicke*(Leipzig, 1922), 129쪽 이하에 다시 수록되었다.

방사선현상의 총체가 엄밀하게 통일적으로 표현된다는 것, 방사선의 모든 사례에서 특정한 수치, 즉 그 주기(週期)에 의해서만 서로 구별되는 전자파가 문제가 되고 있다는 것이 이제 분명하게 된다. 감각적 지각에 의해서 우리에게 직접 증시되고 접근될 수 있는 것이 되는 사건의 영역은 이러한 체계 전체 내에서는 일부분, 전체에 비교하면 극히 작은 범위에 지나지 않는 것으로 나타난다. 가시적인 스펙트럼은 빨강에서부터 보라색에 이르는 무지개 색을 포함하고 있지만 스펙트럼 전체 내부에서는 단 하나의 옥타브의 범위를 점하는 것에 지나지 않는 것에 반해, 보라색을 넘어서 8에서 16까지의 옥타브에서 비로소 엑스선대(帶)가 시작되며 빨강을 넘어서 30옥타브에서 무선 전신의 파장대(波長帶)가 시작하는 것이다.[32] 물리학 특유의 **사고형식**과 이 형식이 자신에게 적합한 언어로서 끊임없이 진보하면서 창출했던 상징체계를 일관되게 완성했기 때문에 이러한 거대한 확장이 이루어졌던 것이며, 또한 감각의 한계가 한낱 우연적인 '의인(擬人)적인' 한계로서 인식되고 배제될 수 있었던 것이다.

상징체계라는 계기가 이러한 발전 전체에서 얼마나 독립적으로 기여하고 있는지 그리고 하나의 과학적 **형식언어**의 형성이 자연적 대상과 자연적 과정의 보편적 **체계**를 수립하는 것에 얼마나 큰 의미를 갖는지가 다른 측면으로부터도 입증될 수 있다. 화학이

---

32) 상세한 것에 대해서는, 예를 들면 Haas, 앞의 책, 15쪽 이하와 Bernhard Bavink, *Ergebnisse und Probleme der Naturwissenschaft*, 2판, Leipzig 1921, 98쪽 이하를 참조할 것.

'정밀'과학이 된 것은 단지 그 측정 방법이 끊임없이 정밀하게 되는 것에 의해서뿐 아니라 무엇보다도 그 사고상(上)의 도구가 갈수록 세련되게 되는 것에 의해서, 즉 화학이 단순한 화학식에서부터 **구조식**으로 나아가면서 걸었던 도정에 의한 것이기도 했다. 전적으로 일반적으로 말해서, 어떤 공식의 과학적 가치는 그것이 주어진 것의 경험적 사태를 **총괄한다**는 데 있는 것이 아니라 새로운 사태를 어떤 의미에서 **꾀어내는** 데(hervorlocken) 있다. 공식은 직접적인 관찰보다 선행하는 연관과 결합 그리고 계열형성의 **문제들**을 설정한다. 따라서 공식은 라이프니츠가 '발견의 논리학', logica inventionis라고 부르는 것의 가장 탁월한 수단들 중 하나가 된다. 어떤 특정한 분자에 포함되어 있는 원자의 종류와 그 수만 보여주는 **간단한** 화학식조차도 이미 체계적으로 시사하는 점들을 풍부하게 포함하고 있다. 예를 들어 화학식의 용어법에서 염소와 수소와 산소라는 몇 개의 이미 잘 알려져 있는 화합물이 $CIOH$, CIO_3H, CIO_4H으로 표시될 경우, 이와 같이 단순히 병렬되어 있는 것만으로도 이미 우리는 이러한 계열에서 '누락되어 있는 항'인 CIO_2H라는 화합물은 없는가라는 물음을 제기하지 않을 수 없게 된다. 이 화합물은 어떤 의미에서 그 위치가 미리 규정된 후에서야 비로소 경험적으로도 발견될 수 있었다. 바로 이 점에서 방법적으로 구축된 모든 과학언어 자체에 내재하는 인식상(上)의 가치가 입증된다. 과학언어는 주어진 것과 현존하는 것에 대한 단순한 표시가 아니고 이제까지 탐구된 적이 없었던 영역으로 이끄는 안내자다. 내가 위의 예를 빌린 저자는 이렇게 결론짓고 있다. "이러한 사실로부터 분명해지는 것은 화학식이라는 언어에서는 상징과 현실의 일치 정도가 한 단계씩 높아져 가며, 원래는 원소들의 화합을 단지 그것들의 중량 비율에 따라서 기술하려고 했던 이 언어가 이윽고 그러한 화합이 창조되는 방식을 기술하고 우리로 하여금 그것을 통찰하게 만든다는 점이다. 중요한 것은 표시의 수속이 아니라 발견을 위한 실마리가 되는 것, 즉 종합의 방법이다. … 우리의 분류 작업은 새로운 모습을 띠게 된다. 즉 분류는 이제 자연과 우연에 대한 관찰이 우리에게 제시하는 방식으로 우리가 수용하는 질서가 아니라 자신에 의해서 창조된 질서, 하나의 연역적 질서가 된다. 그리고 바로 이러한 질서야말로 화학에 그 특유의 성격을 부여하는 것에 기여하게 된다."[33] 우리가 화학식을 그것의 참된 '구조식'이 되는 발전단계에서 고찰해 보면 이 성격은 보다 명료하게 드러나게 된다. 예를 들어 바이어가 인디고(Indigo)[34]에 부여했던 구조식은 단순한 경험적 기술 대신에 참으로 발생적인 구조를 보여주고 있다. 그것은 단순한 '사실(Daß)'에 대한 진술에 그치지 않고, 문제가 되고 있는 화합을, 이를테면 우리의 심안(心眼) 앞에서 일어나게 함으로써 '어떻게'에 대한 진술이 되고 있다.

그리고 '발생'으로의 이러한 전회가 단지 과학의 특수한 영역들에서 산발적으로 출현하는 고립된 모티브를 표현할 뿐 아니라 물리학과 화학의 개념형성 **자체**의 하나의 근본동향이라는 사실은,

---

33) A. Job, *De la méthode dans les sciences*(Paris 1909)라는 논문집에 수록되어 있는 논문 Chemie 126쪽 이하를 볼 것.
34) [역주] 쪽(藍)풀의 색소 성분으로, 1880년에 바이어가 합성에 성공했다.

19세기에 물리학과 화학의 개념형성이 이룩한 위대한 체계적 성과들을 고찰해 보면 곧 분명하게 된다. 1870년에 로타르 마이어(Lothar Meyer)와 멘델레예프(Mendelejeff)에 의해서 시도되었던 '원소들의 자연적 체계[원소의 주기율표]'의 작성은 순전히 사고상(上)의 그리고 방법상의 관점에서 볼 때 하나의 중요한 전환점을 이루고 있다. 왜냐하면 여기에서는 원소의 다양성과 그 물리학적·화학적 성질들 속에 나타나 있는 원소들의 차이를 단지 수용하지 말고, 이러한 다양성을 조망하고 분절하면서 하나의 확고한 **원리**에 따라서 질서 지어질 수 있는 하나의 관점을 발견하라는 요구가 그 전보다도 더 선명하면서도 의식적으로 제기되고 있기 때문이다. 이러한 질서 짓는 원리로서 처음에 선정되었던 것이 **원자량**이었다. 잘 알려져 있는 모든 원소를 그 화합량이 증가하는 순서에 따라서 배열하게 되면, 이러한 계열 내에서 각각의 원소는 특유의 수, 즉 원자번호에 의해서 지정되는 어떤 특정한 위치를 부여받게 된다. 이렇게 원소들을 원자번호에 따라서 분류하게 되면, 원소들의 가장 중요한 속성들이 어떤 특유의 주기성을 보여준다는 사실이 드러난다. 원소들은 아무렇게나 영역 전체에 산재(散在)해 있지 않고 확고한 회귀(回歸)규칙에 따라서 출현한다. 로타르 마이어가 작성한 유명한 원자용(原子容) 곡선은 이러한 규칙의 존재와 작동 방식을 우리가 명료하게 볼 수 있는 형태로 보여주고 있다. 이 곡선의 유사한 위치에—그 상승 커브나 하강 커브, 그 극대점이나 극소점이라는 동일한 위치에—있는 원소들은 그것들의 가장 중요한 화학적·물리학적 성질들, 즉 원자가(原子價), 휘발성, 신장성

(伸張性), 전기전도도(傳導度)와 열전도도 등에서도 서로 유사하다는 사실이 입증되었다. '원자번호'에 대한 이러한 성질들의 의존성은 어떠한 방식으로든 원자의 '본성' 자체에 근거하고 있음에 틀림없다는 것, 이것은 이미 주기율표의 최초의 발견자들을 지배하고 있었던 하나의 전제이며, 이러한 전제야말로 그들에게 그들의 연구의 참된 동기로서, 즉 발견술적 격률로서 기능했던 것이다. 그러나 이러한 격률도 처음에는 참된 '구성적' 의미를 갖기에는 아직 멀었었다. 왜냐하면 어떤 원소의 원자량 또는 원자용(原子容)에 대해서 그 원소에 특유한 화학적·물리학적 작용방식이 갖는 연관은 우선은 아직 사실로서 확인된 것에 지나지 않으며, 이러한 사실에 대해서 참으로 만족스런 이론적 설명이 주어진 것은 아니었기 때문이다. 이와 같이 원소의 자연적 체계(주기율표)가 표시되었을 때, 각각의 원소에 부여된 원자번호는 우선은 단지 편리한 표식으로서 기능했을 뿐이며, 이러한 표식으로부터 일정한 한도 내에서 원소의 성질들을 읽어낼 수는 있었지만 이 표식은 아직은 어떠한 특정한 물리학적 의미도 포함하고 있지 않았다. 그러나 이후 이론이 보다 발전해 가면서 갈수록 더 높은 정도로 이 '의미'가 인식되고 부각되게 되었고 바로 이와 함께 편의적인 순서가 참된 체계적 질서로 개조되었다. 이러한 방향을 향한 최초의 일보는 엑스선의 분광(分光) 분석으로부터 간취될 수 있었던 새롭고 보다 정밀한 질서화 원리를 획득한 것에 의해서 가능하게 되었다. 몇 개의 상이한 원소를 각 원소에 고유한 엑스선 스펙트럼에 따라서 일렬로 세우게 되면, 이 계열 내부의 개개의 선이 어떤 원소로부터 다른 원

소로 진동수가 증대하는 방향으로 법칙적으로 이행한다는 사실이 분명하게 된다. 그러나 이러한 법칙성은 원자량이 증대하는 방향으로 나열했을 경우에 생기는 법칙성을 훨씬 능가했던 것이다. 모즐리(Mosely)에 의해서 1913년에 수립된 법칙에 따르면 하나의 특징적인 엑스선의 진동수의 평방근은 화학원소의 원자번호와 거의 정확하게 비례하면서 변화된다. 이러한 사실은 처음부터 바로 이러한 원자번호가 갖는 깊은 물리학적 의미를 추측하게 한다. 왜냐하면 현대물리학의 기본 견해에 따르면, 엑스선 스펙트럼이 성립하는 장소는 원자의 참된 내부, 즉 원자핵의 내부인 반면에, 광학적 스펙트럼과 화학적 특성들은 원자의 비교적 '외부', 즉 주변부의 속성에 근거한다.[35] 그 후 보다 많은 경험적 사실, 특히 이른바 '동위원소'가 발견되고 동위원소이론이 형성됨으로써 원래는 원소의 자연적 체계[주기율표]의 분절이 출발점이 되었던 원자량은 화학에서의 지배적 지위를 상실하고, 이제 그 지위는 다른 개념, 즉 '핵전하(核電荷)'라는 개념으로 이행하게 되었다. 이미 모즐리 자신이 이 개념을 체계구성의 중심에 두고 있었다. 그는 '원자번호'를 간단하게, 원자핵의 정전하(正電荷)를 보여주는 수로 해석했던 것이다. 이와 같이 이제 이 핵전하량이 참된 궁극적인 계열원리로서

---

35) 여기에서는 이 사상의 전개를 상세하게 추적할 필요는 없으며, 그 상세한 내용에 대해서는 Arnold Sommerfeld, *Atombau und Spektrallinien*(4판, Braunschweig 1924), 3장 및 Paneth, Das natürliche System der chemischen Elemente(*Handbuch der Physik*, Hg. von Geiger und Scheel, Bd. 22, Berlin 1926, 520쪽 이하)를 참조하기 바란다.

등장한다. 어떤 원소가 주기율표 내에서 가지고 있었던 '번호', 즉 그 '원자번호'가 이제 단지 그 핵전하를 보여주는 수에 의해서 대체된다. 그리고 이 수는 다시 핵을 둘러싸고 있는 전자들의 수를 보여준다(반 덴 브록(van den Brock), 1913년). 그동안 '원자번호'가 갖는 물리학적 의미가 탐색되고 있었지만 위에서 살펴본 탐구들의 결과, 그러한 물리학적 의미는 보어의 원자론의 기초가 되었던 '원자핵의 정전하량은 어떤 원소로부터 다른 원소로 한 단위씩 증가한다'[36]는 가정으로서 나타난다. "원자구조는 원자의 내부로부터 가장 외부에 이르기까지 핵전하량에 의해서 전기적으로 통일적으로 규제된다."[37] 조머펠트는 그의 저서 『원자구조와 스펙트럼선』에서 이러한 발전이 갖는 정신적 성과를 다음과 같이 총괄하고 있다. "우리는 수십 년 전에는 아직 아득하게 멀리 떨어져 있는 것으로 보였던 목표, 즉 주기적 체계의 이론에 도달했다."[38] 이러한 이론의 순수하게 논리적 성격을 고찰해 보면, 이 이론에서 달성된 성과는 관찰 가능하고 경험적으로 확인 가능한 것의 권역에 엄격하게 머물러 있음에도 불구하고, 로크가 그의 실체론에서 주장했던 것과 같은 체념적인 '경험론'과 같은 것을 훨씬 넘어서고 있다는 사실이 분명해진다.[39] 이러한 이론은 실체를 어떠한 '내적 유대'

---

36) [역주] 여기서 ' ' 표시는 역자가 문장의 의미를 분명히 하기 위해서 붙인 것이다.
37) 상세한 것은 Paneth, 앞의 책, 551쪽 이하, Sommerfeld, 앞의 책, 2장, 73쪽 이하, 3장 168쪽 이하.
38) Sommerfeld, 앞의 책, 3장, § 4, 179쪽.
39) 이 책 508쪽을 볼 것.

에 의해서도 결코 결합되어 있지 않은 성질들의 단순한 집합체로 정의하지 않는다. 다른 한편으로 이러한 이론은 이러한 내적 유대를 어떤 독단적 형이상학[라이프니츠]이 말하고 있는 것과 같은 의미의 vinculum substantiale[실체적 유대]로서 파악하지 않고 단지 그 철저한 일반성과 법칙성이라는 의미에서의 결합의 '필연성'을 물을 뿐이다. 이러한 법칙성은 비록 개개의 사실들을 아무리 많이 관찰하더라도 그러한 관찰에 의해서 결코 획득될 수 없으며, 그것의 확증에는 항상 특정한 구성적 관점과 구성적 원리가 필요하다. 이러한 관점은 경험적 자료에 강요될 수 없는 것이지만 그렇다고 해서 경험적 자료 자체에서 직접 간취될 수 있는 것도 아니다. 따라서 물리학과 화학의 개념형성은, 순수수학의 내부에서 그랬던 것처럼 참으로 '발생적인' 개념형성이라는 사실이 분명하게 된다. 그러나 여기에서 겨냥되고 있는 발생은 정언적인 성질의 것이 아니라 가언적인 것이다. 우리는 일반적인 계열법칙에서부터 출발하면서 그것으로부터 다양한 요소를 출현하게 하지 않고, '주어진' 다양을 사고상(上)의 여러 단초에 의해서 시험적으로 하나의 질서 짓는 원리에 의해서 설명하려고 하며 이를 통해서 단순한 경험적 '다양'을 '합리적인' 다양으로 한 걸음씩 변형시키는 정도로 만족하는 것이다.[40] 이러한 원리 자체는 우리에게 결코 그대로 '주어지지

---

40) 물리학적 개념형성과 물리학적 방법의 이러한 성격을 현대의 이론가들이 얼마나 강하게 의식하고 있는지는 조머펠트의 다음과 같은 말에서 잘 드러나고 있다. "우리가 (방사선 변위칙(變位則)과 동위원소이론을 열었던 어떤 새로운 이론적 전망에 대한)[괄호 안의 주는 카시러에 의한 것이다] 이러한 사변에 의해서 우선은

는' 않지만 아마도 끊임없이 '과제로서 주어진다.' 그리고 이러한 과제를 갈수록 완전하게 해결하는 것이야말로 모든 자연이론의 본질적인 성과 중 하나일 것이다.

이러한 이론의 현대적 형식은 그것이 역사적으로 전개되어 온 양태 속에서, 어떻게 해서 '개별적 정수(定數)'로부터 '보편적 정수'로의 이행이 수행되었는지 그리고 어떻게 해서 바로 이러한 이행이 모든 자연과학적 인식과정의 가장 중요하고 생산적인 동기의 하나가 되었는지를 특히 명료하게 보여주고 있다. 이와 같이, 예를 들어 현대 분광학(分光學)의 출발점에는 1885년에 발머가 수소의 스펙트럼에 관해서 수립했던 법칙이 있다. 이 법칙이 말하려는 것은 수소의 스펙트럼에서 보이는 여러 선의 파장은 R을 정수(定數), n을 전체 수로 하면서 $\dfrac{1}{\lambda_n} = R\left[\dfrac{1}{4} - \dfrac{1}{n^2}\right]$이라는 공식에 의해서 표현될 수 있다는 것이다. 이 경우 발머 자신은 아직 이 공식에 나타나는 양 R을 수소에 고유한 기본적 수라고 보면서 다른 원소들에 대해서도 유사한 수를 발견하는 것을 장래의 연구과제로 설정하고 있다. 그러나 이 문제를 계속해서 추구했을 때, 여기에서 수소에 대해서 확정된 것과 동일한 수[즉 R]가 다른 모든 원소의 스펙트럼에도 반복해서 나타난다는 사실이 분명하게 되었다. 이제 발머의

사실들의 지반으로부터 멀어지게 된다는 사실은 강조할 필요도 없다. … 그럼에도 불구하고 그러한 고찰은 오늘날 불가피하다. 비방사성 물질에도 동위원소가 있다는 사실이 증명됨으로써 주기율표에서 발생적 연관을 추적하고 변위칙을 주기율표 전체로 확장할 것이 요구되었다. 그러한 증명에 의해서 원자핵도 합성된 것이며 구성 가능한 것이라는 사실이 극히 개연성을 갖게 된다. 이와 함께 우리 앞에 새로운 연구분야 … 핵물리학이 열리게 되었던 것이다."

공식은 일반적으로 타당한 어떤 법칙의 한낱 특수사례로 나타났다. 이 일반적 법칙은 리드베르크와 리츠에 의해서 공식화되었으며 이러한 공식을 통해 분광학 전체의 기초가 되었다. 리드베르크의 공식 $\frac{1}{\lambda_n}=A-\frac{R}{(n+a)^2}$ 혹은 일반화된 리츠의 공식 $\frac{1}{\lambda}=R\left[\frac{1}{n_1^2}-\frac{1}{n_2^2}\right]$ 에서는 이제 수 R이 모든 원소의 스펙트럼에 타당한 보편적인 정수(定數)를 의미한다. 따라서 이러한 '리드베르크 수'는 이제 더 이상 수소의 특수성을 표시하지 않고 전적으로 일반적인 연관을 지시한다. 그러나 이러한 연관이 어떠한 것인지는 문제 전체의 단서를 다시 한 번 확장함으로써만 확정될 수 있었다. 닐스 보어는 「수소 스펙트럼에 대해서」(1913년)[41]라는 논문에서, 스펙트럼의 법칙만을 연구하는 데 그치지 않고 무엇보다도 원소의 다른 성질들과 이 법칙의 연관을 밝히는 데까지 나아감으로써, 열방사와 방사능현상의 연구에 의해서 이미 획득된 경험을 분광학의 사실들과 결합하고 이러한 경험 모두를 이제 하나의 원리적 관점으로부터 해석하는 것을 가능하게 하는 원자구조에 대한 견해를 갖게 되기에 이르렀다. 이제야 비로소 발머 계열[발머 공식에서 표현되고 있는 수소원자의 스펙트럼]에 대한 엄밀한 **이론**이 획득되었지만, 이 이론의 가장 위대한 승리는 그 이론에서 발머 공식 자체를 도출할 수 있다는 데 있었을 뿐 아니라 그 이론이 보편적 정수(定數) R을 정확히 계산할 수 있다는 데 있었다.[42] 이제까지 이 정수에 달라붙어

---

41) 이 논문은 N. Bohr, *Drei Aufsätze über Spektrum und Atombau*(Sammel Vieweg, Heft 56), 2판, Braunschweig 1924에 재수록되었다.

있었던 것 같았던 '우연성'이 이러한 계산에 의해서 이 정수로부
터 사라지게 된다. 즉 그 우연성이—보어의 이론이 세우는 가설
적 전제의 내부에서는—이제 '필연적인' 것으로 인정되는 것이다.
그리고 이러한 필연성이 궁극적으로 의미하는 것도, 이후에는 그
것이 더 이상 그것만으로 독자적으로 그리고 자립적으로 존립하
지 못하고 보편적인 의미를 갖는 다른 수량으로 환원된다는 것이
다. 발머의 공식과 리드베르크-리츠 수는 양자론이라는 일반적 사
고의 틀 안에 편입됨으로써, 양 h, 즉 이른바 플랑크의 작용양자
[플랑크 정수]에 결부됨으로써 비로소 참된 의미에서 이해 가능하
게 되었다. 독단적 경험론은 이러한 주장에 대해서 아마도 이렇게
이의를 제기할지도 모른다. 즉 이러한 발전과정 전체에 의해서 아
무것도 얻어지지 않았으며, 플랑크의 작용양자만 해도 결국은 한
낱 사실, 즉 우리가 단지 수용할 수 있을 뿐이고 그것을 어떤 방식
으로든 보다 깊이 파악할 수도 없는 하나의 사실일 뿐이라고. 그
러나 이러한 이의가 물리학이론의 발전을 선취하면서 그것에 자
의적인 제한을 가하려고 한다는 사실을 도외시하더라도, 이러한
이의에서는 물리학이론의 특징을 이루는 논리적인 본질 특성이 오
인(誤認)되고 있다. 왜냐하면 물리학이론이 사실적인 것 **일반**을 넘
어설 수 없다고 해도, 이러한 이론의 의미와 가치는 그것이 우리
에게 사실적인 것의 영역 내부에서 사실성의 여러 정도와 단계를

---

42) 발머 계열에 대한 보어 이론의 상세한 내용에 대해서는, 특히 Sommerfeld, 앞의
    책, 2장, § 4를 참조할 것.

인지할 것과 그것들을 극히 섬세하게 구별할 것을 가르치는 데에 있기 때문이다. 이러한 모든 구별을 다시 하나로 용해시켜 버릴 경우에는 이 이론에게서 그 모든 성과가 박탈되고 말 것이다.[43] 이론적 사고는 개별현상들에 상이한 '수준'을 지정하면서 그 수준의 차이에 따라서 그러한 현상들을 질서 짓고 분절하는 것을 가능하게 하는 것이다. 통속적인 '사물개념'이 수행하는 종합에서는 아직 서로 긴밀하게 결합되어 있는 것이 정밀한 법칙개념에 기초를 두고 있는 이론과학의 객관개념에서는 예리하면서도 분명하게 분리된다. 이렇게 증대하는 분리야말로 외관상으로는 그것과 대립되는 것으로 보이는 수속, 즉 '일반화'라는 수속이 항상 목표하고 있는 본질적 성과다. 현대의 물리학자는 자연에서 본래적으로 '객관적인' 것은 어디에 존재하는가라는 물음에 대해서 '보편적인 정수(定數)들'을 그에 대한 답으로서 제시할 것이며, 그러한 정수들을 확정하는 것으로 자신의 연구가 끝난다고 볼 것이다. 다른 한편으로 또한 그는 보편적 정수로부터 개별적 정수로, 즉 특수한 사물-정수로 내려가는 길을 추적하는 것을 그 답으로 제시한다. 물리학자의 체계의 정점에 있는 것은 진공 중 광속 및 기본적 작용양자 등과 같은 어떤 종류의 불변량이며, 이러한 양은 개별관찰자의 상태와 입장에 좌우되지 않는 것으로 입증되는 이상 한낱 '주관적인' 모든 제약에서 벗어나 있다.[44] 현상들을 물리학적으로 객관화하는 길은 한낱 물질적 정수로부터, 즉 사물이라는 통일체의 특수

---

43) 이 점에 대해 상세한 것은 이 책 477쪽 이하를 참조할 것.

성으로부터 포괄적인 법칙이라는 통일체의 일반성으로 상승해 가는 것으로 성립한다. 현대양자론이 걸었던 길이 이러한 사실을 특히 잘 보여주고 있다. 플랑크 자신이 '양자론의 성립과 이제까지의 발전에 대해서'라는 강연에서 일반적인 개관을 수행하면서, 자신의 최초의 원리적인 고찰과 최초의 시도가 구스타프 키르히호프에 의해서 수립되었던 열방사의 법칙에 결부되어 있다는 사실을 지적하고 있다. 이러한 법칙에 의해서, 온도가 균일하게 열을 흡수·방사하는 임의의 물체에 의해서 둘러싸여 있는 텅 빈 공간에서 열방사는 이러한 물체들의 특수한 성질로부터 완전히 독립해 있다는 사실이 확정되었다. 이와 함께 온도와 파장에만 의존할 뿐 어떤 실체의 특수한 성질에 의해서 좌우되지 않는 일반적 함수[열방사의 스펙트럼 분포를 표현하는 함수]의 존재가 증명되었던 것이다. 그러나 이와 함께 제기된 물리학적인 문제들을 계속해서 추구함으로써 물리학자들은 다시 두 개의 중요한 보편적 정수의 규정을 경유하게 되었다. 어떤 물체의 방사율은 그 물체의 절대온도의 4제곱에 비례한다는 슈테판–볼츠만의 법칙에 따라서 이 두 개의 값 사이의 비례정수가 모든 물체에서 동일하다는 사실이 밝혀졌으며, 이러한 수는 **슈테판 정수**(定數)라고 불리게 되었다. 그러나 다른 한편으로 그 후 1893년에 빈(Wien)에 의해서 발견된 변위칙(變位則, Verschiebungsgesetz)에 의해서 파장과 절대온도를 곱한 것

---

44) Planck, Über die Entstehung und bisherige Entwicklung der Quantentheorie, Nobel-Vortrag, 1920, *Physikalische Rundblicke*, 148쪽 이하에 재수록되었다.

으로서 정의되는 새로운 정수가 알려지게 되었다. 그러나 그 당시에는 별개로 추구되었던 모든 문제가 플랑크가 1900년에 완성한 양자론의 기초적인 구상에 의해서 비로소 서로 결합되면서, 놀라운 해결책이 발견되게 되었다. 이러한 구상 위에 구축된 플랑크의 일반 방사법칙으로부터, 슈테판 정수와 빈(Wien) 정수라는 경험적으로 확인된 값을, 기초적인 작용양자의 양과 수소원자의 질량을 표시하는 양이라는 두 개의 기본적 양과 결합하는 두 개의 방정식이 생겨났다.[45] 이제 많은 특수한 영역과 특수한 문제가 하나의 이론적 동기로부터 해석되고 이해되었다. 기초가 되는 물리학적 개념들을 한낱 사실의 표현으로서가 아니라 오히려 이러한 동기의 표현으로서 이해할 때에야 비로소 이러한 개념들의 성과를 인식비판적 관점으로부터 정당하게 평가할 수 있게 된다. 특히 이러한 개념들이 '소박한' 세계관의 사물개념에 대해서 갖고 있는 우위를 평가할 수 있게 된다. 그러한 사물개념이 기껏해야 '결속시키는(verbinden)' 것에 그치는 반면에 물리학적 개념은 '결합하며(verknüpfen)', 전자가 단순한 특이성들로서의 성질들의 병존을 창출하는 반면에 물리학적 개념은 참으로 보편적인 통일성을 정립하는 데까지 나아간다. 이러한 종합, 이러한 새로운 질서 지움의 형식이 비로소 우리가 물리학적 물체와 물리학적 사건의 세계라고 부르는 저 세계를 우리에게 개시하며, 그 세계를 전체로서, 즉

---

45) 상세한 것은, 예를 들면 Fritz Reiche, *Die Quantentheorie, ihr Ursprung und ihre Entwicklung*, Berlin 1921 및 Haas, 앞의 책의 네 번째 강의를 참조할 것.

하나의 자기완결적인 구조체로서 고찰하고 조망할 수 있는 관점을 우리에게 제시한다.

3. 현대물리학의 체계에서 '상징'과 '도식'

자연과학에서의 개념형성에 대한 우리의 분석을 중단하고, 이 지점에서는 그동안 우리가 걸어온 길을 돌이켜보면서 이러한 분석의 성과를 우리의 일반적인 근본문제[상징형식의 문제]에 결부시켜 보고자 한다. 우리는 물리학의 계열형성의 형식과 그것에 의해서 창출되는 새로운 질서가 동시에 '대상에 대한 새로운 관계'를 어떻게 설정하고 기초 짓는지를 보았다. 물리학의 기초개념들은 칸트가 "그것들은 결합의 개념이며 이를 통해서 객관 자체의 개념이 된다"[46]고 정의했던 것과 같은 의미에서 참으로 종합적인 개념이다. 그러나 개념형식과 대상형식, 형식적인 의미에서의 '자연'과 질료적인 의미에서의 자연 사이의 이러한 상호관계를 제시하는 것은 인식비판에게는 만족스러운 것일지라도, 상징형식의 철학에게는 여기에서 다뤄지는 문제는 처음부터 보다 넓은 영역에 속한다. 이러한 철학이 수학적 자연과학의 가능성을 문제로 삼더라도, 수학적 자연과학은 상징형식의 철학에게는 객관화 작용 일반의 특수사례로서만 간주될 뿐이다. 정밀과학의 세계는 이러한 철

---

46) Kant, *Prolegomena*, § 39를 참조할 것.

학에게는 객관화 과정의 시작이라기보다는 오히려 그 종국으로 나타나는 것이며, 이러한 과정은 형태화 작용의 보다 이전의 다른 층에 깊이 뿌리를 내리고 있는 것이다. 이제 우리에게는 물리학적 세계를 그 이전 층들의 세계와 비교한다는 과제—즉 양자의 결합과 분리, 양자의 공통점과 특수한 차이점을 묻는다는 과제—가 생기게 된다. 우리가 이제까지 추적해 온 세 가지 형식세계들의 구조 속에 어떤 공통의 **근원적 동기**가 존재하는가? 그리고 그러한 동기가 신화적 개념으로부터 언어개념으로, 언어개념으로부터 물리학적 법칙개념으로 이행할 때 겪게 되는 정신적인 변화와 개조, 특징적인 **변용**은 어떠한 것인가? 정신의 어떠한 생성에서도 두 개의 규정이 구별될 수 있다. 자연의 생성, 즉 순수하게 '유기적인' 생성과 정신의 생성은 양자가 공히 연속성의 법칙에 따른다는 점에서 서로 유사하다. 후속하는 단계는 선행단계에 비해서 전적으로 이질적인 것을 의미하지 않고 선행단계 속에 이미 암시되고 있었고 단초로서 존재했던 것을 실현하는 것에 불과하다. 그러나 다른 한편으로 개개의 단계들 사이의 이러한 상호침투가 그것들 사이의 명확하면서도 첨예한 대립을 배제하는 것은 아니다. 왜냐하면 새로운 단계 각각은 특유의 독자적인 요구를 내걸고, 정신적인 것 자체의 새로운 규범과 새로운 '이념'을 설정하기 때문이다. 이행의 과정이 아무리 연속적으로 보일지라도 그러한 과정에서는 항상 정신적인 의미의 악센트가 끊임없이 이동하며, 이러한 이동과 함께 현실의 새로운 '전체적 의미'가 생겨난다. 우리는 상징형식의 형성과정에서 이러한 악센트 이동의 방향을—상징형성의 내부에서 세 가지 단계와 세 가지 차원을 구별함으로써—간단한 정식으로 드러내 보일 수 있다.[47] 우리는 이미 앞에서 **표정**의 영역으로부터 **표시**의 영역을 구별했다. 그러나 이제 이 두 영역에 대해서 제3의 영역이 덧붙여진다. 왜냐하면 표시의 세계가 단순한 표정의 세계로부터 자신을 분리하면서 이것에 대해서 새로운 **원리**를 수립했던 것처럼, 궁극적으로는 표현의 세계도 자기 자신을 넘어서 성장하면서 **의미**의 세계로 이행하기 때문이다. 우리는 이러한 이행에 의해서 과학적 인식의 형식이 비로소 참으로 구성되고 과학적 인식의 진리개념과 현실개념이 '소박한 세계관'의 그것들로부터 최종적으로 분리된다는 사실을 보여주어야만 할 것이다. 그러나 이러한 이행에서조차도—'표정'으로부터 표시로의 이행의 경우에서도 그랬던 것처럼—분리는 단번에 일어나지 않는다. 오히려 사고는 단단히 붙들려 있는 것처럼 소박한 세계관의 영역에 고착되어 있지만, 사고의 전개를 규정하는 내적 법칙과 필연적 동향에 의해서 그러한 영역을 넘어서 앞으로 내달리게 된다. 두 개의 운동[소박한 세계관에 고착되어 있는 것과 그것을 넘어서는 것]의 이러한 대립 속에서, 즉 이러한 변증법에서 자연과학적 개념의 세계가 구축된다. 자연과학의 개념도 '직관'의 영역과 언어적 표시의

---

47) 이하에서 개진될 내용에 대해서는 나의 강연 Das Symbolproblem und seine Stellung im Synthese der Philosophie에서의 보다 상세한 서술을 참조할 것. 1927년에 할레에서 개최되었던 제3회 미학·일반예술학 학술대회에서 행해졌던 이 강연은 현재는 *Zeitschrift für Ästhetik und allgemeine Kunstwissenschaft*, Bd. 21, 191쪽 이하에 게재되어 있다. 이 강연에서 상술(詳述)되었던 일부 내용은 이하의 서술에서 그대로 수용되었다.

영역을 즉각적으로 버리는 것은 아니다. 그러나 자연과학의 개념이 그러한 영역들을 자기 자신에 의해서, 즉 자신의 고유한 형식에 의해서 관통함으로써, 그러한 개념은 동시에 그 영역들에게 다른 성격을 각인시킨다. 이러한 변형이 일어나는 방식은 우리가 그것을 그 단순한 결과에 있어서 고찰하는 것에 그치지 않을 경우에야 비로소 분명하게 드러난다. 우리는 이러한 변형이 일어나는 방식을 한낱 산물(産物)에서 드러내는 것 대신에 그 산출작업 자체의 한가운데로 탐구해 들어가면서 이러한 산출작업의 양식과 방향과 관련하여 추적해야만 한다. [자연과학적 개념이 직관의 영역과 언어적 표시의 영역으로부터] 분리되는 과정이 참으로 비로소 가시적으로 되고 이해될 수 있게 되는 것은 우리가 완료된 것, 작용의 결과로서 생긴 것에서 보이는 모든 혼합형식과 과도적 형식을 돌파하면서 형성력 자체로까지 육박하면서 이것을 그 작용하는 현장에서 목격할 때이며, 우리가 한낱 작품이 아니라 오히려 형성의 새로운 형식을 지탱하고 있는 '활동력(Energie)'에 대해서 물을 때다.

감각하고 느끼는 주체가 어떤 환경을 '갖게 되는' 최초의 형식은 이 주체가 환경으로서의 이 세계를 '표정체험'의 다양으로서 갖는 것이다. 환경이 객관적인 징표와 확고한 질과 속성을 갖춘 '사물'의 복합체로서 주체에게 주어지기 훨씬 이전부터, 환경은 이러한 방식으로[표정체험의 다양으로서] 이미 분절되어 있다.[48] 우리가 무엇인가를 '존재'라고 부르거나 '현실'이라고 불러도 그렇게 불

---

48) 이 책 71쪽 이하 참조.

리는 것은 우선은 오직 순수하게 표정에 의해서 규정된 것으로서
만 우리에게 주어진다. 따라서 여기서 이미 우리는 독단적 감각주
의가 항상 출발점으로 삼는 '한낱' 감각이라는 추상물을 넘어서 있
다. 왜냐하면 주체가 자기 자신에 대해서 '대치해 있는 것'으로서
체험하는 내용은, 스피노자의 말을 빌리면, '그림 속에 있는 말없
는 초상'에 유사한 단지 피상적인 것은 결코 아니기 때문이다. 그
러한 내용은 어떤 의미에서 투명하다. 그것은 거기에 있고 그렇
게 존재하면서 우리에게, 직접 그 내용을 통해서 나타나는 내적
생명에 대해서 고지해 준다. 언어, 예술, 신화라는 형태로 수행되
는 형성작용은 도처에서 표정이라는 이러한 근원적 현상에 결부
되어 있다. 더 나아가 예술과 신화는 표정현상에 극히 가깝게 존
재하는 것 같으며, 그것들을 이 영역[표정현상의 영역]에 완전히 고
정시키고 싶은 유혹에 사로잡힐 정도다. 신화와 예술은 그 형성작
용이 아무리 고도로 발달하더라도 지속적으로 초보적이고 전적으
로 '원시적인' 표정체험이라는 대지에 뿌리를 내리고 있다. 언어에
서는 이 양자보다는 더욱 선명하게 새로운 전환, 즉 새로운 '차원'
으로의 이행이 보인다. 물론 고도로 발달된 언어들의 단어들에게
조차도 여전히 어떤 종류의 표정가(表情價), 즉 어떤 특정한 '인상
(人相)학적인 성격'이 내재하고 있다.[49] 그러나 단어들에 의해서 표

---

49) 이것에 대해서는 특히, 하인 베르너(Hein Werner)의 최근 논문 Über allgemeine
   und vergleichende Sprachphysiognomik, *Kongreßbericht des 10. Kongresses
   der Gesellschaft für experimentelle Psychologie*, Jena 1928 및 Über die
   Sprachphysiognomik als einer neuen Methode der vergleichenden

시되는 것은 항상, 언어가 자신을 정신의 참된 소재로서 구성하기 위해서 넘어서지 않으면 안 되는 개별적인 요인일 뿐이다. 이는 단어가 아니라 **문장**이야말로 언어의 참으로 기본적인 형상인 것이며, 언어적 '진술'의 형식을 완성하는 것이기 때문이다. 순수한 진술문은 어떤 것이라도 특정한 **정립작용**을 포함하고 있다. 즉 그것은 자신이 기술하고 확정하려고 하는 어떤 '객관적인' 사태를 향하는 것이다. 계사(繫辭, Kopula)의 '이다(ist)'는 언어의 이러한 새로운 차원, 즉 그것의 순수한 '표시기능'의 가장 순수하고 가장 간결한 형식이다. 물론 이러한 표시기능에 대해서도, 비록 그것의 순수하게 지적인 가치를 아무리 높게 평가하더라도 그것은 처음에는 아직 개개의 물체에 구속되어 있다고 말할 수 있다. 언어적 표시기능은 모두 직관의 세계에 구속되어 있으며 반복해서 그것으로 되돌아간다. 언어를 통한 명명이 가려내고 고정하는 것은 직관적인 '징표들'이다. 언어가 그 최고도의 특수한 사고작업으로 나아갈 때에도, 즉 언어가 사물과 성질, 사건과 행위를 명명하지 않고 오히려 순수한 연관과 관계를 표현할 경우에조차도 이러한 순수하게 의미 표현적인 기능은 우선은 구체적인 직관적인 표현의 확고한 한계를 넘어서지 않는다. 논리적인 규정의 근저에도 항상 거듭해서 직관적인 이미지와 도식이 존재한다. 술어적인 진술명제의 '이다'조차도 언어상으로는 대부분의 경우 그것에 어떤 직관적 함의

Sprachbetrachtung, *Zeitschrift für Psychologie und Physiologie der Sinnesorgane*, Bd. 109, 1929, 337-363쪽을 참조할 것.

가 부착되어 있는 방식으로 표현되며, 사고상(上)의 관계는 공간적인 관계에 의해서, 즉 여기 있음이나 거기에 있음을 통해서 대체되고, 어떤 관계가 성립한다는 것은 존재언표에 의해서 대체되고 만다.[50] 이와 같이 언어에 고유한 논리적 **한정작용**은 모두 원래는 언어의 '지시'능력과 힘에 포함되어 있는 것이다. 언어의 객관화 과정은 '여기'라든가 '거기'라는 특정한 **장소**를 표현하는 것으로서의 지시대명사들에 결부되어 있다. 언어가 겨냥하는 대상은 언어에게는 아리스토텔레스적인 의미에서 τόδε τι[토데 티, 이것], 즉 말하는 사람의 눈앞에 있으며 손가락으로 가리킬 수 있는 어떤 것이다. 명사화, 즉 사물로서 정립하는 활동 자체는 통상적으로— 정관사와 같은—지시대명사가 보다 발전한 것에 지나지 않는 언어적 형성체를 이용한다.[51] 언어에게 어떤 의미에서 처음에 확고한 지반이 되는 것은 공간의 영역이며, 이러한 영역으로부터 언어는 자신의 지배권을 직관적 현실의 전체를 넘어서 점진적으로 확장해 나간다. 더 나아가 우리는 이러한 진전과정에서 세 가지 단계를 구별할 수 있었다. 언어가 직관적 세계에 대한 관계를 최초로 확보하는 것은 언어가 이 직관적 세계의 내용으로 채워지고 이 내용을 자기 자신 속으로 흐르게 하는 것에 의해서다. 언어는 어떤 때는 의성어를 형성하여 특정한 객관적 사건을 재현하며, 어떤 때는 자신이 마주치는 외관상의 특정한 성격을 기억에 남겨두면

---

50) 이러한 사실에 대해서는 『상징형식의 철학』 제1권, 292쪽 이하, 제3권 87쪽 이하를 참조할 것.
51) 이에 대해서는 같은 책 제1권, 152쪽 이하를 볼 것.

서 음성형성의 어떤 기본적 구별―긴장성 자음[경음]이나 이완성 자음[연음], 밝은 음조의 모음[전설모음(前舌母音)]이나 어두운 음조의 모음[후설모음(後舌母音)]―에 의해서 그것을 식별할 수 있게 만든다. 그리고 언어가 감각적 인상가(印象價)와 감정가에 대한 직접적인 접근을 포기하고 음성의 세계를 자기 독자의 세계로서 취급할 때조차도, 언어는 적어도 음의 관계 속에 외적 대상의 관계를 어떠한 방식으로든 표현하려고 노력한다. 이와 같이 '모방적' 표현이 '유비적' 표현으로 이행한다. 그러나 언어 형성과정의 참으로 지적인 종결은 이러한 유비적 표현의 단계조차도 넘어선다. 이러한 종결은 언어가 순수하게 상징적인 표현으로 되는 곳에서야 비로소, 즉 언어의 세계와 직접적 지각의 세계 사이에 존재하는 일 말의―직접적인 것이든 간접적인 것이든―'유사성'과 같은 것이 사라질 경우에야 비로소 달성된다. 언어가 이렇게 엄격하고 명확한 분리와 거리를 획득하고 확보할 경우에야 비로소 언어는 완전히 자기 자신에 도달하게 된다. 이제야 비로소 언어는 자신을 정신의 자율적인 형성체로서 입증하며, 그러한 것으로서 자기 자신을 이해할 수 있게 된다.[52]

그런데 **언어형식**의 발달에 자연과학적 사고에서의 **개념형식**의 발달을 대비시켜 본다면, 이러한 개념형성에서 우리는 처음부터 어떤 다른 수준에서 움직이고 있는 것이 된다. 양자의 차이는 무엇보다도, 자연과학적 개념형성은 우리가 그것을 어떠한 단계에

---

52) 이에 대해서 상세한 것은 같은 책 제1권, 292쪽 이하를 볼 것.

서 고찰하더라도 한낱 '표정'의 세계를 원칙적으로 넘어서 있다는 점에서 나타난다. 자연을 **인식한다**는 단순한 과제가 비록 아무리 불완전한 수단과 함께 착수되더라도 이러한 표정의 세계로부터 의식적으로 거리를 취한다는 점이 그러한 과제에 이미 속한다. 인식의 대상으로서의 자연, 즉 사유하는 고찰과 연구의 대상으로서의 '자연'은, 인간이 이러한 자연과 자기의 '주관적' 감정의 세계를 분리하는 것을 배울 때에서야 비로소 인간에게 주어진다. '자연'은 반복되는 것 속에서 경험되며, 체험들의 흐름으로부터 해방되어 독자적으로 존립하는 하나의 존재로서 그 체험류에 대치되는 항상적이며 한결같은 것이다. 그러나 주관적 감정의 영역으로부터 이탈하더라도 직접적 감각의 영역은 처음에는 저촉되지 않은 상태로 남아 있다. 주관이 직접적 감각의 영역으로부터 이탈하게 되면 이와 동시에 현실과의 모든 접촉을 상실하게 되며 현실적인 발판을 완전히 상실하게 되는 것으로 보인다. '자아'와 '세계' 사이에 거리가 설정되고 그 거리가 그러한 거리로서 일단 인식되면, 그것을 극복하기 위해서는 감각적 지각이 지시하는 길 외에는 남아 있지 않은 것 같다. 감각적 지각이 '지각'인 것은, 우리가 그것에서 우리 자신의 상태뿐 아니라 객관적 형식, 즉 대상 자체의 존재를 알아채기 때문이다. 이와 같이 이론적 개념은 그 출발점에서 지각에 결부되어 있지만, 이를테면 지각을 다 길어내고 지각 속에 포함되어 있는 현실의 모든 내용을 자기 것으로 만든다. 그러나 이러한 목표를 향해서 나아가게 되면, 여기에서도 또한 플라톤이 자기 자신의 것으로 경험하고 모든 이론적 인식의 필연적 운명으로서 기술했던 독특한 '급격한 전환'이 일어나게 된다. 사물, 즉 πράγματα [프라그마타]로 향하는 대신에, 이데아들로의, λόγοι[로고이]에로의 회귀가 일어나는 것이다.[53] 여기에서 균열이 새로 일어나게 된다. 즉 '개념'과 '현실'을 맺는 끈이 완전히 의식적으로 끊어지게 된다. '현상'의 배후에 있는 현실로서의 현실 위에 새로운 영역, 즉 순수한 '의미'의 영역이 구축된다. 그리고 이후, 인식의 확실성과 확정성, 즉 인식의 궁극적인 진리는 모두 그러한 영역에 근거하게 된다. 그러나 다른 한편으로, '이데아'의 세계, 즉 '의미'의 세계는 비록 경험적·감각적 세계와의 유사성을 완전히 포기하더라도 그것과의 관계에서 벗어날 수 있는 것은 아니다. 근대에서 정밀과학의 창시자들, 즉 갈릴레이와 케플러와 같은 근대의 플라톤주의자들은 이러한 관계를 요청할 뿐 아니라 그것을 하나의 새로운 길을 통해 산출한다. 그들은 특정한 기본개념, 즉 전제와 '가설'로부터 출발한다. 이러한 전제와 가설은 그 자체로서는 감각적·현실적인 것 속에 어떠한 직접적인 '대응물'도 가지고 있지 않음에도 불구하고, 바로 이러한 현실의 '구조', 즉 이러한 현실을 관통하는 질서를 보여준다고 주장한다. 이러한 과제를 수행하는 것은 개별적인 개념과 개별적인 전제가 아니라 이러한 전제들의 **체계**다. 이와 같이 여기에서도 또한 근대과학은 엄밀한 의미에서 **상징적으로** 될 것을 결심함으로써 비로소 참으로 **체계적으로** 된다는 사실이 분명해진다. 근대과학에서는 사물과의 유사성이 시야에서 사라질수록

---

53) Platon, *Phaidon* 99 D ff. 이 책 386쪽 참조.

존재와 사건의 법칙성이 보다 분명하면서도 보다 명료하게 파악될 수 있게 된다. 그러나 '고전'역학의 창시자들, 즉 갈릴레이와 케플러, 하위헌스와 뉴턴조차도 이러한 전개의 출발점에 서 있는 것이지 결코 종착점에 서 있지 않다. 그들의 업적은 본질적으로는, 경험적 직관으로부터 '순수직관'으로의 이행을 수행했다는 데 있다. 즉 그들은 세계를 지각의 다양으로서가 아니라 형태의 다양으로서, 즉 형상과 양의 다양으로서 파악하고 있는 것이다. 그러나 이러한 '형상적 종합'조차도 아직은 특정한 제한에 의해서, 즉 순수공간이 '주어져 있다'는 제한에 의해서 구속되어 있다. 순수공간이란 모든 기하학적이고 기계적인 개별 모델을 구축하기 위한 범례와 도식으로서 사용되고 있으며, 고전물리학은 많은 경험적 현상을 이 모델로 환원하면서 자연에 대한 모든 과학적 설명의 참된 원형을 이러한 모델에서 보고 있다. 그러나 기계적 자연관으로부터 '전기역학적' 세계상으로의 진보에 의해서 자연과학은 한 걸음 더 나아가게 된다. 즉 이러한 진보에 의해서 다음과 같은 유형의 자연파악, 즉 그것에서는 특수한 감각자료들이 배제될 뿐 아니라 이전과 같은 형태에서의 '직관'의 세계에 대한 의거(依據)도 폐기된다. 이제 최고도로 보편적인 자연개념들은 직접적인 직관화의 모든 가능성에서 벗어나게 되는 식으로 형성된다. 이러한 자연개념들이 충족시키는 기능, 그것들에게 고유한 특수한 '의미'는, 그것들이 일반적인 질서화의 원리들뿐 아니라 더 나아가 가장 일반적인 질서화의 원리들을 포함하고 있지만 이러한 원리들의 내용에 대해서는 직관할 수 있는 어떠한 직접적인 표현도 허용하지 않는다는 것이다. 따라서 우리가—물론 이것은 어떤 종류의 방법적인 유보를 덧붙였을 경우에만 가능한 것이지만— 언어형식을 고찰하면서 발견하게 되었던 여러 범주를 자연과학적 개념형식의 발전에 적용해 본다면, 이러한 발전에서도 또한 최초에는 '모방적' 단계가 존재하고 그 다음에 '유비적' 단계를 통과하면서 마지막에 비로소 개념형성의 궁극적 형식, 즉 참으로 상징적 형식이 도달된다고 말할 수 있을 것이다.

그러나 우리는 이상의 사실과 함께 우선은 하나의 추상적인 도식밖에 획득하지 못했으며, 이러한 도식은 입증되어야 하고 구체적인 내용으로 채워져야만 한다. 우리는 여기에서 자연에 대한 인식의 역사적 전개과정을 추적하는 것에 의해서가 아니라 자연에 대한 인식이 철학체계에서 어떻게 식으로 반영되었는지만을 고찰함으로써 위의 도식을 구체적인 내용으로 채우려고 한다.[54] 우리로서는 위대한 세 명의 인물, 즉 아리스토텔레스, 데카르트, 라이프니츠의 철학을 통해서 일반적인 자연**이론**과 그 논리형식의 진보를 요약할 수 있을 것이다. 아리스토텔레스의 자연학이야말로 자연에 대한 본격적인 **학문**의 최초의 예다. 물론 최초의 학이라는 영예로운 명칭은 아리스토텔레스의 자연학이 아니라 원자론의 창시자들에게 주어져야 한다고 생각하는 사람들이 있을지도 모른다. 그러나 비록 [고대] 원자론이 원자라든가 '텅 빈 공간'이라는 개념

---

54) 여기에서는 근대 자연개념의 참된 **역사**를 상세하게 고찰할 수는 없으며, 이러한 역사에 대해서는 내 책 *Erkenntnisproblem in der Philosophie und Wissenschaft der neueren Zeit*에서의 상세한 서술을 참조하기 바란다.

에 의해서 자연에 대한 그 후의 모든 설명을 위한 기본 착상과 방법적 틀을 창출했을지라도 [고대] 원자론은 이러한 틀을 구체적인 내용으로 충족시킬 수 없었다. 왜냐하면 원자론은 그 고대적 형태에서는 참으로 기본적인 자연문제, 즉 생성의 문제를 다룰 수 없었기 때문이다. [고대] 원자론은 모든 감각적 '성질'을 순수하게 기하학적 규정으로, 즉 원자의 형태와 위치와 배열로 환원함으로써 **물체**의 문제를 해결한다. 그러나 [고대] 원자론은 아직은 **변화**를 표현하기 위한 일반적인 사고수단—즉 원자의 **상호작용**을 개념적으로 파악하고 법칙적으로 규정할 수 있는 원리—을 가지고 있지 않았다.[55] '자연, 즉 φύσις는 자기 자신 속에 어떤 **운동**의 원리를 가지고 있다는 바로 그러한 사실에 의해서 탁월하며 한낱 기술의 소산으로부터 구별된다'[56]고 생각했던 아리스토텔레스가 비로소 운동이라는 현상 자체에 대해서 참으로 분석하는 데까지 나아갔던 것이다. 이러한 분석은 순전히 방법적으로 보면, 이중의 성격, 즉 독특한 방식으로 분열적인 성격을 가지고 있다. 한편으로 이 분석은 철저하게 **논리적인** 방향을 취하고 있다. 이러한 분석은 생성을 아리스토텔레스 형이상학의 궁극적이고 가장 일반적인 개념규정인 '질료'와 '형상'으로 환원함으로써 설명한다. 그러나 다른

---

55) 이러한 결함이 원자론의 과학적 발전에 어느 정도의 영향을 주었고 이러한 발전을 수 세기에 걸쳐서 어떻게 방해했는지는 무엇보다도 Kurt Lasswitz, *Geschichte der Atomistik vom Mittelalter bis Newton*(2 Bände, Hamburg und Leipzig, 1890)에서의 탁월한 서술에 의해서 명확하게 드러나고 있다.

56) [역주] 여기서 ' ' 표시는 역자가 문장의 의미를 분명히 하기 위해서 붙인 것이다.

한편으로 아리스토텔레스의 형이상학은 이 최고의 범주들이 구체적인 자연현상에 적용되고 그러한 현상들에 대한 설명을 위해서 이용될 수 있도록, 그것이 감각적 영역으로부터 단순히 끌어내고 있는 관찰과 경험에 도처에서 결부되어 있어야만 한다. 아리스토텔레스의 **원소**이론은 원칙적으로 감각적 영역을 넘어서지 않는다. 이러한 이론은 감각적으로 주어진 것들을 질서 짓고 분류하며 여러 그룹으로 종합하지만 그것들 자체의 참된 형태변화와 사고에 의한 변형을 기도하지는 않는다. 이 점에서 아리스토텔레스 자연학의 기본개념은 그 기능과 성과에 있어서 순수하게 **언어적인 징표개념**을 거의 넘어서지 않는다. 언어조차도 이미 다양한 감각적 현상을 특정한 징표를 갖는 그룹으로 분류한다. 언어는 예를 들면 '무거움'과 '가벼움', '차가움'과 '따뜻함' 등의 대립쌍을 창출한다. 아리스토텔레스의 자연학은 도처에서 이러한 대립쌍들을 실마리로 하고 있다. 아리스토텔레스의 자연학은 그러한 대립쌍들을 그 이상 분해할 수 없거나 더 이상 분해할 필요가 없는 궁극적인 규정들로 보고 있으며, 그러한 규정들 위에 기본적 구성요소들, 즉 στοιχεῖα[스토이케이아]의 이론을 구축한다. 즉 따뜻한 것과 마른 것이라는 성질들의 결합으로부터 불이 생기고 따뜻한 것과 축축한 것의 결합으로부터는 공기가 생기는 반면에, 차가운 것과 축축한 것의 결합으로부터는 물이 생기고, 차가운 것과 마른 것의 결합으로부터는 흙이 생긴다는 것이다. 더 나아가 이러한 원소들의 각각에는 어떤 특정한 운동양식이 대응하지만, 이러한 운동양식은 그것에게 우연히 부착되는 것이 아니라 그것의 내적인 본질로부터, 즉 그것의 실체적 형상으로부터 비롯된다. 절대적으로 가벼운 원소인 불은 그 본성상 위로 향하려고 하며, 절대적으로 무거운 원소인 흙은 아래로 향하려고 한다. 이에 반해 에테르적 실체는 그 자체가 불생불멸인 천체를 구성하는 것이며, 그것에는 시작도 끝도 없는 영구적인 운동, 즉 원운동이 속한다. 이와 같이 우리는 이러한 자연학에서는 직접적 관찰로부터 획득되는 감각적 경험들과 논리적 규정들 그리고 목적론적 원리와 규범이 아직 상대적으로 미분화된 통일을 이루고 있다는 사실을 보게 된다. 아마도 아리스토텔레스의 자연체계에 그 우위를 보증하고 이후 수 세기에 걸쳐서 그것이 승리하도록 결정했던 것은 다름 아닌 이러한 무차별성, 즉 경험적인 것과 순수하게 사고적인 것의 이러한 직접적인 '유착'이었을 것이다. 이러한 자연학에서는 한낱 개인적인 성과와는 다르고 그것보다 유의미한 어떤 것이 나타나 있다. 즉 이러한 자연학에서는 자연과학적 개념형성이 필연적으로 통과해야만 했던 특정한 사고형식이 전형적인 형태, 즉 참으로 '고전적인' 형태를 취하고 있는 것이다.

근대철학은 그것이 이러한 사고형식을—그 성과가 아니라 그 전제에 이의를 제기하면서—해체하는 것과 함께 시작한다. 데카르트의 철학이 기초하고 있는 새로운 **진리 기준**은 '실체적 형상들'의 세계상의 지배를 파괴한다. '명석판명하게' 통찰될 수 있는 것만이 진리에 대한 권리, 즉 참된 인식가치에 대한 권리를 갖지만, '명석판명한 통찰은 감각적인 것 자체로부터는 결코 획득되지 않는다. 이와 같이 참된 자연개념의 형성에는 감각적 내용 자체가 더 이상 관여할 수 없다. 감각적 내용은 마지막 잔여에 이르기까지 말소되어야 하며 순수하게 수학적인 규정, 즉 수와 양의 규정에 의해서 대체되어야만 한다. 데카르트가 이를 위해서 걸었던 길은 잘 알려져 있다. 모든 감각적인 성질은 객관적인 자연상으로부터 일소(一掃)된다. 감각적 성질들은 단지 지각하는 주체의 상태를 표현할 뿐이지 대상의 상태를 표현하는 것은 아니다. 이와 같이 냄새와 맛, 색과 음이 더 이상 객관적 징표로서 간주되지 않을 뿐 아니라 자연의 물체에 속하는 필연적이고 구성적인 성질로 간주되지 않게 된다. 우리가 단단함이나 무거움이라는 명칭으로 부르고 있는 것도 통상적으로 우리가 지각의 직접적인 증언에 기초하여 자연의 물체에 귀속시키고 있는 다른 모든 감각적인 성질과 원리적으로 동일한 선상에 있다. 무거움과 단단함조차도 우리가 주관적인 접촉감각과 근육감각을 배제하면서 생각하면 사라지고 말기 때문이다. 우리가 접촉하려고 하는 모든 물체가 그것을 향해서 뻗치는 손과 동일한 속도로 우리에게서 멀어지는 세계가 있다면, 우리가 더 이상 단단함의 표상도 저항의 표상도 가질 수 없을 것이다. 그러나 물체에 대한 '객관적인' 정의는 이러한 세계에서도 우리의 세계에서와 동일한 것일 것이다. 왜냐하면 그러한 정의에는 순수하게 기하학적 규정, 즉 길이, 폭, 깊이라는 규정 이외는 포함되어 있지 않기 때문이다.[57] 이와 같이 우리가 통상적으로 물질이라고 부르는 것도 그 순수한 존재성격으로부터 보자면, 공간으

---

57) 특히 Descartes, *Principia philosophiae* I, 53, II, 4 이하를 참조할 것.

로, 즉 연장으로 환원된다. 그리고 이와 함께 모든 정밀한 자연인
식을 위해서 하나의 새로운 규범이 세워지게 된다. 자연의 내용적
인 충만과 다양성을 형식의 다양성, 즉 기하학적인 도식에 의해서
표현할 수 있을 경우에만, 우리는 자연을 개념적으로 파악한다든
가 자연의 존재와 그 법칙성을 참으로 통찰한다고 말할 수 있다.
모든 감각요소가 이러한 도식에 의해서 순수직관의 요소로 치환
된다. 데카르트는 방법적으로 기초를 놓은 자신의 첫 번째 저서인
『정신 지도의 규칙들(Regulae ad directionem ingenii)』에서 이미 '감
각'을 이렇게 순수하게 직관적인 도식에 의해서 대체할 것을 요구
했다.[58] 따라서 우리는 이렇게 말할 수 있을 것이다. 즉 데카르트
의 물리학 전체—『우주론』으로부터 『철학원리』에 이르는—는 이
렇게 기본적이고 주도적인 단 하나의 이념을 추구하고 있으며 정

---

58) Descartes, *Regulae ad directionem ingenii* XIV "이상의 사실로부터 다음이 쉽
게 추론된다. 만일 우리가 크기 일반에 대해 얘기되는 것으로 알고 있는 것을 저
크기의 형상에—무엇보다도 쉽게 그리고 가장 판명하게 우리의 상상 속에서 그
려볼 수 있는 것—적용한다면, 적지 않은 도움이 있을 것이다. 그런데 이 크기
가, 모양을 갖는다는 것만 제외하고 다른 모든 것으로부터 추상된 실제적 연장이
라는 사실은 그 자체로 분명하다. 왜냐하면 다른 어떤 기체에서도 이처럼[연장에
서처럼] 판명하게 모든 비례의 차이가 드러나지 않기 때문이다 …. 따라서 다음
과 같은 사실은 확실하고 해결된 것으로 간주될 수 있다. 즉 완벽하게 규정된 문
제들은 다른 모든 기체로부터 쉽게 분리된 후 연장과 도형으로 옮겨질 수 있고
그래야 한다는 것이다 …. 서로 다른 기체들에서 발견되는 모든 비례의 차이는
둘 혹은 그 이상의 연장들 사이에서도 발견된다는 것은 확실하다." 기하학적 '모
사'라는 이러한 개념과, 데카르트의 물리학 체계의 구성에서 이 개념이 갖는 의미
에 대해 상세한 것은 내 책 *Erkenntnisproblem* 3판, Bd. 2, 457쪽 이하를 참조
할 것.

합적으로 발전시킨 것이라고. 자연현상에 대한 '합리적' 분석으로 향하는 길은 공간직관을 통과한다. 공간직관이 불가능하고 현상의 기하학적 구성의 가능성이 단절되는 경우에는 우리의 통찰도 종언에 도달하게 된다.

그러나 바로 이 점에서 데카르트 물리학에 대한 라이프니츠의 비판이 시작된다. 왜냐하면 라이프니츠는 근본적으로 기하학이 아니라 산술에서부터 출발하며, 더 나아가 산술 자체는 그에게는 결합법의 한 특수사례에 지나지 않기 때문이다. 이러한 결합법에서 출발했기 때문에, 그의 형식개념은 하나의 새로운 보편적인 내용으로 채워진다. 형식이 **공간형식**으로서 나타나야만 한다는 사실은 '형식'에 결코 본질적인 것은 아니다. 오히려 형식이란 원리적으로는 그리고 무엇보다도 먼저 **논리적** 형식이다. 정밀한 개념적 파악을 가능하게 하는 형식의 엄밀한 법칙성은, 질서를 부여하는 어떤 관계에 의해서든—이 관계가 개별적인 점에서는 어떠한 성질의 것이든—다양이 지배되고 규정되는 모든 경우에 성립한다. 이러한 관계들의 총체를 체계로서 완성된 형태로 편성하고 그러한 관계들의 하나하나에 대해서 그 구조를, 즉 그 일반적인 논리적 '유형'을 규정하는 것, 이것이 라이프니츠의 학문론의 과제가 된다. 이와 함께 자연의 대상과 자연인식의 문제도 또한 처음부터 종래보다도 훨씬 더 넓은 사고의 틀 속에 흡수된다. 현상의 '실재성', 즉 그것의 '객관적' 성질은 더 이상 한낱 기하학적 규정들에 근거하는 것이 아니라 그것들보다도 훨씬 복잡한 어떤 규정양태 속에서 비로소 포착된다. "우리는 현상들이 서로 조화될 뿐 아니라 영원의 진리와도 조화된다는 점 이외에는, 현상 속에 어떠한 실재성의 기준도 가지고 있지 않으며 또한 그것 이외의 어떠한 기준도 요구해서는 안 된다. … 바로 이러한 기준을 충족시키는 것 이외의 진리와 현실을 사람들은 찾고 있지만 그러한 노력은 수포로 끝난다. 회의론자들도 그것 이외의 것을 요구할 수 없으며 독단론자들도 그것 이외의 아무것도 약속할 수 없다."[59] 기하학의 공리는 이러한 '영원한 진리들'의 한 특수사례에 지나지 않으며 따라서 그것을 자연인식 **일반**의 시금석과 규범으로 삼을 수는 없다. 새롭게 획득된 이러한 입장으로부터 라이프니츠는 데카르트의 자연체계의 기초에 대해서, 데카르트가 아리스토텔레스의 자연학에 수행했던 것에 못지않은 예리한 비판을 가하고 있다. 데카르트는 자연에 대한 아리스토텔레스의 설명에 대해서 그것이 감각적 지각이 갖는 한계를 그 자체로서 인정하지 않고 그것을 근본적으로 뛰어넘지 못했다고 비난했지만, 이와 마찬가지로 라이프니츠도 실체에 대한 데카르트의 정의에 대해서 그것이 단지 직관적으로 표현될 수 있는 것의 한계 내에 머물러 있으며 이와 함께 '구상력', '상상력'을 지성을 재단하는 재판관으로 만들고 있다고 이의를 제기하고 있다. [라이프니츠에 의하면] 우리가 감각적 한계와 직관적 한계라는 두 개의 한계를 도외시하는 것을 배웠을 때에야 비로소 자연에 대한 참된 **이론**이 획득된다는 것이다. 우리는 기계학

---

59) Leibniz, *Philosophische Schriften*, hg. Gerhardt, 2권, 282쪽 이하, 4권, 356쪽 이하.

으로부터 **동역학**으로, 단순한 '직관'으로부터 '힘'의 개념으로 나아가지 않으면 안 되지만, 힘의 개념은 일체의 감성화에서 벗어나 있을 뿐 아니라 일체의 직접적인 직관화에서조차도 벗어나 있다. "실체는 한낱 연장에 불과하다는 물체적 실체에 대한 개념은 단지 구상력에 입각해 있는 조잡한 개념일 뿐이다. 이러한 개념이—오류라고는 말할 수 없더라도—불완전하다는 사실을 통찰하지 못한 사람이 물체의 본성을 올바르게 파악했다고 생각하는 사람은 없을 것이다. … 왜냐하면 물체 속에는 양과 침투 불가능성 이외에도 힘에 대한 고찰이 근거하고 있는 어떤 것이 상정되어야만 하기 때문이다. … 따라서 우리는 순수하게 수학적이고 직관될 수 있는 기초 외에 지성에 의해서만 파악될 수 있는 형이상학적 기초도 인정해야만 한다. 왜냐하면 물체와 같은 사물에 대한 진리의 총체는, 단지 산술과 기하학의 원리들로부터, 즉 부분과 전체, 큼과 작음, 형태와 위치에 대한 공리들로부터 도출될 수 없기 때문이다. 우리는 그것을 위해서 원인과 결과, 능동과 수동에 대한 원리들을 필요로 하기 때문이다."[60] 따라서 라이프니츠가 데카르트의 이론에 대해서 비난하는 것은, 이 이론도 또한 아직 여전히 물체에, 즉 연장을 갖는 물질이라는 **형상**에 사로잡혀 있다는 점이다. 라이프니츠의 물리학은 최후의 결정적인 일보를 내디뎌야만 했다. 즉 이 물리학은 감각적 지각의 강제로부터도, 형상적인 것에 사로잡혀

---

60) Leibniz, Specium dynamicum, Pars 1, *Mathematische Schriften*, hg. von Gerhardt(Halle 1849~63), 6권, 235쪽, 240쪽.

있는 상태로부터 해방되어야만 했다. 이와 함께 비로소 자연에 대한 보편적 인식을 위한 길도 참으로 열리는 것 같았다. "미리 감각 속에 없는 것은 지성 속에도 없다. 단 지성 자체는 제외하고"라는 라이프니츠 인식론의 근본명제가 여기에서도 입증되어야만 했다. 현실의 '본질'에 대한 궁극적인 언표는 순수하게 '지성적인' 진리에 근거해야만 했던 것이다.

그러나 이와 함께 제기된 철학적 요구도 **물리학**의 역사에서 우선은 보다 깊은 영향을 미치지는 않았다. 라이프니츠가 경험적 물리학에 기여한 것은, 본질적으로는 에너지 보존법칙을 발견하는 것에 길을 열어주었던 '활력보존' 명제의 정식화에 제한된다.[61] 그러나 그의 힘 개념은 그 자신을 다른 길로 이끌었다. 즉 이 길은 그를 물질의 문제와 물리적 물체의 문제가 아니라 오히려 '모나드'의 문제로 이끌었던 것이다. 이러한 형이상학적 전회는 자연과학적 사고의 진보에 어떠한 직접적인 기여도 할 수 없었다. 자연과학적 사고는 오히려 그 역사적 진행에 있어서 우선은 다른 방법, 즉 뉴턴이 자신의 『자연철학의 수학적 원리들』에서 설했던 것과 같은 '귀납법'이라는 보다 엄밀한 방법을 따랐다. 그리고 그 다음 세대의 자연인식의 위대한 체계들도 또한 라이프니츠가 아니고 뉴턴에 의거하고 있다. 이와 함께 철학적 원리론이 진전되는 과정에서 우선 독특한 방향전환이 일어난다. 즉 라이프니츠의 '지성화'

---

61) 이 연관에 대해 상세한 것은 내 책 *Leibniz' System in seinen wissenschaftlichen Grundlagen*, 6장, 302쪽 이하 참조.

의 경향에 대해서 칸트의 '순수직관'의 개념이 대항하게 되는 것이다. 이러한 순수직관에 의해서 라이프니츠가 이의를 제기했던 기하학적 구성의 무조건적인 지배가 명예를 회복하게 되는 것 같다. 왜냐하면 어떠한 지성개념도 직관에서 '도식화되지' 않는 한, 그것은 자신이 경험적 진리라고 주장할 수 없으며 어떠한 객관적 타당성에 대한 요구도 제기할 수 없기 때문이다. 그리고 이렇게 '실재화하는' 도식은 동시에 '제한하는' 도식이기도 하다. 즉 이러한 도식은 개념을 공간적·시간적 **표현 가능성**의 한계 안에 붙잡아두는 것이다. 이제 초월론적 **감성론**과 초월론적 **논리학** 사이에 이성비판의 구조 전체를 규정하는 상호관계와 상호규정이 생기게 된다. 그러나 다른 한편으로 칸트도 또한 논리학자로서, 즉 순수지성의 분석가로서 순수지성개념들의 기능을 정의할 때는 그것들이 보다 넓고 보다 보편적인 의미를 가지고 있으며, 실로 그것들이 **사용될** 때는 직관의 영역에 제한되지만 그 의의에 있어서는 그러한 제한을 받지 않는다고 말하지 않을 수 없다. 이와 같이 예를 들어 **실체개념**은 그 자체로서는 비직관적인 성질인 지성적 종합의 형식밖에 포함하고 있지 않다. 그것은 경험의 대상을 구성하는 순수한 **관계개념들** 중 최고의 것이다. 그것은 그것만이 감각적 현상들의 총체를 통일적 조직으로, 즉 하나의 '문맥'으로 통합할 수 있는 '경험의 유비들'에 속한다. 그러나 실체개념이 바로 이러한 작업을 수행하기 위해서는 특정한 공간적·시간적 도식에 결부되어 있어야만 한다는 것은 말할 것도 없다. 이와 함께 지속성—**공간적 항상성**과 **사물로서의 항상성**이라는 형태에서의—이 여러 현상을 가능적 경험의 대상으로서 규정하기 위한 필요조건이 된다. "어떤 철학자가 연기의 무게는 얼마인가라는 질문을 받았다. 그는 불에 탄 목재의 무게로부터 남은 재의 무게를 빼면 연기의 무게가 나온다고 답했다. 따라서 그는 연소해도 물질(실체)은 소멸하지 않고 물질의 형태가 변화할 뿐이라는 사실을 이론의 여지가 없는 사실로서 전제하고 있다."[62] 그런데 이와 같이 실체성이라는 체계적 원칙을, '물질'은 아무리 변화해도 모든 시간에 걸쳐서 '동일한' 것으로서, 즉 자기동일적인 것으로서 재인식될 수 있는 불변적인 어떤 것으로 보는 가정과 동일시하는 것에는 비판적인 체계의 어떤 내적 곤란이 포함되어 있다. 왜냐하면 칸트가 자신의 '범주들의 초월론적 연역'의 기초로 삼고 있는 원리는 그것만으로는 이러한 동일시를 정초하기에 충분하지 않기 때문이다. 칸트에 의하면, 자연은 현상하는 자연으로서는 순수한 관계들로부터 성립하지만 "그러한 관계들에는 불변적이고 지속적인 관계도 존재하며 이러한 관계에 의해서 우리에게 하나의 대상이 주어지게 된다." 바로 **이러한 종류**의 항상성은 그것 자체에 있어서, 생성의 흐름 속에서 동일하게 존속하는 특정한 **관계들**을 끄집어내고 일정한 보편적인 '불변항'을 확보하는 가능성만을 요구한다. 그리고 이러한 요구는 모든 변화의 기초로 간주해야만 하는 어떤 물질적인 기체를 정립하는 것과는 결코 동일한 의미를 갖지 않는다. 그 존재방식에 있어서 지속적인 어떤 것에 대한 표상은—칸트 자신이 때때로 간결하게 말하는 것처럼

---

62) Kant, *Kritik der reinen Vernunft*, 2판, 228쪽.

―지속적인 표상과는 동일하지 않기 때문이다.[63] 그럼에도 불구하고 칸트 자신에게는 실체라는 **형식적 원리**를 '물질'의 개념으로, 즉 공간상에서 불변적인 어떤 것을 상정하는 것으로 치환하는 것이 아무런 어려움 없이 행해지고 있는 것은, 뉴턴의 이론에 대해서 칸트가 갖는 역사적 관계에 의해서 본질적으로 함께 조건 지어져 있다. 칸트는 뉴턴의 이론을 염두에 두면서, 물질적인 실체를 독자적으로, 즉 공간 속에서 자신 외부에 존재하는 다른 모든 것으로부터 분리되어 움직일 수 있는 것이라고 설명하고 있다.[64] 이 경우 공간 자체와 공간을 채우고 있는 것, 즉 공간 내에 물질적 · 현실적으로 존재하고 있는 것이 이러한 방식으로 서로 분리되고, 양자가 개념상 서로 분명하게 구별되는 두 개의 존재양식으로 나눠질 수 있다는 공리는 '고전역학'의 체계로부터 빌려온 것이다. 그러나 이와 함께 물론 칸트의 '순수직관'의 이론과 칸트가 '초월론적 분석론'과 '초월론적 감성론' 사이에 상정하고 있는 모든 관계는 하나의 난점을 갖게 되며, 이러한 난점은 바로 이러한 공리 자체가 흔들리게 되면―즉 고전역학으로부터 일반상대성이론으로 이행하게 되면―곧바로 분명하게 드러날 수밖에 없었다.

이제까지 우리는 방법적 문제가 어떤 식으로 발전해 왔는지를 추적해 왔지만 그러한 방법적 문제를 간접적으로 고찰하는 것에 만족했다. 즉 우리는 그 문제를 그것이 여러 철학체계에서 어떤

---

63) 앞의 책, 2판을 위한 서설(序說, Vorrede), XLI쪽을 참조할 것.

64) Kant, *Metaphysische Anfangsgründe der Naturwissenschaft*: Dynamik, Lehrsatz 5(Werke, Ausg. Cassirer, 2판, Berlin 1922), 4권, 407쪽을 참조할 것.

식으로 반영되고 있는지를 고찰함으로써 파악하려고 시도했다. 그러나 이제 우리가 19세기에 일어난 그 문제의 발전적 형성에 대해서 논하게 되면, 이러한 실마리를 더 이상 사용할 수 없게 된다. 왜냐하면 19세기에는 우리가 자연과학의 원리론과 방법론의 상황을 어떤 의미에서 직접적으로 읽어낼 수 있는 위대한 대표적 철학사상체계가 더 이상 존재하지 않기 때문이다. 이제 철학적 종합 대신에 수많은 개별적인 단초들이 나타나며 그것들에는 언뜻 보기에는 공통의 목표로 향하는 어떠한 방향도 인식될 수 없게 된다. 그러나 다른 한편 바로 이론물리학 자체가 그것에 고유한 내재적인 진보과정에서 어떤 의미에서 하나의 새로운 **조준선**(照準線, Visierlinie)을 획득하면서, 개별적인 설들이 분분한 상태를 벗어나 새로운 규범을 갖는 전체적 견해를 점차적으로 갈수록 명확하게 완성하게 되었다. 이러한 규범은 일차적으로, 그것에 의해서 '개념'과 '직관'의 관계가 하나의 새로운 규정을 얻게 되고 고전역학이 목표했던 자연과학적 인식의 이상에 대해서 하나의 본질적인 전환을 겪게 된다는 특징을 갖는다. 실로 처음에는 직관성에 대한 요구가 아직은 전적으로 우위를 주장하고 있다. 즉 어떤 자연현상을 개념적으로 파악한다는 것은 그 현상을 어떤 직관적인 모델에 의해서 표현하는 것과 동일시되었다. 그리고 이 경우 물리학은 개별적인 모델들의 결합과 그것들의 체계적인 통일 가능성의 문제보다도, 그러한 모델들을 모두 완성하는 방향으로 훨씬 더 많이 부심(腐心)했던 것 같다. 동일한 현상이나 서로 가까운 관계에 있는 현상군들을 해명하려고 시도할 경우, 동일한 한 사람의 연구자가 전적으로 상이한 이미지 묘사들을 단순히 나란히 제시하는 것도 드물지 않았다. 맥스웰의 저서 『전기와 자기(磁氣)』처럼 원리적인 관점에서 보아 극히 기본적인 연구조차도, 다채롭게 거의 만화경처럼 변화하면서 우리 앞을 지나가는 그 자체로 전적으로 이질적인 다양한 이미지를 아무런 거리낌 없이 나란히 제시하고 있다.[65] 맥스웰 자신이 이 점에서는 전통에 따르고 있지만, 바로 그의 저작은 사실은 그러한 전통의 원리적인 극복을 위한 최초의 가장 중요한 맹아를 포함하고 있다. 한때 윌리엄 톰슨이 이러한 전통적인 견해를 간단명료하게 이렇게 정식화한 적이 있다. "우리는 자연의 사건을 이해하고 있는가 아니면 이해하지 못하고 있는가"라는 물음의 참된 의미는 "우리가 이 사건을 그 모든 세부에 걸쳐서 반영하는 하나의 기계적 모델을 구축할 수 있는가라는 다른 물음으로 귀착되는 것으로 나에게는 여겨진다."[66] 그럼에도 불구하고 이러한 견해에 처음부터 저항하는 사상적 힘이 19세기의 물리학에 결여되어 있었던 것은 결코 아니다. 이러한 물리학의 정신 구조 전체를 한마디로 표현하려고 한다면, 그것을 이미지와 모델의 물리학이 아니라 원리의 물리학이라고 불러야만 할 것이다. 참된 논쟁, 즉 방법에 관한 본질적 논쟁에서 문제가 되는 것은 이미

---

65) 이에 대해서는 특히 Pierre Duhem이 그의 책 *Les théories électriques de J. Clerk Maxwell. Etude historique et critique*, Paris 1902에서 행하고 있는 서술과 비판을 참조할 것. Etude historique et critique, Paris 1902.

66) W. Thomson, *Lectures on molecular dynamics and the wave-theory of light*, Baltimore, 1884, 131쪽(Duhem, *La théorie physique, son objet, sa structure*) (Paris, 1906), 112쪽.

지가 아니라 원리인 것이며, 즉 여러 형태의 자연법칙을 포괄적인 최고의 규칙으로 통합하는 것이다. 이 점에서 우리는 에너지 보존의 원리부터 일반상대성이론에 이르기까지 하나의 선으로 이어져 있는 명확하면서도 일의적인 사고전개 과정을 추적할 수 있다. 그러나 순전히 직관적인 기초 지음과 해석의 가능성에 초점을 두고 말하자면, 원리라는 것은 처음부터 한낱 자연개념과는 다른 선상에 있다. 한낱 자연개념에 관해서는 그것을 직접 주어져 있는 감성적·직관적 자료들로부터의 '추상물'로 해석하면서, 이러한 추상물의 본질에 대한 지배적인 견해에 따라 그러한 자연개념을 궁극적으로는 이러한 자료들의 단순한 **총합**으로 해소시키는 시도가 항상 행해질 수 있다. 그러나 자연 해명의 원리는—비록 그것이 개별적으로는 어떠한 성질을 갖든—그것이 속하는 일반적인 논리적 차원으로부터 보아도 이미 어떤 의미에서는 자연개념과는 다른 타당성의 영역에 속한다. 이러한 원리는 하나의 개념으로서가 아니라 하나의 **판단**으로서 나타나는 것이며 하나의 일반적 **명제**에서 비로소 적합하게 표현된다. 그러한 명제 각각은 하나의 특수한 정립양태를 포함하고 있다. 그 명제와 직관적인 현상의 세계와의 관계는 전적으로 간접적이다. 이러한 관계는 '의미'라는 매체를 매개로 하여 성립하기 때문이다. 원리의 의미는 최종적으로는 경험적으로, 즉 직관적으로 충족되어야만 하지만, 이러한 충족은 결코 직접적으로 가능하지 않고 우선 그 원리의 타당성을 가정하고 나서 그것으로부터 가설연역적 방법에 의해서 다른 명제들이 도출되는 방식으로만 일어날 수 있다. 이 경우 이러한 명제들의 어느 것도, 즉 이러한 논리적인 진행에서 개별적인 단계들의 어느 것도 직접적인 직관적인 해석을 허용할 필요는 없다. 도출의 계열은 논리적인 **총체**로서만 직관에 관련지어지며, 직관에 의해서 입증되고 정당화되는 것이다. 따라서 우리가 여기에서도 다시 물리학적 사고를 **언어적** 사고에 빗대어 고찰해 보면, '모델'로부터 '원리'에의 진행은 언어가 단어로부터 문장으로 진행할 경우에 행해지는 것과 유사한 사고작업을 포함하고 있다고 말할 수 있다. 바꿔 말하면, 모델에 대한 원리의 우위를 승인하는 것에 의해서 비로소 물리학은 이를테면 단어에 의해서가 아니라 문장에 의해서 사고하게 되는 것이다. 19세기의 물리학에서는 모델과 원리라는 두 개의 모티브 사이의 경합이 때때로 구체적인 개별사례에 입각해서 직접적으로 명료하게 제시될 수 있다. 이러한 경합은 무엇보다도 에너지 보존법칙에 대한 파악과 정초와 관련하여 서로 경합했던 여러 학파들에서 명료하게 보인다. 헬름홀츠에서 '힘의 보존' 법칙은 기계적 세계관의 기본전제들로부터 생기는 하나의 단순한 귀결로 나타난다. 기계적 세계관은 아프리오리하게 확정되어 있으며, '자연을 개념적으로 파악할 수 있는 하나의 조건'이다. 물리학의 과제는 자연의 현상들을 불변의 인력과 척력으로 환원하는 것이며, 이러한 힘들의 강도는 거리에 달려 있다. 우리가 이러한 요청과 뉴턴의 일반적인 운동법칙들의 타당성으로부터 출발하면, 이와 함께 에너지 보존법칙은 그 본질적인 내용상 활력보존에 대한 기계론적 명제로 환원되는 것으로 나타난다.[67] 그러나 이러한 환원은 로버트 마이어가 에너지 보존법칙을 자기 나름대로 제시하고 증명하면서 설정했던 목표는 아니었다. 그에게 에너지 보존 법칙이 의미하는 것은 물리학적 현상들의 실로 다양한 영역을 서로 결합하면서, 그것들을 양적으로 비교 가능하게 하고 서로 측정될 수 있게 만드는 하나의 보편적인 관계를 의미할 뿐이다. 이 경우 이러한 관계의 타당성과 진리는 모든 특수한 현상을 기계적 과정으로 환원할 수 있는가에 전혀 달려 있지 않다. 그 원리는 어떠한 고정된 수의 비례에 따라서 열이 운동으로, 운동이 열로 **변환되**는가를 말하고 있을 뿐이며, 열이 그 물리학적 본성에 있어서 운동 **이외의 아무것도 아니**라고 주장하는 것은 결코 아니다. 로버트 마이어에 따르면 에너지 법칙의 가치는 오히려 우리가 서로 상이한 종류의 것들을 정밀하게 **비교하는** 것을 가능하게 하면서도, 이러한 비교에서 그리고 이러한 비교를 통해서 그 차이를 무시하지 않게하는 데 있다. 운동[운동 에너지]이 낙하하는 힘[중력의 위치 에너지]으로 변화하고 낙하하는 힘이 운동으로 변한다고 해서 이러한 사실로부터 양자가 서로 동일하다는 결론을 도출할 수 없는 것과 마찬가지로 동일한 사실은 현상의 모든 영역에 대해서도 타당하다. 따라서 에너지 보존법칙은 우리에게 확실한 척도에 의한, 즉 특정한 등가(等價)가치들에 의한 그러한 영역들의 결합을 가르칠 뿐이다.[68]

---

67) Helmholtz, Über die Erhaltung der Kraft(1847), *Ostwalds Klassiker der exakten Wissenschaft*, Nr. 1, Lpz, 1889, 6쪽 이하를 참조할 것.

68) 특히 Robert Meyer, Bemerkungen über die Kräfte der unbelebten Natur, 1842(*Die Mechanik der Wärme*, 3판, Stuttgart, 1893, 28쪽). 또한 마이어가 1842년 12월 5일과 1844년 7월 20일에 그리싱거(Griesinger)에게 보낸 편지들 (*Kleinere Schriften und Briefe*, hg. von Weyrauch, Stuttgart 1893, 187쪽과

주지하듯이, 19세기의 에너지 일원론은 에너지 보존법칙을 최초로 발견한 사람의 이러한 생각을 받아들이면서 그것에 의거하여 물리학에서 참된 우상파괴(Bildersturm)를 촉발했다. 그러나 예를 들어 W. 오스트발트가 이러한 맥락에서 열운동론에 가했던 비판[69]은—이러한 열운동론의 물리학적 중요성은 전적으로 별도로 하고—순수하게 인식비판적 관점으로부터 보아도 문제의 본질적 핵심을 포착하지 못하고 있다. 왜냐하면 이 문제는 자연이론의 내용이 아니라 오히려 그 형식과 구조 그리고 논리적 구성에 관계되기 때문이다. 기계론적 가설을 전체적으로 배제하고 특정한 개별사례들에 있어서 그 가설의 유효성을 부정하려고 하는 것이 문제가 되는 것이 아니라, 이러한 [기계론적] 가설군에 물리학의 체계 전체에서 어떠한 위치를 부여해야만 하는가, 이러한 가설군에 어떠한 논리적 지위를 인정해야만 하는가가 문제가 되고 있는 것이다. 즉 그러한 가설들이 물리학적 개념형성의 필요조건이자 물리학적 이론형성 **일반**에 필요한 대전제인가 아니면 그러한 가설들 위에 보다 고차적인 다른 명제들이 있고 그것들에 비추어 이러한 기계론적 가설도 평가받아야만 하는가라는 점이 문제가 되고 있는 것이다. 이 문제를 둘러싸고 오랜 동안 행해져 온 논쟁은 오늘날에는 일반적으로 결정이 난 것으로 간주될 수 있다. 이러한 논쟁 속에서 서서히 그리고 끊임없이 행해져온 기본적 견해에서의 변화

225쪽)을 참조할 것.

69) Wilhelm Ostwald, *Vorlesungen über Naturphilosophie*, Leipzig 1902, 210쪽 이하 참조.

는 아마도 플랑크를 예로 할 경우 가장 분명하게 드러날 수 있다. 1887년의 에너지 보존법칙에 대한 플랑크의 최초의 논문은 아직은 철저하게 '기계적 세계관'을 기반으로 하고 있다. 기계적 세계관이 플랑크에게는 아직은 모든 물리학적 연구 일반의 규제적 원리로 간주되고 있는 것이다. 그럼에도 불구하고 플랑크는 이미 이 논문에서 에너지 보존법칙을 기계적 세계관으로부터 **도출하는 것**은 단념하고 있다. 원리들의 위계질서와 연역의 진행 속에서 이러한 원리들이 점하는 위치를 확정하는 것이 문제가 될 경우에, 그는 가장 일반적이고 어떠한 특수한 해석에 의해서도 한정되지 않는 형식을 갖는 에너지 보존법칙의 우위를 인정하는 방향으로 결단을 내리고 있는 것이다. 그는 이렇게 쓰고 있다. "이미 옛날부터, 즉 에너지 보존법칙이 알려지기 훨씬 이전부터 기계적 자연관이 자연철학에서 중요한 역할을 행했다는 사실을 염두에 둘 경우, 그리고 더 나아가 기계론적 입장에서 에너지라는 개념의 정의와 에너지 보존법칙의 정식화 그리고 마지막으로는 그 증명이 얼마나 드물게 직관적으로 주어질 수 있는지를 무시한다면, 바로 연역적 방법에 의한 이러한 증명이 우위를 확보하고 있었다는 사실도 충분히 이해될 수 있다. … 그럼에도 불구하고 내가 보기에는 에너지 보존법칙을 기계적 자연관의 지주로 하는 쪽이 기계적 자연관을 에너지 보존법칙의 연역의 기초로 하는 것보다 더 올바른 것 같다. 왜냐하면 자연에서의 모든 변화는 운동으로 환원될 수 있다는 가정이 아무리 그럴듯한 가정으로 보여도, 그 가정보다도 이 에너지 보존법칙 쪽이 훨씬 더 확실한 기반을 갖고 있기 때문이다."[70] 그 후 대략 25년 후에 플랑크는 이미 여기에서 행해지고 있는 것보다도 훨씬 선명하게 이 관계를 규정한다. 1910년에 행해진 '현대물리학의 기계적 자연관에 대한 입장에 대해서'라는 강연에서는 방법에 관한 결정적인 결론이 인출되고 있으며, '모델'에 대한 '원리'의 우위가 인정되고 있고 그러한 우위가 모든 면에서 관철되고 있다. 이제 분명히 이렇게 강조되고 있다. 즉 우리는 어떤 물리학적인 가설을 평가하기 위한 참된 척도를 결코 그 가설의 직관성이 아니라 그 가설의 수행능력에서 찾아야만 한다고. 이미지의 단순성이 아니라 설명의 통일성이, 즉 자연현상의 총체를 최고의 포괄적 규칙 아래 포섭하는 것이 결정적인 것이다. 이제 이러한 고찰로부터 생기는 것은, 기계적 세계관이 기초로 두고 있는 요청뿐 아니라 에너지 보존법칙조차도 일반성이라는 점에서는 훨씬 능가하는 자연이론의 구성이다. 우선 중요한 것은 **상대성** 원리에 의해서 요청된 일보, 즉 물리학적 세계의 네 개의 '차원'이 원리적으로 서로 동등한 권리를 갖는다고 보면서 그것들을 서로 교환가능한 것으로 보는 일보(一步)를 내딛는 것이다. 이때 최고의 물리학적 법칙으로서, 즉 자연체계 전체의 정점으로서 등장하는 것은 네 개의 세계 좌표를 완전히 대칭적인 형태로 포함하는 **최소작용의 원리**다. "이러한 중심원리로부터 세계의 네 가지 차원에 대응해서, 네 가지 방향에 네 개의 완전히 등가적인 원리가 대칭적으로 생겨난다. 즉 공간의 세 차원에는 운동량의 (세 개의) 원리가

---

70) Planck, *Das Prinzip der Erhaltung der Energie*, Leipzig, 1887, 136쪽

대응하며, 시간의 차원에는 에너지의 원리가 대응한다. 이전에는 이러한 원리들의 보다 깊은 의미와 공통적인 기원을 이 정도로 근원에 이르기까지 추적하는 것은 가능하지 않았다." 사실 '최소작용의 원리'가 자연의 총체성에 대한 새롭고 포괄적인 모습을 제시하는 것도, 그 원리로부터 에너지 보존법칙이 귀결로서 생기기 때문이지 거꾸로 최소작용의 원리가 에너지 보존법칙으로부터 도출되는 것은 아니기 때문이다. 그리고 최소작용의 원리가 기계적 세계관에 대해서 갖는 관계에 대해서 말하자면, 그러한 원리가 그 의미와 사용방식에 있어서 기계적 세계관으로부터 완전히 독립적이라는 사실은 분명하다. 예를 들어 라모어(Lamor)와 슈바르츠실트(Schwarzschild)가 전기역학과 전자론의 기본적 방정식을 최소작용의 원리로부터 도출했던 것처럼, 이 원리는 바로 '기계적 물리학 외'의 영역에 적용되면서 그 유효성을 입증할 수 있었다.[71] 19세기와 20세기 초엽의 물리학이 만약 감각의 제한으로부터도, 직관과 기하학적·기계적 '표현'의 제한으로부터도 점점 더 해방되지 않았더라면, 그것은 갈수록 커지는 폭과 일반성을 갖는 원리에까지 상승하지 못했을 것이며 자신의 고유한 사상적 높이도 구현하지 못했을 것이다. 이 경우 이러한 해방이 직관의 세계로부터 등을 돌리는 것을 함의하는 것은 아니라는 사실은 자명하다. 왜냐하면 물론

---

71) 상세한 것은 플랑크의 강연, Die Stellung der neueren Physik zur mechanischen Naturanschauung, *Königsberger Naturforscher-Versammlung*, 1910과 그의 논문 Das Prinzip der kleinsten Wirkung, Kultur der Gegenwart, 1915(*Physikalische Rundblicke*, Leipzig 1922에 재수록)를 참조할 것.

물리학이론은 모두 직관의 세계로 되돌아가려고 노력해야 하며 결국은 그것에 입각하여 입증되어야만 하기 때문이다. 그러나 물리학적 사고가 바로 이러한 검증에 성공하는 것은, 즉 직관에 의해서 풍요롭게 되고 결실을 맺게 되는 데 성공하는 것은, 이 사고가 처음부터 **직관**의 세계에 구속되어 있지 않고 갈수록 더 깊고 순수하게 자신의 자기입법성, 즉 자신에게 특유한 '자족성'에 있어서 자신을 인식하고 자신을 주장하는 것에 의해서다.

근대물리학의 역사에서 아마도 **에테르** 이론의 전개보다 이러한 사태를 명확히 보여주는 예는 없을 것이다. 이러한 전개에서는, 물리학적 사고가 통과했던 거의 모든 단계 각각이 동시에 일반적 방법적 과정의 특징적인 단계를 보여주고 있다. 뉴턴의 **방사설** [입자설]에서는 빛의 전파라는 사건이 물질의 운동이라는 사건에 직접적으로 결부되고 그것으로 환원되는 방식으로 설명되고 있다. 빛은, 광원으로부터 각각의 색에 대해서 상이한 특정 속도로 전(全)방위로 방사되는 매우 작은 물질적 입자로 '이루어져 있다'는 것이다. 그러나 그 후의 물리학의 전개과정에서 이러한 식의 설명이 유지하기 어렵다는 사실이 입증되었다. 즉 빛의 간섭 현상을 설명하려고 하면, 방사설로부터―이미 크리스티안 하위헌스(Christian Huygens)에 의해서 정초되었던 것과 같은―'파동설'로 다시 되돌아가지 않을 수 없게 되었던 것이다. 그러나 이때 조차도, 빛의 현상에서 우리에게 개시되는 미지의 사태를 설명하기 위한 근거를 경험적으로 알려져 있고 직관적으로 파악 가능한 과정에서 찾으려고 하는 일반적인 경향이 남아 있었다. 이 점에서 항상 거듭해서 유비(類比, Analogie)를 형성하려는 시도가 시작된다. 빛의 운동을 '개념적으로 파악하는 것'에는 그것을 어떤 때는 수면 위의 파도의 전파에, 어떤 때는 탄력 있는 면의 진동에 비유하는 수밖에 없는 것 같다. 그러나 이런 종류의 모든 '비유'는 그것들이 보다 넓은 폭으로 행해질수록 그만큼 더 큰 어려움에 부딪히게 된다. 빛 에테르도 그것에 대한 직관적인 서술이 정치하게 되면 될수록 그만큼 더 역설적인 양상을 보이게 된다. 빛 에테르는 시간이 흐르면서 진정으로 '나무로 된 철'이 되었다. 즉 통상적인 경험들에 입각해서 볼 때 서로 전적으로 모순되는 것으로 여겨지는 여러 성질을 자신 안에 통합하려고 하는 형상이 되었던 것이다. 이 경우 이러한 목적을 위해서 구성된 새로운 보조가설을 도입하여 이 모순을 제거하려고 하는 모든 시도는 갈수록 더 깊이 미궁으로 이끌 뿐이었다. 에테르는 참으로 '기계적 물리학의 문제아'가 되었던 것이다. 그러나 이 미궁으로부터 궁극적으로 벗어나는 것을 가능하게 하는 아리아드네의 실은 근본적으로는, 맥스웰의 이론에서 수행되었던 것처럼 빛이 전기역학적 사건으로서 규정되었을 때 이미 주어져 있었다. 왜냐하면 이제 가장 중요한 걸음, 즉 물질의 물리학에서부터 순수한 '장의 물리학'으로의 이행이 내딛어졌기 때문이다. 우리가 '장'이라는 이름으로 부르는 실재는 더 이상 물리적 **사물들**의 복합체로서 사유될 수 없고 물리적 **관계들**의 총체를 표현하는 것이다. 우리가 이러한 관계들로부터 특정한 요소를 추출해 낼 경우에도, 즉 장의 개별적인 위치들을 따로 떼어내서 고찰할 경우에도, 그것은 그러한 위치들을 실제로 직관에 의해서도 분리할 수 있고 고립된 직관적 형태로서 제시할 수 있다는 것을 의미하는 것은 결코 아니다. 이러한 요소들의 각각은 그것이 속하는 전체에 의해서 제약되어 있을 뿐 아니라 이 전체에 의해서 비로소 '정의되는' 것이다. 여기에서는 개개의 '부분'과 하나의 실체적인 입자가 장으로부터 더 이상 분리될 수 없으며 일정한 시간 동안 이러한 입자의 운동은 더 이상 추적될 수 없다. 어떤 특정한 물리적 '대상'을 비록 아무리 정치한 방식을 통해서라도 τόδε τι[토데 티, 이것]라는 '지시'에 의해서 정의하는 방법에게는 처음부터 하나의 목표점이 정해져 있지만, 이러한 형식의 '증시'는 좌절하며 그 대신에 훨씬 더 복잡한 형태의 물리학적 '연역'이 등장할 수밖에 없다. 에딩턴은 때때로 이러한 사태를 이렇게 표현하고 있다. 즉 우리는 현대물리학의 에테르에 대해서는 더 이상 어떤 특정한 장소를 손가락으로 짚을 수 없으며 에테르의 이 부분이 몇 초 전에 이 장소에 있었다고 주장할 수 없다고.[72] 따라서 여기에는 우리가 통상 '사물'—이것에는 '직접적으로' 경험되는 사물뿐 아니라 운동의 실체적인 '담지자'로서의 역학적 물질도 포함되지만—의 본질적 규정의 하나로 보고 있는 수적 동일성도 더 이상 견지될 수 없다. 그러나 다른 한편으로 이런 형식의 **사물성**을 포기해도 물리학적 개념의 객관적 타당성과 **의미**는 결코 위협을 받지 않는다. 오히려 그것은 이제 보다 깊고 보다 일반적 의미에 있

---

72) Sir Arthur Stanley Eddington, *Space, Time and Gravitation*, Cambridge 1925, 40쪽을 참조할 것.

어서 기초 지어진다. 물론 에테르 내의 개별적인 위치는 이제 어떠한 구체적인 징표를 통해서도 결코 표현될 수 없으며 다른 구체적인 징표들로부터도 구별될 수 없다. 이러한 징표들의 각각은 오히려 두 개의 상태량, 즉 전장(電場) 벡터와 자장(磁場) 벡터의 크기와 방향에 의해서 전적으로 추상적으로 정의된다. 그리고 이제 빛의 '본질'은 단어의 직관적인 의미에서의 '파동'과 '진동'에 비유될 수 있는 것에 존재하는 것이 아니라 그 방향이 항상 전파의 방향에 직각으로 교차하고 있다고 여겨지는 하나의 벡터의 주기적 변화에 있다. 이러한 '형식주의적 빛이론'에 의해서 비로소 에테르라는 모든 이미지에 불가피하게 붙어 있었던 여러 모순이 제거될 수 있었다.[73] 물리학이 에테르를 일종의 '탄력적인 성질을 갖는 고체'로 보는 견해를 원칙적으로 포기함으로써[74] 비로소 이제 물질이라는 개념조차도 근본적으로 변화시키게 되는 새로운 견해로의 길이 열리게 되었다.

그리고 이러한 변화조차도 어떤 내적인 일관성, 어떤 엄밀한 방법적 연속성을 보여주고 있다. 처음에 물리학은 에테르라는 새롭게 획득된 개념을 단순히 물질의 개념 곁에 나란히 설정하는 것으로 만족할 수 있는 것처럼 보였다. 이와 같이 하여 '물질'과 '장'의

---

73) '형식주의적 빛이론'의 형성에 대해서는 예를 들면 Bavink, 앞의 책, 2판, 89쪽 이하에서의 서술을 참조할 것.

74) 물리학이 궁극적으로 이러한 포기에 이르게 되는 과정에 대해서는 Max Born, *Die Relativitätstheorie Einsteins und ihre physikalischen Grundlagen*, Berlin, 1920, 78쪽 이하, 158쪽 이하를 참조할 것.

이원론이 성립하게 되었다. 즉 에테르와 물질은 서로 분리되어 있는 두 개의 상이한 존재를 형성하면서도 끊임없이 상호작용하면서 서로 결합되어 있다는 것이다. 그러나 그 후 상대성이론에 의해서 이 이원론도 폐기된다. 즉 물질은 장(場)과 나란히 존재하는 하나의 물리적 존재자로 나타나지 않고 장으로 환원되며, 물질은 '장의 산물(産物)'이 된다.[75] 이미 패러데이가 이러한 전환을 준비하고 있었다. 즉 이미 패러데이에서는 물질의 '실재성'은 궁극적으로는 역선(力線)의 실재성으로 해소된다. **미(Mie)의 물질이론**에서는 '물체'와 '장'의 대립이 전면적으로 제거된다. 미에 따르면 물체 자체는 순수하게 전기로 구성되어 있다는 것이다.[76] 이와 같이 물질이 어떤 의미에서 에테르의 소산으로서 나타난다면, 에테르 자체에 물질의 속성과 유사한 어떤 속성이 있다고 주장하는 것은 분명히 ὕστερον πρότερον[휘스테론 프로테론, 부당한 가정의 오류]일 것이다. 물질의 속성들을 진정으로 **도출하기** 위해서는 물질에 대비(對比)해서 에테르를 '속성을 결여한 것'으로 사유해야만 하는 것이다.[77] 그럼에도 불구하고 우리가 에테르를 어떤 특수한 '대상'이

---

75) 상세한 것은, Weyl, *Raum, Zeit, Materie*, § 25, 4판, 181쪽 이하를 볼 것.

76) 미(Mie)의 물질이론에 대해 상세한 것은, 같은 책, § 26 및 Max von Laue, 앞의 책, II, Abschn. 8을 참조할 것.

77) 이에 대해서는 Eddington, 앞의 책, 39쪽을 참조할 것. "19세기의 수학자들은 탄력적인 성질의 에테르와 고체 에테르 그리고 다른 물질적 에테르에 대한 이론을 개발하는 데 많은 시간을 바쳤다. 빛의 파동은 이 [에테르라는] 실체의 현실적인 진동이라고 추정되었다. 에테르는 강성(剛性)과 밀도(密度)라는 잘 알려진 성질을 갖는다고 여겨졌다. … 이러한 유물론적 에테르 개념에 대해서 참된 치명적인 타격이 가해졌던 것은 물질을 에테르 속의 어떤 상태로서 설명하려는 시도

라고 계속해서 부르려고 한다면, 바로 이 대상을 특정한 관계들을 위한 고유한 실체적인 '배경'으로서가 아니라 오직 그러한 관계들의 표현 내지 총체로서 사유해야만 한다. 아인슈타인은 라이덴에서 행해진 '에테르와 상대성이론'이라는 강연에서 이렇게 해설하고 있다. 즉 일반상대성이론조차도 에테르라는 개념을 포기할 필요는 없지만, 다만 일반상대성이론은 에테르에게 어떠한 종류의 것이든 특정한 운동상태를 인정하는 것은 포기해야만 한다고. 그리고 이렇게 말하는 이유는 어떤 식으로 운동하는 좌표계라도 모든 좌표계에 대해서 동일한 권리를 갖고 에테르가 그 속에 정지해 있다고 말할 수 있기 때문이다. 그런데 정지하고 있다고도 일정한 속도로 운동하고 있다고도 말해서는 안 되는 에테르가 어떠한 방식으로든 실재하는 것으로 표상될 수 있고 특정한 직관적 징표들과 속성들을 갖고 있다고 간주될 수 있는 개별적인 '사물'이 아니라는 사실은 분명하다. 이러한 의미의 에테르는 이제는 바로 장 자체의 고유한 규정 이외의 규정을 더 이상 갖지 못하며, 따라서 에테르와 장은 그것들에 대한 호칭만이 다를 뿐이다. 이와 함께 물리학 내부에서는 특유의 변증법적 과정이 종결을 보게 되었다. 즉 에테르라는 표상을 수미일관된 형태로 완성해 가다 보면, 결국

가 행해졌을 때였다. 왜냐하면 물질이 에테르 속의 소용돌이 운동 내지 맺혀진 마디라고 한다면, 에테르 자체는 물질―즉 그 자체의 어떤 상태―일 수 없기 때문이다. 물리학이 어떤 성질을 설명하는 물질이론을 전개해도, 해당 성질이 물질의 원초적 기초 속에 설명되지 않은 그대로 존재하고 있다는 것이 요청될 경우에는 그 이론도 무효가 되고 만다."

은 바로 이 표상을 폐기하게 되고 만다는 것이다. 이와 함께 물리학은 표시의 영역을, 아니 더 나아가 표시 가능성 일반의 영역을 결정적으로 떠나게 되면서 보다 추상적인 영역 속으로 들어서게 된다. 형상이라는 도식이 원리라는 상징에 자리를 내주게 된 것이다. 물론 현대물리학 이론이 경험에 바탕을 두고 있다는 사실은 이러한 통찰에 의해서 조금도 흔들리지 않는다. 그러나 이제 물리학은 더 이상 내용을 갖는 현실로서의 존재자를 직접적으로 다루지 않고 그것의 '구조', 즉 그것의 형식적인 구조를 다룬다. 통일화를 향하는 경향이 직관화를 향하는 경향에 대해서 승리를 거둔 것이다. 즉 순수한 법칙개념에 의해 인도되는 종합이 사물개념에서의 통합보다 우월한 것으로서 입증된 것이다. 이와 함께 질서가 물리학의 본래적인 근본개념, 즉 '절대적인' 근본개념이 되었다. 세계 자체는 더 이상 사물들의 총합으로서가 아니라 '사건들'의 질서로서 표현된다.[78] 바일은 이러한 사태를 다음과 같이 표현하고 있다. "물리학이 외계를 구성할 때 매체로서 사용되는 것은 … 직관공간과 직관시간이 아니라, 추상적·산술적인 의미에서의 4차원 연속체이지 않으면 안 된다. 하위헌스에서 색은 '현실에 존재하는' 에테르의 진동이었지만 이제 색은 주기성을 갖는 수학적 함수과정으로만 나타날 뿐이다. 이 경우 좌표에 관련되어 있는 공간적·시간적 매체를 표현하는 것으로서의 그러한 함수들에서는 네 개의 독립변수가 나타난다. 따라서 남아 있는 것은 결국 상징적 구성,

---

78) 이에 대해서는 같은 책, 특히 12쪽 이하, 184쪽 이하를 참조할 것.

즉 힐베르트에 의해서 수학분야에서 행해졌던 것과 정확하게 동일한 의미에서의 상징적 구성이다."[79]

다른 관점으로부터 보아도 하위헌스라는 이름이야말로 기계론적인 고전물리학으로부터 현대의 상대성 물리학으로의 세계상으로 이행해 가는 전개방식과 방향에 대한 보다 깊은 통찰을 우리에게 제공하는 데 기여할 수 있다. 왜냐하면 하위헌스는 고전이론 내부에서도 어떤 특정한 방법적 정점을 표현하고 있기 때문이다. 그는 세계의 사건에 대한 순수하게 운동론적인 고찰방식을 처음으로 참된 일반성과 과학적 엄밀성에 있어서 관철했던 물리학적 사상가였다. 그는 모든 자연현상을 이렇게 순수하게 운동론적 관점 아래서 고찰했다. 하위헌스에게는 '활력'의 영역과 '장력(張力) [당기는 힘])'의 영역 사이, '운동' 에너지와 '잠재적' 에너지 사이에 어떠한 대립도 존재하지 않는다. 오히려 그에게 자연의 사건은 모두 그 자체로는 불변의 실체적인 개별적 존재자로 간주되는 최소의 물질적 부분의 현재적 운동으로 해소된다. 이러한 관점에서는 그가 구상했던 에테르의 물리학과 '무게를 측정할 수 있는' 질량의 물리학이 동등하다. 빛과 무게도 또한 하위헌스에 의하면, 그것들이 가장 작으면서도 자립적으로 존재하는 에테르 입자들의 운동, 그것들의 공간적 이동으로 환원된다는 사실에 의해서만 설명될 수 있다. 이 경우 운동하는 개개의 입자의 상호작용을 규정하

---

79) Weyl, *Philosophie der Mathematik und Naturwissenschaft*(*Handbuch der Philosophie*, 80쪽).

고 규제하는 근본원리로 간주되는 것은 활력보존의 법칙이다. 자연에서 모든 작용은 그 총량이 불변인 운동 에너지가 공간 속에서 여러 가지로 배분되고, 공간의 어떤 부분으로부터 다른 부분으로 이행함으로써 성립한다. 세계의 사건과 이것을 구성하는 그 모든 부분에 관한 완전히 직관적인 완전한 상을 획득하기 위해서는 이러한 에너지의 이동을 장소로부터 장소로 추적해야만 한다. 직접적인 관찰에서는—예를 들면 비탄성(非彈性)적인 충돌의 현상에 있어서처럼—활력의 소실이 보이는 경우에도 우리가 만족스런 **체계적인** 설명을 획득하려고 한다면, 우리는 이러한 소실을 단지 외관상의 것으로 보아야만 한다. 감각적으로 지각 가능한 물체들 속에서 소실된 에너지는 다른 형태로, 즉 에테르 원자들의 운동으로 변형되며, 이 에너지는 일정한 조건들이 갖추어지면 이 에테르 원자들로부터 다시 물체적인 물질에게로 이전된다. 거대한 수조(水槽) 안에서처럼 에테르 안에 비축되어 있는 운동 에너지가 에테르에서부터 다시 물체 원자로 역류한다. 이와 같이 하위헌스가 모든 자연법칙 일반의 전형과 원형으로 보는 것은 **충돌법칙**이다. 그리고 이 경우 충돌 자체는 단순히 하나의 감각적 현상으로서 고찰되고 기술될 뿐 아니라 순수하게 '합리적인' 원리들, 즉 수학적으로 정식화될 수 있는 일반적 원리들로 환원된다. 불변적이고 절대적으로 견고한 것이지 않으면 안 되는 궁극의 물질요소로서의 원자를 가정하는 것과 동시에 그러한 원리들의 타당성이야말로 그것들을 토대로 해서만 자연에 대한 하나의 과학이 기초 지어질 수 있는 필요조건이다.

라스비츠는 그의 『원자론의 역사』에서 하위헌스의 이러한 기본적 학설을 탁월한 것으로 서술하고 있지만, 이 경우 그는 그러한 서술에 하나의 일반적 고찰을 결부시키면서 바로 이러한 학설에 대한 인식비판적 정당화, 즉 하나의 '초월론적 연역'을 수행하려고 하고 있다. 라스비츠에 의하면, 운동론적 원자론은 다른 여러 설명과 상대적으로 동등한 권리를 갖고 나란히 존재하는 물리학상의 하나의 특수한 기본적 견해가 아니라 자연에 대한 정밀한 개념적 이해 일반의 규범이자 모범이다. 왜냐하면 운동론적 원자론에서는 무엇보다도 먼저 우리의 의식 체험류로부터 하나의 지속적인 물리적 존재, 즉 '객관적인' 자연을 추출해내기 위해서 불가결한 여러 **사고수단**이 서로 완전히 이상적인 균형을 이루고 있기 때문이다. 이러한 사고수단들 중 첫 번째 것이 **실체성**의 범주이다. 이 범주는 하나의 주어에 상세한 규정으로서의 여러 술어가 부속되고 그것을 여러 속성을 갖춘 지각 가능한 하나의 개별적인 사물로 만드는 것을 본령으로 하는, 통일성이라는 최초의 기본적 관계를 표현하고 있다. 이러한 개별적 사물성에 대한 과학적 표현이 견고하면서도 파괴될 수 없는 모든 변화의 담지자로서의 원자라는 개념이다. 그러나 이 개념에 의해서는 바로 그러한 변화 자체는 아직 정립되어 있지도 않고 규정되어 있지도 않다. 참된 의미에서의 사건은 실체에 의해서 기초 지어지기는커녕 오히려 그것에 의해서 부정되고 만다. 따라서 여기에서는 규정들 자체의 변화와 변동을 객관화될 수 있는 것으로 만드는 다른 원리가 필요하다. 그리고 실체가 공간에 관계 지어져 있는 것처럼 이러한 새로운 원리는 **시간**에 관계 지어져 있다. 즉 이 원리는 동일한 하나의 실체에게서 서로 잇달아 일어나는 여러 상태를 서로 결합하는 하나의 법칙성을 확정한다. 우리에게는 주어진 것을 생성하는 것으로서 사유하기 위한 수단이 필요한 것이다. 과학이 이러한 새로운 사고수단, 즉 '가변성'이라는 사고수단을 처음으로 발견한 것은, 과학이 무한한 것을 해석하는 기본개념들을 사용하여 가변량이라는 개념을 엄밀히 정의하고 여러 가변량 상호 간의 관계를 정밀하게 수학적으로 표현하는 방법을 알게 되었을 때였다. "문제가 되는 것은 다음과 같은 의식의 통일관계다. 즉 감각적으로 주어진 것을, 실체에서처럼 자신의 술어에 의해서 자기 자신과의 동일성은 유지하지만 다른 모든 주어진 것과의 연관으로부터는 분리되는 방식으로 결합하지 않고, 감각적으로 주어진 것이 하나의 **시간충실**(Zeiterfüllung[시간을 채우는 것])로서, 즉 하나의 연속체를 실로 하나의 통일적 요소로서 두드러지게 하지만 그 연속체로부터 분리되지 않는 시간충실로서 파악하는 방식으로 결합하는 의식의 통일관계가 문제가 되는 것이다. 다시 말해서 그 자체로 자립적으로 존재하면서 이후의 법칙적 시간충실을 보증하는 생성 내지 계속의 법칙을 포함하는 하나의 위치로서 파악하는 방식으로 감각적으로 주어진 것을 결합하는 의식의 통일관계가 문제인 것이다." 이러한 새로운 사고수단에 의해서 비로소 실체들 사이에 하나의 관계가 설정되고 실체들 사이의 어떤 인과성이 정의될 수 있게 된다. 라스비츠에 의하면 이렇게 해서 이제, 하위헌스가 이룩한 운동론적 원자론의 이론구성이 근대자연과학적 사고의 참된 정점으로 나타난다. 왜냐하면 하위헌스의 이론구성에서야말로, 인식비판적 분석에서는 분리되는 과학적 사고의 두 개의 기본적 요청이 모범적인 방식으로 함께 작용하고 있기 때문이다. 하위헌스는 물체의 변화라는 감각적 사실을 역학의 원리를 따르는 연속적인 인과적 상호규정으로서 객관화하고 있다. 이와 같이 견고한 원자라는 개념에 의해서 운동의 불변적인 담지자가 확정되고, 운동량의 대수적 총합의 보존법칙과 에너지 보존법칙에 의해서 물체계의 개별적인 요소들 간의 상호작용이 확정된다. 여기에서는 통상적으로 원자론의 역사적 전개과정 전체에 걸쳐서 원자론에 수반되어 왔던 저 감각적 표상, 즉 작고 견고한 물체로서의 원자라는 표상은 더 이상 문제가 되지 않게 된다. "하위헌스가 감각적 표상을 극복하고 그것을 합리적이면서도 더 나아가 수학적으로 정식화될 수 있는 개념들에 의해서 대체하고 있다는 것, 바로 이러한 진보에 의해서 하위헌스는 입자설을 과학으로까지 격상시켰다. 절대적 원자와 운동하는 원자들의 총체라는 것은 개념적 형성물이며, 공간 속에서 원자들의 만남이라는 것도 더 이상 '충돌한다'는 의인관적 사건을 의미하지 않고 **특정한 시점에서의 장소에 대한 기하학적 규정**을 의미할 뿐이다. 그리고 이른바 충돌 후의 원자들의 행태도 감각적 물체들이 서로 부딪혀서 튕겨지는 사태에 빗대어 추론되지 않고, 원자의 속도 배분을 규제하는 수학적 공식에 의해서 규정된다."[80]

여기에서 물리학의 체계에 의해서 주어지고 있는 인식비판적 연역은 하나의 **가설적** 연역이다. 그것은 물리학에서 역사적으로 주어져 있는 어떤 특정한 연구상황에 결부되어 있으며 그것을 '물리학의 사실'로서 근저에 두고 있다. 단 이 경우 라스비츠 자신은 엄밀한 비판적 사상가로서 이러한 사실을 결코 단적으로 불변의 궁극적인 것으로 보지 않고 있다. 그는 다음과 같이 역설하고 있다. "비판철학은 결코 경험의 조건들과 물리학의 원리들을 아프리오리하게 규정하려고 해서는 안 된다. 그러한 작업을 수행하려고 해도 그것은 항상 역사적 과정에 입각해서 해야만 한다. 그리고 물리학적 인식이 변화하는 것과 마찬가지로, 경험의 초월론적 조건들의 **내용**이 어떠한 것인가에 대한 설도 항상 역사적으로 변화될 것이다. 특정한 시대의 인류의 의식에서 과학적 인식의 원리들이 어떻게 정식화되어 있는가가 아니라 그것이 정식화되어 있어야만 한다는 것, 의식의 방향을 영원히 규정하는 것, 즉 객관화의 최고의 법칙이 존재한다는 것이야말로 초월론적 원리들이 이론들의 변천들과 구별되는 본질적인 차이다. … 어떠한 사유수단이 새롭게 발견될 것인지, 어떠한 사고수단이 인류의 의식으로부터 사라질 것인지는 해결될 수 없는 문제다. 문화의 어떠한 시대도 자신이 갖는 여러 사고수단을 종합적 통일체로서 의식하고 있다면 충분하다. 그러한 통일체가 각 분야의 연구와 가설이 동요하고 모색하는 가운데 과학적 경험의 가능성을 보증하는 것이다. 왜냐하면 그러한 통일체야말로 변화하는 이론적 내용이 단순히 경험의 우

---

80) Kurt Laßwitz, 앞의 책, II, 374쪽 이하, 특히 I, 43쪽 이하, 269쪽 이하, II, 341쪽 이하를 참조할 것.

연성에 의거하는 것이 아니라 의식의 지속적 방향에 의거한다는 사실을 증명하기 때문이다."[81]

이 인용문에서 언표되고 있는 일반적·철학적 성찰을 염두에 두고 현대의 상대성 물리학을 살펴본다면, 그리고 라스비츠가 역사적으로 묘사하면서 인식비판적으로 정초하려고 했던 저 운동론적 원자론에 현대의 상대성 물리학을 대치시켜 본다면, 물리학이 최근 수십 년 동안에 겪었던 이론적 변천의 기본적 동기가 특별히 인상적이고 계발(啓發)적인 방식으로 분명하게 드러난다. 현대물리학조차도 라스비츠가 근본적으로 보았던 두 개의 '사고수단', 즉 '실체성'과 '가변성'이라는 사고수단을 필요로 한다. 그러나 현대물리학은 이러한 사고수단들을 사용할 때 그것들을 하나의 새로운 체계적 연관 속에 편입시킨다. 현대물리학은 실체를 본질적으로 그리고 주로 공간에 관계 짓고 변화를 본질적으로 시간에 관계 짓는 방식으로 실체성과 가변성을 더 이상 서로 분리시킬 수 없다. 왜냐하면 이러한 분리는 공간과 시간 자체가 물리학적 세계에 대한 기술에서 서로 선명하게 분리될 수 있고 물리학의 구성에서 공간과 시간 각각이 자립적인 기본형식으로서 대치하고 있다고 전제할 것이기 때문이다. 그러나 바로 이러한 전제에 대한 반박이 상대성 물리학의 단서가 된다. 민코프스키의 유명한 정식화에 따르면, 상대성 물리학에서는 공간 자체나 시간 자체는 완전히 그림자와 같은 것이 되고 말며 양자의 일종의 동맹만이 자립성을 보존

---

81) 같은 책, II, 395쪽.

하게 된다. 현상들을 관통하면서 주어져 있는 것은 공간과 시간 속에 존재하는 4차원의 세계뿐이며 이러한 세계에서는 공간과 시간으로의 투영(投影)이 아직은 상당히 자유롭게 행해질 수 있다.[82] 이러한 사실로부터 분명하게 되는 것처럼, 우리는 지속성이라는 모티브와 변화라는 모티브를—하위헌스에 의한 운동론적 원자론의 연역에서 행해지고 있는 것처럼—, 기껏해야 서로 보완할 수 있을 뿐 그 기본적 의미로부터 볼 때 서로 선명하게 분리되어 있어야만 하는 두 개의 대립적인 모티브로 파악해서는 안 된다. 오히려 여기에서 존재하는 것은, 자신으로부터 지속성도 변화도 규정하면서 그 양자를 철저한 상관관계 속에서 결합하는 하나의 원리인 것이다. 세계는 더 이상, '속성들'은 시간 속에서 변화하지만 그 자체는 불변적인 '사물들'로 이루어진 세계로서 파악되어서는 안 된다. 세계는 '사건들'의 자기완결적인 하나의 체계가 되었으며 이 경우 이 사건들 각각은 서로 대등한 자격을 갖는 네 개의 좌표에 의해서 규정된다.[83] 이와 같이 이제는 더 이상 이미 완성되어 있는 공간'이라는' 형식'과 시간'이라는' 형식에 단순히 수용되는 자립적인 세계 내용은 존재하지 않는다. 공간·시간·물질은 서로 불가분

82) Hermann Minkowski, Raum und Zeit, Leipzig 1909(*Das Relativitätsprinzip, Eine Sammlung von Abhandlungen*, Leipzig 1920, 54쪽 이하에 재수록되어 있음)를 참조할 것.

83) 이에 대해서는 특히 Alfred North Whitehead, *An Enquiry concerning the principles of natural knowledge*, Cambridge 1925를 참조할 것. 이 저서에서는 상대성 이론의 '사건-세계'가 갖는 이러한 특징이 특히 명료하면서도 엄밀하게 부각되고 있다.

하게 결합되어 있으며 서로를 고려하는 것에 의해서만 정의될 수 있다. 물리학적 의미에서 실재하는 것으로 간주되는 것은 오직 공간, 시간 그리고 물질의 종합, 그것들의 상호관계와 상호규정뿐이며, 그것들 각각이 독자적인 것으로 취급될 경우에는 단순한 추상물 이상의 것이 아니게 된다. 공간성, 시간성, 물질성은 여전히 물리학적 현실의 **계기들**이지만, 이러한 계기들은 오래전의 사고방식에서 가능했던 것처럼 이러한 현실을 구성하는 **단편들**로 취급될 수는 없다. 예를 들어 뉴턴의 이론에서 그랬듯이 '완성되어 있는 아파트' 속으로 들어가듯 물질적인 실재가 들어가는 '텅 빈' 공간은 이제는 더 이상 존재하지 않는다. '계량장(das metrische Feld)'이라는 개념과 함께, 공간과 시간 그리고 물질의 특수한 **시점(視點)들**을 완전히 새로운 방식으로 서로 연관 짓고 서로 결합하는 통일개념 내지 상위개념이 창출된 것이다. 세계는 체계적인 통일성을 갖는 (3+1)이라는 차원을 갖는 계량 다양체로서 정의된다. 물리학적 장의 현상들 모두는 세계계량(Weltmetrik)의 여러 현상인 것이다.[84] 이제는 에너지조차도 예를 들어 로버트 마이어가 서술했던 것과 같은 불멸의 질량에 대한 일종의 대응물을 이루고 있는 '불멸의 객관'이 아니다. 질량과 에너지의 이원론은 아인슈타인의 '에너지의 관성(慣性)'의 법칙에 의해서 폐기된다. 즉 질량보존의 법칙과 에너지 보존법칙은 상대성이론에 의해서 단 하나의 원리로 통합되는

---

84) 계량장이라는 개념에 대해 상세한 것은 특히 Weyl, *Raum, Zeit, Materie,* § 12, § 35를 참조할 것.

것이다.[85] 에너지 보존법칙은 운동량 보존법칙과 불가분하게 결부되어 있다. 즉 에너지 보존법칙은 로렌츠 변환을 수행해도 변하지 않는 하나의 법칙의 한 성분, 즉 시간성분에 불과하며, 이러한 법칙의 공간성분이 운동량 보존법칙을 표현하는 것이 된다. 에너지 보존법칙의 이러한 파악방식에는 전적으로 새로운 종류의 그리고 전적으로 새로운 질서에 속하는 어떤 '실체적인 것'이 나타나고 있다. 아마도 여기에서 우리는 순수한 실체-**사고**가 단순한 실체-**표상**에 대해서 거둔 최고의 승리를 눈앞에 보고 있다. 우리가 궁극의 물리적 실재로서 정의하고 있는 것은 모든 사물성의 외관을 떨쳐버렸다. 상이한 시점(時點)들에서 동일하게 존속하는 물질에 대해서 말하는 것은 더 이상 의미를 갖지 못한다.[86] 그러나 여기에서도 이렇게 사물성을 포기함으로써 물리학의 '객관성'이 흔들리게 되는 것이 아니라 오히려 전적으로 새롭고 보다 깊은 의미에서 **정초된다**. 왜냐하면 이러한 객관성은 **표현**의 문제가 아니라 순수한 **의미**의 문제이기 때문이다. 우리가 대상으로 부르는 것은 더 이상 특정한 공간적·시간적 술어들과 함께 도식화될 수 있고 직관 속에서 실현될 수 있는 '어떤 것'이 아니라 순수하게 사고에 의해서만 파악될 수 있는 통일점이기 때문이다. 대상 자체는 결코 '표상될' 수 없다. 그것은 원리 면에서는 칸트에 의해서 이미 예리하

---

85) 아인슈타인의 논문 Ist die Trägheit eines Körpers von seinem Energieinhalt abhängig? *Annalen der Physik*, 17권, 1905를 참조할 것. 상세한 것은 예를 들면 Haas, 앞의 책의 여섯 번째 강의를 참조할 것.

86) Weyl, *Raum, Zeit, Materie*, § 20, § 24, § 25 등을 볼 것.

게 강조되었던 저 정의에 따라서 "그것과 연관해서 여러 표상들이 종합적 통일을 갖게 되는" 단순한 X다.

나는 이전에 행해진 연구에서 사물개념으로부터 관계개념으로의 이러한 진전, 즉 불변적인 사물이라는 통일체로부터 순수한 법칙의 불변성으로서의 이러한 진전이 갈릴레이와 케플러 이래의 근대자연과학의 세계상 전체를 얼마나 크게 특징짓는 것인지를, 이러한 일반적인 논리적 경향이 '고전역학'의 체계에서조차도 이미 얼마나 분명하게 작용하고 있는지를 보여주려고 했다. 아인슈타인의 특수상대성이론에 의해서 시작된 물리학의 최신 단계는 그 연구에서는 다루어지지 않았다. 오늘날 이 단계야말로 비로소 그것에 선행하는 발전과정으로부터 순수하게 방법적인 의미에서 그것의 최종적인 귀결을 끌어내었다고 할 수 있다. 이 단계에서는 모든 '실체적인 것'이 순전히 그리고 완전히 함수적인 것으로 전환된다. 본래 궁극적인 의미에서 '지속성'이라고 말해지는 것은 더 이상 공간과 시간 속에 펼쳐져 있는 존재자가 아니라 물리학적 사건에 대한 어떠한 기술에서도 변하지 않는 보편적 정수(定數)가 되는 양과 양적 관계다. 객관성의 궁극적인 층을 형성하는 것은 이러한 관계의 불변성이지 어떤 개별적 존재자의 사실존재가 아니다.[87] 현대물리학에서도 언뜻 보기에는 물리학의 진보의 내적

---

87) 내 책 *Substanzbegriff und Funktionsbegriff*, Berlin 1910을 참조할 것. 위의 서술에 대한 일반적인 인식비판적 기초 지음에 대해서는 이 책[*Substanzbegriff und Funktionsbegriff*](특히 4장과 7장)을 참조하기 바란다. 이 책에서 상세히 서술된 것을 여기에서 반복할 필요는 없을 것이다. 나로서는 *Substanzbegriff und*

법칙에 대한 이러한 기본적 견해에 대립하는 분야가 아직 하나 남아 있다. 원자론이 고전적 체계가 그것에게 부여했던 저 형태에서는 포기되었다고 해도, 즉 하위헌스가 구축했던 것과 같은 순수하게 운동론적인 세계상이 폐기되었다고 해도, 다른 한편으로는 원자라는 개념 자체가 찬연하게 부활한 것이다. 물질의 원자론적 구조에 대한 이론은 새로운 물리학의—모든 측면으로부터 기초 지어진—가장 확실한 성과들 중 하나다. 분광학(分光學)이 이룬 여러 성과에 의해서 원자의 '내부'에 대한 통찰이 가능하게 되었다. 예를 들어 라우에가 '점상 격자(點狀格子)'로서의 결정(結晶)을 이용함으로써 그의 유명한 '회절상(廻折像)'을 획득한 이래로,[88] 원자의 세계가 이제 직접적으로 열려지고 직접적인 직관에 의해서 볼 수 있도록 가깝게 되었다는 인상이 갈수록 강화되고 있다. 보어의 원자론이 갖는 특별한 생산성조차도 무엇보다도 이 이론에 의해서 놀랄 정도로 풍부한 경험적 개별사실들이 이를테면 한눈에 볼 수 있도록 통합되었고 최고의 직관적인 명료성을 갖는 단순한 모델에 의해서 표현되었다는 데에 기초하고 있는 것으로 여겨진다. 그럼에도 불구하고 바로 보어의 원자 모델이 '고전적' 형식의 원자론에서 지배적이었던 표상형식에 대해서 갖는 차이에서야말로 방법상

---

*Funktionsbegriff*의 근본명제를 이론물리학의 현 상태와 지난 20년간에 걸친 발전과 관련하여 적용하면서 그 근본명제를 보다 철저하게 관철하고 세부적인 점에서 보다 선명하게 규정하는 것으로 만족했다.

88) 이에 대해서 상세한 것은, M. v. Laue, Zur Theorie der kontinuerlichen Spektra, *Jahrbuch für Radioaktivität und Elektronik*, 11권, 1914, 400-413, 및 Sommerfeld, 앞의 책, IV장, § 1을 참조할 것.

의 일반적인 견해의 변화가 분명하게 나타난다. 왜냐하면 사람들이 정당하게 강조한 것처럼 이제 원자는 '극도로 유연한 상대적인 개념'이 되었기 때문이다. "특정한 질량과 불변적인 속성이 결정적인 형태로 주어져 있는 견고한 미립자라는 낡은 개념은 완전히 사라져버렸다. 그 대신에 우리가 갖게 된 것은 끊임없이 운동하면서 변화하는 전하(電荷)와 장(場)의 극도로 복잡한 체계다." 세계상은 철저히 역동적인 것이 되고 물질은 하나의 '사건'이 되었다. 우리가 물질의 확고한 '속성'이라고 부르는 것은 사건들의 하나의 함수다. 관성이라든가 무게와 같은 모든 물질의 가장 근원적인 속성조차도 순수한 장 현상으로서 고찰되고 도출된다.[89] 과거의 이론에서 원자는 절대적으로 분할 불가능한 것이며 그 이상의 분석을 거부하는 non plus ultra[더 이상 능가할 수 없는 것]를 의미했지만, 이제 그것이 내적 다양성과 복잡함에 있어서 거대한 우주적 체계들에게도 비교될 수 있는 하나의 체계가 되었다. 원자는 하나의 행성계다. 그리고 행성에 해당하는 것이 전자이며 이것이 중심 천체에 해당하는 원자핵의 주위를 회전한다. 그리고 이렇게 물리학적 현실의 참된 요소가 된 전자는 과거의 이론에서의 '절대적으로 견고한' 원자처럼 자신을 "단단히 무장할" 수 없다. 왜냐하면 전자는 비록 개별적 존재자로서 사유될 경우에조차도 장에 연계되어 있어서, 실체적·자립적인 것으로서 장으로부터 분리될 수 없기 때문이다. 근본적으로 전자는 장에 있어서 하나의 특이점, 즉

---

89) Bernhard Bavink, 앞의 책, 120쪽, 150쪽 등을 참조할 것.

모든 방향으로부터 전기역선(力線)들이 흘러들어 가는 하나의 위치로서 나타난다.[90] 근원적인 형태에서의 원자론에서는 물질과 그것이 존재하고 운동하는 공간의 이원론은 폐기하기 어려운 필연적인 것이었다. 이미 데모크리토스에서 이와 같이 원자라는 παμπλῆρες ὄν[판프레레스 온, 완전히 충실한 것]과 '공허한' 공간이 구별되었으며 양자는 서로 환원 불가능한 존재양식으로서 대립하는 것으로 간주되었다. 원자론이 그 기계론적 형식으로부터 동역학적 형식으로 이행하는 경우에조차도 일반적으로 이 대립은 존속했다. 보스코비치의 이론에서 고려되고 있는 '단순한' 원자조차도 바로 이러한 단순성 때문에 그 자체로 존재하고 어떤 의미에서는 자체 내에 폐쇄되어 있는 것으로 남아 있었다. 우선 단순한 원자가 존재하고 존속하며, 그것이 추후에 똑같이 자립적인 다른 물리적 개체들, 즉 다른 단순한 역점(力點)들과 관계를 맺는다는 것이다. 그런데 현대의 물리학이론이 규정하고 있는 전자에 대해서는 그러한 견해가 더 이상 타당하지 않다. 전자는 장에 선행하지 않고 장과의 관계에 의해서 비로소 구성된다. 따라서 이제 역학조차도 엄밀하게 운동론적 고찰방식과의 비교를 통해서 다른 형식을 취해야만 한다. 양자역학은 그 전개과정에서 갈수록 더 '추상적인' 형태를 취하는 경향을 보여주고 있다. 그리고 그 최신의 형식에 있어서 양자역학은 원자 안에서 일어나는 '사건들'의 묘사, 즉 모든 공간적 형상은 일체 단념하고 있는 것 같다. 그러나 이러한 단념조차

---

90) Sommerfeld, 앞의 책, 8쪽을 참조할 것.

도 결코 부정적인 작업을 의미하는 것은 아니다. 그것은 오히려, 사고상(上)의 통일형성의 어떤 새로운 형식을 향하는 단서이자 그 것을 향한 최초의 필연적인 일보(一步)다.[91]

그러나 이러한 통일형성의 성격에는 그 행보가 향하고 있고 겨 냥하고 있는 대상성이 최종적으로 확정되어 있을 수는 없다. 소박 한 직관에 주어지는 '사물'이 특정한 '속성들'의 안정된 총합으로 나타날 수 있는 경우에도, '극한 이념(Grenzidee)'이라는 형태로만 파악될 수 있다는 것이 물리학적 객관의 본질에 속한다.[92] 왜냐하

---

91) 양자론의 근본개념, 즉 '요소적 작용양자'라는 개념에 대해서 플랑크 자신은 1915년 의 논문에서, 그 참된 의미는 "지금까지 직관적인 성질을 거의 완전히 결여하고 있다"는 사실을 강조하면서 다음과 같이 말하고 있다. "어쨌든 화학적인 원자량 과 마찬가지로 이 요소적 작용양자가 어떠한 이름이나 형식에서든 일반동역학의 불가결한 구성부분을 이루게 될 날이 올 것이라는 점은 의심할 여지가 없다. 왜냐 하면 물리학의 연구는, 역학과 전기동역학과 함께 정지열과 방사열에 대한 이론 도 유일한 통일적 이론으로 융합되지 않는 한 멈출 수 없기 때문이다."(Verhältnis der Theorien zueinander, Kultur der Gegenwart 1915, *Physikalische Rundlicke* 128쪽) 닐스 보어조차도 또한 Atomtheorie und Mechanik(*Die Naturwissenschaften*, Bd. 14, 1926)이라는 논문에서 양자이론의 일반적 문제 에서 중요한 것은, 이제까지 자연현상을 기술하려고 할 경우에 사용되었던 '공간 적 · 시간적 형상들의 심각한 무능력'이라고 강조하고 있다.

92) 이에 대해서는 바일의 저서 *Raum, Zeit, Materie*의 서문에 나오는 다음과 같은 말을 참조하기 바란다. "현실의 사물의 본질에는 그 내용이 완전하게 길어내어질 수 없다는 점이 포함되어 있으며, 우리는 항상 새로운 경험들, 부분적으로는 서 로 모순된 경험들과 그것들 사이의 조정을 통해서 그것에 무한히 접근할 수밖에 없다. 이러한 의미에서 현실의 사물은 하나의 극한 이념이다. 모든 현실인식의 경험적 성격은 이것에 근거하고 있다." 경험적 · 물리학적 대상 형성이 종결될 수 없다는 바로 이러한 성격을 갈릴레이가 이미 극히 명확하게 강조했다. 상세한 것 은 내 책 *Erkenntnisproblem*, 3판, 제2권, 402쪽 이하를 참조할 것.

면 여기에서 문제가 되고 있는 것은 현실적인 것의 궁극적인 '절대적' 요소들을 제시하고 난 후 사고가 그것들에 대한 고찰에 안주할 수 있게 되는 것이 아니라, 상대적으로 우연적인 것 대신에 상대적으로 필연적인 것을, 상대적으로 가변적인 것 대신에 상대적으로 불변적인 것을 정립하면서 끊임없이 전진해 가는 과정이기 때문이다. 이 과정이 이제 '사물'의 불변적인 구성요소들 대신에 들어서는 저 궁극적인 '경험의 불변항'으로까지 최종적으로 육박했다든가, 우리가 이 불변항을 이를테면 붙잡을 수 있다고 주장할 수는 없다. 오히려 물리학의 광대한 특정 대상영역들의 '본성'을 표현해 온 보편적인 정수(定數)들을 그 자체로 다시 서로 보다 밀접하게 접근하게 하면서 하나의 포괄적인 법칙성의 특수한 사례들로서 입증하는 새로운 종합이 착수될 가능성이 항상 열려 있어야만 한다. 그 다음에 이러한 포괄적인 법칙성이야말로 객관성의 참된 핵심을 형성하는 것이지만, 언젠가는 그러한 법칙성이야말로 그 일반성이 단지 제약된 것일 뿐이라는 사실이 인식되고 보다 광범한 보편적 관계에 의해서 치환될 것을 각오해야만 한다. 나는 이러한 근본사태를 다른 맥락에서였지만 다음과 같이 정식화하려고 했었다. "하나의 현실이라는 것은 단지 다양하게 변화하는 이론들의 이상적인 극한으로서만 제시될 수 있고 정의될 수 있다. 그러나 이러한 극한을 상정하는 것은 자의적인 것이 아니라 그것에 의해서 비로소 **경험의 연속성**이 산출되는 한 불가피하다. 코페르니쿠스의 체계든 프톨레마이오스의 체계든 **개별적인** 천문학적 체계가 아니라 일정한 연관에 따라서 연속적으로 발전해 가는 이러한 체계들의 전체야말로 비로소 '참된' 우주의 질서의 표현으로 간주되어도 좋은 것이다. … 물리학적 개념들이 타당한 것은 그것들이 하나의 주어져 있는 고정된 존재를 모사하기 때문이 아니라 가능한 통일정립들을 위한 어떤 구상을 포함하기 때문이다. 이러한 구상은 이러한 개념들을 사용하는 과정에서, 즉 경험적 소재에 적용하는 과정에서 점진적으로 입증되어야만 한다. 그러나 통일에로 이끄는, 그리고 이와 함께 사유된 것의 진리에로 이끄는 도구 자체는 그 자체에 있어서 확고하고 확실한 것이지 않으면 안 된다. 이러한 도구가 자기 자신 안에 분명한 안정성을 갖고 있지 않다면, 그것을 안심하고 지속적으로 사용할 수 없을 것이다. 그렇게 불안정한 도구는 처음 사용하는 것만으로도 무너져버릴 것이며 흔적도 없이 사라져버릴 것이다. 우리는 절대적 사물의 객관성은 필요로 하지 않지만 아마도 **경험의 길 자체**의 객관적 규정성은 필요로 한다."[93]

이론물리학적 사고의 바로 이러한 근본성격을 통해서 이러한 사고가 특정한 상징들에 결합되어야만 하는 필요성과 내적 필연성도 입증된다. 그리고 다른 한편으로 이론물리학적 사고의 이러한 근본성격으로부터, 바로 이러한 상징들 자체가 서로 관통하고 층을 이룸으로써 물리학적 세계의 객관적 구조를 순수한 질서를 갖는 하나의 구조로서 어떤 식으로 드러내는지도 분명하게 된다. 이제 이러한 연관에 대한 가장 탁월한 예증이 일반상대성이론의

---

93) *Substanzbegriff und Funktionsbegriff*, 427쪽.

구조에서 우리 앞에 존재하게 되었다.[94] 이 이론에서 물리학적 사고는 갈수록 높아지는 권역을 향해서 한 걸음씩 상승했다. 그러나 이를 통해서 물리학적 사고는 물리학적 '현실'과의 끈을 놓지 않았으며 오히려 그만큼 더욱 긴밀하게 이 현실에 밀착하게 되었다. 물론 이 사고가 획득하고 있는 모든 새로운 조망 각각은 특수한 '시점(視點)'에, 즉 이 조망이 획득되었던 사고의 지평에 의존하고 있다는 사실은 분명하다. 그러나 이 경우, 여러 종류의 조망은 단지 우연적으로가 아니라 어떤 내재적인 법칙성에 따라서 잇달아 일어나고 있다. 즉 이러한 조망들은 '외부로부터 흘러오는 경험적 소재에 의해서뿐 아니라 동시에 물리학적 **사고형식** 자체의 발전에 의해서도 조건 지어지며 그 순서가 규정된다.[95] 객관화의 보다 높은 단계가 획득되면 그것은 전(前) 단계를 한정하지만 이와 같이 한정함으로써 그것을 소멸시키는 것은 아니고, 오히려 자기 독자의 관점으로 그것을 포섭하며 이 관점 속으로 수용한다. 여기에서 추구되고 있는 목표는 **관점의 특수화**가 갈수록 도외시되면서, 객관 자체가 아니라 오히려 그것을 고찰할 경우의 우연한 관점에 속하는 것과 같은 것은 모두 점진적으로 배제되어 간다는 바로 그 점에 있다. 이 경우 과거의 물리학의 세계상은 단적으로 타당한 것

---

94) 일반상대성이론의 바로 이러한 구조가 이 책에서 주장되고 있는 인식비판적인 기본 견해에 대한 증명과 예증에 어떤 식으로 기여할 수 있는지는 Karl Bollert, *Einsteins Relativitätstheorie und ihre Stellung im System der Gesamterfahrung*(Dresden und Leipzig 1921)에서 탁월하게 설명되고 있다.

95) 나는 내 책 *Zur Einsteinschen Relativitätstheorie*, Berlin 1921 이하에서 이러한 사실에 대한 상세한 증명을 제시하려고 했다.

이 아니라 어떤 특정한 관점으로부터, 즉 서로에 대해 상대적으로 정지해 있는 관찰자의 관점으로부터 구성된 것으로서 증시된다. 우리가 그러한 관점 대신에 서로를 향해 상대적으로 움직이고 있는 좌표계를 도입하게 되면 이제까지의 세계상에서 확고한 '속성개념들'로서 통용되었던 모든 것은 어떤 전이와 변양을 겪을 수밖에 없게 된다. 지각하는 주체의 상태에 대한 이러한 종류의 의존관계를 보여주는 것은 이른바 감각적 성질들만은 아니다. 특수 상대성이론의 성과에 의하면 사물의 양·형태·질량·에너지 양(量)도 관찰자의 운동상태와 함께 변화한다. 이러한 상대화의 과정은 갈수록 더 넓은 사정거리를 갖는다. 그리고 이와 함께 물리학적 현실개념의 중심은 항상 거듭해서 위치를 옮기게 된다. 고대자연학에서는 사물의 '장소'가 아직 그 사물의 물리적 '속성'으로 간주되었다. 즉 특정한 개별적인 장소로부터 다른 어떠한 장소에도 속하지 않는 특정한 작용이 일어난다는 것이다. 예를 들어 지구가 정지해 있는 점인 세계의 중심점으로부터, 무거운 물체를 그것이 '본래 있어야 할 장소'로서의 이 중심점으로 끌어들이는 힘들이 발산되어 나온다. 이러한 견해는 코페르니쿠스에 의해서 극복되었다. 코페르니쿠스는 '장소의 상대성 원리'를 주장한다. '고전역학'의 상대성원리[갈릴레이의 상대성원리]도 속도에 대해서 동일한 결론을 끌어낸다. 그리고 마침내는 일반성대성이론이 운동 일반을 상대화함으로써, 즉 모든 질점(質點)[96] 각각을 계속해서 '정지상태

---

96) [역주] 질점은 역학적으로 크기는 없고 질량만 존재한다고 가정되는 점을 말한다.

로 변환할' 수 있다는 사실을 보여줌으로써 고전역학의 상대성원리조차도 넘어선다.[97] 일반상대성이론에서는 우리가 객관 자체에 '그것의' 성질들로서 귀속시키는 종류의 규정들은 일반적으로 우리가 그것들에 일정한 지표(Index)를 덧붙일 경우에만, 즉 우리가 그 규정들이 어떠한 좌표계와 관련해서 타당한 것으로 간주되어야만 하는지를 지정할 경우에만 정의될 수 있다는 사실이 항상 거듭해서 분명하게 된다. 이제 '운동'과 '힘', '질량'과 '에너지', '길이'와 '지속' 등은 더 이상 '자체적으로' 존재하는 것이 아니라 무엇인가를 의미하는 것에 지나지 않는다. 그리고 일반적으로 그것들은 상대적으로 서로에게로 움직이는 관찰자들 각각에게 상이한 것을 의미한다. 물론 그렇게 되면, '우연성'이라든가 '주관성'이라는 최후의 잔재를 자연현상에 대한 기술로부터 제거할 수 없게 되는 것이 불가능해지는 것은 아닌가라는 물음을 피할 수 없게 되는 것으로 보인다. 이 인간이나 저 인간의 관점으로부터가 아니라 '어느 누구도 아닌 인간의 관점으로부터' 보이는 세계를 기술하는 것과 같은 세계개념, 즉 일체의 개별성으로부터 해방된 세계개념은 존재하지 않는가?[98] 그러나 이런 물음이 일반적으로 허용된다고 해도, 그 어떤 경우에도 이 물음이 겨냥하는 것은 과학의 현 단계에

---

97) 이에 대해서 상세한 것은, 예를 들면 Laue, *Die Relativitätstheorie* II, 18쪽 이하를 참조할 것.

98) 상대성이론의 논리적 문제를 이렇게 이해하는 사람으로는 예를 들면 에딩턴이 있다. 그에 의하면 상대성이론이 추구하는 목적은 "특히 어떤 누구의 관점도 아닌 관점으로부터 세계의 개념을 획득한다"는 데에 있다. Eddington, 앞의 책, 30쪽 이하를 참조할 것.

서는 도달될 수 없는 '무한히 멀리 있는' 어떤 점이다. 우리는 이러한 물음에서 어떠한 특정한 개별경험도 언젠가 합치하는 일이 있을 수 없는—칸트가 말하는 의미에서의—참된 '초월론적 이념'과 관계하고 있다. 우리는 이러한 이념에도 또한 "불가결하며 필연적이고 탁월한 규제적인 사용"을 인정해야만 할 것이다. "[그러한 이념은] 다음과 같은 목표점, 즉 지성으로 하여금 그것을 향하게 함으로써 모든 지성규칙의 방향성이 한 점으로 합류하게 되는 그러한 목표에로 향하게 하는 것이다. 이 점은 실로 하나의 이념(focus imaginarius[허초점])에 지나지 않는다. 즉 그것은 가능한 경험의 한계를 전적으로 넘어선 곳에 있기 때문에 지성개념들의 참된 출발점이 될 수 없는 점일지라도, 지성의 개념들에게 최대의 폭과 함께 최대의 통일성을 부여하는 것에 기여하는 것이다."[99] 물리학은 더욱더 일반적인 상징으로 나아감으로써 이러한 통일과 폭을 획득한다. 그러나 이 경우 물론 물리학도 자기 자신의 그림자를 뛰어넘을 수 없다. 물리학이 요구해도 좋고 또한 요구해야만 하는 것은 개별적인 개념들과 기호들을 절대적으로 보편적인 개념들과 기호들에 의해서 대체하는 것이다. 그러나 물리학은 개념기능과 기호기능 **자체를** 결코 포기할 수 없다. 왜냐하면 그러한 것들을 포기하는 것은 사고에 의한 세계의 재현을 요구하면서도 그 재현의 기본수단을 포기하는 것과 같기 때문이다. 결국 물리학에서 실재성의 개념은 여러 관찰자에게 나타나는 여러 측면의 **전체를** 통

---

99) Kant, *Kritik der reinen Vernunft*, 2판, 672쪽을 참조할 것.

합하면서 그것을 설명하고 이해 가능하게 만드는 것으로 파악되어야만 한다. 그러나 바로 이 전체에서는 관점들의 특수성이 제거되지 않고 보존되고 '지양된다(aufgehoben).' 이러한 자신의 총체적 운동 속에서 자연과학적 인식은 자기 자신의 권역 내에서 정신의 어떤 일반적인 구성법칙을 입증하고 실현해 간다. 자연과학적 인식이 자기 자신에 집중하고 자신을 자신의 현재와 자신이 원하는 것으로서 파악하면 할수록, 세계를 파악하고 이해하는 다른 모든 형식과 구별되는 계기와 그것을 다른 모든 형식과 결합하는 계기가 보다 명확하게 드러나게 된다.

이 책은 1929년에 발간된 카시러의 『상징형식의 철학, 제3권: 인식의 현상학(*Dritter Teil: Phänomenolgie der Erkenntnis*)』의 완역이다. 번역은 1994년에 Wissenschaftliche Buchgesellschaft (Darmstadt)에서 발간된 *Philosophie der Symbolischen Formen, Dritter Teil: Phänomenolgie der Erkenntnis*를 토대로 했다.

『상징형식의 철학(*Philosophie der Symbolischen Formen*)』은 카시러가 1923년에서 1929년에 걸쳐서 저술한 대작으로서, 『제1권 언어(*Erster Teil: Die Sprache*)』, 『제2권 신화적 사유(*Zweiter Teil: das Mythische Denken*)』, 『제3권 인식의 현상학(*Dritter Teil: Phänomenologie der Erkenntnis*)』으로 구성되어 있다. 본인은 이미 『상징형식의 철학, 제1권: 언어』와 『상징형식의 철학, 제2권: 신화적 사유』를 번역하여 각각 2011년과 2014년에 아카넷 출판사를 통해서 출간한 바 있다. 이제 제3권에 대한 번역을 마침으로써 카시러의 대표작 전체를 완역한 셈이다. 제1권과 제2권에 대한 번역도 각 책의 분량이 방대하기 때문에 쉽지 않았지만, 특히 제3권의 분량은 거의 I권과 II권을 합한 분량에 해당하기 때문에 매우 힘들었다. 제3권의 번역을 완료한 지금 홀가분한 마음을 금할 수 없다.

카시러의 책은 번역하기 까다로운 독일어를 구사하고 있다. 따라서 본인은 가능하면 직역을 하려고 했지만 직역을 할 경우 우리말로는 부자연스럽게 되는 부분은 그 분명한 의미를 살리는 방향으로 과감하게 의역을 한 부분도 적지 않다. 이 와중에서 본의 아니게 오역을 범한 부분도 있을 수 있을 것이다. 독자들의 아낌없는 가르침을 바란다. 아울러 오역을 피하기 위해서 기다 겐(木田元), 무라오카 신이치(村岡晋一)에 의한 일본어역 『シンボル形式の哲學, 第三卷 認識の現象學』(岩派書店, 2006), 랄프 만하임(Ralph Manheim)에 의한 영역 *The Philosophy of Symbolic Forms, Volume 3: The Phenomenology of Knowledge*(New Haven and London: Yale University Press, 1957)를 참조했음을 밝혀둔다.

제3권 서문에서 카시러가 말하고 있는 것처럼 여기에서 그가 말하는 '현상학'은 후설적인 의미에서가 아니라 헤겔의 '정신의 현상학'을 계승 발전시킨 것이라고 할 수 있다. 신화와 언어와 과학은 헤겔식 용어로 말하자면 어떤 시대에 사람들의 생각과 행동을 규정하는 객관정신에 해당한다고 할 수 있으며, 카시러는 이 제3권에서 신화와 언어 그리고 과학이라는 객관정신들 각각이 갖는 본질적 특성을 분석하고 있다. 제1권과 제2권 각각에서 다루었던 신화와 언어를 과학과 대비하면서 다시 다룬다는 점에서 제3권은

'상징형식'에 대한 카시러의 연구를 총결산하는 것이라 할 수 있다.

카시러는 신화와 언어가 과학에 의해서 대체된다고 보지 않고 그것들 나름대로의 독자적인 의의를 갖는다고 보고 있다. 카시러는 신화적인 세계경험을 오늘날에도 여전히 세계를 경험하는 근원적인 형식이라고 본다. 물론 사람들이 더 이상 신화를 믿는 것은 아니지만 신화적 세계경험의 토대를 이루는 표정체험은 여전히 우리가 현실을 경험하는 근원적인 방식이라는 것이다. 이러한 사실에 입각하여 카시러는 근대철학에서 줄곧 논란이 되었던 타자인식의 문제나 심신관계의 문제가 표정체험이라는 근원적인 현실체험을 무시함으로써 생긴 사이비 문제라는 사실을 드러내고 있다. 표정체험은 오늘날까지도 언어에서 불가결한 역할을 하고 있을 뿐 아니라 특히 예술에서는 중심적인 역할을 하고 있다.

오늘날 우리가 실재라고 생각하면서 사는 세계는 더 이상 신화적 세계가 아니고 언어에 의해서 구조화된 세계다. 과학자들 역시 이렇게 언어에 의해서 구조화된 세계에서 살고 있으며 이러한 세계를 실재라고 생각하면서 그 안에서 살고 있다. 이렇게 언어에 의해서 구조화된 세계에서 모든 사물은 실체와 속성으로 이루어진 것으로 나타난다. 과학자들도 자신의 어머니나 아내를 물질이나 원자들의 집합체로 보지 않는다. 이런 의미에서 카시러는 과학뿐 아니라 신화와 언어도 현실을 드러내는 독자적인 상징형식이며 과학에 의해서 대체될 수 없다고 본다. 신화와 언어 그리고 과학에 대한 카시러의 이러한 사상은 과학만이 실재를 드러낸다고 보는 과학주의가 큰 영향력을 행사하는 오늘의 지성계에 중요한 의의를 갖는다고 여겨진다.

이 3권에 대한 번역은 200자 원고지로 4,000여 매에 달하는 방대한 분량으로 이루어져 있다. 방대한 내용으로 인해 독자들이 그 줄기를 파악하는 데 어려움이 있을 수 있다고 생각되었다. 이 해제는 이 3권의 핵심적 내용을 요약함으로써 독자들이 이 책을 보다 수월하게 이해하는 것을 돕고자 한다.

1. 상징형식이란 무엇인가

세계는 수동적으로 우리에게 주어지는 것이 아니라 우리가 능동적으로 구성하는 것이다. 물론 이러한 구성이 자의적으로 이루어지는 것은 아니다. 이렇게 세계가 구성되는 것이라는 사실을 가장 잘 보여주는 것은 바로 과학이다. 과학은 수동적인 관찰로 이루어지는 것이 아니라 도전적이고 창의적인 가설의 정립에 의해서 이루어진다. 이러한 가설은 특히 정밀과학에서는 의미가 엄밀하면서도 일의적(一義的)으로 정의될 수 있는 기호들로 이루어져 있으며 과학의 정밀성은 이러한 기호들의 명료한 일의성에 의해서 가능하게 된다. 이 점에서 카시러는 과학이야말로 우리가 경험하는 세계가 수동적으로 반영된 것이 아니라 상징형식에 의해서 구성된 것이라는 사실을 가장 잘 보여준다고 본다. 카시러는 상징형식이라는 말로 의미의 현현(顯現)과 구현으로서 나타나는 모든 감성적인 현상의 전체를 포괄하려고 했다.

그러나 카시러는 과학만이 우리가 세계를 구성하는 유일한 상징형식이라고 보지 않는다. 그는 세계를 이해하는 방식에는 여러 가지가 있으며 이러한 이해방식에 따라서 세계는 다르게 나타난다고 보고 있다. 이렇게 세계를 이해하는 방식을 카시러는 크게 신화와 언어 그리고 과학으로 구별하고 있다.

신화의 형상세계와 언어의 음성조직 그리고 정밀한 과학적인 인식이 이용하는 상징적인 기호 모두는 세계를 이해하는 방식이자 구성하는 방식이다. 과학 못지않게 신화와 일상언어도 사물들을 분류하면서 세계 전체를 질서 짓는다. 따라서 카시러는 이러한 상징은 개념의 영역에서 작용하는 것이 아니라 직관과 지각의 영역에서부터 이미 개입하고 있다고 본다. 신화적인 지각세계와 일상적인 언어가 지배하는 지각세계도 우리에게 수동적으로 주어져 있는 것이 아니라 우리에 의해서 구성된 것이다. 이는 직관과 지각에는 인상을 외부로부터 수용하는 능력을 넘어서 인상을 독자적인 형성법칙에 따라서 형태화하는 능력도 존재하기 때문이다.

카시러의 이러한 생각은 칸트의 초월론적 철학의 사상을 계승 발전시킨 것이라고 할 수 있다. 칸트는 인간이 지각하는 대상은 수동적으로 우리에게 주어지는 것이 아니라 우리가 구성하는 것이라고 보았다. 우리가 지각하는 대상들 자체가 이미 공간과 시간이라는 직관형식과 실체개념이나 인과개념과 같은 사유범주들에 의해서 구성된다는 것이다. 칸트는 세계를 드러내는 방식을 지각과 과학으로 나누고 우리가 지각에 의해서 이해하는 세계는 과학에 의해서 보다 분명하게 드러난다고 보았다. 그러나 칸트에서는 우리가 지각하는 세계는 과학적인 인식으로 가기 위한 단초에 불과하다. 이에 반해 카시러는 우리가 지각하는 세계는 신화나 언어를 통해 구조화된 세계로서 과학이 드러내는 세계와는 전적으로 다른 세계라고 보았다. 그것은 과학이 드러내는 세계에 의해서 대체될 수 없는 독자성과 권리를 갖는다는 것이다.

2. 상징형식과 실재

언어와 신화 그리고 예술을 '상징형식'이라고 부를 경우, '상징형식'이라는 표현에는 다음과 같은 전제가 포함되어 있는 것처럼 보인다. 그러한 전제란 언어, 신화, 예술 모두가 정신이 세계를 형태화하는 특정한 방식들로서 실재 자체라는 하나의 궁극적인 근원층으로 소급되며 이러한 근원층은 흡사 낯선 매체를 통하듯 그러한 상징형식들을 매개로 하여 나타나게 된다는 것이다. 사람들은 이 경우 실재 자체는 상징형식을 통해서 드러나기보다 오히려 은폐된다고 생각하면서, 상징형식을 실재 자체에 덧붙여지는 주관적인 이해방식에 불과한 것으로 간주할 수 있다.

그러나 카시러는 실재와 상징형식의 이러한 분리가 사태 자체를 반영하는 것이 아니라 추상적인 반성의 산물이라고 본다. 예를 들어 신화적인 상징세계 속에서 사는 사람은 이러한 세계를 실재 자체로 경험하지 실재 자체에 신화적인 상징형식이라는 주관적인 형식이 덧씌워진 것으로 보지 않는다. 오히려 우리가 현실로서 지각하고 경험하는 세계는 이미 상징형식에 의해서 철저하게 관통되어 있고 구체적인 규정성을 갖추고 있는 세계다. 오늘날 우리가 살고 있는 세계는 신화적인 세계가 아니고 언어에 의해서 구조화되어 있는 세계지만, 우리는 이러한 세계를 실재 자체로 경험하면서 그 안에서 살며 자신이 주관적으로 해석된 세계 속에서 살고 있다고 느끼지 않는다.

그럼에도 오늘날 우리가 무엇보다도 신화나 언어에 의해서 구조화된 세계를 허구적인 세계나 주관적으로 해석된 세계로 보는 것은 과학이라는 상징형식이 드러내는 것만을 실재로 보는 사고방식이 상당히 지배적인 영향력을 갖고 있기 때문이다. 사람들은 과학이 아닌 일상언어나 신화는 과학의 선행형태에 불과하거나 이것에 의해서 대체되어야 하는 것으로 보는 경향이 있다. 과학은 신화적인 세계이해는 허구적인 사이비 이해로 보며 일상언어에 의한 세계이해는 과학에 의해서 드러나는 실재에 인간이 주관적인 의의를 부여한 것으로 본다.

철학에서도 일찍이 우리에게 드러나는 세계 이면의 실재 자체를 찾으려는 시도가 있어왔다. 그러한 실재를 유물론은 물질에서, 관념론은 정신에서, 경험론은 감각자료들에서 찾으려고 했다. 그러나 카시러는 이것들이 추상적인 반성의 산물에 지나지 않는다고 본다. 우리에게 실재는 상징형식을 창조하는 인간의 정신과 이렇게 상징형식에 의해서 구조화된 세계뿐이며 나머지는 이것들로부터 추상된 것이며 이것들의 구성부분에 지나지 않는다.

모든 상징형식은 자신의 상징형식을 실재 자체를 반영하는 것으로 보면서 그 외의 상징형식을 허구적인 것으로 배척하는 경향이 있다. 신화적인 상징형식이 지배하는 곳에서 과학적인 상징형식은 이해되지 못하는 것을 넘어서 불경스런 것으로서 배척받는다. 과학적인 상징형식이 지배적인 영향력을 갖는 시대가 된 오늘날 과학은 과학 이외의 상징형식을 허구적이거나 주관적인 것으로 배격한다. 따라서 오늘날 과학은 다른 상징형식도 과학적인 사유도식에 입각하여 해석하려고 하며 과학이 드러낸 실재로부터 파생된 것으로 해석하려고 한다.

신화적인 '현상'과 그것에서 표현되고 있는 정신적인 내용의 관계, 언어와 그것에 의해서 표시되고 있는 의미의 관계, 마지막으로 임의의 추상적인 과학적 '기호'와 그것이 지시하고 있는 의미내용의 관계, 이 모든 것은 사물이 공간 속에서 병존하고 사건이 시간 속에서 잇달아 일어나고 실재적인 변화들이 서로를 야기하는 방식과는 아무런 공통점도 갖지 않는다. 따라서 그러한 관계들은 사물들 사이의 관계를 파악할 때 적용되는 실체성이나 인과성과 같은 범주를 통해서 구명될 수 없다. 실체성이나 인과성 자체도 이미 인간의 정신활동이 세계를 구성할 때 사용하는 범주인바, 이러한 정신활동을 이해하는 데 그러한 범주를 적용할 수 없다. 그러한 관계들의 독자적인 의미는 그것들 자체로부터만 읽힐 수 있을 뿐이며, 이러한 의미 자체에 의해서 비로소 '가능하게 되는' 세계로부터 빌려온 비유에 의해서 해명될 수 없다.

그럼에도 불구하고 상징형식을 형성하는 정신활동이 그 자체로 통찰되기 어려운 것은 그것이 그 자체로 직접 드러나 있지 않고 항상 그것의 성과만이 우리 눈에 뜨인다는 데에 있다. 그러한 성과는 직접적으로 우리에게 나타나지만 그러한 성과를 낳는 정신활동은 그러한 성과의 이면에서 눈에 띄지 않는 것이다. 따라서 우리는 보통 정신활동보다는 정신활동에 의해서 형성된 성과에 빠져 있으며, 정신활동 자체를 이해하려고 할 경우에도 정신활동이 세계를 형성하기 위해서 동원하는 범주들 자체를 정신활동 자체에 적용하려고 한다.

3. 상징형식과 정신

1) 상징형식과 인간 정신의 역사적 성격

상징형식은 인간 정신의 산물이다. 따라서 상징형식을 이해하기 위해서는 인간의 정신을 이해해야만 한다. 철학과 심리학에서는 전통적으로 인간의 정신은 내면적인 반성을 통해서 드러나는 것으로 간주되어 왔지만, 오늘날에는 뇌의 물리화학적인 작용에 대한 고찰을 통해서 인간 정신을 이해하려는 시도가 득세하고 있다. 그러나 이러한 시도들은 인간 정신이 갖는 역사적 성격을 철저하게 무시하는 결과를 빚기 쉽다.

인간의 정신은 상징형식을 통해서 자신을 표현하는 방식으로만 존재하며, 이러한 표현을 떠나서 따로 존재하지 않는다. 그런데 상징형식은 역사적으로 변화해 왔다. 이러한 사실은 인간의 정신활동도 역사적으로 변화한다는 것을 의미한다. 따라서 역사적으로 변화하는 상징형식을 고려하지 않고 인간 정신에 대한 내면적인 관찰로 시종하는 것은 '오늘날의' 인간정신에 대한 내면적인 관찰에 그칠 것이다. 아울러 뇌의 물리화학적인 작용에 대한 고찰은 인간의 뇌가 역사적으로 변하는 것이 아니고 극히 오랜 기간 그 구조가 동일하게 머무는 한, 정신활동의 역사적인 측면을 철저하게 무시할 수밖에 없다.

인간 정신의 역사성을 제대로 이해하려면 우리는 인간 정신이 자신을 표출한 상징형식들을 고찰해야 한다. 이러한 상징형식들과 관련하여 인간 정신을 고찰할 경우에만 우리는 인간의 정신을 제대로 이해할 수 있다.

2) 감각주의적 · 분석적 심리학과 해석학적 · 현상학적 심리학

카시러는 우리가 일차적으로 지각의 세계에서 살고 있기 때문에 지각이란 무엇이며 어떻게 형성되는가에 대한 이해가 매우 중요한 문제라고 본다. 그는 이러한 지각의 문제를 심리학에서 지배적인 영향력을 가졌던 감각주의적이고 분석적인 심리학과의 대결을 통해서 전개하고 있다.

17세기와 18세기의 거의 모든 과학적 심리학은 자연과학적 방법을 심리학에 도입하는 방식으로 인간의 정신활동을 이해하려고 했다. 그것은 감각자료들과 같이 의식의 '단순한' 요소들을 상정하면서 그것들이 특정한 관념연합을 형성하는 규칙을 발견함으로써 심리적인 것의 본질을 드러낼 수 있다고 생각했다. 이러한 심리학에서는 지각이 생성되는 인과법칙을 발견하면 지각의 본질은 다

파악된 것으로 간주된다. 그러한 심리학은 물리학이 파악하고 있는 것과 같은 자연현상을 필연적인 출발점으로 삼으며, 자연과학이 제시하는 법칙과 그것이 전제하는 인식범주를 자명한 것으로 전제하며 이를 기초로 하고 있다. 따라서 이 경우 지각의 심리학은 필연적으로 생리학과 물리학으로 귀착되며, 그것은 지각의 세계와 객관적인 '자극'의 세계 사이에 성립하는 의존관계를 파악하는 것을 제일의 과제로 갖는 정신물리학이 되고 만다.

이러한 의존관계가 인과관계로 간주되든 함수적 대응관계로 간주되든, '자극'과 '감각'은 어떠한 방식으로든 서로 동조(同調)하며 따라서 그것들의 기본적인 구조관계는 서로 합치하는 것으로 간주된다. 일정한 자극에는 항상 일정한 감각이 대응하는 것으로 간주되며 따라서 이러한 심리학에서는 자극세계의 분절과 지각세계 내지 감각세계의 분절 사이에 '평행관계'가 성립하는 것으로 간주된다. 더 나아가 지각의 분절은 자극의 분절을 완전히 따르는 것이 된다. 감각기관들이 사물들처럼 서로 분리되어 있는 상태가 필연적으로 감각현상 속에 그것에 대응하는 분리를 낳는 것으로 간주되며, 지각의 물리적 원인들의 차이를 지각의 규정들에서 그대로 재발견할 수 있는 것으로 간주된다. 지각의 의미와 내용은 '외부'세계의 상황을 충실하게 반영하고 재현하는 것으로 파악되는 것이다.

카시러는 감각주의적이고 분석적인 심리학이 지배하던 사상적 조류에서 오직 헤르더만이 예외였다고 본다. 헤르더는 물리학이나 생리학과 같은 자연과학으로부터가 아니라 언어를 인간 정신을 이해하는 실마리로 삼고 있다. 헤르더에게 언어는 이미 주어져 있는 세계의 질서나 구조를 반영하는 것이 아니라 세계를 구조화하는 방식이다. 언어는 사물들을 분류하고 조직하면서 세계를 형성한다. 언어에서 사물들에 대한 분류는 이름에 의해서 행해진다. 우리에게는 무수한 감각이 끊임없이 생겨났다가 사라지는데, 이름은 그러한 감각의 흐름을 고정시킴으로써 우리에게 세계를 구조화된 질서를 갖는 것으로서 제시한다. 언어는 언어 이전에 이미 주어져 있는 것으로서 우리가 지각하는 사물들을 단순히 지시하는 것이 아니라 오히려 우리가 지각하는 사물들 자체가 이미 언어에 의해서 구성된다. 언어는 지각과 직관의 차원에서부터 작용하는 것이다. 우리는 항상 언어라는 매체가 대상을 인간에게 제시하는 방식으로만 그 대상과 관계한다.

따라서 우리는 감각주의적인 심리학에서 주장하는 것처럼 단순한 감각자료들을 먼저 지각하고 그것들을 연합함으로써 하나의 사물을 지각하는 것이 아니다. 우리가 어떤 소리를 들을 경우 우리가 우선적으로 듣는 것은 아무런 의미도 담지 않은 한낱 감각자료로서의 소리가 아니라 항상 비행기 소리나 자동차 소리와 같이 구체적인 의미를 갖는 소리다. 따라서 이러한 언어적인 의미를 떠난 단순한 감각자료들이라는 것은 사실은 추상적인 반성의 산물에 지나지 않는다.

언어는 개개의 단순한 구성요소, 즉 단어들을 하나씩 모아서 구성되는 것이 아니다. 오히려 역으로 개개의 단어는 문장이라는 전체를 전제하며 이러한 문장에서 출발함으로써 비로소 이해될 수 있다. 동일한 단어라도 문장에 따라서 다른 의미를 가질 수 있다. 그리고 어떤 문장의 의미는 그 문장이 사용되는 전체적인 문맥에서만 제대로 이해될 수 있다. 외형상으로는 동일한 문장이라도 그것이 사용되는 문맥에 따라서 다른 의미를 가질 수 있는 것이다. 우리는 감각에 대해서도 동일하게 말할 수 있다. 고립된 단어와 마찬가지로 고립된 '감각'과 같은 것도 한낱 추상에 지나지 않으며, 동일한 감각자료로 보이는 것도 그것이 지각되는 사물이나 배경에 따라서 다른 성격을 가질 수 있다. 문장이 단어로부터, 단어가 음절로부터, 음절이 문자로부터 '성립되지' 않는 것과 마찬가지로, 사물과 세계에 대한 지각도 색이나 음, 맛이나 냄새와 같은 서로 분리된 감각자료들로부터 성립되지 않는다.

이러한 사실에서 출발하면서 언어철학자로서의 헤르더는 당시의 감각주의적이고 분석적인 심리학이 개개의 '감관기관들'과 그러한 기관들이 반영하는 감각영역들 사이에 설정했던 장벽을 무너뜨린다. 헤르더는 소리를 통해서 언어가 표시되는바, 음이라는 감각영역과 그 외의 감각영역들 사이에 근원적인 이질성이 존재한다면 언어음이 어떻게 이 모든 영역을 표시할 수 있겠는가라고 묻는다. 더 나아가 모든 지각세계에서 시각과 청각의 영역, 취각과 미각의 영역은 긴밀하게 상호침투하고 있다. 예를 들어 고약한 냄새를 풍기는 것을 우리는 맛있는 것으로 느끼기는 힘들며, 어두운 색을 보면 무엇인가 둔중한 소리를 떠올리고 밝은 색을 보면 경쾌한 소리를 떠올린다. 더 나아가 우리는 어떤 어두컴컴한 광경을 볼 때 음울한 감정을 느끼게 된다.

감각주의적인 심리학은 우리의 관념이 유사한 감각자료들 사이의 유사성으로 인해 생긴다고 말하지만 음과 색, 광경과 감정은 전적으로 이질적인 것들로서 서로 유사성을 갖지 않는다. 그러나 우리의 지각세계는 극히 이질적인 감관들이 그렇게 결합됨으로써 성립된다. 감각주의적이고 분석적인 심리학이 감각들 사이에 상정하는 엄밀한 경계선은 전혀 존재하지 않는다는 것이야말로 지각의 본질적인 특징인 것이다. 지각은 비교적 미분화된 하나의 전체를 이루고 있다. 이렇게 지각이 여러 감관이 미분화된 상태로 결합됨으로써 이루어지는 이유를 헤르더는 모든 감관이 심정(Gemüt)이라는 유일한 적극적인 능력이 발휘되는 여러 발견양식 이외의 아무것도 아니라는 데서 찾고 있다.

심정이란 말로 헤르더는 감관영역들로의 분할 이전에 존재하는 감성적 의식의 통일성과 전체성을 가리킨다. 이렇게 우리의 지각활동에는 이미 통일적인 심정이 개입하기에 비록 동일한 음성이라도 그것을 파악하는 기분이 다르다면 그것은 다르게 들리게 된다. 따라서 언어는 대상으로부터뿐 아니라 '그것을 파악하는 기분'의 상이성으로부터도 해명되어야 한다.

이와 관련하여 헤르더는 언어란 단순히 상호이해를 위한 교환수단일 뿐 아니라 정신이 자신의 내적 활동에 의해서 자기 자신과 대상들 사이에 정립해야만 하는 참된 세계라고 말하고 있다. 언어는 단순히 추상적 사유형식으로서 파악되어서는 안 되고 구체적인 삶의 형식으로서 파악되어야만 한다. 이와 관련하여 헤르더는 감각주의적이고 분석적인 심리학을 넘어서 우리를 '추상적' 주관성의 영역으로부터 '구체적인' 주관성의 영역으로 인도하고 '사고형식'으로부터 '생의 형식'으로 돌파하게 하는 것을 가능하게 하는 심리학을 주창한다.

헤르더의 사상을 수용하면서 카시러는 감각주의적이고 분석적인 심리학은 지각의 시원적인 본질을 파악하지 못한다고 본다. 이러한 심리학은 지각세계를 개별적인 인상들의 총합으로 해체하면서, '보다 높은' 정신적 기능들이 지각세계에서 갖는 역할을 간과한다. 이러한 심리학에서는 지각의 능동성과 상징형성 작용과 같은 것은 무시되고 있는 것이다. 이와 관련하여 카시러는 지각이 지성을 '감성화'하는 것으로 보이지만 실은 지성이 지각을 '지성화' 한다고 말하고 있다.

또한 감각주의적이고 분석적인 심리학은 모든 지각의 기층이 되고 있는 것을 무시한다. 이러한 기층은 감각주의적이고 분석적인 심리학이 현실에 대한 모든 지식의 근원으로 보고 있는 감각의 '요소들' 안에 있지 않고 근원적이고 직접적인 표정성격들 안에 있다. 구체적인 지각은 순수한 객관화의 길을 걷는 경우에도 이러한 표정성격들로부터 자신을 완전히 단절하지는 않는다. 구체적인 지각은 밝음 또는 어두움, 차가움 또는 따뜻함과 같은 감각적인 질들의 단순한 복합체로 결코 해소되지 않는다. 지각은 대상이 무엇인지를 파악하는 것에 그치지 않고 그 대상이 갖고 있는 표정성격, 즉 매혹적이라든가 위협적인 성격, 친숙하다든가 섬뜩하다는 성격, 마음을 편하게 해주든가 두려움을 일으키는 성격을 함께 지각하는 것이다. 이러한 표정성격은 감각자료들로서는 우리에게 들어오지 않는다.

사물이라는 것도 지각에 의해서 구성되는 것이기 때문에 사물에 적용되는 범주를 지각의 구성작업에 적용할 수 없다. 지각은 오히려 인과범주를 이용하여 세계를 해석하기 때문에 정작 해석하는 그 자신에게는 인과범주가 적용될 수 없는 것이다. 지각은 인과적으로 해석된 세계의 근거인 것이다. 카시러는 지각에 의해서 사물들이 구성되고 세계가 구성되는 현상 자체를 파악하는 것이 중요하다고 본다.

감각주의적인 분석적인 심리학과 헤르더의 심리학 사이의 대결을, 카시러는 분석적인 관찰이라는 자연과학적인 방법에 의거하여 인간의 정신작용을 고찰하려는 심리학과 역사학이나 문학과 같은 정신과학을 실마리로 삼아 정신작용을 그것의 구체적인 풍요로움에서 파악하려는 심리학 사이의 대결이라고 보고 있다. 이 후자의 심리학은 인간 정신이 표현된 구체적인 상징형식들을 해석함으로써 인간의 정신작용을 이해하려고 한다는 점에서 해석학적 심리학이라고 부를 수 있다. 또한 그것은 자연과학적 방법에 의거하지 않고 인간의 정신작용을 그것이 나타나 있는 그대로 파악하려고 한다는 점에서 현상학적 심리학이라고 부를 수 있다.

카시러는 신화, 언어, 과학과 같은 상징형식을 헤겔의 용어를 빌려 객관적인 정신이라고 부르고 있다. 그것은 인간의 정신활동이 어떤 시대와 인간의 사고방식과 행동양식을 규정하는 보편적인 객관적인 형태를 취한 것이다. 신화, 언어, 과학은 인과법칙에 따라서 해석될 수 있는 자연현상이 아니라 인간에게만 특유한 정신활동이다. 정신적 '주체'로서의 자아는 객관적 정신이라는 매체로 자신을 표현함으로써 자신을 발견하고 자신을 스스로 규정한다. 정신은 음악이나 예술, 윤리, 종교 등의 상징형성 작용을 통해서 자신의 잠재적인 능력을 알 수 있다. 이러한 과정에서 자아가 몰입하는 형식들은 자아의 전개를 제한하는 장애가 아니라 오히려 자아가 스스로 운동하면서 자신을 전개하기 위한 매체다. 정신은 자신을 표현함으로써만 그리고 그러한 표현물을 통해서만 자신을 알 수 있다.

예를 들어 예술활동에서 '표현'은 예술가에게 이미 완성된 채로 주어져 있는 내적인 원형을 단순히 그대로 그려내는 추후적인 어떤 것이 아니다. 오히려 예술가의 구상은 작품이라는 형태로 외부에 나타남으로써 비로소 구체적인 내용을 획득하게 된다. 동일한 사실은 정신이 여러 상징형식을 통해서 세계를 구성하는 보편적인 창조과정에 대해서도 말할 수 있다. 정신은 형식들 내에서 자신을 표현하고 그것들을 통해서 자신의 형태를 얻게 되지만, 이러한 형식들은 정신에게는 저항을 의미하는 것과 동시에 정신의 불가결한 지지대(支持臺)를 의미한다. 형식이 정신에 여러 장벽을 설정해도 정신은 그러한 형식에서 비로소 자신의 힘을 의식하게 되며, 그러한 형식에 직면함으로써 비로소 자신의 힘을 사용하는 것을 배우게 된다. 이와 함께 외관상으로는 대항력으로 보이는 것 자체가 그대로 정신의 운동 전체의 추진력이 된다. 즉 정신은 외부로 향함으로써 자신을 비로소 발견하게 되지만, 이러한 외부성은 사물의 외부성이 아니라 형식과 상징이라는 외부성인 것이다.

카시러의 상징형식의 철학은 의식의 시간적 발생 원인을 탐구하는 것이 아니라 오로지 '의식 안에 있는 것'만을, 즉 의식의 구조형식들을 파악하고 서술하는 것만을 목표한다. 상징형식의 철학은 신화, 언어, 과학과 같은 상징형식들이 어떻게 '생성되었는가'를 제시하려고 하는 것이 아니라 그것들의 구조를 순수하게 그 자체로서 제시하고 이해하려고 한다. 이런 의미에서 카시러는 상징형식의 철학을 의식에 대한 현상학이라고 부르고 있다.

4. 신화

1) 신화와 표정의 세계

신화의 세계도 혼돈스러운 세계는 아니고 나름대로의 구조와 내적 분절을 갖지만 신화적 세계에서 사물들은 독자적인 실체로서 존재하지 않으며 종들도 서로 본질적인 차이를 갖는 것으로 존재하지 않는다. 오히려 신화에서는 모든 존재형태가 유동적인 성격을 갖는다. 즉 신화에서는 모든 존재형태가 서로 구별되기는 하지만 그렇다고 해서 서로 단절되는 것은 아니다. 어떤 존재형태든 외관상으로는 서로 전적으로 대립되는 것처럼 보이는 다른 존재형태로 얼마든지 변용될 수 있다. 신화에서는 탈신화화된 문화에서 경험적인 유개념과 종개념에 의해서 그어지는 모든 경계선이 끊임없이 이동하고 소멸하는 것이다.

따라서 신화적 의식에서는 죽은 객체로서의, '한낱' 사물로서의

'그것'은 어디에도 존재하지 않는다. 그러나 다른 한편으로 '너'라는 것조차도 아직 어떤 명확히 규정된 엄밀하게 개인적인 얼굴을 가지고 있지 않고 언제라도 한낱 그것, 즉 비인격적인 전체적인 힘이라는 표상 속으로 용해될 수 있다. 신화적인 세계에서는 아무리 덧없고 일시적인 사건이라도 나름대로의 주술적·신화적 '의미'를 갖는다. 숲속에서 나는 속삭이듯 살랑거리는 소리, 지면을 스쳐가는 그림자, 수면 위에서 빛이 희미하게 반짝이는 것, 이 모든 것이 영적인(dämonisch) 성질과 영적인 기원을 갖고 있다.

신화는 이론적인 객관화가 필연적으로 수행할 수밖에 없는 '실재'와 '비실재', '현실'과 '가상' 사이의 단절도 아직 알지 못한다. 신화의 모든 형성물은 존재의 단 하나의 차원 속에서 움직이며 그 안에서 자족하고 있다. 신화에서는 핵심도 외피(外皮)도 존재하지 않으며, 변전하고 일시적인 현상들인 한낱 '우연한 것들'의 근저에 항상 불변적인 것으로서 존재하는 실체로서의 사물도 존재하지 않는다. 신화적 의식은 현상으로부터 본질로 추론하지 않으며, 오히려 현상 안에 본질을 갖는다. 본질은 현상의 배후로 물러서지 않고 현상 안에 나타나며, 자신을 은폐하는 것이 아니라 현상에 자신을 제공한다.

예를 들어 기우제(祈雨祭)와 같은 주술적 행위에서 물이 뿌려질 경우 이 물은 결코 '실재하는' 비의 단순한 상징이나 '유사물(Analogon)'이라는 역할을 하지 않고 근원적인 '공감'이라는 끈을 통해서 비와 결합되어 있고 하나가 되어 있다. 비의 정령 자체가 물 한 방울 한 방울 속에서 살아 있으며 그것에서 손으로 잡을 수 있는 것처럼 생생하게 현존해 있다. 이와 같이 신화의 세계에서는 모든 현상이 항상 본질적으로 화신(化身, Inkarnation)이다. 신화에서는 본질이 가능한 다양한 현상방식으로 배분되고 그러한 현상방식들의 각각에 본질의 단순한 단편이 아니라 본질 자체가 전체로서, 즉 불가분의 파괴될 수 없는 통일체로서 현현(顯現)하는 것이다.

이러한 사태야말로 신화의 세계가 순수한 표정체험에 기초하고 있다는 사실을 보여준다. 이러한 세계에서 '현실'로서 현존하고 있는 것은 일정한 징표와 '특징'이 부여되고 이러한 징표와 특징에 의해서 인식되고 서로 구별될 수 있는 사물들의 총체가 아니라 다양하고 충만하며 근원적으로 '인상학(印象學)적인' 성격들이다. 이러한 세계는 매 순간 총체로서 파악될 수 있는 특유의 '얼굴'을 가지고 있다. 이러한 얼굴은 언젠가 한낱 일반적 형상이라든가 기하학적·객관적인 선과 윤곽으로 해소될 수 있는 것이 아니다. 신화적 세계에서 '주어져 있는 것'은 감각자료들의 복합체로서 먼저 주어진 후 이것들에 나중에서야 '신화적인 해석'에 의해서 이를테면 영혼이 불어넣어져 '의미 있는 것'으로 되는 것이 아니다.

신화적인 세계는 오늘날의 인간에게 환상으로 나타나지만, 신화적인 세계에서 사는 사람들에게 세계는 신화적인 형태로 지각되며 그들은 그러한 세계를 실재 자체라고 생각하면서 산다. 오늘날에도 이른바 종교를 독실하게 믿는 사람들에게는 신화적인 세계가 현실의 세계보다 더 현실적인 것이다. 이들에게 천국과 지옥은 자신들이 살고 있는 현실세계보다도 더 큰 실재성을 가질 수 있다. 신화에 대해서 반성하지 않고 신화의 세계 속에서 살고 있는 사람들에게는 '참으로' 지각된 현실과 신화적 '공상'의 세계 사이에 아직 어떠한 분열도 존재하지 않는 것이다.

신화적 세계는 오늘날 많은 사람에게 더 이상 실재성을 갖지 못하고 있다. 그 대신에 많은 사람은 언어에 의해서 구조화된 세계 속에서 살고 있다. 그러나 카시러는 신화적 세계가 실재성을 상실했더라도 신화적 세계에서 우리가 사물을 경험하는 방식은 언어가 지배하는 세계에서도 세계경험의 기저층을 형성하고 있다고 본다. 세계경험의 이러한 기저층을 카시러는 표정체험이라고 부르고 있다.

감각하고 느끼는 주체는 세계를 일차적으로 표정들로 가득 찬 세계로서 경험한다. 단적으로 말해서 표정체험이야말로 우리가 세계를 경험하는 일차적인 방식인 것이다. 세계가 객관적인 징표와 확고한 속성을 갖는 사물들의 복합체로서 주어지기 훨씬 이전에 세계는 표정들의 복합체로서 분절되어 있다. 따라서 이러한 원초적인 세계에서부터 이미 우리는 독단적 감각주의가 출발점으로 삼고 있는 '한낱' 감각이라는 추상물을 넘어서 있는 것이다.

이러한 표정의 세계에서 우리가 체험하는 것은 어떤 의미에서 투명하게 자신을 내보이고 있다. 그것은 자신의 내적인 생명을 그대로 보여주고 있는 것이다. 언어, 예술, 신화라는 형태로 수행되는 형태화 작용은 도처에서 표정이라는 이러한 근원적 현상에 결부되어 있다. 특히 예술과 신화는 그것들이 아무리 발달하더라도 항상 초보적이고 '원시적인' 표정체험이라는 대지에 뿌리를 내리고 있다. 신화는 산도 강도 표정을 갖는 것으로 본다. 격렬하게 치는 파도에서 신화는 바다의 신의 분노를 보는 것이다. 예술은 현대문명에서도 살아 있는 생명은 물론이고 산이나 강과 같은 무기물에서도 표정을 보고 그 표정을 드러낸다. 예술은 말없이 그렇게 서 있는 커다란 산에서 어떤 위엄을 보고 그것을 표현한다. 우리도 일상적인 삶에서 많은 경우 산에서 표정을 읽는다.

물론 언어에서는 신화와 예술보다 더욱 선명하게 새로운 전환, 즉 새로운 '차원'으로의 이행이 보인다. 그러나 고도로 발달된 언어들의 단어들에게조차도 여전히 어떤 종류의 표정가(表情價), 즉 어떤 특정한 '인상(人相)학적인 성격'이 깃들어 있다. 우리는 '돌아가신 어머니'라는 단어만 들어도 우리 자신도 모르게 가슴이 아려 오는 것을 경험한다. 강아지라는 말을 들어도 우리는 재롱을 떨면서 다가오는 강아지의 모습을 떠올린다.

세계는 근원적으로는 결코 일정한 속성과 물리적 성질을 갖춘 물리학적 물체의 총체로서 경험되지 않는다. 오히려 자연과학적 설명과 해석 이전에 존재하는 일종의 현실경험이 있다. 이러한 현실경험에서 사물은 한낱 객관으로서의 사물로서가 아니라 살아 있는 주관이라는 존재방식으로 어떤 표정을 통해서 자신의 내적인 생명을 드러내는 것으로서 우리에게 자신을 드러낸다. 사물이 일차적으로 자신을 드러내는 모습은 표정을 결여한 '그것'으로서가 아니라 표정을 갖는 '너'로서다. 이러한 '너'로서의 경험은 아무리 복잡한 개념적 매개를 통해서도 '그것'에 대한 경험으로 해소될 수 없다. 우리가 지각을 그 근원을 향해서 소급해 갈수록, 그것에서는 '너'라는 형식이 '그것'이라는 형식에 대해서 우위를 가지며 순수한 표정성격이 사태성격이나 사물성격을 압도하는 것이다. 다시 말해서 '표정을 이해하는 것'이 '사물을 아는 것'에 본질적으로 선행하는 것이다.

이렇게 표정을 먼저 이해한다는 점에서 인간의 근원적인 지각방식은 동물적인 의식과 닿아 있다. 데카르트가 동물들에게 의식이 존재한다는 사실을 철저하게 부정하고 동물을 순수한 기계로 간주했을 때, 그는 '의식'이란 것을 본질적으로 자아의 반성적 자기파악이라는 근본작용으로 이해했다. 데카르트에서는 순수한 이성의 이러한 근본작용이 없다면 감각작용도 지각작용도 표상작용도 존재하지 않는다. 무릇 심적인 것이 '존재'한다고 해도 그것은 어떤 특정한 합리적인 형성작용과 결합작용의 형태로만 사유될 수 있다는 것이다. 그러나 데카르트처럼 의식을 파악할 경우에 우리는 동물의 의식뿐 아니라 인간 의식의 큰 영역을 망각하고 부정하게 되는 위험에 빠지게 된다.

동물의 의식도 특히 보다 높은 단계에서는 놀랄 정도로 섬세한 뉘앙스를 갖는 극히 풍부한 체험들을 갖고 있는 것으로 보인다. 동물들이 '서로를 이해하기' 위해서 사용하는 표정의 움직임으로 간주될 수 있는 것은 극히 다양하다. 동물들은 서로의 표정을 읽으면서 대화하는 것이다. 동물뿐 아니라 아직 반성적인 의식을 갖지 못한 유아도 감각주의적인 심리학이 주장하는 것처럼 가장 단순한 자극이 아니라 오히려 어떤 표정에 반응한다. 유아는 이미 생후 6개월경에는 호의적인 얼굴과 '악의 있는' 얼굴에 다르게 반응한다. 그 반응이 너무나 다르기 때문에 유아에게 현실로서 일차적으로 주어지는 것은 호의적인 얼굴이나 악의 있는 얼굴이며 감각주의자들이 주장하는 것처럼 색깔이나 명암의 분포와 같은 것은 아니라고 할 수 있다.

순수한 표정체험이 동물에게서도 유아에게서도 보이는 현실체험이다. 우리는 순수한 표정체험이 간접적인 것이 아니라 근원적인 성격을 갖는다고 할 수 있다. 순수한 표정체험이 현실체험의 가장 근원적인 층을 형성하기 때문에 우리는 이러한 층을 이해하기 위해서는 과학적인 인식이나 언어를 실마리로 삼을 수 없다. 오히려 이러한 층을 가장 여실하게 보여주는 것은 신화의 영역이다.

정신의 세계에서는 갑작스런 균열이나 비약이 존재하지 않는다. 오히려 정신이 통과하는 모든 형태는 어떠한 방식으로든 이러한 정신의 항상적이고 지속적인 구성부분에 속한다. 어떤 특정한 형식을 넘어서 나아가는 것이 가능하게 되는 것은 그 형식이 완전히 몰락하고 흔적도 남기지 않고 근절되고 마는 것에 의해서가 아니라 오히려 그것이 의식 전체의 연속성 속에 머물러 있으면서 그것 안에 보존되는 것에 의해서다. 왜냐하면 정신 속에는 절대적인 '과거'와 같은 것은 존재하지 않고 정신이 과거의 것조차 현재로서 보존한다는 바로 그 점에 의해서 언어의 통일성과 전체성이 구성되기 때문이다.

따라서 신화적 지각을 지배하고 있는 근본경향은 그것이 세계를 이해하는 다른 방식들에 의해서 아무리 배척되고 그 자체 내에서 변형을 겪게 될지라도 완전히 소실되지는 않는다. 신화적 의식의 내용들의 몰락이 그 내용들을 낳는 정신적 기능의 몰락을 의미하지는 않는다. 실로 신화적 형성물들의 어떤 것도 경험적 현실과 그것의 대상들의 권역 안으로 구출될 필요는 없다. 그러나 신화에서 자신을 최초로 구체적으로 표현했던 정신의 기능은 신화적 세계상이 몰락한 이후에도 일종의 변신을 겪으면서 계속해서 작용한다.

이렇게 신화적인 지각방식이 계속해서 작용을 미친다는 사실은 우리의 경험적 세계상에서도 순수한 표정지각이 현실경험의 근원적인 층을 형성하고 있다는 사실에서 분명하게 드러난다. 이러한 순수한 표정지각은 이론적 의식의 진행과 발전에 따라서, 즉 '대상으로 향하는' 지각의 방향에 의해서 언젠가 완전히 배제되지 않는다. 표정지각은 대상으로 향하는 방향과는 달리 자립적인 권리와 고유한 영역을 형성한다. 이러한 영역은 자연의 대상들의 현실성이 아니라 오히려 다른 '주관들'의 현실성이 우리에게 개시되는 영역이다.

2) 표정지각과 타자인식의 문제

카시러는 표정지각이야말로 우리가 현실을 경험하는 근원적인 방식이라는 점에 입각하여 철학에서 줄곧 논란이 되어왔던 '타자인식'의 문제나 심신관계의 문제를 해결하려고 한다.

타자의 마음을 안다는 것, 다시 말해 타자를 나와 같이 정신과 의식을 갖는 주체로서 인식할 수 있다는 것을 철학에서는 흔히 감정이입설에 의해서 해명하려고 했다. 이 경우 '다른 자아'의 확실성은 일련의 경험적 관찰과 귀납적 추론에 의거하는 것으로 설명된다. 즉 우리가 우리 자신의 신체에서 인지하는 것과 동일하든 가 유사한 표정의 움직임이 타인의 물리적 신체에서도 나타난다고 하는 것, 그리고 동일한 '결과'에는 항상 동일한 '원인'이 대응함에 틀림없기 때문에 타인은 정신과 의식을 갖는다는 추론에 입각해서 우리는 타자의 마음을 인식하고 타자를 의식주체로서 인식한다는 것이다.

그러나 카시러는 이러한 이론은 극히 허약한 토대 위에 서 있는 것으로 본다. 왜냐하면 원인들의 동일성으로부터 결과들의 동일성을 추론할 수 있다는 것은 분명하지만, 동일한 하나의 결과가 서로 전혀 다른 원인들로부터 산출될 수 있는바 결과의 동일성으로부터 원인의 동일성을 추론할 수는 없다는 것은 잘 알려진 인식론적 원리이기 때문이다. 그 외에, 이러한 문제점을 도외시하더라도 여기에서 거론되고 있는 종류의 추론이 기초 지을 수 있는 것은 가장 유리한 경우에도 항상 단지 잠정적인 가설이든가 단순한 개연성에 불과하기 때문이다.

신화적 세계상의 특징을 보여주는 것은 이러한 세계상에서 '자신의 자아', 즉 엄밀하게 개인적인 '자기'에 대한 앎은 결코 출발점에 있는 것이 아니라 종국점에 있다는 것이다. 근대의 인식론은 근원적으로 명증적으로 주어지는 것이 우리들 각자의 의식상태일 뿐이라고 보면서 우리는 이렇게 명증적인 의식상태로부터 출발하면서 어떤 추론에 의해서 비로소 타인의 체험세계의 현실성도 물체적 자연의 현실성도 획득된다는 전제에 서 있다. 그러나 언뜻 가장 명증적인 것으로 보이는 이러한 전제는 우리가 신화적 현상들을 고찰할 경우 극히 의심스러운 것으로서 입증된다.

신화적 세계에서는 자아가 자기 자신 속에 있는 것은 동시에 상대방 속에 있을 경우뿐이며, 이러한 상대, 즉 너와 관계하고 있을 경우뿐이다. 자아가 자신에 대해서 알고 있다고 해도, 그것은 이러한 기본적이고 근본적인 관계 속의 하나의 관계점(Bezugspunkt)으로서만 알고 있다. 신화적 현상에서 자아는 다른 생명체들의 중심으로 향하면서 그것을 지향하는 방식에서만 자기 자신을 소유하는 것이다. 자아는 공간 속의 다른 모든 사물로부터 분리되어 존재하는 사물과 같은 실체가 아니다. 그것은 자신이 다른 것들과 함께 하나의 세계 속에 있다는 사실을 알면서 이러한 통일체 속에서 자신을 다른 것들과 구별함으로써 비로소 자신을 의식한다.

신화적 세계에서 자아의식이 생성되어 나오는 과정을 고찰해 보면 우리는 생명의 전체, 즉 인간계뿐 아니라 동물계와 식물계까지도 포함하는 생명의 미분화된 전체로부터 인간적인 것이라는 '독자적인' 존재와 독자적인 형식이 극히 서서히 떠오르면서 자신을 부각시키는 과정을, 그리고 다음에 이 존재의 내부에서 유(類)와 종의 '현실성'이 먼저 전개되고 그 다음에 개인의 현실성이 전개되는 과정을 추적할 수 있다.

신화가 '주어지는' 일차적인 방식은 특정의 주술적·신화적 성격을 갖고 외부로부터 들어오는 여러 표정형상들이 확고한 순서도 없고 서로를 연결시켜 주는 것도 없이 잇달아 나타나며 자신의 모습을 예측할 수 없게 바꾼다는 것이다. 익숙하고 친숙한 것, 비호하고 지켜주는 것이라는 형상상이 갑자기 그 반대물, 즉 접근하기 어렵고 불안하게 하는 것, 음침하고 소름끼치는 것으로 직접적으로 이행할 수 있다. 그러한 형상들 각각은 인간의 의식 전체를 요구하며 그것을 매료시키고, 인간의 의식 전체에 자신의 고유한 색깔과 기분을 각인한다. 자아는 저항하기 어렵게 갑작스럽게 자신을 엄습해 오는 모든 표정형상에 내맡겨져 있고 그것을 수용할 뿐이다.

그러나 신화적인 의식이 발달하면서 흡사 무로부터 출현하고 무 속으로 다시 소멸해 들어가는 것 같은 신화의 원시적 체험들로부터 이제 비로소 성격의 통일과 같은 것이 부각되어 온다. 표정형상은 체험될 뿐 아니라 성격학적으로 평가된다. 정령들과 신들이 비교적 안정된 명확한 인상학적 특징에 의해서 인식되고 서로 구별된다. 신화가 이러한 방향에서 시작한 것이 언어와 예술에 의해서 완성된다. 왜냐하면 신들에게 비로소 완전한 개성이 생기는 것은 신들의 이름과 신들의 형상에 의해서이기 때문이다. 이렇게 정령들과 신들을 구별하게 되면서 인간은 자신도 하나의 명확한 특징을 갖는 개체로 보게 된다. 따라서 인간이 자신을 개체로 보게 되는 것 자체는 정신의 전개과정의 출발점이 아니라 오히려 일종의 종결점인 것이다.

타자 이해의 문제는 사물지각을 일차적인 것으로 보면서 사물지각에서 표정지각을 파생된 것으로 보는 식으로는 제대로 해명될 수 없다. 사물지각이 아니라 오히려 순수한 표정지각이 일차적이라는 사실, 우리는 일차적으로 외적인 것과 동시에 내적인 것을 항상 함께 지각한다는 사실을 타자 이해의 문제를 해명하는 실마리로 삼아야 한다. 우리는 표정지각을 단초로 하여 사물지각을 해석해야만 한다. 즉 우리가 일차적으로 지각하는 표정성격이 부단히 진행되는 '외화'를 통해서 어떻게 해서 점차로 여러 객관적 '징표들', 즉 사물의 여러 규정과 성질로 이행하는가를 고찰해야 하는 것이다. 이러한 '외화'는 표정의 세계가 언어에 의한 '표시'의 세계로 그리고 마침내는 과학에 의해서 해명되는 순수한 '의미'의 세계로 접근해 감에 따라서 증진해 간다.

이에 반해 표정의 세계가 아직 전적으로 자기 자신 안에 머물러 있는 한, 우리는 순수한 표정성격으로부터 출발하면서 그러한 표정성격에서 고지되는 이른바 '객관적인' 현실에로 추론해 갈 필요가 없다. 오히려 이러한 표정성격 자체가 그대로 현실의 직접적인 색채를 띠고 있는 것이다. 물론 과학적 인식은 세계에서 표정성격을 온전히 제거하면서 '존재'에 대한 새로운 견해와 새로운 정의를 창조한다. 그러나 이러한 과학적 정의가 다른 것들을 배제하는 유일한 정의로서, 즉 유일하게 가능한 정의로서 간주될 경우, 그러한 정의를 단초로 하여 순수한 표정세계에 이르는 것은 불가능하다. 그 전에는 현상 그 자체였던 것이 이제는 문제가 되며, 더 나아가 아무리 예리한 인식도 아무리 정치하게 구성된 이론도 결코 완전히 해결할 수 없는 문제가 되는 것이다.

표정현상 자체는 이론적 사유가 구사하는 여러 방법을 더욱더 정교하고 섬세한 것으로 형성하는 식으로 파악될 수 없다. 표정현상 자체로 돌아가는 길은 우리가 이론적 사유의 권리와 필연성은 인정하면서도 동시에 그것이 제약된 것이라는 사실을 이해하는 것을 배우는 것에 의해서뿐이다. 표정의미를 이론적 세계인식에 의해서 '설명'하려고 시도하기 전에 그것은 먼저 현상 그대로 회복되어야만 하는 것이다. 내가 사물을 물리적인 속성의 집합체로 보는 외부지각의 태도를 취하면서 사물을 아무리 자세하게 고찰해도 우리는 '미소를 지음'이라든가 '탄원'이라든가 '위협적인 제스처'라는 현상을 볼 수는 없다. 따라서 표정지각이라는 기본적 기능이 폐기되었다고 생각한다면, 우리에게 '내적 경험'이라는 세계에 이르는 길은 폐쇄되고 말 것이며 우리를 '너'의 영역으로 이끌 수 있는 유일한 교량도 제거되고 말 것이다.

3) 표정기능과 심신문제

어떤 일정한 현상이 단순히 '주어지고' 눈으로 보이면서도 동시에 내적으로 생명이 불어넣어져 있는 것으로서 느껴진다는 것, 다시 말해서 모든 현상이 표정을 갖는 것으로 나타난다는 것이야말로 우리가 현실을 경험하는 일차적인 방식이다. 이러한 것이 현실을 경험하는 일차적인 방식이고 다른 모든 현실이해는 이러한 현실이해에 토대를 두고 있는 한, 다른 현실이해에서 빌려온 도식으로 이러한 현실이해가 어떻게 생겨나는지를 설명할 수는 없다. 이러한 현실이해는 우리의 모든 활동이나 이론적 작업이 토대를 두고 있는 일차적인 현실이라고 전제해야 하는 것이다.

표정에서는 '단순히 감각적인' 존재로서의 현상과 이 현상이 간접적으로 표시하고 있고 이 현상과 다른 심적 내용 사이의 분리는 전혀 존재하지 않는다. 표정은 외부로 표현되는 것이기는 하지만 우리는 이렇게 표현하면서도 시종일관 자신의 내면 속에 머무는 것이다. 그러나 철학이 표정현상을 취조하면서 그것을 자신의 법정 앞에 소환하자마자, 이러한 통일성과 단순성은 즉시 사라져버리며 극히 복잡한 문제군에 자리를 내주게 된다. 왜냐하면 철학에서는 표정현상이 자체 내에 숨기고 있는 계기들의 차이가 기원의 차이로까지 높여지기 때문이다. 철학에서 표정현상은 단순한 존재로서 간주되지 않고 오히려 두 개의 이질적인 구성요소, 즉 '물리적인 것'과 '심리적인 것', '마음'과 '신체'의 결합으로 나타난다.

그러나 그 각각이 다른 세계에서 유래하고 다른 세계에 귀속되는 양극의 그러한 '결합'은 어떻게 해서 가능한가? 사물 자체의 형이상학적 본질에서 단적으로 대립되는 것으로 보이는 것이 어떻게 해서 경험 속에서 공존하고 양립할 수 있는가? 신체와 마음이 각각 형이상학적 실체로서 존재하는 한에서의 신체와 마음 사이에는 가능한 어떠한 매개도 존재하지 않는다. 표정현상에서 심신의 결합이라는 것은 전혀 문제되지도 않는 자명한 것이었는데 이러한 '경험'의 지반을 결정적으로 떠나서 형이상학적 사고의 영역으로 이행하자마자 심신의 결합은 도저히 이해할 수 없는 것이 되는 것이다.

형이상학에서 심신은 표정현상을 형성하는 계기들의 이원성에서 영역들의 이원성이 되며, 현실은 최종적으로 '내부세계'와 '외부세계'로 분열하게 된다. 이제 신체적인 것은 더 이상 단순한 표정으로서, 즉 심적인 것의 직접적인 현현(顯現)으로 나타나지 않는다. 신체는 영혼을 노정하기는커녕 오히려 영혼을 견고한 껍질처럼 둘러싸면서 은폐하는 것으로 간주된다. 아리스토텔레스에서 영혼은 아직 신체의 완성태(Entelechie)로서, 따라서 신체의 가장 고유한 '현실'로서 나타난다. 그러나 근대의 형이상학은 순수한 '표정'의 영역에 속하는 모든 것을 신체에서 원칙적으로 박탈함으로써 신체를 단순한 물체로 파악하게 되며, 더 나아가 이러한 물체를 구성하는 물질(Materie)을 순수하게 기하학적인 물질로 규정하게 된다. 데카르트에 의하면 물체개념에서 그것의 유일하게 필연적인 징표로서 남는 것은 길이와 폭 그리고 깊이로 이루어져 있는 연장(延長)뿐이다.

형이상학은 이 두 가지 실체가 어떻게 서로 결합될 수 있는지를 사물개념과 인과개념을 통해서 해명하려고 한다. '사물'과 '속성', '원인'과 '결과'의 관계로서 직접적으로 주어지지 않거나 이론적인 사고작업에 의해서 그러한 관계로 해석될 수 없는 것은 결국 이해되지 않은 채로 남게 된다. 그리고 이렇게 이해될 수 없는 것은 그것의 존립조차 의심스럽고 공허한 가상, 즉 감관이나 상상력의 환각으로 해소되고 만다. 이와 함께 순수한 표정기능의 언어는 실체적인 형이상학적 세계관의 언어, 즉 실체개념과 인과개념의 언어로 번역될 경우에야 비로소 유의미하고 이해 가능한 것으로 간주된다.

그러나 이러한 번역을 위해서 아무리 많은 노력을 쏟아도 그러한 노력은 결국 불충분한 것으로 입증된다. 여기에서는 항상 모든 형이상학적 사고작업을 비웃는 것 같은 어두운 잔여가 남아 있다. 아리스토텔레스 이래의 형이상학의 작업 전체로도 이러한 잔여를 완전히 극복할 수 없었으며, 심신관계의 '불합리성'을 근본적으로 제거할 수 없었다. 근대의 위대한 고전적 체계들이 모든 노력을 기울였음에도 불구하고, 즉 '합리론'이 데카르트와 말브랑슈, 라이프니츠와 스피노자와 함께 심신문제를 해명하기 위해서 온갖 시도를 했음에도 불구하고, 이러한 문제는 전혀 해결되지 못한 것으로 보이며 그것은 여전히 기묘하면서도 역설적인 문제로 남아 있는 것 같다.

심신관계를 조건 짓는 것과 조건 지어지는 것의 관계, 내지 '근거'와 '귀결'의 관계로 변화시킴으로써 이러한 관계를 기술하려는 모든 시도는 결국 수습할 수 없는 곤란에 부딪히고 만다. 최근에 과학이 실재를 드러내주는 유일한 방식으로 간주되면서 심적인 것은 뇌에서 일어나는 전기화학작용으로 간주되게 되었다. 즉 물리적인 것이 근거이고 심적인 것은 그것에서 파생된 결과라는 것이다. 그러나 물리화학적인 것에 불과한 것이 어떻게 해서 슬픔과 기쁨으로 표현될 수 있는지는 물리학에 의해서 도저히 해명될 수 없는 수수께끼다.

카시러는 무엇보다도 관점의 교체, 즉 경험적 관점으로부터 형이상학적 관점으로의 교체야말로 형이상학의 역사에서 심신문제가 갖게 되는 불투명함과 모호함을 낳았다고 말하고 있다. 순수하게 체험에 입각해서 볼 때, 우리가 신체를 갖지 않는 마음도, 마음을 갖지 않는 신체도 알지 못한다는 점은 확실하다. 마음과 신체 사이의 대립을 해소하는 궁극적인 근거는 기회원인론과 스피노자주의적인 동일철학과 라이프니츠의 예정조화의 체계에서처럼 신적인 제일의 근거도 아니다. 왜냐하면 형이상학적인 심신 분리에도 불구하고 심신이 어떻게 연관될 수 있는가라는 물음을 우리가 던질 수밖에 없는 것은 현상 자체가 우리에게 이 양자는 결코 분리되지 않고 항상 서로 연관되어 있다는 사실을 가르쳐주기 때문이다.

모든 단적인 표정현상에서 체험되는 것은, 신체적인 것과 심적인 것의 분리될 수 없는 상관관계이며 전적으로 구체적인 종합이다. 이러한 종합은 심신이라는 서로 결합될 수 없는 실체들로 분리된 후 다시 신과 같은 초월자를 끌어들여 설명되어야 하는 것이 아니라 오히려 모든 이론적 설명이 자명한 것으로 전제해야 하는 근본현상이다. 따라서 심신문제와 관련하여 우리가 해결책을 발견할 수 있는 것은 실체성과 인과성이라는 개념을 통해서가 아니라 오히려 표정이라는 '근원적 현상'으로 귀환하는 것에 의해서다.

심신의 관계는 사물 상호 간의 관계로도 인과관계로도 전환될 수 없는 순수하게 상징적인 관계의 최초의 범형 내지 원형을 표현한다. 여기에는 원래 내부도 외부도 없으며, 선후도 없고, 작용을 미치는 것도 작용을 당하는 것도 없다. 여기에서 보이는 결합은 분리되어 있는 요소들을 비로소 결합할 필요가 있는 결합이 아니다. 그러한 결합은 원래 의미로 가득 찬 하나의 전체, 더 나아가 이러한 전체가 자기 자신을 해석하는, 즉 자신을 이중의 계기로 분해하고 이러한 계기들 속에서 자신을 '전개하는' 결합인 것이다. 심신문제로의 참된 통로는 모든 사물결합과 모든 인과결합조차 궁극적으로는 이러한 종류의 의미결합에 의거하고 있다는 사실이 온전히 인식될 때에야 비로소 발견된다.

5. 언어

1) 언어와 표시기능

신화적인 세계에서 원래 무한히 다양하고 이리저리 요동하는 다채로운 표정체험들은 언어라는 매체에 의해서 비로소 고정되기 시작한다. 언어라는 매체에서 비로소 그러한 표정체험들이 '형태와 이름'을 획득하게 되는 것이다. 그때까지 감정과 의지를 직접 엄습해 온 대상들이 이제 비로소 멀리 떨어져 보이기 시작한다. 즉 그러한 대상이 '직관'되며, 그것의 공간적인 윤곽과 그것의 독립적인 질적 규정이 현전화(現前化)될 수 있을 정도의 거리에 대상이 나타나게 되는 것이다.

헤르더는 이러한 직관능력을 가리키기 위해서 '반성'이라는 용어를 선택했다. 이 경우 반성은 주어진 직관내용'에 대한' 사고를 가리키지 않고 오히려 바로 이러한 내용들 자체의 형태를 규정하고 구성하는 것이다. 이를 위해서 인간은 자신의 감관을 스쳐 지나가는 꿈처럼 극히 불안정한 상에서 벗어나 특정한 지속적인 징표들을 주시하면서 이러한 징표들에 입각하여 어떤 대상이 바로 이것이고 다른 것이 아니라고 규정해야만 한다.

그러나 이 경우 주어져 있는 아직 미분화된 현상의 전체로부터 특정한 요소들을 끄집어내면서 그러한 요소들을 주시하는 것만으로는 충분하지 않다. 오히려 결정적인 것은 이러한 전체에서 하나의 징표가 추상작용에 의해서 끄집어내어지는 것이 아니라 이러한 징표가 동시에 전체의 대표 내지 '대리'로서 간주된다는 것에 있다. 왜냐하면 이와 함께 비로소 그러한 징표가 자신의 개별성을 잃어버리지 않고 어떤 보편적 형식의 각인을 포함하게 되기 때문이다. 순수한 표정체험에는 이러한 종류의 규정작용이 낯선 것이다. 순수한 표정체험은 순간 속에서 나타났다가 순간 속에서 사라진다.

여기에서 의식은 잡다하게 분산되어 있던 것을 언어의 인도 아래 결집시키면서 자립적이고 독자적인 사물을 구성하며, 이와 함께 현실은 '실체'와 '성질', '사물'과 '속성', 공간적인 규정들과 시간적 관계들로 분리된다. 언어는 논리적·논증적 사고의 표현수단과 매체로서 기능할 수 있을 뿐 아니라 이미 세계에 대한 '직관적인' 파악과 형태화까지도 수행하고 있으며 개념을 구성하는 것에 못지않게 지각과 직관을 구성하는 것에도 관여하고 있다. 이렇게 언어가 직관과 지각을 구성하면서 사물들을 구체적으로 형성하는 작용을 카시러는 '표시'라고 부르고 있다.

이러한 표시기능에 대해서 그것이 갖는 순수하게 지적인 가치를 아무리 높게 평가하더라도 그것은 처음에는 아직 개개의 물체에 구속되어 있다. 언어가 겨냥하는 대상은 말하는 사람의 눈앞에 있으며 손가락으로 가리킬 수 있는 어떤 것이다. 명사화, 즉 사물로서 정립하는 활동 자체가 통상적으로—정관사와 같은—지시대명사가 보다 발전한 것에 지나지 않는 언어적 형성체를 이용한다. 언어적 표시기능은 모두 직관의 세계에 구속되어 있으며 반복해서 그것으로 되돌아간다. 언어를 통한 명명이 가려내고 고정하는 것은 직관적인 '징표들'이다. 언어가 그 최고도의 특수한 사고작업으로 나아갈 때에도, 즉 언어가 사물과 성질, 사건과 행위를 명명하지 않고 오히려 순수한 연관과 관계를 표현할 경우에조차도 이러한 순수하게 의미 표현적인 기능은 우선은 구체적인 직관적인 표현의 확고한 한계를 넘어서지 않는다.

2) 표정기능과 표시기능

이미 앞에서 본 것처럼, 순수한 표정기능의 의미와 근본방향은 신화의 세계로부터 출발할 때 가장 명료하면서도 가장 확실하게 파악될 수 있다. 신화의 세계는 표정기능의 의미에 의해 아직 완전히 지배되고 있고 철저하게 관통되어 있으며 혼이 불어넣어지고 있다. 이러한 표정기능이 언어에 의한 표시기능으로 발전하지만, 언어에도 이러한 표시기능이 맹아적 형태로만 존재하는 기층이 존재한다. 이러한 기층에서 언어는 아직은 거의 오직 순수한 표정요소와 표정성격 속에서 움직이고 있다. 이 경우 언어음성은 '객관적' 현실의 어떤 개별적 성질을 '가리키는' 것이 아니라 오히려 말하는 사람의 내적인 상태를 단순히 직접적으로 분출할 뿐이다.

일반적으로 '동물언어'라고 불리는 것은 모두 지속적으로 이 단계에 묶여 있는 것 같다. 동물들이 부르는 소리와 울부짖는 소리가 두려움에서 비롯된 울부짖음이나 환희에서 비롯된 울부짖음, 교미를 하기 위해서 부르는 소리나 경고하기 위해서 부르는 소리 등으로 아무리 다양하게 구별될지라도, 그것들은 한낱 '감탄사'의 영역을 벗어나지 않는다. 어린아이의 경우에도 명명(命名)기능은 언어발달의 최종단계에서 비로소 나타난다. 어린아이의 경우에 모든 유의미한 언어는 정감과 감각적 흥분의 층에 뿌리박고 있다. 똑같이 두 살짜리 어린아이의 경우조차도 아직, 긍정과 부정, '예'와 '아니요'는 논리적인 의미의 '언표' 내지 확인하는 정립으로서가 아니라 욕구라든가 거부와 같은 정감적 태도결정의 표현으로서 사용된다.

언어의 발달과정에서 순수한 '표시기능'에 비로소 점차적으로 길이 열리게 되며, 이러한 기능은 그 후 더욱더 강화되면서 마침내는 언어에서 지배권을 획득하게 된다. 그러나 이렇게 되는 경우에조차도 이러한 순수한 표시기능이 그 지배권을 다른 정신적인 동기와 근본동향과 공유할 수밖에 없다는 것은 분명하다. 언어의 경우에는 그것이 '표시'와 순수한 논리적 '의미'의 방향으로 아무리 나아가더라도 원초적인 표정체험과의 연관은 결코 단절되지 않는다. 언어의 최고의 지적 성과에서조차도 극히 명확한 '표정성격'이 여전히 포함되어 있는 것이다.

일반적으로 의성어라고 불리는 것은 모두 이 영역에 속한다. 왜냐하면 참으로 의성어적인 언어형성체에서는 객관적으로 주어진 현상들의 직접적인 '모방'보다도 아직 전적으로 순수하게 '인상학적인' 세계관의 주박(呪縛) 아래 존재하는 음성형성과 언어형성이 훨씬 중요하기 때문이다. 음성은 여기에서는 이를테면 사물들의 직접적인 '얼굴'을 포착하고 이와 함께 사물의 참된 본질을 포착하려고 시도하는 것이다. 살아 있는 언어는 언어를 '사상'의 순수한 매체로 사용하는 것을 배우게 된 후 오랜 시간이 지나고서도 이러한 연관에서 결코 벗어나지 못한다. '인상학적' 표현이라는 이러한 근거로 항상 거듭해서 되돌아가려고 하고 자신의 원천이자 영원한 회춘의 샘으로서의 그러한 근거 속으로 몸을 담그는 것은 무엇보다도 시적인 언어일 것이다.

그러나 언어가 어떤 일정한 논리적 '의미'를 드러내고 이 의미를 단순히 그 자체로서 그 객관성과 보편성 면에서 제시하려고 하는 경우에조차도, 언어는 멜로디와 리듬이라는 표현수단을 자유롭게 사용하는 다양한 가능성을 결여할 수 없다. 이러한 표현수단 자체는 없어도 되는 장식품과 같은 것이 아니라 의미부여 자체의 참된 매체이며 구성부분으로서 입증된다. 언어의 생명은 일찍이 단순히 감성적인 것에 그쳤던 적이 없으며 순수하게 정신적인 것일 수도 없다. 그것은 항상 신체인 것과 동시에 마음이기도 한 것으로서만, 즉 로고스의 신체화로서만 파악될 수 있다.

그러나 언어의 실제 현실에서는 감성적인 표정성격과 논리적 의미계기가 아무리 분리되기 어려울지라도, 이러한 양자 사이에 순수하게 기능적인 차이가 존재한다는 사실은 부인할 수 없다. 논리적인 의미계기를 감성적인 표정성격으로 해소하려는 모든 시도나 전자가 후자로부터 발생한다고 보려는 모든 시도는 실패할 수밖에 없다. 순수하게 발달심리학적으로 고찰해 보아도, '표시' 기능은 반드시 항상 단순한 표정의 영역에 속하는 형성물들로부터 연속적으로 발달해 온 것이 아니라 그러한 형성물들에 대해서 항상 어떤 종적인 새로움, 즉 어떤 결정적인 전환점을 보여주고 있다.

6. 과학

1) 지각과 과학

표정기능과 표시기능에 의해서 형성되는 세계를 카시러는 '자연적 세계개념'의 영역이라고 부른다. 자아는 소박한 표정체험의 형태나 지각체험의 형태로, 자신 이외의 주관의 존재와 '우리 밖에 존재하는 대상'의 존재를 포착한다. 그리고 자아는 이러한 존재와 그것에 대한 구체적인 직관 속에 머무르며 구속되어 있다.

과학적 의식이 나타나면서 이제 지각과 직관이 아직 알지 못했던 일종의 분리, 즉 '추상'이 수행된다. '자연적 세계개념' 내부에서 성립하는 것과 같은 개념과 직관 사이의 '소박한' 관계 대신에 이제 그것과는 다른 '비판적' 관계가 들어서게 된다. 왜냐하면 이론적 개념은 대상들의 세계를 개관하고 그것들의 질서를 단순히 반영하는 것만으로는 만족하지 않기 때문이다. 여기에서는 다양의 총괄이 대상에 의해서 사고에 단적으로 지시되는 것이 아니라 사고 자체 속에 숨어 있는 규범과 규준에 따라서 사고에 고유한 자립적 활동에 의해서 창출되지 않으면 안 되는 것이다.

자연적 세계개념의 한계 내에서 사고의 활동은 다소간 산발적인 성격을 보여주는 반면에, 즉 사고는 어떤 때는 이 점에서 어떤 때는 저 점에서 시작하고 그러한 점으로부터 여러 방향으로 전개되는 것에 반해서, 과학에서 사고는 이제 갈수록 긴장의 도를 높여가는 통합과 갈수록 엄격하게 되어가는 의식적인 집중을 필요로 하게 된다. 모든 특수한 정립과 개별적인 개념구조는 결국 모든 것을 포괄하는 통일적 사고연관에 편입되어야만 한다.

　과학에서 사고는 직관의 세계가 사고에게 어떤 의미에서 완성된 형태로 가져다주는 형태들에 더 이상 머무를 수 없으며, 전적으로 자유롭게, 즉 순수하게 자발적으로 상징의 나라를 구성하는 것으로 이행해야만 한다. 사고는 자신의 세계 전체에게 방향을 부여하는 도식들을 건축가처럼 설계하는 것이다. 물론 이러한 도식도 또한 한낱 사고, 즉 전적으로 '추상적인' 사고의 공허한 공간 속에 머무를 수는 없다. 즉 이러한 도식도 어떤 받침대와 지지대를 필요로 하지만, 그것은 이러한 받침대와 지지대를 더 이상 경험적 사물의 세계로부터 취하지 않고 스스로 창출한다.

　따라서 자연과학의 기본개념들은 지금은 더 이상 사물처럼 직접적으로 주어져 있는 것의 복사와 모사가 아니라 물리학적 사고가 구성한 일련의 기호로서 나타난다. 사고는 직접 현실에 향하는 것이 아니라 어떤 기호체계를 구축하고 그 기호를 대상의 '대리자'로서 이용한다. 이러한 대리기능이 잘 수행될 경우에야 비로소 존재는 질서 있는 전체, 즉 명료하게 조망될 수 있는 하나의 구조가 되기 시작한다. 특수한 존재든 특수한 사건이든 그 내용이 이러한 방식으로 성공적으로 재현되는 경우에는, 그만큼 더욱더 일반적인 규정들에 의해 관통되어 있는 것으로 드러난다. 수학적·물리학적 개념도 이제는 사물의 존재와 직접적으로, 즉 절대적 의미에서 합치한다는 요구를 제기하지 않는다. 그것은 단지 지시적인 성격을 가질 뿐이며 단순히 현실의 '지표'에 불과할 뿐이다.

2) 언어와 과학적 기호

언어에서 명칭은 보통 다의적인 의미를 갖는 반면에 과학적인 기호는 일의적인 의미를 갖는다. 언어가 명명하는 것만으로 만족하는 곳에서 과학적 자연인식은 규정을 추구한다. 언어가 명칭의 다의성에 머무르는 곳에서 과학은 기호의 일의성을 추구한다. 따라서 언어적 '개념'의 보편성은 과학적인, 특히 자연과학적인 '법칙'의 보편성과 동일선상에 서 있는 것은 아니다. 즉 과학적인 법칙의 보편성은 언어적 개념의 보편성의 단순한 연장이 아니다. 양자는 서로 다른 궤도에서 움직이며 정신의 형성작용의 서로 다른 방향을 표현한다.

언어는 아직 원칙적으로는, 직관적으로 표상될 수 있는 것의 영역을 넘어서지 않는다. 언어는 직관 자체에서 특정한 근본계기들을 두드러지게 드러내고 고정하지만 이러한 계기들을 초월하지는 않는 것이다. 빨강 '자체'와 파랑 '자체'는 물론 감각적 인상들의 세계 내에 그것들에 직접 일치하는 상관항을 갖지 않는다. 그럼에도 불구하고 빨강이나 파랑의 의미를 구체적으로 충족시키면서 일반적인 명칭이 가리키는 것의 특수한 '사례들'로서 제시될 수 있는 색의 인상들은 무한히 많이 존재한다.

이러한 감각적 현상들의 본질에는 어떤 종류의 모호함이 수반될 수밖에 없다는 점이 포함되어 있다. 우리가 감각적 현상들을 서로 구별하고 구분하더라도 우리가 여기에서 부딪히는 모든 차이에는 어떤 '차이의 문턱', 즉 그 이상 구분이 진행될 경우 차이 자체가 식별될 수도 없고 무의미하게 되고 마는 한계가 있다. 수학적·물리학적 개념은 이러한 문턱이라는 사실을 제거하는 것과 함께 시작된다. 지각이 유동적인 이행밖에 보여주지 않는 곳에서 수학적·물리학적 개념은 명확한 한계를 설정하고 요구한다. 이와 함께 발생하는 새로운 질서형식은 이전 형식의 '모사'가 결코 아니라 전체적으로 전혀 다른 유형에 속한다.

물리학자의 세계조차도 우선은 감각이 직접 보여주는 차이들에 따라서 구분되고 분절된다. 즉 물리학자의 세계도 우선은 감각에서 보이는 차이를 그대로 존속시키면서 그것에 따라서 과학적 인식의 어떤 특정한 건축술 도식을 구축한다. 빛과 색에 대한 감각에는 광학이, 따뜻함에 대한 감각에는 열역학이, 음에 대한 감각에는 음향학이, 각각의 감각에 상응하는 이론적 담당기관으로서 대응되는 것이다.

그러나 과학에서는 감각내용이 철저한 변용을 겪는다. 물리학에서 사물은 더 이상 향기나 맛, 색깔이나 소리로 '이루어지지' 않는다. 하나의 물체가 물리학적 의미에서 갖는 '본성'은 그것의 감각적 현상방식에 의해서가 아니라 그것의 원자량, 비열(比熱), 굴절률, 흡수지수(指數), 전도율, 자기화율(磁化率) 등에 의해 규정된다. 우리가 감각내용들 자체에서 직접적으로 파악할 수 있는 무규정적인 '보다 많음'이나 '보다 적음', '보다 가까움'이나 '보다 멂', '보다 강함'이나 '보다 약함' 대신에, 수치(數値)의 등급, 도(度)의 단계가 등장해야만 한다. 물리학의 대상은 지각의 대상과 달리 감각적인 인상들의 전체가 아니며 수규정들과 척도규정들의 총체다.

감각기관 자체는 '도'에 의한 엄밀한 구획을 받아들일 수 없으며, 그것을 받아들이기 위해서는 우선 사고에 의한 번역을 필요로 한다. 바로 이러한 번역에 의해서 예를 들면 따뜻함에 대한 단순한 감각으로부터 온도의 개념이, 단순한 촉(觸)감각과 근육감각으로부터 압력의 개념이 형성된다. 단적으로 말해 우리에게 우선은 감각적 인상들의 순수하게 사실적인 다양으로서 또한 사실적 차이로서 나타나는 것이 물리학적 의미와 가치를 얻는 것은 우리가 그것들을 수의 영역으로 '모사(模寫)하는' 것에 의해서만 가능하다.

감각적 지각에 의해서 우리에게 직접 증시되고 접근될 수 있는 것이 되는 사건의 영역은 이러한 체계 전체 내에서는 일부분, 전체에 비교하면 극히 작은 범위에 지나지 않는 것으로 나타난다. 가시적인 스펙트럼은 빨강에서부터 보라색에 이르는 무지개 색을 포함하고 있지만, 스펙트럼 전체 내부에서는 단 하나의 옥타브의 범위를 점하는 것에 지나지 않는 것에 반해, 보라색을 넘어서 8에서 16까지의 옥타브에서 비로소 엑스선대(帶)가 시작되며, 빨강을 넘어서 30옥타브에서 무선 전신의 파장대(波長帶)가 시작하는 것이다. 물리학 특유의 사고형식과 이 형식이 자신에게 적합한 언어로서 끊임없이 진보하면서 창출했던 상징체계를 일관되게 완성했기 때문에 이러한 거대한 확장이 이루어졌던 것이다.

3) 자연과학에서 법칙과 개별자

자연과학은 언어의 세계뿐 아니라 직접적 지각의 세계조차도 넘어선다. 그렇다고 해서 과학이 현실을 무시한다는 것은 아니다. 과학은 관찰된 현상들로부터 이것들의 법칙적 원리로 소급하고 다시 이러한 원리로부터 수학적으로 연역될 수 있는 귀결로 나아가며 이러한 귀결을 통해서 우리가 지각하는 것들을 재해석한다. 과학은 모든 것이 수학적으로 계산 가능하며 필연적인 것이든 확률적인 것이든 규칙에 의해서 지배된다고 본다.

일상적인 지각경험은 개개의 사실들을 감각적인 관찰에 드러난 그대로 파악하고 그것들을 순수하게 기술하면서 연결하는 데 만족한다. 이에 반해 과학적 법칙은 관찰이 제공하는 구체적인 자료들에서 추상되는 것이 아니라 관찰자가 참으로 여기는 특정한 이론적 전제에 기초하여 그러한 자료들에 대응하는 것으로 간주되는 상징적 표상이 정립됨으로써만 성립한다. 물리학적 판단은 결코 관찰 가능한 다양한 개별적 사실에 대한 단순한 확인이 아니라 추상적이고 상징적인 개념들 상호 간의 관계로 이루어져 있다. 이러한 개념들의 의미는 직접적으로 지각될 수 있는 것이 아니라 극히 복잡한 지적인 사고과정을 통해서 비로소 규정되고 확정될 수 있다. 이러한 구상의 이론적 타당성은 사고(思考)의 필연성에 따라서 법칙적인 원리로부터 도출되는 귀결이 경험에서 관찰 가능한 것과 반복해서 일치한다는 조건에만 의존한다.

따라서 공간 내의 어떤 특정한 지점과 시간 내의 어떤 특정한 순간에 결부되어 있는 어떤 개별적인 사건을 물리학자가 기술할 경우에 그가 겨냥하는 것은 개별성 자체가 아니다. 그는 개별성을 반복 가능성이라는 상(相) 아래에서 고찰하고 있는 것이다. 어떤 조건들이 견지되면 동일한 사건이 다른 장소들과 다른 시점들에서도 관찰될 수 있는지, 또는 이러한 조건들의 특정한 변화에 따라서 그 사건은 어떻게 변화할 것인지라고. 따라서 개별적 사실이 탐구되고 조사될 경우에도 고찰이 최종적으로 겨냥하는 것은 이러한 사실 자체가 아니라 이러한 사실이 반복해서 일어날 때 따르는 규칙인 것이다. 물리학적 사고가 어떤 사건을 엄밀하게 인과적으로 파악하려고 한다는 요구를 내걸지 않고 통계적 법칙을 설정하는 것으로 만족하는 경우에조차도, 이러한 사고가 본질적으로 겨냥하는 것은 항상 사건 자체가 아니라 사건의 규칙적인 면이다.

그런데 카시러는 사건의 규칙을 표현하는 과학적 공식의 가치는 주어져 있는 경험적 사태를 총괄한다는 데 있는 것이 아니라 새로운 사태를 어떤 의미에서 꾀어내는 데(hervorlocken) 있다고 본다. 공식은 직접적인 관찰보다 선행하는 연관과 결합 그리고 계열형성의 문제들을 설정한다. 따라서 공식은 라이프니츠가 '발견의 논리학'이라고 부르는 것의 가장 탁월한 수단들 중 하나가 된다. 어떤 특정한 분자에 포함되어 있는 원자의 종류와 그 수만 보여주는 간단한 화학식조차도 이미 체계적으로 시사하는 점들을 풍부하게 포함하고 있다.

예를 들어 화학식의 용어법에서 염소와 수소와 산소라는 몇 개의 이미 잘 알려져 있는 화합물이 ClOH, ClO_3H, ClO_4H으로 표시될 경우, 이와 같이 단순히 병렬되어 있는 것만으로도 이미 우리는 이러한 계열에서 '누락되어 있는 항'인 ClO_2H라는 화합물은 없는가라는 물음을 제기하지 않을 수 없게 된다. 이 화합물은 어떤 의미에서 그 위치가 미리 규정된 후에야 비로소 경험적으로도 발견될 수 있었다. 바로 이 점에서 방법적으로 구축된 모든 과학

언어 자체에 내재하는 인식상의 가치가 입증된다. 과학언어는 주어진 것과 현존하는 것에 대한 단순한 표시가 아니고 이제까지 탐구된 적이 없었던 영역으로 이끄는 안내자다.

4) 자연과학의 발전

과학에서도 출발점이 되는 것은 한낱 경험적인 다양, 단적으로 주어져 있을 뿐인 다양이다. 그러나 과학적인 이론형성의 목표는, 이러한 다양을 합리적으로 조망할 수 있는 다양, 즉 '구성적인' 다양으로 전환하는 것에 있다. 이러한 전환은 결코 완결되지 않는다. 그것은 갈수록 복잡한 수단을 사용하여 항상 새롭게 착수되는 것이다. 물리학적 개념들이 타당한 것은 그것들이 하나의 주어져 있는 고정된 존재를 모사하기 때문이 아니라 가능한 통일정립들을 위한 어떤 구상을 포함하기 때문이다. 이러한 구상은 이러한 개념들을 사용하는 과정에서, 즉 경험적 소재에 적용하는 과정에서 점진적으로 입증되어야만 한다.

물리학의 발전과정이 갖는 특징을 카시러는 자연을 파악하는데 있어서 지각되는 사물과의 유사성이 사라져가는 과정으로 파악한다. 이에 따라서 물리학은 원자와 같은 물질적인 실체에 대한 물리학으로부터 장(場)의 물리학으로 변화하고 있다는 것이다.

근대과학에서는 실로 처음에는 직관성에 대한 요구가 아직은 전적으로 우위를 주장하고 있다. 즉 어떤 자연현상을 개념적으로 파악한다는 것은 그 현상을 어떤 직관적인 모델, 즉 기계적인 모델에 의해서 표현하는 것과 동일시되었다. 그럼에도 불구하고 이러한 견해에 처음부터 저항하는 사상적 힘이 19세기의 물리학에 결여되어 있었던 것은 결코 아니다. 이러한 물리학의 정신구조 전체를 한마디로 표현한다면, 이미지와 모델의 물리학이 아니라 원리의 물리학이라고 불러야만 할 것이다.

참된 논쟁, 즉 방법에 관한 본질적 논쟁에서 문제가 되는 것은 이미지가 아니라 원리인 것이며, 즉 여러 형태의 자연법칙을 포괄적인 최고의 규칙으로 통합하는 것이다. 이와 관련하여 카시러는 우리가 에너지 보존의 원리부터 일반상대성이론에 이르기까지 하나의 선으로 이어져 있는 명확하면서도 일의적인 사고전개 과정을 추적할 수 있다고 본다.

원리라는 것은 처음부터 한낱 자연개념과는 근본적으로 다른 선상에 있다. 한낱 자연개념에 관해서는 그것을 직접 주어져 있는 감성적·직관적 자료들로부터의 '추상물'로 해석하면서, 이러한 추상물의 본질에 대한 지배적인 견해에 따라 그러한 자연개념을 궁극적으로는 이러한 자료들의 단순한 총합으로 해소시키는 시도가 항상 행해질 수 있다. 그러나 자연 해명의 원리는 자연개념과는 다른 타당성의 영역에 속한다.

이러한 원리는 하나의 개념으로서가 아니라 하나의 판단으로서 나타나는 것이며, 하나의 일반적 명제에서 비로소 적합하게 표현된다. 그러한 명제 각각은 하나의 특수한 정립양태를 포함하고 있다. 그 명제와 직관적인 현상의 세계와의 관계는 전적으로 간접적이다. 이러한 관계는 '의미'라는 매체를 매개로 하여 성립하기 때문이다. 원리의 의미는 최종적으로는 경험적으로, 즉 직관적으로 충족되어야만 하지만, 이러한 충족은 결코 직접적으로 가능하지 않고 우선 그 원리의 타당성을 가정하고 나서 그것으로부터 가설 연역적 방법에 의해서 다른 명제들이 도출되는 방식으로만 일어날 수 있다. 이 경우 이러한 명제들의 어느 것도, 즉 이러한 논리적인 진행에서 개별적인 단계들의 어느 것도 직접적인 직관적인 해석을 허용할 필요는 없다. 도출의 계열은 논리적인 총체로서만 직관에 관련지어지며, 직관에 의해서 입증되고 정당화되는 것이다.

즉 우리는 어떤 물리학적인 가설을 평가하기 위한 참된 척도를 결코 그 가설의 직관성이 아니라 그 가설의 수행능력에서 찾아야만 한다. 이미지의 단순성이 아니라 설명의 통일성이, 즉 자연현상의 전체를 최고의 포괄적 규칙 아래 포섭하는 것이 결정적인 것이다. 19세기와 20세기 초엽의 물리학이 만약 감각의 제한으로부터도, 직관과 기하학적·기계적 '표현'의 제한으로부터도 점점 더 해방되지 않았더라면, 그것은 갈수록 커지는 폭과 일반성을 갖는 원리에까지 상승하지 못했을 것이며 자신의 고유한 사상적 높이도 구현하지 못했을 것이다.

물리학이 이렇게 직관과 기하학적·기계적 '표현'의 제한으로부터 벗어나는 과정을 물질의 물리학에서부터 순수한 '장의 물리학'으로 이행하는 과정이라고 부르고 있다. '장'이라는 이름으로 불리는 실재는 더 이상 물리적 사물들의 복합체로서 사유될 수 없고 물리적 관계들의 총체를 표현하는 것이다. 우리가 이러한 관계들로부터 특정한 요소를 추출해 낼 경우에도, 즉 장의 개별적인 위치들을 따로 떼어내서 고찰할 경우에도, 그것은 그러한 위치들을 실제로 직관에 의해서도 분리할 수 있고 고립된 직관적 형태로서 제시할 수 있다는 것을 의미하는 것은 결코 아니다. 이러한 요소들의 각각은 그것이 속하는 전체에 의해서 제약되어 있을 뿐 아니라 이 전체에 의해서 비로소 '정의되는' 것이다. 여기에서는 개개의 '부분'과 하나의 실체적인 입자가 장으로부터 더 이상 분리될 수 없으며 일정한 시간 동안 이러한 입자의 운동은 더 이상 추적될 수 없다.

상대성이론에 의해서 물질과 장의 이원론도 폐기된다. 즉 물질은 장(場)과 나란히 존재하는 하나의 물리적 존재자로 나타나지 않고 장으로 환원되며, 물질은 '장의 산물(産物)'이 된다. 이미 패러데이가 이러한 전환을 준비하고 있었다. 즉 이미 패러데이에서는 물질의 '실재성'이 궁극적으로는 역선(力線)의 실재성으로 해소된다. 미(Mie)의 물질이론에서는 '물체'와 '장'의 대립이 전면적으로 제거된다. 미에 따르면 물체 자체는 순수하게 전기로 구성되어 있다는 것이다.

장의 물리학에서 세계상은 철저히 역동적인 것이 되고 물질은 하나의 '사건'이 되었다. 우리가 물질의 확고한 '속성'이라고 부르는 것은 사건들의 하나의 함수가 된다. 관성이라든가 무게와 같은 모든 물질의 가장 근원적인 속성조차도 순수한 장 현상으로서 고찰되고 도출된다. 과거의 이론에서 원자는 절대적으로 분할 불가능한 것이며 그 이상의 분석을 거부하는 것을 의미했지만, 이제 그것이 내적 다양성과 복잡함에 있어서 거대한 우주적 체계들에게도 비교될 수 있는 하나의 체계가 되었다.

원자는 하나의 행성계다. 그리고 행성에 해당하는 것이 전자이며 이것이 중심 천체에 해당하는 원자핵의 주위를 회전한다. 그리고 이렇게 물리학적 현실의 참된 요소가 된 전자는 과거의 이론에서의 '절대적으로 견고한' 원자처럼 자신을 "단단히 무장할" 수 없다. 왜냐하면 전자는 비록 개별적 존재자로서 사유될 경우에조차도 장에 연계되어 있어서, 실체적·자립적인 것으로서 장으로부터 분리될 수 없기 때문이다. 근본적으로 전자는 장에 있어서 하나의 특이점, 즉 모든 방향으로부터 전기역선(力線)들이 흘러들어 가는 하나의 위치로서 나타난다.

세계 자체는 더 이상 사물들의 총합으로서가 아니라 '사건들'의 질서로서 표현된다. 하위헌스에서 색은 '현실에 존재하는' 에테르의 진동이었지만 이제 색은 주기성을 갖는 수학적 함수과정으로만 나타날 뿐이다. 세계는 더 이상, '속성들'은 시간 속에서 변화하지만 그 자체는 불변적인 '사물들'로 이루어진 세계로서 파악되어서는 안 된다. 세계는 '사건들'의 자기완결적인 하나의 체계가 되었다. 이제는 더 이상 이미 완성되어 있는 공간'이라는' 형식과 시간'이라는' 형식에 단순히 수용되는 자립적인 세계 내용은 존재하지 않는다. 공간·시간·물질은 서로 불가분하게 결합되어 있으며 서로를 고려하는 것에 의해서만 정의될 수 있다.

7. 신화, 언어, 과학

신화의 세계상과 과학적 인식의 세계상은 공존할 수 없으며, 동일한 사고공간 안에 병존할 수도 없다. 그러나 과학은 신화적인 세계와 단절하지만 언어에 의해서 분절화된 세계로부터는 단절할 수 없다. 세계를 물질이나 식물과 동물 그리고 인간, 빛과 색 등으로 구획하는 언어에 의한 세계의 분절화는 이론적 세계의 형성과 분절화에도 참여한다. 과학조차도 언어의 협력 없이는 수행될 수 없다. 물론 과학은 언어개념으로부터 점차적으로 자신을 해방시키면서 순수한 사고개념의 형식을 쟁취해야만 한다.

언어와 과학의 차이는, 과학은 우리가 그것을 어떠한 단계에서 고찰하더라도 한낱 '표정'의 세계를 원칙적으로 넘어서 있다는 점에서 나타난다. 인식의 대상으로서의 자연, 즉 사유하는 고찰과 연구 대상으로서의 '자연'은, 인간이 이러한 자연과 자기의 '주관적' 감정의 세계를 분리하는 것을 배울 때에야 비로소 인간에게 주어진다. 여기에서는 '개념'과 '현실'을 맺는 끈이 완전히 의식적으로 끊어지게 된다. 현실 위에 새로운 영역, 즉 순수한 '의미'의 영역이 구축된다. 그리고 이후, 인식의 확실성과 확정성, 즉 인식의 궁극적인 진리는 모두 그러한 영역에 근거하게 된다.

박찬국

서울대학교 철학과 교수.
서울대학교 철학과를 졸업하고 동대학원에서 석사학위를, 독일 뷔르츠부르크 대학교에서 철학 박사학위를 받았다. 니체와 하이데거의 철학을 비롯한 실존철학이 주요 연구 분야이며, 최근에는 불교와 서양철학 비교를 중요한 연구과제 중 하나로 삼고 있다. 2011년에 『원효와 하이데거의 비교연구』로 제5회 '청송학술상', 2014년에 『니체와 불교』로 제5회 '원효학술상', 2015년에 『내재적 목적론』으로 제6회 운제철학상, 2016년에 논문 「유식불교의 삼성설과 하이데거의 실존방식 분석의 비교」로 제6회 반야학술상을 받았으며, 『초인수업』은 중국어로 번역되어 대만과 홍콩 및 마카오에서 출간되었다. 저서로는 위의 책들 외에 『그대 자신이 되어라―해체와 창조의 철학자 니체』, 『들길의 사상가, 하이데거』, 『하이데거는 나치였는가』, 『하이데거의 《존재와 시간》 강독』, 『니체와 하이데거』 등이 있고, 주요 역서로는 『니체 I, II』, 『근본개념들』, 『아침놀』, 『비극의 탄생』, 『안티크리스트』, 『우상의 황혼』, 『상징형식의 철학 I』, 『상징형식의 철학 II』, 『선악의 저편』 등 다수가 있다

상징형식의 철학
제3권: 인식의 현상학
....
대우고전총서 051

1판 1쇄 펴냄 | 2019년 12월 13일
1판 2쇄 펴냄 | 2020년 10월 13일

지은이 | 에른스트 카시러
옮긴이 | 박찬국
펴낸이 | 김정호
펴낸곳 | 아카넷

출판등록 2000년 1월 24일(제406-2000-000012호)
10881 경기도 파주시 회동길 445-3
전화 031-955-9510(편집) · 031-955-9514(주문) | 팩스 031-955-9519
책임편집 | 이하심
www.acanet.co.kr

ⓒ 박찬국, 2019

Printed in Seoul, Korea

ISBN 978-89-5733-662-5 94160
ISBN 978-89-89103-56-1 (세트)

이 도서의 국립중앙도서관 출판시도서목록(CIP)은
서지정보유통지원시스템 홈페이지(http://seoji.nl.go.kr)와
국가자료공동목록시스템(http://www.nl.go.kr/kolisnet)에서 이용하실 수 있습니다.
(CIP제어번호: CIP2019044411)